Werner Eck
Gesellschaft und Administration im Römischen Reich

Werner Eck

Gesellschaft und Administration im Römischen Reich

—

Aktualisierte Schriften in Auswahl

Herausgegeben von
Anne Kolb

DE GRUYTER

ISBN 978-3-11-127475-1
e-ISBN (PDF) 978-3-11-074798-0
e-ISBN (EPUB) 978-3-11-074809-3

Library of Congress Control Number: 2021942347

Bibliografische Information der Deutschen Nationalbibliothek
Die Deutsche Nationalbibliothek verzeichnet diese Publikation in der Deutschen Nationalbibliografie;
detaillierte bibliografische Daten sind im Internet über http://dnb.dnb.de abrufbar.

© 2023 Walter de Gruyter GmbH, Berlin/Boston
Dieser Band ist text- und seitenidentisch mit der 2022 erschienenen gebundenen Ausgabe.
Einbandabbildung: Markttor Ephesos, © Volker Michael Strocka (Prof. em. Dr.)
Druck und Bindung: CPI books GmbH, Leck

www.degruyter.com

Vorwort

Das Imperium Romanum der Kaiserzeit war ein vielgliedriges, ethnisch und kulturell heterogenes Gebilde, das die gesamte Mittelmeerwelt und angrenzende Gebiete umfasste. Geschichte und Entwicklung dieses globalen Reiches wurden von den darin lebenden Gesellschaften unter der Herrschaft Roms geprägt. Die kaiserliche Administration lenkte und sicherte deren friedliches Zusammenleben. Diese Phänomene hat Werner Eck in zahlreichen Studien untersucht und damit wegweisende Analysen vorgelegt. Die vorliegende Auswahl umfasst zentrale und zum Teil schwer zugängliche Beiträge, die alle aktualisiert und teilweise ergänzt worden sind; einige wurden ins Deutsche übersetzt.

Für Ihre Unterstützung bei den Redaktionsarbeiten danke ich herzlich Monika Pfau, Sofia Hächler und Thomas Wittmann (alle Zürich). Auch dem Team des Verlags De Gruyter gilt mein großer Dank für die produktive Zusammenarbeit.

Zürich, April 2021   Anne Kolb

Inhalt

Teil 1 Gesellschaft

1 Senatorisches Leben jenseits von Politik, Militär und Administration: Die öffentliche Repräsentation der intellektuellen Seite der Führungsschicht —— 3

2 *Ordo senatorius* und Mobilität: Auswirkungen und Konsequenzen im Imperium Romanum —— 19

3 Mehrsprachigkeit in der Reichsaristokratie Roms —— 33

4 Professionalität als Element der politisch-administrativen und militärischen Führung. Ein Vergleich zwischen der Hohen Kaiserzeit und dem 4. Jahrhundert n. Chr. —— 47

5 Die augusteische Ehegesetzgebung und ihre Zielsetzung —— 65

6 Zur Bedeutung von Gesetz(en) und Recht für die Identität Roms und seiner Bürger —— 85

7 Aristokraten und Plebs: Die geographische, soziale und kulturelle Herkunft der Angehörigen des römischen Heeres in der Hohen Kaiserzeit —— 99

8 *Milites et pagani:* Die Stellung der Soldaten in der römischen Gesellschaft —— 119

9 Lateinische Grabinschriften als Rechtsquelle —— 149

10 Teilhabe an der Macht: Kaiserliche Freigelassene in der Gesellschaft des Imperium Romanum —— 169

11 Frauen als Teil der kaiserzeitlichen Gesellschaft: Ihr Reflex in Inschriften Roms und der italischen Städte —— 187

12 Die Wirksamkeit des römischen Rechts im Imperium Romanum und seinen Gesellschaften —— 201

13 Der Kaiser, das Recht und die kaiserliche Verwaltung —— 233

Teil 2 Administration

14 Herrschaft durch Administration? Die Veränderung in der administrativen Organisation des Imperium Romanum unter Augustus —— 251

15 Die Amtsträger: Instrumente in den Händen des Princeps und Begrenzung der Autokratie. Traditioneller Cursus und kaiserliche Ernennung —— 267

16 Die Ausstellung von Bürgerrechtskonstitutionen: Ein Blick in den Arbeitsalltag des römischen Kaisers —— 293

17 Kommunikation durch Herrschaftszeichen: Römische Amtsträger in den Provinzen —— 313

18 Das kaiserliche Heereskommando und die Rolle des Heeres in der Administration des Reiches —— 333

19 Die Entwicklung der Auxiliareinheiten als Teil des römischen Heeres in der frühen und hohen Kaiserzeit: Eine Teilsynthese —— 351

20 Das Heer im Ordnungsgefüge des augusteischen Prinzipats —— 367

21 Provinz: Ihre Definition unter politisch-administrativem Aspekt —— 381

22 Der Anschluss der kleinasiatischen Provinzen an Vespasian und ihre Restrukturierung unter den Flaviern —— 401

23 Ämter und Verwaltungsstrukturen in Selbstverwaltungseinheiten der frühen römischen Kaiserzeit —— 419

24 Diplomatie als Teil der Administration im Imperium Romanum —— 441

25 Der Euergetismus im Funktionszusammenhang der kaiserzeitlichen Städte —— 455

26 Rom: Megalopolis und Zentrum der Reichsadministration —— 479

Bibliographie —— 493

Erstveröffentlichungen —— 541

Index —— 543

Teil 1 **Gesellschaft**

1 Senatorisches Leben jenseits von Politik, Militär und Administration: Die öffentliche Repräsentation der intellektuellen Seite der Führungsschicht

In Epistula 3,1, wohl aus dem Jahr 101 n.Chr., beschreibt Plinius der Jüngere den Tagesablauf seines Senatskollegen Vestricius Spurinna.[1] Dieser, *consul iterum* im Jahr 98 n.Chr., hatte sich aus dem üblichen Getriebe eines Senators zurückgezogen, durfte es auch, weil er inzwischen das Alter von 65 Jahren überschritten hatte, weshalb er nicht mehr an den Senatssitzungen teilnehmen musste.[2] Mit dem 78. Lebensjahr hatte er diesen Zeitpunkt bereits weit hinter sich gelassen, ohne jedoch, wie Plinius in einer eleganten Formulierung betont, von den Folgen des Alters etwas anderes zu spüren als — die *prudentia*. Am Ende des Briefes zieht der Autor jedenfalls ein Resümee aus dem, was er für einen oder mehrere Tage in der Umgebung des Vestricius erlebt hatte, mit folgenden Worten: [3]

> *Hanc ego vitam voto et cogitatione praesumo, ingressurus avidissime, ut primum ratio aetatis receptui canere permiserit. Interim mille laboribus conteror, quorum mihi et solacium et exemplum est idem Spurinna; nam ille quoque, quoad honestum fuit, obiit officia, gessit magistratus, provincias rexit, multoque labore hoc otium meruit.* = „Solch ein Leben nehme ich schon jetzt in meinem Denken vorweg; ich werde es begierig antreten, sobald mein Alter es erlaubt, zum Rückzug zu blasen. Jetzt werde ich von tausend Mühen zermürbt, wobei mir Spurinna exemplarischen Trost spendet. Denn auch er hat, solange es die Ehre gebot, die Pflichten auf sich genommen, Magistraturen übernommen, Provinzen geleitet und durch viel Arbeit sich dieses *otium* verdient."

Bei Plinius erscheint Vestricius Spurinna als ein Senator, der über lange Jahrzehnte seine Pflichten erfüllt hatte, wie sie sich aus seiner Zugehörigkeit zum Senat ergeben hatten. Bekannt ist davon freilich nur wenig, denn auch Plinius bleibt eher allgemein in seinen Aussagen. Geboren um 25 n.Chr. hat Spurinna die normale Laufbahn eines Senators durchlaufen: Quästur, Volkstribunat oder Ädilität, Prätur und Konsulat in Rom, außerhalb des Zentrums hat er nach Plinius mindestens zwei Provinzen als Statthalter geleitet; doch wissen wir davon wenig Konkretes außer der Stellung eines *legatus Augusti pro praetore* in Niedergermanien, die Zeit dieser Statthalterschaft bleibt unsicher.[4] Nur ein militärisches Kommando während des Bürgerkrieges im Jahr 69 n.Chr. in Italien ist noch bekannt.[5] Bald nach seinem zweiten Konsulat hatte sich der alte Herr zurückgezogen, verbrachte den Tag zum Teil in Gesprächen mit Freun-

---

1 PIR² V 446.
2 Siehe TALBERT 1984, 152ff.
3 Plin. epist. 3,1,11f.
4 ECK 1985, 152ff.; SYME 1991, 541ff.
5 Tac. hist. 2,11,2. 18f. 36,2.

den, ließ sich vorlesen, manchmal auch Komödien und widmete sich seinen geistigen Interessen – er schrieb vor allem, wahlweise auf Lateinisch oder Griechisch, *lyrica*, Gedichte.

Diesem *otium* des bejahrten Senators[6] setzt Plinius sein eigenes Leben entgegen, das durch *mille labores* zerrieben werde. Was er damit meint, lässt sich in seinem Fall gerade für die Jahre 100 und 101 n. Chr., als er den Brief über Spurinna geschrieben hat, recht genau sagen. Von September bis Oktober 100 n. Chr. amtierte er als Suffektkonsul; während dieses Amtes hatte er eine Reihe zeremonieller Aufgaben zu erledigen; auch eine Dankesrede für Traian stand an, der noch erhaltene Panegyricus. Vielleicht bald danach hat er für die Provinz Baetica die Anklage im Senat gegen den vormaligen Prokonsul der Provinz, Caecilius Classicus, übernommen. Diese erforderte längere Vorbereitungen, Absprachen mit den Gesandten der Provinz, Anforderung von Zeugen und Dokumenten. Das Plädoyer im Senat, die Zeugenvernehmung und die darauf folgenden Verhandlungen nahmen mehrere Tage in Anspruch, anschließend waren die Anklagen gegen die provinzialen Helfer des Classicus im Senat zu begründen.[7]

Doch trotz dieser Aufgaben, findet Plinius parallel dazu durchaus die Zeit, seinen Panegyricus zu überarbeiten und dessen Umfang beträchtlich auszuweiten, diesen Text an Freunde zur kritischen Lektüre zu senden[8] und den in unseren heutigen Ausgaben 95 Kapitel (= 81 Seiten in der Oxford-Ausgabe von Mynors) umfassenden Text an drei Tagen hintereinander seinen Freunden vorzulesen.[9] Mehr oder weniger gleichzeitig erhält er Zusendungen von Manuskripten von Freunden aus seinem Umkreis, wie etwa von einem Silius Proculus, der ihn bittet, seine *libelli* im Hinblick auf eine Publikation zu prüfen. Dabei bemerkt Plinius: *rogas enim, ut aliquid subsicivi temporis studiis meis subtraham* = „Du bittest nämlich, dass ich einen Teil der Zeit, die mir übrigbleibt, meinen eigenen Studien entziehe."[10] Das Bild, das er hier anklingen lässt, ist bezeichnend. Es verweist auf das Ergebnis, das sich bei einer Landvermessung einstellt. Der Großteil eines Gebietes wird in genau abgegrenzten Teilen an einen Personenkreis vergeben, die damit deren Eigentum werden und nicht mehr für andere Verwendung zur Verfügung stehen. Nur über die marginalen *subseciva*, die am Rand eines Gebiets liegen, die somit keine volle Landparzelle mehr ergeben und deshalb nicht in einer üblichen Form assigniert werden können, vielmehr als ein kleiner Rest übrigbleiben, kann weiterhin frei verfügt werden. Genau in dieser Situation meint er sich zu befinden. Er vergibt seine Zeit an andere, für ihn bleibt nur noch ein kleiner Rest. Dieses Motiv der knappen Zeit, die ihm seine sonstige Tätigkeit als Senator lässt, findet sich immer wieder in seinen Briefen. Diese sind voll von Klagen, dass ihn seine öffentliche Tätigkeit voll in Anspruch nehme und ihm nicht die Zeit lasse, sich seinen

---

6 Zum *otium* als Teil des Lebens der führenden Schichten Roms siehe z. B. DEMOUGIN 1988, 754 ff.
7 Plin. epist. 3,9.
8 Plin. epist. 3,13.
9 Plin. epist. 3,18. Vgl. insgesamt STEIN-HÖLKESKAMP 2003, 315 ff.
10 Plin. epist. 3,15,1.

intellektuellen Interessen zu widmen, dem, was er seine *studia* nennt, seine Aktivitäten als Redner und Literat und die gleichartigen Interessen seiner Freunde.[11]

Das war freilich nicht die senatorische Realität, weder bei Plinius noch etwa bei den meisten anderen Senatoren seiner eigenen Zeit oder der Epoche Marc Aurels. Intellektuelle Interessen eines durchschnittlichen Senators scheiterten sicher nicht daran, dass er, zumindest in Rom, von seinen Pflichten, die mit seiner Stellung verbunden waren, vollkommen absorbiert wurde, dass ihm keine freie Zeit geblieben wäre. Das zeigt allein schon die überaus reiche literarische Produktion, die mancher Senator hinterließ. Man braucht nur an Tacitus oder Sextus Iulius Frontinus, die Zeitgenossen des Plinius, zu erinnern, um das zu sehen. Tacitus muss allein enorm viel Zeit im Archiv des Senats verbracht haben, um all das Material zu sammeln, das er insbesondere in den Annalen verarbeitet hat.[12] Sowohl er als auch Frontin schrieben auch nicht erst im Alter, wenn sie sich aus dem Tagesgeschäft weitgehend zurückziehen konnten, wie etwa Licinius Mucianus, der erst als *consul III* (im Jahr 74 n. Chr.), also ganz am Ende seiner Laufbahn, *libros complures* verfasste, *quibus rettulit de mirabilius praecipue Asiae, Lyciae, insularum Graeciae*.[13] Tacitus schrieb schon seit dem Tod Domitians im Jahr 96 n. Chr.; im Jahr darauf kam er zu seinem Konsulat. Welche Ämter er danach übernahm, ist nicht überliefert, aber immerhin kam er etwa 112 n. Chr. zu einem Prokonsulat in Asia.[14] Auch Frontinus hat spätestens nach seiner Statthalterschaft in Germanien um 82–84 n. Chr.[15] mit seiner Produktion begonnen.

Ein kurzer Überblick über die Aufgaben, mit denen ein Senator qua Senator während seines aktiven Lebens konfrontiert war, lässt recht deutlich werden, wie die Belastungen und die freie, verfügbare Zeit dabei verteilt waren. Dieses aktive senatorische Leben dauerte, wenn es nicht durch Tod früher beendet wurde, im Durchschnitt rund 40–45 Jahre. Es begann, wenn man von dem obligatorischen Vigintivirat und dem üblichen Militärtribunat zwischen etwa dem 20. und 24. Lebensjahr absieht, mit dem Eintritt in den Senat, üblicherweise im Alter von 25 Jahren. Es endete bei denen, die es in der senatorischen Laufbahn bei der Übernahme von Ämtern weit gebracht hatten, normalerweise mit etwa 60 Jahren, manchmal auch ein wenig später, wie das Beispiel des Vestricius Spurinna zeigt. Er hat sogar mit etwa 73 Jahren noch einen zweiten Konsulat erhalten.[16] Das war freilich eher eine Ehre, spezielle längere Aktivitäten waren damit meist nicht mehr verbunden. Spurinna führte auch die *fasces*

---

11 Vgl. zur Funktion dieser Form der Selbstdarstellung zuletzt mit einsichtigen Erläuterungen GAULY 2008, 187 ff.
12 Zu seiner „Archivarbeit" siehe das, was sich aus dem s.c. de Cn. Pisone patre ergibt: ECK/CABALLOS/FERNÁNDEZ 1996, 295 f.
13 PIR^2 L 216; vgl. SCHANZ/HOSIUS 1980, 783 f.
14 OGIS 487.
15 RMD V 327.
16 Dass von HENDERSON 2002, 149 Vestricius Spurinna auch als *consul tertium* angeführt werden kann, erstaunt; freilich stimmt dieser Fehler mit einigen anderen überraschenden Eindrücken überein, die man in dem Buch finden kann.

nur einen Monat lang, im April 98 n. Chr., zusammen mit Traian, der freilich abwesend war, in Germania inferior.[17] Zeremonielles, das in Rom anfiel, hatte Spurinna tatsächlich alleine zu erledigen.

Wenn man von den Senatoren patrizischen Ranges absieht, die als ein Erbe der Republik einen verkürzten *cursus honorum* absolvieren konnten, dann umfasste eine senatorische Laufbahn in Rom zunächst einmal die republikanischen Ämter: Quästur, Volkstribunat oder Ädilität,[18] die Prätur und, wenn man erfolgreich war, den Konsulat. Vor allem zwischen Prätur und Konsulat folgten Ämter in Rom, Italien oder den Provinzen, häufig zwei bis vier; ebenso nach dem Konsulat; erst in dieser konsularen Phase gab es die wirklich wichtigen Aufgaben, vor allem wenn ein Senator in eine oder mehrere der großen Provinzen ging, in denen er auch das Kommando über die dort stationierten Truppen ausüben musste.[19] Zwei Beispiele mögen solche senatorische Tätigkeit konkretisieren.

Plinius selbst war von ca. 89 bis 93 Quästor, danach Volkstribun, und Prätor, sodann zwischen 93 und 100 Präfekt des *aerarium militare*, anschließend des *aerarium Saturni*; während all dieser Ämter hielt er sich in Rom auf. Der Konsulat folgte im Jahr 100, für zwei Monate; das größte Ereignis war dabei seine *gratiarum actio* gegenüber Traian, die er für sich und seinen Kollegen Cornutus Tertullus erledigte; es ist der schon genannte *Panegyricus*. Wenige Jahre später wurde er, wohl für ca. 2–3 Jahre, *curator alvei Tiberis et riparum et cloacarum urbis*. Dass es dabei in Zeiten ohne große Überschwemmungen viel zu tun gab, braucht man kaum anzunehmen. Schließlich ging er, um 110 n.Chr., für fast zwei Jahre als Statthalter in die Provinz Pontus-Bithynia; es war das erste Mal seit seinem Militärtribunat bei der *legio III Gallica* in Syrien etwa zwischen 82–85, dass er sich wieder in einer Provinz aufhielt. Noch bevor sein Auftrag dort zu Ende gegangen war, starb er in der kleinasiatischen Provinz. Zählt man die Jahre, dann war er von den etwa 25 Jahren, in denen er einen Senatssitz innehatte, rund 13 mit einem konkreten Amt betraut. Doch selbst während er diese Ämter führte, war er keineswegs ununterbrochen öffentlich tätig. Als *quaestor imperatoris* hatte er wohl nur Reden des Kaisers im Senat vorzutragen; das geschah kaum allzu oft, denn Senatssitzungen fanden im Allgemeinen nur sporadisch statt, zweimal im Monat (*senatus legitimi*) und gelegentlich aus besonderen Gründen. Als Volkstribun hatte er fast keine Aufgaben, er selbst lässt anklingen, die Magistratur sei nur eine *inanis umbra*, ein leerer Schatten ihrer selbst.[20] Auch als *curator alvei Tiberis* wurde er kaum gefordert. So war die Zeit zwischen seinem Konsulat und der Statthalterschaft in Pontus-Bithynien, insgesamt wohl fast zehn Jahre, keineswegs durch intensive amt-

---

17 Degrassi 1952, 29. Unklar bleibt, ob speziell Nerva diesen zweiten Konsulat für Spurinna gewollt hat und Traian nur nicht widersprach, oder ob Traian einen speziellen Grund hatte, diesen ehemaligen Statthalter von Germania inferior in dieser Weise auszuzeichnen, also ähnlich wie Frontinus und Iulius Ursus, die vor Spurinna ebenfalls zusammen mit Traian zum zweiten Mal die *fasces* führten.
18 Wovon Patrizier befreit waren.
19 Eck 1974, 158 ff.; Birley 1981, 4 ff.
20 Plin. epist. 1,23,1.

liche Tätigkeit ausgefüllt. Natürlich nahm er an den Senatssitzungen teil, wobei September und Oktober sitzungsfrei waren.[21] Auch als *augur* wird er sich wohl gelegentlich mit seinen Kollegen in der Regia auf dem Forum getroffen haben, um die Aufgaben des Amtes zu erfüllen. Aber allzu häufig ist das kaum gewesen. Die *fratres Arvales*, deren Akten wir besitzen, aus denen die Handlungen der Fraternität zu ersehen sind, wurden im Jahr 87 an insgesamt zehn Tagen tätig, wobei einige Sondertermine bereits eingeschlossen waren, im Jahr 88 waren es zwölf Tage.[22] Gelegentlich wurde Plinius auch als Teilnehmer in ein *consilium* des Kaisers berufen.[23] Doch auch wenn man all dies zusammensieht, dann waren seine öffentlichen Tätigkeiten nicht so umfassend, dass sie seine gesamte aktive Zeit in Anspruch genommen hätten. Er konnte sich durchaus zu seinen Studien zurückziehen. Martial lässt eines seiner Gedichte davon sprechen, man dürfe nicht zur Unzeit auf dem Esquilin in Rom, wo Plinius wohnte, an die Tür dieses Senators klopfen, da er der ernsten Pallas seine Zeit widme und seine Produkte später einmal vielleicht mit den Schriften des Arpinaten, also den Reden Ciceros, verglichen würden.[24] Das kann sich aber nur auf die Jahre beziehen bevor Plinius selbst zum Konsulat gekommen ist, also am ehesten auf die Jahre, in denen er als Präfekt beim *aerarium militare* bzw. *Saturni* sich mit Akten abzugeben hatte. Er hat also auch damals nicht alle seine Zeit den Aufgaben dieser beiden Finanzabteilungen gewidmet.

Ein zweites Beispiel eines Senators mit starken intellektuellen Interessen mag diesen Eindruck verstärken. Salvius Iulianus, *consul ordinarius* im Jahr 148, war ein herausragender Jurist in der Zeit von Hadrian und Antoninus Pius. Insgesamt hat er zehn Ämter übernommen, neben den üblichen republikanischen Magistraturen noch die Präfektur des *aerarium militare* und auch *Saturni*, also genau wie schon bei Plinius gesehen. Nach dem Konsulat wurde er für vielleicht zwei Jahre *curator aedium sacrarum*, von etwa 151–153/4 Statthalter in Germania inferior, von ca. 164–167 in der Hispania citerior (=Tarraconensis) und schließlich 167/168 Prokonsul von Africa. In den rund 40 Jahren, die er im Senat saß, hat er damit rund 16 Jahre ein offizielles Amt inne, neben zwei Priesterämtern, die aber kaum mehr Zeit in Anspruch nahmen als bei den Mitgliedern der Arvalen. Zeitaufwendiger war vermutlich seine häufige Zugehörigkeit zum Gerichtsconsilium unter Hadrian und Pius. Dennoch war seine juristische Publikationstätigkeit enorm. Er hat wohl schon in seiner Zeit als Quästor das Edictum perpetuum in seine von da an gültige Form gebracht,[25] später verschiedene Werke verfasst, vor allem seine *Digestorum libri nonaginta*.[26] Dass aber selbst eine Statthalterschaft in einer Provinz wie Germania inferior, in der mindestens ein Heer von

---

21 Siehe TALBERT 1984, 200 ff.
22 SCHEID 1998, 146 ff.
23 Siehe Plin. epist. 4,22; 6,22.31.
24 Mart. 10,19,12 ff., von Plinius selbst in epist. 3,21,5 zitiert.
25 CIL VIII 24094 = D 8973: *quaestori Imp(eratoris) Hadriani, cui divos Hadrianus soli salarium quaesturae duplicavit propter insignem doctrinam.*
26 PIR² S 136; LIEBS 1997, 101 ff.

20.000 Mann stand, dessen Oberkommandierender Iulianus war, nicht unbedingt die gesamte Zeit des Statthalters in Anspruch nahm, zeigt nichts deutlicher als die Person des Q. Aelius Egrilius Euaretus. Er war einer der *comites* des Salvius Iulianus, starb allerdings in Niedergermanien und wurde in Wesseling nahe Köln bestattet. In der Inschrift unter einer für ihn am Grab errichteten Statue wird er *philosophus* und *amicus Salvi Iuliani* genannt.[27] Der Senator wollte ganz offensichtlich Personen in seiner Umgebung haben, mit denen er einen ähnlichen intellektuellen Diskurs führen konnte wie in Rom; die Wintertage in Germanien konnten lang sein.

Natürlich gab es auch Senatoren, die weit länger offizielle Ämter innehatten. M. Statius Priscus, einer der wichtigsten Heerführer in den ersten Jahren des Marc Aurel, war von 132, als er seine Laufbahn noch als ritterlicher Präfekt einer Auxiliarkohorte in Britannien begann, bis etwa zum Jahr 164, als er während des Partherkrieges verstarb, fast ohne Unterbrechung tätig, zumeist verbunden mit einem militärischen Kommando.[28] Sex. Iulius Severus, nach Cassius Dio einer der fähigsten senatorischen Militärs unter Hadrian,[29] war von ca. 114 bis 136, also insgesamt 22 Jahre lang, fast ohne Unterbrechung mit administrativ-militärischen Aufgaben betraut, zumeist in den Provinzen, hatte auch einen langen und gefährlichen Krieg in Iudaea zu führen.[30] Doch Senatoren, die so gefordert waren, bildeten eine kleine Minderheit. Plinius, Salvius Iulianus oder Vestricius Spurinna entsprachen eher dem Durchschnitt der Mitglieder des Senats. Diese Herren waren durch ihre Tätigkeiten im Senat und verschiedenen Ämtern durchaus gefordert, aber sie hatten auch viel Zeit, die sie nach ihrem eigenen Gusto gestalten konnten, auch mit intellektueller Tätigkeit. Die Frage ist nur, wer solche Interessen hatte, wie weit diese gingen und worauf sich diese bezogen.

Hier ergibt sich ein Problem der Quellen. Denn die weit überwiegende Zahl der Mitglieder des Senats und des Senatorenstandes sind uns, vor allem von Beginn des 2. Jahrhunderts an, nur noch durch Inschriften bekannt. Für das 1. Jahrhundert geben vor allem die Werke des Tacitus, aber auch nicht wenige andere literarische Werke, etwa die Senecas, zahlreiche Hinweise auf Aktivitäten von Senatoren, die den Kernbereich ihrer Aufgaben überschritten. Und für den Übergang vom 1. zum 2. Jahrhundert lässt Plinius immerhin ein partiell recht eindringliches Bild entstehen, womit sich manche Senatoren neben ihren Magistraturen und militärischen Kommanden auseinandersetzten. Doch die Inschriften, über die uns die Masse der Senatoren bekannt sind, schweigen über alle Tätigkeiten von Senatoren, die über den politisch-administrativ-militärischen Bereich hinausgegangen sind, wenn man einmal von persönlichen Weihungen an Gottheiten oder von einzelnen euergetischen Akten gegenüber Einzelpersonen oder Gemeinden absieht. Doch in ihren Inschriften steht nichts, was

---
27 CIL XIII 8159 = D 7776: *Q(uinto) Aelio Egrilio Euareto philosopho, amico Salvi Iuliani Aelia Timoclia uxor cum fili(i)s.*
28 PIR² S 880; PISO 1993, 66 ff. Zu ihm und zum folgenden Iulius Severus siehe BIRLEY 2016.
29 Cass. Dio 69,13,1 f.
30 D 1056.

über die Aufgaben *e re publica* hinausgeht.³¹ Die zwei Beispiele von Senatoren, über die bereits genauer gesprochen wurde, sind bezeichnend. Plinius hat für seine Heimatstadt Comum einen Text verfasst, der, wie der Senator vermutlich in seinem Testament festgelegt hatte, nach seinem Tod in einem der von ihm in Comum gestifteten öffentlichen Gebäude, entweder den Thermen oder eher der Bibliothek, auf einer großen, mehr als 3 Meter breiten Tafel veröffentlicht werden sollte.³² In diesem durchaus langen und wortreichen Text wird seine gesamte Laufbahn im Dienst der *res publica populi Romani* sogar mit mehr Details dargestellt, als es allgemein üblich war; darauf folgen sodann die *beneficia*, die er seiner Heimatstadt Comum hatte zukommen lassen: die *alimenta* für Kinder und verschiedene Bauten einschließlich der Mittel für den zukünftigen Unterhalt der Gebäude.³³ Doch all das, was er in seinen Briefen so deutlich heraushebt, was ihn umtreibt und wovon ihn, wie er klagt, die amtliche Tätigkeit abhält, das findet keinen Platz in dieser umfangreichen veröffentlichten Selbstdarstellung. In einem Brief, den er während seiner Präfektur über das *aerarium Saturni* verfasste, hat er geklagt:³⁴

> *Nam distringor officio, ut maximo sic molestissimo: sedeo pro tribunali, subnoto libellos, conficio tabulas, scribo plurimas sed illitteratissimas litteras* = „Denn die recht wichtige, aber mehr als lästige Pflicht nimmt mich ganz in Anspruch: ich sitze auf dem Tribunal, bearbeite Eingaben, stelle Berechnungen zusammen, verfasse zahlreiche Schriftstücke, aber alle ohne einen literarischen Anspruch."

Doch seine Selbstaussage auf dieser Inschrift stellt gerade diese öffentlichen Aufgaben heraus, ohne auch nur ein Wort über seine Tätigkeit als Redner und Schriftsteller zu verlieren. Das, was in dieser Inschrift präsentiert wird, ist zwar in den Details der Formulierung Plinius' eigene Entscheidung, die Form selbst aber, die Aufzählung des *cursus honorum*, entspricht dem, was dem etablierten Werteideal entsprach. Die Stellung des Einzelnen in der Öffentlichkeit und auch das formalisierte Bild der Person wurde durch die Tätigkeiten bestimmt, die jeder im Auftrag der *res publica* übertragen erhalten hatte. Intellektuelle Interessen, literarische Erfolge, ja selbst die Tätigkeit als Redner, so essentiell das im politisch-sozialen Gefüge Roms war, all das geht nicht in solche öffentliche Darstellung oder Selbstdarstellung ein. Und diese Haltung findet sich auch in nicht geringem Maße bei anderen Berufsgruppen. Deswegen kennen wir zwar zahlreiche Soldaten, die in ihren Weihungen oder Grabinschriften ihre Zugehörigkeit zum Militär nennen, aber insgesamt so wenige Handwerker und andere Berufe; auch diese waren vermutlich stolz auf das, was sie getan und geleistet hatten, aber mit der res publica hatte das nichts zu tun und fand deshalb meist keine Erwähnung.

---

31 Anders ist der Befund bei Personen nicht-senatorischer sozialer Stellung; siehe dazu außer dem Werk von PUECH 2002, noch SCHMITZ 1997, 15.
32 ECK 2001, 225 ff.; ECK 2007a, 449 ff.
33 CIL V 5262 = D 2927; dazu ALFÖLDY 1999a, 1999, 21 ff., auch in: ALFÖLDY 1999b, 221 ff.
34 Plin. epist. 1,10,9 f.

Dieselbe Beobachtung wie bei Plinius kann man bei Salvius Iulianus machen. Unter einer Statue, die in Pupput in Africa zu seinen Ehren errichtet wurde, steht ebenfalls sein gesamter *cursus honorum* vom Vigintivirat, dem senatorischen Eingangsamt, mit dem noch kein Sitz im Senat verbunden war, bis zum Ende seiner Laufbahn als höchster Vertreter Roms in Africa,[35] insgesamt rund 40 Jahre, in denen er durch die Zugehörigkeit zum Senat sozusagen im „öffentlichen Dienst" stand. Doch von all seiner juristischen Tätigkeit, von seiner Beratertätigkeit und seinem umfangreichen juristischen Schrifttum, worauf auch noch heute vor allem seine Bekanntheit beruht, ist nichts direkt in diesen Text eingegangen, wohl aber überraschenderweise indirekt. Denn bei der Quästur wird vermerkt: *cui divos Hadrianus soli salarium quaesturae duplicavit propter insignem doctrinam*. Hier wird die standardisierte Repräsentation, die in solchen Texten üblich ist, einmal überschritten. Warum dies möglich ist, scheint klar: Diese Worte sind keine Selbstaussage, sondern Zitat aus dem kaiserlichen Schreiben, mit dem ihm die Verdoppelung des *salarium* mitgeteilt wurde. Die Worte des Kaisers konnte er zitieren, ohne den Komment zu überschreiten. Worin diese *doctrina* freilich bestand, wird nicht gesagt. Im kaiserlichen Kodizill, mit dem ihm diese Auszeichnung mitgeteilt worden war, dürfte davon nicht gesprochen worden sein, weil mit *doctrina* für Hadrian und den Empfänger des Schreibens alles Nötige ausgesagt war.

Dieser, an zwei Beispielen exemplifizierte Befund ist genereller Standard. Mehr stand nicht auf den Grabinschriften der späten Republik, mehr auch nicht unter den *statuae triumphales*, die seit Augustus auf seinem Forum errichtet wurden, und auch nicht in den zahllosen anderen Inschriften unterschiedlicher Funktion, in denen die öffentliche Tätigkeit römischer Senatoren herausgestellt wurde. Da die Mehrzahl aller Mitglieder des kaiserzeitlichen Senats aber nur auf diesem Weg bekannt ist, wissen wir über sie in fast allen Fällen auch nur dies. Ob sie daneben wie Plinius oder Salvius Iulianus, bei denen wir alles, was darüber hinausging, aus den eigenen literarischen Quellen und partiell aus Hinweisen bei anderen wissen, noch weitere Interessen hatten, Interessen intellektueller oder vielleicht auch praktischer Natur wie etwa die Kunst der Feldvermessung wie bei Frontinus, kann, ja muss man bei vielen von ihnen zwar voraussetzen. Doch in unserer bisher bekannten epigraphischen Dokumentation nehmen solche Eigenheiten keinen Platz ein.[36]

---

35 CIL VIII 24094 = D 8973 (Pupput): *L(ucio) Octavio Cornelio P(ubli) f(ilio) Salvio Iuliano Aemiliano Xviro, quaestori Imp(eratoris) Hadriani, cui divos(!) Hadrianus soli solarium quaesturae duplicavit propter insignem doctrinam, trib(uno) pl(ebis), pr(aetori), praef(ecto) aerar(ii) Saturni, item mil(itaris), co(n)s(uli), pontif(ici), sodali Hadrianali, sodali Antoniniano, curatori aedium sacrarum, legato Imp(eratoris) Antonini Aug(usti) Pii Germaniae inferioris, legato Imp(eratorum) Antonini Aug(usti) et Veri Aug(usti) Hispaniae citerioris, proco(n)s(uli) provinciae Africae, patrono d(ecreto) d(ecurionum) p(ecunia) p(ublica)*.

36 Ein Elogium für den Heermeister Flavius Merobaudes, in dem herausgehoben wird, er sei nicht nur für den *gladius*, sondern auch für den *stilus* geboren, in dem ferner seine *facundia* und sein Umgang mit den *litterae* selbst während eines Feldzuges gepriesen wird (CIL VI 1724 = D 2950), wäre in der frühen und hohen Kaiserzeit in Rom undenkbar gewesen.

Nur sehr langsam und vor allem erst sehr spät tritt eine gewisse Änderung in der öffentlichen Repräsentation ein, soweit diese durch inschriftliche Texte greifbar ist, im Wesentlichen erst einige Zeit nach der Herrschaft Marc Aurels. Schritt für Schritt können von da an auch Elemente intellektueller Tätigkeit in solch öffentliche Präsentation einer Person eingeschlossen werden. Während des gesamten zweiten Jahrhunderts sind Hinweise dieser Art kaum zu finden. Aufsehen kann es da schon erregen, wenn ein Publius Pactumeius Clemens, Senator der hadrianisch-antoninischen Zeit, in drei Inschriften, die unter Ehrenstatuen in seinem heimatlichen Cirta in Nordafrika angebracht waren, jeweils als *iurisconsultus* bezeichnet wird. In Verbindung mit dem Patronat über die ihn ehrende Gemeinde will das aber wohl kaum seine allgemeine juristische Tätigkeit, etwa gar als Verfasser entsprechender Werke herausstellen, vielmehr hat er sich wohl als Anwalt des afrikanischen Cirta bewährt.[37] Ob er schriftstellerisch tätig geworden ist, lässt sich nicht erkennen; im dem uns überkommenen juristischen Schrifttum wird er nur einmal mit einer Entscheidung zitiert.[38]

Engstens mit dem Rechtswesen und dessen öffentlicher Performance war die Tätigkeit als Redner verbunden. Die meisten Senatoren haben diese als zentral für ihre Stellung und ihren Einfluss angesehen, auch nicht selten eine entsprechende „Ausbildung" erfahren. An dieser Einschätzung hatte sich seit der Zeit der Republik nichts geändert, auch wenn der politische Einfluss solcher Tätigkeit weitgehend verloren war. Tacitus lässt nicht nur dies in seinem *Dialogus de oratoribus* recht deutlich werden. Aber der Redner, der sehr oft seine Produkte auch schriftlich publizieren sehen wollte, war weiterhin ein wichtiger Teil des öffentlichen Lebens. Auch dies wird in vielen Schattierungen aus den Briefen des jüngeren Plinius deutlich. Dass ein Senator wie Petillius Cerialis, Verwandter Vespasians und *consul iterum* im Jahr 74,[39] von sich selbst sagen konnte, er habe sich nie mit der *facundia*, der Redekunst, abgegeben,[40] ist, wenn die Aussage überhaupt inhaltlich zutrifft, eine absolute Ausnahme. Typischer sind Cornelius Fronto und Herodes Atticus, die beiden Lehrer Marc Aurels; sie sind wohl geradezu Protagonisten dieser Lebensform.[41] Die gesamte zweite Sophistik wäre ohne das Reden vor einer mehr oder minder großen Öffentlichkeit und ohne deren Beifall nicht verständlich.[42] Fronto publizierte seine Reden nicht anders als Plinius und viele andere. Gerade durch seinen archaisierenden Stil hat er die Redner und Autoren seiner Zeit zutiefst beeinflusst. Aulus Gellius ist Beweis genug für dessen

---

37 CIL VIII 7059 = D 1067: *P(ublio) Pactumeio P(ubli) f(ilio) Quir(ina) Clementi Xvirum stlitibus iudicand(is), quaest(ori), leg(ato) Rosiani Gemini [s]oceri sui proco(n)s(ulis) in Achaia, [t]rib(uno) pleb(is), fetiali, legato divi Hadriani Athenis, Thespiis, Plataeis, item in Thessalia, praetori urbano, legato divi Hadriani ad rationes civitatium Syriae putandas, legato eiusdem in Cilicia, consuli, legato in Cilicia Imp(eratoris) Antonini Aug(usti), leg(ato) Rosiani Gemini proco(n)s(ulis) in Africa, iurisconsulto, patrono IIII coloniarum d(ecurionum) d(ecreto) p(ecunia) p(ublica)*; ferner CIL VIII 7060–7061.
38 Dig. 40,7,21,1.
39 PIR² P 260.
40 Tac. hist. 4,74,1.
41 AMELING 1983; CHAMPLIN 1980.
42 ANDERSON 1993; SWAIN 1996; SCHMITZ 1997; VAN NIJF 2001, 306–334.

öffentliche Stellung. Doch sind auch ein Teil seines Briefwechsels und vor allem Fragmente einiger Reden erhalten,[43] die mit aller Deutlichkeit zeigen, welche zentrale Bedeutung für ihn seine Tätigkeit als Redner und als Vermittler von Stil hatte. Stil, und zwar ein sehr gesuchter Stil, erscheint bei ihm fast wie eine Lebensmaxime.[44] Rückgriff auf Autoren der Vergangenheit, die einen besonderen, jetzt altertümlich anmutenden Stil pflegten wie etwa Sallust, war eine Grundmaxime dieser Form von Beredsamkeit.[45] Eine vollständige Laufbahn bis zum letzten Amt in einem inschriftlichen Dokument wie für viele andere Senatoren ist uns für Fronto allerdings nicht erhalten geblieben. Denn eine Statue im afrikanischen Calama wurde für ihn bereits nach der Prätur und vor seinem Konsulat im Jahr 142 errichtet. So lautet dieser Text nur:[46]

> M(arco) Cornelio T(iti) f(ilio) Quir(ina) Frontoni IIIvir(o) capital(i), q(uaestori) provinc(iae) Sicil(iae), aedil(i) pl(ebis), praetori municipes Calamensium patrono.

Vermutlich hat auch in diesem Fall eine Vertretung der Interessen der Stadt durch Fronto den Grund gegeben, ihn auf diese Weise zu ehren. Mit dem Wort *patrono* war dies auch formuliert, ohne dass seine Fähigkeit als Redner noch eigens mit vielen Worten herausgehoben werden musste.

Doch dass die Tätigkeit als Redner ein zentrales Element seines öffentlichen Prestiges bei seinen Zeitgenossen war, zeigt ein deutlich späterer epigraphischer Text, der zwar aus dem Familienmilieu Frontos kommt, aber dennoch symptomatisch sein dürfte. Denn Aufidius Fronto, *consul ordinarius* im Jahr 199, der Enkel des Redners, formuliert in der Grabinschrift für den eigenen Sohn, der bald nach 199 gestorben ist, dieser sei *pronepos M(arci) Corneli Frontonis oratoris, consulis, magistri Imperatorum Luci et Antonini* gewesen = „Urenkel des Marcus Cornelius Fronto, des Redners,

---

43 Neueste Ausgabe VAN DEN HOUT 1988.
44 Vgl. BOWERSOCK 1969, 81: „but thanks to the Attic Nights of Aulus Gellius it is easy to discern the relationship (of Herodes) with Fronto as well as to observe those trifling matters of archaic vocabulary and usage of that were of supreme interest to both men."
45 Wie weit diese Prägung im Stilistischen ging, zeigt ein winziges Detail, auf das mich Peter WEISS hinwies. In den Militärdiplomen, deren Textvorlage jeweils eine Konstitution aus der kaiserlichen Kanzlei war, wird stets gesagt, die Truppen stünden in einer Provinz: *quae sunt in Pannonia* oder *Moesia* usw. Doch in einigen wenigen Diplomen unter Hadrian, Pius und Marc Aurel erscheinen Formen wie *Thraciae* oder *Lyciae Pamphyliae*, also ein Lokativ, den es bei Ländernamen eigentlich nicht gibt. Doch gerade Sallust hat solche ausgefallenen Formen verwendet wie z. B. in Iug. 33,4: *Numidiae* (ROXAN/WEISS 1998, 403f.). P. WEISS erklärt diese Formen sehr einleuchtend als elitäre Archaismen und bringt sie mit dem Einfluss zusammen, den Fronto, der Bewunderer Sallusts, auf den Stil der Zeitgenossen ausgeübt hat. Solche waren auch in der kaiserlichen Kanzlei tätig und sie haben dort gelegentlich ihrer Neigung zu solchen Formen nachgegeben. Nicht ausgeschlossen ist freilich, dass die Archaismen von Leuten herrührten, die in einem Statthalterbüro tätig waren, wo die Unterlagen für die kaiserlichen Konstitutionen zusammengestellt wurden. Ein ritterlicher Präfekt oder einer der *comites* des jeweiligen Statthalters kann ebenfalls von dem archaisierenden Stil beeinflusst gewesen sein.
46 CIL VIII 5350 = D 2928.

Konsuls und Lehrers der Kaiser Lucius und Antoninus."⁴⁷ Hier wird zum ersten Mal, wenn ich recht sehe, auf einem öffentlichen Monument in lateinischer Sprache, d.h. im römischen Kontext, in diesem Fall in einer Grabinschrift, die Tätigkeit eines Senators als Redner herausgestellt, also – neben der Charakterisierung als *magister* von Marc Aurel und Verus – ein intellektuelles Element, das vor allem das Prestige Frontos bestimmt hatte. Die charakterisierenden Worte mögen so zunächst die Familientradition widerspiegeln – der Großvater des Verstorbenen hatte die einzige Tochter des Redners geheiratet – doch es scheint sich in der Wortwahl auch eine langsame Veränderung in der öffentlichen Wertigkeit der üblichen senatorischen Ämter gegenüber intellektuellen, individuellen Fertigkeiten zu zeigen. Denn etwa zur selben Zeit, kurz vor der Wende vom 2. zum dritten Jahrhundert wird die Fähigkeit und Tätigkeit als *orator* noch in anderen lateinischen Inschriften genannt, sogar in Verbindung mit einem vollständigen Cursus. Ein Gaius Sallius Aristaenetus, der aus dem griechischen Osten stammte, aus Byzantium, wurde in Rom selbst, vermutlich innerhalb seines privaten Hauses von der *colonia Asculanorum* und von der *colonia Anconitanorum* jeweils mit einer Statue geehrt. In den zugehörigen Inschriften, deren Text völlig gleichlautend formuliert ist, wird der Senator jeweils nach Aufzählung aller Ämter als *orator maximus* bezeichnet. Das war freilich kaum der Grund für die Statuenehrung durch die Städte, vielmehr wird seine *humanitas*, *abstinentia* und *efficacia* hervorgehoben. Offensichtlich hatte er diese *virtutes* gezeigt, als er als *iuridicus per Picenum et Apuliam*, der italischen Region, in der die beiden Städte lagen, mit den beiden Gemeinden in Verbindung getreten ist.⁴⁸ Das aber heißt, dass vermutlich seine besonderen Fähigkeiten als Redner so allgemein bekannt und auch für seine persönliche Selbsteinschätzung so wichtig waren, dass die Dedikanten der Statuen dies wussten und deshalb in ihrem Text nicht übergehen konnten, wenn man nicht sogar annehmen darf, dass diese absolut gleiche Formulierung auf den Geehrten selbst zurückgeht.⁴⁹ Tatsächlich wird auch ein Aristainetus in einem der Werke des Sophisten Philostrat genannt, der ein Schüler des Chrestos war; Philostrat rechnet ihn unter die ῥήτορες εὐδοκιμοῖ.⁵⁰ Vielleicht ist es kein Zufall, dass ein Mann solcher Herkunft, der

---

47 CIL XI 6334 = D 1129 = AE 1961, 244: *M(arco) Aufidio Frontoni pronepoti M(arci) Corneli Frontonis oratoris, consulis, magistri Imperatorum Luci et Antonini, nepotis Aufidi Victorini praefecti urbis, bis consulis Fronto consul filio dulcissimo*.
48 CIL VI 1511 = D 2934: *C(aio) Sallio Aristaeneto c(larissimo) v(iro), septemviro epulonum, sodali Augustali, iuridico per Picenum et Apuliam, curatori viarum Aureliae, Corneliae, triumphalis, praetori k(andidato) tutelario, quaestori designato et eodem anno ad aedilitatem promoto, Xviro stlitibus iudicandis, oratori maximo decuriones et plebs coloniae Asculanorum propter humanitatem, abstinentiam cura agentibus Aetrilio Prisciano et Tettieno Proculo*; CIL VI 1512 = 31668.
49 Anders ist es im Fall des C. Iulius Asper, *consul* im Jahr 212, bei dem der Hinweis: *oratori praestantissimo, defensori clientium fidelissimo* ohne Zweifel mit seiner Tätigkeit als Redner vor Gericht im Interesse der Provinzen auf der iberischen Halbinsel und in Mauretanien zusammenhängt (CIL XIV 2516). Redner meint hier also sehr konkret: Redner vor Gericht in der Funktion eines Anwalts und damit im Interesse der dedizierenden Gemeinden, nicht den Vertreter der Kunst der Rhetorik.
50 Philostr. soph. 2,11.

durch die Schule des Sophisten Chrestus von Byzantium gegangen und der seinerseits ein Schüler von Herodes Atticus gewesen war, eine solche Charakterisierung seiner Person für möglich hielt, in deutlichem Gegensatz zu dem ganz selbstverständlichen bisherigen Komment der Mitglieder seines Standes.[51]

Und noch ein weiterer Senator wird in dieser ungewöhnlichen Weise aus seinen Standesgenossen herausgehoben, erneut einer, der in den Kreis um Cornelius Fronto gehörte, M. Postumius Festus, *consul suffectus* im Jahr 160, der wie Fronto selbst zum Prokonsul von Asia bestimmt gewesen war, dann aber das Amt nicht angetreten hatte. Er wird als *orator utraque facund(ia) maximus*, als herausragender Redner, und zwar in beiden Sprachen, also der lateinischen und griechischen, bezeichnet, freilich erneut wie schon bei Fronto, erst aus der Rückschau von seinem Urenkel T. Flavius Postumius Varus, *consul suffectus* um 250, der seinerseits von sich sagt, er sei in dessen Fußstapfen getreten (*sectator*).[52] Auch dieser Urenkel wird auf seiner Grabinschrift *orator* genannt, neben den Ämtern als *consul, augur, XVvir sacris faciundis* und *praefectus urbi*. Das hat nicht irgendjemand von ihm gesagt, sondern er selbst; denn nach den Ämtern folgt noch ein Grabepigramm, dessen erste Zeile lautete: *vixi beatus diis, amicis, literis*; damit ist auch *orator* eine Selbstaussage.[53] Er zeigte auf diese Weise, wo seine eigentliche Leidenschaft gelegen hatte. Weniger pathetisch, aber doch mit allem Nachdruck verweist auch dessen Bruder T. Flavius Postumius Titianus, Suffektkonsul einige Jahre später, auf seinen Urgroßvater als *orator*, und auch sich selbst lässt er mit diesem Wort kennzeichnen.[54] Diese Familie sah somit gerade in der besonderen Fähigkeit, als Redner zu wirken, das herausragende Charakterisierungsmerkmal. Noch ein wenig weiter geht die Charakterisierung eines Senators in etwa der gleichen Zeit bei M. Caecilius Novatillianus; denn er wird in zwei Texten aus Benevent jeweils – und zwar vor der Aufzählung der senatorischen Magistraturen – *poeta et orator inlustris* genannt.[55] Hier hat offensichtlich nun tatsächlich eine Umwertung der

---

51 Vgl. dazu auch Puech 2002, 131 ff.; ferner zum Prozessprotokoll bei den Goharenern Haensch 2005, 289–302.
52 CIL VI 1416 = D 2929: *[M(arcum) Pos]tumium Fest[um] oratorem utraque facund(ia) maximum, proco(n)s(ulem) Asiae destinat(um), VIIvirum flam(inem), venerabilis memoriae virum T(itus) Fl(avius) Postumius Varus co(n)s(ul), pronepos, sectator eius.*
53 CIL VI 1417 = D 2940: *D(is) M(anibus) T(itus) Fl(avius) Postumius Varus v(ir) c(larissimus), co(n)s(ul), orator, aug(ur), XVvir, praef(ectus) urb(i). Vixi beatus diis, amicis, literis. Manes colamus namque opertis Manibus divina vis est aeterni temporis.*
54 CIL VI 1418 = D 2941: *T(ito) Fl(avio) Postumio Titiano v(iro) c(larissimo), proco(n)s(uli) prov(inciae) Africae, co(n)s(ulari) aquarum et Miniciae, corr(ectori) Campaniae, corr(ectori) Italiae Transpadanae, cognoscenti vice sacra, p(raetori) k(andidato), q(uaestori) k(andidato), pontifici dei Solis, auguri, oratori, pronepoti et sectatori M(arci) Postumi Festi orat(oris), T(itus) Aelius Poemenius v(ir) e(gregius) suffragio eius ad proc(uratorem) aquarum promotus patrono praestantissimo.*
55 CIL IX 1572 = D 2939: *M(arco) Caecilio Novatilliano c(larissimo) v(iro), oratori et poetae inlustri, allecto inter consulares, praesidi prov(inciae) Moes(iae) sup(erioris), iurid(ico) Hispan(iae) cit(erioris), iurid(ico) Apul(iae) et Calabr(iae), praet(ori), trib(uno) pleb(is), q(uaestori) prov(inciae) Afric(ae), splendidiss(imus) ordo Beneventanorum privatim et public(ae) patrocinio eius saepe defensi p(ublice) d(ecreto) d(ecurionum)*; vgl. IX 1571.

Prestigehierarchie stattgefunden. Dass im 4. Jahrhundert, jedenfalls bei stadtrömischen Senatoren, der Hinweis auf die Tätigkeit als *orator* auch in Verbindung mit der gesamten Laufbahn nichts mehr Besonderes ist, braucht da kaum mehr zu verwundern.[56]

Dies ist freilich der Blick auf lateinische Inschriften, in denen Senatoren so gekennzeichnet werden; mit diesen Texten bleibt man im römischen Kontext mit seinen verbindlichen Normen. Bezieht man die griechischen Texte mit ein, dann ist das Phänomen, auch intellektuelle Züge herauszuheben, noch ein wenig früher greifbar, und vor allem von Anfang an sogar ohne die gesamten Paraphernalia des senatorischen Cursus. So wird Ti. Claudius Aristocles in Olympia mit einer Statue geehrt, deren zugehörige Inschrift ihn lediglich Rhetor und hypatikos = *consularis* nennt, in dieser Reihenfolge.[57] Er stammte aus Pergamon, war Schüler von Herodes Atticus und selbst Lehrer von Aelius Aristides, des smyrnäischen Sophisten; unter Marcus war Aristocles zum Konsulat gelangt.[58] Die knappe Charakterisierung in Olympia geschah sicher nicht gegen seinen Willen. Vergleichbares kann man sogar einige Zeit früher bei Flavius Arrianus, *consul suffectus* um 130, beobachten. Unter Statuen, die ihm in Korinth und Athen errichtet wurden, wird in griechischer Sprache einmal seine Statthalterschaft in Cappadocia genannt, in der anderen sein Rang als Konsular hervorgehoben; doch beide Male wird dann noch hinzugesetzt: φιλόσοφος.[59] Arrian stammte aus Nicomedia in Bithynien und war Schüler des Philosophen Epiktet gewesen. Dass freilich ein römischer Senator in einer lateinischen Inschrift in der Öffentlichkeit überhaupt einmal *philosophus* genannt wird, darauf muss man, wenn unsere Überlieferung uns nicht in die Irre führt, noch lange warten: das einzige Beispiel scheint eine Inschrift aus Rom zu sein, in der diese Bezeichnung auf Ceionius Rufius Albinus, *consul* im Jahr 335, angewandt wird.[60] In welcher inhaltlichen Bedeutung das Wort verstanden werden muss, wäre zudem zu erörtern.[61] Doch auch in griechischen Inschriften wird φιλόσοφος nur selten für Senatoren verwendet. Den-

---

56 Siehe z. B. CIL VI 510 = D 4152; VI 1434. 1699 = 31903 = D 2946; VI 1711= 31908. 41026; VI 1724 = D 2950: *aeque forti et docto viro, ... facundia vel otiosorum studia supergresso; cui a crepundiis par virtutis et eloquentiae cura*; ferner CIL X 1125 = D 2942; CIL X 682; XIV 173 = VI 1760 = 31924; VI 9858 = ICUR VII 18802 = D 2951: *rhetor urbis Romae*.
57 IvOlympia 462: Κλαύδιον Ἀριστοκλέα, ῥήτο[ρα], ὑπατικόν.
58 Siehe dazu die Diskussion bei PUECH 2002, 145 ff.
59 AE 1968, 473 = Corinth VIII 3, 124: [φιλ]όσοφ[ον(?) ....[πρεσ]βευτὴν [Αὐτοκράτορος] / Καί[σα]ρος Τραια[νοῦ Ἀδρ]ι[ανοῦ] / [Σ]εβα[σ]τοῦ, ἀντιστρ[άτηγ]ον [τῆς] / ἐπαρχείας τῆς Καππαδ[οκ[ίας. Λ. Γ]-έλλιος Μ[ένανδρος καὶ Λ. Γέλλιος Ἰο]ῦστος υἱ(οὶ) το[ῦ Γελλίου Μενάνδρου] / εὐεργ[εσίας ἕνεκεν] und AE 1971, 437 = SEG 30, 159: Λ(ούκιον) Φλ(άβιον) Ἀρριανὸν / ὑπατικὸν φιλό[σο]/φο[ν].
60 CIL VI 41318 = D 1222: *Ceionium Rufium Albinum v(irum) c(larissimum), cons(ulem) [ordinarium, praefectum urbi,] philosophum, Rufi Volusiani bis ordinarii cons(ulis), [bis praefecti urbi, praef(ecti) praetorio,] filium senatus ex consulto suo, quod eius liberis [quaesturam petentibus interventu eius] post Caesariana tempora, id est post annos CCCLXXX et I [primum sibi quaestorum omnium creandorum] auctoritatem decreverit, [statua honoravit]. Fl(avius) Magnus I<a>nuarius v(ir) c(larissimus), curator statuarum [ponendam curavit et dedicavit]*
61 Vgl. HAHN 1989, 29.

noch braucht es nicht zu verwundern, wenn im Text einer ephesischen Inschrift ein Cn. Claudius Severus, *consul* etwa im Jahr 167, ebenfalls als φιλόσοφος charakterisiert wird, in einem Text, in dem auch der Konsulat, der Pontifikat sowie die Verwandtschaft mit den regierenden Kaisern erscheinen.[62] Der Dedikant ist Hadrianus von Tyros, einer der herausragenden Sophisten der Zeit, ein Schüler von Herodes Atticus. Hadrianus kannte Severus aus Rom, wo beide zusammen mit Flavius Boethus, einem Senator aus Ptolemais im Süden der Provinz Syria, an anatomischen Demonstrationen von Galenus teilgenommen hatten.[63] Es ist das griechische Milieu, in dem auch ein römischer Senator mit dieser Bezeichnung in der Öffentlichkeit erscheinen kann,[64] ebenso wie dort auch der Verweis auf die rednerische Tätigkeit früher und öfter erfolgte als im lateinisch-römischen Milieu. Das zeigt nochmals mit besonderer Deutlichkeit die Gestalt des Senators L. Egnatius Victor Lollianus, *consul suffectus* nach 220 und *proconsul Asiae* für drei Jahre von 242/3 – 244/5. Der Rat vom Areopag in Athen ehrte ihn schlicht und einfach mit der Benennung Rhetor, jeder Hinweis auf seinen Rang in Rom fehlt.[65] Schon Herodes Atticus hatte es in seinen Inschriften in Athen und Elis vermieden, auf seine senatorischen Ämter hinzuweisen.[66] So weit wie in Athen ging man in Smyrna in Asia nicht, wo natürlich seine offizielle Stellung als *consul* und vor allem als *proconsul Asiae tertium* herausgestellt werden musste. Doch auf drei Statuenbasen, die auf drei unterschiedliche Dedikanten zurückgehen, wird er ebenfalls als Rhetor geehrt, freilich nicht nur mit dem simplen Wort allein, sondern mit einer ganzen Kaskade von Epitheta: als ῥητόρων τὸν κράτιστον καὶ πρῶτον, als ῥητόρων πρῶτον und schließlich als τὸν μόνον καὶ πρῶτον τῶν ῥητόρων.[67]

Die Zeit Marc Aurels ist wohl die Periode, in der die engste Verbindung zwischen der imperialen Macht und den Trägern der damals aktuellen intellektuellen Strömung bestand.[68] Zwei Protagonisten der Sophistik, Fronto und Herodes, waren die Lehrer von Marc Aurel und Verus gewesen, die viele Schüler auch aus den Kreisen der senatorischen Familien hatten. Marc Aurel versuchte auch als Kaiser, Zeit für seine

---

[62] IK 15, 1539 (Ephesos) und ENGELMANN 2000, 78 = AE 2000, 1403; ferner JONES 2002, 111 ff.

[63] PIR² H 4. Vgl. SCHLANGE-SCHÖNINGEN 2003, 158 ff.

[64] Doch auch in griechischem Kontext ist diese Benennung bei Senatoren recht selten. Man könnte z. B. darauf hinweisen, dass der Senator aus Pergamon, Claudius Charax, zwar bei M. Aur. 8,25,2 als Philosoph erwähnt wird, doch in dem ehrenden Text AE 1961, 320, der den vollen Cursus bietet, fehlt jeder Hinweis darauf.

[65] IG II² 4217. Damit könnte man das vergleichen, was Philostr. soph. 2,25 = 537 von Herodes Atticus berichtet: Für ihn sei es wichtiger, erfolgreich in freier Rede zu sein, als Konsular und Nachkomme von Konsuln genannt zu werden. Dass in Athen Herennius Dexippus als ῥήτωρ καὶ συγγραφεὺς geehrt wird, überrascht nicht (IG II² 3669).

[66] Siehe z. B. IvOlympia 621– 625.

[67] IK 24, 1, 635 (Smyrna): Ἀγαθῆι τύχηι. / Ἐγνάτιον Οὐίκτορα / Λολλιανόν, / τὸν λαμπρότατον / τῆς Ἀσίας ἀνθύπατον / κατὰ τὸ ἐξῆς ἐτῶν /τριῶν, /τὸν μόνον / καὶ πρῶτον / τῶν ῥητόρων ...; HERRMANN/MALAY 2003, 1 ff.

[68] Bei SIRAGO 1989, 36 ff. ist trotz des Titels nichts Einschlägiges zu finden. Zum Ambiente der Zeit ist BIRLEY 1987 zu vergleichen; siehe auch FÜNDLING 2008.

philosophischen Neigungen zu finden, was weit bekannt war. Das beeinflusste notwendigerweise in vielfacher Hinsicht auch das geistige Klima in der Reichsführungsschicht, bei Senatoren und führenden Rittern, speziell in der Administration um den Kaiser, von denen nicht wenige aus den Reihen der Sophisten oder dem Kreis von deren Schülern kamen.[69] Den Kaiser konnte man als Vorbild nehmen, nicht anders als dies unter Hadrian bei der Barttracht geschehen war. Der deutlich verstärkte Zustrom von Senatoren aus den griechisch geprägten Provinzen des Ostens, aus Griechenland, Macedonia, Kleinasien und Syrien veränderte die Zusammensetzung des Senats und auch dessen kulturelle Prägung.[70] Römische Wertvorstellungen, wie sie sich u.a. in den penibel formulierten *cursus honorum* ausdrückten, d.h. mit der Betonung der *res publica* als Bezugspunkt,[71] wurden offensichtlich relativiert, anderes konnte an deren Stelle treten oder sie zumindest ergänzen. Dies waren Werte, die sich aus der immer schon vorhandenen intellektuellen Welt mancher Mitglieder der Führungsschicht ergaben.

Man kann zumindest die Frage stellen, ob nicht dieser schleichende Prozess die senatorische Führungsschicht als ganze auch mental so veränderte, dass die Entscheidung von Kaiser Gallienus, Senatoren aus all den Aufgaben auszuschließen, die mit der Leitung der Provinzen und dem Kommando über Truppen verbunden waren, eine zwangsläufige Folge war. Intellektuelle als Generäle in den Provinzen: das schien wohl nicht die Gewähr zu geben, dass mit ihnen die Krise gemeistert werden könne. Dies gelang den illyrischen Kaisern, die, zusammen mit ihrer sehr soldatisch geprägten Gefolgschaft, aus einem ganz anderen Milieu stammten als die Masse der Senatoren.

---

69 Siehe BOWERSOCK 1969; MILLAR 1977, 83 ff.; LEWIS 1981, 149–166; vgl. auch CARBONI 2017.
70 Siehe die Zusammenstellungen der bekannten Senatoren aus dem Osten bei HALFMANN 1979; HALFMANN 1982, 603 ff. Vgl. auch JONES 2005, 263 ff.
71 ECK 2005, 53 ff.; ECK 2009c, 79 ff.

2 *Ordo senatorius* und Mobilität: Auswirkungen und Konsequenzen im Imperium Romanum

1 Einleitung

Im Jahr 1982 erschien das von Silvio Panciera herausgegebene monumentale zweibändige Werk *Epigrafia e ordine senatorio*. In Volumen II dieses Werkes wurde der Versuch unternommen, durch die Beiträge zahlreicher Autoren einen umfassenden Überblick über die Herkunft der Senatoren aus allen Regionen des Imperium Romanum zu erarbeiten.[1] Dieser Versuch ist vollinhaltlich gelungen; auch heute noch kann man sich ohne Probleme auf dieser Basis mit der Frage befassen, welche Provinzen zu welchen Zeiten welche Senatoren und ihre ungefähre Zahl in den stadtrömischen Senat entsandt haben. Die zwei Bände von *Epigrafia e ordine senatorio 30 anni dopo*, die die frühere Publikation gewissermaßen fortsetzen, zeigen sehr deutlich,[2] wie grundsätzlich zuverlässig das damalige Ergebnis in der Tendenz gewesen ist, trotz der einen oder anderen heute notwendigen Veränderung und Ergänzung; das Gesamtresultat aber wird davon nicht betroffen.

Somit kann man die Entwicklung der Herkunft der Mitglieder des Senats mit einiger Sicherheit beschreiben. Dabei bleibt die zu Recht immer wieder ausgesprochene, nicht immer von allen beachtete Mahnung, man müsse sich vor zu definitiven Zahlenangaben hüten, bestehen. Denn manche unserer Kriterien für die Bestimmung der Herkunft von Senatoren (oder auch Rittern), zumal wenn sie allein auf der Onomastik beruhen, sind problematisch und deshalb unsicher. Aber – der Gesamttrend ist mit weitgehender Sicherheit beschrieben worden.[3]

Während unter Caesar und speziell unter Augustus vor allem die zahlreichen größeren und kleineren Städte sowie die Stämme Italiens Zugang zum Senat erhielten, zumal auch diejenigen, die im Bundesgenossenkrieg noch gegen Rom gestanden hatten,[4] wurden dort bald auch Senatoren von der iberischen Halbinsel und aus der Narbonensis zugelassen, selbst wenn die Zahl dieser 'provinzialen' Senatoren zunächst äußerst begrenzt war. Über deren Aufnahme wurde vor allem durch die jeweilige politische Situation in Rom selbst entschieden, was der Eintritt von Cornelius Balbus in den Senat und sein Suffektkonsulat im Jahr 40 v. Chr. in überdeutlicher Weise zeigen. Es ging um die Gewinnung von Verbündeten im innerpolitischen Kampf der römischen Machthaber. Doch diese Tendenz hin zu Senatoren aus den Provinzen,

---

1 PANCIERA 1982.
2 CALDELLI/GREGORI 2014.
3 Siehe die Zusammenfassung bis in die Mitte des 2. Jh. bei ECK 1991a, 73 ff., Nachdr. auf Deutsch ECK 1995d, 103 ff. Für die spätere Zeit vor allem ALFÖLDY 1977; LEUNISSEN 1989; BARBIERI 1952; HÄCHLER 2019.
4 Klassisch ist die Abhandlung von SYME 1938; Nachdr. in SYME 1938; siehe ferner WISEMAN 1971. Zu Oberitalien siehe ALFÖLDY 1999b, 257 ff.; dazu mit etwas anderer Ponderierung, ECK 2015, 130–139.

also Untertanengebieten des römischen Volkes, verstärkte sich auch unter dem Schirm der *pax Augusta* in den folgenden Jahrzehnten, vor allem mit Claudius und seiner programmatischen Rede im Jahr 48 über das sogenannte *ius honorum adipiscendorum*, das *primores Galliae* mit einer Gesandtschaft nach Rom beantragt hatten.[5] Bisherige „Untertanen" wollten an der politischen Macht im Reich partizipieren. Diese Tendenz blieb freilich zunächst noch auf den Westen beschränkt. Erst mit Vespasian der seine Usurpation wesentlich auf die Armeen der östlichen Provinzen gestützt hatte, – also erneut eine Krisensituation – wurden auch die mehr griechisch bestimmten Regionen relativ schnell und prominent im Senat vertreten, obwohl schon vorher einzelne Senatoren bekannt sind, die aus kleinasiatischen Provinzen stammten.[6] Die Zahl der von Vespasian in den Senat promovierten Personen aus dem Osten war zunächst noch nicht sehr umfangreich. Doch diese neuen Senatoren, die vor allem unter Domitian reüssierten, verschafften durch ihren Einfluss schnell auch anderen Zugang zum Senat, so dass gegen Mitte des 2. Jh. die Zahl der Senatoren, deren Heimatgemeinde in den griechisch sprachigen Provinzen lag, kaum mehr hinter der aus dem Westen zurückstand.[7] Und ebenso haben die Senatoren aus den nordafrikanischen Provinzen seit den Flaviern zunehmend eine gewichtige Gruppe dargestellt.[8] Am Ende des 2. Jh. war die Mehrzahl der Provinzen im Senat repräsentiert, auch wenn eine Reihe von Regionen des Reiches – jedenfalls nach unseren bisherigen Kenntnissen – dort nicht vertreten waren. Zu diesen wohl fehlenden Provinzen gehörten Germania inferior und Britannien, ebenso die meisten Donauprovinzen, aber auch Iudaea und Cypern. Dennoch: der Senat war eine multinationale Versammlung, eine Vertretung führender Familien aus zahlreichen Gemeinden des Reiches geworden, die aber nunmehr alle an einem Ort, in Rom, vereint waren.[9]

Was aber hieß dies für die Mobilität innerhalb des Reiches? Welches waren die Folgen für die Betroffenen selbst, aber ebenso für die Gemeinden, zu deren herausragenden Bürgern die Senatoren ursprünglich gehört hatten? Diese Fragen sind, wenn ich recht sehe, bisher nicht systematisch behandelt worden, was auch hier nicht umfassend geschehen kann; aber es sollen doch zumindest Hinweise gegeben werden, welche Folgen sich daraus ergaben. Drei Aspekte sollen kurz besprochen werden: Die Folgen der Aufnahme in den Senat für die Heimatgemeinden der Senatoren (Abschnitt 2), der Zwang zur Mobilität als Folge der amtlichen Aufgaben eines Senators (Abschnitt 3) und Rom als Lebensmittelpunkt der Senatoren: die Folgen für die Mobilität anderer Reichsbewohner (Abschnitt 4).

---

[5] Vittinghoff 1954; Perl 1996; Riess 2003; Bleicken 1998a, 870 Anm. 70; Caballos Rufino 1990; Becker 2018; Jakobsmeier 2019, passim. Siehe Malloch 2020.
[6] Allein aus Perge in Pamphylien sind zwei Senatoren bekannt: M. Plancius Varus und C. Iulius Cornutus Tertullus: Eck 2009 g. Siehe ferner Devreker 1980.
[7] Halfmann 1979; Halfmann 1982.
[8] Siehe Corbier 1982; und Le Glay 1982.
[9] Zu diesem Aspekt Eck 2021e.

2 Die Folgen der Aufnahme in den Senat für die Heimatgemeinden der Senatoren

Die neue Mitgliedschaft im Senat bedingte zwingend, dass nicht nur der Senator selbst seinen Wohnsitz nach Rom verlegte, das von da an auch rechtlich seine Heimat, seine *origo*, war. Es war auch eine fast zwingende Notwendigkeit, dass die Familie des jungen Senators sich mit ihm nach Rom begab. Denn wenn man von den nicht übermäßig zahlreichen Senatoren absieht, die aus Gemeinden in der näheren Umgebung Roms stammten,[10] dann war unter den Bedingungen der Zeit, falls die Familie am alten Wohnsitz bleiben wollte, die Möglichkeit zur häufigen, gar regelmäßigen Rückkehr in die Heimat sehr begrenzt. Ständige Reisen waren allein deswegen ausgeschlossen, weil jeder Senator vielfältige Verpflichtungen in Rom hatte: Die Anwesenheit bei den Senatssitzungen war obligatorisch, es gab Verpflichtungen religiöser Natur, nicht nur bei den *fratres Arvales*, auch die Teilnahme an Gerichtssitzungen war erforderlich sowie zumindest die Anwesenheit bei Ereignissen im Kaiserhaus und in den Familien vieler Standesgenossen. Zudem mussten Senatoren, wenn sie in ihre ehemalige Heimat in einer Provinz reisen wollten, um *commeatus* bitten, um Urlaub, – am Anfang noch beim Senat, später beim Princeps: Nur wenn der familiäre Grundbesitz auf Sizilien bzw. in der Narbonensis lag;[11] konnte jeder selbst entscheiden, dorthin zu reisen, es sei denn, man war durch ein Amt gebunden. Plinius d. J. hat als *praefectus aerarii Saturni* um „Urlaub", *commeatus*, gebeten, um seine Güter in Etrurien, also nicht übermäßig weit von Rom entfernt, zu besuchen.[12]

Der Umzug einer Familie nach Rom hatte einen erheblichen finanziellen Aufwand zur Folge. Denn in Rom musste ein der neuen Stellung adäquater Wohnsitz gefunden werden, meist noch kombiniert mit einem Landgut nicht allzu entfernt vom Zentrum Rom.[13] Bekannt ist, wie nicht wenige Senatoren, die von der iberischen Halbinsel stammten, solchen Besitz in der Gegend von Praeneste und Tivoli erwarben,[14] was sich u. a. an den zahlreichen Gräbern ablesen lässt, die hier und überall in der näheren Umgebung Roms von senatorischen Familien errichtet wurden.[15]

Ob alle *homines novi* finanziell so flüssig waren, dass sie eine *domus* in Rom und eine Villa vor den Toren der Stadt unmittelbar aus ihren finanziellen Rücklagen bezahlen konnten, ist nicht bekannt. Für Herodes Atticus, den Milliardär aus Athen, war

---

10 Siehe die Beiträge von CAMODECA 1982, CÉBEILLAC-GERVASONI 1982, TORELLI 1982, GAGGIOTTI/SENSI 1982, GASPERINI/PACI 1982; Ferner SALOMIES 1996; CAMODECA 2008.
11 Tac. ann. 12,23,1: *Galliae Narbonensi ob egregiam in patres reverentiam datum ut senatoribus eius provinciae non exquisita principis sententia, iure quo Sicilia haberetur, res suas invisere liceret*; Cass. Dio 60,25,6f.; zu all diesen Aspekten TALBERT 1984.
12 Plin. epist. 3,4,2.
13 ECK 1997.
14 SYME 1982/83.
15 Siehe dazu in Kürze KNOSALA 2018.

es sicher kein Problem.¹⁶ Doch das galt sicher nicht für alle. Man denke nur daran, dass Plinius d. J. seinen Bekannten Voconius Romanus in den Senat bringen wollte, der jedoch nur mühsam wenigstens das Mindestvermögen nachweisen konnte.¹⁷ Auch Gavius Clarus, der junge *amicus* von Cornelius Fronto, konnte nur mit großer Anstrengung die finanziellen Lasten seines Standes bewältigen.¹⁸ Solche Voraussetzungen hatten notwendigerweise zur Folge, dass nicht wenige neue Senatoren zu Hause Besitz verkaufen mussten, um die flüssigen Mittel in Rom zu investieren, dessen Preisniveaus sicherlich insgesamt höher lag als in Italien oder den meisten Provinzen. Zumindest für einen bestimmten Moment wird dies durch Plinius direkt beschrieben. Denn in dem Augenblick, als Traian die Neuankömmlinge im Senat verpflichtete, ein Drittel ihres Grundvermögens in italischem Grund und Boden anzulegen, wurde, wie Plinius betont, das unterschiedliche Preisniveau deutlich,¹⁹ auch sein Schützling Voconius Romanus wäre zusätzlich davon betroffen worden. Da der kaiserliche Befehl relativ plötzlich kam, entstand eine erhöhte Nachfrage, so dass die Preise für Landgüter vor der Stadt anzogen, während sie in manchen Provinzen wegen des unerwartet hohen Angebots an Grundbesitz deutlich sanken. Der plötzliche Befehl verursachte einen Preissprung bei Grundstücken, der auch von denen wahrgenommen wurde, die, wie Plinius d. J., bereits an das normale höhere Preisniveau Roms gewohnt waren. Später verminderte Marc Aurel den Anteil, den Senatoren nach Italien zu transferieren hatten, auf ein Viertel,²⁰

Damit ist eine erste Konsequenz erfasst, die die Neuaufnahme eines provinzialen Senators hatte: Da jeder der neuen Senatoren zu Hause zu den ökonomisch Mächtigen oder sogar Mächtigsten zählte, machte sich sein Wegzug in der Heimat bemerkbar, zumindest im Gefüge der heimischen Ökonomie. Aber auch im Sozialgefüge seiner Heimat konnte das Folgen haben. Denn mit dem Weggang nach Rom war die Familie notwendigerweise in den konkreten städtischen Netzwerken weniger präsent als bisher; sie konnte aber auch ganz ausfallen, es sei denn, sie wirkte diesem möglichen Verlust an Einfluss unmittelbar entgegen. Beispielhaft dafür könnte die Familie der Minicii Natales in Barcino sein. Deren erster bekannter Vertreter, einer der Suffektkonsuln des Jahres 106, ließ zusammen mit seinem Sohn in seiner Heimatstadt ein *balineum* einschließlich der dafür nötigen Fernwasserleitung erbauen.²¹ In diesem *balineum* aber hat die Stadt Carthago um das Jahr 153/54 für dessen Sohn, Suffektkonsul im Jahr 139, nach seinem Prokonsulat in Africa eine Quadriga aufstellen lassen, sicherlich mit Zustimmung des Geehrten, vielleicht hat sogar er selbst speziell

---

16 ANDERMAHR 1998.
17 Siehe PIR² L 210; SYME 1960, 364 ff.
18 PIR² G 97.
19 Plin. epist. 6,19,4: *eosdem patrimonii tertiam partem conferre iussit in ea, quae solo continerentur, deforme arbitratus – et erat – honorem petituros urbem Italiamque non pro patria, sed pro hospitio aut stabulo quasi peregrinantes habere.*
20 HA Aur. 11,8.
21 CIL II 4509 = 6145 = D 1029 = IRC IV 30.

den Platz vorgeschlagen.²² Diese Familie scheint somit selbst nach der zweiten Generation im Senat auch in der ehemaligen Heimat weiterhin präsent gewesen zu sein, und zwar durchaus gewollt. Man kann dennoch annehmen, dass ihr Platz in der täglichen Politik Barcinos sich deutlich verändert hat und andere Familien und Personen ihre Stellung – mindestens partiell – übernahmen. Auch im pamphylischen Perge lässt sich feststellen, dass die senatorische Familie der Plancii, deren erster Vertreter schon vor den Flaviern im Senat saß, dort weiterhin einen sichtbaren, ja dominanten Einfluss ausübte. Zumindest war das Stadtbild des hadrianischen Perge in der ersten Hälfte des 2. Jahrhunderts von Plancia Magna geprägt, die auch zahlreiche Ämter in der Gemeinde übernommen hatte. Sie war Tochter des flavischen Senators Plancius Varus und Frau von C. Iulius Cornutus Tertullus, *consul suffectus* zusammen mit Plinius d. J. im Jahr 100. Zumindest in ihren späteren Lebensjahren scheint sie auch wieder in Perge gelebt zu haben.²³

Sicher aber ist, dass die Ökonomie einer Gemeinde von der Aufnahme einer Familie in den Senat betroffen war. Das war eine notwendige Konsequenz des senatorischen Lebens in Rom. Das aber wurde durch die Anordnung Traians, zumindest ein Drittel des in Grundbesitz angelegten Vermögens nach Italien zu transferieren, zur Regel, was gesamtwirtschaftlich gesehen, nicht ohne Rückwirkung auf die Heimatgemeinde geblieben sein kann. Denn wenn dieser, vermutlich vor allem landwirtschaftlich genutzte Besitz an andere Eigentümer überging, dann wurde die Gemeinde, auf deren Territorium dieser Besitz lag, dadurch nicht weiter betroffen, da die Steuern sowie die damit verbundenen *munera* weiter erbracht werden mussten, nur eben von den neuen Besitzern. Doch die Masse des Grundvermögens eines neuen Senators verblieb notwendigerweise in der Heimat, was schon die traianische Regelung voraussetzt, ebenso aber auch die Nachricht, dass Senatoren ihre Güter auf Sizilien und der Narbonensis ohne Sondergenehmigung besuchen konnten. Selbst wenn Senatoren gewollt hätten, wäre es unmöglich gewesen, den gesamten Besitz nach Italien zu überführen. Auf den Ertrag der in der alten Heimat verbliebenen Güter aber waren die Senatoren in Rom angewiesen, die notwendigerweise dort einen gewissen aufwendigen Lebensstil zu führen hatten. Der finanzielle Ertrag, der aus diesen Gütern speziell in den Provinzen erwirtschaftet wurde, war daher kontinuierlich nach Rom zu transferieren, vermutlich durch diejenigen, die im Auftrag der in Rom wohnenden Senatoren deren Geschäfte in den Provinzen regelten. Dieser Ertrag wurde damit der Wirtschaft einer Provinzstadt entzogen, er wurde dort nicht wieder in den Wirtschaftskreislauf zurückgeführt, weder durch direkten Konsum noch durch irgendeine Form von Investition.

---

22 ECK/NAVARRO 1998 = AE 1998, 804.
23 PIR² P 444. Dass sie vielleicht ab Beginn der hadrianischen Zeit, seitdem ihr Ehemann nicht mehr nachweisbar ist, wieder in Perge lebte, lässt sich wohl aus der Dedikation der Statuen der kaiserlichen Familie erschließen: Nerva, Traian und Marciana erscheinen als divi, Hadrian und die Frauen um ihn noch ohne dieses Epitheton.

Soweit es sich um den Transfer des Ertrags in monetärer Form handelte, konnte das alles relativ einfach erfolgen und erforderte wenig personellen Aufwand bei der Überführung der Gelder nach Rom. Doch ist zu fragen, ob nicht viele Senatoren gerade Teile der eigenen landwirtschaftlichen Produktion nach Rom bringen ließen, statt Lebensmittel wie Getreide, Wein, Öl, die für einen großen Haushalt erforderlich waren, in Rom auf dem Markt zu erwerben. Denn bei großen Haushalten wie etwa dem des Stadtpräfekten Pedanius Secundus, dem allein 400 Sklaven angehörten,[24] konnte die direkte Versorgung durch den Ertrag der persönlichen landwirtschaftlichen Güter ökonomisch vorteilhafter sein. Dazu fehlt uns zwar fast jede Form der Überlieferung; doch liegt der Gedanke unter wirtschaftlichem Kalkül durchaus nahe. Das hätte, wenn viele Senatoren so gehandelt hätten, zu einem nicht geringen Transportverkehr nach Rom geführt, vielleicht weniger aus den überseeischen Provinzen, aber doch zumindest aus den senatorischen Gütern in Italien. Über solche verfügte auch jeder aus den Provinzen stammende Senator, spätestens auf Grund der traianischen Regelung, vermutlich aber schon längst vorher. Die senatorische Familie der Tiberii Claudii aus Messene auf der Peloponnes hatte seit der Zeit des Antoninus Pius bei Abellinum in Campanien Grundbesitz und ist dort noch in dritter senatorischer Generation nachweisbar. Von dort konnte man über die Häfen am Golf von Neapel relativ leicht, Produkte der Güter bei Abellinum nach Rom bringen lassen.[25] Aber auch über lange Distanzen, auch aus manchen Provinzen können Produkte direkt nach Rom gebracht worden sein. So ist es leicht vorstellbar, dass die Familie der Laecanii Öl und Wein, die sie in Rom brauchten, von ihren Gütern aus Istrien bezog.[26]

Wie auch immer dieser Transfer des wirtschaftlichen Ertrags der provinzialen Güter eines Senators erfolgte, damit war stets ein entsprechender wirtschaftlicher Verlust für die ehemalige Heimatgemeinde verbunden. Für uns ist dieser nicht zu berechnen; doch dass zumindest ein Teil der lokalen Ökonomie und dem städtischen Leben entzogen war, kann man kaum bestreiten. Das galt sogar dann, wenn ein Senator wie Plinius d. J. wiederum einen Teil seines Reichtums zu Hause oder dort, wo er Landbesitz hatte, investierte: in Comum ließ er Thermen und eine Bibliothek errichten, in Tifernum Tiberinum einen Tempel.[27] Gravierend konnte sich dieser Abfluss aus einer Stadt vor allem dann auswirken, wenn mehrere Bürger einer Gemeinde senatorischen Status erhielten, wie z. B. senatorische Familien in Pola, wo Palpellii, Laecanii und Settidii den Schritt in den Senat getan haben, oder auch aus Patavium, von wo noch weit mehr Senatoren stammten.[28] Hinzu kam noch, dass der Grundbesitz von Angehörigen des Senats eben durch deren Zugehörigkeit zum Senat von bestimmten *munera* befreit war. Zwar wissen wir nicht, wieweit etwa senatorischer Besitz außerhalb Italiens auch steuerfrei war; sicher ist jedoch, dass die verantwortlichen Muni-

---

24 Tac. ann. 14,42–45.
25 HALFMANN 1979, 174. 196; ANDERMAHR 1998, 217 f.
26 TASSAUX 1982.
27 PIR² P 490.
28 ALFÖLDY 1982, 330 f., 336 ff.; ALFÖLDY 1999b.

zipalmagistrate nicht das Recht hatten, durchreisende römische Amtsträger oder Soldaten, die durch ein Diplom ihren Anspruch auf kostenlose Übernachtung nachweisen konnten, in Häusern von Senatoren einzuquartieren. Nicht wenige Inschriften aus der Provinz Asia aus der Zeit von Septimius Severus[29] sowie von Valerian und Gallienus zeigen, dass senatorischer Besitz jedenfalls von solchen *munera* befreit war.[30] Das konnte für die anderen Bewohner mancher Gemeinden durchaus spürbare Konsequenzen haben, weil entsprechende Lasten dadurch auf weniger Familien verteilt werden mussten.

Auch wenn man im Detail – zumindest bisher – die vor allem negativen Folgen des Transfers einer Familie in den Senat für die ehemalige Gemeinde nicht nachweisen kann, so scheinen doch allgemeine Überlegungen darauf hinzudeuten, dass diese Folgen nicht gering gewesen sind. Es ist deshalb nicht abwegig, die Frage zu stellen, ob und möglicherweise wie weit die Schaffung der reichsweiten senatorischen Aristokratie durch einen – neben den allgemeinen Steuern – dauerhaften massiven Abfluss von wirtschaftlichen Ressourcen nach Rom zumindest zu einer Schwächung mancher Gemeinden und damit auf längere Sicht einer allgemeinen Schwächung im Reich beigetragen hat.

3 Der Zwang zur Mobilität als Folge der amtlichen Aufgaben eines Senators

Die amtlichen Aufgaben der Senatoren waren teils in Rom, weit mehr aber außerhalb der Stadt zu erledigen, in Italien, vor allem aber in den Provinzen. Alle republikanischen Magistraturen wurden natürlich weiterhin in Rom ausgeübt, womit keine besonderen Reisen verbunden waren. Auch einige der erst seit Augustus geschaffenen Funktionen als *praefecti frumenti dandi* oder *praefecti aerarii militaris* und *Saturni* waren mit persönlicher Anwesenheit in Rom verbunden, nicht anders als die verschiedenen *curae* für die *opera publica*, *alvei Tiberis* oder *aquarum*.[31] Doch alle anderen Aufgaben – und das war die übergroße Zahl – mussten außerhalb Roms erfüllt werden; sie dauerten auch meist länger als die stadtrömischen Funktionen. Es war somit für zahlreiche Senatoren fast kontinuierlich nötig zu reisen, um sich dorthin zu begeben, wo sie ihren Aufgaben nachzugehen hatten. Seit augusteischer Zeit reisten jährlich in die von Prokonsuln geleiteten Provinzen insgesamt 34 senatorische Amtsträger: Prokonsuln, prokonsulare Legaten und Quästoren.[32] Rechnet man ihre

---

29 CIL III 14203, 9; IG XII 5, 132; IK 12, 207–208 (Ephesos); AE 1977, 807; TAM V 1, 607 = Eck/Drew-Bear/Herrmann 1977, 365.
30 CIL III 412 = IGRRP IV 1404 = Eck/Drew-Bear/Herrmann 1977, 367 Anm. 53 = SEG 27, 763 = IK 24, 1, 604 (Smyrna).
31 Siehe in diesem Band Kap. 26.
32 10 Prokonsuln, 14 prokonsulare Legaten und 10 Quästoren.

Begleitung hinzu – darunter allein 72 Liktoren³³ – dann mussten, wenn man *scribae, librarii, haruspices* und *victumarii* einbezieht, jedes Jahr allein mehrere hundert Personen diese Magistrate in die prokonsularen Provinzen begleiten. Nicht eingerechnet ist dabei die private Umgebung der Amtsträger, angefangen von der Ehefrau, häufig auch der Kinder und vor allem der *comites*, meist Freunden des Senators, schließlich seiner für den persönlichen Dienst nötigen Freigelassenen und Sklaven. Ein Prokonsul von Macedonia hatte im Jahr 164/165 fünfzehn eigene Sklaven in seinem Gefolge, als er das Heiligtum auf Samothrake besuchte.³⁴ Wie viele *comites* einen Prokonsul begleiten konnten, ersieht man etwa an dem Brief des Cornelius Fronto, mit dem er sich bei Antoninus Pius schließlich entschuldigte und erklärte, weshalb er den Prokonsulat in Asia trotz aller Vorbereitungen nicht übernehmen könne.³⁵ Jeder Senator, der als Prokonsul eine Provinz leitete, war ein großer Herr, der dies auch durch die Zahl seines Gefolges ausdrückte, ja ausdrücken musste.³⁶ Der Zahl derjenigen, die sich deshalb mit ihm auf die Reise machen musste, war folglich entsprechend groß.

Gleiches galt für die Amtsträger in den *provinciae Caesaris*. Als Calpurnius Piso nach dem Tod des Germanicus endlich im Herbst des Jahres 20 aus Syrien zurückkehrte, wo er Statthalter gewesen war, und am Marsfeld das Schiff verließ, zog er *magno clientium agmine ipse*, seine Frau Plancina *feminarum comitatu* in die Stadt, was großes Aufsehen erregte.³⁷ Vergleichbares, wenn auch vielleicht in etwas bescheidenerem Maßstab, galt für alle diejenigen, die im Auftrag des Princeps in seinen Provinzen tätig waren. Schon in augusteischer Zeit waren dies 12 Provinzlegaten, rund 25 Legionskommandeure und ebenso viele *tribuni laticlavii*, die senatorischen Ranges waren und deshalb ebenfalls im allgemeinen wohl direkt von Rom aus zu ihren Legionen reisten. Unter Marc Aurel hatte sich die Zahl der Legionslegaten und Militärtribune kaum verändert, wohl aber waren es inzwischen 22 senatorische Provinzlegaten, die den Kaiser in den Außenländern des Reiches vertraten. Sie alle blieben zwar länger als ein Jahr an ihre Aufgaben gebunden; aber alle zwei oder drei Jahre hatten sie entweder wieder nach Rom zurückzukehren oder sie gingen direkt in eine andere Provinz, um dort eine weitere Aufgabe zu übernehmen. Und für alle galt, dass sie in ihrer Provinz zwar einen je eigenen Amtssitz hatten; doch ihre Tätigkeit, vor allem als rechtsprechende Magistrate, führte sie an viele Orte, da alle Provinzen das jährlich zu

---

33 Je 12 für die Prokonsuln von Asia und Africa, je 6 für die acht Prokonsuln in prätorischen Provinzen.
34 AE 1965, 205 = AE 1967, 444, neben weiteren Personen, die ihn nach Samothrake begleitet hatten. Man vgl. auch, dass Tac. ann. 2,80,1 es für erwähnenswert erachtet, Calpurnius Piso habe seine und seiner Frau Plancinas Sklaven für die Aufstellung einer neuen Legion herangezogen. Dann kann deren Zahl, selbst wenn die Aussage des Historikers übertrieben ist, nicht ganz gering gewesen sein.
35 Front. ad Anton. 2,8 (VAN DEN HOUT 1988, 166 f.).
36 ECK 2019a, 377–387: Eine Reihe von Dokumenten zeigt, dass dies auch Prestige für die *comites* mit sich brachte.
37 Tac. ann. 3,9,2; das sind allerdings vermutlich nicht nur die eigentlichen Reisebegleiter, sondern auch die aus der Stadt an den Tiber geeilten Klienten.

bedienende Konventsystem kannten.³⁸ Völlig zu Recht ist deshalb von den 'governors on the move' gesprochen worden.³⁹

Letztlich waren zumindest die männlichen Mitglieder des *ordo senatorius*, aber partiell auch die weiblichen, eine sehr mobile Gesellschaft, beginnend mit der Aufnahme von *homines novi* in den Senat. Die Mobilität nahm meist im Laufe eines *cursus honorum* zu und je älter viele Senatoren wurden, desto mehr verbrachten sie ihre Zeit auf Reisen, in ihre Einsatzprovinz und dort sodann entsprechend mit den Reisen zu den Konventsorten oder zu den Lagern der ihnen unterstehenden Truppen. Zwischen 197 und 209 besuchte Attidius Praetextatus als Legat von Syria Palaestina das Lager der *ala VII Phrygum* bei Tel Shalem, wo er eine Statue von Caracalla oder vielleicht sogar Statuen der gesamten kaiserlichen Familie dedizierte. Dies geschah sicherlich während einer Rundreise in der Region Galiläa, wo er nicht nur dieses Lager besuchte, sondern auch andere Stützpunkte, nicht weniger als die Städte, die dort lagen.⁴⁰

Beispielhaft für ein senatorisches Leben ‚on the move' sei auf Gnaeus Minicius Faustinus Sextus Iulius Severus verwiesen, der 127 zu einem Suffektkonsulat kam. Aus Aequum in Dalmatien stammend, trat er unter Traian in den Senat ein; sein erster Aufenthalt in einer Provinz war durch den Militärtribunat bei der *legio XIIII Gemina* wohl bereits in Carnuntum bedingt. Wenige Jahre später übernahm er für ein Jahr die Quästur unter einem Prokonsul von Macedonia. Zurück in Rom blieb er dort bis nach der Prätur, als er erneut in Carnuntum nun das Kommando über die *legio XIIII Gemina* übernahm, etwa in den Jahren von 116–118/9. Von dort ging er vielleicht direkt nach Dacia superior, wo er von 119/120 bis mindestens 126 blieb, um schließlich in den letzten Monaten von 127 als Suffektkonsul zu amtieren, wohl in Rom selbst, nicht *in absentia*, so darf man zumindest annehmen. Dann folgten drei konsulare Statthalterschaften, zuerst in Moesia inferior, ca. 128–130/131, anschließend in Britannia ca. 132–133, bevor er schließlich die Leitung des Heeres in Iudaea gegen Bar Kochba übernahm. Ob er nach dem Ende dieses Krieges im Jahr 136 auch noch die Provinz Syria leitete, scheint mir unsicher. Doch kehrte er sicherlich wieder nach Rom zurück, um dort auf Antrag des Kaisers und Beschluss des Senats die *ornamenta triumphalia* zu erhalten.⁴¹ Nimmt man alle Jahre zusammen, die er in den Provinzen verbrachte, dann dürften das wohl ca. 22 Jahre gewesen sein. Das war wirklich ein 'senator on the move'. Nicht alle seine Senatskollegen mussten in gleichem Maße bereit sein, sich durchs gesamte Reich zu bewegen wie er. Doch als Grundprinzip galt für die Mehrheit der Senatoren, dass sie für viele Jahre ein unruhiges Leben mit zahlreichen Reisen zu akzeptieren hatten. Bereitschaft zur Mobilität war eine Grundvoraussetzung einer

---

38 Dieses ist jetzt auch für die Provinz Iudaea/Syria Palaestina durch einen noch unpublizierten Papyrus bezeugt (dankenswerter Hinweis von Hannah Cotton).
39 MARSHALL 1966.
40 ECKER/ARUBAS/HEINZELMANN/MEVORAH 2019.
41 PIR² J 576; BIRLEY 2005, 129 ff.; BIRLEY 2016; ECK/PANGERL 2010b, Nachdr. in ECK 2014c, 245–255; ECK/HOLDER/PANGERL 2010.

senatorischen Existenz. Zahlreiche Beispiele vor allem aus dem 1. und 2. Jahrhundert zeigen dies in beeindruckenden Details.[42]

4 Rom als Lebensmittelpunkt der Senatoren: die Folgen für die Mobilität vieler Reichsbewohner

Dass Senatoren sozusagen durch ihren Status ein mobiles Element innerhalb des Imperiums bildeten, war in der einen oder anderen Form stets bewusst. Kaum wahrgenommen aber wurde bisher, dass die senatorische Existenz, ihr Status und ihre Konzentration in Rom eine vielfache Mobilität *anderer Menschen* gerade dorthin zur Folge hatten. Einige Hinweise auf diese Mobilität als Konsequenz der Konzentration aller Senatoren in Rom mögen hier genügen.

Am 1. Juli des Jahres 153 traten P. Septumius Aper und sein Kollege mit dem langen Namen M. Sedatius Severianus Iulius Acer Metilius Nepos Rufinus Ti. Rutilianus Censor in Rom ihren Suffektkonsulat an.[43] Sedatius Severianus war kurz vorher aus der Provinz Oberdakien zurückgekehrt, die er etwa ab 150/151 als kaiserlicher Legat geleitet hatte.[44] Als er in Rom seinen Konsulat antrat, erschien auch eine Gesandtschaft von fünf römischen Bürgern, die der Dekurionenrat der colonia Ulpia Traiana Augusta Dacica Sarmizegetusa ins Reichszentrum gesandt hatte, um dem langjährigen Statthalter zu dieser Promotion in die höchste Rangklasse des Senats die Glückwünsche der Stadt zu überbringen, sicherlich verbunden mit einem Gastgeschenk. Nach ihrer Rückkehr errichteten die fünf Gesandten zum Dank für ihre sichere Reise den *Dei et numina aquarum* einen Altar in Ad Mediam, einem Heilbad, in dem vor allem Hercules verehrt wurde. Warum sie den *dei et numina aquarum* ihren Dank abstatteten, ist nicht näher ausgeführt; aber dass Gewässer in vielfacher Weise eine Reise beeinflussen konnten, ist leicht vorstellbar. Sie betonen jedenfalls, dass sie *incolumes* zurückgekehrt seien.[45] Nicht alle munizipalen Gesandten konnten das sagen,

---

[42] Ein ähnlich bewegtes Leben hatte ein M. Titius Lustricus Bruttianus, dessen Laufbahn erst seit kurzem bekannt ist: 'Fouilles au forum antique: Marcus Titius, découverte d'un Vaisonnais au sommet de l'Empire', 15. Juli 2015, https://www.facebook.com/notes/vaison-la-romaine/ (letzter Zugriff Dezember 2015) = EDCS-67400753. Aus Vasio Vocontiorum stammend hatte er neben zwei Legionskommanden, von denen zumindest eines in die Zeit der traianischen Dakerkriege gehört, Funktionen in folgenden Provinzen zu übernehmen: zweimal in Achaia (als quaestor und als proconsul), in Africa als prokonsularer Legat, als Statthalter in Cilicia, als Legat beim Heer in Germania inferior und superior und schließlich bei den Heeren von Iudaea und Arabia. Die Häduer, deren Patron er war, ehrten ihn in seiner Heimatstadt mit einem großen Monument, vermutlich mit einer Biga (wenn nicht sogar einer Quadriga) – anders als in der im Internet verbreiteten Mitteilung ausgeführt wurde.
[43] Fasti Ostienses zum Jahr 153; vgl. ECK 2013, 76.
[44] PISO 1993, 61 ff.
[45] CIL III 1562 = D 3896 (Ad Mediam): *Dis et Numinib(us) Aquarum Ulp(ius) Secundinus, Marius Valens, Pomponius Haemus, Iul(ius) Carus, Val(erius) Valens legati Romam ad consulatum Severiani c(larissimi) v(iri) missi, incolumes reversi ex voto.*

weshalb die Übernahme solcher *legationes* keineswegs beliebt war, wie sich *leges municipales* entnehmen lässt.[46]

Ob viele Städte der Provinzen in ähnlicher Weise Gesandte nach Rom abordneten, wenn dort ein ehemaliger Statthalter in der senatorischen Hierarchie befördert wurde, wissen wir nicht.[47] Unwahrscheinlich ist das freilich nicht, vor allem wenn eine Stadt wie auch im Fall des Sedatius Severianus den Gouverneur zuvor zum Patron der Gemeinde erwählt hatte.[48] Damit war eine Stadt auch die Verpflichtung eingegangen, dem Patron gegenüber zu zeigen, dass man Ereignisse, die ihn, vielleicht auch seine Familie betrafen, nicht nur beobachtete, sondern soweit nur irgend möglich auch zeigte, dass man zu seiner Klientel gehörte. Das beweisen ja auch mit aller Deutlichkeit die Patronatstafeln, die den Patronen jeweils an ihren permanenten Aufenthaltsort in ihr Haus überbracht wurden, bei Senatoren vor allem nach Rom. Als die *civitas Bocchoritana ex insula Baliarum maiorum* im Jahr 10 v. Chr. M. Crassus Frugi, *consul ordinarius* im Jahr 14 v. Chr., als Patron kooptierte, wurden von der Gemeinde zwei römische Bürger nach Rom gesandt,[49] um ihm die Patronatstafel zu überbringen. Genauso handelte die *civitas Lougeiorum* aus dem nördlichen Spanien im Jahr 1 n. Chr., die mit Asinius Gallus, einem der Konsuln des Jahres 8 v. Chr., ein Patronatsverhältnis eingegangen war.[50] Weit aufwendiger war die Gesandtschaft von Zama Regia, als diese Stadt im Jahr 322 n. Chr. einem Q. Aradius Valerius Proculus, ehemals *praeses* der Provinz Byzacena, die Nachricht überbrachte, man habe ihn zu ihrem Patron erwählt. Zehn Personen machten sich auf die Reise nach Rom, wo die Patronatstafel mit den Namen aller Gesandten die Zeiten überlebt hat.[51] Auch fünf weitere *tabulae patronatus* sind dort, obwohl sie aus Metall bestanden, erhalten geblieben; überbracht hatten die afrikanischen Städte Chullu, Thaenae, Hadrumetum, Faustinianensis und Mididi dem Senator diese repräsentativen Dokumente als Zeichen der Zugehörigkeit zu seiner Klientel.[52] Auch diese Gemeinden traten mit zahlreichen Gesandten auf, im Fall von Chullu hatte sich sogar der gesamte Dekurionenrat auf die Reise nach Italien begeben, unter Anführung der beiden *IIviri* und der beiden *aediles*.[53] Bescheidener war da die Gemeinde Baetulo, der ein einziger *legatus* genügte, um

---

46 Siehe caput XI der *lex Troesmensium*: ECK 2016a, bes. 585 ff.
47 Allgemein zu den Gesandtschaften an Kaiser und Senat in Rom siehe ZIETHEN 1994; HABICHT 2001/2; ECK 2009a; siehe auch TORREGARAY PAGOLA 2016.
48 Siehe für Sedatius Severianus D 9487; AE 1933, 249.
49 VENY MÉLIA 1965, 21 = ZUCCA 1998, 25.
50 AE 1984, 553 = AE 1997, 862
51 CIL VI 1686 = D 6111c.
52 PLRE I Proculus 12.
53 CIL VI 1684: *in quam rem gratuitam legationem susceperunt Insteius Renatus et Apollonius Gallentius duoviri, T(itus) Aelius Nigoginus et Aelius Faustinus aediles, L(ucius) Aelius Optatianus Cammarianus, Flavius Secundinus, Domitius Optatianus, Aemilius Nemgonius, Aemilius Titracius, Statilius Secundianus fl(amen) p(er)p(etuus), et univ(er)sus ord(o) d(ecurionum).*

im Jahr 98 dem Senator Q. Licinius Silvanus Granianus seine Wahl als Patron anzuzeigen.⁵⁴

Wenn man bedenkt, wie viele Patrone manche Gemeinde eingesammelt hat,⁵⁵ dann muss dies zu einem beständigen Verkehr von *legati* der Städte nach Rom geführt haben, einmal um den Patronatsvertrag mit den hohen Herren abzuschließen und um später die geschaffenen Verbindungen mit solch führenden Personen für die eigene Gemeinde zu nutzen. Denn derartige Verträge hatten durchaus eine konkrete Funktion, die sich im Laufe der Kaiserzeit vor allem in der Vertretung vor dem Kaiser manifestierte. Der Dekurionenrat von Tergeste machte diese Funktion des aus der Gemeinde selbst stammenden Senators Fabius Severus in einem langen Beschluss mehr als deutlich: ⁵⁶

> *uti patriam su[am c]um ornatam tum ab omnib[us] iniuriis tutam defensamque praestaret, interim aput iudices a Cae[sar]e datos, interim aput ip[sum I]mperatorem causis publicis patro[ci]nando, quas cum iustitia divini principis tum su[a] eximia ac [pr]udentissima oration(e) s[e]m[pe]r no[b]is victoria firmiores r[e]misit* = ... um seine Heimatstadt in ihrem Glanz zu erhalten und sie vor allen Gefahren und Ungerechtigkeiten zu schützen. Dabei trat er bald vor den vom Kaiser eingesetzten Richtern, bald vor dem Kaiser persönlich in Prozessen, die die Stadt betrafen, als Anwalt auf und durchfocht diese Rechtsansprüche sowohl infolge der Gerechtigkeit des göttlichen Princeps als auch vor allem infolge seiner außerordentlichen und sehr klugen Rede immer siegreich für uns und brachte sie mit größerer Gültigkeit zurück.

Nicht weniger häufig waren Gesandtschaften von Gemeinden, von Collegia, von Heeresabteilungen und natürlich von Privatpersonen, wenn ehemalige Amtsträger in den Provinzen für ihre mehr oder weniger großen Verdienste vor allem durch die Errichtung von Ehrenstatuen geehrt werden sollten, entweder in ihrer Heimatstadt oder – vor allem – in Rom. Wohl in spätrepublikanischer Zeit wurde für einen ehemaligen Prokonsul von Pontus-Bithynia in Rom durch acht Städte der Provinz ein gewaltiges statuarisches Monument errichtet. Wie der griechisch formulierte Teil des Textes der Inschrift zeigt, war jede Stadt durch einen eigenen Gesandten vertreten.⁵⁷ Bald darauf, wohl in frühaugusteischer Zeit, wollte die Provinz Asia einen jungen, noch keineswegs besonders bedeutsamen Senator, P. Numicius Pica Caesianus, in seinem Haus in Rom mit einer Reiterstatue ehren; dazu ordnete die Provinz insgesamt acht Personen ab, allesamt römische Bürger, die den Auftrag in Rom auszuführen hatten.⁵⁸ Die Stadt Neapolis in der Provinz Iudaea wollte den Prokonsul der Provinz

---

54 AE 1936, 66.
55 Vgl. allgemein Nicols 2014.
56 CIL V 532 = D 6680. Die folgende Übersetzung nach Freis 1984, 204f.
57 Eck 1984 = CIL VI 41054.
58 CIL VI 3835 = 31742 = 31743 = D 911: *P(ublio) Numicio Picae Caesiano praef(ecto) equitum, VIvir(o), q(uaestori) pro pr(aetore) provinciae Asiae, tr(ibuno) pl(ebis) provincia Asia // P(ublio) Numicio Picae Caesiano praef(ecto) eq(uitum), VIvir(o), q(uaestori) pro pr(aetore) provinc(iae) Asiae, tr(ibuno) pl(ebis) P(ublius) Cornelius Rufinus, C(aius) Autronius Carus, L(ucius) Pomponius Aeschin(es), Sex(tus) Aufidius*

Asia des Jahres 124–125, Q. Pompeius Falco, an seinem Dienstsitz in Ephesus mit einer Statue ehren; mit der Ausführung des Beschlusses beauftragte sie zwei ihrer Mitbürger, die in der Inschrift unter der Statue genannt sind.[59] P. Iulius Geminius Marcianus, Legat der Provinz Arabia unter Marc Aurel, wurde von einigen Städten seines Amtsbezirks in Rom mit Statuen geehrt, wobei die Gesandten die Inschriften sogar in griechischer Sprache ausführen ließen; sie vergaßen auch nicht, ihren eigenen Namen in die Inschrift zu schreiben.[60] In frühtiberischer Zeit machten sich die Befehlshaber von fünf Reitergeschwadern, die vermutlich in den Kriegen gegen die rechtsrheinischen Germanen gekämpft hatten, nach Rom auf, um im Auftrag ihrer Einheiten ihrem damaligen Kommandeur P. Cornelius Scipio eine Statue zu errichten, ebenso seinem Sohn Cornelius Orestinus.[61] In Volsinii ließ ein ehemaliger *praefectus alae primae Cannanefatium*, der selbst aus Carthago stammte, für seinen ehemaligen Heereskommandeur eine Statue errichten. Dafür hätte er nach Volsinii reisen müssen, was er offensichtlich in diesem Augenblick nicht konnte. Deshalb beauftragte er einen anderen Militärtribunen, der mit ihm im gleichen Heer in Pannonien gedient hatte, für ihn diese Ehrung in Volsinii durchzuführen.[62]

Die Reihe solcher Ehrungen in Rom selbst oder auch vielen anderen Städten Italiens und der Provinzen könnte man fast beliebig fortsetzen. Obwohl natürlich die Mehrheit solcher Dokumente verschwunden ist, zeigt die große Zahl der dennoch erhaltenen Dokumente, dass allein wegen der Ehrung von Senatoren, deren üblicher Aufenthaltsort Rom gewesen ist, ein kontinuierlicher Reiseverkehr zwischen Italien und den Provinzen stattfand. Denn keine dieser Ehrungen konnte allein mit einem schriftlichen Auftrag erledigt werden, genauso wenig wie man eine *tabula patronatus* durch einen Kurier überbringen lassen konnte. Die Aufstellung einer Statue erforderte gewisse Zeremonien nicht anders als die Übergabe der Urkunde, mit der dem erwählten Patron der Beschluss einer Gemeinde in schriftlicher Form überreicht wurde; diese Urkunden schmückten sodann das Haus des Geehrten, vermutlich im Eingangsbereich, um allen Besuchern den herausragenden Rang der Person deutlich zu machen. Im Haus des Q. Aradius Valerius Proculus haben mindestens sechs solcher *tabulae* von den Wänden des Atriums herab den Besuchern vor Augen geführt, welch hochangesehener Mann in diesem Haus lebte.[63] Und im Park der Q. Glitius Atilius Agricola in Augusta Taurinorum standen mindestens neun Reiterstatuen, dediziert von Gemeinden aus mindestens drei Provinzen des Reiches, in denen Agricola amtiert hatte.[64] Es ist gar nicht anders möglich, als dass die Gesandten bei all den Dedika-

---

Euhodus, Q(uintus) Cassidienus Nedym(us), T(itus) Manlius Inventus, C(aius) Valerius Albanus, Sex(tus) Aufidius Primigen(ius) patrono; ECK/v.HESBERG 2004.
59 AE 1972, 577 = IK 13, 713 (Ephesos); dazu ECK 1999b, Nachdr. in ECK 2014c, 74ff.
60 PIR² J 340; ERKELENZ 2003, 223, 269.
61 CIL VI 41050.
62 CIL XI 2699 = D 5013
63 Siehe oben Anm. 44–46.
64 ECK/v.HESBERG 2004.

tionen anwesend waren, um schließlich nach ihrer Rückkehr darüber Bericht erstatten zu können. Jede Statuenweihung war mit einem 'Fest' verbunden.[65]

Dies sind nur wenige Hinweise darauf, welche Konsequenzen die zentralisierte Anwesenheit der Senatoren in Rom und in Italien, die zunehmend aus den Provinzen stammten, hatte. Die einzelnen Senatoren blieben, trotz des stetig voranschreitenden Bedeutungsverlustes des Senats als Institution, ein wesentliches Element im politisch-sozialen Leben des Reiches. Ihre Reisen und die Reisen vieler anderer zu ihnen zeigen dies mit banaler Deutlichkeit.

---

[65] Dazu Eck 2017a.

3 Mehrsprachigkeit in der Reichsaristokratie Roms

1 Das Faktum der Mehrsprachigkeit im römischen Reich

Das Imperium Romanum ist durch Eroberung entstanden. Wie viele politisch von einander unabhängige Völker und Stämme Rom seinem Herrschaftsbereich einverleibt hat, ist nicht leicht zu bestimmen. Noch weniger läßt sich feststellen, wie viele dieser politischen Einheiten eine eigene Sprache besaßen, die sich so deutlich von anderen Idiomen unterschied, dass sie nicht einfach von jemandem, der die jeweilige Sprache nicht erlernt hatte, auch verstanden werden konnte. Die Zahl ist auch nicht so sehr bedeutsam, doch ist klar, dass es sehr zahlreiche, klar voneinander unterschiedene Einzelidiome gewesen sind. Das Imperium Romanum war, wenn man es als Einheit sieht, die Heimat sehr vieler Sprachen. Schon wenn man nur diejenigen einbezieht, die uns – über die generelle Erwähnung in den literarischen Quellen hinaus – noch durch konkrete Überreste, vor allem epigraphischer Natur, bekannt sind, kann man mindestens 25 verschiedene Idiome benennen. Bezieht man die Informationen aus der Literatur über verschiedene Sprachen mit ein, steigt die Zahl bedeutsam an.[1] Epigraphisch, und das heißt im Augenblick der Abfassung der Inschriften als lebendige Sprachen, sind dies allein in Italien, von Latein und Griechisch einmal abgesehen, etwa folgende: Rätisch, Venetisch,[2] Luganisch, Etruskisch, Umbrisch, Oskisch[3] und Messapisch; viele von ihnen waren freilich zu Beginn der Kaiserzeit bereits weitgehend verschwunden, wie es etwa für das Etruskische deutlich nachzuweisen ist. Auf der iberischen Halbinsel wäre auf das Iberische, Keltiberische und das Lusitanische zu verweisen,[4] in Kleinasien z.B. auf das Spätphrygische,[5] Pisidische[6] und Sidetische.[7] Im Nahen Osten sind uns zumindest Inschriften in syrischer, palmyrenischer,[8] safaitischer, hebräischer, aramäischer und nabatäischer Sprache erhalten,[9] in Nordafrika außerhalb Ägyptens Texte in Massylisch, Sasäsylisch und Punisch;[10] von

---

1 Der beste Überblick immer noch in: NEUMANN/UNTERMANN 1980; ferner vom Blickpunkt des Lateinischen aus ADAMS 2003.
2 UNTERMANN 1961.
3 UNTERMANN 2000.
4 Dazu die Sammlungen von UNTERMANN 1975; UNTERMANN 1990; UNTERMANN 1997.
5 NEUMANN 1988; BRIXHE/NEUMANN 1985.
6 BRIXHE/DREW-BEAR 1987.
7 NOLLÉ 1988.
8 CANTINEAU 1930–1936; STARCKY 1949; TEIXIDOR 1965; BOUNNI/TEIXIDOR 1975.
9 Die Inschriften aus dem Bereich des heutigen Israel, die in hebräischer, aramäischer, samaritanischer, nabatäischer und syrischer Sprache abgefasst sind, werden neben den lateinischen und vor allem griechischen Texten im Corpus Inscriptionum Iudaeae/Palaestinae. A multi-lingual corpus of the inscriptions from Alexander to Muhammad (CIIP) vorgelegt, wovon inzwischen die Bände I-IV erschienen sind; Band V mit den Inschriften aus dem Norden Israels ist in Vorbereitung und wird wohl noch im Jahr 2021 erscheinen.
10 Siehe z.B. CHABOT 1940; GALAND 1966; DELLA VIDA/GUZZO 1987.

letzterer zeugen z. B. viele eindrucksvolle Inschriften aus Lepcis Magna.[11] Doch sehr viele Sprachen haben kaum direkte Spuren in irgendeiner schriftlichen Überlieferung hinterlassen, wenn man einmal vom Namensmaterial und einige Male von Münzen absieht.[12] Das gilt z. B. für das Thrakische oder das Dakische, aus deren Onomastik wir inzwischen sehr viele Namen kennen,[13] wie es z. B. ein Militärdiplom des Jahres 131 zeigt: dort wird ein Daker, für den das Diplom ausgestellt worden war, mit seiner gesamten Familie angeführt; alle tragen dakisch/thrakische Namen, obwohl der Soldat für 25 Jahre in Mauretania Caesariensis, gedient hatte, einem Gebiet, in dem neben Latein ganz andere Sprachen verwendet wurden: verschiedene berberische Sprachen und vor allem noch das Punische. Doch die Namen dieser Familie, auch der erst in Mauretanien geborenen Kinder, lauten:[14]

Diurdano Damanaei f(ilio) [Daco?]
et Zispier Zurosi fil(iae) uxori eius [Dacae?]
et Decebalo f(ilio) e[ius]
et Dossacho f(ilio) e[ius]
et Comadici f(ilio) e[ius]
et Dauappier fil(iae) e[ius]
et Daeppier fil(iae) e[ius]

Dieser Soldat kann also, trotz des Dienstes im Heer, seine alte angestammte Sprache nicht vergessen haben.

Ähnliche Beobachtungen sind für germanische Sprachen zu machen. So ist uns der Name der Göttin Vagdavercustis durch mehrere Inschriften aus dem niedergermanischen Bereich bekannt; aber welcher konkreten germanischen Sprache man diesen Namen zuweisen muss oder darf, das ist uns nicht zugänglich.[15]

2 Die allgemeine Kommunikation

Alle diese Sprachen aber lebten nicht nur schlicht nebeneinander, viele ihrer Träger mußten vielmehr notwendigerweise in unterschiedlichsten Kontexten miteinander in Kontakt kommen. So waren, um zunächst die staatliche Ebene beiseite zu lassen, die verschiedenen Teile des Imperiums durch vielfältige ökonomische Beziehungen miteinander verflochten; damit einher gingen die Reisen von Personen als Händler oder Seefahrer, von denen sich nicht wenige über längere Zeit in der Fremde, auch der sprachlichen Fremde, aufhielten. Das kann man z. B. für einen Marcus Exgingius Agricola annehmen, der aus Trier stammte, sich im römischen Köln niedergelassen

---

11 Siehe IRT 27–32.
12 Siehe z. B. für die iberische Halbinsel UNTERMANN 1975.
13 Vgl. etwa DETSCHEW 1976; DANA 2003; DANA 2014.
14 ECK/PANGERL 2005b = AE 2005, 1724 Z. 18 ff.
15 CIL XIII 8702–8703. 8805. 12057 = IKoeln 207; AE 2003, 1227.

hatte, da er sich *negotiator salarius C(oloniae) C(laudiae) A(rae) A(grippinensium)* nennt.[16] Da er jedoch bei Colijnplaat an der Mündung der Maas in die Nordsee der Göttin Nehalennia einen Altar weihte, war sein Tätigkeitsbereich viel weiter gespannt als das Territorium der frühesten römischen Kolonie am Rhein. Entweder hat er sich an der Maasmündung aufgehalten, weil er in der dortigen Gegend Salz für den Weiterverkauf in Köln und der weiteren Umgebung erwarb; doch ist es ebenso wohl möglich, dass er seine Aktivitäten bis nach Britannien ausdehnte, wie so viele andere Händler, die in Colijnplaat ihre Spuren hinterlassen haben, darunter nicht wenige Händler aus Köln.[17] Manche von ihnen benannten sich sogar *negotiator Britannicianus*.[18] Auf jeden Fall mußte Exgingius, dessen Hauptidiom vermutlich bereits das Latein war, sich mit Produzenten, Händlern oder Käufern auseinandersetzen, die kaum alle Latein sprachen. Die römische Sprache hatte sich weder im nördlichen Gallien noch in Britannien flächendeckend je durchgesetzt. So waren Händler darauf angewiesen, sich auch in anderen Idiomen zu verständigen.

Noch deutlicher ergibt sich diese Einbindung in einen anderen sprachlichen Bereich und die Notwendigkeit zur Mehrsprachigkeit aus einem Text, der wohl aus Askalon in der Provinz Judäa stammte, einer Grabinschrift:[19]

> *Memoriae*
> *C(ai) Comisi Memo-*
> *ris naucleri de*
> *oeco poreuticor(um)*
> Μνήμῃ Γαίου Κομισίου
> [Μέμορις ναυκλήρου ἐξ
> οἴκου πορευτικῶν].

Der *nauclerus* stammte mit größter Wahrscheinlichkeit aus dem Westen und sprach Latein; doch seiner Tätigkeit ist er in Askalon in der Provinz Iudaea bzw. Syria Palaestina nachgegangen, also in einer Stadt, in der vornehmlich Griechisch und vermutlich Aramäisch gesprochen wurde. Die Grabinschrift des Händlers ist jedoch in Latein und Griechisch abgefasst; dabei steht Latein vermutlich nicht durch Zufall am Anfang, da dies die Muttersprache des Gaius Comisius Memor gewesen ist. Doch der Kontext, in dem er gelebt und gearbeitet hatte, war Griechisch, wie allein schon der Hinweis auf seinen „Arbeitsverband" in griechischer Sprache, den *oikos poreuticorum*, zeigt. Dass der *nauclerus* aus dem Westen diese Sprache nicht gesprochen hätte, ist nicht vorstellbar; das Geschäft erforderte das. Ob er gleichzeitig auch Aramäisch sprechen konnte, wie es die Situation der Stadt vielleicht nahelegt, bleibt offen. Aber in seinem „Arbeitsverband", dem *oikos poreuticorum*, war die Verkehrssprache Griechisch. Ähnlich verwendete ein Soumaios, ein Nabatäer, der sich dem Aufstand des

---

16 AE 1973, 362 = STUART/BOGAERS 2001, Nr. A 1.
17 ECK 2004a, 463 ff.
18 IKoeln 5.
19 ECK/ZISSU 2001 = AE 2001, 1969 = CIIP III 2342.

Bar Kochba angeschlossen hatte, die griechische Sprache, als er einen Brief an den Anführer des Aufstandes schrieb, weil er zwar als Nabatäer das von den Juden gesprochene Aramäisch verstehen, aber ihre Schrift nicht schreiben konnte.[20]

Solche Beispiele ließen sich in großer Zahl aus vielen Teilen des Reiches nachweisen. Darin spiegelt sich z. B. schlicht der Pragmatismus von Geschäftsleuten oder von Kombatanten in einem Krieg wieder. Irgendwelche allgemeinen Regeln oder Entwicklungen lassen sich hier nicht feststellen. Zahlreiche Texte, die James Noel Adams analysierte,[21] können dies illustrieren. Alle diese Aspekte von Zwei- oder Mehrsprachigkeit hier zu erörtern würde zu weit führen. Deshalb sei hier eine zentrale Frage behandelt, wie die kurz angedeutete polyglotte Sprachsituation im Reich sich auf der politischen und administrativen Ebene auswirkte, also dort, wo Träger der politischen und militärischen Macht Roms involviert waren, und in Kontexten, in denen es um die politische Dominanz Roms ging. Denn Sprache ist auch Herrschaftsmittel, in der sich der Wille der herrschenden Macht ausdrückte. Wie geschah mit sprachlichen Mitteln diese Durchsetzung von Herrschaft in einem Reich, in dem die Masse der Bevölkerung zunächst nicht einmal Teil der politischen Gemeinschaft, des *populus Romanus*, war, sondern schlicht nur Untertanen, die den Repräsentanten Roms zu gehorchen hatten? Wurde die Sprache etwa mit Macht als Kommunikationsmittel durchgesetzt oder entwickelte sie, weil sie die Sprache der Herrschenden war, einen Sog, dem sich die Menschen nicht entziehen konnten, sei es aus der simplen Notwendigkeit zu kommunizieren, sei es aus Gründen des Erwerbs von Prestige oder Einfluss? Davon soll hier etwas ausführlicher gehandelt werden.[22]

3 Herrschaft und Sprache

In „The Passion of Christ", dem Film, der im Jahr 2005 so großes Aufsehen erregte, lässt der Regisseur Mel Gibson den Schauspieler, der den Präfekten Pontius Pilatus darstellt, in den Verhandlungen mit den Vertretern des Synhedriums in Jerusalem die aramäische Sprache verwenden. Die ihn begleitenden Soldaten sprechen dagegen Latein.

Die Verwendung alter Sprachen in einem Historienfilm ist sicher ein interessantes Novum in der Filmgeschichte gewesen, während das erwartbare Englisch in die Untertitel verbannt wurde. Dieser provokative Versuch beschreibt, vielleicht sogar ungewollt, wesentliche Probleme der Kommunikation zwischen den verschiedenen historischen Personen und Personengruppen, die in dem Film erscheinen, Probleme, die symptomatisch sind für viele andere römische Provinzen, da die Grundgegebenheiten fast überall die gleichen waren. Die Lösung freilich, die im Film für die

---
20 Cotton 2003.
21 Adams 2003.
22 Vgl. hierzu auch Eck 2004b; siehe ferner nun mehrere Beiträge in Haensch 2009, ferner die Beiträge in Amann/Corsten/Mitthof/Taeuber 2019.

sprachliche Verständigung gefunden wurde, ist falsch oder zumindest äußerst unglaubwürdig. Denn es ist kaum vorstellbar, dass Pontius Pilatus sich als Vertreter der römischen Macht dazu verstand, persönlich die Verkehrssprache der Region, das Aramäische, in Verhandlungen mit den Untertanen zu verwenden, noch dazu bei der definitivsten Form von Herrschaftsausübung, der Entscheidung über Leben und Tod eines Angeklagten. Das erlaubte schon das Prestige der eigenen Stellung nicht. Zudem muss man sich fragen, ob ein römischer Amtsträger in der Stellung des Pilatus sich überhaupt jemals die Mühe gemacht hat, die Sprache der Provinzbewohner zu erlernen. Pilatus hätte dazu zwar die Zeit gehabt, da er rund zehn Jahre lang als Präfekt unter der Oberaufsicht des Statthalters der Provinz, des *legatus Augusti pro praetore provinciae Syriae*, die Region Iudaea administriert hat. Doch selbst wenn er die Sprache erlernt hätte, wäre er nie auf den Gedanken gekommen, sie bei offiziellem Handeln zu verwenden.[23] Als der römische Feldherr Lucius Aemilius Paullus nach der siegreichen Schlacht von Pydna im Jahr 168 v. Chr. den unterlegenen Makedonen die politischen Entscheidungen Roms verkündete, tat er dies natürlich in Latein, obwohl er selbst die griechische Sprache beherrschte. Seine Erklärungen ließ er durch den Prätor Gnaeus Octavius ins Griechische übersetzen, damit alle verstünden, wie der politische Wille Roms laute.[24] Umgekehrt ist es, um nochmals auf den Film zurückzukommen, mehr als unwahrscheinlich, dass die Soldaten des Pilatus damals schon Latein sprachen, wenn sie miteinander redeten. Sie stammten in der Präfektur Iudaea damals noch durchwegs aus den paganen Städten des ehemaligen Königreichs, sprachen somit nach aller Wahrscheinlichkeit untereinander aramäisch, ähnlich wie der jüdische Teil der Bevölkerung, dem diese einheimischen Soldaten zumeist feindlich gegenüber standen. Denn viele stammten aus dem samaritanischen Teil Judäas.

Wie also kann die Realität ausgesehen haben, wenn man von Demonstrationen politischer Macht durch die Verwendung der lateinischen Sprache wie bei Aemilius Paulus absieht? Welche Sprache haben die Vertreter Roms in der täglichen Praxis des Umgangs mit den Untertanen verwendet? Denn die Demonstration politischer Macht in bestimmten Fällen und die tägliche Praxis der Provinzadministration müssen einander nicht entsprechen.

Zu unterscheiden ist zwischen dem Westen und dem Osten. Im Westen gibt es keine Hinweise darauf, dass neben Latein noch eine weitere Sprache im offiziellen Umgang von Amtsträgern und Untertanen eine wesentliche Rolle gespielt hätte.[25]

---

23 Siehe dazu Eck 2007 f, 158.
24 Liv. 45,29,1 ff.
25 Hier verlief die Entwicklungslinie im Allgemeinen so, dass jedenfalls für all das, was schriftlich gefasst werden musste, in lateinischer Sprache geschrieben wurde. Deutlich wird das etwa an den zahllosen Weiheinschriften im ubischen Bereich für die Matronen. Obwohl man gerade aus diesen Dokumenten entnehmen kann, dass viele Dedikanten in ihrem konkreten Leben noch das Ubische, also eine germanische Sprache verwendeten, wurden alle Matroneninschriften in Latein abgefasst; zu dieser Diskrepanz Eck 2021d.

Anders im Osten. Dort hat das Griechische von Anfang an auch in der politisch-administrativen Routine Roms einen bevorzugten Platz eingenommen. Das war der überragenden Bedeutung der griechischen Sprache bei der Vermittlung der griechischen Kultur an Rom spätestens seit den Zeiten der mittleren Republik geschuldet. So war es für die Elite Roms, also zumindest die Mitglieder des Senats und ihrer Angehörigen, aber auch vieler ritterlicher Familien, fast eine conditio sine qua non, Griechisch zu lernen; andernfalls wäre ihnen seit dem 2. Jahrhundert v. Chr. vieles schon in ihrer eigenen täglichen Lebenswelt zumindest in Rom, aber auch im Süden Italiens mit den vielen griechisch geprägten Städten, nicht mehr voll zugänglich gewesen. Damit waren sie aber, zumindest rudimentär, auf die Dominanz des Griechischen im östlichen Teil des Reiches vorbereitet, wenn sie sich dort in öffentlichem Auftrag aufhielten, ob nun als senatorische Statthalter oder als Mitglieder einer Gesellschaft von *publicani*, die für Rom die Steuern einzogen und die Zölle erhoben. Entscheidend für das sprachliche Verhalten Roms im Osten des Reiches war aber ein weiteres, sehr konkretes Argument. Rom übernahm im Osten die Herrschaft der hellenistischen Königreiche, deren politisch-administrative Struktur seit 300 Jahren die griechische Sprache zur offiziellen Verkehrssprache gemacht hatte, neben dem Aramäischen, das weiterhin unterhalb der offiziellen Ebene die lingua franca blieb.[26] Rom aber war gegenüber seinen Untertanengebieten vielfach weit pragmatischer eingestellt als die hellenistischen Reiche. Was den eigenen Zwecken diente, wurde aus der vorangegangenen Herrschaft übernommen, so etwa die steuerlichen Regelungen der vorhergehenden Herrschaft oder auch deren politisch-administratives Zentrum, wie etwa Pergamon als Hauptort der neuen Provinz Asia seit 131 v. Chr. Nicht anders verhielt man sich gegenüber der griechischen Sprache, zumal, wie betont, mit dem kulturellen Zwang zum Griechischen in der eigenen Lebenswelt eine natürliche Voraussetzung vorhanden war. Die tägliche Administration verlief im Osten weithin in griechischer Sprache, wie nicht nur die Papyri Ägyptens zeigen, sondern auch die Papyri aus den ersten Jahrzehnten der Provinz Arabia zwischen 106 und 132,[27] und auch die seit Kurzem bekannten Papyri vom Euphrat aus der Mitte des 3. Jahrhunderts.[28] Wir wissen es kaum je konkret, aber wir müssen fast voraussetzen, dass die Masse der höheren römischen Amtsträger im Osten, also der Personen auf der Leitungsebene wie Statthalter, Legionslegaten, Prokuratoren, in dem Sinn mehrsprachig sein mussten, dass sie neben Latein auch Griechisch verstanden und sprachen, vielleicht nicht perfekt, aber sie konnten damit umgehen. Man denke an die hohen ritterlichen Funktionsträger, die seit Augustus in die Provinz Ägypten gesandt wurden; sie waren in ihren *officia*, gleichgültig ob in Alexandria oder an anderen Orten in Ägypten, zwingend mit Leuten konfrontiert, die, wie seit ptolemäischer Zeit üblich, Griechisch als die offizielle Form der sprachlichen Kommunikation innerhalb der Administration, aber auch ge-

---

26 Siehe nur die zahlreichen Schreiben hellenistischer Könige bei WELLES 1934; zuletzt COTTON/WÖRRLE 2007; eine Komplettierung des Textes bei GERA 2009 = CIIP IV 3511. 3512.
27 LEWIS 1989 (= P.Yadin); COTTON/YARDENI 1997 (= P.Ḥever); YARDENI/LEVINE/GREENFIELD 2002.
28 FEISSEL/GASCOU 1995; FEISSEL/GASCOU/TEIXIDOR 1997; FEISSEL/GASCOU 2000.

genüber den Untertanen, verwendeten. Da konnte weder der Präfekt von Ägypten noch der *iuridicus* oder der *idios logos* als hohe Amtsträger unter dem Präfekten stets auf griechische Dolmetscher zurückgreifen.[29] Die ersten Präfekten von Ägypten, kamen alle aus Rom, aus Italien oder den Provinzen des Westens, ebenso der erste iuridicus, dessen Heimat die umbrische Stadt Sestinum war.[30] Erst Vergilius Capito unter Kaiser Claudius stammte aus Milet, war also wohl von Haus aus zweisprachig. Aber auch Cornelius Gallus, der erste *praefectus Aegypti*, muss neben seiner Muttersprache Latein – er war in Forum Iulii in der provincia Narbonensis geboren – wohl perfekt das Griechische Idiom beherrscht haben, allein schon deshalb, weil er in der Welt der neoterischen Dichter eine herausragende Rolle spielte. Gaius Turranius und Gaius Galerius, Präfekten unter Augustus bzw. unter Tiberius, stammten aus der Hispania citerior, aus Gades bzw. aus Corduba; sie waren aber über lange Jahre hinweg verantwortlich für die Provinz am Nil.[31] So muss man annehmen, dass sie die griechische Sprache beherrschten, wie perfekt, ist damit noch nicht gesagt.

4 Der Zwang zur Mehrsprachigkeit in der römischen Reichsaristokratie

Doch der Zwang zur Mehrsprachigkeit, oder jedenfalls zur Vertrautheit auch in der griechischen Sprache, und zwar über die die elementarsten Fähigkeiten von Lesen und Hören hinaus,[32] galt nicht nur für die Mitglieder der beiden führenden *ordines* des Reiches, die zunächst ausschließlich oder zum größten Teil aus Rom, Italien und dem lateinischsprachigem Westen stammten. Doch mit der Ausdehnung der „Rekrutierung" für die führenden ordines auf das gesamte Reich traf diese Forderung in gleichem Maß, und vielleicht als eine schwierigere Aufgabe, bald auch auf die Beherrschung der lateinischen Sprache für alle diejenigen zu, die aus den Provinzen des Ostens kamen, in denen das Griechische dominierte; wollten diese im politischen Betrieb Roms reüssieren, mussten sie dessen Sprache beherrschen. Nach geringen Anfängen schon in den vorausgehenden Jahrzehnten, stammten zunehmend seit neronisch-vespasianischer Zeit Senatoren, ebenso auch Ritter aus dem griechischen Osten, aus Achaia, Syrien und vor allem aus den kleinasiatischen Provinzen.[33] Manche von ihnen sind sicher italischer Abstammung wie ein Catilius Longus, dessen Familie in der Colonia Iulia Concordia Apameia in Bithynien lebte und durch Vespasian Mitglied des Senats wurde.[34] Seine erste Sprache war nach aller Wahrschein-

---

29 WIOTTE-FRANZ 2001.
30 CIL XI 6011.
31 Siehe zuletzt die Zusammenstellung der Statthalterliste von Ägypten bei JÖRDENS 2009, 528 ff.
32 Siehe die vier grundsätzlichen Kategorien bei ADAMS 2003, 5: language user – four types of skill: reading, listening, speaking and writing.
33 HALFMANN 1979; HALFMANN 1982.
34 ECK 1981; HALFMANN 1979, 115; HALFMANN 1982, 637.

lichkeit Latein. Das gilt aber nicht für C. Antius A. Iulius Quadratus aus Pergamum oder Ti. Iulius Celsus Polemaeanus aus Sardeis bzw. Ephesus, beide senatorische *homines novi* unter Vespasian.[35] Schon ihre Namen zeigen, dass ihre Vorfahren erst unter Augustus bzw. Tiberius das römische Bürgerrecht erhalten hatten. Auch nach diesem Rechtsakt dürfte Griechisch die erste Sprache ihrer Familie und damit auch von ihnen selbst geblieben sein; aber spätestens die Aufnahme von Quadratus und Polemaeanus ins römische Heer als ritterliche *tribuni militum* hatte Latein zur Voraussetzung. Und natürlich mußten sie nach ihrer Aufnahme in den römischen Senat durch die *adlectio* von Seiten des Kaisers wie alle anderen auch bei den Verhandlungen im Senat die Sprache Roms verwenden. Das war die eine zwingende Seite ihrer Existenz. Aber in ihren alten Heimatstädten wurden weiterhin fast alle öffentlichen Ehrungen für die hochgestiegenen Mitbürger in griechischer Sprache abgefasst. Das zeigen z. B. nicht nur die Zeugnisse von der Celsus-Bibliothek in Ephesus, wo sich nur eine einzige lateinische Inschrift findet,[36] sondern vielleicht noch mehr die vielen Inschriften unter Statuen des Iulius Quadratus, die überall in Pergamum gefunden wurden, sicher nicht weniger als 25; sie sind ausnahmslos in Griechisch geschrieben.[37] Das hat natürlich einerseits etwas mit dem Publikum, d. h. der Bevölkerung Pergamums zu tun, aber sicherlich auch mit der Person des Geehrten, der eben Teil dieser Polis geblieben ist, trotz seiner jahrzehntelangen Abwesenheit in Rom und den Provinzen; am Ende kehrte er offensichtlich auch nach Pergamum zurück.

Diese Zweisprachigkeit gilt, wenn auch aus etwas anderen Gründen, ebenso für die Mitglieder des zweiten *ordo*, des Ritterstandes, wofür ein sprechendes Beispiel stehen möge. Im Jahr 124/25 amtierte in Ephesus ein Q. Pompeius Falco als senatorischer Prokonsul.[38] In diesem Jahr wurde er von der Stadt Neapolis in Judäa (dem heutigen Nablus) mit einer Statue geehrt, und zwar, was ganz außergewöhnlich war, in Ephesus selbst, dem Sitz des Statthalters der Provinz. Dazu ordnete die Stadt Neapolis zwei Gesandte ab, einen Flavius Iuncus und einen Ulpius Proculus.[39] Beide zeigen mit ihren Namen, dass sie erst jüngst, nämlich entweder sie selbst oder schon der Vater ins römische Bürgerrecht gekommen waren. Die Verwendung des Griechischen in dem Text unter der Statue des geehrten Prokonsuls ist der Stadt Ephesus, aber auch der Identität der Stadt Neapolis geschuldet. Denn Flavia Neapolis erhielt zwar durch Vespasian den passenden Beinamen Flavia, wurde aber als Polis organisiert, nicht als *colonia* wie Caesarea Maritima, die Gründung des Herodes am Mittelmeer. Uns inter-

---

35 HALFMANN 1979, 112f.; HALFMANN 1982, 625. 631.
36 IK 7, 2, 5101–5114 (Ephesos).
37 Das Material in PIR^2 J 507 sowie bei HALFMANN 1979, 112ff. Nr. 17.
38 IK 3, 713 (Ephesos): Κόιντον Ῥώσκιον Μουρῆνα Κουέλλον Πομπήιον Φάλκωνα, πρεσβευτὴν Σεβαστοῦ καὶ ἀντιστράτηγον Λυκίας καὶ Παμφυλίας καὶ Ἰουδαίας καὶ Μυσίας καὶ Βρεταννίας καὶ πολλὰς ἄλλας ἡγεμονίας διατελέσαντα, Ἀσίας ἀνθύπατον, ἐτείμησεν Φλαουιέων Νεαπολειτῶν Σαμαρέων ἡ βουλὴ καὶ ὁ δῆμος τὸν σωτῆρα καὶ εὐεργέτην διὰ πρεσβευτῶν καὶ ἐπιμελητῶν Φλαουίου Ἰούνκου καὶ Οὐλπίου Πρόκλου.
39 ECK 1999b.

essiert hier freilich nicht der Prokonsul selbst, sondern der eine der beiden Gesandten: Flavius Iuncus. Denn er begegnet ebenfalls in einer Inschrift aus Ephesus, die folgenden Wortlaut hat:[40]

> [T(itum) Flavium] / Iuncum / praef(ectum) coh(ortis) I / Pannoniorum, trib(unum) / cohortis V Gemellae / civium Romanorum, / tribunum leg(ionis) X Fretensis, / praef(ectum) alae Gallór(um) veteranor(um), / donáto ab Imp(eratore) Traiáno / in bello Parthico hasta púra / et corona vallari, próc(uratorem) Cilic(iae) / et Cypri, iuridicum Alexandreae / ad Aegyptum, próc(uratorem) / provinc(iae) Asiae / decuriónes et tabellári / et equités qui sunt / ad Larés Domnicós.

Dieser Iuncus ist ohne Zweifel mit dem einen der beiden Gesandten der Stadt Neapolis identisch. Aus dem titulus honorarius, der einst unter einer Statue des Prokurators stand, ergibt sich aber außerdem, dass er Mitglied des *equester ordo* wurde, also Teil der reichsumspannenden Führungsschicht; nach einigen militärischen Positionen gelang es ihm, in die prokuratorische Laufbahn überzuwechseln. Die höchste Position, die von ihm bekannt ist, war die eines *procurator provinciae Asiae*, womit er recht hoch in der administrativen Hierarchie des Imperiums angekommen war. In dieser Eigenschaft wurde er nun seinerseits in Ephesus mit einer Statue geehrt, wozu die angeführte Inschrift gehörte, und zwar von einem Teil seines Personals, den *decuriónes et tabellári et equités*, an seinem Amtssitz in Ephesus, Briefboten samt den Leitern der einzelnen Personalgruppen. Diese verfassten die Inschrift in Latein, wie es innerhalb der Fiskaladministration üblich war. Auch Iuncus als Chef der gesamten Einrichtung hat natürlich im inneradministrativen Geschäft diese Sprache verwendet, wie er das schon zuvor als *trib(unus) cohortis V Gemellae civium Romanorum, tribunus leg(ionis) X Fretensis* und *praef(ectus) alae Galló(um) veteranor(um)*, also während seiner militärischen Kommandos im römischen Heer, hatte tun müssen. Aber – von seiner Heimatstadt her sollte seine Muttersprache eher das Griechische gewesen sein, wie auch der griechische *titulus honorarius* unter der Statue des Pompeius Falco zeigt. D.h. für Iuncus war Latein die zweite Sprache, die er wohl auch erst im Laufe der Zeit erlernt wurde; und das galt vermutlich für viele der Senatoren und Ritter, die aus dem Osten stammten, aber im Dienst Roms tätig waren. Diese Aneignung der lateinischen Sprache kann nicht immer ganz leicht gewesen sein, z.B. für Leute wie Ti. Claudius Herodes Atticus, den eitlen Rhetor und Sophisten aus Athen und Gegenspieler des Cornelius Fronto im Kampf um Einfluss bei ihrem Zögling Marc Aurel in den frühen Jahren des Antoninus Pius.[41] Auch die Nachkommen des Sophisten Antonius Polemo aus Smyrna oder des Flavius Damianus aus Ephesus haben der griechischen Sprache nach aller Wahrscheinlichkeit einen deutlich höheren Rang eingeräumt als der lateinischen, zumindest wenn sie sich in ihren eigenen, griechisch geprägten intellektuellen Zirkeln bewegten.[42] Doch die Sprache Roms mussten sie beherrschen, und

---

40 IK 7, 2, 4112 (Ephesos).
41 Siehe dazu BIRLEY 1987, 69 ff.
42 Siehe PIR² A 862; F 253. Siehe auch BOWERSOCK 1969, 76 ff.

zwar sehr gut beherrschen, sonst hätten sie in Rom selbst keinen Erfolg haben können, weder im Senat noch vor Gericht als Patrone noch auch in den auch in Rom vorhandenen Gruppen um Philosophen und Intellektuelle. Gellius, der in der Zeit des Antoninus Pius schrieb, erzählt in den Noctes Atticae 19, 9 eine solche intellektuelle Diskussion auf einem Landgut vor den Toren Roms. Einige *Graeci ..., qui in eo convivio erant, homines amoeni et nostras quoque litteras haud incuriose docti*, griffen dort einen spanischen Rhetor, Antonius Iulianus, der ein anachreontisches Gedicht vorgetragen hatte, heftig an und bezeichneten ihn als *barbarus et agrestis*, offensichtlich wegen seiner Aussprache des Griechischen. Das hätten sie kaum tun können, wenn sie selbst in der lateinischen Diskussion ähnliche Defizite aufgewiesen hätten.

Es wäre interessant, die konkreten Wege zu untersuchen, auf denen diese griechischen Intellektuellen in der Reichsaristokratie – und sie waren dort in der Zeit des Antoninus Pius relativ zahlreich – die Sprache Roms erlernten und schließlich wohl meisterten. Mit griechisch gefärbter Arroganz ohne eine makellose Beherrschung des Lateinischen wären sie bei dem strengen und bodenständigen Kaiser wohl kaum erfolgreich gewesen.

5 Mehrsprachigkeit über Latein und Griechisch hinaus

Der Fall des Ritters Flavius Iuncus aus Flavia Neapolis verweist jedoch nicht nur auf die Zweisprachigkeit, sondern auf das Problem der Mehrsprachigkeit im gesamten Reich, über die beiden Herrschaftssprachen Latein und Griechisch hinaus. Denn Neapolis war als Stadt von Herodes gegründet worden, unter dem Namen Samaria/Sebaste. Die Bewohner dieser Stadt kamen aus der Bevölkerung seines Königtums, d. h. zu einem nicht geringen Teil aus deren semitischsprachigen Teilen. Bis zur vespasianischen Zeit, als durch die Politik des neuen Kaisers die Entwicklung hin zu einer griechischen Polis gefördert wurde, ist dieses sprachliche Substrat kaum verschwunden, sondern eher herrschend geblieben, so dass man durchaus vermuten darf, Leute wie Flavius Iuncus seien auch mit dem Aramäischen vertraut gewesen, anders vermutlich als Pontius Pilatus, der nicht aus diesem Gebiet stammte. Doch wären solche Kenntnisse für Flavius Iuncus oder für andere Mitglieder der Reichsaristokratie bei der Ausübung ihrer politisch-administrativ-militärischen Aufgaben im Dienst Roms von Nutzen gewesen? Pontius Pilatus hat auf dem *titulus*, den er über dem Kreuz Jesu anbringen ließ, den Grund für die Hinrichtung außer in griechischer und lateinischer auch, nach den Evangelien, noch in hebräischer, d. h. wohl in aramäischer Sprache anbringen lassen.[43] Dazu musste er nicht selbst diese Sprache beherrschen, dazu genügte ein Übersetzer. Solche traten auch manchmal bei Pro-

---

43 Mt 27,37: οὗτός ἐστιν Ἰησοῦς ὁ βασιλεὺς τῶν Ἰουδαίων = *Hic est Iesus rex Iudaeorum*; Mk 15,26: ὁ βασιλεὺς τῶν Ἰουδαίων = *Rex Iudaeorum*; Lk 23,38: ὁ βασιλεὺς τῶν Ἰουδαίων οὗτος = *Hic est rex Iudaeorum*; Jo 19,19: Ἰησοῦς ὁ Ναζωραῖος ὁ βασιλεὺς τῶν Ἰουδαίων = *Iesus Nazarenus, rex Iudaeorum*.

zessen auf, wie es uns ägyptische Papyri zeigen. So ließ der Epistratege Paconius Felix im Jahr 134 in der Provinz Ägypten bei einem Prozeß eine junge Frau Taeichekis, deren Vater sie zwingen wollte, sich wider ihren Wunsch von ihrem Ehemann zu trennen, befragen. Um wirklich zu erfahren, was die Tochter selbst wolle, ἐκέλευσεν δι' ἑρμηνέως αὐτὴν ἐλεγχθῆν[α]ι (= er befahl, sie durch einen Dolmetscher zu befragen), wie sie sich entscheiden wolle.[44] Die Einschaltung eines Dolmetschers geschah offensichtlich, weil sie nur die ägyptische Sprache beherrschte, die umgekehrt dem Epistrategen fremd war. Darin hat er sich wohl nicht von seinen anderen Amtskollegen unterschieden.

Eine aktive Beherrschung anderer Sprachen als Latein und Griechisch war bei Mitgliedern der Reichsaristokratie in den ersten drei Jahrhunderten der Kaiserzeit im Allgemeinen wohl nur dann vorhanden, wenn solche Idiome als Teil der natürlichen frühen Sozialisation, also im Kindesalter, erlernt wurden. Das war eher bei Personen aus ritterlichen Familien der Fall, die überwiegend, anders als Senatorensöhne, ihre Kindheit in provinzialen Städten verbracht hatten und auch nach dem Eintritt in den militärischen und dann administrativen Dienst des Kaisers ihren dauerhaften Wohnsitz zumeist nicht nach Rom und Italien verlegten, vielmehr den Wohnsitz in ihren provinzialen Heimatstädten beibehielten. Senatorische Familien waren dagegen gezwungen, in Rom zu leben, denn Rom war nicht nur rechtlich die *patria*; auch aus dem simplen Grund der Teilnahme an den Senatssitzungen mußte die Reichshauptstadt der normale Wohnsitz aller Senatoren, und dann natürlich auch ihrer Familien sein.[45] Damit aber kamen die zweiten und folgenden Generationen in der Kindheit weniger, vielleicht auch kaum mehr mit anderen Sprachen als Latein und Griechisch in dauerhaften Kontakt. Sich aber aktiv um weitere Sprachen zu bemühen, dafür gab es kaum für irgendeinen ein Motiv. Denn für ihr offizielles Leben als Senator wären weitere Sprachen von geringem Vorteil gewesen, selbst wenn man einmal unterstellen wollte, das Prestige eines römischen Senators hätte es erlaubt, in seiner offiziellen Tätigkeit z. B. Thrakisch, Punisch oder Gallisch zu sprechen.[46] Wenn es im administrativen Bereich Fremdsprachenkenntnis wirklich von praktischem Nutzen hätte sein sollen, dann hätte ein Senator polyglott sein müssen. Denn überwiegend spielte sich das Leben eines Senators (und im Grunde gilt das auch für Ritter) auf der weiten Bühne des gesamten Reiches ab. Ein Sex. Iulius Severus etwa, Konsul im Jahr 127 n.Chr., ging im Laufe seines langen *cursus honorum* in Provinzen, in denen von der Mehrheit der Bevölkerung sehr verschiedene Sprachen gesprochen wurden. Es waren die Provinzen Dacia im heutigen Rumänien, in Macedonia, das dem heutigen Makedonien und Nordgriechenland entsprach, Pannonia etwa das jetzige Ungarn, nochmals nach Dacia, Moesia inferior = Rumänien und Bulgarien, Britannia, Iudaea, mehr oder weniger das heutige Israel; ob am Ende auch noch Syria folgte, das heute dem

---

44 P.Oxy. II 237 col. VII Z. 37 f.
45 TALBERT 1984, 40 f.
46 Zur sonstigen Stellung solcher Sprachen siehe WACKE 1993.

Libanon, Syrien und Teilen des Irak sowie Jordaniens entspricht, ist umstritten. Er selbst stammte aus dem dalmatischen Burnum, heute Nordkroatien.[47] Es wären sehr viele weitere Sprachen gewesen, von denen er Kenntnis hätte haben müssen, wenn sie über Latein und Griechisch hinaus in seinen verschiedenen Positionen hätten von Vorteil sein können. Wenn im frühen 5. Jahrhundert Apollinaris Sidonius, der gallische Bischof und Dichter, von Syagrius, seinem Landsmann, der Senator und Grundbesitzer im Herzen Galliens war, ganz erstaunt rühmt, er sei fließend im *sermo Germanicus* gewesen,[48] dann braucht das in diesem Fall nicht so sehr zu verwundern. Die Einheit des Reiches und damit die Tätigkeit hoher Amtsträger in ganz verschiedenen Teilen des Imperiums gehörten längst der Vergangenheit an. Selbst bei den Truppen kann man nicht mehr generell bei allen Latein voraussetzen. Syagrius stammte zudem selbst aus Gallien, er war nur in Gallien und vielleicht in Rom zu Hause, niemals anderswo. In Gallien aber war er stets auch mit germanischen Truppen, die nicht zum geringsten Teil sogar in den reichsfremden Gebieten rekrutiert worden waren, oder dort bereits angesiedelten germanischen Stämmen konfrontiert. Mit ihnen in ihrer Sprache zu kommunizieren, war ein entscheidender Vorteil im Kampf um Loyalitäten.[49] Um solche Probleme aber mußten sich Kommandeure der frühen und hohen Kaiserzeit noch nicht wirklich sorgen. Arminius als Kommandeur seiner Cherusci erlernte Latein, das bezeugt sogar Tacitus unmittelbar,[50] und die Sprache seiner Truppe, das Cheruskische, war auch die seine. Doch solche monoethnisch zusammengesetzten Truppen existierten nur noch in der Frühzeit des Imperiums oder sie entstanden vielleicht noch in den Fällen, wenn in einer Provinz neue Truppen ausgehoben wurden, wie z. B. in Thrakien, wo man in claudisch-neronischer Zeit viele *cohortes Thracum* aufstellte.[51] Doch schon nach kurzer Zeit waren diese Einheiten ethnisch wieder gemischt, da die stets auftretenden Ausfälle bei den Mannschaften häufig aus ganz unterschiedlichen Ethnien aufgefüllt wurden. Das hatte zur Folge, dass eine Verständigung innerhalb der Truppe nicht über die Muttersprache der Soldaten möglich war, sondern allein über das Latein; denn selbst wenn ein Kommandeur ein Sprachgenie gewesen wäre, Befehle ergehen im Militär nur einmal, und werden nicht öfter in verschiedenen Sprachen wiederholt. D. h. alle Rekruten, die nicht wenigstens rudimentär Latein verstanden, werden, vermutlich während der Trainingszeit, bevor sie den einzelnen Einheiten zugeteilt wurden, auch mit den notwendigen Befehlen in lateinischer Sprache vertraut gemacht worden sein; den Rest lernten sie dann im Laufe ihrer Dienstzeit von den in Latein schon fortgeschrittenen *commilitones*. Es ist also nicht notwendig vorauszusetzen, Offiziere, „bilingual in Latin and a vernacular language", hätten in der Armee eine Rolle gespielt, wie dies Adams

---

[47] D 1056.
[48] Sidon. epist. 5,5.
[49] PLRE II 1042.
[50] Tac. ann. 2,10,3.
[51] Vgl. WEISS 2006.

annimmt.⁵² Vielleicht darf man auf der Ebene der ritterlichen Präfekten nicht einmal notwendigerweise mit der gleichzeitigen Kenntnis von Latein *und* Griechisch ausgehen. Denn im sogenannten Babathaarchiv findet sich aus dem Jahr 127 eine Censuserklärung, unter der die *subscriptio* des Alenpräfekten Priscus steht, in griechischer Sprache: Πρεῖσκος ἔπαρχος ἱππέων ἐδεξάμην τῇ πρὸ μιᾶς νωνῶν Δεκεμβρίων ὑπατίας Γαλλικανοῦ καὶ Τιτιανοῦ = „Ich Priscus, Reiterpräfekt, habe am 2. Dezember im Konsulat von Gallicanus und Titianus (die Steuererklärung) entgegengenommen";⁵³ dies aber war, wie ebenfalls der Papyrus zeigt nur eine Übersetzung dessen (ἑρμηνεία ὑπογραφῆς τοῦ ἐπάρχου = „Übersetzung der „Unterschrift" des Präfekten"), was ursprünglich einmal lateinisch so gelautet hatte: *Priscus praefectus alae (equitum) accepi pridie nonas Decembres Gallicano et Titiano consulibus*. Das kann natürlich heißen, aus administrativen Gründen habe die *subscriptio* des Alenpräfekten in Latein zu erfolgen, doch ebenso kann dies heißen – und das scheint mir näherliegend – dass Priscus die griechische Sprache nicht, oder nicht genügend beherrschte. Wie auch immer dies hier gewesen sein mag, auch für Offiziere war die Beherrschung von einheimischen regionalen Sprachen keine Notwendigkeit; wenn man Probleme mit der Verständigung mit einzelnen Soldaten oder Einheimischen hatte, dann waren gerade bei den Truppen immer viele Personen vorhanden, die neben dem Latein auch noch eine andere Sprache, nämlich die eigene Muttersprache beherrschten. Als im Jahr 132/133 in Ägypten neue Rekruten für die *legio II Traiana* ankamen, stammten sie aus Ascalon und Caesarea in Iudaea, aus Oea, Leptis Magna, Carthago, Hadrumetum, Gabala in Africa Proconsularis, aus Rom, Neapolis, Abella, Blera, Sutrium und Iguvium in Italien, aus Epiphania in Asia, aus Larissa in Macedonia, Anazarbus in Cilicia, aus Antiochia, Ptolemais, Cyrrus, Laodicea, Berytus und Apamea in Syrien, aus Perge in Pamphylien, aus Prusias, Nicomedia und Amisus in Pontus-Bithynien und einigen anderen Orten mehr; es war notwendigerweise ein sehr buntes Gemisch von Muttersprachen.⁵⁴ Einige dieser Selbstverwaltungseinheiten waren römische Kolonien, so dass die Rekruten wohl Latein sprachen; doch für die meisten Gemeinden galt, dass die Masse der Bevölkerung andere Sprachen benutzte, und so wohl auch die meisten Rekruten; zudem kamen viele der Soldaten aus der Landbevölkerung, die noch weniger mit den beiden Reichssprachen, Latein und Griechisch, vertraut waren, sondern das autochthone Idiom beherrschten. Auf Leute solcher Herkunft, die aber nach einiger Zeit Latein gelernt hatten, zumal solchen, die in den Schreibstuben Dienst taten, konnten der Kommandeur oder die anderen Offiziere zurückgreifen, wenn es irgendwelche Kommunikationsprobleme mit einzelnen Soldaten gab, speziell mit Rekruten, die Latein erst noch wirklich erlernen mussten. Wie anders hätte man alle diese verschiedenen Rekruten zu einer militärischen Einheit machen können als über die lateinische Sprache?

---

52 ADAMS 2003, 275.
53 P.Yadin 16 Z. 36–38 (vgl. P.Ḥever 62 Z. 5f.). Vgl. dazu COTTON 1996, 29–40.
54 AE 1955, 238 = AE 1957, 2 = AE 1969/70, 633.

Das, vielleicht vorläufige, Fazit kann damit lauten: Auf der Ebene der staatlichen Administration, und zwar nach unseren Kategorien, der zivilen und der militärischen, hat es keine Notwendigkeit für Mehrsprachigkeit der Amtsträger gegeben, wohl aber weitgehend die Notwendigkeit der Zweisprachigkeit. Einsprachigkeit, d.h. die universale Dominanz des Lateinischen durchzusetzen, das ist wohl nie versucht worden, nicht einmal in der diocletianischen Zeit, obwohl es damals dazu eine gewisse Tendenz gegeben zu haben scheint.[55] Als aber im Verlauf des 4. Jahrhunderts aus verschiedenen Gründen diese weitgehende Zweisprachigkeit der Führungsschichten verloren ging, war auch das römische Reich in seiner alten Form am Ende. Überlebt hat für viele Jahrhunderte das Reich der Rhomäer, aber auf der Basis einer einzigen Sprache, des Griechischen.

---

55 Es ist wohl kein Zufall, dass unter dessen Regierung Ehrungen für ihn und seine Mitkaiser in Städten, in denen man bisher meist die griechische Sprache verwendet hatte, nicht selten Latein bevorzugt wurde. Siehe etwa aus Ephesus: CIL III 13675. 14195, 27 = IK 2, 307. 308–311a (Ephesos); dazu Eck 2003a.

4 Professionalität als Element der politisch-administrativen und militärischen Führung. Ein Vergleich zwischen der Hohen Kaiserzeit und dem 4. Jahrhundert n. Chr.

Jedes politische Gebilde ist auf Dauer ausgerichtet. Um Dauer zu erreichen, muß es Handlungsfähigkeiten entwickeln, die diese Dauer gewährleisten können, das heißt es muß regiert und administriert werden. Handeln aber können nur Personen, allein oder im Verbund von mehreren. Damit aber muß es auch Wege geben, um die geeigneten Personen zu finden, die die Aufgaben durchführen, die zur Sicherung der Dauerhaftigkeit eines Gemeinwesens wahrgenommen werden müssen. Derjenige oder diejenigen, die entsprechende Positionen vergeben können, haben – unter normalen Umständen – notwendigerweise diese Sicherung des Gemeinwesens im Auge, wissen somit, welche Voraussetzungen und welche Fähigkeiten vorhanden sein müssen, um die notwendigen Funktionen durchzuführen. Ob sie ihr Wissen um diese Voraussetzungen stets durchsetzen können oder im Einzelfall auch wollen, ist damit noch nicht gesagt. Notwendigerweise sind die Aufgaben von unterschiedlicher Qualität und von unterschiedlichem Umfang, das heißt sie können in leitender oder abhängiger Position erfüllt werden. Je nachdem entscheiden oft auch verschiedene Personen über die Wahl der jeweiligen Funktionsträger.

Professionalität soll in unserem Zusammenhang als sachgerechte Erfüllung von staatlich-administrativen Aufgaben verstanden und hier für die hohe und späte Kaiserzeit, das heißt etwa für den Zeitraum vom 1./2. bis zum Ende des 4. Jahrhunderts behandelt werden. Wollte man sie freilich auf allen Handlungsebenen, also in leitenden und in abhängigen Positionen erörtern, würde das Thema allzu umfangreich. Somit sollen die Fragen und die versuchten Antworten sich im Wesentlichen auf die leitenden Funktionen beschränken, untergeordnete werden nur ansatzweise einbezogen. Die Konzentration auf die Leitungsebene empfiehlt sich auch deshalb, weil die Quellenlage fast notwendigerweise für diese relativ besser ist als für das subalterne und abhängige Personal. Auf die Besonderheiten der Quellen und die Probleme, die sich daraus für die Thematik ergeben, ist noch kurz zurückzukommen.

Die *res publica populi Romani* kannte während der Republik für die Bestimmung der für unsere Thematik entscheidenden Personen grundsätzlich nur die Wahl durch das Volk. Nur wer durch das Votum einer Volksversammlung zu einer entsprechenden Magistratur gewählt worden war, konnte politisch-militärisch-administrativ handeln. Dabei galt für die hohen Magistraturen, das heißt für die Prätoren und Konsuln (und in der Konsequenz daraus für die Statthalter in den Provinzen), ganz allgemein, dass sie grundsätzlich für alles zuständig waren. Diese Allzuständigkeit fand ihren Ausdruck im Begriff des *imperium*. Das bedeutet vor allem, dass die für unsere modernen Vorstellungen fast durchwegs so konträren militärischen und zivilen Aufgaben nicht getrennt waren; vielmehr ist das *imperium* als die umfassende, nicht weiter aufzufächernde Befehlsgewalt *domi militiaeque*, im Krieg und im Frieden, zu verstehen. Rein rechtlich war, soweit wir sehen können, für die Wahl zu einer Magistratur weder die Zugehörigkeit zu einer bestimmten sozialen Gruppe nötig, noch gab es eine fixierte Vermögensqualifikation. Rechtlich fixierte Regeln wurden lediglich bei der Frage des Alters und der Intervalle zwischen einzelnen Magistraturen eingeführt, was vor allem durch die inneraristokratische Konkurrenz bedingt war.[1] Faktisch aber konnten sich nur Mitglieder der höchsten Censusklasse bewerben, das heißt Leute, die eine weit überdurchschnittliche wirtschaftliche Potenz aufwiesen und sozial bereits in einer führenden Position waren. Ohne die wirtschaftliche Potenz hätten bestimmte Aufgaben während der Magistratur kaum erledigt werden können; doch war wirtschaftliche Macht alleine nicht ausreichend. Man lebte (idealiter) für die Politik, nicht von der Politik.

Bei diesen Grundvoraussetzungen für die Magistraturen blieb es auch, als Augustus seit dem Jahr 27 v. Chr. Schritt für Schritt eine neue Herrschaftsform, den Prinzipat, etablieren und mit der Zeit zu einem faktisch monokratischen System entwickeln konnte. Seine Maßnahmen führten allerdings zu einigen Veränderungen, wodurch Voraussetzungen, die vorher nur faktisch gegolten hatten, nunmehr Rechtskraft gewannen. Zum einen wurde nun eine klare Censusqualifikation eingeführt: Eine Million Sesterzen war nötig, um einen Sitz im Senat einnehmen und eine Magistratur übernehmen zu können, was freilich nur eine Mindestvoraussetzung war.[2] Zum andern wurde auch die soziale Position innerhalb der *ordines* fixiert, indem spätestens seit Caligula die Zugehörigkeit zum Senatorenstand, zum *ordo senatorius*, Voraussetzung war, um sich an der Wahl um ein Amt beteiligen zu dürfen.[3] Der Ausschlusscharakter dieser Regel wurde aber sogleich dadurch aufgehoben, dass der Princeps in der Lage war, diese Zugehörigkeit zum *ordo senatorius* zu verleihen; in welchen offiziellen Formen das geschah, ist allerdings für die frühen Jahrzehnte des Prinzipats nicht genau bekannt. Ebenso kontrollierte der Princeps die Wahlen, wo auch immer diese abgehalten wurden. Formal war zwar immer noch die Volkswahl notwendig; doch schon seit Tiberius, Augustus' Nachfolger, hatte der Senat selbst offiziell die entscheidende Rolle bei der Wahl zu allen republikanischen Magistraturen übernommen[4]. Wer aber vom Princeps bei einer Wahl unterstützt wurde, der musste direkt gewählt werden. Diejenigen, die dieses Privileg erhielten, vergaßen nicht, darauf hinzuweisen, wenn sie ihre Laufbahn in allen Stationen irgendwo präsentierten.[5] Diese Magistraturen bestimmten dann auch die Zusammensetzung des Senats selbst nach Rangklassen: *quaestorii, tribunicii, aedilicii, praetorii* und *consu-*

---

[1] BECK 2005.
[2] Dazu vor allem NICOLET 1976.
[3] CHASTAGNOL 1992a.
[4] PANI 1974; TALBERT 1984; DETTENHOFER 2002.
[5] Das geschah vor allem durch den Terminus, jemand sei bei einem Amt *candidatus* eines der Herrscher gewesen. Dazu immer noch am wichtigsten FREI-STOLBA 1967. Zur Frage der sogenannten Cursusinschriften: ECK 2009c.

lares. Bald kam sogar noch die Möglichkeit hinzu, dass der Princeps einzelne Personen unter Umgehung der offiziellen Wahl direkt in eine dieser Rangklassen durch die sogenannte *adlectio* aufnahm. Claudius ist der erste Princeps, von dem dieses Verfahren angewandt wurde.[6] Ob und wieweit eventuell dabei der Senat eingebunden wurde, ist nicht geklärt.[7]

Obwohl diese durch Wahl bestimmten Ämter in sachlicher Hinsicht wesentlich an Bedeutung verloren, bildeten sie weiterhin das strukturelle Gerüst, in die seit augusteischer Zeit alle weiteren Funktionen, die mit wenigen Ausnahmen auch ganz offiziell der Princeps selbst vergab,[8] eingegliedert wurden. Das betraf stadtrömische Ämter wie vor allem die konsularen Funktionen als *curatores aquarum*[9], *alvei Tiberis*[10] oder a*edium sacrarum et operum locorumque publicorum*[11] sowie des *praefectus urbi*,[12] ferner Funktionen in Italien wie die *cura viarum* oder ab Traian die *cura alimentorum*,[13] vor allem aber die wichtigsten Aufgaben in den Provinzen, eingeschlossen das Kommando über die dort stationierten Truppen.[14] Denn das sachliche Prinzip der Einheit der Amtsgewalt wurde nicht aufgegeben. Jeder Senator konnte als faktisch letzter Verantwortlicher über Truppen gebieten, und sehr viele haben dies auch getan, obwohl rechtlich gesehen nunmehr der Princeps sich zum obersten Herr aller Soldaten entwickelte. In der Realität des provinzialen Lebens aber waren dies zumeist der senatorische Provinzstatthalter bzw. die Legionslegaten.[15]

Durch das aus der Republik überkommene Grundgerüst der Magistraturen, das auch bestimmte Altervorgaben für diese einschloss, erhielten auch die meisten an-

---

6 CHASTAGNOL 1992b.
7 In einer Inschrift für A. Claudius Charax, einen Senator der antoninischen Zeit, wird gesagt, er sei durch den Senat unter die ‚aedilicii' aufgenommen worden, AE 1961, 320. Vielleicht liegt hier nur ein Irrtum bei der Umsetzung eines lateinischen Textes ins Griechische vor, indem nämlich die Abfolge *aedilis curulis, ab actis senatus*, die öfter bezeugt ist, irrtümlich zu einer *adlectio* umgestaltet wurde. Allerdings scheint es auch nicht völlig ausgeschlossen, dass einzelne Kaiser die Aufnahme in eine Rangklasse oder in den Senat durch *adlectio* dem Senat formal zur Ratifizierung vorlegten. Weil freilich klar war, wer für die *adlectio* verantwortlich war, wäre dies dann üblicherweise in den Inschriften nicht gesagt worden.
8 Die wichtigste Ausnahme waren die zehn Prokonsulate in den Provinzen des römischen Volkes, die offiziell durch Losung im Senat vergeben wurden. Doch zumindest die Prokonsulate in Asia und Africa, den prestigeträchtigsten Provinzen, in die nur Konsulare gingen, wurden bald nicht mehr ohne Zustimmung des Kaisers „verlost".
9 BRUUN 1991, 153–168; DEL CHICCA 2004, 412–425.
10 LE GALL 1953.
11 KOLB 1993. Zu allen curae: DAGUET-GAGEY 2000, bes. 82–92; BRUUN 2006; KOLB 2018.
12 WOJCIECH 2010; WOJCIECH 2018. Zum Personal aller dieser stadtrömischen Amtsträger HAENSCH 2018.
13 Dazu ECK 1979, 37 ff., 166 ff. = ECK 1999c, 39 ff., 169 ff.
14 Siehe Kap. 18 in diesem Band.
15 Nur in den prokuratorischen Provinzen unterstanden die Soldaten, freilich nur Auxiliartruppen, keine Bürgertruppen, ritterlichen Befehlshabern. Allein in Ägypten wurden Legionen von Rittern befehligt; doch diese Regelung war aus der politischen Sondersituation direkt nach Actium erwachsen.

deren Funktionen ihren relativ festen Platz; sie wurden in dieses vorgegebene Grundgerüst eingefügt. So entwickelten sich regelhafte Laufbahnen, in denen sich auch sozio-politische Voraussetzungen widerspiegeln.[16] Wer zum Beispiel den Status eines Patriziers hatte, genoss bestimmte Privilegien, die es unter anderem erlaubten, einzelne Magistraturen zu überspringen oder andere in deutlich früherem Alter als die nichtpatrizischen Mitglieder des Senats zu übernehmen. So war der Konsulat für einen Patrizier bereits mit ca. 32 Jahren erreichbar, während die anderen Senatoren erst in höherem Alter, etwa mit 38–42 Jahren, dazu kamen. Gleichzeitig hieß dies jedoch im Allgemeinen auch, dass den Patriziern die unter dem Gesichtspunkt der Machtausübung wichtigeren Aufgaben, vor allem die Statthalterschaften in den großen Provinzen, und damit auch das Kommando über Truppen, verschlossen war. Denn dadurch waren sie auch nicht in der Lage, bestimmte Voraussetzungen zu erfüllen und Erfahrungen zu machen, die andererseits als notwendig angesehen wurden, um Provinzen mit einem Heer zu leiten. Das hatte ganz entscheidend etwas mit dem speziellen Typus von Professionalität zu tun, die für das Imperium Romanum der hohen Kaiserzeit im Allgemeinen erkennbar ist.

Schon unter der Republik hatte sich im Verlauf des 2. und 1. Jahrhunderts v. Chr. ein relativ strenger, aufsteigender *cursus honorum* entwickelt, in dem ein jedes Amt erst nach Absolvierung des vorausgehenden Amtes übernommen werden konnte[17]. Dafür gab es auch fixe Altersvorgaben. All dies veränderte sich im Prinzipat im Grundsatz nicht, abgesehen von Details, die jedoch für die Grundfrage der Professionalität nicht entscheidend sind. Für die Laufbahnen der römischen Amtsträger steht uns, anders als für die Republik, für die Kaiserzeit ein besonderer Quellentyp zur Verfügung, der sehr detaillierte Einblicke erlaubt: Es sind dies die sogenannten Cursusinschriften, also Texte, in denen ein vollständiger oder zumindest partieller *cursus honorum* enthalten ist. Der Begriff ist allerdings, wenn man ihn funktional von der jeweiligen Inschrift her sieht, sachlich irreführend.[18] Denn bei diesen Inschriften handelt es sich in Wirklichkeit um epigraphische Texte mit sehr unterschiedlichen Funktionen, in denen aber Personen, die darin vorkommen, manchmal nur einen Teil, zumeist aber ihre gesamte öffentliche Laufbahn präsentieren.[19] Die Inschriften selbst können Weihinschriften für Götter sein, Bauinschriften, Texte, mit denen Statuen von Kaisern dediziert wurden, aber vor allem auch Texte unter Ehrenstatuen, die gerade für Senatoren selbst errichtet wurden, und natürlich Inschriften an Gräbern. Es sind mehrere Hundert solcher epigraphischer Zeugnisse erhalten, und es kommen auch immer noch neue hinzu, die uns den *cursus honorum* von Senatoren zwischen der

---

16 Eck 1974; Birley 1981, 4–32; Eck 2002a.
17 Siehe dazu Beck 2005.
18 Siehe Eck 2009c.
19 Eine immer noch sehr repräsentative Auswahl solcher Texte findet sich im ersten Band der Sammlung von Dessau, Kap. IV Nr. 862 ff.

mittelaugusteischen Zeit und der Mitte des 3. Jahrhunderts bieten.[20] Aus dem Vergleich dieser Texte ergeben sich zahlreiche grundsätzliche Einsichten, insbesondere auch darüber, welche Ämter ein Senator normalerweise übernahm und vor allem in welcher Reihenfolge.[21]

Auf die Details, die zum einen zeigen würden, welche Regelhaftigkeit sich hier nachweisen lässt und wie daneben auch erkennbare und erklärbare Ausnahmen auftreten, braucht hier nicht eingegangen zu werden. Doch ergibt sich als Grundprinzip, dass Senatoren durch die geregelte Form der Beförderung von Stufe zu Stufe einen immer weiter anwachsenden Erfahrungsschatz einsammelten, der für die Bewältigung der Aufgaben der Reichsverwaltung auf den verschiedenen Ebenen notwendig war. Auch die Ausnahmen belegen die Erfordernis dieser Form von Professionalität. Folgendes Beispiel eines senatorischen Cursus, der dem Anschein nach in der Stadt Rom auf dem Forum des Augustus auf einer Basis unter einer Triumphalstatue des Geehrten gestanden haben müsste, kann exemplarisch den üblichen Verlauf des Erwerbs von Professionalität verdeutlichen:

> *Cn(aeo) Iulio L(uci) f(ilio) Ani(ensi tribu) Agricolae co(n)s(uli), pontif(ici), leg(ato) imp(eratoris) Domitiani Aug(usti) Germanici pro pr(aetore) provinc(iae) Britanniae, leg(ato) Aug(usti) pro pr(aetore) provinc(iae) Aquit(anicae), adlecto inter patricios a divis Vespasiano et Tito censoribus, leg(ato) leg(ionis) XX Val(eriae) Victr(icis), misso ad dilectum agendum, praetori eodemque tempore electo ab imp(eratore) Galba ad dona templorum recognoscenda, trib(uno) pleb(is), quaest(ori) provinc(iae) Asiae, trib(uno) militum leg(ionis) II Augustae. Huic senatus auctore imp(eratore) Domitiano Aug(usto) Germanico triumphalia ornamenta decrevit ob res in Britannia prospere gestas.*

Der Text, der hier geboten wird, ist fiktiv. Es handelt sich nicht um eine reale Inschrift, sondern um die Laufbahn des Cn. Iulius Agricola, so wie sie von seinem Schwiegersohn, dem Historiker Tacitus, in der literarischen Form einer Biographie geschildert wird,[22] hier umgesetzt in eine epigraphische Form, also den Quellentyp, der die Masse unserer Informationen zu den senatorischen Laufbahnen bietet.[23] Dieses Beispiel bietet den Vorteil, dass man die lediglich formale Seite der einzelnen Funktionen, wie sie sich aus üblichen Inschriften mit einem *cursus honorum* ergibt, mit dem Inhalt füllen kann, den Tacitus in seiner Vita beschreibt.

---

20 Siehe eine Sammlung bei THOMASSON 1990. Zwei der der letzten spektakulären Beispiele: zum einen eine Inschrift an dem Grabbau für M. Nonius Macrinus aus Rom, der im Dezember 2008 bekannt wurde: AE 2007, 257 = AE 2012, 249 = GREGORI 2012; sodann die Laufbahn des M. Titius Lustricus Bruttianus aus Vaison-la-Romaine: https://www.facebook.com/notes/vaison-la-romaine/fouilles-au-forum-antique-marcus-titius-d%C3%A9couverte-dun-vaisonnais-au-sommet-de-l/1647686558810126 (= EDCS-67400753).
21 Dazu neben den zahlreichen Hinweisen bei SYME 1958, Bd. I, 19–26; 59–74; Bd. II, 637–651; ECK 1974; ALFÖLDY 1977; BIRLEY 1981, 4–35; CHRISTOL 1986; THOMASSON 1996.
22 Tac. Agr.
23 Siehe zu dieser Umsetzung ECK 2005.

Daraus ergibt sich folgendes Bild der Entwicklung einer senatorischen Person. Agricola wurde am 13. Juni 40 n. Chr. in eine senatorische Familie hineingeboren; sein Vater hatte als erster diesen Rang erreicht. Um das Jahr 60 n. Chr. übernahm Agricola zwanzigjährig zuerst in Britannien als *tribunus laticlavius* eine offiziersähnliche Stellung bei der legio II Augusta, für vielleicht für zwei bis drei Jahre[24]. Dabei hatte er, um mit Begriffen aus unserem Vorstellungsschatz zu sprechen, keinen Grundwehrdienst abzuleisten, vielmehr begann er sofort als einer der Stabsoffiziere dieser Legion unter dem Kommando eines senatorischen Legaten, der seinerseits dem senatorischen Statthalter unterstand. Danach ging Agricola mit 24 Jahren für ein Jahr in die Provinz Asia; dort war er als Quästor unter der Gesamtleitung des Statthalters, der die Amtsbezeichnung Prokonsul trug, für die Abrechnung der Grund- und Kopfsteuer zuständig. Wieder zurück in Rom wurde Agricola durch Wahl für ein Jahr einer der zehn Volkstribune. Die Funktion war im Wesentlichen eine Sinekure; freilich hatte er sich wohl um einige römische Stadtbezirke zu kümmern und bei bestimmten öffentlichen Zeremonien musste er natürlich wie andere Senatoren auch anwesend sein. Im Jahr 68 wurde er, ebenfalls in Rom, zum Prätor gewählt, erneut für ein Jahr. Das Amt erlangte er bereits mit 28 Jahren, zwei Jahre früher, als es den normalen Regeln entsprach; vermutlich war ihm, da er bereits zwei Kinder hatte, ein entsprechender Nachlass gewährt worden. Nach der Biographie seines Schwiegersohnes erhielt Agricola während der Prätur keine spezielle Aufgabe, zumindest wurde ihm keine *iurisdictio* zugewiesen[25], das heißt nicht die Stellung als *praetor urbanus* oder *praetor peregrinus*; in dieser Stellung hätte er in Zivilprozessen sogenannten Einzelrichtern ihre Fälle zugeteilt, die sodann die eigentliche Entscheidung treffen mussten. Vermutlich hatte er jedoch den Vorsitz eines Geschworenengerichts inne. Gleichzeitig übertrug ihm Kaiser Galba die Aufgabe, den von Nero geplünderten Tempeln ihren Besitz wieder zurückzugeben, vermutlich in Italien, doch ist der geographische Raum nicht näher benannt. Ob er dabei reisen musste, wird nicht erwähnt; es ist eher unwahrscheinlich. Wahrscheinlich mussten diejenigen, die eine Restitution forderten, sich nach Rom begeben und dort den Antrag bei Agricola als dem zuständigen Magistrat einreichen. Während des Bürgerkriegs des Jahres 69 führte er im Spätherbst in Oberitalien eine Aushebung durch, wurde daran anschließend wiederum nach Britannien gesandt, diesmal im Auftrag des neuen Kaisers Vespasian, wo er von 70 n. Chr. an für zwei bis drei Jahre die *legio XX Valeria Victrix* als Legat kommandierte, jetzt bereits direkt für alle Belange der Legion verantwortlich. Zurück in Rom wurde er 73 n. Chr. zum Statthalter in der Provinz Aquitania im Südwesten Frankreichs ernannt, für etwas weniger als drei Jahre, wie es in seinem Fall genau überliefert ist[26]. Seine Aufgaben waren die Rechtsprechung, die Kontrolle der Finanzen der Städte (nicht der Steuern) und Aufrechterhaltung der öffentlichen Ordnung. Vermutlich unterstand ihm

---

24 Zuletzt in konziser Form zur Laufbahn des Agricola: BIRLEY 2005, 71 ff.
25 Tac. Agr. 6,4.
26 Tac. Agr. 9,6: *Minus triennium in ea legatione detentus [...]*.

eine einzige Militäreinheit von rund 500 Mann, die aber nur Ordnungsaufgaben erfüllte; eine solche Besatzung war üblich in Provinzen wie Aquitania. Wohl noch im Jahr 76 amtierte er, wieder in Rom, für zwei bis drei Monate zusammen mit einem uns nicht bekannten Kollegen als Suffektkonsul. In dieser Zeit durfte er im Senat dem Kaiser eine Dankesrede für die Verleihung des Konsulats halten, leitete die Sitzungen des Senats, konnte vielleicht auch einige Senatsbeschlüsse initiieren, dann hatte er das einst so stolze republikanische Amt schon hinter sich. Agricola ging erneut nach Britannien, diesmal als Statthalter Vespasians mit der Amtsbezeichnung *legatus Augusti pro praetore*. Er war damit die höchste Autorität in der gesamten Provinz und verantwortlich für ein Heer von drei Legionen und rund 50 Auxiliartruppen, das heißt für rund 40000 Mann. Sieben Jahre blieb er dort, eroberte einen Teil des Nordens der Insel, organisierte die Einrichtung von urbanen Zentren und hielt Gericht an verschiedenen Orten seiner Provinz. Nach dieser exzeptionell langen Amtszeit wurde er nach Rom zurückberufen; er sollte um 87/88 Prokonsul der Provinz Asia im Westen der heutigen Türkei werden, wo er bereits als Quästor einmal amtiert hatte, verzichtete aber darauf, angeblich auf Druck von Kaiser Domitian. Nimmt man alles zusammen, sind das fast 30 Jahre, in denen Agricola in Rom, in Italien und in verschiedenen Provinzen im Westen wie im Osten des Reiches Aufgaben verschiedenster Art erledigt hat, länger als viele seiner Standesgenossen, selbst wenn sie bis zu konsulares Ämtern gelangten. Nach dem Urteil des Tacitus hat er seine Aufgaben überall mit bestem Erfolg und zum Nutzen des Imperiums erfüllt.

Als er seine Laufbahn mit dem Militärtribunat in Britannien begann, hatte er die übliche Bildungsphase eines jungen Römers der Oberschicht hinter sich. Sein Vater, L. Iulius Graecinus, kam aus der Provinz Narbonensis, aus Forum Iulii, dem heutigen Fréjus, wo er große landwirtschaftliche Güter besaß; bereits in seiner Jugend hatte er ein zweibändiges Werk über den Weinbau geschrieben. Vor allem aber gehörte er bereits dem Senat an.[27] Der Sohn erhielt auf den väterlichen Gütern Privatunterricht in den üblichen Disziplinen, lernte sodann in Marseille Rhetorik und Philosophie, was von der Mutter aber bald unterbunden wurde. Im väterlichen Haus erlernte er viele Kulturtechniken, unter anderem sicherlich auch das Reiten, aber auch das Befehlen; denn ein solcher Haushalt verfügte notwendigerweise über zahlreiches Personal. In der römischen Kolonie Forum Iulii gehörte er ganz natürlich zur Führungsschicht. In der Öffentlichkeit zu stehen, dort zu sprechen, zu führen, das war für ihn von Anfang an fast eine Selbstverständlichkeit. Auch ohne formale Ausbildung erwarb er die natürlichen Grundbedingungen für seine späteren Funktionen. Auf den frühen Stufen der Laufbahn, in denen er noch in großem Umfang von anderen abhängig war, konnte er in großer Breite Erfahrung ansammeln. So erfuhr er als Quästor in Asia durch den Umgang mit Subalternpersonal, etwa den *scribae*, die mit ihm aus Rom in die Provinz gekommen waren, wie die Abrechnungen mit den steuerpflichtigen Gemeinden zu erfolgen hatten. Aber er hatte vermutlich auch direkt mit den Gemeinden in Asia zu

---

27 Siehe PIR² J 344.

tun, die allein wegen ihrer Größe, wegen ihres Alters und ihrer fiskalischen Potenz über genügend Selbstbewusstsein verfügten; da galt es für ihn, sich durchzusetzen, ohne die selbstbewusste provinziale Elite unnötig zu provozieren. Als Prätor lernte er den intensiven Umgang mit dem Rechtssystem, wobei ihm in Rom genügend Rechtsexperten, *iuris periti*, zur Verfügung standen.[28] Das Legionskommando in Britannien machte ihn zum Chef eines militärischen Subsystems von maximal 6000 Legionären, wobei alle Aufgabenbereiche in seine Verantwortung fielen: Führung im Kampf, Logistik, Ergänzung der Einheiten usw. Gerade hier standen ihm durch Militärs aus den verschiedenen Offiziersgattungen jeweils erfahrene Leute zur Seite, die die eigentlichen Experten waren, weil sie über viele Jahre oder Jahrzehnte entsprechende militärische Aufgaben erledigt hatten. Auf diese Weise konnte Agricola Erfahrungswissen in den verschiedensten Situationen und sachlichen Zusammenhängen akkumulieren, das ihn anschließend befähigte, hierarchisch führende Positionen in Aquitanien, Britannien und Asia zu übernehmen, Militär und Rechtsprechung eingeschlossen. Nicht zu vergessen ist schließlich, dass eine Laufbahn wie die des Agricola die meisten Senatoren durch viele Teile des Reiches führte, aber am Ende auch immer wieder nach Rom als Zentrum, von dem alles ausging und wohin auch wieder alles zurückführte. Die Einheit des Reiches, die Zusammengehörigkeit der verschiedenen Reichsteile und die Verbindung mit Rom als Zentrum war auf diese Weise eine sehr persönliche Lebenserfahrung der Mitglieder der senatorischen Führungsschicht.

Von anderen Senatoren haben wir keine Biographie wie die von Tacitus verfasste, wir haben lediglich die Reduktion ihrer Laufbahnen in den epigraphisch überlieferten *cursus honorum*. Das Grundprinzip der von Stufe zu Stufe akkumulierten Erfahrung in einem weiten Sinn findet sich dort fast überall. Somit muß diese Form der Bewältigung der öffentlichen Aufgaben damals als sachadäquat angesehen worden sein. Das lässt sich wohl auch ex negativo zeigen. Denn Angehörige patrizischer Familien waren, worauf bereits hingewiesen wurde, zwar insoweit privilegiert, dass sie schneller zu den notwendigen republikanischen Ämtern, Quästur und Prätur gelangen konnten, vor allem aber bereits mit 32/33 Jahren zum Konsulat. Dies aber war das Alter, in dem der normale Senator, wie eben auch Agricola, erst einmal das Kommando über eine Legion übernahm. Ein solcher Einsatz in der Provinz aber hätte einen jungen Patrizier vom schnellen Aufstieg zur Prestigeposition des Konsulats abgehalten. So finden sich in nachaugusteischer Zeit kaum je Patrizier als Legionskommandeure in einer Provinz; sie gehen normalerweise auch nicht als Statthalter in Provinzen wie Aquitania,[29] der Lugdunensis oder Kilikien in Kleinasien, in denen kaum Militär stationiert war wie in Aquitanien; und ebenso werden sie kaum je in große Militärprovinzen wie Britannien oder beispielsweise Syrien gesandt. Die Kaiser und ihre Ratgeber, die über die

---

28 Zu den Rechtsexperten PEACHIN 2016.
29 Dass dies bei Agricola anders war, obwohl er während der Censur Vespasians in den Patriziat aufgenommen wurde, hängt damit zusammen, dass diese sozio-politische Erhöhung erst während einer schon laufenden Karriere erfolgte.

Besetzung solcher Positionen entscheiden mussten, berücksichtigten also im Allgemeinen durchaus auch Anforderungen und allgemeine, breite Erfahrungen, und zwar wegen der Aufgaben, die mit einem hohen Amt verbunden waren. Wer eine Provinz wie Britannien mit einer großen Armee kommandieren sollte, hatte auch spezifischere Erfahrungen mitzubringen, Erfahrungen im Umgang mit Soldaten und den Notwendigkeiten des Militärs, ebenso aber auch die Sensibilität, die der höchste Vertreter Roms im Verhältnis zu den lokalen Honoratioren haben sollte.[30] Anders schien offensichtlich eine sachadäquate Bewältigung der Aufgaben nicht möglich.[31]

Bis fast zur Mitte des dritten Jahrhundert n.Chr. blieb diese von Senatoren getragene administrative Struktur im Grundsatz erhalten. Daneben entwickelte sich freilich, schon seit Augustus, eine zweite, zunächst sehr bescheidene, mit der Zeit aber immer stärker expandierende administrative Organisation, die von den Senatoren und der durch die republikanische Tradition geprägten Ämterstruktur getrennt war: die sogenannte prokuratorische Verwaltung.[32] Träger waren Leute, die dem *ordo equester* angehörten, dessen soziale Grundsituation sich von der senatorischen zunächst kaum wesentlich unterschied. Sie stammten im 1. Jh. noch weitgehend aus den Führungsschichten der italischen Städte, dann aber mehr und mehr aus denen der Gemeinden der Provinzen; sie übernahmen Offiziersstellen im römischen Heer und gewannen auf diese Weise Kontakt zu Senatoren und zum jeweiligen Kaiser.[33] Aber die Aufgaben, die sie von Augustus und seinen Nachfolgern erhielten, hatten in der Republik so noch nicht bestanden. Prokuratoren waren zunächst rein private Agenten des Herrschers, gewannen jedoch über den Bezug zum Princeps bald öffentlichen Charakter. Auch bei ihnen entwickelte sich analog zu der senatorischen bald eine eigene ritterliche Laufbahn, die weniger klar strukturiert war, weil ihr das verpflichtende republikanische Gerüst fehlte. Dadurch waren leichter Abweichungen vom Üblichen möglich; man könnte das auch schlicht größere Flexibilität nennen. Doch im Kern gestaltete sich auch eine ritterliche Laufbahn nach denselben Bedingungen wie eine senatorische. Ritterliche Funktionsträger erhielten zu Beginn ihrer Tätigkeit zumeist Aufgaben im Heer, entweder bei Legionen als Tribunen oder bei Auxiliareinheiten als Präfekten.[34] Diese führten sie in der Überzahl für mehrere Jahre durch, bevor ihnen dann Aufgaben im zivilen Rahmen übertragen wurden, zumeist verbunden mit den Einnahmen und Ausgaben des Herrschers. Dabei stiegen sie erkennbar von kleineren zu größeren Aufgaben auf, sie verbanden nicht anders als Senatoren auf der hohen Ebene militärische mit allgemein administrativen Kompetenzen, etwa als Statthalter

---

30 Bezeichnend ist das, was Plinius d. J. einem jungen Senator schreibt, der als Quästor in die Provinz Achaia ging: Plin. epist. 8,24.
31 Zum Gesamtkomplex auch ECK 2002a.
32 Immer noch grundlegend dafür PFLAUM 1950; PFLAUM 1960; PFLAUM 1982.
33 DEMOUGIN 1988.
34 Siehe dazu neben den Bänden der Prosopographia militiarum equestrium von DEVIJVER 1976–1993 zahlreiche Aufsätze in seinen beiden Sammelbänden: DEVIJVER 1989, bes. 16–28; DEVIJVER 1992, bes. 109–128.

in den mauretanischen Provinzen oder in Ägypten. Im Unterschied zu den meisten senatorischen Amtsträgern war mit ihrer Tätigkeit stets auch die Verantwortung für die Finanzen innerhalb ihres Aufgabenfeldes verbunden. Die Spitze dieser ritterlichen Laufbahn erreichte man mit der Übernahme einer der beiden Stellen als *praefectus praetorio*; bis zum Beginn des 4. Jahrhundert hatten die zwei Prätorianerpräfekten zwar als Kernkompetenz das Kommando über die Prätorianertruppen in Rom; doch damit kumulierten sie im Lauf der Entwicklung vielfältige andere Aufgaben, insbesondere solche als Vertreter der Kaiser in der Rechtsprechung.[35]

Zwei Elemente waren in der ritterlichen Laufbahn stärker ausgeprägt: Zunächst verbrachten die meisten Ritter, die später als Prokuratoren der Kaiser tätig waren, weit mehr Jahre beim Heer als die jungen Senatoren; zumeist standen sie dort zwar bereits in leitenden Positionen, aber fast immer unter dem Gesamtkommando senatorischer Oberbefehlshaber. Zum andern erstreckten sich ihre Aufgaben als Prokuratoren vor allem auf das fiskalische Feld und die Administration von staatlich-kaiserlichem Besitz.

Dieses politisch-militärisch-administrative Gesamtsystem aus Senatoren und Rittern hielt sich, auch wenn immer wieder partielle Modifikationen eintraten, bis über die Mitte des 3. Jahrhunderts hinaus, als Kaiser Gallienus es grundsätzlich veränderte.[36] Mit dem Jahr 261/2 wurden alle Senatoren aus den Funktionen mit militärischem Kommando, aber auch, und dies wird allzu oft übersehen, aus fast allen anderen Provinzstatthalterschaften ausgeschlossen, auch aus den prokonsularen Provinzen prätorischen Ranges; diese Aufgaben wurden Personen ritterlicher Herkunft übertragen.[37] Der Grund oder vielleicht auch eine Vielzahl von Gründen sind bis heute noch nicht völlig geklärt.[38] Die militärische Krise mit der gleichzeitigen Bedrohung an verschiedenen Fronten des Reiches spielte dabei zweifellos eine bedeutsame Rolle, doch kann dies nicht der einzige Grund für den radikalen Bruch sein, den Gallienus wollte. Sicher aber ist, dass nun der soziale Hintergrund der Masse der administrativ-militärischen Amtsträger ein wesentlich anderer wurde. Sie entstammten seitdem in ihrer Mehrzahl nicht mehr den gebildeten Führungsschichten der Städte des Reiches, sie waren vielmehr zu einem erheblichen Teil aus dem Kontext des Heeres hervorgegangen und waren über das Heer sozialisiert worden. Das war in der Zeit der militärischen Bedrohung an vielen Fronten des Reiches vielleicht eine

---

35 Eine umfassende Untersuchung über die *praefecti praetorio* in ihrer immer mehr anwachsenden politisch-militärisch-administrativen Kompetenz fehlt bis heute. Zu ihrer Funktion als Stellvertreter des Kaisers siehe PEACHIN 1996, sowie UNFUG 2018.
36 Zu dieser komplexen Entwicklung siehe EICH 2005.
37 Dass durch Kaiser, die auf Gallienus folgten, in Einzelfällen seine grundsätzliche Entscheidung zurückgenommen wurde, braucht angesichts der Radikalität des Eingriffs nicht zu überraschen. Durch partielle Rücknahme konnte die Unterstützung senatorischer Kreise gewonnen werden, die manche Kaiser in bestimmten Situationen benötigten. Dazu ECK 2018a.
38 Siehe zuletzt zu Gallienus CHRISTOL 2006; ferner GOLTZ/HARTMANN 2008. Siehe ferner JOHNE 2006; PISO 2014 (hier wird die Rolle von Gallienus zu gering eingeschätzt).

notwendige Voraussetzung für ein effektives und konkretes Krisenmanagement; der militärische Aspekt drängte damals verständlicherweise alle anderen Notwendigkeiten in den Hintergrund. Aber unter halbwegs friedlichen Bedingungen, wie sie seit Diokletian wieder erreicht wurden, fehlten diesen Amtsträgern wiederum nicht wenige Voraussetzungen für die umfassenden Aufgaben insbesondere in der Reichsverwaltung; denn deren Professionalität war nicht flächendeckend eingeübt worden. Dies könnte ein wesentlicher Grund sein für eine weitere radikale Entscheidung, die in diokletianisch-konstantinischer Zeit durchgesetzt wurde: Die grundsätzliche Trennung von militärischem Kommando und politisch-administrativer Tätigkeit, das heißt das uralte Prinzip des umfassenden *imperium* wurde aufgegeben. Wann dies geschah und welches die konkreten Auslöser dafür waren, ist weithin im Dunkeln. Jedenfalls sind, wenn man von einzelnen, durch eine spezifische Situation erklärbaren Fällen absieht, spätestens seit mittelkonstantinischer Zeit keine Amtsträger mehr zu finden, die sowohl militärische als auch zivile Funktionen übernahmen. Die Auflösung der Prätorianergarde und die Beschränkung der Prätorianerpräfekten auf die rein zivile Verwaltung ist der eine Teil dieses radikalen Bruchs,[39] die Schaffung der Heermeister, der *magistri militum*, als oberste Spitze eines weitgehend umgestalteten Heeres der andere. Ob freilich beide zeitlich unmittelbar miteinander verbunden sind, darf man bezweifeln. Diese Trennung kann man als einen deutlichen Schritt zur Professionalität zumindest im militärischen Bereich verstehen. Verstärkt wurde dieser Prozess durch die zunehmende Rekrutierung dieser *magistri militum* und einer großen Zahl der hohen Offiziere aus Leuten, die nicht schon seit ihrer Geburt Angehörige des Reiches waren, vielmehr von außerhalb stammten. Sie lebten voll in ihrem militärischen Beruf.[40]

Die Administration des Reiches erlebte – wiederum nicht genau unterscheidbar, ob unter Diokletian oder erst unter Konstantin – einen tiefgreifenden Umbau, und zwar sowohl in der Zentrale um den Kaiser als auch in den Provinzen. Die wesentlichen Veränderungen, die auch entscheidende Auswirkungen auf die Träger der Administration hatten, sind folgende:

1. Eine massive Ausweitung der Zahl der Funktionsträger. Das wird besonders deutlich an der Zahl der Provinzstatthalter, die von rund 44 zu Beginn des 3. Jahrhunderts auf etwa 120 in konstantinischer Zeit anstieg. Da zumeist mehr als ein Kaiser amtierte, bedeutete dies eine Vervielfachung der Ämter in den Zentralen um die Kaiser.

2. Während bis zum Beginn des 4. Jahrhunderts jeder Provinzstatthalter nur direkt dem Kaiser unterstand und von ihm Anweisungen erhielt, wurde mit der regionalen Aufteilung der Prätorianerpräfektur und der Einführung der Vikare als Leitern von Diözesen als Mittelinstanz eine administrative Hierarchie, mit verteilten Kompetenzen

---

[39] MIGL 1994; zu den Anfängen der spätantiken Prätorianerpräfektur PORENA 2003. Zu vergleichen ist auch KUHOFF 2001.
[40] DEMANDT 1970.

und Abhängigkeiten, geschaffen.[41] Dies war das Gegenteil dessen, was zumindest der Theorie nach während des Prinzipats noch die aristokratische Gleichheit aller senatorischen Amtsträger ausgemacht hatte. Man war nunmehr im Normalfall nicht mehr direkt vom Kaiser abhängig, sondern von mindestens einem anderen Amtsträger, mit dem man sozio-politisch gleichwohl mehr oder weniger auf einer Stufe stand.[42]

3. Die Trennung zwischen ritterlichen und senatorischen Ämtern verschwand. Die bisher getrennten Funktionen der beiden Statusgruppen konnten miteinander vermischt werden. Selbst die Übernahme von Funktionen, die mit dem früheren senatorischen Statustitel *vir clarissimus* versehen waren, bedingte nicht mehr die Zugehörigkeit zum Senat, weder in Rom noch in Konstantinopel, wo durch Konstantin ein zweiter Senat eingerichtet wurde. Die Kaiser waren damit zumindest in der Theorie nicht mehr daran gebunden, ihre Amtsträger aus genau umschriebenen sozialen Gruppen zu wählen.

4. Die Verfestigung und Ausweitung der Büros der einzelnen Amtsträger. Diese kamen nicht mehr wie vorher weitgehend aus dem Heer, vor allem aber waren sie nicht mehr in großem Stil kaiserliche Sklaven und Freigelassene, sondern Personen freier Geburt. Kaiserliche Sklaven und Freigelassene hatten ihre Stellung im Normalfall nicht auf ihre Nachkommen übertragen können, ebenso wenig diejenigen, die aus dem Heer in die administrativen Stäbe der Statthalter abgeordnet worden waren; denn sie waren in erster Linie Soldaten gewesen; mit ihrem Ausscheiden aus dem Heer endeten auch ihre administrativen Funktionen. Dies änderte sich jetzt und ließ neue Aufstiegschancen durch die Administration zu, gerade auch in Verbindung mit der Ausweitung der Zahl der hohen Ämter. Die Rangstellung dieses Büropersonals wird seit dem späteren 4. Jahrhundert innerhalb der Hierarchie der Ämter fixiert, wobei in großem Umfang feste Regeln den Aufstieg sicherten.

Diese Maßnahmen lassen zumindest teilweise vermuten, dass man von Seiten der Kaiser die administrativen Einheiten so organisieren wollte, dass sie effektiver und sachorientierter arbeiten konnten und weniger von den leitenden Personen abhängig waren. Allein schon die Einbindung des Einzelnen, vor allem auch der höheren Amtsträger, in eine Hierarchie mit Berichtspflichten und Verantwortlichkeit sollte dieses gewährleisten. Auch die Verstärkung und größere Unabhängigkeit der den einzelnen Amtsträger überdauernden Büros (*officia/scrinia*) konnte solche Effekte erzielen. In Caesarea Maritima finden sich im Amtssitz des spätantiken Statthalters

---

41 Der Zeitpunkt, zu dem die Vikare flächendeckend eingeführt wurden, ist umstritten. Da der laterculus Veronensis das erste Dokument ist, in dem die Gliederung der Provinzen nach den Vikariaten erfolgt ist, ist der Zeitpunkt der Abfassung dieser Liste auch der essentielle Datierungshinweis. Freilich muss dieser erschlossen werden. Nachvollziehbar ist die Datierung ins Jahr 314 bei ZUCKERMAN 2002. Andere Datierungen etwa bei MIGL 1994, 54–69; KUHOFF 1983, 112–148; KUHOFF 2001, 378–381; nach PORENA 2003, 152ff. und PORENA 2013 seien die Diözesen zwischen 293 und 298 eingeführt worden. Einen Überblick bietet EICH 2005, 249–254; vgl. ECK 2018a, 533–535. Zu den Statthaltern der Provinzen CARRIÉ 1998; ROUECHÉ 1998. Ein allgemeiner Überblick bei SLOOTJES 2006.
42 Dies ist die Grundthese von EICH 2005.

von Palaestina prima Räume, die offensichtlich von bestimmten Gruppen des Subalternpersonals gestaltet waren, etwa den *chartularii*.[43] Das weist auf deren Permanenz und damit auch auf deren größere Unabhängigkeit hin.

Wer erhielt oder übernahm unter diesen Bedingungen die zahlreichen alten und vor allem neuen Ämter auf den verschiedenen höheren Leitungsebenen? Und gab es so klar strukturierte Laufbahnen, wie sie zumindest für die Senatoren, aber weitgehend auch für die Ritter während der ersten drei Jahrhunderte der Kaiserzeit die Regel waren, durch die ohne spezielle Ausbildung eine von Stufe zu Stufe ansteigende und ausreichende Qualifikation erreicht werden konnte? Hier besteht ein fundamentales Quellenproblem, gerade wenn man die frühere mit der späteren Zeit vergleichen will. Fergus Millar hat vor kurzem in einem Aufsatz auf dieses Problem nochmals deutlich hingewiesen.[44] Es fehlen für die Zeit seit dem späteren 3. Jahrhundert fast vollständig gerade die Inschriften, in denen die Amtsträger ihre volle Laufbahn über alle Stufen wiedergeben, so dass zu erkennen ist, in welcher Abfolge sie welche Aufgaben übernahmen und ob dabei eine mehr oder weniger große Regelhaftigkeit festgestellt werden kann. Zwar hören epigraphische Dokumente mit der Erwähnung der Laufbahn nicht völlig und abrupt auf, aber sie erscheinen fast nur noch bei Mitgliedern der älteren stadtrömischen senatorischen Familien oder einiger weniger Familien, die bewusst diese Tradition aufnehmen[45]. Und sie finden sich fast ausnahmslos in Rom selbst. Ansonsten aber kennen wir für die meisten Amtsträger nur eine einzelne Funktion, bei manchen, die sehr hohe Funktionen übernehmen, auch zwei oder mehr, in großen Umfang aus den Adressen der *Codices Theodosianus* oder *Iustinianus*[46]. Doch in diesen Fällen fehlen fast durchwegs die Ämter, die am Anfang einer Laufbahn stehen, so dass es für das 4. Jahrhundert weit schwerer ist zu sagen, ob es im Verlauf mehrerer oder vieler aufeinanderfolgender administrativer Funktionen eine gewisse sachbezogene Entwicklung und damit Akkumulation von notwendigem Wissen bei einzelnen Personen der Elite gegeben hat.

Selbst bei den Laufbahnen, die uns für stadtrömische Senatoren noch bekannt sind, gelingt es kaum, eine durchgehende Struktur zu erkennen. Die früheren republikanischen Ämter wie Quästur oder Prätur werden zwar noch übernommen, aber sie haben nicht nur keine administrative Funktion mehr, sie bilden auch nicht mehr die formale Struktur, innerhalb der sich eine Laufbahn entwickeln kann. Schon sehr jungen Leuten im Alter von 10 bis 18 Jahren werden diese Repräsentationsfunktionen übertragen, also lange bevor überhaupt von einem jungen Mann sachliche Aufgaben

---

43 CIIP II 1339: Χ(ριστ)έ, βοήθι Ἀμπελίῳ χαρτ(ουλαρίῳ) καὶ Μουσωνίῳ νουμερ(αρίῳ) καὶ λοιποῖς χαρτουλαρ(ίοις) τοῦ αὐτοῦ σκρινίου = Christus hilf Ampelius, dem chartularius, und Musonius, dem numerarius, und den übrigen chartularii im selben scrinium; vgl. auch CIIP II 1336. 1340. 1342.
44 MILLAR 2007.
45 ECK 1999a, 53–55.
46 Es genügt, sich mit vielen Artikeln im 1. Band der PLRE zu befassen, um das Ungleichgewicht zwischen einzeln, zumeist literarisch überlieferten Ämtern und vollständigen Cursus zu erfassen.

der Administration übernommen werden konnten.[47] Sie wirkten nur noch als Repräsentanten der Funktionselite bei den Spielen in der Stadt Rom.

Wie aber hatte zum Beispiel ein Fabius Titianus seine ersten administrativen Erfahrungen gesammelt? Eine Inschrift aus Rom zeigt folgende Laufbahn.[48]

Fabio Titiano v(iro) c(larissimo), correctori Flaminiae et Piceni, consulari Siciliae, proconsuli provinciae Asiae, iudici sacrarum cognitionum, comiti primi ordinis, consuli ordinario, praef(ecto) urbis, Peregrinus serbus domino prestantissimo.

Er begann, jedenfalls nach diesem Text, seine öffentliche Tätigkeit sogleich mit einer Statthalterschaft im östlichen Mittelitalien, in der Region Flaminia et Picenum, also mit einer leitenden Funktion, ging dann, wiederum als Statthalter, nach Sizilien, übernahm anschließend eine gleichartige Funktion in die Provinz Asia, wo er auch als Stellvertreter des Kaisers in dessen oberster Richterfunktion agierte, wurde ordentlicher Konsul im Jahr 337, was vor allem seinem eigenen Prestige und dem seiner Familie diente und großen eigenen finanziellen Aufwand erforderte, und übernahm schließlich von 339–341 in Rom selbst die Stadtpräfektur. Dort war er für ein weites Spektrum von Aufgaben der nominelle Verantwortliche.[49] Unmittelbar danach wurde er zum *praefectus praetorio* ernannt, und zwar in Gallien, wo ihm von 341–349 zahlreiche Statthalter und die Vikare der Diözesen, soweit sie schon existierten, unterstanden, schließlich übernahm er von 349–350 erneut die Stellung des *praefectus urbis Romae*.[50] Das ist eine zeitlich lange Laufbahn, in diesem Fall sogar noch mit Ämtern nicht nur im Westen, sondern zumindest einmal auch im Osten, in Asia. Aber welche sachlichen Voraussetzungen und Erfahrungen hatte er mitgebracht, als er als *corrector Flaminiae et Piceni* amtierte? Sicher erschließen darf man seine politische Loyalität gegenüber Konstantin und dessen Sohn Konstans, sonst wäre er nicht zu einem ordentlichen Konsulat gekommen. Dass er neben der politischen Loyalität auch eine sachliche Eignung vorweisen konnte, darf man zwar annehmen, doch weiß man nicht, wie sie sich entwickelt haben mag. Andere stadtrömische Senatoren dieser Zeit gehen sehr häufig als Statthalter in die Provinz Campania, dort, wo fast alle älteren senatorischen Familien Grundbesitz hatten, nicht anders als etwa auf Sizilien oder in Africa. Private Interessen und öffentliche Stellung gehen hier zusammen. Man gewinnt den Eindruck, dass bei Männern wie Fabius Titianus die sozio-politische Herkunft offensichtlich das entscheidende Kriterium war, um die aufgeführten Positionen zu erhalten. Zwar war auch im System der Prinzipatszeit die Zugehörigkeit zum ordo senatorius bzw. equester notwendige Voraussetzung, um in eine Laufbahn einzutreten; doch sie begann mit kleinen Aufgaben, nicht sogleich mit einer Statthalterschaft. In den vielen Provinzen etwa des Balkanraumes, wo es zum einen nur wenig sena-

---

47 Kuhoff 1983, 20 ff.; Chastagnol 1982.
48 CIL VI 1717 = D 1227.
49 Chastagnol 1960.
50 PLRE I s.v. Titianus 6.

torischen Besitz gab und wo oft militärische Spannungen gab, findet man kaum Senatoren dieses Typs. Wollten sie solche Ämter nicht übernehmen oder wurden sie dafür als nicht geeignet angesehen und folglich nicht damit betraut?

Die Masse der Ämter, auch gerade derjenigen am kaiserlichen Hof, wird bis ins späte 4. Jahrhundert nicht von Mitgliedern schon etablierter Familien des stadtrömischen Senats übernommen, sondern von Leuten, deren Herkunft uns zumeist nicht näher bekannt ist. Vor allem im Osten, wo seit dem Tod Konstantins stets ein eigener Kaiser die Herrschaft ausübt, nicht selten in der Konkurrenz mit dem Kaiser im Westen, haben viele, wenn nicht die meisten Träger der höheren politisch-administrativen Funktionen einen anderen sozialen Hintergrund. Auf eine generationenübergreifende Zugehörigkeit zur Reichselite konnte kaum jemand verweisen. Sie kommen zwar noch größeren Teils aus führenden Familien der Städte, aber zumeist nur noch der östlichen Provinzen. Nicht wenige aber hatten nicht einmal diesen sozialen Hintergrund – wenn wir jedenfalls Libanius halbwegs trauen dürfen.[51] Nach seinen Klagen kamen manche auch der höchsten Amtsträger aus Familien, die nicht einmal zu den städtischen Führungsschichten gehörten. Sie konnten aber über die Stellung als *notarii* das Vertrauen des jeweiligen Kaisers erlangen und auf diese Weise sogar bis zur Stellung eines *praefectus praetorio* aufsteigen. Ihre speziellen Kenntnisse als *notarii* sollen nach Libanius vor allem in der Stenographie bestanden haben, sicherlich ein einseitiger, polemischer Vorwurf.[52] Immerhin könnten dann andere als Kriterien der aristokratischen Herkunft, also auch besondere Kenntnisse, die für die Administration des Reiches wertvoll waren, eine entscheidende Rolle bei der Wahl gespielt haben. Nach Libanius sollen die *notarii* um das Jahr 381 nicht weniger als 520 Personen umfasst haben.[53] Notwendigerweise musste damit die Rekrutierungsbasis wesentlich breiter sein als früher für den Senat. Andere erhielten nach einer rhetorischen und juristischen Ausbildung die Stellung eines *assessor* im *consilium* eines Statthalters und konnten von da Statthalterschaften übernehmen. So soll Maximinus, einer der *praefecti praetorio* von Valentinian I., Sohn eines *tabularius*, also eines Archivfunktionärs in einer Provinz, zu höchsten Stellungen befördert worden sein. Nach einer rhetorischen Ausbildung und einer Tätigkeit als Advokat vor Gericht wurde er zunächst Statthalter von Corsica, dann von Sardinia und anschließend von Tuscia in Mittelitalien, bevor er zum *praefectus annonae* in Rom, dann zum *vicarius urbis Romae* und schließlich zum *praefectus praetorio Galliarum* aufstieg[54]. Gerade bei dieser Person ist die Überlieferung mit Polemik durchtränkt, wie auch sonst bei Personen, über die wir etwas mehr wissen. Doch die Grundtatsachen sind offensichtlich durchaus zutreffend. Zu diesen Möglichkeiten passt auch, dass Libanius klagt, viele junge Leute, die früher bei ihm Rhetorik studiert hätten, würden nun bevorzugt in Berytus römisches Recht, natürlich in lateinischer Sprache, studieren. Es scheint also

---

51 Petit 1957.
52 Siehe A.H.M. Jones 1964, Bd. II, 572 mit Anm. 18 in Bd. III, 164 f.
53 Lib. or. 2, 58.
54 PLRE I s.v. Maximinus 7; A.H.M. Jones 1964, 513.

in einer begrenzten Zeitspanne des 4. Jahrhunderts eine gewisse Offenheit beim Zugang zu hohen und höheren Dienststellungen von unten her gegeben zu haben, nicht mehr nur über bereits etablierte Familien der Aristokratie, die ihrerseits diesen Weg vielmehr ablehnten. Doch selbst wenn dies der Fall gewesen war, dann änderten sich diese Möglichkeiten und der Zugriff auf sie recht schnell, weil sichtbar wurde, welche Aufstiegsmöglichkeiten die Position eines *notarius* bot. Denn diesen Weg über ursprünglich als subaltern angesehene Positionen nahmen bereits zu Beginn des 5. Jahrhunderts auch Mitglieder stadtrömischer Senatorenfamilien. So kennen wir einen Iunius Quartus Palladius, der aus angesehener Familie stammte, jedoch das Prestige seiner Vorfahren deutlich übertraf; seine Laufbahn entwickelte sich folgendermaßen:

> *Iunii Quarti Palladii v(iri) c(larissimi). Amplissimorum honorum magnitudine et nobilitate conspicuo Iunio Quarto Palladio clarissimo et inl(ustri) viro, avorum honores supergresso et diu in re p(ublica) perseveranti, praet(ori) et quaest(ori) kandidato, not(ario) et tri(buno), com(iti) sacrar(um) larg(itionum), praef(ecto) praetorii per annos sex Illyrici Italiae et Africae, consuli ordinario, legato senatus amplissimi quarto; eius statuam ob egregiam propinquitatis affectionem ad decorem domus germanus eius inter se ac suos locari constituique ius habuit.*[55]

Obwohl er bereits in Rom, wie es für ein junges Mitglied einer älteren stadtrömischen Familie nötig war, pflichtgemäß die sachlich funktionslosen Positionen eines Quästor und Prätor absolviert hatte, übernahm er die Stellung eines *notarius* und *tribunus*,[56] wurde *comes sacrarum largitionum, praefectus praetorio* für sechs Jahre und 416 *consul ordinarius*, womit das höchste Prestige erreicht war. Doch wiederum muss man fragen, wann und wie dieser junge Senator auf seine Aufgaben vorbereitet worden war. Aus seinem *cursus honorum* könnte man schließen, seine Fähigkeiten seien ihm allein durch Geburt zugekommen, das Gegenteil von sachlicher Rationalität.

Diese wenigen Hinweise beschreiben nicht das gesamte administrative System und auch nicht dessen professionelle Qualität. Darum kann es hier auch gar nicht gehen. Doch ist wohl deutlich geworden, dass es für das 4. Jahrhundert weit schwieriger zu sagen ist, wie es denn zu einer sachadäquaten Professionalität für die höheren Funktionen auf der Ebene der Provinzen, der Diözesen, der Prätorianerpräfekturen und den Aufgaben direkt am Kaiserhof gekommen sein soll. Die Wege zu diesen Funktionen waren sehr verschieden, die Möglichkeiten zur Einflussnahme durch verschiedene Personen vervielfachten sich. Und angesichts fehlender formaler Kriterien, u. a. hinsichtlich eines Mindestalters für bestimmte Funktionen und eines für alle gültigen Rasters für die Übernahme von staatlichen Funktionen wird es weniger klar, wie es zu der in der hohen Kaiserzeit zumindest theoretisch möglichen Akkumulation von praktischem Wissen und Können für die Bewältigung öffentlicher

---

55 AE 1928, 80 = CIL VI 41383.
56 Vgl. den Hinweis in PLRE II Palladius 19, dass man diese Stellung in seinem Fall als eine ‚sinecure' ansehen könne; dagegen kann man freilich darauf hinweisen, die Formulierung *diu in rep(ublica) perseveranti* lasse doch eher auf eine reale Tätigkeit schließen. Vgl. jedoch A.H.M. JONES 1964, 573 f.

Aufgaben gekommen sein soll. Angesichts der formal deutlich rationaler strukturierten Verwaltungsebenen würde man auch im personellen Bereich eine entsprechend klar ausgebildete Rationalität erwarten. Diese scheint zumindest für uns nicht erkennbar zu sein. Vielleicht ist es auch partiell ein Quellenproblem, weil uns für die überwiegende Mehrzahl aller Amtsträger zusammenhängende Aussagen über Laufbahnen fehlen. Doch gerade das Wenige, das sich aus den stadtrömischen Laufbahnen des 4. Jahrhundert ergibt, spricht nicht dafür, dass – trotz dichterer formaler Strukturierung in vielen Bereichen der Administration und einer komplexeren Hierarchisierung – gegenüber der Hohen Kaiserzeit eine stärkere Rationalität und damit auch eine verstärkte Professionalität bei den Inhabern der höheren Ämter erforderlich und vorhanden war.

5 Die augusteische Ehegesetzgebung und ihre Zielsetzung

1 Die *lex Iulia de maritandis ordinibus*, die *lex Papia Poppaea* und ein *commentarius* des Jahres 5 n. Chr. als Grundlage der *lex Papia Poppaea*

Die Res gestae sind ein sorgsam komponierter Text. Was Augustus darin in seinem 76. Lebensjahr[1] schließlich sanktionierte, stellte für ihn die Summe seines öffentlichen Lebens dar. Alles, was er damals aus einer früheren Fassung des Berichtes, die wir voraussetzen dürfen, nicht gestrichen bzw. jetzt erst aufgenommen hat, war für ihn auch am Ende seines Lebenswerkes bedeutsam, ja essentiell. Umso mehr hat man darauf zu achten, wovon der Text spricht und wovon er nicht spricht.

Kap. 8 dieses Textes lautet: *Legibus novi[s] m[e auctore l]atis m[ulta e]xempla maiorum exolescentia iam ex nostro [saecul]o red[uxi et ipse] multarum rer[um exe]mpla imitanda pos[teris tradidi]*. Der Satz scheint inhaltlich klar und eindeutig. Doch er ist, als Ganzes genommen, ambivalent. Mit den *leges novae* will er auf der einen Seite nur viele Verhaltensweisen der *maiores*, die, wie er behauptet, schon fast verschwunden waren, wieder zur Geltung gebracht haben, also zum *mos maiorum* zurückkehren. Auf der anderen Seite aber will er durch die *leges novae* ebenfalls viele *exempla* gegeben haben, die die Nachwelt nachahmen solle. Tradition und Erneuerung stehen gleichberechtigt nebeneinander; das ist die klare Aussage dieses Satzes.

Zwei Aussagen dieses Satzes sind auffallend. Zum einen spricht Augustus, obwohl es sich um *leges novae* handelt, davon, seine *exempla*, die er gegeben habe, sollten von den zukünftigen Generationen nachgeahmt werden: *exempla imitanda*. Es ist eine, wie es scheint nicht zufälligerweise, recht weiche Formulierung im Kontext von *leges*, also autoritativen, verpflichtenden Texten. Noch mehr aber verwundert, dass Augustus es mit diesem kurzen Satz zu den Gesetzen bewenden lässt. Es folgen keine Details, keine Hinweise, für welche Lebensbereiche er durch seine *exempla* sorgen wollte, keine Namen von einzelnen Gesetzen. Das verwundert deswegen, weil er an nicht wenigen anderen Stellen der Res gestae den Leser mit zahlreichen Einzelheiten beeindrucken will. Man denke an die Details zu den Ergebnissen der verschiedenen *census*, die er selbst durchgeführt hatte, die sogar mit genauen Konsulatsangaben zeitlich fixiert werden: im Jahr 28 und 8 v. Chr. und dann nochmals im Jahr 14 n. Chr.[2] Oder man erinnere sich an die vielen Details zu den Bauten, die er in Rom erneuern oder neu hat errichten lassen – auch hier in der Verbindung von Wiederherstellung alter und der Schaffung neuer Bauten.[3] Bei den *leges novae* aber schweigt Augustus. Zufall oder

---
[1] R. Gest. div. Aug. 35: *[cum scri]psi haec annum agebam septuagensu[mum sextum]*.
[2] R. Gest. div. Aug. 8.
[3] R. Gest. div. Aug. 19 ff.

Absicht? Sieht man sich die augusteische Gesetzgebung an, zumal die aus seinem letzten Lebensjahrzehnt, dann darf man wohl den Grund vermuten, warum Augustus in seinem Tatenbericht so zurückhaltend und allgemein davon sprach und seine eigenen *exempla* nur als *imitanda* einführte. Seine Gesetzgebung, so darf man annehmen, sah er selbst nicht als eine reine Erfolgsgeschichte.

Die Zahl der Gesetze, die direkt auf Augustus zurückgehen, ist nicht gering, soweit sich das jedenfalls den erhaltenen Quellen halbwegs sicher entnehmen lässt.[4] Denn eine Reihe von Gesetzen sind unter dem Namen anderer Amtsträger, zumeist von Konsuln, bekannt, von denen aber dennoch kaum zu bestreiten ist, dass sie ihrer Zielsetzung nach auf den Princeps selbst zurückgehen und das umzusetzen versuchten, was er wollte bzw. wozu ihm seine engsten Berater rieten.[5] Die Berater, von denen Augustus wie jeder erfolgreiche Staatsmann in großem Maße abhing, sollte man im Kontext seiner Politik nie vergessen, obwohl wir sie meist nicht konkreter identifizieren können. Manche dieser Gesetze wurden offensichtlich ohne größere Diskussionen im Senat, noch weniger in der Öffentlichkeit verabschiedet wie etwa die *lex Quinctia* vom Jahr 9 v. Chr., die die Vorschriften zum Schutz der stadtrömischen Aquädukte zusammenfasste; zu offensichtlich war der Nutzen für fast alle.[6] Auch von den *leges iudiciariae* des Jahres 17 v. Chr. hört man nichts, was auf Gegnerschaft in Teilen der römischen, speziell der stadtrömischen Gesellschaft oder der beiden führenden *ordines* hindeuten würde.[7]

Das ist zum Teil deutlich anders bei den Gesetzen, die direkt in das private Leben der Familien eingriffen, zum einen in die sehr persönliche Lebensführung der Familienmitglieder und zum andern in das Familienvermögen. Das gilt in gewissem Maße für die *lex Fufia Caninia* und für die *lex Aelia Sentia*, die insbesondere Sklaven und ihre Freilassung sowie die dann Freigelassenen betrafen, aber nicht weniger die freien römischen Bürger in ihren Rechten als Sklavenbesitzer und als Patrone.[8] Doch waren von diesen Gesetzen die Interessen der verschiedenen Bevölkerungsgruppen in sehr unterschiedlicher Weise betroffen. So mochte eine Einschränkung der maßlosen Zahl von testamentarischen Freilassungen[9] zwar manchem älteren Sklavenbesitzer, der über eine große Zahl verfügte, als Beschneidung seiner Freiheit vorkommen; doch vielen Erben war diese gesetzliche Eindämmung durchaus willkommen, konnte doch auf diese Weise ihr Vermögen, soweit es auch in Sklaven bestand, weniger verschleudert werden. Doch da es bei den verschiedenen Bevölkerungsgruppen, auf die sich diese Gesetze auswirkten, sehr unterschiedliche Interessen gab, entstand daraus keine Abwehrhaltung, die von größeren Teilen der Gesellschaft getragen wurde, womit sich dann auch Augustus befassen musste.

---

4 Als Überblick immer noch nicht überholt ROTONDI 1912. Siehe auch KIENAST 2014, 596 (Index).
5 SCHEID 2007a, 36.
6 Frontin. aqu. 129.
7 ROTONDI 1912, 448 ff.
8 ROTONDI 1912, 554 ff.
9 Gai. inst. 1,42 ff.

Dies aber geschah bei dreien der augusteischen Gesetze in sehr intensiver Form, bei der
1. *lex de vicesima hereditatium*, der
2. *lex de maritandis ordinibus* und der
3. *lex Papia Poppaea*.[10]

Am stärksten wurde Augustus bei den beiden Ehe- und Familiengesetzen herausgefordert; doch bevor diese erörtert werden, sei kurz das Gesetz zur Besteuerung von Erbschaften und Legaten in seiner Brisanz sowie in den Reaktionen, die dadurch in der römischen Gesellschaft ausgelöst wurden, besprochen.

Dieses Gesetz diente zur Finanzierung der Versorgung der Legionsveteranen, also römischer Bürger, nicht etwa von Auxiliartruppen. Die Möglichkeiten, die Finanzen für diese dringend notwendigen Maßnahmen in kontinuierlicher Weise aufzutreiben, wurden bereits im Jahr 5 n. Chr. in Rom heftig diskutiert; Augustus hatte dem Senat die zwingenden Gründe erläutert, weshalb hier unmittelbarer Handlungsbedarf bestand; denn allein aus den ihm unmittelbar zur Verfügung stehenden finanziellen Quellen konnte Augustus diese Leistungen nicht mehr bewältigen.[11] Doch trotz der Ankündigungen im Jahr 5 n.Chr. wurde das Gesetz erst im folgenden Jahr eingebracht und schließlich durchgesetzt. Die Gründe, die Augustus antrieben, das ungeliebte Gesetz vorzulegen und schließlich durchzudrücken, lagen vor allem in der deutlichen Unruhe, die sich seit langem beim Heer wegen der Versorgung nach dem Ausscheiden aus dem Dienst gezeigt hatte. Zwei Punkte waren dabei offensichtlich für die Soldaten unklar: Sie wollten wissen, wie lange sie zum einen zu dienen hatten und – was noch wichtiger war – welche Abfindungen sie danach erhielten. Zwar gab es seit längerer Zeit Regelungen für die Dienstzeiten: 12 Jahre für die Prätorianer, 16 für die Legionäre;[12] doch es scheint, dass diese Zeiten oft überschritten wurden, was immer wieder deutlichen Unmut hervorrief. Die Höhe der Abfindungen aber scheint zunächst nicht klar fixiert gewesen zu sein, obwohl Augustus sich vermutlich an der Vergangenheit orientierte. Die „Kassenlage" wird immer wieder Einfluss genommen haben. Im Jahr 5 wurde zu beiden Fragen offensichtlich eine Einigung gefunden, die freilich Kompromisse beider Seiten erforderte. Zum einen wurde die Dienstzeit der Soldaten jeweils um vier Jahre erhöht, bei den Prätorianern auf 16 Jahre, bei den Legionären auf 20. Das verminderte insgesamt die Last bei der Entlassung, vor allem in den unmittelbar folgenden Jahren, in denen keinerlei Mittel aufgebracht werden mussten, höchstens für diejenigen, bei denen das bisherige Limit deutlich überschritten worden war. Als Ausgleich für diese nicht unerhebliche Verlängerung aber wurde gleichzeitig den Veteranen der Prätorianerkohorten als Abfindung 20.000 Sesterzen zugesagt, den

---
10 Sammlung aller wichtigen Quellen bei BIONDI 1945 darin: Leges populi Romani 101ff.
11 Cass. Dio 55,24,9.
12 Cass. Dio 54,25,5–6 Die Regelung wurde zwar durch Augustus angestoßen, aber im Senat beschlossen; siehe auch TALBERT 1984, 438.

einfachen Legionären 12.000.[13] Mit diesem Kompromiss wussten aber nicht nur die Soldaten, was sie erwarten konnten. Damit war auch für Augustus und seine Berater berechenbar, welche Summen jährlich bereit stehen mussten, um diese Abfindungen auszahlen zu können. Man darf annehmen, dass man bei den verschiedenen Heeresgruppen in den Provinzen Auskunft darüber eingeholt hatte. Mit diesem Wissen aber wurde nach dem Stand der Finanzen des Jahres 5 auch klar: Die den Soldaten nunmehr zugesicherten Gelder standen, wenn man es bei den bisherigen Einnahmen beließ, nicht zur Verfügung. Den Truppen selbst war durch die Dienstzeitverlängerung viel abverlangt worden. Wenn Augustus nicht unmittelbar nach der Einigung das Vertrauen der Truppen verlieren wollte, mussten neue Einnahmen gefunden werden, um die Finanzlücke zu schließen.

Augustus entschloss sich zu einer harten Maßnahme, eben der fünfprozentigen Erbschaftssteuer. Das war ein brutaler Eingriff in einen Bereich, in dem bisher fast schrankenlose Freiheit geherrscht hatte. Im Fall des Todes hatte der Erblasser sein Vermögen per Testament so verteilen können, wie es ihm passend oder notwendig erschien. Nun sollte auf Erbschaften, aber ebenso auf Legate eine Steuer erhoben werden, vor allem soweit es sich um große Nachlässe handelte und soweit diese nicht an nahe Verwandte gingen. Die Erbschaften waren dabei ein Aspekt, die Legate aber ein ganz anderer; denn vor allem die Legate gingen zumeist an Personen, die nicht zum engen Familienkreis gehörten. Denn es war für das innere Leben der römischen Gesellschaft von enormer Bedeutung, dass sich durch das Testament nochmals deutlich zeigte, welche Stellung der Tote in der Gesellschaft eingenommen hatte, und zwar vor allem dadurch, dass er durch ein Legat zeigen konnte, wer zum Kreis seiner *amici* gehörte.[14] Das einzige Testament, aus dem wir wenigstens einen partiellen Einblick in diesen Kreis bekommen, ist das Testament des zweimaligen Konsuls Domitius Tullus aus dem Jahr 108, in dem insgesamt mindestens ca. 140 Personen gestanden haben müssen, denen vom Verstorbenen ein Legat ausgesetzt worden war.[15] Die gesellschaftliche Bedeutung, die solche Nennung in einem Testament erhielt, lässt sich allein aus dieser Zahl von Personen ablesen. Es ging um die gesellschaftliche Stellung des Testators und um die der von ihm bedachten Personen. Doch nach dem Willen des Augustus sollte nicht nur auf die Erbschaften, sondern auch auf die Legate 5 Prozent Steuern bezahlt werden, die *vicesima hereditatium*. Aus praktischen Gründen fiel dabei die Steuerpflicht offensichtlich auf die Erben, nicht auf die Empfänger des Legats; denn von den rund 140 Legataren des Domitius Tullus die Steuer einzuziehen, wäre kaum möglich gewesen. Zwar hätten die Erben, die die Legate auszuzahlen hatten, 5 Prozent von den Legaten abziehen können, falls nicht der Testator anderes verfügt hatte.[16] Doch damit hätten sie sich selbst vor den *amici* des Verstor-

---

13 Cass. Dio 55,23,1.
14 CHAMPLIN 1991, passim und 131 ff.
15 CIL VI 10229 (p 3502) = AE 1976, 77 = AE 1978, 16 = ECK/HEINRICHS 1993, 189–191.
16 Das Verbot z. B. in CIL II²/5 1164: *P. Numerius Martialis Astigitanus seviralis signum Panthei testamento fieri ponique ex argenti libris C sine ulla deductione iussit.*

benen desavouiert, weshalb es nicht ganz selten überliefert ist, die Steuer sei von den Erben bezahlt worden: *sine deductione* oder *vicesima non deducta*.[17] All das erregte den Zorn vor allem der vermögenderen Teile der römischen Gesellschaft. Dass dagegen heftig gekämpft und demonstriert wurde, lag aber vielleicht noch mehr daran, dass allein die römischen Bürger von der Steuer getroffen wurden. Auf die Untertanen Roms, die kein römisches Bürgerrecht besaßen, wurde die Steuer nicht ausgedehnt. Vor allem die in Rom und Italien Lebenden mussten somit diesen Eingriff in ihre *res familiaris* erdulden. Es war ein glänzender Schachzug von Augustus, dass er, nach einem ersten, jedoch gescheiterten Gesetzesversuch, bereits im Jahr 5 n.Chr., die Senatoren aufforderte, nach Finanzierungsmöglichkeiten zu suchen, um die Abfindungen für die römischen Legionäre am Ende der Dienstzeit sicher zu stellen.[18] Alle Vorschläge, die sie gefunden hatten, wurden von Augustus abgelehnt; denn die Senatoren hatten – man möchte sagen natürlich – nur solche Vorschläge gemacht, die sie selbst nicht betrafen. Nun aber setzte Augustus die fünfprozentige Erbschaftssteuer für römische Bürger durch, die zudem mit neuen Vorschriften über die Testamentseröffnung verbunden war.[19] Der Protest war heftig, scheint sich aber vor allem auf größere Teile des *ordo senatorius* und wohl auch des *equester ordo* beschränkt zu haben, also den ökonomisch führenden Teil der römischen Gesellschaft. Die Masse der Römer war davon zwar weniger betroffen, denn kleinere Erbschaften waren nach Plinius und Cassius Dio von dem Gesetz ausgenommen.[20] So fand der Protest in breiteren Bevölkerungskreisen weniger Widerhall, doch Widerstand zeigte sich auch dort. Wie tiefgehend dieser war, sieht man bei der Wiederaufnahme der Proteste im Jahr 13 n.Chr., die nach Cassius Dio beinahe von allen getragen wurden. Doch Augustus setzte sich 6 n.Chr. durch. Es blieb ihm auch keine Wahl. Denn zum einen wollte er wohl die Provinzialen nicht noch weiter mit Steuern belasten; er konnte wohl ahnen, wie sich das auf den Frieden in den Provinzen auswirken würde.[21] Römische Bürger sollten sich wenigstens um die Alterssicherung der Mitbürger kümmern, die in den Legionen gedient hatten. Andererseits musste der Princeps seinen Soldaten in den Legionen die Gewissheit vermitteln, er kümmere sich um ihre sichere Versorgung in der Zeit nach dem Ausscheiden aus dem Heer. Dies war geradezu eine raison d'etre für ihn. So setzte er dieses Gesetz, das er offensichtlich auch mit seinem Namen verband,[22] in Senat und Volksversammlung durch, trotz aller Widerstände. Wie groß diese waren, ersieht man daran, dass der Senat sieben Jahre später, 13 n.Chr., noch-

---

17 Siehe z. B. CIL II 3424; II²/5 1165; IX 449; siehe auch BIONDI 1945, *220* Anm. 2.
18 Cass. Dio 55,25,4–5
19 Paul. sent. 4,6,2a; 3,5,17.
20 Plin. paneg. 40,1; Cass. Dio 55,25,5.
21 In diesem Sinn schon NEESEN 1980, 141. 156; die Einwände, die KIENAST 2014, 406 Anm. 94 gegen diesen Vorschlag erhebt, scheinen mir nicht tragfähig. Gerade weil es Notmaßnahmen waren, musste Augustus an die Auswirkungen denken.
22 Der Name *lex Iulia* ist nur aus Plin. paneg. 42,1 abzuleiten.

mals versuchte, das Gesetz zu Fall zu bringen,[23] erneut ohne Erfolg. Hätten sich die Gegner der Steuer durchgesetzt, dann wäre es noch schwerer gewesen, die Ansprüche der Soldaten zu befriedigen. Bei nicht wenigen Heereseinheiten hat sich die militärische Führung in spätaugusteischer Zeit nicht an die vereinbarten Entlassungszeiten gehalten, was angesichts der verlustreichen, jahrelangen Kämpfe in Illyricum und der nachfolgenden Katastrophe in Germanien nicht so abwegig war. Fähige Rekruten zu finden war offensichtlich schwer genug. Eine der heftigsten Klagen der nach dem Tod von Augustus in Dalmatien und am Rhein revoltierenden Soldaten war, wie Tacitus in den Annalen berichtete,[24] die über maßlos ausgedehnte Dienstzeiten, weshalb man die sofortige Entlassung in den Veteranenstatus forderte. Die Revolte zeigt mehr als deutlich, wie die Zufriedenheit der Legionen die Basis für die Festigkeit des monarchischen Prinzipats bildete. Tiberius hat diese Krise mit außergewöhnlichen Maßnahmen bewältigen müssen.[25] Allein dieses Nachspiel macht deutlich, wie sehr Augustus gezwungen war, sich bei der *lex vicesimae hereditatium* durchzusetzen. Es ging um die Festigkeit seiner Herrschaft.

2 Die *lex de maritandis ordinibus*

Einen durchschlagenden Erfolg hatten die Proteste der römischen Bürger auch nicht bei den beiden Ehegesetzen, der *lex de maritandis ordinibus* und der *lex Papia Poppaea*; aber auf diesem Feld musste Augustus mehrmals bei seinen Aktionen deutlich zurückstecken und zeitweise sogar Niederlagen hinnehmen, auch wenn diese nicht endgültig waren.[26]

---

23 Cass. Dio 56,28,4.
24 Siehe z. B. Tac. ann. 1,35,3–4 , wo von *tricena aut plura stipendia* gesprochen wird.
25 Wie darauf in Rom vom Senat und Tiberius reagiert wurde, wird jetzt durch ein neues, allerdings nur fragmentarisch erhaltenes Zeugnis ein wenig deutlicher. Die auf Bronze geschriebene Inschrift wurde bei einer Auktionsankündigung in Madrid gezeigt, ist allerdings inzwischen wieder aus der Auktion verschwunden. Der Text, von dem maximal noch ein Drittel erhalten ist, sollte entweder Teil eines Edikts (der Konsuln) oder eines *senatus consultum* sein. Publiziert wurde der Text nach dem Tod des Augustus, der bereits *divus* genannt wird, aber noch vor Ende des Jahres 14 n. Chr. , da die Überschrift auf der Tafel die beiden *consules ordinarii* nennt: [*Sex. Appuleio, Sex. Pom]peio cos.* Vor den Namen der Konsuln standen fast sicher noch der Tag und der Monat, wann das Dokument abgefasst wurde. Tiberius erscheint bereits als Augustus. Der Inhalt, der in den genaueren Details unklar bleibt, handelt von Soldaten, von ihrer Entlassung (*missio*), von ihrem *obsequium* gegenüber Tiberius, von ihren finanziellen Vorteilen (*commoda*) und wohl auch Privilegien, die mit *vectigalia* verbunden sind. Aus dem Zeitpunkt sowie aus dem erschließbaren Inhalt kann es nicht zweifelhaft sein, dass dieser Text mit der Bewältigung der Krise in Dalmatien und/oder Germanien verbunden ist. Am ehesten könnte es sich um ein *senatus consultum* handeln, mit dem die Zusicherungen von Seiten des Tiberiussohnes Drusus bzw. durch Germanicus gegenüber den Truppen in rechtliche Formen gefasst wurden. Siehe jetzt CABALLOS RUFINO 2021.
26 Siehe dazu auch ECK 2019, 78–95.

Spätestens in der zweiten Hälfte der 20er Jahre, jedenfalls bald nach der grundlegenden staatsrechtlichen Regelung des Jahres 27 v. Chr., muss die römische Öffentlichkeit von einem Gesetz oder vielmehr eher einem Gesetzesvorschlag gewusst haben, der einen Zwang zur Ehe sowie zur Zeugung von Kindern vorsah und wohl auch Strafen für diejenigen, die sich dem Gesetz verweigerten. Denn im zweiten Buch von Properz Liebeselegien freut sich der Dichter darüber, dass gerade dies nicht eingetreten sei; vielmehr seien gesetzliche Vorschriften aufgehoben worden (*lex sublata*), über die er, als sie einst durch Edikt der Öffentlichkeit bekannt gemacht worden waren (*quondam edicta*), zusammen mit Cynthia Tränen vergossen habe. Folgende Verse bei Propertius 2,7,1 ff. zeugen davon:

> *Gavisa est certe sublatam Cynthia legem,*
> *qua quondam edicta flemus uterque diu,*
> *ni nos divideret: quamvis diducere amantis*
> *non queat invitos Iuppiter ipse duos.*
> *at magnus Caesar; sit magnus Caesar in armis:*
> *devictae gentes nil in amore valent.*

Aus diesen Hinweisen hat man entnommen, dass tatsächlich bereits ein Gesetz verabschiedet worden sei, das dann wieder aufgehoben wurde. Freilich ist strittig, wann das Gesetz erlassen wurde. Während manche meinten, es sei augusteisch, hat vor allem Badian eine ganz andere Meinung vertreten. Es sei nämlich ein Gesetz gewesen, das in der Triumviratszeit erlassen wurde, das aber dann durch Augustus oder besser noch Octavian in den Jahren 28/27 v. Chr. im Verlauf der Maßnahmen zur Rückkehr zur Republik aufgehoben worden sei.[27] Zuletzt ist dies wieder durch Dario Mantovani herausgestellt worden.[28] Dagegen hat Tullio Spagnuolo Vigorita ein Gesetz für eher unwahrscheinlich gehalten; seines Erachtens könnte es sich vielmehr um einen Versuch gehandelt haben; es habe wohl schon einen ausformulierten Gesetzestext gegeben, der in der Öffentlichkeit nicht nur bekannt, sondern heftig diskutiert worden sei, der aber noch nicht alle Stadien der Gesetzgebung durchlaufen hatte. Vermutlich sei es durch das Edikt eines Magistrats oder von Augustus selbst bekannt geworden, ein Edikt, auf dessen Grundlage ein Gesetzgebungsverfahren in Gang gesetzt werden sollte. Auf diese Weise sei vermutlich der Inhalt weiteren Bevölkerungskreisen bekannt geworden, woraus sich solche Unruhe und Widerstand entwickelt haben könnten, die schließlich dazu geführt hätten, dass die Verabschiedung des Gesetzes nicht mehr weiterverfolgt wurde.[29]

Ein solcher Vorgang: Formulierung eines Gesetzesvorschlags, über den dann allerdings nicht abgestimmt wurde, wird uns auf Grund eines neuen epigraphischen Zeugnisses im Jahr 5 n. Chr. wieder begegnen – im Kontext der späteren *lex Papia*

---

27 Badian 1985, 82 ff.
28 Mantovani 2008, 5 ff., bes. 39 ff.
29 Spagnuolo Vigorita 2010. Siehe schon Jörs 1882.

Poppaea. Darauf ist zurückzukommen. Insoweit hat Spagnuolo Vigorita wohl Zutreffendes vermutet. Gesetzeskraft scheint jedenfalls das, worauf Properz um das Jahr 22 v. Chr. verweist, nicht erhalten zu haben. Wichtig ist jedoch zu betonen, dass sich schon gegen diese Gesetzgebungsinitiative deutlicher Widerstand erhoben haben muss.[30] Freilich: außer Properz finden sich keine weiteren Quellen, weshalb auch alle näheren Details, vor allem eine präzise Datierung fehlen.

Wenige Jahre später aber wurde das, was Properz und „Cynthia" befürchtet hatten, Realität. Augustus griff in massiver Weise in eingewurzelte soziale Verhaltensweisen vieler Römer ein, innerhalb der Familien und auch außerhalb. Zwei Gesetze wurden erlassen, die in ihrer Wirkung über das Ende Roms hinaus reichten: die *lex Iulia de maritandis ordinibus* und die *lex Iulia de adulteriis coercendis*. Häufig nimmt man an, sie seien mehr oder weniger gleichzeitig im Jahr 18 v. Chr. beschlossen worden; doch lässt sich das Datum nur für die *lex Iulia de maritandis ordinibus* sichern. Denn auf dieses Gesetz wird bereits im Jahr 17 im *carmen saeculare* des Horaz mit *marita lege* Bezug genommen, die Verabschiedung wird mit den *decreta patrum* verbunden.[31] Auch wird das Gesetz in den offiziellen Akten der Säkularspiele genannt, die nach den Spielen zweifach, auf einer Stele aus Bronze und einer aus Marmor, publiziert wurden. In der *lex* war eine Sanktionsdrohung enthalten, dass Unverheiratete nicht an den öffentlichen Spielen teilnehmen dürften. Ein Senatsbeschluss vom 23. Mai 17 v. Chr. hat diese Bestimmung für die aktuellen Säkularspiele aufgehoben. Denn in den Säkularakten heißt es: *qui nondum sunt maritati, ... s(ine) f(raude) s(ua) spectare liceat ieis qui lege de marita[ndis ordinibus tenentur].*[32] In dem Gesetz war somit das Verbot formuliert, dass die Römer, die alleine lebten und noch nicht die Absicht erkennen ließen, zu heiraten, obwohl sie im heiratsfähigen Alter waren, von Spielen ausgeschlossen waren. Dass dieses Verbot als eine harte Strafe angesehen wurde, die helfen sollte, die Absicht des Gesetzes zu erreichen, wird nur verständlich, wenn man die Leidenschaft der Mehrheit der Römer für die *ludi publici* insgesamt, vor allem für Gladiatorenkämpfe und Rennen im Circus bedenkt.

Allzu viele Details sind allerdings von dieser *lex* nicht bekannt, weil sie in der Überlieferung zumeist in Verbindung mit der späteren *lex Papia Poppaea* genannt werden.[33] Ohne Zweifel waren schon in dieser *lex* die Jahre vorgeschrieben, innerhalb derer jeder Mann und jede Frau verheiratet sein mussten: Männer zwischen dem 25. und 60. und Frauen wohl zwischen dem 20. und 50. Lebensjahr. Darüber hinaus mussten Frauen selbst nach dem Tod des Ehegatten bereits nach sechs Monaten

---

30 Spagnuolo Vigorita 2010, 11 ff.
31 Hor. carm. saec. 16–20.
32 CIL VI 877 = 32323 = 32324 = D 5050 = AE 2002, 192: *qui nondum sunt maritati, sin[e fraude sua -- q(uid) d(e) e(a) r(e) f(ieri) p(lacuerit) d(e) e(a) r(e) i(ta) c(ensuerunt) uti quoniam ludi ei] religio[nis] causa sun[t in]stituti neque ultra quam semel ulli mor[talium eos spectare licet ludos,] quos [m]ag(istri) XVvir(orum) s(acris) f(aciundis) [ed]ent, s(ine) f(raude) s(ua) spectare liceat ieis, qui lege de marita[ndis ordinibus tenentur].*
33 Dazu schon Jörs 1882 mit vielen Details.

wieder heiraten, wenn sie die Folgen des Gesetzes vermeiden wollten. Gerade diese Regel zur Wiederverheiratung muss schon im Jahr 18 v.Chr. vorgesehen gewesen sein, da Antonia d. J., Drusus' Frau, der im Jahr 9 v. Chr starb, sich weigerte, eine neue Ehe einzugehen.[34] Sie betonte das im *mos maiorum* verankerte Ideal der *univira*.[35] Sicher ist nun ferner, dass das Gesetz Regelungen für die Wahlen zu Magistraturen enthalten hat: Kandidaten, die sich um eine Magistratur bewarben, konnten sich, anders als in den ebenfalls unter Augustus geänderten *leges annales* bestimmt, schon vor dem gesetzlichen Mindestalter zur Wahl stellen, wenn sie Kinder hatten. Im *kaput VI* der *lex de maritandis ordinibus* waren diese Regeln bereits enthalten, wie der Text von § 27 der *lex municipalis Troesmensium* zeigt; darauf ist sogleich noch zurückzukommen.

3 Der Weg zur *lex Papia Poppaea*

Schon der nur durch Properz bekannte Versuch, Ehe und Kindererzeugung durch Gesetz allen Römern aufzuzwingen, hatte zu heftigen Frustrationen geführt. So verwundert es nicht, wenn auch die im Jahr 18 v.Chr. durchgesetzte *lex de maritandis ordinibus* Widerstand ausgelöst hat, nicht unbedingt durch direkte öffentliche Agitation, wohl aber durch ingeniöse Versuche, das Gesetz ins Leere laufen zu lassen. Augustus war inzwischen Autokrat genug, um nicht nur in der Sache einen Affront zu sehen, sondern sich dadurch auch persönlich herausgefordert zu sehen. Auch seine heftigen Reaktionen gegenüber dem Verhalten seiner Tochter Iulia zeigen das mehr als deutlich, zumal sich mit dem Widerstand gegen manche Regeln dieses Gesetzes auch grundsätzliche Opposition gegen ihn verbinden konnte. Nur so ist es wohl zu erklären, dass er schließlich einen zweiten Versuch unternahm, die Regelungen der *lex de maritandis ordinibus* so zu verändern, dass sein Ziel durch eine Kombination von schärferen Strafen und öffentlicher Kontrolle[36] einerseits und Belohnungen andererseits schließlich doch erreicht werden würde. Dieses Ziel sollte mit der *lex Papia Poppaea*, die zwischen Juli und spätestens September 9 n.Chr. erlassen wurde, erreicht werden. Dass der Widerstand gegen dieses zweite Gesetz sehr heftig war, heftiger als gegen das frühere, sagt sowohl Sueton[37] als auch Cassius Dio. Gerade dieser Historiker der severischen Zeit, der zur *lex* von 18 v.Chr. nur wenig berichtete,[38] wid-

---

34 Ios. ant. Iud. 18,180; vgl. Val. Max. 4,3,3.
35 Vgl. Liv. 10,23: *nulla nisi spectatae puditiciae matrona et quae uni viro nupta fuisset ius sacrifandi haberet*; ferner Verg. Aen. 4, 28–29: *ille, meos, primus qui me sibi iunxit, amores / abstulit; ille habeat secum servetque sepulchre.*
36 Tac. ann. 3,28: *Acriora ex eo uincla, inditi custodes et lege Papia Poppaea praemiis inducti.*
37 Suet. Aug. 34,2: *Leges retractavit et quasdam ex integro sanxit, ut sumptuariam et de adulteriis et de pudicitia, de ambitu, de maritandis ordinibus. Hanc cum aliquanto severius quam ceteras emendasset, prae tumultu recusantium perferre non potuit nisi adempta demum lenitave parte poenarum et vacatione trienni data auctisque praemiis.*
38 Cass. Dio 54,16,1f. Speziell zu Dios Darstellung der *lex Papia Poppaea* KEMEZIS 2007, 270ff. Es scheint kein Zufall zu sein, dass Cassius Dio sich weitgehend auf das spätere Gesetz konzentrierte.

mete diesem Widerstand und Augustus' Versuchen, den Widerstand zu überwinden, mehrere Kapitel seines Werkes.³⁹ Beide Autoren sprechen auch davon, Augustus habe den heftig Protestierenden längere Fristen eingeräumt, um den Vorschriften des Gesetzes zu Heirat und Kinderzeugung im Verlauf mehrerer Jahre nachzukommen. Cassius Dio spricht von drei Jahren, die dann nochmals um zwei Jahre ergänzt worden seien, woran Augustus am Ende sogar noch ein weiteres Jahr angehängt habe. Sueton dagegen spricht nur von drei Jahren.⁴⁰ All dies deutet jedenfalls darauf hin, dass sich um die Erneuerung der römischen Gesellschaft per Gesetz in den Jahren vor 9 n. Chr. ein langer Prozess entwickelt hat. Doch war bisher nicht klar, wie dieser Prozess ausgelöst wurde und wie lange er tatsächlich gedauert habe. Zumindest teilweise lassen sich diese Fragen nunmehr auf Grund eines neuen inschriftlichen Zeugnisses klären.

Wie schon angedeutet, enthält ein epigraphisches Dokument dazu bisher unbekannte Informationen. Es handelt sich um ein Kapitel aus der *lex municipalis Troesmensium*, d. h. aus dem Gesetz, das zwischen 177 und 180 n. Chr. bei der Gründung des *municipium Troesmis* in Rom formuliert worden war. In *kaput XXVII* dieses Munizipalgesetzes ist folgender Passus im Kontext der Regeln zu den Wahlen in dem municipium an der unteren Donau erhalten:

> [--] e ⌈ius⌉ , *qui sacerdotium petet, quot minor ann(orum) XXXV est, rationem annorum habendam, quae utiq(ue) legis Iuliae de maritandis ordinibus lata<e> kap(ite) VI cauta conprehensaque sunt, quae utiq(ue) commentari, ex quo lex P(apia) P(opaea) lata est, propositi Cn(aeo) Cinna Magno Vol(eso) Val(erio) Caeso co(n)s(ulibus) IIII kal(endas) Iulias kap(ite) XLVIIII cauta conprehensaque sunt et confirmata legis P(apiae) P(opaeae) k(apite) XLIIII, conservanda, qui quaeq(ue) comitia habebit, curato.*⁴¹

Daraus ergibt sich Folgendes: Die *lex Papia Poppaea* ist keineswegs als ein reines Produkt des Jahres 9 n. Chr. anzusehen, das von den beiden namengebenden Suffektkonsuln, die am 1. Juli dieses Jahres ihr Amt angetreten haben, ausgearbeitet worden war. Diesem Gesetz ging vielmehr eine lange Periode voraus, in der um den Inhalt des späteren Gesetzeswerkes gerungen wurde. Diese Auseinandersetzung erfolgte nicht etwa auf Grund irgendwelcher Gerüchte oder informellen Nachrichten, vielmehr gab es einen offiziellen Text, mit dem das augusteische Ziel der Erneuerung

---

Denn sowohl in seinem Inhalt als auch in seinem Umfang war die *lex Papia Poppaea* das weit gewichtigere, dessen Regeln auch im Wesentlichen die Zukunft bestimmten. Es ist vielleicht kein Zufall, dass die Regel über die Bedeutung des Alters, auf die in der *lex Troesmensium* verwiesen wird, in der *lex de maritandis ordinibus* im § 6 stand, in der *lex Papia Poppaea* aber erst in § 44.
39 Cass. Dio 56,4–9.
40 Diese drei Jahre haben allerdings nichts mit dem Zeitraum bis zur Widerverheiratung zu tun, wie METTE-DITTMANN 1991, 132 annimmt.
41 Auf den Text wurde zunächst hingewiesen bei ECK 2013c, 199 ff.; ECK 2014a, 75 ff. Der Text liegt nun vollständig vor: ECK 2016a, 565–606 = AE 2015, 1253.

von Ehe und Familie erreicht werden sollte, ein Text, der allerdings als solcher nicht Gesetz wurde.

Den offiziellen Beginn des öffentlichen Prozesses markierte ein *commentarius*, der am 28. Juni des Jahres 5 n. Chr. proponiert worden war: *Cn(aeo) Cinna Magno Vol(eso) Val(erio) Caeso co(n)s(ulibus) IIII kal(endas) Iulias*, und den Text einer zukünftigen *lex* enthielt. Dieser *commentarius* gelangte nicht etwa durch Indiskretion an die Öffentlichkeit, er wurde vielmehr proponiert, d. h. offiziell veröffentlicht. Denn *proponere* ist der offizielle Terminus, der bei der Bekanntmachung von politischen, rechtlichen und vor allem administrativen Texten verwendet wurde.[42] Das *proponere* von Texten erfolgte offensichtlich stets auf *tabulae albatae*. Wer diesen *commentarius* proponiert, also veröffentlich hat, wird allerdings nicht gesagt. Der *commentarius* trägt auch, im Unterschied zu dem späteren Gesetz, keinen Namen. Es ist nicht ausgeschlossen, dass es die beiden ordentlichen Konsuln des Jahres 5 n. Chr. waren, die am 28. Juni eben noch im Amt waren. Der Text, den der *commentarius* publik machte, ist nicht, wie man vielleicht zunächst vermuten könnte, einfachhin ein formloser Versuch gewesen, die Materie der früheren *lex de maritandis ordinibus* voranzubringen. Es handelte sich vielmehr um einen sehr genau ausformulierten Gesetzestext, gegliedert in *kapita*, der auch zu einem genau registrierten Datum publiziert wurde. Sicher scheint aber auch zu sein, dass der proponierte *commentarius* noch nicht als ein offizieller Gesetzesantrag gegolten. Sonst hätte er wohl auch den Namen dessen oder derjenigen getragen, die ihn eingebracht hatten.

Dass Augustus hinter der Proponierung des *commentarius* gestanden hat, ist unzweifelhaft; er ist schließlich derjenige, der von Sueton und Cassius Dio ganz betont als derjenige eingeführt wird, der die Regelungen, die schließlich die *lex Papia Poppaea* bildeten, mit aller Macht und mit persönlichem Engagement durchsetzen wollte. Der *commentarius* enthielt einen detailliert ausgearbeiteten Gesetzesvorschlag, der in der Zukunft als Gesetz eingebracht und beschlossen werden sollte. Das geschah dann auch tatsächlich, allerdings nicht sogleich, sondern mehr als vier Jahre später durch die *lex Papia Poppaea*. Die Formulierung: *commentari, ex quo lex P(apia) P(oppaea) lata est*, lässt an dem engen Zusammenhang zwischen beiden Texten keinen Zweifel zu. Dieser *commentarius* war die Basis der späteren *lex Papia Poppaea*. Das sieht man wohl auch noch rein äußerlich daran, dass in beiden Texten die Paragraphenzahl, in der die Regelung stand, auf die sich die *lex municipalis* bezog, sehr hoch ist: im *commentarius* § 49, in der späteren *lex* § 44.

Wie aber ist es zu erklären, dass Mitte des Jahres 5 ein ausgearbeiteter Gesetzesvorschlag der Öffentlichkeit bekannt wird, der dann aber offensichtlich nicht in das

---

[42] Nur e. g. sei auf folgende Edikte verwiesen, die proponiert wurden: ein Edikt des Prätors Servenius Gallus im Jahr 62 in Rom (AE 2006, 305) oder auf die (beiden?) Edikte des Claudius, die in der Tafel von Cles (CIL V 5050 = D 206) erhalten sind. Ebenso ein Edikt des Prokonsuls T. Aurelius Ful(v)us Boeonius Antoninus, des späteren Antoninus Pius, (AE 1994, 1645b); ebenso beim s.c. de Cn. Pisone patre: *propositum N. Vibio Sereno procos.* (ECK/CABALLOS/FERNÁNDEZ 1996, 10) oder schließlich ein Edikt Hadrians zur Verleihung des römischen Bürgerrechts (ECK/PANGERL/WEISS 2014, 241 ff.).

normale Gesetzgebungsverfahren eingebracht und verabschiedet wurde? Denn in der republikanischen Praxis wurde es konsequent durchgehalten, dass ein Gesetzgebungsverfahren, wenn es begonnen wurde, im Amtsjahr dessen, der es einbrachte, abgeschlossen werden musste. Kam es, aus welchen Gründen auch immer, nicht zu einer endgültigen Abstimmung, dann war der Antrag erledigt. Andernfalls hätte ein anderer Magistrat im folgenden Jahr ihn erneut einbringen müssen; doch dann hätte er auch einen anderen Namen getragen. Eine simple Weiterführung im folgenden Jahr war jedenfalls nicht möglich, allein schon deswegen, weil dann die Antragsteller wegen der Annuität nicht mehr im Amt waren. Wie aber ist dann zu erklären, dass der *commentarius* Mitte 5 n. Chr. vorgelegt, aber erst mehr als vier Jahre später ein Gesetzgebungsverfahren von den beiden Suffektkonsuln eingeleitet wurde? Warum geschah das nicht noch im Jahr 5 n. Chr. bald nach der Proponierung?

Die Erklärung ergibt sich aus den Nachrichten über den massiven Wiederstand gegen das Gesetz, den Augustus in dieser Form ganz offensichtlich nicht erwartet hatte. Suetons und Cassius Dios Schilderungen zeigen dies sehr deutlich. Es muss in Rom zu massiven Demonstrationen gekommen sein, und zwar nicht irgendwo, sondern bei Gelegenheiten, wo der *populus Romanus* in seinen Gliederungen in Erscheinung treten konnte, also im Theater, Amphitheater und im Circus.[43] Bei solchen Gelegenheiten war ohne große Probleme zu unterscheiden, welche Gruppen demonstrierten. Insoweit sind die Nachrichten, dass vor allem der Unwillen des *equester ordo* mehr als deutlich zu erkennen war, sehr glaubwürdig. Er war nicht nur in den 14 ersten Reihen des Theaters oder Amphitheaters klar zu erkennen.[44] Vermutlich gab es auch schriftliche Äußerungen auf Hauswänden oder an sprechenden Statuen.[45] Der Protest muss sich sogleich erhoben haben, als der Text bekannt wurde.

Wo der Text proponiert wurde, ist nicht klar. Wir wissen, dass Augustus auch in anderen Fällen zunächst Senatoren mit einem Vorschlag konfrontierte. Das könnte auch hier so gewesen sein. Doch dann muss sich der Inhalt sehr schnell verbreitet haben und zu den entsprechenden Reaktionen aus größeren Teilen der stadtrömischen Bevölkerung geführt haben. Diese unerwarteten und heftigen Reaktionen aber hatten ganz offensichtlich den von den Protestierenden erhofften Effekt, dass im Jahr 5 das Gesetzgebungsverfahren auf der Grundlage des *commentarius* nicht mehr eröffnet wurde, ja sogar noch mehr. Denn das Verfahren wurde auch im folgenden Jahr nicht wieder aufgenommen, vermutlich aber nicht wegen der Proteste oder zumindest nicht allein ihretwegen. Vielmehr traten andere Schwierigkeiten so sehr in den Vordergrund, dass Ehe- und Familienpolitik, so sehr sie Augustus auch am Herzen lagen, in den Hintergrund gedrängt wurden.

Fast zum selben Zeitpunkt im Jahr 5 n. Chr., in dem der *commentarius* vorgelegt wurde, hatte Augustus auch bereits die Lösung der Finanzierungsprobleme beim Heer

---

43 Siehe z. B. Cass. Dio 55,22,4.
44 DEMOUGIN 1988, 796 ff.
45 Cass. Dio 55,27,1.

in Angriff genommen, was oben bereits erörtert wurde. Auf der einen Seite mussten die Truppen längere Dienstzeiten akzeptieren, auf der anderen Seite waren höhere Geldmittel nötig, um den Soldaten zu zeigen, dass die Ablösegelder in Zukunft rechtzeitig bezahlt würden. Deshalb setzte Augustus im Jahr 6 die *lex de vicesima hereditatium* durch, obwohl auch dagegen heftig protestiert wurde. Doch hier konnte Augustus nicht zurückweichen; es ging um seinen Rückhalt bei den Soldaten, der Basis seiner Macht. Die Unzufriedenheit über diesen massiven Eingriff in das Vermögen einer Familie war vor allem in den höheren *ordines* jedenfalls mehr als heftig. Zu diesen durch Augustus' gesetzgeberische Initiativen geschaffenen Problemen kam im Jahr 6 in weiten Teilen der Bevölkerung das Gefühl der Unsicherheit durch besonders heftige Überschwemmungen, die der Tiber verursachte, ferner besonders viele Brände in der Stadt, so dass ebenfalls im Jahr 6 n. Chr. die *cohortes vigilum* unter einem ritterlichen *praefectus vigilum* aufgestellt werden mussten.[46] Das waren hautnahe bedrohliche Erfahrungen, die einer Lösung bedurften. Noch gewichtiger war: Gleichzeitig erschien die Lebensmittelversorgung bedroht, so sehr, dass Gladiatoren und Sklaven, die zum Verkauf standen, aus der Stadt entfernt werden mussten; selbst der Masse der Senatoren wurde erlaubt, die Stadt zu verlassen.[47] Hungerrevolten waren für alle Herrschenden stets ein primäres Warnzeichen. Nach weiteren Notmaßnahmen wurde spätestens im Jahr 8 n. Chr. das Amt des *praefectus annonae* geschaffen, um die Versorgung der Stadt Rom nachhaltig zu verbessern.[48]

Am schwerwiegendsten aber war, dass in nicht wenigen Provinzen kriegerische Unruhen ausgebrochen waren, in Sardinien, im Osten der kleinasiatischen Provinzen sowie in Africa.[49] Vor allem aber explodierte in Illyricum der Pannonische Aufstand, der so heftig war, dass der Doppelangriff des Tiberius gegen das Markomannenreich abgebrochen werden musste, um in Dalmatien/Pannonien rund ein Drittel aller römischen Streitkräfte zu konzentrieren.[50] Man befürchtete sogar ein Übergreifen des Krieges auf Italien. In der Folge wurden alle Statthalter in den prokonsularen Provinzen nicht durch Los bestimmt, sondern von Augustus persönlich, die dann sogar zwei Jahre im Amt blieben.[51] Es war eine Kumulierung von Krisen, die zu zahlreichen Notmaßnahmen führten. Dass Augustus unter diesen Umständen die Durchsetzung der Reform seiner Ehe- und Familiengesetzgebung für den Augenblick nicht weiterverfolgte, war politischer Pragmatismus, der das Dringliche erledigte, das Wünschenswerte aber auf die Zukunft verschob.

Aufgeschoben aber bedeutete nicht aufgehoben. Augustus gab seine Pläne nicht auf; er wartete nur eine Beruhigung der Lage ab.[52] Diese schien ihm gekommen, als

---

46 Cass. Dio 55,26,4; vgl. auch Suet. Aug. 30. Dazu SABLAYROLLES 1996.
47 Cass. Dio 55,26,1–2.
48 PAVIS D'ESCURAC 1976; ECK 1986, 105 ff. = ECK 2009 f, 229 ff.
49 Cass. Dio 55,28,1.
50 KIENAST 2014, 370 ff.
51 Cass. Dio 55,28,2; ein solcher Fall ist durch IRT 301 bezeugt.
52 Also anders als dies GALINKSI 2013, 112 meint.

der Aufstand in Illyricum mehr oder weniger zu Ende war. Denn nach Cassius Dio kehrte Tiberius im Frühjahr 9 n.Chr. von dort zurück, worauf die *consules ordinarii* des Jahres, Q. Sulpicius Camerinus und C. Poppaeus Sabinus, spezielle Siegesspiele veranstalteten.[53] Während dieser Spiele kam es nach Dio erneut zu heftigen Protesten von Mitgliedern des *equester ordo*, woraufhin Augustus das Volk zu einer Versammlung auf dem Forum berufen habe. Dort ließ er die Unverheirateten und Kinderlosen von den Verheirateten und denen, die Kinder hatten, trennen, worauf er sie gruppenweise angesprochen habe.[54] Ähnlich berichtet Sueton von Protesten bei Spielen, bei denen Augustus direkt Germanicus und dessen damals schon geborene Kinder – es waren wohl drei – zu sich rief und die glückliche Familie dem Volk sozusagen als das große *exemplum* dessen zeigte, was er mit seinem Gesetz tatsächlich erreichen wolle.[55] Nach der langen, von Cassius Dio präsentierten Rede des Augustus habe dieser sich beklagt, dass die renitenten Bürger nicht sein großzügiges Angebot einer Übergangsfrist von zunächst drei, dann von nochmals zwei Jahren genutzt hätten, in der sie hätten heiraten und Kinder zeugen können. Sueton spricht in diesem Kontext nur von einer *vacatio trienni*.[56] Beide Autoren beziehen diese zeitlichen Gnadengeschenke offensichtlich auf die Zeit vor der Verabschiedung der *lex Papia Poppaea*; der Unterschied in der Zeitspanne ist aber nicht aufzulösen. Nach Dio soll aber Augustus auch nach seiner Rede an das Volk, die er erst nach den Festspielen aus Anlass des Sieges in Illyricum im Frühjahr 9 n.Chr. gehalten habe, nochmals ein Jahr gegeben haben, um den Anordnungen des – so muss man es wohl verstehen – Gesetzes von 18 v.Chr. nachzukommen.[57] Erst danach berichtet Dio schließlich von der Verabschiedung der *lex Papia Poppaea*. Zumindest diese Schilderung des konkreten Ablaufs muss man ausschließen; denn die Spiele und damit die Rede des Augustus an das Volk können nicht vor etwa April/Mai stattgefunden haben, die *lex* aber wurde spätestens Anfang September verabschiedet;[58] der Abstand zwischen beiden Ereignissen betrug nicht einmal ein halbes Jahr. Der Bericht Dios kann zumindest in der Chronologie nicht zutreffen; ob er sachlich in allen Details zutrifft, muss damit offen bleiben.[59]

---

53 Cass. Dio 56,1,1.
54 Cass. Dio 56,1,2.
55 Suet. Aug. 34,2. GALINKSI 2013, 152 schreibt, Augustus habe alle neun Kinder des Germanicus vor einer Versammlung von Rittern präsentiert. Doch es war nach Sueton keine Versammlung von Rittern und im Jahr 9 waren von den neun Kindern erst maximal drei geboren. Da zwei frühzeitig starben, konnten ohnehin nie alle neun zusammen in der Öffentlichkeit erscheinen. Derartige Sachfehler häufen sich leider in diesem Werk.
56 Suet. Aug. 34,1.
57 Cass. Dio 56,10.
58 Denn es ist wenig wahrscheinlich, dass Augustus nach der vernichtenden Niederlage des Varus im *saltus Teutoburgiensis* noch Zeit und Energie gefunden hätte, um das Gesetz durchzusetzen.
59 Es sei denn, man nähme an, Augustus habe die Frist gewährt und erst danach wären die Vorschriften des Gesetzes in Kraft getreten. Doch ist ein solches Verfahren in der gesetzgeberischen Praxis Roms offensichtlich nicht bekannt.

Dass aber am 28. Juni 5 n. Chr. der Text einer geplanten *lex* in Rom bekannt gemacht wurde, macht, abgesehen von Details, die Aussagen bei Sueton und Cassius Dio über Übergangsfristen verständlicher. Das gilt vor allem wegen des Umstandes, dass Augustus sein Vorhaben, den Inhalt der *lex de maritandis ordinibus* in einer umfassenden Überarbeitung neu zu verabschieden, für mehr als vier Jahre aufschieben musste. Erklärbar ist das nur wegen des heftigen Widerstandes und der zahlreichen anderen aktuellen politischen Probleme. Es war eine temporäre politische Niederlage. Ein solches Zurückweichen vor den Protesten muss Augustus und seinen Ratgebern schwer gefallen sein. Man konnte eine solche Niederlage auch nicht einfach eingestehen. So ist es recht wahrscheinlich, dass man nach Auswegen aus diesem Autoritätsdilemma suchte. Mir scheint, dass man der Bevölkerung, die von den geplanten neuen Regeln wusste, deshalb die Zeit, in der die Gesetzgebung nicht begonnen werden konnte, *als Konzession verkaufte:* ihr Bürger bekommt Zeit, drei Jahre (oder auch mehr), in denen ihr die Forderungen des Gesetzes erfüllen könnt. Der *commentarius* enthüllt also gerade im Kontext einer Sache, die Augustus zu seiner eigenen gemacht hatte, dass er keineswegs der allmächtige Autokrat gewesen ist, als der er zum Teil gesehen wird. Auch Augustus kannte Augenblick, in der er sich ohnmächtig fühlte.

Gleichzeitig wird an dem Vorgang aber auch deutlich, dass Augustus als Pragmatiker dort, wo es für ihn anders nicht möglich war, auch zurückstecken und warten konnte, bis die Umstände für ihn günstiger geworden waren. Im Fall der *lex Papia Poppaea* war dies im Sommer des Jahres 9 n. Chr. erreicht. Die Revolte in Illyricum war niedergeschlagen, die stadtrömischen Probleme wie Brände und Lebensmittelversorgung waren für die Bevölkerung durch die Aufstellung der *cohortes vigilum* und die Ernennung eines *praefectus annonae* spürbar verbessert. So mussten die beiden *suffecti* M. Papius Mutilus und Q. Poppaeus Secundus, die am 1. Juli des Jahres 9 ihr Amt antraten, die für sie persönlich schlimme Aufgabe übernehmen, den Text des *commentarius* ganz offiziell als neues Gesetz vorzuschlagen. Beide waren, wie Cassius Dio betont, unverheiratet und kinderlos.[60] Augustus wusste, warum er nicht persönlich das Gesetz einbrachte und es mit seinem Namen verband. Die Umstände, die mit der Durchsetzung der *lex* verbunden waren, sollten nicht auch noch auf lange Zeit mit seinem Namen verbunden bleiben.

Das neue Gesetz umfasste, wie man jetzt sieht, mehr als 44 *kapita*; wie viele es wirklich waren, ist immer noch unbekannt. Wesentliche Fakten sind überliefert, die mindestens schon zum Teil im Gesetz von 18 v. Chr. enthalten waren: Der Zwang zur Ehe wurde natürlich aufrechterhalten; er galt weiterhin für Männer vom 25.–60. Lebensjahr, für Frauen vom 20.–50., wobei das 25. bzw. 20. Lebensjahr dadurch bestimmt ist, dass von da an das Gesetz Kinder voraussetzte.[61] Wer nicht verheiratet war und

---

[60] Cass. Dio 56,10,3.
[61] Ulp. Tituli 16,1 (FIRA II p. 278): ... *nondum eius aetatis sint, a qua lex liberos exigit, id est si vir minor annorum XXV sit aut uxor annorum XX minor.*

keine Kinder hatte, unterlag deutlichen Einschränkungen beim Erbrecht, wie schon im vorausgehenden Gesetz. Umgekehrt befreiten Kinder, die ein bestimmtes Alter erlebt hatten, nicht nur von den erbrechtlichen Folgen des Gesetzes; drei überlebende Kinder befreiten vor allem freigeborene Frauen von der sogenannten *tutela*, d. h. sie konnten ohne männlichen Vormund ihre eigenen Geschäfte führen; bei freigelassenen Frauen mussten es vier Kinder sein. Männer verloren so jedenfalls bei der Verwaltung des weiblichen Vermögens ihre weitgehend absolute Macht gegenüber Frauen; auch das mag bei dem Widerstand der Männer eine Rolle gespielt haben. Das Gesetz hatte noch weitere Folgen, die sich auf Familien negativ auswirken konnten. Denn nachdem bereits nach der *lex de vicesima hereditatium*, deren Erträge in das *aerarium militare* gingen, bei Erbschaften eine staatliche Kasse einen – kleinen – Teil des Familienvermögen erhielt, wurde nun erneut ein *aerarium* zum Nutznießer eines Gesetzes, das *aerarium populi Romani* = *aerarium Saturni*. Denn durch die Regelungen des Gesetzes verloren manche Personen, die nicht die nötigen Voraussetzungen hatten, ihre Erbfähigkeit. So konnten Teile des Vermögens eines Verstorbenen zu *bona caduca* werden, d. h. zu herrenlosem Gut, weil bestimmte Leute durch die Bestimmungen der *lex* ihre Erbberechtigung verloren haben.[62] Das hatte in gewisser Hinsicht auch schon vor der augusteischen *lex* gegolten. Doch früher waren solche Erbteile in die Erbmasse zurückgefallen und zumindest den anderen Erben zugutegekommen. Nun strich die *res publica* diese Anteile ein. Wieder wurden viele eines finanziellen Vorteils beraubt.

Augustus und seine Berater hatten allerdings einiges aus den Protesten der langen Zwischenzeit gelernt, die zwischen der Proponierung des *commentarius* am 28. Juni des Jahres 5 und der endgültigen Verabschiedung der *lex* zwischen Juli und September 9 vergangen war. Die etwas andere Paragraphenzahl – 44 in der *lex Papia Poppaea*, 49 im *commentarius* – besagt vermutlich, dass man bis zum Jahr 9 am Gesetzesvorschlag einiges geändert hatte, darunter auch einige Konzessionen in das Gesetz eingefügt hatte. Diese konnten ihrerseits werbewirksam gegen den Protest eingesetzt werden. So wurde, um ein Beispiel zu nennen, die den Witwen zugestandene Trauerzeit, bevor sie sich wieder verheiraten mussten, von einem auf zwei Jahre erhöht; und nach der Scheidung musste sich eine Frau nicht bereits nach sechs Monaten, sondern erst nach 18 wiederverheiraten.[63] Aber die Gesamttendenz blieb diejenige des Gesetzes von 18 v. Chr.,[64] nunmehr in anderer Hinsicht verschärft und mit umfassenderen Detailbestimmungen.[65]

---

62 Irrig ist es, wenn GALINKSI 2013, 109 schreibt, das Gesetz habe verboten, jemanden „außerhalb seiner Familie zum Erben zu bestimmen". *Heredes*, die nicht zur Familie gehörten, konnten erben, aber natürlich nur, wenn sie verheiratet waren und Kinder hatten. Sie mussten allerdings ohne Einschränkungen die Erbschaftssteuer bezahlen. Unzutreffend ist auch, dass Leute bei der „Vergabe von Plätzen im Zirkus oder Theater" keine bevorzugte Behandlung erwarten konnten. Natürlich konnten z. B. unverheiratete Senatoren auf den reservierten Plätzen für Senatoren Platz nehmen.
63 Ulp. Tituli 14 (FIRA II p. 277).
64 Nach allem, was sich aus der Überlieferung erkennen lässt, kann die Einschätzung von BRING-MANN 2007, 167, kaum zutreffen. Nach ihm soll nämlich die *lex Papia Poppaea* „eine Reform der Re-

4 Die Zielgruppen der augusteischen Gesetzgebung

Auf wen aber zielte Augustus mit seinen Familiengesetzen? Was wollte er damit erreichen? Nicht selten wurde in der Forschung angenommen, Augustus habe mit der *lex de maritandis ordinibus* hauptsächlich auf den Senatorenstand gezielt.[66] Das wurde vor allem aus verschiedenen Regelungen abgeleitet, die in der *lex* enthalten waren. Dies war zum einen die Definition, wer als Nachkomme eines Senators zu gelten habe, nämlich alle männlichen Nachkommen bis zur dritten Generation, also Sohn (*filius*), Enkel (*nepos*) und Urenkel (*pronepos*), und ebenso die Frauen, die von den männlichen Nachkommen eines Senators bis zur dritten Generation – bis zur *proneptis ex nepote nata* – abstammten.[67] Diese Definition der Weitergabe der senatorischen Standesqualität war ein Teil des Gesetzes. Alle so definierten Personen durften als Folge der *lex* keine weiblichen oder auch männlichen Freigelassenen heiraten oder auch niemanden, der selbst eine *ars ludicra* ausgeübt hatte oder von einem Vater abstammte, bei dem dies zutraf.[68] Doch all dies galt nicht nur für Senatoren und ihre Nachkommen, sondern auch für alle anderen freigeborenen Römer (*ingenui*), was nicht selten in der Diskussion über das Ziel des Gesetzes übergangen wird. Hinzu kam, dass das Gesetz eine Reihe von Regeln enthielt, die sich bei der Wahl zu einer Magistratur in Rom bzw. in römischen Gemeinden außerhalb Roms auswirkten: Das war einmal die Zahl der Kinder, die eine frühere Zulassung zur Wahl möglich machten. Auch bei der Verkündung der Ergebnisse in den einzelnen Wahlzenturien wurde bei Stimmengleichheit innerhalb einer *centuria* derjenige als erster renuntiert, der verheiratet war und Kinder hatte; dies ist in der *lex Malacitana* in allen Einzelheiten präzis beschrieben.[69] Ferner wurde, wie Gellius berichtet,[70] im *kaput VII* der *lex* fest-

---

form" gewesen sein, so dass man das Gesetz als eine „abgemilderte" Version des ersten Ehegesetzes ansehen müsse. Das verbietet sich schon allein deshalb, weil das neue Gesetz offensichtlich weit mehr Tatbestände und Details geregelt und damit das private Leben komplizierter gemacht hat.

65 Es ist allerdings historisch falsch davon zu sprechen, Ehe- und Kinderlosigkeit seien zu einem „strafbaren Delikt" geworden; so aber SONNABEND 2014, 82 (den Erkenntnisfortschritt zu den Ehegesetzen durch das Zitat in der *lex Troesmensium*, wovon er Kenntnis bekam, hat er nicht eingearbeitet). Strafbare Delikte waren durch die *lex Iulia de adulteriis* geschaffen worden, weshalb auch eine eigene *quaestio* eingerichtet wurde. Die „Strafen" bei den beiden Ehegesetzen waren Ausschluss von Privilegien, die anderen zugestanden wurden, es waren aber keine Strafen für Delikte.

66 Siehe z. B. BLEICKEN 1998, 486: „Wie schon die Strafsentenzen zeigen, zielte das Gesetz jedoch in erster Linie auf die Senatoren." Ähnlich auch KIENAST 2014, 164 f.; BRINGMANN 2007, 165: „.... in den beiden oberen Ständen der Senatoren und Ritter eine kinderreiche Ehe als verpflichtende Lebensform durchzusetzen". Ausgewogen in der Beurteilung TREGGIARI 1996, 887 ff. Allgemein zu den Gesetzen, die besonders Senatoren- und Ritterstand betrafen BALTRUSCH 1989, 133 ff.

67 Paul., Liber primus ad legem Iuliam et Papiam, Dig. 23,2,44.

68 Zu den Heiratsverboten für *ingenui/ingenuae* siehe vor allem umfassend ASTOLFI 1996, 97 ff.

69 CIL II 1964 = *lex Malacitana* § 56.

70 Gell. 2,15,4: *legis Iuliae priori ex consulibus fasces sumendi potestas fit, non qui pluris annos natus est, sed qui pluris liberos quam collega aut in sua potestate habet aut bello amisit. 5 Sed si par utrique numerus liberorum est, maritus aut qui in numero maritorum est, praefertur; 6 si vero ambo et mariti et*

gelegt, dass derjenige aus einem Konsulnpaar, der mehr Kinder als der Kollege hatte, als erster die *fasces* als Zeichen der neuen Würde übernehmen dürfe. Bei gleicher Kinderzahl sei entscheidend, ob einer zusätzlich zum entsprechenden Zeitpunkt verheiratet sei.

All dies betraf natürlich tatsächlich den Senatorenstand, jedoch keineswegs allein, sondern in gleicher Weise auch alle diejenigen, die in römisch organisierten Städten sich um munizipale Ämter bewarben. Aus der *lex Troesmensium* ergibt sich klar, dass die Altersbestimmungen der *lex de maritandis ordinibus* wie auch des *commentarius* und der *lex Papia Poppaea* ebenso bei den Wahlen zu den städtischen Magistraturen oder einem Priesteramt im *municipium Troesmensium* galten;[71] und die *lex Malacitana* erläutert die Regeln für die Verkündigung der Abstimmungsergebnisse eben für das municipium Malaca in der Baetica. Da ging es um die Elite der Gemeinden, nicht des stadtrömischen Senats. Und davon waren viele Zehntausende von städtischen Honoratioren, von Dekurionen und Magistraten betroffen, nicht nur die 600 Senatoren. Davon auszugehen, das sei erst durch eine spätere Entwicklung in die Munizipalgesetze geraten, ist nicht möglich. Denn der Titel des Gesetzes von 18 v. Chr.: *lex Iulia de maritandis ordinibus* zielt eben nicht auf den *ordo senatorius*, sondern auf die *ordines* allgemein. Schon in den Akten der Säkularspiele, die ein Jahr nach dem Gesetz abgefasst wurden, wird von der *lex de maritandis ordinibus* gesprochen,[72] ebenso in periocha 59 des Livius. Selbst wenn man *ordo* hier in einem strengen Sinn auslegen wollte, wären zumindest der *equester ordo* sowie die *ordines decurionum* gemeint, wie die Munizipalgesetze zeigen. Doch auch die Freigelassenen galten als *ordo*, wie nicht nur die Bezeichnung *ordines Augustalium* erweisen, die sich seit dem Jahr 12/11 v. Chr. ausbilden.[73] Cicero spricht immer wieder neben Senat und Ritterschaft von den *ceteri ordines*.[74] Und dem entspricht es, dass vielfältige Regelungen hinsichtlich der Freigelassenen in dem Gesetz enthalten gewesen sind, u. a. das *ius quattuor liberorum*, das einer *liberta* dieselbe Freiheit von der Tutel zuerkennt, wie einer freigeborenen Frau mit drei Kindern. Das *ius trium liberorum* für Frauen muss schon im Gesetz von 18 v. Chr. enthalten gewesen sein, da Livia im Jahr 9 v. Chr. nach dem Tod ihres jüngeren Sohnes Drusus dieses Recht als Trost für den Verlust ihres jüngeren Sohnes erhielt.[75]

---

patres totidem liberorum sunt, tum ille pristinus honos instauratur et qui maior natu est, prior fasces sumit.

71 Siehe den Text oben S. 74.
72 CIL VI 877 = 32323 = 32324 = AE 2002, 192 = SCHNEGG 2020, 20 ff.: *[uti, quoniam ludi ei] religio[nis] causa sun[t in]stituti, neque ultra quam semel ulli mor[talium eos spectare licet, – ludos], quos [m] ag(istri) XVvir(orum) s(acris) f(aciundis) [ed]ent, s(ine) f(raude) s(ua) spectare liceat ieis, qui lege de marita[ndis ordinibus tenentur].*
73 Dazu VAN HAEPEREN 2017, 223–238.
74 BÉRANGER 1970, 225 ff.
75 Cass. Dio 55,2,5.

Aus all diesen Hinweisen aber wird sehr klar, dass das Ziel der augusteischen Gesetzgebung nicht speziell auf den *ordo senatorius* abzielte, sondern auf die gesamte römische Bürgerschaft. Alle ihre Mitglieder sollten heiraten, sodann Kinder in die Welt setzen und so die Zahl römischer Bürger vermehren. Dazu passte es auch, dass Augustus im Zug der Durchsetzung seines Gesetzes im Senat die Rede *de prole augenda* verlas, die einer der Zensoren des Jahres 131 v. Chr., Q. Caecilius Metellus Macedonicus, gehalten hatte.[76] Die 600 Senatoren, die unter Augustus im Senat saßen, konnten nicht für die Ergänzung des gesamten populus Romanus sorgen. Dafür waren sie sogar unerheblich. Daraus aber folgt zwingend, dass Augustus Ziel viel weiter gespannt war. Es ging ihm tatsächlich um die Erhaltung oder sogar Vergrößerung des populus Romanus,[77] aber eben nicht vor allem durch massenhafte Freilassungen, die er umgekehrt einzudämmen versuchte.[78] Wieviel die direkte Abstammung, also das Blut, ihm bedeutete, zeigen seine Manöver, wer konkret sein politischer Erbe werden sollte. Marcellus, Gaius und Lucius Caesar, Germanicus waren irgendwie mit ihm blutsverwandt. Agrippa und vor allem Tiberius waren Notbehelfe, weil es eben nicht anders ging. Dieselben Vorstellungen bestimmten auch sein Handeln bei den Gesetzen zu Ehe und Kinderzeugung. Doch wenn Freigelassene bereits das römische Bürgerrecht erhalten hatten, dann sollten auch sie zur Vermehrung der römischen Bürgerschaft beitragen, und zwar Freigelassene beiderlei Geschlechts. Augustus weist nicht nur betont auf die Möglichkeit, dass Römer freigelassene Frauen heiraten können, sondern ebenso auch *liberti*. Natürlich diente dies der Vergrößerung des populus Romanus. Dass seine Vorstellungen über die blutsmäßige Abstammung im Widerspruch zu vielen anderen politischen Notwendigkeiten im weiten Imperium Romanum standen, auf die er reagieren musste, war ihm vielleicht bewusst. Denn sonst hätte er z. B. nie das Bürgerrecht an Provinziale vergeben dürfen, was er jedoch im Verlauf seiner langen Herrschaft in nicht geringerem Maße getan hat als schon sein Adoptivvater Caesar.[79] Aber vielleicht bestand die Kunst des Princeps Augustus gerade u. a. darin, dort, wo es nötig war, auch Widersprüche im politischen Handeln zuzulassen und dadurch unterschiedlichen Notwendigkeiten gerecht zu werden. Entscheidend war, ob etwas seinen politischen Zielen diente.

---

[76] Liv. per. 59: *Q. Metellus censor censuit ut cogerentur omnes ducere uxores liberorum creandorum causa. Extat oratio eius, quam Augustus Caesar, cum de maritandis ordinibus ageret, uelut in haec tempora scriptam in senatu recitauit*; vgl. Gell. 1,6.
[77] Allerdings kann man dieses Bestreben nicht mit den Schwierigkeiten bei der Heeresergänzung im Jahre 9 n. Chr. nach der Katastrophe im saltus Teutoburgiensis erklären wie bei MASTROROSA 2007, 281 ff., bes. 297. Das Gesetz war, wie man schon immer wusste, zum Zeitpunkt der Schlacht schon verabschiedet; wie man nun weiß, war das Gesetz schon im Jahr 5 n. Chr. in seinem Inhalt klar formuliert gewesen, also längst, bevor die sehr aktuellen Probleme beim *dilectus* für die Legionen auftraten. Die Interpretation scheiterte schon immer an der Chronologie, die Information der *lex Troesmensium* macht dies nun doppelt klar.
[78] Wobei nicht ganz klar ist, ob dabei nicht vor allem wirtschaftliche Gründe der Erben, die durch die maßlose Freilassung in den Testamenten geschädigt werden konnten, ausschlaggebend waren.
[79] Immer noch grundlegend VITTINGHOFF 1952.

6 Zur Bedeutung von Gesetz(en) und Recht für die Identität Roms und seiner Bürger

In der Einleitung zu seinem fundamentalen Werk „Lex publica" aus dem Jahr 1975 hat der damalige Frankfurter Althistoriker Jochen Bleicken darauf hingewiesen, die historische Wissenschaft habe seit jeher die öffentliche Rechtsordnung als ein wesentliches Stück der römischen *res publica* angesehen, weshalb er dann schließlich auch Rom mit einem Ausdruck, der von dem Juristen Fritz Schulz stammt, als das ‚Volk des Rechts' apostrophierte.[1] Diese relativ allgemein verbreitete Sicht auf Rom ruht natürlich vorzugsweise auf der Bedeutung, die die Schriften römischer Juristen vor allem im Bereich des Privatrechts seit dem Hohen Mittelalter und noch mehr seit der frühen Neuzeit im Bereich von Jurisprudenz und Politik gewonnen haben. Aus dieser Sicht heraus hat auch Fritz Schulz seinen Ausdruck geprägt. Doch mit diesem Ausdruck wird durchaus ein zentrales Element Roms und seiner Geschichte erfasst, weshalb ihn Bleicken nicht zu Unrecht auf die Zeit der Republik übertragen hat. Dass in dieser Kennzeichnung Recht nicht unbedingt mit Gesetz oder Gesetzen gleichzusetzen ist, ist unbestritten. In Rom selbst findet sich deshalb auch sehr häufig die sprachliche Verbindung *iura et leges*, um das Gesamtphänomen Recht oder die „Einheit aller Rechtssätze" zu erfassen.[2] Doch gerade diese Wortverbindung, die sogar auf Münzen propagiert wurde,[3] – allerdings in einer besonderen historischen Situation – zeigt, dass Gesetze (in Rom stets in der Mehrzahl zu verwenden, nicht das Gesetz) ein wesentlicher Teil dessen sind, was Rom und seine Bürger, die Römer, ausmachte.

Über die konkreten Anfänge Roms und damit auch über das Recht Roms und seine Gesetze wissen wir historisch verlässlich fast nichts. Doch damit stehen wir heute nicht allein. Das galt auch für das Rom von Cicero oder Augustus. Sie waren uns gegenüber allerdings insoweit im Vorteil, weil ihnen die annalistische Geschichtsschreibung vor allem des 2. und 1. Jh. v. Chr. im vollen Umfang zur Verfügung stand, die für fast alle, die etwas über die Frühzeit wissen wollten, konkrete und verlässliche Aussagen zu enthalten schien. Für uns ist diese Frühzeit im Wesentlichen nur noch durch die Geschichtswerke der Historiker Dionys von Halikarnass und Titus Livius (*Ab urbe condita*) greifbar. Beide schrieben erst nach dem Ende der Republik, in augusteischer Zeit. Aus diesen und vergleichbaren Werken schöpften in historisch heller Zeit

---

[1] BLEICKEN 1975, 1. Die Formulierung stammt wohl von F. SCHULZ: „Das Volk des Rechts ist nicht das Volk der Gesetze", so zitiert bei HONSELL 2010, 3. HONSELL schreibt weiter: „Gesetze hatten in Rom nur marginale Bedeutung. Ganz anders in Griechenland ... Der *mos maiorum*, die Sitte der Väter, war den Römern heilig. Die lang dauernde Übung (*longe et inveterata consuetudo*), die auf allgemeinem Konsens geruht (*consensus omnium*), war für die Rechtsgenossen verbindlich (Gewohnheitsrecht). Anerkannt war auch, dass veraltetes Gesetzesrecht durch dauernde Nichtanwendung (*desuetudo*) tatsächlich außer Kraft gesetzt werden konnte (derogierendes Gewohnheitsrecht)."
[2] BLEICKEN 1975, 349 f.
[3] RICH/WILLIAMS 1999.

alle Politiker und Autoren Roms, wenn sie etwas hätten sagen wollen oder sollen, was Gesetze für ihr eigenes Selbstverständnis, für ihre Vorstellungen über Rom aussagten. Insofern sind auch wir legitimiert, auf diese Berichte trotz ihres im Inhalt weitgehend unhistorischen Charakters zurückzugreifen. Diese Werke sind ein Spiegel für die Zeit, in der sie entstanden sind, und für deren angebliches Wissen um die Vergangenheit. Und für diese Sichtweise der Römer auf die eigene Vergangenheit sind sie eine verlässliche Quelle.

Nach diesen Berichten standen am Anfang nicht Recht und nicht Gesetze. Romulus setzte weitgehend auf Gewalt und Betrug; der Raub der Sabinerinnen ist nur ein besonders bekanntes Element bei diesem Werden einer Gemeinschaft, so wie die Legende sie konstruierte. Doch auf Romulus sei Numa Pompilius gefolgt, der den Römern Ordnung brachte durch rechtliche Normen und Gesetze. Er erhielt sie angeblich durch seine Beziehungen zur Nymphe Egeria. Für viele galt Numa als der zweite, vielleicht sogar als der wahre Gründer Roms; denn erst seine Maßnahmen hätten aus den von Romulus befehligten Räuberscharen eine Bürgergemeinschaft gemacht. Cicero betont das in seiner Schrift *De re publica* mit Nachdruck.[4] Livius berichtet von Numa, er habe schon vor seiner Wahl zum König als besonderer Kenner des sakralen und profanen Rechts gegolten (*consultissimus vir ... omnis divini atque humani iuris*).[5] Sobald er das Königtum erlangt hatte, „machte er sich daran, die junge Stadt , die auf Waffengewalt gegründet war, durch Recht, Gesetze und Sitten erneut zu gründen" (*qui regno ita potitus urbem novam, conditam vi et armis, iure eam legibusque ac moribus de integro condere parat*).[6] Zu diesen Regeln gehörte auch die Einteilung des Jahres in 12 Monate, wobei er sogleich Schaltmonate vorsah, um diese Gliederung, die sich nach dem Mond richtete, mit dem Kreislauf der Sonne in Einklang zu bringen. Zudem setzte er fest, an welchen Tagen Gerichtsverhandlungen und Volksversammlungen stattfinden durften. Numa schuf also nach diesen Berichten einen Lebensrhythmus der Römer, der *speziell ihrer Gemeinschaft eigentümlich war und wodurch sie sich von anderen unterschieden*. Dass in solchen Geschichten lang ablaufende spätere Entwicklungen einem einzigen *protos heuretes* zugeschrieben und durch dessen Autorität sanktioniert wurden, braucht man wohl kaum zu betonen.

Für die römische Überlieferung war mit den Regelungen, die Numa geschaffen hatte, freilich nicht die Rechtsordnung Roms voll entwickelt, vor allem wegen der Spannungen zwischen Patriziern und Plebejern; diese zogen sich vielmehr über fast zwei Jahrhunderte hin. Wenige Jahrzehnte nach dem Sturz des letzten Königs, der nach der Haupttradition im Jahr 509 v. Chr. erfolgt sein soll, wurde als erste Weichenstellung für die Zukunft der *res publica* im Jahr 451 v. Chr. ein Kollegium von zehn Männern eingesetzt, deren Aufgabe in ihrem Titel festgehalten war: *decemviri legibus scribundis*. Sie sind also nicht in erster Linie Gesetzgeber, wie es etwa Solon in Athen

---

4 Cic. rep. 2,26,5,3: *illa autem diuturna pax Numae mater huic urbi iuris et religionis fuit, qui legum etiam scriptor fuit, quas scitis extare, quod quidem huius civis proprium, de quo agimus.*
5 Liv. 1,18,1.
6 Liv. 1,19,1.

war, sondern sie erstellen eine Art Kodifikation, eine schriftliche Fixierung der Rechtsregeln, die schon lange Gültigkeit hatten. Es war die Fixierung des Gewohnheitsrechts, das damit eine größere Verbindlichkeit erhielt, aber auch Kontrolle ermöglichte; denn das Recht war vor allem in der Hand der Priester, der *pontifices*, die alle den Patriziern angehörten. Dieses Gewohnheitsrecht wurde zusätzlich durch die *decemviri* um neue Regeln ergänzt. Dazu passt auch, dass nach der Überlieferung eine Gesandtschaft nach Griechenland ging, um sich dort über die Kodifikationen des Rechts im verschiedenen Poleis zu informieren, vor allem in Athen.[7] Nach relativ kurzer Zeit soll das *collegium* sodann zehn Tafeln aufgestellt haben, auf denen der Text der Gesetze stand. Sie hätten anschließend die Bürger zu einer Volksversammlung gerufen und erklärt, sie hätten die Rechte für alle, für hoch und niedrig, gleich gemacht (*omnibus, summis infimisque, iura aequasse*). Die Bürger sollten die nun schriftlich fixierten Gesetze lesen, darüber diskutieren und vorbringen, was korrigiert werden solle. Das römische Volk werde auf diese Weise Gesetze haben, dass man den Eindruck haben werde, sie seien von allen in Übereinstimmung eingebracht, nicht aber von einzelnen vorgeschlagen worden – wie es eben in Griechenland der Fall war (*leges habiturum populum Romanum quas consensus omnium non iussisse latas magis quam tulisse videri posset*). Nach dieser öffentlichen Diskussion und Korrektur seien die Gesetze von den *comitia centuriata* beschlossen worden (*centuriatis comitiis decem tabularum leges perlatae sunt*).[8] Dazu bemerkt dann Livius, diese Gesetze seien auch jetzt noch, trotz des ungeheuren Wustes an Gesetzen, der seitdem aufgehäuft worden sei, die Quelle allen öffentlichen und privaten Rechts, also ein innerer Kern der römischen Gesellschaft.[9] Weil man aber bald festgestellt hatte, dass nicht alles, was zu regeln war, in das Gesetzgebungswerk aufgenommen worden sei, wurden für das Jahr 450 erneut *decemviri* gewählt. Wenn man zwei weitere Tafeln, so die Aussage, noch hinzufüge, dann könne man gleichsam ein *corpus omnis Romani iuris* erstellen.[10] Am Ende dieses Jahres wurden dann tatsächlich zwei weitere Tafeln angefügt. Diese Gesetze der Decemviri, die man die Zwölftafelgesetze nenne, seien in Erz eingraviert und öffentlich publiziert worden (*leges decemvirales, quibus tabulis duodecim est nomen, in aes incisas in publico proposuerunt*). Mit dieser Präsentationsform wurde unter anderem die römische Tradition begründet, Gesetze und ähnlich wichtige Dokumente auf Bronzetafeln, nicht auf Stein wie in Griechenland in der Öffentlichkeit zu präsentieren, was bis in die hohe Kaiserzeit im lateinischen Teil des Imperium Romanum praktiziert wurde.[11] Nach dem Juristen Pomponius, der im 2. Jh. n.Chr. schrieb, wurden diese Gesetze, die von den *decemviri* geschrieben worden waren, *leges duodecim*

---

7 Liv. 3,31,8. 32,6.33,5.
8 Liv. 3,34.
9 Liv. 3,34,6: *qui nunc quoque, in hoc immenso aliarum super alias acervatarum legum cumulo, fons omnis publici privatique est iuris.*
10 Liv. 3,34,7.
11 Siehe zu dieser Praxis ECK 2014e.

tabularum genannt.¹² Manche römische Autoren behaupteten, so ergänzt Livius, auf Anordnung der Volkstribune hätten die Ädilen diese Aufgabe der öffentlichen Präsentation übernommen.¹³

Auf den Inhalt der *leges duodecim tabularum* im Einzelnen einzugehen, ist hier nicht der Ort.¹⁴ Man stünde auch zuallermeist auf recht unsicherem Boden, da nur recht wenige Teile des Gesetzes wirklich im Wortlaut überliefert zu sein scheinen. Manche modernen Autoren denken sogar, dass nichts von dem, was überliefert wird, aus den Jahren 451/450 v. Chr. stamme. Für unsere Frage ist das letztlich auch nicht so wichtig, weil man in der späteren Republik und in der Kaiserzeit diese Gesetze und ihre Abfassungszeit als Realität empfunden und den Inhalt für alle Römer als verbindlich angesehen hat. Noch in der Kaiserzeit werden Kommentare dazu veröffentlicht, so z.B. ein Kommentar des Gaius in sechs Büchern.¹⁵

Bedeutsam für das generelle Verständnis von Gesetz erscheint vor allem folgende Tatsache: Es werden durch die Volksversammlung Gesetzgeber gewählt, insgesamt 10, also ein ganzes *collegium*, nicht ein einzelner Gesetzgeber wie das etwa in Sparta Lykurg war, in Athen Solon oder im unteritalischen Locri Zaleukos (um 660 v. Chr.).¹⁶ Während in den griechischen Fällen nach der Überlieferung die Gesetzgeber die Gesetze unmittelbar festlegten, die dann auch direkt wirksam wurden, war es nach der römischen Überlieferung nötig, dass die Gesetze in der Volksversammlung diskutiert und danach von den Centuriatcomitien beschlossen wurden. Diese aber waren die Versammlung des gesamten *populus Romanus*, gegliedert als Heer in timokratischer Ordnung. Der *populus* gab sich also, nach römischer Überzeugung, selbst die Gesetze, durch die er sich band.

Nach der römischen Tradition war mit dem Zwölftafelgesetz die innere Auseinandersetzung zwischen Patriziern und Plebejern freilich noch nicht zu Ende. Erst Schritt für Schritt wurden von den Plebejern gleiche Rechte erkämpft, was jeweils durch einzelne Gesetze sanktioniert wurde. So wurde die Wahl zumindest eines der Obermagistrate, der zwei Konsuln, aus dem Kreis der Plebejer durch eines der *leges Liciniae-Sextiae* im Jahr 367 v. Chr. festgelegt;¹⁷ durch die *lex Manlia de vicesima manumissionum* aus dem Jahr 357 wurde bestimmt, dass eine Steuer von 5 Prozent des Wertes eines Sklaven nach jeder Freilassung an das *aerarium* abzuführen war.¹⁸ Schließlich wurde eines der zentralen Rechte des römischen Bürgers, das Provokationsrecht durch die *lex Valeria de provocatione* im Jahr 300 festgelegt.¹⁹ Am Ende der

---

12 Dig. 1,2,2.
13 Liv. 3,57,10.
14 Düll 1995; Crawford 1996, Nr. 40 ; Flach 2004.
15 Fragmente daraus bei Lenel 1960, I 242–246.
16 Von Locri wird im Übrigen berichtet, dass dort zum ersten Mal die Gesetze schriftlich festgehalten worden seien: Strab. 6,1,8 = 259.
17 Rotondi 1966, 216 ff.; Bradley 1984; Albana 1987.
18 Liv. 7,16,7.
19 Siehe etwa Cic. rep. 2,31; Liv. 10,9,5.

patrizisch-plebejischen Auseinandersetzung steht schließlich die *lex Hortensia* im Jahr 287 v.Chr.[20] Durch dieses Gesetz wurden die Beschlüsse, die in den Versammlungen der Plebejer, den sogenannten *concilia plebis*, an denen grundsätzlich kein Patrizier teilnehmen konnte, bindend – und zwar für den gesamten *populus*. Damit war die Gleichstellung der beiden Teile des *populus*, der Patrizier und der Plebejer, erreicht; gleichgültig, in welcher Form von Volksversammlung Gesetze beschlossen wurden, sie haben nun in derselben Weise für alle gegolten. Die stärkste Bindungswirkung auf Dauer und für alle römischen Bürger ging aber weiterhin von der *lex rogata* aus, also einem Gesetz, das auf Antrag eines Magistrats in den *comitia centuriata* verabschiedet wurde, also eben vom gesamten *populus*.[21]

Rom hat während der gesamten Republik und auch während der Kaiserzeit nie eine Kodifikation des gesamten Rechts versucht. Erst in der Spätantike sind dazu Ansätze gemacht worden, im Codex Theodosianus 438 n.Chr. und im *Corpus iuris civilis*, das Iustinianus am 13. Februar 528 in Auftrag gab und das wenige Jahre später abgeschlossen war. Statt eines umfassenden Gesetzbuches lebten die Römer im öffentlichen und privaten Bereich zum einen nach der Sammlung der Rechtsregeln der Zwölf Tafeln, sodann durch die im Laufe der Zeit durch die verschiedenen Volksversammlungen erlassenen Einzelgesetze, die jeweils den Namen dessen trugen, der das Gesetz veranlasst hatte, wie z.B. die *lex Hortensia*, die durch den Diktator Q. Hortensius durchgesetzt worden war.[22] Die Zahl dieser Einzelgesetze nahm mit der Zeit zu, was nicht nur an unserer besseren Quellenüberlieferung liegt, sondern einerseits an der Notwendigkeit, Regelungen für Bereiche zu treffen, in denen man vorher ohne Fixierung von Normen ausgekommen war, sodann aber auch aus dem politischen Kampf, der seit der Mitte des 2. Jh. v.Chr. mit der Desintegration der Führungsschicht intensiver wurde. Dadurch nahm notwendigerweise die Zahl der situationsgebundenen Gesetze gegenüber den normativen stärker zu. Die situationsgebundenen *leges* waren freilich mit dem Verschwinden des Anlasses überholt und spielten in der Zeit danach höchstens noch in politischen Kontexten eine Rolle.

Neben den Zwölftafelgesetzen, den vielen Einzelgesetzen bestand noch das Recht, das durch *usus* und *vetustas* allgemein akzeptiert war, wie z.B. die rechtliche Selbstverständlichkeit, dass die Obermagistrate nur in den *comitia centuriata* gewählt werden konnten. Zumindest sind für die meisten dieser Rechtsformen keine speziellen Gesetze überliefert.[23] Daneben aber spielte der *mos maiorum*, also die Sitte der Vorfahren oder der Väter (*mos patrius*), eine ganz entscheidende Rolle vor allem im Bereich der Religion und auch innerhalb der Familien, doch auch der öffentliche Bereich war dadurch stark geprägt. In diese Bereiche griffen nur selten Gesetze ein, die von einem Magistrat beantragt und durch eine Volksversammlung verabschiedet worden

---

20 Gai. inst. 1,3; Cod. Iust. 1,2,4.
21 BLEICKEN 1975, 348.
22 HÖLKESKAMP 1988 = HÖLKESKAMP 2004, 49–83.
23 BLEICKEN 1975, 348.

waren.²⁴ Der *mos* regelte vieles, z. B. bei der Ausübung der *patria potestas*, etwa auch beim Familiengericht. Der *mos* wurde grundsätzlich durchaus als verpflichtend angesehen, weshalb auch so oft auf ihn verwiesen wurde, nicht zuletzt im politischen Kampf, etwa beim Kampf gegen den Luxus bei Begräbnissen oder bei Gastmählern. Hier konnten dann zunächst die Censoren eingreifen, im Rahmen ihres *regimen morum*, also der Sittenaufsicht, die aber eben nicht durch Gesetze geregelt gewesen ist, sondern durch den *mos*.²⁵ Doch da Censoren nur in jedem fünften Jahr ernannt wurden, genügte das nicht mehr, weshalb einzelne Gesetze durchgebracht wurden, die entsprechende Entartungen dessen, was vom *mos* sanktioniert war, eindämmen sollten. So kennen wir etwa die *lex Oppia* vom Jahr 215 v. Chr., durchgesetzt mitten in der Not des hannibalischen Krieges, nach der Frauen in der Öffentlichkeit nur eine bestimmte Menge an Gold als Schmuck tragen durften; ebenso wurden bunte Kleider verboten und das bis dahin unbestrittene Recht von Frauen, auf Wagen in der Stadt zu fahren; jetzt wurde es ihnen untersagt mit Ausnahme von Fahrten zu religiösen Veranstaltungen.²⁶ Das, was den *mos maiorum* ausmachte, wurde allerdings mit der im Laufe der Zeit größer werdenden Freiheit in der römischen Gesellschaft auch partiell immer stärker aufgelöst, etwa weil Kinder sich nicht mehr der vollen *patria potestas* unterordnen wollten oder die größere Freizügigkeit zu Entwicklungen führten, die nicht nur Augustus später als Verfall des so geheiligten *mos maiorum* ansah. So kam es dann zur sogenannten Sittengesetzgebung unter Augustus. Eine *lex Iulia de maritandis ordinibus* vom Jahr 18 v. Chr., eine *lex Iulia de adulteriis coercendis* vielleicht aus demselben Jahr und eine *lex Papia Poppaea* aus dem Jahr 9 n. Chr. sollten moralische Standards wiederherstellen.²⁷ Ziel waren zwar besonders die höheren Stände der Senatoren und Ritter, aber eben nicht nur sie, sondern alle römischen Bürger, die um der Erhaltung der *res publica populi Romani* willen zur Heirat und zur Geburt von Kindern gezwungen werden sollten. Mittel dazu waren Strafen, vor allem im Erbrecht, und andererseits Belohnungen für diejenigen, die den Vorgaben der Gesetze gehorchten. Welchen Erfolg diese Gesetze wirklich hatten, ist unklar; häufig wird in der Forschung angenommen, dass der Erfolg nicht so umfassend war, wie gewünscht; denn die gesetzlichen Vorschriften mischten sich allzu tief in den privaten, familiären Bereich ein, der nach der Meinung der Mehrheit der Römer von solchen Interventionen freizuhalten war. Augustus selbst war freilich anderer Meinung, auch über den Erfolg der Gesetze, weshalb er in seinem 13 n. Chr. fertig gestellten Tatenbericht, den Res gestae divi Augusti, formulierte:²⁸

---

24 Ein wichtiges Beispiel ist die *lex Voconia* des Jahres 169 v. Chr., wodurch Mitgliedern der 1. Censusklasse verboten wurde, Frauen als Erben einzusetzen, wobei ihnen aber das Intestaterbrecht blieb.
25 BALTRUSCH 1989.
26 BALTRUSCH 1989, 52 ff.
27 ECK 2016; siehe auch oben Kap. 5, 65 ff.
28 R. Gest. div. Aug. 8.

legibus novi[s] m[e auctore l]atis m[ulta e]xempla maiorum exolescentia iam ex nostro [saecul]o red[uxi et ipse] multarum rer[um exe]mpla imitanda pos[teris tradidi] = „Durch neue, auf meinen Antrag hin erlassene Gesetze habe ich viele vorbildliche Einrichtungen der Vorfahren, die schon aus unserem Zeitalter schwanden, wieder erneuert und selbst für viele Dinge nachahmenswerte Vorbilder den Nachkommen überliefert."

Hier wird ein engster Konnex zwischen dem *mos maiorum* und der Notwendigkeit der von Augustus initiierten Gesetze hergestellt. Er verzichtet allerdings darauf, zu erwähnen, dass der Widerstand gegen manche seiner Gesetze, vor allem gegen die Regelungen der *lex Papia Poppaea* gewaltig war, so gewaltig, dass er dieses Gesetzesvorhaben, das bereits am 28. Juni des Jahres 5 n. Chr. öffentlich bekanntgemacht worden war, für mehr als vier Jahre zurückstellen musste. Verhindern konnte der Widerstand das Gesetz mit seinen mindestens 44 Paragraphen freilich nicht.[29]

In dem frühesten dieser Gesetze, der *lex Iulia de maritandis ordinibus*, ist eine Regelung bekannt, die wohl einen Blick zulässt, wie Augustus die Funktion dieses Gesetzes sah. Eine der Strafbestimmungen, die diejenigen treffen sollte, die nicht verheiratet waren, sah vor, dass sie nicht an *ludi publici* teilnehmen konnten. Diese Spiele hatten zwar stets einen religiösen Ursprung, aber in augusteischer Zeit wurden sie weit mehr als Zeitvertreib angesehen und waren bei der Mehrheit der Römer nicht nur in Rom, sondern auch in den Städten Italiens und der Provinzen äußerst beliebt. Bürger, die dem Gesetz von 18 v. Chr. nicht nachkamen, also nicht verheiratet waren, als Strafe von den *ludi* auszuschließen, war also durchaus eine massive Maßnahme. Dieses Gesetz war im Jahr 18 v. Chr. erlassen worden. Doch schon im folgenden Jahr, als von Augustus die Säkularspiele gefeiert wurden, musste der Senat eine Dispens von dieser Vorschrift beschließen, der in den Akten dieser Spiele erhalten ist:[30]

[uti, quoniam ludi ei] religio[nis] causa sun[t in]stituti, neque ultra quam semel ulli mor[talium eos spectare licet, – ludos], quos [m]ag(istri) XVvir(orum) s(acris) f(aciundis) [ed]ent, s(ine) f(raude) s(ua) spectare liceat ieis, qui lege de marita[ndis ordinibus tenentur].

= „Weil diese Spiele wegen der gewissenhaften Kultausübung eingerichtet wurden und es keinem Sterblichen möglich ist, diese mehr als einmal zu sehen, – dass die Spiele, welche die Magistri der *quindecimviri sacris faciundis* veranstalten, auch denen – ohne Nachteil für sie – zu sehen erlaubt sein soll, welche (sonst) den Strafbestimmungen der *lex de maritandis ordinibus* unterliegen."[31]

Die von Augustus propagierten Spiele sollten den Beginn einer neuen Weltzeit, die engst mit seiner Person verbunden war, für das gesamte römische Volk anzeigen. Konsequent ließ er also diese Vorschrift hier aussetzen, weil kein römischer Bürger sagen sollte, er sei bei dieser Gelegenheit von den Feiern des gesamten *populus* ausgeschlossen worden. Und eine zweite Dispens, diesmal allerdings eine, die dem *mos*

---

29 Dieser jedenfalls über vier Jahre erfolgreiche Widerstand ist erst durch Hinweise im Stadtgesetz von Troesmis in seiner Intensität deutlich geworden; siehe Eck 2014a; siehe oben Kap. 5.
30 CIL VI 877 = 32323 = 32324 = D 5050 = AE 2002, 192.
31 Übersetzung nach Schnegg 2020, 21 ff., aber an einigen Stellen verbessert.

maiorum sehr deutlich zuwider lief, zeigt eine ähnliche Absicht. Frauen waren durch das Herkommen verpflichtet, beim Tod eines Verwandten mindestens ein Jahr zu trauern. Das hieß auch, gerade nicht an öffentlichen Festen und den *ludi publici* teilzunehmen. Doch im Jahr 17 v.Chr. musste der *mos* angesichts der Säkularspiele weichen. Allerdings beriefen sich die *quindecimviri sacris faciundis*, das senatorische Priesterkollegium, das den Dispens beschloss, genau wiederum auf *exempla* der Vorfahren:

cum bono more et proind[e c]elebrato frequentibus exemplis quandocumq[ue i]usta laetitiae publicae causa fuit minui luctus matrona[r]um placuerit idque tam sollemnium sacroru[m l]udorumque tempore referri diligenterque opserva[ri] pertinere videatur et ad honorem deorum et ad [m]emoriam cultus eorum statuimus offici(i) nostri esse per ed[i]ctum denuntiare feminis, uti luctum minuant. = „Nach alter Sitte und entsprechend häufig und beispielhaft hat man beschlossen, dass die Trauer der Matronen gemindert werden sollte, wann immer ein zutreffender Anlass zu öffentlicher Freude bestanden hat. Zur Ehre der Götter und zur Erinnerung an deren Verehrung erscheine es nötig, sich in einer Zeit so feierlicher Opfer und Spiele auf diese Beispiele zu beziehen und sie zu beachten. Deshalb stellten wir fest, dass es unsere Pflicht ist, den Frauen durch öffentliche Kundmachung mitzuteilen, sie sollten ihre Trauer (für die Zeit der Spiele) unterlassen."[32]

Es gab also schon vorher *exempla*, die zeigen, dass wegen eines öffentlichen Freudenfestes die Trauer der Frauen unterbrochen worden war. Darauf berief man sich, um zu rechtfertigen, warum auch diesmal Frauen ihre Trauer unterbrechen sollten; dies erfordere die Ehre der Götter und die Erinnerung an ihre Verehrung. Der *mos*, dessen Beachtung zum Römer-Sein gehört, wird hier einerseits gebrochen, andererseits wird gerade dieser Bruch mit anderen *exempla*, die auch dem *mos* angehören, begründet. Der *mos* kann also ein sehr flexibles System von Regeln für verschiedene, auch gegensätzliche Anlässe sein, nach denen Römer leben sollen; die Regeln des *mos* sind flexibler als Gesetze, die nur durch andere Gesetze oder durch Senatsbeschlüsse abgeändert oder flexibel gestaltet werden können. Auf den *luctus mulierum* wird auch in einem *senatus consultum* aus dem Jahr 20 n.Chr. Bezug genommen; darin geht es um die Bestrafung des Konsulars Calpurnius Piso, des angeblichen Mörders des Germanicus, des Sohnes von Tiberius. Da Piso sich selbst tötete und damit bereits vor dem Ende der Gerichtsverhandlung im Senat tot war, hätten nach dem *mos maiorum* die Frauen der *familia Calpurnia* um ihn trauern müssen. Doch um die Bestrafung seiner angeblichen Tat auch an dem Toten noch unter Beweis zu stellen, verfügte der Senat, dass die Frauen die Trauer unterlassen müssten:

Ne quis luctus mortis eius causa a feminis, quibus {e}is more maiorum, si hoc s(enatus) c(onsultum) factum non esset, lugendus esset, susciperetur. = „Dass keinerlei Trauer seines Todes wegen von den

---

32 SCHNEGG 2020, 28f., wieder mit Veränderungen in der Übersetzung.

Frauen gezeigt werden dürfe, von denen er nach Brauch der Vorfahren hätte betrauert werden müssen, wenn dieser Senatsbeschluss nicht gefasst worden wäre."[33]

Als diese augusteischen Gesetze verabschiedet wurden, war Rom längst ein Weltreich, dessen Bevölkerung aber zu diesem Zeitpunkt größtenteils keine römische Bürger waren, sondern sogenannte *peregrini*, die nicht zur *res publica populi Romani* gehörten, sondern nach ihren eigenen Gesetzen lebten. Diese eigenen Gesetze galten zunächst in den Städten oder Stämmen, deren Bürger sie waren, und in die Rom üblicherweise nicht eingriff. Das galt für alle nichtrömischen Selbstverwaltungseinheiten im Reich, nicht nur für die Juden, bei denen diese Rechte allerdings dank der Werke von Flavius Iosephus besonders gut bekannt sind.[34] Diese je eigenen Gesetze galten aber nicht nur für die Gemeinden selbst, sondern auch für die Einzelpersonen, wenn sie nicht in der Heimat lebten; sie galten auch in der Fremde. Ein Jude, der sich in Rom oder einer Stadt Kleinasiens aufhielt, konnte auch dort nicht gezwungen werden, am Sabbat vor Gericht zu erscheinen, nicht nur in Judäa. Jeder Jude konnte also nach den Gesetzen leben, die dort galten, woher er stammte, in seiner origo.[35] Und diese Personengebundenheit des Rechts traf auch auf die Römer zu.

Gesetze, wie sie während der Republik erlassen wurden, galten, wenn sie nicht politische Beziehungen zu anderen Staaten oder Gemeinden betrafen, nur für römische Bürger, genau wie die eben angeführten „Familiengesetze" unter Augustus, die für die Bürger der *res publica* geschaffen worden waren. Besonders deutlich sieht man das an einem weiteren augusteischen Gesetz, der *lex Iulia de vicesima hereditatium*, einem Erbschaftssteuergesetz, das festlegte, dass auf Erbschaften und ebenso auch auf Legate, die jemand auf Grund eines Testaments erhielt, eine fünfprozentige Abgabe erhoben wurde. Diese Steuer betraf aber nur die römischen Bürger, nicht die Peregrinen, selbst wenn diese in Rom und Italien wohnten.[36] Gleiches galt auch für die sogenannte *lex Aelia Sentia* vom Jahr 4 n.Chr., mit der die testamentarische Freilassung von Sklaven eingeschränkt wurde, je nach der Zahl der Sklaven, die eine Person besaß. Sie wurde natürlich auf die Nicht-Römer nicht angewandt, mit der einen Ausnahme, dass die Freilassung von Sklaven, die lediglich deshalb erfolgte, um Kreditgeber zu betrügen, auch Peregrinen nicht erlaubt sei. Aber das wurde erst lange Zeit nach Erlass des Gesetzes, nämlich unter Hadrian vom Senat beschlossen, also mehr als 120 Jahre später, vermutlich, weil auf diese Weise zu oft römische Kreditgeber geschädigt worden waren.[37] Doch der Jurist Gaius, der uns diese Besonderheit in der Zeit des Antoninus Pius überliefert, betont ausdrücklich: *cetera vero iura eius legis ad*

---

33 Eck/Caballos/Fernández 1996, 42 f. Z. 73 ff. = AE 1996, 885.
34 Pucci Ben Zeev 1998; Eilers 2003; Eilers 2004; Rajak 2007.
35 Noethlichs 1996.
36 Günther 2005; Günther 2007.
37 Gai. inst. 1,47: *In summa sciendum est, quod lege Aelia Sentia cautum sit, ut creditorum fraudandorum causa manumissi liberi non fiant, hoc etiam ad peregrinos pertinere, [senatus ita censuit ex auctoritate Hadriani]*.

peregrinos non pertinere = „Die übrigen Regeln dieses Gesetzes beziehen sich nicht auf die Peregrinen." Durch das Gesetz sind ansonsten nur die römischen Bürger betroffen.

Das ist ein generelles Prinzip. Römisches Recht, römische Gesetze beziehen sich ausschließlich auf die *cives Romani*. Wer römischer Bürger ist, bindet sich an die Gesetze der *res publica*. Er kann, jedenfalls noch in der späten Republik in der Zeit Ciceros, nicht Bürger zweier *res publicae* sein: Cicero formulierte das in einer Verteidigungsrede in folgender Weise:[38]

> *Duarum civitatum civis noster esse iure civili nemo potest: non esse huius civitatis, qui se alii civitati dicarit, potest.* = „Niemand kann nach dem Zivilrecht Bürger zweier Civitates sein. Man kann nicht dieser *Civitas* (gemeint ist Rom) angehören, wenn man sich für eine andere Gemeinde entschieden hat."

Das hieß aber auch, dass die Gesetze einer anderen Gemeinschaft nicht auf einen römischen Bürger angewendet werden durften, es sei denn mit dessen Zustimmung, wodurch er sich nach Cicero aber aus seiner eigenen *civitas* verabschiedet hätte.

Die römische Welt änderte sich jedoch insoweit sehr schnell, weil immer mehr Peregrine römische Bürger wurden, obwohl sie weiterhin in ihrer alten, noch immer nichtrömischen Gemeinde lebten. Sie waren durch das Bürgerrecht zwar Teil dieser römischen Welt geworden, aber doch nicht mehr so ganz. Dabei zählte vor allem, dass diese Neubürger nicht mehr Anteil an einem essentiellen Privileg der römischen Bürger hatten, die in Rom und Italien lebten bzw. dort ihre origo hatten. Denn während die italischen Römer steuerfrei waren (mit Ausnahme der fünfprozentigen Erbschaftssteuer sowie der *vicesima libertatis*, der fünfprozentigen Freilassungssteuer), mussten römische Bürger in den Provinzen weitgehend die normalen Steuern zahlen, es sei denn, sie persönlich oder die Gemeinde, der sie angehörten, hätten ein spezielles Privileg, das *ius Italicum*, erhalten, das sie von Kopf- und Grundsteuer befreite. Andererseits wurden ehemals Peregrine, wenn sie *cives Romani* wurden, nicht aber die anderen Mitglieder ihrer Familie ebenfalls in dieses Recht überwechselten, nach den Regeln des dann für sie gültigen römischen Zivilrechts aus ihrem früheren Lebensbereich, ja sogar aus ihrer bisherigen Familie herausgenommen. Man konnte eben nicht römischer Bürger sein und gleichzeitig noch voll an den Regelungen einer anderen Rechtsgemeinschaft teilhaben. Das römische Bürgerrecht, zu dem man nun gehörte, konnte also tiefgreifende Folgen haben.

Zwei Beispiele mögen dies illustrieren. Den Gemeinden in den spanischen Provinzen, die noch einen peregrinen Rechtsstatus besaßen – und das war die Mehrheit – hatte Vespasian wohl schon im Jahr 71 n. Chr. das sogenannte latinische Recht verliehen. Dies war eine Vorstufe zum römischen Recht, formal weitgehend gleich, aber es war doch ein anderer Rechtsstatus. Die Magistrate dieser Städte erhielten nach der Ableistung eines Amtes in ihrer nunmehr latinischen Gemeinde automatisch das römische Bürgerrecht. Doch es wurde in den Stadtgesetzen noch ausdrücklich hinzu-

---

[38] Cic. Balb. 28.

gefügt, dass auch alle ihre Familienangehörigen bis zu den Enkeln in die Verleihung eingeschlossen seien. Ebenso wurde verfügt, dass diese nun römischen Bürger dennoch ihre Patronatsrechte über ihre Freigelassenen so behalten würden, wie sie diese vorher als latinische Bürger besessen hätten. Diese Zusätze waren essentiell. Denn wären diese zusätzlichen Regeln nicht in die Stadtgesetze aufgenommen worden, dann hätten diese neuen römischen Bürger wesentliche Rechte, die sie vorher besaßen, verloren.[39]

Ein solcher Verlust scheint auch nicht selten die Konsequenz gewesen zu sein, vor allem bei der Verleihung des römischen Bürgerrechts an Soldaten, die als Peregrine in römischen Hilfstruppen dienten. Nach 25 Jahren erhielten diese Soldaten, fast durchweg dann Veteranen, selbst die *civitas Romana* und bis zum Jahr 140 galt das auch für die Kinder, die ihnen während des Dienstes aus Verbindungen mit Frauen unterschiedlichen Rechts geboren wurden. Rechtlich waren diese Kinder illegitim, denn ein Soldat konnte nicht heiraten. Doch durch den Rechtsakt, der ihre Väter zu *cives Romani* machte, erhielten auch sie das römische Bürgerrecht und gleichzeitig auch noch deren Kinder, also die Enkel des Veteranen. Dazu erhielt der Veteran das *conubium*, ein spezielles Recht, das es ihm erlaubte, als römischer Bürger eine gültige Ehe mit einer peregrinen Frau zu schließen. Denn sonst wären die Kinder, die er nach seiner Entlassung zeugte, erneut illegitim und keine römischen Bürger gewesen.[40] Doch diese Veteranen hatten dort, von woher sie stammten, ja noch eine weitere Verwandtschaft: vielleicht noch die Eltern, wahrscheinlich aber Geschwister, von weiteren Verwandten ganz zu schweigen. Doch mit den Angehörigen ihrer natürlichen Familie waren sie nach dem Erwerb des Bürgerrechts rechtlich nicht mehr verwandt.

Dass dies tatsächlich der Fall war, und von der römischen Administration auch so hingenommen wurde, zeigt sich an einem Dokument aus dem Jahr 121, einem sogenannten Militärdiplom, das die Verleihung des römischen Bürgerrechts bezeugt, freilich unter besonderen Bedingungen. Der Text dieser speziellen Urkunde lautet:[41]

> *Imp(erator) Caesar divi Traiani Parthici f(ilius) divi Nervae nep(os) Traianus Hadrianus Augustus pont(ifex) max(imus), tribun(icia) pot(estate) V, co(n)s(ul) III*
>
> *iis, qui militant in ala Ulpia contariorum mil(liaria), quae est in Dacia superiore sub Iulio Severo legato, praefecto Albucio Candido, quorum nomina subscripta sunt, ante emerita stipendia civitatem Romanam dedit cum parentibus et fratribus et sororibus. Non(is) Apr(ilibus) M(arco) Herennio Fausto Q(uinto) Pomponio Marcello co(n)s(ulibus).*

---

39 *Lex Irnit.* 21: *qui ex senatoribus decurionibus conscriptisve municipii Flavi Irnitani magistratus, uti h(ac) l(ege) conprehensum(!) est, creati sunt erunt, ii, cum eo honore abierint, cum parentibus coniugibusque ac liberis, qui legitimis nupti(i)s quaesiti in potestate parentum fuerunt(!) item nepotibus ac neptibus filio natis, qui quaeve in potestate parentum fuerunt(!), cives Romani sunto.* In Paragraph 23 wird das Patronatsrecht über Freigelassene geregelt.
40 Überblick zu den Regeln für Auxiliarsoldaten bei WOLFF 1986; VITTINGHOFF 1986; WOLFF 2007.
41 RMD V 357 = ECK/PANGERL 2008d, 283 = AE 2003, 2059 = AE 2008, 1751. Der Text der Konstitution lautet so. In den uns erhaltenen Diplomen ist der Text in allen Fällen nur fragmentarisch überliefert, doch aus der Kombination aller Diplome ergibt sich ein vollständiger Text.

= „Imperator Caesar, Sohn des vergöttlichten Traianus Parthicus, Enkel des vergöttlichten Nerva, Traianus Hadrianus Augustus .... hat denen, die in der tausend Mann starken ala Ulpia contariorum dienen, die in Dacia superior unter dem Statthalter Iulius Severus und unter dem (direkten) Kommando des Präfekten Albucius Candidus stationiert ist, deren Namen unten zusammengestellt sind, schon vor der vollständigen Ableistung des Militärdienstes das römische Bürgerrecht verliehen, *zusammen mit ihren Eltern und Brüdern und Schwestern*. An den Nonen des April unter den Konsuln Marcus Herennius Faustus und Quintus Pomponius Marcellus (= 5. April 121)."

Kaiser Hadrian verlieh also den Soldaten einer Auxiliareinheit, der *ala Ulpia contariorum*, das römische Bürgerrecht und zwar schon vor dem Ende der Dienstzeit von normalerweise 25 Jahren, *ante emerita stipendia*. Dafür muss ein besonderer Grund vorgelegen haben, der aber in dem Dokument nicht mitgeteilt wird. Was aber nun völlig überraschend und sonst nie bezeugt ist: zusätzlich zu den Soldaten erhalten auch deren Eltern sowie die Brüder und Schwestern das römische Bürgerrecht. Durch diesen Rechtsakt bleiben die Verwandtschaftsverhältnisse zwischen den Soldaten und ihrer engsten Familie bestehen. Warum Hadrian in diesem Fall das Bürgerrechtsprivileg ausgeweitet hat, wissen wir nicht. Doch wir können erschließen, was *ohne* diese Ausweitung geschehen wäre.

Angenommen, die Eltern wären nach dem Zeitpunkt, zu dem ihr Sohn römischer Bürger wurde, gestorben und sie hätten nach dem Recht ihrer Gemeinde kein Testament erstellt gehabt. Dann hätte ihr Sohn, da er nun rechtlich nicht mehr mit ihnen verwandt war, nach der Intestaterbfolge, die es in jeder Gesellschaft in der einen oder anderen Form gab, nichts erben können. Dies wäre die eine Möglichkeit gewesen. Hätten die Eltern aber ein Testament gemacht und ihren faktischen Sohn zum Total- oder Teilerben gemacht, was man ja auch bei Nichtverwandten tun konnte, dann hätte der Sohn als römischer Bürger dafür Erbschaftssteuer zahlen müssen. Denn nur engste Verwandte mussten keine Steuer zahlen oder nur bei sehr hohen Summen. Doch der Soldat wäre ja nicht mehr mit den Eltern verwandt gewesen; also wäre die Steuer in einem solchen Fall angefallen. Indem aber Hadrian in dieser besonderen Situation auch die Eltern und Geschwister eingeschlossen und zu römischen Bürgern gemacht hatte, entfielen diese bösen Konsequenzen.

Doch der Fall zeigt, als wie exklusiv das römische Bürgerrecht auch damals noch angesehen wurde. Entweder gehörte man zu den römischen Bürgern, mit allen Konsequenzen, oder eben nicht. Das Bürgerrecht war sozusagen der Kern dessen, was Römer-Sein ausmachte; dieser Status war exklusiv, zog notfalls auch gewisse Nachteile nach sich, die man aber in Kauf nehmen musste. Denn es gab ja durch die *civitas Romana* auch entsprechende Vorteile. Der Fall des Apostels Paulus zeigt das mit aller Deutlichkeit. Römischer Bürger zu sein, war, jedenfalls in einer Provinz in der Mitte des 1. Jh. n. Chr. noch immer etwas Besonderes, was noch stärker als in der Information über Paulus' Bürgerrecht in der Aussage des Tribunen Lysias zum Tragen kommt. Denn er erwidert erstaunt, er habe für den Erwerb des Bürgerrechts viel Geld ausgegeben.⁴² Noch deutlicher aber wird das Besondere des römischen Bürgerrechts in einer Aussage von Augustus gegenüber seiner Frau Livia. Sie hatte ihn um das Bürgerrecht für einen tributpflichtigen Gallier gebeten, was Augustus ablehnte. Seine Antwort: Er wolle dem Gallier lieber die Steuerfreiheit anbieten; denn er könne leichter einen Verlust für den Fiscus ertragen, als die ehrenvolle Stellung des römischen Bürgerrechts zu einer Banalität verkommen zu lassen.⁴³

Ein letztes Beispiel soll diesen Wert, den das römische Bürgerrecht und generell das Leben unter römischen Rechtsregeln für die Menschen der Zeit haben konnte, nochmals unterstreichen. Wir kennen durch einen epigraphischen Neufund einen Teil des Stadtgesetzes, das für die Stadt Troesmis erlassen wurde.⁴⁴ Troesmis liegt an der unteren Donau kurz vor der Mündung in das Schwarze Meer. Marc Aurel und sein Sohn Commodus gründeten Troesmis als eine Gemeinde römischen Rechts, als ein *municipium civium Romanorum*, zwischen 177 und 180, also in einer Zeit, als die massive Krise des Imperium mit einem Zweifrontenkrieg und einer verheerenden Pestwelle noch nicht überwunden war.⁴⁵ Das Gesetz enthielt alle Bestimmungen, die für eine römische Stadt nötig waren: Über Wahlen zu den Ämtern, über die Rechte der Magistrate, der Volksversammlung, des Stadtrats, über die Rechtsprechung, die Vertretung der Gemeinde nach außen durch Gesandte usw. Dabei wurde sogar auf die eben schon erwähnten Gesetze der augusteischen Zeit verwiesen, die auch in Troesmis, fast 200 Jahre nach dem Erlass der Gesetze, zu beachten waren. Das ist vielleicht nicht so überraschend, weil es sich schließlich um eine römische Stadt handelte. Das wirklich Überraschende ist aber, wie die Bewohner der Stadt, was in diesem Fall mindestens den Rat der Stadt meint, vielleicht aber auch einen weit größeren Kreis von Personen, diesen Text in Troesmis präsentierten, nämlich auf Bronzetafeln von ungefähr 60 cm Höhe und 50 cm Breite. Soweit wir erkennen können, sollte der Text des Munizipalgesetzes bis zu 100 Kapitel umfasst haben. Pro Kapitel brauchte man mindestens eine Tafel, d. h. es muss eine sehr lange Reihe von Bronzetafeln in der Stadt präsentiert worden sein. Da jede Tafel rund 20 kg wog, war dafür eine erhebliche Menge an Metall nötig, was einem Metallwert von rund 100.000 Sesterzen gleichkam. Doch trotz Krise, die an der Grenze zum Barbaricum wohl noch stärker spürbar war als im Innern des Reiches, betrieb man in Troesmis diesen Aufwand. Man zeigte damit, wie bedeutsam es für die Mentalität der Bewohner der Stadt war, nun als römische Bürger in einer Stadt römischen Rechts zu leben. Man hob sich damit ab von den Nichtrömern oder vielleicht auch den *cives Romani*, die in einer peregrinen Selbst-

---

42 Apg 22,25 ff.
43 Suet. Aug. 40: *Liviae pro quodam tributario Gallo roganti civitatem negavit, immunitatem optulit affirmans facilius se passurum fisco detrahi aliquid, quam civitatis Romanae vulgari honorem*. Es wäre allerdings nötig, die genaueren Umstände dieses Falls zu kennen. Denn dass umgekehrt unter Augustus die *civitas* in großem Umfang vergeben wurde, ist nicht strittig. Man denke nur an den Cherusker Arminius, der mit seiner gesamten Familie das römische Bürgerrecht erhielt.
44 Siehe oben Anm. 27.
45 ECK 2016a.

verwaltungseinheit lebten und nicht in einer Gemeinde, in der das gesamte Leben nach römischem Recht ausgerichtet war.

Wie weit in diesen fast 900 Jahren römischer Geschichte Recht und Gesetz in einer gewissen Kontinuität die Identität Roms prägte, lässt sich wenigstens unter einem Aspekt, wenn auch nicht in seiner Totalität erfassen. Das liegt partiell daran, dass Rom sehr schnell einen Herrschaftsraum schuf, in dem nur eine Minorität der Menschen Teil der *res publica populi Romani* war. Von dieser weitausgedehnten Mitwelt grenzte sich Rom über das Bürgerrecht ab, mit all dem, was mit der *civitas Romana* an Recht und Gesetz verbunden war. Nur wer dieses Bürgerrecht hatte, gehörte dazu und unterstand damit auch den Rechtsregeln der *res publica*.[46] Diese Regeln bestanden zum einen aus einem Verbund von überkommenen Verhaltensweisen, die gewachsen, aber nicht eigens beschlossen waren, dem *mos maiorum*, zum andern aus vielen Einzelgesetzen, die jedenfalls bis in die frühe Kaiserzeit hinein formal vom Volk selbst beschlossen wurden, auch wenn seit der Einigung Italiens unter römischer Herrschaft immer weniger Bürger an der Beschlussfassung der Gesetze beteiligt waren. Das zentrale Element, das alle Mitglieder der *res publica* nicht nur rechtlich, sondern auch in ihrer konkreten Lebenssituation definierte, blieb damit das römische Bürgerrecht, das essentielle Folgen für den Status jedes Einzelnen hatte. Es war allerdings auch nie exklusiv, ein spezifisches Kennzeichen, durch das sich Rom von den meisten anderen politischen Einheiten, etwa der Polis Athen oder Sparta, unterschied. Das römische Bürgerrecht wurde mehr und mehr an Nichtrömer vergeben. Das hatte schon die römische Republik gegenüber manchen Stämmen und Städten in Italien praktiziert, seit der späten Republik war dies auch bereits auf einzelne Bewohner der Provinzen ausgedehnt worden. Seit Caesar und Augustus wurde es eine Konstante in der Politik gegenüber den Provinzen. Gerade durch diese insgesamt großzügige Verleihungspraxis verlor es aber schließlich auch Schritt für Schritt seinen Wert als ein Merkmal, das eine Person in ihrem Bezug zu andern definieren konnte. Kaiser Caracalla schloss diesen Prozess ab durch die Verleihung des Bürgerrechts an alle freien Reichsbewohner. Es gab nur noch römische Bürger, damit konnte die *civitas Romana* mit dem damit verbundenen Rechtssystem keine identitätsstiftende Wirkung mehr ausüben; denn das Bürgerrecht war nicht mehr etwas Exklusives, wodurch man sich gegenüber anderen abgrenzen konnte. Was für alle galt, beinhaltete keinen speziellen Wert mehr. Für die weitere Entwicklung des Imperium Romanum und für die stärkere Ausbildung von regionalen Identitäten innerhalb des Reiches, vor allem in der Spätantike, hatte dies entscheidende Folgen.

---

46 Zu der Frage, wie weit das Bürgerrecht auch über die religiöse Zugehörigkeit der Menschen bestimmte, siehe KRAUTER 2004.

7 Aristokraten und Plebs: Die geographische, soziale und kulturelle Herkunft der Angehörigen des römischen Heeres in der Hohen Kaiserzeit

Das Imperium Romanum ist das Ergebnis der militärischen Macht Roms. Doch von einem römischen Heer als einem permanenten Teil der römischen Gesellschaft und damit auch der römischen Geschichte kann man erst seit der Festigung von Augustus' monarchischer Herrschaft nach der Beendigung der Bürgerkriege sprechen. Erst jetzt entwickelten sich alle Legionen zu dauerhaften Einheiten, die für längere Zeit einer Provinz als Besatzungsmacht zugewiesen waren, jetzt nicht mehr vornehmlich im Zustand des Krieges, sondern zumeist im Zustand des durch das Heer gesicherten Friedens. Erst von dieser Zeit an kann das Heer und diejenigen, die das Heer ausmachten, überhaupt als ein gewichtiger kultureller Faktor betrachtet werden.[1]

Das Heer wirkte zweifellos in den Provinzen durch seine Gesamtheit, durch die einzelnen militärischen Einheiten. Legionsabteilungen waren teilweise am Bau von Straßen beteiligt, sie legten Häfen für militärische Unternehmungen an, sie errichteten Lager, die in ihrem Aussehen römischen Städten glichen und damit den Provinzialen die Größe Roms und seinen zivilisatorischen Vorsprung demonstrierten. Nicht weniger haben die Auxiliareinheiten geleistet.

Doch die Einheiten des römischen Heeres setzten sich aus Hunderttausenden von Einzelpersonen zusammen, die als Individuen ihre Wirkung entfalten konnten und auch entfalteten. So ist zunächst vor allem danach zu fragen, wer zum Militär gehörte, woher seine Mitglieder kamen, geographisch und sozial, und welchen kulturellen Hintergrund sie notwendiger- oder möglicherweise mitbrachten. Denn alle, die – in unterschiedlichem Lebensalter, aber doch im Wesentlichen als Erwachsene – ins römische Heer eintraten, kamen ja nicht voraussetzungslos. Sie kamen vielmehr als erwachsene Menschen, bereits geprägt und geformt von den Verhältnissen, in denen sie ihre Kindheit und frühe Jugend mindestens bis etwa zum 18. Lebensjahr verbracht hatten. Die ihnen bereits selbstverständlich gewordenen sozialen und kulturellen Vorstellungen brachten sie mit, die damit auch überall dort, wo das römische Militär seine festen Lager erbaute und die Truppe über längere Zeit stationiert waren, wirksam werden konnten. Die Frage ist aber insoweit zu erweitern, als das Phänomen des Heeres als Kulturträger über die ersten drei Jahrhunderte n. Chr. betrachtet werden soll. Dann muss aber ebenso gefragt werden, ob denn das römische Heer nach seiner Zusammensetzung, nach der sozialen und kulturellen Herkunft seiner Mitglieder über so lange Zeit konstant geblieben ist oder ob es sich nicht veränderte – was fast vorausgesetzt werden muss. Denn die Gesellschaft des römischen Reiches erlebte in

---

1 Der Beitrag wurde im Kontext eines Kolloquiums über „Das Militär als Träger römischer Kultur" verfasst. Der Vortragsstil ist weitgehend beibehalten. Zu der grundsätzlichen Thematik siehe auch SPEIDEL 2009b.

diesem Zeitraum durch langfristige Entwicklungen so tiefgreifende Veränderungen, dass auch das Heer und seine Angehörigen davon betroffen worden sein sollten. Das muss deswegen noch nicht heißen, dass das römische Heer ein totales Spiegelbild der gleichzeitigen Gesellschaft oder besser der verschiedenen Gesellschaften im Reich war. Denn innerhalb des Imperiums sind selbstverständlich zunächst lokal und regional die alten vorrömischen gesellschaftlichen Strukturen erhalten geblieben, in manchen Regionen erstaunlich lange und intensiv. Erst im Laufe der Zeit wurden sie in größerem oder geringerem Ausmaß von Elementen überlagert oder beeinflusst, die für die römische Gesellschaft, wie sie sich in Rom und Italien im 1. Jahrhundert v. Chr. herausgebildet hatte, konstitutiv waren. Verschwunden sind die Unterschiede nie, in manchen Regionen verstärkten sie sich sogar seit dem 3. Jh. erneut.

Den Kern des römischen Heeres bildeten die Legionen, die traditionellen Einheiten, die vor allem die Eroberungslast getragen hatten, zusammen mit den Einheiten verbündeter Staaten und Städte, die aber noch nicht als Teil des *exercitus Romanus* galten. Sie waren per definitionem römische Bürgertruppen. Was dies freilich konkret im Verlauf der Kaiserzeit bedeutete, darauf ist noch einmal zurückzukommen.[2]

Die Zahl der Legionen blieb während der Frühen und Hohen Kaiserzeit relativ konstant: Augustus hatte sie nach Actium zunächst auf 25 vermindert; doch stieg die Zahl bald wieder auf 28 an. Bis zu Domitian hatte sie sich auf 30 erhöht; zwei Legionen, die bis Ende des 1. Jh. verloren gingen, die *V Alaudae* und die *XXI Rapax*, wurden durch Traian wieder ersetzt, durch die *legio II Traiana* und die *legio XXX Ulpia*, im Kontext der Eroberung des Dakerreiches. Bei dieser Zahl ist es mit kleinen Schwankungen bis zu Septimius Severus geblieben; denn jeweilige Verluste wurden nur noch ausgeglichen, nicht aber weitere neue Legionen aufgestellt: Unter Hadrian wurde die *XXII Deiotariana* vernichtet, unter Mare Aurel die *legio IX Hispana*; dafür organisierte Marc Aurel die neuen *legiones II* und *III Italica*, wobei die Gründe, weshalb er es tat, für uns offen bleiben können. Erst mit Septimius Severus wurde eine Ausweitung vorgenommen: die legiones *I-III Parthicae* wurden geschaffen, die eine Legion als Schutztruppe nahe Rom, die beiden anderen für die neuen Provinzen im Osten.[3] Setzt man die Sollstärke einer Legion mit maximal 6000 Mann[4] an, dann umfassten die Legionsverbände unter Augustus zu Beginn 150 000 Soldaten; ihre Zahl erhöhte sich bis zur traianischen Zeit auf maximal 180 000, um schließlich unter Septimius Severus nominell knapp 200 000 zu erreichen. Freilich ist dies eine Sollzahl; die Realität kann davon erheblich abgewichen sein, aus unterschiedlichen Gründen, vor allem in längeren Friedenszeiten. Lücken wurden nicht immer sogleich aufgefüllt.

---

2 Le Bohec 2018.
3 Siehe dazu einige der Arbeiten von Speidel 2009d, 19 ff., 121 ff., 167 ff., 181 ff.
4 Die Zahl war vermutlich ebenfalls etwas geringer, doch spielt das für den hier erörterten Kontext keine grundsätzliche Rolle.

Die zweite große Gruppe des Heeres bildeten die Auxilia, kleinere Verbände von rund 500 oder 1000 Mann.[5] Sie waren zum Teil beritten, dann wurden sie *alae* genannt, zum größeren Teil aber waren es Infanterieverbände, auch wenn sie manchmal teilweise aus Reitern bestanden, weshalb solche nicht nur *cohortes*, sondern *cohortes equitatae* genannt wurden. Diese Auxilia wurden aus unterschiedlichen Teilen der Bevölkerung des Reiches rekrutiert. Entscheidend für den Charakter des römischen Heeres ist jedoch vor allem, dass sie, wenn man von den wenigen *cohortes voluntariorum* absieht, keine Bürgertruppen waren. Sie kamen vielmehr aus den verbündeten oder unterworfenen Stämmen und Städten des Reiches, zum Teil deshalb, weil man dort besondere militärische Fähigkeiten voraussetzte. Darauf weisen viele der Namen hin, die diese Einheiten tragen. Ein offizielles Dokument, ein Militärdiplom für die Auxiliartruppen von Germania inferior vom 20. August 127 kann das deutlich machen.[6] Darin sind als *alae* angeführt: eine *ala Afrorum veterana*, eine *ala I Thracum et Gallorum*, eine *ala Thracum Classiana civium Romanorum torquata Victrix* und eine *ala I Noricorum civium Romanorum*. Die Namen zeigen, dass diese Einheiten ursprünglich in Afrika, in Thrakien, in Gallien und in Noricum ausgehoben worden waren. Ähnlich ist es bei den im Diplom angeführten 15 Kohorten: da findet sich eine *cohors I Flavia Hispanorum*, eine *I Latobicorum et Varcianorum*, eine *I Pannoniorum et Dalmatarum*, eine *I* und *VI Raetorum*, eine *II Asturum*, eine *III* und *VI Breucorum*, eine *IIII Thracum* und eine *VI Brittonum*. Diese Namen weisen auf Spanien allgemein, aber auch speziell den Norden der Halbinsel hin, auf Thrakien, Pannonien und Dalmatien, auf Rätien und Britannien sowie auf die Breuci, die in Illyricum/Pannonia unter Augustus in jahrelangen Kämpfen bezwungen worden waren. Wenn einige den Zusatz *civium Romanorum* führen, verweist das auf besondere Ereignisse der Einheit im römischen Heer. Fast alle aufgeführten Namen bezeugen Rekrutierung in europäischen Provinzen Roms, vor allem an Rhein und Donau, aber auch auf der iberischen Halbinsel oder in Britannien. Doch dieses eine Militärdiplom beschreibt nicht die gesamte Vielfalt der Rekrutierungsgebiete. Auch aus dem Osten finden sich zahlreiche Alen und Kohorten: So kennen wir z.B. eine *ala VII Phrygum* in Syria/Palaestina, die in der kleinasiatischen Landschaft Phrygien ausgehoben wurde. Eine *cohors I Canathenorum* war um Canatha in Syrien rekrutiert worden, ebenso gab es zahlreiche Kohorten der Ituräer aus dem Gebiet zwischen Libanon und Antilibanon mit dem Hauptort Chalkis. Auch Damascus hatte eine *cohors I Damascenorum sagittaria* geliefert.[7]

Viele Teile des römischen Imperiums mit ganz unterschiedlichem Entwicklungsgrad und kulturellem Standard haben somit einzelne oder mehrere Einheiten der Auxiliartruppen gestellt. Aber insgesamt sind im Gesamtheer die europäischen Provinzen in Nordspanien, Gallien, Germanien, Britannien und ebenso alle Provinzen des Donau-Balkanraum weit stärker bei den Auxilia vertreten als etwa die afrikanischen

---

5 HOLDER 1980.
6 AE 1997, 1314 = RMD IV 239.
7 Siehe die Indices zu CIL XVI sowie zu RMD I-V.

Regionen oder auch der gesamte Osten von Ägypten bis zum Schwarzen Meer. Manche Reichsteile haben, jedenfalls nach dem Namen der Alen und Kohorten zu schließen, überhaupt keinen deutlichen Beitrag zum Heer geleistet, so beispielsweise Griechenland, die Provinz Asia, Ägypten oder Iudaea; oder vielleicht präziser gesagt, es gab z. B. keine *cohortes Iudaeorum* oder *Aegyptiorum*; denn eine *cohors Sebastenorum* aus der Stadt Flavia Samaria, dem ursprünglichen Sebaste in der Provinz Iudaea, kennen wir, ebenso eine *cohors Ascalonitanorum*, die im Gebiet von Ascalon, ebenfalls eine Stadt der Provinz Iudaea, rekrutiert worden war.[8] Aus Ägypten stammen die *cohortes I* und *II Thebaeorum* und eine *ala Xoitana*.[9] Andere Gegenden waren nur mit einer einzelnen Einheit vertreten wie etwa Creta oder Cilicia.[10] Dieses Ungleichgewicht bei der ursprünglichen Rekrutierung der Einheiten selbst ist für unsere Gesamtthematik durchaus von grundsätzlicher Bedeutung. Denn damit ist auch verbunden, dass die stärker urbanisierten und somit auch die kulturell stärker durchdrungenen Gebiete des Reiches wie Griechenland oder Westkleinasien[11] zumindest ursprünglich weit weniger zum römischen Heer beigetragen haben, jedenfalls soweit die Auxiliartruppen betroffen waren.[12] Der Charakter des Heeres in seiner Gesamtheit ist davon nicht unberührt geblieben. Als mit Diokletian die tiefe Krise des Reiches überwunden wurde, machte sich der Einfluss des Heeres an der Donau und seiner Offiziere für einige Zeit selbst in den östlichen Provinzen bemerkbar, als Latein in den offiziellen Inschriften weit stärker als vorher verwendet wurde.[13]

Zu den Auxilia sind auch die Provinzialflotten hinzuzurechnen, deren Mannschaften sich, was regionale und soziale Herkunft betrifft, im Grunde nicht wesentlich von denen der Auxiliareinheiten unterschieden haben. Sie sind allerdings im Gegensatz zu den Hilfstruppen von Anfang an nicht einer einzelnen Ethnie entnommen worden;[14] der östliche Balkanraum, vor allem die Bessi und Thraces sind stark vertreten.[15]

Schließlich sind noch die sogenannten *numeri* zu erwähnen, die etwa seit traianischer Zeit in den provinzialen Heeren erscheinen, kleinere Abteilungen, wesentlich weniger stark als Kohorten oder Alen, auch sie aus unterworfenen oder abhängigen

---

8 Beispielsweise RMD I 4. 60; CIL XVI 35. 106.
9 RMD I 9; AE 2006, 1841-1852; P.Mich. 111.159.
10 CIL XVI 39. 46. 111. 163; RMD V 399. 419; AE 2008, 1716. 1718. 1738 und andere.
11 Im Osten Kleinasiens ist der Befund, zumindest seit dem 2. Jh., etwas anders: BENNETT 2011.
12 Das heißt natürlich nicht, dass aus den genannten Provinzen nicht auch Soldaten den Weg in den exercitus Romanus gefunden haben. Siehe die Listen mit den Namen der Soldaten, die aus kleinasiatischen Provinzen stammen und in Militärdiplomen erwähnt werden: ECK 2009e, hier 138f.; vgl. auch einige Epigramme von Heeresangehörigen bei MERKELBACH/STAUBER 2001, 98. 252. 257. 302. 395.
13 Dazu ECK 2003a.
14 Die Inschriften der Flottensoldaten in Misenum und Ravenna sowie der für die Flotten ausgegebenen Militärdiplome machen das sehr deutlich. Siehe z. B. CIL X 3370: *nat(ione) Besso*; 3377: *natio(ne) Cilix*; 3425: *nat(ione) Pontic(us)*; 3435: *natione Afer*; AE 1996, 425: *[na]t(ione) Aeg(ypt-)*.
15 CIL III 557; VI 3107. 3139. 3142; X 3573. 7595; XI 3533. 3535. 7584; XIV 236. 240.

Stämmen oder Staaten rekrutiert[16]. Bekannt sind etwa die *numeri* der *Brittones* am obergermanischen Odenwaldlimes[17] oder die *Palmyreni sagittarii*, die in Traians Dakerkrieg eingesetzt waren und dann auch in der neugewonnenen Provinz Dacia stationiert wurden.[18] Sie scheinen weithin ihre einheimische Bewaffnung und Kampfesweise bewahrt zu haben. Das ursprüngliche ethnische Element war bei ihnen besonders ausgeprägt.

Wie groß war dieser Teil des römischen Heeres neben den Legionen? Dies ist nicht präzis zu bestimmen, da wir bisher nicht alle Einheiten kennen. Dies trifft insbesondere für die Provinzen zu, in denen die einschlägige Dokumentation spärlich ist. Vor allem für die Gebiete, für die wir bisher nur wenige Militärdiplome haben, sind unsere Kenntnisse oft noch sehr unsicher.[19] Denn Militärdiplome nennen normalerweise viele, in einzelnen Fällen wohl sogar alle Auxiliareinheiten, die in einer Provinz stationiert waren. Haben wir für manche Provinzen keine Diplome, sind unsere Kenntnisse oft auch sehr beschränkt. So hat das schon genannte Militärdiplom vom J. 127 für Germania inferior uns für diese Provinz zwei neue Alen und mindestens vier neue Kohorten bezeugt. Dies ist deshalb bemerkenswert, weil für Niedergermanien relativ viele Steininschriften aus dem Militärbereich erhalten sind.[20] Wenn aber selbst für eine so relativ gut erforschte Provinz wie Germania inferior noch so viele neue Einheiten durch ein einziges neues Dokument bekannt werden, dann gilt dies weit mehr für andere Provinzen mit schlechterer Dokumentation, vor allem für die Provinzen des Ostens. Bei der Erfassung der genauen Zahl der Einheiten in einer Provinz kommt eine weitere Schwierigkeit hinzu: Für manche Einheiten haben wir nur ein oder zwei Zeugnisse. Das kann bedeuten, dass eine solche Ala oder Kohorte vielleicht nur für kurze Zeit bestand und deshalb auch nur wenige Zeugnisse erhalten sind. Doch muss eine so geringe Dokumentation dies keineswegs heißen; vielmehr kann die Einheit dennoch auch sehr lange bestanden haben; nur, die Zeugnisse für sie sind recht selten. So können wir nicht präzis sagen, wieviel Auxiliareinheiten zu einem bestimmten Zeitpunkt Teil des römischen Heeres waren.[21]

Insgesamt kennen wir nach einer neuen Zusammenstellung rund 90 Alen, wovon wohl 8 oder 9 als *alae milliariae* gestaltet waren.[22] An Kohortennamen sind uns mehr

---

16 REUTER 1999.
17 CIL XIII 6517. 6606 *numerus Brittonum Triputiensium*; 6490. 6498: *numerus Brittonum Elantiensium*.
18 CIL III 1471. 7999; AE 1977, 694; 2006, 1175; zahlreiche Inschriften in IDR III 2.
19 Für Arabia, wo recht zahlreiche Auxilien standen, sind bisher nur drei Diplome publiziert: AE 2004, 1925; 2016, 2014; ECK/PANGERL 2019b. Ein viertes Diplom ist noch unpubliziert, in dem aber folgende Einheiten erscheinen: *qui milit(ant) in alis II et coh(ortibus) VI, / quae appell(antur)·veteran(a) Gaetul(orum) et I Ulp(ia) Dro/madar(iorum) ∞ et I Aug(usta) Thracum et I Thracu(m) / et I Hispan(orum) Cyren(aica) et I Aurelia et I Clas/sica et VI Hispanor et sunt in Arabia ...*
20 Siehe jetzt die in EDCS zugängliche Sammlung der niedergermanischen Inschriften.
21 Die sehr unterschiedliche Überlieferung für die Einheiten erkennt man direkt an den Listen in den beiden Bänden von SPAUL 1994; SPAUL 2000. Das kann man aus der öfter nicht zuverlässigen Listen durchaus entnehmen.
22 SPAUL 1994.

als 350 bekannt,[23] wovon ab traianischer Zeit mindestens 10 Prozent ebenfalls eine Stärke von 1000 Mann aufwiesen. D. h. wenn alle diese Einheiten zur gleichen Zeit existiert hätten, müssten die Auxilia rund 240.000 Mann umfasst haben. Dabei sind die *numeri*, die seit dem 2. Jh. immer zahlreicher wurden, sowie die Soldaten der Flotten, die wir, außer in Italien, auch in vielen Provinzen wie etwa Germanien, Pannonien, Moesien, Pontus und Syrien bezeugt haben, noch nicht eingerechnet. Natürlich haben wir im Verlauf von mehreren Jahrhunderten mit Verlusten zu rechnen, d. h. mit Alen oder Kohorten, die in Kriegen völlig aufgerieben und nie mehr ersetzt wurden. Macht man hier einen entsprechenden Abzug von den uns bisher bekannten Einheiten, rechnet man andererseits ein, dass uns eine nicht näher bestimmbare Zahl von Auxilien bisher unbekannt ist, und schließt man Flotten und *numeri* mit ein, dann könnte man dennoch davon ausgehen, dass im 2. Jh. kaum weniger als 240–250.000 Auxiliarsoldaten im römischen Heer gedient haben. Das aber bedeutet, dass diese Soldaten numerisch den Legionssoldaten deutlich überlegen waren. Denn bei 30 Legionen und einer angenommenen Stärke von 6.000 Soldaten pro Legion kommen wir selbst bei der Nominalzahl nicht über 180000 Mann.

Das Ungleichgewicht zwischen Legionen und Auxiliareinheiten zeigt sich beispielsweise in Britannien. Dort waren im 2. Jh. drei Legionen eingesetzt, zur gleichen Zeit aber mindestens 50 Auxiliareinheiten stationiert,[24] was rund 30.000 Soldaten entspricht, gegenüber maximal 18.000 Legionären. In Dakien war das Verhältnis zwischen Legionssoldaten und Auxiliaren in der Zeit von Hadrian bis zur Mitte der Regierungszeit Marc Aurels sogar noch weit drastischer zugunsten der Auxiliare verschoben: Es gab dort nur eine Legion, aber mindestens 10 Alen und 30 Kohorten, nicht weniger als rund 25.000 Mann.[25] Es ist nicht unwichtig, dies zu betonen. Denn theoretisch müssten die Legionäre, zumindest unter bestimmten Aspekten, weit wichtiger gewesen sein, wenn man nach der kulturfördernden Kraft des römischen Heeres und seiner einzelnen Angehörigen fragt. Dies hängt zum einen daran, dass die Legionäre grundsätzlich römische Bürger sein mussten, während es die Auxiliare üblicherweise nicht waren. Zum anderen ist es auch davon abhängig, dass die Rekrutierungsgebiete, jedenfalls in der frühen Phase der Kaiserzeit, für beide Truppengattungen sehr unterschiedlich gewesen sind.

In der augusteischen Zeit wurde die Masse der Legionäre noch in Italien rekrutiert, obwohl auch so stark romanisierte Provinzen wie die Baetica im Süden Spaniens oder die Narbonensis in Südfrankreich bereits zahlreiche Rekruten lieferten. Die frühen Grabsteine von Legionären, die im Rheinland bestattet wurden und auf denen besonders häufig auch ihre Geburtsstadt erwähnt wurde, nennen als Herkunftsorte z. B. Arretium, Brixellum, Pisaurum, Ticinum oder Vercellae in Italien.[26] Bononia, das

---

23 SPAUL 2000.
24 RIB II 1, I ff., vor allem table I nach S. 28.
25 Siehe zu den Auxilien PETOLESCU 2002; TENTEA/MATEI-POPESCU 2002–2003.
26 IKoeln 20. 411.19. 320. 323. Vgl. auch Legionäre in Mainzer Inschriften: CIL XIII 6862. 6870: aus Augusta Taurinorum; 6893 aus Histonium; 6859 aus Ticinum.

heutige Bologna, war der Herkunftsort des M Caelius, der im *bellum Varianum* umgekommen ist und dessen Grabstein bei Xanten gefunden wurde.[27] Nicht zufällig liegen freilich diese Orte bereits im Norden Italiens, in ehemals keltischem Gebiet, das erst seit relativ kürzerer Zeit voll in den römischen Kulturkreis eingegliedert war. Etwas später wird z. B. Astigi in Spanien oder Forum Iulii in der Narbonensis erwähnt.[28] Im Verlaufe des 1. Jh. werden allerdings die genauen Herkunftsangaben immer weniger, so dass unsere präzisen Kenntnisse auch geringer werden. Aber die Gesamttendenz geht dahin, dass die Rekrutierung von Legionären sich immer mehr in die Provinzen verlagert, und zwar vor allem in die Provinzen, in denen die großen Heeresverbände stationiert waren.[29] Andere Provinzen mit einer nur kleinen Besatzungstruppe, wie z. B. die dichturbanisierten Regionen der Baetica, der Africa proconsularis, Achaias oder Asias wurden offensichtlich erheblich weniger für diese Dienstleistungen gegenüber dem Reich herangezogen. Dabei dürften die römisch organisierten Städte und ihre römisch-rechtliche Bevölkerung eine wichtige Quelle für den Nachschub an Legionären gewesen sein. Römische Stadt meint dabei freilich stets nicht nur den urbanisierten Kern, den Zentralort, sondern auch das dazugehörige, meist landwirtschaftlich organisierte Territorium. Der Grad der kulturellen Durchdringung war in beiden Bereichen fast notwendigerweise sehr verschieden.

Die immer stärkere Verlagerung der Rekrutierung in die Grenzprovinzen heißt freilich nicht, dass Italien als Rekrutierungsgebiet völlig ausgefallen wäre. Noch die Legionen, die Marc Aurel neu aufgestellt hat, die *II* und die *III Italica*, wurden, wie schon der Name sagt, im Kernland des Reiches ausgehoben; wir kennen sogar einige der Rekrutierungsoffiziere, die dafür verantwortlich waren.[30] Auch in der extremen Situation des Bar Kochba Aufstandes, als die römischen Truppen erhebliche Verluste erlitten, die schnell ausgeglichen werden mussten, hat man in Umbrien und Picenum, aber auch in Oberitalien, in der Transpadana, Aushebungen durchgeführt und die Rekruten dann nach Ägypten gesandt, aus dessen Legion, der *II Traiana*, wohl kurz vorher viele Legionäre unmittelbar nach Iudaea als Ersatz für dort erlittene Verluste geschickt worden waren; die italischen Rekruten mussten so die bei der *legio II Traiana* entstandenen Lücken füllen.[31] In solchen Situationen griff man allerdings auch zu anderen Notmaßnahmen. So wurden Flottensoldaten aus der *classis Misenensis* nach Iudaea gesandt, um dort die Verluste der *X Fretensis* auszugleichen.[32] Die Flottensoldaten waren einige Jahre vorher, wahrscheinlich um 125, in Ägypten und anderen Provinzen ausgehoben und nach Misenum transferiert worden.[33] In unserem

---

27 CIL XIII 8648 = D 2244.
28 IKoeln 315. 317.
29 FORNI 1953.
30 MANN 1963.
31 AE 1955, 238; 1969/70, 633; dazu FORNI 1974, 383 f.; vgl. auch D 1068. 8828. ECK 1999 f, hier 80.
32 PSI 1026; CIL XVI App. Nr. 13.
33 Die in dem Papyrus genannten Soldaten waren allerdings nur ein kleiner Teil der damals nach Iudaea gesandten Flottensoldaten; es waren viele Tausende die aus *classiarii* zu Legionären gemacht

Kontext ist dabei entscheidend, dass sie als Flottensoldaten wohl kaum das römische Bürgerrecht besessen hatten; vielmehr dürften sie ursprünglich Bürger mit peregrinem oder latinischem Recht gewesen sein. Ihnen musste also bei ihrer Versetzung nach Iudaea erst einmal das römische Bürgerrecht verliehen werden, was auch *ex indulgentia divi Hadriani* geschehen ist. Dann ist aber zu fragen, wie in dem Augenblick die persönliche kulturelle Prägung der einzelnen Soldaten ausgesehen hat, wieweit sie z. B. wirklich Latein beherrschten, wieweit ihnen römische Lebensweise wirklich vertraut war oder ob das römische Bürgerrecht nur eine rein rechtliche Qualität darstellte, aber nicht mehr eine kulturelle Prägung beinhaltete. Das Schreiben, das die ehemaligen Flottensoldaten im Jahr 150 an den Statthalter von Iudaea richteten und aus dem wir über den Vorgang informiert sind, war allerdings in ordentlichem Latein abgefasst.[34] Aber da hatten sie bereits eine Dienstzeit von 25 Jahren hinter sich – oder einer der *scribae* der Legion hatte ihnen Hilfestellung geleistet.

Solche Notmaßnahmen mit der ad-hoc Verleihung des römischen Bürgerrechts waren nichts so ganz Außergewöhnliches. Antonius hatte während der Bürgerkriege im großen Stil offensichtlich auch Nichtrömer in die Legionen aufgenommen und ihnen deshalb erst die *civitas Romana* verliehen. Wohl auch deshalb ist im Osten der Name M. Antonius unter den römischen Bürgern weit verbreitet Auch Augustus hatte in der Notsituation nach der Varuskatastrophe u. a. aus der stadtrömischen Bevölkerung neue Truppen ausgehoben, darunter viele Freigelassene, die üblicherweise, da serviler Herkunft, nicht in den Legionen dienen durften.[35] Sie waren ohne Zweifel mit der lateinischen Sprache und einer bestimmten Form der römischen Lebensart durchaus vertraut. Als es unmittelbar nach Augustus' Tod zu einer Revolte bei den pannonischen und germanischen Legionen kam, haben solche neu in die Bürgertruppen aufgenommenen Soldaten offensichtlich eine wesentliche Rolle gespielt. Tacitus nennt (ann. 1,16,3) einen gewissen Percennius, der sich früher als Anführer der Theaterklaqueure in Rom betätigt hatte und durch diese Tätigkeit ein Meister flotter Sprüche und anfeuernder Reden geworden war, also einen Stadtmenschen par exellence, durchdrungen von allen zivilisatorischen Errungenschaften der Hauptstadt. Er vermochte es, das pannonische Heer, in dem noch mehr Leute seiner Herkunft dienten, gegen den neuen Herrscher Tiberius, trotz der Intervention des senatorischen Heereskommandeurs Iunius Blaesus, zur Meuterei zu verführen; objektive Anlässe, speziell harte Dienstbedingungen und verzögerte Entlassungen aus dem Heer, hat es dazu genügend gegeben.[36] Tacitus lässt erkennen, dass Leute solcher Art in den Legionen eher Fremdkörper waren. Dennoch zeigt dieser Fall, und andere Beispiele können das bestätigen, wie heterogen die Mannschaften der Legionen nach ihrer

---

wurden und vermutlich auf dem Balkan ausgehoben worden waren; siehe zusammenfassend Eck 2007e, 30–40.

34 Siehe Anm. 30.
35 Suet. Aug. 25,2; Cass. Dio 56,23,2–3
36 Zur Reaktion in Rom, die sich aus einem neuen Dokument erschließen lässt, siehe in diesem Band Kap. 5 Anm. 25; dazu jetzt die offizielle Publikation Caballos Rufino 2021.

personellen Zusammensetzung sein konnten oder sogar weitgehend waren. Der römische Legionär der frühen und hohen Kaiserzeit war seiner Herkunft nach kein einheitlicher Typus, entsprechend vielfältig und unterschiedlich konnten die Wirkungen sein, die von ihnen ausgingen.[37]

Ähnlich wie bei den Legionen ist aber in der generellen Tendenz auch bei den Auxiliareinheiten zu beobachten, wie die regionale Rekrutierung sich veränderte: Bei den Auxilien bedeutete dies, dass sie sich von dem ursprünglichen engen ethnischen Substrat, aus dem die Einheit aufgestellt wurde, loslöste. Recht oft wurde der Ersatz für verstorbene oder ehrenvoll entlassene Soldaten auch in der näheren Umgebung des Einsatzortes gesucht oder, vorsichtiger gesagt, nicht mehr aus dem ursprünglichen Stammesgebiet geholt. So wurde in Niedergermanien bereits in der 2. Hälfte des 1. Jh. ein Rekrut für die *cohors I Thracum*, die also ursprünglich einmal in Thrakien aufgestellt worden war, in Lugdunum angeworben.[38] Ein anderer Rekrut, der die Stammesbezeichnung *Dacus* führt, wurde im Jahr 101 in die *cohors II Lingonum* aufgenommen, deren erste Soldaten aus dem gallischen Stamm der Lingonen gekommen waren.[39] Die Einheit stand mindestens seit dem Jahr 98 in der Provinz Britannia. Dieser Daker stammte aus einem Gebiet, das zur Provinz Thracia gehörte. Im gleichen Jahr 101 wurde ein anderer Daker, der wie der zuvor Genannte in thrakischem Gebiet geboren war, nach Niedergermanien beordert und wurde dort Soldat in der *cohors IV Thracum*, die seit dem Bataverkrieg des Jahres 69/70 in Niedergermanien lag.[40] Dass hier ein Soldat dakisch-thrakischer Herkunft in eine Kohorte der Thraker aufgenommen wurde, war wohl eher Zufall, als dass man etwa die bewusste Entscheidung getroffen hätte, die ethnische Einheitlichkeit der *cohors IV Thracum* aufrecht zu erhalten. Die Beispiele zeigen in jedem Fall, dass die Rekrutierung, bei der man keine Rücksicht mehr auf die ursprüngliche ethnische Zugehörigkeit einer Einheit nahm, nicht stets aus der näheren Umgebung des Stationierungsortes oder aus der Einsatzprovinz erfolgen musste. Auch aus weit entfernten Regionen des Reiches konnte der Soldatennachschub geholt werden.

Dieser Verzicht auf eine kontinuierliche ethnisch homogene Rekrutierung hatte wesentliche Folgen: In einer Einheit, in der Soldaten desselben Stammes dienten, bestand ohne Zweifel weit eher die Möglichkeit, die ursprüngliche ethnische Identität der Soldaten zu bewahren. Die Sprache der Soldaten untereinander, die als Einheit aus einem Stamm rekrutiert worden waren, wird vermutlich längere Zeit das heimische Idiom gewesen sein. Dass es verboten worden wäre, die nicht-römische Sprache weiterhin zu benutzen, ist uns nicht bekannt. Religiöse Gebräuche, Feste wird man, jedenfalls außerhalb des offiziellen militärischen Festkalenders, ebenfalls in der heimatlichen Art begangen haben, solange die ethnische Herkunft weitgehend homogen blieb. Man kann dies etwa an den *Palmyreni sagittarii* in Dakien fassen, deren

---

37 Forni 1974.
38 IKoeln 387.
39 RMD IV 240.
40 RMD IV 239.

lokale Rekrutierung, gegen den sonstigen Trend, aufrechterhalten wurde. Bei ihnen wurden auch die heimischen Götter, die Baale aus Palmyra, weiterhin verehrt.[41] Damit war aber das, was an römischen Faktoren auf die Soldaten durch ihren Dienst einwirkte, wohl weniger prägend.

Die Situation änderte sich wesentlich, wenn in eine solche Einheit Rekruten ganz unterschiedlicher Herkunft aufgenommen wurden[42]. Das, was sie verbinden konnte, war das Römische. Das lateinische Idiom wurde notwendigerweise die normale Verständigungssprache, auch außerhalb des Dienstes, nicht anders als es das Französische etwa in der französischen Fremdenlegion war und noch immer ist. Auch für andere kulturelle Bräuche und Sitten des eigenen Herkunftsgebietes hatte der einzelne Soldat nicht mehr den Rückhalt der größeren, ethnisch einheitlichen Gruppe. Der Bezugspunkt des gesamten Lebens konnten dann in ganz anderer Weise Rom und seine Welt, seine Religion, seine Werte und Vorstellungen werden. Die Folge war in großem Umfang, das ist jedenfalls die weitgehende Meinung in der Forschung, dass auch die Verbindungen der Soldaten zur alten Heimat nach langer Dienstzeit schwächer geworden oder ganz verschwunden waren. So ließen sie sich am Ort ihres aktiven Lebens, also nahe dem Stationierungsort ihrer Einheit, nieder oder zumindest in dessen weiterer Umgebung, um dort ihr ziviles Leben als Veteranen zu fuhren. Dazu trug häufig bei, dass sie Frauen aus der jeweiligen Gegend gefunden hatten und diese nach der Dienstzeit zu ihrer rechtmäßigen Gattin machten. Ihre Kinder bildeten dann den natürlichen Nachschub für die Auxiliareinheiten oder auch die Legionen, da die Kinder solcher Auxiliarveteranen zumeist wie die Väter das römische Bürgerrecht besaßen. Von den Militärdiplomen, deren Fundort bekannt ist, wurden rund 70 Prozent innerhalb der Provinz entdeckt, in der der Veteran vorher auch gedient hatte, ein deutliches Zeichen dafür, dass diese Veteranen dort geblieben waren, wo sie ihre Dienstzeit verbracht hatten.[43] Nicht Weniges aus ihrer militärischen Prägung werden sie auch in das Zivilleben mitgenommen haben.

Freilich gibt es auch genügend andere Beispiele, die auf etwas anderes verweisen: Die beiden oben erwähnten Daker aus Thrakien, von denen der eine 25 Jahre in Britannien, der andere eine gleich lange Zeit in Niedergermanien gedient hatte, kehrten dennoch in ihre Heimat nach Thrakien zurück. Denn ihre Diplome wurden dort gefunden.[44] Nicht anders verhielten sich Auxiliarveteranen, die in Syria Palaestina ebenfalls ihre fünfundzwanzigjährige Dienstzeit erfüllt hatten. Zwei stammten auch aus Thrakien,[45] vier andere aus Städten im Süden der heutigen Türkei, aus Termessus

---

41 IDR III 1, 134. 135. 136. 142. 143.
42 Siehe den wichtigen Aufsatz von SADDINGTON 2011.
43 KELLNER 1986. Für die Masse der seit dem Ende des 20. Jh. gefundenen Diplome, ist der Fundort nicht mehr bekannt, weshalb diese für die hier behandelte Frage weniger ergiebig sind.
44 Oben Anm. 29 und 40.
45 AE 2006, 1835; AE 2016, 2022.

minor, aus Sagalassos, aus Suedra und aus Aspendos.[46] Sie alle blieben am Ende ihrer Dienstzeit nicht in der Provinz, in der sie ihren Dienst abgeleistet hatten. Gleiches taten die Soldaten, die aus Ägypten stammten, die im J. 132/133 aus der Flotte von Misenum in die *legio X Fretensis* in Iudaea versetzt worden waren; im Jahr 150 gingen sie nach Ägypten zurück.[47] In all diesen und vielen anderen Fällen muss also auch nach einer langen Militärzeit, die die Soldaten in völlig anderer Umgebung und weit entfernt von der ehemaligen Heimat verbracht hatten, ein starkes Bewusstsein darüber vorhanden gewesen sein, wo die eigenen Wurzeln waren, wohin sie gehörten.

Das führt direkt zu der Frage, wie denn die Prägung derjenigen gewesen ist, die ins Heer aufgenommen wurden und zwar im Augenblick ihrer Aufnahme in die Truppen. Das Rekrutierungsalter war rechtlich nur insoweit festgelegt, als die Mannbarkeit eingetreten sein musste; *impuberes* durften nicht gemustert werden. Altersangaben, die wir haben, reichen von 13 bis zu 36 Jahren.[48] Doch mehr als drei Viertel aller einfachen Soldaten wurden im Alter zwischen 18 und 23 rekrutiert, also noch im jugendlichen Alter, bevor sie, jedenfalls römisch-rechtlich, voll geschäftsfähig waren. Immerhin war dies, unter römischen Bedingungen, ein Alter, in dem sie bereits einen Beruf erlernt hatten und in dem manche von ihnen sogar schon verheiratet waren. Älter als 35 sollte niemand sein, wenn er als gemeiner Soldat ins Heer eintrat.[49] Die persönliche Prägung der jungen Männer war natürlich im Allgemeinen noch nicht völlig abgeschlossen, aber sie hatten bereits lange Zeit am Leben ihrer Heimatgemeinde teilgenommen. Sie hatten deren religiöse Praxis kennengelernt, die Gemeinschaftsfeste und ihre Ausgestaltung, die Grabsitten und die Regelung von innergemeindlichen Auseinandersetzungen; sie hatten all dies bewusst erlebt, in sich aufgenommen und als die ganz selbstverständliche Lebensform angenommen. Zumeist hatten sie auch bereits einen Beruf erlernt, ihn praktiziert, sich die entsprechenden Fertigkeiten, die regional unterschiedlich gewesen sind, angeeignet. Damit kamen sie zum Heer. Die Rekrutierungsoffiziere hatten auch Anweisung, darauf zu achten, was die Rekruten vorher erlernt hatten. Natürlich war Größe, körperliche Tüchtigkeit, Stärke sehr wichtig, weshalb man bevorzugt junge Männer aushob, die ihr Leben bisher auf dem Land verbracht hatten und nicht aus den urbanen Zentren kamen. Eine Rolle spielte auch, in welchen Berufen die Rekruten tätig gewesen waren: Schmiede, Wagenbauer, Jäger wurden z. B. bevorzugt ins Heer aufgenommen. Daneben achtete man bei der Musterung aber auch auf andere Faktoren. So wurden alle, die

---

[46] RMD III 173; AE 2011, 1810; AE 2005, 1730; RGZM 41. Dass es noch andere Gründe gab, weshalb ein Veteran sich nicht in seiner letzten Einsatzprovinz niederließ, ersieht man etwa an CIL XVI 67: Der Soldat stammte aus Hierapolis (in Syrien?), hatte in Moesia superior gedient und wurde in Macedonia entlassen; er kehrte nach Moesia superior zurück, weil er eine Frau kennengelernt hatte, die von dort stammte.
[47] Oben zu Anm. 33.
[48] Siehe DAVIES 1989, 7.
[49] Cass. Dio 55,23,1.

zu schweren Strafen verurteilt waren, nicht ins Heer aufgenommen;[50] ein *infamis* entsprach nicht der Vorstellung, die man – jedenfalls in der Theorie – von den Heeresangehörigen hatte. Auch sollten Rekruten insgesamt einen guten Ruf mitbringen. Ein Percennius hätte unter normalen Bedingungen bei einer Rekrutierung wohl keine Chance gehabt. Allerdings hätte er auch kaum freiwillig Soldat gespielt. Rekruten, die vom Land kamen, also nicht aus den urbanen Zentren, wurden bevorzugt; das ist jedenfalls die Aussage des spätantiken Militärschriftstellers Vegetius.[51] Dennoch hieß dies nicht, dass man intellektuell weniger Ausgebildete bevorzugte. Man brauchte im Heer dringend Leute mit gediegener Ausbildung im Lesen, Schreiben, Rechnen. Denn wenn überhaupt ein Teil des staatlichen Organismus bürokratisch organisiert war, d. h. in großem Ausmaß alle internen und externen Schritte schriftlich dokumentierte, dann war es das Heer. Auch deshalb sollte bei Rekruten auf geistige Beweglichkeit geachtet werden, vor allem aber, weil man auch technisch-mathematisch Geschulte im Heer brauchte. Der *mensor* Nonius Datus, der als Soldat der *legio III Augusta* einen Wassertunnel durch einen Berg bei Saldae in Mauretania Caesariensis vermaß,[52] hatte diese Fähigkeiten wohl schon vorher erlernt, und sie beim Heer weiter entwickelt. Solche besonderen Kenntnisse konnten dazu fuhren, dass junge Soldaten fast von Beginn ihrer Laufbahn an zu den *immunes* gehörten, d. h. alle schmutzigen Arbeiten, *munera sordida*, die höchst unbeliebt waren, blieben ihnen erspart. Das erfahren wir sehr lebendig aus einem Brief, den ein Iulius Apollinarius am 26. März des J. 107 aus der neuen Provinz Arabia an seinen Vater Sabinus in Ägypten schrieb. Er berichtet, er habe es mit seiner Arbeit bei der Legion gut getroffen. Denn während die anderen Rekruten Steine (für den Straßenbau in Arabien) zu brechen oder andere schwere Arbeiten zu erfüllen hätten, müsse er solches nicht erledigen. Er habe sich an den Statthalter Claudius Severus gewandt und ihn um Aufnahme in seinen Stab gebeten. Dort sei freilich kein Platz frei gewesen. Doch habe ihm dieser einen Platz als Schreiber bei der Legion verschafft, die in Arabia stationiert war (als *librarius legionis*).[53] Solche Leute konnten dann auch hoffen, von hier aus schnell weiterbefördert zu werden, vielleicht sogar in die Stelle eines *centurio* überzuwechseln; Claudius Severus hat dies in seinem Brief angedeutet.[54] Natürlich musste Iulius Apollinarius, der den Brief an seinen Vater auf Griechisch schrieb, die lateinische Sprache beherrschen. Denn alle schriftlichen Unterlagen beim Heer wurden in Latein abgefasst. Noch in der 1. Hälfte des 3. Jh. waren alle Dokumente bei der *cohors XX Palmyrenorum* in Dura Europos am Euphrat lateinisch geschrieben, nicht anders als bei den Auxiliareinheiten, die im späten 1. und frühen 2. Jh. n. Chr. in Vindolanda in Britannia stationiert waren.[55] Auch die Kommandosprache war selbstverständlich das Latein, nicht nur in

---

50 Vgl. Plin. epist. 10,29–30
51 Veg. mil. 1,4.
52 D 5795.
53 P.Mich. 466, Zeile 24–32; vgl. Davies 1989, 21 ff.
54 E. Birley 1988b.
55 Welles/Fink/Gilliam 1959; Bowman/Thomas 1983; Bowman/Thomas 1994/2003.

den Westprovinzen, sondern auch im Osten, auch in Ägypten. Die militärischen Ostraka, die bei Bu Niem in Tripolitanien gefunden wurden und aus der Mitte des 3. Jh. stammen, sind lateinisch geschrieben.[56] Heißt das, dass schon bei der Rekrutierung darauf geachtet wurde, ob der zukünftige Soldat die Sprache der Römer beherrschte? Oder war dies zumindest ein Vorteil, wenn es mehr Bewerber als Stellen beim Heer gab? Diese Frage wäre, gerade unter dem kulturellen Aspekt, von größter Bedeutung, da die Einheitlichkeit dann ja nicht nur in der Sprache von vorneherein größer gewesen wäre, vielmehr mit der Sprache auch Inhalt, Denkformen und Vorstellungen verbunden waren. Das muss nicht überall so weit gegangen sein, dass man Vergil kannte und daraus zitieren konnte. Aus Vindolanda und von Masada sind Zitate aus Vergil im militärischen Kontext erhalten.[57] Freilich wissen wir nicht, wer sie geschrieben hat. Es muss kein einfacher Soldat gewesen sein. Bei Offizieren ist ganz anderes vorauszusetzen, an Bildung und an Wissen.

Fassen wir kurz das bisher Gesagte zusammen: Zumindest im 2. Jh. waren in den Provinzen weit über 400.000 Soldaten des römischen Heeres stationiert, verteilt auf Legionen, Auxiliartruppen und Flotte. Die Masse aller dieser Soldaten stieß in einem Alter zum Heer, in dem sie ihre Persönlichkeitsprägung schon zu einem nicht unwesentlichen Teil erhalten hatten, auch waren sie vorher zumeist schon beruflich tätig gewesen; manche hatten sogar schon vorher geheiratet und hatten Kinder. Dennoch waren sie noch bildsam, prägbar durch das römische Heer. Das wurde seit der 2. Hälfte des 1. Jh. n.Chr. vor allem dadurch erleichtert, dass in den Einheiten Rekruten unterschiedlichster geographischer und damit auch kultureller Herkunft zusammengeführt wurden. Sie repräsentierten bei ihrem Eintritt in das Heer eine Vielzahl lokaler Gesellschaften, rechtlich und sozial. Das, womit alle im Heer in Berührung kamen, war die römische Denk- und Lebensweise, die ihnen vor allem durch das Heer selbst vermittelt wurde. Gegen diesen täglichen Einfluss die eigene Identität in Sprache, Kultur und Religion zu bewahren, war in einem gemischten Verband wohl nicht so einfach. So wurden diese Soldaten, die durchwegs, wenn sie ihre Dienstzeit vollendeten, mindestens 25 Jahre dem Heer angehörten, wohl zu einem erheblichen Teil von den Wertvorstellungen, den Ansichten und den Lebensformen des Heeres geprägt, und nach ihrem Ausscheiden brachten sie diese Prägung in das zivile Leben mit ein, entweder in der näheren Umgebung ihres Stationierungsortes oder in ihrer fernen Heimat, in die sie vielleicht zurückkehrten. Denn man kann umgekehrt nicht übersehen, dass solche Prägung durch das Heer keinesfalls total sein musste, dass Bindungen an die ehemalige Heimat und deren Vorstellungen bestehen bleiben konnten und bestehen blieben. Ein letztes Beispiel möge dies nochmals verdeutlichen. Im J. 221/222 erhielt ein C. Iulius Montanus, der aus Doliche in Nordsyrien stammte und bei der Flotte von Misenum gedient hatte, Entlassung und Bürgerrecht. Seine 28 Dienstjahre hatte er bei einer Abteilung der Flotte von Misenum verbracht, die in Seleucia

---

56 MARICHAL 1992.
57 BOWMAN/THOMAS 1994/2003, II 65 ff. Nr. 118; COTTON/GEIGER 1989.

Pieria an der syrischen Küste stationiert war. Fünf Kinder waren ihm in dieser Zeit von seiner Frau geboren worden. Natürlich waren sie alle römische Bürger – wir befinden uns mit dem Diplom 10 Jahre nach der *constitutio Antoniniana*. Die Namen der Kinder lauten: Aurelius Barsadda, Iulius Zabdaeus, Aurelius Barathes, Aurelia Rummea und Aurelia Salamea.[58] Keines der Kinder trägt ein römisches Cognomen; diese sind alle aus dem syrischen Namensschatz genommen. War das nun lediglich eine traditionelle Angewohnheit, solche Namen den Kindern zu geben oder sind sie nicht eher ein Zeichen, was das eigentliche kulturelle Substrat von Leuten wie C. Iulius Montanus geblieben ist – auch nach einem fast dreißigjährigen Leben bei der römischen Flotte und trotz seines römischen Namens? Freilich kann man hier auch darauf hinweisen, dass Montanus im engeren syrischen Einflussbereich gedient hat, was sich ausgewirkt haben kann.

Alles was bisher gesagt wurde, betraf die große Masse des römischen Heeres, die Mannschaften einschließlich der Unteroffiziere, die sich aus den einfachen Soldaten hochgedient hatten, und ebenso, wenn auch mit gewissen Akzentverschiebungen, den größeren Teil der Zenturionen, die ebenfalls teilweise aus dem Mannschaftsstand herauswuchsen. In eine wesentlich andere Welt kommen wir mit der militärischen Führung, den Offizieren, wobei ich mich hier auf die ritterlichen und senatorischen Offiziere beschränke. Deren wesentliches Kennzeichen ist, dass sie fast ohne Ausnahme weit kürzere Zeit beim Heer verweilten; und auch wenn dies mehrere Jahre waren, die sie dort verbrachten, so bildeten diese häufig doch kein Kontinuum. Sie kehrten zwischendurch ins Zivilleben zurück oder übernahmen andere, nicht-militärische, staatliche oder städtische, Aufgaben in ihren Heimatstädten. Sie lebten also immer wieder auch in der Welt der Zivilisten. Damit unterschieden sie sich ganz wesentlich von der Masse der Soldaten, deren Welt das Militär war, abgeschieden zumindest von den städtischen Zivilisten.[59]

Selbst wenn man alle Offiziere oberhalb der *centuriones* zusammennimmt, bildeten sie eine sehr kleine Gruppe, deren Mitglieder freilich in einer deutlichen Hierarchie geordnet waren. In jeder Provinz gab es einen Oberkommandierenden aller dort stehenden Truppen. Dies war in der Zeit, die hier untersucht wird, grundsätzlich der jeweilige Statthalter – eine Folge des römischen Denkens in der Kategorie des ungeteilten *imperium* eines Magistrats, also der vollen Amtsgewalt eines Konsuls oder Prätors. Dass seit Augustus auch ein Ritter wie z. B. der *praefectus Aegypti* oder später *procuratores* in Provinzen wie Raetia oder Mauretania Caesariensis ein solches umfassendes Kommando ausüben konnten, ist dabei ohne Belang. Auch ein solch ritterlicher Statthalter war für alles, was in seiner Provinz passierte, zuständig; auch seine Aufgaben betrafen grundsätzlich die Bereiche des Heeres und der Zivilbevölkerung, Zivil- und Militärgewalt. Das aber heißt von vornherein, dass alle Statthalter in allen Provinzen nicht vornehmlich als Militär angesehen werden dürfen. In einer

---

58 RMD IV 307.
59 Dazu hier Kap. 8.

Nicht-Kriegszeit – und das war die Normalität in fast allen Regionen des Reiches während des 1. und 2. Jh. – waren ihre Aufgaben, selbst in den Provinzen, in denen die großen Heeresverbände stationiert waren, überwiegend ziviler Natur, auch wenn deren Statthalter, sogenannte *legati Augusti pro praetore*, beim Verlassen der Stadt Rom das *paludamentum*, den römischen Militärmantel anlegen mussten. In der Provinz war nicht selten ihr Hauptsitz gar nicht dort, wo eine Legion stand, sondern in einer Stadt ohne Legionsbesatzung, wie es etwa in Niedergermanien die colonia Agrippinensium war oder in Caesarea Maritima in Iudaea.[60] Die zur Colonia Agrippinensium nächstgelegenen Legionen hatten ihren Standort in Bonn und Novaesium. Die zunächst einzige Legion in Iudaea hatte ihr Quartier neben der zerstörten Stadt Jerusalem, der prätorische Legat blieb wie vorher schon der *praefectus Iudaeae* in Caesarea. In der Hispania citerior hatte die seit vespasianischer Zeit einzige Legion ihr Lager im Norden der Halbinsel (in Legio/León), während der Statthalter in Tarraco an der Ostküste residierte. Allein daraus ergibt sich, dass ihre Aufgaben weitgehend andere Teile des Lebens in der Provinz betrafen, nicht vornehmlich militärische. Noch weniger waren die Statthalter in den Provinzen des römischen Volkes wie z. B. Asia in ihrer täglichen Routine mit den Aufgaben des Heeres befasst und damit selbst ein Teil des Heeres in der Provinz, obwohl dem Prokonsul von Asia durchaus einige Auxiliarkohorten unterstanden; das gilt auch für alle anderen prokonsularen Provinzen wie z. B. die Narbonensis oder Macedonia,[61] ebenso aber für die kaiserlichen Statthalter in Provinzen wie die Aquitania oder die Lugdunensis, in denen ebenfalls nur einige wenige kleinere Einheiten stationiert waren. Jeder Provinzgouverneur, gleichgültig welchen Rang er hatte, war auch Oberkommandierender der Truppen seines Verwaltungsbereichs, aber seine Tätigkeit war nicht allein von dort her bestimmt; die zivilen Aufgaben nahmen im allgemeinen einen weit größeren Raum ein. In den großen Militärprovinzen mit mehr als einer Legion wie Germania inferior, Britannia oder Syria kommandierten unter dem konsularen Statthalter prätorische Legionslegaten senatorischer Herkunft die einzelnen Einheiten; bis in die domitianische Zeit waren dies am Rhein in beiden Provinzen je vier, im 2. Jh. dann nur noch je zwei. In Britannien und Syrien waren es im 2. Jh. stets drei Legionen. Diese Legionslegaten hielten sich, nach allem, was wir wissen, vornehmlich im Lager ihrer Legion auf, sie waren die höchsten Kommandeure vor Ort; aber sie konnten auch zivile Aufgaben übernehmen.[62] Im Durchschnitt blieben sie wohl kaum länger als 2–3 Jahre in ihrer Funktion, was tendenziell auch für die Statthalter galt. Ausnahmen waren möglich; so kommandierte Cn. Iulius Agricola das Heer in Britannien für sieben Jahre (77–84 oder 78–85);[63] Claudius Severus weilte in Arabia, wo eine Legion stationiert war, die auch gleichzeitig vom Statthalter befehligt wurde, für mindestens zehn Jahre, von 106–

---

60 HAENSCH 1997.
61 ECK 1986b.
62 AE 1956, 90; NESSELHAUF/LIEB 1959, 170–172, Nr. 129 = AE 1959, 141; WILMANNS 1981, 20–50 = AE 1981, 691; PFAHL 2012, 236, Nr. 1004.
63 BIRLEY 2005, 71–95.

115.⁶⁴ Aber üblich waren so lange Amtszeiten bei den Statthaltern nicht, vor allem nicht bei den Legionslegaten.⁶⁵ Für die Frage nach den Einwirkungsmöglichkeiten dieser Senatoren auf das Leben in der Provinz ist ihre Aufenthaltsdauer von gewisser Bedeutung.

Unter jedem Legaten standen sodann bei jeder Legion sechs Militärtribunen, davon einer senatorischen Ranges (*tribunus laticlavius*), die anderen fünf mit ritterlichen Status (*tribuni angusticlavii*).⁶⁶ Für einen Tribunen senatorischen Ranges, der normalerweise auch bereits aus senatorischer Familie stammte, war diese Stellung im Allgemeinen seine erste beim Heer überhaupt; er war dann rund 20 Jahre alt und blieb maximal einige Jahre bei einer Legion, häufig wohl sogar wesentlich kürzere Zeit. Dass etwa Hadrian bei drei Legionen als Militärtribun verweilte, war eine Ausnahme.⁶⁷ Und dass der junge Traian wirklich 10 Jahre lang eine solche Position innehatte, ist eher der Vorstellung zuzuschreiben, die Plinius d. J. von seinem (republikanischen) Idealkaiser hatte.⁶⁸ Auch manche der ritterlichen Militärtribunen wurden in dieser Stellung zum ersten Mal mit dem Heer konfrontiert. Sie waren freilich, im Gegensatz zu den senatorischen Tribunen, nicht selten schon älter, vielleicht 25–30 Jahre alt oder auch mehr wie etwa Helvius Pertinax, der spätere Kaiser, der erst mit 35 Jahren seine erste ritterliche Militärstellung übernahm.⁶⁹ Viele von ihnen hatten bereits zuvor in ihrer Heimatstadt munizipale Ämter übernommen, waren *IIviri* gewesen oder in einer Stadt wie Ephesus vielleicht schon γραμματεὺς τοῦ δήμου oder Prytane. Sie waren nicht selten vor allem daran interessiert, durch den Aufenthalt beim Militär Prestige zu gewinnen, und dieses wieder in das zivile Leben zurückzubringen. Ihr Heeresdienst war dann eher eine Unterbrechung ihres normalen Lebens, das sich sonst in den Zentralorten der römischen und griechischen Städte abspielte. Dort gehörte man zur politischen und wirtschaftlichen Oberschicht, dort prägte man das öffentliche und kulturelle Leben, manchmal auch das intellektuelle. Vermutlich wollten sie auch beim Heer nicht allzu sehr ihr Leben ändern, jedenfalls soweit es den privaten Bereich betraf. Das konnte seine Auswirkungen auf den Lebensstil haben. Andere Ritter beließen es freilich nicht bei dieser einen Stellung eines Militärtribunen, sie übernahmen oft mehrere ritterliche Dienststellungen, und von ihnen gingen manche auch bereits in weit jüngeren Jahren zum Heer. Die gewissermaßen 'ideale' Laufbahn waren die sogenannten *tres militiae*, also *praefectus* einer Kohorte von 500 Mann, Tribun bei einer Legion, und schließlich *praefectus alae*; seit dem frühen 2. Jh. konnte als *quarta militia* noch das Kommando über eine 1000 Mann starke Reiter-

---

64 THOMASSON 2009, 135 Nr. 35:001.
65 Vergleichen kann man auch die relativ am besten bezeugte Dauer der Amtszeiten bei den *praefecti Aegypti*; BRUNT 1990b, hier 245–254; FAORO 2016.
66 E. BIRLEY 1988a.
67 D 308.
68 Plin. paneg. 15,3.
69 ALFÖLDY 1987; DEVIJVER 1988 = DEVIJVER 1989, 137 ff; PISO 1993, 117–130.

einheit hinzukommen.[70] Solche Ritter konnten durchaus für 10 und 15 Jahre, manche sogar noch länger beim Heer bleiben und dort, wenn sie zuvor ihre Aufgaben in ihrer städtischen Heimat geleistet hatten, alt werden. Auf diese Weise wurden sie durch den kontinuierlichen Aufenthalt beim Militär in ganz anderer Weise in dieses Heer integriert, konnten es aber auch selbst wesentlich mehr prägen, als dies im allgemeinen durch die auf allen Ebenen schnell wechselnden senatorischen Kommandeure geschehen konnte.

Gegenüber der Masse des Heeres war die Gruppe der hohen Offiziere eine ganz kleine Minderheit. In Provinzen mit zwei Legionen wie Niedergermanien oder Obergermanien, Moesia superior oder Iudaea umfasste sie im 2. Jh. insgesamt rund 40 Personen: den Statthalter, zwei Legionslegaten, 2 senatorische Tribunen, 10 ritterliche Tribunen, einen Flottenpräfekten, 2 *praefecti castrorum* und vielleicht 20 – 22 Präfekten der Alen und Kohorten, je nach deren Anzahl. Das gesamte Heer in Niedergermanien hatte aber einen Mannschaftsbestand von rund 25.000 Mann, in Obermösien und Judäa wohl von rund 20.000. Die numerischen Gewichte sind damit klar. Doch muss die Zahl nicht schon eine Aussage sein, wie der Einfluss der beiden Gruppen auf die Provinz und die dort lebende Bevölkerung war. Alle diese Offiziere unterscheiden sich nach Herkunft, Status, wohl auch Bildung und Erfahrung wesentlich von der Masse der Soldaten. Denn sie gehörten fast ohne Ausnahme den munizipalen Führungsschichten an, wenn sie nicht sogar als Senatoren den Kern der Reichsführungsschicht bildeten. Alle waren römische Bürger, mindestens seit ein bis zwei Generationen; wirkliche Neubürger gab es unter ihnen kaum. Der Cherusker Arminius, der römisches Bürgerrecht, Ritterrang und das Kommando über eine Auxiliareinheit von Augustus erhalten hatte, war nicht der Normaltyp eines ritterlichen Hilfstruppenkommandeurs.

Die überwiegende Mehrheit aller senatorisch-ritterlichen Offiziere kam während der julisch-claudischen Dynastie noch aus Italien, aufgewachsen in den urbanen Zentren, sie waren also nach ihrem Denken und nach ihrer kulturellen Prägung Römer, jedenfalls wenn sie sich in der Fremde aufhielten, wo regionale Unterschiede, die es selbstverständlich auch in Italien gegeben hat, nicht mehr so entscheidend waren. Die Ausweitung der Rekrutierung über das Kernland des Reiches hinaus, die bereits unter Augustus begonnen, dann vor allem unter Nero und besonders durch Vespasian einen entscheidenden Schub erfahren hatte, verschob zwar die Gewichte. Doch die grundsätzliche soziale und kulturelle Disposition des einzelnen Angehörigen änderte sich nicht wesentlich. Denn es waren fast ausschließlich die dichtbesiedelten, stark urbanisierten Regionen um das Mittelmeer, die neue Senatoren und Ritter stellten, Südspanien und die Ostküste der iberischen Halbinsel, Südfrankreich, wo so viele Römer in cäsarisch-augusteischer Zeit angesiedelt worden waren.[71] Afrika stellte seit dem 2. Jh. immer mehr Führungspersonal; die am dichtesten urbanisierte Provinz

---

70 Devijver 1976 – 1993.
71 Eck 1991a.

Asia, aber auch Lycia-Pamphylia schickten seit flavischer Zeit zahlreiche Senatoren und Ritter nach Rom und in die Grenzprovinzen zum Heer. Von ihnen kamen viele aus griechischem Milieu, ihre kulturelle Prägung war, zumindest partiell, eine andere als die der Führungskräfte aus den westlichen Provinzen. Doch eine stärker literarisch-rhetorische Bildung war ihnen gemeinsam; das war auch Voraussetzung, um gerade ihre zivilen Aufgaben zu erfüllen, selbst wenn man solche Bildung in der öffentlichen Präsentation zurücktreten musste.[72] Gegen Ende des 2. Jh. waren alle stark urbanisierten Regionen des Imperiums in dieser Reichsführungsschicht und damit auch beim Heer vertreten.[73] Die Grenzprovinzen selbst, in denen die Heere standen, waren freilich nur schwach oder gar nicht repräsentiert. Der erste hohe ritterliche Amtsträger, der auch beim Heer seinen Dienst geleistet haben muss und aus Niedergermanien stammen könnte, war T. Flavius Constans, Prätorianerpräfekt vielleicht unter Mare Aurel.[74] Ein Senator aus Niedergermanien kann überhaupt nicht nachgewiesen werden. Das wenig urbanisierte Kappadokien ist nur schwach vertreten, die beiden mösischen Provinzen, Dakien, Britannien entweder gar nicht – oder die Fälle sind zweifelhaft und auf jeden Fall nicht vor das späte 2. Jh. zu datieren.[75] Diese Offiziere verkörperten eine andere Welt als die Masse des Heeres, rechtlich, wirtschaftlich, kulturell. In ihrer Heimat waren sie und ihre Familien die Träger des öffentlichen Lebens; dort gestalteten sie das bauliche Antlitz der Stadt. Ein Beispiel ist etwa L. Flavius Silva Nonius Bassus aus Urbs Salvia in Picenum, der etwa im J. 70–72 in Germanien als Legat die *legio XXI Rapax* kommandierte[76] oder L. Neratius Priscus, konsularer Statthalter in Germania inferior um das J. 100, der zusammen mit anderen Saepinum im südlichen Samnium wesentlich umgestaltet hat.[77] A. Claudius Charax aus Pergamon, Senator, Konsul im J. 147, war zuvor Legionslegat bei der *legio II Augusta* in Britannien gewesen. Er stiftete in seiner Heimatstadt imposante Gebäude, verfügte über Einfluss in Sparta und hinterließ ein historisches Werk.[78] Andere 'Intellektuelle' mit mehr oder weniger langem Aufenthalt beim Heer könnte man nennen, so etwa Plinius, Tacitus, Iuvenal, Salvius Iulianus, den Juristen, der in Niedergermanien für einige Jahre Legat des Heeres war. Diese Personengruppe demonstrierte ihre hohe kulturelle Prägung auch durch ihre Begleitung und durch ihren zivilisatorischen Aufwand. Nicht selten gingen sie mit ihrer gesamten Familie in die Provinz, auch eine zahlreiche Dienerschaft umgab sie. Das zeigte den zivilisatorischen Standard, der für sie selbstverständlich war; nicht wenige Sklaven und Freigelassene, die ihre Herren

---

72 Siehe Kap. 1 in diesem Band.
73 Siehe die Beiträge in PANCIERA 1982; ECK 1998c, 31 ff., 67 ff; ferner DEVIJVER 1989, 273 ff.; DEVIJVER 1992, 316 ff.
74 ECK 2002. Siehe auch PISO 2013, 143 ff.
75 Siehe PANCIERA 1982 unter den einzelnen Provinzen.
76 AE 1969/70, 183a-b; ECK 1992–1993.
77 CIL IX 2455 = D 1034; IX 6594. TORELLI 1982, 176, 180 f.
78 HALFMANN 1979, 161 f.

und Patrone in die Provinzen begleiteten, sind dort bezeugt.[79] Auch 'Intellektuelle' wurden in die Provinz mitgenommen. Ein *philosophus, amicus* des schon genannten Salvius Iulianus, ist in Niedergermanien gestorben, wohin er seinen senatorischen *amicus* begleitet hatte.[80] So sollte man in dieser Personengruppe eine wesentliche Potenz sehen, durch die das Leben in den Provinzen, in denen die Truppen standen, beeinflusst werden konnte, von der vielleicht Anregungen zu Veränderungen ausgingen.

Wer aber war wichtiger für die kulturelle Entwicklung und Durchdringung einer Provinz? Die kleine Gruppe der führenden Personen, die unzweifelhaft „den Ton angaben", die aber eben doch zumeist nur Durchreisende waren, oder die große Masse der Soldaten in den einzelnen Einheiten, verteilt über die Provinz, vor allem entlang der Grenzen, die hier auch in den meisten Fällen ihr gesamtes Leben verbrachten, während ihres aktiven Dienstes, aber auch nach ihrem Ausscheiden aus dem Heer? Vermutlich darf man die Frage überhaupt nicht in dieser scharfen Opposition stellen. Das römische Heer bestand zwar aus beiden Gruppen, die sich aber keineswegs immer deutlich gegenüber standen; vieles war fließend. Dass beide sich auf das Leben in den Provinzen auswirkten, lässt sich zeigen.[81]

---

79 Siehe Kap. 2 in diesem Band.
80 CIL XIII 8159 = D 7776; siehe auch Kap. 1, 7.
81 Die Vorträge, die in dem Kolloquium gehalten wurden, sind publiziert in: v. HESBERG/FISCHER 1999.

8 *Milites et pagani:* Die Stellung der Soldaten in der römischen Gesellschaft

Vorbemerkung: Die Thematik, über die hier gehandelt werden soll, ist sehr weit gespannt. Über bestimmte Aspekte des Soldat-Seins, die vor allem auf Passagen der Schriften der römischen Juristen beruhen, gibt es umfassende und autoritative Abhandlungen von Römischrechtlern, mit denen ich nicht in Wettstreit treten kann und will. Zudem wären damit auch viel zu viele detailreiche Einzelprobleme verbunden. Doch gibt es auch eine nicht kleine Zahl von Quellen, die für das hier zu behandelnde Thema von großer Bedeutung sind, die aber gerade in der juristischen Literatur weniger oder überhaupt keine Beachtung fanden,[1] vor allem Dokumente aus der kaiserlichen Kanzlei des 1.–3. Jahrhunderts n. Chr., die Bürgerrechtskonstitutionen. Diese sind uns in den so genannten *diplomata militaria* erhalten; sie betreffen nicht wenige Aspekte der Soldaten als soziales Individuum und als juristische Person, auch in Abhebung zu anderen Personen, die nicht dem Militär angehörten. Sie beleuchten die Thematik in oft sehr direkter Weise. Diese Dokumente sollen deshalb im zweiten Teil der folgenden Erörterung einen wichtigen Teil einnehmen.

Begonnen sei mit einem kurzen Blick auf Werke der klassischen römischen Juristen, in denen das Problem von *milites* und *pagani*, also von Militärs und Zivilisten, behandelt wird. Seit dem späteren 2. Jahrhundert n. Chr. begegnen mehrere Werke mit dem Titel: *De re militari*. Sie stammen, in zeitlicher Reihenfolge, von Tarrutienus Paternus (Marc Aurel/ Commodus), Arrius Menander (vor Ulpian, unter Caracalla?[2]) und Aemilius Macer (unter Caracalla und Severus Alexander).[3] In ihnen werden aus juristischer Sicht vor allem Aspekte, Probleme und rechtliche Regelungen behandelt, die die Welt der Soldaten betreffen. Zu diesen Werken gehört auch der *liber singularis de castrensi peculio* von Tertullianus.[4] Ferner kennen wir eine Schrift *De poenis militum liber singularis* von Paulus (unter Septimius Severus und Caracalla), dem ein weiteres Werk *De poenis paganorum liber singularis* desselben Autors korrespondiert; schon Claudius Saturninus (unter Marc Aurel?) hatte ein Buch mit dem gleichen Titel verfasst.[5] Gerade in diesen zuletzt genannten Werken werden, angezeigt durch die zwei Begriffe *milites* und *pagani*, zwei verschiedene Lebenssphären, die der Soldaten und der Zivilisten, in Absetzung voneinander beschrieben und unter zivilrechtlichem, aber auch kriminalrechtlichem Blickpunkt erklärt.

---

1 Es sei nur exempli gratia auf VENDRAND-VOYER 1983 verwiesen, in deren Abhandlung nicht ein einziges Diplom zitiert wird. Gleiches gilt für die beiden Bände von GIUFFRÈ 1996.
2 GIUFFRÈ 1996, 337 ff.
3 LENEL 1960, I 573–574. 695–700; II 335–336.
4 LENEL 1960, II 341–344; PIR² T 35.
5 LENEL 1960, I 1178–1179, II 1217–1218.

Einem an Rechtsfragen interessierten Senator der Mittleren römischen Republik wären Titel, die eine Welt der Soldaten und, dagegen abgesetzt, eine Welt der Zivilisten beschrieben hätten, wohl eher seltsam erschienen oder, schärfer formuliert, er hätte wohl eher nicht verstanden, weshalb hier zwei einander entgegen gesetzte Welten beschrieben wurden. Ein solches Gegensatzpaar existierte für die klassische römische Republik nicht. Vermutlich hätte ein Senator dieser Zeit selbst die Bedeutung des Wortes *paganus*, das dem Wort *miles* gegenübergestellt war, missverstanden wie etwa in dem folgenden Passus aus Ulpian:[6] *Ut est rescriptum a divo Pio in eo, qui cum esset paganus, fecit testamentum, mox militare coepit: nam hoc quoque iure militari incipiet valere, si hoc maluit miles.*

Nicht anders wäre wohl die Reaktion gegenüber der Aussage aus den Paulussentenzen gewesen:[7] *Filius familias si militet, ut paganus nominatim a patre aut heres scribi aut exheredari debet, iam sublato edicto divi Augusti, quo cautum fuerat, ne pater filium militem exheredet.*

Und auch Modestinus wäre mit seiner Aussage wohl nicht unmittelbar verstanden worden:[8] *si ignorans quis militi quasi pagano locaverit, exigere illum posse probandum est: non enim contemnit disciplinam, qui ignoravit militem.*[9]

Auch eine Erklärung wie sie in Gloss. II 330. 48 zu finden ist, hätte sicher Befremden ausgelöst, wenn sie nicht von vorherein für Menschen der republikanischen Zeit unverständlich gewesen wären: ἰδιώτης ὁ μὴ ἄρχων ἢ στρατευόμενος = *privatus, paganus, plebeius*. Oder: παγανός = ὁ ἐκτὸς μόνου (= muneris) στρατιώτου.

Einen Passus wie den in einer *epistula commendaticia*, mit der ein Fabius Valens vom jüngeren Plinius Kaiser Traian empfohlen wurde, hätte ein Leser der mittleren Repulik wohl ebenfalls partiell falsch aufgefasst: *Apud me et milites et pagani, a quibus iustitia eius et humanitas penitus inspecta est, certatim ei qua privatim qua publice testimonium perhibuerunt.*[10]

Schließlich wäre ein Bürger republikanischer Zeit vermutlich beim Lesen einer Grabinschrift aus Rom nicht nur über der Aussage, dass eine Person, die als *nat(ione) Pann(onius)* bezeichnet wird, dennoch einen römischen Namen trug, ins Grübeln gekommen, sondern auch bei dem Wort *paganus*, mit dem seine Erben, darunter der Bruder des Verstorbenen, gekennzeichnet werden:[11]

D(is) M(anibus) T(itus) Aelius Rufinus eq(ues) sing(ularis) d(omini) n(ostri) tur(ma) Materni kastr(is) priorib(us) nat(ione) Pann(onius) vix(it) ann(os) L, mil(itavit) ann(os) XXIII me(n)s(es) X dieb(us) XX. Iulius Maternus et Titius Marcellus {Marcellus} frater eius pagan(i) her(edes).

---

6 Dig. 29,1,9,1 (Ulp.).
7 Dig. 28,2,26 (Paul.).
8 Dig. 19,2,50 (Mod.).
9 Vgl. auch Suet. Aug. 27,3: ... *contionante se (sc. Octaviano) admissa turba paganorum, apud milites ...*
10 Plin. epist. 10,86b.
11 CIL VI 3183 = M.P. SPEIDEL 1994, 345 Nr. 630; ferner 249 Nr. 387. Vgl. auch CIL III 13750 und AE 1952, 223.

Was sollte *paganus* in all diesen Texten besagen und warum, so hätte sich der republikanische Leser gefragt, war es stets mit *miles* und zwar offenbar im Sinn eines Gegensatzes verbunden?

Für den Römer der klassischen Republik gab es ein Wort, das engstens mit *miles* zusammenhing, ja fast ein Synonym dafür war; doch dieses lautete *civis*. Wer Bürger, *civis*, war, war auch *miles*, eines bedingte das andere. Ohne Bürger zu sein, konnte man nicht Teil des römischen Heeres sein, und wer wegen fehlenden Besitzes nicht Soldat sein konnte, war auch von der Beteiligung an der *res publica*, an der gemeinsamen Sache, im Wesentlichen ausgeschlossen. Klassisch gesprochen: entweder gehörte man als Bürger zur *classis*, zum Heer, oder man war *infra classem*. Die *comitia centuriata* sind die Form, in der sich die Identität von *civis* und *miles* am deutlichsten zeigt. Die *centuriae*, in die sich die Versammlung des *populus Romanus* in der historisch hellen Zeit gliederte, verwiesen auf die militärischen Abteilungen, in denen der *populus* in den Kampf zog. Wenn die *comitia centuriata* zu den Wahlen auf dem Marsfeld abgehalten wurden, wehte auf dem collis Ianiculus die Kriegsfahne. Jeder sollte wissen, dass sich zu dieser Zeit der *populus* als *classis* oder als *exercitus* versammelt hatte.

Kriegerische Aktionen waren in der Republik Normalität. Es verging kaum ein Jahr ohne einen kürzeren oder längeren Feldzug, doch es war zunächst immer ein Feldzug während eines Sommers, innerhalb einer begrenzten Zeit. In jedem Jahr musste das Aufgebot erneut zusammengestellt werden, das auch nach Ende des Feldzugs wieder auseinander ging. Das ist hier im Detail nicht zu schildern, da der Vorgang zu selbstverständlich war. Die Konsequenz aus diesen stets wiederholten Umständen war aber auch, dass die Existenz als *miles* kein Eigengewicht bekam, niemand konnte sich in einem grundsätzlichen Gegensatz sehen zu denen, die zu einem gewissen Zeitpunkt keine *milites* waren. Der *miles* kämpfte als Bürger der *res publica populi Romani*. Jeder wartete nur auf das Ende eines Feldzugs, um der vor dem Feldzug ausgeübten Tätigkeit nachzugehen, überwiegend als Bauer auf seinem Hof.

Diese Identität zwischen Bürger und Soldat wurde schon im Verlauf des 2. Punischen Krieges einer schweren Belastung unterzogen. Denn die weit entfernten Kampfhandlungen ließen es oft nicht zu, dass die Soldaten am Ende eines Feldzuges nach Hause zurückkehrten. Vor allem auf dem spanischen Kriegsschauplatz, wo seit dem Jahr 218 kontinuierlich mindestens ein römisches Heer präsent war, wurden die Soldaten nicht jedes Jahr ausgetauscht. Viele Bürger wurden auf diese Weise dem normalen Leben entfremdet, Soldat-Sein konnte sich schon als eine andere Existenzform entfalten. Das hatte dennoch zunächst keine unmittelbar sichtbaren Folgen; doch längerfristig, vor allem durch die Jahrzehnte dauernden Kriege in Spanien in der ersten Hälfte des 2. Jahrhunderts v. Chr., wurde die Struktur des *populus Romanus* und damit auch des Heeres auf diese Weise tiefgreifend verändert. Denn die Zahl der Land besitzenden Bauern, der *assidui*, die das Rückgrat des Heeres bildeten, verringerte sich stetig. Dies hatte schließlich zur Folge, dass die Censusgrenze, unterhalb der niemand ausgehoben wurde, immer mehr gesenkt wurde. Im Detail braucht dieser Prozess hier nicht zu interessieren. Die Bemühungen der beiden Gracchen, vor allem des Tiberius

Gracchus, zielten gerade auf die Lösung des Problems, genügend *assidui* bei der Rekrutierung für das Heer zu finden. Tiberius Gracchus wollte mit Nachdruck an der Identität zwischen denen, die als Soldaten für die *res publica* kämpften, und denen, die auch in der politischen Gemeinschaft als Bürger an den Entscheidungen in den Komitien beteiligt sein konnten, festhalten.

Dieser zentrale Reformpunkt der Gracchen scheiterte jedoch. Die Folge war das, was als die Marianische Heeresreform bezeichnet wird, auch wenn es weniger eine systematische Reform als vielmehr die weitgehende Adaption des Notwendigen an die Realitäten war. Es kam im Gegenteil zur Bestrebung der Gracchen zu einer massenhaften Rekrutierung von *proletarii*, also derjenigen, die keinen Besitz hatten und damit, obwohl rechtlich Bürger, bisher auch von der Mitwirkung an den politischen Entscheidungen im Wesentlichen ausgeschaltet waren; als *milites* aber konnten sie nun dienen. Das führte seitdem mehr und mehr zur Trennung von Bürger und Soldat, nicht im Rechtssinn, aber in der sozio-politischen Realität. Die Mehrheit dieser Soldaten war auf den Krieg angewiesen, denn bei Rückkehr ins normale Leben erwartete sie das wirtschaftliche Nichts, es sei denn, der Feldherr, den die Soldaten zu Sieg und Triumph geführt hatten, war fähig, ihnen eine wirtschaftliche Existenz zu geben, z. B. auf dem ager Campanus. Wenn dies gelang, dann konnten die nun *assidui* gewordenen ehemaligen *proletarii* konkret ins politische Geschehen eingreifen, d. h. auch wieder zu aktiven Bürgern werden, was sich in den inneren Auseinandersetzungen der späten Republik nur allzu oft bemerkbar machte. Freilich war diese Möglichkeit der Mehrheit der „proletarischen" Soldaten versperrt. Die Zahl derer, die in dem sich immer gewaltiger ausdehnenden Weltreich für das Heer benötigt wurden, war dazu zu groß, Italien aber zu klein, um alle anzusiedeln. Umso stärker wurde die Bindung des einzelnen *miles* an seinen Feldherrn. Die Folgen sind bekannt.

Schon der Bundesgenossenkrieg der Jahre 90/89 machte den Bürgerkrieg möglich, seit Sullas Marsch auf Rom im Jahr 88 v. Chr. war er endgültig ein Instrument des politischen Kampfes geworden. In der Folge zerstörten die Bürgerkriege nicht nur die Republik, sie lösten auch in der konkreten Realität des sozialen Lebens die Identität von Bürger und Soldat endgültig. *Wir und die anderen:* das konnten nun beide Seiten sagen, die, die nicht Teil des Heeres waren, und die, die im Heer als Soldaten dienten. Als nach der Schlacht von Philippi 42 v. Chr. zehntausende von Veteranen in Italien durch Octavian angesiedelt wurden und dafür die Bewohner von mehr als 18 Städten, allesamt römische Bürger, Haus und Hof verlassen mussten, war deutlich, dass es die *eine* römische Gesellschaft auch gedanklich nicht mehr gab. Die, die als Soldaten dienten und auf diese Weise zu einem politischen Faktor geworden waren, leiteten daraus Ansprüche ab, die sich gegen die Rechte der Nicht-Soldaten richteten. Und da die politischen Führer wie Pompeius, Caesar, Octavian, Lepidus, Antonius und wie sie heißen mochten, ohne ihre Soldaten ihre Ziele nicht erreichen konnten, mussten sie die Wünsche der Soldaten erfüllen, auch wenn dies hieß, sich gegen manche oder sogar viele Bürger zu stellen, wie das in den Ansiedlungen in Italien in den Jahren 41/40 mit größter Brutalität zum Ausdruck kam. Caesar hatte zwar schon einen Schritt über diese Zwangslage hinaus getan, indem er Soldaten bereits in Provinzen ansiedelte; dort waren ‚nur' Untertanen der Römer, nicht Bürger von Landenteignungen und Landanweisungen betroffen. Doch auch hier wurde deutlich, dass Soldat-Sein eine besondere, höhere Lebensform war, mit singulären Ansprüchen, aber vor allem mit entsprechenden Folgen für die Gesellschaft und für den Einzelnen.

Octavian/Augustus verdankte seinen Sieg im Bürgerkrieg und über Ägypten dem Heer. Doch dieser Sieg sollte nach seinem Willen und dem seiner „Partei" nicht nur für den Augenblick gelten, sondern die Basis für seine zukünftige politische Herrschaft sein. Damit konnte auch die außergewöhnliche Bedeutung des Heeres, wie sie sich in der Zeit der Bürgerkriege herausgebildet hatte, nämlich als Element in der inneren Politik, nicht der Vergangenheit angehören. Das Heer musste das Fundament seiner Macht auch für die Zukunft sein.[12] Da Augustus nicht daran dachte, seine Machtstellung jemals wieder aufzugeben, verlangte dies die Verstetigung seiner Machtbasis und das hieß die definitive Schaffung des stehenden Heeres, um seine Machtposition als *dux* nachhaltig zu sichern. Das wurde zwar nie so formuliert; vielmehr wurden die Truppen auch nach Octavians dreifachen Triumph im Jahr 29 und der Rückgabe der *res publica* an Senat und Volk von Rom im Januar 27 v.Chr. angeblich nur deshalb unter Waffen gehalten, weil viele Provinzen noch nicht befriedet waren. Das stimmte auch zum Teil, aber der politische Aspekt der Machtsicherung insgesamt war jedem bewusst und von Augustus auch so gewollt.

Mit welchen faktischen und rechtlichen Maßnahmen freilich das Heer in der Realität zu einem stehenden gemacht wurde, entzieht sich im Detail unserer Kenntnis. Relativ am meisten berichtet Sueton in seiner Augustusvita, doch natürlich ohne genauere Zeitangaben.[13] Von konkreten Gesetzen, die Augustus etwa in der Volksversammlung hätte beschließen lassen, um das Heer zu einem permanenten zu machen, wissen wir nichts. Augustus wurde auch nicht durch ein Gesetz zum Oberbefehlshaber aller römischen Truppen gemacht. Mit seinem *imperium*, das er seit 27 v.Chr. als *consul* ausübte, war er zunächst nur der Befehlshaber über die Truppen in den ihm zugewiesenen Provinzen: in Spanien, in Gallien, in Syrien, Kilikien, Cypern und Ägypten.[14] Zumindest in den Provinzen Macedonia, Illyricum und Africa waren aber ebenfalls römische Truppen stationiert, die nicht Augustus' *imperium* unterstanden, sondern dem von *proconsules*, die nominell seit 27 v.Chr. wieder als unabhängige Promagistrate amtierten. Dort konnte Augustus zumindest in den Jahren unmittelbar nach 27 v.Chr. keine allgemeinen Anordnungen treffen. Zudem hatte Augustus den Auftrag, die ihm übertragenen Provinzen zu leiten, nur für 10 Jahre erhalten, ein Auftrag, der während seiner gesamten Herrschaftszeit immer wieder erneuert werden musste.[15]

---

12 Siehe dazu Kap. 20.
13 Suet. Aug. 25.
14 Dass er dort ab dem Jahr 23 v.Chr. sein *imperium* als prokonsulares ausübte, ist seit dem Bekanntwerden der Tafel von Bierzo nunmehr auch dokumentarisch nachgewiesen; siehe ALFÖLDY 2000 = AE 1999, 915. Siehe auch DALLA ROSA 2015a.
15 Cass. Dio 53,13,1. 16,2; vgl. dazu COTTON/YAKOBSON 2002.

Noch im Jahr 13 n. Chr. geschah dies zum letzten Mal.[16] Wie Augustus seine Neuerungen im Bereich des Heeres einführte und durchführte, lässt sich unter diesen Voraussetzungen nicht erkennen. Doch kann man vermuten, dass manche Neuerungen auf dem Weg der faktischen Veränderung erfolgten, nicht durch grundsätzliche Veränderungen, die der Souverän, Senat und Volk von Rom, beschlossen hatte. Freilich sind unsere Quellen nicht so dicht, dass wir darüber sicher sein könnten.[17]

Dass die Truppen weiterhin unter Waffen gehalten wurden, war die logische Konsequenz dessen, was jedenfalls Cassius Dio als Grund für Augustus' Bereitschaft nennt, weiterhin für einen Teil der Provinzen, die so genannten *provinciae Caesaris*, verantwortlich zu sein: diese Provinzen seien noch nicht befriedet gewesen.[18] Augustus hatte tatsächlich im Wesentlichen die Provinzen übertragen bekommen, in denen die innere Sicherheit, vor allem aber die Sicherheit von außen her, noch nicht in vollem Umfang erreicht war. Die innere Sicherheit war relativ bald hergestellt, so dass schon bald ein beträchtlicher Teil der Truppen unmittelbar an die Grenzen des Imperiums verlegt werden konnte, vor allem am Rhein und in die Balkanregionen, dort wo Gefahren von außen drohen konnten oder wohin die großen Planungen zur Expansion des Imperiums zielten. Damit wurde ein ganz wesentlicher Schritt getan, um bei den Soldaten eine besondere, gegenüber den Nicht-Soldaten spezifische Identität entstehen zu lassen. Die Truppen wurden am Rhein und etwas später an der Donaugrenze über längere Zeit in Lagern stationiert, auch wenn diese zunächst nicht permanent angelegt waren, sondern häufig erneuert wurden. Solches kennen wir etwa aus Novaesium (Neuss) oder aus Noviomagus (Nijmegen) seit dem Jahr 15 v. Chr.[19] oder im rechtsrheinischen Germanien z. B. in Oberaden ab 11 v. Chr. und dann in Haltern ab etwa 7 v. Chr.[20] Bevor die Truppen an diesen Orten ihre Lager erbauten, war dort mehr oder weniger unberührtes Land gewesen. In erreichbarer Entfernung fand sich jedenfalls keine größere Siedlung, weder eine einheimische noch gar eine römische. Das war nicht anders entlang der Save oder der Donau. Damit wurden die *castra* für die Masse der Soldaten auf lange Zeit der permanente Lebensraum. Sie lebten für Jahre oder Jahrzehnte im Wesentlichen unter sich, nicht mehr eingebunden in die zivile Welt; denn das, was sich bald vor den Lagern an nicht-militärischem Leben entwickelte, war ein integraler Teil dieser soldatischen Welt. Die psychologischen Wirkungen auf die Soldaten und auf das Verständnis davon, was sie selbst im Verhältnis zu anderen darstellten, müssen notwendigerweise schwerwiegend gewesen sein.

---

16 Cass. Dio 56,28,1.
17 So scheint es im Jahr 14 n. Chr. zu Regelungen gekommen zu sein, als Tiberius und der Senat versuchten, die Revolte der Truppen in Dalmatien und Germanien zu beenden (Tac. ann. 1,35,2). Das ergibt sich aus einem neuen, allerdings nur fragmentarisch erhaltenen Zeugnis. Siehe oben Kap. 5 Anm. 25.
18 Cass. Dio 53,12.
19 HANEL 2002; KEMMERS 2006.
20 WOLTERS 2000, bes. 28 ff.; KÜHLBORN 1995; KÜHLBORN 2002; HEINRICHS 2000.

Hinzu kamen andere Regelungen, die von Augustus und seinen Beratern getroffen wurden. Zu diesen Beratern gehörten vornehmlich Marcus Agrippa und Tiberius, Augustus' Stief- und Adoptivsohn und späterer Nachfolger. Essentiell wurde vor allem eine Ausdifferenzierung innerhalb des römischen Heeres durch die Schaffung besonderer Truppengattungen, die von Beginn an auch nicht gleiche rechtliche Voraussetzungen und gleiche Rechte hatten. In einem Erlass des Präfekten von Ägypten, Caecina Tuscus, vom 5. September 63 n. Chr. wird diese Ungleichheit mit aller Klarheit ausgedrückt, denn der Präfekt erklärte, „dass nicht alle Soldaten gleiche Rechte haben: die Veteranen aus den Legionen, aus den Alen, Kohorten, aus der Flotte".[21] Die Leibwache, die Octavian wie jeder andere Heereskommandeur auch bereits vor dem Januar 27 v. Chr. zu seinem Schutz um sich hatte, die *cohors praetoria*, wurde verstetigt. Nach Cassius Dio wurde unmittelbar nach der Neuregelung vom 13. Januar 27 vom Senat ein höheres *stipendium* für diese Truppe beschlossen.[22] Das diente der Sicherung von Augustus' Herrschaft, zumal es nicht bei einer *cohors praetoria* blieb, vielmehr neun *cohortes praetoriae* geschaffen wurden, mit wohl insgesamt 4500 Soldaten. Auch für den Schutz der Stadt Rom wurden eigene Einheiten eingerichtet, drei *cohortes urbanae*, ohne dass man freilich den Zeitpunkt ihrer Entstehung genau bestimmen könnte.[23] Auch sie erhielten einen gegenüber den Legionen erhöhten Sold. Gegen die Tradition der Republik wurde schließlich auch die Flotte verstetigt, die in den Kämpfen der Triumviratszeit von herausragender Bedeutung geworden war. An mehreren Plätzen im Mittelmeerraum wurden Flottenkontingente stationiert, von denen die beiden italischen *classes* in Misenum und Ravenna für die Zukunft die größte Bedeutung erlangten. Die Tradition der Republik wurde bei den Flotten insoweit eingehalten, als die Bemannung nicht aus römischen Bürgern bestand, sondern ursprünglich vor allem Freigelassene rekrutiert wurden; später waren es Peregrine oder latinische Bürger. Selbst die Kommandeure der Flotten hatten zunächst den Personalstatus von *liberti*.[24]

Die für die Gesamtentwicklung des Heeres nach innen und nach außen wichtigste Neuerung war jedoch die Verstetigung der *auxilia*, die zwar schon immer einen nicht kleinen Teil der römischen Armee gebildet hatten. Doch während sie bislang nominell ein Teil der Gemeinden geblieben waren, aus denen sie ausgehoben wurden, die auch den Sold zu stellen hatten, wurden sie jetzt ein integraler Teil des *exercitus Romanus*, obwohl in ihnen keine Römer dienten, sondern fast ausschließlich Angehörige peregriner Gemeinden.[25] Obwohl *auxilia* wurden sie nunmehr wie auch die Legionen

---

21 P.Fouad I 21: οἱ μὲν γὰρ ὑμῶν εἰσιν ἐκ λεγιώνων [οὐετρα]νοί οἱ δὲ ἐξ εἰλῶ[ν, ο]ἱ δὲ ἐκ σπειρῶν, οἱ δὲ ἐκ τοῦ ἐρετικοῦ, [ὥστε μ]ὴ εἶναι τὸ αὐτὸ πάντων δείκαιον (siehe https://aquila.zaw.uni-heidelberg.de/ddb/P.Fouad;1;;21;;).
22 Cass. Dio 53,11,5.
23 Dazu WOJCIECH 2010, 205 ff.
24 Siehe KIENAST 1966; verschiedene Artikel von PANCIERA 2006, II 1271 ff., 1283 ff., 1339 ff., 1411 ff.
25 Die *cohortes voluntariorum*, die aus römischen Bürgern ausgehoben wurden, entstanden in besonderen Situationen: sie verändern das Grundgefüge nicht.

nicht mehr nur zeitweise bei Bedarf ausgehoben, sondern ebenfalls verstetigt. Das empfahl sich auch schon deswegen, weil die Aushebung vieler Auxiliareinheiten auch dazu diente, die Wehrkraft unterworfener Stämme und Gemeinden durch den Abzug der jungen Angehörigen zu schwächen. Die zahlreichen *cohortes Asturum* und *Callaecorum Bracaraugustanorum* aus Spanien oder der *cohortes Breucorum* aus Illyricum sollten gerade diesem Zweck dienen. Die meisten dieser Auxiliareinheiten wurden in Provinzen eingesetzt, die weitab der Heimat dieser Soldaten lag.[26] Umso stärker wirkte sich, jedenfalls in der Anfangsphase, solange die Einheiten noch weitgehend aus Personen eines Stammes gebildet waren, der innere Zusammenhalt der militärischen Gemeinschaft aus.[27] Soweit Soldaten, und zwar gleichgültig ob Legionäre oder Auxiliare, überhaupt mit der Zivilbevölkerung der Einsatzprovinzen in Kontakt kamen, gehörten beide völlig anderen Ethnien an, die sich oft auch sprachlich fundamental unterschieden. Der Rückbezug auf den bekannten sozialen Kontext der eigenen Gruppe, in der die jeweils eigene Heimatsprache gesprochen wurde und in der auch nicht selten Mitglieder der eigenen Großfamilie dienten, war damit eine fast selbstverständliche Reaktion. Das verstärkte den inneren Zusammenhalt der Truppe und das Bewusstsein vom Anderssein gegenüber der Außenwelt, gegenüber denen, die nicht Teil der Truppe waren, den Zivilisten, denen, die in den *pagi*, in den kleineren Unterabteilungen der provinzialen Stämme lebten, die nicht unter militärischer Disziplin standen, also den *pagani*.[28] Auf diesem Weg dürfte sich u. a. das Bewusstsein von der Andersartigkeit der Angehörigen des Heeres entwickelt haben, und dann auch der neue Bedeutungsgehalt des Wortes *paganus*.[29] Dass man diesen neutral[30] oder auch im negativen Sinn[31] verwenden konnte, braucht nicht zu überraschen.

Doch auch durch andere Elemente wurde der Sondercharakter des Heeres und seiner Angehörigen verstärkt, auch durch politische und rechtliche Regelungen, die zum Teil bereits Augustus veranlasst hatte. So wurde bereits unter ihm festgelegt, dass ein *filius familias*, der beim Heer weilte, vom Vater nicht enterbt werden durfte, eine

---

26 Vgl. aber zum Fall der Bataver vor dem Civilisaufstand VAN DRIEL-MURRAY 2003; zur Korrespondenz batavischer Auxiliarsoldaten mit in ihren Familien in der Heimat vgl. DERKS/ROYMANS 2003.
27 BIRLEY 2002; SPEIDEL 1996.
28 Unzutreffend die Erklärung von KORNEMANN 1942; ZEILLER 1917, bes. 21ff.
29 Nimmt man diese Erklärung ernst, dann ergibt sich fast zwingend auch für die Bedeutung von *paganus* im Christentum ein anderer Inhalt. Während häufig immer noch *paganus* = heidnisch damit erklärt wird, dass auf dem Land, in den *pagi*, sich die alten Religonen stärker hielten, liegt es näher, das Wort als Oppositionsbegriff zu den Christen zu verstehen. Die *pagani* sind diejenigen, die den Christen als *milites* Christi gegenüberstehen, die nicht an der *militia* Christi teilhaben (so auch HARNACK 1924, I 401–402; HARNACK 1905; LÖFSTEDT 1933, bes. 467 ff.). Denn in der Zeit, als der Begriff sich entwickelte, war auch in den urbanen Zentren die Mehrheit der Bevölkerung noch heidnisch, nicht nur auf dem Land in den *pagi*. *Paganus* diente den Christen ähnlich wie beim Heer als Begriff, um sich von den anderen abzuheben oder auch abzugrenzen. Vgl. auch FRÉDOUILLE 1986.
30 So z. B. in BGU 696, vgl. GILLIAM 1952.
31 Etwa bei Tac. hist. 3,24: *mox infensius praetorianis, 'vos', inquit, 'nisi vincitis, pagani'*, was LÖFSTEDT 1933, 468 zu Recht mit 'Spiessbürger' übersetzte.

deutliche Separierung von den anderen Söhnen einer Familie, die nicht *milites* waren.³² Wichtiger aber waren Regelungen, die jeden Soldaten betrafen und ihr gesamten Leben als *milites* gestalteten. Zum einen wurde unter Augustus die Zahl der Dienstjahre festgelegt, nach denen die Soldaten eine ehrenhafte Entlassung erwarten konnten. Eine solche Regelung war nicht neu, hatte doch auch in der republikanischen Zeit im *exercitus* eine bestimmte Anzahl von *stipendia* abgeleistet werden müssen. Doch in der Bürgerkriegszeit, in der fast ausschließlich das Treueverhältnis mit den Feldherrn und deren Abhängigkeit von der Loyalität der Soldaten die Regeln bestimmten, war die Dienstzeit eher eine Frage der Macht und der Höhe der Bezahlung geworden. Manchmal konnten Soldaten eine schnelle Entlassung und Versorgung erzwingen, auf der anderen Seite war für viele, die bereit waren, weiter zu dienen, die Bezahlung so attraktiv gewesen, dass auch eine längere Dienstzeit akzeptiert wurde. In zwei Abschnitten wurde unter Augustus die Zahl der Dienstjahre festgelegt. Zunächst schien es, man könne den Prätorianern maximal 12 und den Legionären 16 Jahre zugestehen, worauf sie entlassen werden konnten. Doch die finanziellen Zwänge, die wohl erst nach der Konsolidierungsphase abzusehen waren, veranlassten schließlich Augustus, die Dienstjahre für diese Einheiten auf 16 bzw. 20 zu erhöhen, woran sich bei den Legionären noch mehrere Jahre anschlossen, in denen die Veteranen als Reserve, als *evocati*, beim Heer zu bleiben hatten, bevor sie ihre Abfindungen erhielten.³³ Bei der Revolte der Truppen am Rhein nach dem Tod von Augustus im Herbst 14 n. Chr. war eine der heftigsten Klagen, die Veteranen würden *tricena aut supra stipendia* bei der Truppe gehalten.³⁴ Auch für die Hilfstruppen und die Flotte wurde wohl bereits unter dem ersten Princeps die Dienstzeit auf 25 bzw. 26 Jahre fixiert. Diese Staffelung von rechtlich 16 – 20/(25) – 25 und 26 Jahren ist auch ein Spiegel des unterschiedlichen sozio-politischen Status der Soldaten in den einzelnen Truppenteilen: Die Prätorianer als römische Bürger, die damals noch alle aus den Städten Italiens stammten, dienten 16 Jahre, die Legionäre ebenfalls als römische Bürger, die jedoch auch bereits aus romanisierten Provinzgemeinden kamen, 20 (plus fünf), die Hilfstruppen als Personen peregrinen Rechts 25 und die Flottenangehörigen als Freigelassene bzw. bald auch Peregrine 26 Jahre; unter Septimius Severus wurde die Dienstzeit der *classici* sogar auf 28 Jahre erhöht.³⁵ Diese Abstufung der Jahre, die die Soldaten dienen mussten, ist auch ein Reflex der politisch-militärischen Bedeutung der einzelnen Truppengattungen.

Engstens verbunden mit der Länge der Dienstzeit war schließlich die Höhe des Soldes, der an die Soldaten ausbezahlt wurde. Nicht alles ist uns in diesem Kontext wirklich klar überliefert. Sicher aber ist wiederum eine Gradierung nach den eben

---

32 Dig. 28,2,26 (Paul.): *Filius familias si militet, ut paganus nominatim a patre aut heres scribi aut exheredari debet, iam sublato edicto divi Augusti, quo cautum fuerat, ne pater filium militem exheredet* (siehe schon oben S. 120).
33 Vgl. GILLIVER 2007; ECK 2016c.
34 Tac. ann. 1,35,2. Siehe dazu oben Anm. 17.
35 Die Änderung erfolgte zwischen dem Jahr 206 und 209 (RMD II 73 und IV 189).

genannten politisch-rechtlichen Kriterien: Die Prätorianer erhielten das höchste *stipendium*, den Legionären wurde in augusteischer Zeit (und das änderte sich nicht bis zu Domitian) der Sold in drei Teilen ausbezahlt, insgesamt 225 Denare, was 900 Sesterzen entsprach. Die Auxiliare und die Flotten erhielten weniger, ohne dass wirklich klar wäre, in welchem Ausmaß sich ihr *stipendium* von dem der Legionäre unterschied.[36] Zumindest den im engeren Sinn römischen Truppen hat Augustus gelegentlich Sonderzahlungen zukommen lassen. Es ist wohl kein Zufall, dass diese als *donativa* bezeichnet wurden, während vergleichbare Sonderzahlungen an römische Bürger in Rom, die nicht Teil des Heeres waren, *congiaria* hießen. Schon diese Wortwahl zeigt an, dass der Princeps zwei deutlich unterscheidbaren Gruppen, den Heeresangehörigen mit römischem Bürgerrecht und der zivilen Bevölkerung der Stadt Rom, politisch verpflichtet war. Zu große und anhaltende Unruhe bei der einen oder anderen Gruppe hätte die Stabilität seiner Herrschaft bedroht.

Das politisch und finanziell größte Problem war jedoch die Veteranenversorgung, ein Thema, das die letzten Jahrzehnte der Republik bis zur Selbstzerstörung belastet hatte. Die Lösung der Rekrutierung von der Bedingung, dass Soldaten Bürger seien, die für sich selbst sorgen konnten, die über Besitz, und zwar Landbesitz verfügten, d.h. die Rekrutierung von *proletarii*, hatte zu der für das republikanische System tödlichen Koalition zwischen Heerführern und Freiwilligentruppen geführt. Da Augustus diese Koalition für seine Person um des Machterhalts willen nicht auflösen konnte, musste er umgekehrt dafür sorgen, dass er das Problem der Veteranenversorgung dauerhaft löste und damit die Wiedereingliederung der Soldaten in die Zivilgesellschaft am Ende ihrer Dienstzeit ermöglichte. Denn eine mögliche Bindung von Soldaten an andere Mitglieder der Führungsschicht musste er um jeden Preis verhindern.

Über längere Zeit hinweg wurde in augusteischer Zeit ohne systematische Regelung die Alterversorgung der römischen Bürger im Heer, also bei Prätorianern, *urbaniciani* und Legionären, geregelt. Das war insoweit längere Zeit ohne Probleme möglich, weil vor allem viele Legionäre nach dem cäsarischen Vorbild in den Provinzen angesiedelt wurden; Land war in großem Umfang vorhanden oder man konnte es finden. Partiell hat aber auch Augustus selbst aus seinem *patrimonium* die notwendigen Summen für die Befriedigung der Ansprüche der Veteranen bereitgestellt, vor allem nach dem Sieg über Ägypten und der gewaltigen Beute, die ihm zur Verfügung stand. In den *res gestae* wird dieser Rückgriff auf seine „privaten" Mittel mit Nachdruck herausgestellt.[37] Doch auf Dauer konnte auch Augustus das mit seinen Finanzen nicht leisten. Zudem konnte von einer solch freiwilligen, von einer einzigen Person abhängigen Auszahlung kein so deutliches Zeichen ausgehen, dass dem politisch bedeutsamen Teil des Heeres die Sicherheit vermittelt wurde, am Ende einer langen Dienstzeit sozial nicht ins Bodenlose zu fallen. Diese langfristige, institutio-

---

36 SPEIDEL 1992; SPEIDEL 2000.
37 R. Gest. div. Aug. 16.

nalisierte Lösung wurde im Jahr 6 n.Chr. mit der durch den Senat beschlossenen Schaffung des *aerarium militare* gefunden. Der Senat musste sich auch, obwohl er sich dagegen stemmte, zur Einführung von Sondersteuern, der *vicesima hereditatium* und der *centesima rerum venalium*, bereitfinden, denn gerade viele Senatoren wurden von der Erbschaftssteuer getroffen.[38] Doch dies war unter dem Gesichtspunkt einer „Reichspolitik" ein genialer Schachzug von Augustus, da die fünfprozentige Erbschaftssteuer nur von römischen Bürgern, nicht auch den Untertanen in den Provinzen zu erbringen war. Das hing nach dem Willen des Augustus eng damit zusammen, dass von allen im Heer dienenden Soldaten nur die römischen Bürger aus dem *aerarium militare* ihre Abfindung nach insgesamt 16 oder 25 Jahren hartem Dienst im Heer erhielten. Soweit also römische Bürger für den gesamten *populus Romanus* die Friedenssicherung oder die Mehrung des Imperiums übernahmen, sollte dieser *populus* selbst auch die Entlohnung für diese Soldaten übernehmen, die auf so lange Zeit ein Leben fern dem normalen bürgerlichen Leben auf sich nahmen. Gleichzeitig war die Finanzierung des *aerarium militare* allein durch römische Bürger auch ein Zeichen für die Untertanen in den Provinzen, dass sie nicht doppelt bezahlen mussten.[39] Denn die Soldaten, die sie stellten und die in den Auxilien dienten, erhielten, soweit wir wissen, keine finanzielle Abfindung am Ende ihrer Dienstzeit. Ihr Lohn blieb immateriell, worauf sogleich noch zurückzukommen ist. Doch für die einfachen Legionäre stand am Ende ihrer Dienstzeit eine Abfindung von 12.000 Sesterzen bereit, also mehr als das Dreizehnfache ihres Soldes, bei Prätorianern sogar 20.000 Sesterzen.[40] Höhere Ränge erhielten entsprechend mehr. Die Soldaten waren auf diese Weise als Gruppe mit einer klaren sozialen Absicherung deutlich aus der gesamten anderen Bevölkerung herausgehoben.

Bereits jede dieser Regeln trug dazu bei, die Soldaten als eine Personengruppe besonderer Art vom *populus Romanus* bzw. den provinzialen Gesellschaften abzugrenzen, ihnen einen besonderen Charakter zu geben.[41] Das schärfste Distinktionsmerkmal aber wurde durch eine Bestimmung geschaffen, durch die das Kernelement jeder antiken Gesellschaft, zumindest aber der römischen Gesellschaft, für Soldaten außer Kraft gesetzt wurde: das Recht, eine gültige Ehe führen und legitime Kinder haben zu können. Wie und wann genau es zu dieser Neuregelung kam, lässt sich den Quellen nicht entnehmen, sie müsste aber wohl bereits augusteisch gewesen sein.

---

38 KIENAST 1999, bes. 405f.; CORBIER 1974, bes. 699ff.
39 ECK 2014, 86–89; ECK 2007 g, 117–119; ECK 2016c, 86f.
40 Cass. Dio 55,23,1. Siehe dazu die Literatur oben Anm. 32.
41 Ein klares Beispiel für die Separierung liegt z.B. bei der Testamentserrichtung vor. Gai. inst. 2,11,2–3 wird z.B. formuliert die Differenz zwischen dem, was Soldaten dabei erlaubt ist und im Gegensatz dazu den Zivilisten nicht, sehr deutlich formuliert: *Quin immo et mutus et surdus miles testamentum facere possunt. Sed hactenus hoc illis a principalibus constitutionibus conceditur, quatenus militant et in castris degunt: post missionem vero veterani vel extra castra si faciant adhuc milites testamentum, communi omnium civium Romanorum iure facere debent. et quod in castris fecerint testamentum non communi iure, sed quomodo voluerint, post missionem intra annum tantum valebit*. Vgl. auch Dig. 29,1,38,1 (Paul.).

Republikanisch war sie sicher nicht, konnte sie auch nicht sein, weder rechtlich noch faktisch, da nach der militärischen Praxis die Soldaten immer wieder nach Hause zurückkehrten. In einer berühmten Passage bei Livius, in der es um Probleme bei der Rekrutierung im Jahr 171 v. Chr. geht, lässt der Autor einen alten *centurio*, Sp. Ligustinus, in einer Rede sagen, er habe zu Hause eine Frau, sechs Söhne und zwei Töchter und das, während er 22 Jahre auf verschiedenen Kriegsschauplätzen gedient hatte.[42] Schon die zeitlichen Angaben machen es klar, dass die Kinder zumeist gezeugt wurden, wenn Ligustinus zwischen zwei Feldzügen wieder einmal zu Hause war. Allein ein solches Beispiel eines augusteischen Autors ruft ins Bewusstsein, dass es während der Republik für jeden selbstverständlich war, dass ein Römer, der im Heer diente, verheiratet war und Kinder hatte.

Allein aus praktischen Gründen aber liegt es nahe, dass mit dem Prinzipat und seinen grundlegenden Änderungen im gesamten Militärwesen hier eine Änderung eingetreten ist, ja fast eintreten musste. Die Legionen, in denen römische Bürger dienten, wurden zu dauerhaften Einrichtungen, die Legionäre dienten in diesen Einheiten für 20 oder mehr Jahre. Mit dem Tag, an dem man die *castra* betrat, beginnt ein neues Leben: *castra inire* ist der terminus technicus, der in mehreren Militärdiplomen ab dem Jahr 140 erscheint;[43] oder man konnte sagen: *in numeros distribuere* bzw. *referre*, wie es in einem Brief des Plinius an Traian oder bei Ulpian heißt.[44] Während dieser zwei oder mehr Jahrzehnte blieben diese Soldaten bei ihren Einheiten, auch im Winter; eine fast jährliche temporäre Rückkehr wie bei Spurius Ligustinus war nicht mehr möglich. Ferner standen die Legionen seit mittelaugusteischer Zeit weitgehend direkt an den Grenzen des Imperiums, in Regionen, in denen die Masse der Provinzbevölkerung peregrinen Personalstatus hatte. Mit Frauen aus dieser Bevölkerung konnte ein Römer zwar sexuellen Verkehr haben, aber keine rechtliche Ehe schließen; denn zwischen Römern und Peregrinen bestand normalerweise kein *conubium*. Eine einfache Verbindung aber hätte zur Folge gehabt, dass Kinder, die daraus entstanden, illegitim gewesen wären und mit dem Vater, also dem römischen Legionär, in keinem Rechtsverhältnis gestanden hätten. Dass es zu solchen Verbindungen kam, war keine Neuerung beim stehenden Heer, das hat es von Anfang an gegeben, sobald römische Einheiten über Jahre in einer Provinz bleiben mussten. Livius berichtet, dass der Senat im Jahr 171 v. Chr. in Carteia eine latinische Kolonie für 4000 Menschen einrichtete, für die Nachkommen von römischen Soldaten, die diese, ohne das Recht zum *conubium* zu haben, mit einheimischen Frauen gezeugt hatten.[45]

---

42 Liv. 42,34; vgl. 21,41,16. Siehe auch DAHLHEIM 1992.
43 Siehe z. B. ECK/WEISS 2001 = RMD V 401; ferner V 397. 416; AE 2012, 1945; AE 2016, 2017.
44 Plin. epist. 10,26; Dig. 29,1,42 (Ulp.): *Ex eo tempore quis iure militari incipit posse testari, ex quo in numeros relatus est, ante non: proinde qui nondum in numeris sunt, licet etiam lecti tirones sint et publicis expensis iter faciunt, nondum milites sunt: debent enim in numeros referri;* vgl. Dig. 29,1,9,1: *Ut est rescriptum a divo Pio in eo qui cum esset paganus, fecit testamentum, mox militare coepit: nam hoc quoque iure militari incipiet valere, si hoc maluit miles.* Vgl. dazu auch SPEIDEL 2008; STOLL 2008.
45 Liv. 43,3,1–4.

Solche illegitimen Verbindungen konnte niemand unterbinden. Doch legitime Verbindungen hätten zwingend andere Erfordernisse nach sich gezogen. Und diese waren allein schon aus den praktischen Notwendigkeiten einer stehenden Armee an den Grenzen mit den engen *contubernia* in den Lagern nicht realisierbar, jedenfalls nicht für die große Masse der Legionäre.[46] Allein diese Umstände mussten dazu führen, Ehen fast unmöglich zu machen.

Doch es muss mehr als diese praktischen Hindernisse gegeben haben, nämlich eine Regel, die es Soldaten rechtlich nicht erlaubte, während des Militärdienstes eine legitime Ehegemeinschaft zu praktizieren. Allgemein wird angenommen, Augustus habe diese Regel eingeführt, vor allem aus Gründen der Disziplin.[47] Solche Gründe können durchaus eine Rolle gespielt haben. Denn in den Lagern, wie wir sie etwa durch die Lagergrundrisse aus Vetera oder Neuss im Detail kennen,[48] hätte ein Zusammenleben von Ehepaaren unter Einschluss von Kindern schlicht zu einem Chaos geführt. Eine Armee zumal mit einer Offensivaufgabe konnte so nicht funktionieren. Außerhalb der Mauern des Lagers aber gab es keine organisierten Siedlungen; diese konnten sich in augusteischer Zeit auch noch kaum entwickeln, weil die Lager relativ schnell aufgegeben und verlegt wurden.

Als Beweis für die Annahme, Augustus habe aus Gründen der *disciplina militaris* verboten, eine Ehe zu führen, wird häufig eine Passage aus der Augustusvita Suetons angeführt: *Disciplinam severissime rexit: ne legatorum quidem cuiquam, nisi gravate hibernisque demum mensibus, permisit uxorem intervisere.*[49] Dieser Passus besagt jedoch gerade nichts über ein Eheverbot; denn zum einen generalisiert Sueton sehr gerne einen einzigen Fall und beschreibt ihn, als ob daraus eine allgemeine Regel oder eine gesetzliche Regelung abzuleiten wäre. Doch ist es durchaus möglich, dass Augustus lediglich im Fall eines einzigen seiner Legaten entsprechend eingeschritten ist. Noch wichtiger aber ist, dass sich aus dem Beispiel gerade kein Verbot ergibt, sondern lediglich, dass Augustus nicht einmal seinen Legaten, also Senatoren, während sie ein Kommando beim Heer in einer Provinz hatten, erlaubte, sich *zwischendurch* zu ihrer Familie zu begeben, außer in den Wintermonaten.[50] D.h. das, was in der Republik durch die Rückkehr im Winter für alle Soldaten ganz normal war, war auch jetzt möglich, allerdings eingeschränkt auf wenige mit herausragendem Sozialstatus. Denn nach dem Wortlaut Suetons geht er davon aus, dass die *uxores* der *legati* sich nicht beim Heer in der Provinz befinden, sondern in der Heimat, also in Rom bzw. in Ita-

---

46 Dass für einige Zenturionen und insbesondere für die Tribunen in manchen Lagern recht große und komfortable Unterkünfte erbaut wurden, ist dafür irrelevant.
47 Siehe zuletzt umfassend zur Thematik PHANG 2001. Vgl. auch SCHEIDEL 2007.
48 HANEL 1995; HANEL 2002.
49 Suet. Aug. 24,1.
50 Völlig abwegig ist es, wenn SANDER 1958, bes. 156 meint, „selbst Offiziere ritterlichen und senatorischen Ranges" hätten nur ein Konkubinat eingehen dürfen. Die Suetonstelle sagt genau das Gegenteil. Zu vergleichen wären jetzt auch die zahlreichen Dokumente aus Vindolanda, die zeigen, dass die Ehefrauen der Präfekten der Auxiliareinheiten ihre Männer nach Britannien begleiteten.

lien.⁵¹ Es ist also nicht die Situation gegeben, wie sie im Jahr 14 und 15 n. Chr. von Germanicus, Agrippina und ihren Kindern Gaius, dem späteren Caligula, und der jüngeren Agrippina geschildert wird, die alle entweder in einem der Lager am Rhein lebten oder in dem bereits als urbanes Zentrum ausgebauten *oppidum* der Ubier, dem heutigen Köln.⁵²

Der Beweis, dass für alle Soldaten ein Verbot zur Führung einer gültigen Ehe erlassen wurde, ergibt sich aus nicht wenigen späteren Papyri,⁵³ in denen Präfekten von Ägypten, in einem Dokument sogar Kaiser Hadrian selbst, expressis verbis sagen, dass Soldaten nicht heiraten können, dass folglich Kinder, die sie während dieser Zeit gezeugt hätten, illegitim seien und mit ihren Vätern rechtlich nichts zu tun hätten.⁵⁴ Und in einem anderen Dokument, einer Geburtsanzeige, sagt ein Soldat von sich, er habe Kinder nicht anmelden können *propter districtionem militiae*.⁵⁵ Dass es somit ein rechtliches Verbot für Soldaten gab, eine Ehe zu führen, kann man nicht bestreiten. Dass erst einer von Augustus' Nachfolgern dieses Verbot erlassen hätte, ist wenig wahrscheinlich; die Gründe, weshalb dieses Verbot nötig war, finden sich in besonderer Schärfe eben unter Augustus, weil die strukturellen Veränderungen unter ihm eingetreten sind.

Dennoch ist gerade dieses Eheverbot mit all den Folgen, die sich aus der konkreten Natur des Menschen ergaben, bei Augustus besonders auffallend. Denn es steht in schärfstem Kontrast zu seiner Ehegesetzgebung, wie sie in der *lex Iulia de maritandis ordinibus* vom Jahr 18 v. Chr. und der *lex Papia Poppaea* vom Jahr 9 n. Chr. formuliert wurde.⁵⁶ Denn es war ja gerade Augustus' Ziel, die Zahl der legitimen Ehen und dadurch die Zahl der römischen Bürger zu erhöhen. Der Eingriff in die bisherigen sozialen Regeln, nach denen jeder Römer heiraten und Kinder haben konnte oder eben auch nicht, war so massiv, dass es deswegen zu gewaltigen Protesten größerer Bevölkerungsgruppen kam, vor allem, weil die erbrechtlichen Folgen äußerst schwerwiegend waren. Je nach Ehestatus und der Zahl der Kinder konnte man erben, musste man mit geringen Anteilen zufrieden sein oder wurde sogar völlig vom Erbe oder von Legaten ausgeschlossen. Trotz der sehr lauten Proteste hat sich Augustus im Wesentlichen durchgesetzt. Wer unverheiratet blieb oder nach dem Tod eines Ehepartners nicht innerhalb eines bestimmten Zeitraumes sich wieder verheiratete, musste mit sehr spürbaren Folgen rechnen.⁵⁷

---

51 Dieselbe Haltung findet in der Rede des Caecina Severus ihren Ausdruck, der darauf dringt, Statthalter sollten nicht ihre Frau in die Provinz mitnehmen, da auf diese Weise nur Unruhe geschaffen würde, siehe Tac. ann. 3,33.
52 Siehe z. B. Tac. ann. 1,39–40.44.69; Suet. Cal. 8; Cass. Dio 57,5; vgl. Eck 2004a, 127–136.
53 Siehe dazu die von Phang 2001 angeführten Texte.
54 P.Cattaoui = BGU 114 u. 140. Siehe dazu den Textabdruck bei Phang 2001, 395–403.
55 CPL 161.
56 Die Literatur dazu ist fast unüberschaubar, siehe dazu bei Kienast 1999, bes. 165 f. und Bringmann 2007. Eck 2016.
57 Zuletzt Eck 2019.

Das Eheverbot für Soldaten war aber gerade das Gegenteil dieser Gesetzgebung. Wenn Augustus dennoch dieses Eheverbot für aktive Soldaten erließ und durchsetzte, dann zeigt dies, wie wichtig, ja essentiell er das Verbot für das gesamte Militärwesen und den Erfolg der vom Heer zu erfüllenden Aufgaben hielt. Man muss sich aber bewusst sein, dass *keine andere Regel eine deutlichere Differenz zwischen den* milites *und der Zivilbevölkerung schuf als die Ehegesetze von Augustus.* Der Kern des römischen Gesellschaftssystems, die Familie, war aus dem Heer verbannt. Im Heer musste jeder Soldat ein *caelebs* sein; wäre man ein *paganus*, ein Zivilist, gewesen, hätte dies massive negative Sanktionen zur Folge gehabt.

Diese augusteische Gesetzgebung hatte, sicher ungewollt, eine ganze Reihe unmittelbarer Konsequenzen. Denn die Soldaten, jedenfalls soweit sie römische Bürger waren, stammten aus einem römischen Familienverband. D. h. sie hatten Eltern, Geschwister, Verwandte, die wie die Masse der Römer z. B. ein Interesse daran hatten, über ihr Vermögen testamentarisch zu verfügen, die sich jedoch auch an die augusteischen Ehe- und Erbschaftsregeln zu halten hatten, nach denen *caelibes* sehr negativ behandelt wurden. Soldaten, die aus solchen Familien stammten, waren aber, nach der ganz natürlichen Mentalität ihrer Verwandten, notwendigerweise in den jeweiligen Erbenverband eingebunden. Doch die erzwungene Ehe- und Kinderlosigkeit verhinderte, dass die Soldaten diese für den normalen Römer üblichen Rechte ausüben konnten.

Es hat offensichtlich lange gedauert, bis dieser Widerspruch anerkannt und die Konsequenzen daraus gezogen wurden.[58] Denn wenn unsere Überlieferung zutrifft, dann hat erst Kaiser Claudius diesen Widerspruch beseitigt, indem er den Soldaten, und das heißt denjenigen mit römischem Bürgerrecht, die *iura maritorum*, vermutlich sogar in der Form des Dreikinderrechts, des *ius trium liberorum*, zuerkannte. Das sagt jedenfalls Cassius Dio zum Jahr 44 n. Chr.[59] Das beseitigte dann freilich nur die Nachteile, die für die Soldaten entstanden waren – durch die Verbindung zwischen augusteischen Ehegesetzen und den speziellen Regeln, die nur auf das Heer ausgerichtet waren. Es war gewissermaßen eine *restitutio in integrum*, wie wenn die augusteischen Ehegesetze für die Soldaten nicht existierten. Die anderen Probleme jedoch, die aus dem Verbot der Ehe resultierten, bestanden weiter. Denn die rechtlichen Bestimmungen konnten die menschliche Natur nicht verändern. Mehr und mehr wurden die Lager zu permanenten Standorten ausgebaut. Das erfolgte spätestens in claudischer Zeit, was auch durch die monumentale Ausgestaltung der Lager in Stein deutlich wird.[60] So wuchsen die Lagervorstädte und damit die Kontakte der Soldaten zu Frauen, die in diesen Lagervorstädten lebten oder dort leben konnten. D. h. es

---

58 Nach Dig. 28,2,26 (Paul.) müssen allerdings schon unter Augustus gewisse Vorschriften erlassen worden sein, damit Väter ihre im Heer dienenden Söhne nicht enterben konnten.
59 Cass. Dio 60,24,3.
60 Siehe z. B. die Bauinschriften aus Bonn: AE 1938, 75 = AE 1986, 515; aus Novaesium: CIL XIII 8548 = AE 1971, 284 = Eck 1984a, 149. 154 f.; aus Vindonissa: CIL XIII 11514 ; AE 1934, 18; XIII 5201. 5237 ; XIII 5200 = 11515.

entstanden immer mehr ehe- bzw. familienähnliche Verbindungen dauerhafter Art zwischen Soldaten und Frauen mit oft recht zahlreichen Kindern. Doch rechtliche Beziehungen bestanden nur zwischen den Müttern und den Kindern, nicht jedoch mit den Vätern. Das mag manchem Vater letztlich so unangenehm nicht gewesen sein, weil er damit seine rechtliche Freiheit hinsichtlich seiner faktischen Nachkommenschaft behielt. Aber insgesamt gesehen führte die Rechtslage zu einem auf Dauer nicht haltbarem Zustand. Die meisten Soldaten wollten auch als rechtlich anerkannte Väter für die Nachkommen in juristisch abgesicherter Weise sorgen können.

Es kam zu Regelungen, die im juristischen Schrifttum nur wenige konkrete Reflexe hinterlassen haben; solche sind uns jedoch inzwischen durch eine außerordentliche große Zahl von Dokumenten, die so genannten Militärdiplome, bezeugt. Diese müssen hier näher behandelt werden, da sie direkte Aussagen aus dem konkreten Leben einzelner Soldaten liefern.[61] Das ist bei den Schriften der römischen Juristen häufig anders, da ihre Erörterungen sich naturgemäß häufig aus der systematischen Behandlung bestimmter Phänomene ergeben, jedoch nicht immer die konkrete Realität voll widerspiegeln müssen.

Diese *diplomata militaria* sind Abschriften kaiserlicher Konstitutionen, mit denen an die Soldaten der Auxiliareinheiten, der Flotten, der Prätorianer und der *urbaniciani*, sowie ab Traian auch der *equites singulares*, also der berittenen Leibwache der Kaiser, bestimmte Privilegien vergeben wurden. Bis zur Zeit Traians erfolgte dies nach der üblichen Dienstzeit von 25 oder 26 Jahren, aber häufig noch vor der ehrenhaften Entlassung, etwa ab dem Jahr 108 n. Chr. grundsätzlich erst nach der *honesta missio*.[62] Das einzelne Diplom wurde für einen bestimmten Soldaten ausgestellt, dessen Name im Text des entsprechenden Diploms erscheint. Jedes Diplom besteht aus zwei Bronzetäfelchen, die im Originalzustand durch einen Draht miteinander verbunden und so verschlossen waren. Auf diesen Bronzetäfelchen erscheint der Text der Konstitution zweimal, einmal auf der Außenseite von tabella I, sodann auf den Innenseiten von tabella I und II. Auf der Außenseite von tabella II stehen schließlich die Namen der Zeugen, die auf diese Seite ihre Siegel setzten, die dort durch eine Hülle vor Beschädigung geschützt wurden. Der rechtlich gültige Text steht auf den Innenseiten, der, solange die verschnürte und gesiegelte Urkunde nicht geöffnet wurde, nicht lesbar war. Damit man aber wusste, was der Inhalt der Urkunde war, stand der Text vollständig auf der Außenseite von tabella I. Es handelt sich also um den klassischen Typ einer Doppelurkunde, in diesen Fällen auf wertvollem Material, auf Bronze, geschrieben. Nur Soldaten erhielten ein solches Dokument vom Kaiser, fast alle als

---

61 Zur Einbettung der Diplome in einen allgemeineren Kontext siehe die Sammelbände: ECK/WOLFF 1986; WILKES 2003; darin ECK 2003; ferner SPEIDEL/LIEB 2007.
62 Siehe z. B. die Diplome CIL XVI 54 aus dem Zeitraum 103/105 noch mit der Formel *qui militant* und *item dimissis honesta missione* und RMD III 148 aus dem Jahr 109 nur noch mit *qui militaverunt* und *dimissis honesta missione*. Nicht zutreffend ist, wenn SEGRÈ 1940/41, bes. 169 behauptet, das Bürgerrecht hätten Auxiliare grundsätzlich erst nach der *honesta missio* erhalten. Die Diplome bis zu Traian sagen das klare Gegenteil.

Bestätigung ihres Bürgerrechts; doch bei den zahlreichen Bürgerrechtverleihungen an andere Bewohner des Reiches, die nicht im Heer dienten, wurden offensichtlich keine Urkunden auf solch wertvollem Material ausgegeben. Darin drückt sich die politische Bedeutung der Soldaten für die kaiserliche Herrschaft aus, im Unterschied zu den zivilen Untertanen.

Die Konstitutionen enthalten unterschiedliche Privilegien, je nachdem für welche Soldaten sie ausgestellt wurden. Doch alle sind darauf ausgerichtet, die Folgen zu mildern, die sich aus der Separierung der Soldaten aus dem bürgerlichen Familienleben ergaben.

Die relativ geringsten Privilegien brauchten die Soldaten aus den prätorischen und städtischen Kohorten; denn sie besaßen bereits bei ihrer Rekrutierung das römische Bürgerrecht. Sie erhielten nach Ableistung ihres Dienstes, d. h. im Allgemeinen wohl nach 16 Jahren, das *conubium*, also das Recht, auch mit einer Nichtrömerin eine gültige Ehe schließen zu können. Das ergibt sich bereits aus den ersten Diplomen, die für die beiden Gruppen erhalten sind, einem aus dem Jahr 72, einem weiteren aus dem Jahr 76.[63] Denn dort heißt es von Vespasian: *quibus fortiter et pie militia functis ius tribuo conubi dumtaxat cum singulis et primis uxoribus, ut, etiamsi peregrini iuris feminas matrimonio suo iunxerint, proinde liberos tollant ac si ex duobus civibus Romanis natos.* Die Soldaten können also vom Augenblick der Verleihung an auch Nichtrömerinnen, d. h. in Rom wohl vor allem Latinerinnen[64] oder auch peregrine Frauen, heiraten und mit ihnen legitime Kinder haben, die auch römische Bürger wurden. Über Verbindungen mit Frauen, die sie vor diesem Zeitpunkt vielleicht bereits geheiratet hatten (etwa vor dem Eintritt ins Heer) und über möglicherweise aus solchen Verbindungen geborene Kinder sagen diese Diplome nichts.[65]

Deutlich anderes ergibt sich aus den Diplomen für die italischen Flotten und die Auxiliareinheiten. Die zwei frühesten Konstitutionen für diese Truppen stammen vom Ende der Regierungszeit des Claudius aus dem Jahr 52 n. Chr. Das erste Diplom, das für einen Soldaten der Flotte von Misenum bestimmt war, bietet folgenden Privilegierungstext:[66]

> *trierarchis et remigibus, qui militaverunt in classe, quae est Miseni sub Ti(berio) Iulio Augusti lib(erto) Optato, et sunt dimissi honesta missione, quorum nomina subscripta sunt, ipsis liberis posterisque eorum civitatem dedit et conubium cum uxoribus, quas tunc habuissent, cum est civitas*

---

63 CIL XVI 25 und 21. Auf die außergewöhnlichen Diplome für Soldaten der *legiones I* und *II Adiutrix* in den Jahren 68 und 70 n. Chr. braucht hier nicht weiter eingegangen zu werden; sie erhielten auch das Bürgerrecht, weil sie aus der Flotte in die Legionen versetzt worden waren (CIL XVI 7–9. 10–11; RMD III 136 und V 323).
64 In Rom sollte es recht viele weibliche *Latinae Iunianae* gegeben haben, die also nur formlos freigelassen worden waren.
65 Eck 2012d: bis zur Zeit des Septimius Severus haben offensichtlich nur wenige Prätorianer ein Diplom angefordert, zumeist Leute, bei denen es auf Grund ihrer geographischen Herkunft eher zu erwarten war, dass sie eine Nichtrömerin heiraten würden.
66 CIL XVI 1.

iis data, aut, siqui caelibes essent, cum iis, quas postea duxissent dumtaxat singuli singulas ... gregali Spartico Diuzeni f(ilio) Dipscurto Besso.

Und im zweiten Diplom, das für einen Reiter der *cohors II Hispanorum* ausgestellt wurde, lautet der Empfängerteil: *equiti Dasenti Dasmeni f(ilio) Cornac(ati) et Iorae(?) Prososii filiae uxori eius et Emerito f(ilio) eius et Turunae filiae eius et Emeritae filiae eius.* Die Flottenangehörigen, die im Jahr 52 die Privilegien erhielten, waren ehrenvoll aus dem Dienst entlassen worden. Dann wurde ihnen das Bürgerrecht verliehen, das gleichzeitig auch ihre Kinder und deren Nachkommen, deren *posteri*, erhielten; diese letzte Bestimmung wurde deshalb eingefügt, weil es ja sein konnte, dass ein privilegierter Veteran erwachsene Kinder hatte, die ihrerseits auch bereits wieder Kinder gezeugt hatten. Durch diese Formel war sicher gestellt, dass Kinder und Enkel denselben Personalstatus hatten wie die Veteranen, nachdem sie das römische Bürgerrecht erhalten hatten. Außerdem erhält der Veteran das *conubium* mit der Frau, mit der er im Augenblick der Bürgerrechtsverleihung zusammenlebt oder, falls er ledig ist, mit der ersten Frau, die er später heiraten wird. Die Frau wird jedoch nicht in die *civitas*-Verleihung eingeschlossen, obwohl das in der Literatur immer wieder angenommen wird.

In dem ersten bekannten Diplom für einen Auxiliarveteranen, der in der *cohors II Hispanorum* gedient hatte,[67] erscheinen dieselben Regeln; wiederum wird auch die Frau genannt, für die das *conubium* galt, sowie ein Sohn und zwei Töchter, die in die Bürgerrechtsverleihung eingeschlossen worden waren. Diese Personen musste vermutlich der Veteran selbst bei seinem Kommandeur angeben, wenn er deren Einschluss in die Verleihung, d. h. wenn er die Verbindung mit der Frau, mit der er bereits vorher gelebt hatte, als legale Ehe weiterführen wollte und die ihm bereits geborenen Kinder als seine anerkannt hatte.[68]

Nun könnte man freilich einwenden, die Konstitution rede doch von *uxores* im Augenblick der Gewährung des *conubium*, es würde also ein Rechtsbegriff *uxor* = Ehefrau verwendet. Doch dieser Rechtsbegriff ist aus der Rückschau zu verstehen, nämlich von dem Zeitpunkt her, zu dem das Diplom als Rechtsurkunde vorgelegt wurde. Das genaue Datum: Tag, Monat, Jahr war in jedem Diplom angegeben; von diesem Tag an galt der Begriff *uxor* für die Frau, die im Diplom angeführt war. Aus der Formulierung ist also nicht etwa abzuleiten, dass diese Soldaten während ihrer Dienstzeit eine *uxor* gehabt hätten.[69] Und auch die Aussage im Diplomtext, einige der Soldaten könnten noch *caelibes* sein, bezieht sich als distinktives Merkmal erst auf den Augenblick, als diese ihren Dienst schon abgeschlossen und Veteranenstatus

---

67 CIL XVI 2.
68 Dabei war es rechtlich wohl unerheblich, ob alle Kinder von der Frau geboren waren, für die er nun das *conubium* erhielt.
69 WOLFF 2007, bes. 359 weist darauf hin, dass die Auxiliare als Peregrine natürlich unmittelbar nach der Entlassung auch ohne *conubium* eine peregrine Frau heiraten konnten. Doch auf solche Fälle verweist das Wort *uxores* sicher nicht.

erreicht hatten. Denn *caelebs* kann man nur sein, wenn man grundsätzlich heiraten darf; das war Soldaten im Gegensatz zu Zivilsten verwehrt. Erst als Veteran wurde man wieder Teil der Zivilgesellschaft.

Dass dies tatsächlich so gesehen werden muss, ergibt sich aus der Formulierung späterer Diplome. Dabei ist eine Neuregelung von besonderer Bedeutung, die durch Antoninus Pius Ende des Jahres 140, spätestens im Dezember, getroffen wurde. Bis zu diesem Zeitpunkt wurden, wie in den eben besprochenen beiden Diplomen auch gezeigt, alle Kinder in die Privilegierung eingeschlossen, die der Soldat als die seinigen angemeldet hatte. D. h. der Auxiliar- oder Flottensoldat wusste schon lange vor der Entlassung, dass die Kinder, die ihm vor der Bürgerrechtsverleihung geboren waren, durch diesen Rechtsakt nicht von ihm getrennt wurden,[70] sondern auch danach den gleichen Personalstatus wie er hatten, nämlich als römische Bürger. Andernfalls wären sie rechtlich nicht mit ihm verwandt gewesen, mit all den Konsequenzen, die daraus gefolgt wären.

Diese über fast hundert Jahre in den Diplomen nachweisbare Praxis (von 52 bis 140 n. Chr.) hat Antoninus Pius abrupt beendet, indem er seit Ende 140 die Formel in den Diplomen so verändern ließ, wie z. B. in einem Diplom aus dem Jahr 149:[71]

Der Kaiser verleiht *eq(uitibus) et ped(itibus), q(ui) m(ilitaverunt) in Pan(nonia) sup(eriore) sub Pontio Laeliano XXV st(ipendiis) em(eritis) dim(issis) hon(esta) miss(ione), quor(um) nom(ina) subscr(ipta) sunt,*

civ(itatem) Rom(anam), qui eor(um) non hab(erent), ded(it) et con(ubium) cum ux(oribus), quas tunc hab(uissent), cum est civ(itas) i(i)s dat(a), aut cum i(i)s, quas post(ea) dux(issent), d(um)t(axat) sing(ulis).

Von der ursprünglichen Privilegierung blieb die Verleihung des Bürgerrechts, das nun expressis verbis als römisches bezeichnet wird, und das *conubium* mit der Frau, die die Veteranen zum Zeitpunkt der Bürgerrechtsverleihung hatten, bzw. mit derjenigen, die sie später heiraten würden. Von den Kindern und deren Nachkommen, den *liberi posterique eorum*, aber ist keine Rede mehr. Warum? Man hat lange über den Grund gerätselt, der Pius zur Rücknahme einer so lange gewährten Gunst bewogen haben könnte. Da es einige fragmentarische Diplome gab, in denen anscheinend auch noch nach 140 Kinder das Bürgerrecht erhielten, zusammen mit ihren Vätern, die den Rang eines *centurio* bzw. *decurio* erreicht hatten, meinte man, die Kinder von Offizieren seien anders behandelt worden als die der Masse der einfachen Soldaten.[72] Doch einige neue Diplome, die aus den 40er Jahren des 2. Jahrhunderts stammen, ließen indirekt ein völlig anderes Motiv erkennen, das Pius geleitet hatte. In diesen Diplomen heißt es nämlich:[73]

---

[70] Dies hat sonst durchaus bei Bürgerrechtsverleihungen geschehen können, wie sich aus dem Panegyricus des Plinius ergibt (Plin. paneg. 37,3).
[71] E. g. CIL XVI 97.
[72] WOLFF 1974.
[73] ECK/WEISS 2001 = RMD V 401.

> [Imp. Caes(ar) T. Aelius Hadrianus Antoninus Aug(ustus) Pius ...]
> [eq(uitibus) et ped(itibus), q(ui(m(ilitaverunt) in al(is) V et] coh(ortibus) XIII ... et sun[t in Pannon(ia) infer(iore) sub Ful]ficio Cornuto XXV, [item class(icis) XXVI pluri(bus)ve sti(pendis)] em(eritis) dim(issis) hon(esta) mis(sione),
> [quor(um) nom(ina) subscr(ipta) su]nt, civ(itatem) Rom(anam), q[ui eor(um) non hab(erent), ded(it) et co]n(ubium) cum ux(oribus), quas [tunc habuis(sent), cum est civit(as)] is dat(a), aut cum is, [quas post(ea) duxis(sent), dumtaxat sin]g[uli]s.
> pr[a]eter(ea) praestit(it), ut liber(i) dec[ur(ionum) et centu]r(ionum), quos praesid(i) prov(inciae) ex se, item cali[gat(orum), ant]equam in castr(a) irent, procr(eatos) probav(erint), [cives Ro]mani essent.⁷⁴

Der Privilegierungstext lautet zunächst genauso wie der, der eben besprochen wurde, auch hier ist nur vom Bürgerrecht für die Veteranen und dem *conubium* die Rede. Doch dann findet sich ein Zusatz, der mit *praeterea* eingeleitet wird. Dieser besagt, dass auch die Kinder von *decuriones* und *centuriones*, den Offizieren der einzelnen Abteilungen der Alen und Kohorten, aber auch die von *caligati*, also einfachen Soldaten, wie ihre Väter das Bürgerrecht erhielten. Dazu muss freilich eine doppelte Bedingung erfüllt sein: die Kinder müssen 1. vor dem Eintritt ihrer Väter ins Heer geboren und 2. muss ihre Geburt beim Statthalter offiziell durch eine *probatio* nachgewiesen worden sein.

Mit diesen Bedingungen werden verschiedene Aspekte der kaiserlichen Politik gegenüber den Soldaten in der Frage einer Beziehung zu Frauen und den aus solchen Beziehungen hervorgehenden Kindern weit klarer als bisher. Pius geht davon aus, dass manche der Soldaten bereits vor dem Eintritt ins Heer verheiratet gewesen und dass Kinder aus dieser Ehe hervorgegangen waren. Eine regelrechte Ehe, wenn auch zumeist wohl nach peregrinem Recht, muss man deshalb voraussetzen, weil sonst die Soldaten nicht in der Lage gewesen wären, die Kinder beim Statthalter als die ihren registrieren zu lassen; andernfalls wären sie illegitim und damit nur die Kinder der Mutter gewesen. Diese, offensichtlich ehelich geborenen Kinder können zusammen mit ihren Vätern römische Bürger werden, da sie aus Beziehungen hervorgingen, die vor dem Eintritt ins Heer bestanden, d. h. zu einer Zeit, als die *disciplina militaris* für die Väter noch nicht gültig war, sie vielmehr rechtlich eine Ehe schließen konnten. Diese *disciplina militaris* achtete der Kaiser offensichtlich so hoch, dass er es wohl als inkompatibel betrachtete, diejenigen, die sich ihr während des Dienstes im Heer nicht unterwarfen, auch noch zu belohnen, indem ihre gegen die soldatische Ordnung und ohne Ehe gezeugten Kinder *cives Romani* wurden.⁷⁵ Denn es kam auch noch seine Vorstellung von der Bedeutung der Ehe hinzu, die er im Zusammenhang mit dem Tod seiner Frau und deren Konsekration mit größtem Nachdruck verkündet hatte. Ferner

---

74 Auch RMD V 397 und 416 haben eine vergleichbare Formel.
75 Dass die *disciplina militaris* auch in anderer Weise die Soldaten von den *pagani* abhob, zeigt sich etwa bei Dig. 48,19,14 (Mac.): *Quaedam delicto pagano aut nullam aut leviorem poenam irrogant, militi vero graviorem. nam si miles artem ludicram fecerit vel in servitutem se venire passus est, capite puniendum Menander scribit.*

hat er wohl festgestellt, dass die Auxiliare gegenüber den Soldaten in den Legionen und auch bei den Prätorianern stets privilegiert waren, weil sie ihre während der Dienstzeit geborenen illegitimen Kinder ins römische Bürgerrecht mitnehmen konnten, während dies Soldaten, die als römische Bürger im Heer dienten, verwehrt war.[76] Aus dieser Situation heraus hat sich Pius zu diesem rigorosen Eingriff entschlossen, der eine fast 100-jährige Tradition über den Haufen warf. Was er freilich tat, war nur die Wiederherstellung einer ursprünglichen Regelung: Soldaten dürfen während ihres Militärdienstes keine Ehe führen, so dass auch keine Kinder hervorgehen können. Wenn sie dennoch Beziehungen zu Frauen haben und daraus Kinder hervorgehen, dann war das ihre Privatangelegenheit, ein kaiserliches Privileg aber dürfen sie dafür nicht auch noch erwarten.

Diese Restriktionen setzten sich auch später fort, weshalb sich auch derartige Ausnahmeregelungen noch in den nachfolgenden Jahrzehnten finden, wobei offensichtlich die Varianten, mit denen diese bestimmt wurden, sehr deutlich sein konnten.[77] Von besonderer Bedeutung ist dabei ein Auxiliardiplom, das auf eine Konstitution von Septimius Severus aus dem Jahr 206 zurückgeht. Daraus ergibt sich zum einen, dass auch noch gegen Ende der Regierungszeit dieses Kaisers solche Sonderprivilegien nötig waren; denn *centuriones* und *decuriones* wird erlaubt, ihre Kinder zur Verleihung des Bürgerrechts anzumelden, freilich jetzt unter der Bedingung, dass nur die Kinder betroffen seien, die geboren wurden, nachdem ihre Väter die genannten Ränge erhalten hatten.[78] Das zeigt aber offensichtlich auch, dass selbst in der Spätzeit des Severus Soldaten noch nicht heiraten durften, obwohl man allgemein davon ausgeht, dass dieser Kaiser dieses Verbot aufgehoben habe.[79] Selbst hier blieb diese Scheidewand zwischen Soldaten und Zivilisten noch bestehen.

Die durch den Wortlaut der *praeterea*-Formel vorauszusetzenden Ehen von jungen Männern, die erst danach in den Heeresdienst eintraten, führt zu der Frage, was denn mit diesen Ehen nach dem Eintritt ins Heer geschah. Dabei ist die rechtliche Frage von der, was sich rein unter praktischem Gesichtspunkt daraus ergab, zu trennen. Soweit man sehen kann, scheint sich bisher für die rechtliche Frage keine befriedigende Lösung anzubieten.[80] Theoretisch ist auf jeden Fall denkbar, dass die Ehe fortbestand, solange keiner der beiden Partner eine Scheidung wollte oder dass die Partner zumindest faktisch davon ausgingen, dass die Verbindung weiter bestand.[81] Doch ob

---

76 WEISS 2008; WAEBENS 2012.
77 Siehe z. B. die Diplome aus dem Jahr 192: CIL XVI 132; RMD V 446, in denen die *praeterea*-Formel erscheint, während sie in einem weiteren Diplom, das auf dieselbe Konstitution zurückgeht, nicht vorkommt (RMD V 447 = PFERDEHIRT 2004, Nr. 44).
78 Die dort angeführte Formel lautet: *praeterea praestiterunt filiis decurionum et centurionum, quos ordinati susceperunt, cives Romani essent,* siehe ECK 2011b; ECK 2018.
79 Siehe z. B. CAMPBELL 1978; SANDER 1958, bes. 152ff. (Eherecht). Siehe dagegen ECK 2011b.
80 Siehe KASER 1971, 317.
81 Ein interessanter Hinweis bei H. J. WOLFF 1984. Aus Dig. 24,1,61 (Gai.) kann freilich nicht, wie das SANDER 1958, 153 tut, auf eine automatische Auflösung einer Ehe durch die *militia* schließen: *satis commode* bezieht sich auf praktische, nicht auf rechtliche Umstände wie auch *senectus* oder *valetudo*,

sich wegen der militärischen Regeln für die Soldaten der Zwang ergab, eine bestehende Ehe aufzulösen, ist eine offene, nicht lösbare Frage.

Leichter scheint es unter dem praktischen Gesichtspunkt, Lösungen in dieser Frage zu sehen. Das hängt engstens mit der Frage der Rekrutierung für die verschiedenen Einheiten zusammen. Es gab zunehmend seit der flavischen Zeit eine regionale Rekrutierung, d. h. die Rekruten wurden im näheren oder weiteren Umkreis der Stationierungsorte ausgehoben; diese Form der Ergänzung des Heeres sah man in der Wissenschaft zumeist als Normalität an.[82] Zudem ging man davon aus, dass die Masse der Rekruten sich freiwillig zum Heeresdienst meldete. Beide Voraussetzungen sind aber in der Generalisierung, die angenommen wurde, nicht zutreffend.[83] Vielmehr wurde weit häufiger, als man bisher annahm, ein *dilectus* durchgeführt, womit sich auch die persönlichen Voraussetzungen für den einzelnen Soldaten deutlich änderten. Ein *voluntarius* ging wohl mit einer anderen Motivation zum Heer als ein *lectus*. Die Worte *voluntarius* und *lectus* ist offizielle Terminologie; sie findet sich in einem Brief Traians an seinen Statthalter Plinius.[84] Noch im Jahr 240 wird in zwei offiziellen kaiserlichen Urkunden von Soldaten gesprochen, die ihren Dienst als *dilectarii* begonnen hatten.[85] Ebenso wurde auch die lokale Rekrutierung deutlich überschätzt. Die vielen Militärdiplome, die in den letzten beiden Jahrzehnten veröffentlicht wurden, zeigen in der Überzahl, dass zumindest bei den Auxiliartruppen die Rekruten auf Einheiten verteilt wurden, die weit von deren Heimatprovinz entfernt waren; so gingen nicht wenige aus Thrakien zu den italischen Flotten oder auch nach Africa. Die Mehrheit der Rekruten aus dem Donauraum, aus dem offensichtlich die Masse der neuen Soldaten stammte, wurde den Heeren anderer Provinzen zugeteilt.[86] Gerade daraus aber ergeben sich Schlussfolgerungen zu den Ehen, die vor der Rekrutierung bestanden. Die jahrzehntelange faktische Abwesenheit des Mannes ließ sicherlich keine konkrete Ehe zu, es sei denn, die Frau, die der Soldat vor dem Eintritt ins Heer geheiratet hatte, wäre ihm zu seinem Einsatzort gefolgt und hätte dort in den *canabae* gelebt. Manche der neuen Diplome lassen gerade ein solches Szenario vermuten. Ein besonders eindrucksvolles Beispiel stammt aus dem Jahr 133; damals waren besonders viele Rekruten aus Thrakien für die classis Misenensis ausgehoben worden. Es sind folgende Fälle bekannt:

---

die im selben Satz als Gründe genannt werden, weshalb sich möglicherweise eine Ehe nicht aufrecht erhalten lasse.

82 CAMPBELL 1984, 12: „By the second century the *auxilia*, just like the legions, were in the main recruited in the provinces where they were stationed or those adjacent", ebenso HASSELL 2000, 337.
83 Auf die Bedeutung der Aushebung hatte mit Nachdruck BRUNT 1990 hingewiesen; vgl. auch WATSON 1982.
84 Plin. epist. 10,30.
85 WEISS 2015 mit Verbesserung der Inschrift AE 2006, 1866 = AE 2009, 1837.
86 Siehe ECK/PANGERL 2010. Vgl. auch die oben Anm. 44 angeführte Literatur.

Beleg	Fundort	Empfänger	Ehefrau	Kinder
RMD II 105	Paestum	C. Iulius Seuthi f. Philip-pop. ex Thr.	Marcia Actie Secunda ux. eius Italic.	Longinus f., Bithus f., Iulia filia, Bendis filia
RMD III 172	unbekannt	[---]	[---]	
RMD IV 277	unbekannt	P. Lucretius Prili f. Firmus Philippop. ex Thrac.		
RMD V 425	unbekannt	C. Iulius Epta[-- f.—, Ni]copol[i ex Thracia]		Keine Kinder
RMD V 426	unbekannt	[---]	[---]	?
RGZM 39	östlicher Balkan?	C. Valerius Dineti f. Dento[---]	Scures Dolentis fil. ux. eius [---]	
RMD V 427= Eck/Pangerl 2006, 239 ff.	östlicher Balkan?	[—f.] Tacitus Aug(usta) Tr(aiana) ex Thrac(ia)	[et—]e fil(ia) uxor eius, Thraiss(a)	[-- filius], Mucatralis filius, [-- filia, --]a filia
Eck/Pangerl 2006, 241 ff.	östlicher Balkan?	[--]lius/nius Amatoci f. M[-- Philip]popol(i) ex Thra[c(ia)	[-- ?Pi]therotis fil(ia) T[hraiss(a)	
Eck/Pangerl, 2006, 243 f.	östlicher Balkan?	[---]		
Eck/Pangerl 2006, 244 f.	östlicher Balkan?	[---]		
Eck/Pangerl 2006, 245 f.	östlicher Balkan?	[---]		
Eck/Pangerl 2007, 227 ff.	östlicher Balkan?	[---]		
Eck/Casey 2021, 289 ff.	östlicher Balkan?	M. Anntius Bithi f. [Va]lens Philipp. ex Thr(acia)	Nisa Muzaceni f(ilia) ux(or) eius Thraissa	[---]assus filius

In fünf der insgesamt 12 Fälle ist neben dem Diplomempfänger auch die Frau bekannt, für die der Veteran das *conubium* erhielt. Ein einziger der Veteranen, der selbst aus Philippopolis in Thrakien stammte, aber in Misenum stationiert war, nennt eine Italikerin als seine Frau. Drei der Frauen werden direkt als Thraissa, als Thrakerin, bezeichnet, eine ist nach dem Namen ebenfalls als Thrakerin anzusehen. Bei diesem Befund aber ist zu fragen, wie so viele Flottensoldaten, die seit 26 Jahren bei der Flotte in Misenum gedient hatten und damit nicht mehr in ihrer Heimat gewesen waren, eine Thrakerin kennen sollten, wenn diese Frauen nicht schon zuvor mit ihnen in Misenum zusammen lebten? In zwei Fällen werden zudem neben der Frau auch Kinder im Diplom angeführt. Dann liegt es aber zumindest im Bereich des Möglichen, wenn nicht sogar des Wahrscheinlichen, dass die Paare sich schon vor der Rekrutierung kannten, dass sie damals verheiratet waren, und die Frau ihrem Ehemann nach Italien gefolgt war und außerhalb des Lagers gelebt hat, zusammen mit den Kindern des Paares.

Ein weiteres Beispiel kann diesen Befund vielleicht erhärten. Es stammt wiederum aus dem Text eines Diploms, diesmal allerdings vor der Neuregelung durch Pius, da es im Jahr 131 n. Chr. für Truppen in Mauretania Caesariensis ausgestellt wurde, und zwar für einen Angehörigen der *cohors I Flavia Musulamiorum*. Der Empfängerteil des Diploms bringt folgenden Text:[87]

> *expedite*
> *Diurdano Damanaei f(ilio) [Daco?]*
> *et Zispier Zurosi fil(iae) uxori eius [Dacae?]*
> *et Decebalo f(ilio) e[ius]*
> *et Dossacho f(ilio) e[ius]*
> *et Comadici f(ilio) e[ius]*
> *et Dauappier fil(iae) e[ius]*
> *et Daeppier fil(iae) e[ius].*

Vermutlich gehörte der Soldat zu den Dakern, die die Kämpfe der Jahre 101/102 und 105/106 n.Chr. überlebt hatten; nicht wenige von ihnen sind nach dem Ende der Kämpfe als Rekruten eingezogen worden, um die Widerstandskraft der unterworfenen Bevölkerung weiter zu schwächen. Die Namen des Soldaten und seiner Familie sind jedenfalls eindeutig dakischer Herkunft. Er wurde dem Heer in Mauretania Caesariensis zugeteilt, in Übersee, weit ab von seiner Heimat. Doch die Frau, die er im Jahr 131 nach der Entlassung bei der Privilegierung nannte, damit sie das *conubium* erhalte, stammte nicht etwa aus der Bevölkerung seiner Einsatzprovinz, sie gehörte vielmehr, wie der Name zweifelsfrei zeigt, zum selben Stamm wie der Veteran selbst. Und die Identität beider war auch nach dem langen Aufenthalt in Nordafrika noch so stark von ihrer alten Heimat geprägt, dass sie allen ihren Kindern dakische Namen gaben. Schließlich kehrten sie auch in die frühere Heimat zurück; denn das Diplom wurde nach aller Wahrscheinlichkeit im östlichen Balkanraum gefunden, wohin es nur der Veteran selbst gebracht haben konnte. Bei dieser Sachlage aber stellt sich die Frage, wie dieser Soldat eine Frau gleicher ethnischer Herkunft in Mauretania Caesariensis kennen gelernt haben sollte? Weit näher liegt es, dass beide sich bereits vor der Zwangsaushebung des Rekruten kannten, vielleicht verheiratet waren, weshalb die Frau ihrem Mann nach Nordafrika folgte. Ein solches Szenario liegt zumindest nahe. Mit derartigen Fällen muss man wohl weit häufiger rechnen, als dies bisher für die Auxilien angenommen wurde, weil die Dokumente im Allgemeinen kaum so eindeutige und detaillierte Hinweise geben.

Erstaunlicherweise wurde der Ausschluss der Kinder der Veteranen durch Pius aber nur auf die Soldaten der Auxilien in den Provinzen angewandt, nicht jedoch auf die Angehörigen der Flotten, und zwar sowohl bei den Flotten, die in den Provinzen stationiert waren, als auch denen in Italien; dabei besaß die Überzahl der Flottensoldaten auch nur peregrinen Rechtsstatus. Doch bei ihnen wurden auch nach 140 noch weiterhin die Kinder, die während der Dienstzeit geboren waren, zu römischen Bürgern gemacht. Denn in manchen Diplomen, die für das Provinzheer von Pannonien unter Einschluss der Flotte ausgestellt wurden, heißt es:

---

[87] Eck/Pangerl 2005b = AE 2005, 1724.

> ... equitibus et peditibus ... quinis et vicen(is), item classic(is) senis et vicen(is) pluribusve stip(endis) emer(itis) dimis(sis) honest(a) miss(ione), quor(um) nomin(a) subscrip(ta) sunt, civitat(em) Roman(am) qui eoru(m) non haber(ent), **item filis classic(orum)** dedit et conubium cum uxorib(us).[88]

Von den Kindern der mit dieser Konstitution privilegierten Auxiliarsoldaten wird nicht mehr gesprochen, wohl aber von den *filii classicorum*, den Kindern der Flottensoldaten in der Provinz, im vorliegenden Fall bei der Flotte in Pannonia inferior. Warum diese Ausnahme gemacht wurde, ist bis jetzt nicht zu erkennen. Auffällig ist freilich die Bezeichnung, die hier von der kaiserlichen Kanzlei verwendet wird. Denn sie spricht nicht von den *liberi classicorum*, wie das bis zum Zeitpunkt des Ausschlusses der Soldatenkinder in der Normalformel: *ipsis liberis posterisque eorum* einheitlich geschehen war, vielmehr verwendete die Kanzlei hier das Wort *filii*. Peter Weiß hatte schon 1990 auf diese auffällige Diskrepanz verwiesen und dies zu Recht damit erklärt, dass auf diese Weise das natürliche Eltern-Kind-Verhältnis benannt sei, „ohne zu suggerieren, dass für die Kinder a priori irgendein Anspruch auf rechtliche Anerkennung bestand."[89] Man erkennt, wie intensiv man sich in der kaiserlichen Regierung mit dem gesamten Komplex befasst hatte, weil man solche Veränderungen in der Terminologie vornahm.[90]

Dass diese Veränderung im Formular wirklich von Bedeutung ist, zeigt sich bei der Privilegierung der Soldaten der italischen Flotten nach 140. Denn bei ihnen bleibt zunächst das alte Formular von vor 140 sogar noch länger erhalten, also der Verweis auf die *liberi* der Soldaten, nicht der *filii* wie bei den Provinzflotten, die ganz regelmäßig noch das Bürgerrecht erhalten, sogar noch unter Einschluss der *posteri*. So heißt es in einer Konstitution vom Jahr 152:[91]

> iis, qui militaver(unt) i<n> classe praetoria Ra<v>ennate quae est sub Tutican<o> Capitone praef(ecto) ... quor(um) nomin(a) subscript(a) sunt, ipsis liber(is) posterisq(ue) eor(um) civit(atem) Roman(am) dedit et conub(ium) cum uxorib(us) ...

Doch zwischen 154 und 158 n.Chr. tritt auch bei ihnen eine sehr deutliche Änderung ein. Von nun an lautet nämlich bei ihnen die Formel:[92]

> quorum nomina subscripta sunt, ipsis **fili(i)sque** eorum, quos susceperint ex **mulieribus,** quas secum **concessa consuetudine** vixisse probaverint, civitatem Romanam dedit et conubium cum iisdem, quas tunc secum habuissent, cum est civitas iis data, aut, si qui tunc non habuissent, cum iis, quas postea **uxores** duxissent, dumtaxat singuli singulas.[93]

---

88 RMD IV 266 (7. Aug. 143) extr.
89 Weiss 1990, bes. 148–149; siehe jetzt Weiss 2008, 33.
90 Eck 2007c.
91 CIL XVI 100.
92 RMD III 171 vom 6. Febr. 158.
93 Liste aller Diplome, in denen diese neue Formel unter Pius erscheint bei Weiss 2002, bes. 226.

Die Soldaten der italischen Flotten konnten also weiterhin ihre Kinder zur Privilegierung anmelden, allerdings unter der Voraussetzung, dass sie nachweisen konnten, sie stammten aus Verbindungen mit Frauen (*mulieres*), die vorher gebilligt worden waren. Es war also in irgendeiner Weise angeordnet worden, Flottensoldaten müssten sich eine Genehmigung geben lassen, mit einer Frau zusammenzuleben, doch diese Genehmigung unterlag der Kontrolle durch das Militär, vermutlich durch den Kommandeur der Flotte oder einen von ihm Beauftragten. Dass es sich jedoch dabei immer noch nicht um eine Ehe handelte, ersieht man an dem Wort *mulieres*, das verwendet wird. Dieses bezeichnet Frauen als biologische Wesen, nicht aber als Rechtssubjekte. Das wird besonders dadurch deutlich, dass die Frauen, die die Soldaten erst *nach* ihrer Entlassung, also nach dem Ende des Eheverbots, heiraten, als *uxores* bezeichnet werden, dem Rechtsbegriff für Ehefrau.[94]

Ein letzter Hinweis aus inzwischen vier Militärdiplomen zeigt nochmals mit Klarheit, dass für Soldaten ein Heiratsverbot existierte. Denn in einer kaiserlichen Konstitution von 121 n. Chr., deren Text sich aus den verschiedenen Diplomen vollständig rekonstruieren lässt, heißt es:[95]

> iis, qui militant in ala Ulpia contariorum mil(liaria), quae est in Dacia superiore sub Iulio Severo legato, praefecto Albucio Candido, quorum nomina subscripta sunt, ante emerita stipendia civitatem Romanam dedit cum parentibus et fratribus et sororibus.

Nach dieser Konstitution wurden Soldaten noch während ihres Dienstes mit dem römischen Bürgerrecht ausgezeichnet, vermutlich, weil sie sich ein besonderes Verdienst erworben hatten. Doch sie erhalten nur das Bürgerrecht, nicht das *conubium*. Wäre es für die Soldaten möglich gewesen, während des Dienstes zu heiraten, dann wäre vermutlich auch dieses eingeschlossen worden; denn in der Konstitution ging es um die Belohnung eines besonderen militärischen Verdienstes, das man bisher allerdings nicht erschließen konnte. Doch das *conubium* erscheint nicht in dem Text. Das ist dann wohl so zu erklären, dass es den Soldaten deswegen nicht verliehen wurde, weil das für alle geltende Verbot einer Heirat solches nicht zuließ. Gleiches gilt auch für die Nichtnennung von *liberi*; während der Dienstzeit waren auch sie offiziell nicht akzeptierbar.

Das Diplom zeigt aber auch noch etwas bisher völlig Exzeptionelles: In die Bürgerrechtsverleihung werden auch die Eltern sowie die Brüder und Schwestern der Privilegierten aufgenommen. In einem der drei Diplome werden so auch die Mutter, drei Brüder und eine Schwester namentlich angeführt, in zwei weiteren drei bzw. vier Angehörige, deren Verwandtschaftsverhältnis freilich nicht näher zu bestimmen ist.[96] Dies ist wohl nur so erklärbar, dass Hadrian, der die Konstitution ausstellen ließ, in diesem Fall der Meinung war, man dürfe durch die Verleihung der civitas Romana die

---

94 Siehe dazu die oben Anm. 81 angegebenen Literaturhinweise.
95 ECK/PANGERL 2003a; ECK/PANGERL 2008d; siehe oben Kap. 6, 95f.
96 ECK/PANGERL 2008d, 280–281.

Soldaten, die ohnehin durch bestimmte Regeln aus der normalen Zivilgesellschaft herausgenommen warne, nicht auch noch rechtlich aus ihrem heimatlichen Familienverband ausgrenzen. Denn natürlich wäre ohne diesen Zusatz in der Konstitution der einzelne Soldat, indem er römischer Bürger wurde, rechtlich völlig aus dem Familienverband gelöst worden, da dessen Mitglieder normalerweise durchwegs peregrinen Rechts waren.

Die Frage nach dem rechtlichen Zusammenhang mit der Herkunftsfamilie stellte sich aber nicht nur für die im Jahr 121 während des Dienstes privilegierten Soldaten, sondern grundsätzlich auch für die Veteranen, die nach Abschluss des Militärdienstes wieder in ihre Heimat zurückkehrten, jedenfalls bis zur constitutio Antoniniana. Mochten auch im Normalfall die Eltern bereits gestorben sein, so lebten doch häufig noch Brüder oder Schwestern bzw. deren Nachkommen, die aber zumeist kein römisches Bürgerrecht besaßen. Wie gestaltete sich rechtlich das Verhältnis zu ihnen? Das ist eine offene Frage, sie wäre einer Untersuchung wert.

Schon diese wenigen Aspekte der militärischen Realität zeigen, wie deutlich sich die Situation der Soldaten von der der Menschen des anderen Teils der Gesellschaft oder besser der verschiedenen Gesellschaften im römischen Reich, eben den Zivilisten unterschied. Diese Eigenheit der Angehörigen des Heeres oder besser der einzelnen Truppenteile bzw. der Armee einer Provinz lässt sich verschiedentlich in den Quellen erkennen. Tacitus sagt bei der Revolte am Niederrhein im Jahr 14 n. Chr., für die dort stationierten Truppen sei es klar gewesen: *destinatum excidio Ubiorum oppidum, imbutasque praeda manus in direptionem Galliae erupturas.*[97] In dieser Situation ergab sich eine starke Interessenidentität der verschiedenen Truppenteile – zum Nachteil der übrigen – zivilen – Bevölkerung. An anderer Stelle drückt dies Tacitus in der Situation des Bürgerkrieges im Jahr 69 noch weit schärfer aus: *Multae et atroces inter se militum caedes, post seditionem Ticini coeptam manente legionum auxiliorumque discordia; ubi adversus paganos certandum foret, consensu.*[98] In der Poebene standen die verschiedenen Truppenteile, Legionen und Auxilien, in scharfer, sogar kriegerischer Konfrontation gegeneinander, obwohl sie alle aus Germanien gekommen waren. Nur in einem waren sie sich einig, nämlich dann, wenn sie sich gegen Zivilisten wenden wollten oder konnten. Auf der anderen Seite gab es eine Interessenidentität und das Wissen um Zusammengehörigkeit, einer gemeinsamen Geschichte einer Provinzarmee, und zwar nur der Armee, losgelöst von der sonstigen Bevölkerung. Erneut möge es ein Beispiel aus dem niedergermanischen Heer verdeutlichen: Domitian hatte nach der Revolte des Antonius Saturninus im Winter 88/89 dem gesamten *exercitus* am Niederrhein den Ehrennamen: *exercitus Domitianus pius fidelis* verliehen.[99] Als beim Herrschaftsantritt Traians die Truppen vermuten konnten, dass ihr Verdienst, nämlich ihre Treue zu Domitian, der für sie ihr Kaiser gewesen war, nicht mehr anerkannt

---

[97] Tac. ann. 1,36,1.
[98] Tac. hist. 2,88,2.
[99] RMD V 336.

werden könnte, kam es wohl zu Unruhen. Um die Truppen zu pazifizieren, wurde ihnen als Heeresverband der auszeichnende Beiname ihrer Treue zum Kaiser mit einer kleinen Veränderung auch für die Zukunft zugestanden: *exercitus Germanicus pius fidelis*.[100] Der Name findet sich noch ein halbes Jahrhundert später.[101]

Wie könnte nach diesen Überlegungen, die nur einen sehr beschränkten Teil der Realität der Soldaten erfassten, ein kurzes Resümee lauten? Von einer rechtlich-sozial abgrenzbaren Gruppe der *milites* kann man erst ab augusteischer Zeit sprechen. Der Weg dazu wurde freilich schon seit dem späteren 2. Jahrhundert v.Chr. beschritten. Doch erst mit den Regeln, die Augustus aus Gründen des Machterhalts, aber auch aus praktischen Überlegungen erlassen hat, wurden die Angehörigen des Heeres, vor allem die Masse des Heeres in den Provinzen, aus der allgemeinen Bevölkerung zunächst weitgehend faktisch, sodann aber auch rechtlich ausgegrenzt. Für den Redner Aelius Aristides war in der Mitte des 2. Jahrhunderts diese Separierung eine unmittelbar zu erkennende Realität.[102] Zwingende Konsequenz dieser Ausgrenzung war das Verbot für alle Soldaten, eine Ehe zu führen. Diese zunächst weitgehende Separierung der Soldaten von der übrigen Bevölkerung führte zur Verleihung von Sonderrechten, wie etwa dem generellen *ius trium liberorum*, oder der Erlaubnis für Soldaten, formlos testieren zu können.[103] Daneben stand nach 25 Jahren Dienst die massenhafte Verleihung des römischen Bürgerrechts an die Auxiliare, die mindestens die Hälfte des *exercitus* einer Provinz ausmachten, vermutlich das Äquivalent für das Entlassungsgeld, das die Legionäre erhielten. Diese Verleihung war eines der bedeutsamsten Mittel des komplexen Systems der Romanisierung. Die einfachen Bürger der Provinzen, die Zivilisten, konnten das römische Bürgerrecht im Wesentlichen nur auf diesem Weg zu erreichen. Dieses Bürgerrecht separierte aber auch in gewisser Weise die ehemaligen Heeresangehörigen von ihrer zivilen Umwelt, verstärkt durch Privilegien, die auch nach der Entlassung aus dem Heer für die Veteranen gültig waren.[104]

Die rechtlichen Regeln waren partiell für die einzelnen Gruppen des Heeres unterschiedlich, sie verstärkten auch die wegen der jeweils anderen Aufgaben ohnehin vorhandene innere Differenzierung des *exercitus*. Doch mit den rechtlichen Regeln ist nur ein Teil der Realität und der Identität der *milites* gegeben. Viele andere Faktoren spielten dabei eine große Rolle, vor allem die soziale Herkunft, die Bildung des Individuums, die ökonomische Situation. Das galt schon für die Zeit während ihres Dienstes, noch mehr aber für die Zeit nach dem Ausscheiden aus dem Heer und der Rückkehr in das Leben der *pagani*. Davon war hier kaum die Rede, obwohl die Rolle der Veteranen für die Mentalität auch der aktiven *milites* selbst wohl eine nicht geringe Rolle gespielt haben dürfte, und zwar zumindest als Modell dafür, was ein *miles* am

---

100 Eck 2007d, bes. 33 ff.
101 RMD V 408; Eck/Pangerl 2004a = AE 2004, 1911. Pearce/Tomlin 2018.
102 Ael. Arist. Or. 26,67.
103 Dig. 29,1,1 pr. (Ulp.).
104 Dazu Wolff 1986.

Ende seines Militärdienstes erreichen konnte. Zwei Beispiele dafür mögen deshalb am Ende dieser Betrachtungen stehen.

Das eine ergibt sich aus dem mehr als 14 Meter hohen Grabmal des Legionsveteranen Lucius Poblicius, das für ihn vor den Mauern der Stadt der Ubier, des heutigen Köln, auf Grund seines Testaments errichtet wurde, für ihn und seine Familie:[105]

L(ucio) Poblicio L(uci) f(ilio) Tere(tina tribu)
vetera(no) leg(ionis) V Alauda (sic !) ex testamento
et P[a]ullae f(iliae) et vivis
[- - - coniugi]
[et L(ucio)? Poblicio - - - f(ilio)]
[et libertis]
[L(ucio) Poblici]o Modesto L(ucio) P[oblicio - - -].
[H(oc)] m(onumentum) h(eredem) [n(on) s(equetur)].

Nach dieser Rekonstruktion hat sich dieser Legionssoldat nach seiner Entlassung in der Ubierstadt niedergelassen und eine Familie gegründet. Er muss, wenn man das gewaltige und qualitätvolle Grabmal als Hinweis ernst nimmt,[106] in einer sehr soliden ökonomischen Situation gewesen sein, was auch vermuten lässt, dass er in dem neu entstandenen Zentrum am Rhein eine Person mit einem gewissen Einfluss und Prestige gewesen sein sollte. Das fand dann in dem Grabmal seinen Ausdruck. Für die aktiven Soldaten, die sich immer wieder an den Sitz des Statthalters ins oppidum Ubiorum begeben mussten, könnte dieses Monument gezeigt haben, wie weit es einer, der einst zu ihrem eigenen Lebenskreis gehört hatte, bringen konnte.[107]

Das andere Beispiel kommt vom anderen Ende des Imperiums, aus Caesarea Maritima in der Provinz Syria Palaestina. Dort hat sich bei den Ausgrabungen des letzten Jahrzehnts auch eine Konsole gefunden, auf der einst die Statue eines Statthalters der Provinz gestanden hatte. Darunter konnte man folgenden Text lesen:[108]

G(aio) Iulio Commodo
Orfitiano leg(ato) Augg(ustorum) pr(o)
pr(aetore) provinc(iae) Syr(iae) Pal(aestinae)
L(ucius) Val(erius) Valeri Martialis p(rimi)p(ilaris) fil(ius)
Martialis IIvir col(oniae) I (= primae) Fl(aviae) Aug(ustae) Caes(ariensis)
ob ex secunda mil(itia) m(erita).

Der Statthalter, der zwischen 162 und 165 im Amt war, interessiert hier nicht näher, wohl aber der Dedikant und noch mehr sein Vater. Beide heißen Valerius Martialis. Der Vater hatte es, vermutlich bei einer der beiden Legionen in Syria Palaestina zum *primus pilus* gebracht, also zum höchsten *centurio* einer Legion. Das war eine her-

---

[105] IKoeln 216 = AE 1979, 412 = IKoeln 311.
[106] Dazu PRECHT 1975.
[107] Siehe ECK 2004a, 143–144.
[108] COTTON/ECK 2001, bes. 226 ff. = AE 2003, 1803 = CIIP II 1228.

ausragende Position, deren Inhaber einen sehr hohen Sold erhielt: 72.000 Sesterzen – zum Vergleich: ein einfacher Legionär erhielt zur selben Zeit 1200 Sesterzen. Bei der Entlassung wurde ihm die stolze Summe von mindestens 720.000 Sesterzen ausbezahlt, fast das doppelte Mindestvermögen eines *eques Romanus*. Mit diesem Geld ließ er sich in Caesarea nieder, wo er selbst keine Ämter mehr in der Leitung der Stadt übernahm. Doch sein Sohn wurde Mitglied des städtischen Rats und übernahm für ein Jahr die höchste Magistratur der *colonia Prima Flavia Augusta Caesariensis*. Vor allem aber schaffte er den Sprung in den *equester ordo*, den zweiten reichsweiten *ordo*. Der Schritt in diesen *ordo* führte wieder über das Heer, über die ritterliche *militia*, nämlich bei einer Legion. Wenn er den nötigen Ehrgeiz entwickelte und ein wenig Glück hatte, konnte er noch weiter nach oben steigen und Teil der reichsumspannenden Aristokratie werden. Doch auch ohne diesen Schritt hatte er es bereits weit gebracht, wie zuvor auch sein Vater.[109] Beide hatten auf diese Weise die Trennung der Welt der *milites* und der *pagani* aufgehoben. Das eine war zur Voraussetzung für das Leben im anderen geworden. Auch dies war ein Teil der Realität, die im Heer ihre Wirkung entfaltete, nicht für jeden, aber doch für manchen. Und warum sollten nicht auch andere *milites* zu diesen „manchen" gehören?

---

109 Cotton/Eck 2001, bes. 226 ff.; Eck 2007 f, 241 ff.

9 Lateinische Grabinschriften als Rechtsquelle

Wie viele Inschriften aus römischer Zeit vom Boden des einstigen Imperium Romanum bis heute überlebt haben und uns bekannt sind, lässt sich heute, jedenfalls für die lateinischen Inschriften, mit weitgehender Sicherheit sagen. Während man lange von einer Mindestzahl von über 300.000 ausging,[1] weiß man heute dank der Datenbank Claus-Slaby (EDCS), dass es mehr als 530.000 sind, einschließlich des sogenannten instrumentum domesticum, also etwa der kurzen gestempelten Texte auf Ziegeln oder anderen Gegenständen aus Keramik oder den Dipinti auf Amphoren.[2] Bei dieser Zahl sind die griechischen Inschriften noch nicht eingeschlossen, für die es bisher keine vergleichbare Datenbank gibt, ganz zu schweigen von Inschriften in anderen Sprachen, also Texten etwa auf Etruskisch, Oskisch, Iberisch, Punisch, Demotisch, Aramäisch, Hebräisch, Nabatäisch, Syrisch und anderen, die in vielen Teilen der römischen Welt neben den beiden Herrschaftssprachen Latein und Griechisch gleichzeitig in vielen Inschriften erscheinen. All diese epigraphischen Zeugnisse erschließen viele sonst nicht greifbare Phänomene innerhalb des römischen Herrschaftsraums. Wie viele Dokumente das insgesamt sind, lässt sich auch nicht annähernd berechnen, da bisher für diese Sprachen keine umfassenden Corpora oder Datenbanken vorliegen. Doch dass es, alle Provinzen des Imperiums eingeschlossen, mehrere Hunderttausend nicht-lateinische Texte sind, davon darf man mit Sicherheit ausgehen. Für das Gebiet des heutigen Israel, ein Gebiet, das im Wesentlichen die einstige Provinz Iudaea sowie den äußersten Süden der Provinz Syrien, also nur ein sehr kleines Territorium umfasste, lässt die Datenbank des Corpus Inscriptionum Iudaeae/Palaestinae einen Einblick zu.[3] Sie enthält für dieses begrenzte Gebiet, allerdings einschließlich der Inschriften seit der Zeit Alexanders, mindestens 16.000 Texte, von denen weit über 11.000 unter der römischen Herrschaft entstanden sind. Einschließlich der Ziegelstempel und Meilensteine sind davon wiederum maximal 950 in lateinischer Sprache abgefasst, alle anderen in Griechisch oder den lokalen Sprachen. Überträgt man diese Relation tendenziell auf die anderen Provinzen auf den östlichen Teil des Reiches, dann kommt man zu den schon angedeuteten mehreren hunderttausend nicht-lateinischen Inschriften.

Inhaltlich sind alle diese Texte höchst verschiedenartig, wie jeder Blick in eine der großen Sammlungen von Inschriften zeigt, seien es z. B. die Inscriptions Grecques et Latines de la Syrie/Jordanie, die zahlreichen Bände der Inschriften Kleinasiens, des Corpus Inscriptionum Semiticarum, der Inscriptiones Graecae ad res Romanas per-

---

1 So noch bei ECK 1997b, bes. 98, nach Austausch u. a. mit Géza Alföldy.
2 27. März 2021 lag die exakte Zahl bei 528.702.
3 Die Datenbank ist in Köln am Institut für Altertumskunde im Rahmen des Corpus Inscriptionum Iudaeae/Palaestinae, finanziert durch die Deutsche Forschungsgemeinschaft, aufgebaut worden und wird von Marfa Heimbach und Dirk Koßmann betreut.

tinentes und zahllose andere.⁴ Doch allen Sammlungen ist eines gemeinsam: Die epigraphischen Texte, die an Verstorbene erinnern sollten, sind weitaus am zahlreichsten, gleichgültig in welcher Sprache das geschah. Bei den lateinischen Inschriften darf man mehr als drei Viertel dieser Kategorie zurechnen, wenn nicht sogar mehr.

Wenn man also im Rahmen eines Kolloquiums als Rechtsquelle römische Grabinschriften, beschränkt auf die in lateinischer Sprache, behandeln soll, muss man von einem Textcorpus von deutlich mehreren hunderttausend einschlägigen Inschriften ausgehen. Zeitlich reichen diese Grabinschriften in Italien von der mittleren Republik bis zu den Germanenreichen auf römischem Reichsboden im 5./6. Jahrhundert, erstrecken sich also über weit mehr als 800 Jahre. In der Neuauflage von CIL II, den Bänden, die alle Inschriften der iberischen Halbinsel erfassen sollen, werden die Texte bis zum Jahr 711 aufgenommen, dem Zeitpunkt der Eroberung des Landes durch die Araber.

Diese Hinweise machen es klar, dass römische Grabinschriften kein einheitliches Phänomen widerspiegeln können, vielmehr notwendigerweise in sehr unterschiedlichen sozio-politischen, ökonomischen, kulturellen und religiösen Kontexten entstanden sind. Es gab durchaus sachliche Gründe, warum MOMMSEN und DE ROSSI gerade für Rom die christlichen Inschriften in einem getrennten Corpus erfassen wollten; die letzteren machen heute rund 43.221 der insgesamt mehr als 121.220 stadtrömischen Inschriften aus.⁵ Sowohl unter den paganen wie auch unter den christlichen epigraphischen Texten sind die *tituli funerarii* die weit überwiegende Mehrheit. Gleiches kann man bei den Inschriften der Colonia Claudia Ara Agrippinensium feststellen: von den mehr als 800 Texten, die in IKoeln gesammelt sind, kennzeichneten mehr als 550 die Gräber von Verstorbenen.

Unter solchen Prämissen der zeitlichen und mengenmäßigen Dimension bleibt im Rahmen eines Kolloquiums, in dem die Quellentexte zum römischen Recht behandelt werden sollen, nur eine Wahl: man muss auswählen und sich beschränken. Schon ein Blick in eine Auswahlsammlung wie die von Herrmann DESSAU genügt, um von der Vielfalt der Aussagen in Grabinschriften und der sich daraus ergebenden Probleme eine Vorstellung zu haben.⁶ Würde man solche Texte global in all ihrer Vielfältigkeit in eine Erörterung einzuschließen versuchen, dann würde man höchstens zu Aussagen allgemeinster Art kommen, auch unter dem Aspekt der Grabinschriften als Rechtsquelle. Zudem haben gerade Rechtshistoriker sich mit zu vielen und zentralen rechtlichen Aspekten der römischen Grabinschriften befasst, als dass ein juristischer

---

4 Für die lateinischen Inschriften siehe die Literatur in der EDCS unter der Adresse: http://db.edcs.eu/epigr/hinweise/abkuerz.html
5 Überprüft in der EDCS (27. März 2021).
6 DESSAU 1892–1916. Siehe jetzt auch eine umfassende Sammlung neuen Materials von verschiedenen Autoren: BARBERA et al. 2004.

Laie sich damit messen sollte und dürfte.⁷ Stattdessen soll hier auf einen Aspekt hingewiesen werden, der bisher von der römischen Rechtsgeschichte bei der Interpretation lateinischer Grabinschriften wohl eher wenig beachtet wurde: der konkrete archäologische Kontext im Verbund mit den Inschriften. Die Beispiele, die hier vorgeführt werden, stammen fast ausschließlich aus Rom, also einem relativ einheitlichen Kontext; sie gehören fast alle in das zweite und dritte Jahrhundert n. Chr., somit in die Epoche, der auch die Masse der Grabinschriften angehört. Der späteste Text, auf den Bezug genommen wird, stammt wohl vom Anfang des 4. Jahrhunderts. Alle Texte außer den ersten kommen aus einer einzigen Nekropole, und dort wieder aus wenigen Mausoleen, nämlich aus der Nekropole, die unter St. Peter in Rom ausgegraben wurde.⁸

Ausgangspunkt soll jedoch eine Formulierung sein, die fast überall in epigraphischen Texten aus dem römischen Herrschaftsbereich anzutreffen ist, auch in der *Colonia Claudia Ara Agrippinensium*. In zahllosen Grabinschriften wird davon gesprochen, eine Person habe sich zu ihren Lebzeiten ein Grab errichten lassen. Das wird in den Inschriftentexten entweder nur mit einem abgekürzten v = v(*ivus*) oder v(*iva*) wiedergegeben oder auch in ausgeschriebener Form. Ein beliebiger Text kann dafür als Beispiel dienen, wie etwa die folgende Inschrift aus *Intercisa* in Pannonien:⁹

D(is) M(anibus). M(arcus) Aur(elius) Heraclitus vet(eranus), ex(centurione) cohortis (milliariae) Hem(esenorum), an(norum) LXX viv(u)s fecit sibi et Aureli(i)s Heraclito et Sereno vivis fili(i)s suis et Serenae. H(oc) m(onumentum) h(eredem) n(on) s(equetur).

Ein Text aus Köln sagt:¹⁰

M(arcus) Val(erius) Celerinus Papiria Astigi cives Agrippine(nsis), vet(eranus) leg(ionis) X Gem(inae) p(iae) f(idelis) vivos sibi fecit et Marciae Procul[a]e uxori.

Und ein dritter Text aus Philippi, eine Inschrift auf einem Sarkophag, lautet so:¹¹

Sertoria L(uci) f(ilia) Optata annor(um) XXVII, hic s(ita) e(st). M(anius) Cassius M(anii) f(ilius) Volt(inia) Valens, praef(ectus) fabr(um) a co(n)s(ule), IIvir i(ure) d(icundo), quaestor, uxori optumae bene de se per omnia semper meritae et sibi vivos fecit.

Texte dieser Art sind zahllos.¹² In der EDCS findet man mit den Worten *vivus, viva* bzw. *vivo, vivae, vivis* mit oder auch ohne *fecit* rund 6000 Einträge. Aus dieser massenhaften

---

7 Siehe nur beispielsweise DÜLL 1951a; DÜLL 1953; DE VISSCHER 1963; LONGO 1966; KASER 1978; ANTICO GALLINA 1997. Siehe auch SCHUMACHER 2006, 45 ff. zum Grabrecht.
8 Dazu auch ECK, in Vorbereitung.
9 AE 1910, 136 = RIU 1186 = EDH-Nr.: HD029853 (= epigraphische Datenbank Heidelberg).
10 CIL XIII 8283 = IKoeln 315.
11 FREI-STOLBA 2005 = AE 2005, 1402.
12 Als zwei weitere sehr sprechende Beispiele seien angeführt: AE 1955, 230 (Losheim): [---] *Ibliomari(a)e Gabrella(e) defunctis et Viriliae Sacrae vivae M(arcus) Ibliomar(i)us Restitutus fecit*. AE 1959,

Verwendung des Wortes *vivus/viva* hat sich die weithin geltende Meinung entwickelt, Römer hätten sich zumeist schon zu Lebzeiten ihr Grab geschaffen, um sicher zu gehen, dass sie nach ihrem Tod dort sodann ihre letzte Ruhe finden würden. Die eben zitierten Texte können ebenfalls diesen Eindruck vermitteln.

Und doch ist diese Vorstellung in vielen, sogar den meisten Fällen, in denen *vivus sibi fecit* oder eine ähnliche Formel in Grabinschriften auftaucht, nicht zutreffend. Denn schon der erste oben zitierte Text lässt bei genauer Interpretation erkennen, dass die Realität anders aussah. Der Veteran erbaute zwar selbst das Grabmonument, solange er lebte; auch seine beiden Söhne, die Aurelii Heraclitus und Serenus, lebten beim Bau noch, da auch von ihnen gesagt wird: *vivis*. Doch die Mutter mit dem Namen Serena, die wohl nicht die legale Ehefrau des Veteranen war, nach der auch der eine Sohn benannt wurde, wird ohne den Zusatz *viva* in der Grabinschrift angeführt. Das aber heißt, sie war tot, als das Grab erbaut wurde. Man kann sogar noch weitergehen und sagen, dass ihr Tod vermutlich der Grund war, weshalb der Veteran überhaupt das *monumentum* errichten ließ, dann freilich auch sogleich für sich selbst und seine Söhne. Doch das entscheidende Motiv für den Bau war es nicht, sich selbst ein Grab zu schaffen, sondern der durch den Tod der Frau sich ergebende Zwang, einen verstorbenen Angehörigen bestatten zu müssen[13] – im Übrigen nicht viel anders, als dies auch heute noch geschieht. Wenn in diesem Zusammenhang immer wieder auf die Aussage von Trimalchio in Petrons Satyricon verwiesen wird, es sei falsch, wenn man zwar zu Lebzeiten ein gepflegtes Haus habe, aber sich nicht um das kümmere, wo man länger verweilen müsse, nämlich im Grab,[14] dann verkennt man, dass die Aussage bei Petron nicht die römische Normalsituation widerspiegelt, sondern die spezifische Situation dieses avancierten *libertus* mit seinem besonderen Geltungsbedürfnis.

Akzeptiert man diese Sicht, dann ergibt sich daraus vor allem die höchst wichtige Frage, ab wann Gräber als *loci religiosi* zu bezeichnen sind, d. h. auch, ab wann sie zwingend den Regeln des Privatrechts entzogen waren.[15] Denn die so weit verbreitete Sicht über die Bedeutung von *vivus sibi fecit* in Grabinschriften müsste ja notwendigerweise zur Folge haben, dass es stets überall im Imperium Romanum zahlreiche *monumenta* gab, die noch nicht durch eine konkrete Bestattung zu *loci religiosi* gemacht worden waren, sondern noch als Objekte des Privatrechts mit der Möglichkeit der Veräußerung oder etwas Ähnlichem betrachtet werden mußten. Erst mit dem Tod

---

284 (Saepinum): *V(ivus) P(ublius) Numisius P(ubli) f(ilius) Vol(tinia) Ligus p(ater) tr(ibunus) mil(itum) leg(ionis) III Aug(ustae), praef(ectus) fabrum XV(annos), aed(ilis), IIvir quinquen(nalis), IIvir iur(e) dic(undo) II, q(uaestor) III, patronus municipi, v(ivae) Vanniae M(arci) f(iliae) Quartae uxori, P(ublio) Numisio P(ubli) f(ilio) Vol(tinia) Liguri f(ilio). Huic decuriones decreverunt monimentum faciundum publica pecunia loco publico et oppidani contulerunt. Pater fecit sua pecunia*

13 Ein sehr vergleichbarer Text z. B. bei FRIGGERI 2004, 182.
14 Petron. 71,7: *Valde enim falsum est vivo quidem domos cultas esse, non curari eas, ubi diutius nobis habitandum est.*
15 Dig. 11,7,4: *sed tunc locus fit religiosus, cum defuncti fuit: naturaliter enim videtur ad mortuum pertinere locus in quem infertur.*

dessen, der das Grab zu Lebzeiten für sich hatte errichten lassen, wäre dann der Ort zu einem *locus religiosus* geworden. Doch tatsächlich hat dies nicht der antiken Realität entsprochen. Ein Beispiel aus der Nekropole unter St. Peter in Rom soll dies deutlich machen.

Die verschiedenen Mausoleen, die durch die von Papst Pius XII. angeordneten Grabungen unter St. Peter aufgedeckt wurden, liegen an einer Gräberstraße, deren nördliche Reihe uns hier interessiert, und dort wiederum zunächst das Mausoleum H.[16] Es ist der größte Grabbau unter St. Peter, der auch noch weitgehend intakt ist und in dem ein wesentlicher Teil der dort gefundenen Inschriften einzelnen konkreten Gräbern zugewiesen werden kann. Zumindest lassen sich diese Zusammenhänge wiederherstellen.[17] Das Mausoleum ist in die erste Hälfte der Regierungszeit Marc Aurels zu datieren; dafür sprechen zum einen Stempel auf Ziegeln, die dort verbaut wurden, sodann stilistische Elemente einiger Grabreliefs und vor allem die Abfolge der Grabbauten von Mausoleum A bis zum Mausoleum H in dieser Nekropole.[18] Denn Mausoleum A ist frühestens unter Traian, eher wohl in die Zeit bald nach seiner Herrschaftszeit zu datieren, Mausoleum C ist früher als Mausoleum F, wie wir noch sehen werden, Mausoleum E kann nicht vor Hadrian bzw. Antoninus Pius entstanden sein. So ergibt sich eine recht klare Tendenz der Errichtung der Grabbauten, wobei Mausoleum H, wie erwähnt, nach allen Kriterien in die erste Hälfte der Zeit Marc Aurels gehört.

Erhalten ist dort der *titulus*, d. h. die Grabstiftungsinschrift über dem Eingang, die von den individuellen Grabinschriften an den einzelnen Bestattungsplätzen zu unterscheiden ist. Dieser *titulus* lautet:[19]

G(aius) Valerius Herma fecit et
Flaviae T(iti) f(iliae) Olympiadi coiugi et
Valeriae Maximae filiae, G(aio) Valerio
Olympiano filio, et suis libertis
libertabusque posterisq(ue) eorum.

Dieser *titulus* berichtet in ganz simplen Worten über den Tatbestand, dass Gaius Valerius Herma das Grab für seine Frau, seine Tochter Valeria Maxima und seinen Sohn Gaius Valerius Olympianus und schließlich auch für seine Freigelassenen beiderlei Geschlechts und deren Nachkommen errichten ließ. Auch der Grabgründer selbst war

---

16 Apollinj Ghetti et al. 1951; von Hesberg/Mielsch 1986; von Hesberg/Mielsch 1995.
17 Eck 1986a; Eck 1989; Eck 1991b = Eck 1996.
18 Siehe dazu von Hesberg/Mielsch 1986; von Hesberg/Mielsch 1995; ferner Eck 1989, 60 ff.
19 Text des Titulus in Apollinj Ghetti et al. 1951, I 113 Anm. 2 = Toynbee/Ward Perkins 1957, 101 Anm. 59 = Feraudi-Gruénais 2003, 79 = EDH-Nr.: HD031678 (in der EDH findet sich als bibliographische Angabe zu dieser und zu nicht wenigen anderen Inschriften aus der Nekropole unter St. Peter nur der Hinweis auf Feraudi-Gruénais 2001 [zu dieser Nr. S. 53]; das ist irreführend. Dieser und andere Texte waren längst vor 2001 publiziert. Hinweise auf die früheren, vor allem die Erstpublikationen sowie die Année épigraphique wären nötig – was aber bis zum Jahr 2021 nicht geschehen ist).

ein *libertus*, wie man aus dem Vergleich mit dem Namen seiner Frau Flavia Olympias, *T(iti) f(ilia)*, leicht erkennen kann.[20] Von seiner eigenen Bestattung sagt er in der Grabstiftungsinschrift nichts, was in anderen Grabtituli häufig mit *sibi* ausgedrückt wird; doch ist sicher, dass das Grab auch für ihn bestimmt sein sollte. Das zeigt die Grabinschrift, die zu seinem eigenen Grab gehörte:[21]

> *D(is) M(anibus).*
> *G(aius) Valerius Herma, dum*
> *vivo, mihi feci et*
> *Flaviae T(iti) f(iliae) Olympiadi coiugi.*

Hier wird auch konkret gesagt, dass Herma das eigene Grab zu seinen Lebzeiten bereits herrichten ließ: *dum vivo, mihi feci*, aber auch für seine Frau, bei der jedoch der Hinweis, dass sie noch lebe, fehlt. Die unterschiedliche Formulierung zwingt zu dem Schluss, dass sie schon tot war, als ihr Mann die Grablege für sie und sich selbst im Mausoleum bereitete.

Hätte man aber nun keine weitere Überlieferung, wie das bei den weitaus meisten bekannten Mausoleen der Fall ist, dann könnte man dem *titulus* allein nur mit mehr oder minder großer Wahrscheinlichkeit entnehmen, dass vermutlich der Tod eines Angehörigen der Anlaß für den Bau des Mausoleums war. Doch abgesehen von der schon angeführten Inschrift vom individuellen Grab Hermas und seiner Frau, gibt uns der archäologische Kontext des Grabmals, der hier umfassend bekannt ist, sehr präzise Auskünfte. Denn in die Rückwand des Grabes gegenüber dem Eingang sind drei Arcosolia gebaut worden, unter denen gemauerte Grabgruben eingelassen waren. Darin waren die Toten bestattet worden, jeweils wieder eigens in einen Tonsarkophag gebettet. Im mittleren Arcosolium war Valerius Herma selbst mit seiner Frau Flavia Olympias bestattet; hier war die schon genannte Grabinschrift für ihn und seine Frau angebracht gewesen.[22] Rechts neben dem Grab der Eltern wurde die Tochter Valeria Maxima bestattet, links der Sohn, dessen Grabinschrift bei den Ausgrabungen in situ vorgefunden wurde. Alle drei Inschriften an den einzelnen Gräbern sind auch erhalten. Der Text für die Eltern ist bereits angeführt worden. Von der Grabinschrift der Tochter ist nur ein kleiner Teil erhalten geblieben, doch sie ließ sich zuverlässig rekonstruieren:[23]

---

20 In seinem Namen wird keine Filiation angegeben, während er im Namen seiner Frau erwähnt, sie sei *T(iti) f(ilia)*, also freigeboren. Er hätte den Hinweis auf seine eigene freie Geburt sicherlich nicht weggelassen, wenn dies der Fall gewesen wäre. Ein Hinweis auf seine Freilassung erübrigte sich allerdings in diesem Kontext; jeder Leser konnte das unmittelbar erkennen.
21 APOLLONJ GHETTI et al. 1951, I 113 ff. = TOYNBEE/WARD PERKINS 1957, 81.
22 Die Tafel selbst war wegen der Umbauten im Mausoleum während der Errichtung der Petersbasilika unter Konstantin entfernt und dann an anderer Stelle wieder verwendet worden; siehe APOLLONJ GHETTI et al. 1951, I 114 f.
23 ECK 1986a, 257 ff. Nr. 11 = AE 1987, 114 = EDH-Nr.: HD009824.

[D(is) M(anibus).]
[Valeriae] G(ai) f(iliae) M[aximae],
[quae vixit an]nis XII m[ens(ibus)- - -]
[dieb(us) - - - G(aius) Valerius Herma pater].

Die Grabinschrift für den Sohn an der linken Seite, wenn man vom Eingang aus auf die Nordwand sieht, lautet:[24]

G(aio) Valerio Olympiano, qui vixit
annis IIII, menses V, dies XIII.
G(aius) Valerius Herma pater.

Valerius Herma bestattete somit seine Frau vor sich. Gleiches gilt auch für die beiden Kinder, von denen die Tochter mit etwas mehr als zwölf Jahren starb, der Sohn mit nur vier Jahren, fünf Monaten und 13 Tagen. Der Vater ist jeweils als der Bestattende genannt.[25] Die Mutter ist entweder gleichzeitig mit den Kindern verstorben (siehe unten) oder sie hat zumindest deren Tod nicht lange überlebt.

Weit wichtiger ist jedoch, dass wir die Größe der Körpergräber kennen.[26] Für die beiden Erwachsenen in der Mitte der Rückwand beträgt die Länge der Grube etwas mehr als zwei Meter, nicht anders als auch bei fünf weiteren Arcosoliumgräbern, die sich an den anderen Seiten des Grabbaus finden. Bei den beiden Gräbern, in denen Sohn und Tochter des Valerius Herma beigesetzt wurden, ist dies jedoch deutlich anders. Der Sohn Valerius Olympianus starb, wie sich seiner Grabinschrift entnehmen läßt, im Alter von vier Jahren und etwas mehr als fünf Monaten. Die Platte, die sein Grab an der Frontseite verschloss, misst 1, 56 m in der Breite, die Grube selbst nur ca. 1, 30 m;[27] bei der Tochter, die nur 12 Jahre lebte, betragen die Maße der rekonstruierten Platte etwa 1, 90 m, die der Grube 1, 76 m.[28]

---

[24] GUARDUCCI 1983, 4 f.; vgl. TOYNBEE/WARD PERKINS 1957, 101 Anm. 60.
[25] Die Ergänzung seines Namens in der nur fragmentarisch erhaltenen Inschrift seiner Tochter ist durch die Gleichartigkeit der Texte und der Verteilung des Inschriftentextes auf den beiden Tafeln gesichert.
[26] Die Kenntnis dieser Angaben geht auf die Jahre 1983 und 1984 zurück, als ich in der Nekropole das gesamte inschriftliche Material aufnahm und die Maße der einzelnen Gräber untersuchen konnte. Siehe ECK 1986a, 245 Anm. 1.
[27] Nicht zutreffend ist es, wenn GUARDUCCI 1983, 87 Anm. 3 meint, die Platte habe ursprünglich die Abdeckung des Hauptarcosolium der Nordwand gebildet und sei erst beim Umbau des Grabes unter Konstantin vor das linke Arcosolium versetzt worden. Eine solche Anordnung ist völlig unvorstellbar und wäre auch funktionslos gewesen. Zudem wurden bei den Bauarbeiten unter Konstantin solche Platten einfach entfernt, wie die Grabinschrift der Eltern sehr deutlich zeigt. Die Platte des Valerius Olympianus wurde somit von den Ausgräbern in situ angetroffen, was für die Rekonstruktion bedeutsam ist.
[28] Vgl. die Rekonstruktionszeichnung bei ECK 1986a, 258, aus der sich auch die Breite der Grabinschrift errechnen läßt.

In beiden Fällen entsprechen also die Einsenkungen nicht dem, was man erwarten würde, wenn der Vater das Mausoleum mit den einzelnen Grablegen für die Angehörigen, auch die Kinder, unter der Prämisse angelegt hätte, diese würden irgendwann in der Zukunft in seinem Mausoleum bestattet werden. Denn dann hätte er auch für die Kinder normalgroße Gruben für Erwachsene vorgesehen, da er natürlich davon ausgehen mußte und wollte, die Kinder würden das Erwachsenenalter erreichen, also bei ihrem Tod auch ein normal großes Grab benötigen. Doch in dem Augenblick, als die Gruben für die einzelnen Gräber ausgeschachtet wurden, waren die Kinder schon gestorben. Deshalb konnte er die Gruben nur so groß anlegen lassen, wie nötig war, um die in Tonsarkophagen ruhenden Leichname der Kinder aufzunehmen.

Man kann nun sicherlich nicht annehmen, der Vater habe, nachdem eines der Kinder gestorben war, sehr lange mit dem Baubeginn gewartet. Vielmehr darf davon ausgegangen werden, dass er mit dem Bau möglichst unmittelbar begonnen hat. Dann aber hat man mit einem relativ rasch aufeinander folgenden, wenn nicht sogar fast gleichzeitigem Tod der beiden Kinder zu rechnen. Bei diesen Voraussetzungen liegt aber zumindest die Hypothese nahe, den Tod der beiden Kinder mit der unter Marc Aurel wütenden Seuche in Verbindung zu bringen, die Rom seit dem Jahr 166 durch die vom Partherkrieg zurückkehrenden Truppen getroffen hat.[29] Diese Hypothese gewinnt dadurch eine nicht geringe Wahrscheinlichkeit, weil auch die Mutter der beiden Kinder beim Bau des Grabes bereits tot war, wie der Grabinschrift der Eltern ohne Zweifel zu entnehmen ist.[30] Der Vater hat jedenfalls innerhalb kurzer Zeit alle seine engsten Angehörigen verloren.

Diese Einsichten über Abfolge der Todesfälle in der Familie des Valerius Herma haben dann aber Konsequenzen für die Interpretation von Grabtituli in der Art des *titulus* von Mausoleum H. Denn solche sind in riesiger Anzahl an anderen Grabbauten angebracht gewesen und Tausende haben bis in unsere Zeit überlebt. Sie geben dann eine Antwort auf die nach der bisher dominierenden Theorie vorauszusetzende große Zahl von Grabbauten, die zwar schon erbaut waren, aber noch keine *loci religiosi* gewesen wären, wenn die meisten Grabtituli, vor allem diejenigen, in denen sich mit der Formel *vivus/viva* der Verweis auf die Grabstifter findet, aussagten, das Motiv für die Grabgründer wäre gewesen, sich selbst ein Grabmal zu ihren Lebzeiten zu errichteten. Das Mausoleum H zwingt dazu, ein anderes Szenario vorauszusetzen.

Von der Familie des Herma war zu dem Zeitpunkt, als der Bau des Mausoleums begann, nur noch der Vater am Leben. Wo aber waren dann in dem konkreten Fall die Leichen der beiden Kinder und vermutlich auch der Mutter zwischen ihrem Tod und der

---

29 Vgl. dazu zuletzt BIRLEY 1987, 149 f.; Kritik an den gängigen Erklärungen hinsichtlich der schwerwiegenden Folgen der Seuche bei BRUUN 2004. Doch siehe den Sammelband: LO CASCIO 2012.
30 Siehe oben S. 154. Die Platte für die Grabinschrift der Eltern ist völlig identisch gestaltet mit den Platten, die vor den Gräbern des Sohnes und der Tochter angebracht worden waren. Daraus muß der Schluß gezogen werden, dass alle drei gleichzeitig hergestellt wurden. Ein weiteres Indiz dafür, dass die Mutter zum Zeitpunkt der Ausstattung des Grabes bereits gestorben war, bietet die Inschrift der Kinder: nur der Vater wird als der Bestattende genannt.

Beisetzung im Familienmausoleum aufbewahrt, bevor sie in den Grabgruben des Mausoleums H unter St. Peter ihren Platz gefunden hatten? Die Antwort kann vermutlich nur lauten, dass die Tonsarkophage, in denen die Leichname in den Gruben gefunden wurden, in der Zeit, in der der Vater das Mausoleum errichten ließ, in einem anderen Grab deponiert gewesen sein müssen. Ein anderer Ort als ein Grab ist kaum dankbar. Dann aber darf man ebenso davon ausgehen, dass sogleich nach Abschluss der Bauarbeiten für das Mausoleum die Tonsarkophage mit den Leichnamen der Kinder von dem provisorischen Aufbewahrungsort in das ordentliche Grab überführt und in die Gruben unter den Arcosolia versenkt wurden. Mit diesem Akt wurde das Mausoleum dann auch unmittelbar ein *locus religiosus*,[31] worüber also privatrechtlich sogleich nach Fertigstellung nicht mehr verfügt werden konnte.

Was im Fall des Mausoleums H unter St. Peter im Detail und konkret durch die besonderen Umstände nachzuweisen ist, darf oder muß nach aller Wahrscheinlichkeit als ein allgemeines Phänomen betrachtet werden. Das gilt sowohl hinsichtlich der Notwendigkeit, die Überreste eines Toten nach der Verbrennung in einer Aschenurne oder den unverbrannten Leichnam in einem Tonsarkophag in irgendeinem schon existierenden Grab zu deponieren, als auch für die Konsequenz, dass ein Grab, das in einem solchen Fall neu erbaut wurde, nicht lange als solches leer blieb, sondern sehr schnell den ersten Verstorbenen aufnahm und damit als *locus religiosus* dem allgemeinen Rechtsverkehr entzogen wurde. Die Fälle, in denen ein rechtlicher Zweifel darüber aufkommen konnte, ob eine Grabanlage als *locus religiosus* anzusehen sei, sind also sicherlich weit seltener gewesen, als sie es bei der bisherigen Sichtweise gewesen wären.

Auch der notwendigerweise weit verbreitete Zwang, die Überreste eines Toten nach der Verbrennung in einer Aschenurne oder den unverbrannten Leichnam in einem Tonsarkophag in irgendeinem schon existierenden Grab zu deponieren, hat Konsequenzen für die Rechtspraxis. Üblicherweise geht man davon aus, dass das Kollegium der *pontifices* einzuschalten war, wenn man einen Leichnam oder eine Aschenurne mit den Überresten eines Toten von einem Ort zum andern bringen mußte.[32]

Tatsächlich gibt es auch einige wenige Inschriften, in denen auf einen Befehl oder eine Anordnung der *pontifices*, zumeist in der Form *permissu pontificum*, Bezug genommen wird.[33] So hatte sich ein Arrius Alphius, Freigelassener der Mutter des Antoninus Pius, mit einem *libellus* an den Senator Velius Fidus, einen der *pontifices*, ge-

---

31 Siehe dazu Ducos 1995.
32 Dies nimmt zum Beispiel auch Kaser 1978, 26 f. an, obwohl er dem umfassenden „Aufsichts- und Genehmigungsrecht", wie Düll 1953, 169 f. es postuliert hatte, nicht folgt. Sicher unzutreffend ist die Vorstellung, selbst bei der Renovierung eines Grabes habe man bis in die späte Kaiserzeit hinein die Zustimmung der *pontifices* bzw. in den Provinzen des Provinzialstatthalters benötigt, wie dies von Bürgin-Kreis 1968 behauptet wird. Das hätte deutlichere Spuren in unserer Überlieferung hinterlassen.
33 CIL VI 8875; D 1792. 8110. 8382/3. 8386. 8387. 8390; Lo Giudice 2004, 253 ff. mit Anm. 366 und 368. Vgl. auch CIL VI 8878 = D 1685: *permissu Imp(eratoris)*.

wandt.[34] Dass Alphius den *libellus* direkt an Velius Fidus adressierte, lag an ihrer schon lang dauernden Bekanntschaft, wie Velius Fidus selbst betont; die „Standesschranken" waren hier offensichtlich kaum wirksam. Alphius hatte, wohl auch relativ schnell nacheinander, Frau und Sohn verloren, besaß aber noch keinen eigenen Grabplatz, ganz wie Valerius Herma, weshalb er die Körper der Verstorbenen vorübergehend in einem Tonsarkophag hatte beisetzen lassen: *corpora eorum fictili sarcofago commendaverim*. Als er sich an Velius Fidus wandte, hatte er inzwischen einen Marmorsarkophag gekauft, in dem er später ebenfalls bestattet werden wollte; wo dieser wertvolle Sarkophag aufgestellt war, wird nicht gesagt. In diesen sollten jedenfalls die Leichen der verstorbenen Angehörigen umgebettet werden: *in marmoreo sarcofago ... ea corpora colligere*, wofür er die Zustimmung der *pontifices* erbat. Deren Antwort, ein *decretum*, das durch Iuventius Celsus, den *promagister* des Kollegiums erging, lautete mehr als kurz: *fieri placet*. Diesen gesamten Vorgang, insgesamt drei Schreiben: den Brief des Velius Fidus an Iuventius Celsus, mit dem der *libellus* weitergeleitet wurde, seinen eigenen *libellus* und die knappe Antwort des Promagisters, ließ der Antragsteller auf einer Marmortafel einmeißeln, die er vermutlich in irgendeiner Form im Grab anbringen ließ. Er wollte sich wohl rechtlich absichern.

Das Beispiel zeigt, wann vermutlich die Erlaubnis der *pontifices* einzuholen war, nämlich dann, wenn konkret die sterblichen Überreste nach der Bestattung berührt werden mußten. Bei der Umbettung aus dem Tonsarkophag, in dem Arrius Alphius seine Angehörigen provisorisch hatte bestatten lassen, in den Marmorsarkophag mußte genau dies geschehen; denn in diesen konnten die Leichen nicht einfach zusammen mit den Tonbehältern gesetzt werden. Doch im Fall des Valerius Herma und in vergleichbaren Fällen, die außerordentlich zahlreich waren, kam es gar nicht zu der Notwendigkeit, die Überreste der Verstorbenen zu berühren. Entweder war die Asche eines Toten in einer Urne geborgen oder der Leichnam ruhte in einem Tonsarkophag. In beiden Fällen mußten jedoch die Überreste des Toten nicht nochmals von Menschenhand berührt werden, vielmehr wurden nach Fertigstellung des eigentlichen Grabes die Urnen in die Nischen des Mausoleums gestellt oder die Tonsarkophage wurden lediglich in eine Grabgrube unter einem Arcosolium versenkt. In diesen Fällen – und das war vermutlich die große Masse, weil diese nicht in Marmorsarkophage umgebettet werden mußten – war es aber überflüssig, eine Erlaubnis des Pontifikalkollegiums einzuholen. Insoweit braucht es auch nicht zu wundern, wenn selbst in Rom mit mehreren Zehntausenden von Grabinschriften nur so äußerst selten Interventionen der *pontifices* bezeugt sind.[35]

Solange der Grabstifter lebte, war er derjenige, der darüber zu entscheiden hatte, wer in seinem Grabbau beigesetzt wurde. Dabei war er persönlich nicht durch Formulierungen eingeengt, die er vielleicht, als der Grabtitulus eingemeißelt wurde, für not-

---

34 CIL VI 2120 = 32398 = D 8380.
35 Damit ist natürlich nicht gesagt, dass nicht auch in anderen Fällen eine solche Erlaubnis vorlag, dass man sie jedoch nicht eigens in einer Inschrift vermerkte, was vielleicht nur zusätzliche Kosten verursacht hätte; vermutlich aber hat man sich in vielen Fällen gar nicht darum gekümmert, von den *pontifices* eine entsprechende Erlaubnis zu erhalten.

wendig gehalten hatte, also entweder darüber, wer in einem Mausoleum mitbestattet werden konnte oder wer vielleicht dort ausgeschlossen sein sollte, Regelungen, die für andere natürlich bindend sein sollten. Die Freiheit des Grabgründers zeigt sich im konkreten Fall etwa daran, dass Valerius Herma über die im *titulus* hinaus Genannten, nämlich neben den unmittelbaren Angehörigen noch die *liberti et libertae* sowie die *posteri eorum*, zusätzlich anderen zugestand, in seinem Grabmal bestattet zu werden. So hat sich unmittelbar rechts neben dem Eingang eine Grabinschrift gefunden, die in die Mauer eingefügt war; der zugehörige Sarkophag aber wurde in den Boden unterhalb der Inschrift rechts vom Eingang eingelassen. Dieser Text lautet:[36]

> *D(is) m(anibus) G(ai) Appaieni Casti, qui vix(it) ann(is) VIII m(ensibus) X d(iebus) XXVIII, alumno dulc(issimo), cui locum optulit G(aius) Val(erius) Herma. In front ⌈e⌉ ped(es) V, sarcofago terra deposito.*

Nach dem Namen zu schließen, gehörte der Verstorbene weder zur näheren Familie des Grabinhabers, noch war er ein Freigelassener: Er war vielmehr frei geboren, war aber offensichtlich in Hermas Familie als *alumnus* aufgewachsen. Wodurch der Status eines *alumnus* in seinem Fall zustande kam, wird nicht ersichtlich.[37] Doch muss er dem Grabstifter so nahegestanden haben, dass dieser ihm einen Platz innerhalb des Mausoleums zugestand, und zwar ein Körpergrab wie für sich selbst und für seine eigene Familie.

Anders war es wohl im Fall eines anderen *alumnus*, dessen Grabinschrift sich ebenfalls im Mausoleum fand:[38]

> *D(is) m(anibus) G(aio) Valerio Asiatico alumno G(aius) Valerius Herma; qui vix(it) an(nis) III m(ensibus) XI d(iebus) III.*

Dieser *alumnus* stammte sicherlich aus dem familiären Umfeld, war allerdings auch kein *libertus*, sondern wohl Sohn einer Freigelassenen. Denn eine weitere Grabinschrift spricht von einer Valeria Asia, die seine Mutter sein dürfte; diese wurde wiederum von einem C. Valerius Princeps bestattet, dessen Status nicht näher festzulegen ist:[39]

> *D(is) [m(anibus)] G(aius) Valerius Princeps [Va]leriae Asiae libertae i[ncom]parabili quae vix[it ann(is) --] mecum [ann(is) --].*

Sie war, da sie von Gaius Valerius Princeps als *liberta incomaparabilis* bezeichnet wird, seine Freigelassene, der seinerseits freilich nicht als Freigelassener erscheint,

---

36 Eck 1986a, 260f. Nr. 13 = AE 1987, 116.
37 Allgemein zu den *alumni* Herrmann-Otto 1994, 15ff.
38 Eck 1986a, 255f. Nr. 9 = AE 1987, 112.
39 Eck 1986a, 256f. Nr. 10 = AE 1987, 113.

obwohl er es vermutlich auch war.⁴⁰ Doch wahrscheinlich hatte ihn nicht Valerius Herma, der Grabstifter, freigelassen, denn dann hätte Princeps den Hinweis, dass Herma sein Patron war, in dessen Grab kaum vermeiden können.⁴¹ Vielleicht war er einst Sklave desselben Herrn gewesen wie Valerius Herma. Denkbar ist auch, dass beide Brüder waren, die durch die Freilassung durch denselben Herrn das gleiche Gentile erhielten. Darauf könnte hindeuten, dass er für seine Freigelassene Valeria Asia, die faktisch vermutlich seine Frau war, einen besonderen Platz im Mausoleum erhielt, nämlich in einem Arcosoliumgrab an der Nordwand, neben dem Grab der Tochter Valeria Maxima, also an einem prominenteren Platz. Den Sohn von Valerius Princeps und Valeria Asia aber könnte Herma nach deren Tod als *alumnus* angenommen haben. Dass er ihn dann in einem eigenen Körpergrab links vom Eingang bestatten ließ, war dann nur konsequent. Herma konnte alle diese Bestattung vornehmen oder erlauben, obwohl davon in der Grabstiftungsinschrift nichts gesagt ist.

Diese Erklärung, die für die *alumni* nahe liegt, kann bei einer weiteren Bestattung im selben Mausoleum nicht gelten. Der Text der Grabinschrift, die auf eine breite Marmorplatte geschrieben ist, wie sie vor einem Arcosolium angebracht wurde, lautet folgendermaßen:

*D(is) M(anibus) Dynateni G(aius) Valerius Eutychas co(n)iugi bene merenti fecit permissu G(ai) Valeri Hermaes patroni optimi.*⁴²

Diese Inschrift gehört ebenfalls zu einem Körpergrab an der Ostwand des Annexes. Dass das Grab sich dort befand, ist durch Photos, die den Befund während der Grabungszeit zeigen, bezeugt. Bestattet wurde eine gewisse Dynate und zwar von einem Valerius Eutychas, der sich selbst als *libertus* des Valerius Herma bezeichnet. Eutychas hatte, wie er in der Grabinschrift betont, für diese Bestattung eine besondere Erlaubnis seines *patronus* eingeholt und auch erhalten. Dynate stand also ganz offensichtlich kein Recht auf einen Grabplatz zu, es mußte eigens gewährt werden. Denn sie gehörte nicht zu den *liberti libertaeque posterique eorum*, die im *titulus* erwähnt sind. Dabei ist auffällig, dass Valerius Eutychas sie als seine *coniunx* bezeichnet, dass die Frau andererseits nur einen einzigen Namen trägt. Das Letztere könnte man entweder so erklären, dass Dynatene eine Sklavin war, denn sie trägt als einzige überhaupt von allen in diesem Mausoleum Beerdigten nur einen Namen; dass Eutychas sie seine Frau nennt, wäre dann abusiv, müsste aber in einer Grabinschrift nicht unbedingt stören. Falls dies zutrifft, könnte man vermuten, dass gerade der Rechtsstatus der Unfreien die Ursache für diese Sondererlaubnis war und zwar in dem Sinn, Valerius Herma habe die Körpergräber innerhalb des eigentlichen Mausoleums vielleicht nur für Freie,

---

40 Das Cognomen Princeps findet sich fast ausschließlich bei Freigelassenen, wie eine Überprüfung in EDCS ergab.
41 Vgl. den im Folgenden erwähnten Fall der Dynatene.
42 FERRUA 1942, 235; TOYNBEE/WARD PERKINS 1957, 101 Anm. 61 = EDH-Nr.: HD031672; FERAUDI-GRUÉNAIS 2003, 79.

also Freigeborene bzw. zumindest Freigelasse, vorgesehen. Denn alle anderen Toten in diesem Mausoleum sind, soweit inschriftlich bezeugt und in einem Körpergrab beigesetzt, Freigeborene oder zumindest Freigelassene. Wenn Eutychas somit, aus welchem Grund auch immer, Dynate in einem Tonsarkophag im Innern des Mausoleums unter einem Arcosolium und nicht im Vorhof zum eigentlichen Mausoleum beisetzen wollte, wo es zahlreiche Grabplätze, aber nur für Aschenurnen gab, dann hatte der Patron dies offensichtlich hier eigens zu genehmigen. Eine andere Möglichkeit wäre, dass Dynate peregrinen Rechts war und damit natürlich auch nicht zur Familie des Herma gehörte. Im einen wie im anderen Fall war sie rechtlich gesehen aber nicht die *coniunx* des Valerius Eutychas. Wie auch immer dies gewesen sein mag, das Grabrecht, das im *titulus* ausgesprochen wurde, beinhaltete somit ganz offensichtlich keine beliebige Verfügungsgewalt der *liberti*, zumindest nicht, solange der Patron noch lebte. Dies dürfte im Übrigen ganz selbstverständlich sein, ist aber hier vermutlich im konkreten Fall zu belegen.[43]

Wie die Verfügungsgewalt der *liberti* des Grabgründers über das *sepulcrum* sich nach dessen Tod gestaltete, war wohl von vielen Faktoren abhängig. Dabei muß man möglicherweise zwischen der rechtlichen und der faktischen Verfügungsgewalt unterscheiden.[44] Nach Ulpian sollen *liberti* allerdings überhaupt nur dann ein Recht zur Bestattung erworben haben, wenn sie auch Erben des Verstorbenen waren:

> *Liberti autem nec sepeliri nec alios inferre potuerunt, nisi heredes extiterint patrono, quamvis quidam inscripserint monumentum sibi libertisque suis fecisse: et ita Papinianus respondit et saepissime idem constitutum est.*[45]

Mit der realen Situation kann diese Aussage kaum etwas zu tun haben. Zumindest sagen die Inschriften, obwohl sie oft sehr differenzierte Regelungen treffen, zumeist nichts über die Freigelassenen als Erben, wohl aber tausendfach über ihr Recht, in einem Mausoleum oder Grabbezirk ihres Freilassers beigesetzt zu werden, und zwar direkt nach der übrigen Familie. Und der Kreis der Bestattungsberechtigten geht sodann noch weiter, auf die *posterique eorum*, d. h. auf die Nachkommen eben der Freigelassenen, die auf keinen Fall im Testament als Erben aufgeführt gewesen sein können, jedenfalls nicht im Normalfall.

Ob durch die normale, im *titulus* ausgedrückte rechtliche Regelung auch gedeckt war, dass die *liberti* ihrerseits anderen Personen, die nicht zu den in der Grabstiftungsinschrift genannten Personenkategorien gehörten, die Bestattung einräumten, ist schwer zu sagen.[46] Und doch findet sich in diesem Mausoleum, und zwar an recht prominenter

---

43 Siehe zu diesem Abschnitt Eck 1989, 81 f.
44 Vgl. Bürgin-Kreis 1968, 36, die eine bei Ulpian zitierte Regelung auf Hadrian zurückführt, der jedoch in der Digestenstelle nicht genannt wird.
45 Dig. 11,7,6 pr.
46 Es findet sich in stadtrömischen Grabinschriften einige Male die Formel: *permissu collibertorum*, so in CIL VI 14838 und 15078. Nur kennt man nicht den Kontext, in dem diese Texte einst standen und wie

Stelle, an der linken Wand unmittelbar angrenzend an das Grab des jung verstorbenen Valerius Olympianus, folgende Grabinschrift:[47]

> D(is) m(anibus) Tito Pompeio T(iti) f(ilio) Successo iun(iori), qui vixit annis decem novem me(n)sibus duobus die uno, filio carissimo dulcissimo T(itus) Pompeius Succ(essus) pater, cui locum obt(ulerunt) Valerii Philumenus et Galatia amico bene merenti.

Bestattet wurde ein neunzehnjähriger Titus Pompeius Successus iunior von seinem Vater T. Pompeius Successus. Der Sohn war, wie die Filiation zeigt, freigeboren, der Vater, bei dem die Filiation fehlt, ohne Zweifel Freigelassener. Mit der Familie des Valerius Herma hatten beide, soweit für uns erkennbar, nichts zu tun; darauf wird auch kein Bezug genommen. Die Möglichkeit, den Sohn zu bestatten erhielt der Vater vielmehr von seinen Freunden Valerius Philumenus und Valeria Galatia; denn sie überließen ihm den Grabplatz. Ausgedrückt wird dies durch die Worte: *cui locum obt(ulerunt)*; das ist genau dieselbe Formulierung, wie sie Valerius Herma gegenüber Gaius Appaienus Castus gebrauchte: *cui locum optulit*.[48] Die Valerii Philumenus und Galatia sind nach aller Wahrscheinlichkeit Freigelassene des Valerius Herma, kaum schon Nachkommen von dessen Freigelassenen; sonst könnte man eher Cognomina erwarten, die etwas weniger als Philumenus und Galatia an einen früheren Sklavenstatus erinnern.[49] Sie selbst hatten, wie das Nomen gentile zeigt, sicherlich ein Anrecht auf einen Platz im Grab, denn sie gehörten zur *familia* des Herma. Doch hat dieses Recht, so muß man fragen, auch die legale Möglichkeit beinhaltet, diesen Grabplatz anderen zu überlassen? Nach dem strengen Wortlaut der Grabstiftungsinschrift, so wie das etwa R. DÜLL verstand,[50] wäre das nicht möglich; dann hätten sie widerrechtlich gehandelt, was man im übrigen natürlich nicht generell ausschließen sollte. Es wäre dann höchstens zu fragen, warum andere Freigelassene des Herma nicht dagegen Einspruch erhoben. Doch auch wenn die Zulassung ins Grab im Fall des Successus iunior illegal gewesen sein sollte, dann war dies zumindest kein Hindernis, dass bald darauf noch zwei weitere Mitglieder dieser Familie von Pompeii in dem Mausoleum ihre letzte Ruhestätte fanden. Eine Inschrift auf einem Sarkophag macht das sehr klar:[51]

---

die eigentliche Grabstiftungsinschrift die Zuständigkeit der *liberti* formuliert hatte. Wichtig auch ein neuer Text aus Rom FRIGGERI 2004, 182: *Usque quo superstites lib(ertorum) libert(arum)que exstiterint, peto a praepositis ostiarior(um) et collegio ostiar(iorum), ut quamdiu si quis ex nomine meo se probaverit vobis esse, ut ito ambito defensum adiutorio vestro tutetis, quod si non exstiterit, ut defensum in vestro nomine, praepositi ostiar(iorum) sive ostiari, vobis vindicetis.*

47 ECK 1986a, 261 ff. Nr. 14–15 = AE 1987, 117; vgl. auch AE 1987, 118.
48 Siehe oben zu Anm. 37.
49 Bei SOLIN 2003, 428 f. und 965 f. finden sich nur ein bzw. zwei Fälle, dass nachweislich die Namen von Freigeborenen getragen wurden.
50 DÜLL 1953, 159 ff.
51 ECK 1986a, 263 Nr. 16 = AE 1987, 119.

D(is) m(anibus) Pompeiae Maritimae matri T(itus) Pomp(eius) Proculus Succes(sus) b(ene) m(erenti) fecit.

Pompeius Successus, der schon seinen Sohn hier bestattet hatte, brachte, wenn er mit dem hier genannten *T(itus) Pomp(eius) Proculus Succes(sus)* identifiziert werden darf, auch noch seine Mutter in dieses Grab. Da inzwischen wohl kein Arcosoliumgrab mehr für eine Körperbestattung frei war, kaufte er einen Marmorsarkophag und ließ diesen in das Mausoleum bringen. Dieser stand bei der Aufdeckung der Grabanlage unmittelbar vor dem Grab des Pompeius Successus iunior. Die neue Familie hatte sich sozusagen ihren Bereich in dem Grabbau gesichert. Mit dieser Familie hat man noch einen weiteren Text verbunden, was dann zum Schluss führte, sie haben einen weiteren Bestattungsplatz Platz okkupiert. Gestützt wurde dieser Schluss auf den folgenden Grabtext:[52]

[D(is)] m(anibus) [-- Fl]avi Pomp(ei?) T(iti) f(ili) Secund(i), q(ui) v(ixit) an(nis) VIII, me(n)s(ibus) VII.

Dieses Grab ist links vom Eingang aufgemauert worden. Doch ist fraglich, ob *Pomp(ei?)*, das zwischen dem Gentilnomen *Flavi* und der Filiation steht, wirklich als weiteres Gentilnomen verstanden werden darf. Naheliegender ist es wohl, das abgekürzte Wort als *tribus Pomp(tina)* zu verstehen, wodurch jeder Zusammenhang mit den anderen beiden Pompeii entfällt.[53]

Warum die beiden Valerii Philumenus und Galatia dem Freund Pompeius Successus ihren *locus* abtreten konnten, sagen sie nicht. Doch kann man eine realistische Vermutung wagen.

Der Besitz eines sicheren Grabplatzes war in der Großstadt Rom für die meisten Menschen ein wichtiges Gut. Einen solchen Grabplatz hat man nur abgetreten, wenn man ihn nicht mehr brauchte, weil man bereits oder inzwischen einen anderen hatte. Das sollte wohl auch hier der Fall gewesen sein. Philumenus und Galatia hatten vermutlich einen anderen Grabplatz für sich erworben, am ehesten sogar für sich ein eigenes Mausoleum erbaut, vielleicht nicht weit entfernt, und konnten damit auf den Platz im Mausoleum ihres Patrons verzichten. Dass diese Möglichkeit als sehr real gesehen werden kann, zeigt sich an zwei anderen Grabanlagen ebenfalls unter St. Peter.

Mausoleum C wurde von einem Tullius Zethus für sich selbst, seine Frau Tullia Athenais sowie seine beiden Kinder Tullia Secunda und Tullius Athenaeus errichtet, ferner für deren Kinder und für die Freigelassenen beiderlei Geschlechts, die von den zuvor im Text genannten freigelassen worden waren; das ist eine klare, aber auch einschränkende Beschreibung. Denn die Nachkommen von Freigelassenen, *posterique eorum*, wie es sonst heißt, erhielten offensichtlich keine Zugangsberechtigung zu dem

---

52 Eck 1986a, 264 Nr. 17 = AE 1987, 120.
53 Siehe dazu Eck, in Vorbereitung, im Inschriftenkatalog H 21 mit Anm. 100.

Mausoleum; sie werden im *titulus* nicht erwähnt.[54] Ob diese Regelung später tatsächlich eingehalten wurde, läßt sich nicht sagen, da nur sehr wenige Inschriften in diesem Grabbau gefunden wurden. Im Innern waren für alle vier Mitglieder der Familie die Grabplätze in Form von Aschenurnen bereits vorbereitet. Für die beiden Kinder waren die Urnen in kleine Grabaltäre eingelassen, die Inschriften tragen. Für den Sohn lautet der Text:[55]

> *D(is) M(anibus) L(ucius) Tullius Athenaeus filius hic situs est.*

Man darf davon ausgehen, dass in dem Grabaltar, der an der linken Seite der Rückwand steht, die Asche des Sohnes beigesetzt wurde. An der rechten Seite der Rückwand steht der Grabaltar mit der Inschrift für die Tochter, deren erster Teil mit dem Text für den Grabplatz des Bruders identisch ist, die aber einen Zusatz aufweist:[56]

> *D(is) M(anibus) Tullia Secunda filia hic sita est. Passulenae Secundinae mater cessit.*

Dass der erste Teil des Textes mit dem Grabtext für den Bruder übereinstimmt, braucht nicht zu überraschen, da beide Texte auf den Vater bzw. die Eltern zurückgehen. Doch dann wird klar, dass die Asche der Tochter nie in dem Grabaltar beigesetzt wurde, trotz der klaren Formel: *Tullia Secunda filia hic sita est.* Denn danach steht: *Passulenae Secundinae mater cessit.* Die Art der Einmeißelung unterscheidet diesen Teil deutlich vom erstem, womit klar ist, dass diese Worte ein späterer Zusatz sind. Das Recht, in diesem Grabaltar bestattet zu werden, hatte Tullia Secunda. Diese aber war mit einem Caetennius Antigonus verheiratet, der etwas später das Mausoleum F erbaut hat, nur einige Mausoleen weiter nach Westen. Für beide, Antigonus und Secunda steht im Grab F ein aufwendiger Aschenaltar aus Marmor mit folgendem Text:[57]

> *M(arco) Caetennio Antigono et Tulliae Secundae coniugi eius.*

Mit der Heirat war für Tullia Secunda der von den Eltern vorgesehene Grabplatz in C nicht mehr nötig. Sie konnte also darüber frei verfügen. Wenn die *mater*, die den Grabplatz an Passulena Secundina abtrat, mit Tullia Secunda identisch ist,[58] wie man

---

54 Toynbee/Ward Perkins 1957, 46. 61 = AE 1987, 154: *D(is) M(anibus) L(ucius) Tullius Zethus fecit sibi et Tulliae Athenaidi coniugi bene merenti et Tulliae Secundae et Tullio Athenaeo filis et liberis eorum libertis libertabusque, quos hi, qui supra scripti sunt, manumisissent. In front(e) ped(es) XII in agr(o) ped(es) XVII.*
55 Ferrua 1942, 47; Ferrua 1942a, 98 = EDH-Nr.: HD031684.
56 Ferrua 1942, 47; Ferrua 1942a, 98 = HD031687.
57 Ferrua 1941, 428; Toynbee/Ward Perkins 1957, 44 = AE 1987, 148 = AE 2010, 168.
58 Übernommen wird hier die Interpretation von Platscheck 2009–2012, 14 ff. insoweit, dass sich *mater* nicht auf die im titulus genannte Tullia Athenais bezieht, sondern auf Tullia Secunda. Seine sonstige Rekonstruktion ist irrig, siehe dazu Eck 2018b, 244 ff.

aus der Verfügungsgewalt über die Grabara annehmen muss, dann lässt das Cognomen der Passulena vermuten, dass sie als Secundina die Tochter von Tullia Secunda war, wohl aus einer früheren Ehe der Secunda mit einem Passulenus. Da dieser gestorben war und Secunda Antigonus heiratete, hat sie ihrer Tochter aus der früheren Ehe den für sie früher vorgesehenen Grabplatz abgetreten. Dass zwischen der Familie der Caetenii aus Mausoleum F irgendeine Beziehung mit den Grabberechtigten von C bestand, sieht man auch daran, dass eine Caetennia Procula, in irgendeiner Form „verwandt" mit Caetennius Antigonus zusammenhing, ebenfalls in C bestattet wurde. Das hatte vermutlich ebenfalls Tullia Secunda über ihr Grabrecht an C gesorgt. Tullia Secunda konnte ohne jeden Zweifel rechtlich über die gesamte Grabanlage C verfügen; das war bei den beiden Freigelassenen Valerii Philomusus und Galatia, die ebenfalls einen anderen Grabplatz für sich gesichert hatten, sicherlich im Mausoleum H nicht der Fall, zumindest nicht in dieser Eindeutigkeit.

Am Mausoleum des Caetennius Antigonus lassen sich auch die konkreten Auswirkungen der Formel: *libertis libertabusque posterisque eorum* direkt verfolgen. Der Grabtitulus ist zwar nicht erhalten, doch war er ursprünglich einmal vorhanden, wie eine Einlassung an der Außenwand erkennen läßt. Und im Text des *titulus* war ohne Zweifel auch diese ganz übliche Formel enthalten gewesen. Sie erscheint zu standardmäßig gerade auch in den Inschriften an den Mausoleen unter St. Peter. Tatsächlich finden sich im Mausoleum mehrere Bestattungen für Personen, die Freigelassene des Caetennius Antigonus gewesen sind. Die Asche eines M. Caetennius Ganymedes wird von seinem Mitfreigelassenen Caetennius Secundus in einer Graburne beigesetzt, die eines M. Caetennius Tertius durch seinen *collibertus* M. Caetennius Chilo, die eines M. Caetennius Chryseros durch M. Caetennius Antigonus iunior.[59] Antigonus Iunior dürfte der Sohn des Grabgründers Antigonus sein, allerdings wohl nur rechtlich, da er Chryseros seinen *patronus* nennt.[60] Andererseits haben solche *liberti* bzw. *libertae* wohl auch ihre Ehepartner im selben Mausoleum bestatten können oder jedenfalls faktisch bestattet. In dieser Weise ist vermutlich die Inschrift für einen A. Valerius, Gatte einer Tullia Try[phaena?], zu verstehen, die im Mausoleum F gefunden wurde; Tullia Try[phaena?] war wohl eine *liberta* der Tullia Secunda gewesen.[61] Insgesamt lassen sich fünf Freigelassene des Caetennius Antigonus und wohl zwei der Tullia Secunda nachweisen, auf deren Freigelassene sich die Grabstiftungsinschrift nach aller Wahrscheinlichkeit ebenfalls erstreckt hat.[62]

Die Nachkommen (die *posteri*) dieser Freigelassenen der Frau, die also ihrerseits bereits Freigeborene waren, scheinen über mehrere Generationen überlebt und von dem den *posteri* eingeräumten Recht Gebrauch gemacht zu haben. Denn ein L. Tullius

---

59 TOYNBEE/WARD PERKINS 1957, 44 ff. = AE 1987, 149–151.
60 Siehe ECK, in Vorbereitung.
61 ECK 1986a, 253 f. Nr. 7 = AE 1987, 110: *[D(is)] M(anibus) A(ulo) [Valerio --] / Tullia Try[-- coniugi et-- filio] / karissimo [A(ulus) Valerius--] / et A(ulus) Valeriu[s--liberti] / patrono be[ne merenti] / feceru[nt --] / V[aleri--]*.
62 ECK, in Vorbereitung, Appendix für Mausoleum F.

Hermadion ließ seinen gleichnamigen 19-jährigen Sohn in einem Körpergrab unmittelbar an der Stirnwand des Mausoleums direkt gegenüber dem Eingang bestatten. Dadurch wurden einige der Hauptplätze im Grab überbaut, was wohl nur vorstellbar ist, wenn der Grabstifter, Caetennius Antigonus, bereits verstorben war und das, was in seinem Grab geschah, nicht mehr kontrollieren konnte.[63] Auch L. Tullius Hermadion *pater* ließ sich dort bestatten, im Gegensatz zu seinem Sohn hatte er allerdings angeordnet, dass sein Leichnam verbrannt wurde; seine Asche wurde in einer Urne geborgen.[64]

Bei weiteren Bestattungen in F ist dieses Recht jedoch kaum mehr ohne weiteres wirksam gewesen. So hat vermutlich in diesem Mausoleum F der eben genannte Tullius Hermadion zwei *amici*, einen Aurelius Gigas und eine Papiria Profutura, beigesetzt.[65] Ob sein eigenes „Recht" so weit ging, ist nicht zu erkennen. Man denke wiederum an die Bestattung im Mausoleum H, wo die Valerii Philomusus und Galatia ihren Grabplatz an Pompeius Successus abtraten. Doch Tullius Hermadion trat nicht einmal die Plätze ab, die ihm rechtlich zustanden; vielmehr hatte er ja bereits seinen Sohn bestattet und auch für sich selbst noch einen Platz reservieren lassen. Er nahm vielmehr für seine *amici* zusätzliche Plätze in Anspruch. Ob andere Nachkommen von Freigelassenen der Familie dazu ihre Zustimmung geben mußten, bleibt wiederum offen. Noch unklarer wird es in einigen weiteren Fällen. Ein Marcus Aurelius Hieron, *evocatus Augusti*, damit sicher ein Freigeborener, bestattete seinen 6-jährigen Sohn, und zwar ebenfalls in einer Weise, dass frühere Gräber durch die neue Grablege überdeckt und damit unzugänglich wurden.[66] Eine Aurelia Eutychiane ließ für ihren Ehemann Aurelius Nemesius, der *magister chori orchistopalae et pantomimorum* genannt wird, also eine Funktion im öffentlichen Unterhaltungsbetrieb der Stadt Rom eingenommen hatte, ein Grab in einem Arcosolium anlegen.[67] Fast in der Mitte des Mausoleums wurde in den Boden das Grab einer Aemilia Gorgonia eingetieft. Die Frau war sicherlich christlichen Bekenntnisses,[68] ebenso wie ein Siricius, der, unter Verletzung des Grabrechtes, in den Pseudosarkophag des Tullius Hermadion gelegt wurde (Abb. 15).[69] Die beiden christlichen Begräbnisse sollte man wohl kaum vor das Ende des 3., eher erst an den Beginn des 4. Jahrhunderts setzen. Auf jeden Fall liegen

---

63 Eck 1986a, 251 ff. Nr. 5–6. = AE 1987, 108 = AE 2001, 518: *D(is) M(anibus) L(ucius) Tullius Hermadion L(ucio) Tullio Hermadioni filio dulcissimo fecit, qui vixit annis XVIII m(ensibus) V diebus V.*
64 AE 1987, 109: *D(is) M(anibus) L(ucius) Tullius Hermadion fecit sibi vibus(!).*
65 Eck 1986a, 247 f. Nr. 2 = AE 1987, 105: *D(is) m(anibus) Aureli Gigantis et Papiriae Profuturae eius Tullius Hermadion amicis b(ene) m(erentibus).*
66 Toynbee/Ward Perkins 1957, 46 = AE 1987, 153. S. 32 nennen Toynbee und Ward Perkins den M. Aurelius Hieron einen Freigelassenen Marc Aurels, wozu es nicht nur keinerlei Grund gibt; vielmehr ist dies angesichts des militärischen Dienstes ausgeschlossen. Aurelius Hieron war freier Geburt.
67 Eck 1986a, 248 ff. Nr. 4 = AE 1987, 107 = EDCS-07400042: *Aurelio Nemesio co(n)iugi carissimo bene merenti, qui vixit annis LIII, menses(!) VIIII, diebus XI, qui cum summa laude artis suae musicae magister chori, orchestopalae et pantomimorum deserviit. Huic Aurelia Eutychiane uxor dedit ac posuit.*
68 Ferrua 1942, 233; Toynbee/Ward Perkins 1957, 47 = EDCS-07400091.
69 Ferrua 1942, 234; Toynbee/Ward Perkins 1957, 47 = EDCS-33600319.

sie aber vor ca. 324, als die Basilica zu Ehren des Apostels Petrus vollendet wurde und damit der Zugang zur Nekropole nicht mehr möglich war.

Wie alle diese zuletzt genannten Personen zu dem Recht gekommen sind, in diesem Grab ihre Toten zu bestatten, ist nicht mehr erkenntlich. Ob möglicherweise einer der Aurelii eine Tullia geheiratet hat, die von einem Freigelassenen der Tullia Secunda abstammte, und auf diesem Weg der Zugang zum Mausoleum eröffnet wurde, läßt sich dem Inschriftenmaterial nicht mehr entnehmen.[70] Bei Siricius kann man eindeutig von einer Grabusurpation ausgehen;[71] nichts zeigt dies deutlicher als die Beisetzung in einem schon existierenden individuellen Grab.[72]

Was können solche Einsichten, die sich gerade auf Grund des Materials unter St. Peter, aber etwa auch auf der Basis des Grabbezirks unter dem Autoparco im Vatikan sowie des weit ausgedehnten Grabgeländes auf der Isola sacra in der Nähe von Ostia ergeben,[73] für die rechtliche Interpretation von Grabinschriften beitragen?[74] Das Wichtigste scheint zu sein, dass bei der Interpretation von Grabinschriften zwischen dem Grabtitulus und den individuellen Grabinschriften deutlich unterschieden werden muss. Der Grabtitulus beschreibt im Allgemeinen eine Rechtssituation, so wie sie vom Erbauer eines Grabes für die gesamte Anlage gewollt war. Diese war gültig und beschrieb den rechtlichen Rahmen, der für alle in entsprechender Weise gelten sollte. Wie weit die Inschriften an individuellen Grabstellen, die teilweise lange nach dem Grabtitulus überhaupt geschrieben und innerhalb des Grabes angebracht wurden, auch jeweils eine präzise rechtliche Aussage machen, ist dagegen weniger klar. Wenn nur die Inschrift selbst ohne den konkreten Kontext, häufig sogar nur der Text ohne den Inschriftenträger erhalten ist, läßt sich über die rechtliche Aussage, die möglicherweise in einem Text vorhanden war, oft nichts oder nur sehr Unsicheres erkennen. Man denke an Pompeius Successus in Mausoleum H, dem die Valerii Philomusus und Galatia mit der Formel *obtulerunt* einen Grabplatz abtraten, der Formel nach nicht anders, als Valerius Herma dies gegenüber Appaienus Castus tat. Doch während der Grabstifter Valerius Herma in seinem Handeln frei war, überschritten die beiden anderen, so ist jedenfalls zu vermuten, ihr eingeschränktes Recht, das ihnen nach dem

---

70 Denkbar wäre auch, dass Tullius Hermadion, der über das Recht der Freigelassenen und ihrer *posteri* ein Anrecht auf einen Grabplatz hatte, unter Überschreitung seines Rechts einem Aurelius Gigas den Zugang eröffnet hatte (Eck 1986a, 247f. Nr. 2 = AE 1987, 105 = EDCS-07400040), wodurch auch andere Aurelii dort bestattet werden konnten.
71 D.h., hier kann man nicht einmal mehr mit der Möglichkeit rechnen, dass möglicherweise ein Eigentümer die Zustimmung gegeben hat, wie es sich beispielsweise aus einem Erlaß Marc Aurels ergibt: Inst. Iust. 2,1,9: *in alienum locum concedente domino licet inferre*.
72 Es handelt sich hier um den klassischen Fall der Bestattung in einem Grab, in dem bereits ein Toter lag. Zahlreiche Grabinschriften verbieten diese Praxis, vgl. z.B. D 8210. 8212. 8213. 8221/22. 8229; doch solche Verbote waren offensichtlich immer wieder unwirksam.
73 Siehe dazu etwa die Beiträge von Steinby 1987 und Baldassare 1987; ferner Steinby 2003. Zu den Grabinschriften von der Isola Sacra Thylander 1952.
74 Dazu Eck 1987a, 61 ff.

Grabtitulus zugestanden hatte.[75] Diese Einsicht erlaubt hier der epigraphisch-archäologische Kontext. Bei der Masse der anderen Grabinschriften ist dieser aber zumeist nicht bekannt. Damit aber verbietet sich wohl häufig, wenn nicht sogar stets eine präzise juristische Aussage. Es wäre eine interessante Aufgabe, die Ausführungen, die bisher zum römischen Grabrecht auf Grund der Inschriften gemacht wurden, einmal generell unter diesen Prämissen zu untersuchen. Im Kontext eines Aufsatzes lassen sich die Probleme nur andeuten, nicht aber lösen.

---

75 *Offere* ist im Kontext von Grabinschriften in Rom offensichtlich sehr selten; siehe PANCIERA 2004, 321 und 324, wo allerdings auf das Rechtsproblem nicht eingegangen wird.

10 Teilhabe an der Macht: Kaiserliche Freigelassene in der Gesellschaft des Imperium Romanum

Der erste jüdische Aufstand führte im Römischen Reich zu einer politischen Revolution, zur Herrschaft einer neuen Kaiserdynastie in Rom.[1] Nero hatte dem Senator und Konsular Titus Flavius Vespasianus die Niederkämpfung des Aufstandes in Judäa übertragen. Noch bevor dieser Auftrag im September des Jahres 70 mit der Eroberung Jerusalems im Wesentlichen erfolgreich abgeschlossen werden konnte, fand Nero sein Ende und mit ihm die julisch-claudische Dynastie. Aus dem bitteren Kampf um die Herrschaft im Reich ist schließlich Vespasian als Sieger hervorgegangen, gegen Vitellius, der von Gallien-Germanien aus sich für kurze Zeit als Kaiser durchgesetzt hatte. Die Kölner und die Trierer, oder richtiger gesagt: die Gemeinden der Ubier und der Treverer, hatten zu seinen Anhängern gezählt; wieweit das freiwillig oder gar mit Enthusiasmus geschehen war, ist nicht überliefert.

Vespasian verdankte seinen Sieg natürlicherweise vor allem den Truppen im Osten des Reiches sowie denen im Donauraum und deren Kommandeuren, an erster Stelle den Statthaltern von Syrien und Ägypten, Licinius Mucianus und Iulius Alexander, aber auch den vielen Legionslegaten, Tribunen und Auxiliarpräfekten. Von Letzteren wurden nicht wenige bald darauf von Vespasian in den Senat aufgenommen, sie wurden Mitglieder der Reichsführungsschicht und damit Teilhaber an der Macht im Imperium. Es war die Anerkennung ihres Verdienstes um die neue Dynastie.[2]

Das Engagement dieses Personenkreises im Kampf Vespasians um die Macht fand in der Überlieferung einen breiten Niederschlag, weniger jedoch das anderer Personen, das es dennoch in großem Umfang gegeben hat. Einer der wenigen enthüllenden Hinweise findet sich in den Silvae, einem Werk des Dichters Papinius Statius, der in domitianischer Zeit seine Gedichte verfasste.[3] Er beschreibt im dritten Gedicht seines dritten Buches Leben und Laufbahn eines Mannes, dessen Namen er nicht nennt; bekannt ist uns nur der Name des Sohnes, dem das Gedicht gewidmet ist: Claudius Etruscus. Aus dem Namen des Sohnes sollten wir wohl entnehmen dürfen, dass auch der Vater das Gentilnomen Claudius geführt hat.[4] Dieser aber – und das führt uns zu unserer Thematik – war zunächst als Sklave im Dienst von Kaiser Tiberius tätig gewesen, hatte durch Freilassung seine persönliche *libertas* erlangt. Seine Tätigkeit setzte er unter Tiberius' Nachfolgern Caligula, Claudius und Nero fort und war offensichtlich von Nero oder einem von dessen kurzlebigen Nachfolgern, Galba, Otho oder Vitellius, mit einer Tätigkeit im Osten des Reiches betraut worden. Dort muss er solche Macht und Einfluss ausgeübt haben, dass er zum Erfolg Vespasians in besonderer Weise beige-

---

[1] Der Text entspricht im Wesentlichen dem, der in Trier bei der Verleihung des Ausonius-Preises vorgetragen wurde.
[2] LEVICK 1999, 170 ff.; NICOLS 1978; ECK 2009g, 231 ff.
[3] Stat. silv. 3,3, bes. 138 ff. Zu ihm vor allem auch WEAVER 1972, 282 ff.
[4] Zumeist wird ihm der Name Ti. Iulius zugeschrieben, wohl eher nicht zu Recht, siehe ECK 2010c.

tragen hat. Dieser in vielerlei Hinsicht recht traditionell geprägte Kaiser hielt sich im Allgemeinen eher an altrömische Grundsätze, wenn es nicht gute Gründe für ihn gab, davon abzuweichen. Doch gerade er erlaubte diesem Freigelassenen am Triumph des Jahres 71 n.Chr. über das jüdische Volk und Jerusalem teilzunehmen.[5] Diese Herausstellung war außerordentlich, sie war fast sensationell; denn unter normalen Umständen konnten Freigelassene nicht einmal im römischen Heer dienen, sondern nur freigeborene römische Bürger. Nur solche waren somit auch die natürlichen Teilnehmer an einem römischen Triumph. Hier aber wurde diese ehrenvolle Auszeichnung einem Freigelassenen gewährt, einem ehemaligen Sklaven. Aber außergewöhnliche Verdienste konnten gerade in der Kaiserzeit auch Belohnungen und Auszeichnungen nach sich ziehen, die mit der Tradition im Widerspruch standen. Dies wird uns nochmals bei einem kaiserlichen Freigelassenen begegnen (u. S. 172f.).

Obwohl wir nicht konkret wissen, was der Vater des Claudius Etruscus für Vespasian im Osten geleistet hatte, ist klar, dass es etwas Außergewöhnliches gewesen sein muss. Und aller Wahrscheinlichkeit nach war das, was sich als wesentlicher Beitrag zum Sieg Vespasians herausgestellt und deshalb auch solch öffentliche Anerkennung durch den Kaiser zur Folge hatte, mit seiner Stellung und seinen Aufgaben als Freigelassener im Dienste des Kaisers verbunden.

Über die spezifischen Gründe für die Auszeichnung schweigt Statius, doch lässt er noch andere außergewöhnliche Züge an diesem kaiserlichen Freigelassenen hervortreten. Vespasian gewährte ihm nämlich nicht nur die Teilnahme am Triumph *ex Iudaeis*. Er machte den *libertus* auch zum *eques Romanus*, zum römischen Ritter, nahm ihn also in den zweithöchsten *ordo* des *populus Romanus* auf; äußeres Zeichen dafür war die Verleihung des goldenen Rings, des *anulus aureus*. Voraussetzung dafür war die *restitutio natalium*, womit er rechtlich den Status eines Freigeborenen erhielt, so als ob er nie Sklave gewesen wäre.[6] Deshalb konnte er auch im Theater in den Sitzreihen des *equester ordo* Platz nehmen.[7] Als Ritter gehörte er zu der gesellschaftlichen Gruppe, die zusammen mit dem Senatorenstand, dem *ordo senatorius*, die Reichselite bildete.[8] Aus dieser kamen fast alle diejenigen, die im Imperium öffentliche Aufgaben im Dienst der *res publica* übernehmen konnten.

Senatoren und Ritter unterschieden sich zwar in der *dignitas*, in ihrem offiziellen Prestige, aber es gab zwischen ihnen keinen unüberbrückbaren gesellschaftlichen Graben.[9] Das galt offensichtlich sogar für einen ehemaligen kaiserlichen *libertus*, der erst durch ein kaiserliches *privilegium* zu einem freigeborenen Menschen erklärt und

---

5 Stat. silv. 3,3,138 ff.: *Illum et qui nutu superas nunc temperat arces, / progeniem claram terris partitus et astris, / laetus Idymaei donavit honore triumphi, / dignatusque loco victricis et ordine pompae / non vetuit, tenuesque nihil minuere parentes.*
6 Dazu WEAVER 1972, 282f.; DEMOUGIN 1984, 217 ff. Allgemein dazu ECK 1999d, 5 ff. Siehe nunmehr auch DAVENPORT 2019, 246.
7 Stat. silv. 3,3,143: *idem in cuneos populo deduxit equestres.*
8 DEMOUGIN 1982, 73 ff.; ECK 1991a, 73 ff.
9 Vgl. etwa Suet. Vesp. 9,2.

dann zum Ritter erhoben wurde. Denn dieser Vater des Claudius Etruscus heiratete eine Frau aus einer hochangesehenen Familie aus dem umbrischen Assisi, eine (Tettia) Etrusca.[10] Der Rang, den diese Familie in der damaligen Gesellschaft einnahm, wird durch den Senatssitz des Bruders der Etrusca deutlich. Dieser, ein Tettius Iulianus, war nicht nur Mitglied des Senats, er gehörte in diesem Gremium zur führenden Gruppe der Konsulare, also all derjenigen, die das höchste republikanische Amt, den Konsulat, erreicht hatte, im Jahr 83.[11] Als Iulianus schließlich unter Kaiser Domitian auch einen wichtigen Sieg gegen die Daker nördlich der Donau errang, hatte er sich einen Platz in der engsten Führungsgruppe des Senats gesichert.[12] Dieser hochangesehene Senator war somit Schwager eines ehemaligen Sklaven, der es bis zum Rang eines römischen Ritters gebracht hatte: Da muss man die Frage stellen: War das ein Zeichen für eine totale Überwindung von Standesschranken?

Ganz so ideal im Sinn einer Integration eines ehemaligen Sklaven in die freie Gesellschaft Roms darf man das, was sich unmittelbar aus dem Gedicht des Statius ergibt, sicherlich nicht sehen. Denn ein Faktor, dem ohne Zweifel auch von Seiten der Familie der Tettia Etrusca ein nicht geringes Gewicht beizumessen ist, wurde bisher nicht genannt: Vespasian hatte den Vater des Claudius Etruscus zum *a rationibus* gemacht. Der Inhaber dieser Funktion wird häufig als Finanzminister bezeichnet, was ein wenig in die Irre führt, weil die Funktionen nicht wirklich vergleichbar sind. Doch auch wenn man dieses Wort vermeidet, ist klar, dass die Stellung des *a rationibus* herausragend und insbesondere ertragreich war. Er wachte über die kaiserlichen Finanzen im gesamten Reich, über die Einnahmen und die Ausgaben, was Statius gerade für den Vater des Claudius Etruscus breit beschreibt.[13] Auch wenn der *a rationibus* keine grundsätzliche eigenständige Entscheidungsbefugnis über diese Mittel besaß, sondern vom Kaiser abhängig war und nur auf dessen Anweisung hin tätig werden konnte, so war doch notwendigerweise sein Einfluss gewaltig, zumal, wenn er diese Funktion über viele Jahre hinweg ausübte, wie das bei Etruscus' Vater der Fall war. Denn zumindest viele Routineangelegenheiten wurden sicherlich alleine von ihm entschieden, da sich der Kaiser nicht um jede einzelne finanzielle Transaktion kümmern konnte. Dass dabei auch für den Inhaber des Amtes konkrete Vorteile verbunden waren, war sozusagen systemimmanent. Doch noch wichtiger als der Zugriff auf die gewaltigen Geldmittel war ohne Zweifel, dass der *a rationibus* stets und ständig mit dem Kaiser verkehrte. Das war die eigentliche Quelle seines Einflusses. Er hatte „Zugang zum Machthaber".

Einen solchen Mann zum Schwager zu haben, das konnte von größtem Vorteil sein und vermutlich sogar helfen, Standesschranken zu überwinden. Bei der Entscheidung, Etrusca mit diesem kaiserlichen Funktionär zu verheiraten, hat vermutlich diese Stellung eine nicht geringe Rolle gespielt, obwohl man andere, persönliche

---

10 Stat. silv. 3,3,106 ff.
11 CIL XVI 29; cf. RMD III 210.
12 EVANS 1978, 102 ff.; vgl. PIR² VIII T 138.
13 Stat. silv. 3,3,86 ff.

Motive nicht ausschließen sollte. Wie andererseits senatorische Standesgenossen des Tettius Iulianus auf die Verschwägerung mit diesem ehemaligen Freigelassenen reagierten, ist nicht überliefert. Massive offene Missachtung dieser „Mesalliance" hat es wohl nicht gegeben, dazu war der *a rationibus* zu mächtig. Aber dass bei allen Senatoren ein breites Wohlwollen für diese Verbindung vorhanden war, daran darf man zweifeln. Die Bücher der Historien des Tacitus, in denen die domitianische Zeit dargestellt wurde, sind verloren. Vielleicht ist der Historiker darauf zu sprechen gekommen; immerhin hat er später in seinen Annalen behauptet: *et plurimis equitum, plerisque senatoribus non aliunde originem trahi: si separarentur libertini, manifestam fore penuriam ingenuorum.*[14]

Zweifel, dass alle Senatoren die Heirat zwischen dem als Ritter „geadelten" *a rationibus* und Etrusca ohne Ressentiment akzeptiert hatten, sind berechtigt. Das lässt sich mit einiger Berechtigung einem weiteren literarischen Zeugnis entnehmen, das wenige Jahre nach dem Gedicht des Statius geschrieben wurde, einem Brief von Plinius d. J. Er hatte wie schon der erwähnte Tettius Iulianus den Konsul bekleidet (im Jahr 100 n.Chr.) und gehörte damit ebenfalls zur Führungsgruppe im Senat. Er berichtet, er sei auf einer Reise auf der via Tiburtina, noch innerhalb des ersten Meilensteines, also ganz nahe bei der Stadt, auf das Grabmal des Pallas aufmerksam geworden, eines Freigelassenen von Kaiser Claudius, mit dem zum ersten Mal allen deutlich geworden war, welch machtvolle Position ein *a rationibus* einnahm. Dieser Pallas, der noch in neronischer Zeit gestorben war, habe, so Plinius an seinem Grabmal den Inhalt eines Senatsbeschluss des Jahres 52 n.Chr. in folgender Form veröffentlichen lassen:[15]

> *Huic senatus ob fidem pietatemque erga patronos ornamenta praetoria decrevit et sestertium centies quinquagies, cuius honore contentus fuit.* = „Der Senat hat beschlossen, ihm (Pallas) wegen seiner Treue und wegen seines pflichtgemäßen Verhaltens gegenüber seinen Patronen die Abzeichen eines Prätors zu verleihen sowie 15 Millionen Sesterzen; er (Pallas) begnügte sich (aber) mit der Ehre."

Der von Plinius überlieferte Wortlaut entspricht recht genau dem, was wir aus anderen Inschriften entweder unter Ehrenstatuen oder von Grabmälern über solche Texte kennen. Es werden ehrenvolle Beschlüsse für eine Person gefasst; doch der Geehrte verzichtet ganz oder partiell auf die Ehrung, vor allem, soweit sie finanziellen Aufwand von Seiten der Ehrenden erforderte.[16] Plinius hat somit den Wortlaut sicher nicht verfälscht, er zitiert ihn sogar in zwei verschiedenen Briefen. Das Geschehen um Pallas ist also, wie viele andere Zeugnisse zeigen, ein im Grunde ganz übliches in der römischen Gesellschaft: der Geehrte entlastet den Ehrenden vor finanziellen Aufwendungen. Doch Plinius desavouiert im Fall des Pallas sogleich den Vorgang, indem er so tut, als ob der Geehrte nicht zur Gesellschaft

---

14 Tac. ann. 13,27,1; CARBONI 2020.
15 Plin. epist. 7,29,1 und 8,6,1.
16 Da kann es z.B. heißen: *honore contentus impensam remisit* oder *honore contentus sua pecunia posuit* usw.

freier Römer gehöre. Er beschimpft ihn als Sklaven, d.h. als Nicht-Person. Er sei ein *furcifer*, der richtigerweise die *furca*, das Gabelkreuz tragen solle; dieses war das äußere Zeichen, mit der man Sklaven für irgendeine von der Gesellschaft nicht akzeptierte Tat öffentlich an den Pranger stellte. Besonders erbost ist Plinius darüber, dass von Pallas' *fides, industria* und *diligentia* gesprochen wird, von seiner Treue, seinem Arbeitseifer und seiner Sorgfalt bei seiner Tätigkeit. Doch das Empörendste für Plinius war, dass Pallas es wagte, seinen Patron, den Kaiser, vor dem Senat zu bitten, auf den finanziellen Teil des Senatsbeschlusses zu verzichten; denn das sei in Wirklichkeit keine Bitte, sondern ein Befehl gewesen: ein Freigelassener befiehlt dem Kaiser und der Senat gehorcht dem Kaiser auf dessen Bitte hin. Es ist die Macht des *libertus* und die – angebliche – Machtlosigkeit des Senats, die den sonst in seinen Worten so zurückhaltenden Senator zu seinem giftigen Wutausbruch verleitet.

Er steht damit allerdings nicht allein; sein Zeitgenosse, der Historiker Tacitus, äußert sich ähnlich.[17] Doch am schärfsten drückt der Onkel des Plinius, der ältere Plinius, selbst Mitglied des Ritterstandes und hoher Funktionsträger im Kreis um Vespasian, den Kern des Skandalon aus, das mit einer Gestalt wie Pallas für die römische Elite verbunden war oder zumindest für manche verbunden sein konnte. Plinius d. Ä. spricht zwar in dem Zusammenhang nur allgemein von Sklaven, meint aber ganz eindeutig Leute wie Pallas.[18] Manche Sklaven, so sagt er, hätten eine solche Machtfülle erlangt, dass man ihnen die *ornamenta praetoria* verleihe – was eben bei Pallas geschehen war – wobei nur noch gefehlt habe, dass man sie mit lorbeergeschmückten *fasces*, d. h. als siegreiche Magistrate, dorthin zurückgesandt hätte, woher sie einst als Sklaven importiert worden seien. Plinius d. Ä. verwendet, um diese Machtfülle auszudrücken, die Worte: *adeo rerum potiri* = „sie seien zu solcher Machtfülle aufgestiegen": es ist fast genau der Ausdruck, den Augustus in seinen *res gestae* für seine absolute Machtstellung nach Actium gebraucht hat.[19] Und um ja keinen Zweifel daran zu lassen, worin er das Skandalon sieht: Ihre Macht gleiche der von römischen Magistraten, die mit ihren Rutenbündeln Rom in den Provinzen repräsentierten.[20] Freigelassene übten anstelle von römischen Konsuln, Prätoren oder Prokonsuln Macht im Imperium aus – das war die Perversion der traditionellen Ordnung. Nach den Vorstellungen der beiden Plinii oder des Tacitus hätte es solches

---

17 Tac. ann. 12,53.
18 Man fühlt sich bei diesen Formulierungen an manch bösartige Assoziationen erinnert, die im Wahlkampf von manchen Gegnern Barak Obamas über dessen Herkunft geäußert wurden.
19 R. Gest. div. Aug. 34: *potens rerum omnium*.
20 Plin. nat. 35,203: *quos et nos adeo potiri rerum vidimus, ut praetoria quoque ornamenta decerni a senatu iubente Agrippina Claudi Caesaris videremus tantumque non cum laureatis fascibus remitti illo, unde cretatis pedibus advenissent* = „Ebenjene Leute haben wir zu solcher Machtfülle aufsteigen sehen, dass wir miterleben mussten, wie ihnen sogar die prätorischen Rangabzeichen auf Weisung Agrippinas, der Gattin von Claudius Caesar, vom Senat zuerkannt wurden. Es hat lediglich noch gefehlt, dass sie mit lorbeerbekränzten Rutenbündeln dorthin zurückgeschickt wurden, woher sie mit geweißten Füßen [Zeichen für Sklaven, die auf dem Markt zum Verkauf angeboten wurden] gekommen waren."

nicht geben dürfen. Plinius d. Ä. hat trotz seines Ranges als *praefectus classis Misenensis* keine *ornamenta praetoria* erhalten.

Doch die Schilderungen bei diesen Autoren verweisen auf eine Realität der kaiserzeitlichen sozio-politischen Ordnung, die jeder beobachten konnte, weil sie mit Augustus zu einem konstanten Zug der römischen Gesellschaft geworden war. In der republikanischen Zeit war die römische Sozialstruktur polyzentral gestaltet. Viele Personen konnten Macht ausüben, es gab konkurrierende Machtzentren, nach denen sich andere ausrichten konnten. Doch mit Augustus wurde dieses polyzentrale System in ein monozentrales Bezugssystem verwandelt, auf das sich alle anderen Beziehungen hin orientieren mussten. Die Nähe zu dem, der *potens rerum omnium* war, der also die Macht als Ganzes in Händen hielt, wie es in den *res gestae* von Augustus heißt,[21] war nunmehr ein entscheidendes Element für die Stellung des Einzelnen in der Gesellschaft. Natürlich war die Nähe zum Herrscher nicht das einzige bestimmende Element: Reichtum, Familie, offizielle Stellung, all dies spielte auch jetzt eine wichtige Rolle; doch der Bezug zum Kaiser, zum Machthaber, konnte all das überspielen. Und das war die Basis, auf der sich die Macht kaiserlicher Freigelassener entfalten konnte. Pallas und der Vater des Claudius Etruscus sind dafür herausragende Beispiele, aber eben nur Beispiele.[22] Sie bezeugen ein entscheidendes Element des kaiserzeitlichen Sozialsystems. Doch die Regel gilt für alle Mitglieder der damaligen Gesellschaft auf allen Stufen der sozialen Ordnung.

Diese Strukturveränderung in den gesellschaftlichen Mechanismen machte sich unmittelbar mit dem politischen Sieg von Augustus bemerkbar, allerdings, wie es scheint, zunächst weniger direkt in Rom selbst, wo die alten Eliten im Senat noch über beträchtlichen Einfluss verfügten und insbesondere alte ideologische Vorstellungen, wie die Rolle der Einzelnen in der Gesellschaft gestaltet sein sollte, noch mächtig waren. Auf sie musste Augustus und selbst noch seine Nachfolger für einige Zeit Rücksicht nehmen. Außerhalb des Reichszentrums jedoch, in den Provinzen, wurde das veränderte Machtgefüge direkt sichtbar. Ephesus in der Provinz Asia und der gallisch-germanische Bereich können dafür als Beispiele dienen. In Ephesus ist heute auf dem Platz vor dem Eingang zur Unteren Agora die wiedererrichtete, imponierende Fassade der Celsusbibliothek zu sehen, die in den ersten beiden Jahrzehnten des zweiten Jahrhunderts als Erinnerungsbau für den verstorbenen Senator Gaius Iulius Celsus Polemaeanus erbaut worden war.[23] Daneben erhebt sich der dreitorige Eingang zum Unteren Markt, ein Bau, der lange Zeit die Schauseite des Platzes beherrschte, heute aber durch die Celsusbibliothek weniger wahrgenommen wird. Der gesamte Platz war ein idealer Ort für die Präsentation von Personen, aber auch für die Selbstdarstellung von führenden Persönlichkeiten, weil dort zwei der wichtigsten Straßen der Stadt zusammenliefen und stets ein zahlreiches Publikum präsent war. Es war ein *locus celeberrimus* par excellence. Gerade dort aber er-

---

21 R. Gest. div. Aug. 34.
22 Siehe dazu Vittinghoff 1980, 31 ff. = Vittinghoff 1994, 253 ff.; Eck 2010c, 774–776.
23 IK 17, 2, 5101–5114 (Ephesos).

richteten zwei Freigelassene, Mazaeus und Mithridates das genannte dreibogige Tor, auf dessen Attika auf der linken Seite die Statuen von Augustus und seiner Frau Livia sowie auf der rechten Seite von Agrippa und seiner Frau Iulia, Augustus' einziger Tochter, auf den Betrachter herabblickten (Abb. 1).

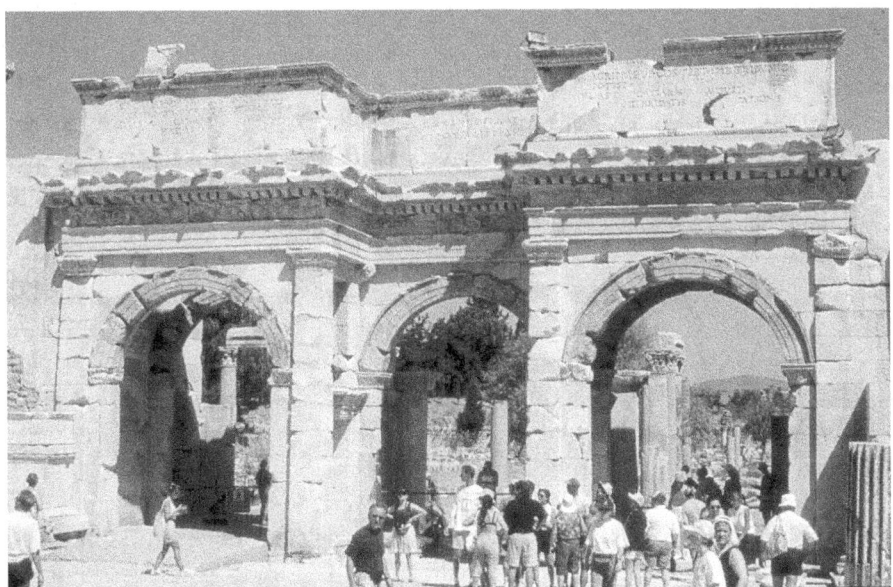

Abb. 1: Markttor Ephesos. Foto: Prof. Dr. Volker Michael Strocka.

Ihre Namen standen, wie es gar nicht anders sein konnte, auf der Frontseite der Attika, aber eben nicht nur ihre. Unter ihnen liest man, in Latein verteilt unter die beiden Statuengruppen die Namen der beiden Freigelassenen, die das Tor ihren Patronen dedizierten. Die Namen der beiden liberti erscheinen dann aber noch ein zweites Mal, diesmal in griechischer Sprache, und zwar zwischen den beiden Statuengruppen, Dabei wird die Aussage noch erweitert, da nun die Dedikation neben den Patronen auch dem Demos der Stadt Ephesus gilt – eine höchst kluge Weise, da Mazaeus und Mithridates sich so auch der Stadt gegenüber als Träger von Einfluss präsentieren:[24]

---

24 D 8897 = IK 17, 1, 3006 (Ephesos).

Imp. Caesari divi f. Augusto pontifici	M. Agrippae L. f. cos tert. im ⌜p⌝. tribunic.
maximo cos. XII tribunic. potest. XX et	Potest VI et
Liviae Caesaris Augusti	Iuliae Caesaris Augusti fil.
Mazaeus et	Mithridates patronis

Μαζ[αῖο]ς καὶ Μιθριδάτης
[τοῖς] πά[τ]ρωσι καὶ τῶι δή[μωι]²⁵

Man muss sich das Außergewöhnliche dieser Selbstdarstellung im Herzen der Bürgergemeinde Ephesus bewusst machen. Sklaven, die in einer griechischen Gemeinde von einem dortigen Bürger freigelassen wurden, erhielten keineswegs das Bürgerrecht dieser Stadt, wie das umgekehrt in Rom nichts Besonderes war, nicht einmal nach der *lex Fufia Caninia* und *lex Aelia Sentia* in augusteischer Zeit, mit denen die automatische Vergabe der *civitas Romana* durch eine Freilassung eingeschränkt worden war. Freigelassene konnten somit in einer griechischen Gemeinde überhaupt keine direkte Rolle spielen, da sie keine Bürger wurden, anders als in Rom. Dass sie in einer Polis die Erlaubnis erhielten, andere mit einer Statue zu ehren, mochte noch möglich sein; doch auf diese Weise auch sich selbst einen herausragenden Platz für die eigene *memoria* zu schaffen, das lag außerhalb des Denkbaren. Gerade das aber konnten die beiden Freigelassenen Mazaeus und Mithridates in Ephesus mit dem Tor zur unteren Agora erreichen und sich dabei optisch auch noch in den Mittelpunkt stellen, geflankt von Augustus und Livia sowie Agrippa und Iulia. Mazaeus und Mithridates waren ursprünglich *liberti* von Agrippa, nicht von Augustus selbst,²⁶ doch wurde Agrippa, solange er lebte, in der Öffentlichkeit der Provinzen fast als ein weiterer Princeps wahrgenommen. Die Auswirkungen auf die Stellung seiner Freigelassenen waren damit ähnlich wie bei den Freigelassenen von Augustus selbst. Nach Agrippas Tod waren die beiden offensichtlich in die Klientel von Augustus übergegangen; denn mit *patronis* sind alle auf dem Tor Geehrten gemeint. Beider Stellung war jedenfalls in Ephesus so mächtig, dass sie es durchsetzen konnten, diesen Platz und das Tor zu einer, zu ihrer Bühne zu machen, auf der für alle sichtbar wurde, dass man mit ihnen rechnen musste. Den Beweis lieferten die von ihnen geehrten Patrone.

---

25 Auch von GRAHAM 2013 (dankenswerter Hinweis von Anne Kolb) wird dieses Tor als ein entscheidendes Monument herangezogen, um zu zeigen, wie neben dem Wort gerade das Monument Träger von Aussage ist. Manches ist deutlich überinterpretiert, so etwa das Insistieren darauf, dass die griechischen Buchstaben um 10–15 Prozent größer seien als die lateinischen. Dabei übersieht die Autorin, dass die griechische Inschrift vom Betrachter weiter entfernt ist als die lateinischen. Wer von vorne auf die Inschriften sah, konnte den Unterschied notwendigerweise gar nicht erkennen. In der Übersetzung der lateinischen Inschrift verkennt sie die Zielrichtung der schriftlichen Präsentation, indem sie den Text so präsentiert: „Mazaeus (set up this monument) for his patron" und „Mithridates (set up this monument) for his patron". Nein, sie, *Mazzaeus et Mithradates*, dedizierten es gemeinsam ihren Patronen (*patronis*). Bezeichnend ist, dass GRAHAM das beide *liberti* verbindende *et* nicht übersetzt hat. Mit dieser Separierung der beiden Dedikanten nimmt sie der Aussage eine entscheidende Dimension.
26 IK 13, 851 (Ephesos).

Indirekt gibt dieses ephesische Beispiel einen Hinweis auf einen simplen, dennoch bedeutsamen zusätzlichen Grund, warum Freigelassene von Machthabern wie Augustus oder Agrippa eine so mächtige Stellung erreichen und solchen Einfluss nehmen konnten. Die Errichtung des Tores war ohne Zweifel kostspielig. Dass Mazaeus und Mithridates es errichten konnten, zeigt ihre ökonomische Leistungsfähigkeit. Wie sie die finanziellen Mittel erworben haben, ist nicht zu erkennen; doch dass dies engstens mit ihrer Stellung und ihren Patronen zusammenhing, kann kaum zweifelhaft sein.

Diesen Zusammenhang zeigt ein fast gleichzeitiger Fall aus dem augusteischen Gallien noch weit deutlicher. Dort hatte Augustus einen Freigelassenen seines Adoptivvaters Caesar, Gaius Iulius Licinus, als seinen *procurator* eingesetzt. Licinus selbst soll Gallier gewesen sein. Er wirkte dort in einer Übergangsepoche im der gesamten Gallia comata, bevor Augustus selbst die administrative Grundstruktur des caesarischen Gallien neu ordnete. Seneca sagt von Licinus: *Luguduni multis annis regnavit* – er habe in Lugdunum viele Jahre geherrscht – ein starkes Wort, auch wenn es im Rahmen seiner satirischen Apocolocyntosis verwendet wird.[27] Und Cassius Dio lässt Gleiches erkennen: nach ihm soll Licinus seine Funktion, die Abgaben aus dem Land einzutreiben, mit äußerster Geschicklichkeit und Skrupellosigkeit erledigt haben, so skrupellos, dass schließlich Augustus den Klagen gallischer Vertreter nachgeben und den Freigelassenen im Jahr 15 v. Chr. als Prokurator ablösen musste.[28] Für Licinus selbst hat diese Entbindung von seinen Aufgaben aber keine ernsthaften Folgen gehabt. Bei Augustus kaufte er sich frei, indem er ihn an dem aufgehäuften Reichtum partizipieren ließ und in Rom eine Basilica Gai Iuli erbaute. Wer damit direkt geehrt werden sollte, scheint klar zu sein – der ältere Enkel des Princeps; aber vor allem war dies eine Verbeugung vor Augustus. Arm wurde Licinus dabei nicht; er gilt bei einigen Schriftstellern des 1. und 2. Jahrhunderts als herausragendes Exemplum für einen *praedives*. Am zweiten Meilenstein vor der Stadt ließ er sich ein auffälliges Grabmal ganz aus Marmor errichten,[29] das zur Zeit des Dichters Martials, fast hundert Jahre später, noch als Referenzpunkt für ein luxuriöses Grabmal angeführt werden konnte.[30] Der Dichter nennt diese *Licini marmora* in einem Atemzug mit den *saxa Messallae*. Damit verweist Martial auf das sicher gewaltige Mausoleum des Messalla Corvinus, eines der mächtigsten, wichtigsten und reichsten Senatoren unter Augustus; doch die Gegenüberstellung von *saxa* und *marmora* ist kaum zufällig: Licinus' Grabmal war offensichtlich luxuriöser als das des Senators Messalla. Auch die Sklavenscharen des Licinus waren sprichwörtlich. Wenn nur die Satiriker dies herausstellten, könnte man die Nachricht als bösartigen Neid abtun; doch auch epigraphische Zeugnisse legen noch heute Zeugnis von der nicht geringen Zahl seiner *servi* ab.[31]

---

27 Sen. apocol. 6.
28 Cass. Dio 54,21,6 ff. 22,1.
29 Sch. Pers. 2,36 (ed. SCHOLZ 2018).
30 Mart. 8,3,3 f.
31 PIR² J 381.

All das zeigt, dass Leute wie Licinus Repräsentationsformen der senatorischen Aristokratie übernahmen, die ihre Konkurrenz neben dem großen Gefolge von Klienten und Freigelassenen gerade auch mit luxuriösen Grabbauten ausgefochten hatten. Nicht anders als bei dem Grabmal der Plautier bei Tivoli oder dem des Munatius Plancus bei Gaeta, sollte die machtvolle Stellung, die Leute wie Licinus oder Pallas zu Lebzeiten durch ihre Stellung als *Augusti liberti* erreicht hatten, auf diese Weise ihren die Zeiten überdauernden Ausdruck finden.

Dass sich diese Haltung nicht nur bei den sogenannten großen Freigelassenen wie Licinus findet, die in der näheren Umgebung des Herrschers mächtig geworden waren, sondern sogar bei Sklaven, noch bevor sie den Status von Freigelassenen erreicht hatten, zeigt ein Beispiel aus dem römischen Köln. Beim Aushub der Baugrube zur neuen Kölner Philharmonie in den 80er Jahren des vergangenen Jahrhunderts wurde ein Fundament eines spätantiken Turmes gefunden, das aus zahlreichen Blöcken aus bestem mosselländischem Kalkstein bestand. Diese waren Teil von Grabmälern gewesen, die man im 4. Jh. zum Bau des Fundaments wiederverwendet hatte.[32] Aus einer größeren Zahl zusammengehöriger Blöcke hat Henner von Hesberg ein eindrucksvolles Grabmal rekonstruieren können. Auf einem Sockel von mehr als vier Metern Höhe erhob sich ein Tambour von rund sechs Metern Höhe, der von einem Pinienzapfen gekrönt wurde. Dieser mehr als zehn Meter hohe Grabbau wurde außerhalb der Mauern der Ubierstadt von und für einen für uns namenlosen *dispensator* von Augustus und Tiberius errichtet, der in der eben eroberten germanischen Provinz in der Verwaltung der finanziellen Interessen der ersten beiden *principes* tätig gewesen war.[33] *Dispensatores* waren stets Sklaven, die theoretisch völlig in der Hand ihrer Herren waren. Durch ihre Hand gingen gewaltige finanzielle Mittel, sie konnten steuernd auf Ein- und Auszahlung von Geldern Einfluss nehmen.[34] Dieser für uns namenlose *dispensator* hat es vermocht, in einem noch nicht sehr entwickelten, eben eroberten Land so viel für sich zu erwerben, dass er sich in Nachahmung der soziopolitischen Elite dieses mächtige Grabmal errichten lassen konnte. Ohne seinen Bezug zu den Herrschern wäre das nicht möglich gewesen, nicht anders als bei einem Donatus Salvianus, einem kaiserlichen Freigelassenen, der einige Jahrzehnte später in Aventicum in der heutigen Schweiz auf seiner Grabinschrift als *exactor tributorum*, als Steuereinzieher bezeichnet wird. Sein Vertreter bei diesem Geschäft, sein vi*carius*, hat ihm ein ähnlich aufwendiges Grabmal errichten lassen wie es der *dispensator* für sich selbst im damals noch ubischen Köln erbaut hatte.[35]

Noch monumentaler als dieser Grabbau muss schließlich das *sepulcrum* gewesen sein, das sich ein weiterer, auch aus literarischen Quellen bekannter kaiserlicher *libertus* in Rom errichten ließ: Epaphroditus, der im Jahr 64 bei der Aufdeckung der

---

32 Neu 1989, 241 ff.
33 Eck/von Hesberg 2003, 151 ff.
34 Weaver 1972, 201 ff.; Herrmann-Otto 1994, 369 ff.
35 CIL XIII 5092 (Aventicum) = Lieb/Bridel 2009, 59 ff.: *Donato Caesaris Au[g(usti)] Salviano exactor[i] tributorum in Hel[v(etiis)] Communis vicariu[s]*.

pisonischen Verschwörung für Nero eine wichtige Rolle gespielt hatte. Er war damals *a libellis* Neros, kontrollierte auf diese Weise, wer welche Bittschriften an Nero übergeben durfte, und konnte so vermutlich auch die Antworten auf diese Eingaben beeinflussen. Es gab wenige, ähnlich machtvolle Positionen in der unmittelbaren Umgebung des Kaisers. Dass Epaphroditus damit Reichtümer ansammeln konnte, war wenig verwunderlich; dass er aber, wie wir seiner Grabinschrift entnehmen können, Auszeichnungen erhielt, wie sie sonst den Mitgliedern der senatorisch-ritterlichen Elite vorbehalten waren, muss noch heute Aufsehen erregen.[36] Er erhielt sie wegen seiner Loyalität zu Nero im Rahmen der pisonischen Verschwörung im Jahre 64. Der volle Umfang der Auszeichnung ist wegen des fragmentarischen Zustands der Inschrift, aus der wir die Information haben, nicht bekannt; zu erkennen sind aber silberne Lanzen, *hastae purae*, und goldene Kränze, *coronae aureae*, also Orden, mit denen sonst ausschließlich freigeborene römische Bürger ausgezeichnet werden konnten; und er erhielt nicht nur je ein Exemplar jedes „Ordens", sondern mehrere, wie das bei Personen üblich war, die sozio-politisch zumindest dem *equester ordo*, eher sogar dem *ordo senatorius* angehörten.[37] Epaphroditus hatte auf dem Esquilin in Rom weitausgedehnte Gärten erworben, die auch seinen Namen trugen, die *horti Epaphroditiani*. Auch nach dem Sturz Neros verlor er diesen Besitz nicht, was darauf hindeutet, dass er sich eine gefestigte Stellung in der stadtrömischen Gesellschaft geschaffen hatte. In diesen Gärten ließ er sich ein gewaltiges Grabmal errichten; allein der marmorne Architrav mit der Inschrift war ursprünglich mehr als 5 Meter breit, mit gewaltigen Buchstaben von 23 cm Höhe in der ersten Zeile.[38] Damit konnte er mit den herausragendsten Mitgliedern der Elite in Konkurrenz treten. Die Buchstaben einer Grabinschrift, die vermutlich dem Konsular und Historiker Tacitus zuzuweisen ist, sind beispielsweise maximal 13 cm hoch – und auch dies ist eine durchaus eindrucksvolle Inschrift.[39] Doch die Konkurrenz zeigte sich nicht nur durch die Größe und den materiellen Aufwand für das Grabmal; Epaphroditus suchte gerade durch den Inhalt der Inschrift Geltung. Er präsentierte seinen *cursus honorum* als *Augusti libertus* in gewaltigen Lettern, nicht anders als ein Senator seine Magistraturen. Und am Ende dieses Cursus stehen eben die *dona militaria*, die er in der bedrohlichsten Krise der Herrschaft Neros im Jahr 64 erhalten hatte. Obwohl Nero, als das Grabmal des Epaphroditus errichtet wurde, längst als *hostis publicus* aus der öffentlichen Erinnerung getilgt war, wurden diese Auszeichnungen präsentiert, die bei der Rettung des Tyrannen erworben wurden. Neros Name erscheint natürlich nicht. Dass Epaphroditus diese Ehrungen nicht verheimlicht, sondern mit Nachdruck heraushebt, ist nicht etwa dadurch zu erklären, bei ihm als ehemaligem Sklaven sei das Bedürfnis nach öffentlicher Anerkennung besonders ausgeprägt gewesen, weshalb er keine Rücksicht

---

[36] D 9505 = AE 1914, 279 (Roma): *[- - -A]ug(usti) l(iberto) Epaphrodit[o - - - / - - - Cae]sarum viatori tribunic[io - - - / - - - hastis p]uris, coronis aureis dona[to - - -]*.
[37] ECK 1976, 381 ff.; ECK 1999e, 289.
[38] MANCINI 1913, 466 f.; GIOVAGNOLI 2017, 241–245; D'ANDREA 2018, 143–164.
[39] CIL VI 41106.

genommen habe auf die Befindlichkeit der stadtrömischen Elite. Denn: er unterscheidet sich mit dieser aufdringlichen Selbstdarstellung in Nichts von Mitgliedern der senatorischen Elite derselben Zeit. Bezeichnend ist vor allem das Verhalten von Marcus Cocceius Nerva, des späteren Kaisers Nerva. Nero hatte ihn zusammen mit anderen aus Anlass der Pisonischen Verschwörung mit den *ornamenta triumphalia*, also der höchsten römischen Auszeichnung überhaupt, als einen seiner Helfer geehrt.[40] Man hätte sich vorstellen können, dass Senatoren wie Nerva diese Tatsache später stillschweigend zu übergehen versuchten, um auch sich selbst von dem offiziell verdammten Tyrannen zu distanzieren. Doch genau dies geschah nicht: Nerva fand nichts dabei, und zwar schon bald nach der flavischen Machtergreifung auf einer Bauinschrift aus Sentinum diese *ornamenta* zu nennen, mit denen sein Engagement bei der Tragödie, die vor allem auch eine Tragödie seines eigenen Standes war, herausgestellt und belohnt worden war.[41] Die eigene Person stand bei solch ungenierter Selbstpräsentation im Mittelpunkt. Da unterschied sich der ahnenstolze Senator nicht von dem ahnenlosen *libertus Augusti*; das simple Interesse der eigenen Person an der öffentlichen Selbstdarstellung war hier entscheidend. Epaphroditus hatte die Werte der Gesellschaft, in der er als kaiserlicher Sklave groß geworden war, durchaus internalisiert.

Natürlich entsprach nicht jeder *Augusti libertus* dem bisher entwickelten Bild des fast allmächtigen Freigelassenen. Nicht alle *liberti* konnten agieren wie Pallas, Epaphroditus oder wie der Vater des Claudius Etruscus. Denn deren besonderes Kennzeichen war die unmittelbare Nähe zum Herrscher, der mehr oder weniger tägliche Umgang mit dem Kaiser. Das war durchaus vergleichbar mit verschiedenen Trägern anderer öffentlicher Aufgaben. Plinius d. Ä. etwa erschien, als er eine Funktion in Rom selbst versah, jeden Tag vor Aufnahme seiner Amtsgeschäfte bei Vespasian.[42] Solche unmittelbare Nähe zum Kaiser war nur für relativ wenige möglich. Die Zahl der kaiserlichen Freigelassenen aber war groß, so groß, dass nur ganz wenige derjenigen, die damals in Rom ihrer Tätigkeit nachgingen, das in unmittelbarer Nähe des Herrschers tun konnten. Den Status eines kaiserlichen Freigelassenen hatten z. B. *tabularii* in den verschiedenen Administrationszweigen,[43] ebenso *tabellarii*, also Boten, die Briefe zu überbringen hatten,[44] oder *invitatores*, Leute, die für die Einladungen beim Kaiser zuständig waren.[45] Auch Verantwortliche für die *fisci transmarini*[46] oder auch für das

---

40 Siehe auch Tac. ann. 15,72.
41 CIL XI 5743 = D 273 (Sentinum): *M(arcus) Cocceius [M(arci) f(ilius) Nerva] augur, sodal[is August(alis), praet(or), quaest(or)] urb(anus), VIvir turma[e –, salius] Palat(inus), triumphali[bus ornamentis] honoratus patronu[s municipii] vetustate conla[ps--]*.
42 Plin. epist. 3,5,9.
43 AE 1908, 234.
44 AE 1904, 50.
45 AE 1952, 31; 1993, 313.
46 AE 1932, 58.

Depot, in dem Marmorblöcke aus allen Provinzen des Reiches gelagert waren,⁴⁷ hatten diesen Personalstatus, nicht anders als *proximi a rationibus*,⁴⁸ die die zweite Position nach dem Chef des Finanzdepartments innehatten, durchaus Leute mit Gewicht. Die Differenzierung der Tätigkeiten in der Zentraladministration und am Hof war im Laufe weniger Jahrzehnte seit Augustus sehr weit fortgeschritten. Viele von diesen *liberti* werden die Kaiser kaum je zu sehen bekommen haben. Das gilt noch mehr von denen, die außerhalb Roms in Italien oder den Provinzen die Interessen der Herrscher vertraten, also weit ab von dem üblichen Aufenthaltsort des Herrschers. Um nur ein Beispiel zu nennen: Der kaiserliche Freigelassene Titus Flavius Pergamus hatte zwar in Rom als *adiutor* desjenigen Prokurators begonnen, der für die *ornamenta* zuständig war, und hatte anschließend die Organisation des Fuhrparks bei kaiserlichen Reisen übernommen. Anschließend aber war er stets außerhalb Roms und Italiens tätig: zunächst als Prokurator der Insel Corsica, danach als Prokurator der Provinz Narbonensis; von dort ging er in die *regio Syriatica* im Osten des Reiches sowie schließlich am Ende der uns bekannten Laufbahn als *procurator* in die *provincia Asia*.⁴⁹ Er ist somit weit im Imperium herumgekommen. In all diesen Stellungen nahm er zwar nur die zweite Position hinter dem jeweiligen ritterlichen Chef ein, doch die Aufgaben waren wichtig und schufen viele Möglichkeiten für ihn, persönlich Einfluss zu nehmen; Kontakt mit den Herrschern hatte er wohl nur durch Briefe. Dennoch hat er sich zumindest unter den zahlreichen sonstigen kaiserlichen Sklaven und Freigelassenen, die dem ritterlichen Prokurator von Asia unterstanden, genügend Wohlwollen erworben, so dass er von diesen in Ephesus mit zwei Statuen geehrt wurde. Jede Ehrenstatue bezeugt, dass eine Person über Macht und Einfluss verfügte. Gerade in Ephesus zeigen nicht wenige Inschriften, welche Möglichkeiten sich kaiserlichen Freigelassenen eröffneten, auch wenn sie fern von Rom und damit vom Kaiser ihrer Tätigkeit nachgingen.⁵⁰ Strukturell unterscheidet sich das in keiner Weise von dem, was wir bei Senatoren oder hohen ritterlichen Funktionsträgern beobachten können.

Man geht im Allgemeinen davon aus, dass im Laufe der Entwicklung die führenden *liberti* in der Zentraladministration, ebenso auch in den Provinzen bewusst einem ritterlichen Leiter eines Bereichs untergeordnet wurden, um so ihre Macht zu beschränken, also etwa bei den *rationes*, bei den *libelli*, bei der Erledigung der Korrespondenz, die dem *ab epistulis* oblag. Man verbindet diese Verdrängung der *liberti* sehr oft mit der Regierung Hadrians; tatsächlich war die Ernennung von Rittern als Leitern der verschiedenen Ressorts ein längerer Prozess, der bereits spätestens mit

---

47 AE 2007, 251.
48 AE 1907, 80.
49 IK 13, 855 (und auch 855a, Ephesos): *[T(ito)] Fl(avio) Aug(usti) lib(erto) / [P]ergamo / proc(uratori) [pr]ovinciae Asiae, [pr]oc(uratori) reg(ionis) Syriaticae, [pr]oc(uratori) provinc(iae) Narbo[ne]nsis, item insulae [Cyr]ni, acceptorem ve[hic]ulorum, adiut(ori) proc(uratoris) [a]b ornamentis [adiutores] et tabel(larii), q(ui) s(unt) sub cura / [---]li Firmi proc(uratoris) Aug(usti).*
50 Siehe zu Ehrungen von kaiserlichen Freigelassenen Eck 2010c, 774–776.

Vespasian begann und schon unter Traian im Wesentlichen abgeschlossen war.[51] Dass Hadrian dabei noch irgendetwas Substantielles veranlasst hätte, ist nicht zu sehen.[52] Wichtiger ist jedoch, dass es wohl kaum darum ging, die Freigelassenen an der Spitze zu ersetzen oder zu verdrängen, um ihre Macht zu beschneiden. Vielmehr war es eher so, dass gerade die *liberti* gezeigt hatten, welche Möglichkeiten und welche Macht mit solchen Positionen verbunden waren, die bisher traditionell bei römischen Aristokraten wie bei den Principes nie mit freigeborenen römischen Bürgern, sondern immer mit Freigelassenen besetzt worden waren. Diese Aufgaben aber erschienen nun so attraktiv, dass auch Freigeborene hier nicht mehr vornehmlich die abhängige Arbeit sahen, wie das in republikanischer Tradition üblich gewesen war, sondern Positionen, von denen aus man Macht ausüben, Geld erwerben und Einfluss gewinnen konnte.

Es wäre allerdings irrig anzunehmen, durch den Einfluss der Ritter seien den *liberti* die Möglichkeiten wesentlich beschnitten worden, ihrerseits weiterhin machtvoll Einfluss zu nehmen und sozusagen im aristokratischen Milieu mitzuspielen. Dass dies auch weiterhin möglich war, können uns wohl die Wasserleitungsrohre aus der Stadt Rom zeigen. Diese sogenannten *fistulae aquariae* tragen die Namen derjenigen, die das Recht erhalten hatten, aus einem öffentlichen Wasserkastell in Rom über eine private Rohrleitung Wasser zu ihrem eigenen Haus zu führen.[53] Für die Gewährung eines solchen Rechts war der Kaiser zuständig. Er ließ sich dabei, soweit wir sehen können, nicht von irgendwelchen objektiven Notwendigkeiten für eine Wasserkonzession leiten. Er vergab diese Zuleitungen vielmehr als *beneficia*, als kaiserliche Wohltaten. Das Wohlwollen kam notwendigerweise vor allem denen zugute, die unter dem Gesichtspunkt der Sicherung der kaiserlichen Macht von Gewicht waren, also insbesondere den Trägern der hohen politischen und militärischen Funktionen. Das waren auf der einen Seite überwiegend Senatoren konsularen Ranges, die, wenn unsere Quellen hier repräsentativ sind, einen erheblichen Teil der Wasserkapazitäten für sich monopolisieren konnten. Sie alle aber hatten auf verschiedenen Wegen immer wieder Zugang zum Machthaber.[54]

Träger wichtiger Funktionen aber waren ebenso nicht wenige kaiserliche *liberti*.[55] Und so verwundert es nicht, dass der neben Pallas fast allmächtige Freigelassene Narcissus, *ab epistulis* des Claudius, sich unter den privaten Wassernutzern findet; er hatte sogar eine Zuleitung mit besonders großem Querschnitt, also großer Kapazität, erhalten.[56] Solche Freigelassene finden sich aber auch später, auch im 2. und 3. Jahrhundert, unter den Privilegierten, so etwa ein Cosmus, *a rationibus* unter Marc Aurel und Lucius Verus zwischen 161 und 169 n. Chr.,[57] oder ein Aurelius Prosenes,[58] der von Commodus

---

51 Siehe für den *ab epistulis* und *a libellis* zuletzt CARBONI 2017.
52 Siehe dazu etwa ECK 1998c, 67 ff.
53 Dazu ECK 1982, 197 ff. = ECK 1998c, 245 ff. Vgl. auch BRUUN 1991.
54 ECK 1982, 197 ff. = ECK 1998c, 245 ff.
55 Siehe zum Folgenden die Liste am Ende des Textes.
56 CIL XV 7500 = D 1666.
57 CIL XV 7443.

bis Caracalla verschiedene Funktionen in der unmittelbaren Nähe der kaiserlichen Macht wahrnahm.[59] Dass Freigelassene weiterhin private Wasseranschlüsse in der Stadt Rom erhalten konnten, zeigt sehr deutlich, dass sie mit der Übernahme der Leitungsfunktionen durch Ritter keineswegs ihre einflussreiche Position verloren haben, sie wurde vermutlich ein wenig weniger sichtbar, da sie als *liberti* hinter ihrem Vorgesetzten zurücktraten oder häufig nur mit ihnen zusammen genannt wurden. Aber ihre Stellung blieb weiterhin bedeutsam, sie behielten ihre Kompetenzen, konnten also weiterhin Einfluss und Macht ausüben. Und schon allein dies, die Ausübung von Macht innerhalb einer Gesellschaft, konnte per se eine Triebfeder für menschliches Engagement und Anstrengung sein, gerade für einen ehemaligen Sklaven. In Caesarea Maritima in Judäa hatte ein Aelius Amphigetes, Freigelassener des Antoninus Pius, in einem Tempel der Stadt im Jahr 152 sein Tribunal aufgeschlagen und verhandelte über Probleme, die sich aus Landanweisungen an römische Legionsveteranen ergeben hatten. Der Antragsteller war ein Valerius Serenus, früher Legionär wohl in der *legio VI Ferrata* oder *X Fretensis*, die beide in Iudaea stationiert waren. Über dessen Petitum hatte Amphigetes zu entscheiden:[60] er, der kaiserliche Freigelassene, in der Angelegenheit eines freigeborenen Legionärs. Nach der auch damals noch üblichen Ideologie rangierte Valerius Serenus in seinem Status deutlich über dem eines Freigelassenen. Doch die Entscheidung wurde durch Amphigetes getroffen. Rechtsstatus, soziale Stellung und Entscheidungsmacht fielen hier deutlich auseinander. Das war nicht anders bei einem anderen kaiserlichen Freigelassenen ebenfalls in Caesarea Maritima einige Jahrzehnte früher. Ein Titus Flavius Callistus wurde von einem Gaius Aurunculeius mit einer Statue geehrt, und zwar innerhalb des Praetoriums des Finanzprokurators der Provinz Iudaea. Erhalten ist nur noch die Basis, auf der einst die Statue stand. Da sie innerhalb der Ruinen des Praetoriums gefunden wurde, hat sie dort Jahrhunderte überdauert und damit, zumindest für einige Zeit, wohl auch die Statue des Freigelassenen. Gaius Aurunculeius war freigeborener römischer Bürger, Callistus war *libertus*, aber eben kaiserlicher. Mit der Statue wird er von dem freigeborenen römischen Bürger geehrt, der ihn gleichzeitig als *amicus*, als Freund, bezeichnet. Die Statue wird errichtet *honoris causa*, um den *libertus* zu ehren. Aber das geschah kaum allein wegen irgendwelcher rein persönlicher Sentimentalität des Aurunculeius: Die Aufstellung im Amtssitz zeigt, dass Callistus sich um ihn in seiner Stellung innerhalb der Finanzadministration der Provinz verdient gemacht hatte.[61]

Es war diese Möglichkeit der Teilhabe an der Macht, die die Stellung kaiserlicher Freigelassener (und Sklaven)[62] in der Gesellschaft des Imperium Romanum wesentlich

---

58 BCAR 92, 1987/88, 412.
59 CIL VI 8498 = D 1738; zu Aurelius Prosenes s. INSTINSKY 1964; WEAVER 1972, 274.
60 SB XII 11043 = ChLA XI 466; dazu ECK 2007f, 181f. 195.; ECK 2014c, 267ff.
61 LEHMANN/HOLUM 2000, Nr. 2 = CIIP II 1302: *T(ito) Flavio Aug(usti) liber(to) Callisto C(aius) Aurunculeius amico suo h(onoris) c(ausa)*.
62 Weibliche Freigelassene und gelegentlich auch Sklavinnen konnten ebenfalls Einfluss nehmen, was aber nur selten genauer bezeugt ist.

bestimmte, als Teil dieser Gesellschaft und nach denselben Kriterien und Wertvorstellungen. Diese Teilhabe an der gesellschaftlichen Macht war nicht nur ein Phänomen der ersten Jahrzehnte des Prinzipats, sondern eine dauerhafte Erscheinung der gesamten Frühen und Hohen Kaiserzeit bis zum Verschwinden der Caesariani im Verlauf des 3. Jh. n. Chr. Warum die kaiserlichen Freigelassenen verschwanden, das wäre ein weiteres Thema – aber nicht mehr für den heutigen Abend.[63]

Anhang: Kaiserliche Sklaven und Freigelassene auf Wasserleitungsrohren in der Stadt Rom.

Name	Sozialer Status	Zeit	Beleg
Aelius Dionysius[64]	lib. Augg.	2. H. 2. Jh.	XV 7369–7373
Aelius Gala	Aug. lib.	2. Jh.	XV 7828
Aelius Maximus	Augustorum libertus	2. H. 2. Jh.	XV 7374
T. Aelius Septimus	kaiserl. lib. ?	2. H. 2. Jh.	Pietrangeli 1941, 191, Nr. 27
Amethystus	Drusi Caesar(is) (servus)	Tiberius	XV 7383
Antonia Caenis	kaiserl. Freigelassene; Konkubine Vespasians	Vespasian	AE 1908, 231
Aticius (?)[65]	Aug. l., praegusta(tor)		XV 7585
L. Aurelius Agaclytus	libertus des L. Verus; mit Tochter Marc Aurels verheiratet	Commodus, nach 187	XV 7401. 7402
Aurelius Martialis	Aug. lib.		XV 7405
[M.] Aur(elius) Philetianus	kaiserl. lib. ?	3. Jh.?	XV 7407
Aurelius Prosenes[66]	(Aug. lib.)	Anf. 3. Jh., vor 217	Buonamico/Tartara/Egidi 1987/88, 412 Anm. 13/14
M. Aurelius Servandus	kaiserl. lib. ?	Ende 2. Jh.?	XV 7408
M. Aurelius Solanus	kaiserl. lib. ?	1. H. 3. Jh.?	XV 7409
Aurelius Telesphorus	kaiserl. lib. ?	Anf. 3. Jh.?	XV 7410. 7411
Aurelius Thessalus	Aug. lib.	2. H. 2./3. Jh.	XV 7412
Chryseros[67]	Aug. lib., proc.	Marc Aurel	AE 1948, 73
Clymenus	Aug. lib.		XV 7436

---

63 Siehe dazu Haensch 2006, 153 ff.
64 Zur Variationsbreite in den Datierungsmöglichkeiten bei kaiserlichen Freigelassenen vgl. Weaver 1979, 86 ff.
65 Die Lesung des Namens kann, da es sich offensichtlich um einen kaiserlichen Freigelassenen handelt, kaum zutreffen.
66 Aur. Prosenes ist mit aller Wahrscheinlichkeit mit dem kaiserlichen Freigelassenen von CIL VI 8498 = D 1738 identisch.
67 Vielleicht mit dem gleichnamigen Freigelassenen Marc Aurels identisch, PIR^2 C 724.

Anhang: Kaiserliche Sklaven und Freigelassene auf Wasserleitungsrohren in der Stadt Rom. *(Fortsetzung)*

Name	Sozialer Status	Zeit	Beleg
Cosmus	Aug. lib.; a rat.	Marc Aurel/ Verus ?	XV 7443
Diadumenu[s]	Aug. lib.; a libellis	Mitte 1. Jh.?	XV 7444
[E]leuther			XV 7576
Eucarpus	Aug. lib.	Anf. 2. Jh.?	XV 7446
Gr[a]ptus	Aug. lib.	Nero?	XV 7466
Hieraticus	Aug l. praegustator	spät. 2./ Anf. 3. Jh	XV 7585 = AE 2013, 155
Hilarianus	Aug. l., prox. a rat.	2. Jh. ?	AE 1954, 65
Ionius	Aug. lib. ab epistulis		XV 7877a (Velitrae)
Ti. Iulius Augustalis	kaiserl. lib. ?	1. Jh. ?	XV 7470
Narcissus	Aug. lib.; ab epistulis	Claudius	XV 7500 = D 1666
Neritus	Aug. lib., a tab. cast.	1. Jh.?	AE 1948, 76
Philon	Aug. lib. proc.	Ende 1. Jh.	XV 7512
Repentinus	Caesaris (servus/libertus)	1. Jh.?	Epigr. 1951, 22 Nr. 27/28
M. Ulpius Pha[edimus][68]	Aug. lib.	Traian	Not. Sc. 1922, 228

---

68 Siehe auch GATTI 1922, 227, wo das Cognomen vollständig erhalten ist: *Sindamus Phaedimi ser(vus) fecit*. Von dem Freigelassenen sind durch CIL VI 1884 = D 1792 folgende Ämter bekannt: *a potione, item a laguna et tricliniarch(us), lictor proximus et a comment(ariis) beneficiorum*. Typisch ist für ihn die allgemeine Vertrauensstellung zum Kaiser, die er in allen Funktionen einnahm.

11 Frauen als Teil der kaiserzeitlichen Gesellschaft: Ihr Reflex in Inschriften Roms und der italischen Städte

Was erfahren wir aus Inschriften über die kaiserzeitliche Gesellschaft Roms und der italischen Städte? Spiegelt sich in den Inschriften die Gesellschaft als Ganzes oder nur ein Teil, und wenn ja, in welchem Maß und unter welchen Prämissen? Diese Frage kann man im Sinne unseres Kolloquiums weiterführen: Wie weit sind vor allem Frauen in diesem Bild vertreten oder daraus ausgegrenzt? Will man eine Antwort auf diese Fragen versuchen, muss man sich über gewisse Voraussetzungen klar werden, die Aussagen auf epigraphischer Basis grundsätzlich beeinflussen und bestimmen können.[1]

Die entscheidende Voraussetzung ist die Frage, in welchen Arten von Inschriften sich für uns heute römische Gesellschaft überhaupt widerspiegeln kann.[2] Fast alle epigraphischen Texte auf Stein oder, weit seltener, auf Metall, die bis in unsere Zeit überlebt haben, wollten zum einen das damalige Publikum informieren und – noch wichtiger – beeindrucken. Mindestens ebenso sehr – oder vielleicht sogar noch mehr – zielten sie auf ein zukünftiges Publikum. Denn fast alle auf Stein oder Bronze noch erhaltenen Inschriften sind, wenn man vom *instrumentum domesticum* absieht, Träger von Erinnerung, sie sind Memorialepigraphik, durch die sicher gestellt werden sollte, dass Personen und Taten nicht vergessen werden. Dabei sind insbesondere Personen das Objekt der Erinnerung, weil jedes öffentliche Ereignis, jede Handlung vor den Augen eines Publikums notwendigerweise in der einen oder anderen Weise mit Personen verbunden war. Man denke nur an die Errichtung von Bauten, die durch Bauinschriften festgehalten wurde, die fast immer auch die Personen nennen, auf die diese Bauten zurückgehen, entweder weil sie diese finanzierten oder weil sie als verantwortliche Magistrate den Auftrag dazu gegeben hatten; sie stehen sogar oft im Text im Vordergrund oder werden sogar alleine angeführt, weil der Bau selbst nicht benannt werden musste; er war sichtbar und Träger der Inschrift. Auch auf Weiheinschriften an Götter steht der Dedikant meist prominent in der Dedikationsinschrift, oft prominenter als der Name der Gottheit. Denn der Dedikant will auch nach Vollziehung des Aktes in der öffentlichen Erinnerung präsent sein. Dass der Stifter sich zurückhält, seinen Namen entweder überhaupt nicht nennt, wie es manchmal, freilich

---

1 Als spezielle Literatur zur Thematik sei verwiesen auf: ASDRUBALI PENTITI 2008; ferner manche Beiträge in den beiden Sammelbänden: BUONOPANE/CENERINI 2003; BUONOPANE/CENERINI 2005; CENERINI 2018. – Zur Erschließung des Materials wurden häufig die Datenbank CLAUSS-SLABY sowie die Heidelberger Datenbank benutzt. – Emily HEMELRIJK danke ich für ihre substantielle Kritik an einer frühen Fassung dieses Beitrags.
2 Siehe zu dieser Grundsatzfrage die methodischen Hinweise bei ECK 1997b.

relativ selten in christlichen und jüdischen Inschriften geschieht,³ oder den Namen nur mit den Anfangsbuchstaben angibt,⁴ ist der griechisch-römischen Welt im Allgemeinen fremd.

Dieses Streben nach Erinnerung, nach Nicht-Vergessen-Werden betrifft Lebende und vor allem Tote. Von dieser fundamentalen Tatsache ist fast die gesamte epigraphische Erbschaft, die aus römischer Zeit bis auf uns gekommen ist, inhaltlich bestimmt. Es sind einerseits die zahlreichen, ja massenhaften Inschriften unterschiedlicher Funktion an Gräbern (tituli und individuelle Grabinschriften) und andererseits die Texte, die in der bürgerlichen Öffentlichkeit einer Stadt oder einer Siedlung von Lebenden für Lebende oder schon Verstorbene im profanen und im religiösen Bereich errichtet wurden.⁵

Notwendigerweise finden wir in diesen beiden Inschriftengruppen nicht die römische Gesellschaft in ihrer Gesamtheit gespiegelt. Denn sie ist auch in römischer Zeit in diesen Texten nie in ihrer Gesamtheit abgebildet gewesen – eine Binsenweisheit, die aber in manchen, nur auf Inschriften basierenden Untersuchungen nicht immer genügend Beachtung findet. Die römische kaiserzeitliche Gesellschaft wird nicht selten in einem pyramidalen Modell zu erfassen gesucht, mit einer breiten Basis und einer immer geringeren Zahl von Personen, je höher wir zur Spitze geraten. Wollten wir analog die Inschriften, in denen Mitglieder der römischen Gesellschaft erscheinen, entsprechend der Zahl der in den Inschriften genannten Personen auf den verschiedenen sozialen Ebenen abbilden, dann würde die Abbildung zwar ebenfalls eine Pyramide zeigen, jedoch eine Pyramide, die auf dem Kopf stünde. Je höher der Status der Personen, desto häufiger ist im Allgemeinen auch deren Repräsentation in Inschriften. Das ist keine neue Erkenntnis, muss aber, wenn man Aussagen zur römischen Gesellschaft durch das Medium der Inschriften machen will, als Voraussetzung genannt und in der konkreten Durchführung beachtet werden. Denn diese Tatsache schließt es von vorneherein aus, dass auf diese Weise ein in jeder Hinsicht repräsentatives Bild der römischen Gesellschaft entstehen kann. Es ist ein Ausschnitt, bei dem man sich bewusst sein muss, dass er notwendigerweise einseitig oder selektiv ist.

Inschriften sind allerdings insoweit ein zutreffender Reflex der Realität, weil diejenigen Personen, die in der römischen Gesellschaft im großen und im kleinen Rahmen: in der *res publica* des Imperium Romanum, in der Stadtgemeinde oder im familialen Verband von Bedeutung waren, auch dieser Bedeutung entsprechend zahlreich, wenig oder auch gar nicht in den Inschriften erscheinen – was einzelne exzeptionelle Fälle nicht ausschließt. Damit ist aber die Repräsentation von Frauen auch in den Inschriften notwendigerweise geringer, sie müssen in diesem Medium – systembedingt – weit weniger erscheinen als Personen männlichen Geschlechts. Denn Frauen hatten in der römischen Gesellschaft, jedenfalls soweit diese in der Öffent-

---

3 Ausgedrückt mit der Formel: „deren Namen Gott (alleine) kennt"; siehe z. B. IG X 2, 2, 410; TAM V 1, 644; SEG 16, 826; CIIP II 1152.
4 Eck 2010e.
5 Dazu Eck 2021.

lichkeit in Erscheinung trat, traditionell eine bescheidene, zurückgenommene Rolle zu spielen. Vor allem der gesamte Raum der Politik und damit auch der aktiven bürgerlichen Öffentlichkeit war ihnen weitgehend verschlossen. Das gilt nicht nur während der Republik, sondern auch nach deren Ende. Ja, es gilt sogar für die Frauen der Principes, trotz der herausragenden Stellung, die sie an der Seite des Herrschers einnahmen. Eine geradezu klassische Formulierung dazu findet sich im *s.c. de Cn. Pisone Patre*. Denn darin formuliert der Senat:[6]

> ... senatum arbitrari et Iuliae Aug(ustae), optume de r(e) p(ublica) meritae non partu tantum modo principis nostri, sed etiam multis magnisq(ue) erga cuiusq(ue) ordinis homines beneficis, quae, cum iure meritoq(ue) plurumum posse<t> in eo, quod a senatu petere deberet, parcissume uteretur eo, et principis nostri summa<e> erga matrem suam pietati suffragandum indulgendumq(ue) esse remittiq(ue) poenam Plancinae placere. = „Der Senat sei der Ansicht, dass der Iulia Augusta, die um den Staat größte Verdienste erworben habe, nicht allein durch die Geburt unseres Princeps, sondern auch durch viele große Wohltaten gegenüber Leuten jeglichen Standes – eine Frau, die nach Recht und Verdienst darin größten Einfluss habe, was sie vom Senat erbitten dürfe, von diesem Privileg aber nur sehr sparsam Gebrauch mache – wie auch der überaus großen Loyalität unseres Princeps gegenüber seiner Mutter beizupflichten sei und dass man ihnen zu Willen sein müsse, und (so) beschließe der Senat, Plancina die Strafe zu erlassen."

Dem Senat bleibt gar keine andere Wahl, als dem Wunsch der Mutter des Princeps nachzukommen und Munatia Plancina, der Frau des Hauptangeklagten Cn. Calpurnius Piso pater, die Strafe zu erlassen, obwohl ihr, wie der Senat vorher in seinem Beschluss formuliert hatte, *pluruma et gravissuma crimina* vorgeworfen und nachgewiesen worden waren. Doch gleichzeitig betont der Senat, Iulia Augusta mache von ihrem Recht, über Einfluss zu verfügen, nur sehr sparsamen Gebrauch: *parcissume uteretur*. Gerade diese Einschränkung ist bezeichnend für die ganz selbstverständlichen Grundanschauungen der Senatoren, die sich trotz der gewandelten politischen Umstände und deren Auswirkungen auch auf die sozialen Beziehungen nicht verändert hatten: Die Vorstellung, dass Frauen im öffentlichen Leben keine aktive Rolle zu spielen hätten, war immer noch gültig. Und wenn Frauen anders handelten, sich nicht an die selbstverständlichen Vorstellungen hielten, sondern ihre Präsenz in der Öffentlichkeit ausdehnten wie etwa im Fall von Agrippina d. J., der Gemahlin von Kaiser Claudius und Mutter Neros, dann wird dies mit größtem Unmut registriert, zumindest nach ihrem Tod. Man braucht nur die entsprechenden Passagen bei Tacitus zu lesen, um zu sehen, wie selbst der Frau eines Kaisers gegenüber weiterhin die althergebrachte Rolle der Frauen ihre Geltung behalten hatte und deshalb das Urteil über eine Frau beeinflusste. Ähnliches darf man im Fall der Sosia Galla annehmen, die im Senat beschuldigt wurde, zusammen mit ihrem Mann in der Provinz sich an Erpressungen beteiligt zu haben,[7] ein ähnlicher Fall wie bei Cn. Piso und Plancina; ihr wurde vorgeworfen, sie habe ihren Mann selbst ins Feldlager begleitet und habe an Manövern

---

[6] ECK/CABALLOS/FERNÁNDEZ 1996, 46.
[7] Tac. ann. 4,19,4.

der Truppen teilgenommen.⁸ Noch mehr Anstoß erregte Plancinas Rückkehr nach Rom mit einem unter den gegebenen Umständen durchaus als provozierend empfundenen Verhalten ihres Gefolges, als sie, ohne Zurückhaltung angesichts der vorausgegangenen Ereignisse, vom Landeplatz am Tiber mitten durch die Stadt bis zum Palast der Calpurnier nahe der porta Fontinalis zwischen Arx und Quirinal zog.⁹ Solches war Verletzung der gültigen öffentlichen Normen. Nur die Vestalinnen stellten hier eine Ausnahme dar.¹⁰ Für alle anderen Frauen galt, dass sie lediglich bei bestimmten kultischen Begehungen wie etwa öffentlichen *supplicationes* oder den Säkularspielen, die die gesamte *res publica* betrafen, auch offizieller Teil der Zeremonien sein durften, ja hier es sogar sein mussten. Bis zur cäsarischen Zeit war es ihnen deshalb sogar erlaubt gewesen, in Rom einen Wagen zu benutzen, um sich zu den Kultstätten zu begeben.¹¹ Dieses Privileg war ersatzlos weggefallen.¹²

Unter diesen Prämissen ist nach der Repräsentation von Frauen in den Inschriften der kaiserzeitlichen Gesellschaft in Rom und Italien zu fragen. Dass sie dort in wesentlich geringerer Zahl als die männliche Mitwelt erscheinen, ist eine simple Tatsache, die in jeder beliebigen Stadt Italiens, aus der eine genügend große Zahl von Inschriften überlebt hat, deutlich zu erkennen ist. Völlig willkürlich sei es z. B. an der Stadt Asisium demonstriert, von wo mehrere hundert Inschriften bis heute erhalten sind.¹³ Wie üblich entfällt die Masse aller Texte auf Grabinschriften, auf Grabtituli mit Hinweisen auf Familien und Einzelgrabinschriften in gleicher Weise. Darin erscheinen rund 190 Personen männlichen Geschlechts als Tote gegenüber ca. 95 weiblichen Geschlechts, also weniger als die Hälfte – der Tod betraf beide Geschlechter. Bei der Zahl derjenigen, die in den Inschriften als Bestattende oder Grabgründer erscheinen, ist das Verhältnis ein wenig günstiger für Frauen: Während Männer in rund 50 Texten als diejenigen genannt werden, die ein Grab für andere errichtet hatten, sind es immerhin etwas mehr als 30 Frauen, die in dieser Funktion in den funerären Inschriften erscheinen.

Konträr anders ist das Bild bei den „öffentlichen Inschriften" jeglichen Typs: Bauinschriften, Dedikationen an Gottheiten, Inschriften unter Ehrenstatuen. Mehr als 40 Männer sind in den Inschriften von Assisi anzutreffen, aber nur in zweien eine Frau; und in einem Fall wird ein Ehepaar in einer Bauinschrift genannt. Im öffentlichen Erscheinungsbild der Stadt Assisi, im lebenden Teil der Gemeinde gegenüber der Welt der Toten außerhalb der Mauern, soweit sich diese Welten für uns in Inschriften

---

8 Tac. ann. 2,55,6.
9 Tac. ann. 3,9,2.
10 Zu dem Recht etwa der vestalischen Jungfrauen, an bestimmten Tagen in Rom einen Wagen benutzen zu dürfen siehe die *tabula Heracleensis*: CRAWFORD 1996, Nr. 24. Dazu auch MEKACHER 2006.
11 Liv. 34,1,2.
12 ECK 2008f.
13 Verwendet wurde als Grundlage für die Zahlen im Text die Sammlung bei FORNI 1987; dort sind 286 Inschriften gesammelt. In der EDR findet man 390 Einträge, in der EDCS 392. Die Relationen zwischen Männern und Frauen unterscheiden sich dort nur marginal.

abbilden, sind somit Frauen kaum anzutreffen. Dabei muss man sich freilich immer wieder bewusst machen, dass damit nur etwas über diese, für uns bis heute noch greifbaren Kommunikationsformen ausgesagt ist, nicht jedoch über die Bedeutung insgesamt von Frauen in der öffentlichen Sphäre. Man denke nur an die religiösen Manifestationen der Gemeinde, bei denen wie auch in Rom selbst, Frauen teilweise eine entscheidende Rolle zu erfüllen hatten.

Umso auffallender ist ein Monument aus Assisi, das in der Mitte der Stadt vor dem Tempel der Minerva erbaut wurde, wo es sich noch heute befindet, nun allerdings tief unter dem heutigen Straßenpflaster. Der Text lautet:[14]

> *Gal(eo) Tettienus Pardalas et Tettiena Galene tetrastylum sua pecunia fecerunt, item simulacra Castoris et Pollucis municipibus Asisinatibus don(o) deder(unt) et dedicatione epulum decurionibus sing(ulis) (denarios) V, sexvir(is) (denarios) III, plebei (denarios) I s(emis) dederunt. S(enatus) c(onsulto) l(ocus) d(atus).* = „Galeo Tettienus Pardalas und Tettiena Galene errichteten mit ihren eigenen finanziellen Mitteln das Tetrastylum, ebenso schenkten sie die Standbilder von Castor und Pollux den Bürgern von Assisi. Und bei der Dedikation gaben sie ein Essen, (ferner) jedem Dekurionen fünf Denare, (jedem) Sevirn drei Denare, (jedem Mitglied) der Plebs eineinhalb Denare. Der Platz (für das Monument) wurde durch Senatsbeschluss bereitgestellt."

Ein Gal(eo) Tettienus Pardalas und eine Tettiena Galene, offenbar ein Ehepaar, errichten im Herzen des Munizipiums ein gewaltiges Tetrastylum mit den Statuen der beiden Dioskuren auf öffentlichem Grund. Alleine die Inschrift misst 1.68 m in der Höhe und 2.66 m in der Breite. Der Bau wurde durch Beschluss des städtischen Senats genehmigt. Bei der Inauguration des Monuments wurde ein Empfang gegeben, bei dem die Dekurionen je fünf Denare, die Seviri je drei und alle anderen Bürger (so ist wohl *plebs* zu verstehen) je eineinhalb Denare zusätzlich erhielten. Daraus ist im Übrigen zu schließen, dass die Teilnehmer je innerhalb ihrer gesellschaftlichen Gruppe bei dem öffentlichen Akt der Inauguration anwesend waren. Die hierarchische Ordnung der Gesellschaft wurde damals unmittelbar durch die Teilnehmer der Inauguration sichtbar und ist auch heute noch als Reflex im Text der Inschrift erhalten. Warum in der Stiftungsinschrift Tettiena Galene, die Frau, in gleicher Weise wir ihr Mann erscheint, wird nicht gesagt, aber vermutlich war sie finanziell in ähnlicher Weise wie er an der Errichtung des Monuments beteiligt. Dass das Ehepaar an so prominenter Stelle das Tettrastylum errichten durfte, lag wohl vornehmlich daran, dass sie in den prominentesten Familienclan der Stadt dieser Zeit, den der Tettii/Tettieni, eingebunden waren.[15] Mitglieder dieses Clans hatten in flavischer Zeit hohe Positionen im *ordo senatorius* und *equester ordo* erreicht, auch eine Heirat mit einem mächtigen kaiserlichen Freigelassenen hatte deren Stellung gestärkt.[16] Beide Ehepartner waren ohne Zweifel Freigelassene eines Angehörigen dieses Clans; sie war möglicherweise die Freigelassene ihres Mannes, wie das nicht selten bezeugt ist.

---

14 CIL XI 5372 = D 3398.
15 GAGGIOTTI/SENSI 1982, 263.
16 Siehe Kap. 10.

Kaum wesentlich anders als in Assisi ist die Repräsentation von Frauen und Männern in einer weiteren mittelitalischen Stadt, deren Charakter jedoch insoweit ein wenig anders war, weil sie am Meer liegt: Terracina. In den funerären Texten sind hier Frauen etwas mehr vertreten als in Assisi, vor allem weil weit mehr Inschriften gesamte Familien nennen und damit auch die weiblichen Angehörigen. In 96 Grabinschriften werden Männer genannt gegenüber 67 mit Personen weiblichen Geschlechts.[17] Bei den Inschriften, die den öffentlichen Bereich betreffen, finden sich 54, in denen Männer alleine als Handelnde oder Geehrte erscheinen, nur drei aber von Frauen. Eine davon bezeugt eine einfache Dedikation an Venus in Erfüllung eines *votum*.[18] Wichtiger ist eine zweite, die unter einer Weihung für Isis stand, die die Zuweisung eines Platzes durch den *ordo decurionum* erforderte.[19] Am wichtigsten aber ist eine Alimentarstiftung durch eine Caelia Macrina, die diese zur Erinnerung an sich und ihren Sohn Macer testamentarisch einrichtete. Insgesamt sollten kontinuierlich je 100 Knaben und Mädchen davon profitieren,[20] wobei auch diese Frau den sozialen Realitäten und Vorstellungen mit den Regeln der Stiftung völlig entsprach: Denn Jungen wurden bis zum 16. Lebensjahr mit je fünf Denaren pro Monat, Mädchen dagegen nur bis zum 14. Lebensjahr mit je vier Denaren für denselben Zeitraum gefördert.[21] Das entsprach den sozialen Regeln, nicht etwa irgendwelchen sachlichen Notwendigkeiten.

Solche Fälle von öffentlicher Präsentation von Frauen in Verbindung mit der Errichtung eines Bauwerks, der Aufstellung von Monumenten wie dem Tetrastylum oder von Statuen im bürgerlichen Raum einer Gemeinde oder der Errichtung einer Stiftung wie in Terracina gibt es immer wieder, aber eben im Verhältnis zu den Texten, in denen Männer allein erscheinen, nur in sehr geringer Zahl. Daneben finden sich Texte, die auf den ersten Blick nicht anders von der Ehrung einer einzelnen Frau durch die Aufstellung von Statuen sprechen als bei Männern. Ein typisches Beispiel scheint folgender Text aus Puteoli zu sein, der auf der Front- und auf der Nebenseite einer Statuenbasis zu lesen ist:[22]

---

17 Bei beiden Gruppen sind die 40 Fälle eingerechnet, in denen Männer und Frauen als Verstorbene in derselben Inschrift erscheinen. Lässt man diese weg, ist das Verhältnis 46 zu 27. In der EDR werden 272 Inschriften angezeigt, in der EDCS 373 (dort sind auch Graffiti und Stempel aufgenommen).
18 AE 1986, 145.
19 CIL X 6303 = D 4367: *Dominae Isidi Flavia Marcellin(a) Sortis signum Memphiticum cum collari argenteo p(ondo) d(ono) d(edit). L(ocus) d(atus) d(ecreto) d(ecurionum)*.
20 Nach CIL XIV 350 = 4450 hat eine Senatorentochter in Ostia nur 100 puellae gefördert.
21 CIL X 6328 = D 6278. Wenn man als drittes Beispiel die Inschriften von Rusellae in Etrurien heranzieht, dann ist die Verteilung hier nicht anders als in den beiden bisherigen Beispielen: im öffentlichen Raum finden sich 56 Texte für den männlichen Teil der Gesellschaft, für Frauen nur zwei (davon eine für ein Mitglied des Kaiserhauses). Die Zahl der Grabinschriften in dieser Stadt ist relativ bescheiden: In neun Fällen sind eine Frau und ein Mann gemeinsam diejenigen, die bestatten. In sieben Inschriften steht allein der Name eines Mannes als Toter, in dreien erscheint eine Frau. Und in je fünf Fällen bestattet entweder eine Frau einen Mann oder umgekehrt.
22 CIL X 1784 = D 6334.

Gaviae M(arci) fil(iae) Marcianae, honestae et incomparabilis sectae, matron(ae) Gavi Puteolani decurion(is), omnib(us) honorib(us) functi fil(iae), Curti Crispini splendidi equitis Romani, omnib(us) honorib(us) functi uxori, Gavi Iusti splendidi equit(is) Romani sorori; huic, cum ob eximi[u]m pudorem et admirabilem cas[tit]atem inmatura et acerba morte interceptae, res p(ublica) funus public(um), item {f}oleum et tres statuas decr(evit). M(arcus) Gavius Puteolanus pater hon(ore) decreti contentus sua pequn(ia) posuit. L(ocus) d(atus) d(ecreto) d(ecurionum).

L(ucio) Bruttio Crispino L(ucio) Roscio Aeliano co(n)s(ulibus) V Kal(endas) Novembr(es) in templo divi Pii scribundo adfuerunt Caep(io) Proculus, Cossutius Rufinus, Cl(audius) Priscus, Calp(urnius) Pistus: quod postulante Annio Proculo o(rnato) v(iro) de decernendo funere publico Gaviae M(arci) f(iliae) Marcianae b(onae) m(emoriae) f(eminae) item decem libris {f}olei locisq(ue) tribus concedendis, quae ipsi elegerint, in quibus statuae eidem Marcianae secundum eiusdem Proculi postulationem ponerentur. P(ublius) Manlius Egnatius Laurinus duovir{um} v(erba) f(ecit) q(uid) d(e) e(a) r(e) f(ieri) p(laceret) d(e) e(a) r(e) i(ta) c(ensuerunt): optasse quidem singulos univerosque nostrum in honorem Curti Crispini magistratus n(ostri) primarii viri, item Gavi Puteolani soceri eius adaeque o(ptimi) v(iri) Gaviae Marcianae r(everentissimae) m(emoriae) f(eminae) vivae potius honores conferre quam ad huius modi decretum prosilire, ut de solacio viventium quaereremus ei ideo quod pertineat etiam ad memoriam puellae ipsius cohonestandum placere huic ordini funus publicum {ei} decerni et decem libras{f}olei mitti concedique secundum postulationem Anni o(ptimi) v(iri), ut loca, quae elegerint statuendis tribus statuis, de consensione nostra consequantur.
= „Für Gavia Marciana, Tochter des Marcus (Gavius), eine Frau von ehrenvoller und unvergleichlicher Denkart, Tochter des Dekurionen Gavius Puteolanus, der alle Ämter (der Stadt) absolviert hat, Gattin des vornehmen Ritters Curtius Crispinus, der alle Ämter (der Stadt) absolviert hat, Schwester des vornehmen Ritters Gavius Iustus. Als ihr die Gemeinde nachdem sie durch einen frühzeitigen und bitteren Tod aus dem Leben gerissen wurde, wegen ihres herausragenden Ehrenhaftigkeit und ihres bewundernswerten Anstandes ein öffentliches Begräbnis, ebenso Öl (?) und drei Statuen zuerkannte, hat Marcus Gavius Puteolanus, ihr Vater, zufrieden mit der Ehre, die der Beschluss vermittelte, (diese Statue) aus seinen eigenen Mitteln errichtet. Der Platz (für die Statue) wurde durch Beschluss der Dekurionen zugewiesen.

Unter den Konsuln Lucius Bruttius Crispinus und Lucius Roscius Aelianus, am 5. Tag vor den Kalenden des November waren im Tempel des vergöttlichten Pius folgende Personen bei der schriftlichen Formulierung (des Beschlusses) anwesend: Caepio Proculus, Cossutius Rufinus, Claudius Priscus, Calpurnius Pistus, als Annius Proculus, ein vortrefflicher Mann den Antrag stellte, man möge für Gavia Marciana, die Tochter des Marcus (Gavius), eine Frau, an die man sich gerne erinnert, ein öffentliches Leichenbegängnis beschließen, ebenso ihr zehn Pfund Öl und drei Plätze zuerkennen, die (die Angehörigen) selbst auswählen mögen, wo die Statuen für eben diese Marciana entsprechend dem Antrag des Proculus aufgestellt werden sollten. Der duovir Publius Manlius Egnatius Laurinus stellte den Antrag, was (den Dekurionen) in dieser Sache gut scheine; sie fassten folgenden Beschluss: Zwar hätte jeder einzelne von uns und wir alle zusammen gewünscht, zu Ehren des Curtius Crispinus, der bei uns die Ämter übernommen hat und den ersten Rang einnimmt, ebenso zu Ehren von Gavius Puteolanus, seines Schwiegervaters und ehrenwerten Mannes, Gavia Marciana, eine Frau verehrenswerten Angedenkens, eher zu Lebzeiten mit Ehren zu überhäufen als zu einem Beschluss der Art zu kommen, dass wir nach einem Trost für die Lebenden suchen, der in gleicher Weise auch das Andenken an das Mädchen selbst ehren würde: Deshalb beschließe dieser Rat, ihr ein öffentliches Leichenbegängnis zuzuerkennen und zehn Pfund Öl zu senden und entsprechend dem Antrag des ehrenwerten Annius zu gewähren, dass sie die Plätze, welche sie für die Errichtung dreier Statuen auswählen würden, mit unserer Zustimmung erhalten."

Geehrt wird postum eine Gavia Marciana, einerseits durch die Zuerkennung eines *funus publicum*, andererseits durch die Aufstellung dreier Statuen, von deren Basen eine bis heute erhalten ist, auf der der eben zitierte Text steht. In der Inschrift, die unter der Statue eingemeißelt ist, wird davon gesprochen, ihr sei bei ihrem unerwartetem und bitterem Tod o*b eximi[u]m pudorem et admirabilem cas[tit]atem* ein öffentliches Leichenbegängnis beschlossen worden. Im Beschluss des Dekurionenrats selbst, der auf einer der Außenseiten der Basis eingemeißelt war, wird allerdings von diesen *virtutes* nichts weiter gesagt. Dort wird vielmehr sehr deutlich betont, der Beschluss, die jung Verstorbene zu ehren, geschehe zur Ehrung von Curtius Crispinus, dem Ehemann von Gavia Marciana, der bei ihnen die höchste magistratische Position erreicht hatte, und ebenfalls zur Ehre von Gavius Puteolanus, dem Schwiegervater des Curtius Crispinus. Auffällig ist im Beschluss der Dekurionen die Einordnung des Gavius Puteolanus in die Argumentation als *socer* des Curtius Crispinus, nicht jedoch als *pater* der Verstorbenen. Von irgendwelchen Verdiensten der Verstorbenen selbst wird in dem *decretum decurionum* nichts Weiteres gesagt. Es wird also sehr deutlich, dass sich für die Dekurionen die Motivation für den gesamten Vorgang vornehmlich aus der Stellung des Ehemannes und dessen Schwiegervaters innerhalb des Dekurionenrats ergab. Diesen beiden wird im Statuentext auch noch der Bruder der Verstorbenen hinzugefügt, so dass drei Verwandtschaftsbeziehungen von Marciana hervorgehoben werden: *Gavi Puteolani decurion(is) omnib(us) honorib(us) functi fil(iae), Curti Crispini splendidi equitis Romani omnib(us) honorib(us) functi uxori, Gavi Iusti splendidi equit(is) Romani sorori*. Vater und Bruder gehören beide dem Rat von Puteoli an, der Bruder ist sogar *eques Romanus*, und der Ehemann, ebenfalls *decurio*, hatte alle Ämter in der Stadt übernommen und ebenfalls den Rang eines römischen Ritters erreicht. Nimmt man alle diese Aussagen zusammen, dann wird klar, dass bei der postumen Ehrung zwar vordergründig Gavia Marciana im Zentrum stand, dass aber das entscheidende Motiv für die Ehrung die herausragende Stellung war, welche die drei männlichen Mitglieder der Familie in der puteolanischen Gesellschaft einnahmen. Deshalb werden auch drei Statuen beschlossen, nicht nur eine, um gewissermaßen jeden der drei zu ehren.[23] Und die Ehrung der Familienmitglieder wird noch dadurch verstärkt, dass ihnen der Rat das Recht einräumt, den Platz für die drei Statuen selbst zu bestimmen, was auch heißt, dass dies Orte innerhalb der Stadt sind, die für die Familie eine besondere Bedeutung haben und die damit ein Teil ihres öffentlichen Prestiges werden. Vermutlich haben sogar die Angehörigen der Marciana selbst oder zumindest einer von ihnen den entscheidenden Anstoß für die Ehrung durch den Rat gegeben, soweit nicht vorausgehende Fälle innerhalb der Gesellschaft dieser Großstadt solche Rituale erwartbar machten. Dazu passt schließlich, dass der Vater die Kosten trägt: *hon(ore) decreti contentus*. Es ging um eine Ehrung, aber eben

---

23 Die Nennung der drei Verwandten auf der Schauseite der Basis in Verbindung mit den drei Statuen zeigen, dass es um die Ehrung aller männlichen Verwandten geht, auch wenn der Bruder, der vermutlich wegen seines Alters noch kein Mitglied des Dekurionenrats war, in dessen Beschluss nicht eigens erwähnt wird.

vor allem um eine Ehrung der gesamten *familia Gavia*, zu der die jung Verstorbene gehörte. Die Formulierung der Inschrift bindet sie ein in die Familie und zeigt, warum sie auch öffentlich zu ehren war.

Ähnliche Charakterisierungen von geehrten Frauen im Kontext ihrer Familie finden sich auch in einigen anderen Beschlüssen von Dekurionenräten in Italien. So ordnet der *ordo* der Stadt Brundisium im Jahr 144 n.Chr. an, eine Statue für die jung verstorbene *puella splendidissima* Clodia Anthianilla aufzustellen, die mit einem M. Cocceius Geminus, *praefectus alae*, verheiratet war. Der Beschluss erfolgt, um die Eltern zu trösten. Das entscheidende Motiv jedoch, dass es überhaupt zu dem Beschluss kam, war die Tatsache, dass der Vater nicht nur *patronus* der Stadt war, sondern auch *spendidissimus eques Romanus* und, wie der Text betont, *bene de re publica meritus*.[24] Doch insgesamt sind solche Beschlüsse, die auch die spezifischen Beweggründe nennen, in unserem erhaltenen Inschriftenmaterial mehr als rar. Unter den insgesamt 58 Dekreten von Dekurionenräten aus Italien, die Robert K. Sherk im Jahr 1970 zusammengestellt hatte, finden sich nur insgesamt fünf, die sich auf Frauen beziehen.[25] Eines davon ist eine Stiftung in Gabii, mit der der *natalis dies* und die *memoria* von *Domitia Cn. Domiti Corbulonis fil(ia)* begangen werden sollen, und das nicht nur durch die Freigelassenen der Verstorbenen, sondern vor allem durch die Dekurionen und Augustalen von Gabii, die an der Feier teilnehmen sollten[26] – in dieser Form ein außergewöhnlicher Fall. Hier wirkte das Prestige des Vaters Corbulo und vermutlich doch auch – unausgesprochen – ihre ehemalige Sonderstellung als Frau Domitians nach.

Andere Ehrenbeschlüsse, fast stets bezogen auf die Errichtung von Statuen von Frauen, finden sich in verschiedenen italischen Städten. So errichtet der Dekurionenrat in Aeclanum für Cantria Publi filia Longina eine Statue, weil sie wegen ihres Flaminats, das den Dienst für *div[a] Iulia Pia [A]u[g(usta)]*, für die *Mater deum Magna Idaea* sowie für die *Isis Regina* umfasste, der Gemeinde 50.000 Sesterzen gespendet hatte.[27] Doch erhalten ist fast stets nur die Frontseite der Statuenbasen mit dem lapidaren *d(ecreto) d(ecurionum)*; eine nähere Aussage über die Verdienste der geehrten Frauen fehlt. Das ist allerdings auch bei vielen männlichen Geehrten nicht anders. In Capena, in Südetrurien, sammeln gemeinsam *decuriones, Augustales honorati et vicani* Geld, um eine Varia Italia, Frau eines Pacatus Faustus, die als *sacerdos* und *cultrix* der Ceres und Venus in der Gemeinde tätig gewesen war, in der Öffentlichkeit mit einer Statue zu ehren.[28] In Formiae wird eine Cassia Cornelia Prisca, *clarissima femina*, Frau des Senators Aufidius Fronto, der in der Inschrift als *consul, pontifex* und *proconsul Asiae* sowie als *patronus* der *colonia* erscheint, als *sacerdos Augustae et patriae* von den Bürgern der Stadt wegen ihrer

---

24 Sherk 1970.
25 Sherk 1970, Nr. 14. 20. 35. 40. 55.
26 CIL XIV 2795 = D 272; die Überschrift der Inschrift lautet: *in honorem memoriae domus Domitiae Augustae, Cn. Domiti Corbulonis fil(iae)*.
27 CIL IX 1153 = D 6487.
28 AE 1954, 166.

glänzenden Munifizenz mit einer Statue geehrt.[29] Solche und ähnliche Fälle finden sich an nicht wenigen Orten. Im Verhältnis zu vergleichbaren Anlässen für Männer bleiben solche öffentlichen Ehrungen aber immer eine deutliche Minorität.

Diese geringe Vertretung von Frauen im Inschriftenmaterial bei der öffentlichen Präsentation bestimmter sozialer Gruppen lässt sich besonders deutlich für die Stadt Rom feststellen. Dabei kann man sich mit den Texten für den *ordo senatorius* begnügen, da im öffentlichen Raum der Stadt Rom neben dem Kaiserhaus nur wenige andere durch das Medium von Statuen mit ihren zugehörigen Inschriften repräsentiert wurde. Es genügt dabei wohl, sich auf einen Ausschnitt der senatorischen Inschriften zu konzentrieren. Gewählt werden die Texte, die im letzten Supplement von CIL VI im Jahr 2000 eingeschlossen sind. Géza Alföldy hat dort 226 Inschriften, die den *ordo* betreffen, zusammengefasst, *tituli honorarii* unter Statuen und *tituli sepulcrales*. In all diesen Texten werden Frauen des *ordo* nur maximal in achtzehn Inschriften genannt, eine mehr als bescheidene Zahl, die umso auffälliger ist, weil in Rom auch beim *ordo senatorius* die Grabinschriften gegenüber den statuarischen Ehrungen im öffentlichen Raum die überwiegende Mehrheit der Zeugnisse ausmachen. Gerade dort aber sollte man deutlich mehr Frauen erwarten.

In sechs der genannten Inschriften erscheint eine Frau allein,[30] in den anderen 12 werden weibliche Mitglieder des *ordo* stets im Kontext der Familie erwähnt.[31] Fast alle Texte gehören in den funerären Bereich, wobei nur wenige Beispiele Frauen als alleinige Dedikantinnen des Grabes zeigen, wie etwa eine Marciana *clarissima femina*, die ihrem Ehemann, wohl einem Statilius Barbarus, das Grabmal erbauen ließ.[32] Zumeist werden Frauen als eine von weiteren Verstorbenen im Familienverband angeführt, ähnlich wie das auch in Terracina zu beobachten war; dies sieht man sehr deutlich in einem Grabtitulus der *familia Licinia* bald nach der Mitte des 1. Jh. n.Chr.:[33]

L(ucius) Licinius [- - -XVvir s(acris) f(aciundis), IIIvir, tr(ibunus) mil(itum) leg(ionis) V] Macedonic[ae, quaestor, tr(ibunus) pl(ebis), pr(aetor), leg(atus) leg(ionis) - - -]ae, adlec[tus a divo] Claudio inte[r patricios,- - -tes]tamen[to fieri iussit].
   L(ucio) Licinio L(uci) f(ilio) C[- - -V]II ep[ulonum, - - -] leg(ato) divi Aug(usti) pro [pr(aetore) provinciae - - -, praef(ecto) frumenti dandi] ex s(enatus) c(onsulto), proco(n)s(uli) Bit[hyniae, pr(aetori), tr(ibuno) pl(ebis), quaestori pro pr(aetore) Hispaniae] ulterioris, comiti dat[o in Oriente a divo A]ug(usto) G(aio) [Caesari, IIIvir(o) - - -, patri].
   Liciniae L(uci) f(iliae) Caesi Longi[ni(?) uxori et Licini]ae L(uci) f(iliae) Ma[- sororibus].

---

29 AE 1971, 79.
30 CIL VI 41062. 41071. 41128. 41179. 41236. 41249.
31 CIL VI 41079 gehört nicht zu den Inschriften des *ordo*, da hier nicht ein Mitglied einer senatorischen Familie begraben gewesen sein kann, da es ausgeschlossen ist, dass eine *ser[va]* eine solche Grabinschrift in Auftrag gegeben hat. Wenn dort eine *serva* genannt war, hat sie vielleicht einen Angehörigen mit Freigelassenenstatus bestattet. Auch bei CIL VI 41154 muss es m. E. offen bleiben, ob wirklich eine Frau genannt war. Bei der auf der Rückseite der Inschrift CIL VI 41214 erwähnten Frau deutet nichts auf eine senatorische Qualität hin.
32 CIL VI 41197.
33 CIL VI 41070.

Die Familienmitglieder erscheinen auf einer gemeinsamen Inschriftentafel: Zunächst der Grabstifter, dann ein Vorfahre, sicherlich der Vater. Und am Ende werden zwei Liciniae genannt, vermutlich Schwestern des Grabstifters. Durch die Angabe der *cursus honorum* der beiden Männer wird der sozio-politische Kontext, in den sie gehören, beschrieben; auch die Frauen sind dadurch gewissermaßen gesellschaftlich verortet.

Was sich unter den stadtrömischen Inschriften für Frauen senatorischen Ranges kaum findet, sind *tituli*, die man der Kategorie der Ehrung von Lebenden zuweisen könnte, wie sie aber für die männliche Welt gerade bei Mitgliedern der führenden *ordines* recht zahlreich sind. Vor allem durch sie haben wir eine Vorstellung, wie diese Elite sich selbst darstellen konnte. Dabei kann es in Rom üblicherweise nicht um Ehrungen *solo publico* gehen. Denn solche Monumente sind in Rom auch für Senatoren, jedenfalls für die Zeit vor der Spätantike, insgesamt recht selten; die Masse der Ehrungen für die *viri clarissimi* der frühen und hohen Kaiserzeit stand im stadtrömischen Raum einst im privaten Bereich, also in den herrschaftlichen *domus* oder den dazu gehörigen Gärten.[34] Doch auch solche Texte finden sich für Frauen kaum. Ein seltenes Monument dieses Typs ist wohl CIL VI 41179:

> *In [honorem] Calpurni[ae] Ceiae[- - -] Aemilianae dominae praestant[is]simae Suetrius Ga[ude]ns lib(ertus) c(um) s(uis) [ob insi]gnem eius [erga se be]nivolentiam.* = „Zu Ehren der Calpurnia Ceia … Aemiliana, der vortrefflichen Herrin, hat Suetrius Gaudens, Freigelassener, zusammen mit den Seinen wegen ihres beispiellosen Wohlwollens ihnen gegenüber (eine Statue errichtet)."

Auffällig ist dabei, dass hier weder auf ein männliches Mitglied der Familie verwiesen wird, dass aber ebenso der Rangtitel *clarissima femina*, den Calpurnia Aemiliana in einer späteren Inschrift aus Africa führte,[35] hier fehlt. Es wird also auf nichts verwiesen, wodurch ihre soziale Stellung in irgendeiner Form gekennzeichnet würde. Daraus aber lässt sich wohl schließen, dass die Statue, die mit der Inschrift verbunden war, in einem Bereich gestanden hat, in dem der Name allein genügte, um die Geehrte zu kennzeichnen; das aber kann dann nach aller Wahrscheinlichkeit nur der private Lebensbereich gewesen sein, was noch durch die Tatsache unterstrichen wird, dass ein *libertus* die Statue dedizierte. Zu vergleichen ist eine Statuendedikation, die ein Freigelassener Didymus in der villa der Volusii in Lucus Feroniae für einen jungen Senator aufstellte.[36]

Auch CIL VI 41105 stammt wohl aus einem solchen privaten Kontext. Obwohl der Text sehr fragmentarisch ist, scheint die Person, die geehrt wird, eine Frau zu sein. Géza Alföldy hat, wie schon andere vor ihm, den Text so verstanden, dass diese Frau in der Inschrift von einer Reihe von Gemeinden aus Pannonien geehrt worden sei, da sie ihren Mann, der Statthalter in der Provinz gewesen sei, dorthin begleitet habe. Nach

---

34 Dazu Eck 1992a, Alföldy 2001a.
35 AE 1995, 1653.
36 AE 1972, 176.

seiner Rekonstruktion wäre allerdings die Frau allein mit dem Monument geehrt worden. Das scheint aber nicht so sehr wahrscheinlich; denn das Monument muss in seiner Rekonstruktion mindestens 4.20 Meter breit gewesen, eine sehr wahrscheinliche Annahme. Eine solch breite Inschrift würde fordern, dass eine entsprechend große statuarische Repräsentation damit verbunden war. Bei einer Breite von mindestens 4.20 Metern aber wäre nur ein Gespann, also mindestens eine *biga*, wenn nicht eine *quadriga*, als adäquat zu fordern. Ein solches Monument ist aber bei einer Frau ausgeschlossen.[37] Eher könnte man sich vorstellen, dass rechts vom Namen der Frau noch der Name eines Mannes gestanden hat, wodurch die vermutete Breite der Inschrift erreicht worden wäre, und unter den beiden Namen in zwei oder drei Kolumnen die dedizierenden Gemeinden zu lesen waren.[38] Wie auch immer man sich das vorstellt: Wenn der Text sich tatsächlich auf eine senatorische Frau bezog, dann handelt es sich hier um eine außergewöhnliche Ehrung für ein weibliches Mitglied des *ordo senatorius* in Rom selbst, das aber trotz seiner Größe nicht im öffentlichen Raum gestanden haben kann, sondern im privaten Bereich, vielleicht sogar im Suburbium innerhalb eines parkähnlichen Ambientes. Es repräsentiert aber sicherlich nicht ein typisches Ehrenmonument, sondern, wenn zutreffend verstanden, ein ganz außergewöhnliches. Auch hier aber war der soziale Rang der Frau durch die gleichzeitige Ehrung wohl des Ehemannes deutlich gemacht.

Am Ende sei noch auf einen Befund verwiesen, dessen Material ebenfalls von Géza Alföldy erarbeitet worden ist.[39] Er hat für die oberitalische Region Venetia und Histria alle Inschriften gesammelt, die zu Statuen gehörten. Scheidet man alle Monumente aus, die mit bildlichen Darstellungen von Göttern oder Kaisern verbunden waren, dann finden sich etwas mehr als 130 Monumente, mit denen Personen geehrt wurden, lebende und auch verstorbene. Darunter sind 39 männliche Angehörige des *ordo senatorius* zu finden, ebenfalls 39 Angehörige des *equester ordo*, 40 aus dem Kreis der Dekurionen und Augustalen. Sehr viele dieser Statuen standen im öffentlichen Raum, wie die häufige Formel *locus datus decreto decurionum* zeigt. Doch für diesen gesamten öffentlichen Raum findet sich in dem zahlenmäßig nicht geringen Material kein einziges Beispiel, dass eine Frau mit einer Statue geehrt worden wäre. Bezeugt sind zwar insgesamt 12 Statuen, die für Frauen errichtet wurden,[40] von denen allein

---

37 Zumindest ist ein solches Monument bisher noch nie irgendwo gefunden worden; angesichts der Menge der uns bekannten Ehrenmonumente ist der Einwand, das sei ein argumentum e silentio, hier irrelevant.

38 Diese Form der Gestaltung von Inschriften unter Ehrenmonumenten findet sich immer wieder; siehe etwa CIL VI 41054; dazu Eck 1984.

39 Alföldy 1984.

40 CIL V 3606 = Alföldy 1984, Nr. 233 hatte ich in der Erstpublikation dieses Beitrags noch unter die Statuenbasen für Frauen einbezogen. Doch ist es bei genauerem Überlegen evident, das Fabricia Festa, die in der Inschrift im Nominativ erscheint, hier nicht geehrt wird, dass sie vielmehr selbst eine Statue aufgestellt hat, sicher nicht die einer Person, sondern am ehesten eine Idealstatue oder etwas Ähnliches. Auch eine Götterweihung scheidet aus, da sonst vermutlich der Name der Gottheit angeführt worden wäre.

sechs aus Verona stammen.⁴¹ Doch in allen Fällen weisen die Texte durch ihre Formulierung entweder darauf hin, dass die Statuen am Grab aufgestellt wurden oder in irgendeinem privaten Bereich. Einige Male wird überhaupt nur der Name der Frau genannt, ohne eine weitere soziale Konnotation. So steht auf einer Basis aus Verona der lapidare Text:⁴²

Clodiae P. f. Secundae.

Aus Bellunum stammt folgendes Monument:⁴³

Capertiae Maximi fil(iae) Valerianae plebs urbana patronae.

Wo die *plebs urbana* dieses große Monument – die Basis misst 8.86 m in der Höhe – errichtete, lässt der Text nicht erkennen. Da freilich ein Hinweis auf Gewährung des Platzes durch den Dekurionenrat fehlt, ist es wahrscheinlicher, dass dies auf einem nicht öffentlichen Platz geschah. Außergewöhnlich ist hier das völlige Fehlen jeglichen Hinweises auf den familialen Kontext, dem die Frau zugehörte. Das ist erwartungsgemäß anders bei den wenigen Beispielen für Frauen senatorischen Ranges. In Aquileia steht auf einer Statuenbasis: ⁴⁴

Rutiliae M(arci) Clementis pr(aetoris) f(iliae) Priscae Sabinianae Caeserni Macedonis (uxori).

Der senatorische Vater Rutilius Clemens ist nicht weiter bekannt; der Text sollte aber etwa in die flavische Zeit gehören; das lässt sich aus dem Namen und der Genealogie des Ehemanns der Geehrten, des Caesernius Macedo, erschließen.⁴⁵

Ebenfalls in Verona wird eine Claudia Marcellina als Frau eines Bellicius Sollers, der als *consul* bezeichnet wird, von zwei Privatleuten geehrt.⁴⁶ In den beiden letzten Fällen wird durch den Rang des Ehemannes bzw. des Vaters die soziale Position der Frauen bestimmt, wie das auch sonst ganz allgemein üblich war. Doch auch diese Monumente dürften im privaten Lebensbereich der Geehrten gestanden haben, nichts deutet auf die bürgerliche Öffentlichkeit der Stadt hin.

---

41 AE 2001, 1060a, ein Text, der ALFÖLDY im Jahr 1984 noch nicht bekannt war, ist der einzige Inschriftentext, der nicht diesem Typus entspricht. Eine Curtia Procilla wird als *sacerdos divae Plotinae* durch Beschluss des Dekurionenrats geehrt (dankenswerter Hinweis von Emily HEMELRIJK).
42 RICCI 1893, 6 Nr. 6 = ALFÖLDY 1984, Nr. 230.
43 AE 1976, 250 = ALFÖLDY 1984, Nr. 151 = SupIt 4B, 10.
44 AE 1934, 241 = InscrAqu 481; unwahrscheinlich ist die Auflösung von PR nach *Clementis* zu *Pr(isci)*. Denn dann wäre der Vater mit Praenomen und zwei Cognomina bezeichnet worden, was man nur dann akzeptieren dürfte, wenn es direkt überliefert ist; diese Lösung ist abzulehnen.
45 PIR² R 245.
46 CIL V 3338 = D 1031: *Claudiae Ti(beri) f(iliae) Marcellinae Bellici Sollertis co(n)s(ulis) (uxori) M(arcus) et Q(uintus) Hortensi [P]aulinus et Firmus.*

Aus diesem kursorischen, an ausgewählten Beispielen orientierten Aussagen ergeben sich m. E. einige allgemeine Schlussfolgerungen zur Thematik des Kolloquiums:

Frauen werden, jedenfalls im Vergleich mit dem männlichen Teil der Gesellschaft, nur insgesamt selten in Inschriften im öffentlichen Raum der Städte genannt, also in dem Raum, für den die lokalen Dekurionenräte zuständig sind. Der funeräre Bereich ist zwar in einem gewissen Sinn auch ein öffentlicher, unterliegt jedoch der privaten Verfügung; er fällt nicht generell in den Kompetenzbereich des Dekurionenrats. Soweit Frauen dennoch in den Städten in Verbindung mit einem Ehrenmonument epigraphisch erscheinen, geht es den Dedikanten manchmal nach dem Text der Inschrift um die Ehrung der Frau allein, aber weit mehr und öfter scheint die Ehrung auf die Familie der geehrten Frau und deren männliche Angehörige zu zielen, also des Teils der Gesellschaft, dem der öffentliche Raum traditionsgemäß vorbehalten war. Die Masse aller, zahlenmäßig (im Verhältnis zum männlichen Teil der Bevölkerung) bescheidenen Ehrungen von Frauen erfolgte im privaten Bereich, was im Zentrum der römischen Welt, in Rom, fast generell gilt, in erheblichem Umfang jedoch auch in den Städten Italiens. Hier blieben die Vorstellungen der römischen Gesellschaft über die Präsenz von Frauen im öffentlichen Leben auch in der Kaiserzeit weitgehend wirksam. In den Gemeinden der Provinzen scheint dies partiell anders gewesen zu sein, im Osten wie im Westen. Doch das wäre bereits ein anderes Thema.[47]

---

47 Siehe dazu etwa die Literatur in Anm. 1; ferner VAN BREMEN 1996.

12 Die Wirksamkeit des römischen Rechts im Imperium Romanum und seinen Gesellschaften

Das römische Recht war das Recht der römischen Bürger und das Recht für die römischen Bürger, die *cives Romani*. Doch das Imperium Romanum war groß. Seine Bevölkerung besaß, jedenfalls bis zur *constitutio Antoniniana* des Jahres 212 n.Chr., weithin nicht das römische Bürgerrecht. Das Personalrecht der Mehrheit der Bewohner des Reiches war vielmehr bis zu Caracallas Entscheidung das von Personen *peregrini iuris*. Personen *peregrini iuris* aber muss es sogar noch nach dieser allgemeinen Bürgerrechtsverleihung im Imperium gegeben haben, sonst hätte den Prätorianerveteranen nicht generell auch noch nach 212 von den Kaisern das Recht verliehen werden können, eine rechtlich gültige Ehe mit *peregrini iuris feminas* schließen zu dürfen. Diese Bestimmung steht nicht in einer historiographischen Quelle, deren Autor vielleicht das Problem der verschiedenen Personenrechte nicht vollständig verstanden hat, auch nicht in einem systematischen juristischen Text, der vielleicht alle Eventualitäten unabhängig von ihrer konkreten Relevanz einbezogen hätte. Diese Bestimmung steht vielmehr in offiziellen kaiserlichen Konstitutionen für Prätorianerveteranen, deren späteste, soweit uns das heute bekannt ist, im Jahr 306 ausgestellt wurde.[1] Und in den Diplomen für Flottensoldaten und die *equites singulares* geht die kaiserliche Verwaltung auch nach 212 davon aus, es gäbe Angehörige dieser Einheiten, die noch nicht römische Bürger seien, oder die zumindest Frauen mit nichtrömischer Rechtsstellung heiraten wollten.[2]

Die Frage nach der selbstverständlichen Effektivität des Römischen Rechts, ebenso aber auch von dessen indirektem Einfluss auf andere Rechtssysteme innerhalb des Reiches ist notwendigerweise zunächst einmal eine Frage der Ausbreitung des römischen Bürgerrechts. Denn zumindest für alle rechtlichen Handlungen zwischen römischen Bürgern galt das römische Recht. Und je mehr Bewohner als *cives Romani* lebten, desto häufiger ging es auch um die Frage der indirekten Effektivität, weil immer mehr Rechtsfälle auftreten konnten, in denen Römer und Reichsbewohner, die in ihren Gemeinden nach anderen Gesetzen lebten, gemeinsam involviert waren. Dass römisches Recht auch dann, wenn es (noch) keine oder fast keine römischen Bürger in einer Provinz gab, eine Rolle spielen konnte, weil die römischen Provinzmagistrate

---

Anmerkung: Der Text wurde im Jahr 2013 in Pavia im Rahmen des Kolloquiums: Diritto romano e economia: Due modi di pensare e organizzare il mondo vorgetragen, das von Elio Lo Cascio und Dario Mantovani geleitet wurde. Der ursprüngliche Titel lautete: L'effettività del diritto romano: estensione geografica, estensione sociale.

1 Eine Zusammenstellung der bis 2012 bekannten Prätorianerdiplome bei Eck 2012d. Siehe ferner Mráv/Vida 2011–13; Eck/Pangerl 2019c; Eck/Pangerl 2019a.
2 Beispielhaft sei auf RMD V 463. 471 a-b sowie Eck/Pangerl 2008/2009 für die Flotte verwiesen, für die *equites singulares* auf RMD III 197 und RGZM 55; Eck/Pangerl 2015; Eck/Pangerl 2019.

damit vertraut waren, kennen wir recht detailliert aus Ciceros Statthalterschaft in Cilicia.³

Vor der Behandlung der Effektivität des römischen Rechts ist zunächst zu fragen, auf welchem Weg, mit welcher Intensität und innerhalb welcher sozialen Gruppen sich die *civitas Romana* im Imperium bis zum Jahr 212 vornehmlich verbreitet hat. Diese Frage ist engstens verknüpft mit dem Phänomen der Schaffung von Gemeinden römischen bzw. latinischen Rechtes in den Provinzen. Denn dort entstanden die Zentren, in denen man die Anwendung römischen Rechts annehmen darf, nicht anders als in den Gemeinden des seit 90/89 v. Chr. rechtlich geeinten Italiens, dem Herzland der römischen Bürger.⁴

1 Die geographische Ausweitung des römischen Bürgerrechts bis 212 durch die Gründung von römischen und latinischen Gemeinden

Die *res publica populi Romani* war nie eine so exklusive Bürgergemeinschaft, dass sie sich nach außen völlig abgeschottet hätte. Schon der Gründungsmythos um Romulus zeigt das mit genügender Deutlichkeit. Der Prozess der politischen Einigung Italiens unter römischer Führung ist bereits vor 90/89 v. Chr. auch ein Prozess der stetigen Ausweitung der Zugehörigkeit zur römischen Bürgerschaft gewesen. Dass zu Beginn des 1. Jh. v. Chr. die endgültige Einigung aller italischen Stämme und Gemeinden zu einer Bürgerschaft erst durch einen Krieg erreicht wurde, war in besonderen Umständen begründet, entsprach aber nicht der langfristigen Grundtendenz römischer Politik.

Mit Caesar erhielt die Ausbreitung des römischen Bürgerrechts insoweit eine neue Dimension, weil damals zum ersten Mal *in größerem Maßstab* auch geographische Gebiete außerhalb Italiens erfasst wurden, die als Provinzen, somit als Untertanengebiete, römischen Herrschaftsträgern unterstanden hatten und in denen die Masse der Bevölkerung natürlich keine römischen Bürger waren. Das geschah zum einen durch die Verleihung des latinischen Rechts an die Bewohner der Insel Sizilien und der provincia Narbonensis durch Caesar.⁵ Eine vergleichbare Entscheidung hatte es vorher nur einmal gegeben, als Rom im Jahr 89 v. Chr. auf Antrag von Pompeius Strabo der Transpadana, den Gebieten nördlich des Po das *ius Latii* verliehen hatte.⁶ Deren Bewohner erhielten damit eine Art Vorstufe zum römischen Bürgerrecht. Das volle

---

3 Siehe z. B. SCHULZ 1997, passim.
4 Generell zur Ausbreitung des römischen Bürgerrechts VITTINGHOFF 1952; SHERWIN WHITE 1973; MAROTTA 2012, der allerdings die Ausbreitung durch die Gründung von Städten römischen Rechts nicht behandelt. Hinzuweisen ist aber auch auf die Habilitationsschrift von WOLFF 1977, der alle anstehenden Fragen umfangreich behandelt, die Arbeit freilich nie veröffentlich hat. Dazu ECK 2013a.
5 Cic. Att. 14,12,1; VITTINGHOFF 1952, 70; SHERWIN WHITE 1973, 230 f.
6 SHERWIN WHITE 1973, 158 f.

Bürgerrecht für diese Region, die damals noch Teil der Provinz Gallia Cisalpina war, folgte erst im Jahr 49 durch Caesar, die Lösung aus dem Status einer Provinz durch die Eingliederung in Italien endgültig sogar erst im Jahre 42.[7] Bei diesen Rechtsakten blieben freilich manche Stämme am Rande ausgeschlossen, wie die Anauni, Tulliases und Sinduni in den Alpentälern um Trento, die bis in die claudische Zeit formell das Bürgerrecht nicht besaßen. Claudius beendete diese unsichere Situation, in der in der Realität ohnehin nicht mehr erkennbar war, wer bereits zum römischen Bürgerverband gehörte und wer nicht. Überliefert ist uns das in der sogenannten Tafel von Cles.[8] Das *ius Latii* für Sizilien hatte Bestand, nicht jedoch die von Marcus Antonius initiierte Verleihung des vollen römischen Bürgerrechts an die Bewohner der Insel; dieses ging vielmehr im Verlauf der Auseinandersetzungen der Triumviratszeit wieder verloren; die meisten sizilischen Gemeinden hatten sich auf der falschen Seite politisch engagiert, nämlich für Sextus Pompeius.[9] Neben dieser Verleihung des *ius Latii* an Sizilien und die Narbonensis sowie des vollen Bürgerrechts an die Transpadani aber hat Caesar, wenn auch wiederum nicht als erster, aber zum ersten Mal in großem Umfang römisch organisierte Städte, *coloniae* und *municipia*, in mehreren Provinzen gegründet: in der Hispania ulterior und citerior, in der Gallia Narbonensis und der Gallia Comata, in Achaia, Asia, Pontus-Bithynia und in Africa. Darin folgte ihm Augustus, der auf die Gründung von *coloniae* in zahlreichen Provinzen in seinen res gestae verweist:[10] *Colonias in Africa, Sicilia, [M]acedonia, utraque Hispania, Achai[a], Asia, S[y]ria, Gallia Narbonensi, Pi[si]dia militum deduxi.* Seine *municipia* finden sich nur in den westlichen Provinzen, darunter auch in Illyricum; in den östlichen Provinzen fehlen sie, vermutlich war dort die entscheidende Voraussetzung, eine entsprechend starke Präsenz von römischen Bürgern an einem Ort, nicht ausreichend gegeben; diese Voraussetzung konnte nur durch den Tranfers größerer Menschengruppen geschaffen werden, was aber die Anlage von *coloniae* zur Folge hatte.

Eine Koloniegründung war in dieser Zeit noch selbstverständlich mit der Ansiedlung von römischen Bürgern verbunden; die Siedler waren meist ausgediente Soldaten, nicht selten aber auch Römer proletarischer Herkunft, speziell aus der Stadt Rom selbst. In der caesarisch-augusteischen Kolonie Urso, der colonia Genetiva Iulia Urbanorum, weist schon der Name *Urbanorum* auf Siedler hin, die aus der Stadt Rom,

---

7 Sherwin White 1973, 318.
8 CIL V 5050 = D 206. Diese Inschrift unter dem Titel Anauneredikt zu fassen, zeigt in die falsche Richtung; so zuletzt wieder Tozzi 2002; Marotta 2012 spricht S. 83 von einem Edikt, dessen Einheit darin bestehe, dass die beiden darin sichtbaren Fragen riguardare entrambe l'ambito alpino. Tatsächlich stehen in der Inschrift zwei Edikte, die sich zwar sachlich auf denselben Raum beziehen, aber inhaltlich nichts miteinander zu tun haben; das erste betrifft kaiserlichen Grundbesitz, nur das zweite bezieht sich auf das Bürgerrecht der drei Stämme. Dass beide auf einer Bronzetafel überliefert sind, liegt an der Person dessen, der durch *delatio* beide Probleme vor den Kaiser gebracht hatte: Camurius Statutus. Er hat auch für die Übertragung der beiden Edikte auf eine Bronzetafel gesorgt; dadurch sollte sein Verdienst in diesen Fragen gezeigt werden. Doch siehe jetzt auch Faoro 2017.
9 Sherwin White 1973, 230.
10 R. Gest. div. Aug. 28.

der *urbs*, gekommen waren.[11] Auch in der colonia Laus Iulia Corinthiensis wurden nach Strabo Freigelassene aus der Stadt Rom angesiedelt.[12] Diese *coloniae* sollten ein Abbild Roms im Kleinen sein, weshalb die innere rechtliche Verfassung dem römischen Modell entsprach. Das Stadtrecht eben von Urso zeigt das mit aller Klarheit.[13] Dass ihre Bürger das römische Recht anzuwenden hatten und auch anwandten, stand außer Frage. Was sonst hätten sie als Ableger Roms in einer Provinz tun sollen oder wollen? Freilich lebten in dieser Kolonie neben den *coloni*, die *cives Romani* waren, auch *incolae* und *contributi*, wie es im Stadtgesetz heißt.[14] Sie waren keine Bürger der Kolonie, die *incolae* konnten, mussten aber nicht römische Bürger sein, was die *contributi* sicherlich nicht waren. Damit erhebt sich sogleich die Frage, welches Recht etwa vor Gericht gültig gewesen ist, wenn Personen aus dem Kreis der *incolae* oder *contributi*, die nicht über das römische Bürgerrecht verfügten, in einem Verfahren, das einen *civis Romanus* betraf, beteiligt waren. Solche *contributi* oder *attributi* existierten auch an den Rändern Italiens im Norden, in den nicht urbanisierten Gebirgsgegenden. Eine Inschrift aus Tergeste, dem heutigen Triest, spricht noch in der Zeit des Antoninus Pius, also in der Mitte des 2. Jh. n.Chr., von den *Carni Catalique*, die von Augustus *rei publicae (Tergestinorum) attributi* seien. Angehörige dieser Stämme könnten, so hatte es Antoninus Pius zugestanden, durch Bekleidung der Ädilität in Tergeste Mitglieder des Dekurionenrats werden und gleichzeitig auf diesem Weg das römische Bürgerrecht erhalten.[15] Der Rechtsstatus all dieser *contributi* war nicht-römisch, auch nicht-latinisch, sondern peregrin.

Diese gemischten Rechtsverhältnisse ergaben sich auch bei Koloniegründungen im Verlauf der Kaiserzeit immer wieder, zumal es zunehmend üblich wurde, dass man eine *colonia* in ein schon bestehendes Gemeinwesen hineingründete. Als Beispiel sei die colonia Claudia Ara Agrippinensium genommen, das heutige Köln. Dort entstand etwa im Jahr 19 v.Chr. die mit Rom föderierte *civitas Ubiorum*, als Agrippa den germanischen Stamm aus dem rechtsrheinischen Gebiet an der Lahn auf die linke Rheinseite holte und in der heute sogenannten Kölner Bucht ansiedelte. Seit etwa 7 v.Chr. wurde durch die römische Militäradministration der Zentralort der *civitas* angelegt und ausgebaut, das von Tacitus erwähnte *oppidum Ubiorum* (heute der Kern der Kölner Altstadt).[16] Diesem Zentralort war das gesamte Territorium der Ubier zugeordnet, das sich später über mehr als 7000 qkm erstreckte. In diese *civitas* hinein

---

11 Allerdings ist dieser Beiname nur bei Plin. nat. 3,12 überliefert.
12 Strab. 8,6,23.
13 Zum Text des Gesetzes siehe CRAWFORD 1996, Nr. 25, 400 ff. Ferner CABALLOS RUFINO 2006.
14 *Lex Urson*. 103 = CRAWFORD 1996, CRAWFORD 1996, Nr. 25, 409: ... is colon(os), incolasque, contributos, quocumque tempore colon(iae) fin(ium) defendendorum causa armatos educere decurion(es) cen(suerint) ....
15 CIL V 532 = D 6680 = AE 1975, 423: *uti Carni Catalique attributi a divo Augusto rei publicae nostrae, prout qui meruissent vita atque censu, per aedilitatis gradum in curiam nostram admit[te]rentur ac per hoc civitatem Romanam apiscerentur* ... Zuletzt dazu FAORO 2015.
16 Dazu ECK 2004a, 46 ff. 77 ff.

gründete Claudius auf Betreiben von Agrippina im Jahr 50 n. Chr. die genannte *colonia*, deren Besonderheit es war, dass sie als einzige im gesamten Imperium nach einer Frau benannt worden ist.[17] Mit der Koloniegründung war wie üblich die Ansiedlung von Legionsveteranen, also römischen Bürgern, verbunden. Doch dabei stellt sich, wie bei Urso, die Frage, was mit den bisherigen Bürgern der *civitas Ubiorum* geschah. Eine Möglichkeit wäre gewesen, alle Ubier zu römischen Bürgern zu machen, was, weil Agrippina die Koloniegründung veranlasst hatte, durchaus nahe gelegen hätte. Sie war im oppidum der Ubier im Jahr 15 n. Chr. geboren, weshalb es einer gewissen emotionalen Logik entsprochen hätte, deren Bewohner alle zu *Agrippinenses* zu machen. Doch unter konkret-praktischen Überlegungen ist das schwer vorstellbar, allein schon deshalb, weil dann die angesiedelten Veteranen von vornherein nach ihrer Zahl hoffnungslos in der Minderheit gewesen wären. Das hätte gerade von den altgedienten römischen Legionären leicht als Affront angesehen werden können. Doch wir kennen inzwischen auch ein Dokument, ein Militärdiplom aus dem Jahr 99 n. Chr., das nach einer Dienstzeit von 25 oder mehr Jahren für einen *gregalis Primus Marci f(ilius)* ausgestellt wurde; Primus hat durch dieses Dokument die *civitas Romana* erhalten.[18] Seine Herkunft wird in dem Text noch mit *Ubius* angegeben, was somit zeigt, dass er bis zum Ende seiner Dienstzeit noch einen peregrinen Rechtsstatus hatte. Das Dokument wurde 49 Jahre nach der Gründung der Kolonie ausgestellt. Da Primus vermutlich erst nach dem Bataveraufstand der Jahre 69/70 rekrutiert worden war, muss es damals folglich noch Teile des Stammes der Ubier gegeben haben, die nicht Aufnahme in die römische Kolonie erhalten hatten und keine römischen Bürger geworden waren. Andererseits kann nicht für alle Ubier gegolten haben, dass sie in der Kolonie keine vollberechtigten Agrippinenser römischen Rechts geworden sind. Denn dann wäre knapp zwei Jahrzehnte später im Jahr 69 n. Chr. das Verhalten vieler Mitglieder der ubischen Führungsschicht nicht erklärlich. Als im Zug des Bataveraufstands aufständische Germanen vor der Kolonie lagerten, die die Ubier an ihre gemeinsame germanische Herkunft erinnerten und sie aufforderten, alle Römer innerhalb der Stadtmauern zu töten, verweigerten das die Ubier mit dem Hinweis, damit würden sie ihre Eltern, Brüder und Kinder töten.[19] Das weist zum einen darauf hin, dass die Veteranen, die bei der Koloniegründung angesiedelt wurden, mit großer Wahrscheinlichkeit das Privileg des *conubium* erhalten hatten, das es ihnen möglich machte, mit Frauen *peregrini iuris* eine rechtsgültige Ehe einzugehen. Doch muss darüber hinaus zumindest ein Teil der früheren Führungsschicht bei der Koloniegründung die *civitas Romana* erhalten haben, soweit sie nicht schon vorher Römer geworden waren. Denn wenn im Jahr 50 n. Chr. alle führenden Familien aus der Lei-

---

17 Tac. ann. 12,27,1: *Sed Agrippina, quo vim suam sociis quoque nationibus ostentaret, in oppidum Vbiorum, in quo genita erat, veteranos coloniamque deduci impetrat, cui nomen inditum e vocabulo ipsius. Ac forte acciderat ut eam gentem Rhenum transgressam avus Agrippa in fidem acciperet.*
18 RGZM 8: *gregali Primo Marci f(ilio) Ubio.*
19 Tac. hist. 4,65,2: *deductis olim et nobiscum per conubium sociatis quique mox provenerunt haec patria est; nec vos adeo iniquos existimamus, ut interfici a nobis parentes fratres liberos nostros velitis.*

tung des neuen Gemeinwesens ausgeschlossen worden wären, hätten die *Agrippinenses*, wie Tacitus sie bei den Verhandlungen mit den Germanen nennt, die aber zwei Jahrzehnte vorher noch *Ubii* gewesen waren,[20] wohl anders reagiert, als Tacitus es beschrieben hat. Somit darf man davon ausgehen, dass auf der einen Seite bei der Koloniegründung Teile der Ubier, zumal der Führungsschicht, in die Kolonie aufgenommen wurden, vielleicht diejenigen, die bereits vorher auf verschiedenen Wegen römische Bürger geworden waren. Andere erhielten die *civitas Romana* vielleicht erst bei dieser Gelegenheit. Doch das galt sicher nicht für alle einfachen Mitglieder des Stammes; vielmehr behielten manche, möglicherweise viele den bisherigen Rechtsstatus bei, blieben also Peregrine. Am leichtesten kann man sich vorzustellen, diese Ubier seien wie im Fall von Urso bzw. Tergeste *contributi* oder *attributi* der Kolonie gewesen. Denn ein eigenes Gemeinwesen, eine *civitas Ubiorum*, hat nach dem Jahr 50 kaum mehr bestanden. Wenn also der „Rest" der Ubier als Peregrine eng an die Kolonie angebunden war, dann standen hier zwei Rechtskreise nebeneinander bzw. sie überschnitten sich. Da die Personengruppen, die *cives Romani* der *colonia* und die attribuierten *Ubii*, die je einem der beiden Rechtskreise angehören, in unmittelbarer Nachbarschaft auf dem Territorium lebten, das mit der Kolonie verbunden war, vielleicht sogar innerhalb des Zentralortes, im *oppidum*, muss es bei Rechtsgeschäften oder Rechtsstreitigkeiten immer wieder zu einem Zusammentreffen verschiedener Rechte gekommen sein. Denn dass das römische Recht auch generell für die noch peregrinen Ubier gegolten habe, darf man wohl nicht annehmen. Auf andere Möglichkeiten wird später zurückzukommen sein.

Solche Konstellationen müssen sich bei Koloniegründungen immer wieder ergeben haben. Denn alle Kaiser, jedenfalls bis zu Hadrian, haben die eine oder andere neue Kolonie angelegt, zunehmend sogar, wie schon angedeutet, indem Veteranen in schon bestehende Siedlungen deduziert und diese so zu Kolonien gemacht wurden. Vespasian hat dies etwa in Nordafrika in den Orten Ammaedara und Madaura so veranlasst, in Germania superior in Aventicum; im Osten gründete er in Caesarea seine erste Kolonie überhaupt, die dies sogar in ihrem Namen zeigte: *colonia Prima Flavia Augusta Caesariensium*.[21] Diese ursprünglich hellenistische Kleinsiedlung, Stratonos Pyrgos, war durch Herodes zu einer Großstadt hellenistischen Typs ausgebaut worden, als griechisch strukturierte Polis; seit dem Ende der herodianischen Herrschaft in Judäa war sie eine autonome Gemeinde mit einer Bevölkerung griechisch-syrischer Herkunft, die peregrinen Personalstatus besaß; manche der Bewohner dürften auch bereits römische Bürger gewesen sein. Bei der Koloniegründung durch Vespasian sind sicherlich Ansiedler, die römisches Personalrecht besaßen, nach Caesarea gesandt worden, die auch für das lateinischsprachige Substrat der Kolonie sorgten; dieses Substrat ist deutlich in den Inschriften zu erkennen.[22] Doch

---

20 Tac. hist. 4,28,1.
21 Der volle Name z. B. in CIIP II 1228. 1368.
22 Siehe z. B. Eck 2009d; Eck 2012a; Eck 2013d.

daneben müssen viele der bisherigen Bewohner römisches Bürgerrecht erhalten haben; ob das allerdings für alle gilt, muss unsicher bleiben. Andere Kolonien wie etwa Scupi in der Provinz Moesia superior waren wohl Neugründungen Vespasians.[23]

Traian ging bei seinen Kolonien, die er in Germania inferior, an der Donau und in Nordafrika deduzierte, nicht anders vor. Xanten, die *colonia Ulpia Traiana* in Germania inferior, wurde in einer Siedlung der Cugerner angelegt.[24] Auch die *colonia Ulpia Traiana Poetovio* in Pannonien entstand nicht auf jungfräulichem Boden, was aber für die *colonia Ulpia Traiana Augusta Dacica Sarmizegetusa* im neueroberten Dakien gilt; die *colonia Ulpia Traiana Ratiaria* in Moesia superior und die *colonia Ulpia Oescus* in Moesia inferior entstanden bei ehemaligen Legionslagern; dort ging als Siedlung zumindest ein großer Lagervicus voraus. In Africa scheinen alle traianischen Kolonien: die *colonia Ulpia Traiana Fidelis Lepcis Magna*, die *colonia Concordia Ulpia Traiana Augusta Frugifera Hadrumetina*, dazu die weiteren coloniae in Thelepte, Theveste, Thamugadi und Cuicul, an Orten gegründet worden zu sein, wo bereits eine Siedlung existierte.[25] Immer wieder muss dabei die Konstellation entstanden sein, dass auf dem Territorium der römisch-rechtlichen Gemeinde auch weiterhin Leute mit nicht-römischem Status lebten; in welcher Weise sie jeweils mit der *colonia* verbunden waren, ist fast immer unbekannt.

Mit den *municipia civium Romanorum* war, im Gegensatz zu den Kolonien der ersten zwei Jahrhunderte der Kaiserzeit, keine Ansiedlung von römischen Bürgern verbunden.[26] Sie entstanden vielmehr grundsätzlich in schon bestehenden Siedlungen, deren Bewohner generell das römische Bürgerrecht erhielten. Strittig ist aber bei ihnen, ob sie wie die Kolonien ein nach römischem Muster ausformuliertes Stadtrecht erhielten. Denn nach einer oft zitierten Passage aus den *Noctes Atticae* des Aulus Gellius soll Hadrian in einer Rede darauf hingewiesen haben, er wundere sich, weshalb seine Landsleute aus Italica vom Munizipalstatus zum Kolonialstatus wechseln wollten, während sie doch als Bürger eines *municipium suis moribus legibusque uti possent*.[27] Klar ist diese Aussage nicht. Denn unbestritten ist, dass die *municipes* in solchen Städten natürlich römische Bürger waren. Somit konnten wohl kaum rechtliche Bestimmungen, die vor der Gründung des *municipium* in ihrer Gemeinde geherrscht hatten, die aber dem römischen Recht widersprachen, generell weiter bestanden haben.[28] Damit muss man eigentlich davon ausgehen, dass jedes römische *municipium* ein ausformuliertes Stadtrecht erhielt, nicht anders als das von den latinischen *municipia* auf der iberischen Halbinsel durch die epigraphisch bezeugten Stadtrechte dokumentiert ist. Ein solches römisches Stadtrecht kann man z. B. für die Gemeinde Volubilis in Mauretania Tingitana annehmen. Nachdem Volubilis sich in

---

23 IMS VI 31. 66.
24 Eck 2008c.
25 Zahrnt 2002.
26 Siehe dazu Galsterer 2006.
27 Gell. 16,13,4.
28 Galsterer 2006, 33.

einer kriegerischen Auseinandersetzung gegen den rebellischen Stammesführer Aedemon auf Seiten Roms engagiert hatte, verlieh Claudius den Bewohnern das Bürgerrecht sowie das *conubium* mit Frauen peregriner Rechtsstellung.[29] In welchem rechtlichen Bereich sollten da die *leges suae* aus der Zeit vor der Gründung des *municipium* ihren Platz gefunden haben?

Bisher war allerdings aus keiner Provinz das Stadtgesetz eines römischen *municipium* bekannt.[30] Doch vor wenigen Jahren sind zwei Bronzetafeln aufgetaucht, die aus dem *municipium M(arcum) Aurelium Antoninum et L(ucium) Aurelium Commodum Aug(ustum) Troesm(ensium)* stammen, einer Stadt an der unteren Donau in der Provinz Moesia inferior.[31] Wie der volle Name der Stadt sagt, wurde dieses *municipium* zwischen 177 und 180 n. Chr. von Marc Aurel und seinem Sohn Commodus gegründet. Auf den zwei Bronzetafeln, die von dem langen Gesetz allein erhalten sind, stehen Teile von insgesamt nur drei Kapiteln des Stadtgesetzes. Die höchste Ziffer lautet *XXVIII*; doch vermutlich war die Zahl der einzelnen *kapita*, also der Paragraphen, kaum geringer, als in der *lex Irnitana*, dem am besten bekannten Stadtgesetz für ein latinisches *municipium* in der Baetica. Dort sind es 97. Soweit man erkennen kann, stimmen die Regelungen des Gesetzes für Troesmis im Grundsatz mit denen überein, wie sie uns schon aus den latinischen Gemeinden der Baetica bekannt sind, allerdings eben nur im Grundsatz. Denn zum einen sind die Paragraphen relativ ausführlicher und detaillierter als in der *lex Irnitana* – was freilich darauf zurückgeführt werden kann, dass man in Rom bemüht war, Unklarheiten in den schon älteren Gesetzen durch umfassendere Formulierungen zu beseitigen. Doch an einer Stelle in *kaput XXVII* der *lex Troesmensium*, wo es um die Wahl zu einem Priesteramt geht, wird angeordnet, der Wahlleiter in Troesmis müsse bei der *ratio annorum*, also bei der Anrechnung des Alters, die rechtlichen Regelungen berücksichtigen, *quae utiq(ue) legis Iuliae de maritandis ordinibus lata<e> kap(ite) VI cauta conprehensaque sunt, quae utiq(ue) commentari, ex quo lex P(apia) P(opaea) lata est, propositi Cn(aeo) Cinna Magno Vol(eso) Val(erio) Caeso co(n)s(ulibus) IIII kal(endas) Iulias kap(ite) XLVIIII cauta conprehensaque sunt et confirmata legis P(apiae) P(opaeae) k(apite) XLIIII, conservanda ....*[32]

Auf die Details dieser hochinteressanten Passage und die Konsequenzen, die sich daraus für die augusteische Gesetzgebung zur Neuformierung der römischen Gesellschaft ergeben, kann hier nicht eingegangen werden.[33] Doch eines ist auffallend und hier wichtig: Der Verweis zielt auf römische Gesetze, die, als sie erlassen wurden, nur

---

29 IAM II 2, 369.
30 Man könnte höchstens in einigen nicht klaren Fällen aus der Baetica vermuten, dass es sich bei erhaltenen Fragmenten um ein Stadtgesetz eines *municipium* handelt, z. B. die Nr. 18. 23. 29. 30 und vielleicht 31 bei CRAWFORD 1996 (dankenswerte Hinweise von Antonio CABALLOS). In Italien ist die *lex Tarentina* (CRAWFORD 1996, Nr. 15) für ein römisches *municipium* bestimmt.
31 ECK 2013c; ECK 2014a; ECK 2016a.
32 ECK 2016a, 580, 590; siehe oben Kap. 5, 74 ff.
33 ECK 2016; ECK 2019.

römische Bürger betrafen, keineswegs Personen, die ein anderes Personalrecht besaßen. Das formuliert Gaius expressis verbis so für die *lex Aelia Sentia*:[34]

> In summa sciendum est, quod lege Aelia Sentia cautum sit, ut creditorum fraudandorum causa manumissi liberi non fiant, hoc etiam ad peregrinos pertinere, [senatus ita censuit ex auctoritate Hadrani] cetera vero iura eius legis ad peregrinos non pertinere.

In der Parallelüberlieferung der spanischen Stadtgesetze, die, soweit zu identifizieren, sämtlich für latinische *municipia* ausgestellt wurden, finden sich solche Verweise auf Gesetze, die ausschließlich römische Bürger betreffen, nicht. Wenn diese Beobachtung zutrifft und nicht etwa durch den Zufall der Überlieferung bedingt ist, da ja immer noch kleinere Teile des Textes, der für die neuen spanischen *municipia* seit Vespasian formuliert wurden, fehlen, dann liegt der Grund, weshalb dieser Passus in der *lex Troesmensium* erscheint, schlicht in der Tatsache, dass es sich hier um ein Stadtgesetz für ein *municipium civium Romanorum* handelt.[35] Für diese aber, und das scheint hier bedeutsam, gilt das römische Recht in vollem Umfang, selbst so weit ab vom Zentrum am Unterlauf der Donau am Rande zur Welt der Barbaren. Das ist zwar theoretisch nicht anders zu erwarten, aber in dieser detaillierten Konkretheit durch den Verweis auf gesetzliche Regelungen, die, als das municipium zwischen 177 und 180 gegründet wurde, inzwischen teilweise schon fast 200 Jahre alt waren, doch überraschend.

Durch römische Kolonien und Munizipien wurden im Laufe der ersten zwei Jahrhunderte der Kaiserzeit zahllose Zentren des römischen Bürgerrechts und damit des römischen Rechts überall im Imperium geschaffen. Doch neben ihnen sind schließlich auch die sehr zahlreichen latinischen *municipia* zu nennen, wie wir sie, vor allem durch die Verleihung des *ius Latii* an alle Gemeinden der Provinzen auf der iberischen Halbinsel durch Vespasian relativ am besten kennen.[36] Da diese Gesetze offensichtlich in der Baetica fast in jedem *municipium* auf Bronzetafeln in der Öffentlichkeit präsentiert wurden, ist uns das Recht dieser *municipia* gut bekannt. Gemeinden mit diesem Recht sind aber auch zahlreich in den gallischen Provinzen vertreten, ebenso in den Alpenregionen und in Nordafrika. Das latinische Recht wurde hier jeweils offensichtlich an alle Bürger einer peregrinen Gemeinde vergeben. Die Regeln, wie sie aus den Stadtgesetzen etwa von Malaca, Salpensa, Villo, Ostippo und zahlreichen anderen, für uns namenlosen Städten und vor allem Irni hervorgehen,[37] sind zwar weitgehend dem römischen Recht angenähert, ohne ihnen jedoch rechtlich immer gleich zu sein. Für die Ausbreitung des vollen römischen Bürgerrechts hatten

---

34 Gai. inst. 1,47; siehe oben Kap. 6, 93 f.
35 Freilich ist nicht zu vergessen, dass auch in den latinischen *municipia* der Baetica sehr bald gerade die Führungsschicht über die Bekleidung der Ämter das römische Bürgerrecht erhielt. Damit wären die Regeln dieser stadtrömischen Gesetze auch für sie gültig gewesen.
36 Plin. nat. 3,30.
37 Siehe dazu CABALLOS RUFINO 2009; WOLF 2011.

diese lateinischen Gemeinden allerdings sehr tiefgreifende Konsequenzen, da die jährlichen Magistrate dieser Munizipien nach Ablauf ihres Amtsjahres römische Bürger wurden, ohne dass hier übrigens irgendjemand noch darüber entscheiden konnte. Der Erwerb des Bürgerrechts erfolgte automatisch nach dem Ende der Magistratur; nur die lateinischen Bürger der jeweiligen Gemeinde hatten auf diesen Bürgerrechtserwerb indirekt Einfluss gehabt, da sie die Magistrate durch Wahl bestimmten.[38] Hadrian änderte dies insoweit, als er den Erwerb der *civitas Romana* nicht mehr an die Bekleidung einer Magistratur band, sondern direkt aus der Mitgliedschaft im Dekurionenrat folgen ließ (*Latium maius*). Das vertiefte auf der einen Seite die rechtliche Integration der städtischen Führungsschichten in die überlokale römische Gesellschaft. Der spezifische Bürgerrechtsstatus hatte andererseits auch Konsequenzen, die gerade im Rechtsleben erhebliche Probleme hervorrufen konnten, etwa beim Erbrecht, da die bisherigen Beziehungen verwandtschaftlicher Art mit anderen Personen, die bis zur Verleihung der *civitas Romana* an die Amtsträger jeden Jahres bestanden, durch die Annahme des römischen Bürgerrechts obsolet wurden, soweit keine gegenteiligen Maßnahmen ergriffen wurden.[39]

Römische Kolonien sind im gesamten Reich gegründet worden, freilich insgesamt in größerer Zahl im Westen bzw. den lateinischsprachigen Provinzen des Imperiums als im Osten. Für die *municipia civium Romanorum* und *Latinorum* aber gilt das absolut. In den griechisch-sprachigen Provinzen des Ostens mit ihrer Vielfalt an Poleis wurden keine *municipia* eingerichtet, wenn man von dem *municipium Coela* in der Provinz Thracia absieht.[40] Denn das hätte die Aufgabe der eigenen Polisverfassung und des jeweils daran gebundenen Rechtssystems erfordert, vor allem aber auch die lateinische Sprache zumindest bei der lokalen Führungsschicht erfordert, was ideologisch und faktisch unmöglich war. Für die Ausbreitung des römischen Bürgerrechts hatte der Verzicht auf die Gründung von *municipia* im Osten ganz essentielle Bedeutung, da auf diese Weise vor allem die Führungsschichten der dortigen Gemeinden in geringerem Umfang und deutlich später Teil der römischen Bürgerschaft geworden sind.[41] Das konnte sich auch auf den Prozess der Integration in die Reichsführungsschicht auswirken. Die Andersartigkeit der lokalen Gesellschaften gegenüber der römischen Gesellschaft wurde folglich weniger gemindert, auch im Hinblick auf das praktizierte Recht.

---

38 Vittinghoff 1990, 216 f.
39 Nach den Paragraphen 21–23 der *lex Irnitana* (AE 1986, 332) wurden *parentes, coniuges, liberi* aus *legitimae nuptiae*, die noch in der *potestas* der Eltern standen, ebenso die *nepotes ac neptes*, die von einem Sohn abstammten, in das Bürgerrecht mitaufgenommen. Zudem blieben alle Rechte, die mit *potestas, manus* und *mancupium* verbunden waren, erhalten, ferner die *iura libertorum*. All das aber musste eigens geregelt sein, sonst wären die rechtlichen Konsequenzen direkt eingetreten.
40 AE 1924, 82 = IK 17, 1, 3048 (Ephesos): ψηφίσματι βουλῆς Αἰλίου μουνικιπίου Κοίλων. Siehe schon oben S. 203 f. zu den Städtegründungen durch Augustus.
41 Vittinghoff 1990, 218.

2 Die geographische Ausweitung des römischen Bürgerrechts bis 212 durch Verleihung des Bürgerrechts an Einzelpersonen

a) Die Verleihung des Bürgerrechts an Soldaten der Auxilien

Die Folgen, die aus der Verleihung des römischen Bürgerrechts, wie sie sich etwa in den latinischen Städten zeigen konnten, sind in Rom bei den Beratern der Kaiser mindestens teilweise bekannt gewesen, aber dennoch nicht generell geheilt worden. Ein Dokument aus der Kanzlei Kaiser Hadrians, eine Bürgerrechtskonstitution, lässt erkennen, was nötig war, um verwandtschaftliche Zusammenhänge nicht zu zerreißen. Im Jahr 121 privilegierte Hadrian die Soldaten der in der Provinz Dacia stationierten *ala Ulpia contariorum milliaria*, indem er ihnen viritim das römische Bürgerrecht verlieh, und zwar noch vor dem Ende der Dienstzeit: *ante emerita stipendia*. Warum dies geschah und nicht wie sonst erst am Ende der 25-jährigen Dienstzeit, ist noch nicht klar; sie hatten sich, so darf man mit Wahrscheinlichkeit vermuten, in besonderer Weise militärisch ausgezeichnet. In diesem Fall aber haben der Kaiser oder eher seine Berater offensichtlich erkannt, dass diese Soldaten durch die Verleihung rechtlich jeden verwandtschaftlichen Zusammenhang selbst mit den Eltern und Geschwistern verloren hätten, wenn man es bei der einfachen Verleihung der *civitas* an sie belassen hätte. Die Soldaten hätten beispielsweise beim Tod der Eltern, wenn diese ohne Testament starben, von ihnen nichts erben können, da sie mit den Eltern, die peregrinen Rechts waren, nicht mehr verwandt gewesen wären. Im Fall einer testamentarischen Vererbung durch die Eltern hätten die Soldaten die fünfprozentige Erbschaftssteuer zahlen müssen, die seit 6 n. Chr. von allen römischen Bürgern erhoben wurde, es sei denn man wäre eng mit den Erblassern verwandt gewesen, z. B. beim Eltern-Kind-Verhältnis. Indem durch die kaiserliche Konstitution auch die Eltern der Alensoldaten römische Bürger wurden, (und zugleich auch die Brüder und Schwestern der Soldaten), wodurch alle wieder miteinander verwandt waren, entfiel somit die Steuer für die Soldaten im Falle einer Erbschaft vonseiten der Eltern. Im Fall der Soldaten der *ala Ulpia contariorum* hat irgendjemand in der kaiserlichen Administration (vielleicht aber auch der Statthalter, der die Unterlagen nach Rom melden musste) auf dieses Problem hingewiesen und man hat dort entsprechend gehandelt. Denn in der Konstitution heißt es:[42]

> *Imp(erator) Caesar divi Traiani Parthici f(ilius) divi Nervae nep(os) Traianus Hadrianus Augustus pont(ifex) max(imus), tribun(icia) pot(estate) V, co(n)s(ul) III iis, qui militant in ala Ulpia contariorum mil(liaria), quae est in Dacia superiore sub Iulio Severo legato, praefecto Albucio Candido, quorum nomina subscripta sunt, ante emerita stipendia civitatem Romanam dedit cum parentibus et fratribus et sororibus. Non(is) Apr(ilibus) M(arco) Herennio Fausto Q(uinto) Pomponio Marcello*

---

42 Publikation mehrerer fragmentarischer Diplome, aus denen sich der Text lückenlos wiederherstellen lässt durch Eck/Pangerl 2003a; Eck/Pangerl 2008c; Eck/Pangerl 2008d = AE 2008, 1750. 1751. 1752; AE 2010, 1858; siehe schon oben Kap. 8, 144 f.

co(n)s(ulibus). = „Imperator Caesar, Sohn des vergöttlichten Traianus Parthicus, Enkel des vergöttlichten Nerva, Traianus Hadrianus Augustus ... hat denen, die in der tausend Mann starken ala Ulpia contariorum dienen, die in Dacia superior unter dem Statthalter Iulius Severus und unter dem (direkten) Kommando des Präfekten Albucius Candidus stationiert ist, deren Namen unten zusammengestellt sind, schon vor der vollständigen Ableistung des Militärdienstes das römische Bürgerrecht verliehen, zusammen mit ihren Eltern und Brüdern und Schwestern. An den Nonen des April unter den Konsuln Marcus Herennius Faustus und Quintus Pomponius Marcellus (= 5. April 121)."

In einem der erhaltenen fragmentarischen Diplome sind an der Stelle, an der standardmäßig die Namen der Privilegierten erscheinen, zwar die Namen des Diplomempfängers und seiner Verwandten verloren, aber doch immerhin folgende Verwandtschaftsbezeichnungen erhalten: [43]

[--]nae Daco
[--] matri eius
[--] fratri eius
[--] fratri eius
[--] fratri eius
[--] sorori eius.

Es erhielten also nicht nur die Soldaten selbst, sondern auch, einzeln angeführt, Eltern und Geschwister das römische Bürgerrecht. In dem konkreten Fall, der durch das Diplom bezeugt ist, war der Vater vermutlich schon verstorben, weshalb er nicht mehr in die Privilegierung aufgenommen werden konnte.[44] Damit besaß jedenfalls die gesamte engere Familie dasselbe Personalrecht: für alle galten dieselben römisch-rechtlichen Regeln.

Konstitutionen dieser Art sind ein Teil des Gesamtphänomens der Verleihungen des römischen Bürgerrechts in der Kaiserzeit an einzelne Personen, sogenannte Viritanverleihungen. Sie waren grundsätzlich bei Personen jeder sozialen Kategorie möglich und sind auch in allen Reichsteilen bezeugt. So hat Kaiser Traian auf Bitten des Senators Plinius einem Freigelassen, einem Arzt, der den Senator von einer schweren Krankheit geheilt hatte, das römische Bürgerrecht verliehen; denn er besaß nur peregrines Recht, da er von einem Peregrinen freigelassen worden war.[45] Viele andere Personen unterschiedlichster sozialer Stellung in den lokalen Gesellschaften erscheinen in den Quellen. Allerdings lassen sich zwei größere Gruppen isolieren, die besonders oft und in großer Zahl von einzelnen Herrschern auf diese Weise privilegiert wurden – zwei Gruppen, die sozial deutlich geschieden sind. Denn zum einen wurden aus verschiedensten Gründen Mitglieder der lokalen Führungsschichten in Gemeinden unterschiedlicher Rechtsstellung mit dem römischen Bürgerrecht ausgestattet,

---

43 RMD V 357 = AE 2003, 2059 = Eck/Pangerl 2008d, 283 = AE 2008, 1751.
44 Sein Name hätte zwischen dem Diplomempfänger *[--]na Dacus* und der Mutter angeführt werden müssen.
45 Plin. epist. 10,5.

zum andern war das römische Bürgerrecht die übliche rechtliche Auszeichnung und Belohnung, die an die Soldaten ging, die nicht als römische Bürger im Heer dienten, sondern als Peregrine. Das betraf vor allem die nicht-legionaren Einheiten, also zum einen die Flotten in Italien und in den Provinzen, die Auxiliarkohorten und Alen sowie schließlich die *equites singulares*, die Begleittruppe der Kaiser, die Traian im Jahr 98 n. Chr. in Niedergermanien aufgestellt hatte. Dass auch Personen peregriner Rechtsstellung in die Legionen rekrutiert wurden und dafür unmittelbar vorher zu römischen Bürgern gemacht werden mussten, scheint sicher; doch bleibt in dieser Sache vieles im Unklaren, weshalb hier nicht darauf eingegangen wird.

Die Verleihung des römischen Bürgerrechts an Hilfstruppen, die für Rom gekämpft hatten, kannte bereits die Republik. Die Vergabe der *civitas* an die *equites Hispani* der *turma Sallvitana* durch Pompeius Strabo während des Bundesgenossenkriegs in Italien ist der bekannteste Fall, weil der Vorgang auf einer Bronzetafel, die in Rom gefunden wurde, im Detail dokumentiert ist.[46] Dieses Instrument der Belohnung nutzten die Kaiser in großem Maßstab. Denn während den Legionsveteranen am Ende der Dienstzeit seit 6 n. Chr. eine nicht ganz kleine Summe als Äquivalent für ihre Dienste und zur Sicherung ihrer Zeit als Veteranen aus dem *aerarium militare* ausgezahlt werden musste,[47] konnte man die nichtrömischen Veteranen mit dem römischen Bürgerrecht bedenken. Natürlich war die *civitas Romana* ein gewichtiges Privileg, vor allem solange das Bürgerrecht noch nicht sehr verbreitet war. Doch unter dem Aspekt der öffentlichen Finanzen, die auch damals nie in ausreichendem Umfang vorhanden waren, erschien diese Form der Belohnung äußerst attraktiv, weil sie jedenfalls unmittelbar nichts kostete. Da die Verleihung des Bürgerrechts ein hoch ideologisiertes Geschehen war, wurde dieser Akt aufwendig dokumentiert, zum einen durch die Publikation der bronzenen Originalurkunden in Rom, und zwar bis 88/90 n. Chr. sogar auf dem Kapitol, dem Herzen der *res publica*, zum andern durch die Ausgabe von ebenfalls bronzenen Abschriften für jeden einzelnen Soldaten. Da dies massenhaft erfolgte, sind uns auch zahlreiche solcher Dokumente, die sogenannten *diplomata militaria*, bekannt, deren Zahl sich vor allem seit den letzten zweieinhalb Jahrzehnten massiv vermehrt hat. Inzwischen sind wohl mehr als 1250 Urkunden, die diesem Typ angehören, bekannt,[48] wovon rund 1050 unmittelbar die Vergabe der *civitas Romana* beinhalten. Der Rest, die Diplome an Prätorianer und Soldaten der Stadtkohorten, bezeugen das Recht, auch mit Frauen *peregrini iuris* ein rechtlich gültiges *matrimonium* schließen zu dürfen, betreffen damit, wenn auch indirekt, ebenfalls das römische Bürgerrecht, da aus solch gemischten Ehen dann eben doch römische Bürger hervorgehen konnten. In der Sprache dieser Diplome lautet das: *ut*

---

46 CIL VI 37045 = CIL I 709 = CIL XVI p 145 = D 8888: *[C]n(aeus) Pompeius Sex(ti) [f(ilius) imperator] virtutis caussa equites Hispanos ceives [Romanos fecit in castr]eis apud Asculum a(nte) d(iem) XIV K(alendas) Dec(embres) ex lege Iulia.*
47 Cass. Dio 55,23,1.
48 ECK 2012, 29 ff.; siehe ferner die Einträge in EDCS, ECK/PANGERL 2020; ECK/PANGERL 2020a; sowie eine Anzahl von noch nicht publizierten, mehr oder weniger fragmentarischen Diplomen.

etiam, si peregrini iuris feminas matrimonio suo iunxerint, proinde liberos tollant, ac si ex duobus civibus Romanis natos.[49]

Fast alle Soldaten der Auxilien sowie der Flotten kamen aus den einst kriegerisch unterworfenen oder annektierten Regionen des Reiches. Es gibt nur wenige Provinzen, die nicht Rekruten für diese Einheiten gestellt haben.[50] Die Quantitäten sind freilich zwischen den einzelnen Regionen sehr unterschiedlich verteilt. Generell stellten die Grenzprovinzen mehr Auxiliare als die weiter im Innern des Reiches gelegenen Bezirke. So sind die Baetica und die Gallia Narbonensis, in denen das römische Bürgerrecht sehr frühzeitig stärker verbreitet war, nur gering vertreten; sie haben dafür längere Zeit mehr Rekruten für die Legionen geliefert. Auch die stark urbanisierten griechischen Provinzen wie Achaia oder Asia sowie Creta-Cyrenae stellten nur wenige Auxiliare, soweit das unsere Quellen erkennen lassen. Dagegen kamen in der frühen Kaiserzeit aus den nördlichen Teilen der iberischen Halbinsel sowie Gallien mit den *cohortes Asturum* bzw. *Gallorum* zahlreiche Einheiten für das römische Heer, später waren die Donauprovinzen von Pannonia superior und inferior über Moesia superior und inferior bis nach Dakien und Thrakien die Hauptlieferanten für den auxiliaren Teil des *exercitus Romanus*. Aber auch aus Ägypten stammten nicht wenige Rekruten, zumindest für die italischen Flotten.[51] Als das Nabatäerreich im Jahr 106 als Provinz Arabia annektiert wurde, ließ Traian viele Provinzbewohner unmittelbar ausheben, aus denen sechs *cohortes Petraeorum* gebildet wurden;[52] auch aus den unterworfenen Dakern wurden zur selben Zeit einige Einheiten aufgestellt. Während unmittelbar nach der Erstaushebung die Soldaten in den nach Ethnien benannten Einheiten der Herkunft nach relativ homogen waren, veränderte sich die Zusammensetzung in der Folgezeit relativ schnell; denn die meisten Einheiten wurden nicht in ihrer Heimat eingesetzt, sondern fernab in anderen Provinzen. Da schon ab der zweiten Hälfte des 1. Jh. n.Chr. zum Teil lokal bzw. regional rekrutiert wurde, kamen neue Soldaten mit anderer ethnischer Herkunft hinzu. Doch wurde (entgegen der lang akzeptierten Forschungsmeinung) diese Form der lokalen Rekrutierung keineswegs überall dominant; vielmehr holte die römische Militärführung relativ kontinuierlich, speziell natürlich in Zeiten eines erhöhten Bedarfs wegen hoher Verluste in Kriegen, den Rekrutennachschub auch aus weit entfernten Provinzen.

Von den Rekruten eines Jahrgangs überlebten durchschnittlich zwischen 50 und 60 Prozent den 25 Jahre dauernden Dienst (im Fall der Flottensoldaten waren es 26 Jahre, ab der Spätzeit der Severer sogar 28). Nach diesen *stipendia emerita* erhielten alle, die nicht unehrenhaft entlassen wurden, das römische Bürgerrecht und zudem das *conubium*, so dass sie auch mit einer peregrinen Frau eine nach römischem Recht

---

49 Siehe z.B. CIL XVI 137. 139 und zahlreiche weitere Diplome; vgl. die in Anm. 1 genannten Publikationen.
50 Siehe zum Folgenden auch Kap. 7 in diesem Band.
51 Ein instruktives Beispiel findet sich in einem Papyrusdossier aus der ersten Hälfte des 2. Jh.: STRASSI 2008. Siehe auch PALME 2006.
52 Siehe z.B. AE 2006, 1841: *cohors I Petraeorum*; AE 1924, 132: *cohors VI Petraeorum*.

gültige Ehe schließen konnten; daraus wurden sodann wiederum Kinder geboren, die ihrerseits römische Bürger waren. Zudem hatten alle Auxiliare bis zum November des Jahres 140 die Möglichkeit, ihre während der Dienstzeit geborenen illegitimen Kinder – Soldaten konnten bekanntlich keine Ehe schließen – für die Bürgerrechtsverleihung anzumelden. In vielen der Diplome sind die Kinder aufgeführt, manchmal bis zu fünf oder sechs. Das führte zu einer massiven Erhöhung der Neubürger pro Jahr. Antoninus Pius endete abrupt im November 140 mit dieser Möglichkeit;[53] nur noch die Kinder, die ein Soldat schon vor dem Eintritt ins Heer gezeugt und beim Statthalter als seine Nachkommen hatte registrieren lassen, konnten seit Ende 140 weiterhin zur Bürgerrechtsverleihung angemeldet werden.[54] Zwischen 140 und dem Ende der Ausgabe solcher Dokumente kennen wir noch Hunderte von Diplomen; doch in fast allen steht nur noch der Name des Veteranen, Kinder erscheinen nur noch in wenigen Fällen. Das sind Kinder von Veteranen, die nach dem langen Dienst des Vaters, inzwischen selbst bereits erwachsen, noch am Leben waren.[55] Das *conubium* mit einer Nicht-Römerin allerdings blieb Teil der Privilegierung.

Die Folge dieser massenhaften Verleihung des Bürgerrechts waren mehrere tausend neue *cives Romani* pro Jahr, deren Zahl man bis zum Jahr 140 wegen der eingeschlossenen Kinder mindestens verzweifachen, wenn nicht verdreifachen muss. Rechnet man dann noch ein, dass aus den nach der Entlassung der Veteranen geschlossenen Ehen wegen der Gewährung des *conubium* alle Kinder ebenfalls römisches Bürgerrecht erhielten, dann kann man ermessen, dass der Effekt der Verleihung der *civitas Romana* an Auxiliare und Flottensoldaten für das Personalrecht in manchen Provinzen gewichtig gewesen ist. Da ein Teil der Veteranen sich nach der Entlassung aus dem Heer nicht allzu weit von ihrem Stationierungsort niederließ, bestand die Bevölkerung im näheren und weiteren Umkreis um die Militärlager zunehmend aus römischen Bürgern. Solche Konzentration von *cives Romani* war nicht selten der Grund für die spätere Anlage von Kolonien oder Munizipien in der Nähe der Lager an den Provinzgrenzen, vor allem in den Donauprovinzen.[56]

Allerdings wurden nicht alle Veteranen in ihrer Einsatzprovinz sesshaft. Vielmehr haben gerade die vielen neuen Diplome der letzten Jahrzehnte gezeigt, dass nicht wenige Veteranen dorthin zurückkehrten, wo sie geboren waren. Das beweisen Diplome, die an Soldaten ausgegeben wurden, die in den germanischen Provinzen, in Britannien, in Nordafrika und in den Provinzen des Nahen Ostens, in Syrien und Iudaea/Syria Palaestina, gedient hatten. Fast alle diese Diplome wurden im östlichen

---

53 Nicht zutreffend MAROTTA 2012, 70, der von 139-(144) bzw. 144 (146) ausgeht. Siehe die folgende Anm. Auch seine Aussagen zu den Flottensoldaten (S. 70 f.), etwa die, sie seien in der Masse aus Ägypten gekommen, werden durch die Diplome deutlich widerlegt. Neuere Literatur dazu fehlt bei ihm überraschenderweise.
54 ECK/WEISS 2001; ECK 2012, 37 ff.; zu den Gründen für Pius' Entscheidung siehe zuletzt WEISS 2008; WAEBENS 2012.
55 Zusammenstellung dieser Sonderfälle bei ECK 2012e.
56 Siehe dazu verschiedene Beiträge in VITTINGHOFF 1994.

Balkanbereich gefunden, also weitab von der ehemaligen Einsatzprovinz. Gleiches gilt für viele Soldaten, die in den Flotten von Misenum und Ravenna gedient hatten.[57] Das aber heißt, dass sie am Ende der Militärzeit in ihre Heimat zurückkehrten, da sonst ihre Diplome nicht außerhalb der Einsatzprovinz hätten gefunden werden können. Nach der Zahl der uns heute aus dem Donauraum bekannten oder dort zuweisbaren Diplome müssen jedes Jahr viele Hunderte Veteranen nach Hause gekommen sein, jetzt als römische Bürger. Man gewinnt den Eindruck, dass in vielen Siedlungen Thrakiens und Niedermösiens bald zumindest eine qualifizierte Minderheit der Bewohner das römische Bürgerrecht besessen haben muss, freilich in einer Umwelt, in der die Mehrheit nur peregrines Personalrecht besaß, wozu mindestens im 1. und frühen 2. Jh. auch viele führende Familien der thrakischen Gemeinden zählten. Die meisten Auxiliarveteranen, die als *cives Romani* zurückkehrten, gehörten natürlich nicht zu dieser Führungsschicht. Unklar muss auch bleiben, ob ihre Kinder, die bis zum Jahr 140 ebenfalls Bürger wurden, aber kein *conubium* hatten, in der Heimat der Väter römische Bürgerinnen fanden, mit denen sie eine legale römische Ehe schließen konnten. Das hätte den Effekt der Integration wieder vermindert und erneut die Menschen mit peregrinem Rechtsstatus in der Gesellschaft vermehrt[58] oder auch die Unsicherheit, ob Nachkommen von Soldaten ihrerseits römische Bürger waren oder nicht.[59] Es war jedenfalls fast zwangsläufig, dass überall Personen unterschiedlicher Rechtsstellung miteinander agierten. Solange dies unstrittiges Handeln war, fragte vermutlich niemand nach dem Recht, das dem Handeln zugrunde lag. Doch wie war es, wenn eine Handlung zu Streit und rechtlichen Auseinandersetzungen führte?[60] Es ist in jedem Fall evident, dass die normalen Veteranen anders als die genannten Soldaten der *ala Ulpia contariorum* im Jahr 121 n. Chr. die *civitas* nicht auch für ihre engere Familie erhielten; andernfalls wäre das in den Diplomen gesagt worden.

---

[57] Eine neue Zusammenstellung der Fundorte der Diplome gibt es nicht; für die Mehrheit der neuen Diplome ist auch die genauere Herkunft unbekannt, außer allgemeinen Hinweisen, die allerdings, in der Kumulation mit vielen einzelnen Hinweisen über die *origo* der Soldaten in den Diplomen selbst, es höchstwahrscheinlich machen, dass zumeist eine der östlichen Donauprovinzen der Fundort gewesen ist.

[58] Diese Überlegung wird von VALVO 2012 nicht in seine recht problematische Kalkulation einbezogen. Siehe den Aufsatz von LAVAN 2019.

[59] Aus solchen Situationen können dann Fälle unsichereren römischen Bürgerrechts entstanden sein, wie sie überraschenderweise sogar bei Prätorianern in den ersten Jahren Hadrians bekannt geworden sind; Hadrian hat diese Fälle durch ein spezielles Edikt im Februar 119 geheilt; siehe dazu ECK/PANGERL/WEISS 2014. Eine Vorpublikation auch bei MRÁV/VIDA 2011–13a, wo der Text an manchen Stellen unsicher gelesen ist. Ferner: ECK 2017c; ECK 2018c.

[60] Solche waren wohl der Anlass, dass man auf das Phänomen des unklaren römischen Bürgerrechts bei den Prätorianern im Jahr 118/119 aufmerksam wurde, siehe die vorausgehende Anmerkung.

b) Die Ausbreitung des Bürgerrechts in den Führungsschichten der Gemeinden

Die Ausbreitung des römischen Bürgerrechts durch den Heeresdienst darf man durchaus als ein Massenphänomen bezeichnen, der auch mit einem gewissen Automatismus ablief.[61] Dies galt nicht in gleichem Umfang bei der Verbreitung der *civitas Romana* innerhalb der führenden Gruppen und Familien der provinzialen Gemeinden; bei diesen konnten auch sehr unterschiedliche Gründe ausschlaggebend sein. Entscheidend waren vielfach politische Loyalität vonseiten der neuen Bürger oder die Überlegung vonseiten Roms, auf diese Weise Loyalität zu erleichtern. Sehr frühzeitig müssen so z. B. *principes* der Cherusker die *civitas Romana* erhalten haben.[62] Dazu gehörte Arminius und sein Bruder Flavus, ebenso wie seine Verwandten Segestes und Segimerus; zumindest Arminius selbst war sogar neben dem Bürgerrecht auch noch mit ritterlichen Rang ausgestattet worden, gehörte damit zum zweiten führenden römischen *ordo*.[63] Natürlich sollte auf diese Weise eine starke Bindung an Rom erzeugt werden. Bei Arminius erwies sich diese Kalkulation als Fehlschlag, wohl aber zeigte das Verfahren bei Flavus, Segestes und Segimerus Erfolg. Die letzteren wurden im Jahr 15 n. Chr. als römische Bürger bei den damals noch mehrheitlich peregrinen Ubiern angesiedelt.[64] Auch C. Iulius Civilis und sein Bruder Claudius Paulus, beide *principes* der Bataver und im Jahr 69/70 wesentlich für den Ausbruch und die Ausbreitung des Aufstandes in Nordgallien verantwortlich, waren bereits lange vorher römische Bürger; vielleicht ging das Bürgerrecht sogar bereits auf die Eltern zurück.[65] Andere batavische Fürsten, die Ende des 1. und Anfang des 2. Jh. Hilfstruppeneinheiten ihrer Landsleute in Britannien kommandierten, sind aus den Täfelchen von Vindolanda als römische Bürger (und gleichzeitig römische Ritter) bekannt.[66] Besonders deutlich wird die Motivation, aus der heraus römische Kaiser an einzelne Mitglieder einer peregrinen Gemeinde oder eines Stammes das römische Bürgerrecht vergaben, im Fall des Iulianus, eines Häuptlings der *gens* der Zegrenser, eines nomadischen Stammes in Mauretanien. Die Kaiser Marc Aurel und Verus schrieben an Coiedius Maximus, den Präsidialprokurator der Mauretania Tingitana, der die Eingabe des Zegrenserfürsten befürwortend weitergegeben hatte, und formulierten dabei in folgender Weise:

> *quamquam civitas Romana non nisi maximis meritis provocata in[dul]gentia principali gentilibus istis dari solita sit, tamen, cum eum adfirmes et de primoribus esse popularium suorum et nostris*

---

61 Die Skepsis, die sich bei LAVAN 2019 in dieser Hinsicht findet, geht m. E. deutlich zu weit.
62 Dass aber nicht alle Personen in solchen Stellungen das Bürgerrecht schnell erhielten, zeigt z. B. CIL V 4910 = D 847: *Staio Esdragass(i) f(ilio) Voben(ati?) principi Trumplinorum, praef(ecto) [c]ohort(is) Trumplinorum [s]ub C(aio) Vibio Pansa legato pro[pr(aetore) i]n Vindol(icis), i[m]munis Caesaris [--] et suis Messava Veci f(ilia) uxor*.
63 Vell. 2,118,2: *Arminius, Sigimeri principis gentis eius filius ... adsiduus militiae nostrae prioris comes, iure etiam civitatis Romanae decus equestris consecutus gradus ...*
64 PIR² S 310.
65 Auffallend ist freilich, dass die Brüder verschiedene Gentilnamen tragen.
66 BIRLEY 2002.

rebus prom(p)to obsequio fidissimum nec multas familias arbitraremur aput Zegrenses paria poss[e] de officis suis praedicare, quamquam plurimos cupiamus honore a nobis in istam domum conlato ad aemulationem Iuliani excitari, non cunctamur et ipsi Ziddinae uxori item liberis Iuliano Maximo Maximino Diogeniano civitatem Romanam salvo iure gentis dare[67] = „Üblicherweise wird das römische Bürgerrecht nur dann durch kaiserlichen Gnadenerlass jenen Stammesangehörigen gegeben, wenn die Verleihung durch bedeutsamste Verdienste angeregt wird; aber da Iulianus nach deiner Versicherung zu den Vornehmsten seiner Stammesangehörigen zu zählen und unserer Sache mit bereitwilligem Diensteifer sehr ergeben ist und da nach unserer Ansicht nicht viele Familien bei den Zegrensern sich gleicher Verdienste rühmen können, wie sehr wir auch wünschen, dass möglichst viele durch die ehrenvolle Auszeichnung, die wir jenem Hause erwiesen haben, zur Nachahmung des Iulianus angestachelt werden, zögern wir nicht, ihm, seiner Frau Ziddina ebenso seinen Kindern Iulianus, Maximus, Maximinus und Diogenianus das römische Bürgerrecht zu geben, wobei jedoch das Recht der Stammesgemeinde nicht außer Kraft gesetzt wird."[68]

Das Übliche wären also herausragende Verdienste gewesen, um das Bürgerrecht zu verleihen, was im Fall des Iulianus zwar auch zutraf; doch war entscheidender, dass er zu den führenden Personen des Stammes, den *primores popularium*, gehörte und sich gegenüber der römischen Sache loyal gezeigt hatte, was dann zusammen genommen genügte, um die Bitte um das Bürgerrecht für ihn und seine engste Familie zu gewähren, allerdings ohne irgend ein Zusatzprivilegium. Rund ein Jahrzehnt später hatte diese simple Verleihung des Bürgerrechts, wie gleich zu zeigen sein wird, Folgen.[69] Am Ende betonte das kaiserliche Schreiben jedoch, diese Verleihung geschehe *salvo iure gentis:* das Recht des Stammes bleibe für Iulianus und seine Familie in Kraft trotz seines Personalrechtes als römischer Bürger, d.h. sie müssten sich an allen Aufgaben, die im Stamm anfallen, beteiligen. Die Formel besagt aber nicht, für die Neubürger würde weiterhin das zivile Recht ihres Stammes gelten. Personenrechtlich sind sie volle römische Bürger, nur den Pflichten gegenüber der peregrinen Gemeinde müssen sie weiterhin nachkommen.[70]

Zehn Jahre später wiederholt sich tatsächlich der Vorgang, da erneut ein Stammeshäuptling mit dem Namen Aurelius Iulianus über den Statthalter der Mauretania Tingitana einen Antrag auf Verleihung des Bürgerrechts stellte. Aurelius Iulianus ist natürlich der Sohn des Iulianus, der im ersten Antrag das Bürgerrecht für sich und eben für den Sohn erhalten hatte. Die Kaiser, diesmal Marc Aurel und Commodus, begründen die erneute Gewährung des Bürgerrechts mit *ipsius meritis et exemplis, quae allegat.* Das entscheidende Dokument lautet:

Faggura uxor Iuliani principis gentis Zegrensium ann(orum) XXII, Iuliana ann(orum) VIII, Maxima ann(orum) IIII, Iulianus ann(orum) III, Diogenianus ann(orum) II, liberi Iuliani s(upra) s(cripti) rog(atu) Aureli Iuliani principis Zegrensium per libellum suffragante Vallio Maximiano per epistu-

---

67 IAM II 1, 94.
68 Übersetzung weitgehend nach FREIS 1994, 186f.
69 So mit Betonung WOLFF 1977, I 240f.
70 Siehe SHERWIN WHITE 1973, 393f.

lam: his civitatem Romanam dedimus salvo iure gentis sine diminutione tributorum et vect[i]galium populi et fisci.

Der Antragsteller ist, wie schon gesagt, der Sohn des ersten Iulianus, der das Bürgerrecht zusammen mit seinen Kindern erhalten hatte. Der Sohn hatte allerdings nach der Bürgerrechtsverleihung eine Frau geheiratet, die keine Römerin war und mit der er auch kein *conubium* besaß. Folglich waren seine vier bereits geborenen Kinder rechtlich gesehen nicht seine Kinder und vor allem keine römischen Bürger – dazu unten noch mehr. Hier wird zur Begründung für die Gewährung des Bürgerrechts neben seinen Verdiensten auch auf Beispiele verwiesen, die Iulianus in seinem Schreiben angeführt hatte; gemeint ist dabei sicher auch das Beispiel seines Vaters.

Im Fall der tabula Banasitana erkennt man auch, wie wichtig die Unterstützung durch Römer in einer führenden Stellung war. Denn zwei Präsidialprokuratoren der Mauretania Tingitana werden in den Schreiben erwähnt, die sich für die beiden Zegrenserfürsten eingesetzt hatten. Was deren schriftlichem Einsatz vorausging, d. h. wodurch sie sich zu den Schreiben zugunsten der Antragsteller bewegen ließen, lässt sich nicht erkennen. Dass es reine, selbstlose Unterstützung gewesen sein sollte, ist nicht gerade wahrscheinlich; die Schreiben an die Kaiser haben sich vermutlich für sie durchaus gelohnt, politisch oder auf andere Weise.

Dass sehr konkrete Mittel eingesetzt werden konnten, ist nicht verwunderlich. Keine extreme Ausnahme ist vermutlich der Fall des Claudius Lysias aus den Acta apostolorum.[71] Er war Tribun einer Kohorte, die in Jerusalem für die Ordnung im jüdischen Tempel verantwortlich war. In dieser Eigenschaft ließ er den Apostel Paulus verhaften, weil durch dessen Besuch im Tempel ein Tumult entstand. Als er den Apostel auspeitschen lassen wollte und erfuhr, Paulus sei römischer Bürger, äußerte er im Gespräch mit diesem, er habe für sein Bürgerrecht viel Geld bezahlt, worauf er von Paulus die Antwort erhielt, er sei Bürger von Geburt. Dieses Einzelbeispiel passt zu dem, was Cassius Dio von Messalina und den kaiserlichen Freigelassenen berichtet, sie hätten gegen Bezahlung vielen das Bürgerrecht verschafft.[72] Dieser Weg scheint immer wieder erfolgreich gewesen zu sein, was umgekehrt zeigt, welchen Wert die *civitas* damals im gesellschaftlichen Kontext speziell der Provinzen hatte. In einem Beschluss der Athener aus der Zeit des Claudius, der u. a. im Heiligtum des Asklepios in Epidauros aufgestellt wurde, wird deshalb nicht zufällig von dem früh verstorbenen T. Statilius Lamprias gesagt, er sei geehrt worden τῆι μεγίστηι καὶ παρ' ἅπασιν ἀνθρώποις διωνομασμένηι Ῥωμαίων πολειτείαι[73] = „mit dem großartigen und bei allen Menschen bestens bekannten Bürgerrecht der Römer."[74]

---

71 Apg 22, 28.: *Accedens autem tribunus, dixit illi: Dic mihi si tu Romanus es? At ille dixit: Etiam. Et respondit tribunus: Ego multa summa civitatem hanc consecutus sum. Et Paulus ait: Ego autem et natus sum.*
72 Cass. Dio 60,17,5 ff.
73 IG IV² 84.

Die eben angeführten und zahlreiche weitere Einzelbeispiele zeigen, dass sich in den nichtrömisch bzw. nichtlatinisch organisierten Gemeinden das römische Bürgerrecht tendenziell in der Personengruppe, aus der die Amtsträger und Ratsmitglieder stammen, relativ schneller und weit stärker als in der sonstigen Bevölkerung verbreitete. So finden sich unter den Archiereis der Provinz Asia schon seit dem Beginn des 1. Jh. n. Chr. kaum noch Personen, die nicht in die *civitas Romana* aufgenommen worden wären. Manche sind wohl unmittelbar wegen dieser hohen Funktion damit ausgezeichnet worden.[75] Noch stärker sind die römischen Bürger unter den Lykiarchen, den Bundesvorsitzenden des Koinons in Lykien, vertreten, wenn auch mit überraschenden Ausnahmen.[76] Ähnlich ist auch eine deutliche Mehrheit der *Grammateis tou demou* in Ephesus schon seit der frühen Prinzipatszeit Teil der römischen Bürgerschaft.[77] In nicht wenigen anderen Poleis der kleinasiatischen Provinzen kann man ähnliche Beobachtungen machen. Es sind vor allem die mächtigen Familien, die auch ökonomisch führend sind und sich als Euergeten hervortun, die über das Bürgerrecht verfügen.[78]

Allerdings gibt es keinen zwingenden Zusammenhang zwischen beiden Phänomenen. Opramoas aus Oinoanda in Lykien kennen wir dank der an seinem Grab präsentierten zahlreichen Schreiben von Kaisern und römischen Amtsträgern als großen Euergeten vieler Gemeinden seiner Provinz in den Jahrzehnten von Traian bis Antoninus Pius, der zahlreiche Kontakte zu den Statthaltern von Lycia-Pamphylia geknüpft hatte; doch er hat offensichtlich nie die *civitas Romana* gelangt.[79] Sein älterer Bruder Apollonios war dagegen, wohl unter Hadrian, damit ausgezeichnet worden; denn drei seiner Töchter tragen das Gentile Aelia.[80] In diesem Fall ist innerhalb einer großen provinzialen Familie eine Trennung nach dem Personalrecht zu verzeichnen. Hatte dies die entsprechenden Folgen, die sich aus dem römischen Recht ergaben?

Schließlich ist noch ein Weg zum römischen Bürgerrecht zu beachten, der fast völlig außerhalb der Kontrolle der römischen Autoritäten lag, aber viele neue, rechtlich zumindest in der zweiten Generation vollwertige Mitglieder Roms schuf: die Möglichkeit der Freilassung von Sklaven durch römische Bürger.[81] Auch nach den augusteischen Gesetzen, die die Freilassung einschränkte und im Hinblick auf den Eintritt von ehemaligen Sklaven in die römische Bürgerschaft deutliche Hürden aufgebaut hatte, ist die Freilassung von Slaven durch *cives Romani* eine wesentliche

---

74 Bezeichnend ist auch der Verweis auf die Verleihung des römischen Bürgerrechts an einen Kitharöden in einer Inschrift aus Kos IG XII 4, 2, 945: καὶ τιμαθέντα ὑπὸ [τοῦ] Σεβαστοῦ Τιβερίου Κλαυδίου [Καί]σαρος πολιτία ἐν τῶι Ῥωμαίων δή[μωι]; siehe auch MIRANDA DI MARINO 2019.
75 Siehe CAMPANILE 1994.
76 REITZENSTEIN 2011.
77 SCHULTE 1994.
78 Immerhin ist es doch auffallend, wenn von vier Gesandten der Stadt Coroneia in Achaia im Jahr 134 nur einer bereits römischer Bürger ist, SEG 32, 462.
79 KOKKINIA 2000; KOKKINIA 2012a.
80 REITZENSTEIN 2011, 192 ff. 181 f.
81 HERRMANN-OTTO 2017, 122 ff.; MAROTTA 2012, 64 f.

Quelle für die Ausbreitung des römischen Personalrechts gewesen.[82] Einige Beispiele mögen dies zeigen. Einer der Suffektkonsuln des Jahres 23 n. Chr. hat seinen Sklaven Orpex freigelassen, der später in die stadtrömischen *decuriae* eintreten konnte und dann als *scriba librarius* seines Freilassers tätig war.[83] Vielleicht hat er sich im Interesse seines Patrons in Ephesus niedergelassen, wo er sich sogar als Euerget der Polis auszeichnen konnte. Seine Nachkommen lassen sich über mehrere Generationen in der Metropole Asiens nachweisen; einer hat schließlich Ritterrang erreicht[84] wie nicht wenige andere Nachkommen von liberti.[85] In traianischer Zeit schenkt ein Ti. Claudius Hermes, Freigelassener eines sonst nicht bekannten Claudius Secundus, mit seinem Sohn der Stadt Ephesus ein prächtiges Bildwerk. Er ist, obwohl noch Freigelassener, bereits als römischer Bürger in der Gesellschaft der Stadt angekommen,[86] was wohl auch für den Freigelassenen des *decurio* Statius Anicius in der römischen Kolonie Antiochia Pisidiae in der Provinz Galatien galt, der der Erbe seines Freilassers geworden war.[87] In Perge sind mehrere Freigelassene der Plancia Magna, der großen Gönnerin der Stadt, als römische Bürger nachweisbar.[88] Schließlich sind die nicht wenigen kaiserliche Freigelassenen und ihre Nachkommen nicht zu vergessen, die in vielen Fällen schließlich Teil der lokalen Gesellschaften wurden. Ebenfalls in Perge hat sich so ein *Ti. Claudius divi Claudi l(ibertus) et sacerdos Plocamus* in der Gemeinde einen Namen gemacht.[89] Im Jahr 79 dedizierte der *Augusti libertus* T. Flavius Helius für seine Familie im Tembris Tal in Phrygien dem Hauptgott seiner Heimat eine Weihung. Er lebte dort und konnte sogar den Namen seines Vaters, eines Peregrinen, anführen. Er hatte sich wohl freiwillig durch Verkauf als Sklave in den Dienst des Kaisers begeben und war auf diese Weise durch Freilassung zum Bürgerstatus Roms gekommen.[90]

---

[82] Valvo 2012 verliert kein Wort über diesen sehr bedeutsamen Weg zum römischen Bürgerrecht ebenso wie auch über andere, nicht institutionalisierte Wege. Dadurch verliert seine ohnehin problematische Kalkulation der Zahl der römischen Bürger zur Zeit der constitutio Antoniniana ihre notwendige Basis.
[83] IK 17, 2, 4123 (Ephesos)
[84] IK 12, 266. 411. IK 14, 1120. IK 15, 1524. IK 16, 2113. 2617 (Ephesos).
[85] Eck 1999d.
[86] IK 13, 857 (Ephesos): *[Diana]e Ephesiae e[t Imp(eratori) Caesari Nervae Trai]ano Aug(usto) Germanico Dacico e[t civita]ti Ephesiorum Tib(erius) Claudius Secundi lib(ertus) Hermes c[um] Hermia f(ilio) symplegma Athamanta cum basi d(onum) d(edit).*
[87] AE 2002, 1454: *St(atio) Anicio Ter(ti) f(ilio) Ser(gia) decurioni ex testamento iussu ipsius denarium quadringentum et voluntate heredis alios denarios quadringentos St(atius) Anicius Syneros l(ibertus) et heres eius.*
[88] IK 54, 122–124 (Perge).
[89] AE 2008, 1427–1428.
[90] SEG 40, 1231: Τίτος Φλάβιος Ἥλιος Οὐεσπασιανοῦ Καίσαρος ἀπελεύθερος εἰρηνοφύλαξ τῆς ἐπαρχείας, υἱὸς δὲ Γλύκωνος Τειμαίου Ἀγροστεανοῦ, ὑπὲρ τῶν Σεβαστῶν καὶ ὑπὲρ ἑαυτοῦ καὶ ὑπὲρ Σεξτιλίας Ποπλίου θυγατρὸς Ἡδονῆς τῆς ἑαυτοῦ γυναικὸς καὶ ὑπὲρ Τίτου Φλαβίου Σεξτιλιανοῦ Ἡλίου υἱοῦ ἰδίου Διὶ Βεννίῳ τῆς ἑαυτοῦ πατρίδος Ἀγροστεων καὶ Ζβουρηας καὶ τοῖς πατρίοις θεοῖς εὐξάμενος ἀνέθηκεν.

Sieht man diese verschiedenartigen Wege zum römischen Bürgerrecht zusammen, dann ergibt sich daraus, dass schon vor der generellen Verleihung der *civitas Romana* durch Caracalla im Jahr 212 in allen Regionen des Reiches römische Bürger in unterschiedlicher Dichte lebten. Ihre Konzentration im Westen war insgesamt wesentlich größer als im Osten, vor allem wegen der Städte römischen und latinischen Rechtes. Im Osten folgte die Mehrheit der Gemeinden dem Polismodell. Dort gab es somit, anders als in den zahlreichen latinischen Gemeinden des westlichen Teils des Reiches, keinen Ansatz für einen rhythmisch jedes Jahr wiederkehrenden Zugang zur *civitas*. Manche Provinzen wie Syrien oder Arabia kannten Städte mit griechisch-römischer Struktur überhaupt nur in geringerer Zahl, während weite Landstriche nur nach Dörfern organisiert waren. Die Bewohner der Poleis und der Dörfer lebten großenteils noch nach ihrem peregrinen Personalrecht. Auch die Rekrutierung scheint in manchen Provinzen des Ostens geringer gewesen zu sein als in den Regionen an der Donau- und Rheinfront, wodurch die Zahl der Römer in der einfachen Bevölkerung beschränkter war als im Westen. Doch daneben lebten in allen Provinzen, auch denen des Ostens, zahlreiche römische Bürger, die aus Italien oder westlichen Provinzen aus unterschiedlichen Gründen zugewandert waren. Manche gehörten seit Generationen zu den Einwohnern von Poleis, hatten wohl auch häufig das lokale Bürgerrecht erhalten. Andere lebten aus Gründen ihrer beruflichen Tätigkeit vielleicht nicht dauernd, aber doch für lange Zeit in den Poleis, wie z. B. ein Gaius Comisius Memor, der sich als *nauclerus* offensichtlich im palästinensischen Ascelon aufhielt und dort starb. Da er einem *oikos poreuticorum* angehörte, also offensichtlich einer Vereinigung von Händlern, die im Auftrag Roms für die Versorgung der Hautstadt Rom tätig war, hat er den Kontakt zur westlichen Welt nicht verloren, aber seine Tätigkeit hauptsächlich in der hellenistisch geprägten Gemeinde in Syria Palaestina ausgeübt. Seine Grabinschrift wurde in Latein und Griechisch abgefasst, ein Hinweis auf sein Leben in zwei Welten, die nicht nur sozial, sondern auch rechtlich sehr verschieden waren.[91]

3 Römisches Recht und lokale Rechte in den Provinzen: Dominanz des römischen Rechts oder pragmatisches Handeln?

Die geschilderte schrittweise Ausbreitung des römischen Bürgerrechts führte kaum irgendwo in den Provinzen zu einer gesellschaftlichen Situation, in der vor dem Jahr 212 n. Chr. alle Beteiligten dasselbe Personalrecht besaßen, vielmehr lebten fast überall Menschen unterschiedlicher Rechtsstellung innerhalb der einzelnen lokalen Gesellschaften nebeneinander, für die damit grundsätzlich auch differierende rechtliche Regeln gelten konnten. Die Fälle, in denen römische Bürger mit Menschen zusammentrafen, die einem anderen Recht folgten, wurden fast überall durch die

---

[91] Eck/Zissu 2001 = AE 2001, 1969 = CIIP III 2342: *Memoriae G(ai) Comisi Memoris naucleri de oeco poreuticor(um)* Μνήμηι Γαίου Κομισίου [Μέμορις ναυκλήρου ἐξ οἴκου πορευτικῶν].

Ausbreitung der *civitas Romana* immer zahlreicher. Wie gingen Rom und seine Vertreter mit dieser Situation um? Kam es zu einem clash of diritti – wenn man den bekannten Begriff des clash of civilizations so übertragen darf? Dass Rom sein Recht durchsetzen konnte, wenn es wollte, war wohl allen klar. Die Frage ist nur, ob dies die grundsätzliche Absicht Roms war. In scharfer Opposition formuliert, könnte die Frage lauten: Beließ Rom den Untertanen ihre jeweiligen überkommenen Rechte oder versuchte es, seine eigenen Rechtsnormen generell über die lokalen Rechte zu stülpen? Von der Warte der Nichtrömer, denen bewusst war, dass im Streitfall stets der römische Gerichtsherr eingeschaltet werden konnte, vor allem wenn der Streitgegner selbst römischer Bürger war, musste umgekehrt die Frage lauten: War es nicht klüger, sich von vorneherein auf die Regeln des römischen Rechts einzustellen, damit der jeweilige Gerichtsherr auf Grund seiner römischen Erfahrungen leichter mit den Gegenständen umgehen konnte, die vor ihn gebracht wurden?[92]

Eine wirkliche *communis opinio* scheint darüber in der Wissenschaft nicht zu existieren und zwar weder für die Zeit vor der *constitutio Antoniniana* noch danach. Das ist nicht besonders verwunderlich, da die Antwort, wenn man sie denn speziell für die Zeit vor 212 geben will, zahlreiche lokale Varianten und Besonderheiten einschließen müsste; zudem sind vor allem die Quellen für das Phänomen, wenn man von Ägypten absieht, äußerst fragmentarisch, so dass es schwierig, wenn nicht unmöglich ist, eine auf alle Regionen und Städtetypen zutreffende allgemeine Aussage zu machen. So muss es hier genügen, einzelne Facetten aus einem sehr polyvalenten Bild aufzuzeigen.

Dass für Peregrine, wenn sie das römische Bürgerrecht erhielten, dieses dann ausschließlich gelten sollte und bestimmte Rechtsfolgen, die auf einem fremden Bürgerrecht beruht hatten, im Grundsatz obsolet wurden, hatte jedenfalls Cicero in Pro Balbo 28 in einem vielfach zitierten Satz formuliert:

> *Duarum civitatum civis noster esse iure civili nemo potest: non esse huius civitatis, qui se alii civitati dicarit, potest.*[93]

Das zeigten in concreto auch zwei bereits früher angeführte Beispiele: die Konstitution Hadrians für die Soldaten der *ala Ulpia contariorum* und die *Tabula Banasitana*.[94] Vielleicht noch schärfer aber tritt die Einbindung eines römischen Bürgers in das römische Recht in einem Brief des jüngeren Plinius an Traian hervor. Plinius hatte dem Arzt Postumius Marinus bereits früher das Bürgerrecht von Traian verschafft; jetzt versuchte er das auch für dessen Verwandten Chrysippus und dessen Familienange-

---

92 Eine systematische Behandlung all der damit angeschnittenen Fragen war nicht die Absicht bei der Formulierung des Themas. Auf einige grundsätzliche Auseinandersetzungen sei verwiesen: MITTEIS 1891; LEWALD 1959; SHERWIN WHITE 1973, 392ff.; H.J. WOLFF 1979; H.J. WOLFF 1980, 804ff.; GALSTERER 1986; HONORÉ 2004; GARNSEY 2004; OUDSHOORN 2007 (nicht immer unproblematisch); MAROTTA 2012, 133ff.
93 Siehe dazu zuletzt COTTON 2007, bes. 243. Vgl. auch SHERWIN WHITE 1973, 273.
94 Oben zu Anm. 40 und 60ff.

hörige. Doch in dem Brief wird nicht einfachhin das römische Bürgerrecht erbeten, vielmehr enthält der Antrag von Plinius an Traian mehrere Positionen:[95]

> Rogo ergo, ut propinquis eius des civitatem, Chrysippo Mithridatis uxorique Chrysippi, Stratonicae Epigoni, item liberis eiusdem Chrysippi, Epigono et Mithridati, ita ut sint in patris potestate utque iis in libertos servetur ius patronorum.

Plinius war also völlig klar, dass der schlichte Erwerb der *civitas Romana* ohne zusätzliche Regelungen Folgen haben würde, die für die so Beschenkten äußerst nachteilig sein würden, da frühere Rechtverhältnisse durch das neue Bürgerrecht zerschnitten wurden. Hätte dieser Chrysippus allein die *civitas Romana* erhalten, dann hätte er alle Rechte über seine vorher geborenen Kinder verloren, die römische *patria potestas* über seine Kinder aber nicht erworben; so musste diese eigens gewährt werden, aber ebenso auch die Patronatsrechte über diejenigen früheren Sklaven, die Chrysippus und seine Angehörigen schon vor dem Bürgerrechtserwerb freigelassen hatten; auch diese Patronatsrechte mussten eigens sozusagen in römische überführt werden. Die vorher erworbenen Rechte wären sonst erloschen, weil eben die bis zum Erwerb des römischen Bürgerrechts gültigen Regeln des lokalen Rechts nun nicht mehr grundsätzlich auf Chrysippus anwendbar waren – jedenfalls wenn es zu einem Rechtsstreit in diesen Fragen gekommen wäre. Plinius und Chrysippus wussten wohl von solchen Fällen. Für solche Eventualitäten sollte Vorsorge getroffen werden.[96]

Allerdings hat es den Anschein, dass man selbst von römischer Seite nicht immer auf der reinen Lehre bestand. Das könnte eine Beobachtung verständlich machen, die in der tabula Banasitana sichtbar wird – vorausgesetzt, es fehlen uns nicht irgendwelche Informationen.[97] Nach den überlieferten Dokumenten hatte Aurelius Iulianus, der Sohn des gleichnamigen Zegrenserfürsten, zusammen mit seinem Vater zwischen 161 und 165 n. Chr. das Bürgerrecht erreicht, doch war darin nach dem Wortlaut des kaiserlichen Schreibens das *conubium* nicht enthalten. Der Sohn heiratete wenig später Faggura, die wohl demselben Stamm angehörte und einen peregrinen Rechtsstatus hatte; aus der Verbindung stammten vier Kinder. Für sie und deren Mutter beantragte Iulianus in den letzten Jahren der Herrschaft Marc Aurels, als bereits Commodus Mitaugustus geworden war, das Bürgerrecht. In ihrem Schreiben bezeichnen die Kaiser Faggura als *uxor*, als Ehefrau, und die Kinder als *liberi*. Beides sind Rechtsbegriffe, bezeichnen die legitime Ehefrau und die legitimen Kinder. Doch nach römischem Recht konnte Aurelius Iulianus seit dem Erhalt der *civitas Romana* eine peregrine Frau gar nicht heiraten; auch die Kinder, die aus dieser Verbindung entstanden, waren rechtlich gesehen nicht seine Kinder.[98] Doch darauf geht das kai-

---

95 Plin. epist. 10,11.
96 Es werden also die Einzelrechte beantragt, die auch in der *lex Irnitana* beim Bürgerrechtserwerb vorgesehen waren; siehe oben Anm. 37.
97 Siehe oben zu Anm. 86.
98 Siehe z. B. KASER 1971, 346.

serliche Schreiben nicht ein, es tut vielmehr so, – jedenfalls wenn man die Verwandtschaftsbezeichnungen rechtlich verstehen darf – als ob Aurelius Iulianus rechtlich mit Faggura verheiratet wäre und auch die Kinder legitim seien. Beim Vater war das noch anders gewesen, da dieser als Peregriner geheiratet und die Kinder gezeugt hatte; nach peregrinem Recht waren die Kinder also legitim; der Sohn aber war schon vor der Heirat und vor der Zeugung der Kinder römischer Bürger. Er hätte also entweder eine Römerin heiraten oder im Besitz des *conubium* sein müssen. Hat man in Rom schlicht über diese Fragen hinweggesehen? Denn den Ausweg, dass das *conubium* doch vielleicht separat an die Familie des Vaters verliehen worden wäre, kann es nicht gegeben haben, da sonst die Kinder aus der Ehe mit Faggura bereits römische Bürger gewesen wären, was sie, wie der Antrag zeigt, eben nicht waren. Hat man hier nun das römische Recht bewusst nicht berücksichtigt, vielmehr die faktische Situation rechtlich akzeptiert, weil in der konkreten Stammesgesellschaft natürlich die Verbindung von Aurelius Iulianus und Faggura als rechtlich gültige Ehe und damit die Kinder als legitim betrachtet wurden? Sind also die Begriffe *uxor* und *liberi* abusiv gebraucht? Denn ein Hinweis, dass diese Rechtsfehler nachträglich geheilt wurden, fehlt in dem kaiserlichen Schreiben. Dass sich hier jedenfalls eine Diskrepanz zwischen dem römischen Personalrecht des Aurelius Iulianus und den Rechtsregeln des Stammes ergab, ist evident.

Dass umgekehrt unter Peregrinen, die demselben Rechtskreis entstammten, ihr eigenes Recht angewandt wurde, war ebenfalls im Grundsatz nicht strittig. Cicero hat das für seine Provinz Cilicia sehr deutlich gemacht, wenn er in einem Brief an Atticus schreibt:

> *multaque sum secutus Scaevolae, in iis illud in quo sibi libertatem censent Graeci datam, ut Graeci inter se disceptent suis legibus ... Graeci vero exsultant quod peregrinis iudicibus utuntur. 'nugatoribus quidem' inquies. quid refert? tamen se autonomian adeptos putant.*[99] = „Überhaupt habe ich mich in vielen Punkten an Scaevola gehalten, unter anderem auch darin, dass die Griechen untereinander nach eigenem Recht prozessieren sollen, womit sie die Unabhängigkeit bekommen zu haben meinen. ... Die Griechen sind außer sich vor Freude, dass sie vor einheimischen Richtern prozessieren dürfen. „Vor Schwätzern" wirst Du sagen. Was tut's? Immerhin haben sie das Gefühl, damit die Autonomie erlangt zu haben."[100]

Trotz des ironischen Zwischentons beschreibt Cicero damit die tatsächliche innere rechtliche Autonomie der Poleis seiner Provinz, nicht anders als dies auch Scaevola für Asia festgelegt hatte. Und diese Regel galt für alle anderen Gemeinden nichtrömischen Rechts. Schon zwei Jahrzehnte früher hatte Cicero gleiche Prinzipien für die Provinz Sizilien beschrieben.[101] Derselbe Tatbestand findet sich, zumindest im Hinblick auf die Herkunft der Richter, ebenso in Augustus' 4. Cyreneedikt im Jahr 5 v. Chr., wenn es dort heißt:

---

99 Cic. Att. 6,1,15.
100 Übersetzung nach KASTEN 1976, 34 ff.
101 Cic. Verr. 2,2,32.

„Imperator Caesar Augustus, Pontifex maximus, Inhaber der tribunizischen Amtsgewalt das siebzehnte Mal, verkündet: Alle Prozesse von Griechen untereinander, die künftig in der Provinz Cyrene stattfinden – ausgenommen die mit einer kapitalen Anklage verfolgten Personen, über welche der Statthalter, der gerade die Provinz verwaltet, in eigener Person erkennen und entscheiden oder aber ein Geschworenengericht einsetzen muss –, in allen übrigen Fällen aber bestimme ich, dass Griechen als Richter gegeben werden, es sei denn, dass einmal der Beklagte oder der Angeklagte selbst römische Bürger zu Richtern zu erhalten verlangt. Für die Parteien aber, für welche künftig auf Grund dieses meines Ediktes griechische Richter bestellt werden, soll kein Richter aus jener Stadt gegeben werden, aus welcher der Kläger oder der Ankläger herstammt oder der Beklagte oder der Angeklagte."[102]

Auch hier wird also die Autonomie ganz deutlich betont, jedenfalls was das zivile Recht betrifft; dass die Kapitalgerichtsbarkeit in den Händen der römischen Autorität bleibt, ist zwar selbstverständlich, es wird aber dennoch eigens erwähnt. Doch zeigt sich schon hier ein wichtiger Zug im Rechtssystem, weil auch klar gelegt wird, dass es keinem Peregrinen verwehrt ist, sich römische Richter zu wünschen; jeder Beklagte hat also die Wahl zwischen zwei Gerichten.

Diese Wahlfreiheit war aber auch bei einem ehemaligen Peregrinen, der römischer Bürger geworden war, nicht unmöglich. Auch er wird nicht automatisch aus seinem bisherigen Lebens- und damit Rechtskreis ausgeschlossen. Das gilt zumindest in dem frühen Fall des Seleucus, eines Schiffskapitäns aus der syrischen Stadt Rhosos. In dem Bürgerrechtserlass Octavians wird unter anderem betont, Seleucus und seine Angehörigen hätten bei Rechtsstreitigkeiten die Wahl, an welches Gericht sie sich wenden wollten: Sie können das Verfahren „in ihrer Heimatstadt nach ihren eigenen [Gesetzen]" führen, oder vor Magistraten in einer *civitas libera* oder vor römischen Magistraten bzw. Promagistraten.[103] Diese Wahlfreiheit heißt aber auch, dass das Recht, nach dem das Urteil gefällt wurde, im Fall der Heimatstadt das des Gerichtsortes war, wie es ja ausdrücklich formuliert ist, also nicht das römische, obwohl Seleucus und seine Familie römische Bürger waren. Gleiches gilt beim Urteil in der *civitas libera*. Nur vor dem römischen Richter kam dann, ohne dass dies eigens gesagt wird, das römische Recht in Anwendung.[104]

Wurde jedoch ein Rechtsstreit zwischen Peregrinen vor einem römischen Richter entschieden, wie das vor allem in Ägypten laufend der Fall war, dann hing es wohl vor allem vom Richter ab, nach welchen Rechtsregeln er sich richten würde. Er konnte das jeweils praktizierte peregrine Recht anwenden, das ihm dann von anderen erklärt werden musste, war aber auch in der Lage, davon abzuweichen. Ein berühmter Fall ist der der Dionysia gegen ihren Vater Chairemon im Jahr 186 n.Chr.[105] Der Streit ging zunächst nur um die Auslegung von Vermögensansprüchen, die sich aus der Mitgift

---

102 FIRA I Nr. 68; Übersetzung Freis 1994, 48.
103 FIRA I Nr. 55 = Sherk 1970, Nr. 5; Übersetzung Freis 1994, 38.
104 Siehe zu dem Gesamtkomplex Raggi 2006 und Marotta 2012, 96 ff. Zur Situation während der Republik siehe Laffi 2009; erweitert und überarbeitet in Laffi 2010.
105 P.Oxy. II 237.

des Vaters an die Tochter ergaben. Da der Vater dabei jedoch keinen Erfolg hatte, nahm er, um sein Ziel zu erreichen, seine Zuflucht zu einer Möglichkeit, die im ägyptischen Recht wurzelte. Denn nach diesem Recht war es dem Vater erlaubt, eine Ehe seiner Tochter aufzulösen, indem er sie dem Ehemann wegnahm. Diese Möglichkeit scheinen manche Väter immer wieder benutzt zu haben, wenn auch nicht immer mit Erfolg. Das ergibt sich aus mehreren Dokumenten, die Dionysia in dem Prozess verlesen ließ, der auf Weisung des Präfekten Longaeus Rufus vor dem Strategen des oxyrhynchitischen Gaus geführt wurde. Nach diesen im Prozess vorgelegten Dokumenten hatten schon vorher römische Amtsträger in Ägypten – ein Präfekt, ein Epistratege und ein *iuridicus*[106] – entschieden, dass sie in den vor sie gebrachten Fällen nicht dem ägyptischen Gesetz folgen wollten, vielmehr gestanden sie der jeweiligen Tochter das Recht zu, selbst zu entscheiden, ob sie bei ihrem Gemahl bleiben wolle. Sie berufen sich dabei nicht auf ein anderweitig formuliertes Recht, sondern handeln pragmatisch im Sinn der betroffenen Frauen; dabei sind sie aber wohl von der römischen Praxis beeinflusst, in der ein solches Recht des Vaters gegenüber einer verheirateten Tochter in der Praxis seit langem, rechtlich mindestens seit Antoninus Pius, nicht mehr existierte.[107] Dabei sei noch darauf verwiesen, dass natürlich das Verfahren in Gänze in griechischer Sprache dokumentiert ist, und alle Schreiben an und von den Präfekten ebenfalls in dieser Sprache vorliegen. Doch in einem der Verfahren wird ausdrücklich darauf verwiesen, dass eine der betroffenen Frauen Griechisch nicht verstand, weshalb die Frage an sie und die von ihr darauf gegebene Antwort in einheimischer Sprache erfolgte, die sodann wieder für den römischen Richter übersetzt wurde. Die Tätigkeit von Übersetzern in solchen Rechtsverfahren ist nur selten bezeugt, darf aber als Standard vorausgesetzt werden.[108]

Im Gegensatz zu diesem Verfahren, bei dem kein unmittelbarer Bezug auf ein bestimmtes Recht zu erkennen ist, berief sich z. B. der Präfekt von Ägypten Rutilius Lupus in traianischer Zeit auf τοῖς ἀστικοῖς νόμοις, die in einem Streit zwischen einem Patron und einem seiner Freigelassenen eine Klärung der Rechtsfrage möglich machten, während in den Rechtsregeln Ägyptens sich offensichtlich nichts fand, was zur Klärung beitragen konnte.[109] Darunter sind in der Forschung die Gesetze von Alexandria verstanden worden,[110] doch auch das römische Zivilrecht, ohne dass man darüber zu einer eindeutigen Entscheidung kommen könnte.[111]

Der römische Richter scheint somit bei seinen Entscheidungen in den Provinzen recht frei gewesen zu sein, nach welchen konkreten Regeln er sich richtete, wenn es

---

106 Diese Vielfalt von Personen, die ein richterliches Urteil erlassen können, findet sich auch in anderen Provinzen; siehe etwa COTTON/ECK 2005 = ECK 2014c, 186 ff.
107 KASER 1971, 322.
108 ECK 2004b. Siehe ferner Kap. 3 in diesem Band.
109 P.Oxy. IV 706.
110 Siehe den Kommentar zu P.Oxy. IV 706.
111 Siehe die Verweise bei COTTON 2007, 245 Anm. 55.

zur Konkurrenz zwischen verschiedenen Rechtssystemen gekommen ist.[112] Da andererseits jeder römische Richter mit dem eigenen Recht, seinen Begriffen und formalen Verfahren notwendigerweise näher vertraut war, liegt es nahe, dass bei vielen Verfahren vor einem römischen Richter diejenigen Rechtsuchenden im Vorteil waren, die dem Richter weniger formale Schwierigkeiten bereiteten, die ihren Fall so präsentierten, dass er sich damit von seiner Erfahrung her leichter auseinandersetzen konnte. Das aber könnte andere Provinziale dazu veranlasst haben, ebenfalls diesen Weg zu gehen.

Dass dies geschah, scheint sich besonders deutlich aus den Dokumenten zu ergeben, die in der judäischen Wüste gefunden wurden, aus den ersten knapp drei Jahrzehnten der erst im Jahre 106 geschaffenen Provinz Arabia stammen und alle zum privaten Archiv zweier jüdischer Frauen gehören, Babatha und Salome Komaise.[113] Sie sind zum Teil in griechischer Sprache geschrieben, zum Teil in aramäischer.[114] Doch wird jedenfalls aus dem Babathaarchiv klar, dass alle griechisch geschriebenen Dokumente erst in der Zeit **nach** der Provinzialisierung Arabiens erscheinen, während aramäische Dokumente sowohl aus der Zeit davor als danach stammen. Damit ist klar, dass der Gebrauch der griechischen Sprache in solchen Dokumenten erst durch die Provinzialisierung aufgekommen ist.[115]

Es liegt nahe zu fragen, was der Grund für die Wahl dieser Sprache war. Hat die römische Provinzialadministration die Verwendung des Griechischen verlangt? Oder haben die Urheber der Dokumente das fremde Idiom aus sachlichen Überlegungen heraus verwendet, weil sie an mögliche Rechtsstreitigkeiten dachten, die vor der römischen Autorität entschieden werden mussten, wobei dann die griechische Sprache mehr Erfolgsaussichten erwarten ließ? Und war damit auch entschieden, welches Recht dabei zugrunde lag? Umfassende Antworten auf diesen schwierigen Problemkomplex können hier nicht gegeben werden. Zumindest sprechen einige Überlegungen dafür, dass die Fähigkeit zur Durchsetzung des eigenen Rechts bei der Verwendung der griechischen Sprache für diese Dokumente eine wichtige Rolle gespielt hat, obwohl auch dies bestritten wird. Dafür könnte aber vor allem auch sprechen, dass sich im Babathaarchiv sogar eine rein römische Prozessformel findet, eine *actio tutelae*, übersetzt ins Griechische, die auch bei Gaius 4, 47 zitiert wird. Sie wurde so abgefasst, dass Babatha sie gegen die Vormünder ihres Sohnes Jesus, dessen Vater gestorben war, verwenden konnte.[116] Die Formel scheint allerdings nicht zum Einsatz gekommen zu sein.

Dass von römischer Seite verlangt wurde, dass eine solche Prozessformel verwendet würde, ist kaum anzunehmen. Andererseits hat man von römischer Seite offensichtlich doch zumindest deutlich erkennen lassen oder sogar direkt verlangt, dass

---

112 Siehe dazu zuletzt mit klarer Stellungnahme COTTON 2007.
113 LEWIS 1989 (= P.Yadin); COTTON/YARDENI 1997 (= XḤev/Se).
114 Siehe die Zusammenstellung der Dokumente bei LEWIS 1989, 29.
115 Siehe dazu COTTON 1999a, 230 ff.
116 P.Yadin 28–30.

manche Formalia, die dem römischen Recht eigentümlich waren, auch von den peregrinen Provinzbewohnern eingehalten wurden. Auffällig ist so z. B. die Beobachtung, dass in den Dokumenten, die für eine künftige richterliche Entscheidung von Relevanz waren, Babatha bei deren Abfassung durch einen professionellen Schreiber nicht alleine erscheint, sondern mit einem epitropos = *tutor* an ihrer Seite.[117] So heißt es in P.Yadin 14 vom Oktober 125:[118]

> [Βαβαθα Σίμωνος τοῦ Μανα]ήμου, διὰ ἐπιτρόπου αὐτ[ῆς τ]οῦδε τοῦ πράγμ[ατος] Ἰούδα Χθουσίωνος = „Babatha daughter of Simon son of Menahem – through her guardian for this matter, Judah son of Khthousion." Dasselbe wiederholt sich in einem weiteren Dokument vom selben Tag: [ἐμαρ]τυροποιήσατο Βαβαθα, ὡς προγέγραπται διὰ ἐπιτρόπου αὐτῆς τοῦδε τοῦ πράγματο[ς Ἰού]δου Χ]θουσίωνος, ὃς παρὼν ὑπέγραψεν = „Babatha deposed as afore stated through her guardian for this matter, Judah son of Khthousion, who was present and subscribed".

Nach den Rechtsregeln, die im jüdischen Kontext üblich waren, aber auch nach den Notwendigkeiten der hellenistischen Rechte war eine Frau alleine geschäftsfähig. Dagegen musste nach römischem Recht, wenn sie nicht über das *ius trium liberorum* verfügte, bei solchen Handlungen ein Geschlechtsvormund, ein *tutor*, anwesend sein, um der Handlung seine *auctoritas* zu geben. Dieses für die römische Rechtspraxis entscheidende Element findet sich in allen relevanten griechischen Urkunden des Babathaarchivs und dem der Salome Komaise.[119] Dabei wird deutlich, dass der *epitropos* lediglich als rechtliche Staffage präsent war, aber keine wirkliche Funktion hatte. Denn in den aramäischen Urkunden (die im Übrigen formal auch dem Typus der Doppelurkunden folgen) findet sich dieser *tutor* nicht. Und typischerweise unterschreibt ja auch Babatha selbst als Zeugin für die Dokumente, freilich tut dies, da sie das Schreiben nicht beherrscht, für sie ein anderer, aber eben nicht ihr *epitropos*.

Aus den Dokumenten des Babathaarchivs mag hier noch ein weiterer Hinweis folgen, diesmal auf die Entwicklung einer praktischen Rechtsform, die durch den Einfluss des römischen Rechtes sich entwickelte. Babatha hatte einen Sohn Jesus, für den durch den Stadtrat der Polis Petra zwei Vormünder bestellt sind. Nach jüdischem Recht hätte Babatha selbst die Vormundschaft übernehmen können, solange sie nicht wieder heiratete. Dies hatte sie jedoch getan; so ist die Einsetzung von zwei Vormündern an ihrer Stelle nicht so überraschend, obwohl in Ägypten eine Mutter jedenfalls noch in der ersten Hälfte des 2. Jh. n.Chr. generell als Vormund tätig werden konnte. Jedenfalls zahlten die beiden Vormünder nach Ansicht der Mutter zu wenig Zinsen, weshalb sie den Antrag stellt, selbst die Verwaltung des Vermögens ihres Sohnes zu übernehmen, und dafür in gleicher Höhe den Vormündern Sicherheit aus ihrem eigenen Vermögen zu leisten. Diese Art des Vorgehens, in die der Statthalter der Provinz involviert war, könnte hier ebenfalls als eine Konsequenz der gegebenen

---

117 Siehe dazu ausführlich COTTON 1997; COTTON 2007, 247 ff. mit Verweis auf weitere Aussagen zu diesem Phänomen.
118 P.Yadin 14 und 15.
119 XHev/Se 63.

Umstände angesehen werden: Das römische Recht kannte im Gegensatz zu der Situation in Ägypten und wohl überhaupt in den östlichen Provinzen keine Vormundschaft der Mutter über ihre Kinder, die durch den Tod des Vaters Halbwaisen geworden waren. Für Babatha hätte somit das Auftreten als Vormund Probleme vor dem statthalterlichen Gericht schaffen können. Vielleicht wurde ihr deshalb von Rechtskundigen geraten, gegen das auch in der Provinz Arabia unter Juden Übliche dennoch Vormünder für ihren Sohn bestellen zu lassen. Als diese aber nicht so viel Geld für das Mündel zur Verfügung stellten, wie es Babatha (im Vergleich zur Ertragskraft des Vermögens des Sohnes) angemessen erschien, hat sie die Übernahme der Verwaltung des Vermögens angeboten, wobei die Vormundschaft selbst nicht berührt wurde, aber dennoch der Ertrag für ihren Sohn gesichert werden sollte. Trifft dies zu, dann könnte man darin mit Tiziana Chiusi „sogar eine Einwirkung des römischen Rechts auf die griechische Rechtspraxis in Betracht" ziehen, da nach den ägyptischen Papyri „ab der zweiten Hälfte des 2. Jahrhunderts die Mutter nicht mehr selbst als Vormund, sondern nur noch zusammen mit einem Vormund als ἐπακολουθήτρια" auftrete.[120] D. h. das römische Rechtsempfinden verdrängt die im Osten bislang mögliche Vormundschaft der Mutter.

Ein deutlich dominanter Einfluss des römischen Rechts auf die lokalen Rechte, und zwar offensichtlich weitgehend ohne direkte römische Direktive, ist also an vielen Stellen der Überlieferung zu greifen. Ein letztes Beispiel mag dies erneut zeigen. Zwei Sklavenkaufverträge seien miteinander verglichen. Der eine Vertrag wurde am 24. Mai 166 n. Chr. in Seleuceia Pieria in Nordsyrien formuliert. Käufer war ein Gaius Fabullius Macer, der den Rang eines *optio* hatte und mit einem Teil der Flotte von Misenum dort stationiert war. Er kaufte von einem Quintus Iulius Priscus, einem Soldaten derselben Flotte, einen etwa sieben Jahre alten Sklaven für den Preis von 200 Denaren zuzüglich des Hafenausfuhrzolls. Dabei werden folgende Verkaufsbedingungen angeführt:

> *eum puerum sanum esse ex edicto et si quis eum puerum partemve quam eius evicerit simplam pecuniam sine denuntiatione recte dare stipulatus est Fabullius Macer, spopondit Q(uintus) Iulius Priscus, id fide sua et auctoritate esse iussit G(aius) Iulius Antiochus manipularius III(triere) Virtute.*
> = „Dass dieser Knabe gesund sei gemäß dem Edikt (der Ädilen) und dass, sofern jemand Ansprüche auf den Knaben oder einen Teil davon geltend gemacht (und durchgesetzt) habe, der Kaufpreis in einfacher Höhe, auch ohne eine Anzeige ordnungsgemäß erstattet werden solle, hat Fabullius Macer gefordert, Q. Iulius Priscus versprochen; (den Kauf) hat durch seine Bürgschaft und seine Geltung C. Iulius Antiochus, Soldat auf der Triere Virtus', (als fideiussor) veranlasst."

Sowohl Käufer als Verkäufer sind entweder römische oder zumindest latinische Bürger, wie sie in der Flotte sehr häufig anzutreffen waren. Diesem Personalstatus entsprechen alle Details des Vertrags, der in vollem Umfang den Modalitäten eines römischen Kaufvertrags folgt, einschließlich der *stipulatio* durch den Käufer und der *sponsio* durch den Verkäufer.[121]

---

[120] Chiusi 1994; Chiusi 2005.
[121] P.Lond. 229 = FIRA III 132 = Eck/Heinrichs 1993, 33 f. Nr. 47.

Aus etwas früherer Zeit, vom 16. Mai 142, stammt ein weiterer Sklavenkaufvertrag, diesmal aus der Provinz Dacia superior, ausgestellt in den *canabae* der *legio XIII Gemina* in Apulum. Käufer ist ein Dasius aus dem Stamm der Breuci, Verkäufer ein Bellicus, Sohn eines Alexander. Beide sind ausweichlich ihrer Namen Peregrine, was dadurch abgesichert ist, weil der *fideiussor* umgekehrt einen dreiteiligen römischen Namen, Marcus Vibius Longus, trägt, der mit größter Wahrscheinlichkeit ein römischer Bürger gewesen ist. In diesem Vertrag heißt es nach der Einleitung:

eum puerum sanum traditum esse furtis noxaque solutum erronem fugiti(v)um caducum non esse pr(a)estari et si quis eum puerum q(uo) d(e) a(gitur) partemve quam quis ex eo evicerit q(uo) m(inus) emptorem s(upra) s(criptum) eumve ad q(uem) ea res pertinebit uti frui habere possidereq(ue) recte liceat tunc quantum id erit quod ita ex eo evictum fuerit t(antam) p(ecuniam) duplam p(robam) r(ecte) d(ari) f(ide) r(ogavit) Dasius Breucus, d(ari) f(ide) p(romisit) Bellicus Alexandri, id[em] fide sua esse iussit Vibius Longus = „Es werde gewährleistet, dass dieser Knabe gesund übergeben wurde, von Vergehen und daraus resultierenden Rechtsansprüchen frei, kein Herumtreiber, Entlaufener oder Epileptiker sei; und wenn jemand auf den Knaben, um den es hier geht, oder einen Teil davon Ansprüche geltend gemacht (und durchgesetzt) habe, mit dem Ziel, dass der oben genannte Käufer oder derjenige, dem diese Sache künftig zusteht, sie nicht ordnungsgemäß nutzen, davon profitieren, ihr Besitzer oder Eigentümer sein dürfe: für diesen Fall hat Dasius, der Breuker, bona fide gefordert, dass der ihm auf diese Weise entstandene Eviktionsverlust in doppelter Höhe in unbeanstandetem Geld ordnungsgemäß erstattet werde, und das hat bona fide Bellicus, der Sohn des Alexander, versprochen; und durch seine Garantie (als fideiussor) hat Vibius Longus ebendas veranlasst."[122]

In diesem Fall sind beide Geschäftspartner Peregrine; dennoch aber ist der Vertrag nicht nur vollinhaltlich ein römischer Kaufvertrag, sondern auch formal.[123] Es wird zwar nicht wie im vorausgehenden Fall direkt auf das Edikt der Ädilen verwiesen, aber dafür werden die dort enthaltenen Bestimmungen genauestens aufgeführt, fast im gleichen Wortlaut, wie Ulpian aus dem Edikt der Ädilen zitiert:[124]

Aiunt aediles: qui mancipia vendunt, certiores faciant emptores, quid morbi vitiive cuique sit, quis fugitivus errove sit noxave solutus non sit: eademque omnia, cum ea mancipia venibunt, palam recte pronuntianto = „Die Ädilen verfügen: Wer Sklaven verkauft, soll den Käufer informieren, wer welche Krankheit oder welches Gebrechen aufweist, wer ein Entlaufener oder Herumtreiber oder von den rechtlichen Auswirkungen eines Vergehens nicht entbunden ist. Alles das soll beim Sklavenverkauf öffentlich und wahrheitsgemäß erklärt werden."

Dieses Dokument, das rund 35 Jahre nach der endgültigen Eroberung Dakiens ausgestellt wurde, zeigt in geradezu demonstrativer Weise, wie Inhalt und Formeln des römischen Rechts von nichtrömischen Bewohnern des Reiches übernommen wurden. Warum dies im Einzelnen geschah, lässt sich kaum je feststellen. Man kann durchaus

---

122 CIL III 940 = Eck/Heinrichs 1993, 30 f. Nr. 45.
123 Hier darf man ohne Zögern einen rechtskundigen Beistand voraussetzen, nicht anders als im Fall der Babatha.
124 Dig. 21,1,1 (Ulp.).

annehmen, dass man erkannt hatte, auf diese Weise werde am ehesten Rechtssicherheit erreicht, wie das bei den Papyri aus der judäischen Wüste erschlossen wurde. Doch in einer Provinz wie Dakien muss man eher fragen, welche Alternativen sich dort anboten. Peregrine Gemeinden mit ihrem Rechtssystem aus der vorrömischen Zeit gab es nicht; die Mehrzahl der Menschen, die dort lebten, waren nach der Eroberung aus den verschiedensten Regionen zugewandert, die aber nicht in eine gleichartige Rechtspraxis eingelebt waren. Doch überall war römisches Militär präsent, in den *canabae* um die Lager lebten viele Römer, sie waren dort trotz vieler peregriner Bewohner tonangebend. Das galt auch für die Bergwerke; im Stollen eines dieser Bergwerke wurde das Dokument des Dasius gefunden. Die tonangebenden Römer haben mit hoher Wahrscheinlichkeit die römischen Rechtsformen praktiziert, die sodann von Nichtrömern wie Dasius aus dem Stamm der Breuci übernommen wurden.[125]

Mit Caracallas Bürgerrechtsverleihung an alle freien Bewohner des Reiches wurde vom Personalrecht her gesehen theoretisch ein einheitlicher Rechtsraum geschaffen, da nur noch römische Bürger miteinander verkehrten. Es galt nun, wie das Hartmut Wolff in seiner unpublizierten Habilitationsschrift vor langer Zeit formuliert hatte „vor allem die gleiche Verpflichtung und Berechtigung aller Reichsangehörigen gegenüber den nun für sie alle ebenfalls gültigen Ordnungen und Rechtssätzen des römischen Gemeinwesens. Für den Alltag brauchte dies freilich unter Umständen gar nichts zu bedeuten, da die Neubürger ihrer bisherigen Lebensordnung nicht gewaltsam entrissen wurden. Die Constitutio Antoniniana hat allen Indizien zufolge die lokalen Vorschriften, Sozialregeln, Institutionen oder Privilegien nicht aufgehoben und auch nicht die altgewohnten Regeln und Gebräuche des Rechtes für ungültig erklärt. Vielmehr trat das *ius civile* lediglich vollgültig neben die örtliche Rechtsordnung und brach auf dem Umwege der Prozesspraxis nötigenfalls diejenigen Regeln, die sich mithilfe des *ius civile* nicht erfassen oder zurechtbiegen ließen oder die römischen Moralauffassungen völlig entgegenstanden."[126]

---

125 Man kann auch CPL 193 vergleichen, einen Sklavenkaufvertrag, der in Ägypten ausgefertigt wurde. Die Sprache ist lateinisch, doch alles wurde mit griechischen Buchstaben geschrieben.
126 WOLFF 1977, 583. Vgl. VITTINGHOFF 1990, 169; MAROTTA 2012, 133 ff.

13 Der Kaiser, das Recht und die kaiserliche Verwaltung

Trotz der überall sichtbaren Bedeutung, die das Heer für den Erwerb und die Bewahrung der Macht im römischen Kaiserreich hatte, war das Kaisertum, unter dem Aspekt des Rechts betrachtet, keine allein durch militärische Macht erworbene und darauf dauerhaft fußende Autokratie.[1] Es gründete vielmehr mit großem Nachdruck auf Recht und Gesetz, auch wenn nicht selten beide mit sehr konkreten Zielen geschaffen und auch immer wieder mit brutaler Gewalt missachtet wurden. Symptomatisch für diese Gründung auf Recht und Legalität ist eine Goldmünze, die Octavian im Jahr 28 v. Chr. hat prägen lassen und deren Legende davon spricht, er habe für das römische Volk die Gesetze und die (staatlichen) Institutionen wiederhergestellt: *leges et iura p(opuli) R(omani) restituit.*[2] Das wird von Augustus mehr als 40 Jahre später im letzten Jahr seiner Herrschaft in seinen Res gestae 34 nochmals mit den Worten wiederholt, er habe, obwohl er eine faktisch autokratische Gewalt in Händen hatte, in seinem sechsten und siebten Konsulat (in den Jahren 28/27 v. Chr.) das römische Gemeinwesen, die *res publica*, in die Verfügungsgewalt von Senat und Volk, also des „Souveräns" zurückgegeben. Seit dieser Zeit habe er nie mehr an Amtsgewalt besessen als all diejenigen, die in einzelnen Magistraturen seine Kollegen gewesen seien. Es ist die Aussage, dass das Recht auch für ihn gilt, die auf diese Weise mit Nachdruck herausgestellt wird.[3]

Rechtlich hat Augustus nach der politischen Einigung im Januar 27 v. Chr. tatsächlich zunächst bis zum Jahr 23 nur mit der Amtsgewalt eines Konsuls politisch-administrativ handeln können, wobei er stets einen rechtlich gleichberechtigten Kollegen neben sich hatte, zunächst seinen engsten politisch-militärischen Gefährten Agrippa, den Sieger über Marcus Antonius und Cleopatra bei Actium, dann andere Senatoren. Denn Augustus ließ sich kontinuierlich von 27 bis 23 v. Chr. als Konsul wiederwählen, was zwar dem widersprach, was während der Republik üblich und erlaubt war, aber durch besondere rechtliche Regelungen möglich gemacht wurde und zudem republikanische Vorbilder hatte. In dieser Stellung als stets wiedergewählter *consul* wurden ihm bestimmte Territorien als seine *provincia* zugewiesen,[4] wiederum

---

1 Siehe dazu BIRLEY 2007. Ferner ECK 2016c.
2 RICH/WILLIAMS 1999; MILLAR 2000; FERRARY 2003; MANTOVANI 2008; DALLA ROSA 2015.
3 R. Gest. div. Aug. 34: *In consulatu sexto et septimo, postqua[m b]el[la civil]ia exstinxeram, per consensum universorum [po]tens re[ru]m om[n]ium rem publicam ex mea potestate in senat[us populi]que R[om]ani [a]rbitrium transtuli .... post id tem[pus a]uctoritate [omnibus praestiti, pote]s[t]atis autem nihilo ampliu[s habu]i quam cet[eri, qui m]ihi quoque in ma[gis]tra[t]u conlegae f[uerunt].*
4 Er erhielt also nicht etwa im Jahr 27 zusätzlich ein prokonsulares *imperium*, wie es z. B. in Nachfolge der Position von MOMMSEN 1887, II 845, von KIENAST 2014, 87, aber auch von anderen angenommen wird. Zur Entwicklung der rechtlichen Stellung und insbesondere des *imperium* des Augustus siehe vor allem verschiedene Arbeiten von GIRARDET 2007 in seinem Sammelband; ferner COTTON/YAKOBSON

durch rechtliche Übertragung durch den Senat, aber auf begrenzte Zeit, nämlich zunächst auf zehn Jahre. Als er schließlich in der Mitte des Jahres 23 vom Konsulat zurücktrat, verblieb ihm das Kommando über diese Provinzen, da von den zehn Jahren noch nicht einmal vier vergangen waren. Ganz in republikanischer Manier wurde er sogleich Prokonsul dieser Provinzen. In dieser Stellung und mit dieser Bezeichnung ist er nunmehr durch zwei Edikte, die er am 14. und 15. Februar 15 v. Chr. in der Provinz Gallia Narbonensis zugunsten einer spanischen Gemeinde erlassen hat, auch unmittelbar bezeugt,[5] obwohl man in der Forschung eine Benennung von Augustus als *proconsul* lange Zeit für unmöglich gehalten hatte. Als Prokonsul stand er damit rein nach dem *ius publicum* auf gleicher Ebene wie die anderen *proconsules*, die seit der Neuordnung des Jahres 27 die anderen Provinzen leiteten. Die administrativen Aufgaben in seinen eigenen Provinzen hatte Augustus an Senatoren übertragen, deren rechtliche Abhängigkeit und magistratischer Rang durch die Bezeichnung *legati Augusti pro praetore* mit rechtlicher Klarheit bezeichnet wurden. Dass diese Gleichstellung von Augustus mit den anderen Prokonsuln in der Realität allein durch das politisch-militärische Gewicht der *provinciae Caesaris* aufgehoben wurde, war jedem, der in der Politik mitspielte, bewusst. Dennoch, diese Rechtsebene erforderte notwendigerweise, bestimmte Regeln im öffentlichen Verhalten einzuhalten.

Rechtlich war das *imperium*, das Augustus als Prokonsul weiterführte, auf den Amtsbereich *militiae*, d. h. auf die ihm zugewiesenen Provinzen beschränkt. Nach den Regeln der Republik hätte der Amtsinhaber, sobald er die Stadtgrenze Roms, das *pomerium*, von außen nach innen überschreiten würde, seine Amtsgewalt insgesamt verloren, was politisch natürlich nicht in Frage kommen konnte. Denn dann hätte seine Stellung für seine Provinzen immer wieder erneuert werden müssen – was faktisch ausschied. Die Lösung, die man fand, war zum einen, dass Augustus durch ein Sondergesetz von dieser Einschränkung befreit wurde; das *pomerium* beraubte ihn von da an nicht mehr seines *imperium*; es blieb aber bestehen, dass er es nur außerhalb ausüben konnte (und ebenso auch nur außerhalb den Titel führte). Das hatte allerdings den essentiellen Nachteil, dass Augustus zwar in Rom präsent gewesen wäre, jedoch ohne Handlungsmöglichkeit, vor allem gegenüber dem Senat. Doch gerade in dieser Zeit des Übergangs, als man in Rom die großen Worte über die Wiederherstellung der Republik, der *iura et leges*, noch nicht vergessen hatte, musste der Senat bei allen wichtigen politischen Entscheidungen konsultiert werden. Wollte somit Augustus nicht riskieren, den eben erst mühsam errungenen Anschein der *res publica restituta* zu zerstören, indem er dennoch innerhalb des *pomerium* handelte, dann musste ein Mittel gefunden werden, um dort auf legale Weise politisch zu agieren. Der Ausweg war die Übertragung der vollen *tribunicia potestas*, der vom Volkstribunat selbst losgelösten Amtsgewalt, die es Augustus ermöglichte, einerseits

---

2002; FERRARY 2001 (= in abgekürzter Form: FERRARY 2009). Im Folgenden wird auf einzelne, partiell auch differierende Ansichten in dieser Hinsicht nicht im Detail hingewiesen.

5 Edikt von el Bierzo: ALFÖLDY 2000 = ALFÖLDY 2001 = AE 1999, 915 = AE 2000, 760: *Imp(erator) Caesar divi fil(ius) Aug(ustus) trib(unicia) pot(estate) VIII{I} et proco(n)s(ule) dicit.*

in der Stadt Rom politisch zu handeln, die andererseits seinen Status als Patrizier, mit dem besondere Vorrechte verbunden waren, nicht zu verlieren, obwohl Patriziat und Volkstribunat ideologisch gesehen sozusagen gegensätzliche Fronten innerhalb des *populus Romanus* repräsentierten.[6] Diese neue rechtliche Macht war zwar zeitlich, wie auch das Amt selbst, auf ein Jahr beschränkt; da sie aber kontinuierlich jedes Jahr erneuert wurde, erschien sie als die immerwährende Basis der sich ausbildenden Macht des Princeps.[7]

Damit konnte Augustus für den Augenblick einigermaßen frei handeln, doch war er immer noch durch rechtliche Schranken eingeengt, nur innerhalb dieser Beschränkungen konnte er politisch tätig sein; denn gerade auf der Beachtung der republikanischen Regeln war seine Politik aufgebaut. Als Konsul war er in der Lage gewesen, auch auf diejenigen Provinzen einzuwirken, die ihm selbst nicht unterstanden, sondern von Prokonsuln mit eigenem *imperium* geleitet wurden. Sein normales *imperium* als Prokonsul, wie es seit Mitte 23 rechtlich definiert war, erlaubte ihm gesetzlich dort keinen Eingriff mehr, ein Zustand, der politisch höchst bedenklich hätte werden können. Deshalb wurde noch im selben Jahr – wir wissen nicht, auf wessen Antrag – sein *imperium* so definiert, dass es im Konfliktfall stärker wäre als das eines anderen Prokonsuls. Es war ein *imperium maius quam ...*, ein *imperium*, das stärker war als das des Prokonsuls, der im konkreten Fall betroffen war. Inhaltlich unterschied es sich im Hinblick auf die Kompetenzen allerdings nicht von dessen *imperium*, ähnlich wie auch das *imperium* von Konsul und Prätor inhaltlich gleich war; doch im Konfliktfall setzte sich das des Konsuls gegenüber dem Prätor durch. Augustus hätte sich zwar nach aller Wahrscheinlichkeit in einer konkreten Konfliktsituation mit einem anderen Prokonsul ohnehin auf Grund seiner gesamten Stellung durchgesetzt, doch nach dieser Neuregelung behielt er auch rechtlich die Oberhand. Es war nicht einmal nötig, seine *auctoritas* einzusetzen.

Diese Änderung der rechtlichen Qualität seines *imperium* bezog sich freilich nur auf die Provinzen. Innerhalb Roms stand ihm nur die *tribunicia potestas* zur Verfügung, die ihm aber nur beschränkte Möglichkeit bot. Denn nicht wenige politisch besonders wichtige Dinge konnten in Rom selbst nur auf der Basis eines innerhalb des *pomerium* wirksamen *imperium* durchgeführt werden. Das betraf insbesondere die Leitung der Wahlen zu den hohen Magistraturen, speziell zum Konsulat. Davon war Augustus vollständig ausgeschlossen, da sich sein *imperium*, das er als Prokonsul innehatte, rechtlich nicht auf den Bereich *domi* erstreckte. Über mehrere Jahre hinweg, vor allem von 22–19 v.Chr., wurden durch Unruhen in Rom die Konsulwahlen behindert oder sogar verhindert, was zu einer ernsten Krise des neuen Systems führte. Manche sprachen auch von einer gesteuerten Krise, um den Boden für das Ergebnis zu

---

6 Siehe etwa FERRARY 2001 = FERRARY 2012, 528–535.
7 Tac. ann. 3,56,1: *Tiberius ... mittit litteras ad senatum quis potestatem tribuniciam Druso petebat. Id summi fastigii vocabulum Augustus repperit, ne regis aut dictatoris nomen adsumeret ac tamen appellatione aliqua cetera imperia praemineret.*

bereiten, das am Ende der Krise stand.[8] Im Jahr 19 v. Chr., als Augustus endlich von einer längeren Reise in die Provinzen des Ostens zurückkehrte und als alle eine völlig verfahrene Situation bei den Wahlen zum republikanischen Oberamt konstatieren mussten, wurde eine erneute rechtliche Sonderregelung für Augustus geschaffen: Die territoriale Einschränkung seines *imperium* auf den Bereich der Provinzen wurde aufgehoben; es war damit auch in Rom und Italien wirksam, unter anderem, um auch die Wahlen zu den höchsten Ämtern leiten oder direkt beeinflussen zu können. Er führte nun ein *imperium*, das gleichzeitig als konsular und als prokonsular bezeichnet werden konnte, je nachdem, wo es ausgeübt wurde. Seit dieser Zeit sind auch tatsächlich keine Konflikte mehr im Kontext der Wahlen bekannt. Augustus war auf rechtlicher Basis in der Lage, sie in seinem Sinn zu steuern und damit die „Personalpolitik" der *res publica* so zu gestalten, dass sie seinen Vorstellungen entsprach. Denn ernennen konnte er die herkömmlichen Amtsträger nicht, sie mussten über Wahlen ihre öffentlichen Funktionen erhalten. Jeder so gewählte Magistrat gehörte lebenslänglich dem Senat an, der der entscheidende Mitspieler neben dem Princeps in der Politik blieb; somit war es für Augustus von entscheidender Bedeutung, dessen Zusammensetzung so zu gestalten, dass der Senat im Allgemeinen ein williger Mitspieler war, und nicht ein Gremium, von dem aus seine Politik behindert oder gar konterkariert werden konnte. Doch in diesem Spiel mussten beide Seiten nicht nur die machtpolitischen Faktoren beachten, sondern auch die rechtlichen Regeln des *ius publicum*.

Wie präzis, aber vor allem öffentlichkeitswirksam von Augustus diese Regeln des *ius publicum* eingehalten wurden, wird vielleicht am deutlichsten an seinem Verhalten gegenüber Aemilius Lepidus, seinem ehemaligen Kollegen im Triumvirat, erkennbar. Dieser war nach Caesars Tod ins Amt des *pontifex maximus* gewählt worden, eine Position, die erst mit dem Tod endete, wie bei fast allen anderen römischen Priesterämtern. Im Jahr 36 v. Chr., noch lange vor dem Ende der Bürgerkriege, hatte Lepidus nach der Ausschaltung des Sextus Pompeius auf Sizilien versucht, seine politisch-militärische Position gegenüber Octavian durch eine Art Putsch zu verbessern. Dieser misslang und Lepidus wurde gezwungen aus der Politik auszuscheiden; in einer Villa auf Kap Circei wurde er in Isolierhaft gehalten. Er blieb am Leben, eben weil er der Inhaber des Oberpontifikats war. Dieses Amt konnte ihm legal nicht genommen werden. So musste die *res publica* bis zu dessen Tod faktisch ohne den höchsten Träger sacerdotaler Gewalt geführt werden. Erst als Lepidus im Jahr 13 v. Chr. an seinem italischen Exilort verstarb, konnte Augustus auf den Oberpontifikat zugreifen und sich in einer aus ganz Italien massenhaft besuchten Volksversammlung in dieses Amt wählen lassen. Doch selbst dabei achtete er auf die rechtlichen Vorgaben, die sich aus der Tradition ergaben. Er wartete bis zum regulären Termin der Wahlen zu den Priesterämtern im März 12 v. Chr. In seinen Res gestae betont Augustus, er habe, obwohl das Volk ihn, wohl bereits im Jahr 36 v. Chr., durch sein Votum zur Übernahme

---

8 Siehe neben anderen DALLA ROSA 2015a.

des Oberpontifikats drängen wollte, sich geweigert, das Amt anzunehmen, eben weil Priester generell bis zu ihrem Tod ihre Funktion behielten.[9]

Wie umfassend das *ius publicum* als Basis der öffentlichen Ordnung angesehen wurde, und zwar innerhalb der senatorischen Führungsschicht, aber auch bei den Herrschern selbst, wird in seltener Klarheit in einem *senatus consultum* aus dem Jahr 20 n.Chr. deutlich, das auf eine rechtliche Regelung des Jahres 17 verweist. Damals war Germanicus, der Adoptivsohn des Tiberius, mit einem Sonderauftrag in die *transmarinae provinciae* und speziell nach Syrien gesandt worden. Dazu wurde ihm durch ein Volksgesetz ein umfassendes *imperium* übertragen, das er dort als Prokonsul ausüben sollte. Es solle größer (*maius* = stärker) sein als das des Prokonsuls jeder Provinz; dabei sei, so fährt das *senatus consultum* fort, klar, dass in jeglicher Hinsicht das *imperium* des Tiberius Caesar Augustus größer sei als das des Germanicus Caesar.[10] Unabhängig von den politischen Umständen, derentwegen es in dem Beschluss zu dieser Formulierung kam, wird deutlich, dass selbst die Beziehungen zwischen dem *princeps* und seinem Sohn in eine rechtliche Fixierung gefasst wurden. Die speziellen Vorschriften des *ius publicum*, wie sie in diesem Volksgesetz formuliert worden war, schufen eine rechtlich klare hierarchische Stufung des grundsätzlich gleichen *imperium*: An der Spitze steht der *princeps*, dessen *imperium* auch Germanicus unterstand, während wiederum dessen *imperium* das der anderen Prokonsuln dominierte – sollte es zum Konflikt zwischen zwei Inhabern des *imperium* kommen. Nur in diesem Fall erwies sich das *imperium* von Tiberius oder Germanicus als *maius*; ein *imperium maius* als solches mit unterschiedlichem Umfang gab es nicht. Der gesamte politische Herrschaftsraum ist zusammen mit dem daraus resultierenden administrativen Handeln rechtlich bestimmt und eingezäunt. Politisches und administratives Handeln und Wollen muss sich nach den Regeln des *ius publicum* richten – zumindest denen gegenüber, die das politische Spiel nicht nur betrachten, sondern verstehen können.

Das Jahr 27 hatte zwei Provinztypen geschaffen, die sich in der konkreten Leitung deutlich unterschieden. Die einen wurden traditionell von senatorischen Promagistraten, *proconsules*, geleitet, während in den Provinzen des Augustus *legati* in seinem Auftrag die Verantwortung hatten; durch den Zusatz *pro praetore* in ihrer Amtsbezeichnung wurde angezeigt, dass sie vom konsularen *imperium* des *princeps* abhingen. Seit claudischer Zeit treten daneben Provinzen wie z. B. Thracia oder die beiden Mauretaniae auf, die erst durch Claudius eingerichtet wurden, in denen Präsidialprokuratoren amtierten, die nie durch eine Wahl des römischen Volkes ein Amt übertragen erhalten hatten und deshalb auch nicht senatorischen Status hatten,

---

9 Siehe SCHEID 2007a, 45f.
10 ECK/CABALLOS/ FERNÁNDEZ 1996, 40 Z. 32ff. = AE 1996, 885: *neclecta maiestate domus Aug(ustae) neclecto etiam iure publico, quo(d) adlec(tus) pro co(n)s(ule) et ei pro co(n)s(ule), de quo lex ad populum lata esset, ut in quamcumq(ue) provinciam venisset, maius ei imperium quam ei, qui eam provinciam proco(n)s(ule) optineret, esset, dum in omni re maius imperium Ti(berio) Cae(s)ari quam Germ(anico) Caesar(i) esset.*

sondern an Personen ritterlichen Standes vergeben wurden. Der Kaiser allein berief sie zu ihrer administrativen Funktion. Allerdings erledigten sie im Wesentlichen dieselben Aufgaben wie die senatorischen Statthalter in den bisher schon bestehenden Provinzen. Claudius schuf auf diese Weise einen neuen Provinztyp; das bereits seit augusteischer Zeit ebenfalls von einem Ritter administrierte Ägypten war dabei allerdings nicht das Vorbild, obwohl dies nicht selten so gesehen wird.[11] Ägypten war von Octavian noch vor der politisch-rechtlichen Neuregelung des Jahres 27 als Provinz eingerichtet und einem ritterlichen Präfekten übertragen worden, dem, nach einem Eintrag in den Digesten, durch ein eigenes Gesetz ein *imperium* übertragen wurde, das ähnlich wie das eines Prokonsuls gestaltet war.[12] Dies war damals vor allem deswegen notwendig, weil dem Präfekten das Kommando über anfänglich drei Legionen anvertraut wurde und er auch die Rechtsprechung über und für römische Bürger ausüben musste. Gerade in der noch sehr unklaren Situation nach dem Ende der Bürgerkriege durfte Octavian nicht den Eindruck entstehen lassen, er nehme es mit den Erfordernissen des *ius publicum* nicht ernst; deshalb erfolgte die spezielle Gesetzgebung im Fall des Präfekten von Ägypten. Dessen entsprechende rechtliche Kompetenzen stammten nicht von Augustus, sondern von der dafür zuständigen Institution, der Volksversammlung. Ähnliches geschah unter Claudius zumindest auch im Fall der Rechtsprechung in den Provinzen der Präsidialprokuratoren.[13] Von einer Kompetenz ähnlich einem *imperium* konnte ihnen gegenüber vermutlich deswegen abgesehen werden, weil diesen ritterlichen Amtsträgern keine Legionen, also Bürgertruppen, unterstellt waren, sondern nur Auxiliartruppen, in denen damals nur Peregrine dienten. Prokuratoren, die seit Augustus in den ihm zugewiesenen Provinzen für die Finanzen zuständig waren und in den von Prokonsuln geleiteten Provinzen das *patrimonium principis* administrierten, hatten aber auch schon vor Claudius Recht gesprochen; das ist Tacitus zu entnehmen, was auch aus der Sache heraus nicht unwahrscheinlich ist.[14] Ihnen und allen anderen Prokuratoren ließ Claudius im Jahr 53

---

11 Der Hinweis auf Ägypten bei Tac. ann. 12,60,2: *divus Augustus apud equestris qui Aegypto praesiderent lege agi decretaque eorum proinde haberi iusserat ac si magistratus Romani constituissent*, bezieht sich nur darauf, dass Gerichtsverfahren vor den Präfekten dieser Provinz wie vor einem römischen Magistrat geführt werden konnten.
12 Dig. 1,17,1 (Ulp. liber 15 ad edictum): *Praefectus Aegypti non prius deponit praefecturam et imperium, quod ad similitudinem proconsulis lege sub Augusto ei datum est, quam Alexandriam ingressus sit successor eius, licet in provinciam venerit: et ita mandatis eius continetur*. Vgl. Tac. ann. 12,60,2 siehe Anm. 11. Während von Ulpian mit der *lex* auf die rechtlich formale Seite des Verfahrens verwiesen wird, stellt Tacitus darauf ab, wer die Regelung faktisch veranlasst hat. Zur Diskussion der Ulpianstelle siehe nach MOMMSEN 1887, 935 u. a. GERACI 1995; JÖRDENS 2009, 46 ff.; FAORO 2011, 25 ff.
13 Tac. ann. 12,60.
14 Siehe z. B. den Fall des Patrimonialprokurators Lucilius Capito in der Provinz Asia, Tac. ann. 4,15,2; Tiberius erklärte: *quod si vim praetoris usurpasset manibusque militum usus foret, spreta in eo mandata sua*. Das lässt darauf schließen, dass zunächst die Rechtsprechung von Prokuratoren am ehesten deshalb begann, weil diese als kaiserliche Beauftragte faktisch wie Amtsträger wahrgenommen wurden und sich auch selbst in dieser Weise verhielten.

durch einen eigenen Senatsbeschluss umfassende Rechtssprechungskompetenz zuweisen, jedenfalls für ihren eingeschränkten Tätigkeitsbereich.[15] Ob Claudius tatsächlich auch seinen Freigelassenen durch das *senatus consultum* unmittelbare Rechtssprechungsbefugnisse eingeräumt hat,[16] muss man dem Bericht des Tacitus nicht unbedingt entnehmen; das kann seiner üblichen Polemik gegenüber kaiserlichen *liberti* geschuldet sein.[17] Entscheidend aber war, dass auch Claudius eine für die römische Welt so essentielle Entscheidung über die Rechtssprechungsbefugnis von nichtsenatorischen Amtsträgern formal nicht selbst ins Werk setzte, sondern, auch wenn die Notwendigkeit für die Verleihung dieser Kompetenz nicht aus dem Senat kam, sondern von Claudius und seinen Beratern gesehen und in einen Antrag gefasst wurde, durch einen Senatsbeschluss sanktionieren ließ. Zwar werden in den historiographischen Quellen nicht selten rechtlich bedeutsame Beschlüsse und Neuerungen so beschrieben, als ob lediglich ein Kaiser diese eingeführt und angeordnet hätte, ohne dass, wie es in den Berichten erscheint, der Senat oder das Volk befragt wurde. Das sieht man z. B. bei Tacitus, wenn er schlicht Augustus als denjenigen nennt, der dem Präfekten von Ägypten die Kompetenz verliehen habe, *legis actiones* durchzuführen, obwohl dieser nur Ritter war und kein magistratisches Amt innehatte; das *imperium*, das nach Ulpian durch eine *lex* übertragen wurde, kommt bei Tacitus direkt von Augustus.[18] Politisch kann man das als zutreffend bezeichnen, rechtlich aber nicht. Doch wie in diesem Fall muss man auch sonst zumeist davon ausgehen, dass der Form nach nicht einfach der einzelne Herrscher rechtliche Neuerungen in Kraft setzte, dass vielmehr die üblichen rechtlichen Wege eingehalten wurden, um *res novae* einzuführen.[19] Selbst Ehrungen wie die für den claudischen Freigelassenen Pallas, dem die *ornamenta praetoria* sowie 15 Millionen Sesterzen zuerkannt wurden, vollzog Claudius nicht selbst, sie wurden vielmehr im Senat beschlossen.[20] Dem Gremium war natürlich bewusst, dass der Kaiser diese Beschlüsse befürwortete.

Die Möglichkeiten, mit denen seit Augustus, Probleme der Gesellschaft sowie der allgemeinen Administration unmittelbar entschieden oder durch neue rechtliche Regeln auch für die Zukunft gelöst werden konnten, waren vielfältig. Das normale Gesetzgebungsverfahren durch eine der Volksversammlungen, wie es die republikanische Zeit gekannt hatte, wurde auch unter Augustus und seinen Nachfolgern jedenfalls bis ans Ende des 1. Jh. n. Chr. noch weitergeführt, freilich zunehmend selte-

---

15 Tac. ann. 12,60,1: *Eodem anno saepius audita vox principis, parem vim rerum habendam a procuratoribus suis iudicatarum ac si ipse statuisset. ac ne fortuito prolapsus videretur, senatus quoque consulto cautum plenius quam antea et uberius.*
16 Tac. ann. 12, 69, 4: *..., cum Claudius libertos, quos rei familiari praefecerat, sibique et legibus adaequaverit.*
17 Später aber haben kaiserliche Freigelassene auch Gerichtsverhandlungen geleitet; siehe MAEHLER 1974; dazu REA 1977, bes. 218 ff.; ECK 1998e = ECK 2014c, 266–274.
18 Siehe oben Anm. 11 Tac. ann. 12,60,1.
19 Siehe BRUNT 1984.
20 Tac. ann. 12,53,2.

ner. Unter Augustus waren Volksgesetze zunächst sogar relativ häufig. So wurde z. B. im Jahr 9 v. Chr. durch eine *lex Quinctia*, deren vollständiger Text uns mit allen formalen Details bei Frontinus erhalten ist, die Regeln zum Schutz der stadtrömischen Aquädukte zusammengefasst und ergänzt.[21] Die *lex Fufia Caninia* beschränkte die Möglichkeiten der testamentarischen Freilassungen, was auch teilweise der Zweck der *lex Aelia Sentia* war, die aber auch die Verleihung des römischen Bürgerrechts durch bisher unkontrollierte Freilassungen an bestimmte Bedingungen knüpfte.[22] Andere *leges* wurden von Augustus selbst in das Gesetzgebungsverfahren eingebracht, wie die jeweilige Benennung als *lex Iulia* zeigt. Das hielt Augustus für so wichtig, dass er es in seinen Res gestae betont erwähnt.[23] Eines dieser Gesetze war die *lex Iulia de vicesima hereditatium*, die im Jahr 5 n. Chr. erstmals eine – nach unseren modernen Maßstäben – bescheidene Steuer auf Erbschaften römischer Bürger einführte, nämlich eine 5-prozentige Abgabe. Mit dieser Gesetzgebung waren weitgreifende Regeln für die öffentliche Testamentseröffnung und damit für administrative Verfahren verbunden; vor allem wurde für die Verwaltung der aus dieser Steuer fließenden Gelder eine weitere öffentliche Kasse geschaffen, das *aerarium militare*, für dessen Leitung drei neue senatorische *praefecti* installiert wurden, die Augustus selbst ernennen durfte. Der Widerstand gegen dieses Erbschaftssteuergesetz war zunächst massiv; aber Augustus setzte sich durch, weil die Gelder für die Versorgung der Legionsveteranen dringend nötig waren; schließlich war das Heer eine entscheidende Basis seiner Herrschaft.[24] Heftigen Widerstand hatte auch die *lex Iulia de maritandis ordinibus* im Jahr 18 v. Chr. hervorgerufen, mit der u. a. ein Zwang zur Heirat bzw. Wiederverheiratung und zur Zeugung von Kindern eingeführt wurde; durch Privilegierung bzw. Nachteile bei der Bewerbung um Ämter oder bei Erbschaften, die im Gesetz formuliert waren, sollten diese Ziele unterstützt werden.[25] Während das erste der Familiengesetze durch die Benennung als *lex Iulia* noch mit Augustus unmittelbar verbunden ist, firmiert die Weiterführung dieser Gesetzgebung in der zweiten Jahreshälfte 9 n. Chr. unter den Namen der damals amtierenden Konsuln, M. Papius Mutilus und Q. Poppaeus Secundus. Doch auch hinter der Durchsetzung dieses Gesetzes stand Augustus. Dies ist durch einen Hinweis in dem Stadtgesetz für das municipium Troesmis, das erst in der Spätzeit Marc Aurels erlassen wurde, besonders deutlich geworden.[26] Denn daraus ergibt sich, dass bereits am 28. Juni des Jahres 5 n. Chr. ein *commentarius* in Rom proponiert worden war, der die Grundlage bildete für die Regelungen, die dann mehr als vier Jahre später in der *lex Papia Poppaea* verabschiedet wurden, wie es aus-

---

21 Frontin. aqu. 129.
22 Gai. inst. 1,13 ff. 42–43
23 R. Gest. div. Aug. 9: *legibus novi[s] m[e auctore l]atis m[ulta e]xempla maiorum exolescentia iam ex nostro [saecul]o red[uxi]*.
24 Eck 2017; siehe oben Kap. 5, bes. 67 ff.
25 Mette-Dittmann 1991; Spagnuolo Vigorita 2010; Eck 2019.
26 Eck 2016a, bes. 601–605; siehe oben Kap. 5, 73 ff.

drücklich in dem Stadtgesetz heißt.[27] Wer den *commentarius* proponiert, d. h. den Text der Öffentlichkeit vorgelegt hatte, wird nicht gesagt. Aber es kann gar keinen Zweifel daran geben, dass Augustus selbst hinter diesem Gesetz stand. Denn wie wir aus Sueton und vor allem Cassius Dio wissen,[28] hat der Princeps auf verschiedenste Weise mit größtem Einsatz versucht, den Widerstand gegen dieses Gesetz, der die Opposition gegen andere seiner Gesetze deutlich in den Schatten stellte, zu überwinden. Dazu sollte vor allem dienen, dass Augustus zwei mehrere Jahre dauernde Zwischenzeiten einräumte, damit die Betroffenen ihr Leben nach den Regeln dieses Gesetzesvorhabens einrichten konnten, was konkret hieß, dass sie heiraten und Kinder zeugen sollten. Der Widerstand konnte sich auch deswegen so lange halten, weil der Gesetzesvorschlag unmittelbar vor einer Periode mit großen inneren und äußeren Problemen, speziell dem Aufstand von 6–9 n. Chr. in Illyricum, eingebracht worden war. Am Ende wurde das Gesetz, aber ohne Benennung nach Augustus, fast im ursprünglichen Umfang, wenn auch vermutlich mit kleinen sachlichen Retuschen und Erleichterungen durchgesetzt.[29]

Leges wurden, soweit das die Überlieferung erkennen lässt, nach der augusteischen Zeit immer seltener. Das letzte durch eine Volksversammlung und teilweise im Wortlaut erhaltene Gesetz ist die *lex de imperio Vespasiani* nach der erfolgreichen flavischen Usurpation im Jahr 70. Doch die Formulierung des Textes einschließlich der für Gesetze obligatorischen Sanktionsformel zeigt, dass es sich faktisch um einen Text handelt, der im Senat verabschiedet und lediglich noch pro Forma einer Volksversammlung vorgelegt wurde.[30] Das letzte von einer Volksversammlung beschlossene Gesetz, das einer Person zugewiesen werden kann, ist wohl eine *lex Cocceia agraria*, die, was vermutlich bezeichnend ist, von einem Kaiser selbst, nämlich Nerva, eingebracht wurde.[31]

Doch die Masse der Weiterentwicklung der administrativen Regeln und genereller Rechtsvorschriften, soweit sie nicht durch die Kaiser in anderen, noch zu beschreibenden Formen geleistet wurde, erfolgte im Senat.[32] Antragsteller waren offensichtlich vor allem die jeweils amtierenden Konsuln, wenn nicht die Kaiser selbst die Anträge im Senat vertraten, wohl nach Beratung mit einem für die konkrete Angelegenheit befassten *consilium principis*. Konkrete Namen der nichtkaiserlichen Antragsteller sind in der Mehrzahl der Fälle, für die eine Überlieferung vorliegt, nicht er-

---

27 Eck 2016a, 580: … *commentari, ex quo lex P(apia) P(opaea) lata est, propositi Cn(aeo) Cinna Magno Vol(eso) Val(erio) Caeso co(n)s(ulibus) IIII kal(endas) Iulias kap(ite) XLVIIII cauta conprehensaque sunt et confirmata legis P(apiae) P(opaeae) k(apite) XLIIII ….*
28 Cass. Dio 56,1–9; Suet. Aug. 34,2.
29 Eck 2019, 87 ff.
30 CIL VI 930 = 31207 = D 244. Siehe dazu den Sammelband Capogrossi Colognesi/Tassi Scandone 2009.
31 Dig. 47,21,3,1 (Callist. lib. 5 de cognitionibus): *Alia quoque lege agraria, quam divus Nerva tulit, cavetur, ut, si servus servave insciente domino dolo malo fecerit, ei capital esse, nisi dominus dominave multam sufferre maluerit.*
32 Siehe dazu die Liste bei Talbert 1984, 437 ff.

halten. Wohl auf den Antrag von Cn. Piso und L. Sestius, der beiden *consules suffecti* des Jahres 23 v. Chr. unmittelbar nach Augustus' Rücktritt vom Dauerkonsulat, geht ein *senatus consultum* zurück, mit dem Regelungen über die Registrierung von *scribae* im *aerarium* getroffen wurden; anwesend waren bei der Beschlussfassung mindestens 405 Senatoren, eine im Verhältnis zu sonst überlieferten Präsenzquoten gesehen recht hohe Zahl.[33] Als nach dem Tod Agrippas die stadtrömische Wasserversorgung administrativ neu zu ordnen war, wurde von den Konsuln des Jahres 11 v. Chr. eine ganze Serie von Senatsbeschlüssen initiiert, die die Aufgaben der *curatores aquarum* festlegten sowie die Regeln für den Betrieb der *aquae* definierten.[34] Einer der Suffektkonsuln des Jahres 42 n. Chr. initiierte das *senatus consultum Largianum*, das die Erbfolge im Fall von Latini Iuniani regelte, die für den Fall ihres Todes nicht durch ein Testament vorgesorgt hatten.[35] Der letzte nach einem Senator benannte Senatsbeschluss geht wohl auf einen der *consules ordinarii* des Jahres 178 n. Chr., Servius Cornelius Scipio Salvidienus Orfitus, zurück. Es erlaubte die Freilassung von Sklaven, die in einem Testament zwar allgemein genannt, aber nicht namentlich bezeichnet waren; wenn kein Zweifel darüber bestand, wer vom Testator mit einem allgemeinen Freilassungsbefehl gemeint sei, sollten sie die Freiheit erhalten.[36] Vermutlich spielte bei der Formulierung dieses Antrags die bekannte Einstellung Marc Aurels eine Rolle.

Doch die Masse der Senatsbeschlüsse für unmittelbares konkretes Handeln von Amtsträgern oder für die generelle Regelung von Verfahren geht direkt auf Anträge der Kaiser zurück, zumindest nach dem, was in der Überlieferung zu finden ist.[37] Am 22. September des Jahres 47 stimmte so z. B. der Senat dem Vorschlag des Claudius zu, es dürften in Italien Gebäude nicht einfach abgerissen werden, um allein durch den Abriss einen hohen Gewinn zu erzielen. 383 Senatoren waren bei der Abstimmung anwesend. Wenige Jahre später, 56 n. Chr., brachten auf der Grundlage dieses Beschlusses die ordentlichen Konsuln dieses Jahres den Antrag der Verwandten einer Alliatoria Cesilla vor den Senat, mit dem über einen einschlägigen Fall aus dem oberitalischen Mutina entschieden werden sollte.[38] Der Senatsbeschluss selbst wurde, auf eine Bronzetafel geschrieben, in Herculaneum gefunden; er war somit dort als Rechtsregel, die von den örtlichen Magistraten zu befolgen war, öffentlich bekannt gemacht worden. Nero veranlasste 62 n. Chr. einen Senatsbeschluss, nach dem in Zukunft die Provinzen keine Gesandtschaften mehr nach Rom senden durften, um

---

[33] CIL VI 10621 = 32272 = 37142. Freilich war damals die Zahl der Senatoren noch nicht auf 600 reduziert, so dass prozentual die Anwesenheit nicht so beeindruckend ist.
[34] Frontin. aqu. 100–101 104. 106. 108. 111. 125. 127
[35] Gai. inst. 3,63.
[36] Paul. sent. 4,14,1.
[37] Siehe TALBERT 1984, 437 ff.
[38] CIL X 1401 = D 6043 = FIRA I² Nr. 54: *cum s(enatus) c(onsulto) quod factum est Hosidio Geta et L(ucio) Vagellio co(n)s(ulibus) clarissimis viris ante d(iem) (d)ecim(um) K(alendas) Oct(obres) auctore divo Claudio cautum esset ...*

ihrem jeweiligen Statthalter öffentlich den Dank der Provinz auszusprechen.[39] Im Jahr 121 beschloss der Senat auf Antrag Hadrians, dass die Auguren die Grenzsteine des stadtrömischen *pomerium* wiederherstellen sollten. Aus der Titulatur Hadrians, in der er *proconsule* genannt wird, ergibt sich freilich, dass er den Antrag nicht persönlich den Senatoren präsentiert haben kann; er war vielmehr bereits auf der Reise in die nördlichen Provinzen des Imperiums.[40] Der Antrag wurde deshalb im Senat als *oratio principis* verlesen, vermutlich durch einen der beiden kaiserlichen Quästoren oder auch durch die Konsuln, wie es ebenfalls für Hadrian im Jahr 129 bezeugt ist, als er sich bereits auf der Reise nach dem Osten befand.[41] Diese Art, das Antragsrecht des Kaisers im Senat konkret, aber nicht durch ihn persönlich zu nutzen, wurde offensichtlich immer häufiger, zumal manche Kaiser wie Traian und Hadrian über lange Zeit hinweg sich nicht in Rom aufhielten.[42] Durch eine Inschrift aus der Stadt Milet ist bezeugt, dass Marc Aurel, der sich zu dieser Zeit wieder in einer der Donauprovinzen aufhielt, auf diese Weise einen Antrag der zur Provinz Asia gehörenden Stadt an den Senat weiterleitete, und zwar zusammen mit anderen Anträgen in einer einzigen *oratio*. Der Senat stimmte dieser *oratio* des Kaisers pauschal zu, ohne die einzelnen Anträge noch jeweils in ein je eigenes formales *senatus consultum* umzuformulieren, weshalb Marc Aurel in diesem Fall den Milesiern, die von ihm direkt, nicht vom Senat eine Antwort erhielten, nur den entsprechenden Ausschnitt aus seiner Rede zusenden konnte, nicht aber ein spezifisches *senatus consultum*.[43] Allerdings bedeutet dies nicht, dass der Senat immer nur schlicht einem kaiserlichen Antrag zustimmte. Etwa zur gleichen Zeit, in der Spätzeit Marc Aurels, wurde ebenfalls durch eine *oratio principis* ein Antrag auf die Festsetzung von Höchstpreisen für Gladiatoren an den Senat gesandt. Doch diese *oratio*, die im Senat verlesen wurde, nahm ein Senator in seine *sententia* auf und brachte sie sprachlich in die Form eines *senatus consultum*; dabei ist es offensichtlich sogar zu einer geringen Veränderung oder zumindest Ergänzung der kaiserlichen Vorschläge gekommen. Der Senator betont freilich auch, er weiche mit der Art seiner *sententia* von dem damals Üblichen ab. Tatsächlich wird in einer Inschrift aus Sardeis, in der derselbe Vorgang erscheint, nur aus der *oratio principis* zitiert, nicht aus der *sententia* des Senators, wie sie andererseits in einem epigraphischen Dokument aus Italica in der Baetica vorliegt.[44] Die Diskrepanz ist am ehesten so zu erklären, dass in Italica der Senator, der die *sententia* abgab, seine Version, vielleicht

---

39 Tac. ann. 15,22,1. Dazu NICOLS 1979.
40 CIL VI 1233a = 31539a.. 1233b = 31539c. 31539b. 40855: *Auctore Imp(eratore) Caesare divi Traiani Parthici f(ilio) divi Nervae nepote Traiano Hadriano Aug(usto) pont(ifice) max(imo), trib(unicia) pot(estate) V, co(n)s(ule) III, proco(n)s(ule).*
41 Dig. 5,3,20,6 (Ulp. lib. 15 ad edictum): *pridie idus Martias Quintus Iulius Balbus et Publius Iuventius Celsus Titius Aufidius Oenus Severianus consules verba fecerunt de his, quae imperator Caesar Traiani Parthici filius divi Nervae nepos Hadrianus Augustus imperator maximusque princeps proposuit quinto nonas Martias, quae proximae fuerunt, libello complexus esset ...*
42 TALBERT 1984, 290 ff. 444 f. Vgl. auch MUSCA 1985.
43 HERRMANN 1975 = AE 1977, 801= OLIVER 1989, Nr. 192; HERRMANN 1988 = AE 1989, 683.
44 D 9430; CIL II 6278 = D 5163; vgl. OLIVER/PALMER 1955, 328 f.

auch seinen Einsatz in der Sache verbreitet wissen wollte, während man sich in Sardeis auf die allein entscheidende *oratio* des Princeps bezog. Die äußere Form war freilich nicht entscheidend; denn der politische Wille des Herrschers stand auch hinter der *sententia* des für uns namenlosen Senators.[45]

Die zahlreichen *senatus consulta* waren entweder Entscheidungen in individuellen Fällen oder schufen allgemein verbindliche Regeln, zunehmend nur noch in Abstimmung mit dem jeweiligen Kaiser.[46] Umgekehrt entschied dieser mehr und mehr alleine in rechtlichen oder allgemein administrativen Fragen; dabei konnten diese Entscheidungen von anderen als Präzedenz verwendet werden. Die allgemeinste Form war die des Edikts. Eine Entscheidung wurde mündlich vorgetragen und dann schriftlich fixiert. Beispielhaft für Augustus' Frühzeit ist das schon genannte Edikt, das in Narbo für die *castellani Paemeiobrigenses* im Jahr 15 v. Chr. ergangen war.[47] Solche Edikte konnten auch schon durch Augustus für Fragen ergehen, die aus Provinzen, in denen Prokonsuln amtierten, an ihn herangetragen worden waren, wie es durch die sogenannten Cyrene-Edikte für die nordafrikanische Provinz Cyrenae bezeugt ist:[48] ebenso hat schon Augustus Edikte für Italien erlassen, wie ein solcher Erlass über die Wasserleitung in Venafrum zeigt.[49] Claudius erließ im Jahr 49/50 Regeln, um Missbrauch des öffentlichen Transportsystems in der Provinz Achaia zu unterbinden.[50] Durch ein anderes Edikt, das in Baiae formuliert wurde, ordnete er die Überprüfung von Problemen des *patrimonium Caesaris* in der norditalischen Alpenregion zwischen den Gemeinden der Comenses und der Bergalei an, die ihm durch einen *delator* angezeigt worden waren. Dieser hatte ihn außerdem davon in Kenntnis gesetzt, dass sich Angehörige der Alpenstämme der Anauni, Tulliasses und Sinduni, die nicht Teil der colonia Tridentum, sondern ihr nur attribuiert waren, wie römische Bürger verhielten, obwohl ihr Bürgerrecht zweifelhaft sei. Claudius heilte diese Rechtsverletzungen, u. a. deswegen, weil Leute aus den genannten Alpenstämmen sogar schon seit langer Zeit in seinem Praetorium als Soldaten treue Dienste getan hätten.[51] Er erwies also durch seinen Rechtsakt den Bewohnern der dortigen Region ein *beneficium*. Einen ähnlichen Fall löste Hadrian ebenfalls durch ein Edikt, das er am 13. Februar des Jahres 119 in Rom vor einer Volksversammlung verkündete. Nicht wenige Prätorianer, von denen bekannt geworden war, dass ihr Bürgerrecht unsicher oder inexistent war, machte Hadrian einerseits durch sein Edikt zu römischen Bürgern; gleichzeitig aber bestätigte er alle ihre Rechtsakte als gültig, die sie bis zum 31. Dezember des Jahres 118 getätigt hatten, so als ob sie damals bereits *cives Romani*

---

45 Dazu Eck 1998c, 63f. = Eck 2000a, 235.
46 Siehe dazu in Kürze zu den epigraphisch überlieferten *senatus consulta* den umfassenden Sammelband: Buongiorno/Camodeca 2021; ferner Eck 2017d.
47 Oben Anm. 5.
48 FIRA I² Nr. 68.
49 FIRA I² Nr. 67; jetzt ergänzt durch neue Fragmente AE 1962, 92 = Capini 1999, Nr. 1.
50 CIL III 7251 = D 214.
51 CIL V 5050 = D 206 = FIRA I² Nr. 71. Dazu zuletzt Faoro 2017.

gewesen wären. Im Zusammenhang mit solchen Rechtsakten ist offensichtlich irgendjemand darauf gestoßen, dass sein Gegenüber, ein Mitglied der Prätorianergarde, nicht römischer Bürger war. Das hatte überhaupt erst das Rechtsproblem ins Rollen gebracht, das Hadrian mit seinem Edikt schließlich gelöst hat.[52]

Die Edikte zählt der Jurist Gaius in seinen Institutiones zu den *constitutiones principis*, zu denen nach ihm noch *decreta* und *epistulae* gehören.[53] Die heute wohl am breitesten überlieferte Form kaiserlicher Konstitutionen sind die Bürgerrechtsdekrete, die seit claudischer Zeit in immer größerer Zahl für Soldaten der Hilfstruppen sowie der Flotten erlassen wurden, bzw. die Konstitutionen für Soldaten der *cohortes praetoriae* und *urbanae*, die als römische Bürger lediglich das Recht zur Heirat mit einer peregrinen Frau (*conubium*) erhielten.[54] Die Originale dieser Konstitutionen, von denen Jahr für Jahr mehrere Dutzend erlassen wurden, wurden in Rom auf Bronze publiziert; die einzelnen Soldaten oder Veteranen erhielten eine auf sie individuell ausgestellte Abschrift, ein sogenanntes *instrumentum*, das im modernen Sprachgebrauch im Allgemeinen als Militärdiplom bezeichnet wird. Sie zeigen mit Deutlichkeit, wie die Kaiser – und natürlich die einzelnen *officia*, die sich in Rom um den Herrscher entwickelt haben – administrativ auf sich wandelnde Umstände durch Veränderung der rechtlichen Normen reagierten. Eine tiefgreifende erfolgte so Ende 140 n.Chr., als Antoninus Pius verfügte, dass die Kinder von Auxiliarveteranen nicht mehr wie bis zu diesem Zeitpunkt in die Bürgerrechtsverleihungen eingeschlossen werden dürften,[55] jedenfalls diejenigen, die während des Militärdienstes geboren waren. Er beließ nur einen kleinen Teil der bisherigen Privilegierungen, als er die Kinder, die ein Veteran schon vor dem Eintritt ins Heer gezeugt hatte, weiterhin bei der Bürgerrechtsverleihung zugelassen hat.[56] Diese Konstitutionen erschienen mit großer Regelmäßigkeit jährlich für alle Provinzen, wo sie jedoch nie als Ganze publiziert wurden. Das geschah generell in Rom, zunächst an verschiedenen Stellen auf dem Kapitol, ab dem Jahr 90 stets *in muro post templum divi Augusti ad Minervam*. Die Diplome lassen sehr deutlich erkennen, dass trotz der Vielzahl der jährlichen Erlasse – vermutlich kaum weniger als 50 – bei jeder einzelnen Konstitution die konkrete Zustimmung des Kaisers nötig war.[57] Er war die unmittelbare Quelle dieser Rechtsakte, die dann in der allgemeinen Administration als Dokumente Verwendung finden konnten, während die einzelnen Diplome den Empfängern auch gegenüber der Provinzialadministration als Zeugnis, als *instrumentum*, für ihr römisches Bürgerrecht dienten.

Zahlreich waren auch die *epistulae*, die aus der kaiserlichen Kanzlei versandt wurden, die zunächst alle in einem einzigen *officium ab epistulis* ausgefertigt wurden; später teilte man dieses wegen der beiden Reichssprachen in zwei Departments: *ab*

---

52 ECK/PANGERL/WEISS 2014.
53 Gai. inst. 1,5: *Constitutio principis est, quod imperator decreto vel edicto vel epistula constituit.*
54 Siehe CIL XVI und ROXAN/HOLDER 1975–2006. Ferner ECK 2003; ECK 2008d; ECK 2012.
55 Dazu zusammenfassend WEISS 2008, bes. 36.
56 Zuletzt ECK 2011b; ECK 2020a.
57 ECK 2012, 33 ff.

epistulis Latinis und *ab epistulis Graecis*.[58] Bei vielen dieser *epistulae*, die uns bekannt sind, ist der Inhalt oft banal und ohne konkreten rechtlichen oder administrativen Inhalt, da z. B. öfter nur der Empfang eines Ehrenbeschlusses einer Stadt durch den Kaiser bestätigt wird. Doch andere Briefe enthielten Entscheidungen wie etwa ein Brief Vespasians an die *IIIIviri et decuriones Saborensium* in der Provinz Baetica;[59] ein anderer Brief desselben Kaisers ging an die Gemeinde der Vanacini auf Corsica; darin bestätigte er (*confirmo*) Privilegien, die schon auf die Zeit des Augustus zurückgingen.[60] Ähnlich stellte Domitian durch eine *epistula* an die Gemeinde von Falerio in Italien die Rechtssicherheit beim Besitz von *subseciva* her; es ging um Land, das bei der ursprünglichen Assignation, weil vor allem an den Rändern gelegen, nicht einzelnen Personen zugewiesen, aber später von Privatleuten okkupiert worden war.

Die Bandbreite des Inhalts dieser Briefe und die Art der Entscheidungen muss sehr groß gewesen sein; jede anfallende Thematik der Administration konnte auf diese Weise bearbeitet werden. Der Briefwechsel des jüngeren Plinius mit Traian zeigt dies mit besonderer Deutlichkeit. Um nur ein Beispiel zu nennen, das über den aktuellen Fall hinaus weiter in Politik und Administration fortwirkte: Traian beantwortete die Anfrage des Plinius, wie er sich in Zukunft bei Prozessen gegen Christen in seiner Provinz Pontus-Bithynien verhalten solle.[61] Diese traianische Antwort entfaltete weiter ihre Wirkung; deshalb wurde sie bei Tertullian Anfang des 3. und bei dem Kirchenhistoriker Eusebius noch Anfang des 4. Jh. als rechtliche Basis bei Christenprozessen angesehen.[62]

Die Masse der Dienstanweisungen, die sogenannten *mandata*, die die Kaiser mehr und mehr allen Amtsträgern mitgaben, sogar den Prokonsuln, obwohl diese doch über ein eigenes *imperium* verfügten, ist nicht direkt überliefert, sondern meist nur in Reflexen in den juristischen Werken fassbar. Darin waren allgemeine Regeln, aber auch provinzspezifische Anordnungen niedergelegt. Ein solches *mandatum* Domitians an seinen Prokurator Claudius Athenodorus, das die unberechtigte Benutzung des *cursus publicus* verbietet, ist in einem inschriftlichen Dokument aus der Provinz Syria erhalten.[63] Diese *mandata* scheinen nicht für alle Provinzen einheitlich gewesen zu sein, auch wenn ein gewisser Grundbestand wohl überall gegolten hat. Der *praefectus Aegypti* wusste aus seinen *mandata*, dass er die Ankunft seines Nachfolgers in Alexandria abwarten musste, bevor er selbst die Provinz verlassen konnte.[64] Dagegen war die gewohnheitsmäßige Pflicht des Prokonsuls von Asia, als erste Stadt seiner Provinz Ephesus zu besuchen, kaum in den *mandata* des Präfekten von Ägypten enthalten.[65]

---

58 BIRLEY 1992, 41 ff.; CARBONI 2017.
59 CIL II 1423 = D 6092 = CIL II²/5 871.
60 CIL X 8038 = AE 1993, 855.
61 Plin. epist. 10,96. 97.
62 Tert. apol. 2; Eus. HE 3,33.
63 SEG 17, 755 = OLIVER 1989, Nr. 40.
64 Dig. 1,17,1 (Ulp. lib. 15 ad edictum).
65 Dig. 1,16,4,5 (Ulp. lib. 1 de offcio proconsulis).

Soweit es solch allgemein gültige Vorschriften für alle Amtsträger gab, wurden diese immer wieder erweitert, wenn neue Notwendigkeiten auftraten oder zu häufige Anfragen eine generelle Klärung nötig zu machen schienen. Traian fügte deshalb z. B. den *mandata* die Regelung hinzu, dass alle Soldaten völlige formale Freiheit bei der Errichtung ihrer Testamente haben sollten, nachdem Titus, Domitian und Nerva jeweils entsprechend entschieden, jedoch keine prinzipielle, für alle Provinzen gültige Norm geschaffen hatten.[66]

Schon unter Marc Aurel wurde von Papirius Iustus eine erste Sammlung von Kaiserreskripten erstellt, die zur Orientierung für römische Amtsträger, aber auch für die Bevölkerung beitragen konnte.[67] Zwar war jeder Statthalter, wie Ulpian deutlich betont, in seiner Provinz der letztlich Entscheidende, da sein *imperium* stärker war als die Amtsgewalt aller anderen dort in der Administration Tätigen.[68] Doch über ihm stand das *imperium* des *princeps*, also in einer vergleichbaren Stufung, wie sie im *s.c. de Cn. Pisone patre* zwischen *princeps*, Germanicus und den anderen Prokonsuln sichtbar wird. Das hatte zur Folge, dass Amtsträger jeder Art sich immer häufiger nach Rom wandten, um von dort rechtliche Entscheidungen zu erhalten.[69] Die Kaiser und die um ihn entstandenen *officia* traten immer stärker als das Zentrum der gesamten Administration des Reiches hervor, von dem aus vieles gelenkt und bestimmt wurde. Die hierarchische Struktur der Administration der Spätantike ist Schritt für Schritt aus diesen zahllosen Entscheidungsprozessen entstanden.[70]

---

[66] Dig. 29,1,1 pr. (Ulp. lib. 45 ad edictum). Allgemein MAROTTA 1991.
[67] Siehe LENEL 1960, I 947ff.
[68] Dig. 1,16,8. 18,4 (Ulp. lib. 39 ad edictum): *Et ideo maius imperium in ea provincia habet omnibus post principem.*
[69] Ein gewisses Gegengewicht gegen die Zentralisierung und für die Autonomie des einzelnen Amtes stellten die libri de officio dar, etwa die *libri de officio proconsulis, consulis, consularium, praetoris tutelaris, quaestoris, praefecti urbis, praefecti vigilum* oder *curatoris rei publicae* dar; siehe dazu DELL'ORO 1960.
[70] Siehe dazu umfassend EICH 2005.

Teil 2 **Administration**

14 Herrschaft durch Administration? Die Veränderung in der administrativen Organisation des Imperium Romanum unter Augustus

Nach der Schlacht von Actium musste es für Octavian und seine Anhänger darum gehen, eine Form der Machtausübung zu finden, die im Konsens mit möglichst vielen insbesondere aus der alten Elite diese Macht sicherte. Die entscheidenden Neuerungen wurden in Verbindung mit der Rückkehr zu den alten Institutionen in den Jahren 28 und 27 v. Chr. gefunden.[1] Sie waren in erster Linie politischer Natur und resultierten aus der Notwendigkeit, den Machthaber in die institutionell wiederhergestellte Republik einzugliedern, ohne ihn direkt als Monarchen erscheinen zu lassen. Dabei musste es in erster Linie darum gehen, die Leitung der Provinzen und den Befehl über die dort stationierten römischen Legionen so zu gestalten, dass, im Unterschied zu den letzten Jahrzehnten der Republik aus den Provinzen heraus nicht mehr Politik gemacht und in der neuen Situation keine grundsätzliche Veränderung der einmal erreichten Verteilung der Macht erfolgen konnte. Das aber hieß vor allem, dass die Entscheidungsträger in den Provinzen, die Statthalter, so abhängig sein mussten, dass Ihnen ein eigenständiges und aktives politisches und militärisches Handeln nicht mehr möglich war. Das Ergebnis ist bekannt: Die iberische Halbinsel, ganz Gallien, Syrien, Ägypten und Cypern wurden Augustus, der im Jahr 27 v. Chr. als Konsul amtierte, für zehn Jahre als *provincia* zugewiesen und damit auch die überwiegende Zahl aller Legionen, die nach Actium nicht aufgelöst worden waren, sondern weiter bestanden. Die Vertreter Roms in den meisten militärisch wichtigen Provinzen waren in der Realität vor allem Augustus' Vertreter, *legati Augusti*.

Erstaunlich ist bei dieser Regelung unter dem Gesichtspunkt der Sicherung der Macht, dass der gesamte illyrisch-makedonische Raum zunächst über eine längere Frist nicht in seine *provincia* eingegliedert wurde, obwohl doch Licinius Crassus als Prokonsul von Macedonia nach seinem Sieg über Bastarner und Daker und der Tötung des feindlichen Anführers Deldo mit seinem Anspruch auf Weihung der *spolia opima*[2] in Rom im Jahr 27 v. Chr. fast eine Krise ausgelöst hatte. Trotz der mit dem dortigen Raum verbundenen Provokation durch Crassus verblieben über das Jahr 27 hinaus Legionen unter dem Kommando von Prokonsuln in Macedonia und Illyricum. Erst die Eroberungskriege im Donauraum seit dem Jahr 13 v. Chr. führten hier zu Neuerungen: Illyricum wurde der *provincia* des Augustus zugeschlagen, die Truppen in Macedonia aber wurden vermutlich damals einem *legatus Augusti* unterstellt, jedenfalls dem

---

[1] Zum Zeitraum R. Gest. div. Aug. 34; dazu RICH/WILLIAMS 1999. – Allgemein KIENAST 2014. – Der Beitrag geht auf einen Vortrag zurück, der im Rahmen eines Kolloquiums mit dem Titel: *Réformer la cité et l'empire: initiative politique et processus de décision* an der École francaise de Rome gehalten wurde.
[2] Cass. Dio 51,24,4; RICH 1996, 85 ff.; SYME 1986, 272 ff.

proconsul Macedoniae entzogen.³ Seitdem unterstand nur noch das Heer in der Provinz Africa dem Kommando eines Statthalters, eines senatorischen Prokonsuls, der über ein eigenes *imperium* verfügte.

Die Provinzen waren so seit 27 v. Chr. in der konkreten Leitung rechtlich-politisch zwischen Augustus und den im Senat bestimmten Prokonsuln aufgeteilt; es sind die *provinciae Caesaris* und die *provinciae populi Romani*.⁴ Lange Zeit hatte man die letzteren wechselweise als Senatsprovinzen oder senatorische Provinzen bezeichnet. Das aber sollte vermieden werden, weil sich damit nur allzu leicht unzutreffende Vorstellungen über Bestellung der Statthalter, ihre Abhängigkeit vom Senat als Gremium oder über Autonomie gegenüber dem *princeps* verbinden. Vor allem aber entsteht dadurch zu leicht der Eindruck, als ob die Statthalter dieser Provinzen aus anderen Kreisen des Senats kämen als die Legaten des Herrschers. Es ist jedoch genau derselbe Personenkreis. Die Zahl der *provinciae populi Romani*, die im Jahr 27 v. Chr. neun betrug, zeitweise auf 11 anstieg, blieb seit spätaugusteischer Zeit mit zehn im Grund stabil; denn alle seit 27 v. Chr. neu geschaffenen Provinzen wurden Teil von Augustus' *provincia*. Einige, wie Cypern und die Narbonensis, die zunächst zu seiner direkten *provincia* gehört hatten, entließ er aus seiner Zuständigkeit, sie wurden zu *provinciae populi romani* mit einem Prokonsul als Statthalter; zuletzt wurde aus der Hispania ulterior die Baetica als prokonsulare Provinz ausgegliedert. Diese Aufteilung war rechtlich-politischer Natur, doch sie sagt zunächst noch nichts unmittelbar darüber aus, ob damit über die Nomenklatur hinaus in der konkreten Praxis ein Unterschied in der organisatorischen und administrativen Situation in den jeweiligen Provinzen gegeben war. Danach ist zu fragen, wenn es um das Problem geht, ob durch die Form der Administration die Herrschaft gesichert werden konnte.

Grundsätzlich ist festzuhalten, dass weiterhin alle Statthalter – mit der einzigen Ausnahme Ägypten – Senatoren waren. Nicht immer wird dies mit aller Klarheit herausgestellt. Denn allzu oft wird die Kategorie der ritterlichen Präsidialprokuratoren bereits mit der augusteischen Zeit verbunden, also mit Personen ritterlichen Ranges, die unmittelbar und allein ohne Beteiligung eines Senators für eine Provinz verantwortlich waren, wie später etwas die Prokuratoren der beiden mauretanischen Provinzen oder von Raetia und Noricum. Doch diese Präsidialprokuratoren haben damals noch nicht existiert. Das Beispiel, das als Beleg für deren Existenz bereits unter Augustus angeführt wurde und immer noch angeführt wird, nämlich Iudaea, ist jedoch gerade kein Beispiel. Denn nach der Verbannung des Herodessohnes Archelaus im Jahr 6 n. Chr. wurde Iudaea nicht als eigenständige Provinz organisiert, vielmehr als Annex (Josephus spricht selbst von προσθήκη⁵) an Syrien angeschlossen. Dessen senatorischem Statthalter, einem *legatus Augusti pro praetore*, hatte auch das ehe-

---

3 Dazu zusammenfassend ECK 2010, 19–33.
4 Siehe dazu MILLAR 2002. Zu diesen Begriffen kritisch DALLA ROSA 2014, 211ff.; er schlägt, durchaus passend, vor, statt von senatorischen, besser von prokonsularen Provinzen zu sprechen, denn damit ist keine unmittelbare politische Aussage verbunden. Ferner HURLET 2006.
5 Ios. ant. Iud. 18,2.

malige Königreich Iudaea unterstanden. Für dieses Teilgebiet innerhalb der großen Provinz Syrien wurde von Augustus 6 n. Chr. lediglich ein ritterlicher Präfekt bestimmt, der unter dem Legaten von Syrien für dieses Teilgebiet vor Ort verantwortlich war, aber eben unter der Oberaufsicht des syrischen Statthalters.[6] Er war auch nicht, wie das später bei allen Präsidialprokuratoren selbstverständlich war, für die Finanzen dieses Teilgebiets zuständig, deren Administration war vielmehr ein Teil der Aufgaben des Finanzprokurators von Syrien; darauf ist zurückzukommen. Wie Judäa waren auch Noricum und Rätien in der augusteischen Zeit noch keine von Rittern geleiteten eigenständigen Provinzen, sie sind vielmehr, ähnlich wie Iudaea, als Präfekturen der benachbarten, von Senatoren geleiteten *provinciae* anzusehen.[7] Solche Untergliederungen von Provinzen hat es auch anderswo gegeben, etwa im Norden Spaniens, in Asturica. Sie dienten der stärkeren regionalen Kontrolle. Ob die Intensität der Urbanisierung dabei entscheidend war, dass solche *praefecti* eingesetzt wurden, ist nicht so leicht zu erkennen. Präsidialprokuratoren hat, jedenfalls nach den uns heute zur Verfügung stehenden Quellen, erst Claudius eingesetzt.[8]

Nimmt man das Faktum ernst, dass in augusteischer Zeit die Leitung aller Provinzen traditionell in den Händen von Senatoren verblieb, dann ist dies ein sehr starker Beweis dafür, dass Augustus in keiner Weise die Absicht hatte, bei der soziopolitischen Zugehörigkeit der Vertreter Roms in den Provinzen etwas Fundamentales zu ändern. Der ritterliche Präfekt von Ägypten, in einer noch unklaren Situation unmittelbar nach Actium eingesetzt und, wie es bei Ulpian heißt, durch ein Volksgesetz abgesichert,[9] war und blieb für längere Zeit eine sehr singuläre Ausnahme.[10] Alles andere hätte auch Augustus' Bemühen um einen Ausgleich mit der Mehrheit der senatorischen Führungsschicht belastet oder sogar gefährdet. Der Princeps betrachtete den *equester ordo* und seine führenden Vertreter nicht als ein Mittel, um den Senat und seine Vertreter zu schwächen;[11] dazu gab es andere Mittel.

Proconsules und *legati Augusti pro praetore*, beide aus dem Kreis der Senatoren genommen, waren wie schon während der Republik die Vertreter Roms in den Provinzen. Sie wurden zwar auf verschiedene Weise bestimmt, die einen durch Losung im Senat, die anderen ernannte Augustus. Doch veränderte sich damit etwas in der konkreten Durchführung ihres Auftrags als Statthalter? Von Anfang an war sicherlich ihre Amtszeit verschieden, ein Jahr bei den Prokonsuln (jedenfalls in den meisten Fällen), eine unbestimmte Zeit, meist allerdings mehr als ein Jahr bei den *legati Augusti pro praetore*. Dieser Unterschied war die direkte Folge der Übertragung der

---

6 Eck 2008b, 218–226; Eck 2007 f, 26–34.
7 Zu Rätien und Noricum siehe Sommer 2009, 207–224; Weber 2009, 225–235.
8 Siehe dazu zuletzt Cotton 1999; Demougin 2009, 65–79. Am wichtigsten nun Faoro 2011.
9 Dig. 1,17,1 (Ulp. 15 Ad edictum): *Praefectus Aegypti non prius deponit praefecturam et imperium, quod ad similitudinem proconsulis lege sub Augusto ei datum est, quam Alexandriam ingressus sit successor eius, licet in provinciam venerit: et ita mandatis eius continetur.*
10 Siehe Demougin 2009, 65 f.
11 Eck 1987, 249 ff.

großen *provincia* an Augustus 27 v. Chr. auf insgesamt zehn Jahre. Wenn er, der Imperiumsträger der Provinz, nicht mehr an die Annuität gebunden war, wie das für die anderen Prokonsuln galt, dann war eine über die Annuität hinausgehende Amtszeit seiner Legaten eine logische Konsequenz. Augustus war frei, seine Stellvertreter für so lange Zeit einzusetzen, wie es ihm sachlich und personell richtig erschien; das hatte schon Pompeius so praktiziert. Seine freie Entscheidung war freilich von Anfang an durch die Notwendigkeit eingeschränkt, möglichst viele seiner Anhänger mit öffentlichen Aufgaben zu betrauen, mit denen zumindest Prestige verbunden war. Seine Legaten allzu lange in einer Provinz zu belassen, hätte die Chancen der anderen, ebenfalls mit der Leitung einer Provinz betraut zu werden, erheblich eingeschränkt. Eine mehrjährige Amtszeit scheint aber bei den *legati Augusti* von Anfang an die Regel gewesen zu sein. Konkrete Beispiele sind für die Jahre der augusteischen Herrschaft nur wenige bekannt; doch war z. B. der spätere unglückliche Kommandeur im saltus Teutoburgiensis, P. Quinctilius Varus, von 7–4 v. Chr. als Legat in Syrien tätig, von 6–9 n. Chr. in Germanien, also jeweils nicht weniger als drei Jahre.[12] M. Vinicius amtierte vorher in Germanien ebenfalls für drei Jahre als Statthalter, dessen Nachfolger C. Sentius Saturninus wohl vier Jahre.[13] Ebenso hatte einer von Varus Nachfolgern in Syrien, Creticus Silanus, zum Zeitpunkt des Todes des Augustus bereits mindestens das dritte Jahr in Syrien das Kommando inne.[14] Das gilt schließlich auch für Poppaeus Sabinus, der in Moesia das Kommando erhalten hatte; er muss bei Augustus' Tod schon seit dem Jahr 11/12 im Amt gewesen sein.[15] Umgekehrt wird Tiberius' Verhalten, der viele Statthalter über sehr viele Jahre in ihrer Provinz beließ, in deutlicher Diskrepanz zur augusteischen Zeit dargestellt.[16] Das genügt, um zu zeigen, dass Augustus seine Legaten im Allgemeinen zwar mehrere Jahre, aber offensichtlich nicht mehr als drei bis fünf Jahre in einer Provinz beließ, ganz in Übereinstimmung mit dem, was nach der fiktiven Rede bei Cassius Dio Maecenas Augustus vorgeschlagen haben soll.[17]

Diese verlängerte Amtszeit ist somit eine deutliche Veränderung gegenüber der republikanischen Praxis. Hatte dies jedoch Auswirkungen auf die Handhabung der jeweiligen Aufgaben? Man hat dies in der Forschung öfter angenommen, speziell unter dem Aspekt der größeren Erfahrung in den einzelnen Provinzen. Dass freilich eine längere Amtszeit wirklich diese Folge hatte, ist schwer nachzuweisen. Natürlich kann es provinzspezifische Notwendigkeiten gegeben haben, die mit längerer Erfahrung leichter zu bewältigen waren. Doch haben wir keinen Hinweis, dass jemals Landeskenntnis, die ja vor allem über einen längeren Aufenthalt in einer Provinz gewonnen worden wäre, ein Kriterium war, das für die Bewältigung von statthalterlichen Aufgaben als wichtig angesehen wurde. Wäre dies im römischen staatlichen Denken ein

---

12 DĄBROWA 1998, 22 ff.
13 RITTERLING 1932, 9 f.; PIR² S 393.
14 DĄBROWA 1998, 30 ff.
15 PIR² P 847.
16 Suet. Tib. 41.
17 Cass. Dio 52,23,2.

erkannter, gewichtiger und auch in der Praxis bestimmender Faktor gewesen, dann hätte dieser zumindest mit der Verfestigung der senatorischen Laufbahn im Verlauf des 1. Jh. n.Chr. eine stärkere Wirkung entfalten müssen.[18] Dazu hätte es genügt, Senatoren auf den verschiedenen Stufen des *cursus honorum* immer wieder in dieselben Provinzen zu senden, so wie dies bei Cn. Iulius Agricola in der neronisch-flavischen Zeit der Fall war: er ging dreimal nach Britannien, als *tribunus militum*, als Legionslegat und als Statthalter.[19] Doch Agricola ist ein Ausnahmefall, er repräsentiert nicht die Normalität. Diese Konzentration findet sich sonst kaum, ja man hat es offenbar sogar vermieden, einen Senator immer wieder in dieselbe Provinz zu senden. Daraus lässt sich schließen, dass der Faktor der spezifischen Landeskenntnis und der Erfahrung in den regionalen Notwendigkeiten für Rom und seine Vertreter kein essentieller Faktor war, trotz eines scheinbaren Gegenbeweises durch Cassius Dio.[20] Somit kann die moderne Vorstellung der verstärkten Erfahrung durch eine längere Amtszeit auch in der augusteischen Zeit für die Administration einer Provinz kaum von Bedeutung gewesen sein.

Auch von einer Intensivierung der Tätigkeit des einzelnen Statthalters kann man wohl nicht ausgehen. Denn dazu hätte es einer Verstärkung des Personals bedurft, das dem einzelnen Amtsträger in der Provinz zur Verfügung stand; und zudem hätte dann in den Provinzen eine dezentrale, das gesamte Gebiet erfassende Organisation entstehen müssen. All dies aber erfolgte keineswegs, weder mit dem Beginn des Prinzipats noch etwa in späterer Zeit. Die Prokonsuln nahmen kein umfangreicheres Personal aus Rom mit in die Provinzen als bereits während der Republik, kaum mehr als zwanzig Personen; hinzu kam wie auch vorher das Personal aus der eigenen *familia*.[21] Den Legaten standen zwar von Anfang an aus den Reihen des Militärs mehr Personen zur Verfügung, die sie für verschiedene Aufgaben einsetzten konnten.[22] Und dass Militärs auch für Zwecke außerhalb des Heeres verwendet wurde, zeigen zahlreiche inschriftliche Zeugnisse. So hat Sulpicius Quirinius als Statthalter von Syrien den Präfekten der *cohors II Classica*, Q. Aemilius Secundus, damit beauftragt, die Censusunterlagen für die Stadt Apameia in Syrien zu erneuern.[23] Ähnliches hatte L. Volusenus Clemens in Aquitanien zu Beginn der Herrschaft des Tiberius zu erledigen.[24] Auch die so genannten Tribunenhäuser, die durch Ausgrabungen im Lager von Haltern an der Lippe für die augusteische Zeit nachgewiesen sind, zeigen dies mit

---

18 Eck 2002a, 131 ff.
19 Siehe Tac. Agr.; Birley 2005, 71–95.
20 Cass. Dio 52,23,2–3, der jedoch gleichzeitig davon abrät, an dieselbe Person nacheinander und im Kontinuum mehrere Statthalterschaften zu vergeben. Ihm kann es somit nur um eine allgemeine Erfahrung gehen. Die aber wurde ohnehin im Allgemeinen durch die Abfolge immer wichtiger Positionen innerhalb einer Laufbahn erreicht.
21 Haensch 1997, 711–713.
22 Haensch 1997, 713–724.
23 D 2683.
24 CIL XI 6011 = D 2691 = Firpo 1985 = AE 1985, 375; dazu korrigierend Eck 2020.

eindrücklicher Klarheit. Denn die Zahl der gleichzeitig bestehenden Häuser und damit natürlich auch der Tribunen selbst war deutlich höher, als es beim Umfang der in Haltern stationierten Truppen erwartet werden dürfte. Damit müssen die dort stationierten höheren Offiziere aus mehreren Einheiten stammen, die nicht alle in Haltern ihr Lager hatten; ihre Aufgaben müssen dann aber über das hinausgegangen sein, was sie für das Heer zu erfüllen hatten. Vermutlich hingen diese Aufgaben mit der Organisation des eben eroberten Germaniens zusammen.[25]

Dennoch: daraus ist nicht zu schließen, dass in den Provinzen, in denen die *legati* des Augustus amtierten, eine flächendeckende Administration mit Funktionsträgern Roms entwickelt worden wäre. Die Masse des Personals war auch dort in der Umgebung des Statthalters zu finden. Er repräsentierte mit dem Personal zusammen vor allem die Macht Roms. Dass die Legaten im Gegensatz zu den Prokonsuln nur von fünf Liktoren als Zeichen für ihre Machtstellung begleitet wurden, während den prätorischen Prokonsuln sechs, den konsularen aber zwölf zur Verfügung standen, ist durch ihre Abhängigkeit vom Princeps mit einem nur abgeleiteten *imperium* bedingt.[26]

Natürlich war man sich auf Seiten von Augustus und seiner Berater im Klaren, dass Räume erfasst und kontrolliert werden mussten. Doch dafür hatte man das funktionierende Modell der Selbstverwaltungseinheiten, seien es Stämme oder Städte mit einem urbanen Zentralort. Wo dieser nicht vorhanden war, hat Rom dies intensiv gefördert. Die Bedeutung der Städtegründungen gerade in augusteischer Zeit ist natürlich nicht neu, sondern seit langem bekannt.[27] Doch hat man neuerdings ein besonders eindrückliches Zeugnis durch die Archäologie erhalten. Denn im neu eroberten Germanien rechts des Rheins wurde ein städtisch gestalteter Zentralort bei Waldgirmes, ca. 75 km nördlich von Frankfurt entdeckt. Spätestens im Jahr 4 v. Chr. wurde mit dem Ausbau dieses Ortes begonnen. Als er wohl durch die Germanen in der Folge der Niederlage des Quinctilius Varus zerstört wurde, waren nicht nur Straßen und eine Wasserleitung angelegt, sondern auch ein Forum mit mehreren Bauten geschaffen. Auf dem freien Platz des Forums waren sogar bereits fünf Reiterstatuen aufgestellt. Die Bevölkerung innerhalb dieses Zentralorts bestand wohl zum größten Teil aus Germanen, wie jedenfalls die Keramik erschließen lässt.[28] Dieser Ort und die dortigen Bewohner sollten wie in anderen Zentralorten auch die Erfassung des Raumes und der dort lebenden Menschen für Rom durch ihre Selbstverwaltung ermöglichen, wodurch gleichzeitig der Aufwand von römischer Seite deutlich vermindert wurde.

Neben den verschiedenen Typen von Statthaltern, die seit 27 v. Chr. Rom in den Provinzen repräsentierten, dürfte es ebenfalls seit diesem Jahr in den *provinciae Caesaris* zu einer weiteren, sehr wesentlichen Veränderung gegenüber der Republik

---

25 Siehe zuletzt ASSKAMP 2009, 172 ff., bes. 175.
26 COTTON 2000, 217 ff.
27 Siehe z. B. VITTINGHOFF 1951; KIENAST 2014, 474–499.
28 BECKER/RASBACH 2003; BECKER/RASBACH 2007, 102 ff.; RASBACH 2007, 331 ff. Zusammenfassend nun BECKER/RASBACH 2015.

gekommen sein. Während die Prokonsuln wie bisher von Quästoren begleitet wurden, die auch später noch für die Kontrolle des Steuereinzugs in ihren Provinzen verantwortlich waren,[29] wurden den Legaten keine Quästoren zur Erfüllung dieser Aufgaben zugeordnet. In der Überlieferung ist nirgendwo ein Zeitpunkt überliefert, zu dem diese Entscheidung getroffen wurde. Doch einige Überlegungen machen es zwingend, dass es wohl bereits schon seit 27 v. Chr. keine Quästoren mehr in diesen Provinzen gegeben haben kann.

In den Jahren 28 und 27 v. Chr. wurde in Rom durch Octavian und seine Anhänger intensiv die Rückkehr zu den Institutionen der Republik betrieben.[30] Das betraf auch die Zahl der Amtsträger, wie Velleius Paterculus ausdrücklich betont; lediglich bei den Prätoren habe Augustus eine höhere Zahl beibehalten.[31] Das aber heißt, dass auch die Zahl der Quästoren, die von Caesar auf 40 pro Jahr angehoben worden war, wieder auf die seit Sulla klassische Zahl von 20 zurückgeführt wurde. Von diesen waren zwei den Konsuln zugewiesen, zwei amtierten als *quaestores urbani*, wohl drei waren in Cales in Unteritalien, in Ostia und Ravenna tätig. Nicht bezeugt ist, seit wann die zwei *quaestores Augusti* ernannt wurden; doch stammt das erste Zeugnis bereits aus dem Jahr 22/21 v. Chr., und zwar für Quinctilius Varus, eine Inschrift von der Insel Tenos.[32] So liegt es nahe, dass auch die *quaestores Augusti* seit dem Jahr 27 v. Chr. bestimmt wurden. Sie eingeschlossen sind das insgesamt mehr als acht, vielleicht sogar neun Quästoren jährlich gewesen, die in Rom und Italien zu bleiben hatten und nicht in die Provinzen gehen konnten. Die Zahl der Provinzen im Jahr 27 v. Chr. (ohne Ägypten) betrug jedoch zumindest 16, seit der Schaffung der Provinz Galatien 25 v. Chr. sogar 17. Um jedem Statthalter, gleichgültig ob Prokonsul oder Legat, einen Quästor an die Seite zu stellen, reichten somit 20 Quästoren bei weitem nicht mehr aus. Wollte Augustus nicht sogleich wieder die eben restituierte republikanische Zahl verändern, dann musste eine andere Lösung gefunden werden, um den Mangel auszugleichen. Zudem hatte ja Augustus die verschiedenen Provinzen, Hispania citerior und ulterior, die Narbonensis, Gallia Comata usw. insgesamt als seine *provincia* zugewiesen erhalten, wofür ihm vermutlich die zwei Quästoren zur Verfügung standen, die wir als *quaestores Augusti* kennen. Damit verbot es sich von der republikanischen Systematik her, nochmals den Legaten einen Quästor zuzuordnen. Hätte man im Übrigen auch den Legaten des Augustus Quästoren mitgegeben, dann hätten die Quästoren, die wie die Prokonsuln an die republikanische Annuität gebunden waren, jedes Jahr wechseln müssen, während die Legaten umgekehrt über einen längeren Zeitraum in einer Provinz blieben. Die Alternative wäre gewesen, die Quästoren länger in der Provinz zu lassen; doch das hätte gegen das Prinzip der Annuität der Magistrate verstoßen und passte auch nicht zu der schnellen Abfolge der Ämter, die ein junger Senator in dieser Zeit in der Stadt Rom zu absolvieren hatte. Da aber die Aufgaben, die sonst ein Quästor

---

29 Cass. Dio 53,15,3.
30 Zum Folgenden im Detail ECK 1986, 105–120 = ECK 1995e, 83–102.
31 Vell. 2,89.
32 IG XII 5, 940 = D 8812.

in einer Provinz erfüllte, bestehen blieben, musste dafür eine andere Regelung gefunden werden. Die Lösung bestand in der Ernennung von Finanzprokuratoren als Beauftragten des Augustus.[33]

Aus der augusteischen Zeit sind allerdings nur wenige Beispiele für Prokuratoren in *provinciae Caesaris* bezeugt. Das früheste Zeugnis überhaupt betrifft den berühmtberüchtigten Licinus in der Gallia Comata; es ist vor allem eine Passage bei Cassius Dio, der über Licinus im Jahr 16/15 v. Chr. berichtet. Die Personalie ist insofern irritierend, weil Licinus ein *C. Iulius divi Iuli libertus* gewesen ist, also ein Freigelassener Caesars, der in den Dienst von Augustus übergegangen war. Er wird von Cassius Dio, unserer einzigen Quelle für seine genauere Tätigkeit, *epitropos Galatias* genannt.[34] Von Lugdunum aus soll er über lange Jahre hinweg den Steuereinzug der gesamten Gallia Comata organisiert haben,[35] bis ihm Augustus während seines Aufenthaltes in Gallien zwischen 16 und 13 v. Chr. wegen Klagen führender Gallier offensichtlich diese Aufgabe entzog. Wie lange Licinus dort tätig gewesen war, ist nicht überliefert. Er muss jedoch die Chance gehabt haben, ein gewaltiges privates Vermögen anzuhäufen. Davon zeugen einerseits die Nachrichten, u. a. bei Martial, über sein imponierendes marmornes Grabmal in Rom,[36] andererseits seine epigraphisch überlieferten Sklaven bzw. Freigelassenen. Es ist bezeichnend, dass diese ihren Freilasser mit dem vollen Cognomen innerhalb ihres Namens nennen, also z. B. in der Form: *C. Iulius Licini libertus Tyrrhenus*.[37] Das ist genau die öffentliche Präsentationform, die sonst sehr häufig in den ersten Jahrzehnten des Prinzipats vor allem von Freigelassenen der großen senatorischen Familien gewählt wird: Verweis auf den Freilasser nicht mit dem Praenomen, sondern mit dem Cognomen, um auf diese Weise den Patron eindeutig zu identifizieren und damit auch für sich selbst den konkreten sozialen Platz zu bezeichnen. Man war nicht irgendwer, der Freigelassene irgendeines Gaius, sondern der Freigelassene einer in der damaligen Gesellschaft bekannten Gestalt.[38] Licinus war also durchaus ein Jemand, eine bekannte Person, auf die man verweisen konnte, zumindest in Teilen der stadtrömischen Gesellschaft. Dass dabei insbesondere sein Vermögen eine wichtige Rolle gespielt hat, liegt nahe. All das aber deutet darauf hin, dass Augustus ihn über eine längere Periode in Gallien tätig sein ließ, da er sonst kaum so viel hätte zusammenraffen können.

Man fragt sich, ob die Beauftragung des Licinus ein einmaliger Fall gewesen ist oder ob Augustus sich zunächst, wie partiell auch Caesar, allgemein für eine Übertragung der Aufgaben der *procuratores* in seinen Provinzen auf Freigelassene entschieden hatte. Eine solche Vorstellung erscheint nicht von vorneherein unmöglich, da auch in anderen Provinzen Freigelassene von Augustus eine öffentliche Position

---

33 Dazu Pflaum 1950; Demougin 2009.
34 Cass. Dio 54,21–22 ; siehe auch PIR² I 381.
35 Sen. apocol. 6.
36 Mart. 8,3,6. Siehe dazu auch Kap. 10 in diesem Band.
37 CIL VI 20311. Vgl. PIR² I 381.
38 Eck 1978, 41–50; Eck 1983, 5–24 = Eck 1998c, 219–244.

einnahmen, die in späterer Zeit ausgeschlossen gewesen wäre.[39] So haben die beiden Freigelassenen Mazaeus und Mithradates, die Augustus und Agrippa ihre *patroni* nennen, in Ephesus das eindrucksvolle Eingangstor zur Unteren Agora erbaut und dediziert, und damit auch sich selbst ein gewaltiges Erinnerungsmonument im Herzen einer griechischen Polis errichtet.[40] Ihre Namen sind auf dem Tor zusammen mit denen ihrer Patrone zu lesen. In späterer Zeit wäre eine solch massive öffentliche Selbstdarstellung eines kaiserlichen Freigelassenen kaum mehr denkbar gewesen, doch unter Augustus war diese Selbstrepräsentation von Personen, die sozial nicht zu den höchsten *ordines* gehörten, noch möglich.[41] In seiner Zeit finden wir sogar einige Freigelassene als *IIviri* in Städten des Reiches.[42] Das macht den Gedanken, Augustus habe seine *procuratores* vielleicht insgesamt aus den Reihen seiner *liberti* nehmen wollen, durchaus nicht von vornehrein unmöglich, wahrscheinlich ist diese Planung dennoch nicht. Dagegen spricht vor allem sein Verhalten bei der Bestellung der frühesten *procuratores* für sein *patrimonium*, worauf sogleich noch zurückzukommen ist.

Wie auch immer diese ursprünglichen Pläne ausgesehen haben mögen, Licinus bleibt bisher der einzige überlieferte Fall eines *libertus*, eines Römers nichtfreier Herkunft, der von Augustus als Finanzprokurator in einer seiner Provinzen eingesetzt wurde. Fast unmittelbar nach der Aufdeckung der Machenschaften des Licinus in Gallien finden wir dann aber bereits zwei ritterliche *procuratores*, einen in dem der Gallia Comata benachbarten Rätien. Es ist ein Octavius Sagitta, der in seiner Grabinschrift *procurat(or) Caesaris Augusti in Vindalicis et Raetis et in valle Poenina* genannt wird; er war dort vier Jahre tätig, bevor er für zehn Jahre als *procurator* in die *provincia Hispania* wechselte; am Ende, gegen 3–2 v. Chr., nahm er dieselbe Position in der Provinz Syria ein.[43] Dort sind vor ihm bereits zwei andere Prokuratoren bezeugt, die ohne Zweifel ritterlichen Ranges waren: Volumnius und Sabinus, von denen Josephus in der Zeit von ca. 9–4 v. Chr. spricht.[44] Das System der ritterlichen Prokuratoren, die für die Kontrolle der Steuererhebung in den *provinciae Caesaris* und die Versorgung der dort stationierten Truppen mit Sold zuständig sein sollten, scheint somit zumindest seit mittelaugusteischer Zeit fest etabliert gewesen zu sein. Dass sie nicht an die Annuität gebunden waren, sondern so lange ihren Dienst versahen, wie es Augustus sinnvoll erschien, kann man gar nicht anders erwarten.

---

39 Man könnte auch auf C. Iulius Zoilus verweisen, der in Aphrodisias eine bedeutsame Rolle spielte, ohne dass man freilich weiß, welche genaueren Aufgaben er im Dienst von Octavian/Augustus übernommen hatte, siehe REYNOLDS 1982, 156 ff.
40 IK 17, 1, 3006 (Ephesos) = D 8897.
41 Siege dazu Kap. 10 in diesem Band.
42 Siehe z. B. AE 1982, 765. 766 (Lissus): *L(ucius) Gaviarius L(uci) f(ilius) T(iti) n(epos) aug(ur), C(aius) Iulius Caesaris l(ibertus) Meges IIvir(i) quinque(nnales) murum ex d(ecreto) d(ecurionum) reficiundum c(oeraverunt) iidemque probaverunt. C(onstat) HS IIII(milia) CC.*
43 D 9007 = SupIt 5, S. 7.
44 PFLAUM 1961, III 1080 f.

Procuratores finden wir allerdings von Anfang an auch in den *provinciae populi Romani*, in denen prokonsulare Statthalter amtierten, unter denen wiederum Quästoren die Kontrolle über den Steuereinzug hatten. Die Aufgabe dieser Prokuratoren ist deutlich von der der Finanzprokuratoren zu unterscheiden. Augustus verfügte in vielen, wenn nicht in allen Provinzen über Besitz, der rechtlich als sein Privatbesitz angesehen werden konnte, sein *patrimonium*, auf welche Weise auch immer er dieses erworben haben mochte. *Procuratores* für dieses *patrimonium* sind sehr frühzeitig nachzuweisen, zunächst auf Sizilien, wo offensichtlich schon vor dem Jahr 21 v.Chr. ein Grieche Athenodorus als *dioiketes* des Augustus tätig war; um das Jahr 21 v.Chr. trat an seine Stelle ebenfalls ein Grieche Areus.[45] *Dioiketes* kann in diesem Kontext wohl nur das Äquivalent für *procurator* sein. Auch in Achaia und in Asia sind Personen bekannt, die eine solche Funktion übernommen haben. Sie alle sind freier Geburt, ein Freigelassener des Augustus ist unter ihnen nicht zu finden.[46] Dabei hätte es doch besonders nahe gelegen, für die *res familiaris*, für Augustus' privates Vermögen, auch Personal aus den eigenen Freigelassenen zu nehmen, weil beides engstens miteinander verbunden war. Doch dies geschah offensichtlich von Anfang an nicht, jedenfalls nicht auf der Leitungsebene für eine ganze Provinz oder für mehrere Provinzen zusammen. Das lässt dann auch für die bisher offen gelassene Frage, ob Licinus vielleicht doch eher eine Ausnahme war oder ob Augustus daran dachte, im größeren Umgang *liberti* als Finanzprokuratoren einzusetzen, eine Antwort zu: Licinus dürfte eher die Ausnahme von der Regel gewesen sein.[47]

Unter dem Gesichtspunkt der Wahrscheinlichkeit und der Systematik wird man Patrimonialprokuratoren bereits unter Augustus in allen Provinzen des römischen Volkes annehmen dürfen; sicher kann dies jedoch im Gegensatz zu den *provinciae Caesaris* mit den Finanzprokuratoren nicht sein, weil nicht zwingend in allen Provinzen Besitz des Augustus vorausgesetzt werden kann. Abgeleitet hat man die Präsenz in allen Provinzen u. a. aus einer Bemerkung in der *legatio ad Gaium* des Alexandriner Juden Philo.[48] Als es in jüdischen Gemeinden, offensichtlich in den Provinzen in Kleinasien, zu Schwierigkeiten bei der Sammlung von Geldern für den Tempel in Jerusalem gekommen war, habe, so seine Aussage, Augustus an die Prokuratoren eben in den Provinzen in Asia, τοῖς ἐπιτρόποισι τῶν κατὰ τὴν Ἀσίαν ἐπικρατειῶν, geschrieben, sie sollten den Juden gestatten, sich in ihren Synagogen zu

---

45 Plut. apophth. lac. 207 B.
46 Unsicher muss bleiben, wie man die Aussage in ARBANITOPULOS 1910, 354 f. 6 = SEG 32, 1982, 567 über einen *Augusti libertus* in Larissa in Thessalien verstehen muss, der zwischen 4 und 14 n.Chr. als ὁ ἐπὶ τῶν κλ[ηρ]ονομιῶν φροντιστή[ς] bezeichnet wird. Am ehesten denkt man an ein Äquivalent wie *procurator hereditatium*. Der Text bedürfte einer genauen Analyse.
47 Die allgemeine Aussage bei Cass. Dio 53,15,3, Augustus habe in alle Provinzen Ritter als Prokuratoren gesandt, gelegentlich aber auch Freigelassene, ist unter dem Entwicklungsaspekt der ersten Jahre der augusteischen Herrschaft nicht aussagekräftig, da Cassius Dio hier eine generelle Beschreibung gibt, in der entsprechende zeitliche Differenzierungen keinen Platz hatten.
48 Phil. legat. ad Gaium 311 f. Claude EILERS danke ich für klärende Hinweise zu dem Problem der ἐπίτροποι bei Philo.

versammeln; denn das seien keine Versammlungen, die sich unter dem Einfluss von Trunkenheit zusammenrotten, um den Frieden in der Provinz zu brechen; sie sammelten vielmehr dort auch die jährlichen Erstlingsfrüchte, um sie nach Jerusalem zu bringen.

Nähme man diese Aussage ernst, dann wären nicht nur in allen drei Provinzen, die damals bereits in Kleinasien bestanden, darunter zwei prokonsularen, Prokuratoren von Augustus tätig gewesen, sie hätten auch die administrative Zuständigkeit gehabt, über den allgemeinen Frieden in den Provinzen zu wachen und die Erlaubnis zu Versammlungen von Kultgemeinden zu geben. Gerade das aber sind die zentralen Aufgaben von Statthaltern, nicht jedoch von Prokuratoren, die nur mit den öffentlichen Finanzen bzw. denen des *patrimonium* zu tun hatten, noch dazu in dieser frühen Zeit.[49] Typischerweise zitiert Philo auch im unmittelbaren Anschluss an diese Passage über die ἐπίτροποι in den Provinzen in Asia ein Schreiben von C. Norbanus Flaccus, Prokonsul von Asia um das Jahr 17 v. Chr., in dem dieser seinerseits auf einen Brief von Augustus verweist, in dem der Princeps ihn, den Prokonsul, unmissverständlich darauf hingewiesen habe, die Juden hätten das althergebrachte Recht, sich zu versammeln.[50] Genau dies berichtet auch Josephus, er aber mit dem Zusatz, die Juden dürften auch die Gelder für Jerusalem sammeln und dorthin bringen.[51] Wie aber sind dann die ἐπίτροποι bei Philo zu verstehen? Vermutlich liegt hier – wie nicht selten bei ihm und noch weit mehr bei Josephus – eine terminologische Unachtsamkeit vor; er konnte offensichtlich zwischen ἐπίτροποι und ἀνθύπατοι nicht unterscheiden, was bei einem Autor, der fast immer in Alexandria gelebt hat, vielleicht nicht so überraschend ist.[52] Josephus, der Historiker, vermischt laufend die Bezeichnungen ἐπίτροπος und ἔπαρχος, wenn er von dem römischen Repräsentanten im Süden der Provinz Syria, eben Iudaea, spricht; die massiven Unterschiede sind ihm offensichtlich nie klar geworden, obwohl er die Benennungen in seiner Heimat hautnah mitbekommen haben muss und er dann sogar jahrzehntelang in Rom gelebt hat. In ähnlicher Weise hat offensichtlich auch Philo nicht in der nötigen Weise differenziert, vielmehr ἐπίτροποι ganz allgemein im Sinn von Amtsträger verstanden, obwohl er damit in Wirklichkeit die Statthalter der Provinzen meinte. Solches findet man z. B. auch bei Publius Petronius, den Statthalter Syriens unter Caligula, den aber Philo ἐπίτροπος τῆς Συρίας nennt;[53] Petronius war unter Caligula senatorischer Legat dieser Provinz.[54] Damit

---

49 Freilich nicht in der generellen, auf alle Provinzen in Kleinasien bezogenen Weise, wie dies im Kommentar zu dieser Stelle bei BRINGMANN/WIEGANDT 2008, 155 f. geschieht: „die für die Steuern und Abgaben zuständigen Prokuratoren". Gerade in Asia und Pontus-Bithynia waren die Prokuratoren *nicht* für die Steuern und Abgaben zuständig, sondern *nur* für das *patrimonium* des Augustus.
50 Phil. legat. ad Gaium 314–315.
51 Ios. ant. Iud. 16,166.
52 Siehe oben Anm. 6.
53 Phil. legat. ad Gaium 333.
54 DĄBROWA 1998, 42 f.

scheidet dieses Zeugnis bei Philo für die Existenz und vor allem die administrative Zuständigkeit von Prokuratoren in prokonsularen Provinzen aus.

Mit den Prokuratoren war ein wesentlich neues Element in die provinziale Administration eingeführt. Wie sich deren Tätigkeit im Detail ausgewirkt hat, lässt sich gerade für die augusteische Zeit noch sehr wenig eruieren. Vor allem kann man bisher sehr wenig Konkretes dazu sagen, welches Personal ihnen in den Provinzen für ihre Tätigkeit zur Verfügung stand. Natürlich ist es sehr wahrscheinlich, dass schon in augusteischer Zeit das Personal vornehmlich oder auch allein aus den Sklaven und Freigelassenen des Augustus genommen wurde. Unter Tiberius ist solches Personal bereits relativ zahlreich etwa in Gallien und in Noricum bezeugt.[55] Doch immerhin finden wir schon unter Augustus in Ephesus einige *Augusti liberti* bezeugt, die dort ganz zwangsläufig Aufgaben für ihren Patron zu erfüllen hatten.[56] Diese Aufgaben werden allerdings in den wenigen Inschriften, die sie bezeugen, nicht konkret erwähnt. Auch in Ägypten kann man einige Sklaven nachweisen, die dort für Augustus tätig waren.[57]

Doch sind vor einiger Zeit im bzw. aus dem eben eroberten Germanien einige Zeugnisse bekannt geworden, die gerade den Einsatz von *servi et liberti* des Augustus unmittelbar nach der Eroberungsphase, die im Jahr 7 v.Chr. abgeschlossen schien, beweisen. Das lässt erkennen, dass sie umgehend in dem neu erworbenen Provinzgebiet eingesetzt wurden. Zum einen zeigt eine fragmentarische Grabinschrift aus Köln, dem oppidum Ubiorum, einen namenlosen *dispensator*, der in der neu gegründeten Ubierstadt bereits unter Augustus und dann auch noch unter Tiberius in der Finanzadministration tätig war. Er ließ sich dort ein mächtiges Grabmal, einen Rundbau auf einem quadratischen Sockel von mehr als zehn Metern Höhe, errichten.[58] Es müssen erhebliche Gelder durch seine Hände gegangen sein, damit am Ende so viel daran kleben blieb, dass er ein solches Monument finanzieren konnte. Das, was wir von ihm fassen, erinnert sehr an Licinus, über den schon zu handeln war.[59] Zum andern sind in mehreren Schiffswracks vor der Rhônemündung und auch nördlich von Sardinien zahlreiche Bleibarren gefunden worden, deren Metall im neu eroberten Germanien gefördert worden war.[60] Die Bleibarren tragen Inschriften, die zum einen zeigen, dass die Barren Teil der Pacht waren, die Pächter von Bleigruben an Augustus abzuführen hatten. Die Bleigruben lagen rund 100 km östlich des Rheins beim Ort

---

55 Siehe das Repertorium der kaiserlichen *servi* und *liberti* in WEAVER, Repertorium.
56 IK 13, 859a (Ephesos) = AE 1990, 904 = ENGELMANN 1990, 92ff.; 863 (Ephesos); IK 16, 2272b (Ephesos).
57 SB V 8797 = IGRRP I 1101 = SEG 36, 1398 = SIJPESTEIJN 1986, 154f.; BGU IV 1137 = W. Chr. 112 (Nov. 6 v.Chr.); P.Brit. Mus. II 256; cf. W. Chr. 443 (aus WEAVER, Repertorium).
58 ECK/VON HESBERG 2003, 151f.; siehe auch IKoeln 267.
59 Siehe oben bei Anm. 34ff.
60 DOMERGUE/LONG 1995; RICCARDI/GENOVESI 2002. Einige der Barren jetzt erneut vorgelegt im Ausstellungskatalog siehe LWL-RÖMERMUSEUM IN HALTERN AM SEE 2009, 359ff., dort jetzt auch mit richtigem Verständnis der Texte. Dazu ROTHENHÖFER 2003, 277ff.; ferner ECK 2004, 11ff.

Brilon. Auf den Barren wurde beim Gießen der Name des Herstellers, d. h. des Pächters oder der Pachtgesellschaft eingegossen. Nach dem Gussvorgang wurde auf der Seitenfläche des Barren *Imp(eratoris) Caes(aris)* eingepunzt, womit die Barren als Eigentum des Augustus gekennzeichnet waren. Hinzukommt aber auf derselben Außenseite – und das ist für den hier erörterten Aspekt von primärer Bedeutung – noch ein weiterer Name im Genitiv: *Erotis*, also ein typischer Sklavennamen.[61] Es ist unmittelbar klar, dass dieser Eros ein Sklave oder *libertus* von Augustus war, der die Verantwortung für die ordnungsgemäße Ablieferung der Pacht hatte. Das wird durch seinen Namen auf den Barren gekennzeichnet. Das gleiche Phänomen fasst man auf Bleibarren, die vor der Küste Sardiniens in einem Schiffwrack gefunden wurden.[62] Dort erscheint auf dem Barren als „Produzent" Augustus Caesar selbst; diese Bleigruben, die ebenfalls in Germanien lagen, wurden also in Eigenregie durch Augustus' Beauftragte betrieben, vermutlich durch einen Pudens, dessen Name auf den Barren ebenfalls eingegossen ist, an der Stelle, an der auf anderen Barren eindeutig der Name des Pächters steht.[63] Pudens war vielleicht ein Freigelassener des Augustus. Doch dann steht auf den Seitenflächen der Barren auch noch *L(uci) Val(eri) Ruf(i)* sowie *Chi(lonis)*; der erste ein freigeborener Römer, der zweite eher ein Sklave, wie der Name vermuten lässt.[64] Der erste könnte ein Prokurator gewesen sein, der in Germanien tätig war, Chi(lo) aber war vermutlich sein Untergebener, wohl ein Sklave des Augustus.

Verbindet man den anonymen *dispensator* aus dem oppidum Ubiorum und die Aussagen der Bleibarren, dann zeigen diese kleinen Hinweise, dass von Augustus sogleich nach der Eroberung des rechtsrheinischen Germanien die Ausbeutung der Bodenschätze angeordnet wurde. Damit aus diesem Unternehmen aber auch die notwendigen Einkünfte für ihn flossen, wurden die notwendigen administrativen Kontrolleinrichtungen in der neuen Provinz geschaffen, deren Reflex wir in dem *dispensator* und den auf den Bleibarren genannten Personen erfassen. Das lässt ferner darauf schließen, dass ein übergeordneter Prokurator den gesamten Bereich leitete; L. Valerius Rufus war wohl ein solcher Prokurator. Trifft all das zu, dann treffen wir bereits in den ersten Jahrzehnten des Prinzipats auf das administrative System, das später bei der Verwaltung der Bergwerke und Steinbrüche üblich geworden ist.[65] Das machtvolle Grabmal im oppidum Ubiorum zeigt aber auch, dass der private finanzielle Erfolg des Licinus in Gallien, der sich ebenfalls in seinem gewaltigen marmornen Grabmal in Rom realisierte, nicht so exzeptionell gewesen ist. Die Träger der neuen, von Augustus geschaffenen Administration verstanden es sogleich, nicht anders als die *publicani* der Republik, die Abgaben und Steuern der Untertanen partiell auch in

---

61 Siehe SOLIN 2003, 352–361.
62 Siehe RICCARDI/GENOVESI 2002; siehe jetzt auch CORDA 2014, 957. 967–970; ferner MASTINO/SPANU/ZUCCA 2005, 230; AE 2000, 653; AE 2002, 636a-d.
63 MASTINO/SPANU/ZUCCA 2005, 230; AE 2002, 636d .
64 AE 2002, 636d; CORDA 2014, 967–968. 970.
65 Siehe Anm. 64 und GENOVESI 2009, 360 f.

ihre eigene Tasche zu leiten – das war kein struktureller Wandel gegenüber der voraugusteischen Zeit.

Die Bleibarren aus Germanien zeigen aber auch in aller Deutlichkeit, dass die Sklaven und Freigelassenen des Augustus vor allem für die Kontrolle und die Abführung der Einnahmen zuständig waren, nicht jedoch für die direkte Ausbeutung der Bleibergwerke. Es sind Einzelpächter wie etwa ein L. Flavius Verucla[66] oder auch eine *societas*, die als *socii* auf einem Bleibarren von Fos erscheinen, verbunden mit der Herkunftsangabe für das Blei: *plumbum Germanicum*.[67] Das System der Verpachtung wurde ganz selbstverständlich auch unter der neuen politischen Ordnung fortgeführt.[68] Doch wichtig ist, dass dies nicht nur für die Ausbeutung von Bodenschätzen galt, sondern auch bei der Erhebung der Steuern und der Zölle. Dieses System wurde nirgendwo durch eine direkte Erhebung mittels Personal des Princeps ersetzt. Nirgends wird das deutlicher als im Text der *lex portorii provinciae Asiae*, der Regelung der Zolleinnahmen in Asia und Pontus-Bithynia.[69] In augusteischer Zeit wurde eine ganze Reihe von Zusatzregeln im Senat beschlossen und durch die jeweiligen Konsuln dem ursprünglichen Gesetz hinzugefügt.[70] Aber nirgends wurde die Tätigkeit der *publicani* eingeschränkt Und als im Jahr 6 n. Chr. der Senat auf Augustus' Antrag hin die *XX hereditatium* eingeführte, wurde ganz selbstverständlich der Einzug der neuen Steuer an Privatunternehmer verpachtet. Ob sogleich ein Kontrollorgan in Gestalt eines *procurator vicesimae hereditatium* eingeführt wurde, ist nicht sicher; notwendig wäre das wohl nur in Italien gewesen, wo es keine Amtsträger gab, die entsprechende Aufgaben hätten übernehmen können.[71] Bei der schon länger bestehenden *vicesima libertatis* sind in Italien jedenfalls bereits Prokuratoren bezeugt.[72] In den Provinzen könnten der Abschluss der Pachtverträge und deren Kontrolle von Anfang an Augustus' Prokuratoren übertragen worden sein. Wieweit auch die Quästoren in den prokonsularen Provinzen damit befasst waren, ist bei der vorliegenden Überlieferung nicht zu klären, hat aber eine gewisse Wahrscheinlichkeit für sich. Bei der Pacht aber traten ebenfalls nicht nur Einzelpächter auf, sondern auch *societates*. Die *socii*, die auf dem Bleibarren von Fos erscheinen,[73] sind ein Beleg für deren Weiterwirken.

---

66 Rothenhöfer 2003; Rothenhöfer 2005, 88 ff.; Hanel/Rothenhöfer 2005.

67 AE 1959, 124 mit irrigem Verständnis des Textes; richtig jetzt bei Marty 2009, wo allerdings jeder Hinweis darauf fehlt, woher das richtige Verständnis für die Abkürzung stammt. Dass dieses Zeugnis auf Bleigewinnung in der Eifel in der zweiten Hälfte des 1. Jh. n. Chr. hinweist, wie es nach AE 2011, 700 der Fall sein soll, erscheint nicht erwiesen.

68 Das erscheint auch aus der Rückschau selbstverständlich. Denn es wäre kaum möglich gewesen, in kurzer Zeit ein anderes System zu erfinden und auszugestalten. Letztlich wurden Steuerpächter im römischen System nie völlig ersetzt.

69 Engelmann/Knibbe 1989; Cottier et al. 2008.

70 § 39–57 der *lex portorii* sind unter Augustus erlassen worden. Es ist immerhin bemerkenswert, wie relativ oft Probleme des Zolls der Provinz Asia vor den Senat kamen.

71 Eck 1979, 129–131 = Eck 1999c, 120–123.

72 CIL IV 9591; ferner Silvestrini 2020.

73 Siehe Anm. 67.

Im Kontext der Erörterungen, in dem dieser Beitrag entstand, sollte untersucht werden, was unter Augustus in Rom und im gesamten Reich verändert wurde, woher die politische Initiative jeweils kam und wie die Veränderungen durchgeführt wurden (*réformer la cité et l'empire: initiative politique et processus de décision*). Die Frage nach der Genese ist besonders wichtig, weil Augustus seit 27 v.Chr. mehr als 40 Jahre die Macht innehatte. Doch ist es klar, dass sich seine Herrschaft entwickelte, dass das, was in seinen späten Jahren selbstverständlich war, nicht auch schon unmittelbar nach 27 v.Chr. möglich gewesen sein muss. So würde man gerne sehen, wie sich Reformen in der staatlichen Organisation und deren Konkretisierung in der Administration in der Zeit entwickelt haben, parallel zur immer stärkeren Stabilisierung der monarchischen Herrschaft. Das Problem ist nur, dass uns zeitgenössische historiographische Quellen völlig fehlen. Velleius Paterculus, Sueton, Tacitus und vor allem Cassius Dio, der relativ am ausführlichsten über die Veränderungen berichtet, sie schreiben alle mit dem Wissen, wie das System am Ende der augusteischen Zeit oder bald danach ausgestaltet war. Ob am Anfang experimentiert wurde und sich die endgültige Form erst langsam herausbildete, war für sie nicht von Interesse.[74] So erfahren wir nur an wenigen Stellen sehr konkret, dass Augustus tatsächlich experimentiert hat. Deutlich wird dies vor allem innerhalb der Stadt Rom, wo sowohl die Organisation der *vigiles* als auch der *annona* mit jeweils einem ritterlichen *praefectus* an der Spitze sich erst im Laufe von mehreren Jahrzehnten entwickelt hat.[75] Für die Provinzen aber lässt es sich nicht so klar erkennen, ob auch dort öfter experimentiert wurde. Ausgeschlossen ist dies nicht. Freilich ist für die Interpretation dessen, was in den Provinzen geschah, ein Faktor sehr gewichtig: Dort ging es im besonderen Maß um die Sicherung der Macht und um den kontinuierlichen Einzug der Steuern. Prüft man unter diesem Blickpunkt unsere wenigen zeitgenössischen Quellen zur Administration der Provinzen, dann scheint es dort weniger Experimente gegeben zu haben. Denn die Statthalter verschiedenen Typs, die seit 27 v.Chr. amtierten, unterschieden sich in dem, wie sie ihre Provinzen leiteten, nicht so wesentlich von den Statthaltern der vergangenen Republik. Die privaten Vertreter des Princeps für die Administration der Finanzen erregten vielleicht unter sozio-politischem Gesichtspunkt manchen Anstoß, aber die Art des Steuereinzugs durch private Pächter auf der Ebene der Provinz oder der einzelnen Städte änderte sich nicht. Und es scheint, dass Finanz- und Patrimonialprokuratoren sogleich nach dem politischen Kompromiss des Jahres 27 zur Kontrolle in die Provinzen gesandt wurden. Die Veränderungen sind hier also offensichtlich unmittelbar erfolgt. Wie sie sich ausgewirkt haben und wie sie beurteilt wurden, von Seiten der politischen Klasse in Rom und von Seiten der Untertanen in den Provinzen, ist schwer abzuschätzen. Immerhin zeigt der Fall des Licinus, vielleicht auch der des *dispensator* im oppidum Ubiorum, dass die unmittelbaren Beauftragten des Princeps ohne Verzö-

---

74 En sehr instruktives Beispiel für den experimentellen Charakter ist die kurzlebige Provinz Transduriana im Norden der iberischen Halbinsel, die wohl nicht länger als bis ins Jahr 15 v.Chr. Bestand hatte; siehe dazu VELAZA 2009, 107–121.
75 Siehe ECK 1986; PAVIS D'ESCURAC 1976; SABLAYROLLES 1996.

gerung die alten Praktiken zur persönlichen Bereicherung beherrschten. Doch der Fall des Licinus zeigt auch, dass der Princeps seinerseits in der Lage war, direkt und schnell einzugreifen. Das gilt nicht weniger im Fall des Prokonsuls von Asien, Valerius Messala Volesus, der um das Jahr 11/12 n. Chr. 300 Personen hatte hinrichten lassen.; Augustus erzwang durch seine persönliche Intervention im Senat seine Verurteilung.[76] Aus den Edikten von Cyrene geht klar hervor, dass Augustus bewusst war, dass seine Herrschaft auf dem Imperium als Ganzem beruhte, auf der politischen Unterstützung nicht nur durch Römer, sondern auch der Nichtrömer. Entsprechend verbesserte er, indem er die bisherigen Rechte römischer Bürger und damit deren Dominanz einschränkte, die Rechtssicherheit der Nichtrömer in Cyrene.[77]

Darin bestand wohl die essentiellste Veränderung, die sich in der moderat veränderten Administration des Reiches bemerkbar machte. In der Person des Princeps Augustus war der politische Wille vorhanden, im Sinn der Stabilisierung der Herrschaft einzugreifen, wenn es ihm nötig erschien. Und er konnte diesen politischen Willen auch gegenüber mächtigen Personen und Interessen durchsetzen. Das zeigt sich mit aller Deutlichkeit bei der *vicesima hereditatium*, die im Jahr 6 n. Chr. die Alterssicherung der römischen Legionäre nicht mehr den Untertanen in den Provinzen auflud, sondern im Gegenteil den römischen Bürgern, gerade auch den Senatoren. Der Princeps konnte, wenn er es im Einzelfall wollte, über den partikularen Interessen stehen. Mit dieser Rückendeckung konnte auch eine gegenüber der Republik nicht fundamental geänderte Administration zur Herrschaftssicherung beitragen

---

[76] Sen. dial. 4,5,5; Tac. ann. 3,68,1.
[77] SEG 9, 8; BRINGMANN/WIEGANDT 2008, 117 ff.

15 Die Amtsträger: Instrumente in den Händen des Princeps und Begrenzung der Autokratie. Traditioneller Cursus und kaiserliche Ernennung

Auf einem Aureus, der im Jahr 28 v. Chr. geprägt wurde und der zu Recht große Aufmerksamkeit in der Forschung gefunden hat, steht auf der Rückseite die Legende: *Leges et iura p. R. restituit*.[1] Es war ein ganzes Konglomerat von Maßnahmen, die Octavian und seine Partei damals zur Wiederherstellung der *leges et iura populi Romani* durchführen ließ, Maßnahmen, von denen auch die traditionellen Magistraturen der *res publica* betroffen waren. Wiederhergestellt wurden die Zahl der Magistrate, ihre äußerlichen Funktionen, aber auch die Art und Weise des Zugangs zu diesen, nämlich die Wahl durch das Volk. Velleius Paterculus beschreibt das etwa zwei Generationen später mit den sehr vereinfachenden Worten: *imperium magistratuum ad pristinum redactum modum; tantummodo octo praetoribus adiecti duo*.[2] Es ist das Bild von der *res publica restituta*, das in solchen Sätzen entworfen wurde, nicht anders als in der Münzlegende. Tatsächlich schien es auch in den ersten Jahren seit 28/27 v. Chr., als ob die Magistraturen fast wie in der Zeit vor den Bürgerkriegen seit 49 v. Chr. durch die Volksversammlung nach einem offenen Wahlkampf besetzt werden könnten. Egnatius Rufus, der sich während seiner Ädilität in der stadtrömischen Bevölkerung durch die Bekämpfung der endemischen Brände hohes Ansehen erworben hatte, konnte sich im Wahlkampf für die Prätur durchsetzen, obwohl das sonst übliche Intervalljahr zwischen Ädilität und Prätur nicht eingehalten wurde. Bei der Bewerbung um die noch nicht besetzte zweite Stelle für den Konsulat des Jahres 19 v. Chr. wurde er schließlich von dem amtierenden Konsul Sentius Saturninus ausgeschlossen.[3]

Doch dies war eine sehr kurze Periode der relativen Freiheit bei der Besetzung der Magistraturen, eine Periode, in der erst noch alle Kontrahenten das politische Spiel unter den neuen Bedingungen erlernen mussten. Denn die *res publica restituta* bedeutete nicht einfach die Rückkehr zur alten politischen Form, sie entwickelte sich vielmehr, zum Teil bereits unter Augustus, zum Teil auch erst im Verlauf der auf ihn folgenden Zeit, zu einer neuen *res publica* mit vielen bisher unbekannten Regeln rechtlicher oder faktischer Natur. Dies gilt auch für die republikanischen Magistraturen als solche und speziell in ihrer Beziehung zum Princeps, der das neue Gravitationszentrum der Politik war; dies gilt noch mehr für all die neuen Funktionen und

---

1 RICH/WILLIAMS 1999; MANTOVANI 2008; DALLA ROSA 2015. – Der Text wurde im Jahr 2012 in Pavia im Rahmen des Kolloquiums: Il princeps Romano: Autocrate a mgistrato? Fattori giuridici e fattori sociali del potere imperiale da Augusto a Commodo, das von J.-L. Férrary und J. Scheid geleitet wurde, vorgetragen. Der ursprüngliche italienische Titel lautete: „I magistrati strumenti e limiti dell'azione del principe: cursus tradizionale e nomine imperiali".
2 Vell. 2,89,3.
3 PIR² E 32. Die Literatur zu Egnatius Rufus und den politischen Kämpfen, die mit ihm verbunden sind, ist reichhaltig, jedoch hier nicht von Belang.

deren Träger, die für die Administration des Reiches erforderlich schienen oder tatsächlich erforderlich waren. Diese Thematik soll in folgenden Schritten entfaltet werden:
1. Die republikanischen Magistraturen in ihrem neuen rechtlichen Rahmen.
2. Der republikanische *cursus honorum* und die Integration neuer Funktionen.
3. Die Entwicklung von faktischen Regeln innerhalb der senatorischen Laufbahn.
4. Der Vergleich mit den ritterlichen Funktionsträgern.
5. Der Princeps und die senatorisch-ritterlichen Amtsträger.

1 Die republikanischen Magistraturen in ihrem neuen rechtlichen Rahmen

Keines der alten magistratischen Ämter verschwand nach dem politischen Umbruch und dem Beginn der Herrschaftsform des Prinzipats von der politischen Bühne, wohl aber wurden sie partiell tiefgreifenden Änderungen unterzogen. In der späten Republik konnte man zur Quästur, die damals bereits den automatischen Eintritt in den Senat zur Folge hatte, erst mit dem dreißigsten Lebensjahr gewählt werden, während für die Prätur das begonnene vierzigste und für den Konsulat das begonnene dreiundvierzigste Lebensjahr erforderlich war. Ädilität und Volkstribunat waren nicht genauer an ein Lebensjahr gebunden, es mussten nur entsprechende Intervalle zu anderen Ämtern eingehalten werden.[4] Diese rechtlichen Vorschriften wurden bereits in der augusteischen Zeit deutlich verändert. Lange Zeit konnte man jedoch nicht genauer sagen, wann diese in Kraft getreten sind. Doch scheint der Zeitpunkt spätestens das Jahr 18 v. Chr. gewesen zu sein, als es durch die *lex Iulia de maritandis ordinibus* Kandidaten, die bereits Kinder hatten, möglich wurde, sich um bis zu drei Jahre früher um die Ämter zu bewerben.[5] Jedenfalls galt für die Zukunft das begonnene fünfundzwanzigste Lebensjahr als Normalalter für die Quästur (wenn bereits Kinder vorhanden waren, gab es die zusätzliche Reduktion),[6] das dreißigste für die Prätur, also eine ganz wesentliche Verschiebung hin zu weit jüngeren Senatoren. Für den Konsulat scheint das dreiundvierzigste Lebensjahr grundsätzlich bestehen geblieben zu sein; ausgenommen waren davon nur die Patrizier, die bereits im dreiunddreißigsten Lebensjahr die *fasces* führen konnten. Doch wurde das republikani-

---

4 Siehe dazu zusammenfassend BECK 2005.
5 STEINWENTER 1919. Das wird jetzt noch deutlicher durch einen Passus der *lex municipalis Troesmensium*. Danach stand bereits in kaput VI der *lex Iulia de maritandis ordinibus* die Anordnung, die *ratio annorum* müsse eingehalten werden, und zwar in der Form, wie sie dann später nochmals im kaput XLIIII der *lex Papia Poppaea* eingeschärft wurde. Die Regeln, die auch später die Norm waren, haben also sachlogisch auch schon im Jahr 18 v. Chr. in derselben Form gegolten, sonst hätte die *lex Troesmensium* nicht darauf verweisen können. Siehe ECK 2016a.
6 Siehe z. B. Suet. Cal. 1,1: *quaesturam quinquennio, antequam per leges liceret et post eam consulatum statim gessit* (sc. Germanicus).

sche Oberamt offensichtlich auch von Nichtpatriziern nicht selten früher übernommen, wobei verschiedene Faktoren eine Rolle spielen konnten.

Mit dieser „Verjüngung" der Laufbahn waren Ädilität und Volkstribunat in dem kurzen *quinquennium* zwischen Quästur und Prätur zu übernehmen, wobei offensichtlich auch festgelegt wurde, dass nur noch eines der beiden Ämter zu einer ordentlichen Laufbahn gehörte.[7] Tatsächlich findet sich nach dem Ende der zwanziger Jahre des 1. Jh. v. Chr. kein Beispiel mehr, dass noch einmal beide Funktionen von derselben Person übernommen worden wären. Andererseits wurde die Übernahme einer der beiden Funktionen nun verpflichtend, es sei denn, jemand erhielt durch kaiserliches Privileg die Möglichkeit, diese Laufbahnstufe zu überspringen, indem ihn der Kaiser durch *adlectio* in eine höhere Ranggruppe des Senats aufnahm.[8] Patriziern dagegen wurde es ermöglicht, auch ohne die Ädilität – der Volkstribunat entfiel bei ihnen ohnehin – zur Prätur zu gelangen. Der frühe Konsulat schon im begonnenen 33. Lebensjahr hatte erhebliche Konsequenzen. Patrizier schieden (zumindest seit flavischer Zeit) weitgehend bei der Besetzung der hohen machtvollen Positionen in den Provinzen aus, weil sie wegen der nur für sie geltenden Möglichkeiten bei der Bekleidung des Konsulats nicht mehr die faktisch notwendigen Voraussetzungen erwerben konnten, um die hohen Kommandoposten noch zu erreichen (siehe dazu unten).[9] Eine gezielte politische Entscheidung scheint dies von Augustus' Seite nicht gewesen zu sein, da gerade in den ersten Jahrzehnten nach der Neuregelung davon noch nichts zu spüren ist. Es war eher eine unbeabsichtigte, dann aber vielleicht willkommene Folge; denn Personen mit dem gesellschaftlich höheren Prestige, das über lange Zeit von politischer Bedeutung war, schieden damit bei der Konkurrenz um die Macht stillschweigend aus.[10]

Diese zeitliche Verschiebung des Beginns der senatorischen Laufbahn hatte zwei Folgen: Zum einen waren die senatorischen Anfänger nunmehr wesentlich jünger und damit, objektiv gesehen, unerfahrener als früher, zum andern war der Abstand zwischen Prätur und Konsulat jetzt so groß, dass sich zwischen beiden ein völlig neuer Teil einer Laufbahn entwickeln konnte (siehe den folgenden Abschnitt 2).

Daneben wurden auch vier *magistratus minores*, zusammengefasst im Begriff des Vigintivirats, nunmehr für alle Senatsanwärter verpflichtend gemacht: *triumviri monetales*, *quattuorviri viarum curandarum*, *decemviri stlitibus iudicandis* und *triumviri*

---

7 Die folgenden vier Fälle, in denen noch beide Magistraturen von einer Person übernommen wurden, gehören entweder in die letzten Jahre der Republik wie CIL V 862 = CIL I² 814 (p 954) = ILLRP 436: *C(aius) Appulleius M(arci) f(ilius) Tappo pr(aetor,) aed(ilis), tr(ibunus) pl(ebis)* ...; CIL V 3339 = CIL I² 826 (p 956) = ILLRP 440: ... *M(arcus) Fruticius M(arci) f(ilius) ... aed(ilis), tr(ibunus) pl(ebis)* ..., oder in die ersten Jahre des Prinzipats: CIL X 6082 = CIL I² 812: *M(arcus) Ampudius N(umeri) f(ilius) ... tr(ibunus) pl(ebis), aid(ilis)* ...; CIL IX 2845 = D 915: *P(ublius) Paquius ... Scaeva ... tribunus plebis, aedilis curulis* ...: er ist sicher das späteste Zeugnis.
8 Siehe z. B. CIL X 1249. Diese Form der Promotion scheint allerdings selten gewesen zu sein. Allgemein zur *adlectio* CHASTAGNOL 1992b.
9 Siehe zu den faktisch notwendigen Voraussetzungen Kap. 4 in diesem Band
10 Siehe dazu zuletzt LAEBEN-ROSÉN 2000/2001.

capitales. Diese Ämter waren generell *vor* der sonstigen Laufbahn zu übernehmen, allerdings stets nur eines der vier Ämter.[11] Da aber die Quästur schon im 25. Lebensjahr bekleidet werden konnte, fielen die Funktionen des Vigintivirats nunmehr in sehr junge Jahre, meist um das 20. Lebensjahr; damit aber waren die Funktionen nicht mit bedeutenderem Inhalt auszufüllen, sie wurden vielmehr zunehmend formaler Natur. Dennoch blieben sie ein integraler Bestandteil der Laufbahn, ohne die ein Senator (im Normalfall) seine Laufbahn nicht fortsetzen konnte. Gerade hier lässt sich der Einfluss des Herrschers in der nachaugusteischen Zeit in vielen Fällen erkennen (siehe unten).

Velleius Paterculus hatte betont, dass man nach dem Ende der Bürgerkriege auch zur alten Zahl der Magistrate zurückgekehrt sei, außer bei den Prätoren, deren Zahl auf acht erhöht wurde. Diese Aussage des Velleius galt aber in der etwas längeren Entwicklung nur für die zwanzig Quästoren, zehn Volkstribunen und sechs Ädilen, nicht für die Prätoren und Konsuln. Die Zahl der Prätoren hatte sich schon am Ende der Zeit des Augustus auf 12 erhöht,[12] schließlich stieg deren Zahl auf siebzehn bzw. schließlich seit Marc Aurel sogar auf 18 an, was wohl vor allem durch die wachsende Menge an Gerichtsverfahren und der Notwendigkeit zu immer stärkeren Differenzierung erzwungen wurde.[13] Der Anstieg der Zahl der Prätoren hatte unter anderem die fast zwingende Folge, dass auch die Zahl der Konsuln seit spätaugusteischer Zeit langsam vermehrt wurde. Denn sonst wären zwar immer mehr Senatoren bis zur Prätur gelangt, doch der Aufstieg in die Reihe der Konsulare, zu denen jeder Senator gehören wollte, wäre der übergroßen Anzahl der Prätorier verwehrt gewesen. Bereits in spätaugusteischer Zeit scheint der Druck dieser großen Gruppe von Prätoriern einer der Gründe dafür gewesen zu sein, der zur Wahl von ein oder zwei Suffektkonsuln pro Jahr geführt hat.[14] Später hat zudem wohl auch der Anstieg der Zahl der Provinzen mit mehr als einer Legion zu dieser Entwicklung beigetragen, da man wohl aus republikanischer Zeit her die Vorstellung hatte, ein Zwei-oder Dreilegionenheer könnte nur von einem Konsular befehligt werden. Das führte freilich nicht wie bei den Prätoren dazu, dass mehr Konsuln gleichzeitig im Amt gewesen wären; das war wegen des grundsätzlich kollegialen Charakters des Konsulats (den es bei der Prätur nie gegeben hat) nicht möglich. *Consules suffecti* waren auch in der republikanischen Zeit gelegentlich gewählt worden, aber stets nur als eine Ausnahme. Doch seit dem Jahr 5 n.Chr. wurden solche nachgewählten Konsuln zu einer bald regelmäßigen Erscheinung. Dabei wurde zunächst die Amtszeit der Konsuln, die am 1. Januar ihr Amt antraten, in den meisten Fällen auf ein halbes Jahr verkürzt und ein oder zwei *consules*

---

11 Wenn P. Paquius Scaeva in augusteischer Zeit mehr als eine dieser Funktionen in seinem *cursus honorum* anführt (CIL IX 2845 = D 915), dann ist das durch die Übergangszeit nach den Bürgerkriegen verursacht, als es wohl noch einen Mangel an entsprechenden Kandidaten gab.
12 Tac. ann. 1,14,4.
13 Unter Marc Aurel wurde die Stelle eines *praetor tutelaris/ius* geschaffen, dessen erster Inhaber C. Arrius Antoninus war: CIL V 1874 = D 1118; CIL VIII 7030 = D 1119.
14 Siehe dazu kurz bei DALLA ROSA 2015a, bes. 580 ff.

suffecti nachgewählt, die ebenfalls ein halbes Jahr amtierten. Doch schnell erhöhte sich die Zahl dieser *suffecti*, so dass schon unter Claudius sechs Konsuln: zwei *ordinarii*, vier *suffecti* pro Jahr ganz üblich wurden;[15] in manchen Jahren konnte deren Zahl auch deutlich ansteigen. Im Verlauf des 2. Jh. traten zumeist nicht weniger als acht, häufig aber zehn Konsuln im Jahr ihr Amt an.[16] Dass in einem Jahr 25 Konsuln ernannt wurden, wie das schließlich unter Commodus im Jahr 190 der Fall war, blieb eine Ausnahme.[17] Dennoch: Die massive zeitliche Fragmentierung der Amtszeit war das extremste Zeichen für den Bedeutungsverlust des Konsulats; denn die inhaltlichen Aufgaben hatten – wenn man von der Übernahme von Provinzkommandos während des Konsulats absieht – zumindest zunächst sogar zugenommen hatte.[18] Ganz im Gegenteil zum Bedeutungsverlust des Amtes wurde aber der Zugang zu ihm von den Kaisern besonders kontrolliert, weil diejenigen, die nach dem Amt zum Kreis der Konsulare gehörten, hohes Prestige in der Gesellschaft genossen und weil insbesondere aus ihren Reihen alle wichtigen Funktionsträger, zumal in den Provinzen mit den großen Heeresverbänden, genommen wurden.

Ebenfalls zu den aus der Republik überkommenen Funktionen zählten die Statthalterschaften in der Form der Prokonsulate. In allen Provinzen, die im Januar 27 v.Chr. nicht Augustus übertragen wurden, amtierten von da an Prokonsuln, obwohl die Mehrzahl noch nicht den Konsulat bekleidet hatte; doch die Bezeichnung Proprätoren, die in der Republik für selbstständige Provinzstatthalter üblich war, wurde nicht mehr verwendet.[19] In spätaugusteischer Zeit hatte sich die Zahl der Prokonsuln bei zehn eingependelt, acht von ihnen mit prätorischem Rang, zwei (in Asia und Africa) mit konsularem Rang. Üblicherweise wurden die Prokonsuln durch das Los im Senat ermittelt;[20] doch gerade bei den Prokonsulaten von Africa und Asia, den beiden bedeutendsten Provinzen dieser Kategorie, scheint niemand zur Losung zugelassen worden zu sein, der nicht auch die faktische Zustimmung des Kaisers dafür hatte. Tacitus übertreibt vermutlich die kaiserliche Einmischung in der Biographie seines Schwiegervaters Agricola, als es darum ging, ob dieser zur Losung um den Prokonsulat in Asia zugelassen wurde;[21] doch an dem grundsätzlichen Interesse des Herrschers daran, wer diese beiden Provinzen leitete, kann man nicht zweifeln. Andererseits wurde gerade bei diesen Prokonsulaten die Ancienntität, gerechnet nach dem Zeitpunkt der Bekleidung des Konsulats, offensichtlich weitgehend genau eingehal-

---

15 Siehe TORTORIELLO 2004.
16 Dazu ECK 2009; ECK 2009 g; ECK 2013.
17 Cass. Dio 73,12,4; vgl. BIRLEY 1988, 78.
18 Dazu DALLA ROSA 2015a, 558 ff.
19 Siehe z. B. noch CIL XII 1748 = CIL I 790 = D 884: *[L(ucio) Non]io L(uci) fil(io) [Asp]renati pro p[r(aetore) c]oloni et incolae patrono.*
20 Siehe etwa CIL IX 5533 = D 1011: *hic sorte [proco(n)s(ul) fac]tus provinciae Asiae se excusavit.* Vgl. CIL IX 2335 = D 961; CIL IX 2845 = 2846 = D 915; CIL IX 4119; SupIt 2 V, 7 = AE 1949, 152.
21 Tac. Agr. 42.

ten.²² Gerade in diesen Fällen zeigen sich die Grenzlinien zwischen rechtlichen Vorschriften auf der einen und politischer Kontrolle durch den Kaiser auf der anderen Seite als sehr flexibel. Begleitet wurden alle Prokonsuln von je einem Quästor, der ebenfalls durch Los ermittelt wurde,²³ und einem, im Fall von Asia und Africa von drei Legaten, die allerdings von den Prokonsuln selbst ernannt werden konnten. Deshalb findet man unter diesen Legaten nicht selten Söhne oder nähere Verwandte der Amtsinhaber.²⁴

Für alle diese Ämter galt weiterhin das republikanische Prinzip der Annuität (mit Ausnahme des Konsulats), von dem nur in sehr seltenen Fällen bei Prokonsuln abgewichen wurde; denn deren Amtszeit konnte, nicht anders als auch in der Republik, verlängert werden.²⁵

Insgesamt belief sich die Zahl dieser aus der Republik übernommenen Funktionen, die von Senatsangehörigen übernommen wurden,²⁶ seit dem späteren 1. Jh. auf 84 Positionen (wenn man acht Konsuln pro Jahr ansetzt), woran sich im Verlauf des 2. Jh. nichts Wesentliches geändert hat. Die größere Zahl dieser Funktionen wurden im Verlauf des 1. und 2. Jh. in ihrer Zuständigkeit fast ausschließlich auf die Stadt Rom beschränkt, soweit das nicht schon von Anfang an faktisch der Fall war. Nur die Prätoren hatten sich weiterhin mit juristischen Auseinandersetzungen aus ganz Italien zu befassen, was sogar noch der Fall war, als mit Marc Aurel die *iuridici* einen Teil solcher Aufgaben übernahmen.²⁷

2 Der republikanische *cursus honorum* und die Integration neuer Funktionen

Neben diese aus der Republik überkommenen Ämter treten schnell und in erheblichem Umfang neue Funktionen,²⁸ die allerdings nicht mehr allein von Senatoren

---

22 Man kann dies sehr deutlich an der Abfolge der Prokonsuln von Africa sehen: THOMASSON 1996, 20 ff.
23 Tac. Agr. 6; Suet. Vesp. 2,3. Vgl. CIL VI 1426, wo die Quästur ergänzt werden muss.
24 Siehe etwa CIL IX 4965 = D 1026; AE 1980, 357: leg(ato) pro pr(aetore) provinciae Ponti et Bithyniae proconsulatu patris sui; CIL VIII 7059 = D 1067: leg(ato) Rosiani Gemini [s]oceri sui proco(n)s(ulis) in Achaia; CIL IX 2335 = D 961 = AE 1990, 222: [leg(ati)] M(arci) Grani av(u)nculi sui provincia [Bithynia ..., leg(ato) Ma]rciani consobrini sui in provincia [Hispani]a ulteriore; CIL II 4510: ... eodem tem[pore] leg(ato) prov(inciae) Africae dioceseos Carthag(iniensium) proco(n)s(ulis) patris sui.
25 Relativ häufig finden sich verlängerte Prokonsulate in Africa und Asia, z. B. AE 1935, 32 = AE 1962, 121; AE 1997, 1588a; P. Petronius, *procos. Asiae* für sechs Jahre, PIR² P 269. Siehe dazu auch HURLET 2006, 24 ff.
26 Also ohne die Vigintiviri, die noch keinen Sitz im Senat hatten.
27 Unten bei Anm. 37 und 38.
28 Siehe besonders SYME 1958, I 19 ff., 59 ff.; II 637 ff.; ECK 1974 = ECK/PANCIERA 1996, 27 ff.; ALFÖLDY 1977, 95 ff.; BIRLEY 1981, 4 ff.; LEUNISSEN 1989, 24 ff.; CHRISTOL 1986. Beschränkt auf formale Aspekte der Quellen MAURIZI 2013.

übernommen werden, sondern zunächst langsam, dann in zunehmendem Tempo von Personen, die dem *equester ordo* angehören.[29] Im Kontext des hier zu behandelnden Themas werden allerdings vor allem die Senatoren betrachtet. Ein entscheidendes Charakteristikum dieser neuen Funktionsträger ist darin zu sehen, dass sie fast alle nicht mehr für die gesamte *res publica* zuständig sind, wie das zumindest theoretisch für die republikanischen Ämter gegolten hatte; sie waren vielmehr von Anfang an grundsätzlich auf bestimmte geographische Teile Italiens sowie des römischen Herrschaftsbereichs beschränkt, wozu auch die Konzentration auf bestimmte sachliche Themenfelder kommen konnte.

Es werden neue Funktionen
a. allein für die urbs Roma geschaffen,
b. für Italien als Herzland der römischen Bürger, für das theoretisch die republikanischen Magistrate zuständig waren, und schließlich
c. für einzelne Provinzen.

Ad a: Für Rom, das als Megalopolis jedes Maß für das Zentrum eines Stadtstaates gesprengt hatte,[30] ist die Zahl der neuen Funktionen besonders groß; sie gehen meist schon auf die augusteische Zeit zurück. Es sind die stadtrömischen, zunächst kollegial besetzten *curae: aquarum, alvei Tiberis, aedium sacrarum et operum publicorum*,[31] ferner der *praefectus urbi*, der immer konsularen Ranges war und dessen Funktionen sich teilweise auch auf einen Teil oder sogar ganz Italien erstreckten;[32] sodann die vermutlich vier prätorischen *praefecti frumenti dandi ex senatus consulto*, die je drei *praefecti aerarii Saturni* und *aerarii militaris*.[33] Insgesamt sind in diesen Funktionen mindestens 15 Senatoren tätig gewesen.[34]

b. Begrenzt sind die senatorischen Aufgaben, die sich allein auf Italien erstrecken: Seit Augustus werden *curatores viarum* ernannt, zunächst vielleicht nur vier, die als Kollegium handeln, später sind es wohl sieben *curatores*, die für je eine größere Straße zuständig waren und sämtlich nur prätorischen Ranges besaßen.[35] Mit Traian erscheinen meist konsulare *praefecti alimentorum*, die aber teilweise auch die Aufgaben eines *curator viarum* erfüllen.[36] Schließlich setzt Marc Aurel vier sogenannte *iuridici* ein, nachdem Hadrians Versuch mit vier kaiserlichen Legaten als Statthaltern in Ita-

---

29 Siehe dazu Pflaum 1950; Pflaum 1960; Pflaum 1982; Brunt 1983; Eck 2000b; Davenport 2019.
30 Vgl. dazu Kap. 26 in diesem Band.
31 Dazu Suet. Aug. 34; Frontin. aqu. 99 ff. Allgemein Bruun 1991; Kolb 1993; Kolb 2018; Bruun 2006; Lonardi 2013.
32 Wojciech 2010; Wojciech 2018.
33 Corbier 1974.
34 Eine genaue Zahl lässt sich nicht für den gesamten Zeitraum des 1.–2. Jh. angeben, da die *curae* später offensichtlich nur noch einstellig besetzt waren, während sie zunächst mehrere Senatoren auf verschiedenen Stufen ihrer Laufbahn umfassten.
35 Eck 1979, 25 ff.; Eck 1992 = Eck 1995a.
36 Eck 1979, 166 ff.

lien gescheitert war;[37] die vier *iuridici* werden zu einer akzeptierten Dauereinrichtung; im 3. Jh. wird ihre Zahl bis auf sechs oder sieben erhöht.[38]

c. Die wichtigsten neuen Aufgaben zielen auf die Provinzen. Seit der Regelung des Jahres 27 v. Chr., durch die Augustus Statthalter von mehreren Provinzkomplexen geworden ist, zunächst in seiner Stellung als Konsul, seit Mitte 23 v. Chr. mit einem *imperium*, das er in den Provinzen als prokonsulares ausübte. Da er nicht selbst dort sein konnte, musste er sich in seinen Provinzen vertreten zu lassen. Er übertrug diese Aufgaben nach dem von Pompeius in Spanien geschaffenen Vorbild an Senatoren, die die Amtsbezeichnung: *legatus Augusti pro praetore* erhielten.[39] Dabei ist *Augusti* zunächst natürlich nicht das Äquivalent für Kaiser, sondern ist als Name zu verstehen: Vertreter der Person, deren Name Imperator Caesar Augustus lautet. Von Anfang an hat Augustus dazu Senatoren prätorischen und konsularen Ranges herangezogen, zunächst sogar vor allem prätorischen Ranges, weil es, wegen der Beschränkung der Konsuln auf zwei pro Jahr ab dem Jahr 27 v. Chr., nicht genügend Senatoren entsprechenden Ranges gegeben hat. Während zunächst nur fünf oder sechs solcher Legaten eingesetzt wurden, stieg ihre Zahl bald deutlich an. Zunächst wurden unter Augustus Spanien und Gallien in mehrere Provinzen aufgeteilt; sodann aber wurden vor allem alle neueroberten oder neuerworbenen Gebiete wie etwa auf dem Balkan oder in Kleinasien dem Princeps unterstellt und folglich ebenfalls Legaten anvertraut (denn Präsidialprokuratoren ritterlichen Ranges gab es unter Augustus noch nicht). Sie waren Statthalter im vollen Sinne des Wortes, auch wenn sie kein unabhängiges *imperium* besaßen wie die Prokonsuln. In den meisten Provinzen, in denen Einheiten römischer Bürger stationiert waren, stand mehr als eine Legion, weshalb auch, sobald genügend Konsulare im Senat saßen, nur noch Senatoren dieses Ranges solche Provinzen leiteten; unter diesen kommandierten sodann eigene senatorische Kommandeure die einzelnen Legionen, *legati legionis* genannt, die ihre Aufgabe fast immer nach der Prätur erfüllten. Während es seit mittelaugusteischer Zeit Provinzen ohne jede Legionsbesatzung gab, die ebenfalls von Legaten des Augustus geleitet wurden, wie z. B. Lusitania auf der iberischen Halbinsel, oder die Aquitanica und die Lugdunensis in Gallien, entwickelten sich erst seit flavischer Zeit Provinzen wie Iudaea, Pannonia inferior, Arabia, Noricum oder Raetia, in denen nur eine Legion stand. Für diese Einheit wurde kein eigener Befehlshaber bestellt, vielmehr führte der Statthalter

---

37 CIL X 3870 = 4414 = AE 1985, 275; Eck 1991 = Eck 1995b, 315 ff.
38 Siehe Corbier 1973.
39 Die Literatur zu diesen Statthaltern ist enorm, da für viele Provinzen eigene Statthalterfasten vorliegen. Ein exemplarisches Werk ist Alföldy 1969. Alle Statthalter, allerdings nicht nur die *legati*, sondern auch die Prokonsuln sowie die ritterlichen Prokuratoren sind bei Thomasson 2009 (und Thomasson 20013) zu finden (mit der gesamten Literatur; eine elektronische Version von 2013 ist nicht allgemein zugänglich; in Köln wird versucht, sie weiterzuführen). Neuere Werke dieses Typs sind die beiden Bände von Piso 1993; Piso 2013; Thomasson 1996; Dąbrowa 1998; Birley 2005.

gleichzeitig das direkte Kommando über die Legion.⁴⁰ In einem Fall hat das zu dem Doppeltitel *legatus Augusti legionis X Fretensis et legatus pro praetore provinciae Iudaeae* geführt;⁴¹ ob auch in anderen Provinzen auf diese gemeinsame Aufgabe in der Titulatur hingewiesen wurde, lässt sich nicht erkennen. Zählt man alle senatorischen *legati* zusammen, also Statthalter unterschiedlichen Typs und Legionskommandeure, dann ergibt das am Ende der augusteischen Zeit vielleicht ein wenig mehr als 35 Personen, seit der Zeit Marc Aurels 50, die gleichzeitig als Vertreter des Kaisers in den Provinzen tätig waren. Die wenigen anderen Senatoren, je ein *iuridicus* in Nordspanien und in Britannien und zeitweise auch in der Großprovinz Galatia-Cappadocia, sind neben ihnen nur eine Randerscheinung.⁴²

Allen diesen Funktionen war gemeinsam, dass sie vom Princeps vergeben wurden und dass sie zeitlich nicht mehr an die republikanische Annuität gebunden waren; sie dauerten vielmehr alle so lange, wie es der Princeps bestimmte. Da dessen *imperium* bereits unter Augustus nicht mehr der Annuität unterworfen und seit Tiberius zeitlich unbefristet war, konnte auch die Stellvertretung in den Provinzen von vornherein rechtlich länger als ein Jahr dauern.⁴³ Allerdings bildete sich aus den praktischen Erfordernissen und den sozialen Erwartungen innerhalb der Senatoren bald Regeln heraus, die im Allgemeinen von den Kaisern beachtet wurden.

3 Die Entwicklung von faktischen Regeln innerhalb der senatorischen Laufbahn

Die republikanischen Magistraturen mit ihrer gesetzlich festgelegten Struktur bildeten das Gerüst, innerhalb dessen sich die kaiserzeitliche senatorische Laufbahn entwickeln konnte. Die neuen, erst durch die Principes geschaffenen Funktionen wurden in die vorgegebene Struktur eingefügt. Dabei hatte die Verschiebung des Normalters von Quästur und Prätur auf 25 bzw. 30 Jahre von vornherein die Folge, dass innerhalb dieses *quinquennium* neben Volkstribunat oder Ädilität kaum noch irgendwelche

---

40 Die Hispania Tarraconensis war in dieser Hinsicht eine Ausnahme, weil dort die einzige Legion doch einen eigenen Legaten erhielt, der dem Statthalter der Provinz unterstand. Dies erklärt sich aus der Zeit, als dort noch mehrere Legionen stationiert waren, und wohl auch durch die Größe der Provinz. Siehe ALFÖLDY 1969, 114 ff., 193 ff.

41 CIL III 12117 = D 1036; CIL X 6321 = D 1035. Es ist allerdings nicht ausgeschlossen, dass Pompeius Falco auf die Doppelfunktion hinwies, weil die Provinz während seiner Statthalterschaft eine zweite Legion erhielt und damit konsularen Ranges wurde, wobei er in dieser Situation ausnahmsweise als konsularer Legat auch noch die Legion kommandierte.

42 Siehe zu diesen *iuridici* ALFÖLDY 1969, 67 ff.; BIRLEY 2005, 268 ff.; ECK 2012b, 43 f. = in diesem Band Kap. 22.

43 Es ist unbekannt, ob unter Augustus, dessen Auftrag für die ihm anvertrauten Provinzen zeitlich noch auf zehn bzw. fünf Jahre befristet war, diese Befristung bei der Bestellung seiner Legaten eine Rolle spielte. Undenkbar ist das nicht, da Augustus oft peinlich genau auf die Einhaltung der Rechtsregeln geachtet hat.

anderen Aufgaben übernommen werden konnten, wohl dagegen in der recht langen Periode zwischen Prätur und dem möglichen Konsulat.

Welchen Platz die neuen Funktionen innerhalb dieses vorgegebenen Gerüstes einnahmen, hing von verschiedenen Faktoren ab. Eine Rolle spielte ohne Zweifel das sachliche Gewicht der Aufgaben, die mit einer Funktion verbunden waren. Die Überwachung der italischen *viae publicae* durch die *curatores viarum* hatte wohl wenig Bedeutung, so dass man die meisten *viae* noch relativ jungen Prätoriern anvertrauen konnte, wobei man allerdings für die wichtigsten Straßen wie die Appia und die Flaminia ältere Prätorier heranzog.[44] Wenig Gewicht sprach man auch der Verteilung des Getreides an die stadtrömische Bevölkerung zu, die den *praefecti frumenti dandi* übertragen wurde, eine Aufgabe, die früher von Ädilen geleistet worden war und die wegen ihrer kontinuierlichen Routine als belastend und wenig prestigereich angesehen wurde. Dagegen wurden offensichtlich die Funktionen, die den stadtrömischen *curatores* übertragen wurden und die früher zumeist mit der Censur oder dem Konsulat verbunden gewesen waren, als so angesehen eingeschätzt, dass Augustus und Tiberius dafür jeweils ein *collegium* einsetzten, das unter der Leitung eines Konsulars stand.[45] Diesem *collegium* gehörten dann auch Senatoren geringeren Ranges an, die diese Funktion sogar neben einem anderen stadtrömischen Amt ausüben konnten.[46] Recht bald wurde die kollegiale Einbindung aufgegeben, so dass von den Mitgliedern dieser *collegia* am Ende nur die konsularischen Amtsträger erhalten blieben.

Bei den Provinzstatthalterschaften bestimmte vor allem der Umfang des dort stationierten Heeres den Rang der Position, was gleichzeitig aber auch bedeutete, dass Veränderungen bei der Zahl der Truppen auch Auswirkungen auf das Gewicht und damit den Status einer Provinz haben konnte. So besaßen z. B. die beiden germanischen Provinzen während des 1. Jh. n.Chr. wegen der je vier dort stationierten Legionen und wegen der offensiven politisch-militärischen Ansprüche, die mit der Rheinfront bis in die domitianische Zeit hinein verbunden waren, neben Syrien (mit einer gleich großen Besatzung von vier Legionen) den höchsten Rang bei den Statthalterschaften.[47] Sex. Iulius Frontinus, Legat von Britannien zwischen 73/74 und 77, wo ebenfalls ein Vierlegionenheer stand, konnte deshalb wenige Jahre später zwischen ca. 81 und 83/84 auch noch Kommandeur des *exercitus Germanicus inferior* werden.[48] Das dortige Kommando konnte gegenüber der Statthalterschaft in Britannien als ein Aufstieg gesehen werden. Nach der Reduktion der Zahl der am Rhein stehenden Legionen von vier auf zwei unter Traian und Hadrian aber ging umgekehrt Platorius Nepos von Niedergermanien nach Britannien, wo immer noch drei Legionen

---

44 Siehe ECK 1979, 44 ff.
45 Siehe die Literatur oben Anm. 23.
46 Solche *collegia* z. B. genannt in: CIL VI 1267a-b (mit einem *tribunus plebis* unter den *curatores*); CIL VI 1237= 31544a = D 5925; CIL VI 31545 = D 5926; AE 1961, 138.
47 Siehe ECK 1985; DĄBROWA 1998.
48 ECK/PANGERL 2003; BIRLEY 2005, 68 ff.; ECK 2006c.

und zahlreiche Auxilien die Besatzung bildeten.⁴⁹ Britannien stand damit im 2. Jh. fast stets am Ende einer senatorischen Laufbahn ebenso wie Syrien, das bis zu Septimius Severus drei Legionen behielt.

Freilich musste nicht allein die Provinzbesatzung den Rang einer Provinz bestimmen. So behielt Dalmatia, wo bis in die flavische Zeit zwei Legionen gestanden hatten, auch nach dem Abzug aller dieser Einheiten – nach einem kurzen prätorischen Zwischenspiel – konsularen Rang,⁵⁰ nicht anders als die Hispania citerior/Tarraconensis, wo seit frühflavischer Zeit nur noch eine von ursprünglich vier Legionen zurückgeblieben war. Doch weiterhin wurden dorthin ältere Konsulare gesandt, die fast oder ganz am Ende ihrer Laufbahn standen.⁵¹ Hier spielten offensichtlich einmal die Größe des Territoriums und auch die Zahl der römisch organisierten Städte eine Rolle, so dass man es für nötig hielt, einen hochrangigen Senator dorthin zu senden, dem überdies neben dem Legionslegaten ein senatorischer *iuridicus* beigegeben wurde.⁵²

Das nicht absolute, sondern nur relative Gewicht, das die Besatzung für die Bedeutung und den Status einer Provinz hatten, zeigt sich auch bei einem anderen Provinztyp, zu dem etwa die Lusitania, die Aquitanica, die Lugdunensis sowie Lycia-Pamphylia und Cilicia gehörten. Alle diese Provinzen beherbergten keine Legion, sondern nur ein oder zwei kleine Auxiliareinheiten.⁵³ Dorthin gingen Senatoren zwischen der Prätur und dem Konsulat als kaiserliche Statthalter, nicht anders als in die Provinzen, in denen eine einzige Legion stationiert war. Doch wurde das Gewicht selbst dieser legionslosen Statthalterschaften so hoch eingeschätzt, dass sie zumeist an schon ältere Prätorier vergeben wurden, die sodann unmittelbar nach dem Ende Provinzstatthalterschaft zum Konsulat zugelassen wurden; seit dem späten 1. Jh. n.Chr. geschah das zunehmend sogar schon während dieses Provinzkommandos. Wenn diese Abfolge einmal nicht eintrat, dann muss dies Aufmerksamkeit erregen, weil der direkte Zugang zum Konsulat eben die Norm geworden war. Rangmäßig konnten mit diesen prätorischen kaiserlichen Statthalterschaften die Funktionen, die von Senatoren in der Stadt Rom oder in Italien bekleidet wurden, im Allgemeinen nicht konkurrieren, mit Ausnahme der Präfektur über das *aerarium Saturni*, dessen Inhaber in etwa gleicher Weise regelmäßig mit einem folgenden Konsulat rechnen konnten wie die prätorischen *legati Augusti pro praetore provinciae*.⁵⁴ Plinius d. J. ist ein bekanntes Beispiel für eine solche Beförderung von der Ärarpräfektur zu einem Konsulat.⁵⁵

---

49 BIRLEY 2005, 119 ff.
50 JAGENTEUFEL 1958.
51 ALFÖLDY 1969, 201 ff.
52 Siehe oben Anm. 32.
53 Besonders klar ist das für Lycia-Pamphylia bezeugt: CIL XVI 128; RMD I 67 = AE 2010, 1457; RMD III 161.
54 Siehe CORBIER 1974, 540 ff.
55 CIL V 5262 = D 2927.

Anders waren die Aussichten bei den Senatoren, die während ihrer prätorischen Laufbahn eine Statthalterschaft als Prokonsul übernahmen. Das waren jährlich acht Senatoren, fast die Hälfte der Prätorier jedes Jahrgangs. Diese Prokonsulate standen im Prestige im Allgemeinen unter den kaiserlichen Statthalterschaften; entweder endete für manche Senatoren ihre Laufbahn mit diesem Amt oder sie mussten noch eine weitere Funktion übernehmen, z. B. eine Statthalterschaft in einer kaiserlichen Provinz, bevor sie ihrerseits dann vielleicht zum Konsulat zugelassen wurden. Dabei kann man durchaus Unterschiede zwischen den einzelnen prätorischen Prokonsulaten feststellen, da diejenigen Senatoren, die eine Provinz wie Creta-Cyrenae verwalteten, normalerweise, wenn unsere Quellen den zutreffenden Einblick erlauben, weniger Chancen auf eine weitere Beförderung hatten als diejenigen in der südspanischen Baetica.[56] Die Gründe dafür sind nur indirekt zu erschließen und entsprechend unsicher. Doch dass es einen Unterschied machen konnte, in welcher Provinz man einen Prokonsulat übernahm, das lässt sich mit einiger Wahrscheinlichkeit erkennen. Ebenso kann man z. B. bei den *curatores viarum* sehen, dass es offensichtlich von Belang war, welche Straße ein Senator administrierte. Die *curatores* etwa der via Appia, also der ältesten *via publica*, und der via Flaminia, auf der ein erheblicher Teil des Landverkehrs nach dem Norden und den Donauprovinzen abgewickelt wurde, waren ältere Prätorier. Sie hatten größere Aussichten, in ihrer Laufbahn weiterzukommen, während die Chancen bei einem *curator viae Salariae* oder *Tiburtinae* allgemein geringer waren, ohne dass dies jedoch in jedem Einzelfall auch zutreffen musste.[57]

Aus der Analyse der senatorischen Laufbahnen hat die Forschung eine Art von Regelwerk destillieren können, nach dem jedes Amt und jede Funktion vergeben wurde, die sogenannten „Laufbahnregeln". Dabei muss man allerdings deutlich machen, dass dieses Regelwerk erst etwa ab der flavischen Regierungszeit für uns erkennbar wird. Für die julisch-claudische Periode sind die in der späteren Zeit nachweisbaren Regeln jedoch noch nicht zwingend, jedenfalls nicht in den Details; die Grundzüge sind aber bereits damals, manche sogar sicher schon in augusteischer Zeit entwickelt worden. Doch manche Details können erst dann wirksam geworden sein, wenn auch alle äußeren Umstände, d. h. vor allem die verschiedenen anderen amtlichen Funktionen, entsprechend entwickelt waren.

In der Forschung wurde ein recht langer Streit darüber ausgefochten, was denn das Wort „Laufbahnregeln" besagen kann und darf.[58] Ohne auf die Details der Auseinandersetzung einzugehen, kann man doch Folgendes festhalten: Regeln, Beförderungssystem oder ähnliche Bezeichnungen besagen nicht dasselbe, wie die rechtlichen Bestimmungen, die wir für die republikanischen Ämter kennen: also etwa zum Mindestalter oder zur Reihenfolge der Ämter, wie sie z. B. in den *leges annales* fest-

---

56 ALFÖLDY 1969, 261 ff.; ECK 1972/1973, 233 ff.; LEUNISSEN 1991.
57 Siehe oben Anm. 34.
58 Zuletzt zusammenfassend mit Anführung der Literatur ECK 2002a.

gelegt waren; solches gab es nicht für die seit Augustus neugeschaffenen Funktionen. Es wurden wohl auch nie schriftlich fixierte Beschreibungen darüber abgefasst, nach welchem Amt man ein anderes bekleiden konnte oder sollte.

Die Aussagen, die wir heute über die senatorische Laufbahn in den ersten zwei Jahrhunderten der Kaiserzeit machen können, beruhen auf der Zusammenschau vieler einzelner Quellen, vor allem, aber nicht allein von Inschriften unterschiedlicher Funktion, in denen die Laufbahnen von Senatoren mit den einzelnen Ämtern angeführt sind, jedenfalls bis zum Zeitpunkt, zu dem die einzelne Inschrift abgefasst wurde. Da diese Laufbahnen fast immer auf Selbstaussagen beruhen (wie auch z. B. die von uns heute benutzten *curricula vitae*),[59] sind sie, jedenfalls in den Grundtatsachen und der zeitlichen Abfolge, zumeist vertrauenswürdig. Das heißt nicht, dass in solchen *cursus honorum* nicht auch die eine oder andere Manipulation oder Vertuschung zu verzeichnen ist.[60] So werden vor allem die Namen von Kaisern verschwiegen, deren Andenken nach ihrem Tod auf Beschluss des Senats getilgt wurde. Entsprechend fehlt z. B. in den Inschriften von Tacitus und Plinius bei der Nennung der Quästur der Name des Kaisers, in diesem Fall von Domitian, für den beide als *quaestor imperatoris* tätig gewesen waren. Beide nennen jedoch die Stellung als solche, nur sozusagen entpersonalisiert im Hinblick auf den Kaiser: *quaestor imp(eratoris)* bzw. *[quaesto]ri Aug(usti)*.[61]

Aus den Hunderten von *cursus honorum*, die uns heute bekannt sind, lassen sich recht klare Einsichten gewinnen. So ist vor allem zu erkennen, dass schon die Ämter am Beginn der Laufbahn, im sogenannten Vigintivirat, im Allgemeinen etwas dazu aussagen können, wie sich eine Laufbahn wohl weiterentwickeln würde.[62] Wer als junger Angehöriger des *ordo senatorius* von den Positionen des Vigintivirats die eines Münzmeisters, eines *triumvir monetalis*, erhielt, und dann vielleicht sogar noch Quästor des Kaisers wurde, bei dem folgt üblicherweise eine prätorische Laufbahn, die sich recht schnell entwickelte. Nach zwei oder drei Positionen, einem Legionskommando, vielleicht einer weiteren Funktion und einer kaiserlichen Statthalterschaft führte die Laufbahn dann meist direkt zu einem Konsulat; anschließend konnte der Senator mit ziemlicher Wahrscheinlichkeit die Übertragung weiterer konsularer Aufgaben in Rom und den Provinzen erwarten.[63] Andere dagegen, die als Vigintivir nur die geringer

---

59 Dazu ECK 1995 g = ECK 2010b.
60 Von Fehlern bei der Übermittlung der *cursus* oder Unachtsamkeiten eines Steinmetzen einmal abgesehen.
61 Für Plinius D 2927; für Tacitus CIL VI 41106. Auf diese Thematik kommt auch MAURIZI 2013 zu sprechen.
62 Das wurde zum ersten Mal durch Eric BIRLEY deutlich herausgestellt: E. BIRLEY 1954.
63 Dabei ist klar, dass die Abfolge *triumvir monetalis – quaestor Augusti* auch nicht selten bei patrizischen Senatoren vorkommt – doch bei diesen verläuft der *cursus* dann wegen ihres speziellen Status innerhalb des *ordo senatorius* völlig anders. Sie erhalten kaum irgendwelche anderen Ämter, vor allem nicht nach dem Konsulat, weil sie auch nicht die entsprechenden Voraussetzungen mitbringen konnten. Es fehlten ihnen bestimmte konkrete Erfahrungen, die vor allem während der prätorischen

geschätzte Funktion eines *triumvir capitalis* erhielten,[64] mussten sich entweder auf eine längere Laufbahn mit mehr Aufgaben einstellen oder auch darauf, dass sie nach einer oder zwei prätorischen Funktionen am Ende ihrer Laufbahn angekommen waren.

All diese Aussagen sind nur relativ gültig, d. h. sie treffen in der *Mehrzahl* der Fälle so zu, doch kann es immer wieder Ausnahmen oder Ausreißer geben, also Fälle, die sich ganz anders entwickelten als die sonstigen Beispiele. So begann der schon genannte Aulus Platorius Nepos[65] zwar seinen Cursus als *triumvir capitalis*; er hätte also „unter normalen Umständen" keine besonders aufregende Laufbahn zu erwarten gehabt, vor allem nicht mehrere kaiserliche Statthalterschaften in konsularen Provinzen. Doch als er anschließend an dieses gering geschätzte Amt in Mainz als Militärtribun der *legio XXII Primigenia* diente, ist er vermutlich im Jahr 98/99 dem damaligen Statthalter Iulius Servianus, einem Verwandten Traians und Hadrians aufgefallen, der ihn seinerseits Traian empfahl, der Platorius schließlich wohl zu seinem persönlichen Quästor machte. Die weitere Laufbahn, die ihn bis zur Statthalterschaft von Britannien führte, entsprach dann diesem zweiten Amt, nicht der Funktion im Vigintivirat.[66] Umgekehrt war ein Minicius Natalis Quadronius Verus, Sohn eines Konsuls im Jahr 106, am Anfang seiner Laufbahn höchst erfolgreich, u. a. als Quästor Hadrians im Jahr 121/122. Doch dann verlief seine Laufbahn recht zögerlich, es kam nicht zu dem schnellen Fortkommen, wie man es auf Grund der Anfänge hätte erwarten können. Seine prätorische Laufbahn weist zwar nur zwei, vielleicht drei prätorische Ämter auf, die jedoch nicht sehr zukunftsweisend waren. Erst im Jahr 139, also recht spät im Verhältnis zum hoffnungsvollen Beginn der Karriere, kam er schließlich zu einem Suffektkonsulat, obwohl er als Sohn eines hochangesehenen konsularen Vaters vielleicht einen ordentlichen Konsulat hätte erwarten können. Auf den Konsulat folgten dann, nach der enttäuschenden prätorischen Laufbahn etwas überraschend, die Statthalterschaft in Niedermösien und der Prokonsulat in Africa.[67] Vielleicht hat irgendein Ereignis das Verhältnis des jungen Senators zu Hadrian verschlechtert, was man vielleicht daraus schließen könnte, weil sowohl der Suffektkonsulat als auch die weiteren konsularen Ämter erst nach dem Wechsel zu Antoninus Pius folgten. Man kann freilich auch nicht ausschließen, dass er von einer langwierigen Krankheit betroffen war, die erst spät überwunden wurde und dann eine Fortsetzung der Laufbahn möglich machte. Weder der eine noch der andere Grund erscheint natürlich in unseren Inschriften mit den *cursus honorum*. Diese Beispiele zeigen aber, dass niemand die Einhaltung der Regeln erzwingen konnte, vielmehr

---

Laufbahn erworben wurden. Lediglich ein konsularer Prokonsulat in Asia oder Africa konnte bei ihnen nach dem Konsulat noch als wichtige Aufgabe folgen.

64 Zum Amt seit republikanischer Zeit CASCIONE 1999.
65 Oben Anm. 49.
66 Siehe auch BIRLEY 2005, 119 ff.
67 D 1061; zum Konsulat im Jahr 139: ECK/PANGERL 2007 = AE 2007, 1786; CIL XVI 175; BEUTLER 2010; KRIECKHAUS 2003.

waren diese, da nicht offiziell formuliert, im Einzelfall – positiv oder negativ – flexibel zu verändern.

Das ändert nicht, dass es die Regelmäßigkeiten gegeben hat, sie sind nicht zu leugnen. Zu fragen ist, worauf sie zurückzuführen sind? Sind sie reiner Zufall, wie man teilweise gemeint hat, oder verweisen sie auf eine rationale Realität in der kaiserzeitlichen Personalpolitik? Reiner Zufall kann nicht zu den beobachtbaren Regelmäßigkeiten führen. Die überlieferten Laufbahnen stammen aus zu unterschiedlichen Jahrzehnten mit wechselnden Kaisern und damit auch je wechselnden Beratern (siehe unten). Wenn dennoch bestimmte Regeln unter normalen Umständen über weit mehr als ein Jahrhundert hinweg ihre Wirkung entfalteten, dann müssen sie auf Kriterien beruhen, die allen vertraut und auch für alle „verpflichtend" waren. So kann es kein Zufall sein, dass es zwar recht viele Fälle gibt, in denen derselbe Senator zuerst als *praefectus aerarii militaris* amtierte und danach als *praefectus aerarii Saturni*, während sich die umgekehrte Reihenfolge nie findet.[68] Genauso war es eine allseits bekannte Regel, dass die *praefecti aerarii Saturni* direkt zum Konsulat befördert wurden, manchmal sogar noch während dieser amtlichen Funktion, nicht anders als etwa die Kommandeure der *legio III Augusta*, des Quasistatthalters von Numidien, oder die Legaten von Pannonia inferior.[69] Diese Abfolgen sind so regelmäßig, dass das Wissen darum und die Notwendigkeit, immer wieder dieselben Beförderungen auszusprechen, zum verpflichtenden politischen Know-how der aufeinander folgenden Kaiser und ihrer Berater gehört haben muss. D.h. nicht, dass man nicht im Notfall von diesem Regelsystem Abstand nehmen konnte, ja vielleicht sogar musste; aber dann waren zwingende Gründe vorhanden, die zum „Regelbruch" führten, was dann auch nach außen vermittelt werden konnte.

Um diese Aussage zu untermauern, seien nochmals zwei Beispiele aus dem Kontext der Provinz Britannien angeführt. Diese Provinz mit ihren drei Legionen und rund 50 Auxiliareinheiten war im 2. Jh. eine der beiden höchsten für einen kaiserlichen Statthalter erreichbaren Positionen, in etwa wiederum vergleichbar mit der in Syrien. Nach dieser Statthalterschaft konnte ein Senator nur noch einen Prokonsulat in Africa oder Asia übernehmen, nicht mehr jedoch eine andere kaiserliche Statthalterschaft, etwa gar in einer Provinz mit weniger Militär. Das wäre so, wie wenn man heute einen Viersternegeneral auf einen Posten versetzte, der sonst von einem Zweisternegeneral eingenommen wird: die Versetzung würde ohne dringende Gründe als eine Degradierung ausgelegt werden. Doch im Notfall ist alles möglich gewesen. Cn. Minicius Faustinus Sex. Iulius Severus, *cos. suff.* im Jahr 127, vielleicht sogar noch während seiner prätorischen Statthalterschaft in Dacia superior, amtierte nach seinem Konsulat als Legat von Moesia inferior an der unteren Donau zwischen 128 und 129/130 und wurde von dort als Statthalter nach Britannien versetzt.[70] Doch schließlich

---

[68] Siehe CORBIER 1974, 522ff., 596ff.
[69] THOMASSON 1996, 15ff., 133ff.; FITZ 1993, II 463ff.
[70] Zur Dauer seiner Statthalterschaft in Moesia inferior siehe ECK/PANGERL 2020. In Britannien: AE 2010, 1856.

beendete Hadrian im Jahr 133 nicht nur seine dortige Aufgabe, er sandte ihn vielmehr nach Iudaea, eine Provinz mit nur zwei Legionen und 15 Auxiliareinheiten, rund 20.000 Soldaten; in Britannien lagen mindestens 40.000 Mann. Doch in Iudaea machte der Bar Kochba Krieg Rom außerordentliche Schwierigkeiten; in dieser Situation wurden die sonst üblichen Regeln außer Kraft gesetzt und Severus in diese rangmäßig geringer eingestufte Provinz gesandt, weil die Umstände es erforderten. Cassius Dio gibt als Begründung für diese außergewöhnliche Versetzung an, Hadrian habe seinen besten Feldherrn in Iudaea gebraucht, um des Aufstandes Herr zu werden.[71] Fast identisch ist der Fall des M. Statius Priscus Licinius Italicus. Nach dem Konsulat im Jahr 159 ging er unmittelbar in die Provinz Moesia superior, eine Zweilegionenprovinz. Nach weniger als zwei Jahren wurde er bereits nach Britannien gesandt, wo ein Krieg drohte.[72] Doch trotz dieser wichtigen Aufgabe verließ er die Provinz nach weniger als einem Jahr, weil im Osten nach der katastrophalen Niederlage des Sedatius Severianus in Kappadokien gegen die Parther ein militärisch befähigter Statthalter nötig war.[73] Die Provinz Cappadocia mit zwei Legionen und rund 15 Auxiliareinheiten kam üblicherweise in einer senatorischen Laufbahn direkt nach dem Konsulat, nicht aber nach Britannien, der Topposition für einen Senator. Doch auch hier erzwang die militärische Not den „Regelbruch".

Gerade im „Regelbruch" aber zeigt sich, dass üblicherweise die Regeln bekannt waren und auch von den Kaisern eingehalten wurden. Sie waren in keiner Weise rechtlich fixiert, doch sie waren durch die immer wiederholte konkrete Praxis im Bewusstsein der Senatoren verankert und entfalteten so ihre Wirkung. Jeder, der eine Funktion innehatte, wusste, wie es bei seinen Vorgängern weitergegangen war, zu welcher Funktion diese weiterbefördert worden waren. Das lebendige Bewusstsein von diesen Regeln konnte vor allem dadurch entstehen, weil auf keiner Stufe einer senatorischen Laufbahn allzu lange Amtszeiten üblich waren. Mehr als drei Jahre waren in allen Bereichen eher ungewöhnlich;[74] andernfalls hätten einige wenige die Positionen blockiert und andere hätten keine Chance gehabt, in ihrer Laufbahn voranzukommen. Gerade bei den Ehrgeizigen unter den Senatoren (aber auch unter den Rittern) hätte dies zu unnötigen Verstimmungen geführt.[75] So wusste man im kollektiven Gedächtnis der Senatoren sehr genau, was üblich war und was nicht. Regelverstöße konnte es geben, doch diese hatten, wenn sie nicht aus einer einsichtigen

---

71 Cass. Dio 69,13,1 f.; vgl. Eck 2007e, 42 ff.
72 HA Aur. 8,7.
73 D 1092; Birley 2005, 151 ff.; Piso 1993, 66 ff.
74 Aber es gab solche längeren Zeiten, meist wohl aus konkreten sachlichen Überlegungen, die für uns aber nur selten zu erkennen sind. Wenn Minicius Natalis von 112 bis 117 n. Chr. in Pannonia superior das Kommando führte (Thomasson 2009, 38 Nr. 18:027), hängt dies mit größter Wahrscheinlichkeit damit zusammen, dass Traian damals viele der militärisch erfahreneren Senatoren im Osten gegen die Parther einsetzen musste.
75 Einen prägnanten Hinweis auf den Ehrgeiz von Senatoren gibt Sen. dial. 5,31: *Dedit mihi praeturam, sed consulatum speraueram; dedit duodecim fasces, sed non fecit ordinarium consulem; a me numerari uoluit annum, sed deest mihi ad sacerdotium; cooptatus in collegium sum, sed cur in unum?*

Notsituation erwuchsen (wie bei den beiden Transfers eines Statthalters von Britannien nach Iudaea bzw. Cappadocia) leicht negative Rückwirkungen zur Folge. Solche konnten den Kaisern normalerweise nicht willkommen sein. Fast jeder Herrscher versuchte, ohne allzu große Spannungen mit der Mehrheit der Senatoren zu leben. Sie waren schließlich bis weit ins dritte Jahrhundert hinein die wichtigsten Träger seiner gesamten Politik. Gestaltete er seine Personalpolitik so, dass die Masse der Senatoren das erhielt, was die meisten als erwartbar ansahen, d.h. gab es keine eklatanten Verstöße gegen die allen vertrauten Regeln, dann waren bereits viele Konflikte vermieden.

4 Der Vergleich mit den ritterlichen Funktionsträgern

Bereits unter Augustus wurde die bis in die Spätzeit der Republik zwingende Regel durchbrochen, dass politisch-militärische Aufgaben nur durch Volkswahl vergeben werden konnten und dass diese Personen sodann dem Senat angehörten.[76] Die mit Augustus begonnenen und später weitergeführten Änderungen waren die Folge der Konzentration von Macht und öffentlichen Aufgaben (*curae*) in den Händen von Augustus. Zwei Beispiele sollen dies deutlich machen.

27 v.Chr. wurden Augustus, wie schon kurz erwähnt, verschiedene Provinzkomplexe auf der iberischen Halbinsel, in Gallien sowie in Syrien übertragen. Die konkreten Aufgaben wurden dort von seinen Legaten übernommen, aber der nominelle Statthalter des *populus Romanus* war Augustus selbst. Er erhielt als Konsul und dann offensichtlich auch als Promagistrat seiner *provincia* zwei eigene Quästoren (die sich *quaestores Augusti* nannten) zugewiesen, die allerdings in seiner Nähe blieben, eben beim Imperiumsträger, nicht anders als dies Provinzquästoren unter den Prokonsuln taten. Die Legaten des Augustus aber, zunächst vielleicht nur fünf, bald aber mehr, erhielten keinen Quästor, der für die finanziellen Aufgaben in der Provinz zuständig gewesen wären. Dazu hätte im Übrigen die seit spätrepublikanischer Zeit übliche Zahl von 20 Quästoren nicht ausgereicht. Zwar war es in der cäsarischen und triumviralen Zeit zu wahren Exzessen bei der Bestellung solch niederer Amtsträger gekommen. Doch wohl bereits 28/27 v.Chr. hatte man die traditionelle Zahl von 20 Quästoren wiederhergestellt. Andererseits waren die fiskalisch-finanziellen Aufgaben, die in den prokonsularen Provinzen, wie in der Republik üblich, weiterhin die Quästoren übernahmen, auch in den Provinzen, in denen Legaten als Statthalter amtierten, zu erledigen, also die Kontrolle des Steuereingangs und die Versorgung der Truppen mit Sold und dem sonstigen benötigten Material. Wohl von Anfang an hat Augustus diese Aufgabe in seinen Provinzen Personen übertragen, die seine persönlichen Vertrauten waren, aber nicht dem Senat angehörten. Die Form war die des *procurator*, also eines

---

[76] Auch Caesar hatte bereits Personen nicht-senatorischen Ranges mit wichtigen Aufgaben betraut; doch war daraus noch keine sich ständig wiederholende Tradition geworden.

privatrechtlichen Geschäftsverhältnisses.[77] Angesichts der Bedeutung der von den Prokuratoren des Princeps ausgeübten Funktionen und der Beauftragung durch den alles überragenden Princeps gewannen diese, obwohl nur Ritter, schnell eine Stellung, die in gewisser Hinsicht der der Legaten nicht unähnlich war: Beide vertraten den eigentlichen Statthalter der Provinz, den Princeps. Ihre Funktionen gewannen damit öffentlichen Charakter, zumal sie kontinuierlich ausgeübt wurden.

Gleiches ist beim *praefectus annonae* zu beobachten: Augustus hatte bereits im Jahr 22 v.Chr. die *cura annonae* für die Stadt Rom übernommen,[78] jedoch keine weitere Person mit seiner Vertretung beauftragt, wie das Pompeius bei seiner fünfjährigen *cura annonae* getan hatte. Erst als nach mehreren Hungersnöten klar wurde, dass jährlich wechselnde Amtsträger wie die Ädilen oder ad hoc ernannte Konsulare wie im Jahr 6 und 7 n.Chr. keine genügende Sicherheit bei der Versorgung mit Getreide gewährleisteten, beauftragte Augustus, wohl im Jahr 8 n.Chr., einen *praefectus annonae* mit dieser Aufgabe, eben als seinen Vertreter.[79] Dieser war ritterlichen, nicht senatorischen Ranges, gehörte also nicht zu denen, die irgendwann einmal durch Volkswahl legitimiert worden waren. Seine Zuständigkeit ruhte allein auf der persönlichen Beauftragung durch den Princeps. Doch angesichts der Wichtigkeit für die Versorgung der stadtrömischen Bevölkerung wurde seine Tätigkeit sogleich als eine öffentliche angesehen. Bei der Beschreibung des Übergangs der Herrschaft von Augustus zu Tiberius nennt Tacitus neben den beiden Konsuln die zwei Ritter *Seius Strabo et C. Turranius, ille praetoriarum cohortium praefectus, hic annonae.*[80] Die beiden hohen ritterlichen Funktionsträger werden unmittelbar neben den beiden höchsten Magistraten der *res publica* genannt, eine Konsequenz der ihnen übertragenen Aufgaben. Ihre Stellung hatte sogleich den Rahmen einer privaten Verantwortung gesprengt.

Mit diesen und einigen weiteren schon von Augustus geschaffenen Funktionen war das bisherige Monopol der Senatoren, dass nur sie leitende Aufgaben für die *res publica* erfüllen konnten, gebrochen.[81] Im Verlauf des 1. und auch noch des 2. Jh. n.Chr. wurden immer mehr derartige Positionen geschaffen, die in Rom, Italien und den Provinzen Aufgaben für den Princeps übernahmen, fast immer mit der Funktionsbezeichnung *procurator*. Der öffentliche Charakter dieser Tätigkeit, der sich in allen Bereichen sehr schnell zeigte, wird durch nichts deutlicher gemacht als durch die Übertragung richterlicher Kompetenzen, die sie zumindest für den eigenen Funktionsbereich schon seit der Regierungszeit von Kaiser Claudius ausüben konn-

---

77 PFLAUM 1950, 3 ff; zum Folgenden siehe schon Kap. 14.
78 R. Gest. div. Aug. 5; Cass. Dio 54,1,4.
79 PAVIS D'ESCURAC 1976. Zum *praefectus vigilum* seit dem Jahr 6 n.Chr. siehe SABLAYROLLES 1996.
80 Tac. ann. 1,7,2.
81 Die Bestellung eines Ritters als Statthalter in Ägypten wirkte nicht als Modell für die Entwicklung der ritterlichen Funktionen. Diese Maßnahme wurde auf Grund der noch ungeklärten Machtfrage ergriffen und durch ein eigenes Gesetz abgesichert. Bei der Bestellung der späteren ritterlichen Funktionsträger geschah dies nicht, weil es dazu weder eine rechtliche noch eine politische Notwendigkeit gab.

ten.⁸² In der Mitte des 2. Jh. hat die Zahl der aus dem Ritterstand kommenden Amtsträger die der senatorischen bereits eingeholt.⁸³ Frühzeitig übernahmen diese Ritter auch die bisher nur bei Senatoren übliche Methode der Selbstdarstellung, indem sie in öffentlich aufgestellten Inschriften alle ihre Funktionen im Dienst des Princeps anführen ließen.⁸⁴

Im Unterschied zu allen senatorischen Funktionen gab es für die ritterlichen keinerlei gesetzliche Vorschriften, wann und in welcher Form eine Aufgabe übernommen werden sollte, es gab keine Altersvorschriften, keine Bestimmungen über Intervalle, die zwischen aufeinander folgenden Positionen vielleicht einzuhalten waren. Die Ernennung zu einer Funktion ging stets und unbestritten vom Princeps aus. Dennoch entwickelte sich noch im 1. Jh. eine Art ritterlicher Cursus, in dem die einzelnen Funktionen einen relativ klaren Platz erhielten, in ähnlicher Form, wie das beim senatorischen *cursus honorum* zu beobachten ist. Auch bei den Rittern gab es wie bei den Senatoren keine Trennung nach militärischen und zivilen Aufgaben. Dort, wo Ritter die Funktion als Statthalter übernahmen, in Provinzen wie z. B. den beiden Mauretaniae, in Raetia oder Noricum (nur bis in die Zeit Marc Aurels), kommandierte der Präsidialprokurator wie ein Legat die in der Provinz stehenden Militäreinheiten. Gleichzeitig war er für alle anderen Aufgaben in der Provinz zuständig, einschließlich des Gerichtswesens und des Einzugs der Steuern – dies eine deutliche Ausnahme gegenüber den von senatorischen Legaten administrierten Provinzen.⁸⁵ Allerdings standen in diesen Provinzen (wenn man vom Sonderfall Ägypten absieht) nur Hilfstruppen, keine Legionen; das Kommando über diese Bürgertruppen wurde bis zu Gallienus weiterhin allein Senatoren anvertraut.

Das Prinzip, nach dem den einzelnen Funktionen ihre rangmäßige Position in der ritterlichen Laufbahn zugemessen wurde, bemaß sich auch hier nach dem Gewicht der Aufgaben, hier vor allem im fiskalischen und militärischen Bereich, ferner nach der Größe der Provinz. Denn natürlich besaß die Präsidialprokuratur in einer der großen Provinzen Mauretania Caesariensis oder Tingitana ein anderes Gewicht als eine ritterliche Statthalterschaft in einer der kleinen Alpenprovinzen oder in dem winzigen Epirus. Ferner hatten die Funktionen, die in der unmittelbaren Umgebung des Kaisers ausgeübt wurden, wie die Stellung eines *ab epistulis*, *a libellis* oder *a rationibus*, eine besondere Bedeutung, weshalb sie auch normalerweise an Ritter, die ihre allgemeine Kompetenz und Loyalität bereits in früheren Stellungen bewiesen hatten, vergeben wurden.⁸⁶ Die Loyalität war im Übrigen ein Faktor, der bei allen wichtigen Positionen – senatorischen oder ritterlichen – größte Bedeutung hatte. Doch auch bei den ritterlichen Funktionen geschah die Beförderung von einem zum anderen Posten nicht willkürlich, sondern offensichtlich nach erkennbaren Kriterien. Und wie bei den Se-

---

82 Tac. ann. 12,60. Dazu ECK 1994 = Eck 1998.
83 ALFÖLDY 1981; ECK 1998a = ECK 2000b.
84 Das Material bei PFLAUM 1960.
85 Siehe jetzt FAORO 2011.
86 Dazu ausführlich ECK 1998a, 92ff.

natoren erlebten diejenigen, die Teil dieses Systems waren, sehr konkret, wer, wann, an welcher Stelle seiner Laufbahn eine bestimmte Aufgabe erhielt, was sogleich als Modell für die Zukunft, oft die eigene Zukunft des Beobachters angesehen wurde.

Diese Regelmäßigkeit führte zu zwei wichtigen strukturellen Ergebnissen: Zum einen konnten die Ritter, die in diesem System tätig waren, sehen, wie sich ihre Laufbahn unter den üblichen Bedingungen gestalten würden; das schützte sie im Allgemeinen vor Willkür, auch von Seiten des Kaisers, nicht anders als bei den Senatoren. Zum andern schufen sich die Kaiser auf diese Weise auf allen Stufen der Laufbahn Funktionsträger, bei denen sie einigermaßen sicher sein konnten, dass sie entsprechende Erfahrungen für ihre weitere Tätigkeit in höheren Positionen gesammelt hatten.[87] Ferner ließ der rhythmische Wechsel von einer Funktion zur andern keine Hausmacht einzelner Ritter entstehen, die schwer hätte kontrolliert werden können, erneut wie bei den Senatoren. Nur bei der Prätorianerpräfektur sieht man eine gegenteilige Praxis. Deren Inhaber konnten oft sehr lange im Amt bleiben, was schon mit Seian unter Tiberius begann, sich über Afranius Burrus unter Claudius und Nero fortsetzte bis zu Gavius Maximus unter Antoninus Pius, der zwanzig Jahre Präfekt blieb.[88] Doch wusste schon Augustus, welche politische Gefahr mit dem Amt verbunden war. Die Kollegialität bei den Prätorianerpräfekten war durchaus von Anfang an als Mittel gegen Machtmissbrauch eingeführt worden, zunächst vor allem beim Kommando über die Verbände der Prätorianer, die das einzige militärische Kontingent war, das unmittelbar in Rom stationiert war, bald aber auch insgesamt beim Zugriff auf die Machtmittel um den Kaiser.

5 Der Princeps und die senatorisch-ritterlichen Amtsträger

Das traditionelle republikanische System der Amtsträger, der Art ihrer Bestellung und ihrer sozio-politischen Zugehörigkeit wurde schnell von einem neuen System abgelöst, dessen Grundlagen sämtlich schon unter Augustus gelegt wurden, wenn auch oft nur in den ersten Ansätzen.[89] Diese Anfänge wurden im gesamten 1. und 2. Jh. kontinuierlich weiterentwickelt.[90]

Die republikanischen Magistraturen blieben, wenn man von der Censur absieht, formal alle erhalten, doch änderte sich die Art, wie die Amtsträger von den Quästoren bis zu den Konsuln bestellt wurden, in fundamentaler Weise. Zwar blieben Reste der

---

87 Das hieß freilich nicht, dass sie spezielle Kenntnisse erworben hätten. Angebliche Spezialisten in der Administration, von denen in der Forschung immer wieder gesprochen wurde, waren, soweit es sie überhaupt gab, zufällig zu ihrem Wissen gekommen, nicht aber planmäßig; Spezialistentum war keine Absicht der kaiserlichen Personalpolitik; siehe Eck 2001b; Eck 2011a. Für die Entwicklung im 3. Jh. ist vor allem Eich 2005 heranzuziehen.
88 Siehe zum schnellen Überblick Absil 1997.
89 Zu diesem Komplex siehe die sehr grundsätzliche Untersuchung von Millar 1977.
90 Eck 2014b.

Volkswahl zumindest bis ins 2. Jh. hinein bestehen,⁹¹ doch die eigentliche Wahl fand seit Tiberius im Senat statt, wobei zumindest die Zulassung zur Wahl schon seit spätaugusteischer Zeit vom Princeps kontrolliert wurde, zumindest für die höheren Ämter. Wer Konsul wurde, war von 27 v.Chr. an nicht mehr dem Zufall überlassen worden. Doch gerade der Konsulat verlor durch die Bestellung von immer mehr *consules suffecti* und die daraus folgende massive Verkürzung der Amtszeit seinen inhaltlichen Wert,⁹² gewann aber zunächst an formaler Bedeutung, weil er für alle Senatoren die Voraussetzung für den zukünftigen Cursus wurde. Andererseits wurden nur noch Senatoren zugelassen, die entsprechende Voraussetzungen in ihrer vorausgehenden Laufbahn, vor allem im Dienst des jeweiligen Kaisers, aufweisen konnten.

Die beherrschende Stellung des Kaisers auch bei den republikanischen Ämtern wurde auch nicht unterdrückt, sondern sogar offensiv herausgestellt, indem man sich z.B. *candidatus* des Kaisers nannte. In claudisch-neronischer Zeit sagte etwa ein P. Tebanus Gavidius Latiaris in einer Weiheinschrift an die Göttin Feronia von sich: *per omnes honores candidatus Augustor(um)*.⁹³ Und in der Grabinschrift des Ti. Plautius Silvanus Aelianus wird ohne Problem formuliert: *Hunc in eadem praefectura urbis Imp(erator) Caesar Aug(ustus) Vespasianus iterum co(n)s(ulem) fecit:*⁹⁴ Vespasian hat ihn zum zweiten Mal zum Konsul gemacht. Formal war dies wohl unzutreffend, da es ohne Zweifel im Senat einen Wahlakt gegeben hatte, der unter dem rechtlichen Aspekt entscheidend war; inhaltlich aber war die Aussage natürlich richtig, da niemand sich dem Wunsch des Kaisers in einer solchen Sache widersetzen konnte. Es ist bezeichnend, dass auch bei manchen der neuen Funktionsträger, also den *praefecti aerarii* oder den stadtrömischen *curatores* zunächst die Beteiligung des Senats bei der Bestellung vorgesehen war, ebenso bei der Durchführung ihrer Tätigkeit.⁹⁵ Die *praefecti frumenti dandi* tragen den Zusatz *ex s(enatus) c(onsulto)*, was darauf hinweist, dass sie im Senat bestimmt wurden. Wie lange diese Beteiligung des Senats wirklich beibehalten wurde, bleibt unsicher, sie ist aber sicher schon im Verlauf des 1. Jh. verschwunden; die sprachliche Form änderte sich jedoch nicht.

Die Masse aller und vor allem der machtmäßig wichtigsten Funktionen aber wird fast von Beginn an vom Princeps direkt zugewiesen, was sich formal auch darin äußert, dass er deswegen ein persönliches Schreiben, *codicilli*, an den neuen Amtsträger richtet. Tacitus behauptet so in der Biographie seines Schwiegervaters Cn. Iulius Agricola, einige hätten berichtet, Domitian habe, da er unsicher gewesen sei, ob Agricola seinem Befehl zur Rückkehr von seiner *legatio* in Britannien Folge leisten

---

91 Siehe etwa die ideologisch überhöhte Darstellung der Beteiligung des Volkes bei den Wahlen im Panegyricus des jüngeren Plinius. Grundsätzlich FREI-STOLBA 1967; ferner PANI 1974.
92 Siehe oben zu Anm. 13 und 14.
93 CIL IX 3602 = D 973.
94 CIL XIV 3608 = D 986. In der Inschrift eines namenlosen Senators heißt es: *per commendation(em) Ti(beri) Caesaris Augusti ab senatu co(n)s(uli) dest(inato)* (CIL IX 2342 = D 944).
95 Cass. Dio 54,17,1; ECK 1995, 97.

würde, einen seiner vertrauten Freigelassenen mit *codicilli* nach dem Norden gesandt. In diesem Handschreiben habe der Kaiser dem Senator mitgeteilt, er sei zum Statthalter in der Provinz Syrien ernannt worden. Da der kaiserliche Freigelassene Agricola aber bereits auf dem Rückweg nach Rom antraf, habe er ihm die *codicilli* gar nicht mehr überreicht.[96] Gleichgültig ob die Geschichte zutrifft: dass *codicilli* die übliche Form waren, wie der Kaiser ein Amt übertrug, ist unbestritten; verantwortlich war dafür vermutlich der *ab epistulis*.[97] Das gilt für alle Aufgaben, auch für ritterliche, wie die *codicilli* an Q. Domitius Marsianus, den Marc Aurel zum *procurator patrimonii* ernannte, zeigen,[98] ja sogar für höhere kaiserliche Freigelassene, wie sich aus einer stadtrömischen Inschrift ergibt, in der zwei Ernennungsschreiben für einen Ianuarius, der zunächst im *officium memoriae* und anschließend im *officium voluptatum* als *proximus* tätig war, überliefert sind.[99]

Wenn hier wie generell in der Wissenschaft in solchen Fällen formuliert wird: „Der Kaiser übertrug", dann besagt das noch nicht, dass die einzelne Ernennung jeweils durch eine direkte persönliche Entscheidung des Kaisers allein erfolgt sei. Denn notwendigerweise konnte ein Herrscher nicht alle Amtsträger auf allen Rangstufen in Rom, Italien und den Provinzen persönlich gut kennen und jeweils wissen, wer gerade welche Position bereits wie lange inne hatte und deshalb dringend abgelöst werden musste, um das System in seiner komplexen Abhängigkeit funktionsfähig zu erhalten. Im Senat saßen jeweils rund 600 Personen in einem Alter zwischen ca. 25 und weit über 60 Jahren. Von diesen übernahmen pro Jahr rund 84 ein republikanisches Amt (die Vigintiviri nicht eingerechnet). Neugeschaffene senatorische Ämter in Rom selbst erforderten rund 15 Personen oder einige mehr, ferner in Italien etwa 10, seit Marc Aurel bis zu 14, und in den Provinzen rund 50; zusammen waren also nicht weniger als 80 Senatoren jährlich in solchen direkt vom Kaiser besetzten Positionen tätig. Allerdings blieben die meisten von ihnen im Gegensatz zu den republikanischen Magistraten, länger als ein Jahr im Amt, so dass man pro Jahr kaum mit mehr als etwa 40 Neubesetzungen rechnen muss. Republikanische und neue Funktionen zusammengenommen waren es jedenfalls deutlich mehr als 100 amtliche, von Senatoren übernommene Funktionen, die pro Jahr zu besetzen waren, durch formelle Wahl oder direkte Ernennung. Bei den Rittern ist diese Zahl weniger klar zu bestimmen; doch waren es unter Vespasian sicher schon an die 70 Funktionsbereiche, die nicht von Senatoren geleitet wurden, unter Commodus mindestens 100, wobei man mit mehr als 135 leitenden ritterlichen Positionen rechnen muss, da innerhalb eines Funktionsbe-

---

96 Tac. Agr. 40.
97 CARBONI 2017.
98 AE 1962, 183 = AE 1971, 491. Ob die kaiserlichen Freigelassenen mit der Bezeichnung *a codicillis*, die aus Rom bekannt sind (CIL VI 6190. 8441–8443; AE 1975, 55.) für diesen Bereich der kaiserlichen Personalpolitik zuständig waren, oder vielleicht eher im Bereich der *hereditates*, also der dem Kaiser hinterlassenen Erbschaften von Privaten, muss meines Erachtens offen bleiben. Welchem Prokurator sie unterstanden, ist nicht überliefert.
99 ECK 2002a, bes. 147 ff. Siehe auch MAROTTA 1999.

reichs, z. B. bei der *cura annonae*, auch mehrere Ritter leitende Aufgaben inne haben konnten. Ritterliche Ämter wurden grundsätzlich nicht jährlich vergeben, manche Inhaber blieben auf einer Stelle viele Jahre lang. Doch mit 40 bis 50 jährlich wechselnden ritterlichen Amtsträgern darf man seit Beginn des 2. Jh. mit Wahrscheinlichkeit rechnen.

Nimmt man Senatoren und Ritter, die prokuratorische Funktionen übernahmen, zusammen, dann ergibt dies einen jährlichen Personalwechsel von sicher nicht weniger als 150. Man könnte auch noch die Ritter einschließen, die als Militärtribunen oder Präfekten von Kohorten und Alen in den Provinzen dienten, insgesamt weit mehr als 500 Personen; sie wurden ebenfalls vom Kaiser ernannt und blieben im Durchschnitt kaum mehr als zwei Jahre in einer Position. Mit ihnen würde sich der Kreis derjenigen, die jährlich ein kaiserliches Ernennungsschreiben erhielten, noch beträchtlich erweiterten. Dass jeder Kaiser alle diese Personen, die auch weit entfernt von Rom ihren Dienst taten, persönlich genau kannte und jeweils wusste, wer von welcher Stelle auf eine andere wechseln sollte und auch dazu bereit war, ist schlicht auszuschließen. Natürlich hatten vor allem lang amtierende Herrscher umfassende Kenntnisse über viele Personen angesammelt. Augustus, Vespasian, Traian oder Antoninus Pius kannten sicher viele, wenn auch nicht alle Mitglieder des Senats aus der Zeit ihrer eigenen Zugehörigkeit zu diesem Gremium. Doch die gesamte Senatorenschaft überschaute wohl kaum einer. Bei den prokuratorischen Rittern dürfte, jedenfalls in den Anfängen, eine persönliche Kenntnis leichter gewesen sein, da es zunächst nur sehr wenige waren, die solche Funktionen übernahmen; doch zumindest bei den ritterlichen Kommandeuren in den Legionen und Auuxiliarverbänden war deren Zahl schon in der frühen Kaiserzeit für eine persönliche Kenntnis durch den Herrscher sicher zu groß. Das gilt noch mehr, wenn man auch noch die hohen Positionen für Freigelassene in den verschiedenen Funktionsbereichen einrechnen würde, Leute eben wie der oben angeführte *proximus*. So waren die Kaiser auf Beratung angewiesen, um in einem recht schnellen Rhythmus die verschiedenen Funktionsstellen direkt zu besetzen bzw. die Träger durch die Wahlen im Senat bestimmen zu lassen.

Wie freilich die Beratung und die Beschlussfassung über die Personalentscheidungen verliefen, ob es zentrale Termine gab, zu denen über das gesamte Personaltableau beraten wurde,[100] ist uns unbekannt. Dass zu den verschiedenen Terminen, an denen im Senat über die einzelnen Magistraturen entschieden wurde, zahllose *epistulae commendaticiae* an den Kaiser gingen, ist uns bekannt. Im Briefcorpus von Plinius d. J., das uns ja nur durch Zufall erhalten ist, finden sich natürlich solche Briefe, die er selbst geschrieben hat. Und er berichtet von anderen *epistulae*, die für ihn selbst auf früheren Stufen seiner Laufbahn geschrieben worden waren. Völlig wirkungslos können diese nicht gewesen sein; sonst wären sie nicht in so großer Zahl

---

100 Das ist möglicherweise aus einer Bemerkung bei Suet. Dom. 4,2 zu erschließen, wo von einer *proxima ordinatio* gesprochen wird, bei der ein Mettius Rufus zum Präfekten von Ägypten ernannt wurde.

abgefasst worden. Dass die Mitglieder der *consilia*, die jeder Kaiser in wechselnder Zusammensetzung um sich versammelte, auch in Fragen der Ernennung von Amtsträgern gefragt wurden, liegt mehr als nahe. Auch dass Einzelpersonen, insbesondere diejenigen, die stets oder jedenfalls oft und leicht Zutritt zu den Kaisern hatten, Einfluss nehmen konnten, ist nicht verwunderlich. Allein schon die Polemik, dass Frauen der Kaiser – horribile dictu – oder einzelne kaiserliche Freigelassene ihre Favoriten durchzusetzen suchten, zeigt dies mit Klarheit.[101] Wenn freilich solche persönlichen, nicht *auch* auf sachlichen Erfordernissen ruhende Einflüsse bei der Bestellung von Amtsträgern in großem Umfang entscheidend gewesen wären (wie man zum Teil in der Forschung gemeint hat),[102] dann wären die aus den überlieferten *cursus honorum* erkennbaren Regelmäßigkeiten nicht zu erklären. Willkürliche, von rein persönlichen Interessen getragene Empfehlungen können nicht zu einem erkennbaren rationalen Beförderungsmuster führen. Folglich muss die Masse der Personalentscheidungen auf einer anderen, rationaleren Basis getroffen worden sein. In der Forschung ist man deshalb zum Teil davon ausgegangen, beim *ab epistulis* habe so etwas wie ein Personalbüro bestanden, woraus dem Kaiser die objektiven Kenntnisse für die einzelnen Entscheidungen zugeflossen seien. Denn der *ab epistulis* hat auf jeden Fall, wie Statius in einer seiner Silvae berichtet, die kaiserlichen Entscheidungen den einzelnen Amtsträgern brieflich mitgeteilt.[103] Dass beim *ab epistulis* die entsprechenden Nachrichten über die einzelnen Personen gesammelt wurden, um dann für Entscheidungen zur Verfügung zu stehen, lässt sich nicht direkt nachweisen, ist aber durchaus wahrscheinlich.[104] Damit ist natürlich noch nicht gesagt, dass die Personalentscheidungen rein nach sachlichen Kriterien und Notwendigkeiten erfolgten. Formalisierte und schriftlich fixierte Regeln existierten nach unserem Wissen nicht. Persönliche Einflussnahme war, soweit sie offen und vor allem von Personen der Führungsschicht kam, gesellschaftlich geschätzt und wurde sogar erwartet. Abgelehnt wurde sie, wenn sie für Geld erfolgte oder durch Personen, die jedenfalls in der Oberschicht als sozial nicht satisfaktionsfähig angesehen wurden. Das galt z. B. für kaiserliche Freigelassene oder gar Sklaven, die oft nahe am Herrscher lebten und sich insoweit leichter in einen Entscheidungsprozess einmischen konnten. So soll Narcissus, einer der großen Freigelassenen des Claudius, dem späteren Kaiser Vespasian die Position eines Legionslegaten in Germanien verschafft haben.[105] Doch Leute wie Narcissus kannten die grundsätzlichen Voraussetzungen, die an einen Legionslegaten gestellt wurden; so war es klar, dass keiner Legionslegat wurde, der nicht zumindest vorher auch als Tribun den Betrieb bei einer Legion kennen gelernt hatte. Das war bei Vespasian der Fall gewesen und Narcissus hat fraglos davon gewusst.[106] Empfeh-

---

101 Dazu beispielsweise Eck 1982a.
102 Siehe z. B. Saller 1982.
103 Stat. silv. 5,1,75 ff.; Eck 1998a, 99 f. Ferner Birley 1992.
104 Siehe Carboni 2017.
105 Suet. Vesp. 4,1.
106 Suet. Vesp. 2,3.

lungen, die den sozio-politisch akzeptierten Normen und rechtlichen Regeln zu deutlich widersprachen, hatten kaum Aussicht auf Erfolg. Plinius d. J. hatte Traian ersucht, einen gewissen Voconius Romanus in den Senat aufzunehmen, offensichtlich vergeblich; wahrscheinlich waren die finanziellen Voraussetzungen des aus Sagunt in der Hispania citerior stammenden Ritters für einen Senatssitz nicht ausreichend gewesen.[107] So konnte allein aus diesem Grund der Antrag keinen Erfolg haben.

Über die *adlectio* in den Senat, die seit Claudius ein allgemein geübtes Mittel der Ergänzung des Senats war, konnte ein Kaiser relativ schnell *homines novi* für bestimmte Aufgaben zur Verfügung haben. Doch gerade in diesen Fällen war er in großem Umfang von der Beratung durch andere abhängig. Je näher ein Ratgeber in solcher Sache dem Kaiser stand, desto erfolgreicher war seine Beratung. Marc Aurel scheint den Vorschlägen seines ehemaligen Lehrers Cornelius Fronto durchaus immer wieder gefolgt zu sein;[108] Gleiches taten offensichtlich auch Claudius und Nero, die auch bei der Besetzung von hohen senatorischen Ämtern Hinweise Senecas längere Zeit in die Tat umgesetzt haben.[109] Andererseits hatte Vespasian viele neue Senatoren, die er während seiner Censur im Jahr 73/74 durch *adlectio inter quaestorios, inter tribunicios* oder *inter praetorios* in den Senat aufnahm, persönlich im Osten kennengelernt, als er von dort aus mit seinem Heer in Iudaea und den Truppen von Licinius Mucianus in der Provinz Syrien seinen Anspruch auf das Kaisertum durchsetzte.[110] Nicht wenige dieser neuen Senatoren sind in den folgenden Jahren in vielen bedeutsamen Positionen anzutreffen. Doch dies ändert nichts an der Tatsache, dass in allen Fragen der Ergänzung der beiden *ordines* und der Ernennung von Amtsträgern jeglichen Typs jeder Kaiser auf Beratung vor allem seiner *amici* angewiesen war.[111] Der allmächtige Kaiser wäre ohne sie nicht handlungsfähig gewesen.

---

[107] Plin. epist. 10,4 und BIRLEY 2000, 101.
[108] CHAMPLIN 1980, 94 ff.; ALFÖLDY 1977; ALFÖLDY 1993.
[109] GRIFFIN 1992, 76 ff.
[110] ECK 2009 g.
[111] ECK 2006.

16 Die Ausstellung von Bürgerrechtskonstitutionen: Ein Blick in den Arbeitsalltag des römischen Kaisers

Vorbemerkung: Historische Rekonstruktionen müssen sich fast stets auf Fragmente der ehemaligen Wirklichkeit stützen. Vieles ist verloren, oft fast alles. Doch muss man sich bewusst machen, dass jedes erhaltene Fragment notwendigerweise stets ein ursprüngliches Ganzes bezeugt. Es geht nur darum, einen methodisch zuverlässigen Weg zu gehen, um sich dem ursprünglichen Ganzen möglichst zu nähern. Die folgenden Ausführungen versuchen eine solche Rekonstruktion, um so in einem winzigen Ausschnitt den Regierungsalltag der Kaiser etwas genauer zu fassen. Für diesen Ausschnitt gilt aber wieder dasselbe, was eben schon betont wurde: Ein Ausschnitt ist ebenfalls ein Fragment, das auf ein Ganzes verweist. Der Ausschnitt könnte somit repräsentativ für das gesamte kaiserliche Regierungshandeln sein, auch in der Frage, ob dieses vornehmlich aktiv oder reaktiv war.

Zwei Dokumente seien an den Anfang der Überlegungen gestellt, eines aus dem Jahr 100 n. Chr, also aus der traianischen Zeit, das andere aus dem Jahr 140 n. Chr., aus der Regierungszeit des Antoninus Pius. In beiden Fällen handelt es sich um Militärdiplome, also Urkunden, die seit Claudius von den Kaisern an Soldaten der Auxiliartruppen, der italischen Flotten, der stadtrömischen Einheiten der *cohortes praetoriae* und *urbanae* sowie der *equites singulares* ausgegeben wurden. Während für die überwiegende Mehrheit der Empfänger durch diese Dokumente bezeugt wurde, dass sie das römische Bürgerrecht und das *conubium* mit je einer Frau erhalten hatten, war die Verleihung für die Prätorianer und Stadtkohorten auf das *conubium* beschränkt. Der erste hier kurz zu besprechende Text lautet:

> *[Imp(erator) Caesar divi Ner]vae f(ilius) Nerva Traianus [Augustus German]icus pontifex maxim[us, tribunicia potes]tat(e) IIII, p(ater) p(atriae), co(n)s(ul) III*
> *[iis, qui milita]verunt eques in ala [Thracum Herculan]a et centurio in cohor[te I Augusta c(ivium) R(omanorum),] quae sunt in Cappado[cia sub Pomponio Basso quinis et vicenis stipendiis emeritis dimissis honesta missione,*
> *quorum nomina subscripta sunt, ipsis libe]ris posterisque eo[rum civitatem dedit et co]nubium cum uxori[bus, quas tunc habuissent,] cum est civitas iis da[ta, aut, si qui caelibes essent,] cum iis, quas postea [duxissent, dumtaxat singu]li singulas.*
> *A(nte) d(iem) [---] C(aio) Cilnio [Proculo,] M. Marcio [Macro co(n)s(ulibus)].*
> *Cohort(is) I Augus[tae c(ivium) R(omanorum), cui praest] Aurelius [---] exce[nturione] Q(uinto) Antonio Q(uinti) f(ilio) T[---].*[1]

---

[1] ECK/PANGERL 2004 = AE 2004, 1913: Imperator Caesar Nerva Traianus Augustus Germanicus, Sohn des vergöttlichten Nerva, Oberpriester, zum vierten Mal Inhaber der Amtsgewalt eines Volkstribunen, Vater des Vaterlandes, Konsul zum dritten Mal: Er hat denen, die als Reiter in der ala mit dem Namen Thracum Herculana und als Zenturio in der ersten Kohorte mit dem Namen Augusta und dem Eh-

Was ist an diesem Text eines Militärdiploms bemerkenswert? Auf den ersten Blick scheint sich der Text nicht von dem zu unterscheiden, was wir auch sonst in zahllosen Exemplaren dieses Urkundentyps finden: Der Kaiser, in diesem Fall Traian, verlieh an Veteranen, die dem Heer der Provinz Cappadocia angehörten, am Ende ihrer Dienstzeit *civitas Romana* und *conubium*. Solche Urkunden sind inzwischen auch für die Forschung zu einem Massenphänomen – heute mehr als 1250 – geworden, und zwar deswegen, weil sie auch in der Antike ein Massenphänomen gewesen war. Man hat die Zahl der von der Mitte des 1. bis etwa zur Mitte 3. Jahrhundert ausgegebenen Diplome inzwischen auf mindestens 300.000 geschätzt; vielleicht lag diese Zahl sogar noch beträchtlich höher.[2] Dieses hier zitierte fragmentarische, aber im Text voll rekonstruierbare Diplom war für Soldaten des *exercitus Cappadocicus* ausgegeben worden. Nach drei weiteren seit Kurzem bekannt gewordenen Diplomen aus den Jahren 94, 99 und 101 – das letztere ist immer noch unpubliziert – standen zu Beginn des 2. Jahrhunderts n. Chr. in dieser östlichsten Provinz des Imperium Romanum mindestens vier Alen und 15 Kohorten, von denen die meisten in allen drei Diplomen aufgeführt werden.[3] Da die Einheiten in den Diplomen einzeln genannt werden, bedeutet dies, dass auch aus allen diesen Einheiten Soldaten in die Bürgerrechtsverleihung durch Domitian und Traian eingeschlossen waren. Denn die Einheiten einer Provinz, aus denen in einem Jahr keine Veteranen ausschieden, wurden in den Diplomen nicht erwähnt. Wie viele Soldaten das insgesamt in den drei Jahren gewesen sind, wird natürlich nicht gesagt, doch dürfte es eine nicht ganz kleine Zahl gewesen sein, mindestens aus jeder Einheit einer, also wenigstens 19, wahrscheinlich aber erheblich mehr. Für alle diese Veteranen wurde je ein Diplom in die Provinz gesandt; es war eine lange Reise für die Dokumente.

Die Aussage des eben mit vollem Text angeführten Diploms aus dem Jahr 100 unterscheidet sich davon ganz erheblich. Denn dieses sagt, dass damals lediglich zwei Soldaten, die zwei verschiedenen Einheiten angehörten, mit dem römischen Bürgerrecht beschenkt wurden. Weil es nur zwei Personen waren, wird auch, anders als sonst, bei jedem schon innerhalb des Privilegierungstextes der Rang angeführt. Mit

---

rennamen Römische Bürger gedient haben, die in Kappadokien unter Pomponius Bassus stehen, nachdem sie je 25 Jahre Dienst abgeleistet und ehrenvoll entlassen worden waren, deren Namen unten aufgeführt sind, ihnen selbst, ihren Kindern und deren Nachkommen das Bürgerrecht geschenkt und das Eherecht mit den Frauen, die sie damals hatten, als ihnen das Bürgerrecht verliehen wurde, oder, wenn sie noch Junggesellen sind, mit denen, welche sie später heiraten würden, natürlich jeder nur je einmal. Am Tag vor --, als Gaius Cilnius Proculus und M. Marcius Macer Konsuln waren. Aus der ersten Kohorte mit dem Namen Augusta und dem Ehrennamen Römische Bürger, die von Aurelius -- kommandiert wird, (werden die oben genannten Rechte) an Quintus Antonius T--, den Sohn des Quintus (verliehen).

2 Eck 2003, bes. 58 Anm. 21.
3 Das Diplom aus dem Jahr 94 in RGZM 7 = AE 2004, 1920; aus dem Jahr 99 bei Eck/Pangerl 2014 = AE 2014, 1656; das Diplom aus dem Jahr 101, das noch unpubliziert ist, wird im Kommentar zu RGZM 7 sowie bei Speidel 2009 h, 604 ff. angeführt.

dem kaiserlichen Rechtsakt war also die Ausgabe von lediglich zwei Diplomen verbunden, eines für einen *eques*, das andere für einen *centurio*.

Was hat dieser Befund mit dem Arbeitsalltag des römischen Kaisers zu tun? Die Diplome selbst betrafen die Herrscher natürlich nicht. Die Kaiser haben diese individuellen Urkunden nie zu Gesicht bekommen. Das ist zwar nirgends überliefert, aber man darf das schlicht aus realistischen Überlegungen heraus annehmen. Die Diplome sind nur sekundäre Urkunden, sie waren Abschriften, wie es auch am Ende eines jeden Diploms heißt: *Descriptum et recognitum ex tabula aenea, quae fixa est Romae in muro post templum divi Augusti ad Minervam*. Die vielen Tausende von Diplomen, die jedes Jahr an die Empfänger gesandt wurden, waren vorher ohne Ausnahme in Rom von einem oder auch mehreren Unternehmern hergestellt worden, die mit der Zeit eine deutliche Routine für die Massenherstellung entwickelten. Rechtlich entscheidend waren jedoch die Konstitutionen, die die Grundlage für die Diplome darstellten. Diese kaiserlichen Erlasse, geschrieben auf Papyrusrotuli oder vielleicht auch auf große *tabulae dealbatae*, wurde vermutlich im Büro des *ab epistulis* ausgefertigt und dann dem Kaiser vorgelegt;[4] denn er musste seine Zustimmung zu diesem Akt geben. Das läßt sich gerade durch Befunde aus vielen Diplomen nachweisen. Denn nicht selten erhält man aus Diplomen zwei datierende Hinweise, die sich zunächst zu widersprechen scheinen; zum einen die *tribunicia potestas* in der Titulatur des jeweiligen Kaisers, zum andern das genaue Tages- und Monatsdatum zusammen mit den Namen der Konsuln. Dabei verweist die tribunizische Gewalt auf einen früheren Zeitpunkt als das Konsulatsdatum. Beide Angaben liegen aber nicht sehr weit auseinander, sondern meist nur wenige Tage, manchmal auch ein bis zwei Monate. In den Fällen, in denen beide Daten nicht miteinander harmonieren, müsste nach dem Konsulatsdatum die Ziffer der *tribunicia potestas* um eins höher sein. Doch in Wirklichkeit widersprechen sich die beiden Daten nicht, vielmehr verweist die *tribunicia potestas* auf den Zeitpunkt, zu dem der Kaiser die Zustimmung gab. Lag dieser (jedenfalls seit Traian) kurz vor dem Tag des Wechsels der tribunizischen Gewalt vom 9. auf den 10. Dezember, dann kam es immer wieder vor, dass die Publikation erst nach dem 10. Dezember erfolgte, ohne dass das aber bei der Ziffer der *tribunicia potestas* berücksichtigt wurde.[5] So steht in einem Diplom für die *classis Misenensis* in der Titulatur Hadrians die *tribunicia potestas III*, die am 9. Dezember 119 endete, doch das Konsulatsdatum ist der 25. Dezember; damals wurde die Konstitution in Rom veröffentlicht.[6] Das Datum, das zum Zeitpunkt der Zustimmung des Kaisers galt, musste beibehalten werden.

Wie wichtig diese Verleihung des römischen Bürgerrechts von den Kaisern genommen wurde, ersieht man daran, dass sie niemals das Recht, die Zugehörigkeit zum *populus Romanus* an einzelne oder auch Gruppen zu vergeben, an andere delegierten. Dabei ist die Verleihung der *civitas* in vieler Hinsicht, gerade wegen der ungeheuren

---

4 CARBONI 2019.
5 ECK 2002c; ECK/PANGERL 2008e; ECK 2013b.
6 Siehe RMD V 353; AE 2005, 1738 und andere; siehe dazu ECK 2020c.

Menge der im Heer Betroffenen, eine Routineangelegenheit geworden. Die Bürgerrechtsverleihung als ein essentieller politischer Akt war ein republikanisches Erbe. Entlassungen von Veteranen, sicher keine unwichtige und bei den Legionären auch teure Angelegenheit für die Staatskasse, wurden im Gegensatz dazu von den Statthaltern durchgeführt.[7] Die Verleihung der *civitas Romana* aber haben die Kaiser nie aus der Hand gegeben; deshalb mussten ihnen auch die schriftlichen Ausfertigungen, die vollen Konstitutionstexte, vorgelegt werden.

Fragt man nun nach dem Arbeitsalltag eines Kaisers, über den hier zu handeln ist, war es freilich völlig gleichgültig, ob mit einer Konstitution nur zwei Soldaten das Bürgerrecht erhielten, wie es nach dem Diplom des Jahres 100 geschah, oder eine unbestimmte Anzahl von Veteranen aus vielen Einheiten. In einem Diplom für die Provinz Britannia aus dem Jahr 122 waren dies 13 Alen und 37 Kohorten.[8] Der Arbeitsaufwand war für den Kaiser im einen wie im anderen Fall nach aller Wahrscheinlichkeit derselbe; die Einzelheiten zu den Einheiten und den einzelnen Empfängern wird er kaum je überprüft haben.

Einen vergleichbaren Befund wie das Diplom für Cappadocia gibt uns auch ein zweiter Text, ebenfalls ein Diplom, aber aus dem Jahr 140 n. Chr., mit folgendem Text:[9]

[Imp(erator) Caes(ar) divi] Hadriani f(ilius) divi Traian[i Parthici nep(os)] divi Nervae pronep(os) [T. Aelius Hadr]ianus Antoninus Aug(ustus) [Pius pontif(ex) m]ax(imus), trib(unicia) pot(estate) III, co(n)s(ul) III, p(ater) p(atriae)
[pedit(ibus) et equi]t(ibus), qui milit(averunt) in coh(orte) I Ulpia [Pannonior(um) ∞, qu]ae est in Pannon(ia) super(iore) [sub Sergio] Paullo quinque et viginti [stip(endiis) emer]it(is) dimiss(is) honest(a) [missione,]
quor(um) nomina subscrip[ta sunt, ipsis, liberis poste]risq(ue) eorum civit[atem] ded(it) et con[u]bium cum [uxoribus, quas tunc habuissent,] cum est civ[itas iis data, aut si qui caelibes essent, cum iis, quas postea duxissent, dum]t[a]x[at singuli singulas] etc.

Diese Konstitution betrifft die Provinz Pannonia superior, wo zu Beginn der Regierungszeit von Antoninus Pius etwa 20 Hilfstruppeneinheiten standen.[10] Doch im Fall

---

7 Siehe dazu verschiedene Urkunden, die das zeigen: Eck/Roxan 1998 (= RGZM 73) 74; Eck 1999 = RMD IV p. 609 ff.
8 CIL XVI 69; AE 2008, 800
9 Eck/Pangerl 2005, bes. 250 ff. = AE 2005, 1718: Imperator Caesar Titus Aelius Hadrianus Antoninus Augustus Pius, Sohn des vergöttlichten Hadrian, Enkel des vergöttlichten Traianus Parthicus, Urenkel des vergöttlichten Nerva, Oberpriester, zum dritten Mal Inhaber der Amtsgewalt eines Volkstribunen, Konsul zum dritten Mal, Vater des Vaterlandes: Er hat den Fußsoldaten und Reitern, die in der ersten, tausend Mann starken Kohorte mit den Beinamen Ulpia Pannoniorum, die in Oberpannonien unter Sergius Paullus steht, nachdem sie 25 Jahre Dienst abgeleistet und ehrenvoll entlassen worden waren, deren Namen unten aufgeführt sind, ihnen selbst, ihren Kindern und deren Nachkommen das Bürgerrecht geschenkt und das Eherecht mit den Frauen, die sie damals hatten, als ihnen das Bürgerrecht verliehen wurde, oder, wenn sie noch Junggesellen sind, mit denen, welche sie später heiraten würden, natürlich jeder nur je einmal. – Eine weitere Konstitution, die den Namen dieses Statthalters vollständig überliefert, stammt aus dem Jahr 139 (AE 2010, 1262).
10 Siehe Lörincz 2001, 85 f.

dieser Konstitution war die kaiserliche Rechtsentscheidung nur für Soldaten einer einzigen Kohorte bestimmt, im Gegensatz etwa zu einer Konstitution für dieselbe Provinz aus dem Jahr 146, in die Soldaten aus fünf Alen und sieben Kohorten eingeschlossen waren.[11] Wiederum kann man den Arbeitsaufwand des Kaisers in beiden Fällen als mehr oder weniger gleich ansehen. Denn bei diesem Rechtsakt wurde nicht die Berechtigung des einzelnen Soldaten auf das Bürgerrecht überprüft, das war bereits vorher durch den Statthalter geschehen, bevor die Liste der zu privilegierenden Soldaten nach Rom gesandt wurde. Beim Kaiser ging es nur um dessen generelle Zustimmung. Einen vergleichbaren Fall kennen wir für Mauretania Caesariensis. In dem frühesten Diplom für Mauretania Caesariensis aus dem Jahr 107 werden drei Alen und zehn Kohorten angeführt.[12] Doch in einem weiteren Diplom aus dem Jahr 131, das auf eine Konstitution Hadrians zurückgeht, erscheint wiederum nur eine einzige Einheit.[13] Und so kann man eine ganze Liste von Konstitutionen anführen, die jeweils nur für eine einzige Einheit ausgestellt wurden.

Wenn man wirklich abschätzen will, wie weit solche Konstitutionen zum Arbeitsalltag des Kaisers gehörten und welchen Umfang solche Tätigkeit einnahm, dann ist die Zahl dieser Entscheidungen wichtig; denn der Kaiser wurde auf jeden Fall mit jeder Konstitution befasst, gleichgültig, wie hoch die Zahl der gleichzeitig privilegierten Soldaten war. Wie oft also wurden dem Kaiser solche Entscheidungen vorgelegt? Es lohnt sich somit ein Blick auf die Zahl der uns bekannten Konstitutionen.

Bisher sind sicher nicht weniger als rund 1250 Diplome bekannt geworden, für Auxiliare, Flotten, *equites singulares* sowie für die stadtrömischen Einheiten der Prätorianer und Urbaniciani; dass für die beiden letzteren Einheiten nur das *conubium*, nicht auch die *civitas Romana* verliehen wurde, ist für die hier angestellten Überlegungen nicht relevant. Von diesen Diplomen muss man auf die eigentlichen Konstitutionen zurückzuschließen, denn es ist bisher noch keine einzige Originalkonstitution bekannt geworden.[14] Die Zahl der so erschließbaren Konstitutionen ist freilich deutlich geringer als die Zahl der Diplome. Denn nicht selten sind aus einer solchen Rechtsentscheidung eines Kaisers mehrere Kopien erhalten, manchmal bis zu zehn oder auch mehr. In der folgenden Liste ist die Zahl der so erkennbaren Konstitutionen von der flavischen Zeit bis einschließlich zum Jahr 167/168 unter Marc Aurels zusammengestellt. Mit Vespasian wird deshalb begonnen, weil wir zumindest seit seiner Regierungszeit von einer regelmäßigen Ausgabe der Diplome ausgehen kön-

---

11 CIL XVI 178.
12 CIL XVI 56.
13 ECK/PANGERL 2005b = AE 2005, 1724: *[i]n coh(orte) I Fl(avia) Mus[ulami]orum, quae est in Maur(etania) Caes(ariensi)* ...
14 Nur einige wenige kleine Fragmente sind auf uns gekommen. Dabei handelt es sich um Reste von *tabulae aereae*, die später für Diplome zurecht geschnitten wurden, auf denen dann kleine Reste erhalten blieben. Dazu ECK 2008d.

nen.¹⁵ Das Jahr 167/168 als Ende ergibt sich daraus, weil bis zu diesem Jahr die Konstitutionen für Auxiliartruppen, die die Masse solcher Privilegierungen darstellten, absolut kontinuierlich ausgegeben wurden. Dann aber setzt eine Lücke von zehn Jahren bei den Bronzediplomen ein, verursacht wohl durch die massive militärisch-epidemiologische Krise in diesem Jahrzehnt.¹⁶ Als die Ausgabe von Bronzediplomen im Jahr 178 wieder aufgenommen wurde, sind offensichtlich *tabulae aereae* nicht mehr so regelmäßig ausgegeben worden. Vom Ende der Regierungszeit des Commodus sind sie weitgehend, wenn auch nicht ausschließlich für stadtrömische Truppen und die italischen Flotten bestimmt.¹⁷ Allgemeinere Schlüsse lassen sich deshalb seitdem aus den Diplomen nicht mehr ziehen. Bald werden diese Erlasse auch nur noch zu genau fixierten Terminen erlassen – so für die Prätorianer stets am 7. Januar¹⁸ – und nicht mehr verstreut über das gesamte Jahr, wann immer es notwendig gewesen war. Unter dem Gesichtspunkt, wie sie den Arbeitsalltag des Kaisers betrafen, spielen diese Entscheidungen seit dem Beginn des ausgehenden 2. Jahrhunderts nur noch eine sehr untergeordnete Rolle.

Liste der Jahre zwischen 70 und 168, in denen mindestens eine Konstitution für alle Truppentypen (Auxilien, stadtrömische Kohorten, Flotten, equites singulares) bezeugt ist:¹⁹

Jahr	Anzahl	Jahr	Anzahl	Jahr	Anzahl
70	2	105	8	139	8
71	5	106	2	140	6
72	1	107	5	141	1
73	2	108	2	142	8
74	2	109	4	143	1
75	2	110	4	144	7
76	2	111	2	145	5
77	–	112	4	146	7
78	4	113	4	147	4
79	5	114	6	148	6
80	2	115	4	149	2
81	1?	116	3	150	4
82	1	117	2	151	6–8

---

15 Vorher kann das kaum der Fall gewesen sein, da wir sonst mehr Diplome aus diesen Jahren haben müssten.
16 Eck/MacDonald/Pangerl 2003.
17 Weiss 2017.
18 Eck 2012d.
19 Die hier angeführten Zahlen versuchen, die jeweils für die einzelnen Jahre bekannten Konstitutionen zu erfassen. Die Liste ist freilich nicht absolut vollständig, da zum einen die Publikationslage partiell unübersichtlich ist und man nicht bei allen Fragmenten sagen kann, ob sie zu einer schon bekannten Konstitution gehören. Zudem können zahlreiche Diplome nicht präzis datiert werden. Diese erscheinen nicht in der Liste. Nur diejenigen Fälle, die entweder präzis in ein Jahr oder mit großer Wahrscheinlichkeit auch noch in das darauf folgende gehören, sind aufgenommen.

Fortsetzung

Jahr	Anzahl	Jahr	Anzahl	Jahr	Anzahl
83	2	118	4	152	11
84	1	119	8	153	9?
85	5	120	5	154	5
86	3	121	5	155	3
87	1	122	6	156	4
88:	4	123	6	157	12
89	–	124	5	158	13?
90	2	125	4	159	3
91	3	126	10	160	10
92	3	127	9	161	5
93	3	128	2	162	7
94	3	129	8	163	2
95	2	130	4	164	4
96	5	131	7	165	5
97	7	132	3	166	4
98	6	133	9	167	2
99	8	134	6	168	4?
100	4	135	7	169	–
101	4	136	4		
102	3	137	1		
103	1	138	7		
104	2				

Wie die Liste zeigt, finden sich zwischen dem Jahr 70, dem ersten vollen Regierungsjahr Vespasians, und dem Ende der Regierungszeit Marc Aurels nur noch ganz wenige Jahre, aus denen nicht wenigstens eine Konstitution sicher bezeugt ist. Das sind die Jahre 77 und 89 und dann das komplette Jahrzehnt 169–176/77. Für die ersten beiden Jahre dürfte es am Zufall der Überlieferung liegen, dass uns bisher kein Diplom bekannt geworden ist. Bis vor wenigen Jahren waren es bis zum Ende der Regierung Domitians noch einige Jahre mehr gewesen.[20] Diese damaligen Lücken, etwa im Jahr 73 und 93 sind jetzt durch Neufunde geschlossen.[21] Anders ist es in dem Jahrzehnt unter Marc Aurel: Damals wurden, wie man mit Sicherheit zeigen kann, keine Bronzediplome ausgegeben, sondern wohl nur Dokumente auf nicht dauerhaftem Material, weshalb uns die Zeugnisse fehlen. Doch Bürgerrechtskonstitutionen ergingen auch in dieser kurzen Epoche, sie sind uns nur im Einzelnen unbekannt.[22]

Die Liste zeigt also ganz deutlich, dass die Ausgabe von Konstitutionen an Auxiliare, Flottensoldaten und stadtrömische Truppen eine kontinuierliche, nie abreißende Tätigkeit jedes Kaisers gewesen ist. Die Zahl der für einzelne Jahre bezeugten

---

20 Siehe die Liste bei ECK 2003, 85 ff.
21 Für das Jahr 73 siehe CIL XVI 18 und RMD I 1 sowie VI 479. Für das Jahr 93 ECK/PANGERL 2008a = AE 2008, 1753; ECK/PANGERL 2008 = AE 2008, 1754: ferner AE 2014, 1154.
22 Siehe Anm. 16.

Konstitutionen variiert allerdings beträchtlich. Vor allem in flavischer Zeit, aber auch noch später kennen wir bisher aus manchen Jahren nur eine einzige Konstitution pro Jahr. Darüber gibt es jede Anzahl von bezeugten Konstitutionen pro Jahr, bis zum Maximum von 10, 11, 12 und wohl 13 Konstitutionen in den Jahren 152, 157, 158 und 160, der Durchschnitt liegt zwischen 3 und 6. Über diese generelle Aussage über Mindestzahlen ist man freilich bis heute nicht sehr weit hinaus gekommen, jedenfalls nicht durch direkte Dokumentation. Denn notwendigerweise haben wir bei der Art unserer Überlieferung für kein Jahr eine definitive Zahl für die ausgegebenen Konstitutionen.

Umgekehrt aber kann man zeigen, dass die Liste, so wie sie sich jetzt darbietet, nicht repräsentativ ist. Das ist wesentlich das Ergebnis des Umstandes, dass uns die Konstitutionen nur über die Diplome bekannt sind. Damit aber stellt sich das statistische Problem, mit welcher Wahrscheinlichkeit eine Konstitution auf dem Weg über Diplome bezeugt oder eben auch nicht bezeugt sein kann. Die zu Beginn zitierten Diplome verdeutlichen dabei das Problem in anschaulicher Weise.

Es ist eine Binsenweisheit, dass für das Überleben von Dokumenten, also auch von Diplomen und davon abhängig das Bekanntwerden einer Konstitution die statistische Wahrscheinlichkeit umso größer ist, je mehr Diplome ursprünglich einmal ausgegeben worden waren. Wir wissen etwa, dass von Konstitutionen, die von Galba und Vespasian ausgingen, die zugehörigen Diplome maximal mit einer Rate zwischen 0,16 und 0,5 Prozent auf uns gekommen sind; in einem Fall sind z. B. von mindestens 900 ursprünglich ausgegebenen Diplomen, also einer sehr hohen Anzahl, bisher lediglich vier gefunden worden.[23] Im Sonderfall der *ala Ulpia contariorum miliaria* sind offensichtlich zum selben Zeitpunkt alle Soldaten noch während des Dienstes zu römischen Bürgern gemacht worden, also mindestens 800, wenn nicht 1000, je nachdem, wie hoch man die Personalstärke der Einheit ansetzt. Von den ebenso vielen Diplomen sind bisher fünf bekannt geworden,[24] also zwischen 0,5 und 0,62 Prozent. Das zu Beginn zitierte Diplom aus Cappadocia zeigt aber, dass mit der Konstitution, auf die das Diplom zurückgeht, nur insgesamt zwei Soldaten privilegiert wurden, dass also auch nur zwei Diplome ausgegeben wurden. Nach statistischer Wahrscheinlichkeit war es also kaum zu erwarten, dass uns gerade eines dieser beiden Diplome erhalten bliebe, wie es aber tatsächlich der Fall ist. Im Jahr 101 wurde für Cappadocia, wie erwähnt, erneut eine Konstitution ausgestellt, diese allerdings für vier Alen und 14 Kohorten, was heißt, dass mindestens 18 Diplome ausgegeben wurden, selbst wenn aus jeder Einheit nur ein einziger Soldat für die Privilegierung anstand. Das ist schon

---

23 Nach RMD III 136 sind für diese Konstitution mindestens drei *tabulae* auf dem Kapitol an der *ara gentis Iuliae* aufgehängt worden. Auf einer solchen *tabula* waren maximal sechs *paginae* eingraviert mit jeweils rund 46–50 Namen. Damit sollten von dieser Konstitution mindestens rund 900 Diplome ausgegeben worden sein, vielleicht aber auch mehr, wenn es mehr als drei *tabulae* waren. Von dem Erlass sind bisher vier Diplome bekannt geworden: CIL XVI 7-9 und RMD III 136. Siehe dazu ECK 2003, 57 f.
24 AE 2008, 1749–1750. 1751 (= RMD V 357). 1752 (= RMD I 19); 2010, 1858.

das Neunfache dessen, was 100 n.Chr. auf Grund der Konstitution dieses Jahres an Diplomen vergeben wurde. Hier ist also die Wahrscheinlichkeit, dass wenigstens ein Diplom die Jahrtausende überlebte, weit größer. Dennoch ist auch nur ein Diplom daraus bisher bekannt geworden.

Wenn Konstitutionen für jeweils nur eine einzige Einheit oder vielleicht auch für zwei oder drei eine absolute Ausnahme darstellen würden, dann könnte man das Diplom des Jahres 100 aus Cappadocia als einen extremen Ausnahmefall beiseitelassen. Doch dies ist nicht so. Denn nicht nur das Diplom für Pannonia superior aus dem Jahr 140 oder das aus dem Jahr 131 für Mauretania Caesariensis sprechen dagegen, Konstitutionen für nur ganz wenige Soldaten als völlig exzeptionell anzusehen, vielmehr sind noch eine ganze Reihe anderer Zeugnisse dieser Art anzuführen.

Folgende Liste von bekannten Konstitutionen, die nur für eine einzige Einheit (ausgeschlossen die beiden italischen Flotten) bestimmt waren, kann dies zeigen:

Provinz	Jahr	Beleg
legio I Adiutrix	68	CIL XVI 7
Moesia (Flotte)	73	AE 2006, 1861
cohors urbana in Africa	79	AE 2016, 2018
cohors urbana in Africa	85	RMD IV 213 = RGZM 5
Moesia inferior (Flotte)	92	CIL XVI 37
Moesia superior	101/102	AE 2008, 1736
Dacia	106/110	CIL XVI 160; RMD V 343
singulares	117/161	AE 2015, 1876
classis Syriaca	119	RMD V 354
Palmyreni sagittarii	120	RMD I 17; IDR I 6a
Macedonia	120	CIL XVI 67
Dacia superior	121	AE 2008, 1749. 1750. 1751 (= RMD V 357). 1752 (= RMD I 19); 2010, 1858.
Cilicia	121	RGZM 19
Dacia Porolissensis	123	RMD I 21. 22
Palmyreni sagittarii	126	RMD I 27. 28
classis Moesica	134?	RMD IV 252
Mauretania Caesariensis	131	AE 2005, 1724
singulares	117/132	RMD V 379
singulares	133	RMD III 158; AE 2004, 1919; 2011, 1104; Eck/Pangerl 2019, 242 ff.
Lycia-Pamphylia	138	RMD III 161
Moesia inferior	Hadrian	AE 2015, 1900
Pannonia superior	140	AE 2005, 1718.
singulares	144	AE 2015, 1904
Asia	148	RMD II 100
classis?	Ant. Pius	RMD V 432
Lycia-Pamphylia	165/66	RMD V 438
Lycia-Pamphylia	ca. 167	RMD I 67
Lycia-Pamphylia	178	CIL XVI 128
singulares	186	RMD IV 298
cohors XIII urbana	193	CIL XVI 133

Insgesamt sind also bis heute 30 Fälle bekannt geworden, aus denen hervorgeht, dass in den Konstitutionen, auf die sie zurückgehen, nur jeweils eine einzige Einheit genannt war, aus der Soldaten die entsprechenden Privilegien erhielten. Solche Konstitutionen betreffen die *singulares*, die erst seit Traian als spezielle Truppe um den Kaiser bestehen, spezielle Teile der *urbaniciani*, die nicht in Rom stationiert waren, sodann Provinzflotten, und schließlich einzelne Auxiliareinheiten in den Provinzen. All diesen Truppenteilen gehörte jeweils eine sehr begrenzte Zahl von Soldaten an, von denen im Normalfall jeweils nur diejenigen ein Diplom erhielten, die in einem Jahr die notwendige Zahl von *stipendia* abgedient hatten. Da die Auxiliare 25 Jahre Dienst tun mussten, wird man bei einem theoretisch strikten Rhythmus davon ausgehen müssen, dass jedes Jahr vier Prozent der Soldaten ausschieden, d. h. bei 500 Soldaten in einer Einheit waren dies rechnerisch nur 20 Mann. Allerdings erreichten im Durchschnitt sicher nicht mehr als 50–60 Prozent aller Auxiliare das Ende der Dienstzeit, also vielleicht 10–12, die sodann ein Diplom erhielten. Wenn somit aus einer Konstitution für nur eine Auxiliareinheit immerhin ein Diplom bis heute erhalten ist, dann sind das im Durchschnitt 10 Prozent oder etwas mehr der einmal ausgegebenen Diplome aus dieser Konstitution. Allerdings können diese Diplome, aufs Ganze gesehen, nicht in einer anderen statistischen Relation auf uns gekommen sein als die Diplome, die auf eine Konstitution zurückgehen, für die sehr viele Abschriften ausgegeben wurden, weil viele Truppenteile eingeschlossen waren. Denn die Überlebensbedingungen waren für alle Diplome gleich. Diese 10 Prozent muss man mit den Angaben verbinden, die wir aus der Regierungszeit von Galba und Vespasian zu den allgemeinen Überlebenschancen für Diplome besitzen, nämlich kaum mehr als 0,5 Prozent, manchmal auch weniger. Nimmt man diese Überlebenschance als die durchschnittlich mögliche an und überträgt dies auf das, was wir über die Konstitutionen für nur eine Einheit nunmehr wissen, dann muss man daraus den Schluss ziehen, dass es solche Konstitutionen für nur eine einzige Einheit mindestens zwanzig Mal so oft gegeben haben muss,[25] damit wir jetzt mindestens 30 Konstitutionen erfassen können, die durch heute noch erhaltene Diplome bezeugt sind. Treffen diese Überlegungen und Schlussfolgerungen zu, dann muss man zwischen Vespasian und Marc Aurel mindestens mit der zwanzigfachen Zahl von Konstitutionen, also 600 rechnen (vermutlich aber sogar deutlich mehr Konstitutionen), die jeweils nur für die Soldaten einer einzigen Einheit bestimmt waren. Würde man eine so ermittelte Zahl auf die Jahre von 70 bis 168 aufteilen, also auf ca. 100 Jahre, dann würde dies bedeuten, dass wir pro Jahr durchschnittlich mit mindestens sechs solcher Konstitutionen für nur je eine Einheit zu rechnen hätten, nicht wie das in unserer Dokumentation der Fall ist, mit 30 im gesamten Zeitraum. Dass im Jahr 121 für die *ala Ulpia contariorum miliaria* fünf Diplome vorliegen, ist leicht erklärbar, weil 800 oder 1000

---

25 Nämlich 10 Prozent für eine Konstitution für nur eine Einheit, 0,5 Prozent für Konstitutionen mit vielen Einheiten; d. h. der erste Fall ist das Zwanzigfache des zweiten.

Soldaten auf einmal die *civitas* erhielten, vor dem Ende der Dienstzeit.[26] Die fünf Diplome entsprechen ungefähr 0,5 Prozent der ursprünglich ausgegebenen. Bei den *singulares* des Jahres 133 ist wohl ein wesentlicher Teil der Mannschaft ausgeschieden, weil 25 Jahre früher fast die gesamte Einheit mit Rekruten aufgefüllt worden war. Die ungefähre Relation der Diplome im Verhältnis zu den ausgegebenen bleibt im Rahmen dessen, was man für die Konstitutionen unter Galba und Vespasian feststellen kann.

Dass diese Aussage zu den ca. sechs Konstitutionen pro Jahr für nur je eine Einheit nicht einfach eine willkürliche Rechnung darstellt, sondern eine gesicherte rationale Basis hat, ist durch folgende Überlegung abzusichern: Wir wissen, dass in allen Provinzen des Imperium Romanum Truppen stationiert waren, zwar nicht Legionen, aber Auxilien. Das gilt sowohl für die Provinzen, die von Prokonsuln geleitet wurden, während der gesamten hier interessierenden Zeit insgesamt zehn, als auch für die kaiserlichen Provinzen ohne Legionsbesatzung. Zu diesen gehörten von West nach Ost folgende Provinzen: Lusitania, Aquitania, Lugdunensis, Belgica, die drei Alpenprovinzen: Maritimae, Poeninae und Cottiae, Raetia, Noricum, Epirus, Thracia, Pontus-Bithynia, Galatia, Lycia-Pamphylia, Cilicia, Mauretania Caesariensis und Tingitana sowie Sardinia.[27] Nur für neun dieser 18 Provinzen kennen wir bisher Diplome: Raetia, Noricum, Thracia, Mauretania Caesariensis und Tingitana sowie Sardinia: dort standen jeweils eine recht hohe Zahl von Auxilien. Dagegen lag in der Lugdunensis, in Lycia-Pamphylia und Cilicia nur je eine Einheit. Für die restlichen neun Provinzen ist bisher kein Diplom bekannt geworden.[28] Auxilien aber standen in all diesen Provinzen, für deren Soldaten nach 25 Jahren Dienst vor oder nach der ehrenvollen Entlassung die gleichen Bedingungen für eine Privilegierung gegolten haben wie in allen anderen Provinzen auch. Der Unterschied zwischen den genannten Provinztypen besteht nur in der einerseits für uns fassbaren und andererseits nicht vorhandenen Dokumentation. Fast in all den Provinzen, für die bisher Diplome fehlen, waren nur wenige Soldaten stationiert, zumeist eben nur eine einzige Einheit. Dass aber Soldaten in diesen Provinzen ihre neuen Rechte als römische Bürger ebenso durch Bronzediplome bestätigt bekommen haben wie ihre Kameraden etwa in Raetia oder Mauretania Tingitana, wo viele Auxilien die Besatzung bildeten und auch zahlreiche Diplome auf uns gekommen sind,[29] darf man, ja muß man voraussetzen. Wenn es dafür noch eines Beweises bedurft hat, dann haben ihn die Funde der letzten Jahre erbracht. Denn wir haben nun aus dem Jahr 121 das erste Diplom aus Cilicia,[30] wo nur eine Einheit stand,

---

26 Siehe oben Anm. 24.
27 Der gelegentliche Wechsel im Status einiger Provinzen spielt bei der hier interessierenden Frage keine Rolle.
28 Dabei sei vermerkt, daß bis vor wenigen Jahren für Cilicia und Thracia auch nicht ein einziges Diplom bezeugt war; das hat sich nunmehr geändert, genauso wie wir auch erst seit wenigen Jahren die ersten Diplome für Arabia und für Cappadocia kennen, beides im übrigen Provinzen mit sehr vielen Auxilien.
29 Wobei durchaus unterschiedliche Gründe zu der relativ hohen Zahl der Diplome geführt haben.
30 RGZM 19.

vergleichbar dem, was wir für die prokonsulare Provinz Asia wissen, wo ebenfalls nur eine Kohorte vom Statthalter befehligt wurde, für die das erste Diplom ebenfalls erst zu Beginn der 80er Jahre des 20. Jahrhunderts aufgetaucht ist.[31] Selbst für die kaiserliche Provinz Arabia, in der eine Legion und mindestens zehn Auxiliareinheiten stationiert waren, hatten wir vor dem Jahr 2004 kein einziges Diplom; inzwischen kennen wir immerhin bereits vier.[32] Wenn man vom Zufall der Überlieferung absieht, der deutlich zu erkennen ist, dann gilt aber generell, dass einerseits für die Soldaten in den Provinzen mit nur einer Militäreinheit ebenso regelmäßig wie für die in Provinzen mit vielen Einheiten Diplome ausgegeben wurden, dass aber andererseits von diesen Dokumenten wegen deren geringer Zahl bis heute noch weit weniger erhalten geblieben sein können als aus den Provinzen mit vielen Heereseinheiten. Statistisch ist dies zu erwarten. Dennoch sind auch für diese Provinzen regelmäßig Konstitutionen ausgestellt worden, die in die hier vorgelegten Überlegungen einbezogen werden müssen.

Obwohl wir nicht präzis sagen können, in welchem Rhythmus die Konstitutionen aufeinander folgten, darf man dennoch aus der Systematik und der politischen Bedeutung, die die Zufriedenheit des Heeres für die kaiserliche Herrschaft hatte, fast zwingende Schlussfolgerungen ziehen. Nirgendwo konnten die Soldaten allzu lange über die 25 bzw. 26 Jahre hinaus beim Heer behalten wurden, jedenfalls nicht in den relativ ruhigen Zeiten seit der Herrschaft der Flavier. Da immer wieder Soldaten während des Dienstes starben, was auch eine mehr oder weniger kontinuierliche Rekrutierung neuer Soldaten zur Folge hatte,[33] ergaben sich daraus auch kontinuierliche Entlassungen aus dem Heer sowie die nachfolgende Privilegierung mit der Dokumentation durch Diplome. Diese Akte und die damit zusammenhängenden Konstitutionen müssen damit aber auch in einem relativ regelmäßigen Rhythmus ausgestellt worden sein. Wenn man zumindest in jedem zweiten Jahr mit einer Konstitution auch in den Provinzen mit kleiner Besatzung rechnet, dann liegt man wohl nicht ganz falsch.

Das folgende Beispiel für Thracia kann dies zeigen. Folgende Konstitutionen sind bisher bekannt geworden:

Jahr	Beleg
88	AE 2014, 1654
113	Dana 2019, 2019, 227–232 = Eck 2020c, 279–281.
114	RMD I 14 = IV 227
138	RMD III 138. IV 260 = RGZM 28 = RMD V 385
Hadrian	AE 2007, 1784

---

[31] RMD II 100.

[32] AE 2004, 1935; 2016, 2014; Eck/Pangerl 2019b. Ein weiteres Diplom aus dem Jahr 145 ist bekannt, aber bisher nicht publiziert.

[33] Man sollte nicht allzu sehr damit rechnen, dass die Truppen lange unter der Sollstärke gehalten wurden.

Fortsetzung

Jahr	Beleg
155	AE 2004, 1907; AE 2014, 1655
157	AE 1998, 1627 = RMD V 417
158	AE 2004, 1908
160	AE 2013, 2188
161/2	AE 1998, 1623 = RMD V 435
162/3	AE 1998, 1624 = RMD V 437
161/8	AE 1998, 1625 = RMD V 440
166/68	AE 1998, 1622. 1626 = RMD V 439. 441
Commodus	AE 2005, 1721

Für diese Provinz, in der nur zwei bzw. drei Kohorten lagen, sind von der spättraianischen Zeit bis zum Jahr 168 bereits neun Konstitutionen bekannt geworden. Das sind im Verhältnis zur unserer gesamten Überlieferungssituation für Provinzen, in denen sehr viele Einheiten lagen, außerordentlich viele. Man kann diese auffällige Tatsache aber erklären. Denn zum einen war diese Provinz offensichtlich seit der Provinzialisierung ein bevorzugtes Gebiet der Rekrutierung; man kann geradezu einige Massenrekrutierung dort feststellen.[34] Zum andern stammt die Masse der in den letzten 15 Jahren publizierten Diplome, weit mehr als 500, überwiegend aus diesem Raum, auch wenn das nicht in jedem Einzelfall bewiesen werden kann. Die vielen Soldaten, die in Thrakien rekrutiert und dort auch eingesetzt worden waren, hatten sich natürlich nach ihrer Entlassung und der Bürgerrechtsverleihung in ihrer Heimat niedergelassen, so dass sich ihre Dokumente dort besonders häufig finden. Wenn wir andererseits einbeziehen, wie gering die Wahrscheinlichkeit ist, dass sich von einer Konstitution überhaupt ein Diplom erhalten hat, dann reicht die Reihe der bezeugten Konstitutionen aus, um zu zeigen, dass, jedenfalls im 2. Jahrhundert bis zur Regierungszeit Marc Aurels, für die Auxilien Thrakiens kontinuierlich Konstitutionen erlassen worden sein müssen, mindestens in jedem zweiten Jahr, eher sogar jährlich, wie es in einigen Jahren auch sehr deutlich wird. Was aber für diese Provinz zutraf, das darf und muß man auch für andere, ähnlich strukturierte Provinzen voraussetzen.

---

34 Solche gab es z. B. in neronischer Zeit, als in Syrien und Kappadokien gekämpft wurde und deshalb die dortigen Auxiliareinheiten aufgefüllt werden mussten, was sich in Syrien in den Entlassungswellen der Jahre 88 und 91 zeigte (Jahr 88: AE 1974, 655; AE 1997, 1761; AE 2006, 1838-1840; RMD V 329; Jahr 91: CIL XVI 35; AE 2005, 1732; AE 2006, 1842–1844; AE 2012, 1955; RMD I 4; IV 214). Für die Flotte von Misenum geschah das im Jahr 133, als tausende Flottensoldaten nach Iudaea gesandt wurden, um dort die Lücken zu füllen, die durch die Revolte Bar Kochbas entstanden waren; die Flotte wurde damals durch Rekruten aus den thrakischen Gebieten aufgefüllt, was dann im Jahr 160 erneut zu einer Entlassungswelle mit entsprechend zahlreichen Diplomen führte (ECK 2007e, 33ff.). Das muss im Jahr 160 zu einer weiteren Rekrutierungswelle geführt haben, die sich aber in Diplomen erst ca. 186 hätte niederschlagen können, als bereits nur noch in Ausnahmefällen Bronzediplome an Flottensoldaten ausgestellt wurden (siehe WEISS 2017).

Ein Beispiel aus einer östlichen Provinz, aus Iudaea/Syria Palaestina, kann das ebenfalls zeigen:

Zeit	Beleg
86	XVI 33; AE 2005, 1731; AE 2010, 1871
87	AE 2012, 1959; AE 2009, 1824
90	RMD V 332
136/137	RMD III 160
139	CIL XVI 87
142	RGZM 29
147	AE 2016, 2023
151/154	AE 2016, 2022
158	AE 1997, 1768 = RMD V 421; AE 2006, 1835; AE 2007, 1766–1767; SHARANKOV 2009, 53
160	RMD III 173; RGZM 41; AE 2005, 1730; 2011, 1810.
149/161	RMD I 60
186	RMD I 69

In dieser Provinz lagen weit mehr Auxilien als etwa in Thracia, dort wurden auch weit mehr Diplome pro Konstitution ausgegeben. Doch aus der Provinz selbst, in der sich wohl nicht allzu viele Veteranen nach ihrer Entlassung niederließen, sind bisher nur zwei Diplome bekannt geworden,[35] alle anderen stammen aus anderen Regionen des Reiches, vor allem wieder aus dem östlichen Balkanbereich, also der römischen Provinz Thracia, und aus dem Süden der Türkei. Doch auch für diese Provinz ist inzwischen, wie die Liste zeigt, eine recht kontinuierliche Sequenz von Konstitutionen bezeugt, die vermuten lassen, dass die bisher bekannten nur ein geringer Ausschnitt aus den einst verfügten Privilegierungen sind. Warum sich die bekannten Diplome auf die mittleren Jahre des Regierung Domitians und dann vor allem in der Regierungszeit des Pius konzentrieren, lässt sich nicht erkennen. Eine Erklärung ist aber für die Jahre 158–160 möglich. Diese Diplome sind die Folge besonders starker Rekrutierungsmaßnahmen während des Bar Kochba Aufstandes; viele der damals gleichzeitig eingestellten Rekruten wurden 25 Jahre später auch wieder gleichzeitig entlassen.[36]

Ein weiteres Beispiel möge nochmals verdeutlichen, wie dicht bereits heute die Abfolge der Konstitutionen ist, diesmal für Moesia inferior:

Zeit	Beleg
92	CIL XVI 37 (nur classis)
92	AE 2003, 1548; AE 2005, 1706–1707; AE 2014, 1154 (2 Konstitutionen)
97	RMD V 337. 338; AE 2005, 1704; AE 2009, 1801–1802; ECK/PANGERL 2005c, 191
99	CIL XVI 44–45; RMD IV 217; RGZM 8; AE 2006, 1862; AE 2008, 1195; AE 2009, 1802; AE 2012, 1957; AE 2014, 1643; ECK/PANGERL 2019f, 129 (2 Konstitutionen)

---

35 CIL XVI 87 und RMD I 69.
36 Siehe ECK 2007e, 32 ff.

Fortsetzung

Zeit	Beleg
105	CIL XVI 50; RGZM 10. 11; AE 2004, 1256; Eck/Pangerl 2018b, 26; Eck/Pangerl 2019e, 58 (3 Konstitutionen)
107	RGZM 14; AE 2009, 1803–1804; 2014, 1646
109	RMD IV 219
99/110	RMD IV 221
111	RMD IV 222; Eck/Pangerl 2020a, 299f.
112	AE 2005, 1737
113	RMD IV 224; AE 2009, 1805
114	CIL XVI 58
116	AE 2006, 1863; 2009, 1806
Trai./Hadr.?	AE 2009, 1812
119	RMD V 349. 350; AE 2009, 1807
120	RMD V 356 = Eck/Pangerl 2020, 90–91; AE 2009, 1808; Eck/Pangerl 2018, 219
121	AE 2008, 1722
125	RMD IV 235; V 364; AE 2009, 1809. 1810; 2014, 1641
105/127	RMD V 369
125/129	RMD V 374
127	RMD IV 241; RGZM 23; AE 2008, 1755; Eck/Pangerl 2019f, 133
132	Eck/Pangerl 2019f, 135; Eck/Pangerl 2020, 101
134	CIL XVI 78; AE 2008, 1723
134?	RMD IV 252 (nur classis)
136	AE 2016, 2015–2016
138	CIL XVI 83; RMD III 165; Eck/Pangerl 2019f, 139
117/138	AE 2015, 1900
130/138	AE 2014, 1649
140	AE 2008, 1724
138/142?	RMD IV 265
145	RMD III 165 = V 399; AE 2009, 1814–1816 (1816: 2 Konstitutionen)
146	RMD IV 270; AE 2007, 1233; 2015, 1888–1889
147	AE 2008, 1725
148/153	AE 1997, 1778 = RMD V 411
152	Eck/Pangerl 2018a, 229
153	AE 2016, 2021
154	AE 2009, 1817
155	AE 2001, 2160 = RMD V 413. 414
156	AE 2016, 1366
157	AE 2007, 1236; AE 2008, 1726
158	RMD I 50
159?	Eck/Pangerl 2018b, 40–42
160	AE 2009, 1835; 2014, 1138

Für Moesia inferior sind in dem Zeitraum von 86–160, also im Verlauf von weniger als 80 Jahren, schon mindestens 43 Konstitutionen bezeugt. Was besonders betont werden muß, ist die Tatsache, dass in manchen Jahren sogar mehr als eine Konstitution für diese Provinz erlassen wurde, z. B. in den Jahren 92, 99, 105 und 145,[37] und zwar zumeist sogar am selben Tag. Warum dies geschah, ist nicht direkt gesagt; aber vermutlich wollte man so allzu lange Konstitutionstexte vermeiden. Manchmal wurde für die Flotte ein eigener Erlass formuliert.[38]

Wenn alle diese Schlußfolgerungen zutreffen, dann heißt dies, dass wir durchschnittlich pro Jahr für jede Provinz mit einer Konstitution rechnen dürfen, bei den großen, sogar nicht selten auch mit mehreren.[39] Eingerechnet die stadtrömischen Truppen sowie die beiden Flotten in Italien, seit Traian auch für die *equites singulares*, sowie die oben erörterten Konstitutionen für nur eine einzige Einheit, führt das bei einer Zahl von mindestens 40 Provinzen etwa zu einem halben Hundert kaiserlicher Bürgerrechtserlasse pro Jahr. Mit allen diesen Vorgängen aber haben sich die Kaiser befasst. Gelegentlich tragen mehrere Konstitutionen für verschiedene Provinzen dasselbe Tages- und Monatsdatum, was freilich nur etwas über den Zeitpunkt der öffentlichen Präsentation in Rom aussagt. Ob das auch für den Zeitpunkt gilt, zu dem der Kaiser sich damit befasst war, ist damit nicht gesagt. Auch das *officium* kann die Entscheidungen gesammelt an die Unternehmer weitergegeben haben, die die öffentlich ausgestellten Bronzetafeln sowie die Diplome herstellten. Wie auch immer: die genauen Daten der Masse der Diplome verteilen sich über das gesamte Jahr. Der Kaiser war also pro Jahr recht oft mit diesen Konstitutionen befasst.

Das Ergebnis sollte nicht allzu überraschend sein. Fergus MILLAR hatte vor langer Zeit mit Nachdruck darauf hingewiesen, dass der römische Kaiser ununterbrochen tätig war, in der Reaktion auf Anfragen der Untertanen, auf Gesandtschaften von Städten und Gruppen im Reich, ebenso aber auch all die anderen Vorgänge, die von den Statthaltern und anderen Funktionsträgern nach Rom gesandt wurden.[40] Man muss dazu auch die zahllosen Ernennungsschreiben rechnen, die kontinuierlich ausgestellt wurden. Kodizille, wie sie uns beispielsweise von Marc Aurel für den Prokurator Domitius Marsianus vorliegen,[41] sind jährlich wohl hundertfach an die verschiedensten Funktionsträger ausgegeben worden, an Statthalter, Legionslegaten, *iuridici*, prokuratorische Funktionsträger und Auxiliarpräfekten. Auch kaiserliche Freigelassene, die bedeutsamere Aufgaben übernahmen, etwa die Vertreterposition für einen ritterlichen Prokurator, erhielten solche Schreiben, wie das z. B. zwei Briefe eines unbekannten Kaisers an einen kaiserlichen *libertus* zeigen, die auf einer In-

---

37 Wie schon für das ungeteilte Mösien in den Jahren 75 und 78. Im Jahr 75: RMD I 2; RGZM 1; AE 2008, 1713; AE 2009, 1800 (3 Konstitutionen.). Im Jahr 78: CIL XVI 22; RMD IV 208. 209; V 325; AE 2002, 1523; 2008, 1714. 1728–1729; AE 2010, 1853; 2011, 1118 (3 Konstitutionen).
38 So im Jahr 92: CIL XVI 37; ferner wohl 134: RMD IV 252.
39 Diese Rechnung wird durch die insgesamt sehr wenigen Konstitutionen, in die Truppen für zwei Provinzen eingeschlossen sind, nicht beeinträchtigt.
40 MILLAR 1967 = MILLAR 2004, 3 ff.; MILLAR 1977. Vgl. zur großen Zahl der Gesandtschaften auch aus dem Westen der Reiches Eck 2009; siehe schon oben Kap. 15, 287 f.
41 AE 1962, 183 = AE 1971, 49.

schrift aus Rom erhalten sind.⁴² Dazu kam die Korrespondenz mit all diesen Amtsträgern, da nicht nur Plinius ein eifriger Briefschreiber war (von ihm gingen in nicht ganz zwei Jahren 78 Schreiben an Traian, der seinerseits 47 Briefe an diesen richtete), sondern auch die Masse der anderen vom Kaiser ernannten Funktionäre sich vielfältig an die Kaiser gewandt hat. Fast alle diese Schreiben sind, da sie natürlich nicht auf dauerhaftes Material geschrieben wurden, unwiederbringlich verloren. Nur in Ausnahmefällen sind solche Schriftstücke auf uns gekommen.

Sieht man vom Briefwechsel des Plinius mit Traian ab, dann kann man den Umfang der Arbeit kaum jemals quantifizieren. Die Diplome aber erlauben gerade diesen Einblick, und zwar bei einer Routinetätigkeit, die dennoch für die kaiserliche Herrschaft von nicht geringer Bedeutung war, also vom Herrscher auch ernst genommen wurde. Wie ernst, das zeigen die zum Teil massiven Änderungen, mit denen etwa Antoninus Pius in diese Vorgänge eingegriffen hat. Denn im Verlauf des Jahres 140 hat er unvermittelt die Privilegierung der während des Dienstes geborenen Kinder von Auxiliaren eingestellt.⁴³ Eine solche Maßnahme dürfte er zunächst mit seinen Beratern intensiv besprochen haben. Denn es stellte eine jahrzehntelange Praxis auf den Kopf. In einem oben schon kurz zitierten Diplom aus Mauretania Caesariensis aus dem Jahr 131 werden neben dem Veteranen Diurdanus, wohl einem Daker oder Thraker, der in der *cohors I Musulamiorum* gedient hatte, auch fünf Kinder genannt, drei Söhne und zwei Töchter, die ebenfalls das Bürgerrecht erhielten.⁴⁴ Ab dem Ende des Jahres 140 geschah das nicht mehr.

Dieser Eingriff zeigt, dass auch bei Routinetätigkeiten jeweils persönliche Entscheidungen des Kaisers getroffen wurden. Ein zweites Beispiel möge dies zusätzlich untermauern. Bei irgendeinem Vorfall, bei dem man auf Diplome rekurrieren musste, kam heraus, dass die Hersteller der Bronzediplome seit ca. 143 aus Rationalisierungsgründen auf der Innenseite der Diplome wesentliche Textteile weggelassen hatten. Auf den verschlossenen, versiegelten Innenseiten mußte, wie es bei einer ordnungsgemäß ausgeführten Doppelurkunde auch nicht anders zu erwarten war, nochmals derselbe Text stehen, der auch auf der Außenseite zu lesen war. Doch etwa ab dem Jahr 143 hatte man es sich gespart, dort auch die lange Liste der einzelnen Einheiten nochmals aufzuführen. Man beschränkte sich vielmehr darauf, nur noch die Gesamtzahl der Alen und Kohorten zu nennen, aus denen einzelne Soldaten privilegiert werden sollten. Das aber erfüllte nach strengem Recht den Tatbestand der Urkundenfälschung. Das entsprechende Dokument war keine Doppelurkunde mehr, da Außentext und Innentext nicht mehr deckungsgleich waren. Im Verlauf des Jahres 152 hat irgendjemand diesen Mißstand entdeckt, und ohne Zweifel den Kaiser darauf aufmerksam gemacht. Vielleicht kam die Sache sogar dadurch auf, dass es zu einem Prozeß um das Bürgerrecht einer Person kam, bei dem ein Diplom, das in dem Zeit-

---

42 CIL VI 8619.
43 Eck 2007c; Weiss 2008.
44 Siehe Eck/Pangerl 2005b.

raum seit 143 ausgestellt worden war, geöffnet wurde. Dabei wurde der Mißstand offenkundig. Jedenfalls wurde dann unmittelbar eingegriffen, nach aller Wahrscheinlichkeit direkt von Antoninus Pius selbst; das passte zu seiner präzisen, manchmal wohl auch pedantischen Herrschaftsweise. Die privaten Hersteller wurden gezwungen, zur alten Praxis mit einem vollständigen Text auch auf der Innenseite zurückzukehren.[45] Von da an musste sogar auf der Innenseite am Ende des Textes wieder die Formel erscheinen, die seit rund vierzig Jahren dort weggelassen worden war: *Descriptum et recognitum ex tabula aenea, quae fixa est Romae in muro post templum divi Augusti ad Minervam* – also der Beglaubigungsvermerk. Er stand jetzt nicht nur auf der Außenseite, wie das immer geschehen ist, sondern jetzt auch wieder auf der normalerweise nicht sichtbaren Innenseite.

Ein solches Detail zeigt ganz beiläufig, aber auch unbestreitbar, dass sorgfältige Routinetätigkeit somit ein gewichtiger Teil dessen war, was die Kaiser für das Imperium zu leisten hatten. Das hat man auch anderen Aussagen entnehmen können, aber hier sprechen die Urkunden direkt und damit vielleicht authentischer.

Am Ende soll noch ein Gedanke stehen, der Überlegungen aus einem Beitrag von Peter Eich weiterführt, und zwar unter dem Gesichtspunkt der Hierarchie und der Schriftlichkeit in der kaiserzeitlichen Administration.[46] Seit der flavischen Zeit hat sich für die Privilegierung der Nichtlegionäre im römischen Heer das administrative Verfahren ausgebildet, das uns in den Militärdiplomen greifbar ist.[47] Es verlief, jedenfalls soweit die Provinzen betroffen waren, konstant über verschiedene Ebenen der Militäradministration; Vergleichbares galt sicher auch für die Prätorianer und die italischen Flotten. Dabei waren Standardregeln einzuhalten, die auf politischen Überlegungen, vor allem der Bewahrung der Macht des Kaisers beruhten. Zwei Gesichtspunkte waren dabei entscheidend: Zum einen mussten Soldaten nach einem langen Militärdienst belohnt werden, zum andern war die Dienstzeit von 20, 25 oder 26 Jahren bei den einzelnen Truppengattungen regelhaft einzuhalten. Wie in den vorausgehenden Ausführungen schon dargelegt, wurden, zumindest im 2. Jahrhundert, offensichtlich mehr oder weniger in jedem Jahr in jeder Provinz entsprechende Privilegierungen vorgenommen. Die dafür nötigen Unterlagen wurden schriftlich von den Büros der Befehlshaber der einzelnen Truppenabteilungen, bei denen auch die Matrikel des einzelnen Soldaten geführt wurde, ausgearbeitet, also der Präfekten der Auxiliarabteilungen oder der Flotten. Von diesen gingen die Unterlagen, nämlich Personenlisten mit den notwendigen Angaben über die Einheit und den Einheitskommandeur, ferner mit den vollständigen Namen der Frauen sowie der Kinder, an den Befehlshaber des jeweiligen Provinzheeres, der gleichzeitig Statthalter war. Dessen Büro sammelte die verschiedenen Listen und reichte sie zusammen nach Rom

---

45 Siehe Eck 2003, 65 f.; Eck 2007c, 98 ff.
46 Eich 2008.
47 Siehe dazu Eck 2003.

weiter.⁴⁸ Dort hat dann ein *officium* in der Umgebung des Kaisers, mit hoher Wahrscheinlichkeit das *officium* des *ab epistulis*,⁴⁹ den Text einer Konstitution ausgearbeitet, die dem Herrscher vorgelegt wurde. Nach der Prüfung des Vorgangs durch den Kaiser und nach dessen Zustimmung wurde ganz offensichtlich der approbierte Text an einen Unternehmer weitergegeben, der zum einen den Text der Konstitution auf eine *tabula aenea/aerea* gravieren ließ, die in Rom *in muro post templum divi Augusti ad Minervam* publiziert wurde, wie es die Diplome beschreiben. Gleichzeitig hat dieser Unternehmer jedoch auch die individuellen Diplome hergestellt, die nach Fertigstellung mit einem Draht verschlossen und von sieben Zeugen gesiegelt wurden. Auch diese Zeugen waren keine öffentlichen Funktionsträger, sondern Privatleute; allerdings erscheint seit späthadrianischer Zeit eine fixierte Gruppe von Zeugen, die in einer hierarchischen Ordnung auf den Diplomen aufgeführt werden.⁵⁰ Im Verlaufe der Jahre steigen diese Zeugen innerhalb des Kollegiums auf, offensichtlich dann, wenn einzelne Mitglieder durch Tod oder aus anderem Grund ausgeschieden waren.⁵¹ Diese Diplome wurden schließlich in die Provinz zurückgebracht, vielleicht sogar von Militärs in Rom abgeholt, und im Hauptquartier vermutlich an den Statthalter ausgehändigt, der sie dann entweder selbst den Soldaten überreichte oder die für eine bestimmte Einheit ausgestellten Dokumente an die jeweiligen Präfekten übersandte, die sie schließlich ihrerseits den Empfängern übergeben mussten.

Hier haben wir also wesentliche Elemente, die bei der Diskussion, ob und wann sich im staatlichen Leben Roms eine Bürokratie entwickelt habe, von definitorischer Bedeutung sind: die durchgehende Schriftlichkeit des Vorgangs, das Durchlaufen einander zugeordneter Hierarchieebenen und die Routine des sich immer wiederholenden Vorgangs. Freilich – und das darf man nicht vergessen – dies spielte sich im Rahmen des römischen Heeres ab, an dessen hierarchischer Struktur nie jemand gezweifelt hat. Allerdings war diese Struktur der im zivilen administrativen Bereich durchaus verwandt, da die höheren Befehlshaber, die nach ihrem sozialen Status ernannt worden waren, in beiden Bereichen tätig waren, im militärischen und im zivil-administrativen. In ihrer Person trafen sich die Bereiche, was zur Folge hatte, dass das Verfahren im einen Bereich fast notwendigerweise auch das im anderen beeinflusste, zumal das Personal der Statthalter, außer bei den Prokonsuln, generell aus dem Heer genommen wurde. An der Struktur der Heeresadministration kann man sehen, was unter römischen Bedingungen vor den durch die Krisenphänomene des 3. Jahrhunderts ausgelösten Änderungen an administrativer Hierarchie möglich war. Unter den gewandelten Bedingungen des 3. Jahrhunderts konnten solche Strukturen dann ohne große Probleme direkt auf den zivilen Bereich ausgeweitet werden, soweit sie nicht

---

48 Zu diesem Teil des administrativen Verfahrens erstmals genauer WOLFF 1981; ferner LÖRINCZ 1986; ALFÖLDY 1986; beide Autoren haben die Thematik nochmals in ihren Beiträgen beim Militärdiplomkolloquium in Bern (oben Anm. 29) aufgenommen und ergänzt.
49 CARBONI 2019.
50 HAENSCH 1996.
51 Zu Ausnahmen von diesem Verfahren siehe ECK/HOLDER/PANGERL/WEISS 2015.

schon vorher dort eingewirkt hatten. Dass auch die zivile Tätigkeit im Dienst des Kaisers seit den Severern als *militia* bezeichnet wird, ist also kein Zufall gewesen. Das Wort verweist auf die militärischen Wurzeln, aus denen sich die spätantiken administrativen Strukturen entwickelt haben.

17 Kommunikation durch Herrschaftszeichen: Römische Amtsträger in den Provinzen

Herrschaft braucht Kommunikation mit denen, die beherrscht werden, sie braucht Zeichen, mit denen dargestellt werden kann, wer die Herrschaft ausübt, und mit denen Wirkung auf diejenigen ausgeübt werden kann, die Teil des Herrschaftssystems sind. Das gilt auf allen Ebenen, auf der staatlichen, aber auch auf der von Organisationen. In der langen Zeitspanne, in der Eugen Gerstenmaier als Präsident des Deutschen Bundestages amtierte, suchte er innerhalb des Parlaments einen Stil zu entwickeln, in dem sich die parlamentarische Demokratie der Bundesrepublik ausdrücken sollte. Steingewordenes Zeugnis seines Wirkens ist in Bonn bis heute das ehemalige Abgeordnetenhochhaus, der „Lange Eugen", in dem die Mitglieder des demokratisch gewählten Parlaments ihre Büros hatten. Das Gebäude erhob sich weit über alle Ministerien. Dies sollte Zeichen sein, wer in einer Demokratie über allem steht. Gleichzeitig aber initiierte er auch die Regel, dass zu Beginn einer Sitzung des Bundestags, wenn der Präsident den Saal betrat, ein Amtsdiener dem Präsidenten vorausging und dabei ausrief: „Der Präsident!" Zeichenhaft und für alle wahrnehmbar sollte dadurch deutlich werden, dass der höchste Repräsentant des Parlaments anwesend sei und die Arbeit des Parlaments beginnen könne.

Auf ganz anderer Ebene konnte ich im Juni 2007 ein ähnliches Zeremoniell beobachten. An der Universität Nijmegen hielt Lukas de Blois, der Initiator des „International Network: The impact of the empire", seine Abschiedsvorlesung. Als das große Publikum in der Aula Platz genommen hatte, begann der Einzug der Professoren im Talar, angeführt von einem Universitätsbediensteten, der einen Stab mit silbernen Knauf trug, als Insignie des Akademischen Regimes. Ihm folgten der Rektor mit der Amtskette, der Dekan der Fakultät, der Emeritus selbst und darauf die anderen Professoren. Durch Zeichen und durch ritualisiertes Handeln war die akademische Ordnung zwischen Lehrenden und Lernenden, aber auch innerhalb des Kreises der Lehrenden für alle Zuschauer in Erscheinung getreten.

Was hier im Rahmen relativ kleiner, fast noch überschaubarer Personengruppen gilt, ist von weit höherer Bedeutung für große Einheiten, etwa für eine Armee oder für Großreiche wie das Imperium Romanum, das im Zentrum unseres Kolloquiums steht.[1] Gerade solche Großorganisationen brauchen Zeichen oder auch Rituale, in denen sich die gewollte oder als fraglos vorausgesetzte Ordnung manifestiert. So ist zu fragen, wie innerhalb dieses römischen Herrschaftsraumes sichtbar gemacht wurde, zu wem man gehörte oder, vielleicht eher, gehören muss, wem man untersteht, auch wenn man es vielleicht nicht will, sondern dazu gezwungen ist. Denn das Imperium, das Rom geschaffen hatte, wurde im Laufe mehrerer Jahrhunderte größtenteils mit Gewalt erobert

---

1 Kolloquium im Juli 2007 in Heidelberg unter dem Titel: Ritual Dynamics and Religious Change in the Roman empire.

und war auf diese Weise ein gewaltiges und komplexes Gebilde geworden. Weit größer als die heutige Europäische Union umfasste es einen Raum von mehr als 5 Millionen qkm Herrschaftsfläche. Vom äußersten Norden Englands bis zur Südgrenze der Provinz Ägypten bei Syene erstreckte sich der Herrschaftsraum über eine Entfernung von rund 4000 km; von der Atlantikküste Portugals bis Armenien und der Provinz Mesopotamia im Osten betrug die Entfernung sogar mehr als 5000 km. Die Völker, Stämme und Poleis, die in dieser Einheit zusammengefasst waren, unterschieden sich in hohem Maße nach Religion, Sprache sowie politischer, sozialer und wirtschaftlicher Struktur. Rom beließ ihnen allen, soweit nur die Herrschaft nicht herausgefordert oder gar mit Waffengewalt abgelehnt wurde, ein hohes Maß an innerer Autonomie, in die nur begrenzt eingegriffen wurde. Dennoch musste immer wieder erkannt und immer wieder wahrgenommen werden, wem die lokalen Einheiten oder auch die Einzelnen unterstanden oder wem sie zugehörten.

Seit Augustus gehorchte das Reich einem einheitlichen Willen. Doch der Herrscher war ferne. Die meisten Bewohner des Imperiums haben den Kaiser nie persönlich zu Gesicht bekommen. Das Bild, das sie sich möglicherweise von ihm machten, stammte von den Münzen, die jeder in die Hand bekommen konnte, und den Statuen, mit denen der jeweilige Herrscher in den einzelnen Gemeinden bildlich präsent war. Deutlich wird dies in der Frage, die Jesus nach Marcus 12,16 mit Verweis auf einen Denar an die Pharisäer richtete:[2] „Wessen ist dieses Bild und die Aufschrift?" und in deren Antwort: „Καίσαρος, Caesars." Fast alle Münzen, römische oder lokale, trugen das Porträt des Kaisers.[3] Selbst strenggläubige Juden konnten sich dem nicht entziehen, wie das Jesuswort deutlich macht.

Der Kaiser blieb aber im Allgemeinen der ferne Herrscher, den nur wenige von Angesicht zu Angesicht erlebten; anders war es nur in Rom und seiner unmittelbaren Umgebung, wo viele der Kaiser des 1. und 2. Jh. sich einen wesentlichen Teil ihrer Herrschaftszeit aufhielten. Aber auch dort konnten nur wenige mit ihnen in eine persönliche Kommunikation treten, was noch weit mehr für die Bewohner der Provinzen galt, obwohl nicht wenige Herrscher dorthin lange Reisen unternahmen. Der Masse der Provinzbewohner begegnete Rom und dem Kaiser durch andere Zeichen – durch Zeichen, die auf die herrschende Macht verwiesen, und vor allem durch Personen, die diese Macht repräsentierten. Es waren die römischen Provinzmagistrate, die die Provinzen regierten. Traian formulierte in einem Brief an seinen Legaten Plinius sehr bewusst, der Senator solle an seiner Statt den Provinzialen gegenübertreten: *electum te esse, qui ad eosdem mei loco mittereris.*[4] Das drückte ja auch ihre offizielle

---

2 Vgl. Mt 22, 15–22.
3 Eine Ausnahme waren nur die Münzen, die üblicherweise Prokuratorenmünzen genannt werden, die innerhalb Iudaeas geprägt wurden (RPC I Nr. 4954–4972). Wer sie prägen ließ, ist nicht geklärt. Auf ihnen erscheinen nur die Namen der Kaiser, nicht jedoch ihr Porträt. Wichtig aber ist, dass das Porträt vermieden wurde, ein deutliches Zeichen, dass Rom Rücksicht nahm auf die spezifische Befindlichkeit der jüdischen Bevölkerung.
4 Plin. epist. 10,18,2.

Bezeichnung als *legatus Augusti* deutlich aus. Zwar erschienen andere Provinzmagistrate mit unterschiedlichen Bezeichnungen: *proconsules, procuratores, praefecti*. Doch für die Untertanen machte es keinen grundsätzlichen Unterschied, ob die Repräsentanten Roms aus dem Senat oder dem Ritterstand kamen und ob sie als Prokonsuln bzw. als Legaten im Dienste des Herrschers oder als Präsidialprokuratoren des Kaisers agierten. Ihre gemeinsame Aufgabe war, Ruhe in den Provinzen zu gewährleisten, den Rechtsfrieden zu wahren und den Einzug der Steuern direkt oder indirekt zu sichern. Entsprechend waren ihre Rechte formuliert und auch die äußeren Formen gestaltet, in denen die römische Macht sichtbar in Erscheinung trat. Dies ließe sich an vielen Provinzen exemplifizieren, etwa an Germania inferior, wo in der Colonia Claudia Ara Agrippinensium eines der wenigen Beispiele für einen Statthaltersitz der hohen Kaiserzeit zu einem relativ größeren Teil erhalten ist.[5] Man könnte auch an Dakien denken, wo in der Colonia Ulpia Traiana Sarmizegetusa u. a. der Amtssitz des Finanzprokurators der Provinz ergraben wurde, was Einblick in die Repräsentations- und Kommunikationsformen dieses Typs von Funktionsträgern erlaubt.[6] Auch in Ephesus, der Hauptstadt der Provinz Asia, der reichsten Provinz des römischen Ostens, könnte man infolge des Inschriftenreichtums manche der Kommunikationsformen zwischen Herrschenden und Beherrschten in konkreten Beispielen verfolgen.[7] Doch scheint zur Zeit keine Provinz mehr als Iudaea/Syria Palaestina geeignet zu sein, um ein relativ konkretes und genügend repräsentatives Bild davon zu entwerfen, in welcher Weise und in welchen konkreten Formen römische Repräsentanten in den ersten drei Jahrhunderten der Kaiserzeit die Macht des Reiches gegenüber den Provinzbewohnern darstellten und so die Botschaft vermittelten, dass alle einer Herrschaft unterstanden und deren Willen zu erfüllen hatten. Bedingt ist dies zum einen durch die neueren Ausgrabungsergebnisse, speziell in Caesarea, andererseits durch die für eine römische Provinz weit überdurchschnittliche literarische Überlieferung, die es erlaubt, Aspekte zu erkennen, die anderswo nicht oder nur in kleineren Reflexen in den Quellen erscheinen.

Schon vor dem Jahr 6 n. Chr. war Judäa, noch unter der Herrschaft von Klientelfürsten, Teil des Imperiums, zuerst von König Herodes, dann von seinem Sohn, dem Ethnarchen Archelaus, und dessen Brüdern. Als Archelaus wegen der Klagen seiner Untertanen nicht mehr länger tragbar erschien, übernahm Augustus die Region in seine direkte Verantwortung. Die Form, die er wählte, war aber nicht die einer eigenständigen Provinz: vielmehr schloss er das – im Übrigen nicht sehr große Gebiet – der Provinz Syria an, dessen Statthalter als *legatus Augusti pro praetore* den Machthaber vertrat. Es gab also keine Provinz Judäa, sondern nur eine Region Judäa innerhalb der Provinz Syria, die allerdings einem von Augustus selbst ernannten *praefectus* unterstellt wurde, der dieses Gebiet administrieren sollte, dabei jedoch dem

---

[5] PRECHT 1973; Eck 2004a passim; SCHÄFER 2014.
[6] PISO 1983; PISO 1998; PISO 2013.
[7] Siehe dazu ECK 2009d.

Statthalter Syriens untergeordnet war.⁸ Die Bewohner dieser Region waren auf diese Weise mit zwei römischen Repräsentanten konfrontiert, von denen der eine im fernen Antiochia residierte und nur gelegentlich auch den südlichen Bereich seiner Provinz besuchte, während der *praefectus Iudaeae* unmittelbar vor Ort fungierte und seinen Sitz in der Hafenstadt Caesarea nahm. Dieses Doppelregiment dauerte, mit einer kurzen Unterbrechung zwischen 41 und 44 n.Chr., bis zum Jahr 66, als der große jüdische Aufstand zu einer völligen Neuorganisation führte. Zwar wird auch heute noch öfter behauptet, Judäa sei von Augustus zu einer eigenständigen Provinz gemacht oder spätestens im Jahr 44 sei das Gebiet als unabhängige Provinz unter einem ritterlichen Prokurator organisiert worden. Wenn man jedoch Josephus in seiner konkreten Berichterstattung und nicht in seiner Terminologie für die römischen Vertreter vor Ort ernst nimmt, dann kann es bei unseren heutigen Kenntnissen kaum einen Zweifel geben, dass Judäa bis 66 ein Teil der Großprovinz Syrien geblieben ist.⁹

Der jüdische Aufstand brachte den Umschlag. Mit Vespasian, der als Konsular mit drei Legionen und entsprechenden Hilfstruppen den jüdischen Widerstand überwandt, wurden Judäa und angrenzende Gebiete aus der Verfügung des syrischen Statthalters genommen.¹⁰ Nach der Eroberung Jerusalems erscheint dann regelmäßig ein Senator prätorischen Ranges als Statthalter der Provinz, dem auch eine Legion unterstellt war, die *legio X Fretensis*, die im zerstörten Jerusalem stationiert wurde, dem ehemaligen religiösen Mittelpunkt und damit auch dem ideologischen Machtzentrum des Judentums. An dessen Stelle trat das römische Legionslager als neues Machtzentrum – krasser hätte man nicht demonstrieren können, wer hier nun der Herr war und wem auch die jüdischen Bewohner der neuen Provinz zu gehorchen hatten.¹¹ Die römische Militärmacht trat an die Stelle des religiösen Zentrums der Juden.

Politisch-administratives Zentrum aber blieb, wie schon vorher unter den Präfekten, Caesarea Maritima, die von König Herodes so prachtvoll ausgebaute Stadt. Die für die römische Herrschaft zentrale Stellung der Stadt wurde allerdings dadurch verstärkt, dass dem von nun an für die Finanzadministration der Provinz zuständigen Prokurator ebenfalls Caesarea als Sitz zugewiesen wurde.¹² Zuvor hatte der Prokurator Syriens von Antiochia aus die Steuern in Judäa eingezogen und die anfallenden Fi-

---

8 Siehe zu dieser Sichtweise nunmehr BERNETT 2007, 310ff. und ausführlich ECK 2007f, 23f.
9 Dazu ECK 2007f, 23ff.; ferner sehr detailreich LABBÉ 2012, 155ff.
10 ECK 2007f, 50.
11 Bisher ist es nicht gelungen, den Ort, an dem das Lager in Jerusalem errichtet worden war, eindeutig zu bestimmen. Doch ist zu hoffen, dass die großangelegten Grabungen, die zurzeit stattfinden, darüber endlich Klarheit schaffen (siehe CABARET 2020). Dass die *legio X Fretensis* nicht in Jerusalem ihr Lager gehabt habe, wie SELIGMAN 2017 nachweisen will, ist nicht überzeugend. Seine Verwendung der epigraphischen Überlieferung ist erstaunlich fehlerhaft; die Inschriften aus CIIP I 2 werden zum Teil angeführt, doch die Interpretation wurde offensichtlich nicht zur Kenntnis genommen.
12 ECK 2012a.

nanzangelegenheiten geleitet.¹³ Zusätzlich wurde aber dieses Zentrum noch dadurch herausgehoben, dass Vespasian die Stadt zu einer römischen Kolonie erhob und damit das römisch-lateinische Element auch im munizipalen Bereich dominieren ließ.¹⁴

Wohl noch unter Traian, auf jeden Fall aber in der allerersten Zeit Hadrians wurde der Status der Provinz insoweit erhöht, als mit der Stationierung einer zweiten Legion bei Caparcotna im Norden der Provinz¹⁵ auch der Statthalter aus den Senatoren konsularen Ranges genommen wurde. Er war der oberste Kommandeur aller in der Provinz stationierten Truppen, doch standen von da an zwei senatorische Legionslegaten unter ihm. Dieser Zustand blieb dann mindestens bis in das späte dritte Jahrhundert erhalten.¹⁶

Seit Pompeius im Jahr 63 v. Chr. vor Jerusalem erschienen war, um seinen politischen Willen mit seinem Heer durchzusetzen, hatte die Führungsschicht und die Bevölkerung erlebt, wie Rom durch seine Truppen die eigene Herrschaft konkretisierte. Als nach dem Tod König Herodes' 4 v. Chr. Sabinus, der Prokurator Syriens, sich in den Besitz der königlichen Kassen setzen wollte, kam es in Jerusalem zu einem Aufstand, in dessen Folge Quinctilius Varus, der Statthalter der Provinz, mit seinen Legionen in Jerusalem und im ganzen Land eingreifen musste.¹⁷ 2000 Aufständische ließ er ans Kreuz nageln,¹⁸ ein brutales Zeichen der Herrschaft und eine deutliche Botschaft, wie Rom mit denen verfahren konnte, die sich gegen seine Herrschaft auflehnen wollten.¹⁹ Da Archelaus von Augustus schließlich doch als Ethnarch eingesetzt wurde, zog sich die römische Legion, die Varus in Jerusalem zurückgelassen hatte, wieder aus der Region zurück. Doch die Drohung jederzeit wieder vom Norden her vorzurücken, blieb bestehen. Immerhin verlief, wohl auch aus diesen Erfahrungen heraus, die Umwandlung in den provinzialen Status im Jahre 6 n. Chr. so friedlich ab, dass die Truppen Syriens nicht einzugreifen hatten. Die kleinen militärischen Einheiten, die Archelaus zur Verfügung gehabt hatte, blieben bestehen und wurden dem Befehl des *praefectus Iudaeae* unterstellt. Doch in den nachfolgenden Jahrzehnten wurden immer wieder die Legionen Syriens in Marsch gesetzt, nicht nur, weil es in Judäa zu Unruhen kam, sondern auch, um Herrschaftsformen durchzusetzen, die nicht nur der großen Mehrheit der Juden, sondern auch manchen Römern widersinnig erscheinen mussten. Im Jahr 39 gab Caligula den Befehl, seine Statue im Tempel in Jerusalem aufzustellen, ein neuer Gott sollte im Hause des Gottes der Juden Wohnung nehmen. Der Statthalter der Provinz, P. Petronius, sollte den Befehl ausführen; als die

---

13 Dass Iudaea auch unter fiskalischen Gesichtspunkt zu Syrien gerechnet wurde, wird schon beim Tod des Herodes deutlich, als der Prokurator Syriens versuchte, das königliche Erbe direkt zu übernehmen; Ios. ant. Iud. 17,221.252ff.; PIR² S 33.
14 ECK 2009d, 13ff.; ECK 2013d; anders ISAAC 2009.
15 Siehe z. B. TEPPER/DAVID/ADAMS 2016.
16 ECK 2007f, 112ff.
17 Ios. ant. Iud. 17,286ff.
18 Ios. ant. Iud. 17,295.
19 Auch in der Begnadigung kann sich Herrschaft ausdrücken; vgl. Mt 27,15ff.

jüdische Bevölkerung sich massiv zur Wehr setzte, zog er, obwohl er Caligulas Befehl für falsch hielt, zwei Legionen der Provinz in Ptolemais zusammen, um mit ihnen den Befehl auszuführen.[20] Dass dies am Ende nicht geschah, war nur dem Umstand zu verdanken, dass Gaius starb, bevor Petronius gezwungen gewesen wäre, die Aufstellung der Statue im Tempel mit militärischer Gewalt durchzusetzen. Ansonsten hätte sich die große Revolte schon 25 Jahre früher ereignet, die so erst 66 n. Chr., wiederum nach dem Eingreifen einer römischen Legion in Jerusalem, explodierte. Als König Agrippa den Juden in Jerusalem in einer dramatischen Rede vermitteln wollte, was es bedeute, sich gegen die römische Militärmacht aufzulehnen – so jedenfalls nach Josephus – kam die Botschaft nicht mehr an.[21] Die letzte Konsequenz war die Zerstörung Jerusalems und seit 70 n. Chr. die Stationierung einer Legion in Jerusalem.[22] Nunmehr wurde das gesamte Land mit kleinen Lagern überzogen, in denen Auxiliartruppen und Abteilungen der Jerusalemer Legion die römische Macht präsent machten.[23] Die gewollte Wirkung dieser Militärposten kann man sich vielleicht vergegenwärtigen, wenn man die Überreste der Lager betrachtet, die von Flavius Silva bei Masada errichtet wurden, als dort die letzten Überreste der Aufständischen besiegt werden sollten.[24] Dennoch, am Ende war jedenfalls die Auswirkung aller dieser Zeichen, die konkrete Präsenz der Militärmacht, gering. Vermutlich verlegte schon Traian, spätestens gegen Ende seiner Regierung, eine zweite Legion in die Provinz und verdoppelte die Zahl der Hilfstruppen auf drei Alen und 12 Kohorten, darunter zwei *cohortes milliariae*.[25] Das waren mit den beiden Legionen zusammen nahezu 20.000 Mann – keine andere Provinz kannte im Verhältnis zu ihrer Größe – sicher nicht mehr als 10.000 qkm. – eine solche Militärpräsenz. Auf jeden qkm Provinzterritorium kamen zwei römische Soldaten; in Britannia, der Provinz mit der größten Militärpräsenz im 2. Jh. war das Verhältnis massiv anders: auf je vier qkm kam ein Soldat.[26] Im Jahr 132 explodierte die Provinz erneut, der folgende fast vierjährige Krieg gegen die Einheiten Bar Kochbas kostete Hunderttausende von Opfern, auf römischer, aber noch weit mehr auf jüdischer Seite.[27] Erst diesmal wurde die Botschaft, dass Rom eine Provinz, die einmal sein Eigentum war, nicht mehr hergab, in ihrer ganzen und harten Realität auch von der jüdischen Bevölkerung erfasst.[28] Roms Herrschaft durfte niemand in Frage stellen. Das drückte sich auch in den *ornamenta triumphalia* aus, die Hadrian den drei Statthaltern von Judäa, von Syria und von Arabia verlieh: Sex. Iulius Severus, der aus der Provinz

---

20 Ios. ant. Iud. 18,261 ff.
21 Ios. bell. Iud. 2,345 ff.
22 Zur Frage, wo das Lager der Legion in Jerusalem vielleicht angelegt war, zuletzt CABARET 2020, 221 ff.
23 ISAAC 1993, 427 ff. Siehe auch CIIP I 722–724. 727.
24 Immer noch der einfachste Überblick bei SCHULTEN 1933.
25 Dazu unter Einschluss zahlreicher neuer Dokumente ECK 2007f, 113 ff. Die Einheiten mit der Bezeichnung *milliaria* sind die *cohors I Thracum (milliaria)* und die *cohors I Sebastenorum (milliaria)*.
26 Dazu ECK 2021b.
27 ECK 2007e.
28 Siehe dazu ECK 2012c.

Dalmatien stammte, Q. Poblicius Marcellus, aus dem italischen Aquileia und T. Haterius Nepos aus Fulginiae in Umbrien. Alle drei hatten durch ihre erfolgreiche Kampfführung gegen die Aufständischen das Prestige Roms in der Region gerettet.[29]

Wohl kein Volk und keine Provinz haben so lange und mit solchem Widerstand auf diese Botschaft von der Ewigkeit der römischen Herrschaft reagiert und sich ihr so wenig angepasst, wie das jüdische Volk. Doch im Grunde hat Rom durch seine Amtsträger und vor allem durch seine Truppen diese Botschaft in allen Provinzen verkündet. König Agrippa, auf den schon verwiesen wurde, hatte diese Botschaft verstanden, war aber damit in Judäa gescheitert. Doch die Mehrzahl der anderen Provinzen hatte sie zumeist unmittelbar gehört und sich danach gerichtet, so wie Judäa nach der Katastrophe des Bar Kochba-Aufstandes. Die Botschaft einer stets möglichen militärischen Intervention muss man sich klar machen. Erst vor diesem Hintergrund sind alle die anderen Kommunikationsformen zwischen Beherrschten und Herrschenden zu sehen, die wir in den römischen Provinzen ausmachen, auch in Judäa. Ohne diese selbstverständliche militärische Basis der Herrschaft, ohne die Möglichkeit der Aktivierung der Militärmacht hätten auch manche der anderen Zeichen wohl weniger oder auch keine Wirkung ausüben können. In gewisser Weise verwiesen alle anderen Zeichen immer wieder auf Roms militärische Überlegenheit zurück.[30]

Die Präsenz des Militärs zeigte sich in allen Provinzen, und sogar vor allem in der Umgebung des Statthalters, aber auch bei den kaiserlichen Prokuratoren. Ein Teil des Personals wurde stets aus dem Heer genommen, bei den kaiserlichen Legaten sogar ausschließlich.[31] Daneben gab es die Liktoren mit ihren Rutenbündeln und Beilen, die auch in der Kaiserzeit noch die senatorischen Amtsträger begleiteten. Den beiden Prokonsuln von Africa und Asia standen 12 Liktoren zu, den anderen Prokonsuln sechs, während sich alle kaiserlichen Legaten mit fünf begnügen mussten.[32] Als Plinius d. Jüngere 109/110 von Traian nach Pontus-Bithynien gesandt wurde, erhielt er für den Sonderauftrag den Amtstitel *legatus Augusti pro praetore*, womit ihm nur fünf Liktoren zugestanden hätten. Doch dann hätte er gegenüber den Statthaltern vor ihm, die Prokonsuln waren, im äußerlichen Auftreten gemindert erscheinen können – auch kleine Zeichen können eine Aussage mitteilen. Damit dieses nicht eintraf, erhielt er bewusst die Amtsgewalt eines Prokonsuls, denn so konnte er, ohne die offiziellen Regeln zu verletzen, dennoch mit sechs Liktoren in der Öffentlichkeit erscheinen.[33]

---

29 PIR² J 576; P 1042; CIL XI 5212 = D 1058; ECK 1999 f.
30 Gelegentlich wird das Imperium Romanum als eine Art Vorläufer der Europäischen Union gesehen. Diese Sicht vergisst jedoch zwei entscheidende Unterschiede gegenüber dem römischen Reich: Alle Staaten der EU sind ihr freiwillig beigetreten und diese hat kein Heer, das als Garant des Zusammenhalts eingesetzt werden könnte.
31 Dazu HAENSCH 1997, 713 ff.
32 COTTON 2000. Zeugnisse für Liktoren in den verschiedenen Provinzen z. B. D 1914; AE 1933, 265 = IvPergamon III 67; D 1913 = IK 13, 712 (Ephesos); D 4056 + AE 1939, 4 = FRASER 1960, 53.
33 Siehe Kap. 21 in diesem Band.

Sein Rang wurde auch dadurch klar gemacht, dass er wie vorher die Prokonsuln einen Legaten und wohl auch einen Quästor an seiner Seite hatte.

Auch der Statthalter von Judäa erhielt seit dem Jahre 70 n. Chr. Liktoren, fünf an der Zahl. Der vom syrischen Legaten abhängige *praefectus* hatte bis zum Jahr 66 nur Soldaten zu seiner Begleitung aufbieten können. Die Liktoren haben durch die Rutenbündel und die Beile die Entscheidungsgewalt des Vertreters Roms über Leben und Tod am klarsten ausgedrückt; doch dass sie während der Kaiserzeit wie früher die Todesurteile der Statthalter vollstreckten, ist eher unwahrscheinlich. Man könnte meinen, die Liktoren hätten neben den großen Gruppen der Soldaten in den meisten Provinzen die Liktoren eher wie eine symbolische Staffage gewirkt. Doch ist es wohl kein Zufall, dass Josephus König Agrippa in seiner Rede an die aufständischen Juden im Jahr 66 n. Chr. sagen lässt, die 500 Städte Asiens beugten sich, obwohl sie keine Besatzung hätten, ehrfurchtsvoll vor einem Statthalter und den (pro)konsularen Rutenbündeln.[34] Das entspricht durchaus dem, was die Untertanen in Asia erlebten, wo meist nur eine einzige Auxiliareinheit stationiert war, also jeweils nur rund 500 Soldaten. Man sollte die Präsenz der Liktoren um einen Statthalter zwar nicht überbewerten, aber Beile als Symbol bringen die Strafgewalt direkt zum Ausdruck.

Dennoch: in den meisten Provinzen waren die sichtbaren Zeichen römischer Herrschaft weitgehend durch das Militär geprägt. Und gerade dies wird in Caesarea weit deutlicher sichtbar, als wir es bisher kannten, und zwar in der Ausgestaltung des Amtssitzes des Statthalters. Das haben die Ausgrabungen in dieser Stadt seit dem Ende der 80er Jahre des vergangenen Jahrhunderts sehr deutlich werden lassen.

Schon aus der Apostelgeschichte konnte man entnehmen, dass der ritterliche *praefectus* den Palast des Königs Herodes in Caesarea übernommen hatte. Denn als der Apostel Paulus von Soldaten der in Jerusalem stationierten Kohorte als Gefangener nach Caesarea gebracht wurde, befahl der damalige Präfekt Felix, Bruder des bei Claudius so einflussreichen kaiserlichen Freigelassenen Pallas, ihn ἐν τῷ πραιτορίῳ τοῦ Ἡρῴδου zu internieren, im Praetorium des Herodes.[35] Das ist natürlich die römische Terminologie für den Amtssitz des höchsten römischen Repräsentanten in der Provinz; aber der Verfasser der Acta apostolorum war sich bewusst, auf wen der Bau zurückging. Bei den Ausgrabungen in Caesarea wurde auch das im Süden der Stadt liegende, ins Meer vorspringende Kap ausgegraben; die repräsentativen baulichen Strukturen, die man dabei fand, wurden, trotz weitgehender Zerstörung durch das Meer, sogleich als der Palast des Herodes angesehen.[36] Diesen großen und prachtvoll ausgestatteten Komplex hat, wie man der Bemerkung der Apostelgeschichte entnehmen konnte, der Vertreter Roms übernommen. Wenn somit die Interpretation des Komplexes als Palast des Herodes zutreffend war, dann hatte man damit auch den Amtssitz des Vertreters Roms identifiziert. Diese Identifikation gelang aber definitiv

---

34 Ios. bell. Iud. 2,366: „[...] ἕνα προσκυνοῦσιν ἡγεμόνα καὶ τὰς ὑπατικὰς ῥάβδους; [...]".
35 Lk 23,35.
36 BURRELL 1996; PATRICH 2010 = PATRICH 2011, 205–223.

erst, als im Lauf der Ausgrabungen auch die nach Osten an das Kap anschließenden Bereiche erforscht wurden und dabei einige inschriftliche Dokumente in situ zu Tage kamen, die im Folgenden zu besprechen sind. Denn die Statuenbasen mit Inschriften, die in einem Graben der Baustrukturen auf dem Kap aufgefunden worden waren und die sowohl Dedikationen an Statthalter wie an Kaiser Probus und die Caesares Galerius und Constantius trugen, hatten nicht an der Stelle überlebt, wo sie einst gestanden hatten.[37]

Bei den Grabungen deckte man einen großen Gebäudekomplex auf, der unmittelbar an das von Herodes erbaute Stadium anschloss.[38] Er erstreckte sich über mindestens 250 Meter von West noch Ost, also vom Meer hinein ins Land, während die Nord-Süd-Ausdehnung sicher nicht weniger als 100 Meter betrug. Doch ist dies nicht mit letzter Sicherheit zu sagen, da im Süden größere Teile der Anlage vom Meer weggespült wurden. Der gesamte Komplex besteht aus dem auf Meereshöhe gelegenen ursprünglichen Teil des herodianischen Palastes mit einem Peristyl, und einem höher gelegenen zweiten Bereich. Innerhalb dieser weit ausgedehnten Strukturen erhob sich ein großer Innenhof, um den sich zahlreiche Räumlichkeiten erstreckten. Vor allem im Osten aber fanden sich drei Räume, die auf unsere Frage nach der Präsenz von Soldaten in der nächsten Umgebung des Statthalters und damit nach der Identifikation des Gebäudes als Praetorium eine klare Antwort geben.

Drei epigraphische Zeugnisse, die sämtlich in situ gefunden wurden, sind dabei relevant. Zum einen wurde in einem Raum an der südlichen Seite des Zugangs zum Innern des Palastes ein Mosaik mit folgendem Text aufgedeckt: *Spes bona adiutoribus officii custodiarum* = „Eine glückliche Zukunft den Hilfsfunktionären im Büro der Gefängnisverwaltung."[39] An dieser Stelle lag somit ein Gefängnistrakt, in dem Soldaten ihren Dienst taten. Denn obwohl der Text nicht direkt von Angehörigen des Militärs spricht, wissen wir aus anderen Zeugnissen, dass die hier beschriebene Aufgabe von Soldaten übernommen wurde.[40]

Ganz direkt ergibt sich die Anwesenheit von Militärs durch ein weiteres Mosaik, das in einem Raum nördlich des Hauptzugangs aufgedeckt wurde. Der Text dieses Mosaiks lautet: *Sanct[o] Genio fru[m]entarioru[m] omnia felicia* = „Der heiligen Kraft der *frumentarii* ein glückliches Gelingen."[41] In diesem Raum müssen sich also über längere Zeit hinweg mehrere *frumentarii* versammelt haben; sie wurden generell aus den Legionen genommen und bei den Gerichtsverhandlungen des Statthalters, vor allem in Strafprozessen herangezogen. Bedeutsam ist, dass hier offensichtlich eine ganze Gruppe dieser Spezialsoldaten in der Nähe des Statthalters Dienst tat.

Der dritte Text kam nicht weit von dem eben Besprochenen zu Tage. Er ist auf einer runden, etwa 60 cm hohen Säule eingemeißelt, die in einem Raum unmittelbar

---

37 BURRELL 1993 = AE 1993, 1619–1624 = CIIP II 1266–1271.
38 Dazu zusammenfassend PATRICH 2011, 205–223.
39 COTTON/ECK 2001, 230 ff. = CIIP II 1273.
40 CIL III 15191; CIL XIII 6739 = D 2436; AE 1961, 58 = IK 13, 817 (Ephesos); IGLS 13, 9088.
41 COTTON/ECK 2001, 232 ff. = CIIP II 1274.

neben einer *mensa* lag, die ihrerseits an der Rückwand eines Raumes steht, der sich direkt an die Außenmauer des herodianischen Stadiums anlehnt. Dieser Text lautet: *Cl(audius) Severus cust(os) sc(olae) (centurionum) s(ua) p(ecunia) f(ecit)* = „Claudius Severus, Verwalter und Aufseher des Versammlungslokals der Zenturionen, hat (die Statue) aus eigenen Mitteln aufgestellt."[42] Der Text sagt klar, dass der Raum, in dem die Säulenbasis stand und auf der sich vermutlich eine Geniusstatue erhob, einer Gruppe von Zenturionen als Dienstraum und gleichzeitig als Clubraum diente.[43] Die Zenturionen stammten aus den beiden Legionen der Provinz und waren zu besonderen Diensten nach Caesarea abgeordnet worden.

Damit sind drei Gruppen von Militärangehörigen innerhalb des statthalterlichen Praetoriums bezeugt. Alle hatten ihre Funktion im Verbund der administrativ-jurisdiktionellen Aufgaben des Statthalters. Sie trugen auch während ihres Dienstes Uniform, d. h. sie waren stets als Militär zu erkennen, nicht anders als etwa die *singulares*, die als berittene Leibwache des Legaten dienten, oder die *stratores*, die für die Reitpferde des Legaten zuständig waren. Nach Ulpian durfte der Prokonsul diese *stratores* nicht etwa aus seiner eigenen *familia* nehmen, er hatte dazu vielmehr Soldaten heranzuziehen, was dann umso mehr für die kaiserlichen Legaten galt.[44] Alle diese militärischen Chargen hielten sich in der unmittelbaren Umgebung des Statthalters auf, ihre Büros lagen an dem Zugangsweg zum Innern des Praetoriums. Jeder Besucher schritt an ihnen vorbei, ebenso an den Soldaten, die speziell für die Bewachung des Zugangs abgeordnet waren. Die aus dem Heer abkommandierten Soldaten waren somit nicht nur für den Vertreter Roms tätig, sie waren auch sichtbar und prägten damit den Charakter der Herrschaft für alle diejenigen, die mit dem Statthalter zu tun hatten. Und das waren sicherlich nicht wenige. Denn er war die Instanz, die Recht zu sprechen hatte. In den Schriften des Neuen Testaments erscheinen die Präfekten von Iudaea ausschließlich in dieser Funktion. Stets wird dabei auf das Bema verwiesen, auf das *tribunal*,[45] auf dem der Amtsstuhl stand, lateinisch die *sella curulis*, auf dem der Richter Platz nahm, um seine Tätigkeit zu beginnen. Dies war eine geradezu typische Handlung für den Statthalter als Richter, wie auch Plinius der Jüngere in einem beiläufigen Satz bezeugt: *Ubi cum sedissem cogniturus* ... = „Als ich mich dort niedergelassen hatte, um mit der gerichtlichen Untersuchung zu beginnen ...".[46] Für weite Bereiche der Jurisdiktion, auch der Rechtsprechung in Zivilangelegenheiten, war der Provinzgouverneur allein zuständig. Symptomatisch kann dafür das Archiv der Jüdin Babatha sein, deren Dokumente in den Höhlen von Naḥal Ḥever gefunden wurden, wohin sie sich während des Aufstandes des Bar Kochba mit anderen Frauen

---

42 COTTON/ECK 2001, 215 ff. = CIIP II 1275.
43 Zu militärischen *scholae* siehe z. B. STOLL 2001, 29 mit Hinweisen auf statuarische Ausstattung solcher Räume.
44 Dig. 1,16,4,1.
45 Mt 27,19; Jo 19,13; Lk 18,16 – 17. 25,6.7. Vgl. z. B. auch P.Fouad I 21; ferner auch HAENSCH 1997, 82, 155, 170, 210 f., 232 ff., 259, 324, 355 f.
46 Plin. epist. 10,81,4. Vgl. dazu die Darstellungen bei SCHÄFER 1989.

geflüchtet hatte. Für Babatha, also eine einzige Person, wurden in den wenigen Jahren zwischen 124 und 132 sieben Schriftstücke abgefasst, die sich auf Verfahren vor dem Statthalter in der Provinz Arabia, in der Babatha lebte, bezogen.[47] Das Archiv der Frau gibt keine Hinweise, die es erlaubten, sie als einen untypischen Sonderfall zu betrachten. Sie verkörpert eher wohl den Durchschnitt der Provinzbewohner, die immer wieder der Hilfe des Statthalters bedurften.[48] Damit aber lässt sich ermessen, wie viele Personen sich insgesamt in einer Provinz an den Vertreter Roms wandten, Menschen, die damit auch seine Umgebung erlebten und deren visuelle Botschaft in sich aufnahmen.

Bei allen Gerichtsverhandlungen, aber auch bei allen anderen öffentlichen Auftritten des Gouverneurs war Militär stets in der Umgebung des Statthalters, in Caesarea, aber ebenso an allen anderen Orten. Wenn Plinius der Jüngere während seiner Tätigkeit in der Provinz Pontus-Bithynien von der Ableistung der *vota*, vom Eid auf den Kaiser oder von den Opfern zum *dies imperii* Traians spricht, dann geschieht dies stets in Gegenwart von Provinzialen und Soldaten, obgleich in dieser Provinz keine Legion stationiert war.[49] Genau dieselbe Konstellation schildert Tertullian beim *proconsul Africae* in Carthago; die *votorum nuncupatio* findet zuerst im Lager, dann auf dem Capitolium der Gemeinde Carthago statt; beide Male wird der Prokonsul auch von Soldaten begleitet.[50] Und Ähnliches lässt sich in Judäa schon unter dem Regime der Präfekten beobachten. Als Porcius Festus in Caesarea König Agrippa und dessen Schwester Berenike empfing, um ihnen Paulus vorzuführen, waren nicht nur die vornehmsten Leute der Hauptstadt in der Audienzhalle, dem *Akroaterion*, versammelt, sondern auch die Chiliarchen, die Befehlshaber der Militäreinheiten, die dem Präfekten unterstanden.[51] Ist der Statthalter auf Reisen, dann geschieht dies in der Begleitung seiner Leibwache und auch anderer Einheiten. Dabei führen sie nicht nur ihre Waffen mit sich, sondern auch ihre Feldzeichen, die zudem zeigen, wer der Befehlshaber aller Truppen ist. Denn an den *signa* sind auch die Porträts des Kaisers angebracht. Die Truppen sollen auf diese Weise die militärische Macht, aber auch den politischen Willen des Reiches repräsentieren. Das Mitführen der Feldzeichen und der Kaiserbilder ist nicht ins Belieben des einzelnen Kommandeurs gestellt, sondern inhärenter Bestandteil des Auftrags der Truppen in allen Provinzen.

In diesen Kontext ist m. E. eine recht bekannte Szene aus Judäa einzuordnen, die sich unter Pontius Pilatus abgespielt hat.[52] Josephus berichtet (wie im Übrigen aus

---

47 LEWIS 1967.
48 Bedenkt man diese Zahl von Eingaben einer Person, dann erscheinen die 1804 Petitionen, die der *praefectus Aegypti* Subatianus Aquila innerhalb von knapp drei Tagen in Empfang nahm (P.Yale 61), nicht mehr so extraordinär, wie es bei einer isolierten Betrachtung des einen Zeugnisses erscheinen mag. Siehe dazu auch JÖRDENS 2006.
49 Plin. epist. 10,52–53. 100–101. 102–103.
50 Tert. coron. 12,3.
51 Lk 25,23.
52 Siehe zum Folgenden ECK 2007f, 55 ff.

Philo von Alexandrien) von einem Vorfall, den dieser Präfekt ausgelöst hatte. Denn Pilatus ließ Truppen, die nach Jerusalem ins Winterquartier gingen, ihre Feldzeichen mitsamt den dort angebrachten Kaiserbildern mitführen.[53] Seine Vorgänger hatten dies, so jedenfalls der jüdische Historiker, nicht getan – was man, angesichts der Voreingenommenheit des Historikers, nicht unbedingt als zutreffende Aussage akzeptieren muss. Denn der Historiker „berichtet" im Kontext des Vorfalls auch von Dingen, die er einfach nicht wissen konnte. Er behauptet jedenfalls, hinter dem Vorgehen des Präfekten habe die Absicht gestanden, die jüdische Bevölkerung zu provozieren. Allerdings kann man zweifeln, ob Josephus die Absicht, die Pilatus damit verband, auch richtig deutete. Denn nach seinem Bericht wurden die Feldzeichen nachts und verhüllt in die Stadt gebracht, so dass die Bilder also nicht unmittelbar gesehen werden konnten. Am nächsten Morgen hätte jedoch die Nachricht über die Anwesenheit der Feldzeichen in Jerusalem unter den Juden höchste Unruhe ausgelöst, die erst nach mehreren Tagen höchster Anspannung gelöst werden konnte, nachdem Pilatus schließlich den Befehl gegeben hatte, die Feldzeichen wieder aus Jerusalem zu entfernen. Die Unruhe, ja Revolte der Juden in Jerusalem wurde offensichtlich von den Kaiserbildern ausgelöst, die an den Feldzeichen angebracht waren. Da das göttliche Gesetz, so wie es von manchen, sicherlich nicht von allen Juden verstanden wurde, die Herstellung jeglicher Abbildungen von Menschen verbot, hätte folglich deren Anwesenheit und noch dazu in der heiligen Stadt den religiösen Status des Ortes verletzt. Das wäre noch weit gravierender gewesen, wenn Pilatus tatsächlich die Feldzeichen im Tempel hätte aufstellen lassen, wie es nach Philo, den der Kirchenhistoriker Eusebius zu Beginn des 4. Jahrhunderts zitiert, der Fall gewesen sein soll.[54] Von Josephus und Philo wurde der Vorfall als bewusste Provokation durch Pilatus angesehen, da der Präfekt nicht gewillt gewesen sei, auf die religiösen Gefühle der Juden Rücksicht zu nehmen.

Man fragt sich nur, weshalb Pilatus den Truppen befahl, die Feldzeichen verhüllt und zudem während der Nacht nach Jerusalem zu bringen, wenn er damit bewusst die Absicht verfolgte, die Bevölkerung in ihren religiösen Gefühlen zu provozieren. Denn eine bessere Gelegenheit zur Provokation als den Einmarsch von Truppen mit den sichtbaren Zeichen hätte es doch kaum geben können? Man wird hier zwar kaum zu einer eindeutigen Antwort auf diese Frage kommen, da wir keine andere Überlieferung als die bei Josephus und Philo haben. Doch beide Autoren – und das sollte man bei der Beurteilung dieses und ähnlicher Ereignisse nicht vergessen – sind ganz offen Partei, sie sind keine objektiven Beobachter, die Rom und seine Sicht höchstens partiell verstanden haben oder auch nicht verstehen wollten. Nimmt man jedoch den sehr konkreten Hinweis auf den Transport der verhüllten Feldzeichen in der Nacht ernst, dann drängt es sich geradezu auf, eine sehr andere Motivation zu vermuten, dass nämlich Pilatus die jüdischen Vorstellungen soweit nur irgend möglich schonen

---

53 Ios. bell. Iud. 2,169 ff.; Ios. ant. Iud. 18,55 ff. Siehe dazu auch Eus. HE 2,6,4.
54 Eus. Dem. Ev. 8,2,123.

wollte, indem die Feldzeichen während des Transports für niemanden sichtbar waren. Nur darf man nicht vergessen, dass Pontius Pilatus Römer war, vielleicht ein machtbewusster Römer, der das, was nach seiner Sicht zur römischen Herrschaft gehörte, nicht preisgeben wollte. Dass römische Truppen über längere Zeit hinweg ohne diese Feldzeichen, mit allem, was zu ihnen gehörte, ihren Dienst in Jerusalem versehen sollten, entsprach wohl nicht dem, was er als selbstverständliche Ausdrucksform römischer Macht empfand. Zumindest in ihrer Kaserne in Jerusalem sollten diese Zeichen und Bilder präsent sein. Mag sein, dass sich darin ein Verständnis römischen Stolzes und römischen Selbstbewusstseins des Pilatus manifestierte, mit dem er sich von seinen Vorgängern abhob. Dass Pilatus zunächst trotz der massiven Proteste der Juden in Caesarea nicht zurückweichen wollte, es am Ende aber dennoch tat, könnte diese Interpretation stützen. Aus seiner Haltung spricht deutlich ein zumindest partielles Unverständnis gegenüber den Vorstellungen der Mehrheit der Bevölkerung, ebenso jedoch wohl auch seine Sicht von der Art und Weise, in der sich Rom durch sein Heer repräsentierte, was wiederum von Seiten eines Teils der Juden konzessionslos als unerträglich angesehen wurde.[55]

Doch zurück nach Caesarea. In den Statthaltern konzentrierte sich vor Ort die römische Herrschaft. Es ist deshalb auch nicht verwunderlich, wenn gerade sie im Inschriftenmaterial der Stadt besonders häufig vertreten sind und wenn vor allem sie als die Vertreter Roms mit Statuen geehrt wurden. Nicht wenige dieser Statuen waren auf fast zwei Meter hohen Säulen postiert gewesen, von denen manche innerhalb des Praetoriums aufgestellt waren. Sie repräsentierten dort die Kontinuität der Macht durch die Vertreter des Kaisers. Doch nicht nur innerhalb des statthalterlichen Palastes wurden die Gouverneure statuarisch gezeigt. So hat sich während der Ausgrabungen eine Konsole gefunden, die in ein Bauwerk eingelassen war und eine Statue getragen hat. Die Ehrung galt einem Gaius Iulius Commodus Orfitianus, Suffektkonsul im Jahr 157 und Statthalter in Syria Palaestina ab 161.[56]

Dieser Text zeigt eine der für manche Provinzbewohner erfreulichen Seiten römischer Herrschaft, wie sie durch die kaiserlichen Legaten ausgeübt werden konnte. Denn Iulius Commodus hatte offensichtlich einem Bewohner von Caesarea, einem Valerius Martialis, dem Sohn eines ehemaligen *primipilus*, einen Militärtribunat in einer Legion, vermutlich in der Provinz selbst, verschafft und ihm damit die Chance eröffnet, einen weiteren Schritt zum Eintritt in die Reichsaristokratie zu tun. Die Antwort des jungen Ritters in diesem Prozess der Kommunikation war die Ehrung dessen, der das ermöglicht hatte. In der Inschrift, die er unter der Statue seines Gönners anbringen ließ, wird sehr deutlich gemacht, worin sich die Herrschaftsfunktion des Legaten ausgewirkt hatte. Die Dankesformel und die Position bei der Legion sind optisch miteinander verklammert: *ob ex secunda militia m(erita)*; d. h. Martialis dankt dem Legaten, nachdem er seine zweite ritterliche Dienststellung er-

---

55 Siehe dazu im Kontext des Werkes des Josephus ECK 2011.
56 RMD IV 275: 28. Sept. und RMD III p. 246 zu Anm. 55.

folgreich abgeschlossen hatte⁵⁷ Deutlicher hätte man nicht zeigen können, durch welches Handeln sich die Teilhabe des Statthalters an der Herrschaft konkret ausgewirkt hatte. Auch bei einem weiteren Angehörigen des Heeres der Provinz, einem *M(arcus) Flavius Quir(ina tribu) S[--]*, der bei der *legio X Fretensis* diente, hat wohl sein militärischer Vorgesetzter, der Legat *C(aius) Iuli[us Tarius] Titianus*, Einfluss auf dessen Zukunft genommen. So drückte dieser seinen Dank für seine vermutliche Beförderung durch eine Ehrenstatue in Caesarea aus.⁵⁸ *Flavius S[--]* gehörte wohl ebenfalls zu einer der führenden Familien in der Hauptstadt der Provinz; denn er könnte ein Verwandter des ehemaligen *Duumvir M(arcus) Flavius Agrippa* gewesen sein.⁵⁹

Caesarea lässt uns aber als bisher einzige Stadt im gesamten Imperium nicht nur den Sitz des Statthalters kennen lernen, in dem sich in vielfältiger Form die römische Herrschaft ausgedrückt hat. Vielmehr konnte hier auch der Sitz des Finanzprokurators identifiziert werden. In allen anderen Fällen, in denen der Statthalter am selben Ort wie der Prokurator residierte, ist höchstens eines der beiden vorauszusetzenden Praetoria gefunden worden, oder auch keines.⁶⁰ Caesarea aber zeigt beide, und lässt deutliche Differenzen erkennen. Während der Sitz des ab 6 n. Chr. in Iudaea verantwortlichen Präfekten den alten Königspalast des Herodes fortsetzte, also das politische Zentrum der Region, wurde das Praetorium des Finanzprokurators erst unter Vespasian geschaffen.⁶¹ Es ist sicher kein Zufall, dass man dieses neue Praetorium nicht mit dem Sitz des Legaten verband, obwohl beide kaiserliche Funktionsträger waren und im Namen des Kaisers die römische Macht vertraten. Vielmehr ist für den Finanzbeauftragten des Kaisers ein eigener administrativer Komplex geschaffen worden. An der weitgeschwungenen Bucht, die sich zwischen dem südlichen Kap und dem durch Herodes neu geschaffenen Hafen erstreckte, wurde das Praetorium des Finanzchefs der Provinz in einer Distanz von circa 400 Metern vom Statthalterpalast angelegt, nahe am Hafen.⁶² Das war kein Zufall. Schließlich wurden über den Hafen viele Güter angeliefert, die durch den Prokurator an die provinziale Verwaltung und insbesondere an das Heer ausgeliefert wurden. Getreide, Waffen, Metalle gehörten dazu. So erstaunt es nicht, dass man im Hafen der Stadt insgesamt sechs Bleibarren gefunden hat, die aus Bergwerken in Obermösien, den *met(alla) Dar(danica)*, stammten und unter Domitian nach Judäa geliefert worden waren.⁶³ Die Lage des

---

57 Cotton/Eck 2001.
58 CIIP II 1231; dazu Eck 2012f.
59 CIIP II 2095. Für diese verwandtschaftliche Verbindung spricht die eher ungewöhnliche Kombination des Pränomens Marcus mit dem Gentile Flavius bei M(arcus) Flavius S[--]. Sodann die Zugehörigkeit des M(arcus) Flavius zur Tribus Quirina, zu der auch Caesarea gehörte. Diese Elemente verweisen recht deutlich auf eine Verbindung zwischen den beiden Personen.
60 Siehe dazu Haensch 1997.
61 CIIP II 1282.
62 Siehe dazu vorläufig Patrich 1999 = Patrich 2011, 225 ff.
63 Raban 1999, 179 ff. = AE 1999, 1683 = CIIP II 1382–1385.

Praetoriums ist damit zwar ganz deutlich funktional bedingt, doch die Trennung seines Amtssitzes von dem des Statthalters sollte auch die Unabhängigkeit dieses ritterlichen Amtsträgers vermitteln und seinen spezifischen, ihm vom Kaiser verliehenen Auftrag gegenüber der Öffentlichkeit der Provinz herausstellen.

Das prokuratorische Praetorium ruht auf vier gewaltigen gewölbten Räumen, die zumindest ursprünglich als Speicher gedient hatten; in einem wurde später die Versammlungsstätte einer Mithrasgemeinde eingerichtet.[64] Zu Beginn war das gesamte Praetorium auch zum Meer hin ausgerichtet gewesen; erst später erfolgte eine Umorientierung der Fassade nach dem Osten, so dass von da an der Zugang vom Cardo maximus aus erfolgte, nicht anders als auch beim statthalterlichen Praetorium. Der Zugang wurde monumental mit eleganten Säulen ausgestaltet, im Zentrum wurde eine Halle mit einer Apsis erbaut, die vermutlich öffentlichen Auftritten des Prokurators diente, was in seinem Fall wohl vornehmlich Gerichtsverhandlungen meinte. Während sich im Zentrum des Gebäudes neben der Halle verschiedene „Büros" befanden, stand am südlichen Rand des Komplexes eine große Latrine bereit, was auf einen nicht kleinen Publikumsverkehr hindeutet. Auch dieser Bau war nicht weniger auf Repräsentation hin ausgelegt als das Statthalterpraetorium: Das Publikum sollte beeindruckt werden.

Ein deutlicher Unterschied scheint allerdings in der Größe der beiden administrativen Komplexe zu liegen. Denn während der Amtssitz des Statthalters sich schätzungsweise über rund 25.000 qm oder vielleicht auch mehr erstreckte, musste der Prokurator sich offensichtlich mit wesentlich weniger Raum begnügen, jedenfalls in der Anfangsphase, als der administrative Bereich wohl nur ca. 65 x 55 Meter einnahm.[65] Später wurde auch dieser Komplex deutlich ausgedehnt, allerdings vielleicht erst in der Spätantike, als der Statthalter auch für die Steuerangelegenheiten zuständig wurde und von seinem südlichen Amtssitz nach dem nördlichen umzog.[66] Dabei ist sicherlich manches tiefgreifend verändert worden, vermutlich nicht nur bei den Mosaiken verschiedener Räume, die fast alle aus der Zeit seit dem 4. Jahrhundert stammen,[67] ausgenommen zwei lateinische, die in die Epoche der Finanzprokuratoren gehören.[68] Es macht jedenfalls Sinn, wenn der Dienstsitz des Prokurators nach seiner Ausdehnung und damit unter einem nicht unwesentlichen Aspekt von öffentlicher Repräsentation deutlich dem Praetorium des kaiserlichen Legaten untergeordnet worden wäre. Vor allem weitausgedehnte Empfangsräume und die großen Peristylia finden sich vornehmlich im Praetorium des Statthalters. Die Räumlichkeiten des Prokurators sind wesentlich kleiner, weniger aufwendig und offensichtlich nicht auf so zahlreiche Personen ausgelegt, die gleichzeitig dort anwesend waren.

---

64 Zur Entwicklung dieses Prätoriums siehe PATRICH 2011, 211 ff.
65 PATRICH 2011, 211.
66 Für eine endgültige Beurteilung wird man den Final Report abwarten müssen.
67 CIIP II 1330–1344
68 CIIP II 1303–1304.

Die sonstigen Formen der Prestigedemonstration aber wurden auch im Prokuratorenpraetorium ausgespielt, um zu zeigen, dass hier der zweite hohe Vertreter des Kaisers seine Aufgaben versah. Wie im anderen Praetorium waren, wie man aus den vielen Inschriften erschließen kann, die Hallen und Räume mit Statuen ausgestattet, wobei, soweit die Rekonstruktion möglich ist, vor allem die Amtsinhaber in stattlicher Zahl vertreten waren. Nicht weniger als etwa 40 entsprechende Inschriften oder Inschriftenfragmente sind in dem Bereich des Praetoriums gefunden worden. Sie gehörten zu Porträtbüsten oder auch lebensgroßen Statuen, die dort aufgestellt waren, teils auf kleinen Sockeln, aber auch auf Säulen wie im Statthalterpraetorium.[69] Eine dieser runden Statuenbasen bezeugt eine Ehrung des Furius Timesitheus, der späteren Prätorianerpräfekten und Schwiegervaters Kaiser Gordian III,[70] eine weitere verweist auf einen Prokurator von Syria Palaestina des frühen 3. Jahrhunderts, Valerius Valerianus, dessen lange Laufbahn auf der Säulenbasis eingemeißelt ist.[71] Noch zahlreicher waren wohl Porträts, unter denen kleinere Inschriften angebracht waren, die nur den Namen und die Titulatur des Geehrten nannten, während andere Inschriften mit einem vollen *cursus honorum* auf größere gemauerte Sockel verweisen, von denen die Statuen auf die Besucher herabblickten.[72] Doch stets ist es die offizielle Amtsstellung und die damit verbundene Macht, die hier ihren Ausdruck findet.

Doch nicht nur die Chefs der Fiskalverwaltung wurden hier geehrt; gelegentlich öffneten sich diese Räume auch für andere, die nicht zu der absoluten Spitze der römischen Amtsträger gehörten, wie etwa für einen T. Flavius Callistus, einen Freigelassenen der Flavier, von dessen Ehrenstatue sich immerhin noch die Basis erhalten hat.[73] Er war im Bereich des Praetorium von einem *amicus*, einem römischen Bürger, geehrt worden. Das ist ein schwacher Reflex dessen, was kaiserliche Freigelassene, die ebenfalls die römische Macht repräsentierten, im Raum einer Kolonie wie Caesarea und in der gesamten Provinz darstellen konnten. Das oft machtvolle Handeln solcher *liberti Augusti* durch administrative Akte war in der Öffentlichkeit unmittelbar zu verfolgen. So sagt ein in Caesarea geschriebener Papyrus, der zufälligerweise bis nach Ägypten gelangte und so erhalten blieb, dass ein Aelius Amphigethes, ein *libertus* von Hadrian oder Antoninus Pius, im Jahr 152 in Caesarea im Tempel, ἐν τῷ ναῷ, ein Verwaltungsverfahren zu Ende führte, und zwar im Auftrag des Prokurators Calpurnius Quintianus.[74] Jeder konnte dem Verfahren folgen, da es öffentlich war. In welchem Tempel es ablief, sagt der Papyrus nicht. Doch angesichts der schlichten Aussage: ἐν τῷ ναῷ im Tempel, d.h. natürlich der Vorhalle eines Tempels, könnte man

---

69 Cotton/Eck 2009; jetzt komplett publiziert in CIIP II 1283–1329.
70 CIIP II 1287: *C(aio) Furio Timesitheo proc(uratori) Aug(usti) Aur(elius) Iustinus (centurio) strat(or) eius*
71 CIIP II 1284; siehe auch 1285.
72 Siehe zu einigen der einschlägigen Texte Eck 2007f, 100 f.; jetzt CIIP II 1283–1329.
73 CIIP II 1302: *T(ito) Flavio Aug(usti) liber(to) Callisto C(aius) Aurunculeius amico suo h(onoris) c(ausa)*. Siehe zu ihm und zum folgenden *libertus* schon oben Kap. 10.
74 Dazu Eck 1998e = Eck 2014c, 266–274.

vermuten, dass damit das mächtige Heiligtum für Roma und Augustus gemeint ist, das Herodes über dem inneren Hafen errichtet hatte. Dass damit auch ein Heiligtum innerhalb des Praetoriums des Prokurators gemeint sein könnte, ist nicht so sehr wahrscheinlich. Gerichtsverfahren waren nach römischer Praxis öffentlich, auch in den Provinzen, bis weit in die Spätantike hinein. Jedenfalls ergibt sich aus diesem Zeugnis, dass die kaiserlichen Funktionsträger nicht nur innerhalb ihres administrativen Baukomplexes südlich des Hafens auftraten und Roms Macht und Zuständigkeit zeigten, sondern auch in der vollen Öffentlichkeit der Kolonie. Entscheidend war, dass sie die kaiserliche Macht repräsentierten.

Was den Besuchern in beiden Praetoria aufgefallen sein dürfte, war die Einheitlichkeit der Sprache, in der während der ersten drei Jahrhunderte der Kaiserzeit die Inschriften abgefasst waren: Latein dominierte überall. Die griechische Sprache scheint, jedenfalls für dieses dauerhafte Medium der Kommunikation, nicht existiert zu haben, ganz im Gegensatz zu den Heimatstädten der Besucher in den anderen Teilen der Provinz. Nur beispielhaft sei auf drei Inschriften auf Statuenbasen aus Scythopolis verwiesen, die Tineius Rufus sowie seine Frau und Tochter nennen; er war der Legat in Judäa, unter dem der Bar Kochba Aufstand ausbrach. Die drei Basen sind bisher die einzigen Zeugnisse für Ehrenstatuen von Mitgliedern der Reichsführungsschicht aus Scythopolis; sie sind natürlich in griechischer Sprache abgefasst, da sie von der Polis Scythopolis errichtet wurden.[75] Auch eine Ehrenstatue für den Statthalter Iulius Tarius Titianus in Hippos auf dem Golan wurde von einer griechischen Inschrift begleitet; die Ehrenstatue für denselben Statthalter in Caesarea, auf die schon verwiesen wurde, wurde selbstverständlich durch einen lateinischen Text erläutert.[76] In Caesarea dagegen musste der Besucher aus den meisten anderen Städten der Provinz allein wegen der lateinischen Inschriften im öffentlichen Raum realisieren, dass er eine andere Welt betrat, die Welt Roms, in der er zwar auch lebte, aber der er nur zum Teil zugehörte. Im Eingang zum Praetorium des Prokurators begrüßte den Besucher die lateinische Akklamation *Feliciter*.[77] Nicht jeder wird geglaubt haben, der Glückwunsch werde sich für ihn hier erfüllen. Schließlich sollte der Prokurator den Steuerertrag möglichst maximieren, nicht aber in erster Linie die humane Seite Roms repräsentieren.

Freilich, die Masse der Bewohner der Provinz verstand die Sprache Roms, das Latein wohl kaum. Nur rund 900 lateinische Inschriften sind bisher im heutigen Israel, was in etwa der römischen Provinz Iudaea/Syria Palaestina entspricht, gefunden worden. Sie stammen fast ohne Ausnahme aus den ersten drei Jahrhunderten der Kaiserzeit.[78] Daneben stehen mehr als 8000 griechische Texte sowie rund 2300 he-

---

75 MAZOR 2016, 355–383, hier 375.
76 Siehe oben Anm. 58. Auch in Jerusalem wurden die bisher einzigen Texte unter Statuen von Amtsträgern in Latein abgefasst: CIIP I 721 und ECK/VIEWEGER/ZIMNI 2020.
77 CIIP II 1303.
78 Im Detail dazu ECK 2007f, 157ff., bes. 186ff.; ECK 2019d. Eingerechnet sind dabei zahlreiche lateinische Dipinti und Graffiti von Masada, die freilich nicht in Judäa geschrieben wurden, sondern an

bräische, aramäische, syrische und nabatäische.[79] Außer in der Colonia Caesarea und der Colonia Aelia Capitolina wird Latein fast nur von Angehörigen des Militärs oder Personen, die näher mit der herrschenden Macht verbunden sind, verwendet.[80] Außerhalb der Städte sind es im Wesentlichen die Meilensteine, auf denen dem Provinzialen Latein, die Sprache Roms, begegnete. Die wesentliche Aussage der darauf zu lesenden Inschriften war den meisten wohl klar, trotz der Unkenntnis der Sprache; hier hatte der Herr der Welt Straßen erbauen lassen, die den Provinzialen dienen sollten, aber vornehmlich auch der Beherrschung des Landes. Für diese Botschaft brauchte man die Sprache des Herrschers selbst nicht unmittelbar zu verstehen. Das, was der Reisende konkret wissen wollte, die Entfernung zum nächsten Zentrum oder die Zahl der Meilen, die er von seinem Ausgangspunkt bereits zurückgelegt hatte, erschien ohnehin in griechischer Sprache. Dann heißt es etwa auf einem Meilenstein an der Straße von Jerusalem nach Emmaus, das später Nicopolis genannt wurde: ἀπὸ κολωνίας Αἰλίας Καπιτωλείνας μείλια ε' oder ἀπὸ Καισαρείας μείλια γ'.[81] In dieser marginalen Kleinigkeit zeigt sich die Pragmatik der Römer, die zwar immer dann, wenn es um Herrschaft und politisches Prestige ging, auf ihrer eigene Sprache als Zeichen beharrten, aber ansonsten sich den Notwendigkeiten anpassten. Zwar hat, nach allem, was wir wissen, kein Statthalter sich der Sprache der Mehrheit der Bevölkerung, des Aramäischen, bedient – das hat erst Mel Gibson in seinem Film: „Passion of Christ" geschafft, da er Pilatus mit den Mitgliedern des Hohen Rats in Jerusalem Aramäisch parlieren ließ. Doch die griechische Sprache, die auch die professionellen Schreiber beherrschten, wurde offensichtlich weithin verwendet und akzeptiert. Wiederum sind die Dokumente Babathas sowie die einer anderen Jüdin, Salome Komaise, dafür Zeugnis.[82] Ihre Dokumente wurden in den Höhlen der Judäischen Wüste gefunden, wo beide Frauen gegen Ende des Aufstandes des Bar Kochba umgekommen waren. Wer immer mit der römischen Macht in Kontakt kommen wollte und wo immer das in schriftlicher Form geschehen musste, tat dies im Osten des Reiches im Allgemeinen auf Griechisch.[83] Zur Darstellung der Herrschaft Roms aber war bis zum Ende des dritten Jahrhunderts Latein, die Sprache Roms, für jeden Funktionsträger zwingendes Erfordernis. Selbst für einen kaiserlichen Freigelassenen hat das gegolten; konsequenterweise wurde die Inschrift unter der statuarischen Ehrung für Titus Flavius Callistus *Augusti libertus* in Caesarea in dieser Sprache ab-

---

den Stätten, an denen die Amphoren befüllt wurden. Deshalb spielen sie bei der Frage nach der Repräsentativität der lateinischen Sprache in der Provinz keine Rolle.
79 Noch nicht dabei eingerechnet sind mehr als 1900 aramäische Ostraka, die überwiegend in die zweite Hälfte des 4. und den Anfang des 3. Jh. v. Chr. gehören und größtenteils keine genaue Provenienz haben, aber wohl aus dem südlichen Judäa oder aus Idumäa stammen. Sie werden, bearbeitet von Ada Yardeni, die im Jahr 2018 verstarb, in Band IV 3–4 des CIIP erscheinen.
80 Siehe z. B. ein Grabgedicht aus Raphia, das für einen Militärtribunen bestimmt war: ECK 2012 g = CIIP III 2565.
81 THOMSEN 1917, Nr. 261. 272; vgl. FISCHER/ISAAC/ROLL 1996, 294.
82 LEWIS 1967 und YARDENI/LEVINE/GREENFIELD 2002; COTTON/YARDENI 1997; dazu auch oben Kap. 3.
83 COTTON 1999a; COTTON 2003a.

gefasst.[84] Doch als gegen Ende des 5. oder zu Anfang des 6. Jahrhunderts ein *comes* Flavius Euelpidios, also ein hoher Amtsträger der spätantiken Verwaltung, ebenfalls in Caesarea ein Bauwerk erneuern ließ, wurde die Bauinschrift in griechischer Sprache abgefasst.[85] Zwar nannte sich das Reich immer noch römisch, aber das Zentrum lag nun in Konstantinopel. Die Sprache und ihre Verwendung in der Öffentlichkeit dokumentierten diesen Wandel der Herrschaft.

---

84 CIIP II 1302.
85 CIIP II 1262. Vgl. auch Eck 2001a (= Eck 2003c). Zu anderen Formen der Kommunikation siehe den Sammelband Peter/Seidlmayer 2006, darin Eck 2006b.

18 Das kaiserliche Heereskommando und die Rolle des Heeres in der Administration des Reiches

Dass der Kaiser der Herr des Heeres war, bedarf keiner Begründung, ebenso wenig, dass der Kaiser in vielfacher Hinsicht vom Heer abhängig war. Das Letztere gilt von Anfang an; ohne das Heer wäre Octavian nicht in der Lage gewesen, sich im Kampf um die Macht gegen Antonius durchzusetzen und ohne das Heer hätte Augustus seit dem Jahre 27 v. Chr. nicht seine Machtposition bewahren können wie auch alle späteren Kaiser. Weniger klar ist allerdings, seit wann man den Princeps unter dem Gesichtspunkt der legalen Macht rechtlich als Herrn des gesamten römischen Heeres in allen seinen Formationen bezeichnen darf.

Im Januar 27 v. Chr. gelang es, in einem politischen Sinn zu einem Ausgleich der Interessen zwischen dem Sieger im Bürgerkrieg und dem Senat zu kommen, und dafür auch dauerhafte rechtliche Formen zu finden. Obwohl die Anhänger des jungen Caesar gegenüber seinen offenen und vor allem schweigenden Gegnern im Senat in der Überzahl waren, wollten auch sie nicht eine Form der Herrschaft, die unmittelbar gezeigt hätte, dass es nur noch den einen Herren gab, den *Imperator Caesar divi filius*. Genau das aber wäre sichtbar geworden, wenn Augustus das Kommando über das gesamte Heer beibehalten hätte, wie es während der Triumviratszeit und bis zu der Einigung im Senat tatsächlich und für alle sichtbar gewesen war. Deshalb musste eine Form gefunden werden, die einerseits die politische Dominanz des Siegers im Bürgerkrieg auch machtmäßig absicherte, die aber andererseits keine Aussage über eine Alleinherrschaft beinhaltete. Indem nicht alle römischen Legionen seinem direkten Befehl, sondern auch anderen Amtsträgern, Prokonsuln mit eigenem *imperium*, unterstanden, wurde dies unmittelbar allen deutlich gezeigt. Die Übertragung der großen Provinzkomplexe auf der iberischen Halbinsel, in Gallien sowie in Syrien auf zehn Jahre, also rechtlich für eine *begrenzte* Zeit (was aus der Rückschau allzu leicht aus dem Blick gerät), war die politische Lösung, die Recht und Macht offiziell miteinander versöhnte. Zwar stand gerade in den Augustus zugewiesenen Regionen ein erheblicher Teil der nach Actium nicht entlassenen Truppen, aber eben doch nicht alle. Illyricum, Macedonia und Africa wurden von rechtlich unabhängigen Prokonsuln kommandiert, denen römische Bürgertruppen unterstanden.[1] Dem Ausgleich der Interessen war damit zunächst Genüge getan. Die Triumphe von Prokonsuln in den

---

Anmerkung: Der Text wurde im Jahr 2012 in Pavia im Rahmen des Kolloquiums: Il princeps Romano: Autocrate a mgistrato? Fattori giuridici e fattori sociali del potere imperiale da Augusto a Commodo, das von J.-L. Férrary und J. Scheid geleitet wurde, vorgetragen. Der ursprüngliche Titel lautete: Il comando militare e il ruolo dell'esercito nell'amministrazione.

1 Zuletzt dazu HURLET 2006, 131–134; ECK 2010; DALLA ROSA 2014; DALLA ROSA 2018a. Bei der Ausarbeitung dieses Beitrags wurde die Datenbank Clauss-Slaby sowie die Heidelberger Epigraphische Datenbank benutzt. – Für Hinweise danke ich Rudolf HAENSCH und Michael Alexander SPEIDEL.

Jahren zwischen 27 und 19 v. Chr., die zuvor den Oberbefehl in Macedonia, Gallia, Hispania und Africa hatten, waren der Beweis dafür, dass es neben Augustus noch ein unabhängiges Heereskommando gab.[2]

Nach dem Jahr 19 v. Chr. sind keine weiteren Triumphe von Prokonsuln bezeugt. Die Provinz Illyricum wurde spätestens um das Jahr 13 v. Chr., als die Offensive gegen die Stämme zwischen Save und mittlerer Donau begann, Augustus' provincia zugeschlagen und erhielt wie vorher in Spanien, Gallien und Syrien einen *legatus pro praetore*, der dort Augustus als Statthalter vertrat. Fast gleichzeitig hatte auch Macedonia seine Truppen an einen Beauftragten des Princeps verloren, der für die Region zwischen der Nordgrenze von Macedonia und der unteren Donau zuständig war, woraus sich die Provinz Moesia entwickelte.[3] Damit verblieben nur noch in Africa römische Bürgertruppen, für die weiterhin ein unabhängiges *imperium* nötig war, unter dem Kommando eines Prokonsuls. Faktisch unterstand damit bereits unter Augustus fast der gesamte *exercitus populi Romani* dem Befehl des Princeps, der die jeweiligen Heereskommandeure ernannte. Die letzte in Africa verbliebene Legion wurde schließlich von Caligula dem dortigen Prokonsul entzogen und einem *legatus Augusti pro praetore legionis III Augustae* übertragen.[4] Damit war kein Prokonsul mehr in konkreten militärisch-kriegerischen Zusammenhängen handlungsfähig, selbst wenn es einer gewollt hätte.

Die Frage bleibt allerdings, ob erst durch diese längerfristige politische und faktische Entwicklung der Princeps zum allumfassenden Herrn des Heeres wurde oder ob nicht schon früher und durch einen benennbaren Rechtsakt das Kommando über alle Heereseinheiten auf Augustus oder einen seiner Nachfolger übertragen worden war. Denn auch wenn seit Caligula keine Legionstruppen mehr von einem Prokonsul befehligt wurden, so waren doch stets und in allen Provinzen, die ein Prokonsul leitete, Hilfstruppen stationiert.[5] Wenn es eines Beweises bedürfte, dass auch diese Einheiten rechtlich unter dem Gesamtbefehl des Kaisers standen, dann könnte man auf die wenigen Militärdiplome für Macedonia, Asia und Lycia-Pamphylia mit der Nennung von Prokonsuln als Befehlshaber verweisen,[6] die sich *weder im Inhalt noch in der Formelsprache von denen der anderen Provinzen unterschieden*, in denen kaiserliche Legaten oder Präsidialprokuratoren das Kommando hatten. Die Formel, mit der das direkte Kommando des Statthalters über die Auxilien bezeichnet wird: *quae ... sunt sub ...* lautet überall gleich. Der Kaiser aber ist in allen Fällen derjenige, der das Bürgerrecht an die Soldaten verleiht, gleichgültig in welcher Art Provinz sie dienen.

---

2 Fasti triumphales der entsprechenden Jahre, siehe InscrIt XIII 1, Nr. 1 p. 86 f.
3 ECK 2010, 30 f.
4 Tac. hist. 4,48; vgl. Cass. Dio 59,20,7.
5 ECK 1986b.
6 CIL XVI 67 = D 9055 (120 n. Chr.); AE 1981, 845 = RMD II 100 (148 n. Chr.); RMD I 67 = AE 1975, 758 = ECK/PANGERL 2010a, 229 = AE 2010, 1457 (im Jahr 162, in das dieses Diplom gehört, war in Lycia-Pamphylia ein Prokonsul tätig).

Gerade das aber zeigt, dass auch diese Auxiliareinheiten in den Provinzen, die von Prokonsuln geleitet werden, dem Herrscher unterstanden.

Es gibt keine Einigkeit in der Forschung, wann dieses allgemeine Heereskommando des Princeps begonnen hat, auch nicht darüber, ob dies durch einen spezifischen Rechtsakt geschah oder sich eher auf Grund des *imperium maius* und vielleicht Schritt für Schritt faktisch durchgesetzt hat.[7]

Soweit wir die augusteische Politik im Detail verfolgen können, hat gerade Augustus sich sehr genau an die formalen Regeln gehalten. Weder Senat noch Volksversammlung wurden dort, wo es nach der Tradition nötig war, umgangen, vielmehr in entsprechender Weise eingeschaltet. Das verlangt also fast zwingend, davon auszugehen, dass Augustus (oder erst sein Nachfolger?) durch einen rechtlich bindenden Beschluss die volle Zuständigkeit über das gesamte Heer in allen Provinzen erhalten hat. Seit dem Bekanntwerden des *senatus consultum de Gnaeo Pisone patre* vom Ende des Jahres 20 n. Chr. ist unbestreitbar, dass das *imperium* des Princeps auch dem *imperium* aller Prokonsuln überlegen war. Doch ist es wenig wahrscheinlich, dass diese grundsätzliche Regelung zwischen Princeps und Prokonsuln erst in dem Augenblick geschaffen wurde, als Germanicus im Jahr 17 nach dem Osten gesandt und dabei die dreifache Stufung des *imperium:* Princeps, Germanicus, Prokonsuln, formuliert wurde. Denn in der damaligen Situation im Osten und in dem Verhältnis zwischen Princeps und Germanicus kam den Prokonsuln keine besondere Bedeutung zu, weshalb es auch kein Motiv gab, einen solchen – politisch durchaus bedeutsamen – Eingriff damals vorzunehmen. Nur die Stufung des *imperium* zwischen dem Princeps und Germanicus dürfte damals nach den Erfahrungen, die Tiberius in den Jahren 14–16 mit dem Verhalten der Truppen in Germanien gegenüber Germanicus gemacht hatte, als Neuerung in den Beschluss aufgenommen worden sein.[8]

Damit kann man am ehesten davon ausgehen, dass die „Unterordnung" der Prokonsuln bereits unter Augustus erfolgt war und vieles spricht dabei für das Jahr 6 n. Chr., als in einer außergewöhnlich schwierigen Gesamtsituation für das Imperium durch Senatsbeschluss Augustus für zwei Jahre das Recht erhielt, alle Prokonsuln *extra sortem* zu ernennen.[9] Diese unterstanden damit den *auspicia* des Augustus, wie es die hochbedeutsame Inschrift aus Lepcis Magna aus den Jahren 6/8 n. Chr. in aller Deutlichkeit zeigt:[10]

---

[7] Wichtig sind u.a. die Stellungnahmen von FERRARY 2001; FERRARY 2003; GIRARDET 2000 = GIRARDET 2007, 461 ff.; ferner HURLET 2006, 184 ff.; DALLA ROSA 2018a; in den angeführten Werken ist auch die frühere Literatur zu finden.
[8] ECK/CABALLOS/FERNANDEZ 1996, 157 ff.
[9] Cass. Dio 55,28,1–2. Die Schwere der Krise wird jetzt noch deutlicher durch ein Faktum, das in der *lex municipii Troesmensium* bezeugt ist. Augustus sah sich durch die Krise gezwungen, sein Vorhaben für eine Erneuerung des Gesetzes *de maritandis ordinibus* vom Jahr 18 v. Chr. mehr als vier Jahre auszusetzen. Den Versuch hatte er bereits Ende Juni des Jahres 5 gestartet; aufnehmen konnte er ihn erst wieder in der zweiten Hälfte des Jahres 9 n. Chr. mit der *lex Papia Poppaea*: ECK 2016a; ECK 2019.
[10] IRT 301.

Marti Augusto sacrum auspiciis Imp(eratoris) Caesaris Aug(usti) pontificis maxumi, patris patriae, ductu Cossi Lentuli co(n)s(ulis), XVviri sacris faciundis, proco(n)s(ulis) provincia Africa bello Gaetulico liberata civitas Lepcitana.

Cossus Cornelius Lentulus war der Heerführer in dem Krieg gegen die Gätuler gewesen, aber er führte den Krieg, obwohl Prokonsul, wie ein *legatus Augusti pro praetore* im Auftrag des Augustus. Die Formulierung zu *auspicia* und *ductus* ist so präzis und exzeptionell, dass sie nicht aus Zufall so geschrieben worden sein kann; sie stammt vielmehr von einer Person, die die politisch-rechtlichen Implikationen der Worte sehr gut kannte. Das aber heißt m. E. zwingend, dass die genaue sprachliche Form in der Inschrift vom Prokonsul selbst stammt, der sicher gehen wollte, dass die spezifischen Kommandoverhältnisse zwischen Augustus und ihm korrekt ausgedrückt würden; denn alles andere hätte zu Konflikten in Rom führen können. Auch für ein Mitglied dieser angesehenen senatorischen Familie war es klug, solche zu vermeiden.

Rechtlich schuf die Ausdehnung der *auspicia* auch auf die Provinzen, in denen Prokonsuln die Leitung hatten, die universelle Zuständigkeit des Princeps für das gesamte Heer, also den Rechtszustand, wie er später generell galt. Wurde dieser Rechtszustand nach den zwei Jahren, für die er beschlossen wurde, nochmals verändert? Zuletzt wurde in der Forschung die These entwickelt, seit dieser Zeit sei das *imperium* des Augustus auch für die Provinzen der Prokonsuln zu einer permanenten Zuständigkeit geworden sei. Diese Sichtweise hat große Wahrscheinlichkeit für sich.[11]

Wie auch immer dies gewesen sein mag, sicher ist die Tatsache, dass später alle Truppen im Imperium Romanum dem Princeps unterstanden, der damit die volle Verfügungsgewalt über das Heer besaß. Diese Zuständigkeit bezog sich auf alle Provinzen, seien es Gebiete, in denen Prokonsuln die höchste Gewalt innehatten, seien es Funktionsträger im unmittelbaren Auftrag des Kaisers wie *legati Augusti pro praetore* oder auch Ritter, also Präsidialprokuratoren (seit Claudius) und der *praefectus Aegypti*, dessen Kompetenz, die sogar das Kommando über Legionen einschloss, durch ein eigenes Gesetz abgesichert worden war. Sie alle vertraten den Kaiser als Herrn des Heeres.

Die konkrete Kommandostruktur war nicht überall gleich, sie hing zum einen vom Typus der Militäreinheiten ab, die in den Provinzen stationiert waren, zum andern aber auch davon, wie viele Legionen, also römische Bürgertruppen, den einzelnen Provinzen zugewiesen waren.

Zu unterscheiden ist zwischen den Provinzen, in denen neben den Legionen auch Hilfstruppeneinheiten standen, und anderen, die lediglich über Auxiliareinheiten verfügten. Ursprünglich waren stets mehrere Legionen in einer Provinz stationiert, deren oberster Befehlshaber vor Ort von Beginn an im Regelfall nur ein Senator

---

11 So Dalla Rosa 2003; Dalla Rosa 2011, 243 ff.; Dalla Rosa 2014, Kap. 7.

konsularen Ranges sein konnte.¹² Das entsprach der republikanischen Norm, dass ein Heer mit mehr als einer Legion stets von einem Konsul oder Konsular befehligt werden musste. Dass er, trotz seiner konsularen Stellung innerhalb des Senats, lediglich prätorische Kompetenz besaß, wie seine offizielle Amtsbezeichnung: *legatus Augusti pro praetore provinciae* zeigt, war durch die Abhängigkeit vom Princeps bedingt, der der eigentliche konsulare Prokonsul jeder Provinz war.¹³ Unter diesem (konsularen) *legatus* aber stand dann jeweils ein weiterer Legat für jede einzelne Legion, der ebenso senatorischen Ranges war. Deutlich wird das z. B. an einer Weihung aus Durostorum in Moesia inferior, die Statthalter und Legionslegaten nennt: ¹⁴

> *I(ovi) O(ptimo) M(aximo) vet(erani) leg(ionis) XI Cl(audiae) p(iae) f(idelis) missi IIII co(n)s(ulatuum), qui milita(re) coeper(unt) Commodo et Pompeiano et L(ucio) Aelio II co(n)s(ulibus) et Nigro et Camari[n]o <et> Imperatore Anton[i]no II (Konsulatsjahre zwischen 136 und 139) missi ab M(arco) Aurelio Antonino et L(ucio) Aur(elio) Vero Augustis sub Servi[li]o Fabiano leg(ato) Aug(ustorum) pr(o) pr(aetore) et Cornelio Plotiano leg(ato).*

Ein solcher Kommandeur der einzelnen Legion erhielt seinen Auftrag zumeist nach der Prätur, obwohl bis zur flavischen Zeit Legionskommandeure, die lediglich über quästorischen Rang verfügten, nicht so ganz selten waren.¹⁵ Der spätere Kaiser Titus ist einer der letzten uns bekannten Legaten, der bereits vor der Prätur eine Legion befehligte, in diesem Fall unter seinem Vater Vespasian bei der Niederschlagung der großen Revolte in Judäa.¹⁶ Bei solch „frühzeitigen" Ernennungen könnte der Oberkommandierende eines Provinzheeres Einfluss genommen haben, wie im Fall des Titus.

Eben für die Provinz Iudaea schuf Vespasian bald nach dem Ende des Aufstandes eine neue Form des Militärkommandos.¹⁷ Denn er verlegte nicht nur die *legio X Fretensis* aus ihrem Lager im Norden der Provinz Syrien, zu der ja auch Iudaea bis zum Ausbruch der Revolte gehört hatte, nach Jerusalem; er machte gleichzeitig deren prätorischen Kommandeur zum Statthalter der Provinz, obwohl dieser noch nicht zum Konsulat gekommen war. Die Kombination beider Funktionen war neu, so dass dies sogar seinen Ausdruck in der Titulierung finden konnte: *leg(atus) Aug(usti) leg(ionis) X Fret(ensis) et leg(atus) pr(o) pr(aetore) [pr]ovinciae Iudaeae*, wie es in einem Cursus des traianischen Statthalters der Provinz, Q. Pompeius Falco, formuliert ist.¹⁸ Vielleicht war es unmittelbar nach dem Ende der Revolte sogar noch die Absicht Vesp-

---

12 Dass relativ bald einige Provinzen nur noch eine einzige Legion als Besatzung hatten wie Hispania citerior und Dalmatien, aber dennoch konsularen Rang behielten, ändert nichts an der grundsätzlichen Feststellung. Siehe dazu auch THOMASSON 1991.
13 Zu den Titeln der Legaten siehe zuletzt BENOIST 2012.
14 AE 1925, 109.
15 BÉRENGER 2012.
16 Suet. Tit. 4,3: *Ex quaesturae deinde honore legioni praepositus* ....; cf. PIR² F 399.
17 Siehe dazu auch THOMASSON 1991, 48 ff.
18 CIL III 12117 = D 1036. Vgl. auch CIL X 6321 = D 1035.

asians gewesen, lediglich eine der Legionen, natürlich unter dem Kommando eines senatorischen Legaten, aus dem Norden Syriens in den judäischen Teil im Süden der Provinz zu verlegen, ohne eine neue, von Syrien abgetrennte Provinz Iudaea einzurichten. Doch wenn diese Idee bestand, kann dies höchstens ein kurzfristiger Versuch gewesen sein, bevor dann die endgültige Form gefunden wurde.[19] Als Traian im Jahr 106 mit Pannonia inferior und Arabia weitere zwei Provinzen dieses Typs schuf,[20] war aus der Besonderheit bereits Normalität geworden, die dann Hadrian mit Dacia superior und Marc Aurel mit Raetia und Noricum weiterführten.

Man könnte meinen, Vespasians Neuerung in Iudaea sei gar nicht so neu gewesen; denn auch die *legio III Augusta*, die Caligula dem Prokonsul von Africa entzogen hatte, sei ja einem prätorischen Legaten unterstellt gewesen. Doch der *legatus legionis III Augustae* ist nicht das Modell für die Maßnahme Vespasians gewesen; denn dem Legaten der *legio III Augusta* wurde durch Caligula kein eigenes Provinzterritorium zugewiesen. Er galt immer noch als einer der drei Legaten des Prokonsuls, der lediglich beim Kommando über diese Legion nicht mehr von diesem abhängig war. Der Prozess, dass aus dem Legaten dieser Legion der Statthalter Numidiens wurde, dauerte lange, formal sogar bis zum Beginn des 3. Jh., auch wenn von ihm seit flavischer Zeit mehr und mehr auch rein statthalterliche Aufgaben übernommen wurden.[21]

In allen Provinzen mit Legionsbesatzung lagen auch Hilfstruppen, meist fast in gleicher Stärke wie die Bürgertruppen.[22] So waren in Britannien, der Provinz mit der stärksten Heeresbesatzung, seit die beiden germanischen Provinzen nicht mehr die Topstellung mit je vier Legionen einnahmen, im 2. Jh. nicht weniger als 13 Alen und 37 Kohorten den drei Legionen zugeordnet.[23] In Iudaea sicherten drei Alen und 12 Kohorten zusammen mit zwei Legionen den Frieden der Provinz, der dort so oft von innen her bedroht worden war.[24] Keine Provinz war so „militarisiert" wie Iudaea seit dem Ende der traianischen Zeit. Und in Ägypten unterstützten zu Beginn des 3. Jh. vier Alen und zehn Kohorten die nahe Alexandria stationierte einzige Legion, die *legio II Traiana*.[25]

Man hat diskutiert, ob in einer Provinz mit mehr als einer Legion jeweils ein Teil der Auxiliartruppen dem Kommandobereich einer Legion und damit deren senatorischem Legaten zugewiesen worden sei. Doch wurde dafür bisher weder eine quel-

---

19 In diese Richtung argumentiert auch Thomasson 1991, 49. Immerhin hat bereits der dritte Legat der neuen Provinz, L. Flavius Silva Nonius Bassus, sich nur als *[legat(us) Aug(usti) pro pr(aetore) p]rovinciae Iudaeae* bezeichnet, ohne eigens auf die Legion zu verweisen, Eck 1970a, 93 ff. = AE 1969/70, 183a-b.
20 Die Aussage in P.Mich. 466: ὁ ὑπατικὸς τῆς λεγεῶνος für den Kommandeur in der neuen Provinz Arabia kann man wohl nicht in gleicher Weise verstehen wie die Nennung von Provinzstatthalterschaft und zusätzlich des Legionskommandos.
21 Siehe nur die Belege für die einzelnen Legaten bei Thomasson 1996, 133 ff.
22 Vgl. Tac. ann. 4,5,6.
23 CIL XVI 69; AE 2008, 800.
24 CIL XVI 87; RMD III 173; RGZM 41; AE 2007, 1766; Eck 2007f, passim.
25 Eck 2011b.

lenmäßige noch sachliche Basis gefunden. Damit gibt es keinen Grund, eine Unterstellung der direkten Kommandeure der Auxiliareinheiten, der Präfekten bzw. Tribunen von Kohorten und Alen, unter den Legionslegaten anzunehmen. Vielmehr ergibt sich aus zahlreichen Quellen sehr eindeutig, dass diese direkt dem Statthalter untergeordnet waren, was auch durch zahlreiche Bauinschriften oder durch die epigraphischen Texte von Götterweihungen bezeugt ist, wie z. B. in einer Inschrift aus Syrien (162 n. Chr.):[26]

> *Imp(eratori) Caesari divi Antonini fil(io) divi Hadriani nep(oti) divi Traiani Parth(ici) pronep(oti) divi Nervae abnep(oti) L(ucio) Aurelio Vero Aug(usto) pontif(ici) max(imo), trib(unicia) p[o]t(estate) II, co(n)s(uli) II, p(atri) p(atriae) coh(ors) I Fl(avia) Chal(cidenorum) eq(uitata) sag(ittariorum) sub Attidio Corneliano leg(ato) Aug(usti) pr(o) pr(aetore) per Aelium Herculanum prae[f(ectum)].*

Umgekehrt erscheinen Auxiliarpräfekten kaum je zusammen mit einem Legionslegaten. Auch die Provinzialflotten wie wir sie etwa aus Britannien, Germanien, Pannonien, Mösien, Syrien, Ägypten und Mauretanien kennen und die alle von eigenen ritterlichen Präfekten kommandiert wurden, waren dem jeweiligen Statthalter unterstellt, wie es ein Militärdiplom für Pannonia inferior zeigt: [27]

> *et sun[t in Pannon(ia) inf(eriore) sub Fu]fficio Cornuto ... [clas]s(is) Flav(iae) Pannonic(ae), cui praeest [--M]acrinius Regulus Neviomag(o).*

Alle diese ritterlichen Befehlshaber wurden wie auch die Legionslegaten vom Kaiser unmittelbar ernannt, nicht etwa vom Statthalter. Nur bei dem einzigen senatorischen und den fünf ritterlichen Militärtribunen der Legionen haben die Provinzlegaten offensichtlich freiere Hand gehabt,[28] weshalb sich in solchen Positionen auch nicht selten Angehörige oder Verwandte des jeweiligen Statthalters finden.[29]

Innerhalb der Provinzen gab es somit eine klare Befehlshierarchie. Sie ging dort, wo mehrere Legionen lagen, vom Statthalter zu den Legionslegaten, die ihrerseits die Offiziere ihrer Einheit instruierten, angefangen von den sechs *tribuni militum* über den *primus pilus* bis zum rangniedrigsten der Zenturionen, die ihrerseits die *optiones* und *sesquiplicarii* mit ihren verschiedenen Funktionen unter sich hatten. Doch für eine

---

26 CIL III 129 = 6658. Siehe auch CIL VII 758 = RIB 1792; VII 273 = RIB 730.
27 Siehe z. B. AE 2001, 2156 = RMD V 401; in AE 2002, 1746 = RMD V 354 für die Provinz Syrien heißt es: *[iis, qui mili]taver(unt) (i)n classe Syr[iaca, quae est sub Ca]tilio Severo leg(ato), prae[f(ecto) --].*
28 Deutlich etwa bei Flavius Iuncus, einem Ritter aus Flavia Neapolis in Iudaea, den Pompeius Falco als Legat der Provinz zum Tribunen bei der legio X Fretensis gemacht hat; siehe IK 13, 713 (Ephesos) und IK 17, 2, 4112 (Ephesos); dazu ECK 1999b. Ähnliches bei einem Valerius Martialis in AE 2003, 1803 = CIIP II 1228.
29 So war L. Minicius Natalis Quadronius Verus *tribunus militum* in Pannonia superior unter seinem Vater, CIL II 4509 = 6145 = D 1029; siehe dazu BIRLEY 1981, 9 ff. Zum Einfluss des Kaisers bei ritterlichen Tribunen siehe E. BIRLEY 1961, 141 ff. Vgl. zu einem angeblichen bevorzugten Aufenthalt solcher Tribunen am Statthaltersitz die Kritik von HAENSCH 1997, 708 f.

solch komplexe Organisation wie es das Heer einer Provinz und auch die einzelnen großen und kleineren Einheiten waren, genügten nicht nur die direkten Befehlswege, sie benötigten von Anfang an unabhängig von der aktuellen Situation eine interne, wesentlich auf Schriftlichkeit aufgebaute Administration, die sich in dem Augenblick massiv verstärkte, als die Einheiten dauerhaft wurden und vor allem in festen Lagern stationiert waren.[30] Schon bei der Rekrutierung hat man wohl darauf geachtet, dass man junge Leute in die Einheiten aufnehmen konnte, die über die grundsätzliche körperliche Eignung für den Militärdienst hinaus auch Kenntnisse im Lesen, Schreiben und Rechnen mitbrachten; Vegetius Hinweis auf diese Kenntnisse bei Rekruten war kaum eine nur eine idealtypische Vorstellung.[31]

Das Personal für die interne Administration wurde jedenfalls aus den Einheiten selbst genommen und den Personen zugewiesen, die zum Kreis der kommandierenden Offiziere gehörten. Dieser umfasste den Kommandeur aller Truppen in der Provinz, der gleichzeitig Statthalter war (*legatus Augusti pro praetore*), die Legionslegaten (*legati legionis*), die Militärtribunen (*tribuni militum laticlavius* und *angusticlavii*), den *praefectus castrorum* der einzelnen Legion sowie die Präfekten der verschiedenen Auxiliareinheiten (*praefecti cohortium/alarum*). Während fast alle Genannten sich in erster Linie mit Aufgaben der Militäradministration zu befassen hatten, war der kaiserliche Statthalter, obwohl er natürlich der Befehlshaber des gesamten Heeres einer Provinz war, dennoch – außer vielleicht bei Manövern und speziell im Kriegsfall – wesentlich mit der zivilen Administration und insbesondere dem Gerichtswesen befasst. Doch wenn man einmal von den fünf Liktoren absieht, die ihn aus Rom an seinen Einsatzort begleiteten, stand ihm dort kein anderes Personal zur Verfügung als dasjenige, das ihm aus dem Heer und für das Heer zugewiesen wurde. Das aus den Truppen entnommene Personal erledigte die Aufgaben für beide Bereiche, ohne dass man erkennen könnte, ob es innerhalb dieser Bediensteten eine irgendwie geartete Arbeitsteilung zwischen zivilen und militärischen Agenda gegeben hätte.[32]

Diese umfassende Zuständigkeit des Provinzstatthalters für den nach unseren modernen Begriffen militärischen und zivilen Bereich war eine direkte Fortsetzung des republikanischen magistratischen *imperium*.[33] Da ihm dabei ausschließlich Heeresangehörige als Personal zur Verfügung standen, wurde von hier aus ein wesentlicher Teil der Formen der kaiserzeitlichen Administration ganz entscheidend geprägt.[34]

---

30 Zur Schriftlichkeit der militärischen Administration, den Typen der Dokumente und den spezifischen Kenntnissen des Personals siehe STAUNER 2004; PHANG 2007. Siehe auch SPEIDEL 1996; SPEIDEL 2018 und EICH 2008.
31 Bei Veg. mil. 2,19 wird das Prinzip zitiert: *Sed quoniam in legionibus plures scholae sunt, quae litteratos milites quaerunt, ab his, qui tirones probant, in omnibus quidem staturae magnitudinem, corporis robur, alacritatem animi conuenit explorari, sed in quibusdam notarum peritia, calculandi computandique usus eligitur.* Im Grundsatz dürfte dies, obwohl für das 4. Jh. erwähnt, auch für die hohe Kaiserzeit zugetroffen haben.
32 Siehe zu dieser Vermischung der militärischen und „zivilen" Sphären auch A. EICH 2010.
33 Siehe dazu auch ROSSIGNOL 2009, bes. 84 ff.
34 SPEIDEL 2007 = SPEIDEL 2009d, 283 ff. In diesem Band auch Kap. 16.

Die formale und innere Ausgestaltung der statthalterlichen Administration strahlte auf alle weiteren Verwaltungsbereiche aus. Dass schließlich mehr und mehr jeder staatlich-administrative Dienst als *militia* bezeichnet werden konnte, ist von da her leicht verständlich.

Die *officia* der hohen Amtsträger in den Provinzen waren überall ähnlich zusammengesetzt, aber nicht notwendigerweise völlig gleichartig gestaltet, weder dem Gesamtumfang nach, noch nach der Anzahl der einzelnen Funktionsträger.[35] Auch die Struktur der *officia* für die Spitzen der Administration in Rom, etwa des *praefectus urbi*, der *praefecti praetorio* oder des *praefectus annonae*, war derjenigen der Statthalter ähnlich.[36] Zwar hat man immer wieder angenommen, die Zahl der in einer Provinz stationierten Legionen könnte die numerische Zusammensetzung des *officium* bestimmt haben, indem aus jeder Einheit eine ganz bestimmte Zahl an Chargen dem Statthalter zur Verfügung stand; doch lässt sich dies quellenmäßig nicht nachweisen. Auch über die präzise Tätigkeit, die die verschiedenen Gruppen des Personals zu erledigen hatten, lässt sich nur wenig Konkretes sagen. Zumeist wird dieser Inhalt aus der jeweiligen Bezeichnung erschlossen (z. B. *cornicularii, commentarienses, speculatores, exacti*). Doch liegt es fast in der Natur der Sache, dass sich im Laufe von mehreren Jahrhunderten solche Funktionen veränderten oder zumindest verändern konnten, ohne dass dies auf die Bezeichnungen Einfluss nehmen musste. So waren die *frumentarii* zunächst sicher für die Versorgung der Truppen mit Getreide zuständig, doch allmählich übernahmen sie weitere Aufgaben polizeilicher und nachrichtendienstlicher Natur, was auch mit ihrer Reisetätigkeit und den Erkenntnissen, die sie dabei gewinnen konnten, zusammenhängen dürfte. Ähnliches ist bei den *primipili* zu sehen, die sich partiell aus dem militärischen Kontext herausentwickelten und auch fiskalische Aufgaben erledigten.[37]

Dass die Zahl der einzelnen Funktionsträger nicht in allen *officia* gleich war, ergibt sich aus unseren vornehmlich epigraphischen Quellen, freilich nur unter der Voraussetzung, dass in den einzelnen Dokumenten, oft Listen von Dedikanten, die jeweils genannten Personen auch alle Beschäftigten einschlossen und nicht aus spezifischen Gründen der eine oder andere in einer Liste fehlte. Die Dokumente weisen jedenfalls deutliche Unterschiede bei den Zahlen auf. Öfter werden z. B. als höchste Chargen im *officium* eines kaiserlichen konsularen Statthalters[38] drei *cornicularii* erwähnt – benannt nach dem *corniculum*, einem Hörnchen an ihrem Helm – so etwa in Pannonia

---

35 Siehe die Erörterung der Problematik bei HAENSCH 1997, 714 ff. Ein Zeugnis für ein vollständiges *officium* eines Statthalters ist bisher nicht bekannt geworden; in CIL VIII 2586 = D 2381 (Lambaesis) ist ein Teil des Personals des Legaten der *legio III Augusta* bezeugt: je zwei *cornicularii* und *commentarienses tribuni legionis*, vier *speculatores* und 30 *beneficiarii consularis*, 5 *quaestionarii*, fünf *beneficiarii semestres* und ein *haruspex*.
36 CLAUSS 1973, passim; WOJCIECH 2010, 217 ff.; PAVIS D'ESCURAC 1976, 100 ff.
37 MÓCSY 1992, 106 ff.; SARNOWSKI 2013; ŁAJTAR 2013; ŁAJTAR 2015.
38 Dazu die umfassende Dokumentation bei HAENSCH 1997, 715.

superior oder Germania superior.³⁹ Doch dieselbe Zahl ist auch für einen *praefectus orae Ponticae* bezeugt, eine Funktion, die nur ritterlichen Ranges war und in einer solchen Laufbahn eher am Anfang stand.⁴⁰ In anderen Provinzen, auch konsularen, erscheinen nur zwei wie etwa in Hispania citerior,⁴¹ aber ebenso in Provinzen ohne jede Legion wie in Galatia, dessen Legat noch nicht einmal zum Konsulat gelangt war.⁴² Auch andere Amtsträger wie etwa Fiskal- oder Patrimonialprokuratoren konnten in ihrem *officium* über mindestens zwei, wenn nicht vielleicht sogar über drei *cornicularii* verfügen.⁴³ Dass diese hohen Stabsangehörigen wiederum über weiteres Personal, das ebenfalls aus dem Heer kam, verfügten, ist nicht überraschend. In Brigetio in Pannonien ist z. B. ein *adiutor officii corniculariorum legati* bezeugt, aus Tilurium in Dalmatien ein *adiutor corniculariorum consularis*.⁴⁴

Ähnliche numerische Diskrepanzen sind bei anderen Chargen innerhalb der *officia* festzustellen,⁴⁵ etwa bei den *commentarienses*⁴⁶ oder den *speculatores*, ebenso bei den *exceptores* oder auch bei den *beneficiarii*. Diese letzteren bildeten sicher die größte Gruppe von Soldaten, die einem Statthalter, aber auch den anderen höheren Amtsträgern zugewiesen waren; sie konnten in einer konsularen kaiserlichen Provinz durchaus mehrere Hunderte umfassen, wobei die Zahl der Legionen am ehesten die entscheidende Berechnungsgröße darstellte.⁴⁷ Bei anderen Gruppen wie den *exacti*, den *actuarii* oder *librarii*, die ebenfalls in den *officia* tätig waren, lassen sich überhaupt keine Zahlen festmachen.⁴⁸ Auch ein *barcarius consularis* ist beim niedergermanischen Statthalter bezeugt.⁴⁹

Mit diesem militärischen Personal erledigten die kaiserlichen Statthalter, aber auch die meisten anderen Amtsträger, die vom Kaiser direkt ernannt wurden, alle ihre Aufgaben.⁵⁰ Anders war es bei den senatorischen Prokonsuln, die ihre relativ wenigen administrativen Gehilfen weitgehend aus den stadtrömischen *decuriae* nahmen.⁵¹ Sie wurden nur in geringem Umfang durch Soldaten aus den in ihrer Provinz gelegenen

---

39 CIL III 4452 =11093= D 2382; CIL XIII 6803.
40 AE 1972, 573 = IK 13, 680 (Ephesos).
41 RIT 140 = CIL II²/14 985.
42 AE 1971, 462 = GLIA 1, 6.
43 So der Finanzprokurator der Belgica oder von Iudaea: AE 1939, 60 = IGLS 6, 2785; der Patrimonialprokurator von Asia: IK 13, 660e (Ephesos).
44 AE 1997, 1267; D 9170 = ILJug 3, 1947; siehe auch CIL III 3543 = D 2391 aus Aquincum: *adiutor offici(i) corniculariorum co(n)s(ularis)*.
45 HAENSCH 1997, 715 f.
46 Zwei *commentarienses* in Hispania citerior: siehe Anm. 38, drei in Pannonia superior: siehe Anm. 36. Zu ihrer Tätigkeit siehe HAENSCH 1995.
47 Zu den *beneficiarii*: SCHALLMAYER ET AL. 1990; MIRKOVIC 1994 (= AE 1994, 1400–1478); NELIS-CLÉMENT 2000.
48 Noch weniger dokumentiert sind andere Funktionen, die von Heeresangehörigen durchgeführt wurden, siehe zuletzt HAENSCH 2012.
49 AE 1990, 728 = IKoeln 100.
50 Siehe dazu auch PALME 2006a.
51 DAVID 2019.

Hilfstruppen und gelegentlich auch aus Legionen anderer Provinzen unterstützt. Doch ohne diese Unterstützung kamen auch sie nicht aus. So sind beispielsweise, allerdings erst zu Beginn des 3. Jh., zwei *frumentarii* der *legio X Gemina*, die damals in Pannonia superior lag, in Ephesus für die Bewachung des statthalterlichen Gefängnisses bezeugt: *agens curam carceris*.[52] Ähnlich wie bei den Prokonsuln war auch das *officium* der ritterlichen Finanzprokuratoren nicht vornehmlich militärisch organisiert, es bestand größtenteils aus kaiserlichen Sklaven und Freigelassenen. Aber auch bei diesen ritterlichen Prokuratoren war daneben ein kleines militärisches *officium* tätig, das, wiederum wie bei den Prokonsuln, wenn nötig aus den Einheiten einer weiter entfernten Provinz stammen konnte. In der Provinz Gallia Lugdunensis war z. B. ein *exactus* beim Fiskalprokurator tätig, der aus der *legio XXX Ulpia* aus Niedergermanien nach Lyon abgeordnet worden war.[53] Bei den Präsidialprokuratoren, die als einzige Statthalter für die übliche Provinzadministration in gleicher Weise die Verantwortung hatten wie für die Leitung der Finanzen, waren neben dem militärischen *officium* auch die notwendigen kaiserlichen *servi* und *liberti* tätig, die sonst getrennt dem Fiskalprokurator unterstanden. Überraschend ist dabei, dass selbst kaiserlichen Freigelassenen, die als Prokuratoren eingesetzt wurden, zumindest gelegentlich militärisches Personal zugewiesen wurde, wie es sich aus dem Briefwechsel des jüngeren Plinius mit Kaiser Traian ergibt.[54] Während Freigelassene unter normalen Bedingungen nicht zum Dienst im Heer zugelassen wurden, unterstanden in solchen Fällen Soldaten umgekehrt einem Freigelassenen – ein bezeichnendes Beispiel, wie durch die übermächtige Rolle des Kaisers Grenzen der Sozialstruktur, die früher als unverrückbar angesehen wurden, verschoben werden konnten.[55]

Details der spezifischen Aufgaben der verschiedenen untergeordneten Personalgruppen lassen sich nur in sehr beschränktem Maße nachweisen.[56] Am ehesten sind noch die Funktionen verschiedener Soldaten innerhalb des Gerichtswesens der Statthalter, vor allem bei der Bewachung von Angeklagten oder Gefangenen oder auch bei Hinrichtungen bekannt.[57] Es ist wohl kein Zufall, dass im Bereich des Prätoriums des Statthalters von Syria Palaestina in Caesarea Maritima drei Räume gefunden wurden, die speziell solchen Soldatengruppen zugewiesen waren. Es gab dort eine

---

[52] CIL III 433 = D 2368 = IK 16, 2244 (Ephesos); auch ein *c(enturio) leg(ionis) XXX Ulp(iae)* hatte diese Aufgabe übertragen erhalten, AE 1961, 58 = IK 13, 817 (Ephesos): *agens curam cust(odiarum)*. Zu den Hilfstruppen in den Provinzen der Prokonsuln Eck 1986b.
[53] CIL XIII 1847 = D 2389 (Lugudunum).
[54] Plin. epist. 10,21–22. 27–28. Allerdings scheint eine solche Unterstützung eher außergewöhnlich gewesen zu sein; jedenfalls ist in Ägypten, wo die Zeugnisse detailliertere Einblicke ermöglichen, keine regelmäßige Teilnahme des Heeres bei der Steuererhebung festzustellen, siehe Palme 2006a, 308 ff.
[55] Ein solches militärisches Personal wird man z. B. auch bei den kaiserlichen Freigelassenen voraussetzen dürfen, die größere Bergwerksdistrikte wie etwa die von Vipasca auf der iberischen Halbinsel oder in der neuerworbenen Provinz Dacia leiteten; siehe auch Piso 2013, 335 ff. 348 ff. Ferner Hirt 2010, 185–201.
[56] Clauss 1973, 59 ff.; Haensch 1997, 720 ff.; Haensch 2000.
[57] Clauss 1973, 62 ff.; Schmitz 2011, bes. 324 ff.

scola centurionum, also der höchsten militärischen Chargen um den Legaten, die ihn bei allen seinen Verhandlungen begleiteten, einen Raum für die *frumentarii*, die besondere Polizeifunktionen ausübten, sowie einen für die *adiutores officii custodiarum*, innerhalb des Gefängnisbereichs.[58] Diese und andere Beispiele zeigen auch, dass diese Mitglieder des *officium* im Normalfall natürlich am Statthaltersitz tätig waren,[59] wo sie auch ihre *scolae* errichteten, die amtlichen Zwecken dienten, aber auch für private genutzt werden konnten.[60] Dieses permanente militärische Personal begleitete, zumindest in ihrer Mehrheit, ihren Vorgesetzten jedoch auch außerhalb des Dienstsitzes, wenn dieser etwa zur Durchführung der Konventsitzungen oder aus anderem Anlass durch die Provinz zu reisen hatte. Denn außerhalb des *caput provinciae* sind keine permanenten Unterzentren der vom Statthalter abhängigen römischen Administration entstanden, wenn man solche nicht in den Stationen sehen will, an denen *beneficiarii* vor allem seit dem 2. Jh. eingesetzt waren. Doch diese lagen in ihrer übergroßen Mehrheit an den Reichsgrenzen, hatten also weit mehr die Aufgabe der Kontrolle des Grenzverkehrs an den Übergangsstellen ins Barbaricum, sie waren nicht flächenmäßig über die Provinzen verteilt.[61] Dennoch wurden sie, was man auch für *centuriones* in Ägypten nachweisen kann, in vielen Fällen als erste Adresse angesehen, wenn Provinzbewohner sich um Hilfe an die römische Verwaltung wendeten; denn sie waren vor Ort und konnten am ehesten erreicht werden.[62] Dass sie sich für alle wichtigeren Entscheidungen an den Statthalter zu wenden hatten, ist dabei selbstverständlich.[63]

Relativ häufig sind Soldaten als Bauleiter oder als „Ingenieure" bei Vermessungsarbeiten bezeugt. Einem *centurio* der *legio XXX Ulpia* war im Jahr 211 n. Chr. in Köln der Wiederaufbau des Tempels des Iupiter Dolichenus übertragen worden; freilich kann dieses Heiligtum besonders für das Militär bestimmt gewesen sein, das sich in größerer Zahl im *caput provinciae* aufgehalten hat.[64] Ein *mensor* der *legio III Augusta*, Nonius Datus, wurde zu Vermessungsarbeiten nach Saldae in Mauretania Caesariensis gesandt, um dem dortigen Statthalter bei den notwendigen Arbeiten zur

---

58 CIIP II 1273–1275. Zum *officium custodiarum* ist AE 1973, 556 = IGLS 13, 9088 (Bostra) zu vergleichen; siehe ferner Anm. 34.
59 E. g. sei auf den *speculator* P. Urvinius aus der legio XIII, die in Vindonissa lag, verwiesen, der in Mainz, also am Sitz des konsularen Legaten, verstarb; CIL XIII 6884 = D 2261 (das Gentile lautet Urvinius, wie in zahlreichen weiteren Zeugnissen; I ist in Ligatur mit N über die Zeile geschrieben).
60 Vgl. auch HAENSCH 1997, passim im 2. Teil der Arbeit.
61 NELIS-CLÉMENT 2000, 211–268.
62 Ein bezeichnendes Beispiel ist in einem Papyrus enthalten, der aus Arabien stammt und im Jahr 260 n. Chr. geschrieben wurde: GASCOU 1999. Vgl. auch AUBERT 1995; FUHRMANN 2011. Zu den *stationes* auch NELIS-CLÉMENT 2006.
63 Siehe NELIS-CLEMENT 2000, 220 ff.; FOURNIER 2010, 368 ff. Zur rein reagierenden, nicht selbständig operierenden Tätigkeit dieses untergeordneten Personals siehe EICH 2005, 357 Anm. 4.
64 CIL XIII 8201 = D 4312 = IKoeln 108. Siehe dazu die zahlreichen Weihungen und Grabinschriften von noch aktiven Mitgliedern des Heeres in IKoeln.

Hand zu gehen.⁶⁵ In Numidien war z. B. ein *cornicularius* bei der Anweisung von Acker- und Weideland sowie den für die Landwirtschaft nötigen Quellen beteiligt.⁶⁶ Und fast immer wurden bei der Festlegung umstrittener Grenzen vor allem zwischen verschiedenen Gemeinden von den Statthaltern Soldaten herangezogen, die konkret die Grenzen vermessen und dann fixieren sollten. Besonders in Africa und in der Provinz Dalmatien sind zahlreiche einschlägige Zeugnisse gefunden worden. So heißt es z. B. in einer Inschrift aus Corinium in Dalmatien: ⁶⁷

> [E]x edicto P(ubli) Corneli Dolabel<la>e leg(ati) pro praetore determinav[it] S(extus) Titius Geminus pri(nceps) posterior leg(ionis) VII inter Neditas et Corinienses; restituit iussu A(uli) Duceni Gemini leg(ati) Augusti pr(o) p[r(aetore)] per A(ulum) Resium [M]aximum (centurionem) leg(ionis) XI C(laudiae) p(iae) f(idelis) pr(incipem) posterior(em) et Q(uintum) Aebutium Liberalem (h)astat(um) posteriore(m) leg(ionis) eiusdem.

In diesen Fällen sind es meist nicht die Mitglieder des engeren permanenten *officium*, sondern vor allem Zenturionen, Auxiliarpräfekten, Legionstribunen oder andere höhere Chargen aus den Legionen, die im Auftrag des Statthalters als *iudices* tätig waren und die Grenzen festsetzten.⁶⁸ Durch Abordnungen aus dem Gesamtbestand des Heeres konnte der Statthalter sein Personal bei Bedarf erweitern.

Außergewöhnlich und keine dauerhafte, wenn auch regelmäßig wiederkehrende Tätigkeit war auch die Durchführung eines *census* in einer Provinz, also die Erfassung der Zahl der Bevölkerung sowie der Steuerkraft einer Provinz. Obwohl vom *census* der Steuereinzug abhing, der in den Händen der Finanzprokuratoren lag, wurde die Erfassung der Steuerkraft nicht von diesen und ihrem Personal, sondern entweder von speziell abgeordneten Censusbeauftragten der Kaiser oder aber vom Statthalter selbst durchgeführt.⁶⁹ Dass der eine wie der andere nur der höchste Verantwortliche für diese lediglich in längeren Abständen vollzogene Erfassung der Bevölkerung war, der sie aber nicht selbst überall durchführen konnte, ist unmittelbar verständlich; in der konkreten Arbeit wurde er weitgehend von anderen vertreten. Dabei wurden neben *procuratores ad census accipiendos*, die direkt vom Kaiser ernannt worden sind und meist nur sexagenaren Rang hatten, von den jeweiligen Statthaltern offensichtlich auch gerne Präfekten der in ihrer Provinz stationierten Auxiliartruppen herangezo-

---

65 CIL VIII 2728 = 18122 = D 5795.
66 AE 1946, 38; es ist allerdings nicht völlig auszuschließen, dass diese Assignation nicht speziell für das Militär bestimmt war.
67 CIL III 2883 = 9973 = D 5953: vgl. CIL III 8472 = D 5948; CIL III 9864a = D 5950; AE 2003, 1332; AE 1967, 355 = AE 1983, 744; Eck 1990.
68 So in AE 1967, 355 = 1983, 744: *C(aius) Petillius Firm[us] trib(unus) mil(itum) leg(ionis) IIII F(laviae) [f(elicis)] ex auctoritate Imp(eratoris) Vespasian[i] iudex datus a [L(ucio?) Plo]tio Pegaso l[eg(ato) pr(o) pr(aetore) Imp(eratoris)] Vespasian[i Aug(usti) terminos posuit inter..].*
69 Zu den speziellen senatorischen Beauftragten siehe Thomasson 1991, 85 ff., und Jacques 1977; zu den ritterlichen Funktionsträgern siehe Pflaum 1960, III passim; Leglay 1981. Allgemein Lo Cascio 1999, bes. 203 ff.

gen.⁷⁰ Sie verfügten auf der einen Seite über einige Erfahrung in der „bürokratischen" Abwicklung vergleichbarer Vorgänge, da sie ständig in ihren Einheiten mit größeren Personenmengen und deren Unterlagen zu tun hatten. Andererseits stand ihnen aus ihrer Truppe das eigene kleine *officium* zur Verfügung, das ebenfalls in die schriftliche Erfassung von größeren Datenmengen eingearbeitet war.⁷¹ Wenn so beispielsweise ein gewisser Priscus, *praefectus equitum*, d. h. Kommandeur einer *ala*, im Jahr 127 n.Chr. in der Provinz Arabia beim ersten dort nach der Annexion durchgeführten *census* für den Statthalter Aninius Sextius Florentinus in Rabbat Moav tätig war, dann konnten ihm Soldaten aus seiner *ala* zur Hand gehen. Einer von ihnen übersetzte vermutlich auch die *subscriptio* des Präfekten auf der von der Jüdin Babatha eingereichten Censuserklärung und publizierte diese wie alle anderen Erklärungen auch, so dass von diesen wiederum Abschriften genommen werden konnten.⁷² Als im Jahr 6 n.Chr. der durch das Lukasevangelium bekannte Statthalter Sulpicius Quirinius einen Census in seiner Provinz Syrien, von der Iudaea ein Teil war, durchführte, beauftragte er unter anderem einen Q. Aemilius Secundus mit dem *census* der Stadt Apamea; dieser war Kommandeur die *cohors II classica*. Dabei hatte Secundus schließlich 117.000 Menschen erfasst: *pr[a]efect(us) cohort(is) II classicae, idem iussu Quirini censum egi Apamenae civitatis millium homin(um) civium CXVII*. Dass er diese Aufgabe nicht allein bewältigt hat, sondern mit Hilfe von Soldaten seiner Einheit, bedarf keines Beweises.⁷³ Andere Offiziere, die bei solchen Tätigkeiten eingesetzt wurden, kennt man etwa für Spanien; ein C. Mocconius Verus erfasste als *tribunus laticlavius*, also als senatorischer Militärtribun, die Bevölkerung von 23 *civitates* bei den Vascones und Varduli, zwei Völkern im heutigen Baskenland: *tribunus laticlavius l[eg(ionis)] VII Gemin(ae) at census accipi[en]dos civitatium XXIII Vasconum et Vardulorum*.⁷⁴ In Ägypten beauftragte der Präfekt der Provinz, Vibius Maximus, den Alenpräfekten Festus, alle diejenigen zu erfassen, die aus triftigem Grund sich nicht zur Censuserklärung in ihren Heimatort begeben konnten, sondern in Alexandria bleiben mussten.⁷⁵ Ein L. Dudistius Novanus wurde als *praefectus* einer *ala Hispana* in der Lugdunensis als *adiutor ad census provinciae* abgeordnet.⁷⁶ Auch ein M. Sulpicius Felix wurde als Tribun einer Auxiliareinheit für den *census* in Teilen Armeniens und Kappadokiens eingesetzt: *trib(unus) mil(itum) coh(ortis) III Ulp(iae) m(illiariae) Petraeor(um), electus et retentus ad cens(us) excipiend(os) in partem provinc(iae) Arm(eniae), item Capp(adociae)*. Als er später in Mauretania Tingitana als Alenpräfekt Dienst tat, wurde er vom Stadtrat von Sala in dieser Provinz geehrt, wobei der Ratsbeschluss, der uns erhalten ist, auf Tätigkeiten des Geehrten eingeht, die sich auf die zivilen Angelegenheiten der Stadt

---

70 Zum engen Zusammenhang zwischen *census* und Heeresangehörigen siehe auch BIRLEY 2007a.
71 Siehe dazu STAUNER 2004; STAUNER 2010.
72 P.Yadin 16 Z. 36–38 = LEWIS 1989, 65ff. (vgl. P.Ḥever 62 Z. 5f. = COTTON/YARDENI 1997, 186ff.)
73 CIL III 6687 = D 2683 (vgl. AE 2006, 1579).
74 CIL VI 1463.
75 P.Lond. 904 = HUNT/EDGAR 1934, 108.
76 CIL XIII 408 = D 1392.

beziehen und offensichtlich auch die Lösung finanzieller Probleme der Gemeinde einschloss.⁷⁷

Was sich bei diesem Sulpicius Felix im Verhältnis zu nur einer Stadt zeigt, das ist für andere Personen, die als Befehlshaber einer Militäreinheit in einer größeren Provinz stationiert waren, für ganze Regionen bezeugt,⁷⁸ allerdings mit einem markanten Unterschied: Sulpicius Felix war aus speziellen Umständen heraus in zivile Notwendigkeiten involviert worden, er ersetzte nicht die Administration einer Selbstverwaltungseinheit. Das war bei den Befehlshabern, auf die hier hingewiesen wird, anders. An der unteren Donau hat ein C. Baebius Atticus, ein Ritter aus Iulium Carnicum in der italischen Region Venetia et Histria, nach einem Primipilat vermutlich unter Tiberius als *praefectus c[i]vitatium Moesiae et Treballia[e]* gewirkt, d. h. er war für deren gesamte innere Administration zuständig. Soweit diese *civitates* während der Zeit einer solchen Präfektur noch eigene Amtsträger hatten, waren sie dem Präfekten untergeordnet, er war, soweit nötig, ihr „Vorgesetzter".⁷⁹ Vergleichbar war die Stellung des L. Volcacius Primus, der nach einer Präfektur über die *cohors I Noricorum* in Pannonien als *praef(ectus) ripae Danuvi et civitatium duar(um) Boior(um) et Azalior(um)* in derselben Provinz amtierte.⁸⁰ In Africa hatte ein *praefectus cohortis VII Lusitanorum* gleichzeitig die Oberaufsicht über sechs *nationes Gaetulicae*.⁸¹ In der Provinz Syria war in domitianischer Zeit ein namentlich unbekannter *praefectus alae I Pannoniorum* mit der Verwaltung der Region der Decapolis beauftragt.⁸² Das war eine ähnliche Aufgabe, wie sie die *praefecti Iudaeae*, die durch den Historiker Iosephus über mehrere Jahrzehnte hinweg lückenlos bekannt sind,⁸³ erfüllten oder, so hat man es erschlossen, die ritterlichen Kommandeure von Cappadocia zwischen Tiberius und Nero, die vermutlich keine Präsidialprokuratoren waren, sondern ebenfalls nur *praefecti*, die dem Statthalter von Syrien untergeordnet waren.⁸⁴ Beide hatten neben dem Kommando über einige Truppen in der ihnen zugewiesenen Region dort auch die zivile Leitung und unterstanden ansonsten dem *legatus Augusti pro praetore provinciae Syriae*, der von Kappadokien bis Judäa für die Gesamtprovinz Syrien verant-

---

77 IAM II 1, 307. Siehe dazu REBUFFAT 1992; ferner die umfassende Analyse von ERKELENZ 2007, der auch zahlreiche weitere Hinweise auf den Einsatz von ritterlichen Offizieren einschließt. Weitere ritterliche Offiziere beim Census: D 1393 = CIL II²/14 1110: *hic censum egit in provinc(ia) Gallia Aquitanic(a), p(rovincia) H(ispania) c(iterior)*. Zu L. Volusenus Clemens als ritterlicher Beauftragter beim *census* in der Aquitanica, siehe ECK 2020. Hinzuweisen ist auch auf die Epikrisis im römischen Ägypten, die stets von höheren Offizieren durchgeführt wurde, gleichgültig, ob es sich um Veteranen oder andere römische Bürger handelte, siehe PALME 2010.
78 Immer noch aktuell ZWICKY 1944, 11 ff.
79 CIL V 1838 = D 1349.
80 CIL IX 5363 = D 2737. Vgl. auch die Stellung eines Zenturionen Marcellus als *praefectus civitatis Maeze[iorum]* sowie einer weiteren *civitas*, von deren Namen nur *[--]iatium* erhalten ist: CIL IX 2564.
81 CIL V 5267 = D 2721. Vgl. auch AE 1934, 50 aus Philippi mit einem *praefectus nationum [--]*.
82 ISAAC 1981.
83 ECK 2007f, Kap. 1; ECK 2011 = in: ECK 2014c, 166–185.
84 SPEIDEL 2009a.; vgl. SPEIDEL 2009c. Vgl. auch DEMOUGIN 1981.

wortlich war. In manchen dieser Fälle wird die Ernennung durch den Gouverneur der Provinz erfolgt sein, allerdings nicht immer, wie es jedenfalls bei den *praefecti Iudaeae* gewesen ist,[85] die generell vom Kaiser selbst in diese Region gesandt wurden.[86] Auch bei dem *praefectus Raetis, Vindolicis, vallis Poeninae et levis armaturae* wird man eine Ernennung durch Augustus selbst annehmen müssen.[87] Doch hatten die Statthalter in vielen Fällen wohl freie Hand, aus den ihnen untergeordneten Militärs geeignete Leute auszuwählen und zu beauftragen, an ihrer Stelle die Administration eines Stammes zu leiten oder zumindest deren eigene Amtsträger zu überwachen. Wenn in den 20er Jahren des 1. Jh. n. Chr. auf der rechten Seite des Niederrheins der Primipilar Olennius als Vertreter der römischen Macht beim Stamm der Friesen bezeugt ist (*regendis Frisiis impositus*, was wohl einem *praefectus civitatis Frisiorum* entspricht),[88] dann hat diese Ernennung wohl der niedergermanische Heereskommandeur veranlasst. Nicht anders dürfte das bei Baebius Atticus gewesen sein, der nach seinem Primipilat bei der *legio V Macedonica* als *praefectus civitatium Moesiae et Treballiae* amtiert hat.[89]

Wenn unsere Quellen, jedenfalls in der Tendenz, einen zutreffenden Eindruck vermitteln, dann finden sich diese Formen der auf Militärs gestützten lokalen, höchstens noch regionalen Administration von größeren Bevölkerungsgruppen, vor allem von Stämmen, eher in der frühen Kaiserzeit, zunehmend weniger dagegen seit der zweiten Hälfte des 1. Jh. n. Chr. Das hängt zum einen wohl damit zusammen, dass Claudius die neue Form der ritterlichen Präsidialprokuratoren eingeführt hat, die in manchen Regionen nun als unabhängige Provinzprokuratoren agieren konnten, die vorher einem Präfekten unterstanden hatten, der von einem Statthalter abhängig war. Zum andern aber hat die fortschreitende Ausgestaltung einer städtischen oder gemeindlichen Infrastruktur in fast allen Provinzen nicht wenige unterworfene Bevölkerungsgruppen aus dieser militärischen Abhängigkeit befreit. Das schließt nicht aus, dass auch später, wenn es nötig war, wieder auf solche Formen der direkten Administration durch Militärs zurückgegriffen wurde. So ist es nicht weiter verwunderlich, dass während der Kämpfe unter Marc Aurel an der Donau der Ritter M. Rossius Vitulus während oder direkt nach einer Alenpräfektur als *praepositus gentis Onsorum* eine Völkerschaft überwachte, die jenseits der Donau unter römische Herrschaft gekommen war.[90] Doch die häufige Substitution von Militärs an Stelle von Beauftragten der lokalen Selbstverwaltungsorgane hat noch im 1. Jh. n. Chr. weitgehend ein Ende gefunden. Das heißt nicht, dass militärische Befehlshaber im lokalen Rahmen nicht gelegentlich auch in administrativen Aufgaben tätig wurden, aber sie ersetzten kaum mehr auf längere Zeit und systematisch die zivilen Amtsträger von Gemeinden oder Stämmen. Dagegen blieben Soldaten die Träger der ordentlichen Verwaltungsroutine

---

85 Vgl. Ios. ant. Iud. 18,1; vgl. Ios. bell. Iud. 2,117.
86 Allgemein ZWICKY 1944, 12f.
87 CIL IX 3044 = D 2689; dazu FAORO 2011, 132f.
88 Tac. ann. 4,72.
89 Siehe oben Anm. 79.
90 AE 1914, 248 = ILAfr 455 = ILTun 1248.

in den *officia* der meisten senatorischen und ritterlichen Amtsträger und damit ein entscheidendes Element der kaiserzeitlichen Administration. Doch spätestens zu Anfang des 4. Jh. waren sie dort durch „Zivilisten" ersetzt, ähnlich wie das auch bei den *servi* und *liberti* des Kaisers geschehen ist.[91] Es war letztlich die Konsequenz der Auflösung des umfassenden *imperium* republikanischer Zeit, als alle Statthalter jeglichen Zugriff auf das militärische Kommando verloren. Dass die Mehrzahl aller im zivilen Bereich Tätigen, die mit dem Dienst im Heer nichts mehr zu tun hatten, jetzt insgesamt das *cingulum*, den Soldatengürtel, trug und als Teil der reichsweiten *militia* angesehen wurde, war ein später, aber inhaltsleerer Reflex der früheren Epoche.[92]

---

[91] Siehe zu der Phase des Übergangs im späteren 3. Jh. EICH 2005, 356 ff.; EICH 2007. Zu den kaiserlichen Freigelassenen und deren Ersetzung durch Freigeborene HAENSCH 2006.
[92] Zu der Entwicklung des Begriffs der *militia*: SPEIDEL 2006 = SPEIDEL 2009d, 273 ff. Für das Verhältnis von Administration und Armee in der Spätantike siehe die Abhandlung von PALME 2007.

19 Die Entwicklung der Auxiliareinheiten als Teil des römischen Heeres in der frühen und hohen Kaiserzeit: Eine Teilsynthese

Vorbemerkung: Eine Gesamtsynthese aller Phänomene und Fragen, die mit den *auxilia* der frühen und hohen Kaiserzeit verbunden sind, kann im Umfang eines Beitrags zu einem Kongress nicht gegeben werden. Es dennoch zu tun, würde auf eine kurze Nennung oder Aufzählung aller Phänomene ohne inhaltliche Diskussion hinauslaufen, was wenig Sinn machen würde. Die Grundstrukturen der kaiserzeitlichen römischen Auxilia sind in den letzten hundert Jahren klar herausgearbeitet worden. Dazu liegen uns genügend solide Arbeiten vor, wie vor kurzem Denis Saddington in einer seiner letzten Arbeiten vor seinem Tod zu Recht betont hat.[1] Dies hier zu wiederholen, wäre deshalb kaum sinnvoll. Vielmehr will ich mich auf einige zentrale Aspekte der kaiserzeitlichen *auxilia* beschränken, die vor allem auf Grund neuer Quellen in den letzten Jahrzehnten erneut intensiv diskutiert wurden oder vertiefte neue Kenntnisse erlauben.

1 Quellen

Die Auxilien des römischen Heeres der römischen Kaiserzeit sind, außer in relativ wenigen besonderen Momenten, kein Thema der literarischen Quellen.[2] Hätten wir nur die Aussagen der literarischen Tradition, dann hätten wir nur sehr beschränkte Kenntnisse über diesen so wichtigen Teil des *exercitus Romanus*. Wir sind deshalb weitgehend auf epigraphische, papyrologische und archäologische Quellen verwiesen, um die zentralen Fragen der Thematik wenigstens partiell zu beantworten. Die für die Provinz Ägypten grundlegenden Papyri lassen zwar auch Erkenntnisse für die Truppen in anderen Provinzen zu, aber sie gelten doch vorwiegend für das Heer in

---

1 Einen Überblick über die wichtigen größeren Arbeiten zu vielen Aspekten der Auxilia hat SADDINGTON 2013 gegeben. Dort werden auch die wichtigsten Gesamtüberblicke zu den Auxilien angegeben, die auch heute noch von Relevanz sind. Noch immer wichtig viele Beiträge in ECK/WOLFF 1986, 535 ff.; darin besonders VITTINGHOFF 1986. Ferner SPEIDEL/LIEB 2007. Nicht immer verlässlich und öfter nicht up to date sind die Ausführungen über die Auxilia von RANKOV 2007, bes. 50 ff. Neu, aber zumindest in manchen Urteilen problematisch HAYNES 2013 (siehe auch WHEELER 2015). Zu zahlreichen Aspekten der Auxiliartruppen insgesamt ist nun die Publikation des Lyoner Kongresses zu vergleichen: WOLFF/FAURE 2016, in dem auch dieser Beitrag erschienen ist. – Anthony BIRLEY danke ich für Hilfe bei der Ausarbeitung des Beitrags.
2 Vgl. auch SADDINGTON 2013, 3. Bei Tacitus wird im Kontext von Kriegen gelegentlich auf die *auxiliares* verwiesen, aber doch meist in einer sehr allgemeinen Form. Bemerkenswert ist aber sein Hinweis in hist. 2,88,1 auf den allgemeinen Gegensatz zwischen Militär und Zivilisten: *Multae et atroces inter se militum caedes, post seditionem Ticini coeptam manente legionum auxiliorumque discordia; ubi adversus paganos certandum foret, consensu.*

Ägypten.³ Somit sind es vor allem die Inschriften, die Einblicke in essentielle Probleme der Auxilien und vor allem der einzelnen Einheiten während der ersten drei Jahrhunderte der Kaiserzeit in vielen Provinzen des Imperiums erlauben. Das gilt für die im engeren Sinn militärischen, aber noch mehr für die sozialpolitischen Fragen, die uns im Kontext der kaiserzeitlichen Hilfstruppen begegnen. In diesem Beitrag soll deshalb vor allem, soweit es möglich ist, gezeigt versucht werden, was die Inschriften, speziell diejenigen, die erst in den letzten Jahrzehnten bekannt geworden sind, für diesen Teil des römischen Heeres erkennen lassen.

Wie viele Inschriftentexte für die Forschung zu den Auxiliareinheiten uns heute zur Verfügung stehen, lässt sich nur sehr grob abschätzen. Lateinische Inschriften, in denen Angehörige der Alen und Kohorten auf den verschiedenen Ebenen der militärischen Hierarchie oder auch die Einheiten selbst als Handelnde erscheinen, belaufen sich auf sicher weit mehr als 6000, vielleicht sogar auf mehr als 8000. Alleine aus Vindolanda sind inzwischen über 780 ink tablets publiziert.⁴ Dazu kommen noch mehr als 352 stilus tablets, die größtenteils noch nicht veröffentlicht sind.⁵ Und dieses für die Provinz Britannia und Vindolanda selbst und seine Organisation so detaillierte Material nimmt ständig zu. Die Zahl der griechischen Inschriften, die die *auxilia* betreffen, ist bisher kaum näher zu beziffern, aber auch ihre Zahl vermehrt sich ständig.⁶

Schon immer wichtig waren die *diplomata militaria*, weil ihr Inhalt vielfältig ist und viele Phänomene betrifft, die mit den Auxilien verbunden sind; das braucht hier nicht näher ausgeführt zu werden. Doch hat ihre Bedeutung in den letzten drei Jahrzehnten exponentiell zugenommen, seit vor allem nach dem Fall des Eisernen Vorhangs aus den ehemals sozialistischen Ländern des Donauraumes, speziell Rumänien, Bulgarien und Serbien, ein Strom neuer Diplome den Antiquitätenmarkt überschwemmt hat und diesen auch heute noch, wenn auch zuletzt in einem deutlich geringerem Tempo, beliefert. Als Margaret ROXAN im Jahr 1985, also wenige Jahre vor dem Fall der Berliner Mauer, ihren 2. Band der RMD veröffentlichte, lagen, zusammen mit den in CIL XVI veröffentlichten 189 Diplomen, insgesamt 320 Diplome vor. Nach Band V der RMD, von Paul HOLDER 2006 herausgegeben, war die Gesamtzahl bereits auf 564 gestiegen. Wenn Band VI und VII mit den dafür vorgesehenen 179 und 146 Diplomen erschienen sein werden, sind in CIL XVI und RMD fast 1000 Diplome zusammengefasst.⁷ Hinzukommen zahlreiche Texte, die nach der Zusammenstellung der Diplome für RMD VI und VII publiziert wurden. Für RMD VIII sind es bereits mehr als 100. Zusammen mit den Informationen über andere noch nicht veröffentlichte Di-

---

3 Dazu z. B. PALME 2006; PALME 2011.
4 BOWMAN/THOMAS 1994: 456 Nummern; BOWMAN/THOMAS 2003: 280 Nummern; BOWMAN/THOMAS/TOMLIN 2010: 36 Nummern. Jetzt vor allem http://vindolanda.csad.ox.ac.uk/.
5 Dankenswerter Hinweis von Anthony BIRLEY.
6 Nur beispielhaft sei auf das Territorium des heutigen Israel verwiesen, in dem deutlich wird, dass die aus dem Heer ausgeschiedenen Soldaten überwiegend für ihre Inschriften Griechisch verwandt haben; siehe ECK 2016d.
7 Siehe ECK 2008d; ECK 2012, 18 Anm. 13.

plome kann man ohne Probleme von mindestens rund 1250 vollständigen oder fragmentarischen Diplomen ausgehen, von denen mindestens rund 1000 die Auxilien betrafen.[8] Da der weitaus größte Teil dieser Dokumente präzis oder doch relativ genau datiert ist, lassen gerade sie die historischen Entwicklungen und Veränderungen bei den *auxilia* am besten erkennen. Es scheint deshalb sinnvoll zu sein, wenn sich die folgenden Ausführungen vor allem, wenn auch nicht allein, auf die Auswertung dieser großen und ständig sich vermehrenden Quellengattung konzentrieren.[9] Dabei sind auf der einen Seite die Diplome zu analysieren, auf der anderen Seite aber unter verschiedenen Aspekten noch mehr die Konstitutionen, von denen die Diplome Abschriften sind. Es ist uns zwar keine Konstitution direkt überliefert; doch auf sie kann man mit Hilfe der Diplome Rückschlüsse ziehen. Aus der großen Zahl der Diplome kann man insgesamt mehr als 480 genau datierte Konstitutionen rekonstruieren, wobei in diese Zahl auch die Flotten sowie die *equites singulares Augusti* eingeschlossen sind. Denn für viele Fragen, z. B. bei Rekrutierung oder der Frage des Bürgerrechts gibt es kaum Unterschiede zu den Auxilien im strengen Sinne des Wortes. Nur die Konstitutionen für Prätorianer und Stadtkohorten sind nicht einzuschließen, da sie nicht das römische Bürgerrecht verleihen, sondern nur das *conubium* mit einer peregrinen Frau. Das römische Bürgerrecht war die wesentliche Voraussetzung für den Eintritt in diese Truppen, auch wenn dieses Erfordernis gelegentlich umgangen wurde.[10]

2 Rekrutierung

Das militärische Leben eines Auxiliars begann mit der Rekrutierung für eine Hilfstruppeneinheit, sei es auf freiwilliger Basis, sei es durch eine Aushebung, also Zwangsrekrutierung.[11] Während die Auxilien während des größten Teils der Republik aus den verbündeten Städten und Stämmen Italiens ausgehoben wurden, wandte sich der Blick Roms seit der Einigung Italiens nach dem Bundesgenossenkrieg auf die unterworfenen Völkerschaften des Reiches. Seitdem wurde die große Masse der Auxilien dort ausgehoben, was sich seit der massiven Expansion und der Schaffung zahlreicher neuer Provinzen unter Augustus deutlich verstärkte. Das zeigen die zahlreichen, auf die ursprünglichen Rekrutierungsgebiete verweisenden Namen der Hilfstruppen. Bei den Kohorten finden sich mindestens 95 Beinnamen, die auf ein

---

8 Siehe dazu auch Kap. 12 in diesem Band.
9 Dazu unter anderer Zielrichtung auch Kap. 16 in diesem Band.
10 Siehe dazu nicht nur das *Edictum Claudii de civitate Anaunorum* (D 206), sondern vor allem ein noch nicht sehr lange bekanntes Edikt Hadrians: ECK/PANGERL/WEISS 2014; ECK/PANGERL/WEISS 2014a; ECK 2017c; ECK 2018c.
11 Dazu immer noch grundlegend, wenn auch in mancher Hinsicht überholt: KRAFT 1951; zuletzt in ausführlicherer Form: ECK 2009b, 87 ff.

Ethnikon zurückgehen, und bei den Alen näherungsweise 40.[12] Da oft mehrere Einheiten dasselbe Ethnikon führen und sich nur durch die, oft fortlaufenden Ziffern unterscheiden,[13] sind weit über 300 Kohorten in dieser Weise benannt; auch bei den Alen sind es wohl an die 100 verschiedene Einheiten. Manche dieser Einheiten wurden offensichtlich auch in zwei oder drei Einheiten mit gleichem Namen und gleicher Ziffer aufgespalten. Das kann verschiedene Gründe haben; nicht selten geschah dies, weil ein Teil einer Kohorte oder einer Ala aus militärischen Gründen in eine andere Provinz verlegt wurde, dann aber dort blieb, worauf beide Teile, als der abgeordnete Teil nicht mehr zurückkehrte, auf volle Stärke aufgestockt wurden. Als Beispiel können die *cohortes I Montanorum* dienen. In domitianischer Zeit lag je eine Einheit dieses Namens in Pannonia und in Moesia superior, wo sie auch in der Folgezeit blieben,[14] wobei allerdings die eine oder andere Einheit zeitweise in Dakien eingesetzt war.[15] Seit späthadrianischer Zeit[16] aber treffen wir eine dritte Einheit gleichen Namens in Syria Palaestina an, wo sie ebenfalls für längere Zeit bezeugt ist.[17] Vermutlich war ein Teil einer *cohors I Montanorum*, entweder aus Pannonia superior oder aus Moesia superior während des Bar Kochba Krieges nach dem Osten versetzt worden, wie das auch von Truppen aus anderen Provinzen bekannt ist. Doch nach dem Krieg kehrte diese Vexillation offensichtlich nicht zur Muttereinheit zurück, die weiterhin in Moesia superior oder Pannonia superior stationiert blieb, wie nicht wenige Zeugnisse zeigen. So darf man davon ausgehen, dass beide Teile der ursprünglichen Einheit, die nun in zwei verschiedenen Provinzen lagen, wieder auf volle Stärke aufgefüllt wurden, dennoch aber den gleichen Namen behielten, wodurch es schließlich drei Kohorten mit gleichem Namen und Nummer gab. Eine Verwechslung auf Reichsebene war damit dennoch nicht verbunden, da die drei *cohortes I Montanorum* zu drei verschiedenen Heeresverbänden gehörten.[18]

Die ethnischen Beinamen blieben den Einheiten, auch wenn die Mannschaften im Laufe der Zeit multiethnisch gemischt waren. Dieser Wechsel in der Herkunft der

---

12 Diese ungefähren Angaben beruhen auf den Zusammenstellungen von SPAUL 1994 und SPAUL 2000. Beide Werke sind im Detail öfter nicht zuverlässig, sie lassen aber für den im Text angeführten Aspekt die ungefähre Größenordnung erkennen. Frühere Zusammenstellungen bei CICHORIUS 1894, 1223 ff. und CICHORIUS 1900, 231 ff. und CHEESMAN 1914, sowie die neuen Zeugnisse zu den Diplomata in EDCS.
13 Die Ziffern sind aber nicht immer fortlaufend. So kennen wir *cohortes voluntariorum* mit den Ziffern IV, VI, VII, VIII, XV, XVIII, XXVI, XXX und XXXII, die anderen aber fehlen.
14 Pannonien: z. B. CIL XVI 26. 30 – 31. 42. 47. 61. 175; RMD II 102.103; Moesia superior: CIL XVI 16. 46. 54. 101. 111; RMD I 6. 55; IV 247; V 419; AE 2005, 1709; 2008, 1712. 1731 – 1732. 1739 – 1740. 1747; ECK/ PANGERL 2015a = AE 2015, 1884 – 1886. Siehe auch WEBER 2020.
15 TENTEA/MATEI-POPESCU 2002/2003.
16 RMD III 160.
17 CIL XVI 87; RMD III 173; RGZM 29. 41; AE 2005, 1730; 2007, 176 – 1767; 2011, 1810.
18 Ein weiteres Beispiel kann die *cohors III Bracaraugustanorum* sein; je eine Einheit mit diesem Namen gehörte zu den Heeren von Britannien, Rätien und Syria Palaestina: siehe z. B. RMD V 420 Britannien; RMD V 387 Raetia; CIL XVI 87 Syria Palaestina (alle Zeugnisse unter Antoninus Pius, wozu noch zahlreiche weitere gehören).

Soldaten wurde vor allem dadurch verursacht, dass die Auxilien in ihrer Mehrheit meist unmittelbar aus dem ursprünglichen Rekrutierungsgebiet in andere Provinzen verlegt wurden. Bei dem schnell einsetzenden Ergänzungsbedarf hat sich das römische Militärkommando sehr bald nicht mehr vordringlich um Ergänzung der Hilfstruppen aus den ehemaligen Gemeinden bemüht. Die römischen Kommandeure suchten sich die Rekruten vielmehr meist dort, wo solche relativ leicht zu finden waren. Ein Beispiel aus dem Jahr 71 n. Chr. mag genügen,[19] um diese frühzeitige Praxis zu zeigen. Das Diplom, um das es geht, verweist auf eine Konstitution, in der auch die *ala I Brittonum* eingeschlossen war. Das Dokument lässt zum einen erkennen, dass diese Ala, wie dann auch andere Einheiten mit dem Namen *Brittones*, nicht erst in domitianischer Zeit aufgestellt worden sind, sondern vermutlich bereits bald nach der Eroberung der südlichen Teile der Insel, auf jeden Fall einige Zeit vor dem Jahr 71. Das wäre auch im Einklang mit der sonstigen römischen Praxis, nach der Eroberung einer neuen Provinz einen Teil der Jungmannschaft einer oder mehrerer Gemeinden als Auxilien zu organisieren; man muss nur etwa an die *Astures* im Norden der iberischen Halbinsel oder an die *Breuci* oder *Pannonii* in Illyricum zu erinnern. Diese Einheiten waren notwendigerweise zunächst ethnisch uniform geprägt.[20] Die Frage ist aber, wie lange dies aufrechterhalten wurde. Zumeist geht man davon aus, dass das Prinzip der ethnisch uniformen Einheiten erst gegen Ende des 1. Jh. weithin durchbrochen worden sei, abgesehen von Spezialtruppen, bei denen dies noch länger praktiziert wurde. Doch der Diplomempfänger aus der *ala I Brittonum*, der das Dokument schon im Jahr 71 nach mindestens 25 Jahren Dienstzeit erhielt, wird als Thraker bezeichnet. D. h. ein Soldat, der ethnisch nichts mit den *Brittones* zu tun hatte, war bereits bald nach der Aufstellung der *ala* in diese aufgenommen worden;[21] die ethnische Herkunft hat also zumindest im Fall dieser Ala sehr schnell keine Rolle gespielt. Da die Einheit der *Brittones* am ehesten ein Teil des pannonischen Heeres war,[22] als der Thraker rekrutiert wurde, bezeugt das Diplom damit zusätzlich die Grundtendenz des römischen Militärs, Einheiten aus neu eroberten Provinzen in anderen Teilen des Reiches einzusetzen. Das gilt auch für das folgende Beispiel:

---

19 Eck 2003b = RMD V 324.
20 Es ist allerdings möglich, dass ein kleiner Mannschaftskern aus einer anderen Einheit genommen wurde, um den herum dann die neue, ethnisch sonst einheitliche Ala oder Kohorte aufgebaut wurde. Wenn das römische Militär in dieser Weise bei der Neukonstituierung einer Einheit vorging, ist das zumindest in den Quellen nicht nachzuweisen, nur zu vermuten.
21 Das trifft natürlich auch dann zu, wenn der Soldat schon vor der Aufnahme in diese Einheit in einer anderen gedient hätte und in die *ala I Brittonum* versetzt worden wäre, als diese aufgestellt wurde. Da er sicher nicht als einziger Nicht-Brittone in die neue Einheit versetzt worden wäre, wäre unter dieser Voraussetzung die ethnische Einheit von Anfang an nicht gegeben gewesen.
22 Dass sie dort erst später direkt bezeugt ist, besagt aber nichts gegen ihre wahrscheinliche Anwesenheit in Pannonien im Jahr 71.

Eine Konstitution aus dem Jahr 129 ist für die syrischen *auxilia* bekannt. Daraus sind bisher insgesamt 12 Diplome bezeugt:[23]

Beleg	Einheit und Diplomempfänger
RMD V 371	*I U[lpiae Dacor(um)] ... M(arco) Ulpio [---]*
AE 2006, 1845 = RMD VI 547	*[I] Ulp(iae) Dacor(um) ... ex pedite [M(arco) Ulp]io Damusi f. Canuleio Daco*
AE 2006, 1850 = RMD VI 549	*[I Ulp(iae)] D[acor(um) ... ex] pedite [---]osiae f.*
RMD VI 548 = V 372	*[I U]lp(iae) Daco[r(um) ex] pedite [---]*
Eck/Pangerl 2012a, 236 ff.	*I Ulp(iae) [Dacor(um)--]*
Holder 2014, 293 f.	*I U[lp(iae) Dacor(um) --]*
RMD V 388 = AE 2006, 1848	[---]
AE 2005, 1735	[---]
AE 2006, 1847	[---]
AE 2006, 1852 = RMD VI 550	[---]
Holder 2014, 291 f.	[---]
Eck/Pangerl 2020, 92 f.	[---]

Nur in drei Fällen sind Teile des Namens der Diplomempfänger erhalten, in drei weiteren ist die Einheit sicher zu erschließen.[24] Doch das Wenige, was sich erkennen lässt, verweist im Verbund mit den vermutlichen Fundorten, ebenfalls auf den östlichen Balkanraum als Rekrutierungsgebiet. In sechs Diplomen steht die *cohors I Ulpia Dacorum* als die Einheit fest, aus der im Frühjahr 129 Veteranen entlassen wurden; die drei namentlich fassbaren Soldaten bildeten ganz evident die erste Mannschaft der neu aufgestellten Einheit. Das zeigt zum einen mit genauer zeitlicher Präzision, dass mitten zwischen den beiden Dakerkriegen eben aus *Daci*, die schon unter römischer Herrschaft standen, eine Kohorte aufgestellt wurde, die aber, so muss man annehmen, sogleich außer Landes gebracht wurde, eben nach Syrien. Dabei ist weiterhin darauf hinzuweisen, dass die Veteranen, für die der Name erhalten ist, offensichtlich bereits das römische Bürgerrecht besaßen, das ihnen noch Traian verliehen hatte.[25]

Wenn, wie eben gezeigt, die fortdauernde ethnische Komplettierung der Einheiten sehr frühzeitig kein Prinzip der römischen Militäradministration gewesen ist,[26] dann muss man fragen, wie der Nachschub von Rekruten konkret organisiert wurde. Nach

---

23 Auf die Erstpublikation wird hier zumeist nicht verwiesen, da P. Holder für fast alle neuen Diplome bereits die neuen Nummern in RMD VI, dessen Publikation in Kürze erfolgen soll, bekannt gemacht hat: Holder 2014; siehe seine Liste S. 296. Paul Holder danke ich, mir seine Listen für RMD VI und VII schon jetzt zur Verfügung gestellt zu haben.
24 In diesen drei Fällen ist der Einheitskommandeur derselbe wie in den ersten vier Exemplaren; siehe dazu Holder 2014, 296.
25 Es müssen also besondere Verdienste vorgelegen haben, für die die Mannschaft schon während des Militärdienstes mit dem Bürgerrecht ausgezeichnet wurden. – Die Einheit ist auch später in Syrien bezeugt: CIL XVI 106; AE 2006, 1841. 1852.
26 M. E. sehen Gallet/Le Bohec 2007, 267 ff. dieses Prinzip viel zu lange wirksam.

weitgehendem Konsens in der Forschung geschah dies vor allem durch die sogenannte „lokale" Rekrutierung, d.h. dass der Ersatz für ausgeschiedene oder verstorbene Soldaten einer Einheit in der Nähe der Stationierungsorte gesucht wurde. Der Begriff lokal wird freilich allzu oft nicht mit der nötigen inhaltlichen Präzision verwendet;[27] denn sinnvollerweise kann lokal nur die Region in unmittelbarer Nähe eines Stationierungsortes bezeichnen. Doch viele Rekruten kamen auch aus der weiteren Region der Einsatzprovinz oder sogar aus einer der benachbarten Provinzen. Das aber kann nicht mehr als lokale Rekrutierung angesehen werden. Hier muss eine präzisere Terminologie verwendet werden. Für die Organisation der Truppenergänzung ist es deshalb notwendig, schärfer zwischen lokaler, regionaler und provinzüberschreitender Rekrutierung zu unterscheiden. Denn zumindest in dem Fall, dass die Provinzgrenzen überschritten wurden, muss der Statthalter der anderen Provinz, in der rekrutiert werden sollte, involviert worden sein, vermutlich aber sogar der Kaiser oder einer seiner Beauftragten in Rom.

Die große Zahl der neuen Diplome, die damit repräsentativer geworden sind als früher, haben aber nun auch mit Nachdruck gezeigt, dass weit häufiger, als bisher angenommen, Rekruten nicht aus der unmittelbaren Umgebung eines Stationierungsortes, auch nicht aus der Einsatzprovinz, sondern aus weiter entfernten Provinzen kamen, die weit vom Standort der Einheiten entfernt lagen, deren Mannschaften aufgefüllt werden sollten. Diese Beobachtung gilt sowohl in den Anfängen der kaiserzeitlichen Auxilien, aber ebenso auch noch im späteren 2. Jh. n.Chr. Es sei nur beispielhaft auf folgenden Befund verwiesen: Am 20. August 127 n.Chr. wurden gleichzeitig Konstitutionen für die drei Provinzheere in Britannien, Germania inferior und Moesia inferior in Rom publiziert. Die Veteranen, für die wir die Diplome erhalten haben, weisen folgende ethnische Herkunft auf: in Germania inferior sind es zwei Daker und ein Thraker;[28] in Britannien ist es ebenfalls ein Daker,[29] und von den Veteranen aus Moesia inferior stammten zwei Soldaten aus Stämmen der Provinz Pannonia und einer gibt als *origo* Cyrrus in Syrien an.[30] Keiner dieser Soldaten, die *quinis et vicenis pluribusve stipendis emeritis*, also zu Beginn der traianischen Regierungszeit im Jahr 102 n.Chr. oder etwas früher, in Heer eintraten, hatte somit eine *origo*, die auf die Provinz verweist, in deren Truppen er, zumindest zum Zeitpunkt der Entlassung, gedient hatte. Sie kamen also wahrscheinlich aus einer anderen Provinz. Dennoch lassen diese Diplome nicht genauer erkennen, ob diese Soldaten sozusagen indivi-

---

27 Völlig irreführend ist der Begriff „local" bei RANKOV 2007, 52 verwendet; gemeint ist dort Rekrutierung einer Einheit aus der ethnischen Einheit (Stadt oder Stamm), aus der die Einheit ursprünglich ausgehoben worden war.
28 RMD IV 239; AE 2010, 1865; RGZM 24; in AE 2010, 1866 ist die *origo* nicht zu erkennen; der vermutliche Fundort des Diploms weist aber auch hier mit Wahrscheinlichkeit auf eine Herkunft des Soldaten aus dem östlichen Balkanbereich hin.
29 RMD IV 240. Für das Diplom ECK/PANGERL 2007a, 225 = AE 2007, 1768 gilt das gleiche wie für AE 2010, 1866 (siehe die vorausgehende Anm.).
30 RMD IV 241; RGZM 23; AE 2008, 1755.

duell ausgehoben wurden, ob sie sich freiwillig gemeldet haben oder ob im Jahr 102 oder kurz vorher generell für die angeführten drei Provinzen in weit entfernten Gegenden des Reiches, vor allem in den östlichen Donauprovinzen, neue Soldaten ausgehoben wurden. Eine generelle Aushebung, ein *dilectus* scheint aber im Fall der Empfänger dieser Diplome weniger wahrscheinlich, weil sich die *origo* der einzelnen, soweit sie zu erkennen ist, nicht auf einen einzigen provinzialen Raum beschränkt.

Deutlich aussagefähiger und für das Gesamtphänomen Rekrutierung wichtiger sind aber die inzwischen zahlreichen Beobachtungen, die zeigen, dass für die Ergänzung der Truppen einer einzigen Provinz massenhaft in einer näher umschreibbaren, aber weit entfernten Region des Reiches eine Rekrutierung durchgeführt wurde. Aus dem Jahr 88 kennen wir inzwischen für die Truppen der Provinz Syria unter dem Statthalter P. Valerius Patruinus sieben Diplome, von denen in vieren auch die Empfänger erhalten sind:[31]

Beleg	Einheit und Diplomempfänger
RMD I 3	*alae Phrygum ... gregali Dassio Dasentis f. Pannon(io)*
RMD V 329	*alae praetoriae singularium ... gregali Gisuseti Heptasae f. Thrac(i)*
RMD V 330	*alae praetoriae singularium ... gregali Bitho Soi[--]iae f. Thra[c(i)]*
CIL XVI 35	*cohort(is) Musulamiorum ... pediti Bitho Seuthi f. Besso*
AE 2006, 1838 = RMD VI 486	[---]
AE 2006, 1839 = RMD VI 487	[---]
Eck/Pangerl 2020a, 285–304 Nr. 2	[---]

Keiner der Soldaten, die durch die Diplome bezeugt sind, kam aus Syrien, auch nicht aus Nachbarprovinzen, alle stammten vielmehr aus dem Donauraum, vor allem aus dem thrakischen Gebiet und auch noch aus Pannonien. Es muss um das Jahr 62/63 eine massive Notwendigkeit zur Auffüllung der Truppen in Syrien bestanden haben, der man durch Rekruten aus dem Donauraum nachkommen musste. Gleiches geschah dann erneut drei Jahre später, also 65/66; diese Soldaten erhielten im Jahr 91 unter dem Legaten A. Bucius Lappius Maximus entweder noch als Dienende oder schon als Veteranen ihre Diplome:

---

31 AE 1939, 126 = 1959, 252 ist nach allgemeiner Überzeugung eine moderne Fälschung, wie bereits H. Nesselhauf erkannte. Sie ist freilich weit besser als alle Fälschungen, die in den letzten Jahren auf dem Antiquitätenmarkt angeboten werden. Siehe jetzt auch das Photo zu dem Objekt, das die Fälschung zwingend beweist, in der Datenbank Clauss-Slaby unter EDCS-13302722. – Es sei noch auf eine weitere massive Rekrutierung in einer weit entfernten Provinz hingewiesen: Für Mauretania Tingitana lässt sich für das Jahr des Besuchs Hadrians in der Provinz durch 12 Diplome eine intensive Rekrutierung im Donauraum nachweisen: Eck/Pangerl 2021.

Beleg	Einheit und Diplomempfänger
RMD I 4	*alae III Thracum Augustae ... Quelse Dolae f. Thrac(i)*
RMD IV 214	*[alae III Thr]acum Syriacae ... pediti [---] Genimoli f. Thrac(i)*
AE 2006, 1842 = RMD VI 490	*alae veteranae Gallicae ... gregali Bruzeno Delsasi f. Thrac(i)*
AE 2006, 1843 = RMD VI 489	*alae veteranae Gallicae ... gregali Cardenti Biticenthi [f.] Disdiv[---]*
AE 2006, 1844 = RMD VI 491	*[cohortis I Thracu]m milliariae ... pediti [--] Mocazenis f. Thrac(i)*
AE 2005, 1732 = RMD VI 495	[---]
AE 2006, 1840 = RMD VI 492	[---]
RMD VI 494	[---]
AE 2012, 1955	[---]
Eck/Pangerl 2020a, 285–304 Nr. 3	[---]

Auch hier sind in vier Diplomen Thraker genannt; bei einem fünften weist der Individualname auf dasselbe Herkunftsgebiet.[32] Und das wenige, was man über die Fundorte der Diplome (das gilt für die Dokumente aus beiden Jahren) weiß, in denen die Namen der Empfänger verloren sind, macht ebenfalls den Donauraum als Fundort sehr wahrscheinlich. Es ist also ganz evident, dass die Ergänzungen für die syrischen Auxilien in den Jahren 88 und 91 ganz gezielt in den östlichen Balkanprovinzen gesucht wurden; da aber wurden sicherlich keine Freiwilligen rekrutiert, die Rekrutierung erfolgte zweifellos durch einen weitausholenden *dilectus*. Einige dieser Rekruten wurden in ehemals thrakische Einheiten eingeordnet, doch dies kann kaum geschehen sein, weil man einem Prinzip der ethnischen Einheitlichkeit innerhalb einer Kohorte oder Ala folgte; denn Thraker finden sich ebenfalls in der *ala veterana Gallica*.

In gleicher Weise lässt sich dieser Raum für das Jahr 178 als Rekrutenreservoir nachweisen, allerdings in diesem Fall für Britannien. Von den sieben Diplomen für die Einheiten dieser Provinz nennen vier einen *Dacus*, in den drei anderen Diplomen fehlt der Empfängerteil, so dass sie zur *origo* keine Information bringen.[33]

Doch nicht nur die Provinzen Pannonien, Mösien und vor allem Thrakien werden durch die Diplome als Reservoir für einen weitausgreifenden *dilectus* deutlich gemacht. Ähnliches kann man durch Neufunde in einem Fall auch für die Provinz Lycia-

---

32 Zu den thrakischen Personennamen siehe nun die umfassende Sammlung und Behandlung des Materials bei Dana 2014. Siehe auch Dana/Matei-Popescu 2009.

33 RMD III 184: *ex equite Thiopo Rolae fil(io) Daco.*
RMD IV 293: *ex equite Thiae Timarchi f(ilio) Daco.*
RMD IV 294: *ex equite Sisceo Aptasae fil(io) Daco.*
AE 2007, 1770 = RMD VI 630: *ex equitibus Ta[u]risio Titi fil(io) Daco.*
AE 2006, 1837 = RMD VI 633: [--].
AE 2004, 1901 = RMD VI 631: [--].
AE 2004, 1902 = RMD VI 632: [--].
Eck/Pangerl 2019d, 235: *[--Vi]run(o)* oder:*[--] Run[icati]*.

Pamphylia zeigen: wohl im Jahr 135 wurden dort für die Truppen von Syria Palaestina neue Soldaten ausgehoben, wie es vier Diplome des Jahres 160 zeigen:

Name des Veteranen	Auxiliareinheit	Herkunft
Serpodius Epaphrae filius	ala Antiana Gallorum et Thracum sagittaria	Telmessus in Lycia[34]
Muta Mutetis filius	cohors I Damascenorum Armeniaca	Aspendus in Pamphylien[35]
Vaxade Vaxadi filius	cohors I Sebastenorum milliaria	Suedra in Pamphylien[36]
Galata Talae filius	cohors VI Petreorum	Sagalassus in Pisidien[37]

Die hohe Zahl der Diplome für denselben Entlassungsjahrgang einer Provinz in Syrien in den Jahren 88, 91 und 129 zeigt, wie schon angedeutet, dass diese Rekrutierungen keine Anwerbung von Freiwilligen war. Denn es ist wenig wahrscheinlich, dass so viele junge Männer sich in kurzer Zeit freiwillig zum Dienst in den Auxilien gemeldet hätten, zumal klar war, dass der Dienst weitab von der Heimat absolviert werden müsse. Vielmehr wurde in diesen Jahren jeweils ein *dilectus* durchgeführt, wozu der Kaiser die Anordnung gegeben haben muss, da jeweils ganz andere Provinzen betroffen waren als diejenigen, für die rekrutiert werden sollte. Der einzelne Statthalter konnte das nicht in einer anderen Provinz veranlassen. Wie dabei im Detail verfahren wurde, ist uns bisher unbekannt.

Der spektakulärste Fall eines solchen *dilectus* lässt sich für das Frühjahr 133 nachweisen, in diesem Fall zwar nicht für Auxiliartruppen im strengen Sinn, sondern für die Flotte in Misenum – doch strukturell gibt es zwischen beiden bei der Rekrutierung keinen Unterschied. Ende 132/Anfang 133 waren aus dieser Flotte Tausende von Soldaten, vermutlich deutlich mehr als 3000, in die *legio X Fretensis* in Iudaea transferiert worden, vielleicht aber auch in die zweite damals in dieser Provinz stationierte Legion, um die schweren Verluste bei den Mannschaften, die zu Beginn des Bar Kochba Aufstandes aufgetreten waren, auszugleichen. Die Lücken, die durch den Transfer in der Flotte in Misenum entstanden waren, wurden anschließend durch einen *dilectus* im thrakischen Siedlungsgebiet ausgeglichen. Das hatte 26 Jahre später zur Folge, dass im Februar 160 n. Chr. wiederum Tausende von Flottensoldaten entlassen wurden, die alle als Dokumentation für ihr neuerworbenes Bürgerrecht ein Diplom erhielten. Davon sind bis heute 15[38] gefunden worden.[39]

---

34 Eck 1993a = RMD III 173.
35 RGZM 41 = RMD VI 612.
36 Eck/Pangerl 2005a = RMD VI 613.
37 Cotton/Eck 2011 (Hebr.) = Cotton/Eck 2014 = AE 2011, 1810.
38 RMD II 105; III 172; IV 277; V 425–427; RGZM 39; Eck/Pangerl 2006 (fünf Diplome); Eck/Pangerl 2007, bes. 227 f. (ein Diplom). Eck 2021c. Ein Diplom ist noch unveröffentlicht.
39 Zuletzt dazu wieder Eck 2012c = Eck 2014c.

3 Entlassung und Bürgerrecht

Am Ende ihres Dienstes im Heer[40] erhielten die Legionäre eine materielle Abfindung, seit spätaugusteischer Zeit eher in finanzieller Form, nicht mehr primär durch Ansiedlung, obwohl dies auch später immer wieder praktiziert wurde.[41] Diese Form der materiellen Anerkennung der Leistung im Heer wurde nach allem, was wir wissen, für die Soldaten der Auxilien nie verwendet, stattdessen erhielten sie das römische Bürgerrecht. Bedingung war allerdings grundsätzlich die Absolvierung von 25 *stipendia*, was vermutlich schon seit augusteischer Zeit galt. Bedingung war nicht die Entlassung aus dem Dienst, also der Veteranenstatus. Da vor allem in flavischer Zeit die Soldaten oft noch mehr als 25 *stipendia* bei ihrer Einheit gehalten wurden, wurde das Bürgerrecht nicht selten an noch dienende Soldaten gegeben; in diesen kaiserlichen Konstitutionen wurde deshalb notwendigerweise formuliert: *qui militant*. Es hatte deshalb seinen guten Grund, dass Margaret Roxan immer wieder darauf insistierte, die Diplome seien keine Entlassungsurkunden, sondern reine Urkunden über die Verleihung des Bürgerrechts und des *conubium*. Nicht selten wurde, vor allem von unserem 2012 verstorbenen Kollegen Slobodan Dušanić, versucht, nachzuweisen, dass zumindest noch in der flavischen Zeit, aber auch noch bis zu Traian das römische Bürgerrecht nur aus besonderem Anlass vergeben wurde, dass also nicht allgemein alle Auxiliare damit belohnt wurden.[42] Für diese Sichtweise spricht sehr wenig; dagegen spricht vor allem die große Zahl der Diplome schon in flavischer Zeit. Nicht selten kennt man heute pro Jahr bereits fünf oder sechs, in einigen Fällen sogar mehr Konstitutionen, mit denen die *civitas Romana* an Soldaten vergeben wurde. Für manche Provinzen ist schon heute fast jedes zweite Jahr eine Konstitution für die Auxiliartruppen bezeugt;[43] das gilt vor allem für einige der Provinzen an der mittleren und unteren Donau.[44] Diesen Befund kann man nicht mehr mit besonderen Ereignissen verbinden. Vor allem aber sind gerade in den ersten Jahren Vespasians die Gründe genau bezeichnet worden, wenn die *civitas Romana* vor Erreichen von 25 *stipendia* aus *besonderem* Grund verliehen wurde. Der Text einer Konstitution vom 7. März des Jahres 70 lautet beispielsweise: *qui bello inutiles facti ante emerita stipendia exauctorati sunt et dimissi honesta missione*.[45] In einer Konstitution für die Flotte von Ravenna vom 5. April 71 heißt es: *ante emerita stipendia quod se in expeditione belli*

---

[40] Wichtig dazu neben anderen Arbeiten vor allem: VITTINGHOFF 1986; WOLFF 2007.
[41] MAEHLER 1974; REA 1977, bes. 218 ff. = SB XII 11043 = ChLA XI 466. Dazu CIIP II 1283
[42] Ein Teil dieser Arbeiten ist jetzt in einem gewichtigen Band vorgelegt worden: DUŠANIĆ 2010, 13– 470.
[43] ECK 2003, 60 ff. (gekürzte Version: ECK 2002b); ECK 2007 = Kap. 16 in diesem Band.
[44] ECK 2017b. Für Moesia/Moesia inferior kennen wir für die Zeit zwischen Vespasian bis zum Ende der Zeit des Pius mehr als 40 Konstitutionen, von denen mindestens 33 präzise in ein bestimmtes Jahr datiert werden können. Siehe auch die Liste der Konstitutionen für Moesia inferior in Kap. 16.
[45] CIL XVI 10.

*fortiter industrieque gesserant exauctorati sunt et deducti in Pannoniam.*⁴⁶ Gelegentlich finden sich solch außergewöhnliche Verleihungen auch noch später, so etwa während des 2. Dakerkrieges an eine *cohors I Brittonum milliaria Ulpia torquata pia fidelis civium Romanorum*⁴⁷ oder an die *decuriones* und *optiones* einer *ala praetoria* in Moesia superior.⁴⁸ Völlig außergewöhnlich war es, dass Hadrian am 5. April 121 nicht nur den Soldaten, die in der *ala Ulpia contariorum milliaria* in Dacia superior unter Iulius Severus dienten, *ante emerita stipendia* die *civitas Romana* verlieh; Hadrian ließ in dieses Privileg vielmehr auch die *parentes, fratres et sorores* einschließen. Allerdings verzichtete das kaiserliche *officium*, das die Konstitution ausarbeitete, darauf, das spezielle Verdienst der Soldaten, das so außergewöhnlich remuneriert wurde, anzuführen.⁴⁹

Doch in der übergroßen Masse aller Diplome werden gerade keine spezifischen Gründe genannt. Somit muss es sich in all diesen Routinefällen um die normale, nur an die Ableistung von 25 Jahren Dienst gebundene Privilegierung handeln. Das Bürgerrecht war die generelle Belohnung für alle Soldaten der Hilfstruppen. Das galt generell bis zur Zeit der *constitutio Antoniniana*.

Gerade die Diplome lassen aber den Eindruck aufkommen, als ob zwischen 167/168 und 177/178 diese Praxis der Belohnung von Veteranen durch das Bürgerrecht unterbrochen worden wäre. Denn aus diesen zehn Jahren ist kein einziges Diplom bezeugt.⁵⁰ Diese „Unterbrechung" muss auf einer Entscheidung des Kaisers beruhen, denn bis zum Jahr 167 ist die Zahl der Diplome sehr hoch und ab dem Jahr 178 werden wieder Bronzediplome ausgegeben, wenn auch nicht mehr so zahlreich wie bis zum Jahr 167/68.⁵¹ Man könnte nach dem simplen Befund schließen: In diesen zehn Jahren wurden keine Diplome ausgegeben, weil die Bürgerrechtsverleihung an die Auxiliare ausgesetzt wurde, vielleicht weil keine Entlassungen vorgenommen wurden. Dieser Schluss ist aber nicht zutreffend, wäre politisch auch töricht gewesen; denn gerade in diesen Zeiten der Krise war Marc Aurel auf die Loyalität seiner Truppen, nicht zum wenigsten auch der Auxiliareinheiten angewiesen. Loyalität wäre jedoch verscherzt worden, wären die traditionellen Privilegien einfachhin abgeschafft worden. Tatsächlich kann man auch zeigen, dass die Gruppe der Siegelzeugen, die auf den Diplomen genannt werden, offensichtlich in diesen zehn Jahren, aus denen wir keine Bronzediplome kennen, weitergearbeitet hat, da die Gruppe – in einer nach zehn Jahren notwendigerweise veränderten Zusammensetzung – ab 178 erneut Bronzediplome gesiegelt hat.⁵² Es wäre eine gefährliche Politik gewesen, wenn Marc Aurel

---

46 RMD IV 205; Chiriac/Mihailescu-Bîrliba/Matei 2004, 265.
47 CIL XVI 160; RMD V 343.
48 Eck/Pangerl 2008b, 348 ff. = AE 2008, 1736.
49 Eck/Pangerl 2003a; Eck/Pangerl 2008c; Eck/Pangerl 2008d = AE 2008, 1750. 1751. 1752; 2010, 1858. Siehe auch Kap. 12 in diesem Band.
50 Eck/MacDonald/Pangerl 2003; Eck 2012, 46 ff.
51 Weiss 2017.
52 Darauf hatte mich Peter Weiss hingewiesen; siehe Eck 2012, 48.

ausgerechnet in dieser militärisch so schwierigen Situation die Auxiliare ihrer Belohnung nach absolviertem Dienst beraubt hätte. Die notwendigen Dokumente wurden also, so muss man schließen, weiterhin ausgestellt, allerdings wohl auf weniger teurem Material, vielleicht auf *tabulae ceratae*; auch diese mussten aber gesiegelt und so als rechtsgültig gesichert werden, nicht weniger als die Bronzediplome.

Eingeschlossen wurden in die Verleihung der *civitas* auch die Kinder, die dem Soldaten während des Dienstes geboren worden waren und die er bei der Privilegierung anmeldete. Das geschah sicher nicht automatisch, sondern verlangte einen entsprechenden Antrag des Soldaten und die Angabe der Namen der Kinder. In flavischer Zeit ist die Zahl der Diplome, in denen neben dem Soldaten auch noch Kinder erscheinen, sehr gering. Doch seit traianischer, noch mehr seit hadrianischer Zeit nahm die Zahl der angemeldeten Kinder zu, wie gerade viele neue Diplome zeigen, z. B. ein Diplom für Mauretania Caesariensis vom 31. Juli 130 n. Chr.:[53]

> *coh(ortis) I Flav(iae) Musulamior(um) ...*
> *ex pedite*
> *Diurdano Damanaei f(ilio) [Daco?]*
> *et Zispier Zurosi fil(iae) uxori eius [Dacae?]*
> *et Decebalo f(ilio) e[ius]*
> *et Dossacho f(ilio) e[ius]*
> *et Comadici f(ilio) e[ius]*
> *et Dauappier fil(iae) e[ius]*
> *et Daeppier fil(iae) e[ius].*

Eine vergleichbare Zahl ist in einem Diplom für Moesia inferior angeführt:[54]

> *coh(ortis) I Claudiae Sugambr(orum) ...*
> *expedite*
> *L(ucio) Sextilio Sextili f(ilio) Pudenti Stobis*
> *et Lucio f(ilio) eius et Valerio f(ilio) eius*
> *et Petronio f(ilio) eius et Valenti f(ilio) eius*
> *et Luciae fil(iae) eius et Anniae fil(iae) eius.*

Dieser Einschluss der Kinder setzte sich fort bis zum November des Jahres 140; der genaue Zeitpunkt ergibt sich aus mehreren Diplomen.[55] Dann aber wurde der generelle Einschluss der während des Dienstes geborenen Kinder abrupt abgebrochen. Dieses Ende war genau mit dem Tod von Pius' Frau Faustina verbunden. Deshalb ist die Interpretation, die Peter Weiß dieser Entscheidung gegeben hat, hochwahrscheinlich. Er geht davon aus, dass für Pius die Institution der Ehe so bedeutsam war, dass er es nicht akzeptieren konnte, dass Soldaten, die nicht heiraten durften, auch

---

53 Eck/Pangerl 2005b = AE 2005, 1724 = RMD VI 552.
54 CIL XVI 78.
55 Weiss 2008. Die neue Formel ohne die Nennung der Kinder und ihrer Nachkommen erscheint zum ersten Mal in RMD I 39 vom 13. Dezember 140.

noch für die Kinder, die sie entgegen der *disciplina militaris* gezeugt hatten, belohnt wurden, zumal die Legionäre dieses Privileg nie besessen hatten.[56]

Man wusste allerdings schon lange, dass es Ausnahmen von diesem Verbot gegeben hatte; denn in einigen wenigen, allerdings fragmentarischen Diplomen waren auch nach 140 noch Kinder eingeschlossen. Ursprünglich hatte man angenommen, nur bestimmte höhere Dienstgrade, nämlich *centuriones* und *decuriones*, also die Offiziere der Alen und Kohorten, hätten das Privileg erhalten, auch weiterhin ihre Kinder zur Privilegierung anzumelden.[57] Mehrere Diplome, die im Jahr 2001 und 2012 publiziert wurden, zeigen, dass dies nicht zutrifft, dass die Sonderregelungen vielmehr für alle Soldaten der Auxilien galten. Denn die zwei frühesten Diplome mit diesen Regelungen, eines zwischen dem 14. Januar und dem 13. Februar 142, das andere vom 25. April desselben Jahres zeigen folgenden sehr eindeutigen Text:[58]

> *praeter(ea) praestitit, ut liber(i) eorum, quos praesidi provinc(iae) ex se, antequam in castra irent, procreatos probaver(int), cives Romani essent.*

Hier werden generell die Kinder genannt, ohne jede Einschränkung. Noch im selben Jahr aber wird die Regel hinsichtlich des Empfängerkreises genauer spezifiziert, vielleicht weil sich bei der Anwendung der Formel Probleme ergeben hatten. Der Text, der sich aus mehreren Diplomen ergibt, lautet dann so:[59]

> *praet(erea) praest(itit), ut liberi decur(ionum) et centur(ionum) item caligat(orum), quos, antequ(am) in castr(a) irent, ex se procreatos probaver(int), cives Romani essent.*

Hier werden also die einfachen Soldaten, aber auch die Offiziere expressis verbis genannt. Die Regel, dass Kinder, die vor dem Militärdienst geboren waren, ebenfalls mit dem Vater *cives Romani* werden konnten, galt für alle Dienstgrade.[60] Tatsächlich sind solche Fälle auch konkret bezeugt.[61] Das ist auch deswegen nicht so verwunderlich, weil man aus vielen Dokumenten den Eindruck gewinnt, dass nicht wenige Soldaten bereits vor dem Eintritt ins Heer verheiratet waren. Dies zeigt sich in hohem Maße auch daran, dass erstaunliche viele Soldaten in den Diplomen Frauen für das *conubium* anmeldeten (*cum uxoribus quas tunc habuissent cum est civitas iis data ...*), die aus denselben Ethnien stammten wie die Soldaten selbst. Besonders häufig ist

---

56 Siehe mit anderer Betonung auch WAEBENS 2012.
57 WOLFF 1974. Siehe auch ROXAN 1986.
58 AE 2005, 1114, verbessert bei ECK 2012e (wird RMD VI 576 sein); ECK/PANGERL 2012.
59 Das früheste Diplom mit dieser vollen Formulierung: DANA 2021. Ferner ECK/WEISS 2001; DUŠANIĆ 2001; STIGLITZ 2001.
60 Zusammenstellung aller einschlägigen Diplome bei ECK 2011b. Die Innenseite dieses Diploms wurde erst später zugänglich; siehe ECK 2018. Zur Formel insgesamt ECK 2012e. Siehe auch Eck 2020a.
61 CIL XVI 132: *praeterea [praestitit liberis] decurionum et centurio[num, quos praesid]i provinc(iae) ex se procreatos [probaver(int), cives Ro]mani essent ... [ex dec]urione [--] f(ilio) Luciliano Porol(isso) [et --] Secundinae ux(ori) ei(us) Bass(iana) [et --]ano f(ilio) ei(us) et Lucidae f(iliae) ei(us).* Ferner RMD I 53.

dies bei den Soldaten aus dem thrakischen Siedlungsgebiet zu beobachten,[62] aber nicht nur bei ihnen.[63] Es ist nicht besonders wahrscheinlich, dass in so vielen Fällen längere Zeit nach Beginn des Militärdienstes Frauen aus der ehemaligen Heimat eines Soldaten an den Stationierungsort nachgeholt wurden. Weit wahrscheinlicher ist es wie etwa bei der Thrakerin *Zispier*, deren Partner schließlich nach 25 Dienstjahren in der Mauretania Caesariensis entlassen wurde (siehe oben zu Anm. 54), dass solche Frauen bereits vor der Rekrutierung mit dem Mann verbunden waren (nach peregrinen Recht sogar verheiratet waren). Sie folgten ihm deshalb nach der Rekrutierung in die Einsatzprovinz, wo beide die Ehe somit faktisch weiterführten, wenn auch die Verbindung nunmehr nach den Regeln des römischen Militärdienstes rechtlich nicht bestand, weil Soldaten generell nicht verheiratet sein konnten. Somit spricht sehr viel dafür, dass in der konkreten Realität nicht wenige Rekruten schon vor der Eingliederung ins Heer verheiratet waren und von ihren Ehefrauen zum Einsatzort begleitet wurden.[64]

Man ging bisher davon aus, dass Septimius Severus das Heiratsverbot für Soldaten aufgehoben habe.[65] Der Beleg dafür war eine knappe Passage bei Herodian 3,8,5, wo es heißt: neben der Solderhöhung und der Verleihung des *anulus aureus* habe der Kaiser den Soldaten erlaubt, γυναιξίν τε συνοικεῖν.[66] Dieser Passus heißt freilich nicht, dass die Soldaten von da an während des Dienstes heiraten durften. Sie durften nur mit Frauen zusammenleben.[67] Dieses Privileg aber hatten die Soldaten der italischen Flotten schon seit der Zeit des Pius, indem nämlich *filiisque eorum, quos susceperint ex mulieribus, quas secum concessa consuetudine vixisse probaverunt*, ebenfalls das Bürgerrecht verliehen wurde. Dass das Eheverbot zumindest im Jahr 206 für die Auxilien noch bestand, zeigt ein weiteres Diplom für die Truppen in Ägypten, wo es von Septimius Severus und Caracalla heißt: *Praeterea praestiterunt filiis decu-*

---

62 DANA 2013.
63 Die Frau des Dalmaters Bennius, Sohn eines Benza, trägt den Namen Maca, Tochter eines Liccaus, die ebenfalls in Dalmatien geboren ist, RMD III 142. AE 2003, 2041 und AE 2006, 1862: ein Bessus ist mit einer Bessa liiert. Viele andere solcher Beispiele ließen sich anführen.
64 ECK 2010a, bes. 621 ff. = ECK 2014d, bes. 42 ff. Siehe oben Kap. 8, 140 ff. und GREENE 2017.
65 Generell zur Thematik PHANG 2001.
66 Herodian. 3,8,5.
67 Siehe jetzt dazu auch die wichtigen Ausführungen von SPEIDEL 2013. Ferner MIRKOVIĆ 2007. – Wenn in einzelnen Lagern im Lebensbereich des jeweiligen Kommandeurs gelegentlich Objekte gefunden werden, die auf die Anwesenheit von Frauen und Kindern hindeuten (siehe z. B. ALLISON 2008; ALLISON 2013, 319 ff.), dann besagt das nichts für die normalen Soldaten. Zudem sind die Befunde m. E. manchmal auch mehrdeutig, und verweisen vor allem nicht auf kontinuierliche Anwesenheit von Frauen in Kindern unter normalen Umständen. Man muss zum einen danach fragen, wo denn der Platz für zahlreiche Soldatenfamilien gewesen wäre und wie sich unter diesen Umständen das normale militärische Leben abgespielt hätte. Dass etwa im Fall einer feindlichen Bedrohung von außen „Frauen und Kinder" der Angehörigen einer Einheit für eine begrenzte Zeit innerhalb der Mauern eines Kastells lebten, ist damit nicht ausgeschlossen. Doch entscheidend ist, die militärische Normalität nicht zu vergessen.

rionum et centurionum quos ordinati susceperunt, <ut> cives Romani essent.[68] Auf das Problem, warum es für die *decuriones* und *centuriones* wichtig war, dass ihnen als *ordinati* die Kinder geboren wurden, braucht hier nicht eingegangen zu werden. Wichtig ist aber, dass offensichtlich die Kinder dieser Hilfstruppenoffiziere in einem nicht-ehelichen Verhältnis gezeugt und geboren waren; denn sonst hätte es ja des Privilegs nicht bedurft. Ob sie faktisch wie auch die Flottensoldaten in einer von der Militärverwaltung genehmigten Union, einer *consuetudo*, mit einer Frau zusammenlebten, ist möglich, wenn auch nicht nachweisbar.[69]

Es wäre, angesichts des ungeheuer großen Zuwachses an Dokumenten nötig, alle Aspekte, die sich für die Auxilien aus den kaiserlichen Konstitutionen und den davon abgeleiteten Diplomen ergeben, systematisch zu erörtern und mit dem anderen inschriftlichen Material, das freilich in vielen Fällen nur approximativ zu datieren ist, zu vergleichen.[70] Das bleibt, vor allem für die zahlreichen administrativen und praktischen Fragen, die mit der regemäßigen Ausstellung der Diplome verbunden sind, eine Aufgabe für die Zukunft.[71]

---

68 ECK 2011b = RMD VII 798.
69 Siehe SPEIDEL 2013.
70 Dabei müsste dann auch die sehr umfassende papyrologische Überlieferung eingeschlossen werden, siehe e. g.: CUVIGNY 2012.
71 Siehe z. B. WEISS 2007; ECK/PANGERL 2008e. Bisher wurde nicht näher realisiert, dass bei der Anfertigung der Diplome die Formel für den Einschluss von Kindern seit Ende 140 auf der Innenseite der Diplome fast nie erscheint, was eine Folge der Art und Weise war, wie bei der Herstellung der großen Zahl von Diplomen rationell gearbeitet wurde; dazu ECK 2020a.

20 Das Heer im Ordnungsgefüge des augusteischen Prinzipats

Mit Sulla begann der Sündenfall, der wie eine Erbsünde die kommende römische Geschichte begleiten sollte.[1] Denn der Marsch des sullanischen Heeres von Nola nach Rom und die Eroberung der Stadt durch Legionen des *populus Romanus* hatten nicht nur die Möglichkeiten aufgezeigt, wie die innere Politik der *res publica* mit der militärischen Macht direkt gestaltet werden konnte. Nach den Anfängen in der Zeit der Gracchen hatte der Marsch endgültig die Hemmungen zerstört, Gewalt, nun aber auch in der Form des Militärs, gegen den politischen Gegner einzusetzen. Das Heer wurde nicht nur für die nächste Zukunft, sondern für die gesamte römische Geschichte zum – oft entscheidenden – Faktor im innenpolitischen Kampf in Rom und damit im gesamten Imperium. Alle Seiten lernten diese Lektion, die Sulla im Jahr 88 v.Chr. gegeben hatte, sofort und handelten entsprechend. Dass Pompeius im Jahr 62 bei seiner Rückkehr aus dem Osten sein Heer unmittelbar entließ, musste fast schon als Sensation empfunden werden. Doch auch nach dieser überraschenden Zurückhaltung war – jedenfalls indirekt – die militärische Trumpfkarte in Gestalt der Veteranen bei Volksversammlungen, vor allem aber bei Wahlen immer wieder präsent.

Mit dem Jahr 49 brachen sodann zwei Jahrzehnte an, in denen fast jeder Machthaber politische Entscheidungen durchgesetzt hat oder zumindest durchsetzen wollte, weil er sich unmittelbar auf eine Armee stützte, oder weil er zumindest eine Armee im Rücken hatte, die jederzeit eingesetzt werden konnte. Der Triumph Octavians und Agrippas bei Actium schloss diese Periode ab; die Schlacht vor Alexandria war nur noch ein Nachholgefecht. Einen direkten Gegner gab es nicht mehr. Die Truppen des Antonius ergaben sich dem Sieger, nachdem manche noch recht vorteilhafte Bedingungen ausgehandelt hatten, wenn sie die Waffen strecken würden. Zusammen mit den eigenen Truppen waren es, wenn man von den Truppen der Klientelkönige absieht, sicher nicht weniger als 200.000 Soldaten, die nun einem Einzigen, dem Sieger im Bürgerkrieg, unterstanden; die genaue Zahl ist strittig.[2] Wollte aber Octavian/Augustus seine Macht sichern, musste er gerade dafür sorgen, dass das Heer als innenpolitisches Machtmittel zwar ihm, aber nicht mehr weiterhin ganz selbstverständlich auch anderen zur Verfügung stand. Seine Maßnahmen gegenüber dem Heer zielten darauf und damit auf die Sicherung seiner eigenen Macht.

Die drängendste Frage, die sich bereits unmittelbar nach Actium stellte, war die, was mit der enormen Masse an römischen Legionen, die im Herbst des Jahres 31 v.Chr. Octavian unterstanden, geschehen solle, ja geschehen müsse. Dass auf der Seite des siegreichen Parteiführers und seiner Berater nochmals die grundsätzliche Frage ge-

---

[1] Ausführlichere und allgemeinere Behandlungen der Fragen zu den augusteischen Militärreformen etwa RAAFLAUB 1980 = RAAFLAUB 2009; eine deutsche Version mit umfassenderen Anmerkungen in RAAFLAUF 1987; KIENAST 2014, 320 ff.; ECK 2014, 81 ff.; SPEIDEL 2009; SPEIDEL 2009 g; COSME 2012.
[2] Siehe die detaillierte Erörterung von BRUNT 1971, 495 ff.

stellt wurde, ob man nach dem Ende der Bürgerkriege zur traditionellen Praxis der Republik zurückkehren müsse, Truppen nur jeweils für den Ernstfall auszuheben, darf man bezweifeln. Falls die Frage in dieser Form überhaupt noch gestellt wurde, dann war dies eine theoretische Übung, die höchstens durch das nunmehr betont propagierte Ideal der *res publica restituta* bedingt war. Denn da auf manchen Kriegsschauplätzen – man denke nur an die iberische Halbinsel oder an Gallien während Caesars dortigem neunjährigen Kommando – viele Legionen oft jahrzehntelang bestanden und gekämpft hatten, war diese Tradition faktisch schon weitgehend durch eine andersgeartete Vorstellung ersetzt worden: Die *res publica* brauche permanent einsatzbereite Truppen, um sogleich reagieren zu können. Zudem war allen klar, dass das nunmehr schon weitausgedehnte Reich ohne permanente Truppen nicht zusammen gehalten werden konnte. Die Fliehkräfte in den unterworfenen Territorien waren immer noch zu groß. Somit stellte sich vielmehr weit mehr die Frage, wie viele Legionen der Machthaber brauchte, zum einen, um die anliegenden militärischen und sicherheitsrelevanten Aufgaben zu bewältigen, und zum andern, um die Sicherheit des eigenen Regiment zu gewährleisten und den erneuten Ausbruch eines Bürgerkrieges zu verhindern.

Eine direkt auf Quellen basierende Aussage über die Zahl der Legionen, die Octavian und seine Berater damals für notwendig erachteten, fehlt. Doch hat es darüber und weitere Probleme, die sich für das Heer stellten, sicher eine Diskussion gegeben, allerdings nicht in der simplen Form zwischen zwei Personen, wie sie Cassius Dio im Buch 52 seiner Römischen Geschichte zwischen Agrippa und Maecenas als einen grundsätzlichen Diskurs über die zukünftige Politik des Siegers im Bürgerkrieg vorstellt.[3] Doch zwischen Octavian, Agrippa und weiteren politischen Freunden muss es solche Überlegungen gegeben haben. Uns sind lediglich die Ergebnisse bekannt, und auch diese oft nicht sehr genau und vor allem meist nicht mit einer genügend präzisen Datierung der Einzelheiten, auf Grund derer sich markante Einschnitte und die Entwicklung eindeutig erkennen ließen. Dennoch kann man aus unserer Überlieferung die generelle Entwicklung in ihren Grundzügen einigermaßen erkennen. Wichtig ist es dabei zu sehen, dass Octavian und seine Berater nicht von Beginn an einen Masterplan hatten, der sodann in die Realität umgesetzt worden wäre. Vielmehr ist auch die Organisation all dessen, was mit dem Heer, seiner inneren Struktur, seiner Finanzierung und den Aufgaben, die es zu erfüllen hatte, im Verlauf mehrerer Jahrzehnte entstanden und durch die jeweilig sich verändernden Umstände der allgemeinen Politik ausgestaltet worden, so wie das auch für andere Politikfelder unter Augustus bekannt ist. Auch bei seiner Politik, die das römische Heer betraf, gab es eine Entwicklung, die im Übrigen in rechtlichen Formen verlief, nicht anders, als wir sie bei der politisch-rechtlichen Ausgestaltung der Stellung von Octavian/Augustus kennen, die sich zumindest von 27 bis 19 v. Chr. erstreckte, oder bei den Veränderungen in den

---

[3] Cass. Dio 52,2–40.

administrativen Strukturen in Rom, Italien und den Provinzen, die kontinuierlich bis zu Augustus' Tod weitergingen.[4]

In den Jahren unmittelbar seit 31/30 v. Chr. waren zunächst keine großen Überlegungen nötig, um zu der Erkenntnis zu gelangen, dass der extreme Umfang der Zahl der Legionen, die im Verlauf der Bürgerkriege auf beiden Seiten entstanden waren, nicht auf Dauer beibehalten werden konnte. Zwar ist die Zahl der Einheiten, die damals unter Octavian und Antonius kämpften, strittig, aber es könnten, wie man zumindest teilweise angenommen hat, zur Zeit der Schlacht von Actium bis zu 60 gewesen sein; wie groß dabei der Mannschaftsbestand der einzelnen Legion war, lässt sich nicht näher erkennen.[5] Wie auch immer das im Detail gewesen ist: Trotz der gewaltigen Beute, über die der Sieger vor allem nach der Eroberung und Eingliederung Ägyptens in das Imperium verfügte, waren unter Friedensbedingungen, d. h. mit dem regulären, nicht grundsätzlich erhöhten Steueraufkommen aus den Provinzen, in der Zukunft so viele Soldaten nicht mehr zu bezahlen. Zudem mussten allzu viele Einheiten ein umso größeres und beständiges Gefahrenpotential darstellen, zum einen durch Rebellionen innerhalb der Truppen, weil sie mit den Bedingungen, unter denen sie dienten, nicht zufrieden waren, zum anderen aber auch als Versuchung für ehrgeizige Truppenführer. Die Ansprüche, die Licinius Crassus als Prokonsul von Macedonia im Jahr 27 v. Chr. erhob, zeigten das deutlich.[6] Dass Octavian wegen rebellierender Einheiten sogar zwischen Actium und dem Endkampf gegen Antonius vor Alexandria im Winter für kurze Zeit nach Italien eilen musste, machte das latente Gefahrenpotential besonders deutlich.[7] Der Zwang, den Umfang der Truppen zu reduzieren, war also evident.

Als am Ende des Bürgerkrieges ein Teil dieser Truppen entlassen wurde, löste man offensichtlich ganze Einheiten auf, die sodann in Italien bzw. in den Provinzen angesiedelt wurden.[8] Augustus verweist in seinen Res Gestae Kapitel 16 darauf, er habe den *municipia* in Italien wie auch in den Provinzen für die dafür nötigen Ländereien entsprechende Zahlungen geleistet, und zwar im Jahr 30, und nochmals im J. 14 v. Chr.[9] Im Jahr 30 v. Chr. waren sowohl Legionäre seines eigenen Heeres als auch Legionäre aus den Truppen des Antonius unter den Angesiedelten; so muss man die Hinweise bei dem Gromatiker Hyginus und wohl bei Cassius Dio verstehen.[10] Das war eine

---

4 ECK 1986 = ECK 2010d.
5 Siehe BRUNT 1971.
6 PIR^2 L 186.
7 Cass. Dio 51,4,5 ff. und Suet. Aug. 17,3.
8 Dazu vor allem KEPPIE 1983.
9 R. Gest. div. Aug. 16: *pecuniam [pr]o agris, quos in consulatu meo quarto et postea consulibus M(arco) Cr[a]sso et Cn(aeo) Lentulo Augure adsignavi militibus, solvi municipi(i)s; ea [s]u[mma s]estertium circiter sexsiens milliens fuit, quam [p]ro Italicis praedi(i)s numeravi, et ci[r]citer bis milliens et sescentiens, quod pro agris provincialibus solvi. id primus et solus omnium, qui deduxerunt colonias militum in Italia aut in provinci(i)s, ad memoriam aetatis meae feci* (zum Jahr 30 v. Chr.) und Cass. Dio 54,23,7 für das Jahr 14 v. Chr.
10 Hyg. Constitutio p. 142 (Thulin).

entscheidende Weichenstellung durch Octavian, da so das militärische Potential für Revolten deutlich vermindert wurde, indem die Truppen des besiegten Gegners nicht das Reservoir für andere, besonders ehrgeizige Mitbewerber bildeten.[11] Wenn Cassius Dio zum selben Jahr schreibt, Octavian habe Veteranen auch das Territorium von Städten zugewiesen, die sich in der Auseinandersetzung mit Antonius für diesen erklärt hatten, dann muss es damals aber nochmals zu Enteignungen in Italien gekommen sein. Dennoch unterschied sich auch diese Vorgehensweise von den Maßnahmen zu Beginn des Triumvirats in den Jahren 42/41. Denn die Bewohner dieser Gemeinden wurden nicht einfach aus ihrem Besitz verjagt, sie erhielten als Kompensation für ihren Verlust in Italien nunmehr zumindest neues Eigentum in Städten wie Dyrrachium, Philippi oder anderswo in den Provinzen; zum Teil wurden sie später auch mit Geldzahlungen entschädigt.[12] Ohne massive Härten verliefen diese Ansiedlungen nicht, was nur zeigt, dass Octavian es in dieser noch nicht völlig geklärten Situation nicht wagen konnte, sich den Forderungen seiner Soldaten nach Ansiedlung in Italien generell zu widersetzen – nicht anders als dies auch 42/41 v. Chr. gewesen war. Das Bewusstsein um die Abhängigkeit seiner eigenen politischen Position von der Zufriedenheit der Soldaten begleitete seine gesamte Regierungszeit wie ein Leitmotiv; die Lösungen, die er dafür fand, waren später allerdings andere als – zum Teil – noch im Jahr 30.

Man kann mit größter Wahrscheinlichkeit davon ausgehen, dass diese erste Ansiedlungswelle von Veteranen mit der Auflösung kompletter Verbände verbunden wurde.[13] Das lässt sich auch aus der Zahl der 120.000 bereits in Kolonien angesiedelten Veteranen erschließen, denen Octavian 29 v. Chr. anlässlich seines Triumphes je 1000 Sesterzen als *congiarium triumphale* ausbezahlte.[14] Falls diese Soldaten alle erst nach Actium angesiedelt worden wären, hätte ihre Zahl den Mannschaftsbestand von mindestens 24 Legionen umfasst, wenn man jedenfalls von rund 5000 Angehörigen pro Legion ausgeht. Doch könnten zu den von Augustus angeführten 120.000 Veteranen auch solche gehört haben, die schon einige Jahre früher aus dem aktiven Dienst ausgeschieden waren.[15] Wie auch immer man das rechnet: Damals muss die Zahl der Legionen bereits deutlich reduziert worden sein. Im Allgemeinen geht man davon aus, dass weitere Legionen nach dem dreifachen Triumph des Jahres 29 v. Chr. aufgelöst

---

11 Siehe AIGNER *1979*.
12 Cass. Dio 51,5,4 ff.
13 Exempli gratia sei auf Ateste hingewiesen, wo mehrere Veteranen einer *legio XII* angesiedelt wurden: *CIL* V 2502. 2520 (es handelt sich wohl um eine *legio XII Gallica*, die nach Caes. Gall. 2,23 im Jahr 58 in Oberitalien aufgestellt wurde. Der Beiname *Gallica* ergibt sich aus einer Inschrift aus Clusium; siehe CARACCIOLO 2018, hier 259; CARACCIOLO 2020, 166 f. Diese Legion ist später nicht mehr bezeugt. Doch auch aus anderen Legionen dürften Veteranen damals in der Poebene Land erhalten haben.
14 R. Gest. div. Aug. 15,3: *et colon[i]s militum meorum consul quintum ex manubiis viritim millia nummum singula dedi; acceperunt id triumphale congiarium in colonis hominum circiter centum et viginti millia.*
15 SCHMITTHENNER 1960, 16.

wurden, ohne dass man dafür jedoch konkrete Hinweise hat. Auch diesen Veteranen sollte in dieser Frühphase noch Land assigniert worden sein. Allerdings spricht Augustus nur noch einmal nach dem Jahr 30, und zwar erst im Jahr 14 v. Chr., davon, er habe für Land, das Veteranen zugewiesen wurde, entsprechende Summen gezahlt. Dann sollte man schließen, dass in der Zeit zwischen 30 und 14 v. Chr. für die Veteranen Land in den Provinzen zur Verfügung stand, das ihnen, ohne weitere direkte Kosten für Augustus oder das Aerarium, assigniert werden konnte. Denn dass umgekehrt in diesen Jahren keine weiteren Soldaten mehr nach abgeleisteter Dienstzeit aus dem Heer ausgeschieden sein sollten, ist auszuschließen. Doch diese späteren Veteranenentlassungen sind kaum mehr mit der Auflösung ganzer Legionen verbunden gewesen. Es besteht jedenfalls eine gewisse Wahrscheinlichkeit, dass bereits im Jahr 30/29 v. Chr. höchstens noch so viele aktive Soldaten beibehalten wurden, wie sie für die Mannschaften der 26 Legionen, mit denen die Forschung für die frühen augusteischen Jahre rechnet, zahlenmäßig nötig waren.

Man darf davon ausgehen, dass Augustus und seine Berater nicht willkürlich zu der Zahl von 26 Legionen gekommen sind. Entscheidend war, dass in der Mehrzahl der damaligen Provinzen aus Gründen der inneren und äußeren Sicherheit der römischen Herrschaft Truppen erforderlich waren. Dies erzwang einfach eine gewisse Zahl von Legionen. Für das eben unterworfene Ägypten hatte Octavian dem ersten Präfekten der Provinz, Cornelius Gallus, drei Legionen zugeordnet. Die gleiche Zahl, wenn es nicht sogar vier Einheiten waren, stand auch dem Statthalter von Syrien zur Verfügung, der die gesamte Ostgrenze, speziell gegenüber dem Reich der Parther, aber auch nicht wenige Klientelkönige überwachen musste; viele von diesen waren lange Zeit enge Verbündete von Antonius gewesen. Eine ähnliche Notwendigkeit ergab sich in der Provinz Macedonia gegenüber den Völkern bis zur Donau und besonders gegenüber dem Königreich Thrakien. Illyricum, das damals maximal bis zur Save reichte, war nach den Angriffskriegen Octavians von 35 bis 33 v. Chr. noch von Stämmen umgeben, die sich keineswegs im römischen Sinn friedlich verhielten; um diese in Schach zu halten, mussten dem dortigen Statthalter ebenso einige Legionen zur Verfügung stehen. Noch weniger herrschte im Norden der Hispania, in Asturia und Gallaecia, entsprechende Ruhe. Im Jahr 34 konnte C. Norbanus Flaccus als Prokonsul einen Triumph über verschiedene Stämme der Region feiern, ebenfalls im Jahr 26 der Prokonsul Sex. Appuleius;[16] 29 v. Chr. hatte auch Statilius Taurus dort gesiegt.[17] Als kurz darauf ab 27 v. Chr. Augustus selbst und nach ihm Agrippa die dortigen Kämpfe leiteten, waren kaum weniger als 6–7 Legionen im Einsatz,[18] zum Teil unter dem Kommando des P. Carisius, des Legaten der Hispania ulterior.[19] Auch über Gallien wurden Triumphe gefeiert: Damit konnten sich C. Carrinas im Jahr 28 schmücken und

---

16 Siehe die Fasti Triumphales in InscrIt XIII 1, 36.
17 PIR² S 853.
18 RITTERLING 1924, 1221 f.
19 ALFÖLDY 2000, bes. 184 ff.

bereits ein Jahr später M. Valerius Messalla. Ebenso gelang es mehreren Prokonsuln bis zum Jahr 21 über Stämme am Rand der Provinz Africa zu triumphieren.[20]

In allen diesen Provinzen waren mehrere Legionen im Einsatz. Das gilt aber offensichtlich auch noch für die Regionen nördlich des Po, die bis zur Eroberung des Alpenbogens in den Jahren zwischen 16 und 14 v. Chr. direkt an Gebiete grenzten, die nicht unter römischer Herrschaft standen. Erst als diese durch die Feldzüge von Tiberius und Drusus bis zu den Gebieten jenseits der Alpen ausgedehnt war,[21] konnte für Oberitalien auf unmittelbaren militärischen Schutz durch dort stationierte Truppen verzichtet werden.[22] Nirgendwo scheint allerdings das frühere republikanische Prinzip des prätorischen oder konsularen Heeres, also ob ein oder zwei Legionen in einer Provinz stationiert waren, eine Rolle gespielt zu haben. Die Zahl der Legionen richtete sich ganz offensichtlich nach den militärischen Notwendigkeiten, nicht nach dem prätorischen oder konsularen Rang der Statthalter, was auch gar nicht möglich gewesen wäre. Viele der Statthalter waren damals wegen der gewachsenen Zahl der Provinzen notwendigerweise noch prätorischen Ranges, da nicht genügend Konsulare zur Verfügung standen – zumal nicht alle als verlässlich oder kompetent galten.[23] Nimmt man alle Hinweise auf Truppenstationierung in den frühen zwanziger Jahren der augusteischen Herrschaft zusammen, dann kommt man mindestens auf 23, wohl eher schon auf 26 Einheiten römischer Bürger, die Roms und Augustus' Interessen militärisch vertreten haben. D. h. aber: die Begrenzung der Zahl der Legionen ist bereits frühzeitig erreicht worden – ein Ergebnis, das in dieser Form in die nachaugusteische Zeit weiterwirkte. Nur schrittweise und in sehr geringem Umfang wurde später die Zahl der Legionen erhöht.

Wichtig waren bei dieser Begrenzung der Zahl der Legionen sicherlich die aktuellen Sicherheitsnotwendigkeiten; doch muss auch die finanzielle Leistungsfähigkeit der Provinzen damals schon eine wichtige Rolle gespielt haben. Denn nur noch einmal wurde unter Augustus die Zahl der Legionen ein wenig erhöht, nach der Provinzialisierung des galatischen Königreichs im Jahr 25 v. Chr. durch Einschluss zweier Einheiten, die der galatische König Deiotarus unterhalten hatte. Wenn während der späteren Zeit des Augustus noch neue Einheiten aufgestellt wurden, dann offensichtlich nur, weil vernichtete Legionen, wie nach der Niederlage des Varus im saltus Teutoburgiensis die *legiones XVII-XVIIII*, ersetzt werden mussten.[24] Dagegen hat die Entscheidung für die großen Angriffskriege am Rhein und in den Donauländern nicht per se dazu geführt, neue Legionen auszuheben, wie es bei solchen Unternehmungen in der republikanischen Zeit der Fall war. Um diese Offensivarmeen für eine bestimmte Phase entsprechend auszustatten, wurden vielmehr schon vorhandene Legionen aus

---

20 Siehe Anm. 17.
21 Zanier 1999.
22 Syme 1933, 23; anders Chilver 1941, 12 f.
23 Zu prätorischen Legaten in der Anfangszeit des augusteischen Prinzipats siehe z. B. Alföldy 1969, 5 ff.; Alföldy 2007, bes. 327 f.
24 Vell. 2,117,1; Rittering 1925, 1767 ff.; Wiegels 2000.

Provinzen, die keine so starke Besatzung mehr zu benötigen schienen, an die Fronten verlegt, von denen aus die Angriffe vorgetragen werden sollten.

Fast alle diese Legionen waren in dieser frühen Periode noch außerordentlich mobil,[25] sie hatten noch keine permanenten Lager und lagen auch zumeist noch nicht an den Grenzen des Reichs. Aber sie bestanden nun grundsätzlich kontinuierlich und zwar unabhängig davon, ob es konkrete militärische Anlässe gab, bei denen sie eingesetzt wurden. Aus den kämpfenden Einheiten wurden mehr und mehr permanente Besatzungslegionen, deren Zweck zunehmend nicht mehr der Kampf gegen irgendwelche Gegner, sondern die Bewahrung der Ruhe in den Provinzen war. Denn die Mehrzahl derjenigen, die sich militärisch als Feinde erweisen konnten und die es deshalb zunächst in Schach zu halten galt, lebten innerhalb des Reiches. Das galt in gleicher Weise für Ägypten, Gallien, oder die beiden spanischen Provinzen, nicht weniger auch für Illyricum.[26]

Diese permanente Existenz der Legionen hatte zwei sehr konkrete Folgen, die über Jahrhunderte die römische Politik bestimmten. Sie führte auf der einen Seite zum Entstehen einer sehr eigenen militärischen Gesellschaft, zumindest unterhalb der Ebene der senatorisch-ritterlichen Kommandeure, zum andern verlangte sie, das Problem der Finanzierung des Heeres grundsätzlich und dauerhaft zu klären. Das war von besonderer Bedeutung für die kontinuierliche Absicherung der Veteranen, wofür Sonderregelungen getroffen werden mussten, die während der Zeit der Republik auch nicht im Ansatz bestanden hatten.

Jeder, der in den Legionen Dienst tat, war römischer Bürger, *civis Romanus*. Und nur als solcher konnte er überhaupt in den Legionen Dienst tun. Der Dienst im *exercitus populi Romani* war während der Republik ein Teil dieses Bürgerseins. Damit konnte der zeitweise Dienst im Heer nicht eine Identität der Soldaten zur Folge haben, die eine fundamental andere war als die derjenigen, die nicht im Heer dienten.[27] Dazu trug insbesondere bei, dass die Legionäre immer wieder nach Hause kehrten und auf diese Weise am normalen Leben ihrer Gemeinden und vor allem ihrer Familien teilnahmen. Dieser enge Konnex wurde zwar schon im Verlauf des 2. Jh., vor allem mit den längerfristigen Feldzügen in Spanien, immer öfter gestört, aber nie im Grundsatz aufgegeben, auch nicht in der späten Republik, als viele Soldaten über lange Zeiträume hinweg in einer Legion dienten. Eine einheitliche Dauer des Dienstes gab es nicht, abgesehen von den zehn republikanischen *stipendia*, die aber sehr oft deutlich überschritten wurden. Die Forderungen nach fixiertem Sold, Entlassung und Abfindung waren die natürliche Folge, die die römische Innenpolitik spätestens seit Sulla

---

25 So weiß man etwa nun durch archäologische Ausgrabungen, dass die *legio XIX* – oder auch nur ein Teil von ihr – zunächst in einem Lager am Oberrhein bei Dangstetten stationiert war (FINGERLIN 1986; FINGERLIN 1998; ROTH-RUBI 2004), die aber später am Niederrhein gestanden hatte, von wo aus sie am Zug des Varus im Jahr 9 n.Chr. teilgenommen hatte. Siehe auch WIEGELS 2000, 77.
26 Dazu ECK 2010.
27 Zum Gegensatz zwischen Militärs und Zivilisten ECK 2010a = Kap. 8 in diesem Band. Eine italienische Fassung: ECK 2014d.

geprägt hatten, mit den bekannten Folgen für die strukturellen Veränderungen der *res publica*.[28] Zu einer grundsätzlichen Regelung, wie lange vor allem ein Legionär Dienst tun musste, kam es auch unter Augustus zunächst nicht; erst als im Kontext der Frage der Finanzierung des Heeres auch dieses Problem wieder deutlicher wurde, fand man im Jahr 14 v. Chr. offensichtlich zu einer ersten generellen Klärung.[29] Für die Soldaten in den Legionen wurde eine Dienstzeit von 16 Jahren festgelegt, für die Prätorianer von 12.[30] Danach sollten sie ihre Entlassung und gleichzeitig eine entsprechende Abfindung in Geld erhalten, nicht mehr eine Zuweisung von Land, wie es bisher weitgehend der Fall gewesen war. Die Dienstzeit von 16 Jahren aber war kontinuierlich abzuleisten, ohne zwischenzeitliche Rückkehr in die Heimat und zu einer dort eventuell existierenden Familie. Dass umgekehrt in den Lagern Soldaten nicht mit Frauen zusammenleben konnten, schlossen praktische Gründe sowie die *disciplina militaris* aus. Um offensichtlich eine klare Grundlage auch für die Durchsetzung der *disciplina militaris* zu schaffen, wurde deshalb unter Augustus ein Heiratsverbot für alle Soldaten erlassen.[31] Wie dieses Verbot eingeführt wurde, ist nicht bekannt. Man möchte denken, es hätte dazu eines Gesetzes bedurft, nicht anders als das Heiratsgebot der *lex de maritandis ordinibus* und ebenso der *lex Papia Poppaea*, das in beiden Gesetzen für alle männlichen römischen Bürger zwischen dem 25 und 60. Lebensjahr festgelegt wurde. Die Überlieferung aber schweigt über die Art und Weise, wie diese Regel zustande kam. Dass lediglich eine Anordnung von Augustus genügt haben sollte, wäre schwer zu verstehen. Immerhin ist das Faktum des Eheverbots nicht zu leugnen, auch nicht, dass es mit den eben genannten gesetzlichen Bestimmungen über eine Heiratspflicht aller Römer in hartem Widerspruch stand, mit rechtlichen Folgen für die Soldaten, die erst im Laufe der Zeit partiell gelöst wurden.[32]

---

28 Lo Cascio 1989.
29 Speidel 2009 f; Speidel 2014.
30 Cass. Dio 54,25,5 – 6 Die Regelung wurde zwar durch Augustus angestoßen, aber im Senat beschlossen; siehe auch Talbert 1984, 438.
31 Kein unmittelbarer Reflex des Heiratsverbots ist in der Überlieferung bei Sueton bewahrt, dass Augustus selbst seinen Legaten, also Personen mit senatorischem Status nur unter besonderen Umständen erlaubt habe, ihre Frauen zu besuchen: Suet. Aug. 24: *Disciplinam severissime rexit: ne legatorum quidem cuiquam, nisi gravate hibernisque demum mensibus, permisit uxorem intervisere.* Dabei geht es eben nicht um Verbot oder Erlaubnis zu heiraten, sondern um die konkrete Anwesenheit von Frauen im Lager, was generell verpönt war, oder zumindest im politischen Kampf instrumentalisiert werden konnte. Man vergleiche nur die Reaktion des Tiberius auf die Interventionen von Agrippina d. Ä., als sie auf die Nachrichten von einem Desaster des Heeres des Germanicus im Rechtsrheinischen den Abriss einer Brücke über den Rhein verhinderte: Tac. ann. 1,69,3 – 4. oder die Behauptungen über Munatia Plancina, die Frau des Calpurnius Piso, die ihren Mann bei dem Versuch der Rückkehr in die Provinz Syria vor den Truppen unterstützt habe, Tac. ann. 2,80,1. Noch Ulpianus gibt in Dig. 1,16,4,2 den Rat, ein Statthalter solle besser *sine uxore* in die Provinz gehen; tue er es aber doch, wäre er für alles verantwortlich, was seine Frau dort tue. Diese Regel ging auf einen Senatsbeschluss des Jahres 20 n.Chr. zurück.
32 Wells 1989; ferner Eck 2010a = Eck 2014d.

Dieses Heiratsverbot hatte auch zur Folge, dass alle Kinder von Soldaten illegitim waren und mit ihren Vätern rechtlich nichts zu tun hatten. Denn dass Hunderttausende von jungen Männern wegen des Heiratsverbots faktisch wirklich zölibatär lebten, war nicht zu erwarten, was dann auch zur Geburt von Kindern aus gelegentlichen oder auch dauerhaften Verbindungen mit Frauen führte.[33] All dies zusammen mit dem jahrzehntelangen Leben in den Lagern hat schließlich auch zu einer veränderten Mentalität bei den Soldaten geführt. Sie sahen, dass sie sich in vielfacher Hinsicht von denen, die außerhalb des Lagers lebten, unterschieden; diese anderen lebten in den *pagi*, waren also *pagani*, ein Begriff, der im Kontext des Heeres die Bedeutung Zivilisten annahm. Die *pagani* waren, im Gegensatz zu ihnen, keine *milites*, und nicht selten nahm die Bezeichnung einen negativen oder pejorativen Sinn an. Die Legionäre konnten sich leicht als etwas Besonderes betrachten, getrennt von den Interessen der anderen, eben dem normalen Leben und damit auch den Interessen der Zivilisten, die nicht zu ihnen, zum Heer gehörten. Vor Bedriacum konnte der vespasianische Kommandeur Antonius Primus im Jahr 69 die Prätorianer, die keinen Kampfgeist zeigten, als *pagani*, als „Zivilisten" oder, wie man auch übersetzen könnte, als „Spießer", beschimpfen: *vos, inquit, nisi vincitis, pagani*.[34] An anderer Stelle spricht Tacitus von der *discordia*, die im Heer des Vitellius zwischen Legionären und Hilfstruppensoldaten bestand, setzt aber dann hinzu: *ubi adversus paganos certandum foret, consensu*.[35] Die Prägung durch das Heer konnte sich gegen die Zivilbevölkerung richten, ein Phänomen, das später allgegenwärtig wurde. Solche Haltungen waren die Konsequenz, die sich aus der spezifischen Ausgestaltung des Heerwesens unter Augustus ergab. Umso entscheidender wurde die Verbindung zum *princeps*.

Im Jahr 14 v. Chr. hatte Augustus angenommen, es sei eine endgültige Regelung gefunden worden, sowohl für die Dienstzeit als auch für die Abfindung der Veteranen bei der Entlassung. Die Entlassungsgelder, die seither an die Stelle von Landzuweisungen trat, hat er zunächst zu einem beträchtlichen Teil selbst aus seinen patrimonialen Einkünften aufgebracht – eine geschickte Beeinflussung der Soldaten, die so erkennen mussten, dass er der Garant ihrer Absicherung nach dem Heeresdienst war. In seinen Res Gestae sagt er, er habe in den Jahren 7, 6, 4, 3 und 2 v. Chr. 400 Millionen Sesterzen als Entlassungsgelder an Veteranen ausbezahlt, also ganz erhebliche Summen.[36] Wie dies organisatorisch ablief, dazu fehlen uns konkrete In-

---

33 Siehe zu diesen Konsequenzen PHANG 2001; zuletzt SPEIDEL 2013.
34 Tac. hist. 3,24,3. Für die andersartigen Regeln bei der Testamentserstellung siehe z. B. VENDRAND-VOYER 1983.
35 Tac. hist. 2,88,1.
36 R. Gest. div. Aug. 16,2: *postea Ti(berio) Nerone et Cn(aeo) Pisone consulibus, itemque C(aio) Antistio et D(ecimo) Laelio co(n)s(ulibus) et C(aio) Calvisio et L(ucio) Pas(s)ieno consulibus et L(ucio) Le[nt]ulo et M(arco) Messalla consulibus et L(ucio) Caninio et Q(uinto) Fabricio co(n)s(ulibus) milit[i]bus, quos emeritis stipendi(i)s in sua municipi[a dedux]i, praemia numerato persolvi, quam in rem sestertium q[uater] milliens circit[e]r impendi(i).*

formationen.[37] Doch nach knapp zwanzig Jahren scheinen dann er und viele andere erkannt zu haben, dass diese politisch und strukturell nicht abgesicherte Form der Finanzierung auf Dauer nicht gehalten werden könne. Andererseits war es um der Ruhe bei den Legionen willen unumgänglich, dass die Soldaten Sicherheiten hatten, wie lange ihr Dienst dauern würde und wie sie ihr Leben als Veteranen gestalten könnten. Diese Sicherheit musste allen Soldaten bewusst sein und sie musste so gestaltet sein, dass sie sahen, die Absicherung nach dem Dienst im Heer sei institutionell, nicht nur über die Person des Princeps, ihres Imperators, gewährleistet. Wir können ohne Zweifel davon ausgehen, dass Augustus das, was im Jahre 5 n.Chr. mit der letzten und dauerhaften Reform geschaffen wurde, um diese Sicherheit zu erreichen, mit größter Intensität dem Heer vermittelt hat. Das Ergebnis war zum einen eine deutliche Erhöhung der Dienstzeiten für Prätorianer und Legionäre auf 16 bzw. 20 Jahre,[38] zum andern die Errichtung einer neuen Kasse, des *aerarium militare*, sowie die neue Steuer der *vicesima hereditatium*, aus der eben diese Kasse ihre Einnahmen erhalten sollte.[39]

Beides waren revolutionäre Schritte innerhalb des römischen Staatswesens. Zum einen wurde 5/6 n.Chr. eine eigene Kasse eingerichtet, die schon allein durch ihren Namen, *aerarium militare*, kundtat, dass sie speziell nur den Interessen der Soldaten diente, dass diese somit eine besondere Gruppe des *populus Romanus* darstellten, und zwar eine wichtige, die sich, wie das *aerarium* zeigte, auch deutlich vom übrigen *populus* abhob.[40] Gelder, die für ihre Entlassung bestimmt waren, wurden separiert, sie sollten nicht von der Liquidität der allgemeinen Staatskasse, dem *aerarium Saturni*, abhängen. Diese bewusste, auch öffentlich erkennbare Trennung ersieht man auch daran, dass das neue Ärar einen eigenen Sitz bekam, auf dem Kapitol.[41] Mit der Art der Finanzierung gelang allerdings Augustus ein Coup, der mehr als alles andere zeigt, dass er als Princeps zwar ganz natürlicher Weise besonders die Interessen des Heeres berücksichtigte, aber – und das war neu – auch gleichzeitig aller anderen im

---

37 Sicher scheint nur zu sein, dass schon damals Augustus' Prokuratoren dabei beteiligt waren, siehe Strab. 3,4,20 = 167.
38 Cass. Dio 55,23,1.
39 Ob schon im Jahr 6 n.Chr. auch die *centesima rerum venalium post bella civilia instituta* in das *aerarium militare* geleitet wurden, bleibt unsicher; doch geschah es sicher noch unter Augustus; denn dass erst Tiberius diese Steuer verwendet hätte, um einen Teil der Veteranenversorgung zu sichern, kann man Tac. ann. 1,78,2 nicht entnehmen. Die Art wie Tiberius argumentiert, zeigt, dass diese Finanzierung im Jahr 15 bereits bestand.
40 Dass diese Kasse oder eine Vorform schon wesentlich früher, schon in den zwanziger Jahren eingerichtet worden sei, wie dies AIGNER 1979 meint, ist schlicht deswegen ausgeschlossen, weil nach Cassius Dio im Jahr 5 n.Chr. Augustus dem Senat auftrug, neue Quellen für die Finanzierung der Altersversorgung der Veteranen zu finden, und als dies zu keinem Ergebnis führte, die *XX hereditatium* durchsetzte, durch die das *aerarium* finanziert werden sollte. Eine neue Kasse zu gründen, ohne die Mittel dafür bereitzustellen, hätte keinen Effekt gehabt. Die Hypothese fällt damit in sich zusammen. Allgemein zur Frage der Finanzen für das Heer auch RATHBONE 2007.
41 CORBIER 1984; ECK/ROXAN 1993.

Imperium Romanum, nicht nur die Interessen des römischen Volkes, sondern auch der Provinzialen. Er hatte im Vorfeld der Schaffung des neuen Ärars die Senatoren aufgefordert, nach Möglichkeiten zu suchen, um den angestrebten Zweck, die Finanzierung der neuen Kasse, zu erreichen.[42] Die Vorschläge, die er vom Senat erhielt, nach denen wohl die üblichen Kontribuenten, nämlich die Provinzialen, die notwendigen Mitteln aufbringen sollten, wies Augustus deutlich zurück und brachte seinen eigenen Vorschlag mit einer *lex* ein, die auch seinen Namen trug: die *lex Iulia de vicesima hereditatium*.[43] Es war eine fünfprozentige Steuer auf Erbschaften und Legate, die aber – und das ist das Revolutionäre dieses Gesetzes – *allein von den römischen Bürgern zu zahlen waren*, nicht etwa von der Masse der Provinzialen, von denen damals noch relativ wenige das römische Bürgerrecht besaßen. Die römischen Bürger, deren überwiegende Mehrheit noch in Rom und Italien lebte, die zudem seit dem Ende der Bürgerkriege erneut steuerfrei waren, sollten dafür sorgen, dass diejenigen römischen Bürger, die als Legionäre für Rom kämpften – für die Hilfstruppen war das *aerarium militare* nicht zuständig – mit Regelmäßigkeit ihre Entlassungsgelder erhielten. Diese Last sollte nicht auch noch den Provinzialen aufgeladen werden, aus deren Tributen schließlich die Finanzierung der aktiven Truppe erfolgte. Augustus erzwang hier eine Lastenverschiebung zugunsten der Provinzbewohner und zu Lasten eben der sonst steuerbefreiten römischen Bürger des Kernlandes, aber zugunsten der Veteranen. Sein Vorschlag löste heftigste Proteste aus, vor allem bei den Vermögenden, also den Senatoren und wohl auch bei den Rittern, Proteste, die sich im Jahr 13 n. Chr. sogar wiederholten.[44] Denn damit griff Augustus in die *res familiaris* ein, die bisher für die *res publica* mehr oder weniger tabu gewesen war. Doch Augustus sah, dass es für die allgemeine öffentliche Sicherheit und auch für die Sicherheit seiner eigenen Herrschaft zwingend war, vor allem dem Heer die Botschaft zu vermitteln, dass er Sorge trug für dessen Wohlergehen, und zwar auch für die Zeit, in der sie als Veteranen das Heer bereits verlassen hatten. Denn wenn Soldaten wussten, dass für die Zeit nach ihrem Ausscheiden aus dem Heer gesorgt war, beeinflusste dies notwendigerweise auch den aktiven Dienst. Diese Einsicht führte Augustus dazu, dass er im Jahr 6 n. Chr. das Gesetz über die Erbschaftssteuer gegen den Widerstand mächtiger Gruppen und trotz der insgesamt ungünstigen Umstände in diesem Jahr durchsetzte,[45] um die Altersversorgung der Veteranen abzusichern. Allerdings ging er dabei nach dem Prinzip vor: *quid pro quo*. Auch die Soldaten selbst hatten einen Beitrag zu leisten, indem die Prätorianer statt 12 nun 16 und die Legionäre statt 16 jetzt 20 *stipendia* absolvieren mussten.[46] Zynisch könnte man vermerken, dass nach zusätzlichen vier Jahren Dienst im Heer die Zahl derjenigen, die lebend den Vetera-

---

42 Cass. Dio 55,25,4–5
43 Siehe dazu auch Eck 2016.
44 Cass. Dio 56,28,4ff.
45 Dazu in Eck 2019.
46 Cass. Dio 55,23,1.

nenstatus erreichten, ein wenig geringer war. Formuliert hat das damals sicherlich niemand, aber solche Überlegungen waren der Zeit nicht fremd.[47]

Auffällig ist, dass in der Überlieferung keinerlei Hinweis vorhanden ist, auf welcher rechtlichen Basis das *aerarium militare* eingerichtet wurde; auch die Forschung hat danach, wenn ich recht sehe, bisher nie gefragt. Es ist aber ganz unwahrscheinlich, dass das *aerarium militare* einfachhin von Augustus geschaffen und zusätzlich die drei mit der Leitung beauftragten *praefecti aerarii militaris* eingesetzt wurden. Für die *cura aquarum*, die im Jahr 11 v. Chr. nach dem Tod Agrippas eingerichtet wurde, hat es einen Senatsbeschluss gegeben, in dem auch die notwendigen Bestimmungen über die Schaffung der neuen Amtsträger, der drei *curatores aquarum*, getroffen wurden; zwei Jahre später ist sogar noch eine *lex Quinctia* erlassen worden, mit der zahlreiche rechtliche Regelungen festgeschrieben wurden. Erhalten sind diese Informationen nur, weil Frontin sie in seine Spezialschrift über die Wasserleitungen der Stadt Rom aufgenommen hat.[48] Auch über die *cura viarum* und die daraus resultierenden *curatores viarum* ist im Jahr 20 v. Chr. als Rechtsgrundlage ein Senatsbeschluss gefasst worden.[49] Somit muss man mit Sicherheit davon ausgehen, dass ein *senatus consultum*, wenn nicht sogar eine *lex*, auch für die Schaffung des *aerarium militare* und die zukünftige Bestimmung der drei *praefecti* durch das Los die Grundlage gelegt hat. Den *praefecti* standen sogar zwei Liktoren zur Verfügung, wie ordentlichen Magistraten.[50] Dazu war damals zwingend eine rechtliche Regelung nötig. Man kann sogar noch weiter gehen und vermuten, dass bei der rechtlichen Einrichtung des *aerarium militare* gleichzeitig oder separat auch über die Länge der Dienstzeit der Soldaten rechtlich wirksam entschieden worden ist, entweder durch den Senat oder sogar durch ein eigenes Gesetz.

Seit der Eroberung der Alpen und des Alpenvorlandes sowie der Annexion Noricums, das an die Provinz Illyricum angeschlossen wurde, war in Italien keine Legion mehr stationiert. Alle Legionen erschienen nun generell als Besatzungen in den Provinzen, was Sueton als Ergebnis der augusteischen Politik betont.[51] Im Verlauf der Zeit nach Augustus sind diese Legionen weitgehend, wenn auch nicht generell an den Provinzgrenzen stationiert worden, vor allem an Rhein und Donau. Gerade dies aber ist noch keine generelle augusteische Entwicklung (obwohl es immer wieder so formuliert wird), vielmehr wurden viele Einheiten römischer Bürger noch weitgehend im Innern der Provinzen gehalten. Als nach Abschluss der Eroberung im Norden der iberischen Halbinsel mehrere Einheiten nach Gallien verlegt und direkt bis zum Rhein

---

47 Siehe die Vorwürfe, die bei Suet. Tib. 48 zu lesen sind: *Atque etiam missiones veteranorum rarissimas fecit, ex senio mortem, ex morte compendium captans.*
48 Frontin. aqu. 99–101. 104–108.
49 Cass. Dio 54,8.
50 Cass. Dio 55,25,1 ff. Zur Rechtsbasis des *aerarium militare* sowie der *praefecti* findet sich nichts bei CORBIER 1974, 664 ff.
51 Suet. Aug. 49,1: *Ex militaribus copiis legiones et auxilia provinciatim distribuit, classem Miseni et alteram Ravennae ad tutelam Superi et Inferi maris conlocavit.*

vorgeschoben wurden, mit Lagern am Rhein bei Mogontiacum (Mainz), Novaesium (Neuss) und Noviomagus (Nijmegen) war dies bereits ein Teil der Vorbereitung der Offensive gegen die rechtsrheinischen germanischen Stämme, nicht aber der Aufbau einer Grenzverteidigung, in die die Legionen eingeschlossen waren. Mit der kurz darauf seit 12 v.Chr. folgenden Eroberung rechtsrheinischer Territorien war der Strom nicht mehr die Grenze des römisch kontrollierten Provinzgebiets, das sich vielmehr über den Rhein hinaus erstreckte. Dennoch blieben die Legionslager am Rhein größtenteils noch bestehen, die aber nunmehr erneut mitten in der neuen Provinz Germania lagen, die vom Rhein durchflossen wurde. Auch in Illyricum sowie in der Provinz Pannonia wurden unter Augustus die Legionslager noch nicht an die Donau verlegt, sie verblieben im Innern. Die fast existenzbedrohenden Aufstände in Illyricum durch dalmatische und pannonische Stämme zwischen 6 und 9 n.Chr. hatten diese Notwendigkeit mehr als deutlich demonstriert. Die Aufgaben der Legionen waren weiterhin wesentlich auf die Pazifizierung der eroberten Gebiete ausgerichtet; die Grenzverteidigung stand noch nicht im Vordergrund.

Mit Hilfe der geschilderten Maßnahmen wurde das Heer zumindest für die augusteische Zeit aus dem Raum der Politik entfernt; im Innern wurde damit nach den Jahrzehnten des Bürgerkrieges eine Phase des Friedens eröffnet, so erschien es zumindest. Doch obwohl es nach den rechtlichen Regelungen schien, als seien die Erwartungen der Soldaten erfüllt worden, entsprach die Realität dem offensichtlich nicht. Zwar sind, solange Augustus lebte, keine weiteren Probleme mit dem Heer hinsichtlich Besoldung, Dienstzeit und Entlassung überliefert. Doch unmittelbar nach seinem Tod explodierte August/September des Jahres 14 n.Chr. in Dalmatien und Germanien die Frustration vieler Legionäre, weil die Erwartungen der Soldaten nicht erfüllt und die Versprechen der Führung nicht eingehalten worden waren. Dass die Schilderungen bei Tacitus und Cassius Dio nicht übertrieben sind, lässt sich jetzt aus einem fragmentarischen Dokument erkennen, das zwischen Augustus Tod und dem Ende des Jahres 14 n.Chr. in Rom abgefasst wurde.[52] Dort wird zwar betont, die Soldaten hätten gegenüber Augustus ihr *obsequium* geleistet und sie wollten dieses auch gegenüber Tiberius leisten. Doch dann spricht die Inschrift, von der maximal ein Drittel, eher nur ein Viertel erhalten ist, immerhin von *commoda*, von *vectigalia* und *patrimonia*, also finanziellen Regelungen, die wohl im Zusammenhang mit den *commoda* gesehen werden müssen. Auch von Entlassung wird gesprochen, insgesamt somit von Aspekten, die vor allem Veteranen betreffen. All das entspricht den Versprechen, die den Legionären in Dalmatien und vor allem Niedergermanien gemacht wurden, als diese den Aufstand probten; denn sie erhoben nach Tacitus die Anklagen,

---

[52] Es handelt sich um eine Inschrift auf Bronze, die von einem Madrider Auktionshaus im Februar 2020 auf seiner home-page angeboten wurde; doch nach wenigen Tagen verschwand die Anzeige dort wieder. Beschreibung des Inhalts bei ECK 2020, 305–309, bes. 308 Anm. 12.Der Text ist nun allgemein zugänglich gemacht: ROTHENHÖFER 2020 (https://dergipark.org.tr/tr/pub/gephyra/issue/53182/709715). Siehe jetzt CABALLOS RUFINO 2021: Verlässliche Publikation mit Korrektur zahlreicher irriger Angaben in der online-Publikation.

ihre Dienstzeiten seien weit über die abgemachten *stipendia* hinaus verlängert worden und man habe ihnen ordnungsgemäße Entlassung verweigert und die Entlassungsgelder nicht ausbezahlt. Das Fragment zeigt, dass man in Rom reagierte und den Forderungen der revoltierenden Truppen entgegenkam, und zwar in einer rechtlichen Form, wie es auch schon im Jahr 5/6 geschehen sein dürfte. Allerdings wird nicht klar, in welche genaue Rechtsform die Entscheidung in Rom gefasst wurde. Es könnte ein Edikt sein, das aber dann offiziell von den Konsuln, nicht etwa von Tiberius ergangen sein müsste. Wahrscheinlicher aber ist ein *senatus consultum* formuliert worden.[53] Die Antwort auf die Unruhen bei den Truppen hat die Lage beruhigt; doch weit mehr hat dabei wohl das Verhalten des Germanicus, des Oberkommandierenden am Rhein, dazu beigetragen. Hätte an Stelle des Germanicus, den Tiberius adoptiert hatte, ein ehrgeizigerer Mann die Truppen am Niederrhein kommandiert, hätten die Truppen wohl bereit gestanden, um schon damals den nächsten Bürgerkrieg auszufechten.[54] Im Jahr 68/69 n. Chr. war es dann so weit.

---

53 Dazu nichts bei ROTHENHÖFER 2020.
54 ECK 2004a, 112 ff. Allgemein zur Gesamtthematik auch ECK 2016c.

21 Provinz: Ihre Definition unter politisch-administrativem Aspekt

Jedes große Herrschaftsgebiet bedarf einer politisch-administrativen Gliederung. Anders ist die Durchsetzung von Herrschaftswillen kaum zu erreichen.[1] Dies gilt insbesondere dann, wenn große Teile eines Reiches durch Eroberung erworben wurden und zahlreiche Völker einschlossen sind, die sich ethnisch, religiös und kulturell wesentlich unterschieden. Persien mit seinen Satrapien oder China mit seinen Präfekturen seien beispielhaft genannt. Das gilt genauso für Rom und sein Imperium.

Rom hat im Laufe seiner Expansion bei der Organisation der von ihm eroberten oder eingegliederten Gebiete zwei Phasen mit völlig unterschiedlichen Lösungsmöglichkeiten durchlaufen. Solange es eine rein italische Macht war und sich nur mit Völkern und Stadtstaaten auf der Halbinsel auseinanderzusetzen hatte, wurden keine abhängigen und von römischen Amtsträgern unmittelbar geleiteten Bezirke entwickelt, die man mit dem Begriff bezeichnen könnte, der später konstitutiv für die organisatorisch-administrative Gliederung des Reiches wurde: Provinzen. Solche hat es im eigentlichen Italien, also bis zum Nordrand des Apennins, bis in die Spätantike hinein nicht gegeben. Italisches Territorium war während der Republik bis zum Bundesgenossenkrieg entweder Stadtgebiet Roms, geleitet von den ordentlichen, jährlich wechselnden Magistraten, oder Gebiet von Bundesgenossen (auf die Latiner soll hier nicht eigens eingegangen werden), die durch Bündnisverträge an Rom gebunden waren. Außenpolitisch-militärisch waren sie damit ganz von Rom selbst abhängig, im Innern aber lebten sie ihr eigenes Leben nach ihren eigenen Institutionen und geleitet von den eigenen Amtsträgern. Einen von Rom abgesandten Repräsentanten, der permanent über Bundesgenossen staatliche Gewalt ausgeübt hätte, hat es, solange bundesgenössische Gemeinden in Italien existierten, nicht gegeben.[2]

Erst in dem Augenblick, als Rom im Süden und dann im Norden die Grenzen des eigentlichen Italien überschritt, mit dem Erwerb der Inseln Sizilien und Sardinien sowie der Eroberung der Poebene, begann die zweite Phase der Organisation des römischen Herrschaftsgebiets, die Schaffung des römischen Provinzialreiches.[3] Bis das Imperium im Sinne eines unmittelbar beherrschten Gebietes, also nicht eingerechnet andere abhängige Regionen wie etwa Klientelstaaten, seine größte Ausdehnung erreicht hatte, dauerte es fast viereinhalb Jahrhunderte, von 241 v. Chr. bis in die 90er Jahre des 2. Jh. n. Chr., als Septimius Severus Mesopotamien und Osrhoene halbwegs dauerhaft er-

---

1 Der Beitrag war Teil einer Ringvorlesung im Zusammenhang mit dem Graduiertenkolleg: „Formierung und Selbstdarstellung städtischer Eliten in den Provinzen des römischen Reiches."
2 Dass Capua vier *praefecti Capuam Cumas* unterstellt wurde, ist nicht mit dem Status einer Provinz unter einem Statthalter Roms zu vergleichen; siehe zu den praefecti KUNKEL/WITTMANN 1995, 14 f.
3 LINTOTT 1993. Als Überblick WESCH-KLEIN 2008; WESCH-KLEIN 2016.

worben hatte.⁴ Die Einigung Italiens war in wesentlich kürzerer Zeit, in etwa eineinhalb Jahrhunderten erreicht worden.

Betrachten wir kurz die einzelnen Etappen der Entwicklung des provinzialen Herrschaftsgebiets, vor allem auch während der Kaiserzeit, worauf das Graduiertenkolleg insbesondere ausgerichtet ist. Bis zur Spätzeit der Republik, also dem Abschnitt, der durch die großen, das traditionelle politische System sprengenden Einzelpersönlichkeiten gekennzeichnet ist, hat Rom insgesamt nur langsam und zögernd und in relativ bescheidener Weise sein Herrschaftsgebiet ausgedehnt. Der vollständigen Eroberung Siziliens im J. 241 und der brutalen Annexion Sardiniens und Korsikas drei Jahre später in einer Notlage Karthagos folgte erst nach Abschluss des 2. Punischen Krieges im J. 197 die Einrichtung zweier permanenter spanischer Provinzen, die zunächst nur einen beschränkten Teil der iberischen Halbinsel im Süden und Osten einnahmen. Wiederum ein halbes Jahrhundert später wurde ein kleiner Bereich des karthagischen Herrschaftsgebietes in Africa zur Provinz gemacht, kurz vorher war auch Makedonien zum Untertanenland umgewandelt worden, nachdem eine mehr indirekte Herrschaft schon seit 168 v.Chr. bestanden hatte. Der endgültige Schritt nach Asien wurde nach dem Tod des letzten attalidischen Königs, Attalos III., in der Folge seines Testaments vom J. 133 v.Chr., vollzogen. Wenn man kleinere Eroberungen in Asien und in der Cyrenaica sowie gegen Ende des 2. Jh. v.Chr. im Süden Galliens miteinbezieht, umfasste das Imperium Romanum in der Zeit Sullas, also vor den großen Umwälzungen durch Pompeius und Caesar, etwa 11 Provinzen, einschließlich der Gallia Cisalpina im heutigen Oberitalien. Fast alle diese politisch-administrativen Bezirke waren aber noch in einem, verglichen mit der späteren Zeit, unfertigen Zustand, häufig auf die jeweiligen Küstenregionen beschränkt wie etwa in Africa, im Süden Galliens oder in Illyricum. Rom hatte noch keinen energischen Willen zu einem geschlossenen provinzialen Reich gezeigt. Die Gründe dafür waren vielfältig.

Dies änderte sich entscheidend in der Übergangsphase von der späten Republik bis zur Einrichtung eines monarchischen Herrschaftssystems in Rom selbst. Von der Zeit des Pompeius bis zum Ende der Regierung des Augustus, also in etwa 90 Jahren, ist das römische Provinzialreich zu einem wesentlichen Teil geschaffen worden.⁵ Als Octavian im Jahr 27 v.Chr. den Namen Augustus erhielt und ihm gleichzeitig, während er nur das Amt des Konsuls ausübte,⁶ erneut ein Teil der Provinzen übertragen wurde, existierten

---

4 Üblicherweise wird zwar die größte Ausdehnung des Imperiums unter Traian angesetzt; aber die Gebiete jenseits des Euphrat sind nach etwas mehr als drei Jahren schon wieder verloren gegangen, während die Eroberungen unter Septimius Severus viele Jahrzehnte bei Rom blieben. Ob die traianische Ausdehnung vielleicht ein wenig größer war, spielt dabei keine essentielle Rolle. Wirkliche Herrschaftsstrukturen waren dort noch nicht geschaffen worden. Man sollte deshalb nicht von der größten Ausdehnung des Reiches unter Traian sprechen.
5 WENDT 2008.
6 Dieses konsulare *imperium* lief auch seit dem J. 23 v.Chr. weiter, als Augustus den Konsulat abgab. Dies war die natürliche Konsequenz aus der Übertragung der drei großen Provinzkomplexe Spanien, Gallien und Syrien an ihn auf insgesamt 10 Jahre am 13. Januar 27 v.Chr. Vgl. BLEICKEN 1993, bes. 128 ff.; FERRARY

bereits 19 Provinzen, wobei die von Caesar eroberte Gallia comata noch als Einheit gezählt wird und außerdem die Gallia Cisalpina inzwischen vollberechtigter Teil des italischen Kernlandes geworden und damit nicht mehr Provinz war. 40 Jahre später, als die Herrschaft von Augustus auf Tiberius überging, war erneut ein erheblicher Sprung getan. Denn vor allem durch die weitausgreifenden Eroberungen dieses sogenannten Friedenskaisers, der dennoch der größte Conquistador der römischen Geschichte gewesen ist, war die Zahl der Provinzen auf insgesamt 29 angestiegen – durch Eroberungen, Eingliederung von Klientelstaaten wie Galatia und durch Aufteilung des riesigen gallischen Gebiets in die drei Provinzen Aquitanica, Lugdunensis und Belgica. Dabei hatte man eine schon existierende Provinz Germania rechts des Rheins wieder verloren, wenn auch endgültig erst im Jahr 16 n. Chr.

Die Folgezeit hat nur noch unter Claudius, in dessen Regierungszeit erstmals die gesamte Mittelmeerküste direkt beherrschtes römisches Gebiet war, und unter Traian größere dauerhafte Eroberungen gesehen, einerseits in Britannien seit dem Jahr 43, andererseits in Dakien sowie jenseits des Euphrat in Assyrien und Mesopotamien. Doch diese beiden waren als direkt kontrollierte Untertanengebiete nur ephemere, mehr als kurzfristige Erscheinungen in den letzten Jahren Traians, der sie selbst bereits wieder aufgeben musste. Erst unter Septimius Severus wurde Mesopotamien zusammen mit Osrhoene für längere Zeit Provinz.[7] Dass seit claudischer Zeit langsam überall das Nordufer der Donau von den römischen Truppen erreicht und an wenigen Stellen auch überschritten wurde, hat man vermutlich in der römischen Öffentlichkeit kaum im Detail wahrgenommen; es war nur die Ausweitung schon bestehender Untertanengebiete ohne spektakuläre kriegerische Handlungen, abgesehen von der traianischen Eroberung Dakiens. Wenn trotzdem die Zahl der Provinzen noch beträchtlich anstieg, dann war dies einerseits auf die auch jetzt noch weitergehende Eingliederung von bisher selbständigen politischen Einheiten zurückzuführen: Kappadokien unter Tiberius,[8] Thrakien, Mauretanien und Lykien unter Claudius,[9] Arabien unter Traian. Noch mehr aber wirkte sich im Laufe der Zeit aus, dass manche Provinzen wegen ihrer Größe und ihres dadurch überproportional gewachsenen militärischen Gewichts verschiedenen Kaisern in ihrer alten Form politisch oder militärisch nicht mehr sinnvoll oder nicht mehr tragbar erschienen. Unter Domitian war die Legionsbesatzung in der Provinz Moesia an der unteren Donau wegen der Dakergefahr auf 5 Einheiten angewachsen. Um

---

2016, Kap. IV. Zur Benennung als *proconsul* siehe AE 1999, 915 = AE 2000, 760; generell zu dieser Bezeichnung in der kaiserlichen Titulatur ECK 2019b.

7 Siehe oben Anm. 4.

8 Tac. ann. 2,56,4. Der erste Statthalter Kappadokiens war der Senator Q. Veranius. Seit wann ein Ritter dort die Leitung hatte, ist nicht bekannt. Auch in Kommagene wurde im Jahr 18 von Germanicus ein prätorischer Legat eingesetzt; über die Weiterführung dieser administrativen Einheit ist nichts bekannt. Zur möglichen Vereinigung von Cappadocia mit Syria in Form einer Präfektur, wie wir es bei Iudaea kennen, siehe SPEIDEL 2009a.

9 Lycia wurde bei der Provinzgründung nicht mit Pamphylia zusammengeschlossen; dies geschah erst am Anfang der vespasianischen Regierungszeit, siehe Kap. 22 in diesem Band.

die weit mehr als tausend Kilometer lange Donaustrecke effektiv zu kontrollieren und militärisch zu schützen, mochte es sich empfehlen, dieses Kommando auf zwei Statthalter in zwei kleineren Provinzen zu verteilen. Gleichzeitig wurde damit eine potentielle innere Gefahr, da ein Sechstel des Truppenbestandes des Reiches in der Hand eines einzigen Statthalters vereinigt war, eliminiert. So entstand im J. 85/86 Moesia superior und Moesia inferior, also eine Aufteilung, wie sie in Germanien schon seit vielen Jahrzehnten gegeben war. Auch Traian schuf am Ende des 2. Dakerkrieges aus Pannonien zwei neue Provinzen: Pannonia superior und inferior. Hier dürften vor allem auch militärische Gründe, nämlich der bessere Schutz vor Feinden nördlich der Donau, eine wesentliche Rolle gespielt haben. Am Ende der traianischen Zeit ist jedenfalls eine Zahl von insgesamt 43 oder 44 Provinzen erreicht, mit minsdestens fünf Millionen qkm Gesamtfläche. Bei dieser Ausdehnung und dieser Provinzzahl ist es im Wesentlichen geblieben,[10] bis dann vor allem gegen Mitte des 3. Jh. erneut eine Vermehrung einsetzte, nunmehr freilich allein dadurch erreicht, dass bisherige Provinzeinheiten aufgeteilt und wesentlich verkleinert wurden.[11] Diese Bewegung findet ihren Höhepunkt unter Diokletian und Konstantin mit weit mehr als 100 administrativen Großbezirken.

Politisch-administrativ wurden alle diese territorialen Einheiten Provinzen genannt. Ursprünglich bedeutete der Begriff *provincia* allerdings lediglich den sachlichen Aufgabenbereich eines Magistrats. So konnte die Gerichtstätigkeit des *praetor urbanus* als seine *provincia* bezeichnet werden,[12] ebenso wie der Feldzug gegen ein feindliches Volk als *provincia* eines Konsuls[13] oder die Bekämpfung der Seeräuber durch Pompeius. Besonders deutlich wird diese ursprüngliche Bedeutung in einer Formulierung, wie sie sich in der *lex repetundarum* findet: *quaestor, [quei aerarium pro]vinciam optinebit* = „der Quästor, der die Leitung der Staatskasse als seine Provinz / sein Aufgabengebiet haben wird" oder: *[quaestor, quoi] ... urbana provincia obvenerit* = „der Quästor, dem ... als seine Provinz die Stadt (Rom) zufallen wird / der ... in der Stadt Rom tätig sein wird".[14] Ein fest umrissenes Territorium musste also mit *provincia* nicht verbunden sein.

---

10 Wichtig war die Teilung Syriens durch Septimius Severus, eindeutig aus militärisch-innenpolitischen Gründen, nach der Niederlage des Pescennius Niger. Gleiches geschah in Britannien nach dem Niederringen des Clodius Albinus. Es entstand jeweils eine konsulare Provinz mit zwei Legionen (Syria Coele und Britannia superior) und eine prätorische Provinz mit nur einer Legion (Syria Phoenice und Britannia inferior). Eine Vergrößerung des Reiches war damit nicht verbunden, wohl aber mit der Einrichtung der Provinz Osrhoene und Mesopotamia (dazu zuletzt LEHMANN 1984; ferner SARTRE 1991, 52 ff.; MILLAR 1993, 125 f.). Neben diesen großen Veränderungen stehen auch immer wieder Grenzveränderungen zwischen einzelnen Provinzen, etwas zwischen Gallia Belgica und Germania superior, die häufig nur sehr schwer zu fassen sind. Noch schwieriger ist es zu entscheiden, was die jeweiligen Gründe dafür waren. Siehe dazu SIPILÄ 2009, 149–210; ferner kritisch ECK 2013e.
11 Siehe z. B. die Ausgliederung von Caria et Phrygia aus der alten Provinz Asia spätestens zwischen 249 und 251, AE 1991, 1508–1509a.1511–1512.
12 E. g. Liv. 25,3,1: *praetores provincias sortiti sunt, P. Cornelius Sulla urbanam et peregrinam, quae duorum ante sors fuerat.*
13 Liv. 40,1,1: *Principio insequentis anni consules ... sortiti provincias sunt. consulibus nulla praeter Ligures, quae decerneretur, erat.*
14 FIRA I² Nr. 7, Zeile 69. 72/79 = CRAWFORD 1996, Nr. 1, 72.

Doch mehr und mehr assoziierte der Begriff seit der Einrichtung der ersten außeritalischen Besitzungen ein mehr oder weniger genau umschreibbares Gebiet. Dies wurde am Anfang vor allem dadurch ganz natürlich konstituiert, weil Sicilia und Sardinia sowie Corsica als Inseln auch territorial präzis erfassbar waren. Die beiden Hispaniae (citerior und ulterior) waren gegen das noch nicht unterworfene Binnenland weniger klar abgegrenzt. Je mehr die Zeit fortschritt, desto stärker setzte sich der Aspekt durch, dass unter *provincia* ein genau definierbares Territorium zu verstehen sei, das einem einzigen römischen Amtsträger mit *imperium* unterstand. Dazu trat als weiteres exklusives Element, dass diese Gebiete außerhalb Italiens lagen, das seinerseits nun ein Territorium war, auf dem nur römische Bürger lebten. Dieser Unterschied wurde natürlich erst in dem Augenblick in aller Schärfe deutlich, als im Gefolge des Bundesgenossenkriegs Italien zu einem einheitlichen Land römischer Bürger geworden war. Ihren Abschluss fand diese Aspektverschiebung in dem Augenblick, als auch die Gallia Transpadana Teil dieses römischen Bürgergebietes wurde und damit die gesamte Halbinsel bis zu den Alpen eine rechtlich gegenüber den Untertanengebieten herausgehobene Einheit bildete. Sie stand seit dem J. 41 v. Chr. nunmehr klar dem gesamten großen Rest des Imperiums, den Provinzen, gegenüber: Italien als das Gebiet des herrschenden Volkes, von wo auch die Statthalter kamen, und die Provinzen als untertänige Gebiete, die *praedia populi Romani*, wie Cicero sie einmal nannte.[15]

Eine Provinz ist also seit der späten Republik zumindest bis zum J. 212 n. Chr., als die allgemeine Bürgerrechtsverleihung durch Caracalla erfolgte, ein Gebiet außerhalb Italiens, das kein allgemeines römisches Bürgerterritorium ist, das – nicht zuletzt – steuerpflichtig war und als gesamtes Territorium einem Statthalter als Beauftragten des römischen Volkes unterstand.[16] Dagegen ist Italien – dies allerdings schon seit 167 v. Chr. und dann endgültig seit augusteischer Zeit – weder zu einem regelmäßigen *tributum* auf das agrarische Land noch zu einer jährlichen Steuer auf den einzelnen Bürger, also einer Kopfsteuer, verpflichtet. Unregelmäßig anfallende Steuern wie z. B. die fünfprozentige Freilassungs- und Erbschaftssteuer sind in diesem Zusammenhang ohne Belang.[17] Dieser traditionsgemäß zwingende Gegensatz zwischen Provinzen und Italien zeigte

---

15 Cic. Verr. 2,2,3,7.
16 Gelegentlich wird das Wort *provincia* auch auf Teile einer Provinz angewandt, wie z. B. in CIL III 348 = D 1477: *proc(uratori) prov(inciae) Fryg(iae)* oder CIL X 7517: *proc(uratori) pr]ov(inciae) Cyr[enarum]*, wobei es sich allerdings nie um die Gesamtzuständigkeit eines senatorischen oder ritterlichen Statthalters handelt. Abusiv ist es auch, wenn es im *cursus honorum* des L. Cossonius Gallus heißt: *leg(ato) Aug(usti) pro pr(aetore) provinciar(um) Galatiae Pisid(iae) [P]aphlagoniae*. Ob man in CIL III 291 = 6818 = D 1017 schreiben soll: *provinc(iarum) Gal(atiae), Pisi[d(iae)], Phryg(iae), Lyc(aoniae), Isaur(iae), Paphlag(oniae), Ponti [G]ala[t(ici)], Ponti Polemonian(i), A[r]m(eniae)* und nicht vielmehr *provinc(iae)*, ist nie überlegt worden. Gleiches gilt für CIL XIII 1807 = D 1330: *prov(inciarum) Bithyniae, Ponti, Paphlagon(iae)* oder eher *prov(inciae)*? Unklar bleibt, wie genau VITALE 2015 *provincia* bei den kaiserlichen Beauftragten in der Region Phrygia versteht. Die Aussagen mancher Inschriften scheinen missverstanden zu sein. Unerfindlich ist, weshalb er Papirius Paulinus und [Statilius] Marcianus, Nr. 2 A und 3 A auf S. 37, als *liberti* ansieht.
17 Sie betreffen alle römischen Bürger, unabhängig von ihrem Wohnort.

über Jahrhunderte seine Wirkung. Hadrian, der auf seinen Reisen wie keiner seiner Vorgänger die Provinzen im Wesentlichen als friedlichen Teil des Imperiums kennengelernt hatte, erschien offensichtlich die Sonderstellung Italiens nicht mehr zeitgemäß, zumal er sachliche Probleme erkannte, die im Sinn der Bewohner Italiens gelöst werden mussten. Deshalb teilte er das Kernland, soweit wir sehen können, in vier Gebiete auf und ernannte für jedes einen Beauftragten, der sich wohl kam von einem kaiserlichen Provinzialstatthalter unterschied, weshalb diese Beauftragten auch die Amtsbezeichnung *legatus Augusti pro praetore* trugen.[18] Der Widerstand gegen diese Maßnahme war aber so heftig, obwohl die steuerliche Sonderstellung geblieben war, dass Antoninus Pius, sein Nachfolger, sie wieder aufhob und den alten Zustand wiederherstellte.[19] Marc Aurels *iuridici* in den italischen Regionen, die erkennen lassen, wie sinnvoll die hadrianische Initiative gewesen ist, blieben deshalb deutlich unter dem Niveau von Statthaltern. Und selbst als es seit dem späten 3. Jh. nun tatsächlich Statthalter mit unterschiedlichen Amtsbezeichnungen in den einzelnen Regionen Italiens gab, vermied man es immer noch, diesen Regionen die Bezeichnung Provinz zu geben. Für sie genügte ein Name wie Campania, Samnium oder Flaminia, also Bezeichnungen, die seit der Einteilung der Halbinsel in Regionen durch Augustus benutzt wurden. So hieß ein Statthalter *corrector Venetiae et Histriae* oder *consularis Campaniae*; die Bezirksbezeichnung *provincia* wurde nicht benutzt.[20] Zumindest in der Nomenklatur übte die jahrhundertealte Sonderstellung Italiens selbst im 4. Jh. n.Chr. noch ihre Wirkung aus.

So sehr man unter politisch-rechtlichem Blickpunkt alle Provinzen in der Abgrenzung zu Italien als klar erkennbare Einheiten definieren kann – in der Realität waren sie alles andere als uniform. Man muss sogar mit Nachdruck betonen, dass Rom höchstens vom Ende des 3. Jh. n.Chr. an (und selbst dann keineswegs konsequent) versucht hat, allzu große Unterschiede zwischen den einzelnen Provinzen (jedenfalls was die flächenmäßige Ausdehnung betraf) auszugleichen und sie nach relativ gleichen Kriterien zu gliedern und zu organisieren. In der uns hier vor allem interessierenden frühen und hohen Kaiserzeit ist ein wirklich bewusster Versuch der Angleichung nicht zu erkennen, weder unter dem Aspekt der territorialen Ausdehnung noch unter politisch-administrativer Hinsicht. Die gewachsenen Gebiete mit all ihren Unterschieden blieben weitgehend bestehen und wurden nur im Einzelfall aus ganz anderen als systematischen Gründen verändert.[21]

Vor der Neugliederung der Bundesrepublik auf der Ebene der Länder erhob sich eine lange Diskussion, ob – nicht nur unter politisch-rechtlichem Aspekt, sondern auch von der Bevölkerungszahl und dem wirtschaftlichen Gewicht her – eine gewisse Gleichheit erreicht werden sollte. Den territorialen Zwergstaaten Bremen und Hamburg

---

18 CIL X 3870 = 4414 = AE 1985, 275: *L(ucio) Vitrasio L(uci) f(ilio) Pob(lilia) Flaminino co(n)s(uli), proco(n)s(uli) provinciae Africae, leg(ato) pr(o) pr(aetore) Italiae Transpadanae et provinciae Moesiae superioris et exercitus et provinc(iae) Dalmatiae ....*
19 Eck 1991 = Eck 1995b.
20 Siehe z.B. CIL X 5061 = D 1217; XIV 2919 = D 1219.
21 Siehe oben S. 383f.

standen und stehen jetzt noch die großen Flächenstaaten wie Bayern oder Nordrhein-Westfalen gegenüber. Andererseits hat der Stadtstaat Berlin mehr Einwohner als der Flächenstaat Mecklenburg-Vorpommern oder gar das Saarland, das bevölkerungsmäßig nicht einmal die Stadt Köln erreicht.[22] Dass die politische Diskussion je zu einem Ergebnis, d. h. zu einer Veränderung der jetzigen Ländergliederung führen wird, darf man bezweifeln. Als 1995/6 der Versuch unternommen wurde, eine Union zwischen Berlin und Brandenburg herbeizuführen, scheiterte er sehr schnell. Es ist für uns nicht erkennbar, dass eine vergleichbare Diskussion über die Provinzen jemals im Rom der frühen Kaiserzeit geführt worden ist. Dabei hätte man, wenn die Gesichtspunkte Größe und Einheitlichkeit für die administrative Struktur und ihre organisatorische Gestaltung im Denken der Zeit eine Rolle gespielt hätten, zu entsprechenden Überlegungen durchaus Grund gehabt. Denn die römischen Provinzen unterschieden sich in außerordentlichem Maß nach Ausdehnung, Bevölkerungszahl und Anzahl der Städte. Einige Beispiele mögen dies illustrieren: Die Insel Cypern bildete eine eigene Provinz; sie umfasst 9.251 qkm; etwas kleiner noch war Corsica, das nur auf 8.722 qkm kommt; auch diese Insel dürfte zeitweise eine eigene administrative Einheit gewesen sein.[23] Nur wenig größer waren die drei Alpenprovinzen zwischen Italien und Gallien[24] oder auch Epirus, die weniger als 10.000 qkm erreichten, nicht anders als Iudaea, das erst im späten 3. Jh. mit dem Anschluss des Negev relativ größer wurde. Auch das Territorium der Germania inferior, deren Grenzen nach Westen freilich einigermaßen unsicher sind, wird manchmal nur auf wenige zehntausend Quadratkilometer geschätzt.[25] Diesen territorial kleineren oder sehr kleinen Provinzen stehen andere mit ungemein großer Ausdehnung gegenüber. Dalmatien dürfte mindestens etwa 120–150.000 qkm umfasst haben, ähnlich vielleicht auch Asia. Cappadocia, im äußersten Osten des Imperium gelegen, erstreckte sich mindestens über 200.000 km^2. Die Hispania Tarraconensis auf der iberischen Halbinsel dürfte ausdehnungsmäßig überhaupt die größte Provinz gewesen sein, mit kaum weniger als 350.000 km^2, freilich mit der inneren Untergliederung Asturia-Gallaecia.[26]

Dass es zu solch gewaltigen Unterschieden kam, hatte jeweils mehrere Gründe, soweit diese für uns überhaupt erkennbar sind. Bei den Inseln ist unmittelbar die vom Meer umschlossene Einheit ein natürliches Argument gewesen. Doch musste dies nicht zwingend in allen Fällen zur Einrichtung einer eigenen Provinz führen. So wurde Creta mit der auf dem afrikanischen Kontinent gelegenen, mindestens 350 km entfernten Cyrenaica zu einer Provinz vereint. Die kaum größere Insel Cypern jedoch, die zur Küste der kleinasiatischen Provinz Cilicia nur eine Distanz von etwa 120 km aufwies, blieb ständig eine eigene administrative Einheit. Dass die Alpenprovinzen so klein geschnitten waren, lag einerseits wie bei den Alpes Cottiae an der Größe des Königsreichs

---

22 Rund 991.600 Einwohner gegenüber mehr als 1.085.000.
23 Siehe zuletzt HAENSCH 1997, 156 f.
24 Vgl. etwa PRIEUR 1976.
25 RÜGER 1968.
26 Zuletzt ALFÖLDY 1996, 452.

des Cottius, das auf direktem Wege in seiner alten Größe schließlich in eine prokuratorische Provinz umgewandelt wurde. Andererseits scheint es wegen der außerordentlich schwierigen Wegeverhältnisse Sinn zu machen, dass auch die Alpes Maritimae und später die Alpes Poeninae so klein gestaltet wurden. So waren zumindest die Kommunikationsprobleme innerhalb einer Provinz nicht zusätzlich durch weite Entfernungen verschärft. Doch auch die Germania inferior, in der eine gewaltige Heeresmacht stationiert war, kam, wie schon betont, nur auf wenige zehntausend Quadratkilometer, freilich mit einer fast 400 km langen Außengrenze gegenüber dem freien Germanien. Die insgesamt bescheidene Größe war die unmittelbare Folge der gescheiterten römischen Offensive gegen das rechtsrheinische Germanien. Als diese aufgegeben wurde, blieben die Truppen in einem relativ schmalen Landgürtel links des Rheins in Position; dieser Militärbezirk grenzte im Westen an die Provinz Belgica, die spätestens seit der Mitte der augusteischen Zeit organisiert und in ihrer Ausdehnung vermutlich auch nach Osten fixiert war.[27] Als schließlich unter Domitian offiziell die beiden Militärbezirke am Rhein zu Provinzen umgewandelt wurden und dies auch in der Benennung des kaiserlichen Legaten kenntlich gemacht wurde,[28] veränderte man offensichtlich die eingespielte territoriale Erstreckung nicht mehr wesentlich, obwohl weiterhin einige Unsicherheiten bestehen. Auch bei der Beibehaltung des Territoriums der Tarraconensis könnte die schon seit republikanischer Zeit bestehende Ausdehnung eine Rolle gespielt haben; es gab zunächst keinen sachlichen Änderungsbedarf gegenüber der republikanischen Hispania. Obwohl die Größe dazu einladen mochte, eine Teilung durchzuführen, ist dies bis in die Zeit Caracallas unterblieben; allerdings war durch einen speziellen Funktionsträger, einen *iuridicus*, faktisch eine gewisse innere Teilung des Territoriums erfolgt. Als unter Caracalla schließlich der Nordteil zu einer *provincia Hispania nova citerior* umgestaltet wurde, blieb dies Episode, da kurz darauf die Neuerung zurückgenommen wurde.[29] Die mehr als 250-jährige Tradition hat damals offensichtlich noch keine Änderung zugelassen oder eine solche wurde damals trotz der Maßnahme Caracallas noch als unnötig angesehen. Die Gründe, warum im Gegensatz zur Hispania citerior die Hispania ulterior unter Augustus in die etwa gleichgroßen Provinzen Baetica und Lusitania geteilt wurden, lassen sich nicht erkennen.

Das heißt nun freilich nicht, dass in der territorialen Ausdehnung der Provinzen Änderungen grundsätzlich ausgeschlossen waren. Vielmehr gibt es durchaus Hinweise darauf, dass dies immer wieder vorgekommen ist. So scheint es im späten 2. Jh. zu einem Gebietstausch zwischen den Provinzen Belgica und Germania superior gekommen zu sein.[30] Auch die Landschaften Lycaonia und Pisidia im Inneren Kleinasiens scheinen

---

27 Das heißt natürlich nicht, dass nicht im späteren 1. oder 2. Jh. n.Chr. erneut Grenzverschiebungen vorgekommen sein können.
28 Statt *legatus Augusti pro praetore exercitus Germanici inferioris* hieß er jetzt regulär *legatus Augusti pro praetore provinciae Germaniae inferioris*. Zu den Belegen ECK 1985.
29 Siehe zu den Amtsträgern ALFÖLDY 1969, 49; ALFÖLDY 2000a.
30 TERNES 1976, 740 ff.

nicht stets derselben Hauptprovinz angehört zu haben.[31] Auch kam es gelegentlich zum Zusammenschluss zweier vorher selbständiger Provinzen zu einer neuen Einheit; Galatia und Pamphylia waren so unter Nero und Galba kurzfristig zusammengeschlossen, später Galatia für etwa 40 Jahre mit Cappadocia.[32] Nicopolis ad Istrum gehörte zunächst zur Provinz Thracia, bis Septimius Severus die Stadt Moesia inferior eingliederte, wie es der geographischen Lage nach auch natürlich war.[33] Solche Veränderungen aber waren von der augusteischen Zeit bis weit ins 3. Jahrhundert hinein insgesamt von geringer Bedeutung und blieben okkasionell. Im allgemeinen verblieben die Provinzen, wenn man von den politisch-militärisch motivierten Teilungen an der Donau unter Domitian und Traian oder in Syrien nach dem Bürgerkrieg unter Septimius Severus einmal absieht, in der Ausdehnung und dem territorialen Umfang, den sie nach der endgültigen Organisation eines Gebietes erreicht hatten, für lange Perioden, meistens sogar für Jahrhunderte bestehen.[34] Dies war Zeit genug, um zumindest theoretisch für solche Gebiete durch das, was die Bewohner, vor allem die führenden Gruppen der Gemeinden der Provinz, über lange Perioden hinweg gemeinsam erlitten oder in gemeinsamen Institutionen wie etwa einem Provinziallandtag erlebt hatten, eine eigene Identität zu entwickeln.

Unterschiede in der Ausdehnung sind freilich nicht nur etwas Äußerliches gewesen; sie hatten vielmehr durchaus Konsequenzen, die sich nach unserer Sichtweise eigentlich auch auf die konkreten Organisationsformen und die staatliche 'Personalausstattung' der einzelnen administrativen Bezirke hätten auswirken müssen. Zwar geht die Formel: je größer das Territorium einer Provinz, desto zahlreicher auch die dort vorhandenen Selbstverwaltungseinheiten und vor allem auch die dort lebende Bevölkerung nicht immer auf, wie es z. B. für die östliche Provinz des Reiches, Cappadocia, gilt, die trotz ihrer gewaltigen Dimensionen jedenfalls nur wenige für uns erkennbare Selbstverwaltungseinheiten, also Städte, aufweist.[35] Aber im Allgemeinen zeigt sich in den genannten Elementen doch eine gewisse Parallelität. Die kleine Provinz Cypern war in insgesamt neun Städte gegliedert, die Bevölkerungszahl ist unbekannt;[36] doch war sie mit Sicherheit nur ein winziger Bruchteil dessen, was in der Provinz Asia vorhanden war. Ob wir dort wirklich mit 500 Städten zu rechnen haben, wie es z. B. Josephus für die flavische Zeit angibt,[37] kann man bezweifeln; doch mehrere hundert Städte existierten in diesem Gebiet und mit einer unbestreitbar zahlreichen Bevölkerung. Allein die Zahl der Konventsorte in Asia, dreizehn in der flavischen Zeit, übertrifft die Gesamtzahl der Gemeinden der Provinz Cypern.[38] Ebenso kann man davon ausgehen, dass etwa die

---

31 Vgl. z. B. BRANDT 1992, 98 ff.
32 ECK 1970a, 4; siehe auch Kap. 22 in diesem Band.
33 IGBR II 659; VELKOV 1987; GERASIMOVA-TOMOVA 1987; BOTEVA 1996. Vgl. insgesamt GEROV 1979.
34 Zu den geringen Verschiebungen siehe zusammenfassend WESCH-KLEIN 2008, 211 ff.
35 Siehe z. B. MAGIE 1950, 495. 1355; A.H.M. JONES 1971, 174 ff.; vgl. für Galatia, MITCHELL 1993, I 198 ff.
36 A.H.M. JONES 1971, 363 ff.
37 Ios. bell. Iud. 2,366.
38 Zu den Konventsorten IK 11, 1, 13 (Ephesos); HABICHT 1975, 64 ff.

südspanische Provinz Baetica weit mehr Einwohner zählte als die Provinz Sizilien; bei der Zahl der Städte lässt es sich auf jeden Fall nachweisen.[39] Ebenso hat Noricum eine wesentlich größere Anzahl von Städten mit einer stärkeren Bevölkerung in seinen Grenzen umschlossen als etwa Epirus oder eine der kleinen Alpenprovinzen.[40]

Die Zahl der Selbstverwaltungseinheiten sowie die Quantität der Bevölkerung sind vor allem unter dem Aspekt von Bedeutung, dass es grundsätzlich in jeder Provinz nur einen einzigen höchsten Vertreter Roms, den Statthalter, gab, dem grundsätzlich alle Angelegenheiten und alle Bewohner in allen sie betreffenden Fragen unterstanden. Lediglich die Steuererhebung gehörte nicht zu den Aufgaben der senatorischen *legati Augusti pro praetore*; und auch den *proconsules* waren die unregelmäßig anfallenden Steuern wie *XX hereditatium* und *libertatis* entzogen. Dass man sich auch nach Rom wenden konnte, besagt hinsichtlich der fast absoluten Stellung der Statthalter in diesem Zusammenhang zunächst fast nichts. Es leuchtet aber unmittelbar ein, dass notwendigerweise davon die Art und die Intensität der amtlichen Tätigkeit beeinflusst werden konnte. Epirus hatte ganz gewiss eine nur sehr geringe Bevölkerung, in Ägypten aber drängten sich auf dem allein bewohnbaren, beschränkten Raum des Niltales nach Josephus etwa 7 Millionen Menschen.[41] Die Art der Kontakte zwischen dem Repräsentanten Roms und der Bevölkerung konnte, ja musste davon wesentlich beeinflusst werden. Wenn tatsächlich ein Präfekt von Ägypten während eines Konvents innerhalb von drei Tagen insgesamt rund 1800 Bittschriften (persönlich?) in Empfang genommen hat, dann zeigt dies notwendigerweise, dass er sich mit dem Einzelfall natürlich nicht genauer befassen konnte.[42] Dennoch kann man es als ein Grundprinzip der Provinzialorganisation Roms bezeichnen, dass der personelle Umfang der staatlichen Verwaltung einer einzelnen Provinz nicht von dem Gesichtspunkt her bestimmt wurde, wie groß die Provinz war und mit wie vielen Anträgen der Statthalter und sein Personal zu rechnen hatten. Solches in Überlegungen, wie eine Provinz zu organisieren war, einzubeziehen, lag offensichtlich der römischen Vorstellung von den Aufgaben seiner Repräsentanten in den Untertanengebieten völlig fern.

Ursprünglich waren alle Provinzen rechtlich völlig gleich gewesen; sie waren *provinciae populi Romani*, die ohne Ausnahme von Amtsträgern geleitet wurden, die vorher durch Wahl zu den höheren Magistraturen, nämlich dem Konsulat oder der Prätur, gekommen waren. Theoretisch blieben die Provinzen auch später Besitz des römischen Volkes; das gilt selbst für Ägypten, das nicht selten in der modernen Literatur als Privatbesitz des Princeps angesehen wurde. Doch hat die Aussage von Augustus in seinen *res gestae: Aegyptum imperio populi Romani adieci*, mehr Gewicht.[43] Auch Ägypten war

---

39 Zu den Städten auf Sizilien MANGANARO 1988; WILSON 1990, 36. 144; für Südspanien GALSTERER 1971, 65 ff.
40 ALFÖLDY 1974; für die Alpes maritimae z. B. PRIEUR 1976, 648 ff.
41 Ios. bell. Iud. 2,385.
42 P.Yale 61.
43 R. Gest. div. Aug. 27; vgl. auch Suet. Aug. 18,2: *Aegyptum in provinciae formam redactam, ut feraciorem habilioremque annonae urbicae redderet*; die Erklärung Suetons zeigt, wie man inzwischen den

eine Provinz, die zum *imperium Romanum* gehörte wie die anderen, auch wenn Augustus einige Sonderregelungen getroffen hatte.

Dennoch veränderte sich in der Leitung der Provinzen, zumindest nominell, Wesentliches, seit Augustus mit dem Jahr 27 v.Chr. ein fester Bestandteil der *res publica* geworden war und mehr und mehr in die Stellung eines faktischen Monarchen hineinwuchs.[44] Auf der einen Seite bestehen die sogenannten *provincae populi Romani* fort,[45] sie sind seit spätaugusteischer Zeit zahlenmäßig fixiert, nämlich 10, nachdem es zu Beginn der Alleinherrschaft des Augustus zeitweise 12 gewesen waren. Sie liegen fast ohne Ausnahme im Inneren des Reiches, am Mittelmeer, und umfassen größerenteils relativ alte Besitztümer Roms, alle noch aus der republikanischen Zeit: Sizilien, die Baetica im Süden Spaniens, die Narbonensis, Africa, Asia, Pontus-Bithynia, Achaia, Macedonia, sowie Cypern und Creta-Cyrenae. Alle diese Provinzen grenzten entweder an andere römische Territorien oder an eine nichtrömische Außenwelt, die keine unmittelbare Gefahr für das römisch beherrschte Gebiet darstellte. Die Zahl der Provinzen diesen Typs ist nicht zufälligerweise zehn; sie entspricht vielmehr der Zahl der ordentlichen Magistrate – zwei Konsuln[46] und acht Prätoren –, die seit der Wiederherstellung der *res publica* im Jahre 27 v.Chr. zunächst jährlich gewählt wurden. Und für die Leitung dieser Provinzen brauchte man zehn Prokonsuln, von denen acht prätorischen und zwei konsularen Ranges waren.[47] An der Höchstzahl dieser Provinzen hat sich seit mittelaugusteischer Zeit nie mehr etwas geändert – ganz im Gegensatz zu den Provinzen, die seit 27 v.Chr. dem Princeps zugewiesen waren. Denn alle neu eroberten Gebiete wurden ohne Ausnahme *provinciae Caesaris*. Auch Provinzen mit Prokonsuln wurden gelegentlich einem kaiserlichen Statthalter anvertraut, wie etwa Pontus-Bithynien unter Traian, der dort Plinius d. J. und später Cornutus Tertullus als Sondergouverneure einsetzte.[48] Gleichzeitig wurde freilich nach Sardinien, das üblicherweise einem ritterlichen *praefectus et procurator* unterstand, ein prätorischer Prokonsul gesandt, damit die Zahl der *provinciae populi Romani* nicht zurückging – eine Verbeugung vor dem Senat, die Traians Macht nicht einschränkte.[49] Ähnlich handelte Marc Aurel, als die Baetica zeitweise dem Statthalter der Tarraconensis angeschlossen wurde.[50] Selbst Nero sandte

---

machtpolitischen Aspekt der Annexion Ägyptens in Rom vergessen hatte. Zur Frage insgesamt JÖRDENS 2009, 53 ff.

44 Vgl. z. B. MILLAR 1984; MILLAR 1989.
45 Zur Bezeichnung als prokonsulare Provinzen siehe DALLA ROSA 2014, 211 ff. und Kap. 14 zu Anm. 4.
46 Dass ab dem J. 5 v.Chr. zunehmend *consules suffecti* gewählt wurden, hat an der einmal gefundenen Regelung nichts geändert.
47 Die genaue Korrelation hat sich freilich erst hergestellt, als Illyricum und Sardinien nicht mehr von Prokonsuln geleitet wurden.
48 CIL V 5262 = D 2927; CIL XIV 2925 = D 1024.
49 CIL III 6813 = D 1038: *proco(n)s(uli) prov(inciae) Sard(iniae)*. Dass dies als aus dem Rahmen fallend angesehen wurde, ersieht man daran, dass der Wortteil COS mit übergroßen Buchstaben geschrieben wurde (siehe die Abschrift im CIL). Es sollte betont werden, dass Cossonius Gallus kein *procurator* war.
50 Siehe CIL VI 41140: *leg(ato) Au[gusti pr(o) pr(aetore) provinciarum Hispania]e citer[ior]is et Baeticae*; CIL VI 1502 = D 1124: *proco(n)s(uli) prov(inciae) Sardin(iae)*.

nach Sardinien einen Prokonsul statt eines Präsidialprokurators, nachdem er Achaia aus der Verwaltung durch einen Prokonsul in die ἐλευθερία entlassen hatte.[51] Nur Tiberius hatte ohne jede Kompensation für die Mitglieder des Senats Achaia und Macedonia einem seiner Legaten anvertraut, der gleichzeitig auch Moesia unter seinem Befehl hatte; damit entfielen zwei administrative Positionen, die nominell im Senat durch Los zugewiesen wurden. Formal war dies für traditionsbewusste Senatoren als Verlust zu verbuchen.[52] Erst Claudius änderte diese Brüskierung des Senats und ließ erneut für die beiden Provinzen *proconsules* bestimmen.

In der Forschung ist teilweise ein tiefgehender Unterschied zwischen den beiden Provinztypen, den prokonsularen *provinciae populi Romani* und den Provinzen des Augustus, die herkömmlicher Weise kaiserliche Provinzen genannt wurden, gesehen worden. Doch hängt die Qualität dieses Unterschieds wesentlich davon ab, unter welchen Gesichtspunkten man ihn betrachtet, nämlich entweder von der politisch-rechtlichen Systematik oder von der Praxis des Verwaltungshandelns und d.h. auch vom Blickpunkt der Provinzialen aus. Politisch-rechtlich werden die *provinciae populi Romani* durch Losung im Senat unter all den Senatoren, die dazu jeweils berechtigt waren, besetzt. Weil dies geschah, werden sie nicht selten Senatsprovinzen oder gar senatorische Provinzen genannt, was man vermeiden sollte. Denn der erste Begriff könnte den irrigen Eindruck erwecken, als ob der Senat hier eine eigenständige, unabhängige Zuständigkeit gegenüber dem Kaiser hätte wahrnehmen können. Aber auch 'senatorische Provinzen', wie sie häufig genannt werden, ist kein adäquater Ausdruck, da so suggeriert wird, ein wesentliches Bestimmungskriterium sei die Zugehörigkeit ihrer Statthalter zum Senat. Doch trifft dieses Kriterium auch auf fast alle Gouverneure in den kaiserlichen Provinzen zu. Vielmehr sind zumeist dieselben Personen als Statthalter in beiden Provinztypen anzutreffen. Auch mit 'senatorisch' ist also keine spezifische Kennzeichnung gegeben, weshalb man eher den Begriff prokonsulare Provinzen verwenden sollte.[53]

Ein wesentliches Charakteristikum der durch Los bestimmten Statthalter der *provinciae populi Romani*, die alle die Amtsbezeichnung *proconsul* tragen, gleichgültig, ob sie im Senat selbst prätorischen oder konsularen Rang hatten, ist die einjährige Dienstzeit in ihrer jeweiligen Provinz. Gelegentlich konnte die Amtszeit allerdings auch verlängert werden; die längste bekannte Amtszeit sind sechs Jahre in der Provinz Asia unter Tiberius;[54] häufiger waren zwei oder drei Jahre. Die spezifischen Gründe dafür sind kaum je bekannt; sie waren nicht genereller Natur, sondern, soweit sich das erkennen lässt, von Fall zu Fall andere.[55] Als höheres Personal stand einem Prokonsul ein

---

51 Siehe unten zu Anm. 62.
52 PIR² P 847.
53 Siehe oben zu Anm. 41 und 42.
54 P. Petronius, THOMASSON 2009, 78 Nr. 26:035.
55 So z.B. in Africa L. Apronius (THOMASSON 2009, 156 Nr. 39:020), C. Vibius Marsus (THOMASSON 2009, 156 Nr. 39:023), Ser. Sulpicius Galba (THOMASSON 2009, 156 Nr. 39:030), M. Pompeius Silvanus (THOMASSON 2009, 157 Nr. 39:036); in Creta-Cyrenae P. Viriasius Naso (THOMASSON 2009, 152f. Nr. 38:015) und C. Arinius Modestus (THOMASSON 2009, 153 Nr. 38:030); in Asia Potitus Valerius Messala (THOMASSON

Quästor sowie ein Legat zur Verfügung, die ebenfalls senatorischen Ranges waren; in Africa und Asia betrug die Zahl der Legaten (jedenfalls zu Beginn des Prinzipats) jeweils drei. Während die prätorischen Prokonsulate offensichtlich kein besonderes Prestige genossen, waren die Stellungen in Afrika und Asia, als Abschluss einer senatorischen Laufbahn, hochbegehrt. Der Unterschied zeigt sich auch bei den Legaten der Prokonsuln: die in Asia und Africa hatten im Allgemeinen eine bessere Zukunftsperspektive als die in den anderen Provinzen; allerdings war der Unterschied nicht durch die Provinz selbst bestimmt, sondern durch das Gewicht der jeweiligen Statthalter. Die Prokonsuln von Asia und Africa konnten später für ihre ehemaligen Legaten größeren Einfluss ausüben als ihre Kollegen mit nur prätorischem Rang.[56]

Die Provinzen des Kaisers wurden in einem wesentlich anderen Auswahlmodus besetzt. Es entschied, jedenfalls offiziell und rechtlich, allein der Herrscher. Das galt für die Territorien, in denen Senatoren amtierten, genauso aber auch für die Provinzen, in denen Personen aus dem Ritterstand die Leitungsfunktionen übernahmen. Alle diese Statthalter waren seine Delegatare, d.h. sie hatten keine unabhängige Befehlsgewalt, kein eigenes *imperium*, womit, rechtlich gesehen, die Prokonsuln ausgestattet waren. Ihre Abhängigkeit drückte sich auch in den Amtsbezeichnungen aus: *legatus Augusti pro praetore* für diejenigen, die senatorischen Standes waren, also Vertreter des Augustus im prätorischen Rang, und *praefectus* (zunächst nur in Ägypten, später auch in Mesopotamia) bzw. *procurator* (oder *procurator et praefectus*) für ritterliche Statthalter.[57] Alle diese Bezeichnungen unterstrichen, dass ihre Träger im Auftrag handelten. D.h., Statthalter im rechtlichen Sinne war an sich der Herrscher selbst (als *proconsul* – den Titel führten die Kaiser allerdings nur, wenn sie sich in den Provinzen aufhielten und auch erst ab der Spätzeit Traians).[58] Doch gab er die konkrete Leitung einer Provinz an einen Vertreter, seinen *legatus*, ab. Anders als die Prokonsuln blieben die kaiserlichen Beauftragten solange im Amt, wie es dem Kaiser sinnvoll und notwendig erschien; so kennen wir in Einzelfällen Amtszeiten von weniger als einem Jahr, aber auch, z.B. unter Tiberius, solche von 20 Jahren.[59] Deutlich längere Amtszeiten gab es äußerst selten auch noch später, wie das Beispiel des ersten Legaten von Arabia, Claudius Severus, zeigt, der

---

2009, 76f. Nr. 26:006), C. Vibius Postumus (THOMASSON 2009, 78 Nr. 26:024), M. Aemilius Lepidus (THOMASSON 1984, 210 Nr. 26:033) und L. Egnatius Victor Lollianus (THOMASSON 2009, 90f. Nr. 26:191).
56 ECK 1972/73; ECK 1972; THOMASSON 1991, 55ff.
57 Der allseits bekannte Pontius Pilatus wird von Tacitus *procurator* von Iudaea genannt (Tac. ann. 15,44,3), eine Inschrift aus Caesarea (AE 1964, 39 = CIIP II 1277) aber nennt ihn *praefectus Iudaeae*; damit ist er aber nicht als Statthalter bezeichnet, sondern lediglich als Unterstatthalter unter dem konsularen Legaten von Syria; dazu ECK 2007f, Kap. 1; ECK 2021a.
58 Zuletzt ECK 2019b.
59 So M. Statius Priscus, der sowohl in Moesia superior als auch in Britannia nur kürzeste Zeit blieb, PISO 1993, 66ff.; THOMASSON 2009, 26 Nr. 14:026, 46 Nr. 20:43; gerade das Gegenteil war bei L. Arruntius in Hispania citerior und L. Aelius Lamia in Syrien (THOMASSON 1984, 14 Nr. 03:012, 305 Nr. 33:018) der Fall. Auch Cn. Iulius Agricola blieb für sieben Jahre, also außergewöhnlich lange, in Britannien, BIRLEY 2005, 71ff.

von 106 bis etwa 115 die Provinz leitete.⁶⁰ Üblich war aber eine Dauer von 2–4 Jahren. Das gilt für senatorische *legati* wie für ritterliche Präfekten oder Prokuratoren. In Ägypten mit seiner reichen papyrologischen Dokumentation ist dies sehr deutlich zu sehen.⁶¹

Vom Standpunkt der politischen Klasse in Rom waren diese Unterschiede in den Provinztypen keineswegs ohne Bedeutung. Darin spiegelte sich der historische Kompromiss, den die alte Führungsschicht, die im Senat zwar geschwächt, aber im Grund immer noch mächtig repräsentiert war, mit Augustus abgeschlossen hatte. Selbst Nero war deshalb noch in seiner Spätzeit darauf bedacht, den Kompromiss nicht zu Lasten des Senats zu schwächen, als er während seines Besuches in Griechenland der Provinz Achaia, bis zu diesem Zeitpunkt eine Provinz mit einem Prokonsul als Statthalter, die Freiheit vom statthalterlichen Regiment gab. Für Achaia stellte er die bisher ihm direkt unterstehende und von einem Ritter geleitete Provinz Sardinia zur Verfügung, in die ab 67 für einige Jahre ein Prokonsul gesandt wurde,⁶² bis Achaia durch Vespasian vermutlich schon 70/71 mit seinem alten Rechtsstatus wieder einem Prokonsul unterstellt wurde; in Sardinien ist jedenfalls 72/74 wieder ein *procurator et praefectus Sardiniae* bezeugt.⁶³

Anders stellte sich möglicherweise die Frage nach dem Unterschied zwischen den verschiedenen Typen, wenn man sie aus der Blickrichtung der Provinzbevölkerung betrachtet. Machte es z. B. einen Unterschied, ob in Pontus-Bithynien bis etwa 110 n. Chr. ein Prokonsul die staatlichen Geschäfte leitete oder von da an unter Traian für einige Jahre ein *legatus Augusti pro praetore?* Mit dieser Amtsbezeichnung, aber als ein Legat mit *proconsularis potestas* ging Plinius d. J. in diese Provinz, mit einem Auftrag, der nicht wie bei einem Prokonsul auf ein Jahr begrenzt war.⁶⁴ Für den Senat und für Traian muss wohl ein deutlicher Unterschied bestanden haben; sonst hätte man nicht einen eigenen Senatsbeschluss gefasst, um Plinius als kaiserlichen Statthalter und doch mit der *potestas* eines Prokonsuls abzusenden, was auch äußerlich durch sechs Liktoren deutlich wurde, während ein normaler Legat nur fünf als seine Begleiter gehabt hätte. Manche Städte haben den Unterschied in der Amtsgewalt im Vergleich zu früher auch verspürt; zumindest haben sie sich gegenüber Plinius vernehmen lassen, bisher hätten Prokonsuln bestimmte Kontrollen nicht durchgeführt, z. B. die Rechnungsführung einer rö-

---

60 THOMASSON 2009, 135 Nr. 35:001.
61 BASTIANINI 1975; BASTIANINI 1980; BRUNT 1990a, 245 ff.; THOMASSON 2009, 143–151 (37); FAORO 2016.
62 GROAG 1939, 39 ff.; ECK 1971. Drei Prokonsuln von Sardinien sind bekannt: Cn. Caecilius Simplex, L. Helvius Agrippa und [--]tius Secundus: THOMASSON 1984, 7–8 Nr. 02:008. 009. 001; THOMASSON 2013, Nr. 02:008. 009. 011.
63 CIL X 8023 f.
64 So ist seine amtliche Bezeichnung in CIL V 5262 = D 2927 sowie in CIL XI 5272 zu rekonstruieren, siehe ALFÖLDY 1999 mit Verweis auf E. Bormann, der dies bereits gesehen hatte. Bormanns Annahme war mir bei der Erstfassung dieses Beitrags (ECK 1995f) nicht bekannt, als ich formulierte: „Im Übrigen könnte Plinius zumindest mit prokonsularer Amtsgewalt ausgestattet gewesen sein", was damals nicht weiterverfolgt wurde.

mischen Kolonie überprüft.⁶⁵ Man kann freilich fragen, ob diese erkennbar andere Amtsführung am unterschiedlichen Statthaltertyp oder an der besonderen Situation und an den Sonderaufträgen lag, die Traian Plinius gegeben hatte. Aber außer den städtischen Honoratioren, die sich in ihrer Unabhängigkeit wohl durch die Art, in der Plinius seinen Auftrag ernst nahm, eingeengt fühlten, hat wohl niemand sonst in der Bevölkerung einen merklichen faktischen Unterschied wahrnehmen können. Plinius kam wie auch seine Vorgänger bei den Konventsreisen zu den Bewohnern und war sicher nicht weniger zugänglich als die früheren Prokonsuln. Ebenso ist kaum anzunehmen, dass sich für die Bewohner der Provinz Iudaea die ritterlichen Präfekten, die bis zum Jahr 66 n.Chr. im Amt waren und nur als Unterstatthalter agierten, von den senatorischen Legaten prätorischen Ranges unterschieden, die Vespasian nach der Eroberung Jerusalems dort eingesetzt hat.⁶⁶ Die gleiche Frage stellt sich etwa für die Präsidialprokuratoren in Thracia, Noricum oder Raetia, die unter Traian bzw. unter Marc Aurel von senatorischen Legaten abgelöst wurden. Beide, Prokuratoren und Legaten, waren kaiserliche Beauftragte, beide waren jeweils für mehrere Jahre tätig. Dass dem Legaten in Iudaea die *legio X Fretensis* zur Verfügung stand, nicht nur Hilfstruppen, wie es unter den *praefecti Iudaeae* der Fall war, sollte den Bewohnern ziemlich gleichgültig gewesen sein; das Militär wurde in beiden Fällen als Teil der bei vielen nicht beliebten Herrschaft wahrgenommen. Für Noricum und Raetia gilt das Gleiche. Militär konnte sich in jeder Form der Bevölkerung gegenüber als Bedrücker zeigen.⁶⁷ Und ein Gerichtsverfahren vor dem ritterlichen Präfekten Pontius Pilatus lief wohl kaum wesentlich anders ab als vor dem senatorischen Legaten Flavius Silva, der Masada, die letzte große jüdische Festung, erobert hatte. Als Paulus vor Felix und Porcius Festus, zwei Präfekten von Iudaea, angeklagt wurde, erging die Appellation, die er als römischer Bürger einlegen konnte, an den Kaiser.⁶⁸ Ebenso fragte Plinius als Legat von Pontus-Bithynia wegen einiger Christen, die römische Bürger waren, bei Traian an, wie er ihnen gegenüber urteilen solle. Auch Licinius Silvanus Granianus legte als Prokonsul von Asia im J.121/122 seine Rechtsunsicherheit bei der Behandlung von tumultuarischen Forderungen nach Bestrafung von Christen brieflich Hadrian vor; die Antwort Hadrians ging erst an den Nachfolger des Silvanus Granianus, Minicius Fundanus, *proconsul Asiae* 122/123.⁶⁹

Den einzigen Bereich, in dem eine wirkliche Differenz erkennbar war, bildete das Steuerwesen. In Thracia, einer ritterlichen Provinz, waren die Präsidialprokuratoren bis etwa zum Jahr 110/111 nicht nur Statthalter, sondern auch zuständig für das Steuerwesen, nicht anders als dies etwa in den beiden Mauretaniae der Fall war. Doch als Traian

---

65 Plin. epist. 10,47.
66 Dass bei einem solchen Vergleich nicht die Charakterisierung der Präfekten durch Iosephus entscheidend sein darf, ist unmittelbar klar, da der jüdische Historiker dabei deutlich seine Voreingenommenheit zeigt, siehe Eck 2011.
67 Vgl. z.B. Isaac 1993, 269 ff.
68 Apg 25,9 ff.
69 Plin. epist. 10,96–97; Iust. Mart. apol. 1,68 = Eus. HE 4,9,1.

Iuventius Celsus als senatorischen Legaten nach Thrakien sandte,[70] wurde neben ihm ein ritterlicher Prokurator für die Finanzen der Provinz eingesetzt.[71] Gleiches würde man auch für Pontus-Bithynien annehmen, als fast gleichzeitig mit der Veränderung in Thrakien Plinius d. J. dort die Leitung übernahm. Vorher war zumindest für die regelmäßigen Steuern der Quästor des Prokonsuls für den Empfang der Gelder zuständig war. Da Plinius als *legatus Augusti pro praetore* in der Provinz amtierte wie auch Iuventius Celsus, hätte eigentlich ein ritterlicher Prokurator an die Stelle des Quästors treten müssen. Das aber ist wohl nicht geschehen. Denn Plinius war zwar kaiserlicher Legat, aber mit prokonsularer potestas: *legat(us) pro pr(aetore) provinciae Pon[ti et Bithyniae pro]consulari potesta[t(e)] in eam provinciam e[x s(enatus) c(onsulto) missus ab] Imp(eratore) Caesar(e) Nerva Traiano Aug(usto) German[ico Dacico p(atre) p(atriae)].*[72] Das glich ihn einem Prokonsul an. Seine Vorgänger hatten als Prokonsuln natürlich einen Legaten aus Rom mit in die Provinz genommen. Überraschenderweise hatte auch Plinius einen Legaten, einen Servilius Pudens, unter sich, was bei einem kaiserlichen Legaten in einer legionslosen Provinz nie der Fall war. Diesen Legaten muss man als einen *legatus proconsulis* ansehen. Dann aber sollte man auch annehmen, dass Plinius nach dem administrativen System auch ein Quästor zugewiesen worden ist. Man könnte einwenden, Plinius spreche nie von einem Quästor, der mit ihm zusammen in der Provinz weilte. Doch auch der prokonsulare Legat Servilius Pudens wird im gesamten fast zwei Jahre dauernden Briefwechsel des Plinius nie genannt, außer ein einziges Mal und zwar nur deswegen, weil der Legat erst einige Monate nach Plinius endlich in der Provinz angekommen war, was dieser Traian mitteilen wollte.[73] Als Funktionsträger erscheint der Legat nie. Wieder ist allerdings zu fragen, ob überhaupt und wenn ja, wie weit sich eine Änderung hin zu einem Prokurator statt eines Quästors konkret für die Bevölkerung und für das Bewusstsein einer Provinz, eine Einheit zu bilden, ausgewirkt haben könnte.

Die Frage ist vor allem auch deshalb zu stellen, weil gerade im Steuerwesen öfter beobachtet werden kann, dass die bestehenden offiziellen Provinzen nicht mehr als klar getrennte Einheiten die territoriale Grundlage für die Administration bildeten. So gab es für die beiden Germaniae und die Belgica nur einen Prokurator; die drei Provinzen bildeten einen zusammenhängenden Steuerbezirk[74], wohl ein Relikt aus der Phase, als die beiden germanischen Heeresbezirke noch keine Provinzen im Rechtssinne waren. Nicht anders war es mit Aquitanien und der Lugdunensis, die einem Prokurator unterstellt waren, während andererseits für die *vicesima hereditatium* die Aquitanica mit

---

70 Bezeugt durch ein Diplom vom 3. Mai 113 (DANA 2019, dort als Datum der 1. August ergänzt), am 19. Juli 114 hat er die Provinz bereits verlassen (RMD I 14 = IV 227). Er sollte also wohl nicht später als 111 in der Provinz gewesen sein.
71 PFLAUM 1960, III 1069.
72 CIL V 5262 = D 2927 mit Anm. 64 oben.
73 Plin. epist. 10,25: *Servilius Pudens legatus, domine, VIII Kal. Decembres Nicomediam venit meque longae exspectationis sollicitudine liberavit.*
74 CIL XI 5744.

der Narbonensis, also eine kaiserliche mit einer prokonsularen Provinz zusammengeschlossen waren.[75] Auch im Osten finden sich nicht ganz selten solche provinzübergreifenden Zusammenschlüsse, etwa zwischen Cilicia und Cappadocia oder Lycia-Pamphylia, Pisidia, Pontus und zeitweise – so zumindest die Interpretation von Pflaum – zwischen Cilicia und der Inselprovinz Cypern.[76] Noch stärker ist der Zusammenschluss regulärer Provinzen zu neuen größeren administrativen Einheiten bei den unregelmäßig, nicht alljährlich erhobenen Steuern, etwa der fünfprozentigen Erbschaftssteuer. In Gallien waren da z. B. die Lugdunensis, die Belgica und die beiden Germaniae verbunden, im Osten Asia, Lycia-Pamphylia, Galatia und die Cyclades.[77] Der illyrische Zoll umfasste, sobald dafür ein Prokurator ernannt worden ist, den weiten Raum von Noricum bis zum Schwarzen Meer, also eine große Zahl von Provinzen, nicht anders als der *procurator quadragesimae Galliarum*, des Zolls von 2 ½ Prozent im gallischen Raum.[78] In solchen Fällen dienten die normalen Provinzen zwar noch zur Beschreibung des gesamten Zuständigkeitsbereiches eines Prokurators, aber sie waren als Teil einem größeren Ganzen eingegliedert. Das größere Ganze erhielt aber seinerseits nicht die Bezeichnung Provinz, ja es erhielt überhaupt keine eigene neue Sachbezeichnung, die Teile bezeichneten additiv das Ganze wie etwa im Fall eines *proc(urator) Augg(ustorum) ... [ad ve]ctig(al) XX her(editatium) per Asiam, Lyciam, [Phr]ygiam, Galatiam, insulas [C]ycladas.*[79]

Ähnliches Überspringen der Provinzgrenzen kann man auch für andere Bereiche der staatlichen Administration feststellen, etwa in der Bergwerksadministration für Dalmatien und Pannonien bzw. den gallischen Raum oder bei der Leitung der Gladiatorenkasernen in mehreren Provinzen.[80] Auch die Administration von Domänenbezirken kann sich offensichtlich auf das Territorium mehrerer Provinzen erstreckt haben. So war der *procurator Phrygiae* im J. 213, Aurelius Philocyrius, der innerhalb der Provinz Asia seinen Sitz hatte, auch zuständig für Teile des kaiserlichen Besitzes, der damals in der benachbarten Provinz Lycia-Pamphylia lag.[81] Freilich gewannen solche Regelungen keine reichsweite Systematik, sie blieben okkasionell und punktuell und waren zudem für verschiedene Aufgabenbereiche auch unterschiedlich zugeschnitten, was man besonders klar im gallisch-germanischen Bereich sehen kann. Neben den Provinzen der Statthalter: Narbonensis, Aquitanica, Lugdunensis, Belgica, Germania inferior und Germania superior, findet man regionale Zusammenschlüsse der folgenden Art:[82]

---

75 PFLAUM 1960, III 1056; ECK 2020d.
76 IK 13, 666 (Ephesos); PFLAUM 1960, III 1053. 1079; AE 1914, 128.
77 PFLAUM 1960, III 1054 (sowie ein Ti. Claudius Antoninus in einer noch unpublizierten Inschrift); 1074.
78 DE LAET 1949, 125 ff. Für Asia auf Grund des Monumentum Ephesinum siehe zuletzt NICOLET 1993.
79 CIL X 7583; wenn die Beschreibung exakt ist, dann ist hier sogar nur ein Teil einer Provinz eingeschlossen worden, nämlich Lycia, während Pamphylia, das mit Lycia zusammen eine reale Provinz bildete, hier nicht genannt ist.
80 PFLAUM 1960, III 1063. 1053. 1047. 1037. 1073. 1081.
81 Zum Problem und der früheren Literatur CAMODECA 1994. Wichtig ist dabei das große Dossier von Takina, ŞAHIN/FRENCH 1987, 133 ff.; dazu VITALE 2015, 39.
82 Die Listen der Amtsträger bei PFLAUM 1960, III 1051 ff.

procurator XXV Galliarum
procurator ferrariarum Galliarum
procurator provinciarum Galliarum Lugdunensis et Aquitanicae
procurator XX hereditatium per Gallias Lugdunensem et Belgicam et utramque Germaniam
procurator XX hereditatium per provincias Narbonensem et Aquitanicam
procurator annonae provinciae Narbonensis et Liguriae
praefectus vehiculorum trium provinciarum Galliae Lugdunensis, Narbonensis et Aquitanicae
procurator provinciarum Galliae Belgicae et duarum Germaniarum
procurator familiarum gladiatoriarum per Gallias, Britanias, Hispanias, Germanias et Raetiam.

Allein die große Variabilität der überprovinzialen Zusammenschlüsse, die im Laufe des 2. und 3. Jh. häufig auch noch wechselten, waren auf keinen Fall ein Ansatzpunkt für Identifikationsmuster irgendwelcher Art. Doch gerade der Umstand, dass überall Bezug genommen wird auf die offiziellen politisch-staatlichen Provinzen, zeigt, dass diese die Grundstruktur bildeten, nach der sich alle anderen Funktionen richteten.

War aber die Provinz als politisch-administrative Einheit geeignet, eine je eigene Identität der Provinzbewohner zu fördern oder gar erst auszubilden? Das wäre ein sehr weites Thema, das sicherlich nicht zu einem reichsweit gleichen Ergebnis führen würde, wobei ohne Zweifel der Umstand eine wesentliche Rolle gespielt hat, ob eine Provinz schon vor der Eingliederung in das Imperium eine Einheit gewesen ist.

Gewisse Ansatzpunkte für die Vorstellung, dass die Bewohner einer Provinz eine durch Besonderheiten erkennbare Einheit darstellten, gab es ohne Zweifel in vielen Provinzen. Der Provinziallandtag, soweit er sich auf eine einzige Provinz bezog, konnte ein solcher Kristallisationspunkt sein; die Konkurrenz der Städte innerhalb dieses Zusammenschlusses mochte das Bewusstsein dafür schärfen, dass man sich nicht nur innerhalb dieser Einheit untereinander, sondern auch nach außen hin von anderen Provinzen unterschied, dass also die Bewohner dieser Provinz spezielle Beziehungen untereinander hatten.[83] Von P. Pactumeius Fronto konnte seine Tochter sagen, er sei *consul ex Africa primus*,[84] sie meinte wohl die Provinz Africa (*proconsularis*). Ähnlich wurde von einem unbekannten Senator wohl der flavischen Zeit gesagt, er sei der erste Senator aus Milet und Ionien und der fünfte aus der Provinz Asia überhaupt.[85] Zumindest Senatoren haben also ihre Heimatprovinz als einen wichtigen und differierenden Bezugspunkt angesehen. Doch kann dies auch für andere Gruppen gelten. Eine Inschrift aus Ephesos spricht von einem [?Corne]lius Menodorus *praef. fabrum et trib. militum primus ex is, qui in Asia habitant et [equo publico don]ati sunt*.[86] Ebenso nennen auch viele andere Personen als Herkunftsbezeichnung ihre Provinz, freilich sehr häufig nicht allein, sondern verbunden mit der Heimatgemeinde. So kann man sich *natione Afer domo Theuesti* nennen,[87] oder *civis Surus ex regione Zeugma*[88] oder auch *Antio-*

---

83 DEININGER 1965; ALFÖLDY 1973; EDELMANN-SINGER 2015.
84 D 1001.
85 AE 1930, 7.
86 KNIBBE/ENGELMANN/IPLIKÇIOGLU 1993, 137; dazu ECK 1997c = AE 1997, 1436.
87 D 2319.

chensis Syriae ad Daphnem,⁸⁹ ganz ähnlich also dem unbekannten ersten Senator aus Milet. Die Provinz ist ein Bezugspunkt, aber auch die Gemeinde, die Stadt, aus der der einzelne stammte. So verfuhr der Senator Ti. Claudius Gordianus, der sich so kennzeichnete: *Tyanae ex Cappadocia*. ⁹⁰

Diese Verbindung von Provinz und Stadtgemeinde – *civitas* – trifft sich mit einer bemerkenswerten Beobachtung, die im Zusammenhang von Statthalter und Provinzgrenzen zu machen ist. Epigraphisch haben wir zahlreiche Inschriftensteine überliefert, die die Grenzen zwischen mehreren Städten, zwischen Städten und Stämmen oder zwischen Städten und Privatleuten festlegen und markieren.⁹¹ Für Provinzen gibt es dergleichen kaum, auch wenn das Bewusstsein, dass diese Grenzen existierten, seinen Ausdruck fand, so z. B. auf Meilensteinen in der Provinz Arabia, die von der Erbauung einer Straße *a finibus Syriae usque ad mare Rubrum* berichten.⁹² Doch an den Grenzen selbst sind keine Terminationssteine zu finden. Wenn Soldaten aus Legionen von Germania inferior und superior am Vinxtbach, der die Grenze zwischen beiden Provinzen bildete, während ihres dortigen Aufenthalts neben dem *Genius loci* und *IOM* auch den *Fines* Altäre errichteten, dann lässt dies erkennen, dass sie wie auch die Statthalter, die sie dorthin abordneten, natürlich wussten, dass dort die Grenze ihre administrativen Bereichs lag. Doch geopfert wurde nur den Gottheiten, die die Grenze schützten, markiert wurde die Grenze nicht.⁹³ Lediglich in Africa wurden unter Vespasian die Grenzen zwischen der *provincia nova* und *vetus* durch Terminationssteine gekennzeichnet,⁹⁴ ebenso im Jahr 136 die Grenzen *inter Moesos et Thraces*⁹⁵- wenn in diesem Fall wirklich die Grenzen zwischen den beiden Provinzen Moesia (inferior) und Thracia und nicht eher die so benannter Stämme gemeint sind. Ansonsten aber finden sich an den endlos langen Grenzen zwischen den verschiedenen Provinzen keine eigenen, auf sie beziehbaren Markierungen. Dies ist kaum dem Zufall zuzuschreiben. Vielmehr darf

---

88 D 7207.
89 D 2819.
90 AE 1954, 138.
91 Siehe dazu verschiedene Beiträge in GASPERINI 1992. Beispiele bei D 5935–5945.; für den Osten e. g. ŞAHIN 1995, 30 f. mit Anm. 24 u. 25.
92 Z. B. CIL III 14149, 21. 30. 49–50.
93 CIL XIII 7713. 7731–7732.
94 CIL VIII 14882 = 25860 = EDCS-25501680; CIL VIII 23084 = ILTun 787 = EDCS-24300140; CIL VIII 25967 = D 5955 = EDCS-25501785; AE 1912, 148 = EDCS-16300369; AE 1912, 149 = EDCS-16300370; AE 1912, 150 = EDCS-16300371; AE 1912, 151 = EDCS-16300372; AE 2014, 1517 = EDCS-71300322; ILTun 624 = EDCS-08600919: *Ex auctoritate Imperatoris Vespasiani Caesaris Augusti patris patriae fines provinciae novae et veteris derecti, qua fossa regia fuit, per Rutilium Gallicum consulem pontificem et Sentium Caecilianum praetorem et legatos Augusti pro praetore*
95 CIL III 12407 = ILBulg 429 = EDCS-29100175; CIL III 749 = ILBulg 386 = EDCS-27100021; CIL III 14422, 1 = ILBulg 358 = EDCS-30200659; ILBulg 390 = AE 1985, 729 = EDCS-08300501; D 5956 = ILBulg 357 = EDCS-74100160; AE 1985, 733 = EDCS-13301417; AE 1985, 730 = EDCS-08300502: *Ex auctoritate Imp(eratoris) Caesaris divi Traiani Parthici fili(i) divi Nervae nepo(tis) Traiani Hadriani Aug(usti) p(atris) p(atriae) pontificis maximi, tribuniciae potes(tatis) XX, co(n)s(ulis) III Antiu(s) Rufinus inter Moesos et Thraces fines posuit*. Siehe den Beitrag von VELKOV 1987.

man daraus wohl den Schluss ziehen, dass solche Markierungen offensichtlich für die Administration nicht nötig waren. Wie aber hat dann ein Statthalter gewusst, für welches Provinzterritorium er zuständig war? Wie hat etwa Plinius, der vorher nie in Pontus-Bithynien gewesen war, gewusst, was zu der von ihm geleiteten Provinz gehörte? Nach unseren Vorstellungen hätte ein Gouverneur, wenn er in seine Provinz abreiste, etwas Ähnliches wie eine Karte mit seinem Provinzgebiet erhalten sollen. Davon ist nichts bekannt, obwohl es nicht ausgeschlossen ist. Was er aber zweifellos erhielt bzw. in der Provinz vorfand, war eine *formula*, eine Liste der Städte, für die er verantwortlich war.[96] Seine Provinz setzte sich aus einzelnen *civitates*, möglicherweise auch anderen territorialen Einheiten wie Tempelherrschaften und großen kaiserlichen *saltus* zusammen, deren Grenzen jeweils bekannt waren oder zumindest bekannt sein sollten, entweder den Munizipalmagistraten oder den Verwaltern der Güter. Eine Provinz war also, jedenfalls zunächst, eher eine Addition verschiedener Einzelteile als eine Einheit. Diese Einheit konnte sich im steten Bewusstsein der gemeinsamen Abhängigkeit von einem Statthalter bilden, freilich in ständiger Auseinandersetzung mit den Grundeinheiten jeglichen provinzialen Lebens. Das waren und blieben die Gemeinden. Mehr als die administrativ-politische Einheit, die Provinz, bildeten die Städte die entscheidenden Bezugspunkte für das Leben und die Identität ihrer Bewohner.

---

[96] Vgl. BRODERSEN 1995, 129 f. Interessante Beobachtungen dazu für die Provinz Syria Palaestina bei ISAAC 1996.

22 Der Anschluss der kleinasiatischen Provinzen an Vespasian und ihre Restrukturierung unter den Flaviern

Die Akklamation Vespasians durch die Truppen Ägyptens am 1. Juli des Jahres 69 n. Chr. sowie durch die Truppen in Syrien und Iudaea am folgenden Tag war eine wohl vorbereitete Inszenierung.[1] Intensive Überlegungen und Verhandlungen mit potentiellen Unterstützern waren der Aktion vorausgegangen, ohne dass dies alles im Detail überliefert wäre. Die Verhandlungen dienten in erster Linie dazu, die militärische Macht abzusichern, die für die Auseinandersetzung mit Vitellius nötig war. Denn dieser konnte sich auf die damals stärksten Heeresverbände in Germanien und Britannien stützen. Dass Syrien und Ägypten, die beiden einzigen *transmarinae provinciae* mit Legionsbesatzung, dabei eine entscheidende Rolle spielen mussten, und damit auch ihre damaligen Statthalter, C. Licinius Mucianus und Ti. Iulius Alexander, ergab sich aus der Sache.

Doch es ging von Anfang an nicht nur um die militärische Macht; wichtig waren, neben der politischen Unterstützung durch die Statthalter der Anschluss möglichst vieler führender Familien der Provinzstädte an Vespasian und seine Partei sowie die Bereitstellung der wirtschaftlichen und finanziellen Ressourcen für die Kriegsführung. All dies aber konnten auch Provinzen liefern, in denen keine oder fast keine Truppen stationiert waren. Im näheren Einzugsbereich der ursprünglichen Machtbasis Vespasians im Osten waren dies in erster Linie die bevölkerungsreichen und finanzstarken kleinasiatischen Provinzen. Es wäre mehr als verwunderlich, wenn Vespasian und seine Berater nicht bereits in der Vorbereitungsphase der Akklamation versucht hätten, diese Regionen für den geplanten Putsch zu gewinnen.

1 Der schnelle Anschluss der kleinasiatischen Provinzen an Vespasian im Jahr 69

Diese frühzeitigen Versuche und deren Erfolg lassen sich mit ziemlicher Deutlichkeit nachweisen. Denn in zweien der kleinasiatischen Provinzen finden sich epigraphische Zeugnisse, die eine Besonderheit im Namen Vespasians aufweisen, die sonst nirgendwo im Imperium zu finden ist. Vespasians Kaisername, wie wir ihn etwa dem frühesten uns bisher bekannten offiziellen Dokument aus der kaiserlichen Kanzlei, einer Bürgerrechtskonstitution vom 26. Februar des Jahres 70, entnehmen können,

---

[1] Siehe z. B. DE KLEIJN 2009. – Allgemein zur hier behandelten Problematik MAGIE 1950; DĄBROWA 1980. Im wesentlich überholt ist die von Anfang an etwas problematische Arbeit von KREILER 1975. Ferner LEVICK 1999; MAREK 2010, 422 ff.

lautete: *Imp. Vespasianus Caesar Augustus.*[2] Das wurde frühzeitig im Jahr 71 zu der dann durchgängigen Form *Imp. Caesar Vespasianus Augustus* verändert.[3]

Doch in insgesamt sieben Inschriften in verschiedenen Städten Lykiens sowie Pamphyliens erscheint im Namen Vespasians sein bisheriges, sonst aber in seiner Nomenklatur nie mehr verwendetes Gentilnomen Flavius.[4] Es sind folgende Zeugnisse:

> Αὐτοκράτωρ Καῖσαρ Φλάο[υι]ος Οὐεσπασι[ανὸς] Σεβαστός in einer Thermenbauinschrift aus Patara in Lykien;[5] der Name Vespasians ist dort an die Stelle des eradierten Namen Neros gesetzt.[6]
> Αὐτοκράτωρ Καῖσαρ Φλάουιος Οὐεσπασιανὸς Σεβαστός in der Inschrift einer Druckrohrleitung ebenfalls aus Patara.[7]
> Αὐτοκράτωρ Καῖσαρ Φλάουιος Οὐεσπασιανὸς Σεβαστός in der Bauinschrift der Thermen in Olympos, ebenfalls in Lykien.[8]
> Αὐτοκράτωρ Καῖσαρ Φλάουιος Οὐεσπασιανὸς Σεβαστός ebenfalls auf einer Thermenbauinschrift aus Kadyanda in Lykien.[9]
> [Αὐτοκράτωρ Καῖσαρ Φ]λάουιος Οὐεσπασιαν[ὸς Σεβαστός ...... auf einer weiteren Bauinschrift aus Kadyanda.[10]
> *Imp(eratori) T(ito) Fl(avio) Vespasiano Caesari Aug(usto)* auf der Basis einer Reiterstatue aus Perge, das damals noch zur Provinz Galatia-Pamphylia gehörte.[11]
> Τίτον Φλάουιο[ν] Οὐεσπασιανὸν Σεβαστὸν, ebenfalls in der Inschrift auf der Basis einer Reiterstatue aus Sagalassos, wie Perge in der Provinz Galatia-Pamphylia gelegen.[12]

Fünf dieser Zeugnisse, zwei aus Patara, zwei aus Kadynda und eines aus Olympos stammen aus der Provinz Lycia, zwei – aus Perge und aus Sagalassos – gehören in die Provinz (Galatia)-Pamphylia. Lycia und Pamphylia sind die beiden Provinzteile, die an der Südküste Kleinasiens mit ihren Hafenplätzen für die Verbindung über das Meer zwischen dem östlichen und westlichen Teil des Imperium Romanum von größter Wichtigkeit waren. Diese Regionen und vor allem ihre Statthalter erfuhren offensichtlich sehr frühzeitig von der Absicht Vespasians, den Kampf um die Herrschaft im Reich aufzunehmen, zumindest zu einem Zeitpunkt, als es, vermutlich auch im Kreis

---

2 RMD IV 203 = AE 1997, 1771; CIL XVI 10 vom 7. März 70.
3 CIL XVI 12–13; RMD IV 204: 9. Februar 71.
4 Überraschenderweise wird dieses Gentile nach dem Tod Vespasians für Titus in mehreren Inschriften im Osten des Reiches wiederaufgenommen, ohne dass man dafür einen Grund sehen kann: Delphi: DAUX 1944, 122 Nr. 35 (2 Texte); Stratonikeia: IK 22, 1, 1007 (Stratonikeia); Myra: IGRRP III 723; Rhodos: IG XII 1, 58.
5 IGRRP III 659 = TAM II 396.
6 Die Titulatur Neros ist aber größtenteils noch lesbar, was bisher übersehen wurde; siehe ECK 2008a.
7 İŞKAN-IŞIK/ECK/ENGELMANN 2008, bes. 116.
8 İPLIKÇIOĞLU 2006; vgl. İPLIKÇIOĞLU 2008.
9 IGRRP III 507 = TAM II 651.
10 IGRRP III 508 = TAM II 652.
11 MERKELBACH/ŞAHIN 1988, 110 f. Nr. 11 = IK 54, 54 (Perge); zur Interpretation als Teil einer Reiterstatue ECK 2000.
12 IK 70, 13 (Sagalassos).

um Vespasian selbst, noch nicht klar war, wie der neue Kaiser seinen Namen wirklich gestalten würde. Denn eine völlig feste Form für den Namen des Herrschers war bis dahin noch nicht entstanden und vor allem hatten seine unmittelbaren Vorgänger Galba, Otho und Vitellius ihre Namen und Titel sehr unterschiedlich formuliert. Es gab also kein zwingendes Vorbild, welche Elemente der Name enthalten müsse oder solle. Galbas Name lautet in seinen Bürgerrechtskonstitutionen, die uns über Militärdiplome erhalten sind, *Ser(vius) Galba Imperator Caesar Aug(ustus)*;[13] Othos Name wird in den Arvalakten als *Imp. M(arcus) Otho Caesar Augustus* wiedergegeben;[14] und Vitellius erweiterte seinen alten Namen nur um wenige Elemente: *Aulus Vitellius Luci filius imperator, consul perpetuus*.[15] So braucht es nicht zu verwundern, wenn Vespasian zunächst noch sein eigenes Gentilnomen verwendet hat.[16] Erst nach einiger Zeit wurde dann die endgültige Form gefunden, in der *Flavius* nicht mehr erschien. Doch in den ersten Schreiben, die in die nächstgelegenen Provinzen und zu deren Statthaltern gingen, fand sich, wie wir aus den Zeugnissen schließen müssen, noch *Flavius*: dieser Name wurde dann von den Statthaltern auch den Gemeinden ihrer Provinzen mitgeteilt. Viele beeilten sich, dem neuen Herrn Statuen zu errichten und benannten ihn dann sogleich konsequenterweise in den damit verbundenen Inschriften in dieser Weise.[17] Lange hat er diese Namensform allerdings nicht beibehalten, wie die Bürgerrechtskonstitution vom Februar 70 zeigt. Damit wird aber auch deutlich, dass sich zumindest die beiden Provinzen Lycia und Galatia-Pamphylia unmittelbar der flavischen Partei angeschlossen haben, weil sie die früheste Namensform mit dem Gentile *Flavius* verwendeten. Beweisend ist darüber hinaus vor allem auch, dass alle fünf Zeugnisse in Lycia mit dem Statthalter Sex. Marcius Priscus verbunden sind,[18] der nach seiner seit 63/64 währenden Statthalterschaft die Provinz wohl noch im Jahr 70 verließ und kurz darauf in Rom zu einem Suffektkonsulat gelangte; er hatte sich als ein prononcierter Anhänger Vespasians der ersten Stunde profiliert.[19]

---

13 Siehe CIL XVI 7–9.
14 Siehe D 241 = SCHEID 1998, 99, Nr. 40 passim.
15 D 242–243.
16 Nicht ausschließen kann man freilich, dass Statthalter diese Form vielleicht aus den Beispielen der Vergangenheit erschlossen haben.
17 Denkbar wäre auch, dass die Statthalter, mit denen Vespasian wohl schon vor seiner Akklamation Kontakt hatte, das Gentilnomen Flavius aus den früheren Schreiben übernahmen, sobald sie von der öffentlichen Usurpation erfahren hatten. Für die Schlüsse, die aus diesem Gentile auf die Zeit der Verwendung zu ziehen sind, bleibt dies jedoch ohne Belang.
18 Der durch die Texte aus Perge und Sagalassos bezeugte frühe Anschluss an Vespasian könnte durch den damaligen Statthalter der Provinz Galatia-Pamphylia, L. Nonius Calpurnius Asprenas, veranlasst worden sein; sein Aufenthalt in Perge ist direkt bezeugt (HAENSCH 1998, 289 ff. = IK 61, 466 (Perge)); vielleicht hat er die Stadt zu einer frühen Solidaritätsadresse an Vespasian bewogen. Mit dem in der Inschrift bezeugten öffentlichen Akt hatte er freilich nichts zu tun, da er sonst wohl im Text genannt worden wäre.
19 Zu ihm İŞKAN-IŞIK/ECK/ENGELMANN 2008 und İPLIKÇIOĞLU 2008.

In allen kleinasiatischen Provinzen lag in dieser Zeit nur eine kleine Zahl römischer Truppen.[20] In keiner Provinz stand eine römische Legion. Zwar hatte jeder Statthalter ein oder zwei Auxiliareinheiten zur Verfügung, auch die Prokonsuln. Doch unter dem Gesichtspunkt der Macht waren diese Einheiten von geringer Bedeutung; vor allem ließen sich mit ihnen die Provinzen nicht umfassend kontrollieren, falls es dort zu unterschiedlicher Parteinahme für Vitellius oder Vespasian kommen sollte. Es musste deshalb Vespasian zwar zunächst um die Gewinnung der römischen Amtsträger in diesen Provinzen gehen, jedoch mindestens im gleichen Maß auch um die Eliten der Städte. Denn gerade sie waren in solchen *provinciae inermes*, in denen keine größere Militärmacht lag, entscheidend dafür, wie sich die Städte als autonome Einheiten verhalten würden. Wie wichtig der Anschluss der Gemeinden war, zeigen viele Beispiele gerade auch der Jahre 68–70 in den westlichen Provinzen. Gallische Stämme waren davon betroffen, die Colonia Agrippinensium (Köln) im Rheinland ist dafür ein Beispiel, ebenso die *civitas Helvetiorum*.[21]

Wie es offensichtlich Vespasian gelang, diese Unterstützung zu gewinnen, zeigt mit großer Deutlichkeit die einzige lateinische Inschrift, in der ebenfalls das Gentile *Flavius* erscheint. Der Text steht auf der Basis einer Reiterstatue, die im pamphylischen Perge in den dortigen Thermen aufgestellt wurde. Er lautet:[22]

Imp(eratori) T(ito) Fl(avio)
Vespasiano
Caesari Aug(usto)
ci(ves) R(omani) et ordo
et res publica
Pergensium.

Nach diesem Text wurde von den römischen Bürgern sowie von Rat und Volk von Perge, wie *ordo et res publica Pergensium* zu verstehen ist, Vespasian gleich zu Beginn seiner Herrschaft statuarisch geehrt; das Gentile *Flavius* ist dafür Beweis genug. Das Faktum der statuarischen Ehrung ist nicht überraschend, schon etwas überraschender ist, dass man sogleich eine Reiterstatue errichtete. Doch weit auffälliger ist die lateinische Sprache und die Nennung der *cives Romani* vor Rat und Volk von Perge; denn der eigentliche Repräsentant der Stadt war natürlich der Rat und die öffentlichen Inschriften in dieser Stadt sind sonst fast ausnahmslos in griechischer Sprache verfasst. Die lateinische Sprache ist hier also bereits ein Indikator, dass in dem epigraphischen Dokument etwas Außergewöhnliches seinen Ausdruck gefunden hat. Das wird aber durch die Nennung der *cives Romani* in dem Text noch vor Rat und Volk von Perge zusätzlich verstärkt. Da die Ehrung mit der Statue sehr bald nach der Akklamation Vespasians durch die Truppen erfolgt sein muss, darf man aus der Kom-

---

20 Höchstens in Galatien könnten etwas mehr Hilfstruppen stationiert gewesen sein.
21 Suet. Galba 12,1; ECK 2004a, 188 ff.; Tac. hist. 1,69.
22 Siehe Anm. 10.

bination von Sprache und der Stellung der *cives Romani* im Text schließen, dass die römischen Bürger in Perge wohl die Initiative ergriffen, als es darum ging, sich gegen den anerkannten Kaiser Vitellius und für Vespasian zu entscheiden. Immerhin konnte, ja musste Vespasian rechtlich damals noch als Usurpator angesehen werden; denn Senat und Volk von Rom hatten sich damals noch nicht von Vitellius losgesagt. Der Entscheidung der römischen Bürger in Perge aber haben sich Rat und Volk der Stadt offensichtlich angeschlossen.

Freilich waren es nach aller Wahrscheinlichkeit nicht nur einfache *cives Romani*, die in der Stadt lebten, sondern in erster Linie einige Personen, die bereits über die Stadt hinaus auf Grund ihrer sozio-politischen Stellung eine größere Rolle spielten. Zwei von ihnen können wir wohl benennen: M. Plancius Varus[23] und seinen Schwiegersohn C. Iulius Cornutus Tertullus, der uns später als *amicus* des jüngeren Plinius in dessen Briefen begegnet. Plancius Varus gehörte bereits dem römischen Senat an und hatte schon den Rang eines Prätoriers erreicht, Cornutus Tertullus was vermutlich erst Quästor gewesen.[24] Sein Vater hatte sich in der Zeit vor dem Jahr 69 als Bauherr in der Stadt betätigt und auch er hatte dabei einmal die lateinische Sprache verwendet.[25] Ob die beiden Senatoren im Jahr 69 in der Stadt anwesend waren, wissen wir nicht; Plancius Varus könnte damals gerade als Legat unter dem Prokonsul von Asia amtiert haben, also nicht weit von seiner Heimat entfernt. Dass beide Senatoren mit ihrer Heimatstadt in Verbindung standen, zumal in einer so angespannten Zeit wie dem Jahr 69, ist eine Selbstverständlichkeit; schließlich lag dort auch ihre hauptsächliche ökonomische Basis. Schon um diese zu sichern, war der enge Kontakt zur Heimat nötig. Diese in die Reicharistokratie aufgestiegenen römischen Bürger Perges sowie ihre Familien dürfen deshalb mit größter Wahrscheinlichkeit unter den *cives Romani* mitverstanden werden, wenn sie nicht sogar die tonangebenden waren.[26] Sie trugen in jedem Fall erheblich dazu bei, dass die römischen Bürger, sicher erst eine kleine Minorität, innerhalb der Stadt Perge ein solches Gewicht hatten, ja sogar in dieser Situation des Jahres 69 die Haltung der Stadt wohl bestimmen konnten.

---

23 PIR² P 433.
24 CIL XIV 2925 = D 1024. Es wäre allerdings denkbar, dass er gerade infolge des politischen Umbruchs erst Zugang zum Senat erhalten hatte. Dann müsste man freilich die Quästur ins Jahr 70 setzen, seine Ädilität ins Jahr 72. Auf diese Weise wäre vielleicht auch erklärlich, warum er erst in den 70er Jahren durch adlectio in die Rangklasse der Prätorier befördert wurde und nicht auf normalem Weg erst die Prätur absolvierte. Damit könnte er eine besondere Förderung durch die beiden Herrscher erhalten haben, die er freilich dann verloren haben müsste, da seine Laufbahn bald fast zum Stillstand gekommen ist. Dass er seine Laufbahn „erst in den 70'er Jahren" begonnen hätte, wie ŞAHIN in IK 54 (Perge) S. 112 meint, trifft nicht zu.
25 IK 54, 36–45 (Perge); dazu ECK 2000, 655 ff.
26 ŞAHIN wollte in IK 54 (Perge) S. 112 f. gerade diese Personen nicht unter den *cives Romani* von Perge mitverstehen. Doch wäre das politisch völlig unverständlich. Auch wenn diejenigen, die dem Senatorenstand angehörten, in dieser Zeit sich kaum in Perge aufgehalten haben, so standen sie doch zumindest brieflich mit ihrer Heimat in Verbindung und bestimmten nach aller Wahrscheinlichkeit ganz wesentlich die politische Haltung der Stadt.

Plancius Varus und Iulius Cornutus waren römische Bürger, Mitglieder des römischen Senats und gleichzeitig Bürger von Perge. Um ganz deutlich zu machen, wie sie dachten und zu wem sie in der innerrömischen Auseinandersetzung standen, entschieden sie sich auch bewusst für die Sprache, die – nach ihrem Rechtsstatus als römische Bürger – auch ihre eigene Sprache war.[27]

Eine ähnliche Unterstützung Vespasians durch Einzelpersonen und Städte, die in Perge durch einen glücklichen Zufall etwas konkreter zu fassen ist, darf man mit einiger Berechtigung auch in anderen Städten und Provinzen voraussetzen. Das gilt nicht zum wenigsten auch deshalb, weil im Heer Vespasians und in den Heeren von Syrien und Ägypten nicht nur Soldaten aus den kleinasiatischen Regionen dienten, sondern vor allem auch höhere Offiziere. Für folgende Personen ist die Herkunft aus Städten der Provinzen Kleinasiens bezeugt:

> C. Caristanius Fronto aus Antiochia in der Provinz Galatia-Pamphylia: er befehligte als *praefectus* die *ala Bosporanorum*, die in Syrien stand;[28]
> Ti. Iulius Celsus Polemaeanus aus Sardeis in der Provinz Asia: er diente als *tribunus militum legionis III Cyrenaicae* in Alexandria, könnte aber mit einer Vexillation auch in Iudaea am Kampf gegen die jüdische Revolte teilgenommen haben;[29] und
> L. Catilius Longus aus Apamea in Bithynien: er wird in einem epigraphischen Dokument aus seiner Heimatstadt *praefectus cohortis III sagittariorum* genannt;[30] die einzigen drei *cohortes*, die die Ziffer *III* tragen und mit dem Beinamen *sagittariorum* gekennzeichnet werden, sind: die *coh. III Cyrenaica sagittariorum*, die zunächst wohl in Syrien stand,[31] später ist sie im Heer von Cappadocia bezeugt; die *coh. III Thracum Syriaca sagittariorum*, die im Jahr 88 ebenfalls in Syrien ihr Standquartier hatte und die *coh. III Bracaraugustanorum sagittariorum*.
> Auch im Fall von Catilius Longus ist es somit wahrscheinlich, dass er entweder in Syrien selbst oder in Cappadocia, das aber damals vielleicht noch ein Teil der Provinz Syrien war, gedient hat.

Das für die Argumentation Wichtige ist aber in allen drei Fällen, dass die drei ritterlichen Offiziere von Vespasian bald darauf in den Senat aufgenommen wurden. Nach aller Wahrscheinlichkeit war dies die Folge ihrer vorhergehenden loyalen Haltung im Bürgerkrieg gegen Vitellius. Es liegt mehr als nahe, dass sie als Mitglieder führender Familien auch einen entsprechenden Einfluss auf ihre jeweiligen Heimatstädte ausgeübt haben, sich Vespasians Partei anzuschließen. Denn auch sie waren in gleicher Weise wie Plancius Varus und Iulius Cornutus Tertullus, die beiden Senatoren aus Perge, eng mit ihrer Heimatstadt verbunden.

---

27 Zu dieser Gesamtinterpretation siehe schon ECK 2000, 650 ff. – Es ist wohl kein Zufall, dass Perge bereits unter Vespasian einen Kaisertempel erbaute und den Titel *neokoros* erhielt; siehe IK 61, 331 (Perge).
28 Zu ihm und den einschlägigen Zeugnissen HALFMANN 1979, 109 f.
29 HALFMANN 1979, 111 f.
30 HALFMANN 1979, 115; ferner ECK 1981 = AE 1982, 860.
31 Siehe SPEIDEL 2009d, 614.

Das liegt schließlich auch bei anderen Personen nahe, die aus kleinasiatischen Städten stammten und unter Vespasian in den Senat gelangten, wie etwa:

Ti. Iulius Candidus Marius Celsus, *cos. suff.* im Jahr 86, dessen Herkunftsort zwar nicht bekannt ist, der aber sicher aus einer der Städte der Provinz Asia stammte. Sicher ist dies bei C. Antius A. Iulius Quadratus aus Pergamon, *cos. suff.* im Jahr 94.

Der schnelle und, soweit zu erkennen, problemlose Anschluss der Provinzen, die im kleinasiatischen Bereich lagen, an Vespasian ist somit nicht nur unter dem schlichten militärischen Machtaspekt zu sehen, dass nämlich im Osten alle drei großen Heere: das Expeditionsheer in Iudaea sowie die beiden Provinzheere von Syrien und Ägypten, zur vespasianischen Partei gehörten. Vielmehr liegt es nahe, dass auch die personalen Verbindungen einzelner Anhänger Vespasians zu ihren Heimatstädten eine unterstützende Rolle gespielt und damit den schnellen Anschluss ermöglicht haben. Deren Parteinahme diente dem neuen Kaiser in seinem Kampf um die Macht im Imperium, aber auch seinen Anhängern, die damit ihre Position in ihrem Herkunftsort und ihrer Herkunftsregion stärken konnten.

2 Die Neuordnung der kleinasiatischen Provinzen durch Vespasian

Das römische Provinzialreich war das Ergebnis einer langen Entwicklung. Es war keine statische Größe, sondern veränderte sich im Lauf der Zeit, was für uns angesichts der Quellenknappheit oft nur fragmentarisch zu erkennen ist. Der ausgedehnte kleinasiatische Landkomplex ist geradezu paradigmatisch für diese Veränderung. Und die flavische Zeit, speziell die Vespasians, zeigt diesen Wechsel in besonderem Maß. Das ist nicht so verwunderlich; denn unsere Überlieferung beschreibt Vespasian als einen Kaiser, der seine Aufgabe nicht zum Wenigsten darin sah, das durch die Misswirtschaft vor allem unter Nero geschwächte Reich wieder zu stärken, auch durch deutliche Eingriffe in die Provinzen. So ist es berechtigt, danach zu fragen, ob und wie er damals im kleinasiatischen Raum, der für seine Erhebung von nicht geringer Bedeutung gewesen ist, in die provinzialen Strukturen eingegriffen und wann und warum er diese Änderungen durchgeführt hat.[32]

Bis zum Beginn der vespasianischen Herrschaft gehörten nach einem fast zweihundertjährigen Prozess in Kleinasien folgende Provinzen zum Imperium:

Asia, das seit dem Jahr 133 v.Chr. bestand: es wurde von einem konsularen Prokonsul geleitet;

Pontus-Bithynia, das seit 74 v.Chr. in mehreren Schritten zu seiner damaligen territorialen Form gefunden hatte: es unterstand einem prätorischen Prokonsul;[33]

---

32 Eine Gesamtdarstellung dieser Provinzen in dem fundamentalen Werk von MAREK 2010.
33 Siehe dazu MAREK 2003.

Galatia et Pamphylia, eine Provinz, die in augusteischer Zeit eingerichtet und später im Süden erweitert wurde: sie unterstand einem prätorischen *legatus Augusti pro praetore*;

Lycia, das Claudius im Jahr 43 nach schweren inneren Unruhen zur Provinz gemacht hatte; es bildete allein eine zwar recht kleine Provinz, es war nicht schon seit dem Jahr der Provinzgründung mit Pamphylia zusammengeschlossen, wie das lange Zeit in der Forschung angenommen wurde. Es unterstand ebenfalls einem prätorischen *legatus Augusti pro praetore*, am Übergang zur vespasianischen Herrschaft dem langjährigen Statthalter Sex. Marcius Priscus.[34]

Im Osten lag schließlich Cappadocia, das seit dem Jahr 17 n. Chr. provinzialisiert war. Doch bildete es, worauf in der neueren Forschung hingewiesen wurde,[35] damals vielleicht noch keine eigene Provinz, sondern könnte, wie das bei Iudaea nachgewiesen ist,[36] unter einem ritterlichen *praefectus* ein Teil der Provinz Syrien gewesen sein, dessen konsularer Legat auch für das ehemalige Königreich verantwortlich war. Zumindest militärisch war dies ohne Zweifel der Fall.

Am Ende der Regierungszeit Vespasians war diese provinziale Struktur deutlich verändert. Die kleine Provinz Lycia war mit dem östlich anschließenden Pamphylia zu einer deutlich größeren, langestreckten Provinz zusammengeschlossen worden. Galatien aber, das über Pamphylien bis zum Mittelmeer gereicht hatte, war nunmehr mit Cappadocia zu einer Provinz zusammengebunden, die nach Osten bis zum oberen Euphrat reichte. Ferner hat wohl erst Vespasian endgültig eine *provincia Cilicia* eingerichtet,[37] nachdem das Klientelkönigtum Commagene im Jahr 72 nach einer kurzen militärischen Konfrontation mit Mitgliedern des dortigen Königshauses der Provinz Syrien angeschlossen worden war.

Von Interesse sind dabei vor allem die Veränderungen in Lycia und Pamphylia sowie in Galatia und Cappadocia. Bis vor kurzem hatte man noch weithin gemeint, Lycia habe beim Herrschaftsbeginn Vespasians als Provinz gar nicht existiert, weil es (von Nero oder Galba?) für frei erklärt worden sei.[38] Diese Vorstellung ging auf eine Bemerkung bei Sueton zurück, nach dem Vespasian auch Lycia die Freiheit genommen habe, wie das auch bei Achaia sowie verschiedenen Städten geschehen sei.[39] Dabei hat man freilich übersehen, dass *libertas* sehr Unterschiedliches bedeuten kann, nicht nur Freiheit von der unmittelbaren Herrschaft durch einen römischen

---

34 Oben Anm. 18 und unten Anm. 43–46
35 SPEIDEL 2009e = SPEIDEL 2009d, 581 ff.
36 Zuletzt dazu ECK 2007f, 24 ff.
37 Siehe dazu SCHMITT 2005. – Wenn PILHOFER 2006, 204 davon ausgeht, Octavius Memor, Statthalter von Cilicia wohl seit dem Jahr 75/6, habe in Lamos einen Kaisertempel gestiftet (AE 1963, 11 = RWI, Ada Nr. 11), so trifft das nicht zu. Kein römischer Statthalter hat je in einer Provinz einen Kaisertempel gestiftet; möglich wäre höchstens eine Dedikation (das Verbum fehlt in der Inschrift).
38 Siehe zuletzt BRANDT/KOLB 2005, 24; ebenso noch LEVICK 1999, 145–146.
39 Suet. Vesp. 8,4: *Achaiam, Lyciam, Rhodum, Byzantium, Samum, libertate adempta, item Thraciam, Ciliciam et Commagenen, ditionis regiae usque ad id tempus, in provinciarum formam redegit. Cappadociae propter adsiduos barbarorum incursus legiones addidit, consularemque rectorem imposuit pro eq.R.*

Statthalter, wie das sicher in Achaia für eine kurze Zeit tatsächlich der Fall war. Vor allem aber wurde meist nicht zur Kenntnis genommen, dass gerade Lycia kontinuierlich von Nero bis zu Vespasian einem kaiserlichen Legaten unterstand, dem eben schon genannten Sex. Marcius Priscus. Denn in einer Bauinschrift aus der lykischen Stadt Patara, auf der der Name eines Kaisers eradiert ist, wird Marcius Priscus als Legat genannt, und zwar in dem Augenblick, als das Bauwerk, ein öffentliches Bad, dediziert wurde; sein Name steht in dem nicht-eradierten Teil der Inschrift.[40] Auf diesen Zeitpunkt bezog sich natürlich auch der eradierte Kaisername; da die Länge der Rasur viereinhalb Zeilen beträgt, muss der Kaisername sehr lang gewesen sein; das aber trifft nur auf den Namen Neros zu, insbesondere deshalb, weil bei ihm zumeist auch seine lange Genealogie angeführt wurde.[41] Bei einer genauen Überprüfung des Steins mittels exzellenten Photos konnte auch dessen Name, Genealogie und Titulatur trotz der Rasur in größeren Teilen gelesen werden.[42] Dieser Sex. Marcius Priscus war also bereits durch das Zeugnis der schon lange bekannten Inschrift aus Patara als Legat Neros bezeugt, er ist aber auch in zahlreichen anderen Inschriften als Legat Vespasians genannt.[43] Zudem wurde er in einer Inschrift aus Lyddai nicht nur als Legat von Kaiser Vespasian, sondern auch aller Kaiser seit Tiberius Caesar bezeichnet: πρεσβευτ[ὴν] Αὐτοκράτορος Καίσαρ[ος] Οὐεσπασιανοῦ Σεβ[α]στοῦ καὶ πάντων [Αὐτ]οκρατόρων ἀπὸ Τ[ι]βερίου Καίσαρος.[44] Der allein auf Grund dieser Texte zwingende Schluss, dass Marcius Priscus ohne Unterbrechung von Nero bis zu Vespasian als Stattalter in Lycia amtiert hat, ist nunmehr durch weitere Inschriften aus Patara direkt bezeugt. Denn sein Name steht zum einen auf der Bauinschrift eines der beiden Leuchttürme von Patara, der in den letzten Jahren Neros erbaut worden ist. Sodann aber lässt Marcius Priscus in einer Inschrift unter seiner Statue in Patara nicht nur von sich sagen, er sei Legat von Kaiser Vespasian, sondern auch aller Kaiser ἀπὸ Τ[ι]βερίου Καίσαρος, also völlig analog zu der Formulierung aus Lyddai; doch wird hier, fast möchte man meinen, um es nun wirklich gegen alle Einwände klar zu machen, noch hinzugefügt, er habe das Ethnos der Lykier für acht Jahre geleitet: das heißt konkret von 63 bis zum Jahr 70.[45] Damit ist klar, dass Lycia zu Beginn der Herrschaft Vespasians nicht eine freie politische Einheit gewesen sein kann, jedenfalls nicht in dem Sinn, dass er nicht mehr Provinz gewesen wäre; denn ein Statthalter wie Marcius

---

40 IGRRP III 659 = TAM II 396.
41 Zu diesem Verständnis bereits ECK 1970; ferner ECK 2007b.
42 ECK 2008a. Wieso diese „inscription recording Marcius' tenure remains hard to interpret", wie LEVICK 1999, 146 meint, ist schwer verständlich. Die logischen Schritte führen zu der genannten Interpretation.
43 PIR² M 242 mit den Zeugnissen.
44 TAM II 131.
45 İŞKAN-IŞIK/ECK/ENGELMANN 2008.

Priscus, der aber keine Provinz hatte, die er administrieren konnte, wäre eine contradictio in se.[46]

Was aber muss man dann mit der Bemerkung Suetons anfangen, Vespasian habe Lycia die *libertas* wieder entzogen? Wenn es sich nicht einfach um einen Irrtum des Biographen handelt (was man nicht grundsätzlich ausschließen sollte[47]), dann bestünde die Lösung vielleicht darin, dass Lycia seit der Provinzwerdung unter Claudius bestimmte Vorrechte hatte, die aber Vespasian aufhob. Worin diese Vorrechte allerdings bestanden, wenn es sie denn gegeben hat, lässt sich bisher nicht erkennen.[48] Am ehesten könnte er solche Vorrechte in dem Augenblick aufgehoben haben, als er Lycia mit Pamphylia zu einer Provinz zusammenschloss. Denn deutlich unterschiedliche Rechte innerhalb derselben Provinz konnten leicht Anlass für innere Auseinandersetzungen bieten, machte auch die Arbeit von Statthaltern schwieriger.[49] Doch muss man ohne neue Zeugnisse die Frage vorerst offenlassen

In welchem Jahr erfolgte der Zusammenschluss? Der erste Statthalter, der in seiner Amtsbezeichnung die neue Doppelprovinz nennt und auch eindeutig datiert werden kann, war lange Zeit L. Luscius Ocrea gewesen; er hat etwa zwischen 74 und 76 beide Regionen verwaltet,[50] wo er zu Anfang des Jahres 76 bezeugt ist,[51] im Jahr 77 sollte er bereits den Konsulat erreicht haben. Dann aber kann seine Statthalterschaft kaum erst

---

46 Auf die lange Diskussion über die Freiheit Lykiens von jeder direkten römischen Herrschaft soll hier nicht mehr eingegangen werden. Es sei nur auf die solide Zusammenfassung der Argumente gegen diese Ansicht bei RÉMY 1986, 43 ff. hingewiesen; ferner zuletzt İŞKAN-IŞIK/ECK/ENGELMANN 2008. Auf die Polemik von ŞAHIN 2008 braucht man nicht näher einzugehen.
47 Zu absolut sprechen ADAK/WILSON 2012, hier 20 von einem Irrtum Suetons; dass Achaia, das er ebenfalls nennt, die *libertas* erhalten hatte, die ihr Vespasian wieder nahm, ist unstrittig. Umgekehrt war Thracia, das ebenfalls in der Liste bei Suet. Vesp. 8,4 erscheint, schon Provinz. Was in jedem einzelnen Fall mit den Hinweisen gemeint war, auf die Sueton gestoßen ist, muss man somit offenlassen, aber nicht direkt ablehnen.
48 Früher hatte ich vermutet, es könnte sich dabei um die Kopfsteuer handeln, da diese am ehesten als besonderes Zeichen der Unfreiheit angesehen werden konnte. Dagegen spricht jedoch, dass gerade die Kopfsteuer bereits in einer vespasianischen Inschrift von Patara erscheint (siehe İŞKAN-IŞIK/ECK/ENGELMANN 2008, 115 ff.: ἐκ τῶν συντηρεθέντων τῇ πόλει χρημάτω[ν] ἀπὸ κεφαλαίων = „von den Geldern, die für die Stadt von der Kopfsteuer verwahrt wurden"), die in die ersten Monate seiner Herrschaft gehören sollte. Denn man kann sich schwer vorstellen, dass Vespasian bei aller Notwendigkeit, die Finanzen des Reiches zu sanieren, den Lykiern das Privileg der Befreiung von der Kopfsteuer unmittelbar in den ersten Monaten nach der Akklamation genommen hätte. Denn damals ging es ganz wesentlich darum, seine Herrschaft erst einmal im Reich durchzusetzen. Eine solche Maßnahme aber hätte gerade diesem Zweck entgegengewirkt. Freilich: ausschließen sollte man das nicht. Dabei ist nicht zu vergessen, dass gerade die Kopfsteuer als ein besonderes Zeichen der Abhängigkeit angesehen wurde. Denkbar wäre allerdings eine gezielte Maßnahme gegenüber der Stadt Patara durch den Einfluss des Statthalters Marcius Priscus.
49 Vgl. aber auch Cic. Att. 6,1,15: *Multaque sum secutus Scaevolae, in iis illud in quo sibi libertatem censent Graeci datam, ut Graeci inter se disceptent suis legibus.*
50 IGRRP III 466 (Balbura); SEG 6, 648 (Attaleia); AE 1981, 829; BALLAND 1981, 129–132 Nr. 49 (Xanthos). Vgl. schon ECK 1970, 72 ff.
51 IK 43, 32 (Side).

nach 74 begonnen haben; damals muss also die Doppelprovinz auf jeden Fall bestanden haben. Doch inzwischen ist durch zwei neue Inschriften klar geworden, dass der Zusammenschluss von Lycia mit Pamphylia sehr frühzeitig erfolgte. Denn bereits der Nachfolger des Marcius Priscus, ein Cn. Avidius Celer Fiscilius Firmus, dessen vollständiger Name erst jetzt bekannt geworden ist, hat die beiden Teilprovinzen unter seinem Kommando vereinigt. Eine dieser Inschriften ist vermutlich ins Jahr 72 zu datieren, die andere wohl noch ins Jahr 70.[52] Er trägt in dem Dokument, das wahrscheinlich ins Jahr 72 gehört, die Amtsbezeichnung *leg(atus) [p]rovinciae Pamphyliae et [L]yciae*.[53] In der früheren Inschrift ist von der Titulatur des Statthalters nichts erhalten.

Völlig unabhängig von der genaueren Datierung lässt sich festhalten, dass beiden Teilen der Provinz ein gewisses Eigenleben verblieb, vor allem in der getrennten Zelebration des Herrscherkultes; Lykien hatte einen Lykiarches, während Pamphylien seinen eigenen Pamphyliarches wählte.[54] Auch dürfte die Einnahme der Zölle in Lykien in einer besonderen Form organisiert gewesen sein.[55]

Die Datierung des Zusammenschlusses von Lycia-Pamphylia in die frühe Zeit der vespasianischen Herrschaft, wie sie sich nunmehr aus der Statthalterschaft des Cn. Avidius Celer Fiscilius Firmus ergibt, passt auch zu vielen Elementen, die sich im Zusammenhang der Einrichtung der Provinz Galatia-Cappadocia finden. Vermutlich hängt die Vereinigung von Lycia und Pamphylia zu einer Provinz sogar engstens mit der Einrichtung der ebenfalls neuen Doppelprovinz Galatia-Cappadocia zusammen, ist vielleicht sogar durch diese Maßnahme verursacht worden. Pamphylia war noch im Jahr 69 nachweislich ein Teil der Provinz Galatia und auf diese Weise bis zu diesem Zeitpunkt mit dem inneren Teil Anatoliens verbunden. Als aber Galatia mit Cappadocia zu einer Provinz vereinigt werden sollte, entstand ein gewaltiger Provinzkomplex. Wäre auch Pamphylia mit Galatia darin eingebunden gewesen, wäre daraus ein Provinzgebiet geschaffen worden, wie es in dieser Größe bis dahin dauerhaft nirgendwo bestand hat. Vielleicht war dies die Überlegung Vespasiana, als er Pamphylia mit Lycia vereinigte. Wann aber wurde der Großkomplex Galatia-Cappadocia geschaffen?

Bis zu Vespasian war Cappadocia möglicherweise Teil der Militärprovinz Syria gewesen; doch schon in der Regierungszeit Neros war klar geworden, dass die lange,[56] durch keine größeren Militäreinheiten, also Legionen, gedeckte Grenze am oberen

---

52 ADAK/WILSON 2012, 6 ff.: *[Vespasi]anus co(n)s(ul) IIII imp(erator) VI p(ater) p(atriae)*, wegen des vierten Konsulats wohl ins Jahr 72 zu datieren; die zweite ADAK/WILSON 2012, 12–13: [Αὐτοκράτορι Καίσαρι Σεβαστῷ Οὐεσπασια]νῷ ὑπάτῳ τὸ β', der zweite Konsulat Vespasians führt ins Jahr 70 ; im Jahr 71 ist er bereits *consul III*.
53 ADAK/WILSON 2012, 8 = AE 2012, 1703 = SEG 62, 1286.
54 IGRRP III 474; TAM III 1, 127. 138.
55 WÖRRLE 1975; MAREK 2006, 175 ff. Nr. 35; TAKMER 2007; MAIURO 2016.
56 Nach MAREK 2010, 424 maß die Grenze von Commagene bis Trapezunt in der Luftlinie ca. 340 km (vielleicht sogar etwas mehr) und über 800 km Marschstrecke.

Euphrat keine dauerhafte Regelung bleiben konnte. Für mehrere Jahre war deshalb Cappadocia zusammen mit Galatia-Pamphylia Domitius Corbulo übertragen worden, dem auch entsprechende Legionstruppen zur Verfügung standen. Zu dessen Entlastung innerhalb des sehr weitausgedehnten Komplexes war damals ein prätorischer Unterlegat für die allgemeine Administration Galatiens eingesetzt worden. Bekannt ist in dieser Funktion (Q. Iulius Cordinus) C. Rutilius Gallicus durch eine Inschrift aus Ephesus.[57] Diese Regelung ist aber nicht lange beibehalten worden. Vespasian hatte jedoch offensichtlich verstanden, dass der Schutz der oberen Euphratgrenze nicht durch ad hoc Maßnahmen zu sichern war, wie man das unter Nero versucht hatte, solcher Schutz musste vielmehr dauerhaft gestaltet werden.[58] Bereits gegen Ende 70 wurde eine Legion, die *legio XII Fulminata*, nach Cappadocia gesandt, an den Stationierungsort Melitene; das veranlasste noch Titus, bevor er sich auf die Rückreise aus dem Osten nach Rom machte.[59] Damit müsste auch die Umwandlung von Cappadocia zu einer von einem Senator geleiteten Provinz bereits verbunden gewesen sein; denn sonst müsste man annehmen, es sei zwar diese Legion nach Melitene, also in das kappadokische Gebiet, gesandt worden, dieses hätte aber noch dem konsularen Legaten von Syria unterstanden.[60] Das aber scheint fast ausgeschlossen, wenn man jedenfalls den Text bei Josephus wörtlich nehmen darf; denn er führt aus, Titus habe es der *legio XII* nicht vergessen, dass sie im Jahr 66 unter dem Statthalter Cestius vor den Juden zurückgewichen sei, weshalb er sie nach dem Ende des Krieges in Judäa vollständig aus Syrien verbannt habe.[61] Wenn die Bestrafung Sinn machen sollte, dann

---

57 IK 13, 715 (Ephesos) = D 9499 = AE 1998, 128: *C(aio) Rutilio C(ai) f(ilio) Stel(latina) Gallico trib(uno) mil(itum) leg(ionis) XIII Geminae, q(uaestori), aedili curuli, legato divi Claudi leg(ionis) XV Apollinaris, pr(aetori), leg(ato) provinciae Galaticae, sodali Augustali, consuli designato, M(arcus) Aemilius M(arci) f(ilius) Pal(atina) Pius praef(ectus) coh(ortis) I Bosp(oranorum) et coh(ortis) I Hisp(anorum) legato ...* Vgl. WESCH-KLEIN 2008, 281 ff.

58 Es bedurfte dazu nicht eines aktuellen Anlasses wie etwa speziell des Einfalls der Alanen, wohl im Jahr 72. Suet. Vesp. 8,7 spricht allgemein vielmehr von den ständigen Einfällen der Barbaren und Ios. bell. Iud. 7,244 ff. verbindet deren Einfall nicht mit Veränderung des Provinzstatus. MAREK 2010, 424 spricht dem aber eine partielle Bedeutung zu. Doch verlangte allein die Verlegung der Legion notwendigerweise einen senatorischen Befehlshaber und Statthalter, und das geschah bereits vor dem Einfall der Alanen.

59 Ios. bell. Iud. 7,18; MITFORD 1997; KEPPIE 2000, 192.

60 Nicht völlig auszuschließen ist freilich, dass Vespasian zunächst die Absicht hatte, Cappadocia zu einer prätorischen Provinz umzugestalten, freilich mit einer Legion als Besatzung (vgl. auch RÉMY 1986, 53). Bis zur vespasianischen Zeit hatte es diesen Provinztyp nicht gegeben. Erst mit Iudaea greifen wir eine Provinz dieser Art überhaupt zum ersten Mal. Eine Einlegionenprovinz wäre in Cappadocia aber ohnehin eine nur vorübergehende Erscheinung gewesen. Selbst wenn es so gewesen sein sollte, dann wäre es nicht erstaunlich, dass Vespasian davon schnell wieder abkam; denn dann wurde wirksam, was Suet. Vesp. 8,4 schreibt: *Cappadociae propter adsiduos barbarorum incursus legiones addidit, consularemque rectorem imposuit pro eq.R.* Falls es so gewesen sein sollte, dann könnte Sueton eine kurze Zwischenphase durchaus übersehen haben.

61 Ios. bell. Iud. 7,18; Voraussetzung für diese Interpretation ist freilich, dass Josephus Syrien hier als Provinz versteht und nicht nur als geographischen Begriff.

muss die Legion in eine andere Provinz, nämlich Cappadocia, verlegt worden sein. Die zweite, dauerhaft in der Provinz Cappadocia stationierte Legion, die *XVI Flavia*, bezog ihr Lager in Satala zwar angeblich erst im Jahr 75/76.[62] Selbst wenn dies der Fall sein sollte, dann war jedoch die Entscheidung, Cappadocia zu einer konsularen Provinz mit zwei Legionen zu machen, sicher schon deutlich früher gefallen: Denn Cn. Pompeius Collega, der erste sicher bezeugte Statthalter der neuen Provinz, übernahm diese Position bereits als Konsular, und zwar schon vor dem Jahr 75, wohl eher schon 73/4. Für eine genauere Datierung des Beginns seiner Statthalterschaft wird man freilich neue Dokumente benötigen.

Sieht man freilich in der Versetzung der *legio XII Fulminata* den Zeitpunkt, zu dem auch ein Senator als Statthalter nach Cappadocia ging, dann wurde die Provinz Galatia-Cappadocia spätestens im Jahr 71 eingerichtet, eher sogar schon Ende des Jahres 70. Dass Pamphylia ebenfalls zu diesem Zeitpunkt von der neuen Großprovinz abgetrennt und mit Lycia vereinigt wurde, liegt jedenfalls nahe. Denn man sollte eher davon ausgehen, dass Vespasian und Titus die Neuordnung dieser Provinzen als einen einheitlichen Akt angesehen haben. Trifft dies zu, dann müsste auch Lycia-Pamphylia entweder noch Ende 70 oder spätestens im Laufe des Jahres 71 zusammengeschlossen und einem gemeinsamen Statthalter unterstellt worden sein. Cn. Avidius Celer war dann vermutlich derjenige, der den Zusammenschluss durchzuführen hatte.

Zum ersten Mal war mit der Schaffung der konsularen Provinz Galatia-Cappadocia der kleinasiatische Raum nach Osten hin von einer starken Armee abgeschirmt, insgesamt von einer Streitmacht von rund 20.000 Mann; denn neben den beiden Legionen wurden wie in allen Provinzen mit Bürgertruppen auch entsprechende viele Auxiliareinheiten in der neuen Provinz stationiert, abgesehen von denen, die bereits vorher dort gelegen hatten.[63] Lange Zeit hatte man freilich über die Alen und Kohorten in der Provinz nur den Bericht, den der Statthalter Flavius Arrianus zwischen 130/31 und 136 in seiner Ektasis gegeben hatte. Nunmehr haben aber vier Militärdiplome aus den Jahren 94,[64] 99,[65] 100[66] und 101[67] einen klareren Einblick möglich gemacht. Das Diplom aus dem Jahr 94 führt wohl drei Alen und 13 Kohorten an, das für das Jahr 99 vier Alen und 15 Kohorten.[68] Ein weiteres Diplom aus dem Jahr 100 geht auf eine Konstitution zurück, die nur für zwei Personen in zwei Einheiten

---

62 KEPPIE 2000, 192f.; MITFORD 1997.
63 Siehe insgesamt SPEIDEL 2007a = SPEIDEL 2009d, 595ff. Möglicherweise gehörte eine *cohors I Italica*, die in einem Diplom des Jahres 100 genannt ist (AE 2014, 1656), zu den Einheiten, die ursprünglich aus der Bevölkerung Judäas ausgehoben waren und bis zum Jahr 70 dort gestanden hatten. Titus aber hat sie aus der Provinz verlegt, weil sie zu den Zusammenstößen zwischen Juden und Nichtjuden beigetragen hatten.
64 RGZM 7
65 ECK/PANGERL 2014 = AE 2014, 1656.
66 ECK/PANGERL 2004 = AE 2004, 1913.
67 Ein bisher unpubliziertes Diplom, das nur in einer Abschrift bekannt ist; es wurde von B. PFERDEHIRT bereits für die Interpretation von RGZM 7 herangezogen.
68 Siehe Anm. 65.

bestimmt war; für die Frage der Gesamtbesatzung ist es deshalb irrelevant.[69] Damit ist klar, dass die neue Provinz von Beginn an eine entsprechende Zahl von Hilfstruppen erhielt, die in der üblichen Relation zur Größe der Legionsbesatzung lag. Wie viele davon allerdings bereits vor der Zeit Vespasians in Galatia oder Cappadocia gestanden hatten, ist bisher noch nicht im Detail zu eruieren. Immerhin hatte wohl die *ala Augusta Germaniciana* seit ihrer Erstaufstellung unter Augustus stets ihr Standquartier in Galatia oder später in Cappadocia gehabt, ferner die *ala I Augusta Gemina colonorum*.[70] Ebenso waren die *cohors Apula* sowie die *cohors I Bosporanorum milliaria* schon Teil der Besatzung von Galatia-Pamphylia gewesen, als Domitius Corbulo dort das Kommando hatte.[71] Unter Vespasian wurden mehrere Einheiten aus Syrien in die neue Provinz verlegt, vielleicht diejenigen, die auch schon vor dem Jahr 70/71 mit der *legio XII Fulminata* enger verbunden gewesen waren.[72]

Die neue Provinz im Osten erstreckte sich über eine sehr weite Distanz und schloss zahlreiche Regionen ein, die, allein wegen der weiten Distanzen zwischen den einzelnen, auch weiterhin ein gewisses Eigenleben bewahrten. Genannt werden in der Titulatur eines der ersten Statthalters der neuen Provinz: Galatia, Cappadocia, Pontus (Polemoniacus), Pisidia, Paphlagonia, Lycaonia, Armenia.[73] Allerdings sind sie, obwohl manchmal zusammenfassend von *provinciae* im Plural gesprochen wird, nicht einzeln als Provinzen im politisch-administrativen Sinn anzusprechen;[74] die Bezeichnung zeigt lediglich, dass sie weiterhin ein gewisses Eigenleben führen konnten, was sich vor allem in einem eigenen regionalen Herrscherkult äußerte.[75] Manche dieser Regionen wurden überhaupt erst durch Vespasian Teil der Großprovinz wie etwa Lycaonia oder Armenia minor, die im Jahr 72 unter direkte römische Herrschaft kamen.[76] Von Antiochia Pisidiae, der am weitesten westlich gelegenen Stadt Galatiens, bis zur Euphratgrenze betrug die Entfernung weit mehr als 500 römische Meilen, mehr als 800 km (in der Luftlinie). Wohl keine andere römische Provinz hat solche Wegdistanzen aufgewiesen. Es ist deshalb auch kein Zufall, wenn bereits unter dem Statthalter Cn. Pompeius Collega im Jahr 75/76 ein Meilenstein aus Cappadocia bezeugt ist, der auf Straßenbauarbeiten in diesem Großraum verweist.[77] Diese Verbesserung der Kommunikationswege scheint unter Titus und Domitian zu einem ausgreifenden Straßenbauprogramm ausgeweitet worden zu sein, das alle Teile der Provinz erfasst haben sollte. Zumindest heißt es in mehreren Straßenbauinschriften

---

69 Eck/Pangerl 2004 = AE 2004, 1913.
70 Siehe Speidel 2009d, 607. 609.
71 IK 43 (Side) S. 155; D 9499; Speidel 2009d, 611. 612.
72 Zusammenfassend Speidel 2009d, 620f.
73 Siehe z. B. CIL III 312. 318. 12218. 14184, 48.
74 Eine gewisse Tendenz zu einer solchen Sichtweise gelegentlich in den Arbeiten von M. Vitale, z. B. Vitale 2012.
75 Siehe z. B. einen Armeniarches in IGRRP III 132. Marek 2010, 518.
76 Siehe Marek 2010, 451.
77 CIL III 306. Siehe zur Gesamtthematik der Kommunikation in diesem Raum auch Kilndjian 2009.

des Statthalters A. Caesennius Gallus zwischen 80 und 82 n. Chr., *vias provinciarum Galatiae Cappadociae Ponti Pisidiae Paphlagoniae Lycaoniae Armeniae stravit.*[78] Nur über den Verweis auf alle diese Teilbereiche war für die Bewohner der staatlichen Provinz zu erkennen, wie weit ausgreifend das Straßenbauprogramm war. Denn für die Bewohner wären mit der Benennung Galatiae Cappadociae allein die anderen Teile der Provinz nicht betroffen gewesen. Tatsächlich lassen sich Meilensteine in vielen Provinzbereichen nachweisen. Grund für diese ausgreifenden Maßnahmen war neben den Fragen der schnellen Kommunikation mit dem westlichen Teil des Reiches und vor allem dem Zentrum Rom wohl vor allem der Zwang, das Heer an der langen Euphratgrenze mit den nötigen Nachschub versorgen zu müssen.

Wie schon unter Corbulo war es daneben jedoch auch nötig, die allgemeine Administration der Provinz zu gewährleisten. Das schuf wegen der langen Distanzen vor allem im Winter Probleme. So hat Vespasian nach dem Beispiel unter Nero neben dem konsularen Statthalter noch einen weiteren Senator in die Provinz abgeordnet, der mit prätorischem Rang ausgestattet war. Die Amtsbezeichnung dieses Funktionsträgers, die bei zwei Personen vollständig erhalten ist, lautet:

leg(atus) Aug(ustorum) divorum Vespasiani et Titi provinciae Cappadociae et Galatiae Ponti Pisidiae Paphlagoniae Armeniae minoris,[79] sowie

πρεσβευτὴς Σεβαστοῦ ἐπαρχείας Καππαδοκίας, Γαλατίας, Φρυγίας, Πισιδίας Ἀντιοχίας, Ἀρμενίας μικρᾶς.[80]

Bei einer weiteren Person, die wohl dieselbe Funktion übernommen hat, sind die Provinznamen nicht erhalten.[81]

Dieser Amtsträger war also ein Legat des Kaisers, dem aber der Zusatz *pro praetore* fehlte, womit er vom Statthalter unterschieden wurde. Man hat die Funktion immer wieder mit den *iuridici* gleichgesetzt, die in Nordspanien[82] und in Britannien vor allem seit flavischer Zeit bezeugt sind.[83] Dort werden sie freilich zumeist unmittelbar so benannt, doch bisher findet sich diese Spezifikation in Galatia-Cappadocia eben nicht. Damit liegt es weit näher, dass die Tätigkeit dieser dem Statthalter untergeordneten *legati* nicht auf Rechtsprechung eingeschränkt war, dass sie vielmehr allgemein den Statthalter in allen seinen Funktionen vertreten sollten, wo es nötig war, wohl mit Ausnahme des militärischen Kommandos; denn dafür waren die beiden

---

78 Siehe die verschiedenen Texte unter CIL III 312. 318. 12218. 14184, 48. Ferner weitere Meilensteine in RRMAM I-III.
79 Für Ti. Iulius Celsus Polemaeanus: D 8971 = IK 17, 2, 5103 (Ephesos). Die griechische Version in IK 17, 1, 3033 (Ephesos) lautet: πρεσβευτὴν Σεβαστοῦ ἐπαρχείας Καππαδοκίας, Γαλατίας, Φρυγίας, Πισιδίας Ἀντιοχίας, Ἀρμενίας μικρᾶς.
80 Für C. Antius A. Iulius Quadratus: IvPergamon II 451; ferner z. B. IK 13, 614 (Ephesos).
81 Für L. Iulius Poculeianus AE 1964, 4 = HARPER 1968, hier 96 Nr. 1.02 = BAZ 2007, 103f. Nr. 62.
82 ALFÖLDY 1969, 67–114.
83 BIRLEY 2005, 268–275.

legati legionis verantwortlich, die jeweils eine der beiden Legionen kommandierten. Auch die lange Liste der Teilregionen der Gesamtprovinz, die in ihren Amtsbezeichnungen erscheinen, einschließlich des Hauptteils Cappadocia, spricht dafür, dass die *legati* nicht nur in einer einzigen Gegend tätig werden konnten oder sollten, vielmehr auf dem gesamten Provinzterritorium. Sie sind damit als ein eigener Typ von Amtsträgern anzusehen, den es in dieser Form in anderen kaiserlichen Provinzen nicht gab. Vergleichbar wären sie vielleicht mit den Legaten in den prokonsularen Provinzen, denen der jeweilige Prokonsul jede Aufgabe übertragen konnte. Diese 'Unterstatthalter' in Galatia-Cappadocia verschwanden wieder, als Traian die beiden Provinzen erneut getrennt hat. Dies zeigt mit Klarheit, dass die gewaltige Ausdehnung der Provinz der Grund für die Einsetzung dieser neuen senatorischen Amtsträger war. Umgekehrt aber beweist dies zudem, wie wichtig Vespasian und seine Berater damals den Zusammenschluss der vielen Teile zu einer einzigen Großprovinz angesehen haben. Mit der Größe muss man politisch-militärische Absichten verfolgt haben, die es rechtfertigten, ein neues, von der Absicht her dauerhaftes Element in den senatorischen Aufgabenkomplex einzuführen. Vermutlich hat das Beispiel unter Corbulo dabei Pate gestanden. Rutilius Gallicus, der unter Nero eine der vespasianischen Regelung wohl vergleichbare Aufgabe in Galatien erhalten hatte, wurde bereits in den allerersten Jahren Vespasians Suffektkonsul, wohl im Jahr 72.[84] Dass er wie auch andere Kommandeure, die unter Corbulo gedient hatten, Vespasian beraten haben, liegt nahe.

Die vorausgegangenen Erörterungen lassen erkennen, dass Vespasian, vermutlich in Abstimmung mit Titus, nicht zum wenigsten auf Grund der Erfahrungen, die er im Osten gemacht hatte, vielleicht auch beeinflusst durch das, was er unter Nero bei der Bewältigung der Probleme in diesem Raum durch Corbulo beobachten konnte, diese deutlichen Eingriffe in die bisherige provinziale Organisation vorgenommen hat. Sie erfolgten alle innerhalb der allerersten Zeit seiner Regierung, entweder noch im Jahr 70, jedenfalls nicht später als 71. Sie dienten der Stabilisierung der Gesamtregion.[85] Darauf konnten dann die vielen Einzelentscheidungen der Flavier wie die Gründung neuer Städte, die Einrichtung von Organisationen des Herrscherkultes in einzelnen Untergruppen von Provinzen[86] sowie vor allem die Aufnahme von ein-

---

84 AE 1991, 479; siehe ECK 2009 g, hier 246. 252.
85 Man kann also kaum mit RÉMY 1986, 50 davon sprechen, Vespasian habe keinen Plan gehabt, wie Kleinasien gestaltet werden solle, weil seine Maßnahmen sich über mehrere Etappen verteilt hätten. Die fast zeitgleichen Änderungen sprechen gegen eine solche Deutung.
86 Dazu die neueste Zusammenfassung bei MAREK 2010, 425. 517. Zu diesen Maßnahmen kann man vielleicht auch zählen, dass Vespasian den wegen seiner Vergangenheit unter Nero in Rom teilweise angefeindeten Senator Eprius Marcellus für drei Jahre in Asia als Prokonsul beließ, um in einer gewissen Kontinuität Maßnahmen in der Provinz durchzuführen. Vergleichbares gibt es wohl in Cyrenae, wo ein Arinius Modestus in den ersten Jahren Vespasians für zwei Jahre als Prokonsul amtierte; dort waren heftige Unruhen in der Folge des jüdischen Aufstandes in Judäa vorausgegangen. Allerdings sollte man auch nicht ausschließen, dass Vespasian gleichzeitig durch die Entfernung des Eprius

zelnen Angehörigen der Elite der kleinasiatischen Städte[87] in die senatorische Reichsaristokratie aufbauen. Die Grundlage aber schuf Vespasian im Anfang seiner Herrschaft.

Marcellus aus Rom die Auseinandersetzungen deeskalieren wollte, die im Senat um seine Person wegen seines Verhaltens in der neronischen Zeit eingetreten waren.
[87] Siehe dazu schon oben S. 406.

23 Ämter und Verwaltungsstrukturen in Selbstverwaltungseinheiten der frühen römischen Kaiserzeit

Vorbemerkung: Die von mir zu behandelnde Thematik soll den Rahmen für das Gesamtthema „Ämtermodelle im Neuen Testament" herstellen. Im Kontrast und Vergleich mit den Ämtern und organisatorischen Strukturen in der damaligen Umwelt soll diskutiert werden, welche Ämtermodelle sich im frühen Christentum entwickelten, vermutlich auch, woher sie kommen, was darauf Einfluss genommen hat. Ich werde mich auf die Schilderung dessen beschränken, was die nichtjüdische Umwelt des Christentums an Lösungen zur Bewältigung von Aufgaben, die die Kompetenz und die Möglichkeiten des Einzelnen innerhalb einer Gesellschaft überstiegen, entwickelte. Manchmal drängen sich Ähnlichkeiten und Differenzen zwischen beiden Sphären geradezu auf. Doch werden diese Vergleiche bewusst nicht direkt gezogen.

Als Jesus geboren wurde, war Judaea rechtlich noch kein Teil des Imperium Romanum, auch wenn es als Klientelkönigtum politisch bereits engstens mit ihm verbunden war; Herodes wusste natürlich nur zu gut, dass seine eigene politische Stellung und die seines Herrschaftsraumes von Augustus als dem eigentlichen Machthaber im Imperium abhängig war.[1] Bei Jesu Tod ca. 30 Jahre später war Judaea bereits Teil der Provinz Syrien, dessen senatorischer Statthalter dem ritterlichen *praefectus Iudaeae* Pontius Pilatus übergeordnet war, eine politisch-administrative Gliederung, die wohl bis zum Jahr 66 n.Chr., dem Beginn des großen jüdischen Aufstandes beibehalten wurde.[2] Es gab also in dieser Zeit noch keine eigenständige Provinz Judaea.

Nicht nur in dieser *praefectura Iudaea* und in der seit 66/70 n.Chr. daraus hervorgegangenen und deutlich vergrößerten, wenn auch immer noch sehr kleinen Provinz Judaea entwickelten sich die ersten christlichen Gemeinden. Gleichzeitig entstanden sie in anderen Provinzen, auch in Syrien selbst, vor allem in der Hauptstadt Antiochia; dort wurde im Umkreis des für die gesamte Region zuständigen syrischen Statthalters, also von römischer Seite, der Name Χριστιανοί als Bezeichnung für die messianische Bewegung im Süden der Provinz geprägt.[3] Weitere Gemeinden

---

[1] BALTRUSCH 2012, 6; ECK 2016b.
[2] Siehe zu dieser Sichtweise ECK 2007f, 23–51; ECK 2008b; BERNETT 2007, 310–317; MASON 2016, 239–242, wo die klare Lesung der Inschrift des Pontius Pilatus in CIIP II 1277 nicht berücksichtigt ist; ECK 2021a. – Georg Petzl und Georg Schäfer danke ich für die kritische Durchsicht des Manuskripts.
[3] Gerade weil Judaea ein Teil dieser Provinz war, ist es umso leichter verständlich, dass in Antiochia in der Umgebung des auch für Judaea rechtlich verantwortlichen Provinzstatthalters dieser politisch konnotierte Begriff für eine Gruppe, deren Gründer mit der römischen Staatsmacht in Konflikt geraten war, geprägt wurde. Das Ergebnis von Kapitalprozessen war wohl vom dortigen Präfekten an den

entwickelten sich schnell in den Provinzen Cyprus, Galatia-Pamphylia, vielleicht in Lycia, in Asia, Pontus-Bithynia, Macedonia und Achaia. Schließlich fasste die neue Religion im Westen Fuß, zuerst, wie es scheint, und nicht zum wenigsten in Rom, in Italien, dem Herzland des Reiches, das keinen Provinzialstatus kannte, vielmehr in einer deutlich anderen Weise administriert wurde. All das heißt aber, dass Christen und ihre zu Beginn noch recht kleinen Gemeinden von Anfang an mit sehr vielen öffentlich-staatlichen Strukturen des Imperium Romanum und seiner Provinzen vertraut waren oder konfrontiert wurden, da sie nicht nur innerhalb dieses Rahmens lebten, sondern ein Teil dieses Imperiums waren. Es ist deshalb zumindest möglich oder sogar wahrscheinlich, dass (neben dem jüdischen Ursprungsland) auch diese Umwelt in all ihrer Vielfalt die sich entwickelnde Religion und vor allem deren äußere Strukturen beeinflusst hat. Diese als Rahmen für die Entwicklung der „Ämtermodelle im Neuen Testament" hier darzustellen, soll, so habe ich die Einladung an mich verstanden, meine Aufgabe sein.

Obwohl das Thema formuliert ist: „Ämter und Verwaltungsstrukturen in Selbstverwaltungseinheiten der frühen römischen Kaiserzeit", können die Selbstverwaltungseinheiten nicht isoliert behandelt werden; vielmehr ist es nötig, diese in den Gesamtzusammenhang des Reiches einzuordnen. Denn in vielfacher Hinsicht hängen sie von den ihnen hierarchisch übergeordneten Einheiten ab und werden von diesen auch in unterschiedlicher Weise bestimmt und beeinflusst.

1 Die staatliche Ebene der Provinzadministration

Seit augusteischer Zeit war die politische Struktur des Imperium Romanum monarchisch geprägt, auch wenn die offizielle Ideologie von der *res publica restituta* sprach. Tatsächlich existierten die meisten institutionellen Elemente Roms aus der Zeit der Republik weiter, aber – vor allem aus dem Blickpunkt der Provinzen – war Imperator Caesar Augustus, wie sein voller Name lautete, nach der politischen Neuordnung in Rom von Anfang an das politische Zentrum. Er war Princeps, nicht Kaiser; diese Bezeichnung wäre zumindest für Augustus anachronistisch.[4]

Die politische Übereinkunft zwischen ihm und der senatorischen Führungsschicht vom Januar 27 v. Chr. hatte natürlich Folgen, die sich auch in den Provinzen bemerkbar machten und deren administrative Ordnung bestimmten.[5] Die Provinzen des Imperiums wurden so aufgeteilt, dass zu Beginn etwas mehr als zehn als sogenannte prokonsulare Einheiten organisiert waren (später waren es exakt zehn), während die anderen, zunächst fünf oder sechs, darunter im Osten Syrien und

---

Statthalter zu berichten, auch wenn es sich bei den Angeklagten nicht um römische Bürger handelte. Zur Entwicklung der Bezeichnung *Christiani* siehe zuletzt Cook 2020.
4 Das gilt für die Weihnachtsgeschichte bei Lukas, wo die Übersetzung lauten muss: „Es erging ein Befehl von Caesar Augustus", nicht: von Kaiser Augustus, wie es seit der Lutherübersetzung üblich ist.
5 Zum Folgenden als Überblick Eck 1995c.

Ägypten, als *provinciae Caesaris* erscheinen: Erst nachaugusteisch, aber nicht schon unter Augustus, kann man sie traditionell „kaiserliche Provinzen" nennen. Der Unterschied zwischen beiden Typen war, dass die *provinciae Caesaris* direkt Augustus und dann seinen Nachfolgern als dem rechtlich zuständigen Statthalter unterstanden, weshalb dort jeweils ein so genannter *legatus Augusti pro praetore* den eigentlichen Rechtsträger, nämlich Augustus, vertrat. *Legatus* ist der „Stellvertreter", der prätorischen Rang besaß und von Augustus bestimmt wurde; Augustus' eigenes *imperium* über alle seine Provinzen hatte dagegen konsularen Status, das er, wenn er selbst in der Provinz weilte, als Prokonsul ausübte. Publius Sulpicius Quirinius, der im Lukasevangelium erscheint, war einer dieser Legaten.[6] In die anderen Provinzen, die offiziell nicht Augustus unterstanden, wie z. B. Asia, Cypern oder Creta-Cyrenae, gingen dagegen sogenannte *proconsules*, die ein rechtlich unabhängiges *imperium* besaßen, das dem Inhalt nach nominell auf derselben Stufe wie das *imperium* des Augustus stand. Charakteristisch war für diese Prokonsuln, dass sie ihr Amt durch Los im Senat erhielten und ihre Amtszeit üblicherweise nur ein Jahr betrug, ganz im Stil der republikanischen Ämter; das galt für die Prokonsuln selbst und alle von ihnen abhängigen Funktionsträger sowie ihr Unterpersonal. Sie alle kamen unter der Leitung des Prokonsuls in die jeweilige Provinz und verließen sie mit ihm auch wieder nach dem Amtsjahr. Sie demonstrierten den kontinuierlichen Wechsel der Verantwortlichkeit, nicht anders als es in den meisten Städten des Imperiums ebenfalls üblich war; die meisten Ämter wurden auf ein Jahr übernommen. Die Legaten dagegen, die von Augustus und seinen Nachfolgern abgeordnet wurden, blieben länger, in der ihnen zugewiesenen Provinz, so lange, wie es dem Princeps richtig erschien; in der Realität hieß dies freilich sehr häufig ebenfalls nur für eine recht begrenzte Zeit, nämlich von rund drei Jahren. Ähnlich konnten auch Leute, die als Präfekten unter einem solchen *legatus* für einen Teil einer Provinz zuständig waren, über längere Zeit dort ihre Funktionen ausüben; dass Pilatus für zehn Jahre *praefectus Iudaeae* blieb, war allerdings außergewöhnlich.[7]

Als Paulus seine Reisen durch den östlichen Teil des Imperiums unternahm, hatten die Provinzen, durch die er kam, folgenden Status: Syrien (von dem Judaea ein Teil war) unterstand einem kaiserlichen Legaten, ebenso Galatia-Pamphylia (Ägypten, das Paulus nie betreten hat, besaß einen Sonderstatus). Dagegen waren Cyprus, Creta-Cyrenae, Asia, Pontus-Bithynia, ferner Macedonia und Achaia prokonsularen Ranges. Sergius Paulus auf Cypern und Iunius Gallio in Achaia gehörten zu dieser Kategorie von einjährigen Statthaltern. Nicht ganz unwichtig ist dabei, dass die Zuständigkeit der Prokonsuln damals noch insoweit umfassender war als die der Legaten des Augustus, weil sie über den Quästor, der sie aus Rom begleitete, auch die Kontrolle über die Steuereingänge ihrer Provinzen ausübten. Diese Kontrolle war Augustus' Legaten

---

[6] Lk 2,2; dazu DĄBROWA 1998, 27–30. Eine Umdatierung versuchte DI SEGNI 2013; siehe dagegen DĄBROWA 2011.
[7] PIR² P 815.

entzogen, neben denen vielmehr ein ritterlicher Prokurator den Steuereinzug und die Verwaltung der gesamten Fiskalgelder, auch die Besoldung des Heeres in Händen hatte. Als König Herodes 4 v.Chr. starb, eilte der damalige Prokurator der Provinz Syrien, Sabinus, sogleich ins Königreich des Verstorbenen, um dessen Vermögen zu beschlagnahmen; er ging davon aus, Judaea würde ein Teil der Provinz Syrien werden, wie es zehn Jahre später dann auch der Fall war. Quinctilius Varus, der zur selben Zeit als Legat in Syrien amtierte, konnte diesen Sabinus rechtlich nicht an seinem Handeln hindern, weil er ihm nicht unterstand.[8] Es gab also in diesen *provinciae Caesaris* nebeneinander agierende Funktionsträger, die nicht in einer hierarchischen Position zueinander standen, die aber ihrerseits alle dem Princeps in Rom direkt untergeordnet waren. In den prokonsularen Provinzen waren dagegen alle mit dem Statthalter aus Rom gekommenen Amtsträger diesem untergeordnet, obwohl sie teilweise, analog zu ihm selbst, senatorischen Rang hatten, wie etwa der Quästor oder der/die Legaten, die den Prokonsul begleiteten (in Asia und Africa drei, sonst nur einer).

Alle diese aus Rom gekommenen Funktionsträger, ob nun Prokonsuln, Legaten (und in gewisser Weise auch die Prokuratoren), waren große Herren, die aus angesehenen Familien stammten, die ganz selbstverständlich auch über eine solide wirtschaftliche Grundlage verfügten, womit auch ein aufwendiger Lebensstil verbunden war. Jemand, der nicht über diese wirtschaftliche Basis verfügte, war ganz selbstverständlich von jeder derartigen öffentlichen Tätigkeit ausgeschlossen; das timokratische Prinzip, das in der Republik in Rom auch für die Wahlversammlungen bestimmend gewesen war, blieb bei allen Amtsträgern strukturelle Voraussetzung. Jeder Senator musste zumindest eine Million Sesterzen an Besitz nachweisen, jeder Ritter mindestens 400.000; die meisten verfügten über deutlich mehr Besitz und damit Einkommen. Daneben erhielten sie seit Augustus freilich auch noch ein ansehnliches Salär, das beim Prokonsul von Asia wohl schon im ersten Jahrhundert eine Million Sesterzen betrug, während z. B. der Prokurator von Syrien sich vermutlich mit 200.000 Sesterzen pro Jahr begnügen musste. Charakteristisch war, dass alle diese Leute nur für einige Zeit aus Rom in die Provinz kamen. Alle staatlichen Aufgaben auf der Reichsebene wurden nur temporär übernommen; Aufgaben auf Lebenszeit gab es für alle diese Amtsträger nicht. Das war republikanische Tradition. Nur soweit einzelne Senatoren oder Ritter in Rom auch ein Priesteramt erhielten, als *pontifex, augur, frater Arvalis* oder z. B. als *sacerdos Caeninensis*, ein Priesteramt ausschließlich für Personen ritterlichen Ranges, blieb das auf Lebenszeit ihre Aufgabe. Spezielle Voraussetzungen für die Übernahme dieser Priesterämter gab es nur in ganz wenigen Fällen, wie etwa beim *flamen Dialis*, dem Opferpriester für Jupiter, der Patrizier zu sein hatte und unter anderem in einer auf sehr traditionelle Weise geschlossenen Ehe leben musste; starb seine Frau, endete auch sein Priesteramt, da sie die mit ihm verbundene *flaminica* war. Bei den *salii Palatini*, die ebenfalls patrizischen Ranges waren, mussten beide Elternteile noch leben; sobald ein Elternteil starb, endete das Priesteramt. Alle anderen

---

8 DĄBROWA 1998, 22–24; PIR² S 33.

mussten lediglich zu den entsprechenden sozialen *ordines* gehören und gegenüber dem Herrscher loyal erscheinen. Aber alle Priesterämter waren nur in Rom selbst von Bedeutung, denn nur dort konnten sie wirklich ausgeübt werden, es waren wie alle anderen Priesterämter auch, eben die Kultfunktionen des *populus Romanus*. Für die Provinzen und das, was dort getan werden musste, waren die priesterlichen Funktionen ohne Belang. Die Zentralität Roms zeigt sich mit besonderer Prägnanz beim *flamen Dialis*, der die Stadt maximal während eines Tages verlassen konnte, am Abend aber die Stadtgrenze wieder überschritten haben musste; und die *salii* waren im Allgemeinen noch zu jung, um einen Auftrag in einer Provinz zu erhalten. Allerdings hat jeder Magistrat, und zwar gerade in dieser Eigenschaft, auch kultische Handlungen durchführen können und müssen. Denn die Magistrate, nicht etwa die Priester sind die eigentlichen und allgemeinen Vertreter der Gemeinde gegenüber den Göttern. Deshalb findet sich im untergeordneten Personal der Statthalter auch ein *victimarius* und vor allem ein *haruspex*, der die Zeichen bei einem Opfer zu deuten wusste.[9] Die Provinzialen konnten somit den Statthalter in kultischen Funktionen erleben, obwohl er keinen priesterlichen Rang hatte. Tertullian beschreibt dies etwa für den Prokonsul von Africa in Carthago.[10] Und aus dem Briefwechsel des Plinius während seiner Statthalterschaft in Pontus-Bithynia sieht man, dass auch er dort als kaiserlicher Legat mit prokonsularem Rang die Opfer zu bestimmten Festtagen und Kaisergeburtstagen durchführte.[11]

In den Provinzen waren diese Amtsträger die höchsten Repräsentanten Roms, sie waren in gewisser Hinsicht dort fast allmächtig, allerdings nur noch fast. Denn seit Augustus gab es in Rom nicht nur den Senat und Gerichtshöfe, die theoretisch der Allmacht der römischen Vertreter Einhalt gebieten konnten, sondern vor allem den Princeps, an den man sich, auch aus den *provinciae populi Romani* wenden konnte. Das wirkte jedenfalls in einem gewissen Maß und vor allem, je weiter man von der Zeit der Republik entfernt war, disziplinierend. Auch der Senat war lange Zeit noch eine Anlaufstelle für Beschwerden der Provinzialen. Dennoch waren die Vertreter Roms bewusst mit weitgehenden Vollmachten ausgestattet, die es ihnen erlaubten, sich mehr oder weniger mit allen Problemen zu befassen, die vor sie gebracht wurden. Jeder Bewohner einer Provinz konnte sich, zumindest in der Theorie, an sie wenden. Diesem Zweck diente vor allem die Einrichtung des so genannten Conventus-Systems, wonach der Statthalter jeder Provinz jährlich zu bestimmten Zeiten seinen gesamten Sprengel bereiste, um an fixierten Orten für die Probleme der Provinzialen, ob nun als Individuen oder im Namen verschiedener Gemeinschaften, zur Verfügung zu stehen.[12] Solche Orte waren in der Provinz Asia z.B. die Städte Smyrna, Ephesus, Pergamon, Sardis, Apamea, Synnada, Cyzicus und andere.[13] Bei diesen Conventus standen vor

---

[9] Als Überblick dazu SCHEID 1998a; RÜPKE 2001.
[10] Tert. coron. 12,3.
[11] Siehe z.B. Plin. epist. 10,35–36. 102–103; dazu ECK 1998b; SCHEID 2007, bes, 141f.
[12] Siehe HAENSCH 1997a.
[13] HABICHT 1975; HAENSCH 1997, 748–751.

allem Prozesse im Vordergrund, die vor den Statthalter gebracht wurden, speziell Kriminalprozesse, aber auch solche ziviler Natur, soweit sie einen gewissen Streitwert überstiegen oder soweit eine Partei sich mehr Rechtsschutz von dem Vertreter Roms versprach als von seinem heimischen städtischen Gericht.[14]

Dass alle Vertreter Roms Männer waren, braucht kaum betont zu werden. Frauen konnten ihre Männer während ihrer Amtszeit begleiten, was zumindest in der frühen Kaiserzeit noch nicht überall gerne gesehen wurde, aber doch weitgehende Praxis gewesen zu sein scheint.[15] Aber offizielle Aufgaben blieben diesen Frauen verwehrt.

2 Die Selbstverwaltungseinheiten in den Provinzen

Mit diesen Amtsträgern hatten manche Provinzialen hin und wieder, einige wenige vielleicht auch öfter zu tun; das galt vor allem für die Mitglieder der lokalen Führungsschichten. Für diese waren Kontakte mit den römischen Repräsentanten auf der privaten und der offiziellen Ebene für das eigene Fortkommen oft von größter Bedeutung. Doch die eigentliche Lebenswelt der meisten Provinzialen waren die Selbstverwaltungseinheiten mit ihren Einrichtungen oder, wie es üblicherweise formuliert wird, die Städte der Provinzen – gleichgültig welchen Rechtsstatus sie im Einzelnen hatten. Nach diesen Gemeinden war im Wesentlichen das Gebiet aller Provinzen gegliedert, auch wenn es daneben lokale Einheiten gegeben hat, die als Dörfer oder als demoi bezeichnet werden.[16] Eine Stadt bestand stets aus einem Zentralort und dem mehr oder minder großen zugehörigen Territorium, auf dem, vor allem, wenn dieses weitausgedehnt war, andere Siedlungen liegen konnten, manchmal in großer Zahl. Das waren zumeist Dörfer, die aber dann nicht autonom waren, auch wenn sie partiell stadtähnliche Funktionen übernehmen konnten und einige auch eigene Funktionsträger hatten. Neben den Städten existierten in Kleinasien nicht wenige große Tempelherrschaften, die aber größerenteils nicht Teil der städtischen Territorien waren, ebenso wenig wie kaiserliche Domänen, die oft gewaltige Ausmaße annahmen und Dörfer auf dem Territorium aufwiesen. Beide, Tempelherrschaften und Domänen, hatten ihre eigene Administration. Hier sollen vor allem die Städte interessieren, und zwar in dem Sinn, dass sie Gemeinden, Selbstverwaltungseinheiten waren, die die Grundstruktur aller römischen Provinzen bildeten.

Das Kennzeichen aller Städte war die innere Autonomie, d. h. die Verantwortung für all das, was innerhalb dieser Einheiten geschah, lag zunächst einmal bei den Bewohnern dieser Städte selbst. Die Bürger bestimmten über ihre eigenen Belange. Dies galt für alle Städte, gleichgültig, wie sie entstanden waren und welchen kon-

---

14 Das wird vor allem aus dem Babathaarchiv deutlich; dazu LEWIS 1989; COTTON 1993.
15 Siehe mit Literatur ECK/CABALLOS/FERNÁNDEZ 1996, 223 mit Anm. 696.
16 Siehe SCHULER 1998, 219–225.

kreten Rechtsstatus sie hatten, nicht etwa nur für die *civitates liberae* wie Aphrodisias.[17]

Die Masse aller Städte im Osten war nach dem griechischen Polistyp gestaltet, der in sich eine große Variabilität aufwies, je nachdem wann und von wem die einzelne Stadt gegründet worden war, welchen Einfluss die verschiedenen hellenistischen Herrscher auf sie genommen hatten und ob Rom in der einen oder anderen Weise eingegriffen hatte. Das war z. B. in Pontus-Bithynien bereits unter Pompeius im Jahr 64 v. Chr. geschehen, als er durch ein eigenes Provinzgesetz, eine *lex provinciae*, die Grundlagen für die Ordnung der Städte festlegte. Neben den Poleis standen Städte römischen Rechts, im Osten fast ausschließlich Kolonien, die zum größten Teil bereits auf die Zeit Caesars und vor allem aber auf die augusteische Herrschaft zurückgingen.[18] Spätere Herrscher wie etwa Claudius, Vespasian, Traian oder Hadrian haben im Osten nur noch wenige Kolonien gegründet, immerhin für das frühe Christentum so wichtige wie in Judaea Caesarea Maritima im Jahr 70/71 und Aelia Capitolina nach dem Sommer 130 n. Chr. [19] Die Kolonien sind insgesamt zahlenmäßig nicht so wenige gewesen, wie es manchmal scheinen könnte; dennoch aber haben die griechisch geprägten Poleis den Charakter der Provinzen bestimmt. Zu den Kolonien im Osten gehörten z. B. Ptolemais (Acco) in Syrien, Antiochia und Lystra in Galatia-Pamphylia, Alexandria Troas in Asia, Philippi in Macedonia und Korinth in Achaia, allesamt Städte, in denen von Paulus christliche Gemeinden gegründet oder bereits angetroffen wurden. Für einige Zeit waren sie auch lateinische Inseln in einer sprachlich weitgehend griechischen oder auch aramäischen Umgebung, wobei freilich in vielen relativ rasch nach der Gründung die griechische Sprache wieder dominierte. Dass die lateinische Sprache bis weit ins 2. Jahrhundert hinein in Antiochia in Pisidien das öffentliche, aber auch das private Leben weitgehend prägte, war jedenfalls in den kleinasiatischen Provinzen eine Ausnahme;[20] höchstens Alexandria Troas hat ebenfalls lange die Sprache Roms bewahrt.[21] In Achaia und Macedonia waren Philippi und Korinth lange ein Hort der lateinischen Sprache, was sich deutlich an der Zahl der lateinischen Inschriften zeigt.[22]

a) Die römisch organisierten Selbstverwaltungseinheiten

Diese römischen Kolonien wiesen, jedenfalls bei ihrer Gründung und in den folgenden Jahrzehnten, innere Strukturen auf, wie sie auch im lateinischen Westen galten. Drei Institutionen waren bestimmend: Die Volksversammlung (*comitia*), der Stadtrat (*ordo*

---

17 BERNHARDT 1971; REYNOLDS 1982.
18 ECK 2009d.
19 MILLAR 1995; ISAAC 1980/81 = ISAAC 1998, 87–111; ECK 2016b, 216–226; ELIAV 2005.
20 Siehe fast 300 Texte in EDCS; zuletzt auch IK 67 (Antiochia Pisidiae).
21 IK 53 (Alexandria Troas).
22 PILHOFER 2009; BRÉLAZ 2014; Corinth VIII 1–3.

decurionum) und die Magistrate, genau nach dem römischen Modell. Wie die Volksversammlung in sich gegliedert war, wissen wir nur in Ausnahmefällen. Sicher ist jedoch, dass sie in dem Zeitraum, der uns hier interessiert, durchaus noch ein aktives Element in den Kolonien war. Sie bestimmte vor allem jährlich durch geheime Wahl, die wohl schriftlich durchgeführt wurde, die Magistrate.[23] Das scheint selbst noch im späteren 2. Jh. der Fall gewesen zu sein, wie das Stadtgesetz für das municipium Troesmensium aus den Jahren 177/180 zeigt.[24] Während für die aktive Teilnahme an der Wahl das Gemeindebürgerrecht und das Alter von rund 17 Jahren, d. h. die Zugehörigkeit zu den *iuniores*, die einzigen Voraussetzungen waren, mussten diejenigen, die sich zur Wahl stellten, nicht nur frei geboren (*ingenui*), mindestens 25 Jahre alt und Bürger der Gemeinde sein,[25] sie mussten außerdem ein Mindestvermögen aufweisen wie auch die Dekurionen. Das war allein schon deswegen notwendig, weil die Bewerber um ein Amt Bürgen und Grundstücke als Pfand stellen mussten, um Sicherheiten für den Umgang mit öffentlichen Geldern zu bieten.[26] Ferner mussten sie ein Haus in der Stadt mit einer bestimmten Mindestgröße aufweisen, was ebenso für die Mitglieder des *ordo decurionum* galt.[27] Schließlich war es wohl von Anfang an erforderlich, dass ein Magistrat bei Antritt seines Amtes eine gewisse Summe in die öffentliche Kasse einzahlte.[28] Der terminus technicus *summa honoraria* zeigt die enge Verbindung zwischen Amt und Zahlung für die Allgemeinheit. Die Höhe dieser Summe variierte freilich je nach Amt, um das es ging, und nach Größe der Stadt. Auch das Mindestvermögen, das nötig war, um in den Stadtrat zu gelangen, differierte wohl von einer Kolonie zur anderen; das war vermutlich auch von der Zahl der potenten Familien abhängig. Im Westen finden wir mehrmals 100.000 Sesterzen als Mindestvermögen, ebenso den Hinweis, dass die Zahl der Dekurionen 100 betrug. Doch kennen wir auch andere Zahlen, z. B. 63 in dem kleinen *municipium* Irni in der Provinz Baetica im Süden Spaniens.[29]

Jährlich wurden in einer solchen Kolonie *duoviri iure dicundo* als Obermagistrate gewählt, dazu zwei *aediles*, vielleicht auch zwei *quaestores*, was aber nicht überall so gewesen sein muss. In der colonia Antiochia in Pisidien gab es sicher solche *quaestores*.[30] Die Amtsdauer war natürlich für alle Magistraturen auf ein Jahr begrenzt,

---

23 Siehe *lex Malac.* 55 = CIL II 1964 = D 6089.
24 Eck 2016a = AE 2015, 1252.
25 *Lex Malac.* 54 = CIL II 1964 = D 6089.
26 *Lex Malac.* 60 = CIL II 1964 = D 6089.
27 Siehe Caballos Rufino 2006, 133. 208–223.
28 Duncan-Jones 1982, 82–88. 147–155.
29 *Lex Irnit.* 31 = AE 1986, 333 = González 1986, 175. 195 = Fernández Gomes/del Amo y de la Hera 1990, 97.
30 Siehe etwa AE 1941, 142 = 2007, 1472: [- - - Pa]ullae sa[cerd]o[ti] deae Iu[liae Au]gustae, ma[tri T(iti) Vo]lumni Varro[nis II]vir(i), quaest(oris) III, [p]ontif(icis), praef(ecti) coh(ortis) [- - - c. R.] Italic(ae), trib(uni) mil(itum) [l]eg(ionis) VII Claudiae piae fidelis. Siehe auch CIL III 653. – Daneben wurden, allerdings lokal sehr verschieden, immer wieder außerordentliche Amtsträger bestellt, die bestimmte, nur gelegentlich auftretende Aufgaben zu übernehmen hatten, etwa bei besonderen Baumaßnahmen

doch war erneute Wahl nach einem Intervall (etwa von fünf Jahren nach cap. 54 der *lex Malacitana*) möglich. So finden sich nicht selten in Inschriften die Hinweise auf die Iteration von Ämtern, so etwa in einer Inschrift aus Korinth mit einem *IIvir iterum*[31] oder in einem Text aus Antiochia mit einem *quaestor tertium*.[32] Dieser selbe Text zeigt auch ein weiteres, für römische und griechische Städte selbstverständliches Phänomen. Denn in der Laufbahn des dort genannten Titus Volumnius Varro werden nicht nur seine zivilen Ämter in der Kolonie angeführt: *IIvir* und *quaestor III*, sondern auch das Priesteramt eines *pontifex*. Er war also auch Mitglied des Kollegiums der *pontifices* in Antiochia. Aus Philippi kennen wir einen C. Oppius Montanus, der unter anderem *pontifex* und *flamen* des vergöttlichten Augustus war.[33] Diese Mischung von zivilen und kultisch-religiösen Aufgaben ist ganz typisch für die Ausgestaltung der Leitung einer solchen Selbstverwaltungseinheit, nicht anders als auch in Rom selbst bei Senatoren und Rittern. Die Sorge um die Angelegenheiten der Menschen in der Gemeinde bezog sich nicht nur auf die profanen Dinge, sondern auch auf die Beziehung der Gemeinde zu den Göttern. Im Unterschied zu den Magistraturen war freilich auch in den Kolonien die Zugehörigkeit zu einem Priesterkollegium nicht auf ein Jahr begrenzt, sondern bei Funktionen wie der der *pontifices* oder der *augures* auf Lebenszeit verliehen. Gleiches gilt auch für Frauen; die Mutter des Volumnius Varro war in Antiochia *sacerdos deae Iuliae*, d.h. Priesterin Livias, der verstorbenen Gattin von Augustus.[34] Solche priesterlichen Funktionen waren in einer römischen Kolonie die einzigen öffentlichen Aufgaben, die von einer Frau übernommen werden konnten, ganz im Gegensatz zu den griechischen Poleis, wie noch zu erläutern sein wird. Doch galt auch bei Frauen das, was schon für die Funktionen der Männer zu betonen war: nur einer Frau, die aus einer Familie der städtischen Elite stammte, wurde ein Priesteramt wie das genannte übertragen, auch hier war wirtschaftliche Unabhängigkeit Voraussetzung. Denn man erwartete von der Seite der Bürger auch ein entsprechendes finanzielles Engagement in Verbindung mit der priesterlichen Funktion. Wer diese „Wahl" zur *sacerdos* vornahm, ist nicht dokumentiert, doch hat vermutlich der Dekurionenrat darüber entschieden, vielleicht aber auch die Volksversammlung. Grundsätzlich waren jedenfalls alle öffentlichen Funktionen, soweit sie als *honores* bezeichnet werden konnten, auf die führenden Familien beschränkt, wobei sich ökonomische Unabhängigkeit mit altem Prestige und finanziellen Leistungen für die Gemeinde verband. Andere Pflichten gegenüber der Gemeinschaft, so genannte *munera*, wurden dagegen allen auferlegt; diese konnten in finanziellen Beiträgen be-

---

oder plötzlichen Katastrophen wie Erdbeben, Bränden oder Hungersnöten. Zumeist wurden solche Beauftragte *curatores* genannt.
31 Corinth VIII 3, 150. Ein *IIvir quinquennalis II* in Philippi: AE 1939, 188 = PILHOFER 2009, 241; ein *IIvir III* in IK 64, 102 (Sinope).
32 Siehe Anm. 30.
33 PILHOFER 2009, 235a = CIPh II 1, 60. Ein munizipaler *augur* in IK 53, 34 (Alexandria Troas); ein T. Veturius Campester war *sacerdos omnium Caesarum* und *augur* in Sinope (IK 64, 102).
34 Siehe Anm. 30.

stehen, die auf dem *patrimonium*, also dem Besitz lasteten, doch auch in konkreter Arbeit oder der Bereitstellung von Gespannen für öffentliche Bauten wie Straßen, Wasserleitungen oder Stadtmauern. Solche Beiträge und Leistungen brauchte die Gemeinschaft, mehr als sich dies oft aus unseren Zeugnissen unmittelbar erkennen lässt;[35] denn allein aus den normalen Einnahmen vor allem aus gemeindeeigenem Grundbesitz, hätten viele Städte ihre öffentlichen Aufgaben nicht finanzieren können.

Alle Magistraturen, aber auch alle als *munera* übertragenen Aufgaben dauerten nur ein Jahr. Auf unbegrenzte Zeit aber gehörten die Dekurionen dem Rat an; zwar wurden sie alle vier Jahre von den zwei so genannten *quinquennales*, den Pendants der stadtrömischen Censoren, offiziell auf ihre Würdigkeit hin überprüft, aber im Normalfall blieb ein *decurio* lebenslang Mitglied des Stadtrates. Dieser war das Gremium, in dem wie im Senat in Rom die transgenerationellen Erfahrungen weitergegeben wurden, der Rat war das lebendige Gedächtnis der Gemeinde, der Träger der Tradition. Er musste über alles für die Stadt Notwendige entscheiden, über Bauten, über Ehrungen, über Notmaßnahmen in Zeiten einer Hungersnot, über Gesandtschaften zum Statthalter oder nach Rom. Besonders die Zuweisung von Geldern fiel in seine Kompetenz, wobei für Beschlüsse über bestimmte Inhalte auch ein bestimmtes Quorum vorgeschrieben war. War eine Angelegenheit für die Stadt bedeutend, erforderte dies die Anwesenheit von mindestens zwei Dritteln der stimmberechtigten Mitglieder des Rats.[36]

b) Die griechischen Poleis

Die Struktur der römisch organisierten Städte war im Kern überall gleich. Das lag auch daran, weil diese Struktur für jede Kolonie durch eine *lex coloniae* in den Details festgelegt war und weil jede *lex* nicht nur nach römischen Normen formuliert, sondern in Rom selbst abgefasst wurde. Damit war es fast zwingend, dass eine relative Uniformität herrschte, was freilich nicht ausschloss, dass sich Varianten, die sich aus lokalen Umständen ergaben oder durch die zeitliche Entwicklung notwendig wurden, finden.[37] Die griechischen Poleis bieten der relativen Homogenität der römischen Kolonien gegenüber ein deutlich anderes Bild. So wie im Mutterland nie ein gemeinsames politisches Gebilde, dem alle Selbstverwaltungseinheiten angehörten, entstanden war, vielmehr die Vielfalt der Stadtstaaten die Lebenswelt der Griechen bildete, so vielfältig waren auch die Poleis in den hellenistischen Reichen und dann unter römischer Herrschaft gestaltet. Das Bild, das von der Realität dieser Poleis im Osten entwickelt werden könnte, müsste deshalb weit vielfältiger sein, was aber hier nicht geleistet werden kann. So muss es in mancher Hinsicht unklarer bleiben; denn

---

35 Eck 1997a = Kap. 25 in diesem Band.
36 *Lex Irnit.* 64. 67. 70. 76 = AE 1986, 333.
37 Die verschiedenen Stadtgesetze, die aus augusteischer und flavischer Zeit sowie aus der Spätzeit Marc Aurels stammen, lassen gewisse Entwicklungen durchaus erkennen. Siehe Eck 2016a.

Regelungen, die in der einen Polis gültig waren, mussten keineswegs in benachbarten Städten gelten; zudem unterschieden sich die Strukturen in den einzelnen Provinzen, was teilweise mit der Art des Einschlusses der jeweiligen Territorien in das Imperium Romanum zusammenhängt.[38] Hier können im Wesentlichen nur die Grundstrukturen entwickelt werden, wobei soweit möglich auf Beispiele aus Städten verwiesen wird, die ebenfalls Paulus besucht hat und in denen frühe christliche Gemeinden angenommen werden können. An erster Stelle steht dabei Ephesus, da keine andere griechische Stadt jenseits des Jonischen Meeres so zahlreiche Dokumente für die Kaiserzeit geliefert hat.[39] Aber auch Tarsus, Iconium, Colossae, Milet, Pergamum u. a. könnten zur Dokumentation herangezogen werden.

Wie in den Städten römischen Rechts, den *coloniae* (und den *municipia*, die sich freilich im Osten kaum finden), gab es auch in jeder griechischen Polis drei staatliche Grundelemente: die Volksversammlung, den Rat und die Magistrate. Am Anfang der Briefe römischer Herrscher an einzelne Städte steht deshalb auch zumeist die Anrede: ἄρχουσι, βουλῇ, δήμῳ χαίρειν: Der Kaiser entbietet den Magistraten, dem Rat und dem Volk seinen Gruß. Das findet sich so bereits in einem Brief von Augustus an Sardeis,[40] in einem Brief des Tiberius an die Stadt Kos[41] und vielen anderen Beispielen. So hatten schon die römischen Befehlshaber der späten Republik die Städte angeschrieben wie etwa Sulla die Stadt Stratonikeia,[42] nicht anders als später der Prokonsul Venuleius Apronianus an Ephesus einen Brief richtete.[43]

An der Volksversammlung einer Polis, der *ekklesia*, konnten, wiederum ganz selbstverständlich, nur Männer teilnehmen, die freigeborene Bürger der jeweiligen Stadt waren und das richtige Alter hatten; dass auch Freigelassene zugelassen wurden (im Gegensatz zu römischen Städten), ist unwahrscheinlich. Im Verlauf der Kaiserzeit nimmt die Bedeutung der *ekklesia* deutlich ab, aber im ersten Jahrhundert n. Chr. gibt es keinen Zweifel, dass der *demos* zumindest noch über Einfluss verfügte. So wurde dort zumindest ein Teil der Magistrate gewählt; das gilt etwa in Lykien noch zu Beginn des 2. Jh., wo bestimmte Ämter durch Wahl des Volkes besetzt wurden, andere freilich auch schon direkt durch den Rat selbst. Deshalb spricht man dort auch von ἀρχαὶ δημοτικαί und ἀρχαὶ βουλευτικαί, wenn die beiden Begriffe in dieser Form zu verstehen sind.[44] Doch hat das Volk neben der Wahl der Magistrate auch noch in vielen anderen Dingen zumindest rechtlich eine Entscheidungskompetenz. Das zeigt schon allein, dass es in den Inschriften stereotyp heißt: ἡ βουλὴ καὶ ὁ δῆμος. Eine Formel ohne jeden konkreten Bezug zur Realität ist das offensichtlich noch nicht gewesen, vielmehr drückte sich darin tatsächlich eine Zuständigkeit der Volksversammlung

---

38 Siehe z. B. WÖRRLE 1988, 118 f.
39 Siehe vor allem die zehn Bände (einschließlich der Indices): IK 11, 17 (Ephesos).
40 IGRRP IV 1756 = OLIVER 1989, Nr. 7.
41 Siehe z. B. IGRRP IV 1042 = OLIVER 1989, Nr. 14.
42 OGIS 441 = IK 22, 1, 505 (Stratonikeia).
43 IK 11, 1, 21 (Ephesos).
44 WÖRRLE 1988, 133.

aus, was zumindest deren formelle Zustimmung voraussetzt, ähnlich wie in Rom die schon vom Senat bestimmten Magistrate noch Anfang des 2. Jh. von den Komitien bestätigt werden mussten. Dies darf man jedenfalls für Ephesus noch in traianischer Zeit annehmen.[45] Denn sonst hätten nicht die Buleuten, also die Ratsmitglieder an der Volksversammlung insgesamt teilgenommen, oder zumindest ein Ausschuss der Bule, der die dort vorberatenen Anträge der Volksversammlung zur Abstimmung vorlegte. Das geschah etwa in Ephesus im Jahr 104, als ein gewisser Vibius Salutaris, ein ephesischer Bürger, der aber auch das römische Bürgerrecht besaß und im ritterlichen kaiserlichen Dienst tätig gewesen war, für die Stadt eine große Stiftung errichtete, die uns in allen Details inschriftlich überliefert ist.[46] Auch in Oinoanda in Lykien hat im Jahr 124 n. Chr. am Ende die Versammlung der Bürger der Einrichtung des von einem C. Iulius Demosthenes gestifteten Festes, einer Panegyris, zugestimmt und auch die Gesandten gewählt, die nach der Zustimmung der Stadt die Angelegenheit dem Statthalter vorlegen sollten, damit dieser bestimmte Privilegien für die Dauer des Festes, u. a. gewisse Steuerbefreiungen, genehmigte.[47]

Freilich zeigt gerade das Dokument über die Einrichtung dieser Panegyris, welches Gewicht der Rat, die Bule, in dieser Zeit bereits hatte. Denn die eigentlichen Verhandlungen über die Ausgestaltung des Festes und die Verpflichtungen, die die Gemeinde dabei einging, fanden im Rat statt; dort wurden auch die detaillierten Regelungen, die für das gesamte Fest gelten sollten, beschlossen oder sie wurden zumindest als Vorbeschluss verabschiedet, um dann noch zur endgültigen rechtlichen Fixierung an die Volksversammlung zu gehen. Dieses Gewicht des Rates hing mit seiner gewandelten Zusammensetzung zusammen.

Ursprünglich waren die Mitglieder des Rates in den meisten griechischen Poleis jährlich gewählt worden; in den meisten Gemeinden konnte jeder Bürger Ratsmitglied werden. Klassisches Beispiel ist Athen, das für weite Bereiche der griechischen Welt stilbildend geworden ist. Der Rat war zunächst im Wesentlichen ein Ausschuss der Volksversammlung, und die Buleuten konnten höchstens einmal wiedergewählt werden. Die Zusammensetzung des Rates wechselte jedes Jahr, die Teilnahme an der Volksversammlung aber hörte für den einzelnen Bürger nie auf. Doch im Laufe des Hellenismus und insbesondere unter der römischen Herrschaft wurden die Buleuten mehr und mehr auf Lebenszeit bestimmt, auch wenn das nicht überall sehr früh und umfassend geschah.[48] In Ephesus und in Oinoanda aber ist unmittelbar bezeugt, dass die Ratsherren dem Gremium auf Lebenszeit angehörten, das lässt sich aber auch für andere Städte erschließen.[49] In Lykien blieben die Buleuten nicht nur lebenslang im

---

45 ROGERS 1992.
46 IK 11, 1, 27 (Ephesos).
47 WÖRRLE 1988, 131–133. In nach römischen Normen organisierten Städten wie etwa im lateinischen Irni in der Provinz Baetica, ebenso auch im römischen municipium Troesmis wurden Gesandte dagegen vom Rat allein bestimmt; siehe WOLF 2011, 68 ff.; *lex Troesmensium* 11 = AE 2015, 1252.
48 QUASS 1993, 382–390.
49 WÖRRLE 1988, 133.

Rat, sie konnten ihren Sitz sogar erben (was faktisch auch in vielen römischen Gemeinden der Fall war).[50] Viele dieser Buleuten waren vorher Magistrate gewesen, und wurden als solche Ratsmitglieder; andere konnten durch Kooptation durch den Rat oder durch städtische Funktionsträger, die τιμηταί genannt wurden, bestimmt werden; die letztere Form entsprach dem, was im römischen Bereich durch die *censores* geschah bzw. durch die munizipalen *quinquennales*. In manchen Städten wurden neue Mitglieder wohl vom Rat vorgeschlagen und dann noch von der Volksversammlung gewählt.[51]

Die lebenslängliche Zugehörigkeit und die vorausgegangenen magistratischen Funktionen vieler Ratsherren deuten schon darauf hin, dass der Sitz im Stadtrat nicht mehr für die Masse der Bürger zugänglich sein konnte, vielmehr nur für eine Elite, die sich neben der Herkunft aus angesehenen Familien vor allem auch timokratisch bestimmte, ohne dass wir freilich wüssten, welcher *census* in den einzelnen Städten gültig war. Eine einheitliche Höhe des *census* hat es sicher nicht gegeben, er konnte vielmehr von Stadt zu Stadt variieren, wie wohl auch in den römisch organisierten Gemeinden. Das erforderten schon die sehr großen Unterschiede bei der Zahl der Bürger und der ökonomischen Potenz der einzelnen Polis. Zu dieser timokratischen Struktur passt dann auch, dass für den Eintritt in den Rat, was jedenfalls in der Provinz Pontus-Bithynien mit dem 25. Lebensjahr möglich war,[52] eine bestimmte Summe bezahlt werden musste; die Mitgliedschaft im Rat erforderte also die Fähigkeit, sich am Leben der Stadt auch finanziell zu beteiligen. Das ist etwa für diese Provinz durch die Plinius-Briefe bezeugt, wo diese Regelung auf die *lex provinciae* unter Pompeius zurückgeht,[53] aber auch für Ephesus; an diese Stadt richtete Hadrian im Jahr 128/129 zwei gleichlautende Briefe, in denen er bat, Erastus bzw. Philocyrius, zwei Schiffskapitäne, die ihn eben sicher über die Ägäis nach Ephesus gebracht hatten, in den Rat aufzunehmen. Die Summe, die die Buleuten sonst zahlten, werde er, so schrieb Hadrian, für beide übernehmen.[54] Diese finanzielle Kapazität gilt noch mehr für die Magistrate in jeder Gemeinde. Im dem Dossier, das die Details des erwähnten Festes in Oinoanda festlegt, ist auch bestimmt, welche Opfertiere die einzelnen Magistrate dafür bereitstellen müssen. Das sind folgende:[55]

Der Agonothet: 1 Rind.
Ein städtischer Kaiserpriester und die Kaiserpriesterin: 1 Rind.
Der Zeuspriester: 1 Rind.
Drei Panegyriarchen: 1 Rind.
Ein grammateus bules und fünf Prytanen: 2 Rinder.
Zwei Agoranomoi: 1 Rind.

---

50 Siehe die Bezeichnung patroboulos: ROBERT 1966, 87 f.
51 WÖRRLE 1988, 77–83.
52 Plin. epist. 10,79–80
53 Plin. epist. 10,112–113.
54 IK 15, 1487. 1488 (Ephesos).
55 WÖRRLE 1988, 101.

> Zwei Gymnasiarchen: 1 Rind.
> Vier tamiai: 1 Rind.
> Zwei Paraphylakes: 1 Rind.
> Ein Ephebarchos: 1 Rind.
> Ein Paidonomos: 1 Rind.
> Ein Beauftragter für die öffentlichen Gebäude: 1 Rind.

Da alle diese Amtsträger auch dem Rat von Oinoanda angehörten, zeigt dies mit aller Klarheit, dass die Ratsherren notwendigerweise über ein nicht ganz kleines Vermögen verfügen mussten, um den Verpflichtungen nachzukommen. Ob auch alle Amtsträger bei Amtsantritt bereits eine bestimmte Summe, eine *summa honoraria*, abgeben mussten, wie das in den römischen Kolonien der Fall war, ist umstritten.[56] Doch dass man von allen erwartete, sich an vielen Kosten zu beteiligen, den so genannten Liturgien, ist unstrittig. Ein *census*, wenn auch variabel in den einzelnen Städten, ist zwingend anzunehmen, damit nicht jeder in den Rat kam. Man konnte das auch so formulieren, es sei besser, dass Kinder von *honesti homines* in den Rat gelangten als Leute aus dem Volk – so von Plinius als Meinung von Leuten aus Bithynien zitiert.[57] Bei diesen Voraussetzungen und Einstellungen verwundert es nicht, wenn die dauerhafte Zugehörigkeit zum Rat sich sozial in einer deutlichen Trennung zwischen den Buleuten und dem Volk auswirkte, die βουλευταί wurden abgegrenzt von den δημόται.[58] Vermögende Nichtbürger, die aus anderen Städten stammten, konnte man aber, wenn dazu der Wille bestand, in den Rat aufnehmen, faktisch oder ehrenhalber. Dass sie bereits einen höheren sozialen Status mitbrachten, braucht kaum betont zu werden; sonst hätte man sich nicht die Mühe gemacht, sie zu kooptieren.

Die Bule in den Poleis des griechischen Ostens war häufig deutlich größer als die römischen Dekurionenräte, was aber auch von der Größe der Stadt abhängig war. In Thyateira und Oinoanda sind 500 wenn nicht mehr Ratsherren nachzuweisen.[59] Kyzikos etwa hatte 200 Mitglieder, Ephesus mindestens 450,[60] der Rat von Philadelphia in Lydien umfasste im 2. Jh. vielleicht 150 Personen.[61] In Sidyma sind vermutlich auch weit mehr als 100 Ratsmitglieder anzunehmen; denn in der neu errichteten Gerusie stellen die Buleuten etwas mehr die Hälfte der Mitglieder (insgesamt 51), was aber wohl nur die älteren sein können. Dann aber müsste der Rat, in dem die weniger Alten sicherlich die Mehrheit bilden, mehr als 100 Angehörige haben.[62] Andererseits darf

---

56 Siehe z.B. QUASS 1993, 328–334, der dies annimmt.
57 Plin. epist. 10,79,3: „*et esse necessarium dicitur, quia sit aliquanto melius honestorum hominum liberos quam e plebe in curiam admitti.*
58 WÖRRLE 1988, 133f.
59 BROUGHTON 1938, 814.
60 IK 11, 1, 27 Z. 220ff. (Ephesos): „Von den 20.000 Denaren, die Salutaris gestiftet hat, wird er 9 Prozent Zinsen auszahlen, jährlich eine Summe von 1800 Denaren; davon wird er dem Schreiber des Rates 450 Denare geben, damit er sie im Heiligtum ... unter die Ratsmitglieder verteilt; ... jeder Anwesende bekommt einen Denar." Vgl. ROGERS 1991a, 61; IK 14, 1151 (Ephesos); IK 17, 2, 4123 (Ephesos).
61 TAM V 3, 1457, Z. 8–18.
62 Vgl. TAM II 175 (= IGRRP III 582). 176.

man in kleinen Städten entsprechend weniger erwarten. In Tymandos in Pisidien wollte man erst einen Rat einrichten und stellte fest, dass man im Augenblick des Antrags nur in der Lage war, 50 Ratsherren zu stellen.[63]

Eine wichtige Funktion des Rates war vermutlich überall, der Volksversammlung Bewerber für die Ämter vorzuschlagen. Dabei konnte die Bule auch Leute benennen, die gar kein Amt wollten.[64] Dio Chrysostomus und Aelius Aristides, zwei Sophisten des 2. Jahrhunderts, sind bezeichnende Beispiele dafür, dass dies immer wieder vorkam.[65] Je nachdem wie groß der Druck war, gab es keine faktische Möglichkeit, sich einer Nominierung als Kandidat zu entziehen.

Während es für die römischen Kolonien leicht ist, die Struktur der Ämter und die Zahl der Träger zu bestimmen, ist dies für die Poleis nicht möglich. In jeder Polis gab es deutlich mehr Funktionsträger als in den *coloniae*, wie es die schon einmal herangezogene Liste der Amtsträger in Oinoanda zeigt, die in der Tendenz, wenn auch nicht im Detail als repräsentativ für viele andere lykische Städte gelten kann:[66]

1. Städtischer Kaiserpriester, der sicher auch eine Kaiserpriesterin an seiner Seite hatte. Er war, jedenfalls in den lykischen Städten, wohl auch der reguläre Vorsitzende der Volksversammlung und des Rates. Der Kaiserpriester genoss als Ausgleich für das, was er während seines Amtes zu leisten hatte, eine *vacatio munerum* von 5 Jahren.[67]
2. Zeuspriester, der rein religiöse Aufgaben hatte.
3. Ein *grammateus boules*; er führt das Stadtsiegel und ihm oblagen auch die Routinegeschäfte mit den Statthaltern.
4. Fünf Prytanen – sie und der *grammateus* des Rates waren zusammen für das Urkundenwesen und das städtische Archiv zuständig. Daneben haben sie die Geschäftsführung und mussten die Vorschläge an die Bule vorberaten. Sie sind aber eigens gewählte Amtsträger, nicht ein Ratsausschuss.
5. Zwei *agoranomoi*, deren Amtszeit vielleicht aufgeteilt war.
6. Zwei Gymnasiarchen.
7. Vier *tamiai*.
8. Zwei *paraphylakes*, die für die Sicherheit auch in der Stadt und auf dem Territorium zuständig waren.
9. Ein *ephebarchos* für das Training der Epheben.
10. Ein *paidonomos* für die Unterrichtung der Knaben. Er beaufsichtigte das Unterrichtssystem für die Knaben, während der ephebarchos für das der Heranwachsenden zuständig war.

---

63 D 6090.
64 Vgl. Plin. epist. 10,112: dort wird von Leuten berichtet, die gegen ihren Willen in den Rat einer Stadt aufgenommen wurden.
65 BOWIE 1996, 1096 f.; JONES 1978, 95–103 mit einer Darstellung, wie die einzelnen Institutionen einer Stadt zusammen funktionierten.
66 Alles nach WÖRRLE 1988, 100–123.
67 WÖRRLE 1988, 104.

Das sind also insgesamt schon 21 Amtsträger in Oinoanda, einer nicht besonders großen Gemeinde, wobei keineswegs sicher ist, dass es nicht noch einige weitere gab, die in dem großen Dokument aus dem Anfang der hadrianischen Zeit nicht erwähnt werden. Ähnliches gilt der Zahl nach für alle anderen Städte auch. Doch die Ämter, die in der einzelnen Gemeinde eingerichtet waren, wie sie benannt wurden und welche konkreten Aufgaben deren Inhaber zu erfüllen hatten, das variierte in großem Umfang. Wichtig war für das Gesamtleben einer Polis, dass es überall einen eponymen Amtsträger gab, nach dem in der Stadt das Jahr benannt wurde, was dann auch zur Datierung diente. Doch diese eponymen Ämter konnten ganz unterschiedlicher Herkunft sein; sie konnten ihre Tätigkeit in der sakralen Sphäre oder auch der profanen ausüben, und damit sehr variierende Namen haben. So wurden die eponymen Magistrate in Ephesus als Prytanen bezeichnet,[68] auf Rhodos war der Priester des Helios eponym. In Milet, Priene, Smyrna, Mylasa und anderen Städten trugen sie den Titel *stephanephoros*, auf Samos und Cnidos *demiurgos*, in Erythrai *hieropoios*, in Halikarnassus *neopoios*; und in Chalcedon lautete die Bezeichnung sogar *basileus*.[69] Dass diese Ämter jährlich neu besetzt wurden, lag in der Natur der datierenden Funktion. Solche Variabilität der Bezeichnung zeigt sich auch bei anderen amtlichen Aufgaben: So wurde die Aufgabe (*epimeleia*), nach einem Beschluss der Volksversammlung beschriftete Stelen aufzustellen, in Priene von den *neopoioi* erledigt, in Milet von den *teichopoioi* oder dem *architekton*, in Samos und in vielen anderen Städten vom *grammateus* des Rates.[70] Fast überall gab es ein Strategenkollegium, das in der Kaiserzeit allerdings rein zivile Aufgaben hatte,[71] ebenso amtierte stets ein γραμματεὺς τῆς βουλῆς bzw. τοῦ δήμου, der z.B. in Ephesus von größter Bedeutung war; es ist kein Zufall, dass in der Apostelgeschichte bei dem Tumult der Silberschmiede der *grammateus* erscheint[72] und auch weitaus am häufigsten in den Inschriften genannt ist.[73] Ganz selbstverständlich war die Annuität auch bei all diesen Ämtern gültig, sie konnten jedoch iteriert werden. So amtierte etwa in Didyma ein Bürger im Jahr 7/6 v.Chr. zum zweiten Mal als στεφανηφόρος Καίσαρος.[74] Natürlich war es möglich, sich um alle Funktionen zu bewerben, was ursprünglich wohl auch üblich gewesen ist, doch später konnten Bewerber, wie schon erwähnt, auch im Rat vorgeschlagen werden, insbesondere wenn es nicht genügend freiwillige Bewerber gab. Auch konnte in der Volksversammlung nach bestimmten Bewerbern 'gerufen' werden. Auf diese Weise war es möglich, entsprechenden Druck auf einzelne wohl situierte oder reiche Bürger auszuüben, wobei sich diese dann öfter dem Druck nicht entziehen konnten –

---

68 Siehe etwas IK 14, 1387 (Ephesos); IK 16, 2018 (Ephesos).
69 MAGIE 1950, 836 Anm. 23; SHERK 1990, 249; SHERK 1990a, 231; SHERK 1991, 225; SHERK 1992, 223; SHERK 1993, 267.
70 DMITRIEV 2005, 19.
71 Beispielsweise IK 11, 1, 27 F Z. 436 (Ephesos) in Verbindung mit dem *grammateus*.
72 Apg 19,35 f.
73 SCHULTE 1994.
74 IDidyma 378–379 In Erythrai war ein L. Tonnius Paterclus zweimal στρατηγός (SEG 30, 1331).

oder nur, indem sie andere Bewerber vorschlugen, die besser als sie geeignet seien. Bei einigen wenigen Ämtern war es auch möglich, die Stadt als Ganzes oder vor allem einzelne Götter, d.h. deren Heiligtümer samt dem damit verbundenen Besitz, als Amtsinhaber einzusetzen, was vor allem bei den eponymen Ämtern immer wieder geschah. Die zentrale Aufgabe dieser Funktionen bestand freilich vor allem in der Finanzierung bestimmter städtischer Vorhaben oder Liturgien, ohne dass daraus eine konkrete politisch-administrative Tätigkeit folgte. So wurde in Milet öfter Apollo, dessen berühmtes Heiligtum in Didyma stand, als Eponym bestimmt, oder in Priene der Hauptgott Zeus.[75] Viele Heiligtümer hatten im Laufe der Zeit erheblichen Besitz angehäuft, der so der Allgemeinheit wieder zugeführt wurde. Ebenso wurden Stiftungen errichtet, aus deren Erträgen ein eponymes Amt finanziert werden konnte; der Stifter war dann ein αἰώνιος γυμνασίαρχος bzw. ein αἰώνιος στεφανηφόρος usw.[76] Die hohen Kosten dieser eponymen, aber auch anderer Ämter resultierten aus der Abhaltung von Festen, mit denen auch Opfer an bestimmte Götter verbunden waren. Bei diesen Gelegenheiten konnten manchmal nicht nur die Bürger am zugehörigen Festmahl teilnehmen, sondern auch die Fremden und sogar die Sklaven, die sonst aus aller öffentlichen Betätigung ausgeschlossen waren.[77] In der Kaiserzeit wurde die Zahl der Feste, die von städtischen Amtsträgern abzuhalten waren, noch durch die zu Ehren einzelner divinisierter Kaiser und vor allem des lebenden Herrschers vermehrt. Dabei erhöhten sich die Kosten deshalb erheblich, weil bei diesen Kaiserfesten mehr und mehr teure Gladiatorenspiele gegeben wurden.[78]

Vor allem die mit einzelnen Ämtern verbundenen finanziellen Lasten führten schließlich auch zu einer Erscheinung, die für die Kaiserzeit charakteristisch ist: das Auftreten von Frauen im Kontext von munizipalen Ämtern. Verwiesen sei beispielsweise auf eine Larcia Theogenis Iuliana, die in Ephesus als Prytanin amtierte, ferner die Gymnasiarchie über alle Gymnasien übernahm und als Priesterin der Artemis fungierte. Sie war Tochter eines A. Larcius Hieron, der seinerseits ebenfalls Prytane und Gymnasiarchos aller Gymnasien, ferner Hierokeryx, Ratsherr und Kurete war.[79] Frauen, die solche und manchmal noch weit mehr Ämter sakralen und profanen Inhalts übernahmen, gibt es in der Kaiserzeit zahlreich, und zwar mit fortschreitender Zeit immer mehr. Allein aus Ephesus kennen wir mindestens 39 solcher Fälle.[80] Das Familienstemma einer dieser Frauen, einer Claudia Crateia Veriana, zeigt exemplarisch, wie viele ihrer weiblichen Vorfahren in der Vergangenheit bereits solche Funktionen übernommen hatten.[81] In anderen Städten ist der Befund vergleichbar.[82]

---

75 QUASS 1993, 291 ff.
76 Siehe z.B. TAM V 2, 1345.
77 STRUBBE 2001, bes. 28; STAVRIANOPOULOU 2009, bes. 166; MERKELBACH 1983.
78 Zur Verbreitung siehe nur InscCret IV 375; C. MANN 2011.
79 IK 13, 985 (Ephesos).
80 VAN BREMEN 1996, 316 ff.; WINTER 2003.
81 IK 11, 1, 47 Z. 27 (Ephesos); IK 13, 980 (Ephesos) dort das Stemma.

Während früher daraus zumeist der Schluss gezogen wurde, dies deute auf eine immer stärkere Emanzipation von Frauen in der kaiserzeitlichen Gesellschaft und deren Beteiligung am munizipalen Leben hin, tendiert man heute zu einer anderen Interpretation. Zum einen gab es in den kaiserzeitlichen Städten das zunehmende Problem der finanziellen Schwierigkeiten und der rückläufigen Zahl von Bewerbern für viele Ämter, vor allem bei denjenigen, sie sehr ausgabenintensiv waren. Zum andern wollten die führenden Familien ihre Stellung in den Städten halten, weshalb sie auch Frauen aus ihrer Mitte, die finanziell selbständig waren, insoweit am öffentlichen Leben beteiligten, dass sie ihnen prestigeträchtige zivile und profane Ämter übertrugen, die mit den Mitteln der Frauen finanziert wurden; denn wirtschaftlich waren nicht wenige dieser Frauen relativ autonom. Doch aus den Quellen ergibt sich auch mit aller Deutlichkeit, dass solche Frauen nie in Ämtern erscheinen, in denen politisch-administrativ gehandelt werden musste. Keine Frau „seems to have held such an office as that of councilor, general, agoranomos or treasurer."[83] Administrativ bedeutsame Ämter blieben Frauen wie auch in der hellenistischen Zeit verschlossen.[84] Wie sehr sie als Repräsentanten ihrer Familien gesehen wurden, ergibt sich in deutlicher Form daraus, dass sie in Texten, die mit Ehrenstatuen verbunden waren, fast stets in Verbindung mit anderen Mitgliedern ihrer Familie genannt werden. So geschah es etwa bei der schon angeführten Larcia Theogenis Iuliana, von der nicht nur ihre eigenen Funktionen herausgestellt werden, sondern die als Tochter von A. Larcius Hieron charakterisiert wird, dessen öffentliche Tätigkeit mit der seiner Tochter partiell identisch ist, freilich nur in denen mit rein repräsentativer Natur; der Vater aber ist eben auch Mitglied des Rates von Ephesus.[85] Wie Riet van Bremen es formulierte: „The overall structures that shaped civic euergetism were dominated by men and it was the decisions of all-male civic bodies ..., that determined who would take on an office or liturgy. These decisions were political, social and familial all at once, for the families that dominated the council and the decision-making process were the fathers, and husbands and brothers of our women."[86]

Dass alle diese Funktionen von Frauen auf ein Jahr beschränkt waren, ist nicht überraschend, also ganz analog zu den römischen Gemeinden, nur bei bestimmten Priestertümern war das anders. Umgekehrt amtierten nur wenige Männer, die Priesterämter übernahmen, auf Lebenszeit, wie etwa ein Trocondas, der Priester der Artemis Ephesia in Cremna war, einer römischen Kolonie, die sich aber sehr schnell gräzisiert hatte. Er hatte das Priestertum bereits durch Nachfolge innerhalb seiner Familie erhalten; die Familienangehörigen hatten auch den Tempel und die Statue gestiftet; schließlich hatte auch Artemis, die Tochter des Trocondas, das Priestertum

---

82 In Sagalassos werden viele Frauen öffentlich geehrt, allerdings dem Wortlaut nach zumeist wegen ihrer Zugehörigkeit zu führenden Familien der Stadt, siehe z. B. IK 70, 68. 88. 89. 91. 92.
83 Dmitriev 2005, 182.
84 Magie 1950, 649; van Bremen 1996, 55–60. Vgl. auch Pleket 1969, Text Nr. 1–32.
85 IK 13, 985 (Ephesos).
86 van Bremen 1996, 301. Noch nicht zugänglich war Heller 2020.

übernommen.⁸⁷ Ansonsten aber blieb es bei den männlichen Priesterämtern in den Städten bei der Annuität.⁸⁸

3 Die Provinziallandtage

Diesem Überblick über die römischen Amtsträger an der Spitze der Provinz und die Städte auf der Provinzebene ist aber noch eine dritte Ebene öffentlicher Funktionen anzuschließen, Funktionen, die im 1. und 2. Jahrhundert sogar besondere Aufmerksamkeit erregten, oder zumindest in unserer Dokumentation besonders hervorragen: die so genannten Provinziallandtage oder Koina der östlichen Provinzen, die in gewisser Hinsicht eine Mittel- und Mittlerstellung zwischen römischen Amtsträgern und Gemeinden einnahmen.⁸⁹ Ihre besondere Attraktivität erhielten sie damals, weil sie zum einen auf der Ebene der gesamten Provinz angesiedelt waren, zum andern aber eng mit der öffentlichen Loyalität gegenüber den Kaisern, toten wie lebenden, verbunden waren. Ihr konkretes Zentrum hatte diese Loyalität in den Kaisertempeln. Solche Landtage gab es in allen Provinzen, ihre Struktur ist nicht überall identisch, aber doch sehr ähnlich. Am besten ist die Dokumentation für das Koinon in der Provinz Asia, wo es im Laufe der Zeit in verschiedenen Städten provinziale Kaisertempel gab, und zwar nebeneinander: In Pergamon, Ephesus, Smyrna, Sardeis, Kyzikos und Philadelpheia. Außer in Kyzikos und Philadelpheia finden sich in all diesen Städten sogar mehr als ein Tempel, ja bis zu drei wie in Ephesus und Smyrna.⁹⁰ Das wurde dann auch im Titel der Stadt durch das Wort νεωκόρος ausgedrückt, und schließlich durch τρὶς νεωκόρος. Das System war so gestaltet, dass es auf der einen Seite einen *archiereus* für die gesamte Provinz gab,⁹¹ daneben aber auch immer je einen Priester für den einzelnen Kaisertempel in jeder einzelnen Stadt. Jeder Kaiserpriester hatte eine *archiereia* neben sich, zumeist seine eigene Frau.⁹² Da die Ausgaben auf der Ebene der Provinz im Allgemeinen höher waren als in den einzelnen Städten, war die Auswahl der Träger des höchsten Amtes des Koinon auf einen noch kleineren Kreis von sehr begüterten Personen aus der gesamten Provinz beschränkt.⁹³ Das Amt war einjährig wie fast alle anderen auch, nach dem Amtsjahr wurden die früheren Inhaber als Asiarchen bezeichnet, wodurch sie einen besonderen Rang in der Ge-

---

87 IK 57, 31 (Kremna).
88 Anders in den Dörfern, siehe BE 1978, Nr. 434.
89 Zum Koinon von Asia siehe DEININGER 1965, 36 ff.; neuere Arbeiten STEPHAN 2002; VITALE 2012; EDELMANN-SINGER 2015 mit jeweils unterschiedlichen Schwerpunkten; KOLB/VITALE 2016.
90 Für Ephesos: IK 12, 212 = Oliver 1989, Nr. 168: offizielles Schreiben zur Verleihung der dritten Neokorie; ferner z. B. IK 12, 467; IK 13, 625. 647. 740; für Smyrna: IK 24, 646. 665. 666. 667. 673. Auch für Sardeis ist eine dritte Neokorie bezeugt, siehe PETZL 2019, 404 (und IGRRP IV 1425).
91 Siehe z. B. SEG 36, 1093.
92 Verwiesen sei etwa auf IK 13, 617 (Ephesos).
93 Zu diesem Personenkreis zusammenfassend CAMPANILE 1994; CAMPANILE 2006, 523–584.

sellschaft der Provinz einnahmen. Diese Amtsträger wurden vom Provinziallandtag gewählt, in den die einzelnen Gemeinden Delegierte entsandten. Die Einzelheiten sind freilich nicht sehr klar. 4 v. Chr. versammelten sich beim Landtag der Provinz Asia insgesamt 150 Abgeordnete.[94] Die einzelnen Städte entsandten eine unterschiedliche Zahl von Abgesandten, wohl berechnet nach der Größe der Gemeinde; für Smyrna sind so z. B. durch eine Rede des Aristides vier Delegierte bezeugt.[95]

Neben den Archiereis und Asiarchen gab es weitere Ämter auf der Provinzebene, darunter einen *grammateus* des Koinon, einen *ekdikos* sowie ein *argyrotamias*, der für die Finanzen zuständig war. Die Gelder mussten insgesamt von allen Gemeinden aufgebracht werden, deren Vertreter in der Koinonversammlung ihren Sitz hatten.[96]

Ein recht ähnliches Bild erhält man für Lykien. Dort existiert sogar eine *ekklesia* des Bundes, deren Funktion freilich nicht ganz klar ist. Die Bule besteht dort allerdings aus Buleuten, die auf Lebenszeit gewählt sind, anders als in Asia, wo jedes Jahr neue Ratsherren bei der Versammlung des Landtags zusammenkommen können. Diese Ratsherren wählen den *archiereus ton Sebaston*, dessen Titel aber auch Lykiarch lautet. Er ist gleichzeitig eponymer Amtsträger für Gesamtlykien; neben ihm steht eine *archiereia*, die auch den Titel Lykiarchissa tragen kann.[97] Außer ihnen amtieren ein *grammateus*, ein *archiphylax*, ein *tamieus* und ein *oikonomos*.[98] Wodurch sich die beiden letzteren voneinander unterschieden, muss wegen der geringen Aussagekraft der Quellen unsicher bleiben.[99] Wiederum dauert das Amt des Lykiarchen nur ein Jahr, ebenso wie bei allen sonstigen Funktionsträgern des Koinon. Wie in Asia ist seine Hauptaufgabe, den Loyalitätskult für die Kaiser durchzuführen.

4 Ergebnis

Sieht man diese vielen, hier freilich nur sehr ausschnitthaft vorgeführten Einzeldaten zusammen, dann zeigt sich, dass die Umwelt den christlichen Gemeinden genauso wie den jüdischen ein reiches Musterbuch bot für die Organisation von menschlichen Gruppen und der für deren Leben notwendigen Amtsträger. Dies gilt vor allem für die römischen und griechischen Gemeinden. Während der Einfluss der Volksversammlungen zwar überall noch vorhanden war, aber doch bald immer geringer wurde, entwickelte sich der Rat zu einem Gremium, dessen Mitglieder ihm lebenslang angehörten. Generell kamen diese nicht mehr aus der Gesamtheit der Bürger, sondern nur noch aus dem vermögenden Bevölkerungsteil einer Gemeinde; eine bestimmte

---

[94] BUCKLER/ROBINSON 1932, 8 Z. 76 f. (S. 18 und 21 f.).
[95] Ael. Arist. Or. 50,103.
[96] VAN BREMEN 1996, 50 – 52.
[97] REITZENSTEIN 2011, 55 ff.
[98] DEININGER 1965, 75 f. Für eine Ansammlung all dieser Ämter: TAM II 831.
[99] TAM II 1163: οἰκονόμῳ τοῦ Λυκίων ἔθνους; TAM II 496: ἱερατεύσαντα καὶ ταμιεύσαντα τῶν πατρῴων θεῶν.

Censushöhe war, allein wegen der Eintrittsgelder, fast zwingende Voraussetzung. Vor allem dort, wo die Mitgliedschaft lebenslang dauerte – und das wurde im Laufe des 2. Jh. die Regel – übte der Rat den entscheidenden Einfluss auf das Leben und die Entwicklung der einzelnen Gemeinschaft aus. Er war damit aber auch der Ort, wo überkommene Traditionen bewahrt wurden und fortleben konnten. Im Gegensatz dazu übernahmen die Magistrate, die soziologisch demselben Personenkreis wie die Ratsmitglieder angehörten, ja zumeist selbst im Rat saßen, ihre Ämter zumeist nur für ein Jahr; nicht selten wurde ein Amt freilich iteriert, teils freiwillig, teils unter Zwang von außen. Die finanzielle Last, die mit den Ämtern jedenfalls in den Städten und den Koina verbunden war, führte dazu, dass im Laufe der Zeit immer öfter die Kandidaten fehlten, weshalb die gesetzlichen Pflichten zur Übernahme strenger wurden; freilich hat es solche Regeln stets gegeben, auch bereits in einer Zeit, als es noch ernste Konkurrenz um die Ämter gab. Der Mangel an freiwilligen Bewerbern führte aber auch dazu, dass zu manchen Jahresämtern, die nur repräsentativen, aber keinen administrativ funktionalen Charakter hatten, auch Frauen zugelassen wurden, die insbesondere die Kosten übernehmen durften. Dies hieß aber nicht, dass Frauen eine aktive Partizipation am öffentlichen Leben auf Augenhöhe mit den Männern eingeräumt wurde; vielmehr bestand ihre Rolle vornehmlich auch in der Fortführung der öffentlichen Rolle ihrer Familien.[100]

Wie sich in den christlichen Gemeinden die Vorstellungen über die für sie notwendigen Leitungsfunktionen entwickelten und klärten, und wie weit sie dabei von ihrer Umwelt beeinflusst wurden oder sich in Absetzung gegen deren Vorstellungen entwickelten, das kann nur ein intensiver Vergleich leisten. Hier ist das Zusammenspiel von Theologen und Historikern gefordert.[101]

---

100 Was hier über die Funktionen von Frauen ausgeführt wurde, zeigt deutlich, dass die christlichen Gemeinden – und das gilt dann noch weit mehr seit der Zeit Konstantins – dem allgemeinen Modell folgten, Frauen keine zentralen Aufgaben innerhalb der Kirche zu übertragen. Dies war ein Ergebnis der damaligen historischen Situation. Damit aber sollte es auch in der katholischen Kirche nicht mehr möglich sein, sich auf die „neutestamentliche Ordnung" zu berufen, um auch heute Frauen weiterhin nicht zu kirchlichen Funktionen zuzulassen. Wie sehr die Umwelt für das junge Christentum prägend war, sieht man an Cor 1,14,34: αἱ γυναῖκες ἐν ταῖς ἐκκλησίαις σιγάτωσαν. Natürlich hatten Frauen in der Kirche zu schweigen wie in den Volksversammlungen der Städte, an denen Frauen weder teilnehmen, noch dort abstimmen durften. Seit 1919 sind in Deutschland Frauen stimmberechtigt! Der Wandel in der Gesellschaft müsste einen Wandel in den kirchlichen Strukturen erzwingen, wenn man endlich zur Kenntnis nehmen würde, dass die bisherigen Regelungen auf historischen Grundlagen beruhen, die überholt und nicht gottgegeben sind.
101 Einzubeziehen sind dabei vor allem auch die Formen, in denen sich die Vereine unterschiedlicher Zielsetzung entwickelten und speziell diejenigen, die eine besondere religiöse Ausrichtung hatten. Vgl. dazu u. a. BELAYCHE/MIMOUNI 2003; SOMMER 2006.

24 Diplomatie als Teil der Administration im Imperium Romanum

Diplomacy and administrative process, wie das Thema für das Kolloquium formuliert worden war, scheinen zwei Begriffe zu sein, die nach modernem Verständnis etwas sehr Verschiedenartiges bezeichnen und nur schwer oder überhaupt nicht miteinander in Einklang zu bringen sind. Diplomatie verlangt den direkten persönlichen Kontakt zwischen zwei Personen oder Parteien, der administrative Prozess wird dagegen nach unseren modernen Vorstellungen eher als ein unpersönliches Verfahren angesehen, in dem nach Aktenlage entschieden wird und bei dem der persönliche Kontakt kein wesentliches Element darstellt. Ist dies aber dennoch der Fall, gerät dieser Aspekt leicht in ein Wortfeld mit der Konnotation Beziehungen oder Klüngel, wenn nicht Bestechung.

Ein ganz anderes Bild ergibt sich dagegen in der römischen Welt. Zwei Beispiele aus sehr unterschiedlichen Bereichen mögen genügen. Am 25. Juli des Jahres 77 erschien eine Delegation der spanischen Stadt Sabora in Rom vor Vespasian und überreichte in einer Audienz einen Beschluss des Rates, in dem um die Erlaubnis gebeten wurde, das städtische Zentrum in der Ebene neu anlegen und gleichzeitig dem *municipium* den Namen *Flavium* geben zu dürfen.[1] Gleichzeitig ersuchte man den Kaiser, ihnen die steuerlichen Einkünfte, die die Gemeinde seit augusteischer Zeit besaß, zu bestätigen. Vespasian übergab den Gesandten bereits am 29. Juli eine im Wesentlichen zustimmende Antwort, ebenfalls in schriftlicher Form.[2] Allerdings lehnte er es ab, über neue *vectigalia*, die die Stadt ebenfalls beantragt hatte, zu entscheiden. Denn dazu müsste er, Vespasian, auch mögliche Gegner eines solchen Antrags (*nullo respondente*) hören, was aber in Rom in dieser Situation nicht möglich war. Wenn die Bewohner von Sabora dies aber weiterverfolgen wollten, dann sollten sie sich an den Prokonsul wenden: *de his proco(n)s(ulem) adire debebitis* = „darüber werdet ihr euch an den Prokonsul wenden müssen." In dem Schreiben vermerkt Vespasian genau: *decretum vestrum accepi VIII Ka(lendas) August(as) legatos dimisi IIII Ka(lendas) easdem* = „Euren Beschluss erhielt ich am 25. Juli, die Gesandten entließ ich am 29. desselben Monats." In einem anderen Brief Vespasians an die Gemeinde der Vanacini auf Corsica heißt es am Ende:[3] *Egerunt legati Lasemo, Leucani f(ilius), sacerd(os) Aug(usti), Eunus, Tomasi f(ilius), sacerd(os) Aug(usti)* = „Als Gesandte waren tätig Lasemo, Sohn des Leucanus. Priester des Augustus (und) Eunus, Sohn des Tomasus, Priester des Augustus." Diese kurzen Bemerkungen zeigen sehr deutlich, wie die Kommunikation mit dem Kaiser in einem administrativen Verfahren in sehr personalisierter Form abgelaufen ist.

---

[1] CIL II²/5 871 = D 6092 = FIRA I² Nr. 74. Allgemein zum Phänomen HURLET 2012, 110–118; EDMONDSON 2015, 727–729.
[2] CIL II²/5, 871 Z. 13 f.: *Accepi VIII Ka(lendas) August(as), legatos dimi/si IIII Ka(lendas) easdem.*
[3] CIL X 8038.

Genau dieses Verfahren, die Wendung an den Prokonsul, fassen wir in einem Dokument, das aus der Region von Daldis in der Provinz Asia stammt und im Jahr 135 ausgestellt wurde. Es ist ein Dossier, das verschiedene Schreiben umfasste, deren wichtigstes ein Edikt des damaligen Prokonsuls von Asia, T. Aurelius Fulvus Boionius Antoninus, des späteren Kaisers Antoninus Pius, ist. Er erklärt darin, Metras, der Sohn des Metrodorus, und Isidorus, der Sohn eines Isidorus, hätten sich *nom(ine) vicanorum Arhillon* an ihn gewandt (*adierunt*) und um die Gewährung von Marktrechten für das Dorf der Arhillenoi gebeten.[4] Er gewährte diese Bitte, fügte aber hinzu, wenn jemand gegen diese Entscheidung Beschwerde einlegen wolle, müsse er diese innerhalb von dreißig Tagen entweder vor ihm oder vor seinem Nachfolger einlegen.[5]

In beiden Fällen waren Vertreter einer Gemeinschaft, der Stadt Sabora und des *vicus* der Arhillenoi, der auf dem Territorium von Sardeis lag, vor demjenigen erschienen, der nach ihrer Ansicht Verwaltungsentscheidungen treffen konnte, einmal der Kaiser, das andere Mal der Prokonsul. Zumindest im Fall von Sabora hatten die *legati* der Stadt einen schriftlichen Antrag mitbekommen und diesen persönlich an den Kaiser übergeben. Dass die Vertreter der Arhillenoi dem Prokonsul ebenfalls einen schriftlichen Antrag übergeben hatten, wird aus dem prokonsularen Edikt nicht unmittelbar ersichtlich, ist aber höchstwahrscheinlich. In einer anderen, sehr ähnlichen Anfrage auf Einrichtung eines Marktes ebenfalls in der Provinz Asia im Jahr 209 vor dem Prokonsul Q. Caecilius Secundus Servilianus haben die Antragsteller, deren Sprecher ein gewisser Dionysius war, jedenfalls einen *libellus* mit der schriftlichen Begründung des Antrags überreicht, dessen Inhalt schließlich auch in die publizierte Version aufgenommen wurde.[6] So dürfen wir auch bei den Arhillenoi ein Schreiben voraussetzen, das dem Prokonsul übergeben wurde.

Nichts an diesen zwei Fällen weist auf Besonderheiten hin. Es handelt sich vielmehr um ein ganz übliches Verfahren, mit dem durch den Kaiser oder auch durch einen Provinzstatthalter eine Entscheidung in einem administrativen Verfahren gefällt wurde. Das Verfahren umschließt einerseits das Erscheinen von Vertretern einer größeren Menschengruppe, einer Stadt oder eines Dorfes, vor dem Vertreter der staatlichen Macht, die Übergabe eines Schriftstückes, in dem der Sachverhalt geschildert ist, und schließlich die Entscheidung in der Sache. Diese Entscheidung konnte den Antragstellern entweder direkt in der Form eines Briefes übergeben werden, wie es im Fall von Sabora mit der Übergabe der schriftlichen Antwort Vespasians

---

[4] SEG 44, 977 = AE 1994, 1645 = Petzl 2019, 318: *Metras Metrodori et Isidorus Isidori nom(ine) vicanorum Arhillon adierunt me petieruntque ....*
[5] *Qua de re, si quis petitioni eius contradicere volet, intra diem tricesimum me aut successorem meum c(larissimum) v(irum) adeat.*
[6] Nollé 1982, 12–13: Κό(ιντος) Καικίλ(ιος) Σεκοῦνδος Σερουιλιανὸς ἀνθύπατος λέγει· ἐντευχθεὶς πρὸ βήματος ὑπὸ τῶν κηδομένων τῆς περὶ Μανδραγορειν κατοικίας, αἰτησαμένων παρά ἐμοῦ τῷ τόπῳ τὴν καλουμένην ἀγορεῖον τρὶς ἐν ἑκάστῳ μηνὶ γείνεσθαι. .... Διονύσιος Διονυσίο[υ] Μάγνης ἀνέδωκα τὸ διάταγμα πρὸ δέκα ἓξ Καλανδῶ[ν Ἀ]πριλίων, Αὐρηλίῳ Πονπηϊανῷ καὶ Λολι(ανῷ) Ἀπείτῳ ὑπάτο[ις].

am 29. Juli geschah, oder durch Aushang des Edikts, wie es Aurelius Antoninus im Fall der Arhillenoi veranlasste: *proponi volo*.

Diese Erkenntnisse sind natürlich nicht neu. Denn vor allem Gesandtschaften an die Kaiser sind in großer Zahl bekannt, auch durch Einzeldokumente zum Teil detailliert bezeugt und vielfach behandelt worden.[7] Bei nicht wenigen, vielleicht sogar der Mehrzahl dieser Gesandtschaften tritt freilich der diplomatische Aspekt geradezu aufdringlich in den Vordergrund. Denn zahllos sind die Dokumente, die zeigen, dass der Zweck dieser Gesandtschaften, zumindest dem äußeren Anschein nach, vor allem in zeremoniellen Aufgaben bestand. Speziell zu Beginn einer neuen Regierung kamen *legationes* in besonders großer Zahl zum neuen Kaiser, um ihm die Glückwünsche der jeweiligen Stadt zu überbringen.[8] Ähnliches geschah bei besonderen Anlässen im Kaiserhaus wie Hochzeiten, Geburten oder auch einem glanzvollen Sieg im Verlauf eines Krieges.[9] Nur relativ selten werden in den zugehörigen Dokumenten, insbesondere den kaiserlichen Antwortschreiben, konkrete Aussagen über Einzelentscheidungen gemacht. Dadurch verstärkt sich der Eindruck des Zeremoniellen, dem wenig sachliche Substanz entspricht, wenn man nicht das Zeremonielle selbst als die eigentliche Sache betrachtet – was manchmal oder auch öfter durchaus möglich ist.[10]

Doch ist hier zu fragen, ob nicht dieser durch die Art unserer Dokumentation im Vordergrund stehende Aspekt in Wirklichkeit nur eine, wenn auch wichtige Komponente des diplomatischen Verkehrs mit Hilfe von Gesandtschaften in der frühen und hohen Kaiserzeit war. Hatten die Gesandten in der Realität nicht zumeist sehr konkrete Aufträge, die definitionsgemäß die staatliche Administration betrafen, also Entscheidungen einer übergeordneten Autorität gegenüber Untergeordneten, in diesem Fall vor allem gegenüber Städten oder größeren gesellschaftlichen Gruppen wie

---

[7] Siehe vor allem OLIVER 1989; ein weiterer bedeutsamer Brief aus Aphrodisias in AE 2000, 1441. Wichtig die Arbeit von HABICHT 2001/02 (mein Dank an Rudolf Haensch für den Hinweis). HABICHT hat das reiche epigraphische Material aus dem griechischen Osten gesammelt, soweit es nicht kaiserliche Konstitutionen betraf (siehe die Liste der Gesandtschaften S. 23–27); deshalb kann hier auf eine umfassende Behandlung verzichtet werden. Ein sehr sprechendes Beispiel ist AE 1916, 120 = 1969/70, 592 = IK 64, 102 (Sinope): *T. Veturio T. fil. Coll(ina) Campestri ... IIII misso legato a colonia in urbem sine viatico, semel quidem ad Divom Hadrianum, III autem ad optimum maximumque bis imp(eratorem) Caesar(em) T. Aelium Hadrianum Antoninum Aug(ustum) Pium ....*

[8] Siehe z. B. OLIVER 1989, Nr. 18 an Caligula; Nr. 58B an Hadrian; MAMA VI 3 und IvMagnesia 180 an Lucius Caesar.

[9] Im Jahr 5 v. Chr. kamen Gesandtschaften aus Sardeis (IGRRP IV 1756 = BUCKLER/ROBINSON 1932, 8 Zeilen 22ff.) sowie aus Samos nach Rom, um Augustus zu seinem 12. Konsulat und zur Volljährigkeit von Gaius Caesar zu gratulieren (IG XII 6, 7); Gesandtschaft aus Smyrna aus dem Jahr 158 aus Anlass der Geburt eines Sohnes von Marcus Aurelius IK 24, 1, 600 (Smyrna).

[10] Siehe HABICHT 2001/02, 19–22, der S. 21 annimmt, in den Fällen, in denen kein klarer Hinweis auf einen Erfolg einer Gesandtschaft genannt ist, seien die Gesandten erfolglos gewesen. Dies erscheint weniger sicher. Denn oft war die Aufgabe einer Gesandtschaft tatsächlich rein diplomatisch, so dass ein spezifisches Ergebnis gar nicht angeführt werden konnte. Siehe dazu im Folgenden.

Dörfern oder Athletenvereinen, Kollegien und ähnlichen Zusammenschlüssen?[11] Ferner ist zu fragen, an wen sich solche Gesandtschaften richteten und wie häufig sie auf allen administrativen Ebenen, bei denen staatliche Funktionsträger involviert waren, gewesen sind.

Die Masse der Zeugnisse über konkrete Gesandtschaften stammen aus dem Osten des Reiches. Die übergroße Zahl bezieht sich auf πρεσβεῖαι, die sich an den Kaiser gewandt hatten.[12] Dass wir überhaupt so viel von ihnen wissen, liegt nicht unwesentlich daran, dass es offensichtlich dem, der eine solche Aufgabe übernahm, hohes Prestige brachte, eine Gesandtschaft durchzuführen. Die Dokumente, die uns erhalten sind, bestehen vor allem aus Briefen, in denen auch der Name der Gesandten erwähnt wird. Damit war ein wesentlicher Anreiz gegeben, solche Schreiben, wenn sie vom Kaiser ausgestellt worden waren, in dauerhafter Form zu veröffentlichen. Jeder ehemalige Gesandte konnte damit vor der Öffentlichkeit dokumentieren, dass er es war, der mit dem Kaiser gesprochen hatte. Auf den sonstigen Inhalt kam es dabei gar nicht so sehr an, soweit die kaiserliche Antwort im Ton insgesamt erfreulich war. Im Gegensatz dazu darf man mit Sicherheit vermuten, dass alle Schreiben, in denen eine Entscheidung mitgeteilt wurde, die den Empfängern nicht willkommen war, die sich vielleicht sogar gegen sie richtete, nicht in solch dauerhafter Form publiziert wurden. Nicht zum wenigsten dadurch ist die Einseitigkeit unserer Dokumentation bedingt.[13] Die andere Form der Dokumentation von Gesandtschaften im Osten ist die Nennung dieser Aufgabe im *cursus honorum* einzelner Personen. Hier fehlt fast stets jeder Hinweis auf die konkrete Aufgabe, die dabei zu erfüllen war.[14] Wenn in einer Inschrift aus Thyateira einmal erwähnt wird, der Gesandte, ein berühmter Athlet, habe von Elagabal für seine Vaterstadt die Erlaubnis zur Abhaltung eines iselastischen Agons erhalten, dann ist dies eine der seltenen Ausnahmen.[15] Auch die Gewährung einer

---

11 CIL X 8038 = AE 1993, 855 (Vanacini): *Imp(erator) Caesar Vespasianus Augustus magistratibus et senatoribus Vanacinorum salutem dicit: Otacilium Sagittam amicum et procuratorem meum ita vobis praefuisse, ut testimonium vestrum mereretur, delector. De controversia finium quam habetis cum Marianis pendenti ex i(i)s agris ...* etc.
12 Siehe dazu vor allem MILLAR 1977, 375–385. 410–420; MILLAR 1988; ZIETHEN 1994, mit einer Sammlung der einzelnen Fälle: S. 195–263 (das Buch ist insgesamt problematisch); ferner auch HABICHT 2001/02.
13 ECK 1998d = in: ECK 1998c; ECK 1999 g.
14 Siehe z. B. IK 13, 728 (Ephesos): περὶ τῶν μεγίστων, oder IK 13, 802 (Ephesos): περὶ τῶν πρωτείων καὶ τῶν λο[ι]πῶν δικαίων καὶ νεικήσαντα; TAM III 1, 104 (Termessos): πρεσβεύσαντα ὑπὲρ τῶν τῆς πατρίδος δικαίων προῖκα.
15 TAM V 2, 1018: πρεσβεύσαντα πρὸς τὸν κύριον ἡμῶν ἀήττητον Αὐτοκράτορα Καίσαρα Μ. Αὐρ. [[Ἀντωνεῖνον]] Εὐσεβῆ Εὐτυχῆ Σεβαστὸν ὑπὲρ τῆς γλυκυτάτης πατρίδος καὶ ἐπιτυχόντ[α] παρὰ τῆς θείας Τύχης αὐτοῦ ἱερὸν [ἀγῶ]να εἰσελαστικὸν Αὐγούστ[ειον ἰσο]πύθιον εἰς ἅπασαν [τὴν οἰκουμένην] (siehe auch AE 1999, 1529). Für andere Beispiele siehe HABICHT 2001/02. Relativ häufiger sind die spezifischen Erfolge eines Gesandten in den, allerdings zahlenmäßig sehr wenigen Zeugnissen aus dem Westen zu finden. Verwiesen sei auf den Erfolg des M. Valerius Bostaris f(ilius) Severus aus Volubilis vor Claudius, AE 1916, 42 = FIRA I² Nr. 70 = ILM II 2, 448: *... ob merita erga rem pub(licam) et legationem bene gestam, qua ab divo Claudio civitatem Romanam et conubium cum peregrinis mu-*

Neokorie sowie des Titels Metropolis in Beroia hat ein Gesandter in seinen Cursus aufnehmen lassen.[16] Ähnliches ist auch in Ephesus geschehen.[17]

Dem gegenüber sind auch im Osten die unmittelbaren Zeugnisse für Gesandte zu Statthaltern oder gar zu anderen römischen Amtsträgern zahlenmäßig recht gering, wobei allerdings zu betonen ist, dass dieser Aspekt der kaiserzeitlichen Verwaltung überraschenderweise bisher nirgends vollständig behandelt wurde; nicht einmal alles Material ist bis heute systematisch gesammelt worden.[18] Vor allem konkrete Dokumente, die das Ergebnis solcher Gesandtschaften zu Statthaltern festhielten, sind nur in geringer Zahl überliefert. Die große Masse der bekannten Zeugnisse stammt vom Grabmal des Opramoas, auf dem freilich wiederum gerade der Typus von Schreiben in großer Zahl erscheint, deren Inhalt rein diplomatischen Charakter hat, die sich aber nicht mit konkreten Verwaltungsentscheidungen befassen.[19] Dennoch sind Gesandtschaften an die *hegemones* nicht gerade selten bezeugt. So heißt es einem Zeugnis aus Kibyra, ein lokaler *honoratus* sei Gesandter zu den Kaisern gewesen, doch die meisten anderen Gesandtschaften habe er zu den *hegemones* unternommen.[20] In diesem Fall wird, ohne dass der Grund für diese Betonung deutlich würde, ganz klar, dass die Gesandtschaften, an denen dieser Mann beteiligt war, überwiegend zu den Statthaltern ging. Ähnliche Texte hat man an anderen Orten gefunden, so etwa in Xanthos, Cyzicus, Apamea in Syrien[21] sowie in Kaunos.[22]

Vergleicht man den Gesamtbefund an Zeugnissen aus dem Osten des Reiches mit denen aus dem Westen, und zwar Italien eingeschlossen, dann überrascht die massive

---

lieribus, immunitatem annor(um) X, incolas, bona civium bello interfectorum, quorum heredes non extabant, suis impetravit.

16 AE 1900, 131 = IBeroeae 117: πρεσβεύσαντα ὑπὲρ τῆς πατρίδος Βεροίας ἐπὶ θεὸν Νέρουαν ὑπὲρ τοῦ μόνην αὐτὴν ἔχειν τὴν νεωκορίαν τῶν Σεβαστῶν καὶ τὸ τῆς μητροπόλεως ἀξίωμα καὶ ἐπιτυχόντα.
17 IK 13, 781 (Ephesos).
18 Eine Sammlung der einschlägigen Quellen bis zum Jahr 1984 findet sich in der noch unpublizierten Dissertation von SOURIS 1984. Ich bin Herrn Souris zu Dank verpflichtet, dass ich seine Arbeit einsehen konnte. Vgl. auch das in Diz. epigr. IV 512 ff. (unvollständig) gesammelte Quellenmaterial. Zum Material aus dem Osten siehe HABICHT 2001/02, 14–15.
19 Siehe zuletzt die Ausgabe von KOKKINIA 2000. Auf Gesandtschaften wird dort nur gelegentlich verwiesen; siehe z. B. 27 Abschnitt IV F; 31 VI A; (35 VII E: an den Kaiser; und andere Stellen). Doch anders können die meisten Beschlüsse gar nicht an die Statthalter (und Prokuratoren) gelangt sein als durch Gesandte. Denn reine Briefboten wären der Sache nicht angemessen gewesen. Dass die Dekrete an Antoninus Pius von einem bestimmten Zeitpunkt an über den Statthalter erfolgen mussten, der sie einem Briefboten mitgab, hat die Art der Kommunikation in den Provinzen selbst nicht beeinflusst. Die Statthalteredikte außerhalb Ägyptens sind bei MEYER-ZWIFFELHOFER 2002, 342 f. gesammelt.
20 AE 1998, 1377; für Apameia in Syrien siehe AE 1976, 678.
21 BALLAND 1981, 240 Nr. 75; SEG 28, 953; AE 1976, 678.
22 SEG 56, 1194 = MAREK 2006, Nr. 139 IIIc Z. 14–16: πρεσβεύσαντα καὶ πρὸς τοὺς αὐτοκράτορας δωρεάν, τελέσαντα δὲ καὶ ἑτέρας πρεσβείας πλείστας πρὸς ἀνθυπάτους καὶ ἡγεμόνας καὶ ὑπ' αὐτῶν τετειμημένον.

Diskrepanz.²³ Denn konkrete Angaben, die zeigen, dass aus einer Stadt Italiens oder der westlichen Provinzen *legati* zu den Kaisern oder zu Amtsträgern der Provinzen gingen, sind äußerst selten. Aus Italien kennen wir insgesamt nur ca. zehn Zeugnisse für *legati*, die sich in Rom an den Kaiser wandten;²⁴ aus den spanischen Provinzen sind nur sechs Personen bekannt, die *legationes gratuitae* übernommen haben.²⁵ Ähnliches lässt sich für Nordafrika feststellen.²⁶

Nach dem unmittelbaren Befund würde dies heißen, dass im Westen Gesandtschaften insgesamt eine wesentlich geringere Rolle gespielt haben als im Osten. Das wäre äußerst überraschend. Deshalb kann man den Befund nicht einfach als Sachaussage übernehmen, man muss vielmehr fragen, wieso es so wenige Zeugnisse gibt im Vergleich mit dem östlichen Teil des Imperiums. Die Erklärung liegt ganz wesentlich in der epigraphischen Kultur des Westens und Ostens; gerade unter dem hier interessierenden Aspekt ist sie wesentlich verschieden und beeinflusst unsere Dokumentation entscheidend, weit entscheidender, als dies im Allgemeinen angenommen wird.

Während Kaiserbriefe im Osten, soweit man sie publizierte, fast ausschließlich auf Stein eingemeißelt wurden, geschah dies im Westen fast ebenso ausschließlich auf Bronze. Doch Bronzetafeln wurden schon bald wiederverwendet, d. h. vor allem eingeschmolzen; und dies geschah noch weit mehr in nachantiker Zeit. Da Kaiserbriefe fast generell öffentlich aufgestellt wurden, sind sie also kaum irgendwo der Vernichtung entgangen.²⁷ Dass es diese Form der Dokumentation mindestens teilweise auch im Westen gegeben hat, zeigt beispielsweise ein Brief Domitians an die Bewohner von Falerio, einer von Titus an die Stadt Munigua in der Baetica oder von Antoninus Pius an Obulcula ebenfalls in der Baetica.²⁸ Doch dass diese Art der Dokumentation sich in unserem erhaltenen Quellenmaterial kaum findet, kann kein Einwand sein gegen die Existenz dieser Form des diplomatischen Verkehrs auch im Westen des Reiches. Vielmehr ist das Fehlen entsprechender Dokumente eine Kon-

---

23 Vgl. etwa die Liste der Gesandtschaften, bei denen etwas über die Zahl der *legati* ausgesagt werden kann, bei SOURIS 1982: von insgesamt 93 Beispielen stammen nur vier aus dem Westen des Reiches. Insgesamt zum Vergleich zwischen Osten und Westen auch TORREGARAY PAGOLA 2016.
24 CIL V 5894 = D 6732; IX 4976. 5420; X 3725. 4658 = D 6300; XI 1421 = D 140; XI 2633 = D 6597; AE 1959, 254; EDCS-70800367. Auch in CIL XI 1420 = D 139 wird von *legati* gesprochen, die bald zu Augustus abgesandt werden sollen. Ob sich CIL V 3937 und IX 3856 auf munizipale Legaten beziehen, scheint unsicher. Zu konkreten Gesandten in literarischen Quellen vgl. Front. ad am. 2,7,3 und Agenn. p. 41 (Th.).
25 Siehe NAVARRO CABALLERO 1997, 109 ff. = AE 1997, 852.
26 CIL VIII 31 = 11032. 22737. 26582; IRT 588; ILAfr 21. 478 = D 9508.
27 Wie sehr das Material die Überlebenschancen beeinflussen kann, sieht man auch z. B. bei Statuen. In Caesarea Maritima sind Statuen von Gottheiten und mythologischen Gestalten aus Marmor durchaus erhalten, wenn auch meist nur in Fragmenten. Doch fehlen ähnliche Fragmente von Ehrenstatuen, obwohl es sie in großer Zahl gegeben hat, wie die zahlreichen zugehörigen Inschriften zeigen (siehe die Inschriften in CIIP II). Das zwingt zu dem Schluss, dass diese Statuen vornehmlich aus Bronze bestanden, was z.T. auch noch die Fußspuren auf der Oberfläche der Basen erkennen lässt. Zumindest in der Spätantike sind alle diese Statuen eingeschmolzen worden. Siehe ECK 2008e.
28 CIL IX 5420 = FIRA I² Nr. 75; AE 1962, 288; ECK 1993 = CIL II²/5 1322.

sequenz dessen, dass im Westen Bronze als Schreibmaterial verwendet und die Urkunden öffentlich aufgestellt wurden.²⁹ Dass gerade die öffentliche Aufstellung wesentlich zur späteren Vernichtung beitrug, zeigt ein weiterer Typ von Urkunden. Denn wir kennen, vor allem aus Italien und Spanien, sogenannte Patronatstafeln, die ebenfalls aus Bronze gefertigt wurden.³⁰ Doch im Unterschied zu den Kaiserbriefen waren diese nicht öffentlich zugänglich, sie waren vielmehr innerhalb der Häuser angebracht und entgingen so weit häufiger der Wiederverwendung. Mit der gewaltsamen Zerstörung vieler Häuser gerieten sie nicht selten unter die schützenden Trümmer der Bauten und überlebten damit in größerer Zahl bis in unsere Tage.

Im Unterschied zum Osten fehlen im Westen freilich auch die Hinweise auf die Übernahme von Gesandtschaften in Inschriften, die den *cursus honorum* lokaler Notabeln überliefern, mit Ausnahme der wenigen Zeugnisse, auf die bereits verwiesen wurde. Doch schon die Formulierung in den meisten dieser wenigen Texte zeigt, warum in diesen Fällen der Hinweis überhaupt erfolgte: Es sind fast ausschließlich sogenannte *legationes gratuitae* genannt, also Gesandtschaften, bei denen die jeweiligen Personen nicht nur die Reise und die Verhandlungen mit dem Kaiser übernahmen, sondern auch noch die Kosten für die oft lange dauernde Reise trugen.³¹ Das Verdienst, weshalb die *legationes* in diesen Inschriften überhaupt angeführt wurden, hatte also nicht in der simplen Durchführung einer Gesandtschaft bestanden, sondern darin, dass jemand vermutlich außerhalb der Reihe (siehe dazu im Folgenden) bereit war, eine solche Aufgabe für eine Gemeinde durchzuführen und außerdem auch noch in die Kosten selbst zu tragen, die ansonsten die entsendende Gemeinde hätte erstatten müssen.

Dass die Übernahme der Kosten durch die Gemeinde die Regel war, wusste man schon immer aus verschiedenen Bemerkungen, wie sie vor allem in den Juristenmeinungen, soweit diese in die Digesten eingingen, zu fassen sind.³² Eine allgemeine gesetzliche Grundlage wurde aber erstmals aus der *lex Irnitana* bekannt. Denn dort heißt es in cap. 46:³³

> R(ubrica) quantum legatis detur. legatis singulis diariorum nomine IIvir tantum dato, quantum dandum esse decurionibus conscriptive(!) censuerint.

Ähnliche Hinweise bieten auch nicht wenige der Kaiserbriefe im Osten, da dort sehr oft gesagt wird, den Legaten stünde das *viaticum* bzw. das *ephodion* zu, soweit sie nicht anderes versprochen hätten.³⁴

---

29 Eck 2014e.
30 Das ergibt sich etwa aus den Dokumenten aus Spanien bei Nicols 1980; Nicols 2014, 239–277. Zuletzt Eck 2020b.
31 Zu diesem Phänomen Habicht 2001/02, 17–18.
32 Dig. 50,7: De legationibus.
33 Wolf 2011, 72f. rubr. 45 der *lex Irnitana*.
34 Siehe z.B. Oliver 1989, Nr. 79, 111, 113, 124, 156; cf. Habicht 2001/02, 17f.

Noch wichtiger für unsere Frage nach der Häufigkeit der Gesandtschaften auch im Westen sind aber andere Regelungen der *lex Irnitana*. Denn in cap. 44 der *lex* wird bestimmt, dass die ersten *IIviri* des *municipium*, die nach Erlass des Gesetzes gewählt würden, die Dekurionen in drei *decuriae* einteilen sollten, aus denen in der Zukunft die Gesandten genommen werden sollten.[35] Während nach der *lex Ursonensis* nur bestimmt war, dass die *IIviri* sich wegen der Bestimmung von *legati* an den Dekurionenrat wenden sollten,[36] wird hier in dem Stadtgesetz aus flavischer Zeit ein strenges formales Verfahren festgelegt. Denn die *IIviri* sollen alle Dekurionen, die jünger als 60 Jahre sind, möglichst gleichmäßig auf die drei *decuriae* verteilen. Dann soll durch Los bestimmt werden, in welcher Reihenfolge die einzelnen *decuriae* die jeweils nötigen Gesandten stellen und in welcher Reihenfolge innerhalb jeder *decuria* die einzelnen Mitglieder diese Aufgabe übernehmen sollten. Das lässt darauf schließen, dass gegenüber der Zeit, als die *lex Ursonensis* formuliert wurde, bereits mehr Erfahrungen gesammelt worden waren, wie sich manche Mitglieder der lokalen Eliten bei der Verpflichtung, Gesandtschaften zu übernehmen, verhielten. Es muss zu ungleicher Belastung gekommen sein. Das macht aber am ehesten Sinn, wenn solche Aufgaben auf die einzelnen nicht nur theoretisch zukommen konnten, sondern jedes Mitglied des Rats davon öfter betroffen worden sein kann. Das aber heißt dann auch, dass diese Aufgaben laufend anfielen, nicht nur ganz vereinzelt. Deshalb wurde es nötig, solch formale Regeln einzuführen, um ständig wiederkehrenden Streit zu vermeiden. Die Gesandtschaften waren ein *munus*, das erfüllt werden musste, kein *honos*, der gerne übernommen wurde. Deutlichstes Anzeichen dafür sind die Exkusationsregeln, die ebenfalls formuliert worden sind.[37] Als etwa einhundert Jahre nach den Munizipalgesetzen der flavischen Zeit in den letzten Jahren Marc Aurels für das römische Munizipium Troesmis an der unteren Donau der Text der dort gültigen *lex municipalis* formuliert wurde, hat die Belastung durch *legationes* in der Formulierung des Textes einen noch weit stärkeren Niederschlag gefunden. Denn offensichtlich hatten seit dem Erlass der *lex Irnitana* in manchen Städten einzelne Dekurionen, die zu einer *legatio* verpflichtet worden waren, wirksame Strategien entwickelt, um den Verpflichtungen zu entkommen. Deshalb wurden in diesem Gesetz zusätzliche Sicherungen eingebaut, damit sich niemand diesen Verpflichtungen entziehen konnte. Das ging so weit, dass bestimmt wurde, die Abreise habe innerhalb von fünf Tagen nach dem Beschluss des

---

35 WOLF 2011, 68f. rubr. 45 der *lex Irnitana*: *R(ubrica) de decurionibus distribuendis in tres decurias, quae legationibus invicem fungantur. IIviri qui in eo municipio post ha(n)c lege(m) primi erunt, item qui quoque anno quo novam distributionem eorum, qui ex hac lege munere legationum obeu{a}ndarum fungantur, fieri oportebit. iure dicundo prae(e)runt ambo alterve primo quoque tempore decuriones conscriptosve, qui minores quam LX annorum erunt, quam maxime aequaliter in tres decurias distribuito earumq(ue) decur[i]arum quique in is erunt, sortitionem facito, quo ordine quaeque decuria et quo ordine ii, qui in quaque decuria erunt, munere legationis fundantur quoque ordine sorte exierunt decuriae quique in is erunt eo ordine deinde in orbem, donec alia distributio ex h(ac) l(ege) fiat, munus legationis obeunto.*
36 *Lex Urson.* 92 = CIL II²/5 1022 = D 6087.
37 Siehe WOLF 2011, 68ff. rubr. 45 der *lex Irnitana*.

Dekurionenrats zu erfolgen. Auch die Ausrede, man habe von der Verpflichtung nichts erfahren, konnte nicht mehr helfen, weil man auch dagegen rechtliche und praktische Vorkehrungen gefunden hatte.[38]

Nimmt man diesen aus den Stadtgesetzen erkennbaren Widerstand vieler Mitglieder der Elite, Gesandtschaften im Auftrag der Gemeinde zu übernehmen, ernst, dann erklärt das auch ohne Zweifel, warum in den westlichen Provinzen, in denen die Stadtgesetze nach römischen Regeln gestaltet waren, solche Gesandtschaften in den *cursus honorum* munizipaler *honorati* kaum erscheinen, außer eben in den genannten Ausnahmefällen der *legationes gratuitae*.[39] Wer freiwillig solche Aufgaben übernahm, konnte sie auch als persönliches Verdienst anführen und sich damit von anderen abheben. Unter diesen Voraussetzungen kann die übliche epigraphische Überlieferung im Westen, eben durch die *cursus honorum* der munizipalen Elite, das Phänomen nicht in derselben Form wie im Osten abbilden. Die volle Realität konnte in diesen Inschriften keinen Niederschlag finden.

Diese findet ihren Reflex weit besser in den rechtlichen Regeln der *lex Irnitana* und der *lex Troesmensium*, in denen die Erfordernisse formuliert worden sind, die sich für die Städte im Westen in ähnlicher, wenn auch nicht in identischer Weise stellten wie im Osten. Die zeremoniellen Gesandtschaften, die in der Dokumentation des Ostens, vor allem den offiziellen Kaiserbriefen, einen so beherrschenden Platz einnehmen, hat es im Westen nach aller Wahrscheinlichkeit in vergleichbarer Weise und Dichte gegeben. Es mag genügen, auf die *tabula Siarensis* zu verweisen, aus der sich ergibt, dass aus Anlass des Todes und des Begräbnisses des Germanicus Ende 19 / Anfang 20 n.Chr. zahllose Gesandtschaften aus Italien und den Provinzen nach Rom gekommen waren. Dies lässt sich daraus folgern, weil der Senat den Konsuln den Auftrag gibt, dafür zu sorgen, dass munizipale Amtsträger oder Gesandte die Beschlüsse des Senats in die Heimatstädte senden würden, und zwar sowohl in die Städte in Italien als auch in den Provinzen:[40]

> *consules ... iuberent mag(istratus) et legatos municipiorum et coloniarum descriptum mittere in municipia et colonias Italiae et in eas colonias, quae essent in provinciis ...* = „... die Konsuln sollten den Magistraten der Munizipien und Kolonien auftragen, den abgeschriebenen Text (des Senatsbeschlusses) in die Munizipien und Kolonien Italiens senden und in die Kolonien, die in den Provinzen lägen ..."

Ähnliches war auch schon nach dem Tod und den Begräbnisfeierlichkeiten für Gaius Caesar im Jahr 2 n.Chr. der Fall gewesen.[41] Dass wir in diesen, die *domus Augusta* betreffenden Fällen von solchen Gesandtschaften hören, liegt an der Bedeutsamkeit der Vorfälle für das politische System und der daraus resultierenden außergewöhn-

---

38 Siehe *lex Troesmensium* 11 = ECK 2016a, bes. 579. 581 ff. = AE 2015, 1252.
39 HABICHT 2001/02, 17 f.
40 AE 1984, 508 II col. b Z. 24 ff. = SÁNCHEZ-OSTIZ 1999, 68.
41 CIL XI 1420 = D 139; CIL XI 1421 = D 140.

lichen epigraphischen Überlieferung.⁴² Unter normalen Bedingungen werden aber so selbstverständliche und ständig anfallende Verpflichtungen, wie es die Gesandtschaften von Städten waren, nicht weiter erwähnt.

Man kann jedenfalls von der sicheren Annahme ausgehen, dass es in der Intensität des Gesandtschaftswesens zwischen dem Osten und dem Westen keinen grundsätzlichen Unterschied gegeben hat.

In der gesamten Dokumentation überwiegen seit Augustus die Gesandtschaften, die sich an den Princeps wandten.⁴³ Auch der Senat wird nicht ganz selten genannt; doch diese Hinweise finden sich vor allem in den literarischen Quellen und recht oft im Zusammenhang mit Anklagen gegen senatorische oder auch ritterliche Amtsträger in den Provinzen.⁴⁴ Andere Funktionsträger sind dagegen nach den unmittelbar sprechenden Quellen nur selten das Ziel von Gesandten, am häufigsten noch die Statthalter, kaum jedoch Prokuratoren oder Funktionäre, die ihre Tätigkeit in Rom ausübten, wie z. B. die Prätorianerpräfekten,⁴⁵ der *praefectus annonae* usw. Doch auch Gesandtschaften zu den Statthalter sind, verglichen mit den *legationes* zu den Kaisern, insgesamt nur relativ selten in unserer Dokumentation zu finden.⁴⁶ Das erweckt den Eindruck, dass die Gemeinden, die ursprünglich einmal als Völkerrechtssubjekte agierten, das Mittel der Gesandtschaften traditionell weitgehend im Verkehr mit den Trägern der eigentlichen politischen Gewalt nutzten, wenig oder gar nicht gegenüber denen, die die höchsten Repräsentanten der eigentlichen Verwaltung waren, wie eben die Statthalter oder die Finanzprokuratoren.

Doch auch das scheint eher ein Ergebnis unserer spezifischen Dokumentation zu sein; die Realität dürfte anders ausgesehen haben. Schon eine einfache Überlegung kann dies zeigen.

In nicht wenigen kaiserlichen Schreiben wird einer Gesandtschaft mitgeteilt, dass der Kaiser in der vorgetragenen Angelegenheit nicht entscheiden könne; die Gemeinde, deren Vertreter bei ihm vorgesprochen hätten, sollten sich vielmehr an den Statthalter wenden. Dies ist etwa der Fall in dem zu Beginn erwähnten Schreiben Vespasians an die bätische Gemeinde Sabora.⁴⁷ Wenn eine Gemeinde die dem Kaiser vorgelegte Angelegenheit, wie das Schreiben aus Rom riet, vor dem Statthalter wei-

---

42 Zu dieser außergewöhnlichen Situation ECK/CABALLOS/FERNÁNDEZ 1996, 279 ff.
43 Fast symptomatisch ist das, was Augustus in den Res gestae 31–33 berichtet. Siehe auch HABICHT 2001/02, 13 ff.
44 Z. B. Plin. epist. 3,4; 4,9; 5,20; 6,13,29; 7,6,10. Epigraphisch überliefert etwa in IG V 2, 268. 590; IK 13, 728 (Ephesos); IK 16, 2069 (Ephesos); IK 64, 97 (Sinope): ein Brief eines Prokonsuls von Pontus-Bithynia erwähnt einen Gesandten der Stadt Sinope, der sich an ihn wandte, den er aber wieder in seine Heimatstadt zurücksandte. Siehe auch HABICHT 2001/02, 12–13 mit weiteren Hinweisen.
45 Dies gilt für alle höheren Magistrate und kaiserlicher Funktionsträger in Rom; nur beim Prätorianerpräfekten Gavius (!) Maximus ist offensichtlich einmal bezeugt, dass sich Gesandte an ihn wandten: SEG 11, 501: πρεσβευτὴς ἰς Ῥώμην πρὸς τὸν ἐπὶ τῇ καθέδρα τοῦ Αὐτοκράτορος καὶ(?) Γάϊον(!) Μάξιμον προῖκα.
46 Siehe die Sammlung bei HABICHT 2001/02, 15 f.
47 CIL II²/5 871, siehe Anm. 1.

terverfolgte, dann war es klar, dass dazu nicht ein einfacher Brief genügte, der etwa von einem Briefboten an den Provinzgouverneur überbracht wurde. Vielmehr erforderte es schon allein die Höflichkeit gegenüber dem Vertreter Roms in den Provinzen, dass auch ihm der Fall durch eine Delegation der Gemeinde vorgetragen wurde. Doch auch das wohlverstandene sachliche Interesse machte es nötig, die Angelegenheit in einer solchen Weise vertreten zu lassen, dass Einwände oder Fragen des Statthalters sogleich von dafür autorisierten Personen beantwortet werden konnten. Das aber konnten nur offizielle Abgesandte.

Doch anderes kommt hinzu. Die Masse der Interventionen betraf relativ wenig spektakuläre Dinge. Das zehnte Buch der Briefsammlung des Plinius gibt einen recht informativen Eindruck davon. Die Fragen, die in dem Briefwechsel auftauchen, waren im Allgemeinen nicht so, dass sich die Gemeinden damit direkt an den Kaiser richteten. Dass Plinius sich aber damit doch an den Kaiser wandte, war, mindestens zum Teil, spezifisch für seine Persönlichkeit. Der Briefwechsel zeigt aber, dass sich die Städte oder auch einzelne Gruppen bei solchen Fragen an den zuständigen Statthalter wandten. Sie wussten ja wohl auch aus Erfahrung, dass zu leicht bei einer Gesandtschaft an den Kaiser die simple Antwort, die man dort erhielt, lautete: Man solle sich an den *iudex competens* wenden. Der zuständige Amtsträger war im Allgemeinen der Statthalter oder vielleicht auch der Prokurator. Wie aber Privatleute, die eine Entscheidung des Statthalters erreichen wollten, sich persönlich oder vielleicht durch Vermittlung eines anderen, stets aber durch persönlichen Kontakt an den Statthalter zu wenden hatten, so galt dies erst recht für die Städte oder eben Dörfer wie das der Arhillenoi.[48] Sie mussten Leute abordnen, die die Gemeinde vor der römischen Autorität vertraten. Das aber waren nicht irgendwelche Personen, sondern im allgemeinen Mitglieder des Gemeinderates. Reisen zum Statthalter waren eine Notwendigkeit, auch wenn dieser selbst während der Konventsreise zu den Bewohnern kam. Vielleicht haben manche Gemeinden, die selbst Konventsstadt waren, Entscheidungen aufgeschoben, bis der Statthalter auf seiner Tour durch die Provinz in ihrem Ort eingetroffen war. Dann mussten ihre Vertreter nicht auf eine weitere Reise gehen. Doch alle anderen Städte, die dieses Privileg nicht besaßen, mussten ihre Gesandten abordnen, die eine längere, manchmal auch nur relativ kurze Reise bis zum nächsten Konventsort zu absolvieren hatten. Solche Gesandtschaftsaufgaben waren häufig, sie waren notwendig, aber sie brachten kein besonderes Prestige. Das war nicht der Stoff, mit dem sich ein *cursus honorum* anreichern ließ. Das waren vielmehr Aufgaben, die erledigt werden mussten und die immer wieder anfielen.

Sieht man das Legationenwesen vor allem zu den Statthaltern in diesem Licht, dann gewinnt die Ordnung, wie sie in der *lex Irnitana* greifbar wird, ihr Gewicht und vor allem ihre Notwendigkeit. Solche Gesandtschaften brachten im Allgemeinen nur Mühe mit sich, waren auch, wie alle Reisen in der römischen Zeit potentiell gefährlich.

---

48 SEG 44, 977, siehe Anm. 4.

Die Zeugnisse über Todesfälle von Gesandten zeigen dies mehr als deutlich.[49] Dem suchte man sich eher zu entziehen, weshalb es notwendig war, eine Ordnung einzuführen, die niemanden zu sehr belastete, sondern alle in gleichmäßiger Weise, aber auch die Erfordernisse der Gemeinden absicherte.

Statthalter dürften also in der provinzialen Realität das bevorzugte Ziel der Abgesandten der Städte gewesen sein. Denn sie waren für alles zuständig oder – besser gesagt – für fast alles. Die Ausnahme bildete die Steuererhebung, jedenfalls in allen *provinciae Caesaris*. Dort zumindest war oder wurde der Fiskalprokurator der andere administrative Mittelpunkt, von dem die Provinzialen abhängig waren. Deutlich wird dies etwa in Caesarea Maritima in Iudaea, wo die *praetoria* der beiden Vertreter Roms nicht allzu weit voneinander entfernt gefunden wurden.[50] Zwar war das Praetorium des senatorischen Legaten weit größer als das des Prokurators; aber auch dieses war mit repräsentativen Räumen ausgestattet, u. a. eine größeren Halle, in der Besucher empfangen werden konnten. Ähnliches kann man auch den Dokumenten vom Opramoasgrabmal in Rhodiapolis entnehmen. Denn in vielen Beschlüssen vor allem einzelner Städte, aber auch des lykischen Bundes wird immer wieder darauf hingewiesen, dass der Wohltäter Opramoas durch zahlreiche Zeugnisse von Statthaltern und Prokuratoren geehrt worden sei.[51] Wie aber erhielten die Städte solche Zeugnisse, die sie selbst veranlasst hatten? Auch in diesem Fall ist es kaum vorstellbar, dass man durch einen einfachen Brief den Prokurator gebeten hat, ein solches Zeugnis auszustellen. Auch hier war der richtige Weg der über eine Abordnung von Bürgern an den Prokurator. Dies wird sehr deutlich aus einem Beschluss des Stadtrats von Sala in Mauretania Tingitana. Der Rat wollte einen Auxiliarpräfekten in besonderer Weise ehren und sandte deshalb eine Gesandtschaft an den amtierenden Statthalter der Provinz.[52] Gleiches aber galt ohne Zweifel bei allen Problemen, an deren Lösung der Prokurator, sei es der Fiskalprokurator oder auch der Patrimonialprokurator in den prokonsularen Provinzen, beteiligt war.[53] Gerade wenn es um finanzielle Fragen ging, musste man peinlich auf die Formen achten. Es war nötig, die administrativen

---

49 Beispielsweise IGRRP I 261; CIL III 5031 = D 7115; XII 1750 = D 7026; ILAfr 478 = D 9508; AE 2001, 378.
50 Siehe GLEASON et al. 1998, 48 ff.; ECK 2007 f, 84 ff.; PATRICH 2010, 175–186 = PATRICH 2011, 205–223.
51 Siehe die Verweise bei KOKKINIA 2000, 267 s.v. ἐπιτρόπῳ. Ein Brief eines Prokurators ist allerdings nur einmal erhalten, unter IIIA.B.
52 IAM II 1, 307; die Tatsache, dass in diesem Augenblick ein senatorischer Statthalter anstelle des üblichen Präsidialprokurators in Mauretania Tingitana amtierte, ist für das vom Stadtrat praktizierte Verfahren irrelevant. Ähnlich verfuhren die Bürger von Tergeste, als sie ihren Mitbürger, den Senator Fabius Severus, der damals einer der Quästoren in Rom war, mit einer gewaltigen Reiterstatue ehren wollten. Sie teilten ihm das nicht schriftlich mit, sie fragten vielmehr seinen Vater, als Gesandter der Stadt nach Rom zu reisen und auf diese Weise den Sohn von der Ehrung zu informieren (CIL V 532 = D 6680).
53 ECK 1998c, 67 ff., 107 ff.

Sachfragen in das zeremonielle Gewand der Diplomatie zu hüllen. Jede andere Form wäre wohl im Allgemeinen kontraproduktiv gewesen.[54]

Dass dennoch kaum direkte Zeugnisse über Gesandtschaften an Prokuratoren existieren, braucht kaum zu verwundern. Denn Kontakte zu diesen Amtsträgern waren Routine und sie waren kaum je mit größerem Prestige verbunden. Eine Reduktion der Steuerlast, die zum Beispiel ein besonderer Grund gewesen wäre, dies öffentlich zu dokumentieren, konnte nicht vom Prokurator ausgesprochen, sondern nur direkt in Rom durch den Kaiser gewährt werden. Was aber sonst der Prokurator entschied, war eher nicht so, dass daraus der einzelne Gesandte öffentlich reüssieren konnte. Denn zumeist hatten die Entscheidungen eher finanzielle Belastungen zur Folge. Nur in wenigen Zeugnissen wird deshalb von Gesandtschaften an einen Prokurator gesprochen, wie etwa in einer Inschrift aus Lindos, in der von einem Bürger gesagt wird, er sei als Gesandter nach Rom zu den Augusti sowie zu Prokonsuln und prätorischen Statthaltern gereist, aber auch zu *epitropoi*, und zwar in Achaia, Asia und Lycia.[55] Gleiches wird von einem Bürger von Rhodos vermerkt, der ebenfalls mal zu den Kaisern, mal zu den Prokonsuln, mal zu den Prokuratoren als Gesandter ging.[56] Auch solche *legationes* waren also nach aller Wahrscheinlichkeit Routine, aber notwendig, wenn man das, was man brauchte, für eine Gemeinde erreichen wollte.[57]

Das vorläufige Fazit kann also nur lauten, dass Gesandtschaften auch dann, wenn es um die Beeinflussung des normalen Verwaltungshandelns der römischen Amtsträger in den Provinzen ging, von den Städten als nötig angesehen und entsprechend durchgeführt wurden. Ansprechpartner waren vor allem die Statthalter jeden Ranges, gleichgültig ob senatorische Prokonsuln und *legati Augusti pro praetore* oder Präsidialprokuratoren, aber auch die Finanzprokuratoren auf den verschiedenen Ebenen. Solange die Gemeinden sich als Selbstverwaltungseinheiten verstanden, deren führende Familien sich noch als deren Vertreter sahen und für die es ein Teil ihres Prestiges in der Gemeinde war, solche Aufgaben zu übernehmen, waren Gesandtschaften die geeignete Form, um sachliche Entscheidungen auszuhandeln oder wenigstens in Empfang zu nehmen. Mit dem Schwinden der inneren Kraft der Städte und dem Versiegen des Ehrgeizes der führenden Familien auf der einen Seite und der strengeren Hierarchisierung und Bürokratisierung der römischen Verwaltung auf der anderen, wie dies seit dem dritten Jahrhundert immer deutlicher wird,[58] werden auch

---

54 Ein solcher Fall könnte etwa bei dem Gerichtsverfahren vorliegen, das vor dem Statthalter der Hispania citerior, Aurelius Fulvus, von Abgesandten der Indicetani durchgeführt wurde; anwesend war dabei neben dem *iuridicus* (Pomponius) Rufus auch der *procurator* (Marius) Maturus, AE 1952, 122.
55 HABICHT 1990 = SEG 40, 668: πρεσβεύσαντ[α ἱ]|ς Ῥώμαν ποτὶ τοὺς Σεβαστοὺς δωρεὰν καὶ ποτὶ ἀνθυπάτους καὶ στραταγοὺς Ῥωμαίων καὶ ἐπιτρόπους τῶν Σεβαστῶν ἴς τε Ἀχαίαν καὶ Ἀσίαν καὶ Λυκίαν πλεονάκις καὶ καλλίστω[ν] ἀποκριμ[ά]των ἀξιωθέντα
56 PUGLIESE 1939/40, 154: καὶ πρεσβεύσαντα πλεονάκ[ις ἰς Ῥώμαν? πο]τί [τ]ε τοὺς Σεβαστοὺς καὶ ποτὶ ἀνθ[υπάτους καὶ ποτὶ ἐπι]τρόπους.
57 Siehe auch TAM V 3, 1418.
58 Generell dazu EICH 2005.

die Gesandtschaften der Städte seltener, auch wenn sie nie verschwanden. Soweit sie noch möglich sind, unterstehen sie aber generell der Genehmigung durch den Statthalter.[59] Damit aber sind sie nicht mehr Ausdruck der städtischen Autonomie. Auch der Stadtbürger ist damit zum reinen Untertanen des Kaisers und seiner Verwaltung geworden.

---

59 Cod. Theod. 12,12,8. Das wurde freilich auch früher schon so praktiziert, wie das Beispiel von Sala aus dem Jahr 144 zeigt, IAM II 1, 307, Z. 27 ff. (oben bei Anm. 51). Siehe jetzt LEMCKE 2020, Kap. 3.6.

25 Der Euergetismus im Funktionszusammenhang der kaiserzeitlichen Städte

Welchen Stellenwert hatte das Phänomen des Euergetismus für das Funktionieren der kaiserzeitlichen Städte? Welche Bedeutung hatte der Euerget für das innere Leben der Kolonien, Munizipien, Civitates und Poleis? Handelt es sich bei ihm um ein Randphänomen oder ist das Leben der zahllosen Gemeinden des römischen Reiches in den Jahrhunderten zwischen der Auflösung der Republik und der tiefgreifenden, den städtischen Organismus weithin umgestaltenden Krise während des 3. Jahrhunderts ohne den Euergeten und sein auf die Öffentlichkeit gerichtetes Handeln nicht denkbar, ja nicht möglich gewesen?[1]

In der modernen Forschung kann man eine Tendenz erkennen, dem Euergetismus ein außerordentlich großes, oft sogar das entscheidende Gewicht für das soziale und insbesondere finanzielle Funktionieren der Städte während der frühen und hohen Kaiserzeit zuzuweisen, speziell auch bei den munizipalen Baumaßnahmen.[2] Im Euergeten wird oft das Kraftzentrum gesehen, von dem viele, wenn nicht die meisten Initiativen ausgehen; er ist derjenige, der sich der Gemeinde widmet, neben dem die Stadt als Institution jedoch oft nur eine geringe Rolle spielt.[3] Die Stadt allein hätte die notwendigen Einrichtungen nicht finanzieren können, zumal im Laufe der Zeit zumindest in manchen Teilen des römischen Imperiums die Konkurrenz zwischen Städten zu einem massiven Problem geworden war und zu Überforderungen der Gemeinden geführt hat.

Das Phänomen Euergetismus zu betonen, ist insoweit berechtigt und notwendig, als nicht zu verkennen ist, dass er in vielen Bereichen des öffentlichen Lebens eine Rolle spielte, oft auch eine wichtige Rolle, in Einzelfällen wohl auch eine entscheidende.[4]

---

1 Der Text entstand aus einem Beitrag zum Epigraphikkongress in Nimes im Jahr 1992. Aus den Akten dieses Kongresses (CHRISTOL/MASSON 1997) sind mehrere Beiträge, die andere Zeiträume behandeln, für die Thematik relevant, vor allem die von J.-L. Ferrary, S. Panciera, G. Alföldy, Y.Duval/L. Pietri, C. Lepeley, Ch. Roueché. Seitdem sind zu der Thematik zahlreiche mehr oder weniger umfangreiche Beiträge erschienen, die hier nicht umfassend eingearbeitet werden können. Hier sei nur generell auf einige wichtigere Beiträge verwiesen, auf die im Folgenden nur gelegentlich eingegangen werden wird: BECK 2015; CRAMME 2001; ENGFER 2017; HELLER 2020; KOKKINIA 2012; KOKKINIA 2017/18; KOKKINIA 2020; ZUIDERHOEK 2009.
2 Vgl. zu dieser Zustandsbeschreibung z.B. LE GLAY 1990, bes. 78 f.
3 Wichtig ist der Hinweis von KOKKINIA 2020, wie in den langen Dossiers für Iason und Opramoas in Lykien dennoch auch die Städte eine Rolle spielen.
4 Der Euergetismus wird hier nicht als ein so umfassendes Phänomen angesehen, wie es in dem schon klassischen Werk von VEYNE 1976 (= VEYNE 1988) geschieht. Insbesondere wird der Kaiser hier ausgeklammert, da er nicht auf dieselbe Ebene wie die anderen Euergeten gestellt werden kann. In seinen „Euergetismus" flossen Steuern und Finanzmittel aus dem kaiserlichen *patrimonium*, ohne dass sie sich trennen ließen. Es liegt somit bei den kaiserlichen *beneficia* unter verschiedenster Hinsicht eine ganz andere Situation vor als bei den euergetischen Handlungen von „Privatpersonen"; vgl. in diesem Sinn auch BRUNT 1990a, 516. Ebenso können Statthalter, die an der Errichtung von Gebäuden beteiligt waren,

Doch wird, wenn ich recht sehe, dieses Phänomen nicht selten isoliert betrachtet, ohne in ausreichendem Umfang zu berücksichtigen, mit welchen anderen Erscheinungsformen des öffentlichen Lebens es zusammenhängt. Dabei müsste es grundsätzlich klar sein, dass eine Isolierung des Euergetismus, seine Betrachtung nur als losgelöstes Segment ohne den gesellschaftlichen, administrativen und politischen Gesamtzusammenhang seine eigentliche Relevanz nicht erschließen kann. Denn erst im Zusammenhang mit den anderen Phänomenen, die das Leben der Städte gestalteten, kann die spezifische Bedeutung erschlossen und dann vielleicht beurteilt werden.

Abgesehen von der Isolierung der Erscheinung hat man auch zu wenig danach gefragt, ob wir den Euergetismus in den uns erhaltenen Quellen, also vor allem den epigraphischen Denkmälern, überhaupt in der ihm zukommenden Weise repräsentiert finden oder ob nicht eine, möglicherweise strukturelle, dokumentarische Einseitigkeit vorliegt, die (oft) nicht erkannt wird, vielleicht auch nicht erkannt werden kann, womit bei der Beurteilung leicht von irreführenden, für die kaiserzeitliche Welt nicht zutreffenden Bedingungen ausgegangen wird. Verbunden damit ist auch die Frage nach den Motiven, die den einzelnen Euergeten zu seinem Handeln bewogen haben können; denn die Bezeichnung Euerget, *benefactor*, Wohltäter ist zwar sprechend, für uns heute vielleicht noch mehr als früher, muss aber allein natürlich nicht den vollen Inhalt des Handelns erschließen. Von der Gesamtheit der Motive der Euergeten, die für die kaiserzeitliche Mitwelt aber ohne Zweifel besser zu erkennen waren als für uns, auch wenn sie nicht direkt formuliert wurden, hängt jedoch nicht unwesentlich auch die Akzeptanz und die Beurteilung ab, die das Handeln der Euergeten in ihrer eigenen Zeit gefunden hat und damit auch die Bedeutung für das Funktionieren des Systems Stadt.

Drei wesentliche Aspekte, die für den Zusammenhang und die Relevanz des Euergetismus m. E. von besonderer Bedeutung sind, sollen deshalb auf beschränktem Raum behandelt werden, zum größeren Teil mehr in fragender Form, ohne dass fertige Antworten gegeben werden:
1. Euergetismus und städtische Finanzen.
2. Die spezifischen Formen der Dokumentation und deren Einfluss auf das moderne Urteil über das Phänomen Euergetismus.
3. Motive der Euergeten für ihr Handeln und die Reaktion der Umwelt.

1 Euergetismus und städtische Finanzen

Die relative finanzielle Armut der Städte als Organismus ist ein Gemeinplatz, der sich weithin in der Literatur findet. Gerade deswegen käme dem Euergetismus eine so wichtige Rolle zu.

---

nicht oder zumindest nicht im selben Sinn wie Privatleute als Euergeten bezeichnet werden, wenn sie nicht etwa selbst die Finanzierung übernahmen. Das aber geschah mindestens im Allgemeinen nicht, wenn es denn überhaupt je der Fall war. In diesem Sinn aber beispielsweise MARENGO 1988, hier 93. Dagegen mit breiter Argumentation, allerdings immer noch zu vorsichtig TAEUBER 2011.

Feststellbar ist für uns jedoch zuerst einmal vor allem, dass wir über die Höhe der finanziellen Einnahmen der Städte in keinem einzigen Fall auch nur annähernd informiert sind. Ferner ist unbestreitbar, dass das den einzelnen Gemeinden zur Verfügung stehende finanzielle Volumen äußerst unterschiedlich gewesen sein dürfte. Ebenso steht aber auch fest, dass jede Stadt über eigene Einkünfte verfügte.[5]

Insbesondere standen jeder Gemeinde die *summae honorariae* zur Verfügung, die von den städtischen Magistraten, den Priestern der städtischen Kulte ebenso wie von den *seviri Augustales* zu erbringen waren.[6] Diese *summae honorariae* sind gerade nicht als eine Form des Euergetismus anzusehen, obwohl immer wieder von dieser Vorstellung ausgegangen wird, was freilich auch durch nicht wenige Quellen, vor allem *tituli honorarii* und Dedikationsinschriften nahegelegt wird. Denn dort sind *summae honorariae*, vor allem in den nordafrikanischen Inschriften, zumeist zusammen mit Aussagen über freiwillige finanzielle Zusatzleistungen vermischt.[7] Formeln der folgenden Art finden sich außerordentlich zahlreich: *praeter IIS LX (milia) n(ummum), quae ob honorem aedilitatis et IIIvir(atus) et q(uin)q(uennalitatis) rei p(ublicae) intulit et statuam aeream ... et aediculam tetrastylam ... posuit et ludos scaenicos diebus septem ... edidit, arcum triumphalem cum statua aerea virtutis domini n(ostri) Antonini Aug(usti) ... sua pecunia extruxit*, so in einem Text aus Cirta.[8] Eine Inschrift aus Mustis aber sagt: *cum ob honorem flamoni[i per]petui IIS X mil(ia) n(ummum) taxasset, in[lat(is)] aerario IIS V mil(ibus) n(ummum) legitimae summae eiusdem honor[i]s opus ... dedicavit*.[9] Und schließlich heißt es in einem dritten Text: *[Signum] Lupae cum [gemell]is du[obus ex] summa hon[oraria] duoviratus sui fecit*.[10] Alle drei Beispiele zeigen jedoch klar das, was auf Grund der Verpflichtung, die wohl üblicherweise auch in den Stadtgesetzen formuliert oder durch Beschluss des Dekurionenrats festgelegt war, geleistet werden musste. So heißt es in einem Text aus Pompeii, die *IIviri* hätten bestimmte Baumaßnahmen durchführen lassen *ex ea pequnia, quod* (sic) *eos e lege in ludos aut in monumento consumere oportuit*.[11] Der *summa honoraria*, wofür immer man sie verwendete,

---

5 Allgemein LIEBENAM 1900; vgl. CORBIER 1985, bes. 227 f.; CORBIER 1991, 218 f., ferner DUNCAN-JONES 1990, bes. 175–177. Unter anderer Blickrichtung setzt dieser Beitrag von DUNCAN-JONES eine Reihe von Faktoren miteinander in Bezug, die auch in der hier dargelegten Erörterung eine wesentliche Rolle spielen.
6 Allgemein dazu DUNCAN-JONES 1982, 82 ff. 147 ff. Listen S. 108–110. 215 f. zur Frage, wie weit auch alle Mitglieder der Stadträte eine *summa honoraria* bezahlen mussten vgl. GARNSEY 1971.
7 Wobei nicht sicher ist, ob eine *ampliato* stets freiwillig erfolgte; vgl. JACQUES 1975, 159 ff. Zu einer anderen Erklärung vgl. auch den nicht sehr klaren Artikel von HAYASHI 1989. Eine Zusammenstellung aller *summae honorariae* einschließlich zusätzlich aufgewendeter Gelder bei RAMIREZ SADABA 1981, 180 ff.
8 CIL VIII 7095–7098.
9 BESCHAOUCH 1968, 195 f. = AE 1968, 591.
10 CIL VIII 12220 = D 6820. Man kann auch noch auf AE 1992, 1798 = AE 1993, 1737 verweisen, wo mehrmalige Erhöhungen der *summa honoraria* genannt werden.
11 CIL X 829 = D 5706. Ähnlich heißt es in einem Text aus Cnossos: *D(enarii) D sunt, quos e lege coloniae pro ludis dare debuit* (CIL III 12042 = D 7210 = InscCret I, VIII 51). In cap. 70 und 71 der *lex Ursonensis* sind ebenfalls einschlägige Regelungen formuliert, *Lex Urson.* 70 f. = CIL II²/5 1022 = D 6087 = FIRA I² Nr. 21.

konnte sich niemand entziehen; sie wurde auch unmittelbar fällig, entweder durch Zahlung in die Stadtkasse oder durch konkrete Maßnahmen, die vermutlich vom Dekurionenrat genehmigt wurden. Das gilt auch für die Augustalen. In einem Text aus Aufidena steht so z. B.: *C. Acellius Clemens portic(um) et saepta pro ludis Augustalibus faciend(um) curavit.*[12] Die übliche Verpflichtung war hier wie in vielen anderen Fällen die Abhaltung von Spielen auf Kosten des Augustalen; hier wurde die Verpflichtung durch die Errichtung von Bauten eingelöst. Ähnliches findet sich auch bei den normalen Magistraten der Städte.[13] Wie auch immer die *summa honoraria* des einzelnen Jahresmagistrats konkret eingesetzt wurde, sie bedeutete in jedem Fall einen sicheren, vorausberechenbaren Anteil am städtischen Haushalt, aus dem Leistungen für das Funktionieren der Gemeinde zu finanzieren waren.[14]

Vorauszuberechnen waren auch die Einnahmen aus städtischem Grundbesitz, der, wie die Auswirkungen der Wegnahme dieser Einnahmequelle im 4. Jh. zeigt, in vielen Fällen nicht gering gewesen sein kann. Die Größe des Landbesitzes, den z. B. Capua auf Creta seit augusteischer Zeit hatte, ist unbekannt; doch Velleius Paterculus berichtet, der dortige Landbesitz habe der Gemeinde jährlich 1,2 Millionen Sesterzen eingebracht.[15] Plinius d. J. allein vermachte seiner Vaterstadt Comum Grundstücke, deren Wert auf 500.000 Sesterzen festgelegt wurde; bei einem Zinssatz von 6 Prozent erbrachten diese mindestens Einnahmen von 30.000 Sesterzen.[16] Luca aber hatte schon auf dem Territorium von Veleia, sowie von deren Nachbargemeinden, wie wir aus der *tabula alimentaria* wissen, wesentlich mehr Landbesitz, nämlich ein Gebiet im Wert von 2,5 Million Sesterzen, das in der Alimentarstiftung mit einem Wert von 1,6 Millionen Sesterzen angesetzt wurde.[17] Wenn man auch hier einen Zinssatz von 6 Prozent zugrundlegt, also die gleiche Rendite wie für das Plinianische Gut bei Comum, betrug der Jahresgewinn für Luca etwa 75.000 Sesterzen. Daneben aber besaß Luca im selben Gebiet noch weiteres Land, das nicht in die *obligatio* miteinbezogen wurde.[18] Doch ist ohne Zweifel auch davon auszugehen, dass Luca nicht nur in der auf der Alimentartafel bezeichneten Gegend, sondern vor allem auch auf seinem eigenen Territorium Land-

---

12 AE 1933, 152 = SupIt 8 A, 5 = 22 A, 5. Siehe generell Kokkinia 2012.
13 Siehe z. B. CIL IX 808. 1643. 2235. 4903; CIL X 845. 853–857 = D 5653a; CIL XI 5276 = D 5377. 7301; AE 1909, 59. Vgl. Plin. epist. 10,39: Bad aus den *summae honorariae* erbaut. Für Ägypten vgl. Bowman/ Rathbone 1992, 123 f.
14 Dass die *summae honorariae* in der römischen Zeit eben nicht als freiwillige, also euergetische Leistungen angesehen wurden, ersieht man auch vor allem daran, dass sie kaum allein in den Inschriften erscheinen, sondern fast stets, wenn sie erhöht wurden. Das kann nur heißen, dass die *summae honorariae* als solche kein Grund für eine öffentliche Erwähnung sein konnten.
15 Vell. 2,81,1; vgl. Cass. Dio 49,14,5, ferner Ducrey 1969, 846 ff. = AE 1969/70, 635.
16 Plin. epist. 7,18. Vgl. Duncan-Jones 1982, 27.
17 CIL XI 1147, VI 60 ff.
18 Dies ergibt sich zumindest aus der Erwähnung: *exceptis praediis Caerelliano colle et praediis, quae Attius Nepos cum Priscilla aliquando possedit,* CIL XI 1147, VI 74 f. Zusätzlich könnten andere Ländereien Luca gehört haben, die lediglich bei der Beschreibung der Nachbarn erwähnt werden, vgl. Criniti 1991, 208 s.v. *Luca.*

besitz hatte, aus dem es *vectigalia* beziehen konnte. Die Summe war, wenn sie eingetrieben wurde[19], keineswegs gering.

Von Myra in der Provinz Lykien wissen wir, dass es einen Einfuhrzoll erheben konnte. Davon musste es jährlich 7000 Denare = 28.000 Sesterzen an das lykische Koinon abführen.[20] Man darf mit einiger Wahrscheinlichkeit voraussetzen, dass der Gewinn, der für die Stadt selbst blieb, größer gewesen sein wird. Andere Städte konnten auf Hafengebühren zurückgreifen, ebenso auf Einnahmen aus der Abhaltung von Märkten.[21] Schließlich war es auch möglich, den Bürgern gezielte Abgaben etwa bei der Errichtung von Bauten aufzuerlegen, wie z. B. die Argumentation Traians gegenüber der bithynischen Stadt Prusa beweist.[22]

Obwohl es außer Zweifel steht, dass die finanziellen Einkommen der einzelnen Gemeinden differierten, konnte doch jede Stadt mit einem jährlichen Mindestbetrag rechnen. Diesen aber gilt es in Rechnung zu stellen, und mit dem, was die Euergeten beitrugen, in Relation zu setzen.[23] Denn ob in jedem Jahr ein Euerget einen Beitrag leisten würde, stand nie fest. Fehlende Bereitschaft oder sogar die Ablehnung von Seiten eines Magistrats, sich über seine Verpflichtung hinaus für eine Gemeinde zu engagieren[24], kann man keineswegs von vorneherein ausschließen; in den epigraphischen Quellen aber hat eine solche Haltung notwendigerweise keinen Niederschlag gefunden. Dagegen waren jährlich in jeder Stadt bestimmte Summen aufzubringen, um das normale Funktionieren zu gewährleisten. Viele für das tägliche Leben einer Gemeinde notwendige Einrichtungen und Dienste wie etwa das Subalternpersonal aus *apparitores*, *scribae*, Opferdienern, *servi publici* usw., Opfer für die Götter der *res publica Romana* und der Stadt, sowie die oft damit verbundenen Spiele, Gesandtschaften an Statthalter oder nach Rom sowie die normale Unterhaltung der öffentlichen Bauten sind aus diesen Einnahmen regelmäßig finanziert worden.[25] Euergetische Akte finden sich in diesem Zusammenhang kaum; gelegentlich wurden zwar Gesandtschaften von Einzelnen auch auf eigene Kosten übernommen, wie es manchmal Texte unter Ehrenstatuen oder auch die Antworten der Kaiser nahelegen.[26] Doch war auch dies eher die Ausnahme, wie die Selbstverständlichkeit erkennen lässt, mit der in Byzantium bis zur Revision durch

---

19 Daran hat es allerdings offensichtlich immer wieder gefehlt, wie nicht nur Plin. epist. 10,23,2 zeigt; vgl. auch die *reliqua colonorum* von Luca in der Alimentartafel, CRINITI 1991, 208 s.v. Luca. Einkommen aus Weideland z. B. erwähnt OLIVER 1989, Nr. 116.
20 WÖRRLE 1975, 287. 290 = AE 1976, 674. Siehe auch DE LAET 1949, 351ff. Zu einem möglichen Gemeindezoll von einem Dreißigstel in der Kolonie Berytus vgl. BRUNT 1990a, 409.
21 IG II² 1103 = OLIVER 1989, Nr. 77.
22 Plin. epist. 10,23–24
23 Vgl. zu dieser Frage die Erörterung von LIEBESCHUETZ 1972, 157ff. für die spätantike Situation.
24 Vgl. unten Anm. 96.
25 LIEBENAM 1900, 68ff. Im Stadtgesetz von Irni ist in cap. 80 festgelegt, das Munizipium könne pro Jahr bis zu 50.000 Sesterzen Schulden machen, d. h. Kredit aufnehmen, *Lex Irnit*. 80 = AE 1986, 333 = GONZÁLEZ 1986, 174 = FERNÁNDEZ GOMES/DEL AMO Y DE LA HERA 1990, 97.
26 OLIVER 1989, passim. Doch findet sich dieses Phänomen vor allem im Osten, kaum dagegen im Westen bezeugt. Eine *legatio gratuita* z. B. in CIL II 4201. 4208. = D 6928. 4055 = D 6925; VIII 22737 = D 6780.

Plinius die Kosten von 12.000 bzw. 3.000 Sesterzen für jährliche, von einem Gesandten an den Kaiser sowie durch einen anderen Legaten an den Statthalter von Moesia inferior überbrachte Grußadressen im städtischen Budget vorgesehen waren.[27] Aus dem lateinisch sprachigen Teil des Imperiums kennen wir nur sehr wenige Texte, in denen von *legationes gratuitae* gesprochen wird; wohl aber wissen wir, dass in den Stadtgesetzen generell vorgesehen war, dass die Legaten die Kosten für solche Reisen ersetzt bekamen.[28]

D. h. aber, soweit wir es allgemeinen Angaben und konkreten Beispielen entnehmen können, wurden die regelmäßigen Ausgaben für das tägliche Leben einer Stadt, aber auch für nicht wenige Bauten, wie es zahlreiche Inschriften zeigen, aus den verschiedenen Einnahmen gedeckt, die den Gemeinden, freilich in unterschiedlichem Ausmaß, berechenbar und jährlich zur Verfügung standen.

Das moderne Steuerrecht hat den Begriff des geldwerten Vorteils entwickelt. Damit ist gemeint, dass ein Empfänger eine Sachleistung erhält, für die er entweder überhaupt nicht zu bezahlen hat oder weniger, als dem Wert entspricht. Müsste der Empfänger dieser Leistung dafür vollständig oder zumindest partiell bezahlen, würde es für ihn eine oft erhebliche finanzielle Belastung darstellen. In einer vergleichbaren Situation befanden sich die Städte im römischen Reich, zumindest soweit sie dem römisch-italischen Stadtrechtssystem eingeordnet waren. Aber auch der Osten des Reiches kannte ähnliche Regelungen. Vor allem aus den Stadtrechten wissen wir, dass es die Verpflichtung zu *operae*, zu Dienstleistungen gegenüber der Gemeinde gab. Bereits die *lex Ursonensis* vom J. 44 v. Chr. formulierte, dass *quamcumque munitionem decuriones huiusce coloniae decreverint, …* jeder Bürger vom 14. bis zum 60. Lebensjahr *in annos sing(ulos) … operas quinas et in iumenta plaustraria iuga sing(ula) operas ternas* zu erbringen habe. Die gleiche Verpflichtung treffe diejenigen, die auf dem Territorium der Kolonie ihr *domicilium* oder ihren Grundbesitz hätten, also nicht nur die Bürger.[29] Fast identische Formulierungen finden sich jetzt im Kap. 83 der *lex Irnitana*:[30]

> *Quod opus quamque munitionem decuriones conscriptive eius municipi fieri oportere decreverint … ut ne amplius in annos singulos homines <singulos> et iuga singula iumentorum, qui homines quaeque iumenta intra fines eius municipi erunt, quam op[e]rae quinae exigantur decerna[n]tur … .*

Das Mindestalter ist hier vom 14. auf das 15. Jahr gestiegen, für die *iuga* sind in gleicher Weise wie für die Menschen fünf *operae* vorgesehen. Ebenso werden die *incolae* zu den Leistungen herangezogen. Die Verpflichtung aller Bürger und *incolae*, wovon keine Befreiung formuliert wurde, bezieht sich auf *opus* und *munitio*, d. h. auf die Errichtung (bzw. Reparatur) von öffentlichen Bauwerken einschließlich des Straßenbaus. Diese Verpflichtung konnte jährlich eingefordert werden. Bei 5 Tagewerken für jeden

---

27 Plin. epist. 10,43–44
28 Siehe Kap. 24 in diesem Band.
29 *Lex Urson.* 98 = CIL II²/5 1022 = D 6087 = FIRA I² Nr. 21.
30 AE 1986, 333 = GONZÁLEZ 1986, 175. 195 = FERNÁNDEZ GOMES/DEL AMO Y DE LA HERA 1990, 97.

männlichen Bürger und Bewohner vom 14./15. bis zum 60. (später bis zum 70.)[31] Lebensjahr und 3 bzw. 5 Tagewerken für jedes Gespann bedeuteten diese Regelungen eine gewaltige Arbeitskraft, die jede Gemeinde in Anspruch nehmen konnte. Hätte sie für die Arbeitsleitung der Bürger und *incolae*, wenn sie etwa beim Straßenbau oder dem Transport von Steinmaterial für Kloaken, bei der Pflasterung öffentlicher Plätze oder der Erbauung von Aquaedukten herangezogen wurden, jeweils direkt bezahlen müssen, wären erhebliche Summen aufzubringen gewesen. Die *operae* der Bewohner und der Gespanne stellten somit einen wesentlichen Geldwert für die Stadt dar, der, wenn nötig, für den Haushalt aktiviert werden konnte. Dadurch aber steigt das jährlich zu Verfügung stehende Geldvolumen jeder Gemeinde unabhängig von den sonstigen finanziellen Ressourcen erheblich an. Freilich verbietet es sich, angesichts unserer sehr geringen Kenntnis über Löhne und Preise[32] den aktuellen Geldwert in Einzelfällen zu benennen, zumal ja auch kaum je die Zahl der männlichen Einwohner einer Stadt bekannt ist;[33] doch ist an dem Faktum, dass die Städte auf Grund der *operae* über eine ganz wesentliche Ergänzung ihres Haushalts verfügen konnten, nicht zu zweifeln. Gerade bei größeren Bauvorhaben von Städten, die selten in kurzer Zeit, d. h. innerhalb eines Jahres abgeschlossen wurden, ist somit für einen wesentlichen Teil der Arbeiten daran eine dauerhafte 'Finanzierungsquelle' für die Städte selbst vorhanden gewesen[34], unabhängig von der Bereitschaft von Euergeten, die Bürger zu unterstützen.

Gegen diese grundsätzliche Position könnte man einwenden, solche Leistungen würden kaum in irgendeinem Fall erwähnt. Wie also dürfe man sie als stille Finanzierungsquelle voraussetzen? Tatsächlich finden sich in unseren Quellen nur wenige konkrete Hinweise darauf, dass die Arbeitskraft der Bürger und Bewohner eines städtischen Territoriums wirklich herangezogen wurde.[35] In einem epigraphischen Text aus der Nähe von Uscosium in Unteritalien heißt es: *lacum purgatum operis paganorum n(ostrorum)*.[36] Ähnliches wird in einer wohl noch aus der Republik stammenden Inschrift aus Aquilonia berichtet: *M. Lucceius ... IIII vir aed(ilicia) [pot(estate)] piscinam purgandam et lorica[m] imponendam de urbanorum opereis coeravit*.[37] In Thamugadi wurde eine Statue der *Concordia populi et ordinis* gewidmet, *quod sum(p)tus rei*

---

31 Dig. 50,2,2,8 (Ulp.).
32 Einmal abgesehen von Ägypten, dazu DREXHAGE 1991.
33 Dazu DUNCAN-JONES 1982, 259 ff.
34 DUNCAN-JONES 1990, 175 geht davon aus, dass in secondary towns für öffentliche Bauten Geldzahlung grundsätzlich üblich war. Beleg dafür ist ihm u. a., dass in den normalen Bauinschriften üblicherweise gesagt werde, der entsprechende Bau sei mit öffentlichen oder privaten Mitteln errichtet worden. Doch schließt dies eine zusätzliche Verwendung von Arbeit der Bevölkerung in keiner Weise aus. Vgl. das Folgende.
35 Vgl. dazu in ähnlichem Zusammenhang DUNCAN-JONES 1990, 174 ff.
36 CIL IX 2828. In IRT 467 und 771 wird in Lepcis Magna in konstantinischer Zeit von *porticus magnitudine sua ac Troadensium columnarum adornata operis provincialium* gesprochen.
37 CIL I 1714 = IX 6257 = D 5729.

p(ublicae) manibus copiisque relevaverint.[38] Und schließlich wird in einer Inschrift aus Auzia in Mauretanien genau geschildert, mit welchen Leistungen und finanziellen Mitteln ein *macellum* einschließlich der *porticus* sowie der Einrichtungsgegenstände errichtet wurde: *res p(ublica) col(oniae) Septimiae Aur(eliae) Auzi[e]nsium sumtibus tam suis quam ex sportulis decurionum operisque popularium ... perfecit ... curantibus C(aio) Aufidio Victorino et [...] Iuventio Karo aedilibus, q[uoru]m etiam summae honorariae [in] e[a op]era depensae sunt.*[39] Das Beispiel zeigt somit eine Mischfinanzierung, wie sie öfter notwendig geworden ist.[40]

Üblicherweise muss man nun davon ausgehen, dass Selbstverständliches kaum je in epigraphische Texte aufgenommen wurde. *Munera* waren etwas, was pflichtgemäß zu erbringen war und deshalb unter normalen Umständen nicht genannt wurde. Im Übrigen kann man sogar voraussetzen, dass eine Formel *res p(ublica) fecit* oder ähnlich natürlich auch solche körperlich-materiellen Leistungen der Bürger (und *incolae*) einschloss. Doch muss man gar nicht zu dieser Hilfskonstruktion greifen. Solche Leistungen waren vielmehr im Allgemeinen nicht der Erwähnung wert. Auch die *legationes* an Kaiser und Senat, die durch die Stadtgesetze den vermögenden Bürgern, insbesondere den Dekurionen als *munus* auferlegt waren, und ein ganz allgemeines Massenphänomen darstellen, werden in den Inschriften Italiens und des Westens kaum genannt, außer wenn besondere Umstände eine Erwähnung sinnvoll und prestigefördernd erscheinen ließ.[41] Ähnliches gilt auch für die *operae* gegenüber der Heimatgemeinde, die durch die Stadtgesetze ebenso vorgesehen waren wie die finanziellen Beiträge der städtischen Magistrate. Man muss deshalb fragen, wie weit in den wenigen Beispielen, in denen überhaupt von *operae* bzw. körperlichen Leistungen im Zusammenhang von Bauten gesprochen wird, in Wirklichkeit die pflichtgemäßen *operae* gemeint sind oder nicht vielleicht zusätzliche. Die Betonung der Concordia in Thamugadi lässt eher vermuten, dass es zu Spannungen in der nordafrikanischen Stadt gekommen war, was bei zusätzlichen Leistungen noch eher zu erwarten ist als bei den pflichtgemäßen. Auch kann man die Frage stellen, weshalb im Fall von Auzia überhaupt alle einzelnen Finanzierungsanteile erwähnt werden. Möglicherweise hatten gerade die Ädilen, die den Bau zu errichten hatten, Interesse an der öffentlichen Präsentation, um so auch ihren eigenen Beitrag zu verewigen zu können: nämlich ihre *summae honorariae*, weshalb sie dann genötigt waren, auch die anderen Beiträger zu erwähnen.

Ein Vergleich mit Ägypten kann deutlich machen, dass Selbstverständliches, insbesondere wenig Willkommenes, wie es solche *munera* notwendigerweise waren, nicht in Dokumente eingingen, die dauerhaft öffentlich publiziert wurden, dass dieses

---

38 CIL VIII 2342.
39 CIL VIII 9062 = D 5590. 9063. Um *operae* dieser Art handelt es sich möglicherweise auch in CIL IX 3188 = D 5273. Vermutlich ist auch CIL VIII 20834–20835 diesem Phänomen zuzurechnen, ebenso VIII 8701 = D 6887; VIII 8828. 8991 = AE 1911, 119; VIII 8777 = D 6888; ILAlg II 3596.
40 Das gilt nicht nur bei Bauten (ein exemplum dafür etwa bei Ios. bell. Iud. 2,405 und in AE 1989, 704), sondern z. B. auch häufig bei Spielen; vgl. z. B. AE 1975, 255. 257 für Gladiatorenspiele.
41 Vgl. ECK 1994a, 329–351; ferner oben Anm. 26 die Beispiele für *legationes gratuitae*.

Selbstverständliche aber dennoch existierte. Über die Penthemeris, d. h. die Verpflichtung für die meisten Bewohner Ägyptens (jedenfalls in der Chora), jährlich fünf Tagewerke – also genauso wie in den römischen Stadtgesetzen – an der Restaurierung bzw. Neuanlage von Kanälen und Schleusen für das Bewässerungssystem mitzuarbeiten, wüssten wir aus der epigraphischen Überlieferung, etwa durch einzelne Bauinschriften für Kanäle oder Schleusen, nichts.[42] Nur dank der Quittungen für die geleistete Arbeit, die auf Papyrus erhalten geblieben sind, wissen wir, dass diese allgemeine Pflicht nicht nur bestand, sondern auch wirklich von fast allen Personen eingefordert wurde. Ähnliches sollte man auch bei den *operae* für *homines* und *iuga* in den Gemeinden Italiens und der Provinzen voraussetzen. Akzeptiert man aber diese begründete Vermutung, dann verändert sich die finanzielle Disponibilität der Städte ganz erheblich, d. h. das, was die Städte mit ihren eigenen Mitteln leisten konnten, war wesentlich mehr als das, was allein auf Grund der finanziellen Einnahmen möglich gewesen wäre. Dies ist von besonderer Bedeutung für größere Bauten, die oft über einen längeren Zeitraum, über mehrere Jahre oder auch Jahrzehnte entstanden, wie es beispielsweise bei großen Aquäduktbauten oder den Kloaken der Fall war. Ebenso ist dies bei immer wiederkehrenden Arbeiten wie der Reparatur der regionalen und überregionalen Straßen zu beachten.[43] Es fehlte jedoch jedes Motiv und jede Notwendigkeit über die regelmäßigen, gesetzlichen Leistungen der Bewohner zu berichten, weshalb dieser wichtige Aspekt in unserer Dokumentation außerhalb Ägyptens auch weitgehend fehlt.

Somit darf man die „finanzielle Disponibilität" der Städte insgesamt als wesentlich größer ansetzen, als dies im Allgemeinen geschieht. Dazu aber müsste man dann im Vergleich das setzen, was Euergeten für die Öffentlichkeit der Städte leisteten, was sie beitrugen: ob also diese Leistungen essentiell waren für das tägliche Leben oder ob nicht die wesentlichen Grundbedürfnisse, auch die wesentlichen infrastrukturellen Maßnahmen normalerrweise eher von den Städten selbst erbracht wurden, auch ohne den Beitrag der Euergeten. Diese könnten häufig manche angenehmen oder besonders willkommenen Aspekte städtischen Lebens zusätzlich ermöglicht haben, wie z. B. Spiele im Circus, Kämpfe von Gladiatoren oder öffentliche Bewirtungen[44], auch manche der dafür möglicherweise benötigten Bauten, die aber für das normale bürgerliche Leben nicht unabdingbar waren. Erst aus dem Vergleich der öffentlichen und privaten Leistungen könnte man ein halbwegs realistisches Bild gewinnen, worin der spezifische Beitrag und die spezifische Bedeutung der *benefactores* für die Funktionsfähigkeit der Städte unter dem finanziellen Aspekt lag, ob sie möglicherweise auch die strukturelle

---

42 SIJPESTEIJN 1964.
43 Vgl. zur Heranziehung der Bevölkerung zum Straßenbau bzw. -reparatur ISAAC 1993, 294: nur literarisch überliefert. Bei längerdauernden Baumaßnahmen, die sich über die Amtszeiten mehrerer Munizipalmagistrate hinzogen, war auch das persönliche Interesse der Amtsträger auf Inschriftensetzung weniger entwickelt, da ja die anonyme *res publica* als Auftraggeberin zu nennen war. Die Aufsicht aber hatte sich auf mehrere Amtsträger verteilt, die dann wohl häufig nicht in den Texten erschienen.
44 Vgl. zu solchen FRÉZOULS 1991, bes. 14. 16.

Basis für das Leben einer Stadt schufen oder nur die mehr oder weniger luxuriöse und prestigeträchtige Oberfläche einer Stadt gestalteten.[45]

2 Die spezifischen Formen der Dokumentation und deren Einfluss auf das moderne Urteil über das Phänomen Euergetismus

Euergetismus ist kein öffentlichkeitsscheues Phänomen, eher ist das Gegenteil zu erwarten. Das epigraphische Material vermittelt generell den Eindruck, dass vielen Personen in der kaiserzeitlichen Welt daran gelegen war, in irgendeiner Form in eine öffentliche Dokumentation einzugehen.[46] Zumindest haben viele versucht, wenigstens in einer Grabinschrift der Nachwelt präsent zu bleiben. Eine Haltung wie die des Sextus Iulius Frontinus, der grundsätzlich auf ein Grabmonument und die dazugehörige Inschrift verzichten wollte[47], scheint wirklich extraordinär gewesen zu sein. Plinius selbst neigt eindeutig der anderen Auffassung zu: *Omnes ego, qui magnum aliquid memorandumque fecerunt, non modo venia, verum etiam laude dignissimos iudico, si immortalitatem, quam meruere, sectantur victurique nominis famam supremis etiam titulis prorogare nituntur.*[48] Was hier für Verstorbene formuliert ist, gilt in noch größerem Maße für Lebende.

Auch Euergeten verhielten sich im allgemeinen nicht wie Frontin, sie waren auch nicht, wie möglicherweise später manchmal jüdische oder christliche Wohltäter,[49] verschämte Menschen, die zwar gute Werke erweisen, aber als Person hinter ihrem Tun unter Umständen völlig zurücktreten wollten.[50] Sie haben, worauf auch der Tenor ihrer Inschriften zumeist hinweist, im Gegenteil die Öffentlichkeit gesucht und sich oft wort- und detailreich präsentiert;[51] denn diese war ihr Adressat, auf sie war ihr Tun ganz wesentlich ausgerichtet. Sie wollten in ihrem Handeln, wenn es nur irgend möglich war, in der einen oder anderen Form dokumentiert werden. Sie haben in besonderem Maß darauf Wert gelegt, dass ihre Leistungen für eine Stadt, eine Gemeinschaft (z. B. gegenüber einem Collegium oder einem *vicus* innerhalb einer Stadt) in dauerhafter Form der Mit- und Nachwelt überliefert wurden.[52] Das gilt für alle gesellschaftlichen Gruppen, nicht nur für die Oberschicht. Deshalb finden sich auch nicht selten die Listen mit den Namen der einzelnen Spender, wenn es sich um eine Gemeinschaftsaktionen handelte,

---

45 Es mag mehr als Zufall sein, dass beispielsweise *cloacae* kaum je als Objekt der privaten Munifizenz erscheinen; ein solches Beispiel in CIL X 5055.
46 Siehe z. B. die von WESCH-KLEIN 1990, 55 ff. gesammelten Texte.
47 Plin. epist. 9,19.
48 Plin. epist. 9,19,3.
49 Für die Erscheinung des anonymen Euergeten siehe z. B. im jüdischen Kontext SEG 26, 1683; SEG 37, 1532, für die des christlichen CIIP II 1152: προσφορὰ ὧν ὁ Κύριος γινώσκει τὰ ὀνόματα; andere Beispiele CIIP IV 1, 2854. 3143; SEG 38, 1648; IGLS 21/2, 135; SEG 31, 1474.
50 Der „verschämte Euerget" wäre in der römischen Welt erst noch nachzuweisen.
51 Siehe etwa IG IV 203; Corinth VIII 3, 306; GEAGAN 1989; SEG 39, 340.
52 Vgl. CÉBEILLAC-GERVASONI 1991, hier 203 f.

auf den Seiten von Statuenbasen, manchmal aber auch auf der Frontseite aufgeführt, wie z. B. unter einem Monument für Caracalla, Geta und Iulia Domna in Bonn: alle Centurionen der *legio I Minervia* waren einzeln genannt.[53] In Ephesus haben zahlreiche Personen in der Regierungszeit des Commodus Beiträge geleistet, um Geldverteilungen an ehemalige Kureten sowie die Gerusie zu ermöglichen.[54] Auch sie wurden mit Angabe der gespendeten Summe einzeln aufgeführt. Und zu Beginn der Herrschaft Neros haben Fischer und Fischhändler in derselben Stadt ein Fischereizollhaus gemeinsam finanziert und in der Bauinschrift die einzelnen Sach- und Geldleistungen genau vermerkt.[55] Solche Monumente finden sich außerordentlich zahlreich. Sie sagen etwas über die ganz selbstverständliche Mentalität derer aus, die finanzielle Leistungen oder Sachbeiträge erbracht hatten. Viele Euergeten waren sogar nicht selten bereit, selbst noch die Kosten für die Errichtung ihrer eigenen Statue oder der eines Angehörigen mitsamt der Basis und der Inschrift zu übernehmen, wenn jemand vom Volk oder dem Rat für eine euergetische Tat geehrt werden sollte. Es ist deshalb immer wieder vermutet worden, tatsächlich sei bereits vor dem Beschluss über eine Statue zu Ehren einer Person, vor allem wenn sie für eine Stadt nicht von allererster Bedeutung war, darüber verhandelt worden, wer die Kosten schließlich übernehmen werde; erst die Zusage durch den zu Ehrenden oder, nach dessen Tod, durch seine Angehörigen, die Kosten zu tragen, habe manche Beschlüsse möglich gemacht. Das lässt sich zwar im Einzelnen kaum beweisen; aber der Gedanke liegt nicht ganz fern. Jedenfalls ist unbestreitbar, dass der Gedanke an die Nachwelt, an das Weiterleben nach dem Tod in einer Stiftung, in einem Bauwerk oder einer Statue oft, wenn nicht das einzige, so doch ein entscheidendes Motiv für viele Euergeten gewesen ist. Daraus resultieren ja auch viele Stiftungen, die *ex testamento* erfolgten und mit bestimmten Feiern an einem wiederkehrenden Gedenktag verbunden waren,[56] wodurch die Erinnerung an eine Person und ihr Handeln immer wieder aktualisiert werden sollte.[57]

Aus all diesen Überlegungen heraus dürfen wir davon ausgehen, dass wohl selten eine Leistung für die Öffentlichkeit einer Stadt oder eine sonstige Gemeinschaft, eine Stiftung in Geld oder die Errichtung eines Gebäudes, soweit dies durch eine oder mehrere Privatpersonen erfolgte, ohne ein dauerhaftes Dokument geblieben ist. Man hat sich im Gegenteil fast stets darum bemüht, solche Akte möglichst oft in Erinnerung zu rufen. Dazu konnte dienen, dass entweder mehrere Statuen derselben Person errichtet wurden, oder dass in mehreren Inschriften an einem Bauwerk derselbe Tatbestand öfter bezeugt wurde. So sind uns heute noch fünf Bauinschriften erhalten, in denen jeweils berichtet wird, ein C. Iulius Secundus habe für die Erbauung eines Aquädukts für die

---

53 ECK 1985a, 41 ff. = AE 1985, 683; siehe z. B. auch CIL VIII 2551 = 18046.
54 KNIBBE 1981, 53 ff. = IK 11, 1, 47 (Ephesos). Siehe noch beispielsweise AE 1963, 124 (Karthago).
55 IK 11, 1, 20 (Ephesos). Ein ähnlicher Tatbestand in SEG 23, 207; dazu MIGOTTE 1985.
56 Die Masse aller Stiftungen zielt gerade auf diesen Effekt, wie es die Dokumente bei LAUM 1914 zeigen. Vgl. unten zu Anm. 94.
57 DOLANSKY 2011, 125–157.

Wasserversorgung der Stadt Burdigala zwei Millionen Sesterzen bereitgestellt.[58] In Urbs Salvia war die Erbauung des Amphitheaters durch L. Flavius Silva Nonius Bassus, seine Frau und seine Mutter über den beiden Eingängen mit je zwei Inschriften dokumentiert.[59] Sein Name erschien also viermal. Vibius Salutaris ließ in Ephesus auf der Basis einer jeden der von ihm gestifteten 31 Statuen von Phylen und Göttern jeweils seinen Namen mitsamt der Laufbahn verewigen, von denen heute noch dreizehn ganz oder partiell erhalten sind.[60] In Lepcis Magna haben zwei Ädilen mindestens neun *mensae* auf dem Forum aufstellen und auf jedem einzelnen Exemplar ihr *beneficium* publizieren lassen.[61] Derselbe Effekt wurde für den *flamen perpetuus* C. Flavius Pudens in Sabratha dadurch erreicht, dass die einzelnen Kurien ihn jeweils eine Statue mit Inschrift an den von ihm errichteten zwölf Wasserbecken, verteilt über die gesamte Stadt, aufstellten.[62] In Calama in Numidien errichtete der *ordo* einer *flaminica Augustorum* zum selben Zeitpunkt fünf Statuen, weil sie versprochen hatte, ein *theatrum* zu erbauen.[63] Im Zusammenhang der Erbauung, Einrichtung und statuarischen Ausschmückung eines *macellum* in Cuicul wurden sieben verschiedene Inschriften errichtet, auf denen der Name des Stifters des Gebäudes sowie einzelner Teile und auch der seines Bruders erscheint.[64] Dass bei so zahlreicher Dokumentation eher ein Zeugnis bis heute erhalten bleiben konnte als bei einer einzigen Bauinschrift, die eine Stadt in einem solchen Fall anbringen ließ, ist leicht einsichtig. Schließlich wurden solche Akte sogar immer wieder in postum aufgestellte *tituli honorarii* aufgenommen.

Zieht man diese Tatbestände in Rechnung, dann darf man die begründete Schlussfolgerung ziehen, dass euergetische Akte mit größerer Konsequenz und damit weit häufiger dauerhaft dokumentiert wurden als andere öffentliche Maßnahmen, die von Seiten der Städte selbst erfolgten.[65] Euergeten aber wollten auf eine inschriftliche Dokumentation nicht verzichten, selbst wenn es sich um relativ kleine und unbedeu-

---

58 CIL XIII 596–600; dazu auch DRINKWATER 1979, 238.
59 CIL IX 5536; ECK 1970a, 93 ff. = AE 1969/70, 183a-b; ferner ein weiteres Fragment, dessen Kenntnis ich G. Paci verdanke.
60 IK 11, 1, 27–36 (Ephesos).
61 IRT 590: *Ti(berius) Cl(audius) Amicus, M(arcus) Heliodorius Apollonides aed(iles) mensas p(ecunia) s(ua) d(ono) d(ederunt)*.
62 IRT 117–126. Dabei wurde in einem Text, IRT 117, die *munificentia* mit allen Details beschrieben; beschlossen wurde diese Statue vom *ordo* von Sabratha, die Kosten übernahm der Geehrte selbst. In den anderen Inschriften, die von den Kurien stammen, wurde der Text verkürzt; dort heißt es z. B. in IRT 122 nur noch: *C(aio) Fl(avio) Q(uinti) fil(io) Pap(iria) Pudenti flam(ini) perpet(uo) curia Iovis ob merita*. Siehe auch IRT 143–145.
63 CIL VIII 5366 = ILAlg I 287; vgl. CIL VIII 5365 = 17495 = ILAlg I 286. Siehe auch CIL VIII 5276: *singulae curiae singulas statuas de suo posuerunt, ut eximiam voluntatem eius tanti honoris titulis adaequarent*.
64 AE 1916, 32–37; CAGNAT 1915, 322f. Nr. 6; LE GLAY 1955, 169 f.; vgl. MARENGO/PACI 1990, 133 f. 147; WESCH-KLEIN 1990, 299 ff.
65 Vor allem gilt dies für Restaurierungsmaßnahmen, Reparaturen etwa an Straßen, die den Städten bzw. Grundbesitzern als *munus* oblagen. Solches wird aber auf Meilensteinen nicht erwähnt und ist damit für uns auch „nicht existent".

tende Maßnahmen oder um Teilarbeiten an einem Gebäude handelte.[66] Es war sogar rechtlich geregelt, dass bei Umbauten oder Reparaturen entsprechende Inschriften von Privatleuten erhalten bleiben mussten.[67] Damit darf man mit weitgehender Sicherheit davon ausgehen, dass euergetisches Handeln in unserer Dokumentation überrepräsentiert sein dürfte. Denn der Wille der Wohltäter war – von einzelnen Ausnahmen abgesehen – grundsätzlich darauf ausgerichtet, von ihrem Handeln nichts in Vergessenheit geraten zu lassen. Viele der Euergeten haben ja, wie schon erwähnt, persönlich dafür gesorgt, dass das inschriftliche Dokument, das die Erinnerung an ihr Handeln bewahren sollte, auch tatsächlich hergestellt wurde.[68]

Damit hängt aber nun engstens ein weiterer Aspekt zusammen, der bei der Frage, welche Bedeutung des Euergetismus habe, nicht immer beachtet, ja zumeist nicht einmal als Problem gesehen wurde. Für den Euergeten war es bei der Frage, ob eine seiner Handlungen dokumentiert werden sollte, nicht ausschlaggebend, was er stiftete. Auch wenn er relativ kleine Gaben zur Verfügung stellte, wie z.B. eine einzelne Statue, eine *mensa* mit den Gewichten, eine Brunneneinfassung, auch nur eine einzelne Säule, oder wenn er kleine Bauwerke wie eine *aedicula* errichtete, war dies ein Anlass, der Öffentlichkeit dies mitzuteilen.[69] Der finanzielle Aufwand, die Größe eines Baues war nicht entscheidend dafür, ob und wie etwas dokumentiert wurde;[70] die dauerhafte Form der öffentlichen Präsentation aber wurde in allen Fällen bewusst angestrebt. Dadurch war aber an vielen Stellen eine sehr große Zahl solcher Dokumente vorhanden. Diese Masse des dokumentarischen Materials ist aber ganz entscheidend für den Gesamteindruck, das Gesamtphänomen, den der Euergetismus heute im Zusammenhang des antiken Lebens macht. Neben den Grabinschriften, den epigraphischen Texten, mit denen Kaiser geehrt wurden, sowie den Weihungen an Gottheiten stellen die Inschriften, in denen in der einen oder anderen Form euergetisches Handeln dokumentiert wird, eine der größten Gruppen im inschriftlichen Material der frühen und hohen Kaiserzeit dar.[71] Dieser Gesamteindruck, den das Phänomen des Euergetismus heute erweckt, wird aber auch durch manche modernen Inschriftensammlungen, die diesem Thema gewidmet sind,[72] nicht unwesentlich verstärkt, weil die Masse der Texte Wirkung

---

66 In CIL VIII 23991 wird erwähnt, eine *fistula plumbea* sei *cum epitonio aereo* an einen Brunnen angebracht worden; IRT 599 wird die Errichtung einer *mensa* bezeugt, in CIL XIII 1919 die partielle Ausstattung eines Circus mit 500 Sitzplätzen.
67 Dig. 50,10,2 pr. (Ulp.); Dig. 50,10,7 (Callis.); CIL IX 3162 = D 5585. Vgl. dazu WESCH-KLEIN 1990, 187 f.
68 Zu einem vergleichbaren Problem epigraphischer Einseitigkeit vgl. H.W. PLEKET im Kommentar zu SEG 39, 1775.
69 Vgl. die Beispiele oben Anm. 61.
70 Siehe die Angaben bei DUNCAN-JONES 1982, 90 ff. 157 ff.
71 Vgl. dazu auch CORBIER 1991, 215.
72 Siehe z.B. ROCKWELL 1909 oder WESCH-KLEIN 1990; manche der dort aufgenommenen Texte haben allerdings mit privatem Euergetismus nichts zu tun, so z.B. S. 116: CIL VIII 23 = IRT 746: gehört zu einer Grabanlage; S. 118: IRT 275; S. 343: AE 1985, 976 handelt von der Errichtung eines Kaisertempels *pro salute* von Elagabal, es ist eine Gemeinschaftsaufgabe; S. 352: Erfüllung eines *votum*; CIL VIII 20834/5: die *veterani* und *pagani* erbauen gemeinsam die Mauer, die die Bewohner der Siedlung schützen soll.

erzeugt, ohne dass aber deutlich wird, welcher Aufwand, welches finanzielle Volumen hinter dem einzelnen Fall steht. Das ist vor allem auch deswegen möglich, weil nur in einem sehr begrenzten Teil der Fälle auch die aufgewendete Summe genannt wird. Nicht selten aber fehlt für uns heute sogar jeder genaue Hinweis, was wirklich geleistet wurde. Für die Mitwelt eines Stifters war das anders, da sie ja nicht den isolierten inschriftlichen Text, sondern das gesamte Monument, das Bauwerk oder ähnliches sah und damit eine konkrete Vorstellung auch von der Größe, der Pracht – oder auch der Bescheidenheit der Gabe – und damit auch der aufgewandten finanziellen Mittel hatte. Uns fehlt diese unmittelbare Evidenz.[73] Um aber im konkreten Fall eines euergetischen Aktes oder bei Abschätzung der Relevanz solcher Akte für eine bestimmte Stadt vor allem gegenüber dem, was die Stadt selbst aus öffentlichen Mitteln aufbrachte, zu einem wenigstens annäherungsweisen Urteil kommen zu können, genügt der Text allein häufig nicht. Deutlich wird dieser Mangel an konkreter Information für uns etwa bei den Bezeichnungen von Bauwerken. Diese sagen allein nur etwas über den Typus, aber nichts über Größe und Ausstattungsdetails. Ein *templum*, eine *aedes*, eine *porticus* können in ihrem Bauvolumen, wie es unmittelbar einsichtig ist, außerordentlich stark differieren;[74] ähnliches gilt selbst für Statuen hinsichtlich der Größe, des Materials, der Qualität; eine *quadriga* für einen Kaiser beispielsweise auf dem Forum von Thamugadi erforderte eine wesentlich höhere Investition als eine einfache *statua pedestris*. Die Listen entsprechender Geldsummen, die dafür aufgewendet wurden, wie sie DUNCAN-JONES für Africa und Italien zusammengestellt hat, sprechen eine deutliche Sprache.[75]

Allerdings bringt es kaum eine Erkenntnis, allein die Zahl der Fälle von privater und öffentlicher Finanzierung zu vergleichen.[76] Vielmehr ist gerade bei Bauten das Volumen entscheidend, um den finanziellen Aufwand, den ein einzelner Euerget getrieben hat, zumindest in ganz groben Umrissen abschätzen zu können, auch im Zusammenhang damit, was für eine Gemeinde nötig war bzw. dem, was die einzelne Stadt selbst leistete oder leisten konnte.

---

73 Das gilt nicht nur, aber vor allem bei den Inschriften, die lediglich durch Abschriften überliefert sind, bei denen also nicht einmal über die Maße der Inschrift ein vager Hinweis auf die Größe oder Kleinheit eines Bauwerks gegeben wird. Dabei ist klar, dass es keine fixen Relationen zwischen Größe der Inschrift und der Größe eines Gebäudes gibt. Aber ein großer Architrav, auf dem eine Inschrift steht, kann zumindest nicht von einem kleinen Gebäude stammen. Es wäre jedenfalls als Versuch sinnvoll, einmal die Relationen zwischen bekannten Bauten und den zugehörigen Inschriftenträgern zusammenzustellen.
74 Verwiesen sei als Beispiel auf zwei Texte aus Spanien: ein *templum* in Aruci wird für 200 000 Sesterzen errichtet, ein *templum* in Baria für etwas über 6000 (CIL II 964 = D 5402; LAZARO PÉREZ 1980, Nr. 31; siehe dazu CURCHIN 1983). Ohne die Angabe der Summe wäre aus dem Wort *templum* allein nichts Spezifisches zu gewinnen, so aber wird der gewaltige Unterschied erkennbar, obwohl dasselbe Wort verwendet wird.
75 DUNCAN-JONES 1982, 89 ff. 156 ff. Vgl. DE KISCH 1979.
76 Was aber immer wieder geschieht. Vgl. nur e. g. MARCINIAK 1985, 329.

Die Inschriften selbst geben an näheren Hinweisen oft nur sehr wenig; relativ am wertvollsten ist naturgemäß die Höhe der finanziellen Investitionen[77], aufschlussreich können auch Hinweise über verwendete Baumaterialien sein. Doch allzu oft fehlen solche direkten Angaben. Nicht selten allerdings wären wir durchaus in der Lage, präzisere Aussagen darüber zu machen, was einst vorhanden war, um damit zumindest Relationen zwischen privater und öffentlicher Finanzierung zu ermöglichen. Denn nicht immer sind Inschriften ohne ihren archäologischen Kontext überliefert; wenn sie aus neueren Grabungen kommen, ist oft zumindest der Grundriss eines Gebäudes bekannt, nicht selten ist auch noch erheblich mehr zu erkennen, man denke etwa an Städte wie Ephesus, Aphrodisias, Lepcis Magna, Thamugadi, Pompeii oder z. B. auch Lucus Feroniae im Norden Roms.[78] Dort lässt sich in vielen Fällen eine direkte Korrelation zwischen den Objekten und den Inschriften herstellen. Wenn der Grundriss sowie einige aufgehende Teile erhalten sind, kann wenigstens annäherungsweise das Bauvolumen bestimmt werden. Oft lägen auch präzisere Informationen zur Ausstattung mit Säulen, über Bodenbelag oder Wandverputz vor. Bisher haben epigraphische Publikationen fast völlig auf solche Angaben verzichtet, sich vielmehr allein auf die Inschriften und ihre Aussage beschränkt. Es scheint deshalb dringend nötig, in unsere Corpora neben den Maßen der Inschrift selbst, wenn es möglich ist, auch knappe Beschreibungen über den archäologischen Befund aufzunehmen, um den Texten den höchstmöglichen Grad an konkreter Aussagekraft zu geben.[79] Ein Amphitheater in Carsulae mit den Dimensionen 90 x 68 m erforderte notwendigerweise einen anderen Aufwand als das von Capua, das Maße von 170 x 140 m aufweist. Erst durch die Angabe der Maße, soweit sie für uns greifbar sind, wird es wenigstens partiell möglich werden, Relationen zwischen einzelnen identifizierbaren Bauten oder Monumenten innerhalb einer Stadt oder auch gegenüber anderen Städten herzustellen.[80] Die Zahl der bekannten Fälle ist zwar wichtig, sie kann aber allein nicht allzu viel aussagen.

Gerade wenn man sich auf die für die Öffentlichkeit einer Stadt bestimmten Bauwerke und Einrichtungen konzentriert, ist die Berücksichtigung des Bauvolumens von erheblicher Bedeutung bei dem Vergleich zwischen dem, was von Euergeten errichtet, und dem, was von der jeweiligen Gemeinde selbst gebaut wurde. R. DUNCAN-JONES hat dafür mit seinem Vergleich zwischen den beiden afrikanischen Städten Thamugadi und Thugga ein wichtiges Beispiel gegeben. Er hat dabei jeweils wenigstens auf die relative Größe hingewiesen, ohne freilich das Bauvolumen selbst näher zu bestimmen.[81] Dazu

---

77 Dabei ist natürlich auch die Entwicklung der Baukosten zu beachten, weshalb Summen aus dem 1. Jh. nicht einfachhin mit solchen aus dem Anfang des 3. Jh. verglichen werden dürfen.
78 Für eine ansatzweise Berücksichtigung dieser archäologischen Überlieferung vgl. DUNCAN-JONES 1990, 77 Anm. 3.
79 Das Mindeste aber wären präzise Hinweise im Kommentar darauf, wo einschlägige Informationen zu finden sind.
80 Solche Angaben fehlen beispielsweise völlig in dem Werk von JOUFFROY 1986, was heißt, dass man die aufgelisteten Fälle nicht miteinander vergleichen darf. Das Ergebnis wäre zwingend irreführend.
81 DUNCAN-JONES 1990, 174 ff.

bedürfte es der Zusammenarbeit des epigraphisch interessierten Althistorikers mit entsprechend geschulten Archäologen.

Ein wichtiges Ergebnis der Arbeit von DUNCAN-JONES war der wesentliche Unterschied, der sich in beiden Städten bei der Finanzierung der öffentlichen Bauten ergab.[82] Während Thugga, soweit die Inschriften erhalten sind, fast ausschließlich von Privatleuten mit Bauten, vor allem Heiligtümern ausgestattet wurde, ergibt sich für Thamugadi fast das Gegenteil: zwischen Traian und Caracalla lautet das Verhältnis: 17 Bauten wurden aus öffentlichen Mitteln, nur zwei durch Wohltäter errichtet. Dabei hat allerdings DUNCAN-JONES in methodisch vorbildlicher Weise aus dem numerischen Vergleich von öffentlicher und privater Finanzierung alle Statuendedikationen ausgenommen. Denn Statuen von Kaisern oder Statthaltern, Repräsentation von öffentlichen *virtutes* wurden auch in Thamugadi nicht selten von Einzelpersonen auf ihre Kosten errichtet, vor allem auf dem Forum der Stadt. Nach der neuesten Zusammenstellung in G. ZIMMERS Arbeit: Locus datus decreto decurionum[83], sind möglicherweise immerhin noch 16 solcher privater Dedikationen von Statuen für die allgemeine Öffentlichkeit nachweisbar; dem stehen allerdings in Thamugadi immerhin 24 Statuen aus öffentlichen Mitteln gegenüber.[84] Würde man die euergetischen Statuendedikationen in den numerischen Vergleich aufnehmen, würde das von DUNCAN-JONES ermittelte Verhältnis zwar nicht umgekehrt; es wäre aber keineswegs mehr so eindeutig, wie es sich bei den Bauten allein ergibt. Statt 17:2 (also etwa 8:1) würde es dann lauten 41:19 (also fast 2:1) zwischen öffentlich und privat finanzierten Maßnahmen. Dem tatsächlichen finanziellen Einsatz aber würde dies in keiner Weise entsprechen. Dafür sind die Bauten allein weit aussagefähiger.

Das in Thamugadi und Thugga durch DUNCAN-JONES erreichte Ergebnis einer keineswegs gleichmäßigen Beteiligung von öffentlicher Hand, d.h. Gemeinde einerseits und Euergeten andererseits, bei der Gestaltung der baulichen Infrastruktur und dem Ausbau einer Stadt, vielmehr einer außerordentlich weit gespannten Unterschiedlichkeit lässt sich auch in anderen Regionen und Städten nachweisen. So sind z.B. in Pompeii fast alle Bauten der nachsullanischen Zeit durch die Gemeinde selbst errichtet worden;[85] freilich endet dort unsere Dokumentation im J. 79. Ähnlich können wir in der niedergermanischen Colonia Claudia Ara Agrippinensium bei einer relativ breiten epigraphischen Überlieferung keine private Baumunifizenz nachweisen, wohl aber einige

---

82 DUNCAN-JONES 1990, 178 ff. Im Ergebnis auch schon von LE GLAY 1990, 79 f. angeführt.
83 ZIMMER 1989, 54 ff.
84 Ob allerdings alle diese Statuen ursprünglich auf dem Forum aufgestellt waren und an dem Ort, an dem die übriggebliebenen Basen heute stehen, ist keineswegs so sicher, wie es bei ZIMMER erscheint. In einigen Fällen ist anderweitige Aufstellung evident, wie A. DIACONESCU in einer in Köln durchgeführten Untersuchung zeigen konnte, die allerdings nie publiziert wurde.
85 CASTRÉN 1975, 87.

Zeugnisse, die 'öffentliche Investitionen' erkennen lassen.[86] Auch im norditalischen Brixia (Brescia), das eine außerordentlich reiche Stadt gewesen sein muss und das uns eine sehr hohe Zahl von Inschriften hinterlassen hat, scheint nach den uns heute noch erhaltenen Inschriften offensichtlich die Figur des Euergeten keine große Rolle gespielt zu haben. Zwar ist kaum ein epigraphischer Text erhalten, der von der Errichtung von öffentlichen Bauwerken und Einrichtungen berichtet. Aber die zahlreichen Statuenbasen sind als Reflex auf das Handeln oder Nichthandeln von Euergeten m. E. höchst aufschlussreich. Während sich im Zentrum selbst bzw. etwa im Subzentrum der Benacenses mindestens 26 Statuenbasen erhalten haben, nach deren Text die Gemeinde selbst Kaiser oder andere Einzelpersonen geehrt und dafür auch die finanziellen Mittel aufgebracht hat, finden sich nur fünf sichere und weitere fünf mögliche Fälle von Statuendedikationen, die von Privatleuten anstelle der Stadt finanziert und in der Öffentlichkeit aufgestellt wurden.[87] Wenn man von einer gleichartigen Struktur wie in Thamugadi ausgehen dürfte, wo ebenfalls die Mehrzahl der öffentlichen Statuendedikationen durch die Gemeinde erfolgte, dann würde dies den Schluss erfordern, die Stadt Brixia habe weitgehend aus eigener Kraft für das Lebensnotwendige ihrer Bürger gesorgt, sie sei nicht wesentlich auf die Unterstützung und Finanzierung durch Privatpersonen angewiesen gewesen.[88] Damit könnte auch zusammenpassen, dass unter den von der Stadt Geehrten bzw. mit einer Statue in der Öffentlichkeit Repräsentierten der größere Teil dem kaiserlichen Haus angehörte. Gerade bei ihnen sind jedoch nicht in jedem Fall konkrete Maßnahmen zugunsten der Stadt als Anlass für die Statuenehrung vorauszusetzen, wie es bei anderen Personenkreisen in der Überzahl der Fälle anzunehmen ist. Wenn der Eindruck nicht täuscht, dann waren in Brixia weit mehr die *collegia* das Ziel kleinerer euergetischer Aktionen von Privatpersonen, denen es dabei im Wesentlichen aber um ihre eigene Person ging: um die Bewahrung ihrer *memoria* nach dem Tod.[89] Dabei handelt es sich aber nicht mehr im eigentlichen Sinn um einen Euergetismus, der die Gemeinde als Ziel hat.

Ganz anders ist der Befund in Urbs Salvia. Dort ist alles, was wir an Baumaßnahmen während des 1. Jh. n.Chr. kennen, auf drei Familien, alle drei senatorischen Ranges, zurückzuführen: Theater, Amphitheater, Portiken und einige andere, nicht genauer identifizierbare Bauten. Soweit uns Inschriften erhalten sind, findet sich darin nichts,

---

86 Vgl. IKoeln 249. 250. 252. 253. 254. 256. 257. 259. 261; wohl auch 262–264. Am Überleben epigraphischer Dokumente allein kann es somit kaum liegen, dass private Munifizenz nicht im Inschriftenmaterial erscheint.
87 InscrIt X, V 1–3: öffentlich finanziert Nr. 86. 87. 90. 92. 103. 109. 116. 119. 123. 126. 146. 178. 201. 232. 247. 273. 284. 738. 905. 952. 1028–31. 1103; private Finanzierung Nr. 18? 46? 77? 78? 89? 102. 205. 257. 980. 1051. 1101?
88 Eine ähnliche Beobachtung ist im nordafrikanischen Gightis zu machen.
89 InscrIt X, V 279. 280. 985. 1033.

was auf öffentliche Finanzierung hindeutet.[90] Allerdings ist über den Urheber von Stadtmauer und Aquädukt, also der finanziell aufwendigsten Bauten, nichts bekannt.

Um das Phänomen Euergetismus in seiner Besonderheit und als in sich stark differenziertes Ganzes zu erfassen, scheint es vordringlich nötig zu sein, präzis einzelne städtische Einheiten in verschiedenen Provinzen in ihren jeweiligen Verhältnissen zu untersuchen und dabei auch die zeitliche Entwicklung in den einzelnen Reichsteilen sowie der jeweiligen Stadt zu berücksichtigen; denn die drei Jahrhunderte vom Beginn des Prinzipats bis zur Reichskrise im 3. Jh. bilden keine statische Einheit.[91] Die Forschung darf sich dabei nicht auf die euergetischen Akte allein konzentrieren; sie muss vielmehr alle Aspekte des öffentlichen Lebens einer Stadt miteinbeziehen. Insbesondere bedarf es, soweit möglich, der Berücksichtigung der archäologischen Dokumentation, da nur so wesentliche inhaltliche Defizite der Inschriften zumindest partiell ausgeglichen werden können.[92]

3 Motive der Euergeten für ihr Handeln und die Reaktion der Umwelt

Der Begriff 'Euergetismus', 'Euerget' ist sprechend, auch die ihm entsprechenden Begriffe in vielen modernen Sprachen. Das deutsche Wort 'Wohltäter' etwa vermittelt zunächst einmal die Vorstellung des altruistischen Handelns gegenüber anderen. Dass dies so nicht die volle Realität widerspiegelt, ist jedem, der sich mit dem Phänomen befasst, auch bewusst. Doch allzu leicht übernimmt schon das Wort Euerget die Schlüsselrolle beim Verstehen des Phänomens.

Aus diesem Grund ist vielmehr verstärkt nach den Motiven der Euergeten zu fragen, nach den Zielen, die sie mit ihrem Handeln sowie der Formulierung ihrer Inschriften[93] verfolgten, ebenso aber auch nach den Reaktionen, die euergetische Akte bei den

---

90 Allgemein CIL IX 5529 ff., zu den Baumaßnahmen der senatorischen Familien siehe oben Anm. 59; ferner GASPERINI 1982; CIL IX 6365. 5535; AE 1993, 594. Vgl. BORMANN 1896, 120 ff. und allgemein für die Region CANCRINI/DELPLACE/MARENGO 2001.
91 Vgl. auch oben Anm. 77.
92 In der Arbeit von CRAMME 2001 ist das für einige Städte versucht worden.
93 Vgl. TUDOR 1964, 286, der vermutet, in CIL III 6280 = D 7163 hätten die beiden Stifter abusiv von der Finanzierung der gesamten *aedes Augustalium* aus ihren Mitteln gesprochen, was jedoch faktisch wegen der Größe des Gebäudes unmöglich sei. In Wirklichkeit sei die finanzielle Basis für die Gesamtkonstruktion durch die Beiträge der Augustalen geschaffen worden. Dass eine solche Verfälschung eines Sachverhalts in einer öffentlich publizierten Inschrift möglich sei, sollte man freilich eher bezweifeln. Ein vielleicht aufschlussreiches Beispiel wurde jüngst bei der Ausgrabung eines Alenkastells in Syria Palaestina gefunden. In dem Text: *Aedem alae VII Phryg(um) Pomponius San/ctianus praef(ectus) eq(uitum) de novo refecit*, ist *novo* korrigierend in einen Text gesetzt worden, wo vorher vermutlich *de suo* gestanden hatte; vermutlich musste der Präfekt seinen Anspruch, alles finanziert zu haben, korrigieren (siehe ECKER et al. 2019, hier 217 f.).

Empfängern, seien es Personengruppen, seien es ganze Gemeinden, hervorgerufen haben. Provozierend könnte man die Frage aufstellen: „Der Euerget als Egoist?"

Fragt man nach den Motiven, dann sind im Allgemeinen die Inschriften, denen wir weitgehend unsere Informationen entnehmen, wenig hilfreich oder doch zumindest einseitig in ihrer Aussage. Nicht selten schweigen sie auch völlig über die Motive. Die Gründe dafür sind zweifach: Einmal sind die Inschriften zumeist an relativ feste Formeln gebunden, die sich reichsweit oder regional ausgebildet haben. Hinter diesen Formeln konnten sich sehr unterschiedliche Realitäten verbergen. Damit hängt engstens der zweite Grund für Schweigsamkeit bzw. Einseitigkeit in der Aussage zusammen: In Inschriften wird der Öffentlichkeit zumeist nur das gesagt, was eben von dieser Öffentlichkeit akzeptiert war, was dem Euergeten Prestige und Nachruhm einbringen konnte. Negative Umstände oder Schwierigkeiten bei der Verwirklichung werden notwendigerweise, außer vielleicht in extremen Fällen, übergangen. Das Phänomen eines zwar geforderten, aber nicht erfüllten Euergetismus, das es gegeben hat, wurde zwangsläufig unter Normalumständen nicht dokumentiert.[94] Damit scheint das Phänomen nicht zu existieren. Es wird schließlich auch nur das Ergebnis, der euergetische Akt selbst sichtbar, nicht jedoch im Allgemeinen der Weg, einschließlich der rechtlichen Form, der schließlich zu dem Ergebnis geführt hat. Gerade der Weg aber könnte für das innere Funktionieren einer Stadt besonders aussagekräftig sein.[95]

Bei euergetischen Akten sind stets zwei Partner zu beachten: der Geber und der Empfänger. Der Geber hat seine eigenen Motive, die nicht mit denen des Empfängers harmonieren müssen, zumindest nicht vollständig. Allerdings ist auch nicht davon auszugehen, dass stets eine Diskrepanz bestand. Doch im Grundsatz muss man immer auch damit rechnen.

Der Euerget wurde vermutlich stets von mehreren Motiven angetrieben: Motiven, die aus seiner Umwelt kamen, und Motiven, die aus ihm selbst, seinen Wünschen, seinen Zukunftsperspektiven erwuchsen. So ist es durchaus glaubhaft, wenn bei Stiftern der *amor patriae* oder ähnliche Tugenden herausgestellt werden, die sie dazu gebracht hätten, einen euergetischen Akt durchzuführen.[96] Doch ebenso können die Motive in seinem eigenen Interesse bestanden haben, vornehmlich natürlich der Mehrung des Prestiges oder der Bewahrung der *memoria* an ihn selbst oder einen Angehörigen.[97] Dies steht insbesondere bei Statuendedikationen sehr häufig im Vordergrund des Interesses,

---

94 Siehe z. B. AE 1982, 681: *praeter liberalitates spectaculorum, quae sponte ededit vel postulata non negavit.*
95 Vgl. auch die wichtigen Bemerkungen zum Euergetismus von Frauen bei VAN BREMEN 1983.
96 Vgl. z. B. CIL VIII 5276. 17454 = ILAlg I 95–96; IX 2243; AE 1958, 144. Bezeichnend ist auch Martial, der auf die Frage, warum er Reichtümer haben möchte, antwortet: *ut donem ... et aedificem* (Mart. 9,22,16). Siehe ferner GIARDINA 1988.
97 Vgl. nur, wie ganz selbstverständlich Traian in einem Antwortbrief über die Verwendung einer Erbschaft schreibt, Plinius solle selbst entscheiden, was am besten *ad perpetuitatem memoriae eius* diene (Plin. epist. 10,76), obwohl im Brief des Plinius davon nichts steht. AE 1983, 728: *ad excol[endam] memo[riam] Capit[onii ...] pat[roni] prosc[aenium] d(ono) d(edit).*

selbst bei der Errichtung von Götterstatuen oder von Repräsentationen römischer *virtutes*; denn auf solchem Weg konnten sich über die Inschriften Personen in der Öffentlichkeit darstellen, denen sich sonst kaum die Chance bot, selbst durch eine Statue geehrt zu werden.[98] Deshalb sind vermutlich auch die Stiftungen, die erst beim Tod wirksam werden, üblicherweise sogar *ex testamento*, so außerordentlich häufig.[99] Dabei kann man von den sehr zahlreichen Stiftungen absehen, die als einzigen Zweck die Bewahrung der Erinnerung an den Toten haben, durch jährliche Feier eines bestimmten Tages. Durch Sportelverteilung sollte eine Teilnahme gesichert werden.[100] Wie sehr dabei das Eigeninteresse des Stifters im Vordergrund steht und nicht das der Empfänger, macht vor allem die Tatsache deutlich, dass immer wieder andere Personengruppen, manchmal auch andere Gemeinden bestimmt werden, die bei Nichterfüllung des Stifterwillens an die Stelle der zunächst Bedachten treten sollten.[101] Ferner hat z.B. Marcel LE GLAY darauf hingewiesen, es sei auffällig, wie viele *arcus* der privaten *liberalitas* ihre Erbauung verdankten. Möglicherweise habe dazu vor allem beigetragen, dass solche Bogenmonumente zumeist an den Zugängen zur Stadt oder an Straßenkreuzungen errichtet wurden, wo sie die Aufmerksamkeit auf die großzügigen Stifter lenken konnten.[102] Diese 'nutzlosen' Monumente verdanken somit vornehmlich der persönlichen Selbstdarstellung ihre Entstehung. Wichtiger sind aber die euergetischen Akte, die tatsächlich auch der allgemeinen Öffentlichkeit dauerhaft einen mehr oder weniger großen Vorteil bieten konnten, wie Bauten, Alimentarstiftungen, Übernahme von Kosten oder Gesandtschaften usw. Auch dabei können Motive wirksam gewesen sein, die mit dem simplen Bild vom Euergeten nicht so einfachhin harmonieren, auch Motive durchaus eigensüchtiger Natur. So waren wohl nicht selten mit der Gewährung von *beneficia* an die Öffentlichkeit auch finanzielle Einnahmen für den Geber verbunden, z.B. bei Spielen.[103] Nur werden zwangsläufig solche Gründe in den Inschriften üblicherweise nicht genannt. Ganz selten nur lässt sich der Schleier, der sonst über den wirklichen Motiven liegt, bzw. über deren Gesamtheit, ein wenig heben. Ein M. Laelius Atimetus hatte in Puteoli ein nicht näher charakterisiertes *aedificium* erbaut und erbat dann vom *ordo decurionum, uti solarium aedifici ... remitteretur sibi ea condicione, ut ad diem vitae eius usus et fructus potestasque aedifici sui ad se pertineret, postea autem rei p(ublicae) nostrae esset*.[104] Bei dem Text handelt es sich jedoch nicht um eine der üblichen Stifterinschriften, aus denen unsere Informationen im allgemeinen kommen, sondern um

---

98 Siehe dazu ECK 1994b.
99 Dazu CHAMPLIN 1989, 199 ff.; CHAMPLIN 1991, 155 ff.
100 Vgl. LAUM 1914, 68 ff. Siehe auch VAN BREMEN 1983.
101 Siehe z.B. CIL XIV 2793 = D 5449; IX 1618 = D 6507; LAUM 1914, 207 ff.
102 LE GLAY 1990, 82 f.
103 In CIL VIII 6995 heißt es so, eine Statue für den Divus Pertinax sei errichtet worden *ex reditibus locorum amphitheatris diei muneris, quem de libertate sua ob honorem IIIviratus edidit*. Vgl. auch die Bemerkungen von H. Aberson und M. Frézouls bei FRÉZOULS 1991, 17. SPIESER 1986, 53 hat vermutet, Euergetismus sei auch oft als Zeichen für einen finanziellen Gewinn anzusehen, der durch die Stadt ermöglicht wurde.
104 CIL X 1783 = D 1919 = SHERK 1970, Nr. 34.

den Beschluss des Dekurionenrats, also eine wortreichere Darstellung, in dem auch Motive des Euergeten und die offizielle Reaktion des städtischen Rats erscheinen. In einer Stifterinschrift, die wir ebenfalls voraussetzen dürfen, aber war vermutlich lediglich die Stiftung des Gebäudes für die Stadt genannt, ganz wie es auch sonst üblich war; über nähere Umstände verlautete dabei nichts. Tatsächlich aber trat der Stiftungsfall erst nach dem Tod des Stifters ein, was auch sonst nicht selten bei euergetischen Akten zu beobachten ist; gerade viele afrikanische Inschriften zeigen, dass nicht wenige Angehörige der Munizipalaristokratie zwar schnell bei ihren Versprechungen waren, sich aber mit der Einlösung oft sehr lange Zeit ließen.[105] Durch die von Atimetus in Puteoli erreichte Regelung aber konnte er für das erst nach seinem Tod eingeforderte *beneficium* unmittelbar einen finanziellen Vorteil ziehen, weil er an die Stadt keine 'Grundsteuer' mehr für das Gebäude, das auf öffentlichem Grund aufgeführt wurde, zu entrichten hatte; gleichzeitig aber konnte er noch zu Lebzeiten Ruhm und Anerkennung einstreichen, ohne aber selbst schon auf etwas verzichten zu müssen, im Gegenteil: er hatte wohl auch noch Einnahmen aus dem Gebäude. Auf Bau- oder Stiftungsinschriften aber findet sich immer wieder der Bericht, dass Privatleute auf *solum publicum* etwas errichteten, was der Stadt überantwortet wurde, ohne dass aber damit der Zeitpunkt, zu dem die rechtliche Übergabe erfolgen sollte, auch bestimmt wäre.[106] Eine Vereinbarung in Analogie zu der des Atimetus in Puteoli ist auch anderswo denkbar; in einer normalen Dedikationsinschrift fand aber ein solcher Tatbestand keine Aufnahme. Ähnlich ist es auch möglich, dass ein Euerget eine *Stoa* mit Läden (*tabernae* oder ἐργαστέρια) erbaute und diese dann vermietete.[107] Ferner konnten *macella* oder *horrea* zwar für Städte von Privatleuten errichtet werden, doch bis zu ihrem Tod oder vielleicht sogar darüber hinaus verblieben ihnen bzw. den Nachkommen möglicherweise das Verfügungsrecht und die Einkünfte aus der Vermietung der Bauten.[108] In Herculaneum wurde zwei gleichnamigen Personen, Marcius Memmius Rufus, Vater und Sohn, die für die Stadt

---

105 Zuletzt umfassend dazu JACQUES 1984, 687 ff. Deshalb konnte man – offensichtlich als etwas Besonderes – betonen, man habe einen Bau im selben Jahr errichtet, in dem er versprochen worden war (CIL VIII 7095 – 7098), während andere *pollicitationes* erst nach Jahrzehnten eingelöst wurden (CIL VIII 2480 – 2481 17970). Vgl. auch allgemein WESCH-KLEIN 1989.
106 Vgl. z. B. CIL III 1947; IRT 232. Siehe auch die von GEAGAN 1989, 357 zitierten Vermutungen über Transaktionen von öffentlichem Land im Rahmen einer Euergesie, weshalb auch der Prokonsul von Achaia damit befasst wurde.
107 Vgl. den Fall einer Stoa, die von Antiochos in Sardeis erbaut und deren Läden offensichtlich im Besitz des Königs verblieben und zu seinen Gunsten vermietet wurden (GAUTIER 1989, 81 ff. Nr. 3, bes. 101 ff; dazu RIGSBY 1991, 48). Wenn nach CIL III 3288 ein Aemilius Homullinus *ob honorem flaminatus* 50 *tabernae cum porticibus duplicib(us), in quib(us) mercatus ageretur pecunia sua* erbaute, ist damit nicht gesagt, dass die Einnahmen daraus nicht an ihn fielen.
108 Nach CIL VIII 2394 – 2399. 17904 – 17905 hat z. B. der römische Ritter M. Plotius Faustus zusammen mit seiner Frau in Thamugadi ein *macellum* für seine *patria* erbaut. In diesem Gebäude setzt er sich selbst sowie seiner Frau eine Statue, ohne dafür die Erlaubnis des Dekurionenrates einzuholen; es könnte ihm damit das Verfügungsrecht über das Gebäude verblieben sein. Vgl. Lib. or. 46,44, nach dem die Errichtung einer Stoa durchaus profitabel sein konnte; dazu LIEBESCHUETZ 1972, 134. Vgl. auch die Materialsammlung bei WESCH-KLEIN 1989a, sowie MARENGO/PACI 1990.

Spiele gegeben hatten, die *procuratio* über *pondera, schola* und *chalcidicum*, die sie ebenfalls gestiftet hatten, zuerkannt. Der Sklave, der sich um alles zu kümmern hatte, durfte nicht ohne ihre Zustimmung von dem *negotium* abberufen werden;[109] es waren offensichtlich mit der gesamten Anlage auch Einnahmen verbunden.

Aus diesen Dokumenten ergibt sich fernerhin, dass solchen Stiftungen auch Verhandlungen vorausgegangen sind, was ohnehin selbstverständlich ist. Nicht immer müssen sich bei solchen Vorhaben die Interessen von Stifter und Empfänger bzw. von manchen Teilen der Bevölkerung getroffen haben; schließlich griffen z. B. nicht wenige Baumaßnahmen tief in die gewachsene Struktur ein.[110] Oder es gelang möglicherweise erst im Verlauf längerer Verhandlungen, einen Interessenausgleich zu erreichen. Mit wünschenswerter Deutlichkeit hat dies die Panegyrisstiftung des Gaius Iulius Demosthenes aus Telmessos gezeigt, die von Michael WÖRRLE mit einem umfassenden Kommentar publiziert wurde, der Einblick in das komplizierte Verfahren gibt.[111] Auch aus den Reden des Dio Chrysostomus wissen wir, wie lange es gedauert hat, bis seine Absicht, eine *porticus* in seiner Heimatstadt Prusa zu erbauen, sich verwirklichen ließ. Typischerweise ging es dabei um eine Mischfinanzierung, u. a. durch Beteiligung des Kaisers und anderer Privatpersonen, die Beiträge versprochen hatten.[112]

Solche Verhandlungen verbergen sich wohl hinter der Mehrzahl der lapidaren inschriftlichen Dokumente, in denen die Taten von Euergeten erscheinen. Von besonderem Interesse könnten dabei die Texte sein, in denen nicht nur die Errichtung eines Bauwerks genannt ist, sondern auch eine Summe angeführt wird, die zur *tutela*, also zum späteren Unterhalt und damit zur Funktionsfähigkeit, beitragen sollte.[113] Dies mag eine Vorsichtsmaßnahme des Stifters gewesen sein, da manche wohl selbst erlebt hatten, wie im täglichen städtischen Leben Bauwerke, die der Stadt übertragen worden waren, nach dem Tod der Erbauer nicht mehr die nötige Pflege erhielten. Doch dies ist nur die eine der Interpretationsmöglichkeiten. Ebenso mögen manche Dekurionenräte vor den Verpflichtungen zurückgeschreckt sein, die sich aus neuen Bauten für die städtische Kasse ergaben. Denn schon bei der Errichtung stellte sich manchmal heraus, dass die vom Euergeten vorgesehene Geldsumme nicht ausreiche, wofür dann die Stadt eintreten musste.[114] Ferner mochte auch manchmal das Gefühl bestanden haben, eine Stadt sei inzwischen baulich saturiert. Solche Erfahrungen aber können zur Folge gehabt haben, dass der Rat vor einer Beschlussfassung über die Genehmigung eines Bauprojekts zugunsten der Stadt durch einen Privatmann bzw. vor der Übernahme eines

---

109 CIL X 1453.
110 Vgl. z. B. CIL II 3428 = D 5558: *C(aius) Plotius Cissi l(ibertus) Princeps insulis emptis cryptam et porticum d(e) s(ua) p(ecunia) fecit.*
111 WÖRRLE 1988; dazu auch ROGERS 1991.
112 JONES 1978, 104 ff. Eine Mischfinanzierung z. B. auch in CIL VIII 972: Strafgelder und private Zahlungen der Ädilen.
113 CIL V 5262 = D 2927; IRT 117; weitere Beispiele bei MROZEK 1968, 283 ff.; DUNCAN-JONES 1982, 206 f. Nr. 1143a-1160.
114 Vgl. z. B. AE 1967, 536.

Bauwerks in städtische Obhut die Forderung gestellt hat, dass die Folgekosten für die *tutela* ebenfalls gedeckt waren.[115] Die lapidare Formel *in tutela operis* lässt dies nicht erkennen. Ein ähnlicher Fall könnte u. a. den Hintergrund für einen Beschluss des Dekurionenrats von Gabii aus dem J. 140 bilden, in dem es auch um die *tutela* der *aedes* ging, die für *Domitia Corbulonis*, die Frau Domitians, von zweien ihrer Freigelassenen errichtet wurde. Die beiden Erbauer wollten die *tutela* sicherstellen und sahen dafür am ehesten den Dekurionenrat in Gabii als brauchbar an; wohl um ihn zur Übernahme dieser Verpflichtung zu bewegen, wurden zum einen noch 5000 Sesterzen für anfallende Reparaturen der *aedes* in die Stadtkasse einbezahlt, außerdem aber noch 10 000 Sesterzen, aus deren Erträgen die Dekurionen und Seviri jedes Jahr am Geburtstag der Domitia bewirtet werden sollten. Das Ganze wollte man zusätzlich dadurch absichern, dass im Fall der Nichterfüllung der Vereinbarungen, die Gesamtsumme an die Nachbargemeinde Tusculum weitergegeben werden sollte. Das eigentlich Interessante an dem Fall ist jedoch, dass es bis zum abschließenden *decretum* über die Angelegenheit *tres relationes* an den Dekurionenrat bedurfte. Unter den Motiven für die langwierige Prozedur könnte auch die Frage nach der Übernahme der *tutela* für die *aedes* eine Rolle gespielt haben. Dem Beschluss des Dekurionenrates aber gehen einige Zeilen voraus, deren Text im Wesentlichen der eigentlichen Bauinschrift entspricht:

> *In honorem memoriae domus Domitiae Augustae, Cn. Domiti Corbulonis fil(iae), Domitii Polycarpus et Europe, loc(o) dat(o) decreto ordinis decur(ionum) aedem fecerunt et exornaverunt statuis et reliquis rebus pecunia sua, eiusdemque tutelam in perpetuum rei publicae dederunt.*[116]

Wäre allein eine Bauinschrift publiziert worden und uns erhalten geblieben, wäre von den vorausgegangenen Verhandlungen nichts zu erkennen. Allein diese verkürzte, nur an der Oberfläche bleibende ‚Realität' tritt uns jedoch üblicherweise in fast allen Inschriften der Euergeten entgegen.

Die Konsequenz dieser, notwendigerweise unvollständigen und stärker auf die weniger beachteten Aspekte des Euergetismus gerichteten Überlegungen, ist m. E. zweifach:

1. Für einzelne Orte, an denen die epigraphische Überlieferung die nötige Breite hat, bedarf es präziser Untersuchungen des Euergetismus im Rahmen des gesamten städtischen Lebens, vor allem der finanziellen Gesamtsituation, sowie im Vergleich zu dem, was insbesondere an öffentlichen Bauten durch die Stadt selbst errichtet wurde. Um diese Relation zwischen beiden Bereichen wenigstens annäherungsweise abzuschätzen, müssten durch Archäologen oder Architekten zumindest in Ansätzen auf Grund der erhaltenen Reste die Bauvolumina abgeschätzt werden. Dadurch könnte die beschränkte Aussagefähigkeit des epigraphischen Materials wenigstens partiell ausgeglichen und näher an die Realität herangeführt werden.

---

115 Zu möglichen Folgen eines wenig überlegten „Euergetismus" vgl. die Überlegungen von BARTON 1977/78; zu sozialen Folgen des Euergetismus siehe DEBORD 1980/81.
116 CIL XIV 2795 = D 272.

2. Das weitgehend durch die formelhafte Sprache der Inschriften gestaltete Bild des Euergeten zeigt nur die Schauseite des Phänomens, d. h. nur einen Teil der Wirklichkeit. Nur in wenigen Fällen wird es gelingen, hinter diese Schauseite zu sehen und etwas mehr von der nicht selten weit vielgestaltigeren Wirklichkeit zu erfassen, von Seiten derjenigen, die Munifizenz übten, und derer, denen sie erwiesen wurde oder die sie zu erdulden hatten. Doch muss man sich der einseitigen Sicht, die unser Quellenmaterial vermittelt, bewusst sein und darf sich mit deren plakativen Aussagen allein nicht zufriedengeben. Die soziale Realität einer Stadt wird jedenfalls durch den Terminus Euerget oft mehr verhüllt als erklärt.

26 Rom: Megalopolis und Zentrum der Reichsadministration

Rom! Dieses Wort verursacht bei jedem vielfältige Assoziationen, an historische oder religiöse Ereignisse, an Kunst, an vergangene Politik durch die Jahrhunderte und an gegenwärtige Spannungen und Probleme. Doch immer ist das Wort mit der „Siedlung" auf den sieben Hügeln am Unterlauf des Tibers verbunden, mit der Stadt in ihrer je spezifischen urbanen Ausdehnung und Ausprägung. Das ist nicht neu, das war bereits so in der Zeit der römischen Republik im 1. Jahrhundert v. Chr. Alfenus Varus, Suffektkonsul im Jahr 39 v. Chr. und juristischer Schriftsteller, hat das so ausgedrückt: *Urbs est Roma, quae muro cingeretur, Roma est etiam, qua continentia aedificia essent.*[1] Das scheint konkret, ist es auch. Doch je nach der Zeit, die dabei gemeint ist, treten sehr unterschiedliche Bilder der Stadt vors Auge: die Servianische Mauer, die kaiserzeitlichen Fora mit dem Palatin, dem Pantheon oder dem Mausoleum Augusti usw., bis hin zu der von den Aurelianischen Mauern mit ihren Türmen und Toranlagen umgebenen Stadt oder darüber hinaus entlang der Gräberfronten an der via Appia. Stets aber ist es im Kern die urbane Siedlung, die dieses Wort unmittelbar assoziieren lässt.

Doch dieses urbane Gebilde kann man notwendigerweise nicht ohne die politische Macht denken, dessen Zentrum schließlich die Stadt bildete. Rom ist dann das Äquivalent für die politische Gemeinde oder den Stadtstaat, der sich in mehreren Jahrhunderten langsam über die italische Halbinsel ausgedehnt und diese in ihrer Totalität unterworfen hat, bis die *res publica populi Romani* seit der Mitte des 3. Jh. v. Chr. ihren Machtbereich über Italien hinaus erweitert und schließlich die gesamte Mittelmeerwelt für viele Jahrhunderte beherrscht und geprägt hat. Rom umfasste schließlich mit seinem Imperium seit dem frühen 2. Jh. n. Chr. mehr als 40 Provinzen mit mindestens 5.000.000 qkm Fläche auf den drei Kontinenten rings um das Mittelmeer.

Diese jahrhundertelange historische Entwicklung vom kleinen Stadtstaat am Unterlauf des Tiber bis zum allumfassenden Zentrum eines Weltreiches hat notwendigerweise das Zentrum, die Siedlung Rom, in ihrer urbanen Entwicklung bestimmt, aber damit zugleich seine konkrete innere Gestaltung und administrative Ausgestaltung entscheidend beeinflusst und geprägt. Denn auch das urbane Zentrum eines Weltreiches benötigt, unabhängig von dem, was das Imperium für die Organisation und Administration entwickelte, eine Administration, die seinen ‚lokalen' Bedürfnissen angemessen war.

---

[1] Dig. 50,16,87: *Ut Alfenus ait: urbs est Roma, quae muro cingeretur, Roma est etiam , qua continentia aedificia essent: nam Romam non muro tenus existimari ex consuetudine cotidiana posse intellegi, cum diceremus Romam nos ire, etiamsi extra urbem habitaremus.* Vgl. zu den *continentia* auch Dig. 50,16,2 pr.. und 50,16,147. – Generell zu allen Fragen, die die Administration Roms in der Kaiserzeit betreffen F. KOLB 2002.

Zu Beginn gab es diese, spezifisch nur auf die Stadt als Siedlung ausgerichteten Bedürfnisse nicht. Denn Rom war zunächst nur eine Gemeinde mit ihrem kleinen umliegenden Territorium. Es waren die Institutionen der Gemeinde, vor allem neben dem Senat die Magistrate des *populus Romanus*, die diese politisch-administrativen Aufgaben zu erfüllen hatten. Je mehr aber Roms Herrschaft sich ausdehnte, zunächst über Italien, sodann aber über den gesamten Mittelmeerraum und die daran anschließenden Regionen, desto zahlreicher und andersartiger wurden die Aufgaben, die die gemeindestaatlichen Institutionen zu bewältigen hatten, in Rom selbst und gleichzeitig im beherrschten Außenraum. Was als öffentliche, nicht von den Familien zu bewältigende Aufgaben angesehen werden musste, war nicht ein für alle Male definiert, sie entwickelten sich deutlich im Laufe der Zeit und zwar auch und gerade im urbanen Zentrum selbst. Denn die Ausdehnung des beherrschten Raumes in Italien und den Provinzen hatte bald deutliche Rückwirkungen auf das Zentrum. Das exponentielle Wachstum der Bevölkerung in der urbanen Agglomeration, das wiederum eine wesentliche Vergrößerung allein des bewohnten Raumes in der Siedlung zur Folge hatte, war die Konsequenz der Ausweitung der politischen Herrschaft Roms. Von überall her strömten Menschen aus unterschiedlichsten Gründen nach Rom. Die Stadt war seit der späteren Republik auf dem Weg zur Megalopolis, mit deren Problemen die folgenden Jahrhunderte konfrontiert waren.

Der Bevölkerungsanstieg und die wesentliche Ausdehnung des bewohnten Raumes in Rom ließen spätestens seit der Mitte des 2. Jh. v.Chr. strukturelle Notwendigkeiten in der administrativen Organisation des Zentrums erkennen, ohne freilich zunächst zu wesentlichen konkreten Veränderungen zu führen. Die Gründe für diese anscheinend geringe Beweglichkeit kann man in verschiedenen Komponenten sehen, sie lagen aber vor allem in der inneraristokratischen Konkurrenz der führenden Familien. So blieben im Wesentlichen die traditionellen republikanischen Magistraturen für die kontinuierlichen und ebenso meist für die fallweise auftretenden Aufgaben zuständig. Der wesentliche Unterschied gegenüber früher bestand freilich darin, dass diese nunmehr neben der politischen Herrschaft über die Bundesgenossen in Italien und die Provinzen, auch für den gewaltigen *ager Romanus* überall in Italien zu sorgen hatten. Denn dieser galt ja, zumindest bis zum Bundesgenossenkrieg, als das unmittelbare Territorium der *res publica populi Romani*, das wie bei allen anderen Gemeinden auch vom Zentrum aus geleitet und administriert wurde. Eigenständige Gemeinden existierten auf diesem Territorium zunächst noch nicht.

Das änderte sich mit dem Bundesgenossenkrieg. Schritt für Schritt wurde der Aufgabenbereich mancher der Magistrate des *populus Romanus* faktisch auf das Zentrum beschränkt, da die Amtsträger der alten und neuen Gemeinden in Italien die entsprechenden Aufgaben innerhalb ihres Zuständigkeitsbereichs erledigten. So waren etwa die stadtrömischen Ädilen, deren Tätigkeit sich allerdings von Anfang stärker auf den stadtrömischen Bereich konzentriert hatte, durch die Autonomie der an das römische Stadtgebiet angrenzenden Gemeinden nun zwingend auf Rom beschränkt, was auch bei den durch Caesar neu eingesetzten *aediles ceriales* zutraf.[2] Mit der immer stärkeren Ausweitung der Abgabe zunächst verbilligten, später kostenlosen Getreides wurde nicht nur der konkrete Bedarf an Administration innerhalb des Zentrums immer größer; hinzu kamen andere öffentliche Tätigkeitsfelder wie Spiele oder die Überwachung der Sklavenmärkte. All das war von den Ädilen zu bewältigen einschließlich der Jurisdiktion, die sich nur noch auf Rom erstecken konnte. Ihre Wirkung betraf freilich alle Bürger auch außerhalb der Stadt, da ihr Edikt etwa zu den Regeln des Sklavenverkaufs universell auch jenseits des stadtrömischen Bereichs gegolten hat.[3] Dies war noch ein Reflex der ursprünglichen umfassenden Zuständigkeit der republikanischen Magistraturen für den gesamten *populus Romanus*. Das Wort der Ädilen galt noch, auch wenn es von anderen umgesetzt werden musste.

Die territoriale Eingrenzung, die bei den Ädilen sehr deutlich zu sehen ist, war allerdings noch keine generelle Entwicklung in der späteren Republik hin auf eine in der Sache abgegrenzte Administration, die allein Rom betroffen hätte. Zwar verließen etwa die Konsuln seit Sulla das Zentrum nicht mehr, um beispielsweise wie früher Legionen in einem Krieg gegen auswärtige Feinde zu kommandieren. Doch ihre Kompetenzen waren damit nicht etwa auf den Raum der Stadt eingeschränkt; sie konnten zumindest Beschlüsse auslösen, die den gesamten römischen Herrschaftsraum betrafen. Auch die Prätoren waren, obwohl sie während ihres Amtsjahres an Rom gebunden waren, weiterhin für alle Streitfälle römischer Bürger zumindest in Italien zuständig, da die Gemeindemagistrate in ihrer Kompetenz für zivile Streitfragen durch Höchstgrenzen eingeschränkt waren; manche administrativen Regelungen waren ihnen grundsätzlich entzogen.[4] Einige zufällige, aber höchst aufschlussreiche Dokumente unter den Wachstafeln aus Pompeji und Herculaneum lassen hier konkrete Einblicke zu. So erschienen im März des Jahres 62 n. Chr. die *duumviri* des municipium Herculaneum in Rom vor dem Prätor Servenius Gallus, der daraufhin am 22. März *[in foro Aug]usto sub [port]icu Iuli[a ad co]lu[mn]am [a]n[te tri]bu[nal]* ein Edikt anschlagen ließ. Darin wurde Folgendes festgestellt: Die *duumviri* hätten dem Prätor ein Dekret des Dekurionenrats der Stadt überbracht, in dem gestanden habe, dass die beiden Latini Iuniani Lucius Venidius Ennychus und Livia Acte in einem *iustum matrimonium* lebten. Nach einer Bestimmung der *lex Aelia Sentia* – die im Jahr 4 n. Chr. erlassen worden war – hätten sie angezeigt, dass die ihnen geborene Tochter nunmehr das Alter von einem Jahr erreicht habe, d. h. eine *annicula* sei. Damit hätten sie den Nachweis erbracht, dass die Eltern in Folge dieser Tatsache römische Bürger geworden seien.[5] Der Gemeinderat von Herculaneum und die *duumviri* hatten den Tatbestand aufgenommen, aber nicht selbst die Erklärung aussprechen können, dass die beiden Freigelassenen nun tatsächlich *cives Romani* seien; für die Feststellung des

---

2 Cass. Dio 43,51; Dig. 1,2,2,32. Umfassend nun zur Ädilität DAGUET-GAGEY 2015.
3 Siehe immer noch MOMMSEN 1887, II 499.
4 Dazu generell F. KOLB 2002, 508.
5 CAMODECA 2006 = AE 2006, 305. Siehe zu der rechtlichen Bestimmung auch Paulus libro secundo ad legem Iuliam et Papiam, Dig. 50,16,134.

Status eines römischen Bürgers war grundsätzlich die Kompetenz eines Prätors in Rom nötig, eine Kompetenz, die vielleicht nochmals eigens für entsprechende Fälle durch die *lex Aelia Sentia* festgeschrieben war. Andere Privatrechtsfälle, die aus Herculaneum nach Rom übertragen wurden und die ebenfalls durch Wachstafeln bezeugt sind,[6] werden von Michael Peachin in seinem Beitrag erörtert.[7] Dass die Prätoren für alle Streitfälle, die in Rom selbst anfielen, zuständig waren, braucht nicht eigens betont zu werden.

Die Beschränkung römischer Magistrate und Amtsträger allein auf Rom, sozusagen ihre Munizipalisierung, beginnt sicherlich nicht mit der Ausbildung des monarchischen Prinzipats unter Augustus, doch wird diese Entwicklung dadurch deutlich verstärkt, durch vielfältige Entwicklungen, die sich über die nächsten Jahrhunderte erstreckten. Der entscheidende Schub erfolgte allerdings bereits unter Augustus, wenn auch nicht durch einen einzelnen rechtlichen Akt.[8] Die Gründe für die augusteischen Maßnahmen sind sicherlich vielfältig, allerdings sind die Erklärungen, weshalb es dazu kam, nicht unumstritten. Zum einen war vermutlich das Selbstbewusstsein der städtischen Eliten außerhalb des eigentlichen Gebietes der Hauptstadt Rom durch die jahrzehntelange Einübung in ihre eigene Autonomie und die gleichzeitige Schwäche der Magistrate des *populus Romanus* vor allem in der Zeit des Triumvirats deutlich gewachsen. Die munizipalen Magistrate erledigten ihre Aufgaben vermutlich mit großer Selbstverständlichkeit, ohne sich allzu oft nach Rom zu wenden. Zum andern hat Augustus durch die territoriale Organisation innerhalb des stadtrömischen Siedlungsgebiets, also die Schaffung von innerstädtischen *vici* und *regiones* weit deutlicher als früher hervortreten lassen, dass das besiedelte Gebiet, das als *urbs* einschließlich der *continentia* bezeichnet wurde, eine eigene Einheit mit eigenen administrativen Notwendigkeiten bildete. Dieses Territorium konnte und musste damit auch von den Territorien der umliegenden Gemeinden abgegrenzt werden, da sonst die Verantwortlichkeiten nicht hätten festgelegt werden können. Auch die Bevölkerung, die innerhalb Roms wohnte, war, zumindest unter gewissen Aspekten, von den Menschen, die in den benachbarten Gemeinden lebten, abgesondert, indem für sie vor allem Privilegien galten, von denen die anderen ausgeschlossen waren. Man denke nur an die Ausgabe des kostenlosen Getreides, wobei das Recht auf Getreide durch *tesserae* nachgewiesen werden musste,[9] oder an die *congiaria* an die *plebs urbana*, worauf Augustus in seinen Res gestae mit Nachdruck hingewiesen hat. Es ist stets allein die *plebs Romana* oder *plebs urbana*, die solche Zuteilungen erhält.[10] Al-

---

6 Siehe CAMODECA 1999, Nr. 13. 14. 19. 27, in denen jeweils auf ein *vadimonium* verwiesen wird, durch das die Verpflichtung eingegangen wird, sich zu einem bestimmten Zeitpunkt in Rom vor der *statua triumphalis* des Sentius Saturninus einzufinden.
7 Siehe PEACHIN 2018. Ein klares Beispiel auch in AE 2009, 224 = AE 2013, 289 = CAMODECA 2016, 86.
8 Dazu im Detail der Beitrag von DALLA ROSA 2018.
9 Siehe für die augusteische Zeit Suet. Aug. 41.
10 R. Gest. div. Aug. 15: *plebei Romanae viritim HS trecenos numeravi ex testamento patris mei, et nomine meo HS quadringenos ex bellorum manubiis consul quintum dedi, iterum autem in consulatu*

lein um diese Menschenmenge zu erfassen und sicherzustellen, dass nicht etwa die zahllosen Zuzügler nach Rom ebenfalls an den Verteilungen von Getreide oder Geld unmittelbar partizipierten, bedurfte es einer weitergehenden Organisation mit entsprechendem Personal, das sich allein mit den Notwendigkeiten der Stadt befasste.[11]

Verstärkt wurde die Zahl derjenigen, deren Kompetenz sich allein (vielleicht sollte man eher sagen, fast allein) auf das Stadtgebiet Roms erstreckte, durch ein Motiv, das Sueton anführt. Augustus habe sich, um mehr Personen (gemeint sind allerdings allein Senatoren) Anteil an der Administration der *res publica* zu ermöglichen, *nova officia* ausgedacht (*excogitavit*).[12] Diese Erklärung klingt recht künstlich und erscheint aus der Rückschau nachrationalisiert worden zu sein, ohne der jeweiligen sachlichen Motivlage bei der Einrichtung neuer Aufgabenfelder völlig gerecht zu werden. Denn es ist unmittelbar zu sehen, dass die Funktionen, die Sueton dann nennt, zu sehr unterschiedlichen Zeiten eingerichtet wurden. Ein schneller Überblick macht dies deutlich.[13] Er führt an erster Stelle die *cura operum publicorum* an, die es aber unter Augustus so noch nicht gegeben hat, die vielmehr in dessen Zeit noch als *cura locorum iudicandorum* firmierte, ohne dass man sagen könnte, seit wann die dafür nötigen *curatores* ernannt wurden; sie haben sicher nicht zu den frühesten von Augustus eingesetzten Amtsträgern gehört. Die dann permanente *cura aedium sacrarum et operum publicorum* ist wohl erst in tiberischer Zeit in dieser Ausprägung entstanden. Die *cura aquarum* wurde 11 v. Chr. nach Agrippas Tod geschaffen, die *cura alvei Tiberis* aber erst im Jahr 15 n. Chr., wiederum unter Tiberius, nicht anders als die *praefectura urbis* erst seit dessen Regierung permanent besetzt wurde. *Praefecti frumenti dandi* bzw. ihre kurzlebigen Vorgänger, die *curatores frumenti dandi*, treten seit 22 und 18 v. Chr. auf.[14] Für die Schaffung all dieser neuen Amtsträger ein einziges gemeinsames Motiv anzunehmen, jedenfalls als vorrangigen Anlass für die Einsetzung, wie das Sueton tut, ist mehr als unwahrscheinlich. Sicher ist aber, dass fast alle von ihm genannten Funktionen von Anfang an allein auf Rom ausgerichtet waren.[15] Nur die *cura viarum* bezog sich nicht auf den innerstädtischen Raum, sondern auf die *viae publicae* außerhalb Roms; sie war eine frühe Einrichtung, da Augustus sie selbst im Jahr 20

---

decimo ex patrimonio meo HS quadringenos congiari viritim pernumeravi, et consul undecimum duodecim frumentationes frumento privatim coempto emensus sum, et tribunicia potestate duodecimum quadringenos nummos tertium viritim dedi. Quae mea congiaria pervenerunt ad hominum millia numquam minus quinquaginta et ducenta; tribuniciae potestatis duodevicensimum consul XII trecentis et viginti millibus plebis urbanae sexagenos denarios viritim dedi; consul tertium decimum sexagenos denarios plebei, quae tum frumentum publicum accipiebat, dedi; ea millia hominum paullo plura quam ducenta fuerunt.

11 Siehe zu diesen Aspekten zahlreiche weitere Beiträge in: WOJCIECH/EICH 2018.
12 Suet. Aug. 37: *Quoque plures partem administrandae rei p. caperent, nova officia excogitavit: curam operum publicorum, viarum, aquarum, alvei Tiberis, frumenti populo dividundi, praefecturam urbis, triumviratum legendi senatus et alterum recognoscendi turmas equitum, quotiensque opus esset.*
13 Siehe dazu KOLB 2018.
14 Cass. Dio 54,1,4. 17,1. Irrig JONGMANN 1997, 234.
15 Siehe zu dieser Aussage Suetons ECK 1986 = ECK 2010d, 229–243.

v. Chr. übernahm und dann auf ein Gremium von mehreren Senatoren übertrug. Die Kommunikation mit den außeritalischen Gebieten war eine entscheidende Macht- und Sicherheitsfrage. Deshalb wurden dabei frühzeitig Maßnahmen ergriffen.

Was aber alle diese *curae* von Anfang an deutlich von den republikanischen Magistraturen unterschied und damit – zumindest grundsätzlich – auch einen intensiveren administrativen Zugriff erlaubte, war die Aufhebung der Annuität; alle diese *curatores* blieben so lange im Amt, bis dem Senat von Augustus Nachfolger vorgeschlagen wurden. Zu lange Amtszeiten wurden freilich dennoch nicht erreicht, weil sonst gerade das eingetreten wäre, was nach Sueton der Grund für die Schaffung der Ämter durch Augustus gewesen war: denn andere Senatoren warteten bereits darauf, ebenfalls solche Positionen zu besetzen, zumal sie wohl bald wie auch andere Funktionen besoldet wurden.

Sueton spricht allein von den neuen vornehmlich auf die Stadt Rom ausgerichteten *senatorischen* Tätigkeitsfeldern. Mit keinem Wort nennt er an irgendeiner Stelle seiner Biographie des ersten Princeps die strukturellen Änderungen, mit denen im Verlauf der mehr als vierzigjährigen Herrschaft von Augustus auch an Personen nichtsenatorischer Qualifikation Aufgaben übertragen wurden, nämlich insbesondere die *praefectura annonae* und die *praefectura vigilum*. Diese Bereiche wurden von Rittern geleitet. Das Schweigen Suetons verwundert, da ihm natürlich die Bedeutung dieser Funktionen bekannt war und er auch die tiefgreifende Neuerung, die das administrative System der Stadt damit dauerhaft erfuhr, nicht übersehen haben kann. Er hatte schließlich mit allen Funktionsträgern dieses Typs als *ab epistulis* zu tun gehabt. Augustus schuf diese beiden hauptstädtischen Funktionen als Antwort auf Notwendigkeiten, die seit langem erkennbar waren, für die aber bisher stets nur für den Augenblick Abhilfe geschaffen worden war. Für die Lebensmittelversorgung gab es zwar das Modell, dass im Jahr 57 v. Chr. für ein *quinquennium* Pompeius die *curatio annonae* übertragen worden war;[16] doch hatte sich an dieser auch deutlich gezeigt, welche Machtmittel mit einer solchen Position verbunden waren. Es verwundert deshalb auch nicht, dass Augustus sich sehr frühzeitig nicht nur allein um die mit den *frumentationes* verbundenen Probleme kümmerte, sondern auch mit den Problemen der *annona* für die Stadt allgemein. Schon unmittelbar nach der Eroberung Ägyptens hat er, wie wiederum Sueton berichtet, dafür gesorgt, dass die dortige Bewässerungsstruktur im Hinblick auf die Versorgung Roms verbessert wurde.[17] Schließlich übernahm er bereits 22 v. Chr. in der Folge einer Hungerrevolte die *cura annonae*, was er auch in den Res gestae betont.[18] Wie er freilich im Einzelnen diese Versorgung der Stadt Rom sowohl für die *frumentationes* als auch für die allgemeine sichere Versorgung der Bevölkerung organisatorisch bewältigte, ist nicht bekannt. Augustus spricht nur davon, er habe in einer Notsituation die *curatio annonae* übernommen, die er so

---

16 Cic. Att. 4,1,7.
17 Suet. Aug. 18.
18 R. Gest. div. Aug. 25.

organisiert habe, *[ut intra] die[s] paucos metu et periculo [p]raesenti civitatem univ[ersam liberarem impensa et] cura mea.*[19] Eine straffere, vor allem aber dauerhafte Organisationsform war damit jedoch, nach allem, was wir wissen, noch nicht verbunden, selbst wenn der Quästor, der in Ostia tätig war, in die Getreideversorgung eingebunden war.[20] Denn als in den Jahren 6 und 7 n. Chr. eine massive Verknappung auf dem Lebensmittelmarkt die stadtrömische Bevölkerung in Unruhe versetzte, ließ Augustus in altbewährter Manier zwei Konsulare beauftragen, die krisenhaften Erscheinungen zu bekämpfen. Sie sollten, wie die ihnen zugewiesenen Liktoren zeigen, auch außerhalb der Stadt selbst tätig werden, aber eben um die stadtrömische Versorgung zu gewährleisten. In der Folge dieser bedrohlichen Krise, die sich zudem durch weitere Probleme verschärfte, wurde schließlich mit der Einsetzung des *praefectus annonae* zwischen 8 und 14 n. Chr. eine dauerhafte Organisation geschaffen. Seine Tätigkeit erstreckte sich wie bei den kurz vorher benannten konsularen *curatores* auch außerhalb Roms, weil nur von dort her die Versorgung Roms – und nur darum ging es – sicherzustellen war. Das ist zu betonen. Die Tätigkeit des *praefectus annonae* war allein auf die Bevölkerung Rom ausgerichtet; der Präfekt wurde nicht, wie das vor allem von José Remesal Rodríguez propagiert wurde, der für das gesamte Reich zuständige Quartermaster.[21] Seine Aufgabe zielte nur auf Rom, nicht auch auf andere Städte, weder in Italien noch in den Provinzen, vor allem aber nicht auf die Versorgung des Heeres, mit Ausnahme der Truppen in Rom.[22] Um seiner Aufgabe nachzukommen, erstreckte sich seine Tätigkeit zwar über Rom hinaus, allerdings nur bis zu den Häfen von Puteoli und später Ostia, nicht aber direkt bis in die Provinzen, von wo der Großteil der Nahrungsmittel für Rom kam. Die *praefectura annonae* war, wie das Henriette Pavis d'Escurac kurz und präzis formuliert hatte, „une fonction municipale dans son but, imperiale dans ses moyens".[23] Allerdings heißt dies eben nicht, dass Beauftragte des *praefectus annonae*, die ihm direkt untergeordnet waren, in den verschiedenen Provinzen tätig wurden und damit ein administratives Netz über fast das gesamte Reich gespannt hätten. Die Wirkungen seiner Administration erreichten die Provinzen vielmehr direkt erst durch die *navicularii*, mit denen der Präfekt und seine Helfer Verträge zum Transport vor allem des Getreides, später auch von Öl geschlossen hatten. Als Anreiz für private Unternehmer, sich für diesen Transport zu engagieren, wurden bald durch die Kaiser Privilegien gewährt, die das System stabilisierten, das wesentlich durch private Investitionen getragen wurde.[24] Die Tätigkeit des *praefectus* betraf Rom, seine direkten Kompetenzen endeten in den italischen

---

[19] R. Gest. div. Aug. 5.
[20] F. Kolb 2002, 536.
[21] Remesal Rodríguez 1990, 59 ff.; Remesal Rodríguez 1997, bes. 62–83; Remesal Rodríguez 1999, 249 ff.
[22] Eck 2006a und Eich 2006.
[23] Pavis d'Escurac 1976, 158.
[24] Siehe z. B. Gai. 1,32–34.

Häfen.²⁵ Wie umgekehrt dann die Ressourcen der Provinzen, die Statthaltern oder Prokuratoren unterstanden, administrativ eingebunden waren, ist im Detail nicht zu erkennen.

Die beiden *praefecturae annonae* und *vigilum*²⁶ blieben nicht die einzigen ritterlichen administrativen Felder, deren Chefs mit ihren Untergebenen unmittelbar in Rom und für Rom tätig waren. Allerdings sind wir für die verschiedenen neu geschaffenen Aufgaben weitgehend auf die epigraphische Überlieferung angewiesen, wodurch wir vor allem über den *Beginn* und ebenso über die längerfristige *Kontinuität* bestimmter Funktionen oft keine oder nur wenige Informationen haben. Denn da die einzelnen Herrscher solche Ernennung entweder autonom verfügen konnten, wurden die Anfänge meist nicht nach außen publik gemacht; falls sie aber doch im Senat verhandelt wurden, dann waren sie so relativ unwichtig, dass sie jedenfalls nicht in die normale Historiographie, ja vielleicht nicht einmal in die archivalische Tradition Eingang fanden. Das zeigt nichts deutlicher als die Bemerkung Frontins, der in seinem eigenen Geschäftsbereich, dem der *cura aquarum*, nicht sicher war und wohl auch nichts darüber finden konnte, welcher Herrscher als erster einen *procurator aquarum* eingesetzt hatte: *Procuratorem autem primus Ti. Claudius videtur admovisse, postquam Anionem Novum et Claudiam induxit.*²⁷ Dennoch lassen sich folgende Tätigkeitsfelder feststellen, meist nur durch die Bezeichnungen einzelner Träger zu erkennen. Dabei darf man davon ausgehen, dass manche dieser Funktionen wohl nur kurzfristig aus konkreten Anlässen eingerichtet wurden:

Tätigkeitsfeld	Zeit	Beleg
a bibliothecis	Augustus	Pflaum III 1023
a voluptatibus	Augustus?	Pflaum III 1024
procurator ludi magni	Caligula?²⁸	Pflaum III 1027
subprocurator		
procurator ludi matutini	Claudius/Nero	Pflaum Suppl. 112
procurator ludi Dacici	unter Traian²⁹	
procurator (amphitheatri Flaviani?)	unter Titus	Pflaum III 1028
ab actis urbis	?	Pflaum III 1033
procurator regionum urbis	?	Pflaum III 1034
procurator viarum urbis	?	Pflaum III 1035
procurator silicum viarum sacrae urbis	?	
procurator a frumento	?	Pflaum III 1031
procurator ad ripas Tiberis	Tiberius?	D 8848

---

25 Dass dieses Verfahren in der Spätantike wesentlich anders gestaltet war (vgl. z. B. Cod. Theod. 11,1,13 vom Jahr 366), ändert nichts an der begrenzten Zuständigkeit des *praefectus annonae* in der Zeit des Prinzipats.
26 SABLAYROLLES 1996; RUCIŃSKI 2003.
27 Frontin. aqu. 105.
28 ECK 2019c, 85–102; ECK 2020e.
29 ECK 2020e.

Fortsetzung

Tätigkeitsfeld	Zeit	Beleg
subcurator aedium sacrarum et operum locorumque publicorum	flavisch?	Pflaum III 1028
curator operum minorum	?	Pflaum III 1029
procurator Minuciae	Traian?	Pflaum III 1031
procurator aquarum	Claudius?	Pflaum III 1032

Ein Teil dieser ritterlichen Funktionsträger, denen manchmal kaiserliche Freigelassene mit gleichen Aufgaben vorausgingen, waren in Bereichen tätig, für die bereits senatorische Amtsträger ernannt waren. So wurde der *curator* (bzw. zunächst die *curatores*) *aquarum* zumindest seit Claudius durch einen Prokurator aus den Reihen der kaiserlichen Freigelassenen unterstützt, der später, wie das auch in anderen Bereichen der Fall war, als Chef durch einen Prokurator ritterlichen Ranges abgelöst wurde.[30] Eine Veränderung in den Aufgaben hatte dies allerdings nicht zur Folge. Keineswegs klar ist es, ob, und wieweit, wenn überhaupt, daraus auf eine hierarchische Unterordnung der ritterlichen Amtsträger unter den senatorischen *curator* zu schließen ist. Bei der *cura aquarum* hat eine solche offensichtlich nicht bestanden. Gleiches gilt für den Bereich der *aedes sacrae* und *opera publica*. Gerade die *aedes sacrae* und die *opera publica*, die Anne KOLB näher behandelt,[31] zeigen, wie wenig wir an vielen Stellen wirklich wissen, wie die konkreten administrativen Verantwortlichkeiten verteilt waren. Nur ein Beispiel: Auf der einen Seite ist evident, dass die senatorischen *curatores aedium sacrarum et operum locorumque publicorum* kontinuierlich aus den jungen Konsularen ernannt wurden. Die Reihe der stadtrömischen Dokumente, die das zeigen, ist zumindest für das 2. Jh. n. Chr. beeindruckend.[32] Doch welche Bauwerke unterstanden ihnen wirklich und was taten sie konkret, etwa zu ihrer Erhaltung, zur Verdingung von Arbeit bei Reparaturen usw.? Waren sie bei den *aedes sacrae* in die Organisation des kontinuierlichen Kultbetriebs involviert oder erledigten das etwa die *aeditui* der einzelnen Tempel, z. B. ein Titus Flavius Augusti libertus Onesimus, *aedituus templi novi divi Augusti*?[33] Denn diese *aeditui*, die in

---

30 Siehe dazu bei Anm. 27. Häufig hat man die zahlreichen kaiserlichen Freigelassenen und ritterlichen Prokuratoren, die auf den stadtrömischen *fistulae aquariae* mit der Formel *sub cura* genannt sind, als solche *procuratores aquarum* angesehen. Dass dies nicht der Fall sein kann, hat BRUUN 1991, 207 ff. gezeigt. Er schlug dagegen vor, es handle sich um den jeweiligen *procurator patrimonii*, eine Hypothese, die freilich nicht tragfähig ist. Vielmehr sind die auf den *fistulae* genannten Personen ganz verschiedenen administrativen Bereichen zuzuordnen, nämlich denen, die für eines ihrer Gebäude oder Anlagen die Berechtigung erhielten, Wasser direkt aus den Aquädukten zu beziehen. Siehe dazu ECK 1993b, bes. 387–390.
31 KOLB 2018.
32 KOLB 1993, 147–271. Vgl. auch DAGUET-GAGEY 1997.
33 CIL VI 8704 = D 5049; ein *aedituus Dianae Plancianae* in AE 1971, 31–32; ein *aedituus de aede Castoris et Pollucis* in CIL VI 2203. Fast alle diese *aeditui* waren kaiserliche Freigelassene. Sie müssten

großer Zahl für Rom bezeugt sind, waren für die einzelnen Tempel zuständig und wussten am ehesten, wann etwas zu erledigen oder zu reparieren war, wann dort z. B. geopfert werden musste und wie viele Opfertiere dafür bereitzuhalten waren. Bei den *opera publica* treffen wir auf einen überraschenden Befund im Jahr 80 n. Chr. im Kontext des Amphitheatrum Flavium. In den Akten der Arvalen wird vermerkt, der Priesterschaft seien dort *loca adsignata (sunt)*, und zwar *ab Laberio Maximo procuratore praef(ecto) annonae*; es seien den Arvalen im *maenianum I* und *II* auf *gradibus marmoreis* und im *maenianum summum* in *ligneis tab(ulationibus)* entsprechende Plätze zugewiesen worden.[34] Doch man fragt, warum diese Zuweisung nicht durch die *curatores operum publicorum* erfolgte? Schließlich assignierten sie überall in der Stadt entsprechende Plätze für die Aufstellung von Statuen. Warum erfolgte die Zuweisung der Sitzplätze im Amphitheater durch den *praefectus annonae*? Diese Verteilung der Plätze im Amphitheater betraf ja sicherlich nicht speziell die Arvalen, vielmehr hat der *praefectus annonae* ganz offensichtlich die gesamte dortige Platzverteilung organisiert, nachdem das Bauwerk fertig gestellt war. Dass wir das für die Arvalen wissen, liegt nur daran, dass diese den Vorgang in ihre Akten eintragen ließen, neben den religiösen Zeremonien. Hatte der *praefectus annonae* möglicherweise wegen seiner Aufsicht über die Versorgung mit Getreide genügend Unterlagen zu den verschiedenen Gruppen der stadtrömischen Gesellschaft, die bei der Platzzuweisung verwendet werden konnten? Oder hatte er schlicht neben seiner Aufgabe für die *annona* der Stadt zusätzlich noch den Bau des Amphitheaters geleitet, so dass er am Ende auch noch die Plätze verteilen durfte? Hier ergeben sich Fragen über Fragen; wenn wir Antworten darauf finden könnten, würden wir wesentliche Einsichten erhalten.

Welche Amtsträger vollkommen auf die sozusagen „munizipale" Administration Roms von Augustus bis ins dritte Jahrhundert hinein ausgerichtet waren, können wir mit einiger Klarheit feststellen, auch wenn die konkrete Ausformung ihres Handelns oft nur vermutungsweise zu fassen ist. Doch neben ihnen oder über ihnen spielten andere Funktionsträger nicht weniger gewichtige Rollen, deren Tätigkeit allerdings grundsätzlich auf das gesamte Reich ausgerichtet war und die Administration Roms deshalb natürlich auch betraf. Auf die Tätigkeit von Kaiser und Senat sei dabei hier nicht im Detail eingegangen, da sie, wenn auch beim Senat in deutlich abgestufter und mit der Zeit abnehmender Form, ohnehin generell mit allen Fragen überall im Reich befasst sein konnten. Immerhin sei z. B. auf das Dossier aus der Zeit des Commodus verwiesen, nach dem verschiedene Kaiser in die Gestaltung von Spielen wohl durch *vici magistri* involviert waren.[35] Auch das Edikt Hadrians, mit dem er Probleme beseitigte, die sich aus dem unsicheren Bürgerrecht von Prätorianern wohl für Zivilisten

---
damit einem höheren Funktionsträger unterstanden haben. Wer aber war dieser, dann notwendigerweise kaiserliche Funktionsträger?
34 CIL VI 2059 = 32363 = D 5059 = Scheid 1998, Nr. 48.
35 CIL VI 31420 = AE 1975, 14.

in Rom ergaben, weist sehr konkret auf die Einbeziehung des Kaisers in die Regelung alltäglicher Fragen der Bewohner in Rom hin.[36] Das konnte auch gar nicht anders sein.

Doch wichtiger sind in dem hier interessierenden Kontext andere Funktionsträger. Viele von diesen waren mit Tätigkeiten befasst, die im unmittelbaren Umkreis der Kaiser anfielen. Andere waren eingesetzt worden, um im Fiskalbereich, soweit davon Bewohner Roms betroffen wurden, eine stärkere Kontrolle zu ermöglichen. Alle diese Aufgaben waren von Beginn an Personen nichtsenatorischen Ranges anvertraut worden. Senatoren waren zwar in großer Zahl in den Provinzen, sie waren partiell auch in Italien die Träger der staatlichen Verwaltung, wie etwa die *curatores viarum*, die *praefecti alimentorum* oder, seit Marc Aurel, die *iuridici*. Aber außer den Prätoren, worauf schon hingewiesen wurde, und dem *praefectus urbi* war kein Senator mehr für Aufgaben in Rom und *gleichzeitig* außerhalb der *urbs* für einen größeren geographischen Bereich zuständig. Theoretisch gilt das zwar auch für die Konsuln, doch kann man diese, auch wegen ihrer immer mehr verkürzten Amtszeit, hier vernachlässigen. Dass die *curatores riparum et alvei Tiberis* in geringem Umfang auch außerhalb des eigentlichen Stadtgebiets entlang des Tibers zumindest bis zu dessen Mündung ins Meer[37] und sowie der *curator aquarum* entlang der Aquädukte[38] ihren Aufgaben nachgehen mussten, widerspricht nicht der eben geäußerten Feststellung. All das blieb auf Rom zentriert.

Pflaum hat bestimmte Arbeitsbereiche um die Kaiser *officia Palatina* genannt. Dazu gehörten der *a rationibus*, der *ab epistulis*, *a libellis* oder *a cognitionibus* und wohl auch der *a censibus* mit den ihnen untergeordneten Personen unterschiedlichen Ranges. Sie waren in ihrer Tätigkeit generell territorial nicht eingegrenzt, eben weil in den Händen ihres Chef, des Kaisers, die *cura rerum omnium* ruhte. Einige andere Amtsträger aber waren für ihre Aufgaben auf bestimmte Gebiete insbesondere in Italien beschränkt, wobei jeweils das Stadtgebiet Roms eingeschlossen gewesen zu sein scheint. Das darf man z. B. für verschiedene prokuratorische Amtsbereiche annehmen, die mit dem Einzug von Steuern oder zumindest der Kontrolle des Einzugs befasst waren. Zu solchen Funktionsträgern gehörte der *procurator vicesimae hereditatium*, zu dessen Amtsbereich neben seinen unmittelbaren Untergebenen auch ein *advocatus fisci* speziell für diese Steuer gehörte, ferner der *procurator hereditatium*, der die den Kaisern von Privatleuten hinterlassenen Anteile an einer Erbschaft einzuziehen hatte; hinzu kam sehr frühzeitig auch ein *procurator* für die *vicesima libertatis*.[39] Für diese Bereiche muss man annehmen, dass sie, in Verbindung mit Steuerpächtern, eng mit den Amtsträgern zusammenarbeiten mussten, bei denen innerhalb Roms ein Testament eröffnet wurde bzw. vor denen Freilassungen stattfanden. Zum stadtrömi-

---

36 Eck/Pangerl/Weiss 2014; Eck/Pangerl/Weiss 2014a = AE 2013, 2182–2184.
37 Siehe CIL XIV 4704a-c.
38 Siehe zu den *circitores* an den stadtrömischen Aquädukten Frontin. aqu. 117; CIL VI 8749 = D 1713. XIV 3649 bezieht sich wohl nicht auf die Administration der aquae, siehe J.P. Lewis 2016.
39 Eck 1979, 111–144; Günther 2008, 71–74; 113–118; Silvestrini 2020.

schen Fiskalbereich gehörten weiterhin der *procurator patrimonii*[40] und später der *procurator rei privatae*; denn kaiserlicher Besitz verschiedenster Qualität war ebenso in Rom wie in Italien vorhanden.[41] Amtssitz all dieser kaiserlichen Beauftragten ist Rom gewesen; für die fünfprozentige Erbschaftssteuer sowie für die privaten Erbschaften an die Kaiser ist dies eigens bezeugt, da Inschriften für beide Steuern von einer *statio* in Rom sprechen.[42]

Nimmt man alle die hier für Rom genannten administrativen Bereiche mit ihren Leitern und dem zugehörigen Unterpersonal zusammen, dann muss man eine Dichte der Verwaltungsstruktur und der Zahl ihrer Träger feststellen, wie sie sonst *nirgendwo im Reich* vorhanden war. In keiner der Provinzen kennt man eine auch nur annähernd vergleichbare Struktur, nicht einmal in Ägypten das sich im Hinblick auf die administrative Durchdringung von Anfang an von allen sonstigen Regionen abhebt. Aber im Vergleich zu Rom ist auch Ägypten administrativ nicht umfangreich ausgestattet gewesen. Natürlich lebten nirgendwo sonst in der römischen Welt so viele Menschen in einer einzigen Großagglomeration – Zahlen bis zu einer Million oder mehr wurden geschätzt, aber die permanente Bevölkerungszahl kann nicht genauer erfasst werden, da zwingende Argumente für die eine oder andere Zahl nicht zu finden sind. Diese Masse an Menschen lebte auf einer Fläche, die unendlich kleiner war als auch die kleinste Provinz, nämlich Cypern mit etwas weniger als 9000 qkm. Natürlich war das Stadtgebiet Roms größer als das jedes anderen urbanen Zentrums einer Gemeinde; das formulierte auch Plinius d. Ä. in seiner naturalis historia 3, 67: *fateaturque nullius urbis magnitudinem in toto orbe potuisse ei comparari.* Wie groß es allerdings war, ist bis heute nicht völlig geklärt. Gesichert sind zumindest die Flächen, die von den Stadtmauern eingeschlossen wurden: Die Fläche innerhalb der Servianischen Mauer betrug mehr als 400 Hektar, die innerhalb der späteren Aurelianischen Mauer 1372.[43] Keine Stadt der römischen Kaiserzeit erreichte innerhalb der Mauern auch nur entfernt diese Ausdehnung. Doch wie weit dieses Stadtgebiet, das den Trägern der Administration unterstand, sich wirklich ausdehnte, ist umstritten; es hat weder an der Servianischen noch an der Aurelianischen geendet. Sieht man die Ausdehnung des administrativen Territoriums unter systematischem Aspekt, dann müsste man eigentlich zu dem Ergebnis kommen, dass es dort endete, wo das Territorium der zu Rom nächst gelegenen Gemeinden endete. Das würde etwa im Norden bedeuten, dass das römi-

---

40 Es wäre interessant, präzis zu wissen, in welcher Eigenschaft Aquilius Felix in dem Dossier des Adrastus in CIL VI 1585b (cf. p. 4715) = D 5920 = AE 2007, 209 tätig geworden ist. Denn er war sowohl im Bereich des *patrimonium* als *procurator* tätig als auch in dem der *cura operum publicorum*. Sicherheit ist dabei in der Diskussion noch nicht erreicht worden; siehe MOORE 2012; KOLB 2018.
41 Um die Anweisung von Grund und Boden im Besitz des Kaisers in Rom handelt es sich vermutlich in CIL VI 9006: *Area adsignata ab Atimeto Aug(usti) lib(erto) proc(uratore) l(onga) p(edes) XIIII l(ata) p(edes) XIIII.* Vgl. auch CIL VI 30983 = D 3840 und CIL VI 8668.
42 *Statio XX hereditatium* in CIL VI 8445 = D 1553; 8446 = D 1551; 37766; eine *statio hereditatium Romae* in CIL X 4721 = D 1458 und anderen Texten.
43 F. KOLB 2002, 400; CLARIDGE 2010, 61.

sche Gemeindeterritorium bis zu demjenigen der Gemeinden von Alsium, Veii, Capena oder Lucus Feroniae rechts des Tiber und von Fidenae links des Tibers reichte, im Osten bis nach Nomentum, Tibur und Gabii; im Süden sollte es an die Territorien der Gemeinden von Labici, Tusculum, Aricia, Ardea und Lavinium/Laurentum grenzte. Bei keiner dieser Gemeinden ist natürlich das Territorium genau bekannt. Doch kann es logischerweise zwischen deren Territorien und dem Bereich, der von Rom aus administriert wurde, kein Niemandsland gegeben haben. Die 14 Regionen, die Augustus eingerichtet hatte und an deren Administration sehr unterschiedliche Amtsträger beteiligt waren,[44] sollten wohl zunächst das gesamte Stadtgebiet erfassen, sie hätten also bis zu den Grenzen der Nachbargemeinden Roms gehen müssen bzw. umgekehrt diese Territorien bis zu den Grenzen der innerstädtischen Regionen. Da der Umfang aller augusteischen Regionen nach Plinius d. Ä. nur 13,2 römische Meilen betrug, rund 20 km, können sich die offiziellen innerstädtischen Regionen nicht allzu weit erstreckt haben, was dann umgekehrt heißen müsste, dass die Territorien der umliegenden Gemeinden sehr nahe an Rom herangekommen wären. Oder man müsste annehmen, der administrative Radius für das urbane Zentrum Rom habe sich deutlich über die 14 augusteischen Regionen hinaus erstreckt. Ausgeschlossen scheint mir das nicht zu sein, doch nachweisen lässt sich nach meinem Wissen weder das eine noch das andere. Dauerhafte Grenzsteine sind zwar gelegentlich zwischen Gemeinden aufgestellt worden, doch sie waren nirgendwo die Regel. Zwischen Rom und seinen Nachbargemeinden kennen wir auf jeden Fall keinen einzigen Terminationsstein.

Die Frage, wie weit sich das hauptstädtische Territorium erstreckte, für das die zahlreichen Amtsträger mit ihrem nicht kleinen Personal zuständig waren, ist offen und verlangt nach Lösungsvorschlägen, genauso wie manch andere, vor allem die nach „Interaktion und Vernetzung" zwischen den hauptstädtischen Amtsträgern unterschiedlicher sozialer Qualifikation wie etwa zwischen Prätoren und *dem procurator vicesimae hereditatium*. Die Beiträge in dem von Katharina Wojciech und Peter Eich betreuten Band: Die Verwaltung der Stadt Rom in der Hohen Kaiserzeit. Formen der Kommunikation, Interaktion und Vernetzung, (Leiden 2018), geben soweit möglich Antworten auf diese Fragen.

---

44 Das Material dazu findet sich bei RUCIŃSKI 2004. Welche Aufgabe etwa M. Herennius Victor, *pro[c(uratori) regio]num sacrae urbis* (CIL VIII 18909 = D 9017) hatte, bleibt unklar, ebenso T. Flavius Germanus, *proc(uratori) reg(ionum) urbi(s)* mit dem Zusatz *[a]diuncto sibi officio viarum [ster]nendarum urbis partibus duabus* (CIL XIV 2922 = D 1420).

Bibliographie

ABSIL 1997 = M. ABSIL, Les préfets du prétoire d'Auguste à Commode, Paris 1997.
ADAK/WILSON 2012 = M. ADAK/M. WILSON, Das Vespasiansmonument von Döşeme und die Gründung der Doppelprovinz Lycia et Pamphylia, *Gephyra* 9, 2012, 1–40.
ADAMS 2003 = J.N. ADAMS, Bilingualism and the Latin Language, Cambridge 2003.
AIGNER 1979 = H. AIGNER, Bemerkungen zu Kapitel 17 der Res Gestae Divi Augusti, Grazer Beiträge 8, *1979*, 173–183.
ALBANA 1987 = M. ALBANA, La vicesima libertatis in età imperiale, *Quaderni Catanesi* 17, 1987, 41–76.
ALFÖLDY 1969 = G. ALFÖLDY, Fasti Hispanienses. Senatorische Reichsbeamte und Offiziere in den Spanischen Provinzen des Römischen Reiches von Augustus bis Diokletian, Wiesbaden 1969.
ALFÖLDY 1973 = G. ALFÖLDY, Flamines provinciae Hispaniae Citerioris, Madrid 1973.
ALFÖLDY 1974 = G. ALFÖLDY, Noricum, London 1974.
ALFÖLDY 1977 = G. ALFÖLDY, Konsulat und Senatorenstand unter den Antoninen. Prosopographische Untersuchungen zur senatorischen Führungsschicht, Bonn 1977.
ALFÖLDY 1981 = G. ALFÖLDY, Die Stellung der Ritter in der Führungsschicht des Imperium Romanum, *Chiron* 11, 1981, 169–215.
ALFÖLDY 1982 = G. ALFÖLDY, Senatoren aus Norditalien. Regiones IX, X, und XI, in: PANCIERA 1982, II, 309–368.
ALFÖLDY 1984 = G. ALFÖLDY, Römische Statuen in Venetia et Histria, Heidelberg 1984.
ALFÖLDY 1986 = G. ALFÖLDY, Die Truppenkommandeure in den Militärdiplomen, in: ECK/WOLFF 1986, 385–436.
ALFÖLDY 1987 = G. ALFÖLDY, P. Helvius Pertinax und M. Valerius Maximianus, in: G. ALFÖLDY, Römische Heeresgeschichte. Beiträge 1962–1985, Amsterdam 1987, 326–348.
ALFÖLDY 1993 = G. ALFÖLDY, Die senatorische Führungselite des Imperium Romanum unter Marcus Aurelius: Möglichkeiten und Probleme der prosopographischen Forschungsmethode, in: W. ECK (Hg.), Prosopographie und Sozialgeschichte. Studien zur Methodik und Erkenntnismöglichkeit der kaiserzeitlichen Prosopographie, Köln/Wien/Weimar 1993, 61–70.
ALFÖLDY 1996 = G. ALFÖLDY, Spain, CAH² X, Oxford 1996, 449–463.
ALFÖLDY 1999 = G. ALFÖLDY, Die Inschriften des Plinius des Jüngeren und seine Mission in der Provinz Pontus et Bithynia. in: G. ALFÖLDY (Hg.), Städte, Eliten und Gesellschaft in der Gallia Cisalpina: Epigraphisch-Historische Untersuchungen Stuttgart 1999, 221–244.
ALFÖLDY 1999a = G. ALFÖLDY, Die Inschriften des Jüngeren Plinius und seine Mission in Pontus et Bithynia, in: Festschrift für St. Borzsák, *AAntHung*. 39, 1999, 21–44.
ALFÖLDY 1999b = G. ALFÖLDY, Städte, Eliten und Gesellschaft in der Gallia Cisalpina. Epigraphisch-historische Untersuchungen, Stuttgart 1999.
ALFÖLDY 2000 = G. ALFÖLDY, Das neue Edikt des Augustus aus El Bierzo in Hispanien, *ZPE* 131, 2000, 177–205.
ALFÖLDY 2000a = G. ALFÖLDY, Provincia Hispania superior, Heidelberg 2000.
ALFÖLDY 2001 = G. ALFÖLDY, Il nuovo editto di Augusto da el Bierzo in Spagna, *Minima Epigraphica et Papyrologica* 4, 2001, 6, 365–417.
ALFÖLDY 2001a = G. ALFÖLDY, Pietas immobilis erga principem und ihr Lohn: Öffentliche Ehrenmonumente von Senatoren in Rom während der Frühen und Hohen Kaiserzeit, in: G. ALFÖLDY/S. PANCIERA (Hg.), Inschriftliche Denkmäler als Medien der Selbstdarstellung in der römischen Welt, Stuttgart 2001, 11–46.
ALFÖLDY 2007 = G. ALFÖLDY, Fasti und Verwaltung der hispanischen Provinzen: zum heutigen Stand der Forschung, in: R. HAENSCH/J. HEINRICHS (Hg.), Herrschen und Verwalten. Der Alltag der

römischen Administration in der Hohen Kaiserzeit. Kolloquium zu Ehren von Werner Eck, Köln 28.-30.1.2005, Köln 2007, 325–356.

ALLISON 2008 = P.M. ALLISON, The women and children inside 1st- and 2nd-century forts: comparing the archaeological evidence, in: U. BRANDL (Hg.), Frauen und Römisches Militär: Beiträge eines Runden Tisches in Xanten vom 7. bis 9. Juli 2005, 2008, 120–139.

ALLISON 2013 = P.M. ALLISON, People and Spaces in Roman Military Bases, Cambridge 2013.

AMANN/CORSTEN/MITTHOF/TAEUBER 2019 = P. AMANN/T. CORSTEN/F. MITTHOF/H. TAEUBER (Hg.), Sprachen – Schriftkulturen – Identitäten der Antike. Beiträge des XV. Internationalen Kongresses für Griechische und Lateinische Epigraphik, Wien, 28. August bis 1. September 2017. Fest- und Plenarvorträge, Wien 2019.

AMELING 1983 = W. AMELING, Herodes Atticus, 2 Bde., Hildesheim 1983.

ANDERMAHR 1998 = A. ANDERMAHR, Totus in praediis. Senatorischer Grundbesitz in Italien in der Frühen und Hohen Kaiserzeit, Bonn 1998.

ANDERSON 1993 = G. ANDERSON, The Second Sophistic. A cultural Phenomenon in the Roman Empire, London 1993.

ANTICO GALLINA 1997 = M. ANTICO GALLINA, Locus Datus Decreto Decurionum. Riflessioni topografiche e giuridiche sul suburbium attraverso i *tituli* funerari, *Epigraphica* 59, 1997, 205–224.

APOLLONJ GHETTI et al. 1951 = B.M. APOLLONJ GHETTI/A. FERRUA S.J./E. JOSI/E. KIRSCHBAUM S.J. (Hg.), Esplorazioni sotto la confessione di San Pietro in Vaticano eseguite negli anni 1940–1949, Città del Vaticano 1951.

ARBANITOPULOS 1910 = A.S. ARBANITOPULOS, Thessalikai epigraphai, *AEphem* 1910, 331–382.

ASSKAMP 2009 = R. ASSKAMP, Aufmarsch an der Lippe. Römische Militäranlagen im rechtsrheinischen Germanien, in: LWL-RÖMERMUSEUM HALTERN AM SEE (Hg.), 2000 Jahre Varusschlacht. Imperium, Darmstadt 2009, 172–179.

ASDRUBALI PENTITI 2008 = G. ASDRUBALI PENTITI, Donne e vita religiosa. La documentazione epigrafica della regio VI, *Epigraphica* 70, 2008, 195–227.

ASTOLFI 1996 = R. ASTOLFI, La lex Iulia et Papia, Mailand 1996[4].

AUBERT 1995 = J.-J. AUBERT, Policing the Countryside: Soldiers and Civilians in Egyptian Villages During the Third and the Fourth Centuries A.D., in: Y. LE BOHEC (Hg.), La hiérarchie (Rangordnung) de l'armée romaine sous le Haut-Empire, Paris 1995, 257–265.

BADIAN 1985 = E. BADIAN, A Phantom Marriage Law, Philologus 129, 1985, 82–98.

BALDASSARE 1987 = I. BALDASSARE, La necropoli dell'Isola Sacra (Porto), in: H. VON HESBERG/P. ZANKER (Hg.), Römische Gräberstraßen. Selbstdarstellung-Status-Standard. Kolloquium München 28.–30. Oktober 1985, München 1987, 125–138.

BALLAND 1981 = A. BALLAND, Inscriptions d'époque impériale du Létôon, Paris 1981.

BALTRUSCH 1989 = E. BALTRUSCH, Regimen morum. Die Reglementierung des Privatlebens der Senatoren und Ritter in der römischen Republik und frühen Kaiserzeit, München 1989.

BALTRUSCH 2012 = E. BALTRUSCH, Herodes. König im Heiligen Land, München 2012.

BARBERA et al. 2004 = R. BARBERA/M. BERTINETTI/M.L. CALDELLI/M.C. CAPANNA/C. CARUSO/S. CREA/G. DI GIACOMO/I. DI STEFANO MANZELLA/M.S. DURANTE/S. EVANGELISTI/R. FRIGGERI/G.L. GREGORI/C. LO GIUDICE/D. NONNIS/S. ORLANDI/S. PANCIERA/C. PAPI/C. RICCI/M. E. SAMMARTANO/F. USIELLO, Parte terza: Iura sepulcrorum: vecchie e nuove iscrizioni. Iura sepulcrorum a Roma. Inediti e revisioni, in: S. PANCIERA (Hg.), Libitina e dintorni. Libitina e i luci sepolcrali; le leges libitinariae campane; Iura sepulcrorum: vecchie e nuove iscrizioni. Atti dell'XI Rencontre franco-italienne sur l'épigraphie. Libitina 3, Rom 2004, 177–308.

BARBIERI 1952 = G. BARBIERI, L' Albo senatorio da Settimio Severo a Carino (193–285) Rom 1952.

BARTON 1977/78 = I.M. BARTON, The Effects of Imperial Favour. Septimius Severus and Lepcis Magna, *Museum Africum* 6, 1977/78, 60–68.

BASTIANINI 1975 = G. BASTIANINI, Lista dei prefetti d'Egitto dal 30^a al 299^p, *ZPE* 17, 1975, 263–328.

BASTIANINI 1980 = G. BASTIANINI, Lista dei prefetti d'Egitto dal 30ª al 299ᵖ: Aggiunte e correzioni, *ZPE* 38, 1980, 75–89.
BAZ 2007 = F. BAZ, Die Inschriften von Komana (Hierapolis) in Kappadokien, Istanbul 2007.
BECK 2005 = H. BECK, Karriere und Hierarchie – Die römische Aristokratie und die Anfänge des *cursus honorum* in der mittleren Republik, Berlin 2005.
BECK 2015 = M. BECK, Der politische Euergetismus und dessen vor allem nichtbürgerliche Rezipienten im hellenistischen und kaiserzeitlichen Kleinasien sowie dem ägäischen Raum, Rahden/Westf. 2015.
BECKER 2018 = M. BECKER, Die Gallierrede des Kaisers Claudius 48 n. Chr.: Legitimationsstrategie einer pragmatischen Integrationspolitik, *Frankfurter elektronische Rundschau zur Altertumskunde* 35, 2018, 1–20.
BECKER/RASBACH 2003 = A. BECKER/G. RASBACH, Die spätaugusteische Stadtgründung in Lahnau-Waldgirmes. Archäologische, architektonische und naturwissenschaftliche Untersuchungen, *Germania* 81,1, 2003, 147–199.
BECKER/RASBACH 2007 = A. BECKER/G. RASBACH, Städte in Germanien: Der Fundplatz Waldgirmes, in: R. WIEGELS (Hg.), Die Varusschlacht. Wendepunkt der Geschichte, Stuttgart 2007, 102–116.
BECKER/RASBACH 2015 = A. BECKER/G. RASBACH, Waldgirmes. Die Ausgrabungen in der spätaugusteischen Siedlung von Lahnau-Waldgirmes (1993–2009). 1. Befunde und Funde, Römisch-Germanische Forschungen 71, Darmstadt 2015.
BELAYCHE/MIMOUNI 2003 = N. BELAYCHE/S. MIMOUNI (Hg.), Les communautés „religieuses" dans le monde gréco-romain. Essais de définition, Turnhout 2003.
BENNETT 2011 = J. BENNETT, The Regular Roman Auxiliary Regiments Formed from the Provinces of Asia Minor, *Anatolica* 37, 2011, 251–274.
BENOIST 2012 = S. BENOIST, Princeps et legati, de la conception impériale de la délégation de pouvoir: Nature, fonction, devenir d'Auguste au IVᵉ siècle de notre ère, in: A. BÉRENGER /F. LACHAUD (Hg.), Hiérarchie des pouvoirs, délégations de pouvoir et responsabilité des administrateurs dans l'Antiquité et au Moyen Age, Metz 2012, 135–160.
BÉRANGER 1970 = J. BÉRANGER, Ordres et classes d'apres Cicéron, in: C. NICOLET (Hg.), Recherches sur les structures sociales dans l'Antiquité classique, Cæn 25–26 avril 1969 (Colloques nationaux du CNRS), Paris 1970, 225–242.
BÉRENGER 2012 = A. BÉRENGER, Le gouverneur de province et ses légats: délégations de pouvoirs et de compétences sous le Haut-Empire romain, in: A. BÉRENGER /F. LACHAUD (Hg.), Hiérarchie des pouvoirs, délégations de pouvoir et responsabilité des administrateurs dans l'Antiquité et au Moyen Age, Metz 2012, 179–200.
BERNETT 2007 = M. BERNETT, Der Kaiserkult in Judäa unter den Herodiern und Römern. Untersuchungen zur politischen und religiösen Geschichte Judäas von 30 v. bis 66 n. Chr., Tübingen 2007.
BERNHARDT 1971 = R. BERNHARDT, Imperium und Eleutheria. Die römische Politik gegenüber den freien Städten des griechischen Ostens, Diss. Hamburg 1971.
BESCHAOUCH 1968 = A. BESCHAOUCH, Mustitana. Recueil des nouvelles inscriptions de Mustis, cité romaine de Tunisie, Paris 1968.
BEUTLER 2010 = F. BEUTLER, Ein oberpannonisches Militärdiplom aus Carnuntum und der Statthalter L. Sergius Paullus, *ZPE* 172, 2010, 271–276.
BIONDI 1945 = B. BIONDI, Leges Populi Romani, in: S. RICCOBONO (Hg.), Acta divi Augusti I, Rom 1945, 101–223.
BIRLEY 1981 = A.R. BIRLEY, The Fasti of Roman Britain, Oxford 1981.
BIRLEY 1987 = A.R. BIRLEY, Marcus Aurelius. A Biography, London 1987².
BIRLEY 1988 = A.R. BIRLEY, The African Emperor, Septimius Severus, London 1988.
BIRLEY 1992 = A.R. BIRLEY, *Locus virtutibus patefactus*, Opladen 1992.
BIRLEY 2000 = A.R. BIRLEY, Onomasticon to the Younger Pliny, München 2000.

BIRLEY 2002 = A.R. BIRLEY, Garrison Life in Vindolanda. A band of brothers, Stroud 2002.
BIRLEY 2005 = A.R. BIRLEY, The Roman Government of Britain, Oxford 2005.
BIRLEY 2007 = A.R. BIRLEY, Making Emperors. Imperial Instrument or Indipendent Force? in: P. ERDKAMP (Hg.), A Companion to the Roman Army, Malden 2007, 379–394.
BIRLEY 2007a = A.R. BIRLEY, Two Types of Administration attested by the Vindolanda Tablets, in: R. HAENSCH/J. HEINRICHS (Hg.), Herrschen und Verwalten. Der Alltag der römischen Administration in der Hohen Kaiserzeit, Köln 2007, 306–324.
BIRLEY 2016 = A.R. BIRLEY, Viri Militares Moving from West to East in Two Crisis Years (AD 133 and 162), in: E. LO CASCIO/L. E. TACOMA (Hg.), The Impact of Mobility and Migration in the Roman Empire. Proceedings of the Twelfth Workshop of the International Network Impact of Empire (Rome, June 17–19, 2015), Leiden 2016, 55–79.
E. BIRLEY 1954 = E. BIRLEY, Senators in the Emperor's Service, *PBA* 39, 1954, 197–214.
E. BIRLEY 1961 = E. BIRLEY, Roman Britain and the Roman Army, Kendal 1961.
E. BIRLEY 1988a = E. BIRLEY, The Equestrian Officers of the Roman Army, in: E. BIRLEY, The Roman Army. Papers 1929–1986, Amsterdam 1988, 147–164.
E. BIRLEY 1988b = E. BIRLEY, The Origins of Legionary Centurions, in: E. BIRLEY, The Roman Army. Papers 1929–1986, Amsterdam 1988, 189–205.
BLEICKEN 1975 = J. BLEICKEN, Lex publica. Gesetz und Recht in der römischen Republik, Berlin 1975.
BLEICKEN 1993 = J. BLEICKEN, *Imperium consulare / proconsulare* im Übergang von der Republik zum Prinzipat, in: J. BLEICKEN (Hg.), Colloquium aus Anlass des 80. Geburtstages von A. Heuß, Kallmünz 1993, 117–133.
BLEICKEN 1998 = J. BLEICKEN, Augustus. Eine Biographie, Berlin 1998.
BLEICKEN 1998a = J. BLEICKEN, Gesammelte Schriften I, hg. F. GOLDMANN et al., Stuttgart 1998.
BORMANN 1896 = E. BORMANN, Inschriften aus Umbrien, *Arch.-Epigr. Mitt. aus Österreich* 19, 1896, 112–125.
BOTEVA 1996 = D. BOTEVA, The South Border of Lower Moesia from Hadrian to Septimius Severus, in: P. PETROVIĆ (Hg.), Roman Limes on the Middle and Lower Danube, Belgrad 1996, 173–176.
BOUNNI/TEIXIDOR 1975 = A. BOUNNI/J. TEIXIDOR (Hg.), Inventaire des inscriptions de Palmyre, Bd. 12, Damaskus 1975.
BOWERSOCK 1969 = G. BOWERSOCK, Greek Sophists in the Roman Empire. Oxford 1969.
BOWIE 1996 = E. BOWIE, Aristeides, in: Der Neue Pauly, Bd. 1, Stuttgart 1996, 1096–1100.
BOWMAN/RATHBONE 1992 = A.K. BOWMAN/D. RATHBONE, Cities and Administration in Roman Egypt, *JRS* 82, 1992, 107–127.
BOWMAN/THOMAS 1983 = A.K. BOWMAN/J.D. THOMAS, Vindolanda: The Latin Writing Tablets, London 1983.
BOWMAN/THOMAS 1994 = A.K. BOWMAN/J.D. THOMAS, The Vindolanda Writing-Tablets (Tabulae Vindolandenses II), London 1994.
BOWMAN/THOMAS 1994/2003 = A.K. BOWMAN/J.D. THOMAS, The Vindolanda Writing Tablets (Tabulae Vindolandenses II und III), London 1994/2003, http://vindolanda.csad.ox.ac.uk/
BOWMAN/THOMAS 2003 = A.K. BOWMAN/J.D. THOMAS, The Vindolanda Writing Tablets (Tabulae Vindolandenses III), London 2003.
BOWMAN/THOMAS/TOMLIN 2010 = A.K. BOWMAN/J.D. THOMAS/R.S.O. TOMLIN, The Vindolanda Writing-Tablets (Tabulae Vindolandenses IV, Part 1), *Britannia* 41, 2010, 187–224.
BRADLEY 1984 = K.R. BRADLEY, The vicesima libertatis: Its History and Significance, *Klio* 66, 1984, 175–182.
BRANDT 1992 = H. BRANDT, Gesellschaft und Wirtschaft Pamphyliens und Pisidiens im Altertum, Bonn 1992.
BRANDT/KOLB 2005 = H. BRANDT/F. KOLB, Lycia et Pamphylia. Eine römische Provinz im Südwesten Kleinasiens, Mainz 2005.
BRINGMANN 2007 = K. BRINGMANN, Augustus, Darmstadt 2007.

Bringmann/Wiegandt 2008 = K. Bringmann/D. Wiegandt, Augustus. Schriften, Reden und Aussprüche, Darmstadt 2008.
Brixhe/Drew-Bear 1987 = C. Brixhe/T. Drew-Bear, Nouveaux documents pisidiens, *Kadmos* 26, 1987, 122–170.
Brixhe/Neumann 1985 = C. Brixhe/G. Neumann, Decouverte du plus long texte néo-phrygien: l'inscription de Gezler Köyü, *Kadmos* 24, 1985, 161–184.
Brodersen 1995 = K. Brodersen, Terra Cognita. Studien zur römischen Raumerfassung, Hildesheim 1995.
Broughton 1938 = T.R.S. Broughton, Roman Asia Minor, in: T. Frank (Hg.), An Economic Survey of Ancient Rome, Bd. 4, Baltimore 1938, 499–918.
Brunt 1971 = P.A. Brunt, Italian Manpower, 225 B.C. – A.D. 14, Oxford 1971.
Brunt 1983 = P.A. Brunt, Princeps and Equites, *JRS* 73, 1983, 42–75.
Brunt 1984 = P.A. Brunt, The Role of the Senate in the Augustan Regime, *ClQ* 34, 1984, 423–444.
Brunt 1990 = P.A. Brunt, Conscription and Volunteering in the Roman Imperial Army, in: P.A. Brunt, Roman Imperial Themes, Oxford 1990, 188–214.
Brunt 1990a = P.A. Brunt, Roman Imperial Themes, Oxford 1990.
Brunt 1990b = P.A. Brunt, The Administrators of Roman Egypt, in: P.A. Brunt, Roman Imperial Themes, Oxford 1990, 215–254.
Bruun 1991 = C. Bruun, The Water Supply of Ancient Rome. A study of Roman Imperial Administration, Helsinki 1991.
Bruun 2004 = C. Bruun, The Antonine Plague in Rome and Ostia, *JRA* 16, 2004, 426–434.
Bruun 2006 = C. Bruun, Der Kaiser und die stadtrömischen curae: Geschichte und Bedeutung, in: A. Kolb (Hg.), Herrschaftsstrukturen und Herrschaftspraxis: Konzepte, Prinzipien und Strategien der Administration im römischen Kaiserreich, Berlin 2006, 89–114.
Buckler/Robinson 1932 = W.H. Buckler/D.M. Robinson, Sardis VII 1: Greek and Latin Inscriptions, Leiden 1932.
Buonamico/Tartara/Egidi 1987/88 = L. Buonamico/P. Tartara/R. Egidi, Via Labicana, *BullCom* 92, 1987/88, 405–418.
Buongiorno/Camodeca 2021 = P. Buongiorno/G. Camodeca (Hg.), Die Senatus consulta in den epigraphischen Quellen. Texte und Bezeugungen, Stuttgart 2021.
Buonopane/Cenerini 2003 = A. Buonopane/F. Cenerini (Hg.), Donna e lavoro nella documentazione epigrafica. Atti del I Seminario sulla condizione femminile nella documentazione epigrafica, Faenza 2003.
Buonopane/Cenerini 2005 = A. Buonopane/F. Cenerini (Hg.), Donna e vita cittadina nella documentazione epigrafica. Atti del II Seminario sulla condizione femminile nella documentazione epigrafica, Faenza 2005.
Bürgin-Kreis 1968 = H. Bürgin-Kreis, Auf den Spuren des römischen Grabrechts in Augst und in der übrigen Schweiz, in: *Provincialia*. Festschrift für Rudolf Laur-Bélart, Basel 1968, 25–46.
Burrell 1993 = B. Burrell, Two Inscribed Columns from Caesarea Maritima, *ZPE* 99, 1993, 287–295.
Burrell 1996 = B. Burrell, Palace to Praetorium: The Romanization of Caesarea, in: A. Raban/K.G. Holum (Hg.), Caesarea Maritima. A Retrospective after Two Millennia, Leiden 1996, 228–247.
Caballos Rufino 1990 = A. Caballos Rufino, Los Senadores Hispanorromanos y la Romanización de Hispania (Siglos I-III). I: Prosopografía, Écija 1990.
Caballos Rufino 2006 = A. Caballos Rufino, El nuevo bronce de Osuna y la politica colonizadora romana, Sevilla 2006.
Caballos Rufino 2009 = A. Caballos Rufino, Publicación de documentos públicos en las ciudades del Occidente romano: el ejemplo de la Bética, in: R. Haensch (Hg.), Selbstdarstellung und Kommunikation. Die Veröffentlichung staatlicher Urkunden auf Stein

und Bronze in der Römischen Welt. Internationales Kolloquium an der Kommission für Alte Geschichte und Epigraphik in München (1. bis 3. Juli 2006), München 2009, 131–172.

CABALLOS RUFINO 2021 = A. CABALLOS RUFINO, Un senadoconsulto del año 14 d. C. en un epígrafe bético, *ZPE* 219, 2021, 305–326.

CABARET 2020 = D.M. CABARET, La Topographie de la Jérusalem ancienne. Essai sur l'urbanisme fossile, défenses et portes, du 2e s. av. – 2e s. ap. J.-C., Amsterdam 2020.

CAGNAT 1915 = R. CAGNAT, Le marché des Cosinius à Djemila, *CRAI* 1915, 316–323.

CALDELLI/GREGORI 2014 = M.L. CALDELLI/G.L. GREGORI (Hg.), Epigrafia e ordine senatorio 30 anni dopo, 2 Bd., Rom 2014.

CAMODECA 1982 = G. CAMODECA, Acesa al senato e rapporti con i territori d'origine Italia: Regio I (Campania, esclusa la zona di Capua e Cales), II (Apulia et Calabria), III (Lucania et Bruttii), in: PANCIERA 1982, II, 101–163.

CAMODECA 1994 = G. CAMODECA, Un nuovo proconsole del tempo di Caracalla e i Gavii Tranquilli di Caiatia, *Ostraka* 3, 1994, 467–471.

CAMODECA 1999 = G. CAMODECA, Tabulae Pompeianae Sulpiciorum (TPSulp.): Edizione critica del archivio puteolano dei Sulpicii, Rom 1999.

CAMODECA 2006 = G. CAMODECA, Per una riedizione dell'archivio ercolanese di L. Venidius Ennychus, *Cronache Ercolanesi* 36, 2006, 189–211.

CAMODECA 2008 = G. CAMODECA, I ceti dirigenti di rango senatorio equestre e decurionale della Campania romana, Neapel 2008.

CAMODECA 2016 = G. CAMODECA, Tabulae Herculanenses. Edizione e commento, 1, Rom 2016.

CAMPANILE 1994 = M.D. CAMPANILE, I Sacerdoti del koinòn d'Asia (I sec. a.C.–III sec. d.C.). Contributo allo studio della romanizzazione delle élites provinciali nell'Oriente greco, Pisa 1994.

CAMPANILE 2006 = M.D. CAMPANILE, Sommi sacerdoti, asiarchi e culto imperiale: un aggiornamento, *Studi Ellenistici* 19, 2006, 523–584.

CAMPBELL 1978 = J.B. CAMPBELL, The Marriage of Soldiers under the Empire, *JRS* 68, 1978, 153–166.

CAMPBELL 1984 = J.B. CAMPBELL, The Emperor and the Roman Army, Oxford 1984.

CANCRINI/DELPLACE/MARENGO 2001 = F. CANCRINI/C. DELPLACE/S.M. MARENGO, L'evergetismo nella regio V (Picenum), Tivoli 2001.

CANTINEAU 1930–1936 = J. CANTINEAU (Hg.), Inventaire des inscriptions de Palmyre, Bd. 1–9, Beirut 1930–1936.

CAPINI 1999 = S. CAPINI, Molise. Repertorio delle iscrizioni latine. Venafrum, Campobasso 1999.

CAPOGROSSI COLOGNESI/TASSI SCANDONE 2009 = L. CAPOGROSSI COLOGNESI/E. TASSI SCANDONE (Hg.), La Lex de Imperio Vespasiani e la Roma dei Flavi (Atti del Convegno, 20–22 novembre 2008), Rom 2009.

CARACCIOLO 2018 = G. CARACCIOLO, Inediti dagli scavi Maetzke nel duomo di Chiusi, *ZPE* 206, 2018, 255–266.

CARACCIOLO 2020 = G. CARACCIOLO, Chiusi romana. Ricerche di prosopografia e di storia socio-economica, Diss. Köln-Rom 2019, erschienen als CDRom 2020.

CARBONI 2017 = T. CARBONI, La parola scritta al servizio dell'Imperatore e dell'Impero: l'*ab epistulis* e l'*a libellis* nel II secolo d.C., Bonn 2017.

CARBONI 2019 = T. CARBONI, L'ab epistulis e la prassi amministrativa del congedo nell'alto impero, *Rivista Storica Italiana* 131, 2019, 411–439.

CARBONI 2020 = T. CARBONI, Senatori e cavalieri ascritti alla Palatina: i discendenti da liberti imperiali, *ZPE* 216, 2020, 285–299.

CARRIÉ 1998 = J.-M. CARRIÉ, Le gouverneur romain à l'époque tardive – les directions possibles de l'enquête, *Antiquité Tardive* 6, 1998, 17–30.

CASCIONE 1999 = C. CASCIONE, Tresviri capitales. Storia di una magistratura minore, Neapel 1999.

Castrén 1975 = P. Castrén, Ordo populusque Pompeianus. Polity and Society in Roman Pompeii, Rom 1975.
Cébeillac-Gervasoni 1982 = M. Cébeillac-Gervasoni, Italia: Regio I (Campania: la zona di Capua e Cales), in: Panciera 1982, II, 59–99.
Cébeillac-Gervasoni 1991 = M. Cébeillac-Gervasoni, Les travaux publics à la fin de la République dans le Latium et la Campanie du Nord. La place de la classe dirigeante et de familles de notables, Cahiers Centre G. Glotz 2, 1991, 189–213.
Cenerini 2018 = F. Cenerini, Flaminiche e politica nelle città dell'Italia romana: ruolo attivo o marginale?, in: P. Pavón (Hg.), Marginación y Mujer en el Imperio romano, Rom 2018, 163–177.
Chabot 1940 = J.B. Chabot, Receuil des inscriptions Libyques, Paris 1940.
Champlin 1980 = E. Champlin, Fronto and Antonine Rome, Cambridge 1980.
Champlin 1989 = E. Champlin, *Creditur Vulgo Testamenta Hominum Speculum Esse Morum*: Why the Romans Made Wills, ClPh 84,3, 1989, 198–215.
Champlin 1991 = E. Champlin, Final Judgments. Duty and Emotion in Roman Wills 200 B.C. – A.D. 250, Berkeley 1991.
Chastagnol 1960 = A. Chastagnol, La préfecture urbaine à Rome sous le Bas-Empire, Paris 1960.
Chastagnol 1982 = A. Chastagnol, La carrière sénatoriale du Bas-Empire (depuis Dioclétien), in: Panciera 1982, I, 167–194.
Chastagnol 1992a = A. Chastagnol, L'évolution de l'ordre sénatorial jusqu'au règne de Caligula, in: A. Chastagnol, Le sénat romain à l'époque imperiale: recherches sur la composition de l'Assemblée et le statut de ses membres, Paris 1992, 57–70.
Chastagnol 1992b = A. Chastagnol, Adlectio et latus clavus sous le Haut-Empire, in: A. Chastagnol (Hg.), Le sénat romain à l'époque impériale. Recherches sur la composition de l'Assemblée et le statut de ses membres, Paris 1992, 97–120.
Cheesman 1914 = G.L. Cheesman, The auxilia of the Roman imperial army, Oxford 1914.
Chilver 1941 = G.E.F. Chilver, Cisalpine Gaul. Social and economic history from 49 B.C. to the death of Trajan, Oxford 1941.
Chiriac/Mihailescu-Bîrliba/Matei 2004 = C. Chiriac/L. Mihailescu-Bîrliba/I. Matei, Ein neues Militärdiplom aus Moesien, ZPE 150, 2004, 265–269.
Chiusi 1994 = T. Chiusi, Zur Vormundschaft der Mutter, ZSS 111, 1994, 155–196.
Chiusi 2005 = T. Chiusi, Babatha vs. the Guardians of her Son: A Struggle for Guardianship: Legal and Practical Aspects of P.Yadin 12–15, 27, in: R. Katzoff/D.M. Schaps (Hg.), Law in the Documents from the Judean Desert, Leiden 2005, 105–132.
Christol 1986 = M. Christol, Essai sur l'evolution des carrières sénatoriales dans la deuxième moitié du IIIe s. ap. J.C., Paris 1986.
Christol 2006 = M. Christol, L'empire romain du IIIe siècle – Histoire politique 192–325 après J.-C., Paris 2006^2.
Christol/Masson 1997 = M. Christol/O. Masson (Hg.), Actes du Xe Congrès International d'Épigraphie Grecque et Latine, Nîmes, 4–9 octobre 1992, Paris 1997.
Cichorius 1894 = C. Cichorius, s.v. ala, RE I, 1894, 1224–1270.
Cichorius 1900 = C. Cichorius., s.v. cohors, RE IV, 1900, 231–356.
Claridge 2010 = A. Claridge, Rome, Oxford/New York, 2010^2.
Clauss 1973 = M. Clauss, Untersuchungen zu den principales des römischen Heeres von Augustus bis Diokletian. Corniculari, speculatores, frumentarii, Bochum 1973.
Cook 2020 = J.G. Cook, Chrestiani, Christiani, Χριστιανοί: a Second Century Anachronism?, *Vigiliae Christianae* 74, 2020, 237–264.
Corbier 1973 = M. Corbier, Les circonscriptions judiciaires de l'Italie, de Marc-Aurèle à Aurélien, MEFRA 85, 1973, 609–690.

Corbier 1974 = M. Corbier, L'aerarium Saturni et l'aerarium militare. Administration et prosopographie senatoriale, Rome 1974.
Corbier 1982 = M. Corbier, Les familles clarissimes d'Afrique Proconsulaire (Ier-IIIe siècle), in: Panciera 1982, II, 685–754.
Corbier 1984 = M. Corbier, L'aerarium militare sur le Capitole, in: L' Armée romaine et les provinces. Cahier du groupe de recherches sur l'armée romaine et les provinces III, Paris 1984, 147–160.
Corbier 1985 = M. Corbier, Fiscalité et dépenses locales, in: P. Leveau (Hg.), L'origine des richesses dépensées dans la ville antique, Aix-en-Provence 1985, 219–232.
Corbier 1991 = M. Corbier, City, Territory and Taxation, in: J. Rich/A. Wallace Hadrill, City and Country in the Ancient World, London 1991, 211–240.
Corda 2014 = A.M. Corda, Concordanze delle iscrizioni latine della Sardegna. Edizioni dei testi ed indice dei vocaboli, Ortacesus 2014.
Cosme 2012 = P. Cosme, Les réformes militaires Augustéenes, in: Y. Rivière (Hg.), Des réformes augustéennes, Rom 2012, 171–184.
Cottier et al. 2008 = M. Cottier/M.H. Crawford/C.V. Crowther/J.L. Ferrary/B.M. Levick/O. Salomies/M. Wörrle, The Customs Law of Asia, Oxford 2008.
Cotton 1993 = H.M. Cotton, The Guardianship of Jesus Son of Babatha: Roman and Local Law in the Province of Arabia, *JRS* 83, 1993, 94–108.
Cotton 1996 = H.M. Cotton, Subscriptions and Signatures in the Papyri from the Judaean Desert: The ΧΕΙΡΟΧΡΗCΤΗC, *JJP* 25, 1996, 29–40.
Cotton 1997 = H.M. Cotton, The Guardian of a Woman in the Documents from the Judaean Desert, *ZPE* 118, 1997, 267–273.
Cotton 1999 = H.M. Cotton, Some Aspects of the Roman Administration of Judaea/Syria-Palestina, in: W. Eck (Hg.), Lokale Autonomie und römische Ordnungsmacht in den kaiserzeitlichen Provinzen vom 1. bis 3. Jahrhundert, München 1999, 75–92.
Cotton 1999a = H.M. Cotton, The Languages of the Legal and Administrative Documents from the Judaean Desert, *ZPE* 125, 1999, 219–231.
Cotton 2000 = H.M. Cotton, Cassius Dio, Mommsen and the quinquefascales, *Chiron* 30, 2000, 217–234.
Cotton 2003 = H. M. Cotton, The Bar Kokhba Revolt and the Documents from the Judaean Desert: Nabataean Participation in the Revolt (P.Yadin 52), in: P. Schäfer (Hg.), The Bar Kokhba War Reconsidered. New Perspectives on the Second Jewish Revolt against Rome, Tübingen 2003, 133–152.
Cotton 2003a = H.M. Cotton, Survival, Adaptation and Extinction: Nabataean and Jewish Aramaic versus Greek in the Legal Documents from the Cave of Letters in Nahal Hever, in: L. Schumacher/O. Stoll (Hg.), Sprache und Kultur in der kaiserzeitlichen Provinz Arabia, St. Katharinen 2003, 1–11.
Cotton 2007 = H.M. Cotton, Private International Law or Conflict of Laws: Reflections on Roman Provincial Jurisdiction, in: R. Haensch/J. Heinrichs (Hg.), Herrschen und Verwalten. Der Alltag der römischen Administration in der Hohen Kaiserzeit, Köln 2007, 234–255.
Cotton/Eck 2001 = H.M. Cotton/W. Eck, Governors and Their Personnel on Latin Inscriptions from Caesarea Maritima, Proceedings of the Israel Academy for Sciences and Humanities VII 7, 2001, 215–240.
Cotton/Eck 2005 = H.M. Cotton/W. Eck, Roman Officials in Judaea and Arabia and Civil Jurisdiction, in: R. Katzoff/D. Schaps (Hg.), Law in the documents of the Judaean Desert, Leiden 2005, 23–44.
Cotton/Eck 2009 = H.M. Cotton/W. Eck, Inscriptions from the Financial Procurator's Praetorium in Caesarea, in: L. Di Segni/Y. Hirshfeld/J. Patrich/R. Talgam (Hg.), Man Near a Roman Arch. Studies presented to Prof. Yoram Tsafrir, Jerusalem 2009, 98*-114*.

Cotton/Eck 2011 = H.M. Cotton/W. Eck, The Impact of the Bar Kokhba Revolt on Rome: Another Military Diploma from AD 160 from Syria Palaestina, *Michmanim* 23, 2011, 7–22.
Cotton/Eck 2014 = H.M. Cotton/W. Eck, Ein Diplom für die Truppen von Syria Palaestina aus dem Jahr 160: Ein Reflex auf die Bar Kochba Revolte, in: Eck 2014c, 256–265.
Cotton/Geiger 1989 = H.M Cotton/J. Geiger, Masada II. The Latin and Greek Documents, Jerusalem 1989, 3 l-79.
Cotton/Wörrle 2007 = H.M. Cotton/M. Wörrle, Seleukos IV to Heliodoros. A New Dossier of Royal Correspondence from Israel, *ZPE* 159, 2007, 191–205.
Cotton/Yakobson 2002 = H.M. Cotton/A. Yakobson, Arcanum Imperii: The Powers of Augustus, in: G. Clark/T. Rajak (Hg.), Philosophy and Power in the Graeco-Roman World: Essays in Honour of Miriam Griffin, Oxford 2002, 193–209.
Cotton/Yardeni 1997 = H.M. Cotton/A. Yardeni, Aramaic, Hebrew and Greek Documentary Texts from Nahal Hever and Other Sites. With an appendix containing alleged Qumran Texts. The Seiyâl Collection II, Oxford 1997 (= P. Hev/Se).
Cramme 2001 = S. Cramme, Die Bedeutung des Euergetismus für die Finanzierung städtischer Aufgaben in der Provinz Asia, Dissertation Uni Köln, Köln 2001 (online).
Crawford 1996 = M. Crawford (Hg.), Roman Statutes I-II, London 1996.
Criniti 1991 = N. Criniti, La *tabula alimentaria* di Veleia, Parma 1991.
Curchin 1983 = L.A. Curchin, Personal Wealth in Roman Spain, *Historia* 32, 1983, 227–244.
Cuvigny 2012 = H. Cuvigny (Hg.), Une garnison romaine dans le désert Oriental d'Egypte, vol. 2 Les textes. Praesidia du désert de Bérénice IV, Cairo 2012.
D'Andrea 2018 = F. D'Andrea, Il sepolcro del liberto Epaphroditus: una proposta di identificazione e nuovi spunti di riflessione sugli horti dell'Esquilino sud-orientale, *MEFRA* 130, 2018, 143–164.
Dąbrowa 1980 = E. Dąbrowa, L'Asie mineure sous les Flaviens: recherches sur la politique provinciale, Warschau 1980.
Dąbrowa 1998 = E. Dąbrowa, The Governors of Roman Syria from Augustus to Septimius Severus, Bonn 1998.
Dąbrowa 2011 = E. Dąbrowa, The Date of the Census of Quirinius and the Chronology of the Governors of the Province of Syria, *ZPE* 178, 2011, 137–142.
Daguet-Gagey 1997 = A. Daguet-Gagey, Les opera publica à Rome, 180–305 ap. J.-C., Paris 1997.
Daguet-Gagey 2000 = A. Daguet-Gagey, I grandi servizi pubblici a Roma, in: E. Lo Cascio (Hg.), Roma imperiale. Una metropoli antica, Rom 2000, 71–103.
Daguet-Gagey 2015 = A. Daguet-Gagey, Splendor aedilitatum. L'édilité à Rome (Ier s. avant J.-C. – IIIe s. après J.-C.), Rom 2015.
Dahlheim 1992 = W. Dahlheim, Die Armee eines Weltreiches: Der römische Soldat und sein Verhältnis zu Staat und Gesellschaft, *Klio* 74, 1992, 197–220.
Dalla Rosa 2003 = A. Dalla Rosa, Ductu auspicioque. Per una riflessione sui fondamenti religiosi del potere magistratuale fino all'epoca augustea, *SCO* 49, 2003, 185–255.
Dalla Rosa 2011 = A. Dalla Rosa, Dominating the auspices: Augustus, augury and the proconsuls, in: J.H. Richardson/F. Santangelo (Hg.), Priests and State in the Roman World, Stuttgart 2011, 241–267.
Dalla Rosa 2014 = A. Dalla Rosa, Cura et tutela: le origini del potere imperiale sulle province proconsolari, Stuttgart 2014.
Dalla Rosa 2015 = A. Dalla Rosa, L'aureus del 28 a.C. e i poteri triumvirali di Ottaviano, in: T.M. Lucchelli/F. Rohr Vio (Hg.), Viri Militares. Rappresentazione e propaganda tra Repubblica e Principato, Triest 2015, 157–170.
Dalla Rosa 2015a = A. Dalla Rosa, L'autocrate e il magistrato. Le attività di Augusto negli ambiti di competenza consolare, in: J.-L. Ferrary/J. Scheid (Hg.), Il princeps romano: autocrate o

magistrato? Fattori giuridici e fattori sociali del potere imperiale da Augusto a Commodo, Pavia 2015, 555–585.

DALLA ROSA 2018 = A. DALLA ROSA, Roms städtische Autoritäten unter Augustus: eine Revolution? in: WOJCIECH/EICH 2018, 51–76.

DALLA ROSA 2018a = A. DALLA ROSA, Gli anni 4–9 d.C.: riforme e crisi alla fine dell'epoca augustea, in: S. SEGENNI, (Hg.), Augusto dopo il bimillenario. Un bilancio, Mailand 2018, 84–100.

DANA 2003 = D. DANA, Les Daces dans les ostraca du désert Oriental de l'Égypte. Morphologie des noms daces, *ZPE* 143, 2003, 166–168.

DANA 2013 = D. DANA, *Conubium cum uxoribus:* mariages thraces dans les diplômes militaires, *Cahiers Centre G. Glotz* 24, 2013, 217–240.

DANA 2014 = D. DANA, Onomasticon Thracicum. Répertoire des noms indigènes de Thrace, Macédoine Orientale, Mésies, Dacie et Bithynie, Athen 2014.

DANA 2019 = D. DANA, Trois diplômes militaires inédits, *ZPE* 211, 2019, 227–236.

DANA 2021 = D. DANA, Diplôme militaire non reconnu de septembre-octobre 142 (CIL III 12546) avec la formule spéciale *praeterea praestitit* (Dacie Supérieure ou Porolissensis?), *ZPE* 217, 2021, 192–194.

DANA/MATEI-POPESCU 2009 = D. DANA/F. MATEI-POPESCU, Soldats d'origine dace dans les diplômes militaires, *Chiron* 39, 2009, 209–256.

DAUX 1994 = G. DAUX, Inscriptions de Delphes, *BCH* 68–69, 1944, 94–128.

DAVENPORT 2019 = C. DAVENPORT, A History of the Roman Equestrian Order, Cambridge 2019.

DAVID 2019 = J.-M. DAVID, Au service de l'honneur: les appariteurs de magistrats romains, Paris 2019.

DAVIES 1989 = R. DAVIES, Joining the Roman Army, in: D. BREEZE/V. MAXFIELD (Hg.), Service in the Roman Army, Edinburgh 1989, 3–32.

DE KISCH 1979 = Y. DE KISCH, Tarifs de donation en Gaule romaine d'après les inscriptions, *Ktema* 4, 1979, 259–280.

DE KLEIJN 2009 = G. DE KLEIJN, C. Licinius Mucianus, leader in time of crisis, *Historia* 58, 2009, 311–325.

DE LAET 1949 = S.J. DE LAET, Portorium. Étude sur l'organisation douanière chez les Romains, surtout à l'époque du Haut-Empire, Brügge 1949.

DE VISSCHER 1963 = F. DE VISSCHER, Le droit des tombeaux romains, Mailand 1963.

DEBORD 1980/81 = P. DEBORD, Richesse et redistribution dans l'Asie mineure impériale, *Cahiers Centre G. Radet,* 1980/81, 44–59.

DEGRASSI 1952 = A. DEGRASSI, I fasti consolari dell'impero romano dal 30 avanti Cristo al 613 dopo Cristo, Rom 1952.

DEININGER 1965 = J. DEININGER, Die Provinziallandtage der römischen Kaiserzeit von Augustus bis zum Ende des dritten Jahrhunderts n. Chr., München 1965.

DEL CHICCA 2004 = F. DEL CHICCA, Frontino. De aquae ductu Urbis Romae, Rom 2004.

DELL'ORO 1960 = A. DELL'ORO, I libri de officio nella giurisprudenza romana, Milano 1960.

DELLA VIDA/GUZZO 1987 = L. DELLA VIDA/A. GUZZO, Iscrizioni puniche della Tripolitania (1927–1967), Rom 1987.

DEMANDT 1970 = A. DEMANDT, Magister militum, in: RE XII Suppl. 1970, Sp. 553–790.

DEMOUGIN 1981 = S. DEMOUGIN, À propos d'un préfet de Commagène, *ZPE* 43, 1981, 97–109.

DEMOUGIN 1982 = S. DEMOUGIN, Uterque ordo. Les rapports entre l'ordre sénatorial et l'ordre équestre sous les Julio-Claudiens, in: PANCIERA 1982, I, 73–104.

DEMOUGIN 1984 = S. DEMOUGIN, De l'esclavage a l'anneau d'or du chevalier, in: C. NICOLET (Hg.), Des ordres a Rome, Paris 1984, 217–241.

DEMOUGIN 1988 = S. DEMOUGIN, L'ordre équestre sous les Julio-Claudiens, Rom 1988.

DEMOUGIN 2009 = S. DEMOUGIN, Les débuts des provinces procuratoriennes, in: I. PISO (Hg.), Die römischen Provinzen. Begriff und Gründung. Colloquium Cluj-Napoca, 28. September – 1. Oktober 2006, Cluj-Napoca 2009, 65–79.
DERKS/ROYMANS 2003 = T. DERKS/N. ROYMANS, Siegelkapseln und die Verbreitung der lateinischen Schriftkultur im Rheindelta, in: T. GRÜNEWALD/S. SEIBEL (Hg.), Kontinuität und Diskontinuität. Germania inferior am Beginn und am Ende der römischen Herrschaft, Berlin 2003, 242–265.
DESSAU 1892–1916 = H. DESSAU, Inscriptiones Latinae Selectae, 3 Bde., Berlin 1892–1916.
DETSCHEW 1976 = D. DETSCHEW, Die thrakischen Sprachreste, Wien 1976².
DETTENHOFER 2002 = M. DETTENHOFER, Die Wahlreform des Tiberius und ihre Auswirkungen, *Historia* 51, 2002, 349–358.
DEVIJVER 1976–1993 = H. DEVIJVER, Prosopographia militiarum equestrium quae fuerunt ab Augusto ad Gallienum, Leuven 1976–1993.
DEVIJVER 1988 = H. DEVIJVER, Les „militiae equestres" de P. Helvius Pertinax, *ZPE* 75, 1988, 207–214.
DEVIJVER 1989 = H. DEVIJVER, The Equestrian Officers of the Roman Imperial Army, vol. 1, Amsterdam 1989.
DEVIJVER 1992 = H. DEVIJVER, The Equestrian Officers of the Roman Imperial Army, vol. 2, Stuttgart 1992.
DEVREKER 1980 = J. DEVREKER, La composition du sénat romain sous le Flavien, in: W. ECK/H. GALSTERER/H. WOLFF (Hg.), Studien zur antiken Sozialgeschichte. Festschrift Friedrich Vittinghoff, Köln 1980, 257–268.
DI SEGNI 2013 = L. DI SEGNI, Seminario di ricerca: il valore delle fonti scritte su Betlemme e la natività. Il censimento di Quirinio: un nuovo contributo dell'epigrafia, in: G. PAXIMADI/M. FIDANZIO (Hg.), Terra Sancta. Archeologia ed esegesi. Atti dei Convegni 2008–2010, Lugano 2013, 183–201.
DMITRIEV 2005 = S. DMITRIEV, City Government in Hellenistic and Roman Asia Minor, Oxford 2005.
DOLANSKY 2011 = F. DOLANSKY, Honouring the Family Dead on the Parentalia: Ceremony, Spectacle, and Memory, *Phoenix* 65, 2011, 125–157.
DOMERGUE/LONG 1995 = C. DOMERGUE/L. LONG, Le „véritable plomb de L. Flavius Verucla" et autres lingots. L'épave 1 des Saintes-Maries-de-la-Mer, *MEFRA* 107, 1995, 801–867.
DREXHAGE 1991 = H.-J. DREXHAGE, Preise, Mieten/Pachten, Kosten und Löhne im römischen Ägypten bis zum Regierungsantritt Diokletians, St. Katharinen 1991.
DRINKWATER 1979 = J.-F. DRINKWATER, Gallic Personal Wealth, *Chiron* 9, 1979, 237–242.
DUCOS 1995 = M. DUCOS, Le tombeau, *locus religiosus*, in: F. HINARD (Hg.), La Mort au quotidien dans le monde romain, Paris 1995, 135–144.
DUCREY 1969 = P. DUCREY, Trois nouvelles inscriptions crétoises, *BCH* 93, 1969, 841–852.
DÜLL 1951a = R. DÜLL, Studien zum römischen Sepulkralrecht (I), in: Festschrift F. Schulz, Weimar 1951, 191–208.
DÜLL 1953 = R. DÜLL, Studien zum römischen Sepulkralrecht (II), in: Atti Congresso internazionale Verona 3, Mailand 1953, 159–178.
DÜLL 1995 = R. DÜLL (Hg.), Das Zwölftafelgesetz. Lateinisch-deutsch, Zürich 1995⁷.
DUNCAN-JONES 1982 = R. DUNCAN-JONES, The Economy of the Roman Empire. Quantitative studies, Cambridge 1982².
DUNCAN-JONES 1990 = R. DUNCAN-JONES, Who paid for public building? in: R. DUNCAN-JONES, Structure and Scale in the Roman Economy, Cambridge 1990, 174–184.
DUŠANIĆ 2001 = S. DUŠANIĆ, A Diploma for the Lower Pannonian auxilia of the Early 140's, *ZPE* 135, 2001, 209–219.
DUŠANIĆ 2010 = S. DUŠANIĆ, Selected Essays in Roman History and Epigraphy, Belgrad 2010.
ECK 1970 = W. ECK, Die Legaten von Lykien und Pamphylien unter Vespasian, *ZPE* 6, 1970, 65–75.

Eck 1970a = W. Eck, Senatoren von Vespasian bis Hadrian. Prosopographische Untersuchungen mit Einschluss des Jahres- und Provinzialfasten der Statthalter, München 1970.

Eck 1971 = W. Eck, Zum Rechtsstatus von Sardinien im 2. Jh. nach Chr., *Historia* 20, 1971, 510–512.

Eck 1972 = W. Eck, Zu den prokonsularen Legationen in der Kaiserzeit, Epigraphische Studien 9, 1972, 24–36.

Eck 1972/73 = W. Eck, Über die prätorischen Prokonsulate in der Kaiserzeit. Eine quellenkritische Überlegung, *Zephyrus* 23, 1972/73, 233–260.

Eck 1974 = W. Eck, Beförderungskriterien innerhalb der senatorischen Laufbahn, dargestellt an der Zeit von 69 bis 138 n. Chr., ANRW II 1, Berlin 1974, 158–228.

Eck 1976 = W. Eck, Neros Freigelassener Epaphroditus und die Aufdeckung der pisonischen Verschwörung, *Historia* 25, 1976, 381–384.

Eck 1978 = W. Eck, Abhängigkeit als ambivalenter Begriff: Zum Verhältnis von Patron und Libertus, Memorias de Historia Antigua II, 1978, 41–50.

Eck 1979 = W. Eck, Die staatliche Organisation Italiens in der Hohen Kaiserzeit, München 1979.

Eck 1981 = W. Eck, Miscellanea prosopographica, *ZPE* 42, 1981, 227–256.

Eck 1982 = W. Eck, Die fistulae aquariae der Stadt Rom: Zum Einfluss des sozialen Status auf administratives Handeln, in: Panciera 1982, I, 197–225.

Eck 1982a = W. Eck, Einfluss korrupter Praktiken auf das senatorisch-ritterliche Beförderungswesen in der Hohen Kaiserzeit, in: W. Schuller (Hg.), Korruption im Altertum, München 1982, 135–151.

Eck 1983 = W. Eck, Sozialstruktur und kaiserlicher Dienst, in: P. Neukam (Hg.), Struktur und Gehalt (Dialog Schule-Wissenschaft. Klass. Sprachen und Literaturen Bd. XVII), München 1983, 5–24.

Eck 1984 = W. Eck, CIL VI 1508 (Moretti, IGUR 71) und die Gestaltung senatorischer Ehrenmonumente, *Chiron* 14, 1984, 201–217.

Eck 1984a = W. Eck, Zu Inschriften römischer Statthalter in Germanien, *ZPE* 57, 1984, 149–159.

Eck 1985 = W. Eck, Die Statthalter der germanischen Provinzen vom 1. – 3. Jh., Bonn 1985.

Eck 1985a = W. Eck, Ein Ehrenmonument der Centurionen der legio I Minervia für Caracalla, Geta und Iulia Domna, *BJ* 185, 1985, 41–45.

Eck 1986 = W. Eck, Augustus' administrative Reformen: Pragmatismus oder systematisches Planen?, *Acta Classica* 29, 1986, 105–120.

Eck 1986a = W. Eck, Inschriften aus der Nekropole unter St. Peter, *ZPE* 65, 1986, 245–293.

Eck 1986b = W. Eck, Prokonsuln und militärisches Kommando. Folgerungen aus Diplomen für prokonsulare Provinzen, in: Eck/Wolff 1986, 518–534.

Eck 1987 = W. Eck, Die Ausformung der ritterlichen Administration als Antisenatspolitik? in: D. van Berchem (Hg.), Opposition et résistance à l'empire d'Auguste à Trajan, Entretiens sur l'Antiquité Classique 33, 1987, 249–289.

Eck 1987a = W. Eck, Römische Grabinschriften. Aussageabsicht und Aussagefähigkeit im funerären Kontext, in: H. von Hesberg/P. Zanker (Hg.), Römische Gräberstraßen, 61–83.

Eck 1989 = W. Eck., Inschriften und Grabbauten in der Nekropole unter St. Peter, in: G. Alföldy (Hg.), Vom frühen Griechentum bis zur römischen Kaiserzeit, Heidelberg 1989, 55–89.

Eck 1990 = W. Eck, Terminationen als administratives Problem: das Beispiel der nordafrikanischen Provinzen, L'Africa Romana 7, Sassari 1990, 933–941.

Eck 1991 = W. Eck, Die italischen *legati Augusti propraetore* unter Hadrian und Antoninus Pius, in: G. Bonamente/N. Duval (Hg.), Historiae Augustae Colloquia. Nova Series. Colloquium Parisinum 1990, Macerata 1991, 183–195.

Eck 1991a = W. Eck, La riforma dei gruppi dirigenti. L'ordine senatorio e l'ordine equestre, in: Storia di Roma II 2, Turin 1991, 73–118.

Eck 1991b = W. Eck, Inschriften und Grabbauten in der Nekropole unter St. Peter. Zur Aussagefähigkeit von Grabinschriften im Kontext der Grabanlagen, in: P. Neukam (Hg.),

Struktur und Gehalt, (Dialog Schule-Wissenschaft. Klass. Sprachen und Literaturen Bd. 25), München 1991, 26–58.

ECK 1992 = W. ECK, Cura viarum und cura operum publicorum als kollegiale Ämter im frühen Prinzipat, *Klio* 74, 1992, 237–245.

ECK 1992a = W. ECK, Ehrungen für Personen hohen soziopolitischen Ranges im öffentlichen und privaten Bereich, in: H.-J. SCHALLES/H. VON HESBERG/P. ZANKER (Hg.), Die römische Stadt im 2. Jh. n. Chr., Koll. in Xanten Mai 1990, Köln 1992, 359–376.

ECK 1992/93 = W. ECK, Urbs Salvia und seine führenden Familien in der römischen Zeit, *Picus* 12/13, 1992/93, 79–108.

ECK 1993 = W. ECK, Ein Brief des Antoninus Pius an eine baetische Gemeinde, in: F. HEIDERMANNS/H. RIX/E. SEEBOLD (Hg.), Sprachen und Schriften des antiken Mittelmeerraumes, Festschrift für J. Untermann zum 65. Geburtstag, Innsbruck 1993, 63–74.

ECK 1993a = W. ECK, Ein Militärdiplom für die Auxiliareinheiten von Syria Palaestina aus dem Jahr 160 n. Chr., *Kölner Jahrbuch* 26, 1993, 451–459.

ECK 1993b = W. ECK, Überlieferung und historische Realität: ein Grundproblem prosopographischer Forschung, in: W. ECK (Hg.), Prosopographie und Sozialgeschichte. Studien zur Methodik und Erkenntnismöglichkeit der kaiserzeitlichen Prosopographie: Kolloquium, Köln, 24.–26. November 1991, Köln 1993, 365–396.

ECK 1994 = W. ECK, Die Bedeutung der claudischen Regierungszeit für die administrative Entwicklung des römischen Reiches, in: V.M. STROCKA (Hg.), Die Regierungszeit des Kaisers Claudius (41–54 n. Chr.). Umbruch oder Episode?, Mainz 1994, 23–34.

ECK 1994a = W. ECK, Kaiserliches Handeln in italischen Städten, in: L'Italie d'Auguste à Dioclétien, Actes du colloque Rome 25–28 mars 1992, Rom 1994, 329–351.

ECK 1994b = W. ECK, Statuendedikanten und Selbstdarstellung in römischen Städten, in: L'Afrique, la Gaule, la Religion à l'époque romaine. Mélanges à la mémoire de M. Le Glay, Brüssel 1994, 650–662.

ECK 1995 = W. ECK, Augustus' administrative Reformen: Pragmatismus oder systematisches Planen?, in: ECK 1995e, 83–102.

ECK 1995a = W. ECK, *Cura viarum* und *cura operum publicorum* als kollegiale Ämter im frühen Prinzipat, in: ECK 1995e, 281–293.

ECK 1995b = W. ECK, Die italischen *legati Augusti propraetore* unter Hadrian und Antoninus Pius, in: ECK 1995e, 315–326.

ECK 1995c = W. ECK, Die staatliche Administration des römischen Reiches in der Hohen Kaiserzeit – ihre strukturellen Komponenten, in: ECK 1995e, 1–28.

ECK 1995d = W. ECK, Die Umgestaltung der politischen Führungsschicht – Senatorenstand und Ritterstand, in: ECK 1995e, 103–158.

ECK 1995e = W. ECK, Die Verwaltung des römischen Reiches in der Hohen Kaiserzeit. Ausgewählte und erweiterte Beiträge, hg. von R. FREI-STOLBA und M.A. SPEIDEL, Bd. 1, Basel 1995.

ECK 1995f = W. ECK, Provinz – Ihre Definition unter politisch-administrativem Aspekt, in: H. VON HESBERG (Hg.), Was ist eigentlich Provinz? Zur Beschreibung eines Bewußtseins, Köln 1995, 15–32.

ECK 1995g = W. ECK, „Tituli honorarii", curriculum vitae und Selbstdarstellung in der Hohen Kaiserzeit, in: H. SOLIN/O.SALOMIES/U.-M. LIERTZ (Hg.), Acta colloquii epigraphici Latini Helsingiae 3.–6. sept. 1991 habiti, Helsinki 1995, 211–237.

ECK 1996 = W. ECK, Epigrafi e costruzioni sepolcrali nella necropoli sotto S. Pietro. A proposito del valore di messaggio delle iscrizioni funebri nel contesto dei complessi sepolcrali, in: ECK/PANCIERA 1996, 251–269.

ECK 1997 = W. ECK, Cum dignitate otium. Senatorial domus in Imperial Rome, *Scripta Classica Israelica* 16, 1997, 162–190.

Eck 1997a = W. Eck, Der Euergetismus im Funktionszusammenhang der kaiserzeitlichen Städte, in: M. Christol/O. Masson (Hg.), Actes du Xe Congrès International d'Épigraphie Grecque et Latine, Nîmes, 4–9 octobre 1992, Paris 1997, 306–331.

Eck 1997b = W. Eck, Lateinische Epigraphik, in: F. Graf (Hg.), Einleitung in die lateinische Philologie, Stuttgart 1997, 92–111.

Eck 1997c = W. Eck, Zu kleinasiatischen Inschriften (Ephesos; Museum Bursa), ZPE 117, 1997, 107–116.

Eck 1998 = W. Eck, Die Bedeutung der claudischen Regierungszeit für die administrative Entwicklung des römischen Reiches, in: Eck 1998c, 147–165.

Eck 1998a = W. Eck, Die nichtsenatorische Administration, in: Eck 1998c, 67–106.

Eck 1998b = W. Eck, Die religiösen und kultischen Aufgaben der römischen Statthalter, in: Eck 1998c, 203–217.

Eck 1998c = W. Eck, Die Verwaltung des römischen Reiches in der Hohen Kaiserzeit. Ausgewählte und erweiterte Beiträge, hg. von R. Frei-Stolba und M.A. Speidel, Bd. 2, Basel 1998.

Eck 1998d = W. Eck, Documenti amministrativi: Pubblicazione e mezzo di autorappresentazione, in: G. Paci (Hg.), Epigrafia Romana in Area Adriatica, Actes de la IXe rencontre franco-italienne sur l'épigraphie du monde Romain, Macerata 1995, Pisa/Rom 1998, 343–366.

Eck 1998e = W. Eck, Ein Prokuratorenpaar von Syria Palaestina in P. Berol. 21652, ZPE 123, 1998, 249–256.

Eck 1999 = W. Eck, „Ehrenvoll entlassen." Eine *tabula honestae missionis* für einen Bonner Veteranen aus dem Jahre 230 n. Chr., Rhein. Landesmuseum Heft 1, 1999, 12–17.

Eck 1999a = W. Eck, Elite und Leitbilder in der römischen Kaiserzeit, in: J. Dummer/M. Vielberg (Hg.), Leitbilder der Spätantike – Eliten und Leitbilder, Stuttgart 1999, 31–55.

Eck 1999b = W. Eck, Flavius Iuncus, Bürger von Flavia Neapolis und kaiserlicher Prokurator, Gedenkschrift zu Ehren von U. Vogel-Weidemann, Acta Classica 42, 1999, 67–75.

Eck 1999c = W. Eck, L'Italia nell'Impero Romano. Stato e amministrazione in epoca imperiale, Bari 1999².

Eck 1999d = W. Eck, *Ordo equitum Romanorum, ordo libertorum:* Freigelassene und ihre Nachkommen im römischen Ritterstand, in: S. Demougin/H. Devijver/M.-T. Raepsaet-Charlier (Hg.), L'ordre équestre, Histoire d'une aristrocratie, IIe siècle av. J.-C. – IIIe siècle ap. J.-C.: Actes du colloque international, Bruxelles-Leuven, 5–7 octobre 1995, Paris 1999, 5–29.

Eck 1999e = W. Eck, Sepulcrum, in: Lexicon Topographicum Urbis Romae V, Rom 1999, 289.

Eck 1999f = W. Eck, The Bar Kohkba Revolt. The Roman Point of View, JRS 89, 1999, 76–89.

Eck 1999g = W. Eck, Zur Einleitung. Römische Provinzialadministration und die Erkenntnismöglichkeiten der epigraphischen Überlieferung, in: W. Eck (Hg.), Lokale Autonomie und römische Ordnungsmacht in den kaiserzeitlichen Provinzen vom 1. bis 3. Jahrhundert, München 1999, 1–15.

Eck 2000 = W. Eck, Latein als Sprache politischer Kommunikation in Städten der östlichen Provinzen, Chiron 30, 2000, 641–660.

Eck 2000a = W. Eck, Provincial Administration and Finance, CAH XI, Cambridge 2000, 266–292.

Eck 2000b = W. Eck, The Growth of Administrative Posts, CAH XI, Cambridge 2000, 238–265.

Eck 2001 = W. Eck, Die große Pliniusinschrift aus Comum: Funktion und Monument, in: A. Bertinelli/A. Donati (Hg.), Varia Epigraphica. Atti del Colloquio Internazionale di Epigrafia, Bertinoro, 8–10 giugno 2000, Faenza 2001, 225–235.

Eck 2001a = W. Eck, Ein Spiegel der Macht. Lateinische Inschriften römischer Zeit in Iudaea/Syria Palaestina, ZDPV 117, 2001, 47–63.

Eck 2001b = W. Eck, Spezialisierung in der staatlichen Administration des Römischen Reiches in der Hohen Kaiserzeit, in: L. de Blois (Hg.), Administration, Prosopography and Appointment

Policies in the Roman Empire. Proceedings of the First Workshop of the International Network: Impact of Empire (Roman Empire, 27 B.C.-A.D. 406), Amsterdam 2001, 1–23.

ECK 2002 = W. ECK, Ein Kölner in Rom? T. Flavius Constans als kaiserlicher Prätorianerpräfekt, in: A. RIECHE/H.-J. SCHALLES/M. ZELLE (Hg.), Grabung – Forschung – Präsentation. Festschrift Gundolf Precht, Xantener Berichte 12, Mainz 2002, 37–42.

ECK 2002a = W. ECK, Imperial Administration and Epigraphy: in Defence of Prosopography, in: A.K. BOWMAN/H.M. COTTON/M. GOODMAN/S. PRICE (Hg.), Representations of Empire. Rome and the Mediterranean World, Oxford 2002, 131–152.

ECK 2002b = W. ECK, L'empereur romain chef de l'armée. Le témoignage des diplômes militaires, *Cahiers de Centre Gustave Glotz* 13, 2002, 93–112.

ECK 2002c = W. ECK, Zum Zeitpunkt des Wechsels der *tribunicia potestas* des Philippus Arabs und anderer Kaiser, *ZPE* 140, 2002, 257–261.

ECK 2003 = W. ECK, Der Kaiser als Herr des Heeres. Militärdiplome und kaiserliche Reichsregierung, in: J. WILKES (Hg.), Documenting the Roman Army, BICS Suppl. 81, London 2003, 55–87.

ECK 2003a = W. ECK, Devotus numini maiestatique eorum. Repräsentation und Propagierung der Tetrarchie unter Diocletian, in: H. VON HESBERG/W. THIEL (Hg.), Medien in der Antike. Kommunikative Qualität und normative Wirkung, Köln 2003, 51–62.

ECK 2003b = W. ECK, Eine Bürgerrechtskonstitution Vespasians aus dem Jahr 71 n. Chr. und die Aushebung von brittonischen Auxiliareinheiten, *ZPE* 143, 2003, 220–228.

ECK 2003c = W. ECK, The Language of Power: Latin Reflected in the Inscriptions of Judaea/Syria Palaestina, in: L.H. SCHIFFMAN (Hg.), Semitic Papyrology in Context: A Climate of Creativity. Papers from a New York University conference marking the retirement of Baruch A. Levine, Boston 2003, 125–144.

ECK 2004 = W. ECK, Augustus und die Großprovinz Germanien, *KJb* 37, 2004 [2006], 11–22.

ECK 2004a = W. ECK, Köln in römischer Zeit. Geschichte einer Stadt im Rahmen des Imperium Romanum, Köln 2004.

ECK 2004b = W. ECK, Lateinisch, Griechisch, Germanisch …? Wie sprach Rom mit seinen Untertanen? in: L. DE LIGT/E.A. HEMELRIJK/H.W. SINGOR (Hg.), Roman rule and civic life: Local and regional perspectives. Proceedings of the Fourth Workshop of the International Network Impact of Empire (Roman Empire, c. 200 B.C. – A.D. 476), Leiden, June 25–28, 2003, Amsterdam 2004, 3–19.

ECK 2005 = W. ECK, Auf der Suche nach Personen und Persönlichkeiten: *Cursus honorum* und Biographie, in: K. VÖSSING (Hg.), Biographie und Prosopographie. Festschrift zum 65. Geburtstag von A.R. Birley, Stuttgart 2005, 53–72.

ECK 2006 = W. ECK, Der Kaiser und seine Ratgeber. Überlegungen zum inneren Zusammenhang von amici, comites und consiliarii am römischen Kaiserhof, in: A. KOLB (Hg.), Herrschaftsstrukturen und Herrschaftspraxis: Konzepte, Prinzipien und Strategien der Administration im römischen Kaiserreich, Berlin 2006, 67–77.

ECK 2006a = W. ECK, Der praefectus annonae: ein Superminister im Imperium Romanum? Heeresversorgung und *praefectura annonae:* nicht eine Großadministration, sondern zwei getrennte administrative Welten, Xantener Berichte 14, 2006, 49–57.

ECK 2006b = W. ECK, Herrschaft und Kommunikation in antiken Gesellschaften: Das Beispiel Rom, in: U. PETER/S. SEIDLMAYER (Hg.), Mediengesellschaft Antike? Information und Kommunikation vom Alten Ägypten bis Byzanz, Berlin 2006, 11–33.

ECK 2006c = W. ECK, Sex. Iulius Frontinus, kaiserlicher Statthalter in Germanien, Schriftenreihe der Frontinus-Gesellschaft 27, 2006, 49–60.

ECK 2007 = W. ECK, Die Ausstellung von Bürgerrechtskonstitutionen: Ein Blick in den Arbeitsalltag des römischen Kaisers, in: A. BARONI (Hg.), Amministrare un Impero. Roma e le sue province, Trento 2007, 89–108.

ECK 2007a = W. ECK, Die Inschrift: Fragment einer Kultur, in: Acta XII Congressus Internationalis Epigraphiae Graecae et Latinae, Barcelona 2007, 449–460.

ECK 2007b = W. ECK, Die politisch-administrative Struktur der kleinasiatischen Provinzen während der hohen Kaiserzeit, in: G. URSO (Hg.), Tra Oriente e Occidente. Indigeni, Greci e Romani in Asia Minore, Atti del convegno internazionale, Cividale del Friuli, 28–30 settembre 2006, Pisa 2007, 189–207.

ECK 2007c = W. ECK, Die Veränderungen in Konstitutionen und Diplomen unter Antoninus Pius, in: SPEIDEL/LIEB 2007, 87–104.

ECK 2007d = W. ECK, La Romanisation de la Germanie, Paris 2007.

ECK 2007e = W. ECK, Rom herausfordern: Bar Kochba im Kampf gegen das Imperium Romanum. Das Bild des Bar Kochba-Aufstandes im Spiegel der neuen epigraphischen Überlieferung, Rom 2007.

ECK 2007f = W. ECK, Rom und Judaea. Fünf Vorträge zur römischen Herrschaft in Palaestina, Tübingen 2007.

ECK 2007g = W. ECK, The Age of Augustus, Oxford 2007^2.

ECK 2008a = W. ECK, Die Bauinschrift der neronischen Thermen in Patara. Zur methodischen Auswertung einer partiell eradierten Inschrift, ZPE 166, 2008, 269–275.

ECK 2008b = W. ECK, Die Benennung von römischen Amtsträgern und politisch-militärisch-administrativen Funktionen bei Flavius Iosephus – Probleme der korrekten Identifizierung, ZPE 166, 2008, 218–226.

ECK 2008c = W. ECK, Die Gründung der Colonia Ulpia Traiana in ihrem politischen Kontext, in: M. MÜLLER/H.J. SCHALLES/N. ZIELING (Hg.), Colonia Ulpia Traiana. Xanten und sein Umland in römischer Zeit, Mainz 2008, 243–255.

ECK 2008d = W. ECK, Militärdiplome als Inschriften der Stadt Rom, in: M.L. CALDELLI/G.L. GREGORI/S. ORLANDI (Hg.), Epigrafia 2006. Atti dell' XIV rencontre sur l'épigraphie in onore di Silvio Panciera con altri contributi di colleghi, allievi e collaboratori, Rom 2008, 1121–1134.

ECK 2008e = W. ECK, Statues and Inscriptions in Iudaea/Syria Palaestina, in: Y.Z. ELIAV/E.A. FRIEDLAND/S. HERBERT (Hg.), The Sculptural Environment of the Roman Near East: Reflections on Culture, Ideology, and Power, Leuven 2008, 273–293.

ECK 2008f = W. ECK, Verkehr und Verkehrsregeln in einer antiken Großstadt. Das Beispiel Rom, in: D. MERTENS (Hg.), Stadtverkehr in der antiken Welt. Internationales Kolloquium zur 175-Jahrfeier des DAI Rom, 21.-24.04.2004, Wiesbaden 2008, 59–69.

ECK 2009 = W. ECK, Consules, consules iterum und consules tertium – Prosopographie und Politik, in: G. ZECCHINI (Hg.), 'Partiti' e fazioni nell'esperienza politica romana, Mailand 2009, 155–181.

ECK 2009a = W. ECK, Diplomacy as part of the administrative process in the Roman Empire, in: C. EILERS (Hg.), Diplomats and Diplomacy in the Roman World, Leiden 2009, 193–207.

ECK 2009b = W. ECK, Friedenssicherung und Krieg in der römischen Kaiserzeit. Wie ergänzt man das römische Heer?, in: A. EICH (Hg.), Die Verwaltung der kaiserzeitlichen römischen Armee. Studien für Hartmut Wolff, Stuttgart 2009, 87–110.

ECK 2009c = W. ECK, No cursus-inscriptions – Zur Funktion des cursus honorum in der inschriftlichen Kommunikation, Scripta Classica Israelica 28, 2009, 79–92.

ECK 2009d = W. ECK, Presence, role and significance of Latin in the epigraphy and culture of the Roman Near East, in: H.M. COTTON/R.G. HOYLAND/J.J. PRICE/D.J. WASSERSTEIN (Hg.), From Hellenism to Islam: Cultural and Linguistic Change in the Roman Near East, Cambridge 2009, 15–42.

ECK 2009e = W. ECK, Rekrutierung für das römische Heer in den Provinzen Kleinasiens: Das Zeugnis der Militärdiplome, in: O. TEKIN (Hg.), Ancient History, Numismatics and Epigraphy in the Mediterranean World. Studies in Memory of Clemens E. Bosch and Sabahat Atlan and in Honour of Nezahat Baydur, Istanbul 2009, 137–142.

Eck 2009f = W. Eck, The Administrative Reforms of Augustus: Pragmatism or Systematic Planning, in: J. Edmondson (Hg.), Augustus, Edinburgh 2009, 229–249.
Eck 2009g = W. Eck, Vespasian und die senatorische Führungsschicht des Reiches, in: L. Capogrossi Colognesi/E. Tassi Scandone (Hg.), La Lex de Imperio Vespasiani e la Roma dei Flavi, Atti del Convegno, 20–22 novembre 2008, Rom 2009, 231–258.
Eck 2010 = W. Eck, Die Donau als Ziel römischer Politik: Augustus und die Eroberung des Balkans, in: L. Zerbini (Hg.), Roma e le province del Danubio. Atti del I Convegno Internazionale, Ferrara – Cento, 15–17 ottobre 2009, Soveria Manelli 2010, 19–33.
Eck 2010a = W. Eck, Milites et pagani. Die Stellung der Soldaten in der römischen Gesellschaft, in: A. Corbino/M. Humbert/G. Negri (Hg.), Homo, caput, persona. La costruzione giuridica dell'identità nell'esperienza romana, Pavia 2010, 597–630.
Eck 2010b = W. Eck, Monument und Inschrift. Gesammelte Aufsätze zur senatorischen Repräsentation der Kaiserzeit, hg. von W. Ameling und J. Heinrichs, Berlin 2010, 143–174.
Eck 2010c = W. Eck, s.v. Claudius Etruscus, Vater des, Handwörterbuch der antiken Sklaverei (HAS) I-III (2010).
Eck 2010d = W. Eck, The Administrative Reforms of Augustus: Pragmatism or Systematic Planning, in: J. Edmondson (Hg.), Augustus, Edinburgh 2010, 229–249.
Eck 2010e = W. Eck, Weihungen an Iupiter Optimus Maximus Heliopolitanus, Venus und Mercur in Beirut und in Obergaliläa, *Chiron* 40, 2010, 175–185.
Eck 2011 = W. Eck, Die römischen Repräsentanten in Judaea: Provokateure oder Vertreter der römischen Macht?, in: M. Popović (Hg.), The Jewish Revolt against Rome. Interdisciplinary Perspectives, Leiden 2011, 45–68.
Eck 2011a = W. Eck, Professionalität als Element der politisch-administrativen und militärischen Führung. Ein Vergleich zwischen der Hohen Kaiserzeit und dem 4. Jh. n. Chr., in: P. Eich/S. Schmidt-Hofner/C. Wieland (Hg.), Der wiederkehrende Leviathan: Staatlichkeit und Staatswerdung in Spätantike und Früher Neuzeit, Heidelberg 2011, 97–115.
Eck 2011b = W. Eck, Septimius Severus und die Soldaten Das Problem der Soldatenehe und ein neues Auxiliardiplom, in: B. Onken/D. Rohde (Hg.), *in omni historia curiosus*. Studien zur Geschichte von der Antike bis zur Neuzeit. Festschrift für Helmuth Schneider zum 65. Geburtstag, Wiesbaden 2011, 63–77.
Eck 2012 = W. Eck, Bürokratie und Politik. Administrative Routine und politische Reflexe in Bürgerrechtskonstitutionen der römischen Kaiser, Wiesbaden 2012.
Eck 2012a = W. Eck, Caesarea Maritima – eine römische Stadt? in: A. Hartmann/G. Weber (Hg.), Zwischen Antike und Moderne. Festschrift für J. Malitz zum 65. Geburtstag, Speyer 2012, 233–244.
Eck 2012b = W. Eck, Der Anschluß der kleinasiatischen Provinzen an Vespasian und ihre Restrukturierung unter den Flaviern, in: L. Capogrossi Colognesi/E. Tassi Scandone (Hg.), Vespasiano e l'impero dei Flavi, Roma 2012, 27–44.
Eck 2012c = W. Eck, Der Bar Kochba-Aufstand der Jahre 132–136 und seine Folgen für die Provinz Judaea/Syria Palaestina, in: P. Urso (Hg.), Iudaea socia – Iudaea capta, Atti del convegno internazionale Cividale del Friuli, 22–24 settembre 2011, Pisa 2012, 249–265.
Eck 2012d = W. Eck, *Diplomata militaria* für Prätorianer, vor und seit Septimius Severus. Eine Bestandsaufnahme und ein Erklärungsversuch, *Athenaeum* 100, 2012, 321–336.
Eck 2012e = W. Eck, Eine Konstitution für das Heer von Germania superior mit der praeterea-Formel zum Bürgerrecht der Soldatenkinder aus dem Jahr 142, *ZPE* 183, 2012, 179–184.
Eck 2012f = W. Eck, Iulius Tarius Titianus als Statthalter von Syria Palaestina in der Herrschaftszeit Elagabals in Inschriften aus Caesarea Maritima und Hippos, *Gephyra* 9, 2012, 69–73.
Eck 2012 g = W. Eck, Tod in Raphia. Kulturtransfer aus Pannonien nach Syria Palaestina, *ZPE* 184, 2012, 117–125.

Eck 2013 = W. Eck, Die Fasti consulares der Regierungszeit des Antoninus Pius. Eine Bestandsaufnahme seit Géza Alföldys Konsulat und Senatorenstand, in: W. Eck/B. Fehér/P. Kovács (Hg.), Studia Epigraphica in memoriam Géza Alföldy, Bonn 2013, 69–90.

Eck 2013a = W. Eck, Die kaiserliche Bürgerrechtspolitik im Spiegel der Militärdiplome – ein Thema Hartmut Wolffs, Passauer Jahrbuch 55, 2013, 9–24.

Eck 2013b = W. Eck, Konsuln des Jahres 117 in Militärdiplomen Traians mit tribunicia potestas XX, ZPE 185, 2013, 235–238.

Eck 2013c = W. Eck, La loi municipale de Troesmis: données juridiques et politiques d'une inscription récemment découverte, Revue historique du droit français et étranger 91, 2013, 199–213.

Eck 2013d = W. Eck, Wie römisch war das caput Iudaeae, die Colonia Prima Flavia Caesariensis?, in: R. Boustan/K. Hermann/R. Leicht/A. Yoshiko Reed/G Veltri (Hg.), Envisioning Judaism: Studies in Honor of Peter Schäfer on the Occasion of his Seventieth Birthday, vol. I, Tübingen 2013, 91–105.

Eck 2013e = W. Eck, Zur Analyse der Kriterien politisch-administrativer Entscheidungsprozesse der römischen Kaiser von Augustus bis Phocas, JRA 26, 2013, 925–929.

Eck 2014 = W. Eck, Augustus und seine Zeit, München 2014⁶.

Eck 2014a = W. Eck, Das Leben römisch gestalten. Ein Stadtgesetz für das Municipium Troesmis aus den Jahren 177–180 n.Chr., in: S. Benoist/G. de Kleijn (Hg.), Integration in Rome and in the Roman World, Impact of empire 17, Leiden 2014, 75–88.

Eck 2014b = W. Eck, Divus Augustus: Das Fortwirken seiner Politik im Imperium Romanum, in: M. Horster/F. Schuller (Hg.), Augustus. Herrscher an der Zeitenwende, Regensburg 2014, 170–185.

Eck 2014c = W. Eck, Judäa – Syria Palästina. Die Auseinandersetzung einer Provinz mit römischer Politik und Kultur, Tübingen 2014.

Eck 2014d = W. Eck, Milites et pagani. La posizione dei soldati nella società romana, Rationes Rerum 3, 2014, 11–54.

Eck 2014e = W. Eck, Public Documents on Bronze: A Phenomenon of the Roman West? in: J. Bodel/A. Scafuro (Hg.), Ancient Documents and their Contexts. First North American Congress of Greek and Latin Epigraphy 2011, Leiden 2014, 127–151.

Eck 2015 = W. Eck, Senatoren und Ritter aus den Städten Italiens nördlich des Po: der Weg der Integration, in: G. Cresci Marrone (Hg.), Trans Padum… usque ad Alpes. Roma tra il Po e le Alpi: dalla romanizzazione alla romanità. Atti del convegno Venezia 13–15 maggio 2014, Rom 2015, 130–139.

Eck 2016 = W. Eck, Die augusteische Ehegesetzgebung und ihre Zielsetzung. Die lex Iulia de maritandis ordinibus, die lex Papia Poppaea und ein commentarius des Jahres 5 n.Chr. als Grundlage der lex Papia Poppaea, in: Immortalis Augustus. Presenze, riusi e ricorrenze. A duemila anni dalla morte di Augusto, Maia 68, 2016, 282–299.

Eck 2016a = W. Eck, Die lex Troesmensium: ein Stadtgesetz für ein municipium civium Romanorum. Publikation der erhaltenen Kapitel und Kommentar, ZPE 200, 2016, 565–606.

Eck 2016b = W. Eck, Herodes und die augusteische Politik im östlichen Mittelmeer, in: J.K. Zangenberg (Hg.), Herodes. König von Judäa, Darmstadt 2016, 16–30.

Eck 2016c = W. Eck, Herrschaftssicherung und Expansion: Das römische Heer unter Augustus, in: G. Negri/A. Valvo (Hg.), Studi su Augusto. In occasione del XX centenario della morte, Turin 2016, 77–94.

Eck 2016d = W. Eck, Soldaten und Veteranen des römischen Heeres in Iudaea/Syria Palaestina und ihre inschriftlichen Zeugnisse, in: C. Cordoni/G. Langer (Hg.), Let the Wise Listen and add to Their Learning (Prov 1:5). Festschrift for Günter Stemberger on the Occasion of his 75th Birthday, Berlin 2016, 127–140.

Eck 2017 = W. Eck, Das Heer als Machtfaktor im Ordnungsgefüge des augusteischen Prinzipats, in: Augusto. La costruzione del principato. Roma, 4–5 dicembre 2014. Atti dei Convegni Lincei 309, Rom 2017, 239–255.

Eck 2017a = W. Eck, Einladung zum Fest in der Stadt, in: A.W. Busch/J. Griesbach/J. Lipps (Hg.), Urbanitas – Urbane Qualitäten. Die antike Stadt als kulturelle Selbstverwirklichung. Kolloquium zu Ehren von Henner v. Hesberg 19.–21. Dezember 2012 in München, Mainz 2017, 53–66.

Eck 2017b = W. Eck, Geschriebene Kommunikation: 200 Jahre kaiserliche Politik im Spiegel der Bürgerrechtskonstitutionen, in: S. Segenni/M. Bellomo, Epigrafia e politica. Il contributo della documentazione epigrafica allo studio delle dinamiche politiche nel mondo romano, Mailand 2017, 7–26.

Eck 2017c = W. Eck, Rechtsunsicherheit heilen: Hadrian und seine Prätorianer am Beginn seiner Regierung, in: J.C. Bermejo Barrera/M. García Sánchez (Hg.), ΔΕΣΜΟΙ ΦΙΛΙΑΣ. Studies in Ancient History in Honour of F. Javier Fernández Nieto, Barcelona 2017, 137–144.

Eck 2017d = W. Eck, Senatus consulta in lateinischen Inschriften aus den Provinzen, *Quaderni Lupinesi* 7, 2017, 31–55.

Eck 2018 = W. Eck, Das letzte Diplom für einen Auxiliarsoldaten aus dem Jahr 206 n. Chr. – der Text der Innenseite, *ZPE* 208, 2018, 237–244.

Eck 2018a = W. Eck, Die Neuorganisation der Provinzen und Italiens unter Diokletian, in: W. Eck/S. Puliatti (Hg.), Diocleziano e la frontiera giuridica dell'impero, Pavia 2018, 513–553.

Eck 2018b = W. Eck, Korrekturen zu stadtrömischen Inschriften, *ZPE* 206, 2018, 242–246.

Eck 2018c = W. Eck, Soldaten aus den Donauprovinzen in der Prätorianergarde. Zum Erdbeben in Syrien aus dem Jahr 115 und zum Edikt Hadrians aus dem Jahr 119, *ZPE* 206, 2018, 199–201.

Eck 2019 = W. Eck, At Magnus Caesar, and Yet! Social Resistance against Augustan Legislation, in: K. Morrell/J. Osgood/K. Welch (Hg.), The Alternative Augustan Age, Oxford 2019, 78–95.

Eck 2019a = W. Eck, Comites senatorischer Magistrate in den kaiserzeitlichen Provinzen, in: A. Bencivenni/A. Cristofori/F. Muccioli/C. Salvaterra (Hg.), Philobiblos. Scritti in onore di Giovanni Geraci, Mailand 2019, 377–387.

Eck 2019b = W. Eck, Die Bürgerrechtskonstitutionen als serielle Quellengattung und proconsul als Element in der Titulatur der römischen Kaiser, in: A. Heller/C. Müller/A. Suspène (Hg.), Philorhômaios kai philhellèn. Mélanges J.-L. Ferrary, Genf 2019, 481–500.

Eck 2019c = W. Eck, Die prokuratorische Laufbahn des Ritters Ti. Claudius Ilus aus Cumae in der angeblichen inscriptio falsa CIL X 270*, *Epigraphica* 81, 2019, 85–102.

Eck 2019d = W. Eck, Nebeneinander oder miteinander? Die Aussagekraft der verschiedenen Sprachen auf Inschriften in Iudaea-Palaestina, in: P. Amann/T. Corsten/F. Mitthof/H. Taeuber (Hg.), Sprachen – Schriftkulturen – Identitäten der Antike. Beiträge des XV. Internationalen Kongresses für Griechische und Lateinische Epigraphik, Wien, 28. August bis 1. September 2017. Fest- und Plenarvorträge, Wien 2019, 43–58.

Eck 2020 = W. Eck, CIL XI 6011 und der Tod des Volusenus Clemens in Aquitanien, *ZPE* 215, 2020, 305–309.

Eck 2020a = W. Eck, Der Einschluss der Kinder in kaiserliche Bürgerrechtskonstitutionen nach der „Reform" des Antoninus Pius im Jahr 140: Einblicke in die römische Administration, in: L.L. Brice/A. Gatzke/M. Trundle (Hg.), People and Institutions in the Roman Empire: Essays in Memory of Garrett G. Fagan, Leiden 2020, 69–82.

Eck 2020b = W. Eck, Eine spätantike Patronatstafel für einen Valerius Cassianus, *ZPE* 213, 2020, 243–245.

Eck 2020c = W. Eck, Korrekturen zu Militärdiplomen, *ZPE* 216, 2020, 279–281.

Eck 2020d = W. Eck, Organisation der Steuer- und Abgabenerhebung in Gallien und Germanien von Augustus bis ins 3. Jh. n. Chr. – ihr Reflex in den epigraphischen Zeugnissen, in: C. Soraci

(Hg.), Fiscalità ed Epigrafia nel Mondo Romano. Atti del Convegno Internazionale, Catania, 28–29 Giugno 2019, Biblioteca aperta 1, Roma 2020, 35–49.

Eck 2020e = W. Eck, Zur Entstehung der kaiserlichen Gladiatorenschulen in Rom: Der ludus Dacicus, *Picus* 40, 2020, 55–67.

Eck 2021 = W. Eck, Über den Tag hinaus: Petrifiziertes Fortleben für die Mit- und Nachwelt, in: D. Boschung/L. Jaeger, ›Wort‹ und ›Stein‹. Differenz und Kohärenz kultureller Ausdrucksformen, Morphomata Bd. 51, Paderborn 2021, 139–172.

Eck 2021a = W. Eck, Judäa als Teil der Provinz Syrien im Spannungsfeld zwischen den Legaten von Syrien und den ritterlichen Funktionsträgern in Judäa von 6–66 n.Chr., in: A. Giambrone (Hg.), Rethinking the Jewish War (66–74 CE): Archeology, Society, Tactics, and Traditions. Études bibliques 84, Leuven 2021, 123–137.

Eck 2021b = W. Eck, The Extraordinary Roman Military Presence in Iudaea from 70 AD until the Third Century, in: M. Eisenberg/R. Khamisy (Hg.), The Art of Siege Warfare and Military Architecture from the Classical World to the Middle Ages, Oxford 2021, 119–127.

Eck 2021c = W. Eck, Ein Flottendiplom von 160 n.Chr. aus dem Nachlass von John Casey, *ZPE* 218, 2021, 289–294.

Eck 2021d = W. Eck, Die Ubier und ihre autochthone Religion, in: M.J. Estarán Tolosa/E. Dupraz/M. Aberson (Hg.), Des mots pour les dieux – dédicaces cultuelles dans les langues indigènes de la méditerranée occidentale, Bern 2021, 353–362.

Eck 2021e = W. Eck, The imperial Senate: Center of a multi-national empire', in: J. Price/Y. Shahar/M. Finkelberg (Hg.), Rome: An Empire of Many Nations, in honor of Ben Isaac, Cambridge 2021, 29–41.

Eck, in Vorbereitung = W. Eck, Mausoleen, erbaut für wen? Familien und ihr soziales Umfeld, gespiegelt in den Inschriften und Grabbauten der Nekropole unter St. Peter, Kolloquium Rom Februar 2018 zu Ehren Henner v. Hesberg, in Vorbereitung.

Eck/Caballos/Fernández 1996 = W. Eck/A. Caballos/F. Fernández, Das senatus consultum de Cn. Pisone patre, München 1996.

Eck/Casey 2021 = W. Eck/J. Casey, Ein Flottendiplom von 160 n.Chr. aus dem Nachlass von John Casey, *ZPE* 218, 2021, 285–288.

Eck/Drew-Bear/Herrmann 1977 = W. Eck/T. Drew-Bear/P. Herrmann, Sacrae litterae, *Chiron* 7, 1977, 355–384.

Eck/Heinrichs 1993 = W. Eck/J. Heinrichs, Sklaven und Freigelassene in der Gesellschaft der römischen Kaiserzeit. Textauswahl und Übersetzung, Darmstadt 1993.

Eck/Holder/Pangerl 2010 = W. Eck/P. Holder/A. Pangerl, A Diploma for the Army of Britain in 132 and Hadrian's return to Rome from the East, *ZPE* 174, 2010, 189–200.

Eck/Holder/Pangerl/Weiss 2015 = W. Eck/P. Holder/A. Pangerl/P. Weiss, Ein überraschendes Phänomen: Neue Zeugen in zwei Diplomen für die Truppen von Moesia inferior vom 11. Oktober 146, *ZPE* 195, 2015, 222–230.

Eck/MacDonald/Pangerl 2003 = W. Eck/D. MacDonald/A. Pangerl, Die Krise des römischen Reiches unter Marc Aurel und ein Militärdiplom aus dem Jahr 177(?), *Chiron* 33, 2003, 365–377.

Eck/Navarro 1998 = W. Eck/F.J. Navarro, Das Ehrenmonument der Colonia Carthago für L. Minicius Natalis Quadronius Verus in seiner Heimatstat Barcino, *ZPE* 123, 1998, 237–248.

Eck/Panciera 1996 = W. Eck/S. Panciera (Hg.), Tra epigrafia, prosopografia e archeologia. Scritti scelti, rielaborati ed aggiornati, Rom 1996.

Eck/Pangerl 2003 = W. Eck/A. Pangerl, Sex. Iulius Frontinus als Legat des niedergermanischen Heeres. Zu neuen Militärdiplomen in den germanischen Provinzen, *ZPE* 143, 2003, 205–219.

Eck/Pangerl 2003a = W. Eck/A. Pangerl, Vater, Mutter, Schwestern, Brüder… Zu einer außergewöhnlichen Bürgerrechtsverleihung in einer Konstitution des Jahres 121 n.Chr., *Chiron* 33, 2003, 347–364.

Eck/Pangerl 2004 = W. Eck/A. Pangerl, Eine Bürgerrechtskonstitution für zwei Veteranen des kappadokischen Heeres. Zur Häufigkeit von Bürgerrechtskonstitutionen für Auxiliarsoldaten, ZPE 150, 2004, 233–241.

Eck/Pangerl 2004a = W. Eck/A. Pangerl, Neue Diplome für die Heere von Germania superior und Germania inferior, ZPE 148, 2004, 259–268.

Eck/Pangerl 2005 = W. Eck/A. Pangerl, Neue Konsuldaten in neuen Diplomen, ZPE 152, 2005, 229–262.

Eck/Pangerl 2005a = W. Eck/A. Pangerl, Neue Militärdiplome für die Provinzen Syria und Iudaea/Syria Palaestina, SCI 24, 2005, 101–118.

Eck/Pangerl 2005b = W. Eck/A. Pangerl, Neue Militärdiplome für die Truppen der mauretanischen Provinzen, ZPE 153, 2005, 187–206.

Eck/Pangerl 2005c = W. Eck/A. Pangerl, Zwei Konstitutionen für die Truppen Niedermösiens vom 9. September 97, ZPE 151, 2005, 185–192.

Eck/Pangerl 2006 = W. Eck/A. Pangerl, Die Konstitution für die classis Misenensis aus dem Jahr 160 und der Krieg gegen Bar Kochba unter Hadrian, ZPE 155, 2006, 239–252.

Eck/Pangerl 2007 = W. Eck/A. Pangerl, Neue Diplome für Flotten in Italien, ZPE 163, 2007, 217–232.

Eck/Pangerl 2007a = W. Eck/A. Pangerl, Neue Diplome für die Hilfstruppen von Britannia, ZPE 162, 2007, 223–234.

Eck/Pangerl 2008 = W. Eck/A. Pangerl, Das erste Diplom für die Flotte von Britannien aus dem Jahr 93 n. Chr., ZPE 165, 2008, 227–231.

Eck/Pangerl 2008a = W. Eck/A. Pangerl, Eine Konstitution für die Auxiliartruppen Syriens unter dem Statthalter Cornelius Nigrinus aus dem Jahr 93, ZPE 165, 2008, 219–226.

Eck/Pangerl 2008b = W. Eck/A. Pangerl, Moesia und seine Truppen. Neue Diplome für Moesia und Moesia superior, Chiron 38, 2008, 317–387.

Eck/Pangerl 2008c = W. Eck/A. Pangerl, Nochmals: „Vater, Mutter, Schwestern, Brüder....", ZPE 165, 2008, 213–218.

Eck/Pangerl 2008d = W. Eck/A. Pangerl, „Vater, Mutter, Schwestern, Brüder .. „: 3. Akt, ZPE 166, 2008, 276–284.

Eck/Pangerl 2008e = W. Eck/A. Pangerl, Zum administrativen Prozess bei der Ausstellung von Bürgerrechts-Konstitutionen. Neue Diplome für die Flotte von Misenum aus dem Jahr 119, in: H. Börm/N. Ehrhardt (Hg.), Monumentum et instrumentum inscriptum. Beschriftete Objekte aus der Kaiserzeit und Spätantike als historische Zeugnisse, FS für Peter Weiß zum 65. Geburtstag, Stuttgart 2008, 85–101.

Eck/Pangerl 2008/09 = W. Eck/A. Pangerl, Ein Diplom für die ravennatische Flotte unter dem Präfekten Aurelius Elpidephorus aus dem Jahr 221 n. Chr, AMN 45/46, 2008/09 (2011), 193–205.

Eck/Pangerl 2010 = W. Eck/A. Pangerl, Beobachtungen zu den diplomata militaria für die Provinz Germania inferior, in: F. Naumann-Steckner/B. Päffgen/R. Thomas (Hg.), Archäologie in Ost und West, FS Hellenkemper, Kölner Jahrbuch 43, 2010, 181–195.

Eck/Pangerl 2010a = W. Eck/A. Pangerl, Eine neue Bürgerrechtskonstitution für die Truppen von Pannonia inferior aus dem Jahr 162 mit einem neuen Konsulnpaar, ZPE 173, 2010, 223–236.

Eck/Pangerl 2010b = W. Eck/A. Pangerl, Sex. Iulius Severus, cos. suff. 127, und seine Militärdiplome, ZPE 175, 2010, 247–257.

Eck/Pangerl 2012 = W. Eck/A. Pangerl, Eine Konstitution für die Truppen von Dacia superior aus dem Jahr 142 mit der Sonderformel für Kinder von Auxiliaren, ZPE 181, 2012, 173–182.

Eck/Pangerl 2012a = W. Eck/A. Pangerl, Zwei neue Diplome für die Provinz Syria aus domitianischer und hadrianischer Zeit, ZPE 183, 2012, 234–240.

Eck/Pangerl 2014 = W. Eck/A. Pangerl, Das vierte Diplom für die Provinz Galatia et Cappadocia, ausgestellt im Jahr 99, ZPE 192, 2014, 238–246.

Eck/Pangerl 2015 = W. Eck/A. Pangerl, Bürgerrechtskonstitutionen für die equites singulares Augusti aus dem 2. und 3. Jh., *ZPE* 196, 2015, 211–222.
Eck/Pangerl 2015a = W. Eck/A. Pangerl, Drei Bürgerrechtskonstitutionen für die Auxiliareinheiten von Moesia superior aus traianisch-hadrianischer Zeit, *ZPE* 194, 2015, 223–240.
Eck/Pangerl 2018 = W. Eck/A. Pangerl, Neue Diplome aus der Zeit Hadrians für die beiden mösischen Provinzen, *ZPE* 207, 2018, 219–231.
Eck/Pangerl 2018a = W. Eck/A. Pangerl, Eine Konstitution für abgeordnete Truppen aus vier Provinzen aus dem Jahr 152, *ZPE* 208, 2018, 229–236.
Eck/Pangerl 2018b = W. Eck/A. Pangerl, Neue Diplomzeugnisse für die Truppen in den Donauprovinzen aus dem 2. Jh., *AMN* 55, 2018, 25–42.
Eck/Pangerl 2019 = W. Eck/A. Pangerl, Diplomata militaria für equites singulares, *ZPE* 212, 2019, 241–248.
Eck/Pangerl 2019a = W. Eck/A. Pangerl, Diplome der Kaiser des 3. Jh. für Prätorianer – außer Severus Alexander, *AMN* 56, 2019, 83–107.
Eck/Pangerl 2019b = W. Eck/A. Pangerl, Ein Diplomfragment aus der Zeit Hadrians, wohl ausgestellt für einen Veteranen der Provinz Arabien, *ZPE* 209, 2019, 258–262.
Eck/Pangerl 2019c = W. Eck/A. Pangerl, Konstitutionen für Prätorianer unter Severus Alexander, *ZPE* 211, 2019, 189–214.
Eck/Pangerl 2019d = W. Eck/A. Pangerl, Ein Diplomfragment, zurückgehend auf eine Konstitution aus dem Jahr 178 für das Heer der Provinz Noricum, *ZPE* 210, 2019, 235–238.
Eck/Pangerl 2019e = W. Eck/A. Pangerl, Fragmentarische Militärdiplome aus der Zeit von Domitian bis Commodus, *AMN* 56, 2019, 53–82.
Eck/Pangerl 2019f = W. Eck/A. Pangerl, Neue Diplome für die Truppen in den Donauprovinzen, in G.I. Farkas/R. Neményi/M. Szabó (Hg.), Visy 75. Aritificem commendat opus. Studia in honorem Zosolt Visy, Pécs 2019, 128–145.
Eck/Pangerl 2020 = W. Eck/A. Pangerl, Fragmentarische Diplome aus der hadrianisch-antoninischen Regierungszeit, *AMN* 57, 2020, 89–121.
Eck/Pangerl 2020a = W. Eck/A. Pangerl, Fragmentarische Diplome aus der Zeit zwischen Claudius und Traian, *ZPE* 215, 2020, 285–304.
Eck/Pangerl 2021 = W. Eck/A. Pangerl, Die 12. Kopie einer Konstitution für die Truppen von Mauretania Tingitana aus dem Jahr 153, *ZPE* 217, 2021, 195–200.
Eck/Pangerl/Weiss 2014 = W. Eck/A. Pangerl/P. Weiss, Edikt Hadrians für Prätorianer mit unsicherem römischem Bürgerrecht, *ZPE* 189, 2014, 241–253.
Eck/Pangerl/Weiss 2014a = W. Eck/A. Pangerl/P. Weiss, Ein drittes Exemplar des Edikts Hadrians zugunsten von Prätorianern vom Jahr 119 n.Chr., *ZPE* 191, 2014, 266–268.
Eck/Roxan 1993 = W. Eck/M.M. Roxan, A Military Diploma of AD 85 for the Rome Cohorts, *ZPE* 96, 1993, 67–74.
Eck/Roxan 1998 = W. Eck/M.M. Roxan, Zwei Entlassungsurkunden – *tabulae honestae missionis* – für Soldaten der römischen Auxilien, *Arch. Korrespondenzblatt* 28, 1998, 95–112.
Eck/Vieweger/Zimni 2020 = W. Eck/D. Vieweger/J. Zimni, Die Basis einer Ehrenstatue mit dem cursus honorum für einen senatorischen Amtsträger in Jerusalem, *ZPE* 216, 2020, 273–278.
Eck/von Hesberg 2003 = W. Eck/H. von Hesberg, Der Rundbau eines Dispensator Augusti und andere Grabmäler der frühen Kaiserzeit in Köln – Monumente und Inschriften, *Kölner Jahrbuch* 36, 2003 [2005], 15–205.
Eck/von Hesberg 2004 = W. Eck/H. von Hesberg, Tische als Statuenträger, *Mitteilungen des Deutschen Archäologischen Instituts. Römische Abteilung* 111, 2004 [2006], 143–192.
Eck/Weiss 2001 = W. Eck/P. Weiss, Die Sonderregelungen für Soldatenkinder seit Antoninus Pius. Ein niederpannonisches Militärdiplom vom 11. Aug. 146, *ZPE* 135, 2001, 195–208.
Eck/Wolff 1986 = W. Eck/H. Wolff (Hg.), Heer und Integrationspolitik. Die römischen Militärdiplome als historische Quelle, Köln 1986.

Eck/Zissu 2001 = W. Eck/B. Zissu, A *Nauclerus de oeco poreuticorum* in a New Inscription from Ashkelon/Ascalon, *SCI* 20, 2001, 89–96.

Ecker et al. 2019 = A. Ecker/B. Arubas/M. Heinzelmann/D. Mevorah, Interim report on the inscriptions from the *aedes* of the fort near Tel Shalem, *JRA* 32, 2019, 214–222.

Edelmann-Singer 2015 = B. Edelmann-Singer, Koina und Concilia. Genese, Organisation und sozioökonomische Funktion der Provinziallandtage im römischen Reich, Stuttgart 2015.

Edmondson 2015 = J. Edmondson, The Roman Emperor and local communities of the Roman Empire, in: J.-L. Ferrary/J. Scheid (Hg.), Il princeps romano: autocrate o magistrato? Fattori giuridici e fattori sociali del potere imperiale da Augusto a Commodo, Pavia 2015, 701–729.

A. Eich 2010 = A. Eich, Die Verwaltung der kaiserzeitlichen Armee. Zur Bedeutung militärischer Verwaltungsstrukturen in der Kaiserzeit für die administrative Entwicklung des Imperium Romanum, in: A. Eich (Hg.), Die Verwaltung der kaiserzeitlichen römischen Armee. Studien für Hartmut Wolff, Stuttgart 2010, 9–36.

Eich 2005 = P. Eich, Zur Metamorphose des politischen Systems in der römischen Kaiserzeit: die Entstehung einer „personalen Bürokratie" im langen dritten Jahrhundert, Berlin 2005.

Eich 2006 = P. Eich, Zum Problem der Vermittlung zwischen Mikroökonomie und der Makroebene der Verwaltung, Xantener Berichte 14, 2006, 59–72.

Eich 2007 = P. Eich, Militarisierungs- und Demilitarisierungstendenzen im dritten Jahrhundert n. Chr., in: L. de Blois/E. Lo Cascio (Hg.), The Impact of the Roman Army (200 BC – AD 476), Proceedings of the Sixth Workshop of the International Network Impact of Empire, Leiden 2007, 509–528.

Eich 2008 = P. Eich, Bürokratie in Rom? Grenzen und Nutzen eines Konzepts in der althistorischen Forschung, in: A. Baroni/E. Migliario (Hg.), Amministrare un Impero. Roma e le sue province, Trient 2008, 31–49.

Eilers 2003 = C. Eilers, Josephus' Caesarian Acta: A History of a Dossier, *Society of Biblical Literature Seminar Papers* 42, 2003, 189–213.

Eilers 2004 = C. Eilers, The Date of Augustus' Edict on the Jews (Jos. AJ 16.162–165) and the Career of C. Marcius Censorinus, *Phoenix* 58, 2004, 86–95.

Eliav 2005 = Y. Eliav, God's Mountain: The Temple Mount in Time, Place, and Memory, Baltimore 2005.

Engelmann 1990 = H. Engelmann, Ephesische Inschriften, *ZPE* 89, 1990, 89–94.

Engelmann 2000 = H. Engelmann, Neue Inschriften aus Ephesos XIII, *JÖAI* 69, 2000, 77–94.

Engelmann/Knibbe 1989 = H. Engelmann/D. Knibbe, Das Zollgesetz der Provinz Asia, Eine neue Inschrift aus Ephesos, *Epigraphica Anatolica* 14, 1989.

Engfer 2017 = K. Engfer, Die private Munifizenz der römischen Oberschicht in Mittel- und Süditalien. Eine Untersuchung lateinischer Inschriften unter dem Aspekt der Fürsorge, Wiesbaden 2017.

Erkelenz 2003 = D. Erkelenz, Optimo praesidi, Bonn 2003.

Erkelenz 2007 = D. Erkelenz, Die administrative Feuerwehr? Überlegungen zum Einsatz ritterlicher Offiziere in der Provinzialadministration, in: R. Haensch/J. Heinrichs (Hg.), Herrschen und Verwalten. Der Alltag der römischen Administration in der Hohen Kaiserzeit, Köln 2007, 289–305.

Evans 1978 = J.K. Evans, The Role of *suffragium* in Imperial Political Decision-making: A Flavian Example, *Historia* 27, 1978, 102–128.

Faoro 2011 = D. Faoro, *Praefectus, procurator, praeses*. Genesi delle cariche presidiali equestri nell'Alto Impero Romano, Florenz 2011.

Faoro 2015 = D. Faoro, *Gentes e civitates adtributae*. Fenomeni contributivi della romanità cisalpina, *Simblos* 6, 2015, 165–209.

Faoro 2016 = D. Faoro, I prefetti d'Egitto da Augusto a Commodo, Bologna 2016.

FAORO 2017 = D. FAORO, Delatio fiscale e proprietà imperiale nella Tabula Clesiana: una rilettura, *Cahiers Centre G. Glotz* 28, 2017, 177–196.
FEISSEL/GASCOU 1995 = D. FEISSEL/J. GASCOU, Documents d'archives romains inédits du Moyen Euphrate (IIIe siècle après J.-C.), *Journal des Savants* 1995, 65–119.
FEISSEL/GASCOU 2000 = D. FEISSEL/J. GASCOU, Documents d'archives romains inédits du Moyen Euphrate (IIIe siècle après J.-C.), *Journal des Savants* 2000, 157–208.
FEISSEL/GASCOU/TEIXIDOR 1997 = D. FEISSEL/J. GASCOU/J. TEIXIDOR, Documents d'archives romains inédits du Moyen Euphrate (IIIe siècle après J.-C.), *Journal des Savants* 1997, 3–57.
FERAUDI-GRUÉNAIS 2001 = F. FERAUDI-GRUÉNAIS, *Ubi diutius nobis habitandum est*. Die Innendekoration der kaiserzeitlichen Gräber Roms, Wiesbaden 2001.
FERAUDI-GRUÉNAIS 2003 = F. FERAUDI-GRUÉNAIS, Inschriften und 'Selbstdarstellung' in stadtrömischen Grabbauten, Rom 2003.
FERNÁNDEZ GOMES/DEL AMO Y DE LA HERA 1990 = F. FERNÁNDEZ GOMES/M. DEL AMO Y DE LA HERA, La lex Irnitana y su contexto arqueologico, Sevilla 1990.
FERRARY 2001 = J.-L. FERRARY, À propos des pouvoirs d'Auguste, *Cahiers Centre G. Glotz* 12, 2001, 101–154.
FERRARY 2003 = J.-L. FERRARY, Res publica restituta et les pouvoirs d'Auguste, in: S. FRANCHET D'ESPÈREY/V. FROMENTIN/S. GOTTELAND/J.-M. RODDAZ (Hg.), Fondements et crises du pouvoir, Paris 2003, 419–428.
FERRARY 2009 = J.-L. FERRARY, The powers of Augustus, in: J. EDMONDSON (Hg.), Augustus, Edinburgh 2009, 90–136.
FERRARY 2012 = J.-L. FERRARY, Recherches sur les lois comitiales et sur le droit public romain, Pavia 2012.
FERRARY 2016 = J.-L. FERRARY, Dall' ordine repubblicano ai poteri di Augusto: aspetti della legislazione romana, Rom 2016.
FERRUA 1941 = A. FERRUA, Nelle grotte di S. Pietro, *Civiltà Cattolica* 92, 3, 1941, 424–433.
FERRUA 1942 = A. FERRUA, Nuove scoperte sotto S. Pietro, *Civiltà Cattolica* 93, 4, 1942, 228–241.
FERRUA 1942a = A. FERRUA, Lavori e scoperte nelle grotte di S. Pietro, *BullCom* 70, 1942, 98–106.
FINGERLIN 1986 = G. FINGERLIN, Dangstetten I. Katalog der Funde (Fundstellen 1 bis 603), Stuttgart 1986.
FINGERLIN 1998 = G. FINGERLIN, Dangstetten II. Katalog der Funde (Fundstellen 604 bis 1358), Stuttgart 1998.
FIRPO 1985 = G. FIRPO, CIL, XI, 6011 e la grande rivolta dalmatico-pannonica del 6–9 D.C., *Epigraphica* 47, 1985, 21–33.
FISCHER/ISAAC/ROLL 1996 = M. FISCHER/B. ISAAC/I. ROLL, Roman Roads in Judaea. II The Jaffa-Jerusalem Roads, Oxford 1996.
FITZ 1993 = J. FITZ, Die Verwaltung Pannoniens in der Römerzeit, Budapest 1993.
FLACH 2004 = D. FLACH (Hg.), Das Zwölftafelgesetz – Leges XII tabularum, Darmstadt 2004.
FORNI 1953 = G. FORNI, Il reclutamento delle legioni da Augusto Diocleziano, Mailand 1953.
FORNI 1974 = G. FORNI, Estrazione etnica e sociale dei soldati delle legioni nei primi tre secoli dell'Impero, ANRW II 1, Berlin 1974, 339–391.
FORNI 1987 = G. FORNI, Epigrafi lapidarie Romane di Assisi, Perugia 1987.
FOURNIER 2010 = J. FOURNIER, Entre tutelle romaine et autonomie civique. L'administration judiciaire dans les provinces hellénophones de l'Empire romain (129 av. J. C. – 235 apr. J.-C), Athen 2010.
FRASER 1960 = P.M. FRASER, Samothrace. Excavations conducted by the Institute of Fine Arts, New York University, vol. 2, 1: The Inscriptions on Stone, Princeton 1960.
FRÉDOUILLE 1986 = J.-C. FRÉDOUILLE, s.v. Heiden, Reallexikon für Antike und Christentum 13, 1986, 1113–1149.

Frei-Stolba 1967 = R. Frei-Stolba, Untersuchungen zu den Wahlen in der römischen Kaiserzeit, Zürich 1967.
Frei-Stolba 2005 = R. Frei-Stolba, Praefectus fabrum a consule: Zu einer neuen Inschrift aus Philippi, in: W. Spickermann (Hg.), Rom, Germanien und das Reich. Festschrift für R. Wiegels, St. Katharinen 2005, 300–317.
Freis 1994 = H. Freis, Historische Inschriften zur römischen Kaiserzeit, Darmstadt 1994².
Frézouls 1991 = E. Frézouls, L'évergétisme „alimentaire" dans l'Asie Mineure romaine, in: A. Giovannini (Hg.), Nourrir la plèbe. Actes du Colloque tenu à Genève les 28 et 29 IX 1989 en hommages à Denis van Berchem, Basel/Kassel 1991, 1–18.
Friggeri 2004 = R. Friggeri, Nr. 5, in: Barbera et al. 2004, 182.
Fuhrmann 2011 = C. Fuhrmann, Policing the Roman Empire: Soldiers, Administration, and Public Order, Oxford 2011.
Fündling 2008 = J. Fündling, Marc Aurel. Kaiser und Philosoph, Darmstadt 2008.
Gaggiotti/Sensi 1982 = M. Gaggiotti/L. Sensi, Italia: Regio IV (Umbria), in: Panciera 1982, II, 245–274.
Galand 1966 = L. Galand, Inscriptions Libyques, in: L. Galand et al., Inscriptions antiques du Maroc, Paris 1966, 9–80.
Galinksi 2013 = K. Galinski, Augustus. Sein Leben als Kaiser, Darmstadt 2013.
Gallet/Le Bohec 2007 = S. Gallet/Y. Le Bohec, Le recrutement des auxiliaires d'après les diplômes militaires et les autres inscriptions, in: Speidel/Lieb 2007, 267–292.
Galsterer 1971 = H. Galsterer, Untersuchungen zum römischen Städtewesen auf der iberischen Halbinsel, Berlin 1971.
Galsterer 1986 = H. Galsterer, Roman Law in the Provinces: Some Problems of Transmission, in: M. Crawford (Hg.), L'Impero Romano e le Strutture Economiche e Sociali delle Province, Como 1986, 13–27.
Galsterer 2006 = H. Galsterer, Die römischen Stadtgesetze, in: L. Capogrossi Colognesi/E. Gabba (Hg.), Gli Statuti Municipali, Pavia 2006, 31–56.
Garnsey 1971 = P. Garnsey, Honorarius decurionatus, Historia 20, 1971, 309–325.
Garnsey 2004 = P. Garnsey, Roman citizenship and Roman Law in the Late Empire, in: S. Swain/M. Edwards (Hg.), Approaching Late Antiquity. The Transformation from Early to Late Empire, Oxford 2004, 133–155.
Gascou 1999 = J. Gascou, Unités administratives locales et fonctionnaires romains. Les données des nouveaux papyrus du Moyen Euphrate et d'Arabie, in: W. Eck (Hg.), Lokale Autonomie und römische Ordnungsmacht in den kaiserzeitlichen Provinzen vom 1. bis 3. Jahrhundert, München 1999, 61–73.
Gasperini 1982 = L. Gasperini, Sulla carriera di Gaio Fufio Gemino, console del 29 d.C., Ottava miscellanea greca e romana, Rom 1982, 285–302.
Gasperini 1992 = L. Gasperini (Hg.), Atti del Convegno 'Iscrizioni rupestri di età Romana in Italia', Rom 1992.
Gasperini/Paci 1982 = L. Gasperini/G. Paci, Italia: Regio V (Picenum), in: Panciera 1982, II, 201–244.
Gatti 1922 = E. Gatti, XIII. Roma. Nuove scoperte di antichità nella città e nel suburbio, NSA 1922, 219–230.
Gauly 2008 = B.M. Gauly, Magis homines iuvat gloria lata quam magna. Das Selbstlob in Plinius' Briefen und seine Funktion, in: A.H. Arweiler/B.M. Gauly (Hg.), Machtfragen: Zur kulturellen Repräsentation und Konstruktion von Macht in Antike, Mittelalter und Neuzeit, Stuttgart 2008, 187–204.
Gautier 1989 = P. Gautier, Nouvelles inscriptions de Sardes II, Genf 1989.
Geagan 1989 = D.J. Geagan, The Isthmian Dossier of P. Licinius Priscus Iuventianus, Hesperia 58, 1989, 349–360.

GENOVESI 2009 = S. GENOVESI, 7.11 Bleibarren mit Stempel, 7.12. Gestempelter Bleibarren, in: LWL-RÖMERMUSEUM HALTERN AM SEE 2009, 360–361.
GERA 2009 = D. GERA, Olympiodoros, Heliodoros and the Temples of Koilê Syria and Phoinikê, ZPE 169, 2009, 125–155.
GERACI 1995 = G. GERACI, Praefectus Alexandreae et Aegypti: alcune riflessioni, Simblos 1, 1995, 159–175.
GERASIMOVA-TOMOVA 1987 = V. GERASIMOVA-TOMOVA, Zur Grenzbestimmung zwischen Mösien und Thrakien in der Umgebung von Nicopolis ad Istrum in der ersten Hälfte des 2. Jh. n. Chr., Tyche 2, 1987, 17–21.
GEROV 1979 = B. GEROV, Die Grenzen der römischen Provinz Thracia bis zur Gründung des Aurelianischen, ANRW II 7,1, Berlin 1979, 212–240.
GIARDINA 1988 = A. GIARDINA, Amor Civicus. Formule e immagini dell'evergetismo Romano nella tradizione epigrafica, in: A. DONATI (Hg.), La terza età dell'epigrafia, Faenza 1988, 67–87.
GILLIAM 1952 = J. GILLIAM, Paganus in B.G.U. 696, AJPh 73, 1952, 75–78.
GILLIVER 2007 = K. GILLIVER, The Augustan Reform and the Structure of the Imperial Army, in: P. ERDKAMP (Hg.), A Companion to the Roman Army, Oxford 2007, 183–200.
GIOVAGNOLI 2017 = M. GIOVAGNOLI, Il presunto sepolcro del liberto di Nerone Epaphroditus: nuovi dati dall'archivio Gatti, ZPE 204, 2017, 241–245.
GIRARDET 2000 = K. GIRARDET, Imperium 'maius'. Politische und verfassungsrechtliche Aspekte. Versuch einer Klärung, in: A. GIOVANNINI (Hg.), La révolution romaine après Ronald Syme, Vandoeuvres/Genf 2000, 167–227.
GIRARDET 2007 = K. GIRARDET, Rom auf dem Weg von der Republik zum Prinzipat, Bonn 2007.
GIUFFRÈ 1996 = V. GIUFFRÈ, Letture e ricerche sulla „res militaris" II, Neapel 1996.
GLEASON et al. 1998 = K.L. GLEASON et al., The promontory palace at Caesarea Maritima: preliminary evidence for Herods Praetorium, JRA 11, 1998, 23–52.
GOLTZ/HARTMANN 2008 = A. GOLTZ/U. HARTMANN, Valerianus und Gallienus, in: K.-P. JOHNE (Hg.), Die Zeit der Soldatenkaiser – Krise und Transformation des Römischen Reiches im 3. Jahrhundert n. Chr. (235–284), Berlin 2008, 223–295.
GONZÁLEZ 1986 = J. GONZÁLEZ, The lex Irnitana: a new copy of the Flavian municipal law, JRS 76, 1986, 147–243.
GRAHAM 2013 = A.S. GRAHAM, The Word is Not Enough: A New Approach to Assessing Monumental Inscriptions. A Case Study from Roman Ephesos, AJA 117, 2013, 383–412.
GREENE 2017 = E.M. GREENE, The families of Roman auxiliary soldiers in the military diplomas, in: N. HODGSON/P. BIDWELL/J. SCHACHTMANN (Hg.), Roman Frontier Studies 2009, Proceedings of the XXI International Congress of Roman Frontier Studies (Limes Congress) held at Newcastle upon Tyne in August 2009, Oxford 2017, 23–25.
GREGORI 2012 = G.L. GREGORI, Vita e gesta del senatore bresciano Marco Nonio Macrino, in: D. ROSSI (Hg.), Sulla via Flaminia. Il mausoleo di Marco Nonio Macrino, Milano 2012, 286–301.
GRIFFIN 1992 = M. GRIFFIN, Seneca. A Philosopher in Politics, Oxford 1992².
GROAG 1939 = E. GROAG, Die römischen Reichsbeamten von Achaia bis auf Diokletian, Wien 1939.
GUARDUCCI 1983 = M. GUARDUCCI, Cristo e S. Pietro, Rom 1983.
GÜNTHER 2005 = S. GÜNTHER, Die Einführung der römischen Erbschaftssteuer (vicesima hereditatium), MBAH 24, 2005, 1–30.
GÜNTHER 2007 = S. GÜNTHER, Das Regelungswerk der lex <Iulia de> vicesima hereditatium und seine Modifikationen in späterer Zeit, in: S. GÜNTHER/K. RUFFING/O. STOLL (Hg.), Pragmata – Beiträge zur Wirtschaftsgeschichte der Antike im Gedenken an Harald Winkel, Wiesbaden 2007, 74–88.
GÜNTHER 2008 = S. GÜNTHER, „Vectigalia nervos esse rei publicae". Die indirekten Steuern in der Römischen Kaiserzeit von Augustus bis Diokletian, Wiesbaden 2008.
HABICHT 1975 = C. HABICHT, New Evidence on the Province of Asia, JRS 65, 1975, 64–91.

HABICHT 1990 = C. HABICHT, Ein kaiserzeitliches Familiendenkmal aus Lindos, ZPE 84, 1990, 113–120.

HABICHT 2001/02 = C. HABICHT, Zum Gesandtschaftsverkehr griechischer Gemeinden mit römischen Instanzen während der Kaiserzeit, Archaiognosia 11, 2001/02, 11–28.

HÄCHLER 2019 = N. HÄCHLER, Kontinuität und Wandel des Senatorenstandes im Zeitalter der Soldatenkaiser. Prosopographische Untersuchungen zu Zusammensetzung, Funktion und Bedeutung des amplissimus ordo zwischen 235–284 n.Chr., Leiden 2019.

HAENSCH 1995 = R. HAENSCH, A commentariis und commentariensis: Geschichte und Aufgaben eines Amtes im Spiegel seiner Titulaturen, in: Y. LE BOHEC (Hg.), La hiérarchie (Rangordnung) de l'armée romaine sous le Haut-Empire, Paris 1995, 267–284.

HAENSCH 1996 = R. HAENSCH, Die Verwendung von Siegelzeugen bei Dokumenten der kaiserzeitlichen Reichsadministration, in: M.-F. BOUSSAC/A. INVERNIZZI (Hg.), Archives et Sceaux du monde hellénistique, Paris 1996, 449–496.

HAENSCH 1997 = R. HAENSCH, Capita provinciarum. Statthaltersitze und Provinzialverwaltung in der römischen Kaiserzeit, Mainz 1997.

HAENSCH 1997a = R. HAENSCH, Zur Konventsordnung in Aegyptus und den übrigen Provinzen des römischen Reiches, in: B. KRAMER et al. (Hg.), Akten des 21. Internationalen Papyrologenkongresses Berlin, 13.-19.8.1995, Bd. I, Stuttgart/Leipzig 1997, 320–391.

HAENSCH 1998 = R. HAENSCH, Statthalterinschriften, ZPE 122, 1998, 286–292.

HAENSCH 2000 = R. HAENSCH, Le rôle des officiales de l'administration provinciale dans le processus de décision, Cahiers Centre G. Glotz 11, 2000, 259–276.

HAENSCH 2005 = R. HAENSCH, L. Egnatius Victor Lollianus: la rhétorique, la religion et le pouvoir, in: B. KLEIN/X. LORIOT/A. VIGOURT (Hg.), Pouvoir et religion dans le monde romain. Autour de l'œuvre de Jean-Pierre Martin, Paris 2005, 289–302.

HAENSCH 2006 = R. HAENSCH, Von den Augusti liberti zu den Caesariani, in: A. KOLB (Hg.), Herrschaftsstrukturen und Herrschaftspraxis: Konzepte, Prinzipien und Strategien der Administration im römischen Kaiserreich, Berlin 2006, 153–164.

HAENSCH 2009 = R. HAENSCH (Hg.), Selbstdarstellung und Kommunikation. Die Veröffentlichung staatlicher Urkunden auf Stein und Bronze in der römischen Welt, München 2009.

HAENSCH 2012 = R. HAENSCH, Kolletiones et canalicularii, in: C. WOLFF (Hg.), Le métiers de soldat dans le monde romain. Actes du cinquième congrès de Lyon, 23–25 septembre 2010, Lyon 2012, 503–511.

HAENSCH 2018 = R. HAENSCH, Die Herausbildung von Stäben und Archiven bei zentralen Reichskanzleien einer verschleierten Monarchie: Das Beispiel des Imperium Romanum, in: WOJCIECH/EICH 2018, 287–306.

HAHN 1989 = J. HAHN, Der Philosoph und die Gesellschaft. Selbstverständnis, öffentliches Auftreten und populäre Erwartungen in der hohen Kaiserzeit, Stuttgart 1989.

HALFMANN 1979 = H. HALFMANN, Die Senatoren aus dem östlichen Teil des Imperium Romanum bis zum Ende des 2. Jahrhunderts n.Chr., Göttingen 1979.

HALFMANN 1982 = H. HALFMANN, Die Senatoren aus den kleinasiatischen Provinzen des römischen Reiches vom 1.–3. Jahrhundert, in: PANCIERA 1982, II, 603–649.

HANEL 1995 = N. HANEL, Vetera I. Die Funde aus den römischen Lagern auf dem Fürstenberg bei Xanten, Köln/Bonn 1995.

HANEL 2002 = N. HANEL, s.v. Neuss (Historisches, Archäologisches), Reallexikon der Germanischen Altertumskunde 21, 2002^2, 122–126.

HANEL/ROTHENHÖFER 2005 = N. HANEL/P. ROTHENHÖFER, Germanisches Blei für Rom. Zur Rolle des römischen Bergbaus im rechtsrheinischen Germanien im frühen Prinzipat, Germania 83, 2005, 53–65.

HARNACK 1905 = A. HARNACK., Militia Christi, Tübingen 1905.

HARNACK 1924 = A. HARNACK, Mission und Ausbreitung des Christentums, Tübingen 1924.

Harper 1968 = R.P. Harper, Tituli Comanorum Cappadociae, *AS* 18, 1968, 93–147.
Hassell 2000 = M. Hassell, The Army, CAH XI, Cambridge 2000, 320–343.
Hayashi 1989 = N. Hayashi, Die *pecunia* in der *pollicitatio ob honorem*, *Klio* 71, 1989, 381–398.
Haynes 2013 = I. Haynes, Blood of the provinces: the Roman auxilia and the making of provincial society from Augustus to the Severans, Oxford 2013.
Heinrichs 2000 = J. Heinrichs, Überlegungen zur Versorgung augusteischer Truppen mit Münzgeld, in: L. Mooren (Hg.), Politics, administration and society in the Hellenistic and Roman World, Leuven 2000, 155–214.
Heller 2020 = A. Heller, L'âge d'or des bienfaiteurs. Titres honorifiques et sociétés civiques dans l'Asie Mineure d'époque romaine (Ier s. av. J.-C. – IIIe s. apr. J.-C.), Genf 2020 (non vidi).
Henderson 2002 = J. Henderson, Pliny's Statue. The Letters, Self-Portraiture & Classical Art, Exeter 2002.
Herrmann 1975 = P. Herrmann, Eine Kaiserurkunde aus der Zeit Marc Aurels aus Milet, *IstMitt.* 25, 1975, 149–166.
Herrmann 1988 = P. Herrmann, Fragment einer Senatsrede Marc Aurels aus Milet, *IstMitt.* 38, 1988, 309–313.
Herrmann/Malay 2003 = P. Herrmann /H. Malay, Statue bases of the mid third Century A.D. from Smyrna, *EA* 36, 2003, 1–11.
Herrmann-Otto 1994 = E. Herrmann-Otto, Ex ancilla natus. Untersuchungen zu den „hausgeborenen" Sklaven und Sklavinnen im Westen des römischen Kaiserreiches, Stuttgart 1994.
Herrmann-Otto 2017 = E. Herrmann-Otto, Sklaverei und Freilassung in der griechisch-römischen Welt, Hildesheim 2017[2].
Hirt 2010 = A.M. Hirt, Imperial Mines and Qarries in the Roman World. Organizational Aspects 27 BC-AD 235, Oxford 2010.
Holder 1980 = P. Holder, Studies in the auxilia of the Roman Army from Augustus to Trajan, Oxford 1980.
Holder 2014 = P. Holder, Two Fragmentary Diplomas for Syria, *ZPE* 190, 2014, 291–296.
Hölkeskamp 1988 = K.-J. Hölkeskamp, Die Entstehung der Nobilität und der Funktionswandel des Volkstribunats: die historische Bedeutung der *lex Hortensia de plebiscitis*, Archiv für Kulturgeschichte 70, 1988, 271–312.
Hölkeskamp 2004 = K.-J. Hölkeskamp, Senatvs Popvlvsqve Romanvs. Die politische Kultur der Republik – Dimensionen und Deutungen, Stuttgart 2004.
Honoré 2004 = T. Honoré, Roman Law AD 200–400: From cosmopolis to Rechtsstaat? in: S. Swain/M. Edwards (Hg.), Approaching Late Antiquity. The Transformation from Early to Late Empire, Oxford 2004, 109–132.
Honsell 2010 = F. Honsell, Römisches Recht, Berlin-Heidelberg 2010.
Hunt/Edgar 1934 = A.S. Hunt/C.C. Edgar, Select Papyri, vol. 2, Cambridge 1934.
Hurlet 2006 = F. Hurlet, Le *proconsul* et le prince d'Auguste à Dioclétien, Pessac 2006.
Hurlet 2012 = F. Hurlet, Les ambassadeurs dans l'Empire romain. Les légats des cités et l'idéal civique de l'ambassade sous le Haut-Empire, in: A. Becker-Piriou/N. Drocourt (Hg.), Ambassadeurs et ambassades au coeur des relations diplomatiques. Rome-Occident médiéval-Byzance (VIIIe s. av. J.-C.–XIIe s. ap. J.-C.), Metz 2012, 110–126.
Instinsky 1964 = H.U. Instinsky, Marcus Aurelius Prosenes. Freigelassener und Christ am Kaiserhof, Wiesbaden 1964.
İplikçioğlu 2006 = B. İplikçioğlu, Zwei Statthalter vespasianischer Zeit und die „Große" Therme in Inschriften von Olympos (Lykien), Anzeiger der philosophisch-historischen Klasse der Österreichischen Akademie der Wissenschaften 141/2, Wien 2006, 75–81.

İPLIKÇIOĞLU 2008 = B. İPLIKÇIOĞLU Die Provinz Lycia unter Galba und die Gründung der Doppelprovinz Lycia et Pamphylia unter Vespasian, Anzeiger der philosophisch-historischen Klasse der Österreichischen Akademie der Wissenschaften 143/2, Wien 2008, 5–23.

ISAAC 1980/81 = B. ISAAC, Roman Colonies in Judaea: The Foundation of Aelia Capitolina, *Talanta* 12/13, 1980/81, 31–54.

ISAAC 1981 = B. ISAAC, The Decapolis in Syria, a Neglected Inscription, *ZPE* 44, 1981, 67–74.

ISAAC 1993 = B. ISAAC, The Limits of Empire. The Roman Army in the East. Revised edition, Oxford 1993.

ISAAC 1996 = B. ISAAC, Eusebius and the Geography of Roman Provinces, in: D. KENNEDY (Hg.), The Roman Army in the East, Ann Arbor 1996, 153–167.

ISAAC 1998 = B. ISAAC, The Near East under Roman Rule, Leiden 1998.

ISAAC 2009 = B. ISAAC, Latin in Cities of the Roman Near East, in: H.M. COTTON/R.G. HOYLAND/J.J. PRICE/D.J. WASSERSTEIN (Hg.), From Hellenism to Islam: Cultural and Linguistic Change in the Roman Near East, Cambridge 2009, 43–72.

IŞKAN-IŞIK/ECK/ENGELMANN 2008 = H. İŞKAN-IŞIK/W. ECK/H. ENGELMANN, Der Leuchtturm von Patara und Sex. Marcius Priscus als Statthalter der Provinz Lycia von Nero bis Vespasian, *ZPE* 164, 2008, 91–121.

JACQUES 1975 = F. JACQUES, Ampliatio et mora: Évergètes récalcitrants d'Afrique Romaine, *Ant. Afr.* 9, 1975, 159–180.

JACQUES 1977 = F. JACQUES, Le cens en Gaule au IIe siècle et dans la première moitié du IIIe siècle, *Ktema* 2, 1977, 285–328.

JACQUES 1984 = F. JACQUES, Le privilège de liberté. Politique impériale et autonomie municipale dans les cités de l'Occident romain (161–244), Paris 1984.

JAGENTEUFEL 1958 = A. JAGENTEUFEL, Die Statthalter der römischen Provinz Dalmatien von Augustus bis Diokletian, Wien 1958.

JAKOBSMEIER 2019 = H. JAKOBSMEIER, Die Gallier-Rede des Claudius aus dem Jahr 48 n. Chr. Historisch-philologische Untersuchungen und Kommentar zur tabula Claudiana aus Lyon, München 2019.

JOHNE 2006 = K.-P. JOHNE, Die illyrischen Kaiser als Herrscher neuen Typs, in: K.-P. JOHNE/T. GERHARDT/U. HARTMANN (Hg.), Deleto paene imperio Romano – Transformationsprozesse des Römischen Reiches im 3. Jahrhundert und ihre Rezeption in der Neuzeit, Stuttgart 2006, 125–134.

A.H.M. JONES 1964 = A.H.M. JONES, The Later Roman Empire 284–602: A Social, Economic and Administrative Survey, 3 vols, Oxford 1964.

A.H.M. JONES 1971 = A.H.M. JONES, The Cities of the Eastern Roman Provinces. Oxford 1971^2.

JONES 1978 = C.P. JONES, The Roman World of Dio Chrysostom, Cambridge/Mass. 1978.

JONES 2002 = C.P. JONES, Epigraphica, *ZPE* 139, 2002, 108–116.

JONES 2005 = C.P. JONES, Culture in the Careers of Eastern Senators, in: W. ECK/M. HEIL (Hg.), Senatores populi Romani. Realität und mediale Präsentation einer Führungsschicht, Stuttgart 2005, 263–270.

JONGMAN 1997 = W. JONGMAN, Cura annonae, *DNP* 3, 1997, 234–236.

JÖRDENS 2006 = A. JÖRDENS, Zum Regierungsstil des römischen Statthalters – das Beispiel des praefectus Aegypti, in: H.-U. WIEMER (Hg.), Staatlichkeit und politisches Handeln in der römischen Kaiserzeit, Berlin 2006, 87–106.

JÖRDENS 2009 = A. JÖRDENS, Statthalterliche Verwaltung in der römischen Kaiserzeit. Studien zum praefectus Aegypti, Stuttgart 2009.

JÖRS 1882 = P. JÖRS, Ueber das Verhältnis der lex Iulia de maritandis ordinibus zur lex Papia Poppaea, Bonn 1882.

JOUFFROY 1986 = H. JOUFFROY, La construction publique en Italie et dans l'Afrique romaine, Strasbourg 1986.

Kaser 1971 = M. Kaser, Das römische Privatrecht I, München 1971².
Kaser 1978 = M. Kaser, Zum römischen Grabrecht, ZSS 95, 1978, 15–92.
Kasten 1976 = H. Kasten, Atticus-Briefe, Darmstadt 1976.
Kellner 1986 = H.-J. Kellner, Die Möglichkeit von Rückschlüssen aus der Fundstatistik, in: Eck/Wolff 1986, 241–248.
Kemezis 2007 = A. M. Kemezis, Augustus the Ironic Paradigm: Cassius Dio's Portrayal of the Lex Julia and Lex Papia Poppaea, Phoenix 61, 2007, 270–285.
Kemmers 2006 = F. Kemmers, Coins for a Legion. An Analysis of the Coin Finds from the Augustan Legionary Fortress and Flavian canabae legionis at Nijmegen, Mainz 2006.
Keppie 1983 = L.J.F. Keppie, Colonisation and Veteran Settlement in Italy, 47–14 BC, London 1983.
Keppie 2000 = L.J.F. Keppie, Legions and Veterans. Roman Army Papers 1971–2000, Stuttgart 2000.
Kienast 1966 = D. Kienast, Untersuchungen zu den Kriegsflotten der römischen Kaiserzeit, Bonn 1966.
Kienast 2009 = D. Kienast, Augustus. Princeps und Monarch, Darmstadt 2009⁴.
Kienast 2014 = D. Kienast, Augustus. Prinzeps und Monarch, Darmstadt 2014⁵.
Kilndjian 2009 = S. Kilndjian, De Zeugma à Mélitène: quelques passages sur l'Euphrate, du Ier siècle av. J.-C. au IIe siècle apr. J.-C., in: H. Bru/F. Kirbihler/S. Lebreton (Hg.), L'Asie Mineure dans l'Antiquité: échanges, populations et territoires, Rennes 2009, 181–204.
Knibbe 1981 = D. Knibbe, Der Staatsmarkt. Die Inschriften des Prytaneions. Die Kureteninschriften und sonstige religiöse Texte, FiE IX 1,1, Wien 1981.
Knibbe/Engelmann/Iplikçioglu 1993 = D. Knibbe/H. Engelmann/B. Iplikçioglu, Neue Inschriften aus Ephesos XII, ÖJh. 62, 1993, 113–150.
Knosala 2018 = T. Knosala, Die Grabrepräsentation der ritterlichen und senatorischen Bevölkerungsgruppen in Lazio. Beginn der Republik – spätseverische Zeit, Diss. Köln 2018 (online zugänglich über die UB Köln).
Kokkinia 2000 = C. Kokkinia, Die Opramoas-Inschrift von Rhodiapolis, Bonn 2000.
Kokkinia 2012 = C. Kokkinia, Games vs. Buildings as Euergetic Choices, in: K. Coleman/J. Nelis-Clément (Hg.), The Mounting of Spectacles in the Roman World, Genf 2012, 97–130.
Kokkinia 2012a = C. Kokkinia, Opramoas' Citizenships. The Lycian Politeuomenos-Formula, in: A. Heller/A.-V. Pont (Hg.), Patrie d'origine et patries électives: les citoyennetés multiples dans le monde grec d'époque romaine, Bordeaux 2012, 327–339.
Kokkinia 2017/18 = C. Kokkinia, A Roman Financier's Version of Euergetism: C. Vibius Salutaris and Ephesos, Τεκμήρια 14, 2017/18, 215–252.
Kokkinia 2020 = C. Kokkinia, Large Epigraphic Dossiers and Euergetism in Roman Asia Minor, in: O. Tekin/C.H. Roosevelt/E. Akyürek (Hg.), Philanthropy in Anatolia through the Ages, Antalya 2020, 39–46.
F. Kolb 2002 = F. Kolb, Rom. Die Geschichte der Stadt in der Antike, München 2002².
Kolb 1993 = A. Kolb, Die kaiserliche Bauverwaltung in der Stadt Rom. Geschichte und Aufbau der cura operum publicorum unter dem Prinzipat, Stuttgart 1993.
Kolb 2018 = A. Kolb, Die curae in Rom – Aufgaben, Kommunikation, Vernetzung innerhalb der Stadtverwaltung und das Beispiel des Adrastus, procurator columnae Divi Marci, in: Wojciech/Eich 2018, 197–221.
Kolb/Vitale 2016 = A. Kolb/ M. Vitale (Hg.), Der Kaiserkult in den Provinzen des Römischen Reiches. Organisation, Kommunikation, Repräsentation. Akten der Tagung in Zürich 25–27.9.2014, Berlin 2016.
Kornemann 1942 = Kornemann, s.v. paganus, RE XVIII/1, 1942, 2295–2297.
Kraft 1951 = K. Kraft, Zur Rekrutierung der Alen und Kohorten an Rhein und Donau, Bern 1951.
Krauter 2004 = S. Krauter, Bürgerrecht und Kultteilnahme. Politische und kultische Rechte und Pflichten in griechischen Poleis, Rom und antikem Judentum, Berlin 2004.

KREILER 1975 = B. KREILER, Die Statthalter Kleinasiens unter den Flaviern, Diss. München 1975.
KRIECKHAUS 2003 = A. KRIECKHAUS, Im Schatten des Kaisers: Überlegungen zu L. Minicius Natalis Quadronius Verus und seiner Beziehung zu Hadrian, in: L. DE BLOIS et al. (Hg.), The Representation and Perception of Roman Imperial Power. Proceedings of the Third Workshop of the International Network Impact of Empire (Roman Empire, c. 200 B.C. – A.D. 476), Amsterdam 2003, 302–317.
KÜHLBORN 1995 = J.-S. KÜHLBORN, Germaniam pacavi – Germanien habe ich befriedet. Archäologische Stätten augusteischer Okkupation, Münster 1995.
KÜHLBORN 2002 = J.-S. KÜHLBORN., s.v. Oberaden, Reallexikon der Germanischen Altertumskunde, 2002², 457–463.
KUHOFF 1983 = W. KUHOFF, Studien zur zivilen senatorischen Laufbahn im 4. Jahrhundert n. Chr. – Ämter und Amtsinhaber in Clarissimat und Spektabilität, Frankfurt am Main u. a. 1983.
KUHOFF 2001 = W. KUHOFF, Diokletian und die Epoche der Tetrarchie, Frankfurt am Main 2001.
KUNKEL/WITTMANN 1995 = W. KUNKEL/R. WITTMANN, Staatsordnung und Staatpraxis der römischen Republik. Zweiter Abschnitt. Die Magistratur, München 1995.
LABBÉ 2012 = G. LABBÉ, L'affirmation de la puissance romaine en Judée (63 a.C.–136 p.C.) Paris 2012.
LAEBEN-ROSÉN 2000/01 = V. LAEBEN-ROSÉN, The Importance of patricians as Symbolic Carriers of Tradition in Late-Antonine and Severan Society, *Opuscula Romana* 25/26, 2000/01, 31–44.
LAFFI 2009 = U. LAFFI, Cittadini romani di fronte ai tribunali di comunità alleate o libere dell'Oriente greco in età repubblicana, in: B. SANTALUCIA (Hg.), La repressione criminale nella Roma repubblicana fra norma e persuasione, Pavia 2009, 127–167.
LAFFI 2010 = U. LAFFI, Cittadini romani di fronte ai tribunali di comunità alleate o libere dell'Oriente greco in età repubblicana *(testo aggiornato),* in: D. MANTOVANI/L. PELLECCHI (Hg.), Eparcheia, autonomia e civitas Romana. Studi sulla giurisdizione criminale dei governatori di provincia (II sec. a.C. – II d.C.), Pavia 2010, 3–44.
ŁAJTAR 2013 = A. ŁAJTAR, A Newly Discovered Greek Inscription at Novae (Moesia Inferior) associated with *pastus militum, Tyche* 28, 2013, 97–111.
ŁAJTAR 2015 = A. ŁAJTAR, Another Greek Inscription from Novae (Lower Moesia) associated with pastus militum, in: A. TOMAS (Hg.), Ad fines imperii Romani. Studia Thaddaeo Sarnowski septuagenario ab amicis, collegis discipulisque dedicata, Warschau 2015, 277–288.
LAUM 1914 = B. LAUM, Stiftungen in der griechischen und römischen Antike. Ein Beitrag zur antiken Kulturgeschichte, Leipzig 1914 (ND Aalen 1964).
LAVAN 2019 = M. LAVAN, The Army and the Spread of Roman Citizenship, *JRS* 109, 2019, 27–70.
LAZARO PÉREZ 1980 = R. LAZARO PÉREZ, Inscripciones romanas de Almeria, Almeria 1980.
LE BOHEC 2018 = Y. LE BOHEC, L'armée romaine sous le haut empire, Paris, 2018⁴.
LE GALL 1953 = J. LE GALL, Le Tibre, fleuve de Rome, dans l'antiquité, Paris 1953.
LE GLAY 1955 = M. LE GLAY, Djémila: Nouvelle inscription sur les Cosinii, *Libyca* 3, 1955, 169–171.
LE GLAY 1981 = M. LE GLAY, Les censitores provinciae Thraciae, *ZPE* 43, 1981, 175–184.
LE GLAY 1982 = M. LE GLAY, Senateurs de Numidie et des Mauretanies, in: PANCIERA 1982, II, 755–781.
LE GLAY 1990 = M. LE GLAY, Évergétisme et vie religieuse dans l'Afrique Romaine, in: L'Afrique dans l'Occident romain, Ier siècle av. J.-C. – IVe siècle ap. J.-C., Actes du colloque organisé par l'Ecole Française de Rome sous le patronage de l'Institut National d'Archéologie et d'Art de Tunis, Rome, 3–5 décembre 1987, Rom 1990, 77–88.
LEHMANN 1984 = C.M. LEHMANN, Epigraphica Caesariensia, *CPh* 79, 1984, 45–52.
LEHMANN/HOLUM 2000 = C. LEHMANN/K.H. HOLUM, Greek and Latin Inscriptions of Caesarea Maritima, Boston 2000.
LEMCKE 2020 = L. LEMCKE, Bridging Center and Periphery. Administrative Communication from Constantine to Justinian, Tübingen 2020.

Lenel 1960 = O. Lenel, Palingenesia iuris civilis I-II, ND Graz 1960.
Leunissen 1989 = P.M.M. Leunissen, Konsuln und Konsulare in der Zeit von Commodus bis Severus Alexander (180–253 n. Chr.). Prosopographische Untersuchungen zur senatorischen Elite im römischen Kaiserreich, Amsterdam 1989.
Leunissen 1991 = P.M.M. Leunissen, Direct Promotions from Proconsul to Consul under the Principate, ZPE 89, 1991, 217–260.
Levick 1999 = B. Levick, Vespasian, London 1999.
Lewald 1959 = H. Lewald, Conflits de lois dans le monde grec et romain, Labeo 5, 1959, 334–369.
J.P. Lewis 2016 = J.P. Lewis, Guardians of the Aqueducts? Circitores in the Roman Army, Economy and Administration. ZPE 200, 2016, 519–530.
Lewis 1967 = N. Lewis, Greek Papyri in the Collection of New York University, Leiden 1967.
Lewis 1981 = N. Lewis, Literati in the service of roman emperors. Politics before culture, in: L. Casson/M. Price (Hg.), Coins culture, and history in the ancient world: Numismatic and other studies in honor of Bluma L. Trell, Detroit 1981, 149–166.
Lewis 1989 = N. Lewis (Hg.), The Documents from the Bar Kochba Period in the Cave of Letters. I. Greek Papyri, Jerusalem 1989 (= P. Yadin).
Lieb/Bridel 2009 = H. Lieb/P. Bridel, CIL XIII 5092 – unique vestige d'un monument funéraire?, Bulletin de l'association Pro Aventico 51, 2009, 59–70.
Liebenam 1900 = W. Liebenam, Städteverwaltung im römischen Kaiserreiche, Leipzig 1900.
Liebeschuetz 1972 = J.H.W.G. Liebeschuetz, Antioch. City and Imperial Administration in the Later Roman Empire, Oxford 1972.
Liebs 1997 = D. Liebs, L. Octavius Cornelius P. Salvius Iulianus Aemilianus, in: K. Sallmann (Hg.), Handbuch der lateinischen Literatur der Antike, Bd. 4, Die Literatur des Umbruchs. Von der römischen zur christlichen Literatur 117–283 n. Chr., München 1997, 101–105.
Lintott 1993 = A. Lintott, Imperium Romanum. Politics and Administration, London 1993.
Lo Cascio 1989 = E. Lo Cascio, Ancora sullo stipendium legionario dall'età polibiana a Domiziano, AIIN 36, 1989, 101–120.
Lo Cascio 1999 = E. Lo Cascio, Census provinciale, imposizione fiscale e amministrazioni cittadine, in: W. Eck (Hg.), Lokale Autonomie und römische Ordnungsmacht in den kaiserzeitlichen Provinzen vom 1. bis 3. Jahrhundert, München 1999, 197–212.
Lo Cascio 2012 = E. Lo Cascio (Hg.), L'impatto della „Peste Antonina", Bari 2012.
Lo Giudice 2004 = C. Lo Giudice, Nr. 85, in: Barbera et al. 2004 253–255.
Löfstedt 1933 = E. Löfstedt, Syntactica, Lund 1933.
Lonardi 2013 = A. Lonardi, Cura Riparum et Alvei Tiberis. Storiografia, prosopografia e fonti epigrafiche, Oxford 2013.
Longo 1966 = G. Longo, Sul diritto sepolcrale romano, in: G. Longo, Ricerche romanistiche, Mailand 1966, 259–279.
Lörincz 1986 = B. Lörincz, Die Nennung und Funktion der Statthalter in den Auxiliarkonstitutionen, in: Eck/Wolff 1986, 375–384.
Lörincz 2001 = B. Lörincz, Die römischen Hilfstruppen in Pannonien während der Prinzipatszeit, Wien 2001.
LWL-Römermuseum in Haltern am See 2009 = LWL-Römermuseum Haltern am See (Hg.), 2000 Jahre Varusschlacht. Imperium, Stuttgart 2009.
Maehler 1974 = H. Maehler, Ein römischer Soldat und seine Matrikel, in: E. Kiessling/H.-A. Rupprecht (Hg.), Akten XIV. Internat. Papyrologenkongresses, München 1974, 241–250.
Magie 1950 = D. Magie, Roman Rule in Asia Minor to the End of the Third Century after Christ, vols. I, II, Princeton 1950.
Maiuro 2016 = M. Maiuro, Portorium Lyciae I. Fiscus Caesaris, lega licia e pubblicani nella lex di Andriake, MedAnt 19, 2016, 263–292.

Malloch 2020 = S.J.V. Malloch, The Tabula Lugdunensis: edited, with a translation and commentary, Cambridge 2020.
Mancini 1913 = G. Mancini, II. Roma. Nuove scoperte nella città e nel suburbio, NSA 1913, 466–469.
Manganaro 1988 = G. Manganaro, La Sicilia da Sesto Pompeio a Diocleziano, ANRW II 11,1, 1988, 3–89.
C. Mann 2011 = Chr. Mann, „Um keinen Kranz, um das Leben kämpfen wir!" Gladiatoren im Osten des Römischen Reiches und die Frage der Romanisierung, Berlin 2011.
Mann 1963 = J.C. Mann, The Raising of New Legions during the Principate, Hermes 91, 1963, 483–489.
Mantovani 2008 = D. Mantovani, Leges et iura p(opuli) R(omani) restituit. Principe e diritto in un aureo di Ottaviano, Athenaeum 96, 2008, 5–54.
Marciniak 1985 = E. Marciniak, The attitude of Italian city self-governments towards the problem of public buildings, Eos 73, 1985, 313–329.
Marek 2003 = C. Marek, Pontus-Bithynia. Die römischen Provinzen im Norden Kleinasiens, Mainz 2003.
Marek 2006 = C. Marek, Die Inschriften von Kaunos, München 2006.
Marek 2010 = C. Marek, Geschichte Kleinasiens in der Antike. Unter Mitarbeit von P. Frei, München 2010.
Marengo 1988 = S.M. Marengo, L'agora di Cirene in età romana alla luce delle testimonianze epigrafiche, MEFRA 100, 1988, 87–101.
Marengo/Paci 1990 = S.M. Marengo/G. Paci, Macellum, in: E. De Ruggiero (Hg.), Dizionario epigrafico di antichita romane V,2, 1990, 111–148.
Marichal 1992 = R. Marichal, Les ostraca de Bu Njem, Tripolis 1992.
Marotta 1991 = V. Marotta, Mandata principum, Turin 1991.
Marotta 1999 = V. Marotta, Liturgia del potere. Documenti di nomina e ceremonie di investitura fra principato e tardo impero romano, Ostraca 8, 1999, 145–220.
Marotta 2012 = V. Marotta, La Cittadinanza romana in età imperiale (secoli I-III d.C.). Una sintesi, Turin 2012.
Marshall 1966 = A.J. Marshall, Governors on the move, Phoenix 20, 1966, 231–246.
Marty 2009 = F. Marty, 7.9 Bleibarren mit Stempel, in: LWL-Römermuseum Haltern am See 2009, 359.
Mason 2016 = S. Mason, A History of the Jewish War, A.D. 66–74, Cambridge 2016.
Mastino/Spanu/Zucca 2005 = A. Mastino/P.G. Spanu/R. Zucca, Mare Sardum. Merci, mercati e scambi marittimi della Sardegna antica, Rom 2005.
Mastrorosa 2007 = I. Mastrorosa, I prodromi della lex Papia Poppaea: La propaganda demografica di Augusto in Cassio Dione LVI, 2–9, in: P. Desideri/M. Moggo/M. Pani (Hg.), Antidoron. Studi in onore di Barbara Scardigli-Forster, Pisa 2007, 281–304.
Maurizi 2013 = L. Maurizi, Il cursus honorum senatorio da Augusto a Traiano. Sviluppi formali e stilistici nell'epigrafia latina e greca, Helsinki 2013.
Mazor 2016 = G. Mazor, Imperial Cult in the Decapolis: Nysa-Scythopolis as a Test Case, in: E. Killebrew/G. Fassbeck (Hg.), Viewing Ancient Jewish Art and Archaeology. VeHinnei Rachel – Essays in Honor of Rachel Hachlili, JSJ Sup. 172, Leiden 2016, 355–383.
Mekacher 2006 = N. Mekacher, Die vestalischen Jungfrauen in der römischen Kaiserzeit, Wiesbaden 2006.
Merkelbach 1983 = R. Merkelbach, Ehrenbeschluß der Kymäer für den Prytanis Kleanax, EA 2, 1983, 33–37.
Merkelbach/Şahin 1988 = R. Merkelbach/S. Şahin, Die publizierten Inschriften von Perge, EA 11, 1988, 97–170.

MERKELBACH/STAUBER 2001 = R. MERKELBACH/J. STAUBER, Steinepigramme aus dem griechischen Osten II, Stuttgart 2001.
METTE-DITTMANN 1991 = A. METTE-DITTMANN, Die Ehegesetze des Augustus: Eine Untersuchung im Rahmen der Gesellschaftspolitik des Princeps, Stuttgart 1991.
MEYER-ZWIFFELHOFER 2002 = E. MEYER-ZWIFFELHOFER, Πολιτικῶς ἄρχειν. Zum Regierungsstil der senatorischen Statthalter in den kaiserzeitlichen Provinzen, Stuttgart 2002.
MIGL 1994 = J. MIGL, Die Ordnung der Ämter – Prätorianerpräfektur und Vikariat in der Regionalverwaltung des Römischen Reiches von Konstantin bis zur Valentinianischen Dynastie, Frankfurt 1994.
MIGOTTE 1985 = L. MIGOTTE, Réparation de monuments publics à Messène au temps d'Auguste, BCH 109, 1985, 597–607.
MILLAR 1967 = F. MILLAR, Emperors at Work, JRS 57, 1967, 9–19.
MILLAR 1977 = F. MILLAR, The Emperor in the Roman World, London 1977, 1992².
MILLAR 1984 = F. MILLAR, State and Subject: The Impact of Monarchy, in: F. MILLAR/E. SEGAL (Hg.), Caesar Augustus. Seven Aspects, Oxford 1984, 37–60.
MILLAR 1988 = F. MILLAR., Government and diplomacy in the Roman Empire during the first three centuries, The International History Review 10, 1988, 345–377.
MILLAR 1989 = F. MILLAR, 'Senatorial Provinces'. An Institutionalized Ghost, AW 20, 1989, 93–97 (= in: F. MILLAR, Rome, the Greek World, and the East, vol. 1, hg. von H.M. COTTON/G.M. ROGERS, Chapel Hill 2002, 314–320).
MILLAR 1993 = F. MILLAR, The Roman Near East 31 BC – AD 337, Cambridge/London 1993.
MILLAR 1995 = F. MILLAR, Latin in the Epigraphy of the Roman Near East, in: H. SOLIN/O. SALOMIES/U.-M. LIERTZ (Hg.), Acta colloquii epigraphici Latini Helsinkiae 3. – 6. sept. 1991 habiti, Helsinki 1995, 403–419.
MILLAR 2000 = F. MILLAR, The First Revolution: Imperator Caesar, 36–28 BC, in: A. GIOVANNINI (Hg.), La Révolution Romaine après Ronald Syme: Bilans et perspectives, Genf 2000, 1–38.
MILLAR 2002 = F. MILLAR, „Senatorial" Provinces: An Institutionalized Ghost, in: F. MILLAR, Rome, the Greek World, and the East, vol. 1, hg. von H.M. COTTON/G.M. ROGERS, Chapel Hill 2002, 314–320.
MILLAR 2004 = F. MILLAR, Rome, the Greek World and the East, vol. 2, hg. von H.M. COTTON/G.M. ROGERS, Chapel Hill 2004.
MILLAR 2007 = F. MILLAR, Die Bedeutung der Cursusinschriften für das Studium der römischen Administration im Lichte des griechisch-römischen Reiches von Theodosius II., in: R. HAENSCH/J. HEINRICHS (Hg.), Herrschen und Verwalten – Der Alltag der römischen Administration in der Hohen Kaiserzeit, Köln 2007, 438–466.
MIRANDA DI MARINO = E. MIRANDA DI MARINO, Su due kitharodoi di Kos, Axon 3, 2019, 329–344.
MIRKOVIĆ 1994 = M. MIRKOVIĆ, Beneficiarii consularis in Sirmium, Chiron 24, 1994, 345–404.
MIRKOVIĆ 2007 = M. MIRKOVIĆ, Married and settled. The origo, privileges and settlement of auxiliary soldiers, in: SPEIDEL/LIEB 2007, 327–343.
MITCHELL 1993 = S. MITCHELL, Anatolia. Land, War and Gods in Asia Minor, Oxford 1993.
MITFORD 1997 = T.B. MITFORD, The Inscriptions of Satala (Armenia Minor), ZPE 115, 1997, 137–167.
MITTEIS 1891 = L. MITTEIS, Reichsrecht und Volksrecht in den östlichen Provinzen des Römischen Kaiserreichs, mit Beiträgen zur Kenntniss des griechischen Rechts und der spätrömischen Rechtsentwicklung, Leipzig 1891 (ND 1963).
MÓCSY 1992 = A. MÓCSY, Das lustrum primipili und die annona militaris, in: A. MÓCSY, Pannonien und das römische Heer, Stuttgart 1992, 106–120.
MOMMSEN 1887 = T. MOMMSEN, Römisches Staatsrecht, I–III, Leipzig 1887³.
MOORE 2012 = D.W. MOORE, A Note on CIL VI 1585 a-b and the Role of Adrastus, procurator of the Column of Marcus Aurelius, ZPE 181, 2012, 221–228.

MRÁV/VIDA 2011–13 = Z. MRÁV/I. VIDA, Fragment eines neuen Prätorianerdiploms von 245 aus Pannonia Inferior, *Folia Archaeologica* 55, 2011–13, 113–123.
MRÁV/VIDA 2011–13a = Z. MRÁV/I. VIDA, *IIS PRAETORIANORUM MEORUM.... QUI NON LEGITIMI CIVES ROMANI VIDERENTUR ... CIVITATEM ROMANAM DO*. Ein die Prätorianersoldaten betreffendes Edikt Hadrians von 119 n. Chr., *Folia Archaeologica* 55, 2011–13, 123–154.
MROZEK 1968 = S. MROZEK, Zur Frage der Tutela in römischen Inschriften, *Acta Antiqua* 16, 1968, 283–288.
MUSCA 1985 = D.A. MUSCA, Da Traiano a Settimio Severo: *senatus consultum* e *oratio principis*, *Labeo* 31, 1985, 7–46.
NAVARRO CABALLERO 1997 = M. NAVARRO CAVALLERO, Les dépenses Publiques des Notables des Cités en Hispania Citerior sous le Haut-Empire, *REA* 99, 1997, 109–140.
NEESEN 1980 = L. NEESEN, Untersuchungen zu den direkten Staatsabgaben der römischen Kaiserzeit 27 v. Chr. bis 284 n. Chr., Bonn 1980.
NELIS-CLÉMENT 2000 = J. NELIS-CLÉMENT, Les beneficiarii. Militaires et administrateurs au service de l'Empire (Ier s. a.C. – VIe s. p.C.), Paris 2000.
NELIS-CLÉMENT 2006 = J. NELIS-CLÉMENT, Les stationes come espace et transmission du pouvoir, in: A. KOLB (Hg.), Herrschaftsstrukturen und Herrschaftspraxis: Konzepte, Prinzipien und Strategien der Administration im römischen Kaiserreich, Berlin 2006, 269–298.
NESSELHAUF/LIEB 1959 = H. NESSELHAUF/H. LIEB, Dritter Nachtrag zu CIL XIII. Inschriften aus den germanischen Provinzen und dem Treverergebiet, *BRGK* 40, 1959, 120–228.
NEU 1989 = S. NEU, Römische Reliefs vom Kölner Rheinufer, *Kölner Jahrbuch* 22, 1989, 241–364.
NEUMANN 1988 = G. NEUMANN, Phrygisch und Griechisch, Wien 1988.
NEUMANN/UNTERMANN 1980 = G. NEUMANN/J. UNTERMANN (Hg.), Die Sprachen im Römischen Reich der Kaiserzeit, Köln 1980.
NICOLET 1976 = C. NICOLET, Le Cens Senatorial sous la Republique et sous Auguste, *JRS* 66, 1976, 20–38.
NICOLET 1993 = C. NICOLET, Le *monumentum Ephesinum* et la délimitation du *portorium* d'Asie, *MEFRA* 105, 1993, 929–959.
NICOLS 1978 = J. NICOLS, Vespasian and the partes Flavianae, Stuttgart 1978.
NICOLS 1979 = J. NICOLS, Zur Verleihung öffentlicher Ehrungen in der römischen Welt, *Chiron* 9, 1979, 243–260.
NICOLS 1980 = J. NICOLS, Tabulae patronatus: A study of the agreement between patron and client-community, ANRW II 13, Berlin 1980, 535–561.
NICOLS 2014 = J. NICOLS, Civic Patronage in the Roman Empire, Leiden/Boston 2014.
NOETHLICHS 1996 = K.L. NOETHLICHS, Das Judentum und der römische Staat. Minderheitenpolitik im antiken Rom, Darmstadt 1996.
NOLLÉ 1982 = J. NOLLÉ, Nundinas instituere et habere, Hildesheim 1982.
NOLLE 1988 = J. NOLLE, Mitteilungen zu sidetischen Inschriften, *Kadmos* 27, 1988, 57–62.
OLIVER 1989 = J.H. OLIVER, Greek Constitutions of Early Roman Emperors from Inscriptions and Papyri, Philadelphia 1989.
OLIVER/PALMER 1955 = J.H. OLIVER/R.E.A. PALMER, Minutes of an Act of the Roman Senate, *Hesperia* 24, 1955, 320–349.
OUDSHOORN 2007 = J.G. OUDSHOORN, The relationship between Roman and local law in the Babatha and Salome Komaise archives: general analysis and three case studies on law of succession, guardianship and marriage, Leiden 2007.
PALME 2006 = B. PALME, Die *classis praetoria Misenensis* in den Papyri, in: P. AMANN/M. PEDRAZZI/H. TÄUBER (Hg.), Italo – Tusco – Romana. Festschrift für Luciana Aigner-Foresti, Wien 2006, 281–299.

Palme 2006a = B. Palme, Zivile Aufgaben der Armee im kaiserzeitlichen Ägypten, in: A. Kolb (Hg.), Herrschaftsstrukturen und Herrschaftspraxis: Konzepte, Prinzipien und Strategien der Administration im römischen Kaiserreich, Berlin 2006, 299–328.

Palme 2007 = B. Palme, The imperial presence: Government and army, in: R.S. Bagnall (Hg.), Egypt in the Byzantine world, 300–700, Cambridge 2007, 244–270.

Palme 2010 = B. Palme, Militärs in der administrativen Kontrolle der Bevölkerung im römischen Ägypten, in: A. Eich (Hg.), Die Verwaltung der kaiserzeitlichen römischen Armee. Studien für Hartmut Wolff, Stuttgart 2010, 149–164.

Palme 2011 = B. Palme, Die Wacht am Nil. Soldaten des Kaisers in Ägypten, in: B. Palme (Hg.), Die Legionäre des Kaisers: Soldatenleben im römischen Ägypten, Wien 2011, 11–26.

Panciera 1982 = S. Panciera (Hg.), Epigrafia e ordine senatorio. Atti del Colloquio Internazionale AIEGL su Epigrafia e ordine senatorio. Roma, 14–20 maggio 1981, vol. I-II, Rom 1982.

Panciera 2004 = S. Panciera (Hg.), Libitina e dintorni. Libitina e i luci sepolcrali; le leges libitinariae campane; Iura sepulcrorum: vecchie e nuove iscrizioni. Atti dell'XI Rencontre franco-italienne sur l'épigraphie. Libitina 3, Rom 2004.

Panciera 2006 = S. Panciera, Epigrafi, epigrafia, epigrafisti: scritti vari editi e inediti (1956–2005) con note complementari e indici. I-III, Rom 2006.

Pani 1974 = M. Pani, Comitia e senato – sulla trasformazione della procedura elettorale a Roma nell' età di Tiberio, Bari 1974.

Patrich 1999 = J. Patrich, The warehouse complex and governor's palace (areas KK, CC, and NN, May 1993 – December 1995), in: K.G. Holum/A. Raban/J. Patrich (Hg.), Caesarea Papers 2. Herod's Temple, the Provincial Governor's Praetorium and Granaries, the Later Harbour, a Gold Coin Hoard and Other Studies, JRA Supplementary Series 35, Portsmouth 1999, 70–108.

Patrich 2010 = J. Patrich, The Praetoria at Caesarea Maritima, in: R. Asskamp/T. Esch (Hg.), Imperium – Varus und seine Zeit. Beiträge zum internationalen Kolloquium des LWL-Römermuseums am 28. und 29. April 2008 in Münster, Münster 2010, 175–186.

Patrich 2011 = J. Patrich, Studies in the Archaeology and History of Caesarea Maritima: Caput Judaeae, metropolis Palaestinae, AJEC 77, Leiden 2011.

Pavis d'Escurac 1976 = H. Pavis d'Escurac, La préfecture de l'annone service administratif impérial d'Auguste à Constantin, Rom 1976.

Peachin 1996 = M. Peachin, Iudex vice Caesaris – Deputy Emperors and the Administration of Justice during the Principate, Stuttgart 1996.

Peachin 2016 = M. Peachin, Lawyers in Administraion, in: P. du Plessis/C. Ando/K. Tuori (Hg.), Oxford Handbook of Roman Law and Society, Oxford 2016, 164–175.

Peachin 2018 = M. Peachin, Die neue Gerichtsbarkeit der Konsuln und Prätoren in der frühen Kaiserzeit, in: Wojciech/Eich 2018, 79–94.

Pearce/Tomlin 2018 = J. Pearce/R.S.O. Tomlin, A Roman Military Diploma for the German Fleet (19 November 150) found in Northern Britain, ZPE 206, 2018, 207–216.

Perl 1996 = G. Perl, Die Rede des Kaisers Claudius für die Aufnahme römischer Bürger aus Gallia Comata in den Senat, *Philologus* 140, 1996, 114–138.

Peter/Seidlmayer 2006 = U. Peter/S. Seidlmayer, Mediengesellschaft Antike? Information und Kommunikation vom Alten Ägypten bis Byzanz, Berlin 2006.

Petit 1957 = P. Petit, Les étudiants des Libanius – Un professeur de faculté et ses élèves au Bas-Empire, Paris 1957.

Petolescu 2002 = C. Petolescu, Auxilia Daciae. Contribuţie la istoria militară a Daciei romane, Bukarest 2002.

Petzl 2019 = G. Petzl, Sardis: Greek and Latin Inscriptions, part II: Finds from 1958 to 2017, London 2019.

Pfahl 2012 = S.F. Pfahl, Instrumenta Latina et Graeca Inscripta des Limesgebietes von 200 v. Chr. bis 600 n. Chr., Weinstadt 2012.

PFERDEHIRT 2004 = B. PFERDEHIRT, Römische Militärdiplome und Entlassungsurkunden in der Sammlung des Römisch-Germanischen Zentralmuseums, Mainz 2004.
PFLAUM 1950 = H.-G. PFLAUM, Les procurateurs équestres sous le Haut-empire romain, Paris 1950.
PFLAUM 1960 = H.-G. PFLAUM, Les carrières procuratoriennes équestres sous le Haut-Empire romain, I-II, Paris 1960.
PFLAUM 1961 = H.-G. PFLAUM, Les carrières procuratoriennes équestres sous le Haut-empire romain, III, Paris 1961.
PFLAUM 1982 = H.-G. PFLAUM, Les carrières procuratoriennes équestres sous le Haut-Empire romain. Supplement, Paris 1982.
PHANG 2001 = S. E. PHANG, The Marriage of Roman Soldiers (13 BC – AD 235). Law and Family in the Imperial Army, Leiden 2001.
PHANG 2007 = S. E. PHANG, Military Documents., Languages, and Literacy, in: P. ERDKAMP (Hg.), A Companion to the Roman Army, Malden 2007, 286–305.
PIETRANGELI 1941 = C. PIETRANGELI, Supplementi al Corpus Inscriptionum Latinarum II, *BullCom* 69, 1941, 167–192
PILHOFER 2006 = S. PILHOFER, Romanisierung in Kilikien? Das Zeugnis der Inschriften, München 2006.
PILHOFER 2009 = P. PILHOFER, Philippi, Bd. 2: Katalog der Inschriften von Philippi, Tübingen 2009².
PIR^2 = Prosopographia Imperii Romani saec. I. II. III., editio altera, edita consilio et auctoritate Academiae Scientiarum Berolinensis et Brandenburgensis, iteratis curis ediderunt E. GROAG et al., Berlin 1933–2015.
PISO 1983 = I. PISO, Inschriften von Prokuratoren aus Sarmizegetusa I, *ZPE* 50, 1983, 233–251.
PISO 1993 = I. PISO, Fasti provinciae Daciae I. Die senatorischen Amtsträger, Bonn 1993.
PISO 1998 = I. PISO, Inschriften von Prokuratoren aus Sarmizegetusa II, *ZPE* 120, 1998, 253–271.
PISO 2013 = I. PISO, Fasti Provinciae Daciae II. Die ritterlichen Amtsträger, Bonn 2013.
PISO 2014 = I. PISO, Zur Reform des Gallienus anlässlich zweier neuer Inschriften aus den Lagerthermen von Potaissa, *Tyche* 29, 2014, 125–146.
PLATSCHECK 2009–2012 = H. PLATSCHECK, Una iscrizione funeraria emendata nella necropoli sottostante la basilica di S. Pietro, *Minima Epigraphica* 12–15, 2009–2012, 14–17, 289–292.
PLEKET 1969 = H.W. PLEKET, The Social Position of Women in the Graeco-Roman World, Leiden 1969.
PLRE = J. MARTINDALE, The Prosopography of the Later Roman Empire, Vol. II, Cambridge 1980.
PORENA 2003 = P. PORENA, Le origini della prefettura del pretorio tardoantica, Rom 2003.
PORENA 2013 = P. PORENA, La riorganizzazione amministrativa dell'Italia. Costantino, Roma, il Senato e gli equilibri dell'Italia romana, Enciclopedia Costantiniana 2013 (http://www.treccani.it/enciclopedia/la-riorganizzazione-amministrativa-dell-Italia)
PRECHT 1973 = G. PRECHT, Baugeschichtliche Untersuchung zum römischen Praetorium in Köln, Köln 1973.
PRECHT 1975 = G. PRECHT, Das Grabmal des Lucius Poblicius. Rekonstruktion und Aufbau. Römisch-Germanisches Museum der Stadt Köln, Köln 1975.
PRIEUR 1976 = J. PRIEUR, L'histoire des regions alpestres, (Alpes maritimes, Cottiennes, Graies et Pennines) sous le haute-empire Romain (Ie – IIIe siècle après J.C.), ANRW II 5,2, 1976, 630–656.
PUCCI BEN ZEEV 1998 = M. PUCCI BEN ZEEV, Jewish Rights in the Roman World. The Greek and Roman Documents Quoted by Josephus Flavius, Tübingen 1998.
PUECH 2002 = B. PUECH, Orateurs et sophistes grecs dans les inscriptions d'époque impériale, Paris 2002.
PUGLIESE 1939/40 = G. PUGLIESE, Per la storia delle Associazioni in Rodi antica, *ASAtene* 22, 1939/40, 147–200.

QUASS 1993 = F. QUASS, Die Honoratiorenschicht in den Städten des griechischen Ostens. Untersuchungen zur politischen und sozialen Entwicklung in hellenistischer und römischer Zeit, Stuttgart 1993.
RAAFLAUB 1980 = K. RAAFLAUB, The Political Significance of Augustus' Military Reforms, in: ROMAN FRONTIER STUDIES 1979: papers presented to the 12th International Congress of Roman Frontier Studies, Oxford 1980, 1005–1025.
RAAFLAUB 1987 = K. RAAFLAUB, Die Militärreform des Augustus und die politische Problematik des frühen Prinzipats, in: G. BINDER (Hg.), Saeculum Augusteum, Bd. 1, Darmstadt 1987, 246–307.
RAAFLAUB 2009 = K. RAAFLAUB, The Political Significance of Augustus' Military Reforms, in: J. EDMONDSON (Hg.), Augustus, Edinburgh 2009, 203–228.
RABAN 1999 = A. RABAN, The lead ingots from the wreck site (area K8), in: K.G. HOLUM/A. RABAN/J. PATRICH (Hg.), Caesarea Papers 2. Herod's Temple, the Provincial Governor's Praetorium and Granaries, the Later Harbour, a Gold Coin Hoard and Other Studies, JRA Supplementary Series 35, Portsmouth 1999, 179–188.
RAGGI 2006 = A. RAGGI, Seleuco di Rhosos. Cittadinanza e privilegi nell'oriente greco in età tardo-repubblicana, Pisa 2006.
RAJAK 2007 = T. RAJAK, Document and rhetoric in Josephus: Revisiting the 'charter' for the Jews, in: S.J.D. COHEN/J.J. SCHWARTZ (Hg.), Studies in Josephus and the Varieties of Ancient Judaism, Louis H. Feldman Jubilee Volume, Tübingen 2007, 177–189.
RAMIREZ SADABA 1981 = I.L. RAMIREZ SADABA, Gestos suntuarios y recursos economicos de los grupos sociales del Africa Romana, Estudios de Historia Antigua III, Oviedo 1981.
RANKOV 2007 = B. RANKOV, Military Forces, in: P. SABIN/H. VAN WEES/M. WHITBY (Hg.), The Cambridge History of Greek and Roman Warfare, vol. II: Rome from the late Republic to the late Empire, Cambridge 2007, 30–75.
RASBACH 2007 = G. RASBACH, Das Fundmaterial von Waldgirmes – Ein Überblick, in: G.A. LEHMANN/R. WIEGELS (Hg.), Römische Präsenz und Herrschaft im Germanien der augusteischen Zeit, Göttingen 2007, 331–336.
RATHBONE 2007 = D. RATHBONE, Military finance and supply, in: P. SABIN/H. VAN WEES/M. WHITBY (Hg.), The Cambridge History of Greek and roman Warfare II: Rome from the late Republic to the late Empire, Cambridge 2007, 158–176.
REA 1977 = J. REA, Two Legates and a Procurator of Syria Palaestina, ZPE 26, 1977, 217–222.
REBUFFAT 1992 = R. REBUFFAT, M. Sulpicius Felix à Sala, Africa Romana 10,1, 1992, 185–219.
REITZENSTEIN 2011 = D. REITZENSTEIN, Die lykischen Bundespriester. Repräsentation der kaiserzeitlichen Elite Lykiens, Berlin 2011.
REMESAL RODRÍGUEZ 1990 = J. REMESAL RODRÍGUEZ, Die *procuratores Augusti* und die Versorgung des römischen Heeres, in: H. VETTERS/M. KANDLER (Hg.), Akten des 14. Internationaler Limeskongress Carnuntum 1986, Wien 1990, 55–56.
REMESAL RODRÍGUEZ 1997 = J. REMESAL RODRÍGUEZ, Heeresversorgung und die wirtschaftlichen Beziehungen zwischen der Baetica und Germanien. Materialien zu einem Corpus der in Deutschland veröffentlichten Stempel auf Amphoren der Form Dressel 20, Stuttgart 1997.
REMESAL RODRÍGUEZ 1999 = J. REMESAL RODRÍGUEZ, Politica e regimi alimentari nel principato di Augusto: il ruolo dello stato nella dieta di Roma e dell'esercito, in: D. VERA (Hg.), Demografia, sistemi agrari, regimi alimentari nel mondo antico. Atti del Convengo Internazionale di Studi (Parma 17–18 ottobre 1997), Bari 1999, 247–271.
RÉMY 1986 = B. RÉMY, L'évolution administrative de l'Anatolie aux trois premiers siècles de notre ère, Lyon 1986.
REUTER 1999 = M. REUTER, Studien zu den *numeri* des Römischen Heeres in der Mittleren Kaiserzeit, Berichte der Römisch-Germanischen Kommission 80, 1999, 359–569.
REYNOLDS 1982 = J. REYNOLDS, Aphrodisias and Rome. Documents from the excavation of the theatre at Aphrodisias, London 1982.

RGZM = B. Pferdehirt, Römische Militärdiplome und Entlassungsurkunden in der Sammlung des Römisch-Germanischen Zentralmuseums, Mainz 2004.
Riccardi/Genovesi 2002 = E. Riccardi/S. Genovesi, Un carico di piombo da Rena Maiore (Aglientu), L'Africa Romana, XIV, 2, Sassari 2002, 1311–1330.
Ricci 1893 = S. Ricci, Verona. Recenti scoperte epigrafiche e archeologiche. I Epigrafe, NSc 1893, 4–19.
Rich 1996 = J.W. Rich, Augustus and the spolia opima, Chiron 26, 1996, 85–127.
Rich/Williams 1999 = J.W. Rich/J.H.C. Williams, Leges et Iura P. R. Restituit: A New Aureus of Octavian and the Settlement of 28–27 B.C., Numismatic Chronicle 159, 1999, 169–213.
Riess 2003 = W. Riess, Die Rede des Claudius über das „ius honorum" der gallischen Notablen: Forschungsstand und Perspektiven, RÉA 105, 2003, 211–249.
Rigsby 1991 = K.J. Rigsby, [Rez. zu]: Archaeological exploration of Sardis. Nouvelles inscriptions de Sardes, 2, GGA 243, 1991, 45–52.
Ritterling 1924 = E. Ritterling, Legio [Teil 1], RE XII.1, 1924, 1211–1328.
Ritterling 1925 = E. Ritterling, Legio [Teil 2], RE XII.2, 1925, 1329–1829.
Ritterling 1932 = E. Ritterling, Fasti des römischen Deutschland unter dem Prinzipat, Wien 1932.
Robert 1966 = L. Robert, Documents de l'Asie méridionale, Paris 1966.
Rockwell 1909 = J.C. Rockwell, Private Baustiftungen für die Stadtgemeinde auf Inschriften der Kaiserzeit im Westen des römischen Reiches, Jena 1909.
Rogers 1991 = G.M. Rogers, Demosthenes of Oenoanda and Models of Euergetism, JRS 81, 1991, 91–100.
Rogers 1991a= G.M. Rogers, The Sacred Identity of Ephesos, London 1991.
Rogers 1992 = G.M. Rogers, The Assembly of Imperial Ephesos, ZPE 94, 1992, 224–228.
Rossignol 2009 = B. Rossignol, Entre le glaive et le stylet, in: F. Hurlet (Hg.), Rome et l'Occident. Gouverner l'Empire (IIe siècle av. J.-C. – IIe siècle apr. J.-C.), Rennes 2009, 77–106.
Roth-Rubi 2004 = K. Roth-Rubi, Das Militärlager von Dangstetten und seine Rolle für die spätere Westgrenze Raetiens, in: C.-M. Hüssen (Hg.), Spätlatènezeit und frühe römische Kaiserzeit zwischen Alpenrand und Donau. Akten des Kolloquiums in Ingolstadt am 11. und 12. Oktober 2001, Bonn 2004, 133–148.
Rothenhöfer 2003 = P. Rothenhöfer, Geschäfte in Germanien. Zur Ausbeutung von Erzlagerstätten unter Augustus in Germanien, ZPE 143, 2003, 277–286.
Rothenhöfer 2005 = P. Rothenhöfer, Die Wirtschaftsstrukturen im südlichen Niedergermanien. Untersuchungen zur Entwicklung eines Wirtschaftsraumes an der Peripherie des Imperium Romanum, Rhaden 2005.
Rothenhöfer 2020 = P. Rothenhöfer, Emperor Tiberius and his *praecipua legionum cura* in a New Bronze Tablet from AD 14, Gephyra 19, 2020, 101–110.
Rotondi 1912 = G. Rotondi, Leges publicae populi romani, Mailand 1912, ND Hildesheim 1966.
Rotondi 1966 = G. Rotondi, Leges publicae populi romani, ND Hildesheim 1966.
Roueché 1998 = C. Roueché, The Functions of the Governor in Late Antiquity – some Observations, Antiquité Tardive 6, 1998, 31–36.
Roxan 1986 = M.M. Roxan, Observations on the reasons for changes in formula in diplomas circa AD 140, in: Eck/Wolff 1986, 265–292.
Roxan/Holder 1975–2006 = M.M. Roxan/P. Holder (Hg.), Roman Military Diplomas I – V, London 1975–2006.
Roxan/Weiss 1998 = M.M. Roxan/P. Weiss, Die Auxiliartruppen der Provinz Thracia. Neue Militärdiplome der Antoninenzeit, Chiron 28, 1998, 371–420.
Ruciński 2003 = S. Ruciński, Le rôle du préfet des vigiles dans le maintien de l'ordre public dans la Rome impériale, Eos 90,2, 2003, 261–274.
Ruciński 2004 = S. Ruciński, Position des *curatores regionum* dans la hiérarchie administrative de la ville de Rome, Eos 91, 2004, 108–119.

Rüger 1968 = C. Rüger, Germania inferior. Untersuchungen zur Territorial- und Verwaltungsgeschichte Niedergermaniens in der Prinzipatszeit, Köln 1968.
Rüpke 2001 = J. Rüpke, Die Religion der Römer, München 2001.
RWI = S. Hagel/K. Tomaschitz, Repertorium der westkilischen Inschriften, Wien 1998.
Sablayrolles 1996 = R. Sablayrolles, *Libertinus miles*. Les cohortes de vigiles, Rom 1996.
Saddington 2011 = D.B. Saddington, Culture Shock – What did Auxiliaries Face on Entering the Roman Army?, in: C. Deroux (Hg.), Corolla epigraphica: hommages à professeur Yves Burnand, Brüssel 2011, 638–646.
Saddington 2013 = D.B. Saddington, The Study of the Auxilia Forces of the Roman empire: A Retrospect and a Prospect, in: F. Bertholet/C. Schmidt Heidenreich (Hg.), Entre archéologie et épigraphie. Nouvelles perspectives sur l'armée romaine, Bern 2013, 3–14.
Şahin 1995 = S. Şahin, Die Inschriften von Arykanda, Bonn 1995.
Şahin 2008 = S. Şahin, Der neronische Leuchtturm und die vespasianischen Thermen von Patara, *Gephyra* 5, 2008, 1–32.
Şahin/French 1987 = S. Şahin/D. French, Ein Dokument aus Takina, *EA* 10, 1987, 125–142.
Saller 1982 = R. Saller, Personal Patronage under the Early Empire, Cambridge 1982.
Salomies 1996 = O. Salomies, Senatori oriundi del Lazio, in: H. Solin (Hg.), Studi storico-epigrafici sul Lazio antico, Rom 1996, 23–127.
Sánchez-Ostiz 1999 = Á. Sánchez-Ostiz, Tabula Siarensis. Edición, traducción y comentario, Pamplona 1999.
Sander 1958 = E. Sander, Das Recht der römischen Soldaten, *Rheinisches Museum* 101, 1958, 152–191, 193–234.
Sarnowski 2013 = T. Sarnowski, Accepta pariatoria und pastus militum. Eine neue Statuenbasis mit zwei Inschriften aus Novae, *Tyche* 28, 2013, 135–146.
Sartre 1991 = M. Sartre, L'orient Romain, Paris 1991.
Schäfer 1989 = T. Schäfer, Imperii insignia. Sella curulis und Fasces: Zur Repräsentation römischer Magistrate, Berlin 1989.
Schäfer 2014 = F.F. Schäfer, Das praetorium in Köln und weitere Statthalterpaläste im Imperium Romanum. Eine baugeschichtliche Untersuchung und eine vergleichende Studie zu Typus und Funktion, Mainz 2014.
Schallmayer et al. 1990 = E. Schallmayer/K. Eibl/J. Ott/G. Preuss/E. Wittkopf (Hg.), Der römische Weihebezirk von Osterburken I: Corpus der griechischen und lateinischen Beneficiarier-Inschriften des Römischen Reiches, Stuttgart 1990.
Schanz/Hosius 1980 = M. Schanz/C. Hosius, Geschichte der römischen Literatur. Teil 2. Die römische Literatur in der Zeit der Monarchie bis auf Hadrian. Bis zum Gesetzgebungswerk des Kaisers Justinian, München 1980[4].
Scheid 1998 = J. Scheid, Commentarii fratrum Arvalium qui supersunt. Les copies épigraphiques des protocoles annuels de la confrérie arvale (21 av.–304 ap. J.-C.), Rom 1998.
Scheid 1998a = J. Scheid, La religion des Romains, Paris 1998.
Scheid 2007 = J. Scheid, Les activités religieuses des magistrats romains, in: R. Haensch/J. Heinrichs (Hg.), Herrschen und Verwalten. Der Alltag der römischen Administration in der Hohen Kaiserzeit, Köln 2007, 126–144.
Scheid 2007a = J. Scheid, Res gestae divi Augusti, Paris 2007.
Scheidel 2007 = W. Scheidel, Marriage, Families, and Survival: Demographic Aspects, in: P. Erdkamp (Hg.), A Companion to the Roman Army, Oxford 2007, 417–434.
Schlange-Schöningen 2003 = H. Schlange-Schöningen, Die römische Gesellschaft bei Galen, Biographie und Sozialgeschichte, Berlin 2003.
Schmitt 2005 = T. Schmitt, Provincia Cilicia. Kilikien im Imperium Romanum von Caesar bis Vespasian, in: T. Schmitt/W. Schmitz/A. Winterling (Hg.), Gegenwärtige Antike – antike Gegenwarten, Kolloquium zum 60. Geburtstag von Rolf Rilinger, München 2005, 189–222.

SCHMITTHENNER 1960 = W. SCHMITTHENNER, Politik und Armee in der späten römischen Republik, *HZ* 190, 1960, 1–17.
SCHMITZ 1997 = T. SCHMITZ, Bildung und Macht. Zur sozialen und politischen Funktion der zweiten Sophistik in der griechischen Welt der Kaiserzeit, München 1997.
SCHMITZ 2011 = D. SCHMITZ, Ad supplicium ducere – Hinrichtungen in römischer Zeit, in: M. REUTER/R. SCHIAVONE (Hg.), Gefährliches Pflaster. Kriminalität im Römischen Reich, Xantener Berichte 21, 2011, 319–340.
SCHNEGG 2020 = B. SCHNEGG, Die Inschriften zu den Ludi Seculares, Berlin 2020.
SCHOLZ 2018 = U.W. SCHOLZ, Persius Scholien. Die lateinische Persius-Kommentierung der Tradition C, Wiesbaden 2018.
SCHULER 1998 = C. SCHULER, Ländliche Siedlungen und Gemeinden im hellenistischen und römischen Kleinasien, München 1998.
SCHULTE 1994 = C. SCHULTE, Die Grammateis von Ephesos. Schreiberamt und Sozialstruktur in einer Provinzhauptstadt des römischen Kaiserreiches, Stuttgart 1994.
SCHULTEN 1933 = A. SCHULTEN, Masada. Die Burg des Herodes und die römischen Lager, Leipzig 1933.
SCHULZ 1997 = R. SCHULZ, Herrschaft und Regierung. Roms Regiment in den Provinzen in der Zeit der Republik, Paderborn 1997.
SCHUMACHER 2006 = L. SCHUMACHER, Corpus der römischen Rechtsquellen zur antiken Sklaverei (CRRS). Teil VI. Stellung der Sklaven im Sakralrecht, Stuttgart 2006.
SEGRÉ 1940/41 = A. SEGRÉ, Il diritto die militari peregrini nell'esercito Romano, *RPARA* 17, 1940/41, 167–182.
SELIGMAN 2017 = J. SELIGMAN, ‚Absence of evidence' or ‚Evidence of absence'? Where was civilian Aelia Capitolina, and was Jerusalem the site of the legionary camp? in: G. AVNI/G.D. STIEBE (Hg), Roman Jerusalem: a new Old City, Portmouth 2017, 107–116.
SHARANKOV 2009 = N. SHARANKOV, Three Roman Documents on Bronze, *ArchBulg* 13,2, 2009, 53–72.
SHERK 1970 = R.K. SHERK, The Municipal Decrees of the Roman West, 1970.
SHERK 1990 = R.K. SHERK, The Eponymous Officials of Greek Cities I, *ZPE* 83, 1990, 249–288.
SHERK 1990a = R.K. SHERK, The Eponymous Officials of Greek Cities II, *ZPE* 84, 1990, 231–295
SHERK 1991 = R.K. SHERK, The Eponymous Officials of Greek Cities III, *ZPE* 88, 1991, 225–260.
SHERK 1992 = R.K. SHERK, The Eponymous Officials of Greek Cities IV, *ZPE* 93, 1992, 223–272.
SHERK 1993 = R.K. SHERK, The Eponymous Officials of Greek Cities V, *ZPE* 96, 1993, 267–295.
SHERWIN WHITE 1973 = A.N. SHERWIN WHITE, Roman Citizenship, Oxford 1973^2.
SIJPESTEIJN 1964 = P.J. SIJPESTEIJN, Penthemeros-Certificates in Graeco-Roman Egypt, Leiden 1964.
SIJPESTEIJN 1986 = P.J. SIJPESTEIJN, Lucius Antonius Pedo: Prefect of Egypt, *ZPE* 65, 1986, 154–156.
SILVESTRINI 2020 = M. SILVESTRINI, Un inedito procurator XX libertatis dall'Apulia, in: C. SORACI (Hg.), Fiscalità ed epigrafia nel mondo romano, Atti del Convegno Internazionale, Catania, 28–29 Giugno 2019, Roma 2020, 51–60.
SIPILÄ 2009 = J. SIPILÄ, The Reorganisation of Provincial Territories in Light of the Imperial Decision-making Process: Later Roman Arabia and Tres Palaestinae as Case Studies, Helsinki 2009.
SIRAGO 1989 = V.A. SIRAGO, La seconda sofistica come espressione culturale della classe dirigente del II secolo, ANRW II 33,1, Berlin 1989, 36–78.
SLOOTJES 2006 = D. SLOOTJES, The Governor and his Subjects in the Later Roman Empire, Leiden 2006.
SOLIN 2003 = H. SOLIN, Die griechischen Personennamen in Rom. Ein Namenbuch, Berlin 2003^2.
SOMMER 2006 = S. SOMMER, Rom und die Vereinigungen im südwestlichen Kleinasien (133 v. Chr. – 284 n. Chr.), Hennef 2006.

SOMMER 2009 = C.S. SOMMER, Die Anfänge der Provinz Rätien, in: I. PISO (Hg.), Die römischen Provinzen. Begriff und Gründung. Colloquium Cluj-Napoca, 28. September – 1. Oktober 2006, Cluj-Napoca 2009, 207–224.

SONNABEND 2014 = H. SONNABEND, Gesellschaft und Moral, in: M. HORSTER/F. SCHULLER (Hg.), Augustus. Herrscher an der Zeitenwende, Regensburg 2014, 78–91.

SOURIS 1982 = G.A. SOURIS, The size of provincial embassies to the emperor under the principate, ZPE 48, 1982, 235–244.

SOURIS 1984 = G.A. SOURIS, Studies in provincial diplomacy under the principate, Phil. Diss. Cambridge 1984.

SPAGNUOLO VIGORITA 2010 = T. SPAGNUOLO VIGORITA, Casta domus: Un seminario sulla legislazione matrimoniale augustea, Neapel 2010^3.

SPAUL 1994 = J.E.H. SPAUL, Ala^2. The Auxiliary Cavalry Units of the Prediocletianic Imperial Roman Army, Andover 1994.

SPAUL 2000 = J.E.H. SPAUL., Cohors^2. The Evidence for and a Short History of the Auxiliary Infantry Units of the Imperial Roman Army, Oxford 2000.

SPEIDEL 1992 = M.A. SPEIDEL, Roman Army Pay Scales, JRS 82, 1992, 87–106.

SPEIDEL 1996 = M.A. SPEIDEL, Die römischen Schreibtafeln von Vindonissa: lateinische Texte des militärischen Alltags und ihre geschichtliche Bedeutung, Brugg 1996.

SPEIDEL 2000 = M.A. SPEIDEL, Sold und Wirtschaftslage der römischen Soldaten, in: G. ALFÖLDY/B. DOBSON/W. ECK (Hg.), Kaiser, Heer und Gesellschaft in der römischen Kaiserzeit. Gedenkschrift E. Birley, Stuttgart 2000, 65–96.

SPEIDEL 2006 = M.A. SPEIDEL, Militia. Zu Sprachgebrauch und Militarisierung in der kaiserzeitlichen Verwaltung, in: A. KOLB (Hg.), Herrschaftsstrukturen und Herrschaftspraxis: Konzepte, Prinzipien und Strategien der Administration im römischen Kaiserreich, Berlin 2006, 263–268.

SPEIDEL 2007 = M.A. SPEIDEL, Einheit und Vielfalt in der römischen Heeresverwaltung, in: R. HAENSCH/J. HEINRICHS (Hg.), Herrschen und Verwalten. Der Alltag der römischen Administration in der Hohen Kaiserzeit, Köln 2007, 173–194.

SPEIDEL 2007a = M.A. SPEIDEL, The development of the Roman forces in northeastern Anatolia. New evidence for the history of the exercitus Cappadocicus, in: A.S. LEWIN/P. PELLEGRINI (Hg.), The late Roman Army in the Near East from Diocletian to the Arab Conquest. Proceedings of a colloquium held at Potenza, Acerenza and Matera, Italy (May 2005), Oxford 2007, 73–90.

SPEIDEL 2008 = M.A. SPEIDEL, Rekruten für ferne Provinzen. Der Papyrus ChLA X 422 und die kaiserliche Rekrutierungszentrale, ZPE 163, 2008, 281–295.

SPEIDEL 2009 = M.A. SPEIDEL, Augustus' militärische Neuordnung und ihr Beitrag zum Erfolg des Imperium Romanum, in: SPEIDEL 2009d, 19–51.

SPEIDEL 2009a = M.A. SPEIDEL, Cappadocia – Vom Königreich zur Provinz. Zum Prozess der strukturellen Integration unter Tiberius, in: SPEIDEL 2009d, 581–594.

SPEIDEL 2009b = M.A. SPEIDEL, Das römische Heer als Kulturträger. Lebensweisen und Wertvorstellungen der Legionssoldaten an den Nordgrenzen des römischen Reiches im ersten Jahrhundert n.Chr., in: SPEIDEL 2009d, 515–544.

SPEIDEL 2009c = M.A. SPEIDEL, Early Roman Rule in Commagene, in: SPEIDEL 2009d, 563–580.

SPEIDEL 2009d = M.A. SPEIDEL, Heer und Herrschaft im römischen Reich der Hohen Kaiserzeit, Stuttgart 2009.

SPEIDEL 2009e = M.A. SPEIDEL, Kappadokien – Vom Königreich zur Provinz. Zum Prozess der strukturellen Integration unter Tiberius, in: I. PISO (Hg.), Die römischen Provinzen. Begriff und Gründung, Colloquium Cluj-Napoca, 28. September – 1. Oktober 2006, Cluj-Napoca 2009, 51–64.

SPEIDEL 2009f = M.A. SPEIDEL, Roman Army Pay Scales, in: SPEIDEL 2009d, 349–380.

SPEIDEL 2009g = M.A. SPEIDEL, Sold und Wirtschaftslage der römischen Soldaten, in: SPEIDEL 2009d, 407–437.
SPEIDEL 2009h = M.A. SPEIDEL, The development of the Roman forces in northeastern Anatolia. New evidence for the history of the *exercitus Cappadocicus*, in: SPEIDEL 2009d, 595–631.
SPEIDEL 2013 = M.A. SPEIDEL, Les femmes et la bureaucratie. Quelques réflexions sur l'interdiction du mariage dans l'armée romaine, *Cahiers Centre G. Glotz* 24, 2013, 205–215.
SPEIDEL 2014 = M.A. SPEIDEL, Roman Army pay scales revisited: responses and answers, in: M. REDDÉ (Hg.), De l'or pour les braves! Soldes, armées et circulation monétaire dans le monde romain, Bordeaux 2014, 53–62.
SPEIDEL 2018 = M.A. SPEIDEL, Soldiers and Documents: Insights from Nubia. The Significance of Written Documents in Roman Soldiers' Everyday Lives, in: A. KOLB (Hg.), Literacy in Ancient Everyday Life, Berlin/Boston 2018, 179–200.
SPEIDEL/LIEB 2007 = M.A. SPEIDEL/H. LIEB (Hg.), Militärdiplome. Die Forschungsbeiträge der Berner Gespräche von 2004, Stuttgart 2007.
M.P. SPEIDEL 1994 = M.P. SPEIDEL, Die Denkmäler der Kaiserreiter. Equites singulares Augusti, Bonn 1994.
SPIESER 1986 = J.-M. SPIESER, La christianisation de la ville dans l'Antiquité tardive, *Ktema* 11, 1986, 49–55.
STARCKY 1949 = J. STARCKY (Hg.), Inventaire des inscriptions de Palmyre, Bd. 10, Damaskus 1949.
STAUNER 2004 = K. STAUNER, Das offizielle Schriftwesen des römischen Heeres von Augustus bis Gallienus (27 v. Chr. – 268 n. Chr.): Eine Untersuchung zu Struktur, Funktion und Bedeutung der offiziellen militärischen Verwaltungsdokumentation und zu deren Schreibern, Bonn 2004.
STAUNER 2010 = K. STAUNER, Rationes ad milites pertinentes. Organisation und Funktion der Binnenadministration militärischer Einheiten in der frühen und hohen Kaiserzeit, in: A. EICH (Hg.), Die Verwaltung der kaiserzeitlichen römischen Armee. Studien für Hartmut Wolff, Stuttgart 2010, 37–86.
STAVRIANOPOULOU 2009 = E. STAVRIANOPOULOU, Die Bewirtung des Volkes: Öffentliche Speisungen in der römischen Kaiserzeit, in: O. HEKSTER/S. SCHMIDT-HOFNER/C. WITSCHEL (Hg.), Ritual Dynamics and Religious Change in the Roman Empire. Proceedings of the eighth Workshop of the International Network Impact of Empire, Heidelberg 5.–7 Juli 2007, Leiden 2009, 158–180.
STEIN-HÖLKESKAMP 2003 = E. STEIN-HÖLKESKAMP, Vom homo politicus zum homo litteratus. Lebensziele und Lebensideal der römischen Elite von Cicero bis zum jüngeren Plinius, in: H.-J. HÖLKESKAMP et al. (Hg.), Sinn (in) der Antike. Orientierungssysteme, Leitbilder und Wertkonzepte im Altertum, Mainz 2003, 315–334.
STEINBY 1987 = E.M. STEINBY, La necropoli della Via Triumphalis, in: H. VON HESBERG/P. ZANKER (Hg.), Römische Gräberstraßen. Selbstdarstellung-Status-Standard. Kolloquium München 28.–30. Oktober 1985, München 1987, 85–110.
STEINBY 2003 = E.M. STEINBY (Hg.), La necropolis della Via Triumphalis, il tratto sotto l'Autoparco Vaticano, Memorie della Pontificia Accademia 17, 2003.
STEINWENTER 1919 = A. STEINWENTER, Ius liberorum, RE X,1, 1919, 1281–1284.
STEPHAN 2002 = E. STEPHAN, Honoratioren, Griechen, Polisbürger. Kollektive Identitäten innerhalb der Oberschicht des kaiserzeitlichen Kleinasien, Göttingen 2002.
STIGLITZ 2001 = H. STIGLITZ, Fragment eines Militärdiploms der antoninschen Zeit aus Carnuntum, *ZPE* 135, 2001, 220–224.
STOLL 2001 = O. STOLL, Römisches Heer und Gesellschaft. Gesammelte Beiträge 1991–1999, Stuttgart 2001.
STOLL 2008 = O. STOLL, „How to get to my regiment?" Die tirones Asiani – einige Gedanken zur Praxis der Aushebung und zur Kommandierung von Rekruten in der römischen Armee, in: E. DĄBROWA (Hg.), Studies in the Greek and Roman Military History, Krakau 2008, 95–118.
STRASSI 2008 = S. STRASSI, L'archivio di Claudius Tiberianus da Karanis, Berlin 2008.

STRUBBE 2001 = J.H.M. STRUBBE, Bürger, Nichtbürger und Polisideologie, in: K. DEMOEN (Hg.), The Greek City from Antiquity to Present. Historical reality, ideological construction, literary representation, Louven 2001, 27–39.

STUART/BOGAERS 2001 = P. STUART/J.E. BOGAERS, Nehalennia. Römische Steindenkmäler aus der Oosterschelde bei Colijnsplaat, Leiden 2001.

SWAIN 1996 = S. SWAIN, Hellenism and Empire: Language, Classicism and Power in the Greek World AD 50–250, Oxford 1996.

SYME 1933 = R. SYME, Some Notes on the Legions under Augustus, *JRS* 23, 1933, 14–33.

SYME 1938 = R. SYME, Caesar, the senate, and Italy, *Papers of the British School at Rome* 14, 1938, 1–31 (= Roman Papers I, Oxford 1979, 88–119).

SYME 1958 = R. SYME, Tacitus, Oxford 1958.

SYME 1960 = R. SYME, Pliny's less successful friends, *Historia* 9, 1960, 362–379 (= Roman Papers II, Oxford 1979, 477–495).

SYME 1982/83 = R. SYME, Spaniards at Tivoli, *Ancient Society* 13–14, 1982/83, 241–263 (= Roman Papers IV, Oxford 1988, 94–114).

SYME 1986 = R. SYME, The Augustan Aristocracy, Oxford 1986.

SYME 1991 = R. SYME, Vestricius Spurinna, Roman Papers VII, Oxford 1991, 541–550.

TAEUBER 2011 = H. TAEUBER, Der Gaius Laecanius Bassus-Brunnen in Ephesos – privat oder öffentlich finanziert?, Imperium and Officium Working Papers (IOWP), 2011. https://iowp.univie.ac.at/sites/default/files/CLB_Inschr_%20IOWP_03.pdf

TAKMER 2007 = B. TAKMER, Lex Portorii Provinciae Lyciae. Ein Vorbericht über die Zollinschrift aus Andriake aus neronischer Zeit, *Gephyra*, 4, 2007, 165–188.

TALBERT 1984 = R.J.A. TALBERT, The Senate of Imperial Rome, Princeton 1984.

TASSAUX 1982 = F. TASSAUX, Laecanii. Recherches sur une famille sénatoriale d'Istrie, *MEFRA* 94, 1982, 227–269.

TEIXIDOR 1965 = J. TEIXIDOR (Hg.), Inventaire des inscriptions de Palmyre, Bd. 11, Damaskus 1965.

TENTEA/MATEI-POPESCU 2002/03 = O. TENTEA/F. MATEI-POPESCU, Alae et Cohortes Daciae et Moesiae. A review and update of J. Spaul's Ala and Cohors, *AMN* 39/40, 2002/03, 259–296.

TEPPER/DAVID/ADAMS 2016 = Y. TEPPER/J. DAVID/M.J. ADAMS, The Roman VIth Legion Ferrata at Legio (el-Lajjun), Israel: Preliminary Report of the Excavation, *Strata. Bulletin of the Anglo-Israel Archaeological Society* 34, 2016, 91–123.

TERNES 1976 = C.-M. TERNES, Die Provincia Germania Superior im Bilde der jüngeren Forschung, ANRW II 5,2, 1976, 721–1260.

THOMASSON 1984 = B.E. THOMASSON, Laterculi praesidium I, Göteborg 1984.

THOMASSON 1990 = B.E. THOMASSON, Laterculi praesidum III, Göteborg 1990.

THOMASSON 1991 = B.E. THOMASSON, Legatus. Beiträge zur römischen Verwaltungsgeschichte, Stockholm 1991.

THOMASSON 1996 = B.E. THOMASSON, Fasti Africani, Senatorische und ritterliche Amtsträger in den römischen Provinzen Nordafrikas von Augustus bis Diokletian, Stockholm 1996.

THOMASSON 2009 = B.E. THOMASSON, Laterculi praesidium I, ex parte retractatum, Göteborg 2009.

THOMASSON 2013 = B.E. THOMASSON, Laterculi praesidium I, Ms. der Universität Köln 2013.

THOMSEN 1917 = P. THOMSEN, Die römischen Meilensteine der Provinzen Syria, Arabia und Palaestina, *ZDPV* 40, 1917, 1–103.

THYLANDER 1952 = H. THYLANDER, Inscriptions du Port d'Ostie, Lund 1952.

TORELLI 1982 = M. TORELLI, Acesa al Senato e rapporti con i territori d'origine. Italia: Regio IV (Samnium), in: PANCIERA 1982, II, 165–199.

TORREGARAY PAGOLA 2016 = E. TORREGARAY PAGOLA, Diplomatic Mobility and Persuasion between Rome and the West (I-II AD), in: E. LO CASCIO/L.E. TACOMA (Hg.), The impact of mobility and migration in the Roman Empire (Impact of Empire 12), Leiden 2016, 116–130.

TORTORIELLO 2004 = A. TORTORIELLO, I Fasti consolari degli anni di Claudio, Roma 2004.

TOYNBEE/WARD PERKINS 1957 = P.J. TOYNBEE/J. WARD PERKINS, The Shrine of St. Peter and the Vatican Excavations, New York 1957.
TOZZI 2002 = M. TOZZI, Editto di Claudio sulla cittadinanza degli Anauni. Per la storia della cittadinanza romana delle genti alpine, Varzai 2002.
TREGGIARI 1996 = S. TREGGIARI, Social status and social legislation, CAH 10, Cambridge 1996, 873–904.
TUDOR 1964 = D. TUDOR, Les constructions publiques de la Dacie romaine d'après les inscriptions, Latomus 23, 1964, 271–301.
UNFUG 2018 = C. UNFUG, Die Prätorianerpräfektur – Kaiserliche Stellvertretung im Rom des 3. Jh., in: WOJCIECH/EICH 2018, 121–143.
UNTERMANN 1961 = J. UNTERMANN, Die venetischen Personennamen, Wiesbaden 1961.
UNTERMANN 1975 = J. UNTERMANN, Monumenta Linguarum Hispanicarum. I. Die Münzlegenden, Wiesbaden, 1975.
UNTERMANN 1990 = J. UNTERMANN, Monumenta Linguarum Hispanicarum III: Die iberischen Inschriften aus Spanien, Wiesbaden 1990.
UNTERMANN 1997 = J. UNTERMANN, Monumenta Linguarum Hispanicarum IV: Die tartessischen, keltiberischen und lusitanischen Inschriften, Wiesbaden 1997.
UNTERMANN 2000 = J. UNTERMANN, Wörterbuch des Oskisch-Umbrischen, Heidelberg 2000.
VALVO 2012 = A. VALVO, I diplomi militari e la constitutio Antoniniana, in: A. DONATI/G. POMA (Hg.), L'officina epigrafica romana in ricordo di Giancarlo Susini, Faenza 2012, 533–546.
VAN BREMEN 1983 = R. VAN BREMEN, Women and Wealth, in: A. CAMERON (Hg.), Images of Women in Antiquity, London 1983, 223–242.
VAN BREMEN 1996 = R. VAN BREMEN, The Limits of Participation: Women and Civic Life in the Greek East in the Hellenistic and Roman Periods, Amsterdam 1996.
VAN DEN HOUT 1988 = M.P.J. VAN DEN HOUT (Hg.), M. Cornelii Frontonis Epistulae, Leipzig 1988[2].
VAN DRIEL-MURRAY 2003 = C. VAN DRIEL-MURRAY, Ethnic soldiers: The experience of the Lower Rhine tribes, in: T. GRÜNEWALD/S. SEIBEL (Hg.), Kontinuität und Diskontinuität. Germania inferior am Beginn und am Ende der römischen Herrschaft, Berlin 2003, 200–217.
VAN HAEPEREN 2017 = F. VAN HAEPEREN, L'Augustalità, un'innovazione del principato di Augusto, in: P. FEDELI/F. ZEVI (Hg.), Augusto. La costruzione del principato, Roma, 4–5 dicembre 214. Atti dei Convegni Lincei 309, Rom 2017, 223–238.
VAN NIJF 2001 = O. VAN NIJF, Local Heroes: Athletics, Festivals and Elite Self-fashioning in the Roman East, in: S. GOLDHILL (Hg.), Being Greek under Rome: Cultural identity, the second sophistic and the development of empire, Cambridge 2001, 306–334.
VELAZA 2009 = J. VELAZA, La *provincia Transduriana* et l'organisation augustéene des Hispanies, in: I. PISO (Hg.), Die römischen Provinzen. Begriff und Gründung. Colloquium Cluj-Napoca, 28. September – 1. Oktober 2006, Cluj-Napoca 2009, 107–121.
VELKOV 1987 = V. VELKOV, Nuovi dati sul territorio di Nicopolis ad Istrum e sul confine settentrionale della provincia Tracia nel II secolo, Ratiariensia 3/4, 1987, 243–249.
VENDRAND-VOYER 1983 = J. VENDRAND-VOYER, Normes civiques et métier militaire sous le Principat, Clermont-Ferrand 1983.
VENY MÉLIA 1965 = C. VENY MÉLIA, Corpus de las Inscripciones Balearicas hasta la dominación arabe, Madrid 1965.
VEYNE 1976 = P. VEYNE, Le pain et le cirque. Sociologie historique d'un pluralisme politique, Paris 1976.
VEYNE 1988 = P. VEYNE, Brot und Spiele. Gesellschaftliche Macht und politische Herrschaft in der Antike, Frankfurt 1988.
VITALE 2012 = M. VITALE, Eparchie und Koinon in Kleinasien von der ausgehenden Republik bis ins 3. Jh. n.Chr., Bonn 2012.

VITALE 2015 = M. VITALE, Imperial Phrygia: A „Procuratorial Province" governed by *liberti Augusti*?, *Philia* 1, 2015, 33–45.
VITTINGHOFF 1951 = F. VITTINGHOFF, Römische Stadtrechtsformen der Kaiserzeit, *ZRG* 68, 1951, 435–485.
VITTINGHOFF 1952 = F. VITTINGHOFF, Römische Kolonisation und Bürgerrecht unter Caesar und Augustus, Mainz 1952.
VITTINGHOFF 1954 = F. VITTINGHOFF, Zur Rede des Kaisers Claudius über die Aufnahme von „Galliern" in den römischen Senat, *Hermes* 82, 1954, 348–371.
VITTINGHOFF 1980 = F. VITTINGHOFF, Soziale Struktur und politisches System der Hohen römischen Kaiserzeit, *HZ* 230, 1980, 31–55.
VITTINGHOFF 1986 = F. VITTINGHOFF, Militärdiplome, römische Bürgerrechts- und Integrationspolitik der Hohen Kaiserzeit, in: ECK/WOLFF 1986, 535–555.
VITTINGHOFF 1990 = F. VITTINGHOFF, Europäische Wirtschafts- und Sozialgeschichte in der römischen Kaiserzeit, Stuttgart 1990.
VITTINGHOFF 1994 = F. VITTINGHOFF, Civitas Romana. Stadt und politisch-soziale Integration im Imperium Romanum der Kaiserzeit, hg. von W. ECK, Stuttgart 1994.
VON HESBERG/MIELSCH 1986 = H. VON HESBERG/H. MIELSCH, Die heidnische Nekropole unter St. Peter in Rom. Mausoleen A-D. Memorie della Pontificia Accademia 16, 1, Rom 1986.
VON HESBERG/MIELSCH 1995 = H. VON HESBERG/H. MIELSCH, Die heidnische Nekropole unter St. Peter in Rom. Mausoleen E-J, Z-Psi. Memorie della Pontificia Accademia 16, 2, Rom 1995.
VON HESBERG/FISCHER 1999 = H. VON HESBERG/T. FISCHER (Hg.), Das Militär als Träger römischer Kultur, Köln 1999.
WACKE 1993 = A. WACKE, Gallisch, Punisch, Syrisch oder Griechisch statt Latein. Zur schrittweisen Gleichberechtigung der Geschäftssprachen im römischen Reich, *ZRG* 110, 1993, 14–59.
WAEBENS 2012 = S. WAEBENS, Imperial Policy and Changed Composition of the Auxilia: The „Change in A.D. 140" Revisited, *Chiron* 42, 2012, 1–23.
WATSON 1982 = G.R. WATSON, Conscription and Voluntary Enlistment in the Roman Army, *PACA* 16, 1982, 46–50.
WEAVER 1972 = P.R.C. WEAVER, Familia Caesaris. A Social study of the Emperor's Freedmen and Slaves, Cambridge 1972.
WEAVER 1979 = P.R.C. WEAVER, Misplaced Officials, *Antichthon* 13, 1979, 70–102.
WEAVER, Repertorium = P.R.C. WEAVER, Repertorium Familiae Caesarum – https://alte-geschichte.phil-fak.uni-koeln.de/personal/ehemalige-emeriti/eck-prof-dr-werner/weaver-repertorium
WEBER 2009 = E. WEBER, Die Anfänge der Provinz Noricum, in: I. PISO (Hg.), Die römischen Provinzen. Begriff und Gründung. Colloquium Cluj-Napoca, 28. September – 1. Oktober 2006, Cluj-Napoca 2009, 225–235.
WEBER 2020 = E. WEBER, Die cohors I Montanorum in Österreich, in: G.E. THÜRY (Hg.), Domi militiaeque, Militär- und andere Altertümer. Festschrift für Hannsjörg Ubl zum 85. Geburtstag, Oxford 2020, 191–195.
WEISS 1990 = P. WEISS, Zwei Diplomfragmente aus dem pannonischen Raum, *ZPE* 80, 1990, 137–149.
WEISS 2002 = P. WEISS, Neue Flottendiplome für Thraker aus Antoninus Pius' späten Jahren, *ZPE* 139, 2002, 219–226.
WEISS 2006 = P. WEISS, Die Auxilien des syrischen Heeres von Domitian bis Antoninus Pius, *Chiron* 36, 2006, 249–298.
WEISS 2007 = P. WEISS, Von der Konstitution zum Diplom. Schlussfolgerungen aus der 'zweiten Hand', Leerstellen und divergierenden Daten in den Urkunden, in: SPEIDEL/LIEB 2007, 187–208.

WEISS 2008 = P. WEISS, Die vorbildliche Kaiserehe. Zwei Senatsbeschlüsse beim Tod der älteren und der jüngeren Faustina, neue Paradigmen und die Herausbildung des ‚antoninischen' Prinzipats, *Chiron* 38, 2008, 1–45.

WEISS 2015 = P. WEISS, Eine *honesta missio* in Sonderformat. Neuartige Bronzeurkunden für Veteranen der Legionen in Germania superior unter Gordian III., *Chiron* 45, 2015, 23–75.

WEISS 2017 = P. WEISS, Die Militärdiplome unter Marc Aurel und Commodus. Kontinuitäten und Brüche, in: V. GRIEB (Hg.), Marc Aurel – Wege zu seiner Herrschaft, Gutenberg 2017, 135–153.

WELLES 1934 = C.B. WELLES, Royal Correspondence in the Hellenistic Period, New Haven 1934.

WELLES/FINK/GILLIAM 1959 = C.B. WELLES/R.O. FINK/J.F. GILLIAM (Hg.), The Excavations at Dura-Europos. Final Report V. Part I. The Parchments and Papyri, New Haven 1959.

WELLS 1989 = C.M. WELLS, Celibate soldiers: Augustus and the army, *AJAH* 14, 1989 [1998], 180–190.

WENDT 2008 = C. WENDT, Sine fine. Die Entwicklung der römischen Außenpolitik von der späten Republik bis in den frühen Prinzipat (67 v.Chr.–68 n.Chr.), Berlin 2008.

WESCH-KLEIN 1989 = G. WESCH-KLEIN, Rechtliche Aspekte privater Stiftungen während der römischen Kaiserzeit, *Historia* 38, 1989, 177–197.

WESCH-KLEIN 1989a = G. WESCH-KLEIN, Private Handelsförderung im römischen Nordafrika, *MBAH* 8,1, 1989, 29–38.

WESCH-KLEIN 1990 = G. WESCH-KLEIN, Liberalitas in rem publicam: Private Aufwendungen zugunsten von Gemeinden im römischen Afrika bis 284 n.Chr., Bonn 1990.

WESCH-KLEIN 2008 = G. WESCH-KLEIN, Provincia. Okkupation und Verwaltung der Provinzen des Imperium Romanum von der Inbesitznahme Siziliens bis auf Diokletian. Ein Abriß, Wien/Berlin 2008.

WESCH-KLEIN 2016 = G. WESCH-KLEIN, Die Provinzen des Imperium Romanum. Geschichte, Herrschaft, Verwaltung, Darmstadt 2016.

WHEELER 2015 = E. WHEELER, Bookreview: Blood of the Provinces by Ian Haynes 2013, CJ-Online, 2015.06.03 https://cj.camws.org/

WIEGELS 2000 = R. WIEGELS, Legiones XVII, XVIII, XIX, in: Y. LE BOHEC/C. WOLFF (Hg.), Les légions de Rome sous le Haut-Empire. Actes du Congrès de Lyon 17–19 septembre 1998, Lyon 2000, 75–81.

WILKES 2003 = J. WILKES (Hg.), Documenting the Roman Army, BICS Suppl. 81, London 2003.

WILMANNS 1981 = J.C. WILMANNS, Die Doppelurkunde von Rottweil und ihr Beitrag zum Städtewesen in Obergermanien, Epigraphische Studien 12, Köln 1981, 1–182.

WILSON 1990 = R.J.A. WILSON, Sicily under the Roman Empire, Warminster 1990.

WINTER 2003 = B.W. WINTER, Roman Wives, Roman Widows: The Appearance of New Women and the Pauline Communities, Cambridge 2003.

WIOTTE-FRANZ 2001 = C. WIOTTE-FRANZ, Hermeneus und Interpres. Zum Dolmetscherwesen in der Antike, Saarbrücken 2001.

WISEMAN 1971 = T.P. WISEMAN, New Men in the Roman Senate, 139 BC – 14 AD, Oxford 1971.

WOJCIECH 2010 = K. WOJCIECH, Die Stadtpräfektur im Prinzipat, Bonn 2010.

WOJCIECH 2018 = K. WOJCIECH, *Reddere iura foro nec proturbare curules* – Der *praefectus urbi* als Hüter der stadtrömischen Gerichtsordnung, in: WOJCIECH/EICH 2018, 95–119.

WOJCIECH/EICH 2018 = K. WOJCIECH/P. EICH, Die Verwaltung der Stadt Rom in der Hohen Kaiserzeit. Formen der Kommunikation, Interaktion und Vernetzung, Leiden 2018.

WOLF 2011 = J.G. WOLF (Hg.), Die Lex Irnitana. Ein römisches Stadtrecht aus Spanien. Lateinisch und deutsch, Darmstadt 2011.

WOLFF 1974 = H. WOLFF, Zu den Bürgerrechtsverleihungen an Kinder von Auxiliaren und Legionären, *Chiron* 4, 1974, 479–510.

WOLFF 1977 = H. WOLFF, Civitas Romana. Die römische Bürgerrechtspolitik vom Bundesgenossenkrieg bis zur Constitutio Antoniniana, Köln 1977.

WOLFF 1981 = H. WOLFF, Bemerkungen zum Verwaltungsgang und zur Verwaltungsdauer der Bürgerrechtsschenkungen an Auxiliare, *ZPE* 43, 1981, 403–425.

WOLFF 1986 = H. WOLFF, Die Entwicklung der Veteranenprivilegien vom Beginn des 1. Jahrhunderts v. Chr. bis auf Constantin d. Gr., in: ECK/WOLFF 1986, 44–115.

WOLFF 2007 = H. WOLFF, Die römische Bürgerrechtspolitik nach den Militärdiplomen, in: SPEIDEL/LIEB 2007, 345–372.

H.J. WOLFF 1979 = H.J. WOLFF, Das Problem der Konkurrenz von Rechtsordnungen in der Antike, Heidelberg 1979.

H.J. WOLFF 1980 = H.J. WOLFF, Römisches Provinzialrecht in der Provinz Arabia, ANRW II 13, 1980, 767–806.

H.J. WOLFF 1984 = H.J. WOLFF, Zur Wirksamkeit des Eheverbots für römische Soldaten, in: A. BISCARDI/P.D. DIMAKIS/J. MODRZEJEWSKI/H.J. WOLFF (Hg.), MNHMH Georges A. Petropoulos (1897–1964), Athen 1984, 79–84.

WOLFF/FAURE 2016 = C. WOLFF/P. FAURE (Hg.), Les auxiliaires de l'armée romaine. Des alliés aux fédérés, Lyon 2016.

WOLTERS 2000 = R. WOLTERS, Die Römer in Germanien, München 2000.

WÖRRLE 1975 = M. WÖRRLE, Zwei neue Inschriften aus Myra zur Verwaltung Lykiens in der Kaiserzeit, in: J. BORCHHARDT (Hg.), Myra. Eine lykische Metropole in antiker und byzantinischer Zeit, Berlin 1975, 254–300.

WÖRRLE 1988 = M. WÖRRLE, Stadt und Fest im kaiserzeitlichen Kleinasien. Studien zu einer agonistischen Stiftung aus Oinoanda, München 1988.

XHev/Se = COTTON/YARDENI 1997.

YARDENI/LEVINE/GREENFIELD 2002 = A. YARDENI/B. LEVINE/J.C. GREENFIELD, The documents from the Bar Kokhba Period in the Cave of Letters: Hebrew, Aramic and Nabatean-Aramaic papyri, Jerusalem 2002.

ZAHRNT 2002 = M. ZAHRNT, Urbanitas gleich romanitas – Die Städtepolitik des Kaisers Traian, in: A. NÜNNERICH-ASMUS (Hg.), Traian. Ein Kaiser der Superlative am Beginn einer Umbruchzeit?, Mainz 2002, 51–72.

ZANIER 1999 = W. ZANIER, Der Alpenfeldzug 15 v. Chr. und die Eroberung Vindelikiens, *BayVgBl* 64, 1999, 99–132.

ZEILLER 1917 = J. ZEILLER, Paganus. Étude de terminologie historique, Freiburg/Schweiz 1917.

ZIETHEN 1994 = G. ZIETHEN, Gesandte vor Kaiser und Senat. Studien zum römischen Gesandtschaftswesen zwischen 30 v. Chr. und 117 n. Chr., St. Katharinen 1994.

ZIMMER 1989 = G. ZIMMER, Locus datus decreto decurionum. Zur Statuenaufstellung zweier Forumsanlagen im römischen Africa. Mit epigraphischen Beiträgen von G. WESCH-KLEIN, München 1989.

ZUCCA 1998 = R. ZUCCA, Insulae Baliares. Le isole Baleari sotto il dominio romano, Rom 1998.

ZUCKERMAN 2002 = C. ZUCKERMAN, Sur la liste de Vérone et la province de Grande Arménie, la division de l'empire et la date de la création des diocèses, in : V. DÉROCHE/D. FEISSEL/C. MORRISSON (Hg.), Mélanges Gilbert Dagron, Paris 2002, 617–637.

ZUIDERHOEK 2009 = A. ZUIDERHOEK, The Politics of Munificence in the Roman Empire. Citizens, Elites, and Benefactors in Asia Minor, Cambridge 2009.

ZWICKY 1944 = H. ZWICKY, Zur Verwendung des Militärs in der Verwaltung der römischen Kaiserzeit, Winterthur 1944.

Erstveröffentlichungen

1. Senatorisches Leben jenseits von Politik, Militär und Administration: die öffentliche Repräsentation der intellektuellen Seite der Führungsschicht, in: M. van Ackeren/J. Opsomer (Hg.), Selbstbetrachtungen und Selbstdarstellungen. Der Philosoph Marc Aurel im interdisziplinären Licht, Wiesbaden 2012, 169–186.
2. *Ordo senatorius* und Mobilität: Auswirkungen und Konsequenzen im Imperium Romanum, in: E. Lo Cascio/L.E. Tacoma (Hg.), The impact of mobility and migration in the Roman Empire (Impact of Empire 12), Leiden 2016, 100–115.
3. Mehrsprachigkeit in der Reichsaristokratie Roms, in: D. Boschung/C.M. Riehl (Hg.), Historische Mehrsprachigkeit, Aachen 2011, 87–103.
4. Professionalität als Element der politisch-administrativen und militärischen Führung. Ein Vergleich zwischen der Hohen Kaiserzeit und dem 4. Jh. n. Chr., in: P. Eich/S. Schmidt-Hofner/C. Wieland (Hg.), Der wiederkehrende Leviathan: Staatlichkeit und Staatswerdung in Spätantike und Früher Neuzeit, Heidelberg 2011, 97–115.
5. Die augusteische Ehegesetzgebung und ihre Zielsetzung. Die lex Iulia de maritandis ordinibus, die lex Papia Poppaea und ein commentarius des Jahres 5 n. Chr. als Grundlage der lex Papia Poppaea, in: Immortalis Augustus. Presenze, riusi e ricorrenze. A duemila anni dalla morte di Augusto, *Maia* 68, 2016, 282–299.
6. Zur Bedeutung von Gesetz(en) und Recht für die Identität Roms und seiner Bürger, in: E. Bons (Hg.), Identität und Gesetz. Prozesse jüdischer und christlicher Identitätsbildung im Rahmen der Antike, Neukirchen-Vlyn 2014, 29–40.
7. Aristokraten und Plebs. Die geographische, soziale und kulturelle Herkunft der Angehörigen des römischen Heeres in der Hohen Kaiserzeit, in: H. v. Hesberg/T. Fischer (Hg.), Das Militär als Träger römischer Kultur, Köln 1999, 15–35.
8. *Milites et pagani*. Die Stellung der Soldaten in der römischen Gesellschaft, in: A. Corbino/M. Humbert/G. Negri (Hg.), Homo, caput, persona. La costruzione giuridica dell'identità nell'esperienza romana, Pavia 2010, 597–630.
9. Römische Grabinschriften als Rechtsquelle, in: M. Avenarius (Hg.), Hermeneutik der Quellentexte zum römischen Recht, Baden-Baden 2008, 67–93.
10. Teilhabe an der Macht: Kaiserliche Freigelassene in der Gesellschaft des Imperium Romanum, in: Reden an der Universität Trier. 14. Ausoniuspreis-Verleihung 2011, Trier 2012, 19–42.
11. Frauen als Teil der kaiserzeitlichen Gesellschaft: Ihr Reflex in Inschriften Roms und der italischen Städte, in: E. Hemelrijk/G. Woolf (Hg.), Women and the Roman City in the Latin West, Leiden 2013, 47–64.
12. Die Wirksamkeit des römischen Rechts im Imperium Romanum und seinen Gesellschaften, in: E. Lo Cascio (Hg.), Diritto romano e economia. Due modi di pensare e organizzare il mondo (nei primi tre secoli dell'Impero), Pavia 2018, 747–782.
13. The Emperor, the Law and Imperial Administration, in: P. du Plessis/C. Ando/K. Tuori (Hg.), Oxford Handbook of Roman Law, Oxford 2016, 98–110.
14. Herrschaft durch Administration? Die Veränderung in der administrativen Organisation des Imperium Romanum unter Augustus, in: Y Rivière (Hg.), Des reformes augustéennes, Rom 2012, 151–169.
15. Die Amtsträger: Instrumente in den Händen des Princeps und Begrenzung der Autokratie. Traditioneller Cursus und kaiserliche Ernennung, in: J.-L. Ferrary/J. Scheid (Hg.), Il princeps romano: autocrate o magistrato? Fattori giuridici e fattori sociali del potere imperiale da Augusto a Commodo, Pavia 2015, 613–640.

16. Die Ausstellung von Bürgerrechtskonstitutionen: Ein Blick in den Arbeitsalltag des römischen Kaisers, in: A. Baroni (Hg.), Amministrare un Impero. Roma e le sue province, Trento 2007, 89–108.
17. Kommunikation durch Herrschaftszeichen: Römische Amtsträger in den Provinzen, in: O. Hekster/S. Schmidt-Hofner/C. Witschel (Hg.), Ritual Dynamics and Religious Change in the Roman empire. Proceedings of the Eights Workshop of the International Network Impact of the Empire, Leiden 2009, 213–237.
18. Das kaiserliche Heereskommando und die Rolle des Heeres in der Administration des Reiches, in: J.- L. Ferrary/J. Scheid (Hg.), Il princeps romano: autocrate o magistrato? Fattori giuridici e fattori sociali del potere imperiale da Augusto a Commodo, Pavia 2015, 659–678.
19. Die Entwicklung der Auxiliareinheiten als Teil des römischen Heeres in der frühen und hohen Kaiserzeit, in: C. Wolff/P. Faure (Hg.), Les auxiliaires de l'armée romaine. Des alliés aux fédérés. Actes du sixième Congrès de Lyon, 23–25 octobre 2014, Lyon 2016, 111–126.
20. Das Heer als Machtfaktor im Ordnungsgefüge des augusteischen Prinzipats, in: Augusto. La costruzione del principato, Roma, 4–5 dicembre 2014, Atti dei Convegni Lincei 309, Rom 2017, 239–255.
21. Provinz – Ihre Definition unter politisch-administrativem Aspekt, in: H. von Hesberg (Hg.), Was ist eigentlich Provinz? Zur Beschreibung eines Bewusstseins, Schriften des Archäologischen Instituts der Universität zu Köln, Köln 1995, 15–32 (= in: Eck 1998c, 167–186).
22. Der Anschluss der kleinasiatischen Provinzen an Vespasian und ihre Restrukturierung unter den Flaviern, in: L. Capogrossi Colognesi/E. Tassi Scandone (Hg.), Vespasiano e l'impero dei Flavi, Atti del Convegno, Roma, Palazzo Massimo, 18–20 novembre 2009, Rom 2012, 27–44.
23. Ämter und Verwaltungsstrukturen in Selbstverwaltungseinheiten der frühen römischen Kaiserzeit, in: T. Schmeller/M. Ebner/R. Hoppe (Hg.), Neutestamentliche Ämtermodelle im Kontext, Freiburg 2010, 9–33.
24. Diplomacy as Part of the Administrative Process in the Roman Empire, in: C. Eilers (Hg.), Diplomats and Diplomacy in the Roman World, Leiden 2009, 193–207.
25. Der Euergetismus im Funktionszusammenhang der kaiserzeitlichen Städte, in: M. Christol/O. Masson (Hg.), Actes du Xe Congrès International d'Épigraphie Grecque et Latine, Nîmes, 4–9 octobre 1992, Paris 1997, 306–331.
26. Rom – Megalopolis und Zentrum der Reichsadministration. in: K. Wojciech/P. Eich (Hg.), Die Verwaltung der Stadt Rom in der Hohen Kaiserzeit. Formen der Kommunikation, Interaktion und Vernetzung, Leiden 2018, 21–39.

Index

Kaiser und Familie

Caesar 18, 98, 122, 202f., 283
Augustus 10, 18, 48, 65ff. passim, 85, 98, 99ff. passim, 122, 123f., 174, 175f., 203, 226, 233ff. 251ff. passim, 267, 271, 274, 276, 283f., 289, 314, 316, 333ff., 353, 367ff. passim, 382f., 391, 394, 419, 420f., 443, 450, 486
Livia 82, 97, 175, 189
Claudius Marcellus 83
Iulia 175
Agrippa, M. Vipsanius 83, 125, 175f., 204f., 233, 259, 367f., 378, 483
Drusus 73, 82, 372
Antonia 73
Gaius Caesar 83, 177
Lucius Caesar 83
Tiberius 48, 70, 78, 83, 124, 178, 237, 254, 262, 276, 287, 335, 374, 377, 379f., 392, 393, 429, 483, 486
Germanicus 26, 78, 83, 132, 237, 247, 335, 380, 383
Agrippina, Vipsania 132, 374
Caligula 48, 132, 334, 338, 443, 486
Claudius 19, 49, 75, 133, 172f., 203, 205, 208, 226, 237ff., 242, 244, 253, 271, 290, 291, 293, 336, 383, 392, 408, 425, 444, 486
Messalina 219
Agrippina 132, 173, 189, 205
Nero 115, 169, 179f., 189, 291, 389, 394, 402, 408, 411, 465, 486
Galba 389, 391f., 403, 408, 409
Otho 403
Vitellius 401, 403, 404f., 406
Vespasianus 19, 37f., 54, 94, 115, 135, 169, 180, 182, 206f., 209, 287, 288, 289, 290, 291, 297, 302, 317, 337f., 361, 394, 401ff. passim, 425, 441, 450
Titus 337, 402, 411, 414, 416, 444, 486f.

Domitianus 5, 19, 100, 145, 171, 246, 279, 287, 326, 383, 383, 388, 389, 399, 414, 446, 477
Nerva 6, 23, 180, 445
Traian 6, 21, 23, 100, 114, 120, 145, 182, 207, 212f., 243, 246, 276, 289, 293, 308, 314, 317, 338, 382, 383f., 391, 393, 394ff., 416, 425, 470, 473, 486f.
Ulpia Marciana 23
Hadrianus 7, 10, 17, 22, 93, 96, 114, 132, 181f., 207, 210, 211, 243, 244, 273, 276, 280, 295, 317, 318, 362, 386, 395, 425, 431, 443, 488
Antoninus Pius 7, 26, 75, 93, 220, 245, 280, 293, 310, 354, 386, 442, 445, 453
Faustina 363
Marcus Aurelius 11ff., 16f., 26, 30, 40, 97, 208, 243, 247, 273, 285, 286, 288, 289, 297, 299, 302, 362f., 386, 391, 443, 448, 489
Lucius Verus 12f., 16, 183, 218
Commodus 97, 208, 271, 288, 298
Pertinax 114, 474
Septimius Severus 25, 100, 277, 365f., 382f., 389
Pescennius Niger 384
Clodius Albinus 384, 488
Caracalla 26, 98, 201, 365f., 385, 388, 470
Elagabal 444
Gordianus III. 328
Gallienus 17, 25, 56
Valerianus 25
Probus 321
Diocletianus 46, 57, 102, 384
Constantius 46, 57, 102, 321, 384
Galerius 321
Constantinus 57, 58, 384
Constans 60
Valentinianus 61

Personen

C. Acellius Clemens 458
Q. Aebutius Liberalis 345
Aedemon 208
Aelius Amphigetes 183, 328
Aelius Apollonios 220
P. Aelius Aristides 15, 433
Q. Aelius Egrilius Euaretus 8, 117
Aelius Herculanus 339
L. Aelius Lamia 393
T. Aelius Rufinus 120
L. Aelius Seianus 286,
Aemilia Gorgonia 166
Aemilius Homullinus 475
M. Aemilius Lepidus, triumvir 122
M. Aemilius Lepidus, *cos.* 6 n. Chr. 236, 393
Aemilius Macer 119
L. Aemilius Paullus 37
Q. Aemilius Secundus 255, 346
Sex. Afranius Burrus 286
Agrippa II., König 318, 319, 320, 323
Albucius Candidus 95 f., 144, 211
Alfenus Varus 479
Alliatoria Cesilla 242
M. Ampudius 269
T. Aninius Sextius Florentinus 346
L. Annaeus Seneca 8, 177, 291
Antius Rufinus 399
M. Antonius, Triumvir 106, 122, 203, 233, 333, 367, 369 f.
(M.) Antonius Felix 320, 395
M. Antonius Pallas 172 ff., 180, 182, 239, 320
Antonius Iulianus 42
Antonius Polemo 41
M. Antonius Primus 375
L. Antonius Saturninus 145
Q. Antonius T[---], Auxiliar 293
C. Appaienus Castus 159, 162, 167
Sex. Appuleius, *triumphator* 70
Sex. Appuleius, *cos.* 14 n. Chr. 371
C. Appuleius Tappo 269
L. Apronius 392
Aquilius Felix 489
Q. Aradius Valerius Proculus 29, 31
Archelaus 252, 315, 317
Areus 260
C. Arinius Modestus 392, 416
Arminius 44, 217
Arrius Alphius, *libertus* 157 f.

C. Arrius Antoninus 270
Arrius Menander 11
L. Arruntius, *cos.* 6 n. Chr. 393
Artemis, Tochter des Trocondas 436 f.
C. Asinius Gallus, *cos.* 8 v. Chr. 29
Athenodorus 260
Atimetus, *Aug(usti) libertus* 490
Attalos III. 382
L. Âttidius Cornelianus 339
Attidius Praetextatus 27
M. Aufidius Fronto, *cos.* 199 n. Chr. 12 f., 195 f.
Aurelia Eutychiane 166
Aurelia Rummea 112
Aurelia Salamea 112
Aurelia Serena 151 f.
Aurelius Barathes 112
Aurelius Barsadda 112
T. Aurelius Fulvus Boionius Antoninus → Antoninus Pius
Aurelius Gigas 166
M. Aurelius Heraclitus 151 f.
M. Aurelius Hieron 166
Aurelius Iulianus, *princeps Zegrensium* 217 f., 224 f.
Aurelius Iulianus, Sohn des *princeps Zegrensium* 218 f., 224 f.
Aurelius Nemesius 166
Aurelius Philocyrius 397
M. Aurelius Prosenes 182, 184
M. Aurelius Serenus 151 f.
C. Aurunculeius 183
Cn. Avidius Celer Fiscilius Firmus 411, 413

Babatha 228 ff., 322 f., 330, 346, 347 f.
C. Baebius Atticus 347, 348
Bar Kochba 27, 36, 105, 282, 305, 306, 318 f., 322, 329 f., 354, 360
Bellicius Sollers 199
Bellicus 231 f.
Berenice 323
A. Bucius Lappius Maximus → Lappius Maximus

Caecilius Classicus 4
Q. Caecilius Metellus Creticus Silanus 254
Q. Caecilius Metellus Macedonicus 83
M. Caecilius Novatillianus 14 f.
Cn. Caecilius Secundus 394
Q. Caecilius Secundus Servilianus 442

C. Caecina Largus   242
A. Caecina Severus   132
C. Caecina Tuscus   125
Caelia Macrina   192
M. Caelius   105
A. Caesennius Gallus   415
T. Caesernius Macedo   199
Caesius Longinus   196 f.
Caetennia Procula   165
Caetennii   164 f.
M. Caetennius Antigonus   164 f.
M. Caetennius Chilo   165
M. Caetennius Chryseros   165
M. Caetennius Ganymedes   165
M. Caetennius Secundus   165
M. Caetennius Tertius   163
Calpurnia Ceia[--] Aemiliana   197
Cn. Calpurnius Piso, *cos.* 23 v. Chr.   242
Cn. Calpurnius Piso   26, 92, 189, 335, 374
Calpurnius Quintianus   328
Camurius Statutus   203
Cantria Longina   195
Capertia Valeriana   199
Capertius Maximus   199
P. Carisius   371
C. Caristanius Fronto   406
C. Carrinas   371
Cassia Cornelia Prisca   195 f.
M'. Cassius Valens   151
L. Catilius Longus   39, 406
L. Catilius Severus Iulianus Claudius Reginus   339
Ceionius Rufius Albinus   15
C. Cestius Gallus   412
Chairemon   226 f.
Chi(lo), *(Augusti servus?)*   263,
Chrestos, Lehrer Philostrats   13 f.,
Chrysippus   223 f.
C. Cilnius Proculus   293
Claudia Crateia Veriana   435
Claudia Marcellina   199
Ti. Claudii aus Messene   24,
Ti. Claudius Amicus   466
Ti. Claudius Antoninus   397
Ti. Claudius Aristocles   15
Claudius Athenodorus   246
A. Claudius Charax   16, 49, 116
Claudius Etruscus   169 ff. passim
Ti. Claudius Gordianus   399
Ti. Claudius Hermes   221

Ti. Claudius Herodes Atticus   11, 14, 16, 20 f., 40 f.
Claudius Lysias   96, 219
Ti. Claudius Narcissus → Narcissus
Ti. Claudius Pallas → Pallas
Claudius Paulus   217
Ti. Claudius Plocamus   221
Claudius Saturninus   119, 120
Cn. Claudius Severus, *cos.* ca. 167 n. Chr.   16
C. Claudius Severus, *cos.* 112 n. Chr.   110, 113 f., 393 f.
Claudius Severus, *custos scolae*   322
Ti. Claudius Subatianus Aquila → Subatianus Aquila
Cleopatra   233
Clodia Anthianilla   195
Clodia Secunda   199
M. Cocceius Geminus   195
Coiedius Maximus   217
C. Comisius Memor   35, 222
L. Cornelius Balbus   18
P. Cornelius Dolabella   345
M. Cornelius Fronto   11 ff., 16, 22, 26, 41 f., 291
C. Cornelius Gallus   39, 371
Cossus Cornelius Lentulus   336
Cornelius Menodorus   398
P. Cornelius Orestinus   31
Cornelius Plotianus   337
P. Cornelius Scipio   31
Ser. Cornelius Scipio Salvidienus Orfitus   242
L. Cornelius Sulla Felix   122, 367, 382
Cornelius Tacitus   5, 11, 51, 54, 116, 173 f., 179, 279
Cosmus, *Augusti libertus*   182
L. Cossonius Gallus   385, 391
Cottius → M. Iulius Cottius
M. Crassus Frugi   29
Curtia Procilla   199
Curtius Crispus   193 f.
Cynthia   71

Dasius   231 f.
De Blois   313
Deiotarus   372
Deldo   251
Dio Chrysostomus   433, 476
Dionysius v. Halikarnassus   85
Dionysia, Tochter des Chairemon   226 f.
Diurdanus, Auxiliar   34, 142, 309, 363
Domitia Augusta   195, 477

Cn. Domitius Corbulo   195, 412, 414, 415, 416, 477
Q. Domitius Marsianus   288, 308
Cn. Domitius Tullus   68 f.
Donatus Salvianus   178
A. Ducenius Geminus   345
Dynate   160 f.

Egeria   86
M. Egnatius Rufus   267
L. Egnatius Victor Lollianus   16, 393
Epaphroditus   178 f.
Epictetus   15
T. Eprius Marcellus, Clodius   416
Erastus   431
Eros, *Augusti servus*   263
M. Exingius Agricola   34 f.

Fabius Severus   30, 452
Fabius Titianus, *cos.* 337 n. Chr.   60
Fabius Valens, *cos.* 69 n. Chr.   120
Fabricia Festa   198
C. Fabullius Macer   230 f.
Faggura, Frau des *princeps Zegrensium*   218 f., 224 f.
Festus   346
Flavia Olympias   153 ff.
M. Flavius Agrippa   326
L. Flavius Arrianus   15, 413
T. Flavius Boethus   16
T. Flavius Callistus, *Augusti libertus* in Caesarea   183, 328, 330
T. Flavius Constans   116
T. Flavius Damianus   41
Flavius Euelpidius   331
T. Flavius Helius   221
Flavius Iuncus   40 ff., 339
Flavius Merobaudes   10
T. Flavius Onesimus, *aedituus*   487
T. Flavius Pergamus   181
T. Flavius Postumius Titianus, *cos.* Mitte 3. Jh.   14
T. Flavius Postumius Varus, *cos.* Mitte 3. Jh   14
C. Flavius Pudens   466
M. Flavius S[---]   326
Flavius Secundus   163
L. Flavius Silva Nonius Bassus   116, 318, 338, 466, 471
L. Flavius Verucla   263
Flavus. Bruder des Arminius   217

M. Fruticius   269
Q. Fuficius Cornutus   339,
C. Furius Sabinius Aquila Timesitheus   328

Gaius, Jurist   88, 93 f., 245
C. Galerius   39
Gavia Marciana   193 f.
L. Gavius Clarus   22
Gavius Iustus   193 f.
M. Gavius Maximus   286, 450
M. Gavius Puteolanus   193 f.
A. Gellius   12, 40
Gerstenmaier   313
Gibson, Mel   320
Q. Glitius Atilius Agricola   31
M. Granius   272

Hadrianus v. Tyros   16
T. Haterius Nepos   319,
M. Heliodorius Apollonides   466
L. Helvius Agrippa   394
P. Herennius Dexippus   16
Herodes   206, 315, 316, 321, 419, 422
Q. Hortensius   89

Ibliomaria Gabrella   151
M. Ibliomarius Restitutus   151
Iosephus   316, 320
Isidorus   442
Cn. Iulius Agricola   51 ff., 113, 255, 271, 287 f., 393
Ti. Iulius Alexander   169, 401
C. Iulius Antiochus   230 f.
Iulius Apollinarius   110
C. Iulius Asper   13
Q. Iulius Balbus   243
Ti. Iulius Candidus Marius Celsus   407
Ti. Iulius Celsus Polemaeanus   40, 174 f., 406, 415
C. Iulius Civilis   217
C. Iulius Commodus Orfitianus   147
C. Iulius Commodus Orfitianus   325
C. Iulius Cornutus Tertullus   6, 23, 391, 405 f.
M. Iulius Cottius   387 f.
C. Iulius Demosthenes   430, 476
Sex. Iulius Frontinus   5, 6, 10, 240, 276, 464
P. Iulius Geminius Marcianus   30
L. Iulius Graecinus   53
C. Iulius Licinus → Licinus
Iulius Maternus   120

C. Iulius Meges   259
C. Iulius Montanus   111 f.
Ti. Iulius Optatus   135
Iulius Paulus   119
Q. Iulius Priscus   230 f.
L. Iulius Proculeianus   415
A. Iulius Quadratus, C. Antius   40, 407, 415
Iulius Sabinus, Vater von Iulius Apollinarius   110
C. Iulius Secundus   465 f.
Iulius Seleucus   226
Sex. Iulius Severus, Cn. Minicius Faustinus   8, 27, 43 f., 95 f., 144, 211. 281 f., 318 f.
C. Iulius Tarius Titianus   326, 329
C. Iulius Tyrhenus   258
L. Iulius Ursus   6
L. Iulius Ursus Servianus   280,
Iulius Zabdaeus   112
C. Iulius Zoilus   259
Q. Iunius Blaesus   106
L. Iunius Gallio Annaeanus   421
D. Iunius Iuvenalis   116
Iunius Quartus Palladius   62
P. Iuventius Celsus Titius Aufidius Hoenius Severianus   243, 396
P. Iuventius Celsus, *promagister pontificum*   158

Jesus   40, 314, 419
Jesus, Sohn von Babatha   228, 229

L. Laberius Maximus   488
Laecanii   24
M. Laelius Atimetus   474
A. Lappius Maximus, Bucius   358
Larcia Theogenis Iuliana   435 f.
A. Larcius Hieron   435 f.
Libanius   61,
Licinia   196 f.
Licinia Ma[--]   196 f.
L. Licinius   196 f.
L. Licinius C[---]   196 f.
M. Licinius Crassus   251, 369
C. Licinius Mucianus   5, 169, 291, 401
Q. Licinius Silvanus Granianus   29, 31, 395
Licinus, C. Iulius *libertus Caesaris*   177 f., 258, 260, 262, 265
Livia Acte   481.
T. Livius   85
T. Longaeus Rufus   227

M. Lucceius   461
Cn. Lucilius Capito   238
L. Luscius Ocrea   410
Lysias → Claudius L.

Macrinius Regulus   339
Marcellus, *centurio*   347
Marcia Procula   151
Marciana   196
M. Marcius Macer   293
Sex. Marcius Priscus   403 f., 408 ff.
Marius Maturus   453
Martial   7
Maximinus   61
Mazaeus, M. Vipsanius   175 ff., 259
M. Memmius Rufus   475 f.
Metras   442
Mettius Rufus   289
C. Minicius Fundanus   395
L. Minicius Natalis   22, 282
L. Minicius Natalis Quadronius Verus   22 f., 280, 339
Mithridates, M. Vipsanius   175 ff., 259
C. Mocconius Verus   346
Modestinus   120
Munatia Plancina   26, 189 f., 374
L. Munatius Plancus   178

Narcissus, 182, 290
L. Neratius Priscus   116
L. Nonius Asprenas   271
L. Nonius Calpurnius Asprenas   403
Nonius Datus   110, 344
M. Nonius Macrinus   51
C. Norbanus Flaccus   261, 371
Numa Pompilius   86
P. Numicius Pica Caesianus   30
P. Numisius Ligus   152

Cn. Octavius   37
L. Octavius Memor   408
Q. Octavius Sagitta   259
Olennius, *primipilaris*   348
C. Oppius Montanus   427
Opramoas   220, 445, 452
Otacilius Sagitta   444

Pacatus Faustus   195
Paconius Felix   43
P. Pactumeius Clemens   11

P. Pactumeius Fronto, Aurelius 398
Pallas 172 f., 174, 182, 320
Palpellii 24
Papiria Profutura 166
Papirius Iustus 247, 247
Papirius Paulinus 385
M. Papius Mutilus 72, 73 ff. 90, 240
P. Paquius Scaeva 269, 270
Passulena Secundina 164 f.
Passulenus 165
Paulla, *sacerdos Liviae* 426 f.
Paulus, Apostel 96, 219, 320, 395, 421, 425
L. Pedanius Secundus 24
Percennius 106
Q. Petillius Cerialis Caesius Rufus 11
C. Petilius Firmus 345
P. Petronius 261, 272, 317 f.
Petrus, Apostel 167
Philo 324
Philocyrius 431
Plancia Magna 23, 221
M. Plancius Varus 20, 23, 405 f.
A. Platorius Nepos 276 f., 280
Ti. Plautius Silvanus Aelianus 287
C. Plinius Caecilius Secundus 3 f., 6 f., 8 ff., 20 f., 24, 55, 116, 172 f., 212, 277, 279, 289, 291, 309, 314, 319, 322 f., 391, 394 ff., 400, 423, 432, 451, 458, 464
C. Plinius Secundus d. Ä. 173 f., 180, 491
M. Plotius Faustus 475
Plotius Pegasus 345
C. Plotius Princeps 476
L. Poblicius 147
Q. Poblicius Marcellus 319
Pompeia Maritima 163
Sex. Pompeius 70, 203, 236
Cn. Pompeius Collega 413, 414
Q. Pompeius Falco 30, 40 f., 275, 337
Cn. Pompeius Magnus 122, 254, 274, 317, 367, 382, 484
T. Pompeius Proculus Successus 162 f., 167
M. Pompeius Silvanus 392
Cn. Pompeius Strabo 202, 213
T. Pompeius Successus iunior 162 f.
T. Pomponius Bassus 293
Q. Pomponius Rufus 453
Pomponius Sanctianus 472
Pomponius, Jurist 87
Pontius Pilatus 35 f., 42, 323 ff., 393, 395, 419
C. Poppaeus Sabinus 78, 254

Q. Poppaeus Secundus 71 f., 73 ff., 90, 240
Porcius Festus 323, 395
M. Postumius Festus 14
Postumius Marinus 223 f.
T. Prifernius Paetus Rosianus Geminus Laecanius Bassus? 11, 272
Primus, *Marci filius, Ubius* 205
Priscus 45
Priscus, *praefectus equitum* 346
Sex. Propertius 71
Pudens, (*libertus Augusti?*) 263

P. Quinctilius Varus 78, 254, 257, 317, 373, 422

A. Resius Maximus 345
Romulus 86
Rosianus Geminus → T. Prifernius Paetus
M. Rossius Vitulus 348
Rufus, *procos. Ponti-Bithyniae* 30
Rutilia Prisca Sabiniana 199
Rutilius Clemens 199
C. Rutilius Gallicus, Q. Iulius Cordinus 399, 412, 416
M. Rutilius Lupus 227

Sabinus, *procurator Syriae* 259, 317, 422
C. Sallius Aristaenetus 13
C. Sallustius Crispus 12
Salome Komaise 228 f.
P. Salvius Iulianus Aemilianus, L. Octavius Cornelius 7 f., 10, 116 f.
[---]tius Secundus 394
M. Sedatius Severianus Iulius Acer Metilius Nepos Rufinus Ti. Rutilianus Censor 28 f.
Segestes 217
Segimerus 217
L. Seius Strabo 284
Ti. Sempronius Gracchus 122
Sex. Sentius Caecilianus 399
C. Sentius Saturninus 254, 267
P. Septumius Aper 28
L. Sergius Paullus 296, 421
Sertoria Optata 151
L. Servenius Gallus 75, 481
M. Servilius Fabianus Maximus 337
Q. Servilius Pudens 396
L. Sestius Albinianus Quirinalis 242
Settidii 24
L. Sextilius Pudens, Auxiliar 363
Sidonius Apollinaris 44

Silius Proculus   4
Siricius   166 f.
Solon   86
Sosia Galla   189
Soumaios   34
Spurius Ligustinus   130
Statilius Barbarus   196
T. Statilius Lamprias   219
[Statilius] Marcianus   385
T. Statilius Taurus   371
Statius Anicius   221
M. Statius Priscus Licinius Italicus   8, 282, 393
C. Stertinius Orpex   221
Subatianus Aquila   323
Suetrius Gaudens   197
Q. Sulpicius Camerinus   78
M. Sulpicius Felix   346 f., 452 f.
P. Sulpicius Quirinius   255, 346, 421
Syagrius   44

Taeichekis   41
P. Tarrutienus Paternus   119
P. Tebanus Gavidius Latiaris   287
Tertullianus, Jurist   119
Tettia Etrusca   171
Tettiena Galene   191 f.
Gal. Tettienus Pardalas   191 f.
L. Tettius Iulianus   171 f.
Q. Tineius Rufus   329
Sex. Titius Geminus   345
M. Titius Lustricus Bruttianus   27, 51
Titius Marcellus   120
L. Tonnius Paterclus   434
Trimalchio   152
Trocondas   436 f.
Tullia Athenais   163 f.
Tullia Secunda   163 ff.
Tullia Try[phaena]   165
L. Tullius Athenaeus   163 f.
M. Tullius Cicero   7, 85, 201 f., 225
L. Tullius Hermadion   165 f.
L. Tullius Zethus   163 f.
C. Turranius   39, 284

M. Ulpius Phaedimus   185
Ulpius Proculus   40
P. Urvinius   344

Valeria Asia   159 f.
Valeria Galatia   162 f., 166 f.

Valeria Maxima   153 ff.
C. Valerius Asiaticus   159 f.
M. Valerius Celerinus   151
C. Valerius Eutychas   160 f.
C. Valerius Herma   153 ff. passim
L. Valerius Martialis   147 f., 177, 325 f., 339
Potitus Valerius Messala   392
M. Valerius Messala Corvinus, *cos.* 31 v. Chr.
   177, 372
L. Valerius Messala Volesus   266
C. Valerius Olympianus   153 ff.
P. Valerius Patruinus   358
C. Valerius Philumenus   162 f., 166 f.
C. Valerius Princeps   159 f.
L. Valerius Rufus   263
Valerius Serenus   183
M. Valerius Severus, *Bostaris filius*   444
L. Valerius Valerianus   328
Vallius Maximianus   218 f.
Vannia Quarta   152
Varia Italia   195
D. Velius Fidus   157 f.
L. Venidius Ennychus   481
L. Venuleius Apronianus Octavius Priscus   429
Q. Veranius   383
Cn. Vergilius Capito   39
T. Vestricius Spurinna   3 f., 5 f., 8
T. Veturius Campester   427, 443
M. Vibius Longus   231 f.
C. Vibius Marsus   392
C. Vibius Maximus   346
C. Vibius Postumus   393
Vibius Salutaris   430, 432, 466
N. Vibius Serenus   75
M. Vinicius   254
M. Vipsanius Agrippa → Agrippa unter Kaiser
M. Vipsanius Mazaeus → Mazaeus
M. Vipsanius Mithridates → Mithridates
P. Viriasius Naso   392
Virilia Sacra   151
L. Vitrasius Flamininus   386
Voconius Romanus   22, 291
L. Volcacius Primus   347
T. Volumnius Varro   427
Volumnius, *procurator Syriae*   259
L. Volusenus Clemens   255, 347

Zaleukos   88
Ziddina   218
Zispier, Frau eines Auxiliars   365

Quellen

Inschriften
- Adak/Wilson 2012, 6 ff.   411
- Adak/Wilson 2012, 8   411
- Adak/Wilson 2012, 12 f.   411
- AE 1900, 131   445
- AE 1904, 50   180
- AE 1907, 80   181
- AE 1908, 231   184
- AE 1908, 234   180
- AE 1909, 59   458
- AE 1910, 136   151
- AE 1911, 119   462
- AE 1912, 148–151   399
- AE 1914, 128   397
- AE 1914, 248   348
- AE 1916, 32–37   466
- AE 1916, 42   444
- AE 1916, 120   443
- AE 1924, 82   210
- AE 1924, 132   214
- AE 1925, 109   337
- AE 1928, 80   62
- AE 1930, 7   398
- AE 1932, 58   180
- AE 1933, 152   458
- AE 1933, 249   29
- AE 1933, 265   319
- AE 1934, 18   133
- AE 1934, 50   347
- AE 1934, 241   199
- AE 1935, 32   272
- AE 1936, 66   30
- AE 1938, 75   133
- AE 1939, 4   319
- AE 1939, 60   342
- AE 1939, 126   358
- AE 1939, 188   427
- AE 1941, 142   426
- AE 1946, 38   345
- AE 1948, 73   184
- AE 1948, 76   185
- AE 1949, 152   271
- AE 1952, 31   180
- AE 1952, 122   453
- AE 1952, 223   120
- AE 1954, 65   185
- AE 1954, 138   399
- AE 1954, 166   195
- AE 1955, 230   151
- AE 1955, 238   45, 105
- AE 1956, 90   113
- AE 1957, 2   45
- AE 1958, 144   473
- AE 1959, 124   264
- AE 1959, 141   113
- AE 1959, 252   358
- AE 1959, 254   446
- AE 1959, 284   152
- AE 1961, 58   321, 343
- AE 1961, 138   276
- AE 1961, 244   13
- AE 1961, 320   16, 49
- AE 1962, 92   244
- AE 1962, 183   288, 308
- AE 1962, 288   446
- AE 1963, 11   408
- AE 1963, 124   465
- AE 1964, 4   415
- AE 1964, 39   393
- AE 1965, 205   26
- AE 1967, 355   345
- AE 1967, 444   26
- AE 1967, 536   476
- AE 1968, 473   15
- AE 1968, 591   457
- AE 1969/70, 183a-b   116, 338, 466
- AE 1969/70, 592   443
- AE 1969/70, 633   45, 105
- AE 1969/70, 635   458
- AE 1971, 31–32   487
- AE 1971, 49   308
- AE 1971, 79   196
- AE 1971, 284   133
- AE 1971, 437   15
- AE 1971, 462   342
- AE 1971, 491   288
- AE 1972, 176   197
- AE 1972, 573   342
- AE 1972, 577   31
- AE 1973, 362   35
- AE 1973, 556   344
- AE 1974, 655   305
- AE 1975, 14   488
- AE 1975, 55   288 f.
- AE 1975, 255   462
- AE 1975, 257   462

- AE 1975, 423   204
- AE 1975, 758   334
- AE 1976, 77   68
- AE 1976, 250   199
- AE 1976, 674   459
- AE 1976, 678   445
- AE 1977, 694   103
- AE 1977, 801   243
- AE 1977, 807   25
- AE 1978, 16   68
- AE 1979, 412   147
- AE 1980, 357   272
- AE 1981, 691   113
- AE 1981, 829   410
- AE 1981, 845   334
- AE 1982, 681   473
- AE 1982, 765–766   259
- AE 1982, 860   406
- AE 1983, 728   473
- AE 1983, 744   345
- AE 1984, 508   449
- AE 1984, 553   29
- AE 1985, 275   274, 386
- AE 1985, 375   255
- AE 1985, 683   465
- AE 1985, 729   399
- AE 1985, 730   399
- AE 1985, 733   399
- AE 1985, 976   467
- AE 1986, 145   192
- AE 1986, 332   210
- AE 1986, 333   426, 428, 430, 459f.
- AE 1986, 515   133
- AE 1987, 105   166f.
- AE 1987, 107   166
- AE 1987, 108   166
- AE 1987, 109   166
- AE 1987, 110   165
- AE 1987, 112   159
- AE 1987, 113   159
- AE 1987, 114   154
- AE 1987, 116   159
- AE 1987, 117   162
- AE 1987, 118   162
- AE 1987, 119   162
- AE 1987, 120   163
- AE 1987, 148   164
- AE 1987, 149–151   165
- AE 1987, 153   166
- AE 1987, 154   164
- AE 1989, 683   243
- AE 1989, 704   462
- AE 1990, 222   272
- AE 1990, 728   342
- AE 1990, 904   262
- AE 1991, 479   416
- AE 1991, 1508–1509a   384
- AE 1991, 1511–1512   384
- AE 1992, 1798   457
- AE 1993, 313   180
- AE 1993, 594   472
- AE 1993, 855   246, 444
- AE 1993, 1619–1624   321
- AE 1993, 1737   457
- AE 1994, 1400–1478   342
- AE 1994, 1645   442
- AE 1994, 1645b   75
- AE 1995, 1653   197
- AE 1996, 425   102
- AE 1996, 885   93, 237
- AE 1997, 852   446
- AE 1997, 862   29
- AE 1997, 1267   342
- AE 1997, 1314   101
- AE 1997, 1436   398
- AE 1997, 1588a   272
- AE 1997, 1761   305
- AE 1997, 1768   306
- AE 1997, 1771   402
- AE 1997, 1778   307
- AE 1998, 128   412
- AE 1998, 804   23
- AE 1998, 1377   445
- AE 1998, 1622   305
- AE 1998, 1623   305
- AE 1998, 1624   305
- AE 1998, 1625   305
- AE 1998, 1626   305
- AE 1998, 1627   305
- AE 1999, 915   123, 234, 383
- AE 1999, 1529   444
- AE 1999, 1683   326
- AE 2000, 653   263
- AE 2000, 760   234, 383
- AE 2000, 1403   16
- AE 2000, 1441   443
- AE 2001, 378   452
- AE 2001, 518   166
- AE 2001, 1060a   199
- AE 2001, 1969   35, 222

- AE 2001, 2156   339
- AE 2001, 2160   307
- AE 2002, 192   72, 82, 91
- AE 2002, 636a–c   263
- AE 2002, 636d   263
- AE 2002, 1454   221
- AE 2002, 1523   308
- AE 2002, 1746   339
- AE 2003, 1227   34
- AE 2003, 1332   345
- AE 2003, 1548   306
- AE 2003, 1803   147, 339
- AE 2003, 2041   365
- AE 2003, 2059   95, 212
- AE 2004, 1256   307
- AE 2004, 1901   359
- AE 2004, 1902   359
- AE 2004, 1907   305
- AE 2004, 1908   305
- AE 2004, 1911   146
- AE 2004, 1913   293, 413 f.
- AE 2004, 1919   301
- AE 2004, 1920   294
- AE 2004, 1925   103
- AE 2004, 1935   304
- AE 2005, 1114   364
- AE 2005, 1402   151
- AE 2005, 1704   306
- AE 2005, 1706–1707   306
- AE 2005, 1709   354
- AE 2005, 1718   296, 301
- AE 2005, 1721   305
- AE 2005, 1724   34, 142, 297, 301, 363
- AE 2005, 1730   109, 306, 354
- AE 2005, 1731   306
- AE 2005, 1732   305, 359
- AE 2005, 1735   356
- AE 2005, 1737   307
- AE 2005, 1738   295
- AE 2006, 305   75, 481
- AE 2006, 1175   103
- AE 2006, 1579   346
- AE 2006, 1835   108, 306
- AE 2006, 1837   359
- AE 2006, 1838   305, 358
- AE 2006, 1839   305, 358
- AE 2006, 1840   305, 359
- AE 2006, 1841   102, 214, 356
- AE 2006, 1842   102, 305, 359
- AE 2006, 1843   102, 305, 359
- AE 2006, 1844   102, 305, 359
- AE 2006, 1845   102, 356
- AE 2006, 1846   102
- AE 2006, 1847   102, 356
- AE 2006, 1848   102, 356
- AE 2006, 1849   102
- AE 2006, 1850   102, 356
- AE 2006, 1851   102
- AE 2006, 1852   102, 356
- AE 2006, 1861   301
- AE 2006, 1862   306, 365
- AE 2006, 1863   307
- AE 2006, 1866   140
- AE 2007, 209   490
- AE 2007, 251   181
- AE 2007, 257   51
- AE 2007, 1233   307
- AE 2007, 1236   307
- AE 2007, 1472   426
- AE 2007, 1766   306, 338, 354
- AE 2007, 1767   306, 354
- AE 2007, 1768   357
- AE 2007, 1770   359
- AE 2007, 1784   304
- AE 2007, 1786   280
- AE 2008, 800   296, 338
- AE 2008, 1195   306
- AE 2008, 1427–1428   221
- AE 2008, 1712   354
- AE 2008, 1713   308
- AE 2008, 1714   308
- AE 2008, 1716   102
- AE 2008, 1718   102
- AE 2008, 1722   307
- AE 2008, 1723   307
- AE 2008, 1724   307
- AE 2008, 1725   307
- AE 2008, 1726   307
- AE 2008, 1728–1729   308
- AE 2008, 1731–1732   354
- AE 2008, 1736   301, 362
- AE 2008, 1738   102
- AE 2008, 1739–1740   354
- AE 2008, 1747   354
- AE 2008, 1749   301
- AE 2008, 1750   211, 301, 362
- AE 2008, 1751   95, 211 f., 300 f., 362
- AE 2008, 1752   211, 300 f., 362
- AE 2008, 1753   299
- AE 2008, 1754   299

- AE 2008, 1755   307, 357
- AE 2009, 224   482
- AE 2009, 1800   308
- AE 2009, 1801   306
- AE 2009, 1802   306
- AE 2009, 1803–1804   307
- AE 2009, 1805   307
- AE 2009, 1806   307
- AE 2009, 1807   307
- AE 2009, 1808   307
- AE 2009, 1809   307
- AE 2009, 1810   307
- AE 2009, 1812   307
- AE 2009, 1814–1816   307
- AE 2009, 1817   307
- AE 2009, 1824   306
- AE 2009, 1835   307
- AE 2009, 1837   140
- AE 2010, 168   164
- AE 2010, 1262   296
- AE 2010, 1457   277, 334
- AE 2010, 1853   308
- AE 2010, 1856   281
- AE 2010, 1858   211, 300 f., 362
- AE 2010, 1865   357
- AE 2010, 1866   357
- AE 2010, 1871   306
- AE 2011, 700   264
- AE 2011, 1104   301
- AE 2011, 1118   308
- AE 2011, 1810   109, 306, 354, 360
- AE 2012, 249   51
- AE 2012, 1703   411
- AE 2012, 1945   130
- AE 2012, 1955   305, 359
- AE 2012, 1957   306
- AE 2012, 1959   306
- AE 2013, 155   185
- AE 2013, 289   482
- AE 2013, 2182–2184   489
- AE 2013, 2188   305
- AE 2014, 1138   307
- AE 2014, 1154   299, 306
- AE 2014, 1517   399
- AE 2014, 1641   307
- AE 2014, 1643   306
- AE 2014, 1646   307
- AE 2014, 1649   307
- AE 2014, 1654   304
- AE 2014, 1655   305
- AE 2014, 1656   294, 413
- AE 2015, 1252   91, 426, 430, 448 f.
- AE 2015, 1253   74
- AE 2015, 1876   301
- AE 2015, 1884–1886   354
- AE 2015, 1888–1889   307
- AE 2015, 1900   301, 307
- AE 2015, 1904   301
- AE 2016, 1366   307
- AE 2016, 2014   103, 304
- AE 2016, 2015–2016   307
- AE 2016, 2017   130
- AE 2016, 2018   301
- AE 2016, 2021   307
- AE 2016, 2022   108, 306
- AE 2016, 2023   306
- Alföldy 1984, Nr. 151   199
- Alföldy 1984, Nr. 230   199
- Alföldy 1984, Nr. 233   198
- Alföldy 2000   123, 234
- Alföldy 2000, 184 ff.   371
- Alföldy 2001   234
- Apollinj Ghetti et al. 1951, I 113 Anm. 2   153 f.
- Arbanitopulos 1910, 354 f. 6   260
- Balland 1981, 129–132 Nr. 49   410
- Balland 1981, 240 Nr. 75   445
- Baz 2007, 103 f. Nr. 62   415
- Beschaouch 1968, 195 f.   457
- Beutler 2010   280
- Bormann 1896, 120 ff.   472
- Bowman/Thomas 1994/2003, II 65 ff. Nr. 118   111
- Buckler/Robinson 1932, 8   438, 443
- Buonamico/Tartara/Egidi 1987/88, 412 Anm. 13/14   184
- Burrell 1993   321
- Caballos Rufino 2006   204
- Caballos Rufino 2006, 133. 208–223.   426
- Cagnat 1915, 322 f. Nr. 6   466
- Camodeca 1999, Nr. 13 f.   482
- Camodeca 1999, Nr. 19   482
- Camodeca 1999, Nr. 27   482
- Camodeca 2006   481
- Camodeca 2016, 86   482
- Capini 1999, Nr. 1.   244
- Chiriac/Mihailescu-Bîrliba/Matei 2004, 265   362
- CIIP I 721   329
- CIIP I 722–724   318
- CIIP I 727   318

- CIIP II 1152   188
- CIIP II 1228   147, 206, 339
- CIIP II 1231   326
- CIIP II 1262   331
- CIIP II 1266–1271   321
- CIIP II 1273   321, 344
- CIIP II 1274   321, 344
- CIIP II 1275   322, 344
- CIIP II 1277   393, 419
- CIIP II 1282   326
- CIIP II 1283   328, 361
- CIIP II 1284   328
- CIIP II 1285   328
- CIIP II 1286   328
- CIIP II 1287   328
- CIIP II 1288–1329   328
- CIIP II 1302   183, 328, 331
- CIIP II 1303   327, 329
- CIIP II 1304   327
- CIIP II 1330–1335   327
- CIIP II 1336   59, 327
- CIIP II 1337–1338   327
- CIIP II 1339   59, 327
- CIIP II 1340   59, 327
- CIIP II 1341   327
- CIIP II 1342   59, 327
- CIIP II 1343–1344   327
- CIIP II 1368   206
- CIIP II 1382–1385   326
- CIIP II 2095   326
- CIIP III 2342   35, 222
- CIIP III 2565   330
- CIIP IV/1 2854   464
- CIIP IV/1 3143   464
- CIL I 709   213
- CIL I 790   271
- CIL I 1714   461
- CIL I^2 812   269
- CIL I^2 814 (p 954)   269
- CIL I^2 826 (p 956)   269
- CIL II 964   468
- CIL II 1423   246
- CIL II 1964   81, 426
- CIL II 3424   69
- CIL II 3428   476
- CIL II 4201   459
- CIL II 4208   459
- CIL II 4509   22, 339
- CIL II 6145   22, 339
- CIL II 6278   243
- CIL II^2/5 871   246, 441, 450
- CIL II^2/5 1022   448, 457, 460
- CIL II^2/5 1164   68
- CIL II^2/5 1165   69
- CIL II^2/5 1322   446
- CIL II^2/14 985   342
- CIL II^2/14 1110   347
- CIL III 21   399
- CIL III 30   399
- CIL III 49–50   399
- CIL III 129   339
- CIL III 291   385
- CIL III 306   414
- CIL III 312   414 f.
- CIL III 318   414 f.
- CIL III 348   385
- CIL III 412   25
- CIL III 433   343
- CIL III 557   102
- CIL III 653   426
- CIL III 749   399
- CIL III 940   231
- CIL III 1471   103
- CIL III 1562   28
- CIL III 1947   475
- CIL III 2883   345
- CIL III 3288   475
- CIL III 3543   342
- CIL III 4452   342
- CIL III 5031   452
- CIL III 6280   472
- CIL III 6658   339
- CIL III 6687   346
- CIL III 6813   391
- CIL III 6818   385
- CIL III 7251   244
- CIL III 7999   103
- CIL III 8472   345
- CIL III 9864a   345
- CIL III 9973   345
- CIL III 11093   342
- CIL III 12042   457
- CIL III 12117   275, 337
- CIL III 12218   414 f.
- CIL III 12407   399
- CIL III 13675   46
- CIL III 13750   120
- CIL III 14149   399
- CIL III 14184, 48   414 f.
- CIL III 14195, 27   46

- CIL III 14203, 9   25
- CIL III 14422, 1   399
- CIL III 15191   321
- CIL IV 9591   264
- CIL V 532   30, 204, 452
- CIL V 862   269
- CIL V 1838   347
- CIL V 1874   270
- CIL V 2502   370
- CIL V 2520   370
- CIL V 3338   199
- CIL V 3339   269
- CIL V 3606   198
- CIL V 3937   446
- CIL V 4910   217
- CIL V 5050   75, 203, 244
- CIL V 5262   9, 277, 391, 394, 396, 476
- CIL V 5267   347
- CIL V 5894   446
- CIL VI 510   15
- CIL VI 877   72, 82, 91
- CIL VI 930   241
- CIL VI 1233a   243
- CIL VI 1233b   243
- CIL VI 1237   276
- CIL VI 1267a-b   276
- CIL VI 1416   14
- CIL VI 1417   14
- CIL VI 1418   14
- CIL VI 1426   272
- CIL VI 1434   15
- CIL VI 1463   346
- CIL VI 1502   391
- CIL VI 1511   13
- CIL VI 1512   13
- CIL VI 1585b (cf. p. 4715)   490
- CIL VI 1684   29
- CIL VI 1686   29
- CIL VI 1699   15
- CIL VI 1711   15
- CIL VI 1717   60
- CIL VI 1724   10, 15
- CIL VI 1760   15
- CIL VI 1884   185
- CIL VI 2059   488
- CIL VI 2120   158
- CIL VI 2203   487
- CIL VI 3107   102
- CIL VI 3139   102
- CIL VI 3142   102
- CIL VI 3183   120
- CIL VI 3835   30
- CIL VI 6190   288
- CIL VI 8441–8443   288
- CIL VI 8445   490
- CIL VI 8446   490
- CIL VI 8498   183 f.
- CIL VI 8619   309
- CIL VI 8668   490
- CIL VI 8704   487
- CIL VI 8749   489
- CIL VI 8875   157
- CIL VI 8878   157
- CIL VI 9006   490
- CIL VI 9858   15
- CIL VI 10229 (p 3502)   68
- CIL VI 10621   242
- CIL VI 14838   161
- CIL VI 15078   161
- CIL VI 20311   258
- CIL VI 30983   490
- CIL VI 31207   241
- CIL VI 31420   488
- CIL VI 31539a   243
- CIL VI 31539b   243
- CIL VI 31539c   243
- CIL VI 31544a   276
- CIL VI 31545   276
- CIL VI 31668   13
- CIL VI 31742   30
- CIL VI 31743   30
- CIL VI 31903   15
- CIL VI 31908   15
- CIL VI 31924   15
- CIL VI 32272   242
- CIL VI 32323   72, 82, 91
- CIL VI 32324   72, 82, 91
- CIL VI 32363   488
- CIL VI 32398   158
- CIL VI 37045   213
- CIL VI 37142   242
- CIL VI 37766   490
- CIL VI 40855   243
- CIL VI 41026   15
- CIL VI 41050   31
- CIL VI 41054   30, 198
- CIL VI 41062   196
- CIL VI 41070   196
- CIL VI 41071   196
- CIL VI 41079   196

- CIL VI 41105   197
- CIL VI 41106   179, 279
- CIL VI 41128   196
- CIL VI 41140   391
- CIL VI 41154   196
- CIL VI 41179   196 f.
- CIL VI 41197   196
- CIL VI 41214   196
- CIL VI 41236   196
- CIL VI 41249   196
- CIL VI 41318   15
- CIL VI 41383   62
- CIL VII 273   339
- CIL VII 758   339
- CIL VIII 23   467
- CIL VIII 31   446
- CIL VIII 972   476
- CIL VIII 2342   462
- CIL VIII 2394–2399   475
- CIL VIII 2480–2481   475
- CIL VIII 2551   465
- CIL VIII 2586   341
- CIL VIII 2728   345
- CIL VIII 5276   466, 473
- CIL VIII 5350   12
- CIL VIII 5365   466
- CIL VIII 5366   466
- CIL VIII 6995   474
- CIL VIII 7030   270
- CIL VIII 7059   11, 272
- CIL VIII 7060–7061   11
- CIL VIII 7095–7098   457, 475
- CIL VIII 8701   462
- CIL VIII 8777   462
- CIL VIII 8828   462
- CIL VIII 8991   462
- CIL VIII 9062   462
- CIL VIII 11032   446
- CIL VIII 12220   457
- CIL VIII 14882   399
- CIL VIII 17454   473
- CIL VIII 17495   466
- CIL VIII 17904–17905   475
- CIL VIII 17970   475
- CIL VIII 18046   465
- CIL VIII 18122   345
- CIL VIII 18909   491
- CIL VIII 20834–20835   462, 467
- CIL VIII 22737   446, 459
- CIL VIII 23084   399
- CIL VIII 23991   467
- CIL VIII 24094   7, 10
- CIL VIII 25860   399
- CIL VIII 25967   399
- CIL VIII 26582   446
- CIL IX 449   69
- CIL IX 808   458
- CIL IX 1153   195
- CIL IX 1571   14
- CIL IX 1572   14
- CIL IX 1618   474
- CIL IX 1643   458
- CIL IX 2235   458
- CIL IX 2243   473
- CIL IX 2335   271 f.
- CIL IX 2342   287
- CIL IX 2455   116
- CIL IX 2564   347
- CIL IX 2828   461
- CIL IX 2845   269–271
- CIL IX 2846   271
- CIL IX 3044   348
- CIL IX 3162   467
- CIL IX 3188   462
- CIL IX 3602   287
- CIL IX 3856   446
- CIL IX 4119   271
- CIL IX 4903   458
- CIL IX 4965   272
- CIL IX 4976   446
- CIL IX 5363   347
- CIL IX 5420   446
- CIL IX 5529 ff.   472
- CIL IX 5533   271
- CIL IX 5535   472
- CIL IX 5536   466
- CIL IX 6257   461
- CIL IX 6365   472
- CIL IX 6594   116
- CIL X 682   15
- CIL X 829   457
- CIL X 845   458
- CIL X 853–857   458
- CIL X 1125   15
- CIL X 1249   269
- CIL X 1401   242
- CIL X 1453   476
- CIL X 1783   474
- CIL X 1784   192
- CIL X 3370   102

- CIL X 3377   102
- CIL X 3425   102
- CIL X 3435   102
- CIL X 3573   102
- CIL X 3725   446
- CIL X 3870 = 4414   274, 386
- CIL X 4658   446
- CIL X 5055   464
- CIL X 5061   386
- CIL X 6082   269
- CIL X 6303   192
- CIL X 6321   275, 337
- CIL X 6328   192
- CIL X 7517   385
- CIL X 7583   397
- CIL X 7595   102
- CIL X 8038   246, 441, 444
- CIL XI 1147   458
- CIL XI 1420   446, 449
- CIL XI 1421   446, 449
- CIL XI 2633   446
- CIL XI 2699   31
- CIL XI 3533   102
- CIL XI 3535   102
- CIL XI 5212   319
- CIL XI 5272   394
- CIL XI 5276   458
- CIL XI 5372   191
- CIL XI 5743   180
- CIL XI 5744   396
- CIL XI 6011   39, 255
- CIL XI 6334   13
- CIL XI 7584   102
- CIL XII 1748   271
- CIL XII 1750   452
- CIL XIII 408   346
- CIL XIII 596–600   466
- CIL XIII 1807   385
- CIL XIII 1847   343
- CIL XIII 1919   467
- CIL XIII 5092   178
- CIL XIII 5200   133
- CIL XIII 5201   133
- CIL XIII 5237   133
- CIL XIII 6490   103
- CIL XIII 6498   103
- CIL XIII 6517   103
- CIL XIII 6606   103
- CIL XIII 6739   321
- CIL XIII 6803   342
- CIL XIII 6859   104
- CIL XIII 6862   104
- CIL XIII 6870   104
- CIL XIII 6884   344
- CIL XIII 6893   104
- CIL XIII 7713   399
- CIL XIII 7731–7732   399
- CIL XIII 8159   8, 117
- CIL XIII 8201   344
- CIL XIII 8283   151
- CIL XIII 8548   133
- CIL XIII 8648   105
- CIL XIII 8702–8703   34
- CIL XIII 8805   34
- CIL XIII 11514 133
- CIL XIII 11515 133
- CIL XIII 12057 34
- CIL XIV 173   15
- CIL XIV 236   102
- CIL XIV 240   102
- CIL XIV 350   192
- CIL XIV 2516   13
- CIL XIV 2793   474
- CIL XIV 2795   195, 477
- CIL XIV 2919   386
- CIL XIV 2922   491
- CIL XIV 2925   391, 405
- CIL XIV 3608   287
- CIL XIV 3649   489
- CIL XIV 4450   192
- CIL XIV 4704a-c   489
- CIL XV 7369–7373   184
- CIL XV 7374   184
- CIL XV 7383   184
- CIL XV 7401–7402   184
- CIL XV 7405   184
- CIL XV 7407   184
- CIL XV 7408   184
- CIL XV 7409   184
- CIL XV 7410–7411   184
- CIL XV 7412   184
- CIL XV 7436   184
- CIL XV 7443   182, 185
- CIL XV 7444   185
- CIL XV 7446   185
- CIL XV 7466   185
- CIL XV 7470   185
- CIL XV 7500   182, 185
- CIL XV 7512   185
- CIL XV 7576   185

- CIL XV 7585   184 f.
- CIL XV 7828   184
- CIL XV 7877a   185
- CIL XVI 1   135
- CIL XVI 2   136
- CIL XVI 7   135, 300 f., 403
- CIL XVI 8–9   135, 300, 403
- CIL XVI 10   135, 361, 402
- CIL XVI 11   135
- CIL XVI 12–13   402
- CIL XVI 16   354
- CIL XVI 18   299
- CIL XVI 21   135
- CIL XVI 22   308
- CIL XVI 25   135
- CIL XVI 26   354
- CIL XVI 29   171
- CIL XVI 30–31   354
- CIL XVI 33   306
- CIL XVI 35   102, 305, 358
- CIL XVI 37   301, 306, 308
- CIL XVI 39   102
- CIL XVI 42   354
- CIL XVI 44–45   306
- CIL XVI 46   102, 354
- CIL XVI 47   354
- CIL XVI 50   307
- CIL XVI 54   134, 354
- CIL XVI 56   297
- CIL XVI 58   307
- CIL XVI 61   354
- CIL XVI 67   109, 301, 334
- CIL XVI 69   296, 338
- CIL XVI 78   307, 363
- CIL XVI 83   307
- CIL XVI 87   306, 338, 354
- CIL XVI 97   137
- CIL XVI 100   143
- CIL XVI 101   354
- CIL XVI 106   102, 356
- CIL XVI 111   102, 354
- CIL XVI 128   277, 301
- CIL XVI 132   139, 364
- CIL XVI 133   301
- CIL XVI 137   214
- CIL XVI 139   214
- CIL XVI 160   301, 362
- CIL XVI 163   102
- CIL XVI 175   280, 354
- CIL XVI 178   297
- CIL XVI App. Nr. 13   105
- CIL XVI p 145   213
- CIPh II 1, 60   427
- Corinth VIII 1–3   425
- Corinth VIII 3, 124   15
- Corinth VIII 3, 150   427
- Corinth VIII 3, 306   464
- Cotton/Eck 2001, 215 ff.   322
- Cotton/Eck 2001, 226 ff.   147
- Cotton/Eck 2001, 230 ff.   321
- Cotton/Eck 2001, 232 ff.   321
- Cotton/Eck 2009   328
- Cotton/Eck 2011   360
- Cotton/Eck 2014   360
- Cotton/Geiger 1989   111
- Cotton/Wörrle 2007   38
- Crawford 1996, Nr. 1   384
- Crawford 1996, Nr. 15   208
- Crawford 1996, Nr. 18   208
- Crawford 1996, Nr. 23   208
- Crawford 1996, Nr. 24   190
- Crawford 1996, Nr. 25   204
- Crawford 1996, Nr. 29   208
- Crawford 1996, Nr. 30   208
- Crawford 1996, Nr. 31   208
- Crawford 1996, Nr. 40   88
- D 139   446, 449
- D 140   446, 449
- D 206   75, 203, 244, 353
- D 214   244
- D 241   403
- D 242–243   403
- D 244   241
- D 272   195, 477
- D 273   180
- D 308   114
- D 847   217
- D 884   271
- D 911   30
- D 915   269–271
- D 944   287
- D 961   271 f.
- D 973   287
- D 986   287
- D 1001   398
- D 1011   271
- D 1017   385
- D 1024   391, 405
- D 1026   272
- D 1029   22, 339

– D 1031	199		– D 2819	399
– D 1034	116		– D 2927	9, 277, 279, 391, 394, 396, 476
– D 1035	275, 337		– D 2928	12
– D 1036	275, 337		– D 2929	14
– D 1038	391		– D 2934	13
– D 1056	8, 44		– D 2939	14
– D 1058	319		– D 2940	14
– D 1061	280		– D 2941	14
– D 1067	11, 272		– D 2942	15
– D 1068	105		– D 2946	15
– D 1092	282		– D 2950	10
– D 1118	270		– D 2951	15
– D 1119	270		– D 3398	191
– D 1124	391		– D 3840	490
– D 1129	13		– D 3896	28
– D 1217	386		– D 4055	459
– D 1219	386		– D 4056	319
– D 1222	15		– D 4152	15
– D 1227	60		– D 4312	344
– D 1330	385		– D 4367	192
– D 1349	347		– D 5013	31
– D 1389	490		– D 5049	487
– D 1392	346		– D 5050	72, 91
– D 1393	347		– D 5059	488
– D 1420	491		– D 5163	243
– D 1477	385		– D 5273	462
– D 1551	490		– D 5377	458
– D 1553	490		– D 5402	468
– D 1666	182, 185		– D 5449	474
– D 1685	157		– D 5558	476
– D 1713	489		– D 5585	467
– D 1738	183 f.		– D 5590	462
– D 1792	157, 185		– D 5653a	458
– D 1913	319		– D 5706	457
– D 1914	319		– D 5729	461
– D 1919	474		– D 5795	110, 345
– D 2244	105		– D 5920	490
– D 2261	344		– D 5925	276
– D 2319	398		– D 5926	276
– D 2368	343		– D 5935–5945	399
– D 2381	341		– D 5948	345
– D 2382	342		– D 5950	345
– D 2389	343		– D 5953	345
– D 2391	342		– D 5955	399
– D 2436	321		– D 5956	399
– D 2683	255, 346		– D 6043	242
– D 2689	348		– D 6087	448, 457, 460
– D 2691	255		– D 6089	426
– D 2721	347		– D 6090	433
– D 2737	347		– D 6092	246, 441

- D 6111c   29
- D 6278   192
- D 6300   446
- D 6334   192
- D 6487   195
- D 6507   474
- D 6597   446
- D 6680   30, 204, 452
- D 6732   446
- D 6780   459
- D 6820   457
- D 6887   462
- D 6888   462
- D 6925   459
- D 6928   459
- D 7026   452
- D 7115   452
- D 7163   472
- D 7207   399
- D 7210   457
- D 7301   458
- D 7776   8, 117
- D 8110   157
- D 8380   158
- D 8382/3   157
- D 8386   157
- D 8387   157
- D 8390   157
- D 8812   257
- D 8828   105
- D 8888   213
- D 8897   175, 259
- D 8971   415
- D 8973   7, 10
- D 9007   259
- D 9017   491
- D 9055   334
- D 9063   462
- D 9170   342
- D 9430   243
- D 9487   29
- D 9499   412, 414
- D 9508   446, 452
- Dana 2019   396
- Dana 2019, 227–232   304
- Dana 2021   364
- Daux 1944, 122 Nr. 35   402
- Ducrey 1969, 846 ff.   458
- Duncan-Jones 1982, 206 f. Nr. 1143a-1160   476
- Dušanić 2001   364
- Eck 1970a, 93 ff.   338, 466
- Eck 1981   406
- Eck 1984   30, 198
- Eck 1984a, 149   133
- Eck 1984a, 154 f.   133
- Eck 1985a, 41 ff.   465
- Eck 1986a, 247 f. Nr. 2   166 f.
- Eck 1986a, 248 ff. Nr. 4   166
- Eck 1986a, 251 ff. Nr. 5 f.   166
- Eck 1986a, 253 f. Nr. 7   165
- Eck 1986a, 255 f. Nr. 9   159
- Eck 1986a, 256 f. Nr. 10   159
- Eck 1986a, 257 ff. Nr. 11   154
- Eck 1986a, 260 f. Nr. 13   159
- Eck 1986a, 261 ff. Nr. 14 f.   162
- Eck 1986a, 263 Nr. 16   162
- Eck 1986a, 264 Nr. 17   163
- Eck 1993   446
- Eck 1993a   360
- Eck 1997c   398
- Eck 1999   296
- Eck 2003b   355
- Eck 2007f, 100 f.   328
- Eck 2011b   139, 364, 366
- Eck 2012 g   330
- Eck 2012d   201
- Eck 2012e   215, 364
- Eck 2013c, 199 ff.   74
- Eck 2014a, 75 ff.   74
- Eck 2016a   426
- Eck 2016a, 565–606   74
- Eck 2016a, 579   449
- Eck 2016a, 580   208, 241
- Eck 2016a, 581 ff.   449
- Eck 2016a, 585 ff.   29
- Eck 2016a, 590   208
- Eck 2017c   216, 353
- Eck 2018   139, 364
- Eck 2018c   216, 353
- Eck 2020   255
- Eck 2020, 305–309   379
- Eck 2020b   447
- Eck 2020c   295
- Eck 2020c, 279–281   304
- Eck 2021c   360
- Eck/Caballos/Fernández 1996, 10   75
- Eck/Caballos/Fernández 1996, 40   237
- Eck/Caballos/Fernández 1996, 42 f.   93
- Eck/Caballos/Fernández 1996, 46   189

- Eck/Casey 2021, 289 ff.   141
- Eck/Drew-Bear/Herrmann 1977, 365   25
- Eck/Drew-Bear/Herrmann 1977, 367 Anm. 53   25
- Eck/Heinrichs 1993, 30 f. Nr. 45   231
- Eck/Heinrichs 1993, 189–191   68
- Eck/Navarro 1998   23
- Eck/Pangerl 2003a   144, 211, 362
- Eck/Pangerl 2004   293, 413 f.
- Eck/Pangerl 2004a   146
- Eck/Pangerl 2005, 250 ff.   296
- Eck/Pangerl 2005a   360
- Eck/Pangerl 2005b   34, 142, 297, 309, 363
- Eck/Pangerl 2005c, 191   306
- Eck/Pangerl 2006   360
- Eck/Pangerl 2006, 239 ff.   141
- Eck/Pangerl 2006, 241 ff.   141
- Eck/Pangerl 2006, 243 f.   141
- Eck/Pangerl 2006, 244 f.   141
- Eck/Pangerl 2006, 245 f.   141
- Eck/Pangerl 2007   280
- Eck/Pangerl 2007, 227 f.   360
- Eck/Pangerl 2007, 227 ff.   141
- Eck/Pangerl 2007a, 225   357
- Eck/Pangerl 2008   299
- Eck/Pangerl 2008/2009   201
- Eck/Pangerl 2008a   299
- Eck/Pangerl 2008b, 348 ff.   362
- Eck/Pangerl 2008c   211, 362
- Eck/Pangerl 2008d   144, 211, 362
- Eck/Pangerl 2008d, 280 f.   144
- Eck/Pangerl 2008d, 283   95, 212
- Eck/Pangerl 2010a, 229   334
- Eck/Pangerl 2012   364
- Eck/Pangerl 2012a, 236 ff.   356
- Eck/Pangerl 2014   294, 413
- Eck/Pangerl 2015   201
- Eck/Pangerl 2015a   354
- Eck/Pangerl 2018, 219   307
- Eck/Pangerl 2018a, 229   307
- Eck/Pangerl 2018b, 26   307
- Eck/Pangerl 2018b, 40–42   307
- Eck/Pangerl 2019   201
- Eck/Pangerl 2019, 242 ff.   301
- Eck/Pangerl 2019a   201
- Eck/Pangerl 2019b   103, 304
- Eck/Pangerl 2019c   201
- Eck/Pangerl 2019d, 235   359
- Eck/Pangerl 2019e, 58   307
- Eck/Pangerl 2019f, 129   306
- Eck/Pangerl 2019f, 133   307
- Eck/Pangerl 2019f, 135   307
- Eck/Pangerl 2019f, 139   307
- Eck/Pangerl 2020   213, 281
- Eck/Pangerl 2020, 90 f.   307
- Eck/Pangerl 2020, 92 f.   356
- Eck/Pangerl 2020, 101   307
- Eck/Pangerl 2020a   213
- Eck/Pangerl 2020a, 285–304 Nr. 2   358
- Eck/Pangerl 2020a, 285–304 Nr. 3   359
- Eck/Pangerl 2020a, 299 f.   307
- Eck/Pangerl 2021   358
- Eck/Pangerl/Weiß 2014   216, 245, 353, 489
- Eck/Pangerl/Weiß 2014, 241 ff.   75
- Eck/Pangerl/Weiß 2014a   353, 489
- Eck/Roxan 1998   296
- Eck/Vieweger/Zimni 2020   329
- Eck/Weiß 2001   130, 137, 364
- Eck/Zissu 2001   35, 222
- Ecker et al. 2019, 217 f.   472
- EDCS-07400040   167
- EDCS-07400042   166
- EDCS-07400091   166
- EDCS-08300501   399
- EDCS-08300502   399
- EDCS-08600919   399
- EDCS-13301417   399
- EDCS-13302722   358
- EDCS-16300369   399
- EDCS-16300370   399
- EDCS-16300371   399
- EDCS-16300372   399
- EDCS-24300140   399
- EDCS-25501680   399
- EDCS-25501785   399
- EDCS-27100021   399
- EDCS-29100175   399
- EDCS-30200659   399
- EDCS-33600319   166
- EDCS-67400753   28, 51
- EDCS-70800367   446
- EDCS-71300322   399
- EDCS-74100160   399
- Engelmann 1990, 92 ff.   262
- Engelmann 2000, 78   16
- Engelmann/Knibbe 1989   264
- Feraudi-Gruénais 2003, 79   153, 160
- Fernández Gomes/del Amo y de la Hera 1990, 97   426, 459 f.
- Ferrua 1941, 428   164

- Ferrua 1942, 47   164
- Ferrua 1942, 233   166
- Ferrua 1942, 234   166
- Ferrua 1942, 235   160
- Ferrua 1942a, 98   164
- FIRA I² Nr. 7   384
- FIRA I² Nr. 21   457, 460
- FIRA I² Nr. 54   242
- FIRA I² Nr. 55   226
- FIRA I² Nr. 67   244
- FIRA I² Nr. 68   226, 244
- FIRA I² Nr. 70   444
- FIRA I² Nr. 71   244
- FIRA I² Nr. 75   446
- FIRA I² Nr. 74   441
- Firpo 1985   255
- Fraser 1960, 53   319
- Frei-Stolba 2005   151
- Freis 1994, 38   226
- Freis 1994, 48   226
- Freis 1994, 186 f.   218
- Friggeri 2004, 182   152, 162
- Gautier 1989, 81ff. Nr. 3   475
- Geagan 1989   464, 475
- Genovesi 2009, 360f.   263
- GLIA 1, 6   342
- González 1986, 174   459
- González 1986, 175   426, 460
- González 1986, 195   426, 460
- Gregori 2012   51
- Guarducci 1983, 4 f.   155
- Habicht 1990   453
- Haensch 1998, 289ff.   403
- Harper 1968, 96 Nr. 1.02   415
- HD009824   154
- HD029853   151
- HD031672   160
- HD031678   153
- HD031684   164
- HD031687   164
- Herrmann 1975   243
- Herrmann 1988   243
- Holder 2014   356
- Holder 2014, 291f.   356
- Holder 2014, 293f.   356
- Holder 2014, 296   356
- IAM II 1, 94   218
- IAM II 1, 307   347, 452, 454
- IAM II 2, 369   208
- IBeroeae 117   445
- ICUR VII 18802   15
- IDidyma 378–379   434
- IDR I 6a   301
- IDR III 1, 134   108
- IDR III 1, 135   108
- IDR III 1, 136   108
- IDR III 1, 142   108
- IDR III 1, 143   108
- IG II² 1103   459
- IG II² 3669   16
- IG II² 4217   16
- IG IV² 84   219
- IG IV 203   464
- IG V 2, 268   450
- IG V 2, 590   450
- IG X 2, 2, 410   188
- IG XII 1, 58   402
- IG XII 4, 2, 945   220
- IG XII 5, 132   25
- IG XII 5, 940   257
- IG XII 6, 7   443
- IGBR II 659   389
- IGLS 6, 2785   342
- IGLS 13, 9088   321, 344
- IGLS 21/2, 135   464
- IGRRP I 261   452
- IGRRP I 1101   262
- IGRRP III 132   414
- IGRRP III 466   410
- IGRRP III 474   411
- IGRRP III 507   402
- IGRRP III 508   402
- IGRRP III 582   432
- IGRRP III 659   402, 409
- IGRRP III 723   402
- IGRRP IV 1042   429
- IGRRP IV 1404   25
- IGRRP IV 1425   437
- IGRRP IV 1756   429, 443
- IK 2, 307–311a (Ephesos)   46
- IK 3, 713 (Ephesos)   40
- IK 7, 2, 4112 (Ephesos)   41
- IK 7, 2, 5101–5114 (Ephesos)   40
- IK 11, 1, 13 (Ephesos)   389
- IK 11, 1, 20 (Ephesos)   465
- IK 11, 1, 21 (Ephesos)   429
- IK 11, 1, 27 (Ephesos)   430, 432, 434, 466
- IK 11, 1, 28–36 (Ephesos)   466
- IK 11, 1, 47 (Ephesos)   435, 465
- IK 11, 17 (Ephesos)   429

- IK 12, 207–208 (Ephesos)   25
- IK 12, 212 (Ephesos)   437
- IK 12, 266 (Ephesos)   221
- IK 12, 411 (Ephesos)   221
- IK 12, 467 (Ephesos)   437
- IK 13, 614 (Ephesos)   415
- IK 13, 617 (Ephesos)   437
- IK 13, 625 (Ephesos)   437
- IK 13, 647 (Ephesos)   437
- IK 13, 660e (Ephesos)   342
- IK 13, 666 (Ephesos)   397
- IK 13, 680 (Ephesos)   342
- IK 13, 712 (Ephesos)   319
- IK 13, 713 (Ephesos)   31, 339
- IK 13, 715 (Ephesos)   412
- IK 13, 728 (Ephesos)   444, 450
- IK 13, 740 (Ephesos)   437
- IK 13, 781 (Ephesos)   445
- IK 13, 802 (Ephesos)   444
- IK 13, 817 (Ephesos)   321, 343
- IK 13, 851 (Ephesos)   176
- IK 13, 855 (Ephesos)   181
- IK 13, 855a (Ephesos)   181
- IK 13, 857 (Ephesos)   221
- IK 13, 859a (Ephesos)   262
- IK 13, 863 (Ephesos)   262
- IK 13, 980 (Ephesos)   435
- IK 13, 985 (Ephesos)   435 f.
- IK 14, 1120 (Ephesos)   221
- IK 14, 1151 (Ephesos)   432
- IK 14, 1387 (Ephesos)   434
- IK 15, 1487–1488 (Ephesos)   431
- IK 15, 1524 (Ephesos)   221
- IK 15, 1539 (Ephesos)   16
- IK 16, 2018 (Ephesos)   434
- IK 16, 2069 (Ephesos)   450
- IK 16, 2113 (Ephesos)   221
- IK 16, 2244 (Ephesos)   343
- IK 16, 2272b (Ephesos)   262
- IK 16, 2617 (Ephesos)   221
- IK 17, 1, 3006 (Ephesos)   175, 259
- IK 17, 1, 3033 (Ephesos)   415
- IK 17, 1, 3048 (Ephesos)   210
- IK 17, 2, 4112 (Ephesos)   339
- IK 17, 2, 4123 (Ephesos)   221, 432
- IK 17, 2, 5101–5102 (Ephesos)   174
- IK 17, 2, 5103 (Ephesos)   174, 415
- IK 17, 2, 5104–5114 (Ephesos)   174
- IK 22, 1, 505 (Stratonikeia)   429
- IK 22, 1, 1007 (Stratonikeia)   402
- IK 24, 1, 600 (Smyrna)   443
- IK 24, 1, 604 (Smyrna)   25
- IK 24, 1, 635 (Smyrna)   16
- IK 24, 646 (Smyrna)   437
- IK 24, 665–667 (Smyrna)   437
- IK 24, 673 (Smyrna)   437
- IK 43, 32 (Side)   410
- IK 43 (Side), S. 155   414
- IK 53, 34 (Alexandria Troas)   427
- IK 53 (Alexandria Troas)   425
- IK 54, 36–45 (Perge)   405
- IK 54, 54 (Perge)   402
- IK 54, 122–124 (Perge)   221
- IK 54 (Perge), S. 112 f.   405
- IK 57, 31 (Kremna)   437
- IK 61, 331 (Perge)   406
- IK 61, 466 (Perge)   403
- IK 64, 97 (Sinope)   450
- IK 64, 102 (Sinope)   427, 443
- IK 67 (Antiochiae Pisidiae)   425
- IK 70, 13 (Sagalassos)   402
- IK 70, 68 (Sagalassos)   436
- IK 70, 88–89 (Sagalassos)   436
- IK 70, 91–92 (Sagalassos)   436
- IKoeln 5   35
- IKoeln 19   104
- IKoeln 20   104
- IKoeln 100   342
- IKoeln 108   344
- IKoeln 207   34
- IKoeln 216   147
- IKoeln 249–250   471
- IKoeln 252–254   471
- IKoeln 256–257   471
- IKoeln 259   471
- IKoeln 261   471
- IKoeln 262–264   471
- IKoeln 267   262
- IKoeln 311   147
- IKoeln 315   105, 151
- IKoeln 317   105
- IKoeln 320   104
- IKoeln 323   104
- IKoeln 387   107
- IKoeln 411   104
- ILAfr 21   446
- ILAfr 455   348
- ILAfr 478   446, 452
- ILAlg I 95–96   473
- ILAlg I 286   466

- ILAlg I 287   466
- ILAlg II 3596   462
- ILBulg 357   399
- ILBulg 358   399
- ILBulg 386   399
- ILBulg 390   399
- ILBulg 429   399
- ILJug 3, 1947   342
- ILLRP 436   269
- ILLRP 440   269
- ILM II 2, 448   444
- ILTun 624   399
- ILTun 787   399
- ILTun 1248   348
- IMS VI 31   207
- IMS VI 66   207
- InscCret I, VIII 51   457
- InscCret IV 375   435
- InscrAqu 481   199
- InscrIt X, V 1–3   471
- InscrIt X, V 18   471
- InscrIt X, V 46   471
- InscrIt X, V 77   471
- InscrIt X, V 78   471
- InscrIt X, V 86–87   471
- InscrIt X, V 89   471
- InscrIt X, V 90   471
- InscrIt X, V 92   471
- InscrIt X, V 102   471
- InscrIt X, V 103   471
- InscrIt X, V 109   471
- InscrIt X, V 116   471
- InscrIt X, V 119   471
- InscrIt X, V 123   471
- InscrIt X, V 126   471
- InscrIt X, V 146   471
- InscrIt X, V 178   471
- InscrIt X, V 201   471
- InscrIt X, V 205   471
- InscrIt X, V 232   471
- InscrIt X, V 247   471
- InscrIt X, V 257   471
- InscrIt X, V 273   471
- InscrIt X, V 279–280   471
- InscrIt X, V 284   471
- InscrIt X, V 738   471
- InscrIt X, V 905   471
- InscrIt X, V 952   471
- InscrIt X, V 980   471
- InscrIt X, V 985   471
- InscrIt X, V 1028–31   471
- InscrIt X, V 1033   471
- InscrIt X, V 1051   471
- InscrIt X, V 1101   471
- InscrIt X, V 1103   471
- InscrIt XIII, I 1   334
- InscrIt XIII, I 36   371
- IRC IV 30   22
- IRT 117   476
- IRT 117–126   466
- IRT 143–145   466
- IRT 232   475
- IRT 275   467
- IRT 301   77, 335
- IRT 467   461
- IRT 588   446
- IRT 590   466
- IRT 746   467
- IRT 771   461
- IvMagnes 180   443
- IvOlympia 462   15
- IvOlympia 621–625   16
- IvPergamon II 451   415
- IvPergamon III 67   319
- Jones 2002, 111 ff.   16
- Knibbe 1981, 53 ff.   465
- Knibbe/Engelmann/Iplikçioglu 1993, 137   398
- Lazaro Pérez 1980, Nr. 31   468
- Le Glay 1955, 169 f.   466
- Lehmann/Holum 2000, Nr. 2   183
- Lex Irnit. 21   95, 210
- Lex Irnit. 22 f.   210
- Lex Irnit. 31   426
- Lex Irnit. 64   428
- Lex Irnit. 67   428
- Lex Irnit. 70   428
- Lex Irnit. 76   428
- Lex Irnit. 80   459
- Lex Malac. 54   426
- Lex Malac. 55   426
- Lex Malac. 56   81
- Lex Malac. 60   426
- Lex Troesmensium 11   430, 449
- Lex Urson. 70 f.   457
- Lex Urson. 92   448
- Lex Urson. 98   460
- Lex Urson. 103   204
- Lieb/Bridel 2009, 59 ff.   178
- MAMA VI 3   443

- Marek 2006, 175 ff. Nr. 35   411
- Marek 2006, Nr. 139   445
- Marty 2009   264
- Mastino/Spanu/Zucca 2005, 230   263
- Merkelbach 1983   435
- Merkelbach/Şahin 1988, 110 f. Nr. 11   402
- Merkelbach/Stauber 2001, 98   102
- Merkelbach/Stauber 2001, 252   102
- Merkelbach/Stauber 2001, 257   102
- Merkelbach/Stauber 2001, 302   102
- Merkelbach/Stauber 2001, 395   102
- Mráv/Vida 2011–13   201
- Mráv/Vida 2011–13a   216
- Mrozek 1968, 283 ff.   476
- Navarro Caballero 1997, 109 ff.   446
- Nesselhauf/Lieb 1959, 170–172, Nr. 129   113
- Nollé 1982, 12 f.   442
- OGIS 441   429
- OGIS 487   5
- Oliver 1989, Nr. 7   429
- Oliver 1989, Nr. 14   429
- Oliver 1989, Nr. 18   443
- Oliver 1989, Nr. 40   246
- Oliver 1989, Nr. 58B   443
- Oliver 1989, Nr. 77   459
- Oliver 1989, Nr. 79   447
- Oliver 1989, Nr. 111   447
- Oliver 1989, Nr. 113   447
- Oliver 1989, Nr. 116   459
- Oliver 1989, Nr. 124   447
- Oliver 1989, Nr. 156   447
- Oliver 1989, Nr. 168   437
- Oliver 1989, Nr. 192   243
- Pearce/Tomlin 2018   146
- Petzl 2019, 318   442
- Petzl 2019, 404   437
- Pfahl 2012, 236, Nr. 1004   113
- Pferdehirt 2004, Nr. 44   139
- Pietrangeli 1941, 191, Nr. 27   184
- Pilhofer 2009, 235a   427
- Pilhofer 2009, 241   427
- Pugliese 1939/40, 154   453
- Raban 1999, 179 ff.   326
- Reynolds/Ward-Perkins 1952, Nr. 27–32   34
- RGZM 1   308
- RGZM 5   301
- RGZM 7   294, 413
- RGZM 8   205, 306
- RGZM 10   307
- RGZM 11   307
- RGZM 14   307
- RGZM 19   301, 303
- RGZM 23   307, 357
- RGZM 24   357
- RGZM 28   304
- RGZM 29   306, 354
- RGZM 39   141, 360
- RGZM 41   109, 306, 338, 354, 360
- RGZM 55   201
- RGZM 73   296
- RGZM 74   296
- RIB 730   339
- RIB 1792   339
- Ricci 1893, 6 Nr. 6   199
- RIT 140   342
- RIU 1186   151
- RMD I 1   299
- RMD I 2   308
- RMD I 3   358
- RMD I 4   102, 305, 359
- RMD I 6   354
- RMD I 9   102
- RMD I 14   304, 396
- RMD I 17   301
- RMD I 19   300, 301
- RMD I 21   301
- RMD I 22   301
- RMD I 27   301
- RMD I 28   301
- RMD I 39   363
- RMD I 50   307
- RMD I 53   364
- RMD I 55   354
- RMD I 60   102, 306
- RMD I 67   277, 301, 334
- RMD I 69   306
- RMD II 73   127
- RMD II 100   301, 304, 334
- RMD II 102–103   354
- RMD II 105   141, 360
- RMD III 136   135, 300
- RMD III 138   304
- RMD III 142   365
- RMD III 148   134
- RMD III 158   301
- RMD III 160   306, 354
- RMD III 161   277, 301
- RMD III 165   307
- RMD III 171   143
- RMD III 172   141, 360

- RMD III 173   109, 306, 338, 354, 360
- RMD III 184   359
- RMD III 197   201
- RMD III 210   171
- RMD III p. 246 zu Anm. 55   325
- RMD IV 189   127
- RMD IV 203   402
- RMD IV 204   402
- RMD IV 205   362
- RMD IV 208   308
- RMD IV 209   308
- RMD IV 213   301
- RMD IV 214   305, 359
- RMD IV 217   306
- RMD IV 219   307
- RMD IV 221   307
- RMD IV 222   307
- RMD IV 224   307
- RMD IV 227   304, 396
- RMD IV 235   307
- RMD IV 239   101, 107, 357
- RMD IV 240   107, 357
- RMD IV 241   307, 357
- RMD IV 247   354
- RMD IV 252   301, 307 f.
- RMD IV 260   304
- RMD IV 265   307
- RMD IV 266   143
- RMD IV 270   307
- RMD IV 275   325
- RMD IV 277   141, 360
- RMD IV 293   359
- RMD IV 294   359
- RMD IV 298   301
- RMD IV 307   112
- RMD IV p. 609 ff.   296
- RMD V 323   135
- RMD V 324   355
- RMD V 325   308
- RMD V 327   5
- RMD V 329   305, 358
- RMD V 330   358
- RMD V 332   306
- RMD V 336   145
- RMD V 337   306
- RMD V 338   306
- RMD V 343   301, 362
- RMD V 349   307
- RMD V 350   307
- RMD V 353   295
- RMD V 354   301, 339
- RMD V 356   307
- RMD V 357   95, 212, 300 f.
- RMD V 364   307
- RMD V 369   307
- RMD V 371   356
- RMD V 372   356
- RMD V 374   307
- RMD V 379   301
- RMD V 385   304
- RMD V 387   354
- RMD V 388   356
- RMD V 397   130, 138
- RMD V 399   102, 307
- RMD V 401   130, 137, 339
- RMD V 408   146
- RMD V 411   307
- RMD V 413   307
- RMD V 414   307
- RMD V 416   130, 138
- RMD V 417   305
- RMD V 419   102, 354
- RMD V 420   354
- RMD V 421   306
- RMD V 425   141, 360
- RMD V 426   141, 360
- RMD V 427   141, 360
- RMD V 432   301
- RMD V 435   305
- RMD V 437   305
- RMD V 438   301
- RMD V 439   305
- RMD V 440   305
- RMD V 441   305
- RMD V 446   139
- RMD V 447   139
- RMD V 463   201
- RMD V 471a-b   201
- RMD VI 479   299
- RMD VI 486   358
- RMD VI 487   358
- RMD VI 489   359
- RMD VI 490   359
- RMD VI 491   359
- RMD VI 492   359
- RMD VI 494   359
- RMD VI 495   359
- RMD VI 547   356
- RMD VI 548   356
- RMD VI 549   356

- RMD VI 550   356
- RMD VI 552   363
- RMD VI 576   364
- RMD VI 612   360
- RMD VI 613   360
- RMD VI 630   359
- RMD VI 631   359
- RMD VI 632   359
- RMD VI 633   359
- RMD VII 798   366
- Rothenhöfer 2020   379
- Roxan/Weiß 1998, 403 f.   12
- RWI, Ada Nr. 11   408
- Şahin 1995, 30 f.   399
- Şahin/French 1987, 133 ff.   397
- Sánchez-Ostiz 1999, 68   449
- Scheid 1998, Nr. 40   403
- Scheid 1998, Nr. 48   488
- Schnegg 2020, 20 ff.   82
- SEG 6, 648   410
- SEG 9, 8   266
- SEG 11, 501   450
- SEG 16, 826   188
- SEG 17, 755   246
- SEG 23, 207   465
- SEG 26, 1683   464
- SEG 27, 763   25
- SEG 28, 953   445
- SEG 30, 159   15
- SEG 30, 1331   434
- SEG 31, 1474   464
- SEG 32, 462   220
- SEG 32, 1982, 567   260
- SEG 36, 1093   437
- SEG 36, 1398   262
- SEG 37, 1532   464
- SEG 38, 1648   464
- SEG 39, 340   464
- SEG 39, 1775   467
- SEG 40, 668   453
- SEG 40, 1231   221
- SEG 44, 977   442, 451
- SEG 56, 1194   445
- SEG 62, 1286   411
- Sharankov 2009, 53   306
- Sherk 1970, Nr. 5   226
- Sherk 1970, Nr. 14   195
- Sherk 1970, Nr. 20   195
- Sherk 1970, Nr. 34   474
- Sherk 1970, Nr. 35   195
- Sherk 1970, Nr. 40   195
- Sherk 1970, Nr. 55   195
- Sijpesteijn 1986, 154 f.   262
- Silvestrini 2020   264
- Speidel 1994, 249 Nr. 387   120
- Speidel 1994, 345 Nr. 630   120
- SRD 957   263
- SRD 967   263
- SRD 968   263
- SRD 969   263
- SRD 970   263
- Stiglitz 2001   364
- Stuart/Bogaers 2001, Nr. A 1   35
- SupIt 2 V, 7   271
- SupIt 4 B, 10   199
- SupIt 5 S, 7   259
- SupIt 8 A, 5   458
- SupIt 22 A, 5   458
- Takmer 2007   411
- TAM II 131   409
- TAM II 175–176   432
- TAM II 396   402, 409
- TAM II 496   438
- TAM II 651   402
- TAM II 652   402
- TAM II 831   438
- TAM II 1163   438
- TAM III 1, 104   444
- TAM III 1, 127   411
- TAM III 1, 138   411
- TAM V 1, 607   25
- TAM V 1, 644   188
- TAM V 2, 1018   444
- TAM V 2, 1345   435
- TAM V 3, 1418   453
- TAM V 3, 1457   432
- Thomsen 1917, Nr. 261   330
- Thomsen 1917, Nr. 272   330
- Toynbee/Ward Perkins 1957, 44   164
- Toynbee/Ward Perkins 1957, 44 ff.   165
- Toynbee/Ward Perkins 1957, 46   164, 166
- Toynbee/Ward Perkins 1957, 47   166
- Toynbee/Ward Perkins 1957, 61   164
- Toynbee/Ward Perkins 1957, 81   154
- Toynbee/Ward Perkins 1957, 101 Anm. 59   153
- Toynbee/Ward Perkins 1957, 101 Anm. 60   155
- Toynbee/Ward Perkins 1957, 101 Anm. 61   160

– Veny Mélia 1965, 21   29
– Weiß 2015   140
– Wilmanns 1981, 20–50   113
– Wolf 2011, 72 f.   447
– Wörrle 1975   411
– Wörrle 1975, 287   459
– Wörrle 1975, 290   459
– Zucca 1998, 25   29

Literarische Quellen
– Ael. Arist. Or. 26,67   146
– Ael. Arist. Or. 50,103   438
– Agenn. p. 41 (Th.)   446
– Apg 19,35 f.   434
– Apg 22, 28   219
– Apg 22,25 ff.   97
– Apg 25,9 ff.   395
– Caes. Gall. 2,23   370
– Cass. Dio 43,51   481
– Cass. Dio 49,14,5   458
– Cass. Dio 51,4,5 ff.   369
– Cass. Dio 51,5,4 ff.   370
– Cass. Dio 51,24,4   251
– Cass. Dio 52,2–40   368
– Cass. Dio 52,23,2   254
– Cass. Dio 52,23,2 f.   255
– Cass. Dio 53,11,5   125
– Cass. Dio 53,12   124
– Cass. Dio 53,13,1   123
– Cass. Dio 53,15,3   257, 260
– Cass. Dio 53,16,2   123
– Cass. Dio 54,1,4   284, 483
– Cass. Dio 54,8   378
– Cass. Dio 54,16,1 f.   73
– Cass. Dio 54,17,1   287, 483
– Cass. Dio 54,21,6 ff.   177
– Cass. Dio 54,21 f.   258
– Cass. Dio 54,22,1   177
– Cass. Dio 54,23,7   369
– Cass. Dio 54,25,5 f.   67, 374
– Cass. Dio 55,2,5   82
– Cass. Dio 55,22,4   76
– Cass. Dio 55,23,1   68, 109, 129, 213, 376 f.
– Cass. Dio 55,24,9   67
– Cass. Dio 55,25,1 ff.   378
– Cass. Dio 55,25,4 f.   69, 377
– Cass. Dio 55,25,5   69
– Cass. Dio 55,26,1 f.   77
– Cass. Dio 55,26,4   77
– Cass. Dio 55,27,1   76

– Cass. Dio 55,28,1   77
– Cass. Dio 55,28,1 f.   335
– Cass. Dio 55,28,2   77
– Cass. Dio 56,1,1   78
– Cass. Dio 56,1,2   78
– Cass. Dio 56,1–9   241
– Cass. Dio 56,4–9   74
– Cass. Dio 56,10   78
– Cass. Dio 56,10,3   79
– Cass. Dio 56,23,2 f.   106
– Cass. Dio 56,28,1   124
– Cass. Dio 56,28,4   70
– Cass. Dio 56,28,4 ff.   377
– Cass. Dio 57,5   132
– Cass. Dio 59,20,7   334
– Cass. Dio 60,17,5 ff.   219
– Cass. Dio 60,24,3   133
– Cass. Dio 60,25,6 f.   21
– Cass. Dio 69,13,1 f.   8, 282
– Cass. Dio 73,12,4   271
– Cic. Att. 4,1,7   484
– Cic. Att. 6,1,15   225, 410
– Cic. Att. 14,12,1   202
– Cic. Balb. 28   94, 223
– Cic. rep. 2,26,5,3   86
– Cic. rep. 2,31   88
– Cic. Verr. 2,2,3,7   385
– Cic. Verr. 2,2,32   225
– Cod. Iust. 1,2,4   89
– Cod. Theod. 11,1,13   486
– Cod. Theod. 12,12,8   454
– Cor 1,14,34   439
– Dig. 1,2,2,32   481
– Dig. 1,2,2   88
– Dig. 1,16,4,1   322
– Dig. 1,16,4,2   374
– Dig. 1,16,4,5   246
– Dig. 1,16,8   247
– Dig. 1,17,1   238, 246, 253
– Dig. 1,18,4   247
– Dig. 5,3,20,6   243
– Dig. 11,7,4   152
– Dig. 11,7,6 pr.   161
– Dig. 19,2,50   120
– Dig. 21,1,1   231
– Dig. 23,2,44   81
– Dig. 24,1,61   139
– Dig. 28,2,26   120, 127, 133
– Dig. 29,1,1 pr.   146, 247
– Dig. 29,1,9,1   120, 130

- Dig. 29,1,38,1   129
- Dig. 29,1,42   130
- Dig. 40,7,21,1   11
- Dig. 47,21,3,1   241
- Dig. 48,19,14   138
- Dig. 50,2,2,8   461
- Dig. 50,7   447
- Dig. 50,10,2 pr.   467
- Dig. 50,10,7   467
- Dig. 50,16,2 pr.   479
- Dig. 50,16,87   479
- Dig. 50,16,134   481
- Dig. 50,16,147   479
- Eus. Dem. Ev. 8,2,123   324
- Eus. HE 2,6,4   324
- Eus. HE 3,33   246
- Eus. HE 4,9,1   395
- Front. ad am. 2,7,3   446
- Front. ad Anton. 2,8   26
- Frontin. aqu. 99–101   378
- Frontin. aqu. 99 ff.   273
- Frontin. aqu. 100 f.   242
- Frontin. aqu. 104   242
- Frontin. aqu. 104–108   378
- Frontin. aqu. 105   486
- Frontin. aqu. 106   242
- Frontin. aqu. 108   242
- Frontin. aqu. 111   242
- Frontin. aqu. 117   489
- Frontin. aqu. 125   242
- Frontin. aqu. 127   242
- Frontin. aqu. 129   66, 240
- Gai. inst. 1,3   89
- Gai. inst. 1,5   245
- Gai. inst. 1,13 ff.   240
- Gai. inst. 1,42 f.   240
- Gai. inst. 1,42 ff.   66
- Gai. inst. 1,47   93, 209
- Gai. inst. 2,11,2 f.   129
- Gai. inst. 3,63   242
- Gell. 1,6   83
- Gell. 2,15,4   81
- Gell. 16,13,4   207
- HA Aur. 8,7   282
- HA Aur. 11,8   22
- Herodian. 3,8,5   365
- Hor. carm. saec. 16–20   72
- Hyg. Constitutio p. 142 (Thulin)   369
- Inst. Iust. 2,1,9   167
- Ios. ant. Iud. 16,166   261
- Ios. ant. Iud. 17,286 ff.   317
- Ios. ant. Iud. 17,295   317
- Ios. ant. Iud. 18,1   348
- Ios. ant. Iud. 18,2   252
- Ios. ant. Iud. 18,55 ff.   324
- Ios. ant. Iud. 18,180   73
- Ios. ant. Iud. 18,261 ff.   318
- Ios. bell. Iud. 2,117   348
- Ios. bell. Iud. 2,169 ff.   324
- Ios. bell. Iud. 2,345 ff.   318
- Ios. bell. Iud. 2,366   320, 389
- Ios. bell. Iud. 2,385   390
- Ios. bell. Iud. 2,405   462
- Ios. bell. Iud. 7,18   412
- Ios. bell. Iud. 7,244 ff.   412
- Iust. Mart. apol. 1,68   395
- Jo 19,13   322
- Jo 19,19   42
- Lib. or. 2, 58   61
- Lib. or. 46,44   475
- Liv. 1,18,1   86
- Liv. 1,19,1   86
- Liv. 3,31,8   87
- Liv. 3,32,6   87
- Liv. 3,33,5   87
- Liv. 3,34   87
- Liv. 3,34,6   87
- Liv. 3,34,7   87
- Liv. 3,57,10   88
- Liv. 7,16,7   88
- Liv. 10,9,5   88
- Liv. 10,23   73
- Liv. 21,41,16   130
- Liv. 25,3,1   384
- Liv. 34,1,2   190
- Liv. 40,1,1   384
- Liv. 42,34   130
- Liv. 43,3,1–4   130
- Liv. 45,29,1 ff.   37
- Liv. per. 59   83
- Lk 2,2   421
- Lk 18,16 f.   322
- Lk 23,35   320
- Lk 23,38   42
- Lk 25,6.7   322
- Lk 25,23   323
- M. Aur. 8,25,2   16
- Mart. 8,3,3 f.   177
- Mart. 8,3,6   258
- Mart. 9,22,16   473

- Mart. 10,19,12 ff.   7
- Mk 15,26   42
- Mt 22, 15–22   314
- Mt 27,15 ff.   317
- Mt 27,19   322
- Mt 27,37   42
- Paul. sent. 3,5,17   69
- Paul. sent. 4,6,2a   69
- Paul. sent. 4,14,1   242
- Petron. 71,7   152
- Phil. legat. ad Gaium 311 f.   260
- Phil. legat. ad Gaium 314 f.   261
- Phil. legat. ad Gaium 333   261
- Philostr. soph. 2,11   13
- Philostr. soph. 2,25 = 537   16
- Plin. epist. 1,10,9 f.   9
- Plin. epist. 1,23,1   6
- Plin. epist. 3,1,11 f.   3
- Plin. epist. 3,4,2   21
- Plin. epist. 3,4   450
- Plin. epist. 3,5,9   180
- Plin. epist. 3,9   4
- Plin. epist. 3,13   4
- Plin. epist. 3,15,1   4
- Plin. epist. 3,18   4
- Plin. epist. 3,21,5   7
- Plin. epist. 4,9   450
- Plin. epist. 4,22   7
- Plin. epist. 5,20   450
- Plin. epist. 6,13,29   450
- Plin. epist. 6,19,4   22
- Plin. epist. 6,22,31   7
- Plin. epist. 7,6,10   450
- Plin. epist. 7,18   458
- Plin. epist. 7,29,1   172
- Plin. epist. 8,6,1   172
- Plin. epist. 8,24   55
- Plin. epist. 9,19,3   464
- Plin. epist. 9,19   464
- Plin. epist. 10,4   291
- Plin. epist. 10,5   212
- Plin. epist. 10,11   224
- Plin. epist. 10,18,2   314
- Plin. epist. 10,21 f.   343
- Plin. epist. 10,23,2   459
- Plin. epist. 10,23 f.   459
- Plin. epist. 10,25   396
- Plin. epist. 10,26   130
- Plin. epist. 10,27 f.   343
- Plin. epist. 10,29 f.   110
- Plin. epist. 10,35 f.   423
- Plin. epist. 10,39   458
- Plin. epist. 10,43 f.   460
- Plin. epist. 10,47   395
- Plin. epist. 10,52 f.   323
- Plin. epist. 10,76   473
- Plin. epist. 10,79,3   432
- Plin. epist. 10,79 f.   431
- Plin. epist. 10,81,4   322
- Plin. epist. 10,86b   120
- Plin. epist. 10,96 f.   395
- Plin. epist. 10,96   246
- Plin. epist. 10,97   246
- Plin. epist. 10,100 f.   323
- Plin. epist. 10,102 f.   323, 423
- Plin. epist. 10,112   433
- Plin. epist. 10,112 f.   431
- Plin. nat. 3,12   204
- Plin. nat. 3,30   209
- Plin. nat. 35,203   173
- Plin. paneg. 15,3   114
- Plin. paneg. 37,3   137
- Plin. paneg. 40,1   69
- Plin. paneg. 42,1   69
- Plut. apophth. lac. 207 B   260
- R. Gest. div. Aug. 5   284, 485
- R. Gest. div. Aug. 8   65, 90
- R. Gest. div. Aug. 9   240
- R. Gest. div. Aug. 15   482
- R. Gest. div. Aug. 15,3   370
- R. Gest. div. Aug. 16   128, 369
- R. Gest. div. Aug. 16,2   375
- R. Gest. div. Aug. 19 ff.   65
- R. Gest. div. Aug. 25   484
- R. Gest. div. Aug. 27   390
- R. Gest. div. Aug. 28   203
- R. Gest. div. Aug. 31–33   450
- R. Gest. div. Aug. 34   173 f., 233, 251
- R. Gest. div. Aug. 35   65
- Sall. Iug. 33,4   12
- Sch. Pers. 2,36   177
- Sen. apocol. 6   177, 258
- Sen. dial. 4,5,5   266
- Sen. dial. 5,31   282
- Sidon. epist. 5,5   44
- Stat. silv. 3,3,86 ff.   171
- Stat. silv. 3,3,106 ff.   171
- Stat. silv. 3,3,138 ff.   169 f.
- Stat. silv. 3,3,143   170
- Stat. silv. 5,1,75 ff.   290

- Strab. 3,4,20 = 167   376
- Strab. 6,1,8 = 259   88
- Strab. 8,6,23   204
- Suet. Aug. 17,3   369
- Suet. Aug. 18   484
- Suet. Aug. 18,2   390
- Suet. Aug. 24   374
- Suet. Aug. 24,1   131
- Suet. Aug. 25   123
- Suet. Aug. 25,2   106
- Suet. Aug. 27,3   120
- Suet. Aug. 30   77
- Suet. Aug. 34   273
- Suet. Aug. 34,1   78
- Suet. Aug. 34,2   73, 78, 241
- Suet. Aug. 37   483
- Suet. Aug. 40   97
- Suet. Aug. 41   482
- Suet. Aug. 49,1   378
- Suet. Cal. 1,1   268
- Suet. Cal. 8   132
- Suet. Galba 12,1   404
- Suet. Tib. 41   254
- Suet. Tib. 48   378
- Suet. Tit. 4,3   337
- Suet. Vesp. 2,3   272, 290
- Suet. Vesp. 4,1   290
- Suet. Vesp. 8,4   408, 410, 412
- Suet. Vesp. 8,7   412
- Suet. Vesp. 9,2   170
- Tac. Agr. 6,4   52
- Tac. Agr. 6   272
- Tac. Agr. 9,6   52
- Tac. Agr. 40   288
- Tac. Agr. 42   271
- Tac. ann. 1,7,2   284
- Tac. ann. 1,14,4   270
- Tac. ann. 1,35,2   124, 127
- Tac. ann. 1,35,3 f.   70
- Tac. ann. 1,36,1   145
- Tac. ann. 1,69,3 f.   374
- Tac. ann. 1,78,2   376
- Tac. ann. 2,10,3   44
- Tac. ann. 2,55,6   190
- Tac. ann. 2,56,4   383
- Tac. ann. 2,80,1   26, 374
- Tac. ann. 3,9,2   26, 190
- Tac. ann. 3,28   73
- Tac. ann. 3,33   132
- Tac. ann. 3,56,1   235
- Tac. ann. 3,68,1   266
- Tac. ann. 4,5,6   338
- Tac. ann. 4,15,2   238
- Tac. ann. 4,19,4   189
- Tac. ann. 4,72   348
- Tac. ann. 12,69,4   239
- Tac. ann. 12,23,1   21
- Tac. ann. 12,27,1   205
- Tac. ann. 12,53   173
- Tac. ann. 12,53,2   239
- Tac. ann. 12,60   238, 285
- Tac. ann. 12,60,1   239
- Tac. ann. 12,60,2   238
- Tac. ann. 13,27,1   172
- Tac. ann. 14,42–45   24
- Tac. ann. 15,22,1   243
- Tac. ann. 15,44,3   393
- Tac. ann. 15,72   180
- Tac. ann. 44,69   132
- Tac. hist. 1,69   404
- Tac. hist. 2,11,2   3
- Tac. hist. 2,11,18 f.   3
- Tac. hist. 2,36,2   3
- Tac. hist. 2,88,1   375
- Tac. hist. 2,88,2   145
- Tac. hist. 3,24   126
- Tac. hist. 3,24,3   375
- Tac. hist. 4,28,1   206
- Tac. hist. 4,48   334
- Tac. hist. 4,65,2   205
- Tac. hist. 4,74,1   11
- Tert. apol. 2   246
- Tert. coron. 12,3   423
- Tert. coron. 12,3.   323
- Ulp. Tituli 14 (FIRA II p. 277)   80
- Ulp. Tituli 16,1 (FIRA II p. 278)   79
- Val. Max. 4,3,3   73
- Veg. mil. 1,4   110
- Veg. mil. 2,19   340
- Vell. 2,81,1   458
- Vell. 2,89   257
- Vell. 2,89,3   267
- Vell. 2,117,1   372
- Vell. 2,118,2   217
- Verg. Aen. 4, 28 f.   73

Münzen
- RPC I Nr. 4954–4972   314

Papyri
- BGU 114   132
- BGU 140   132
- BGU 696   126
- BGU IV 1137   262
- ChLA XI 466   183, 361
- Cotton/Yardeni 1997, 186 ff.   346
- CPL 161   132
- CPL 193   232
- Eck/Heinrichs 1993, 33 f. Nr. 47   230
- FIRA III 132   230
- Hunt/Edgar 1934, 108   346
- Lewis 1989, 65 ff.   346
- P.Brit. Mus. II 256   262
- P.Cattaoui   132
- P.Fouad I 21   125, 322
- P.Ḥever 62   45
- P.Ḥever 62 Z. 5 f.   346
- P.Lond. 229   230
- P.Lond. 904   346
- P.Mich. 111   102
- P.Mich. 159   102
- P.Mich. 466   110, 338
- P.Oxy. II 237   43, 226
- P.Oxy. IV 706   227
- P.Yadin 14   229
- P.Yadin 15   229
- P.Yadin 16   45, 346
- P.Yadin 28–30   228
- P.Yale 61   323, 390
- PSI 1026   105
- Rea 1977, 218 ff.   361
- SB V 8797   262
- SB XII 11043   183, 361
- Strassi 2008   214
- W. Chr. 112   262
- W. Chr. 443   262
- XHev/Se 63   229